·2018·

# 中国政法大学年鉴

中国政法大学年鉴编委会　编

中国政法大学出版社

2021·北京

图书在版编目（CIP）数据

中国政法大学年鉴. 2018/中国政法大学年鉴编委会编. —北京：中国政法大学出版社，2021. 4
ISBN 978-7-5620-9949-9

Ⅰ. ①中…　Ⅱ. ①中…　Ⅲ. ①中国政法大学－2018－年鉴　Ⅳ. ①G649. 281-54

中国版本图书馆CIP数据核字(2021)第081106号

---

出 版 者　中国政法大学出版社

地　　址　北京市海淀区西土城路 25 号

邮寄地址　北京 100088 信箱 8034 分箱　邮编 100088

网　　址　http://www.cuplpress.com (网络实名：中国政法大学出版社)

电　　话　010-58908285(总编室)　58908334(邮购部)

承　　印　北京京鲁数码快印有限责任公司

开　　本　787mm × 1092mm　1/16

印　　张　45.75

字　　数　1056 千字

版　　次　2021 年 4 月第 1 版

印　　次　2021 年 4 月第 1 次印刷

定　　价　185.00 元

5月3日习近平总书记考察中国政法大学。

5月3日习近平总书记考察中国政法大学。

5月3日习近平总书记考察中国政法大学。

5月，各地报道习近平来法大报纸。

7月10日新老党委书记交接。

11 月 10 日召开第八次党员代表大会。

中共中国政法大学第八届委员会常务委员合影。

中共中国政法大学第八届委员会委员合影。

中共中国政法大学第八届纪律检查委员会委员合影。

11 月 30 日党建思想政治工作评估。

5 月 16 日中国政法大学 65 周年校庆校门。

5月16日中国政法大学65周年校庆大会。

9 月 16 日司法部部长张军视察司法考试中国政法大学考点。

4月24日本科教学评估。

7月3日夏季学期第一天的课堂。

4月6日智慧教学楼揭幕仪式。

9月6日法治信息管理学院成立暨新生开学典礼。

9月26日第七届最受本科生欢迎的十位老师颁奖典礼。

12月7日教育案例库上线仪式暨教育法治论坛。

9月26日中国法治政府评估报告（2017）新闻发布会。

12月20日民盟中国政法大学支部成立65周年纪念大会。

12 月 12 日第十二届孔子学院大会先进单位及个人合影。

9 月 12 日联合国环境署－中国政法大学环境法研究基地揭牌仪式。

11 月 6 日芬兰议长访问中国政法大学。

10 月 18 日法大师生观看十九大。

5 月 23 日全国公安系统英雄模范立功集体先进事迹报告会。

11 月 2 日北京市大学生模拟法庭节目表演赛。

11 月 30 日 RONG 聚法大文化盛典。

12 月 5 日“榜样法大”颁奖典礼。

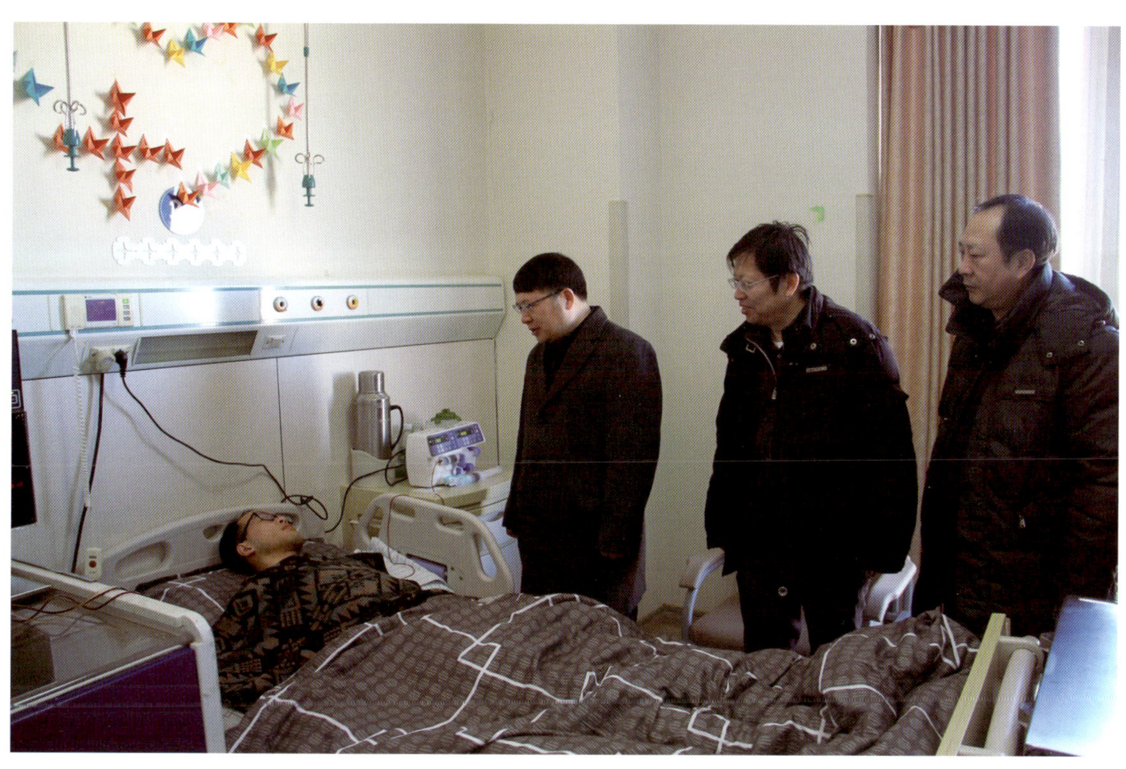

12 月 18 日看望捐献造血干细胞的法大同学。

12 月 19 日元旦晚会。

10 月 1 日校园马拉松。

10 月 17 日残疾人艺术团演出。

6 月 20 日本科生毕业典礼。

9 月 8 日新生入学誓词。

9 月 15 日新生军训。

11 月 3 日中法名校足球冠军杯友谊赛。

## 中国政法大学年鉴编辑委员会

## 中国政法大学年鉴（2018）编辑部

**主　编**：冯世勇

**副主编**：李秀云

## 中国政法大学年鉴（2018）组稿人名单

（以姓氏笔画为序）

| | | | | | | |
|---|---|---|---|---|---|---|
| 丁　宁 | 于华溢 | 于　丽 | 马素芝 | 王书丰 | 王红艳 | 王丽娜 |
| 王建敏 | 王婷婷 | 王　培 | 王富春 | 王瑞奇 | 牛　伟 | 邓　勋 |
| 朱　帅 | 朱　林 | 刘贞晔 | 刘　岩 | 孙燕春 | 孙黎萌 | 杜冰子 |
| 李文龙 | 李　叶 | 李　勇 | 李曙光 | 李　疆 | 吴培培 | 陈　烨 |
| 陈钰溪 | 陈颖芳 | 欧阳晨红 | 范静怡 | 罗纯怡 | 郑晓燕 | 孟丽娟 |
| 周佳磊 | 赵一鸣 | 胡小波 | 胡思博 | 贺文奕 | 郭芳芳 | 郭　虹 |
| 郭嘉强 | 高　飞 | 高凤娥 | 高　姗 | 徐长宝 | 程丽萍 | 董全堂 |
| 谢　冲 | 谢　晶 | 黎　洋 | 颜晶晶 | 霍雨佳 | 霍梦晴 | |

## 中国政法大学年鉴（2018）编写组名单

| | | | | | | |
|---|---|---|---|---|---|---|
| 李秀云 | 王　敏 | 王　巍 | 刘耀辉 | 李健百 | 陈泉廷 | 张　璐 |
| 郭伊湄 | 许玺铮 | 武　焰 | 刘赫然 | 吴冕君 | 李炳燃 | 张红哲 |
| 吕　婧 | 古锦平 | 王　彧 | 王泓楗 | | | |

# 编纂说明

一、《中国政法大学年鉴》是一部专业性资料工具书。在中国政法大学校党委领导下，由中国政法大学年鉴编辑委员会主持编纂。

二、本年鉴以文章和条目为基本体裁，使用规范的语体文、记述体，直陈其事，文字力求言简意赅，文前配有彩色图片。

三、本年鉴从2003年开始逐年编纂。当年出版的年鉴，记述上一年学校各项事业发展的新情况，为学校决策提供依据，为学校规划提供资料，为社会各界人士了解学校情况提供最新的信息。

四、2018卷年鉴共设置20章，包括学校综述，特载，发展规划与学科建设，人才培养，科学研究，人事工作，交流与合作，党建和思想政治工作，学生工作，办学条件与保障，校董、校友、捐赠与基金管理，校办产业，教学科研单位，重要文件，校内文件检索，奖励与表彰，大事记，综合统计表，毕业生名册，媒体索引。各章下的条目以事件发生时间为序排列。

五、“学校综述”中的“机构设置”收录学校领导和各机构名称及负责人名单，所列人员职务均以2017年内任职为限，其中任免情况分别予以注明。

六、“特载”收录2017年学校重大活动、学校党政主要负责人发表的文章及讲话。

七、“重要文件”收录学校2017年发布的重要文件，以列表形式收录71个重要文件的目录。

八、本年鉴收录的文章、条目、附件均由各处级单位专人提供、并经部门和单位主要负责人审核。综合统计表由发展规划与学科建设处提供；毕业生名册由教务处和研究生院提供；媒体索引由宣传部（新闻中心）提供。

九、本年鉴记述货币名称中，人民币直书“元”，其他货币采用通用名称。

十、除综合统计表之外，2018 卷年鉴涉及各项年度数据以 2017 年 12 月 31 日为统计口径。综合统计表中的数据以高基报表为准，统计口径为 2017 年 8 月 31 日。

十一、2018 卷年鉴反映 2017 年 1 月 1 日至 12 月 31 日期间情况（部分内容依据实际情况时限向前略有延伸）。

# 目　录

1 第一章　学校综述
1 一、学校概况
3 二、2017年学校发展综述
3 （一）科学制定发展规划，深入推进“双一流”建设
3 （二）创新人才培养模式，全面提高育人质量
4 （三）创新科研体制，提升科研综合实力
5 （四）加强德育工作，提升学生工作质效
5 （五）落实人才强校，加强师资队伍建设
6 （六）深化国际化发展战略、拓宽国际交流合作
6 （七）提升现代治理能力，提高行政服务水平
7 （八）推进国内合作交流，做好社会服务工作
7 （九）科学规范，内部治理进一步优化
7 （十）提升服务质量，增强办学综合实力
8 三、机构设置
8 （一）现任党政领导名单
9 （二）中共中国政法大学第八届委员会名单
9 （三）中共中国政法大学第八届纪律委员会名单
9 （四）第十届中国政法大学学术委员会成员名单
9 第十届中国政法大学学术委员会各专门委员会名单
10 （五）第五届中国政法大学学位评定委员会名单
11 研究生教学指导委员会名单
11 中国政法大学博士后工作领导小组名单
11 （六）处级机构调整情况
11 （七）校部机关部门负责人名单
14 （八）院、部、所、中心负责人名单

17 （九）基层党组织负责人名单
18 （十）校内各单位科室设置（科级）
18 （十一）第六届教代会主席团名单
18 （十二）委员会、领导小组及其成员名单
21 **第二章 特 载**
21 【新华社】习近平在中国政法大学考察时强调 立德树人德法兼修抓好法治人才培养 励志勤学刻苦磨炼促进青年成长进步
23 【人民网】中国政法大学师生：总书记为我们的主题团日点赞
25 【求是】石亚军：为全面依法治国培养更多优秀人才——学习习近平总书记考察中国政法大学时的重要讲话
28 【人民日报】黄进：为全面依法治国贡献力量（深入学习贯彻习近平同志系列重要讲话精神）
31 【党建网】石亚军：高校思想政治工作必须虚功实做
34 【学习时报】黄进：培养德才兼备的高素质法治人才
37 【法制日报】黄进：创新发展新时代中国特色社会主义法治理论
39 【法制日报】黄进：高校是宪法教育的主阵地
41 【光明网】黄进：构建中国特色法学学科体系的历史背景和五个维度（建设中国特色法学 推进全面依法治国——第四届“法治中国论坛”发言摘登）
42 【光明日报】胡明：构建中国特色社会主义法学体系的体会和探索
43 【第八次党代会报告】加快“双一流”建设 推动内涵式发展 为建设中国特色世界一流法科强校而努力奋斗
63 【2017年度新闻】
66 **第三章 发展规划与学科建设**
66 一、发展规划
66 概况
66 开展“十三五”发展规划修订工作
66 完成教育部重大教育问题研究工作
66 完成教育部教育现代化相关征求意见的工作
66 开展“十三五”发展规划宣传工作
66 完成学校综合改革中期检查工作
66 推进学校疏解非首都功能的工作进程
66 完成教育部综合改革相关研究工作

67　　完成教育部深化教育体制机制改革相关工作
67　　开展“十三五”发展规划评审评优工作
67　　探索建立战略预研机制
67　**二、学科建设**
67　　概况
67　　进入“一流学科建设高校”名单，法学学科入选“双一流”建设学科名单
67　　召开“双一流”建设推进大会
68　　举办法治中国论坛——构建中国特色社会主义法学学科体系、学术体系、话语体系
68　　编制完成《中国政法大学法学一流学科建设高校建设方案》
68　　完成2017年北京市博士硕士学位授权审核工作
68　　开展系列学科调研
68　　开展“双一流”建设和法学学科体系建设等针对性调研
68　　完成2017年法学一流学科建设经费的分配与拨付工作
68　　完成2016年度“双一流”建设经费绩效自评工作
69　　完成2018年中央高校建设世界一流大学（学科）和特色发展引导专项资金项目经费预算申报工作
69　　附件
71　**第四章　人才培养**
71　**一、本科教育教学**
71　　概况
72　　顺利通过本科教学评估
72　　扩展共建范围
72　　首个实体第三学期正式运行
72　　成功举办第五届大学生公益法国际学术研讨会
73　　接受科研实验室现场安全检查
73　　完成春夏两学期评教工作
73　　推进各学院课程改革
73　　完善创新创业教育工作
73　　完善公益法教育体系
73　　组织“中国特色社会主义法治理论”系列教材编写
73　　构建本科生国际化培养的资助体系

74 启动“世界银行国际金融组织海外实习项目”
74 启动“国外高水平大学教务管理人员来校联合办公”项目
74 启动“本科生海外提升支持计划”
74 附件
118 二、研究生教育教学
118 概况
119 完成两次学位论文学术规范审查工作
119 92名研究生获录取成为国家公派留学研究生
119 成立研究生教学服务中心
120 评选2017年研究生精品课程
120 进行研究生教改立项工作
120 完成2017－2018研究生导师指导硕士研究生条件认定工作
120 举行博士后入站仪式暨入站培训会议
120 启动第三批研究生课程大纲工作
120 开展研究生跨学科课程工作
120 启动2018年国家建设高水平大学公派研究生项目
120 举行“法律硕士学院实体教研机构揭牌仪式暨新时代法律硕士专业学位研究生培养改革研讨会”
120 开展2018年全国硕士研究生招生考试
121 评选校级优秀博士学位论文
121 多举措保障博士研究生“申请－考核”制招生方式全面实施
121 完成接收推荐免试硕士研究生工作
121 完成首批非全日制研究生招生工作
121 完成首次硕士生入学考试法律硕士联考评卷工作
121 完成同等学力人员申请硕士学位管理工作
121 完成2017年度专业学位教育改革立项建设
121 完成应用型法学博士合作导师聘任工作
122 全面修订学校法律硕士培养方案
122 9人获中国博士后科学基金资助
122 完成2017年国内访问学者接收和考核工作
122 附件
143 三、外国留学生及港澳台学生教育教学
143 概况

143 四、继续教育
143 与中国证监会签署监管干部2017年法制专项培训班项目协议书
144 与国家知识产权局专利局签署法制专题培训班项目协议书
144 五、开放教育
144 办理结业审批及发放证书
144 执行开放教育办学会审和备案制度
144 监督管理开放教育办学网络招生
144 完成2017年开放教育办学年度调查工作
144 加强同等学力办学管理
145 **第五章　科学研究**
145 一、学术研究
145 概况
145 举办“第三届法学前沿论坛”
146 李雪梅教授的科研成果获第七届吴玉章人文社会科学优秀奖
146 参加第七届“立格联盟”科研管理论坛
146 举行全国“网信普法进校园”活动闭幕式
146 举行中国大学智库论坛·法治峰会
146 与北京市教育委员会建设“北京教育法治研究基地”
146 学校7项成果获得北京市第十四届哲学社会科学优秀成果奖
147 加强青年教师学术创新团队建设
147 成立各类研究院、研究中心
147 附件
286 二、学术刊物
286 （一）《政法论坛》
286 概况
286 （二）《比较法研究》
286 概况
287 （三）《行政法学研究》
287 概况
287 （四）《中国政法大学学报》
287 概况
288 举办第四届优秀论文奖颁奖典礼暨高峰论坛
288 曹明德教授参加“环境公益诉讼比较研究”论坛

288 参加《中华人民共和国土壤污染防治法（草案）》专家咨询会
288 参加“可再生能源：可持续发展的经济驱动力”会议
288 曹明德主编当选中国环境资源法学研究会副会长
288 参加2017年中国经社理事会论坛
288 举办第五届优秀论文奖颁奖典礼及签字仪式
288 举办“中国可再生能源的现状”讲座
288 （五）《证据科学》
288 概况
289 （六）《学术法大》
289 概况
289 （七）《研究生法学》
289 概况
290 **第六章　人事工作**
290 一、人才队伍建设
290 概况
290 完成岗位聘任工作
291 开展全校教职工年度考核工作
291 规范教职工档案管理
291 完成事业编制人员招聘工作
291 调整机构和编制
291 推进人才引进工作
291 推进高层次人才工作
291 成立中国政法大学教师发展中心
291 构建系统化教师培养模式
292 完成事业编制教职工试用期考核和新进教职工首个聘期考核
292 完成首批校付费劳动合同制人员合同续聘
292 组织完成校级相关奖项评选工作
292 提升人力资源系统整体运行服务能力
292 落实在京中央国家机关事业单位养老保险改革
292 附件
296 二、离退休处工作
296 概况
297 元旦、春节走访慰问离退休教职工

297 学习贯彻习近平总书记“5·3”重要讲话精神
297 昌平校区乒乓球活动室建成启用
297 重阳节评优表彰
297 学习贯彻党的十九大精神
297 重阳节“老有所为”成果展
297 选举产生新一届分党委和新一届纪委
297 开展纪念建党96周年系列活动
298 **第七章　交流与合作**
298 **一、国内交流与合作**
298 概况
298 接待中国证券监督管理委员会法律部主任程合红一行
298 接待郑州市副市长刘东一行
298 召开附属学校第一届理事会第二次会议
298 拜访司法部、最高人民检察院
298 开展姚安县调研工作
298 与十所知名律所签署合作协议
298 与云南省人民政府签署战略合作协议
299 与甘肃政法学院签署合作协议
299 甘肃政法学院代表团一行来学校调研
299 与中国石油大学（北京）签订校际合作框架协议
299 接待山东政法学院代表团一行
299 与首都体育学院确定建立合作关系
299 与知名律所就联合培养高素质法治人才进行交流座谈
299 党委书记胡明、校长黄进一行拜访中国法学会、司法部
299 **二、国际交流与合作**
299 概况
300 **三、港澳台合作交流**
300 概况
301 接待教育部国际司副司长于继海一行
301 学校聘任客座教授和颁发“感动法大人物特别奖”
301 学校代表团访问美国、墨西哥、巴巴多斯
301 匈牙利驻华大使做客学校大使论坛
301 成立“内地与港澳法学教育联盟”

301 学校代表团访问俄罗斯、波兰、匈牙利
301 意大利最高司法委员会副主席和最高法院院长访问学校
301 学校第四届孔子学院来华夏令营顺利举行
302 学校接待巴巴多斯教育部和加勒比考试委员会代表团
302 校长黄进会见玻利维亚最高法院院长
302 校长黄进会见亚非法协秘书长
302 举行联合国环境署——中国政法大学环境法研究基地揭牌仪式
302 学校与亚洲开发银行签订课题委托协议
302 越南司法部副部长阮庆玉一行来访
302 举办第四届海外硕士奖学金项目专场宣讲会
303 举办聘任名誉教授仪式
303 芬兰议会议长玛丽亚·洛赫拉一行访问学校
303 校长黄进会见俄罗斯前副总理沙赫赖和随行杨心宇教授
303 学校两所海外孔子学院荣获“2017 全球先进孔子学院”称号
314 **第八章　党建和思想政治工作**
314 一、组织工作
314 概况
315 召开 2017 年党政工作部署会
315 举行分党委书记抓党建工作述职考核会
315 召开专题会议落实全国高校思想政治工作会议精神
315 召开推进“两学一做”学习教育常态化制度化工作专题部署会
315 召开纪念中国共产党成立 96 周年暨表彰大会
315 召开新学期党政工作部署会
315 召开贯彻落实习近平总书记考察中国政法大学重要讲话精神推进会
315 召开中国共产党中国政法大学第八次党员代表大会
315 召开专题会议部署落实学校第八次党代会精神
316 组织领导干部赴井冈山开展教育培训
316 顺利通过北京高校《基本标准》检查
316 附件 1
317 附件 2
319 二、纪检监察工作
319 概况
320 部署新学年党政工作

320　召开新任处级干部任前集体谈话会
321　召开2017年党风廉政建设大会
321　召开中共中国政法大学第七届纪律检查委员会第十五次全体会议
321　召开北京教育纪检监察研究会高校第四组研讨交流会
321　部署秋季学期党政工作
321　召开中共中国政法大学第七届纪律检查委员会第十六次全体会议
321　召开中共中国政法大学第八届纪律检查委员会第一次全体会议
321　三、新闻宣传工作
321　概况
322　开展迎接本科教学审核评估活动系列报道
322　评选2017年学校青年教师思想政治工作课题
323　开展2017年优秀青年教师社会调研成果评选活动
323　开展迎接学校65周年校庆系列宣传活动
323　举办第三期基层校友寻访活动
323　评选第七届“最受本科生欢迎的十位老师”
323　举办思想政治工作会
323　开展第八次党代会宣传工作
323　举办第二届“RONG聚法大”文化盛典暨第十九届校园广播歌手大赛
323　推出年终新闻评选巡礼活动
324　四、统战工作
324　概况
325　召开校侨联和留联会换届大会
325　赴北京市规划展览馆开展主题教育实践活动
325　召开统战成员学习贯彻习近平总书记来校考察重要讲话精神座谈会
325　召开党外代表人士学习贯彻落实习近平总书记来校考察讲话重要精神座谈会
325　欧美同学会西葡拉美分会一行来校进行考察交流
326　成立中国政法大学港澳台侨工作领导小组
326　成立中国政法大学党外知识分子联谊会
326　海淀区政协领导班子来校走访座谈
326　昌平区委统战部一行来校进行统战工作交流座谈
326　举办九三学社先贤肖像画展
326　举行民盟中国政法大学支部成立65周年纪念大会暨“中国民主同盟传统

教育基地”揭牌仪式
327 附件 1
329 附件 2
331 五、安全保卫工作
331 概况
331 积极开展反邪教警示教育工作
331 组织开展消防应急疏散演练
331 教育部高校实验室安全现场检查组来校检查
332 开展消防安全隐患集中清查整治工作
333 **第九章 学生工作**
333 一、学生工作
333 概况
334 举行青春励志中国梦——中国政法大学 2017 年“自强之星”暨“感动法大人物”颁奖典礼
334 开展 2017 届毕业生毕业教育活动
335 学习习近平总书记考察我校重要讲话精神
335 “走基层，行边疆”研究生赴南疆暑期社会调研
335 举行 2017 年退伍士兵欢迎会暨入伍新兵欢送会
335 成立中国政法大学博士生边疆服务团
335 推出家庭经济困难学生海外提升计划
335 开展研究生心理健康活动
335 举办 2017 年“添翼工程”培训班
335 举办第三届“卓越领导力”学生骨干训练营
335 举办 2016—2017 学年度“榜样法大”暨奖学金评优颁奖典礼
336 荣获“北京地区高校示范性创业中心”称号
336 入选“全国高校实践育人创新创业基地”
336 完成学校奖学金评优表彰工作
336 开展形势与政策教育活动
337 实施新生引航系列活动
337 引导毕业生到国际组织实习
337 开展国防教育和大学生应征入伍工作
337 附件 1
340 附件 2

340 二、共青团工作
340 概况
342 习近平总书记参加本科生“不忘初心跟党走”主题团日活动
342 完成“双百行动计划”
342 完成个人、集体评选表彰活动
342 参演央视清明特别节目《相聚中国节　春天的思念》
342 国防生合唱团首次亮相2017年“五月的鲜花”全国大中学生文艺会演
342 召开首都高校青年学习习近平总书记重要讲话精神座谈会
342 召开国家机关青年代表与学校青年学生代表学习习近平总书记重要讲话精神研讨会
342 召开全国政法类高校（学院）共青团学习习近平总书记重要讲话精神研讨会
343 举办“我的青春法大”迎校庆长跑
343 召开中国政法大学第十七次学生代表大会
343 举办第十四届“学术新人”论文大赛颁奖典礼
343 举办第十五届“学术十星”论文大赛颁奖典礼
343 举办“厉害了 我的国”国庆主题校园跑活动
343 参演第五届罗马尼亚亚洲文化节中国主宾国活动
344 召开党的十九大代表王进与校学生骨干座谈会
344 学生组织、社团开展12·4国家宪法日普法宣传活动
344 学校师生宣讲团赴河北平泉开展“学、讲、践”活动
344 附件
346 **第十章　办学条件与保障**
346 一、学校办公室工作
346 概况
347 建成钱端升纪念馆
347 举办学校65周年校庆纪念大会
348 接待市人大常委会主任李伟来学校调研
348 接待市委常委、教工委书记林克庆一行来学校调研
348 启用两校区本科生学位学历复印件及翻译件自助打印服务
348 二、财务工作
348 概况
349 召开财经工作领导小组会

349 召开财务处业务会
349 召开 2018 年预算工作布置及填报培训会
349 印制报销手册
349 三、审计工作
349 概况
350 制定《中国政法大学建设工程管理审计办法》
350 制定《中国政法大学加强审计整改工作管理办法》
350 开展学校国内合作处财务收支审计
350 开展财务预算执行情况和财务决算审计
350 开展后续审计
350 开展科研课题结项经费审计
350 开展基建修缮工程审计
350 开展对招投标相关事项的审计监督
350 开展学校秋季收费检查工作
350 四、资产工作
350 概况
351 住房级差补贴发放
351 举行燕保·马驹桥家园公租房配租会
351 通过法院调解收回外单位占用房屋
352 五、后勤工作
352 概况
353 开展第一期后勤系统管理培训
353 召开后勤信息化平台建设项目启动会
353 开展第二期后勤系统管理培训
353 开设教工自助餐厅
353 开展第三期后勤系统管理培训
353 开展第四期后勤系统管理培训
353 入选全国校园物业服务百强单位
353 组织第五届后勤系统职工羽毛球、乒乓球比赛
353 完成后勤服务质量管理体系认证转换监督审核工作
353 保障本科教学评估
354 六、基建工作
354 概况

354　完成昌平校区礼堂改造工程
354　昌平校区图书馆维修改造工程启动
354　学院路校区2#配电室工程完成
354　学院路校区教学图书综合楼正常施工
354　七、信息化工作
354　概况
356　召开2017年度信息网络安全工作会议
356　建设智慧法大校内门户平台
356　统一身份认证平台成功上线
356　完成数字迎新工作与学工系统的无缝对接
356　完成一卡通系统与第三方数据接口对接工作
356　完成VR虚拟现实仿真教学系统建设
357　完成机房运维软件项目建设
357　完成法院庭审直播与爱讲座流媒体资源平台的无缝对接
357　启动“2016－2017学年度本科课堂教学超工作量”申报工作
357　召开法治网络与网络法治人才培养——法学教育信息化研讨会暨中国教育技术协会政法教育专业委员会2017年年会
357　完成数据中心建设
357　建设网上办事大厅
357　建设中国政法大学微信企业号
357　完成智慧教室二期建设
357　完成学院路校区虚拟录制系统的建设
357　完成了Blackboard网络教学管理平台升级建设
357　新的一卡通系统上线
358　八、校工会工作
358　概况
358　举办迎接“三八”国际劳动妇女节系列活动
358　召开第六届教代会暨第十二届工代会第四次全体会议
358　组织教职工春季运动会
358　举办2017年教职工秋季长走活动
359　召开福利工作委员会第一次工作会议
359　开展岗位练兵活动
359　开展教职工福利发放活动

359 举办首届中国政法大学教职工羽毛球高手大赛
359 举办第十二届工会教代会理论研讨暨工会委员培训会
359 参加2017年学院路地区高校教职工羽毛球团体赛
359 举办第十五届青年教师教学基本功大赛
359 九、图书馆
359 概况
360 参加中美法律图书馆年会
360 成立图书馆青年创新团队
360 参赛案例获得案例组二等奖
360 全年借阅统计
360 远程访问统计
360 阅读推广活动
360 图书馆公众微信
360 图书馆RFID启用
360 主办《法律文献信息与研究》
361 十、校医院
361 概况
362 圆满完成无偿献血工作
362 顺利完成北京市医药分开综合改革
362 开展健康体检
362 校医院微信公众号平台上线运行
363 荣获全国无偿献血促进奖单位奖
363 举办“健康法大”校园行系列讲座
363 “三好一满意”年度评比取得优异成绩
363 结核病防控工作取得优异成绩
364 **第十一章 校董、校友、捐赠与基金管理**
364 一、基金会、董事会工作
364 概况
364 基金会被认定为4A级社会组织
364 首都经济贸易大学教育基金会一行来学校访问交流
364 基金会第二届理事会第七次会议
364 胡崇明校友向基金会捐赠1000万元人民币
364 贵州民投投资股份有限公司向基金会捐赠300万元人民币

364　　校庆期间开展线上捐赠活动
364　　基金会被认定为慈善组织
364　　国际儒学院专项教育项目实施协议暨国际儒学联合会与学校教育基金会举行捐赠协议签约仪式
364　　举行捐赠仪式暨校董聘任仪式
365　　陈兆恺大法官特聘教授续聘仪式暨奖助学金发放仪式
365　　学校第二届董事会第三次会议成功召开
365　　北京市尚权律师事务所向基金会捐赠100万元人民币
365　　基金会第二届理事会第八次会议召开
365　二、校友工作
365　　概况
365　　2017年各省校友分会会长、秘书长联席会在杭州召开
365　　“同心同行”迎校庆，法大校友健走活动举行
365　　“桃李菁英　才效华夏”主题论坛暨曾宪梓教育基金“英才奖学金”捐赠仪式举行
365　　举行建校65周年校友表彰大会暨捐赠仪式
366　　83级同学毕业30周年纪念大会举行
366　　召开管理干部学院校友会第三届校友代表大会暨表彰大会
366　　陕西校友分会举行学习习近平总书记考察法大重要讲话精神暨陕西校友分会换届大会
366　　法大西藏校友分会成立
366　　校友分会成立情况
368　**第十二章　校办产业**
368　一、出版社
368　　概况
368　　推进重点项目及选题
368　　出版重点教材
368　　进行版权输出与引进
369　二、法大科技园
369　三、国际交流中心
369　　概况
370　　开展员工礼仪培训
371　　获得纳税A级单位

371 配合做好习近平总书记来校视察和本科教学评估的相关保障工作
371 开展岗位竞聘
371 开展昌平校区留学生公寓消防演练
371 更新客房布草
371 进行安全知识专题培训
371 召开供应商评审会
371 完成部分客房及公共区域装修
372 **第十三章　教学科研单位**
372 一、法学院
372 概况
373 举办第六届军都法学论文大赛
373 与证据科学研究院签订共建“2011 计划法学实验班”合作协议
373 举办第四届“华沙－北京大学生论坛”
373 举办第四届中法宪法论坛“宪法中的社会权”
374 与荷兰莱顿大学法学院签订合作协议
374 举办第八届“大成杯”模拟面试大赛
374 成立党内法规研究中心
374 成立大数据和人工智能法律研究中心
374 获得国家社科基金重大项目
374 参与撰写国家“十九大”报告法治部分
374 二、民商经济法学院
374 概况
376 举办中国民法典论坛第十三讲
376 习近平总书记参加民商经济法学院 1502 班主题团日活动
376 成功召开《黑名单制度立法研究》项目评审暨商事信用制度建设研讨会
376 学院分党委和教师党员获北京市委教育工委表彰
376 于文轩教授和曹明德教授当选中国法学会环境资源法学研究会副会长
377 成功召开“商事制度改革与商事立法座谈会”
377 举行 2017 年秋季论坛
377 成功举办首届“一带一路”高校法科学生论坛开幕式
377 举办第十八届江平民商法奖学金颁奖典礼
377 启动国家社会科学基金重大项目“创新驱动发展战略下知识产权公共领域问题研究”

378 三、国际法学院
378 概况
379 2017 年国际刑事法院审判竞赛
379 “和平解决国际争端与国际司法机构的作用”国际研讨会
379 “民法典时代的开启”高端学术论坛
379 国际法学院校友会成长论坛
379 国际法学院实施本科实践导师制暨聘任仪式
379 附件
381 四、刑事司法学院
381 概况
382 完成中国共产党刑事司法学院委员会与纪律检查委员会换届选举
383 举行“学习贯彻习近平总书记考察我校重要讲话精神”专题报告
383 召开第三届教职工代表大会第二次会议
383 举办第二十一期行思讲坛
383 举办 2017 年度青年教师教学基本功比赛
383 附件
383 五、政治与公共管理学院
383 概况
384 时建中副校长到政管学院调研科研工作
384 举办国家理论与国家治理现代化学术研讨会
384 举办第五届“政管群星”颁奖典礼
384 开展教学观摩活动
384 杨阳院长带队访问欧洲名校
384 政管学院分党委组织教师党员赴山东临沂开展主题党日活动
385 制定《政治与公共管理学院科研突出贡献激励计划》
385 开展第二届研究生致公夏令营工作
385 卢春龙教授、李筠副教授分别获得北京市第十四届哲学社会科学优秀成果奖二等奖
385 3 位教师获得教师节表彰
385 举办国家转型和中国崛起国际学术研讨会
385 公共管理学科被北京市学位办列入新增一级学科推荐名单
385 杨阳院长带队访问美国国际城市管理协会和詹姆士麦迪逊大学
385 杨阳院长带队参加第二届政管立格－联盟高端论坛

385 建成并启用“中国政法大学民意研究实验室”
386 举办“统治、治理与现代政治发展”学术研讨会
386 举办“权力转移与地区秩序：变动与重构学术”研讨会
386 庞金友教授入选中国政法大学杰出青年项目 A 类计划
386 黄进校长到政管学院开展学科调研工作
386 举办“新时代与国家治理现代化”学术研讨会
386 六、商学院
386 概况
388 获准成为改革创新试点单位
388 召开行政管理体系改革大会
388 举办首届理事会成立大会暨第一次会议
388 举办博闻论坛第 48 期暨理事会成立报告会
388 完成行政职能改革工作
389 举办学术分委员会选举大会
389 完成“十三五”学科发展规划修订工作
389 学位申报工作取得重大突破
389 选举产生出席学校第八次党员大会代表
389 举行学术发展与学科建设会议
389 举办学生支部书记论坛
389 完成职称评定推荐工作
390 党建评估座谈会顺利召开
390 获得 2 项校青年教师教学基本功竞赛奖项
390 举办第八届教学观摩活动
390 七、人文学院
390 概况
391 召开本科教学工作会
392 举办院庆系列活动
392 举办第九届和第十届中华文明月
392 中共中国政法大学人文学院委员会换届选举党员大会成功召开
392 举办征兵宣讲会
392 举办第八届“丽娜研究生学术论文大赛”
392 召开 2017 年本科培养方案审核工作会
393 举办北京市书法大赛校内选拔赛并带队参加市级比赛

393　举办通识主干课程建设研讨会
393　举办华岩学术基金颁奖典礼
393　举办第二届优秀大学生中国史夏令营
393　采取多种形式开展研究生招生宣传
394　“建构中国特色社会主义法治理论体系”研讨会在汕头召开
394　召开 2017—2018 学年第一次本科教学工作会
394　中共中国政法大学人文学院委员会党员大会成功召开
394　学院调研团赴南京、上海等多所高校调研
394　华东政法大学传播学院来学院访问交流
395　举行“丽娜奖助学金”颁奖仪式
395　召开 2017—2018 学年第二次本科教学工作会
395　校党委书记胡明来学院走访调研
395　召开“文学与法治学术研讨会暨专家咨询会”
396　举办“淼焜奖助学金”颁奖仪式
396　举办 2017 年法律语言高端论坛
396　召开教学基本功大赛与教学观摩研讨
396　人文学院党委“学习十九大精神专题报告会”成功举办
396　举办“意向性：现象学与分析哲学”工作坊
397　校领导来学院进行学科建设调研
397　多位教师在全国或市级学术团体中担负重要职务
397　附件
398　八、外国语学院
398　概况
399　举办中国政法大学首届“拓荒杯”学术论文报告会
399　学院院长荣获励道教学杰出贡献奖
399　外国语学院国际小学期课程
400　外国语言文学博士点申报入围专家评审环节
400　举办第八届全国法律英语大赛
400　学院教师获选 2017 年优秀中青年教师培养支持计划
400　附件
401　九、继续教育学院
402　签署监管干部 2017 年法制专项培训班项目协议书
402　签署总法律顾问选拔培训班项目协议书

402 签署2017年盐城市领导干部和法制工作人员法治专题培训班项目协议书
402 签署2017年大连市甘井子区执法机关优秀青年干警培训班项目协议书
402 签署2017年政法机关领导干部履职能力提升专题研修班项目协议书
402 与中部战区空军签署战略合作框架协议
403 签署广东省工商和市场监管系统竞争执法专题培训班项目协议书
403 签署干部综合能力提升培训班项目协议书
403 签署监督司法工作专题研修班（第二期）项目协议书
403 签署法制专题培训班项目协议书
403 签署干部综合能力提升培训班项目协议书
403 签署民法总则要义解读与适用指导系列论坛项目协议书
403 十、国际教育学院（港澳台教育中心）
403 概况
404 为留学生设立“汉语言专业”
404 入选北京市“一带一路”国家人才培养基地项目
404 举办“2017中国政法大学国际日”活动
404 设立“一带一路”人才培养与法律研究院
404 启动留学生法学专业“一带一路”课程体系建设
404 继续开办小语种语言兴趣班
404 学校留学生和港澳台侨学生参加系列中华武术邀请赛
404 十一、马克思主义学院
404 概况
406 完成教育部本科教学工作审核评估
406 北京市教工委专家到学院调研“翻转课堂”教学
406 深入开展学习习近平总书记考察学校发表重要讲话精神
406 “马克思主义理论与全面依法治国”协同创新中心召开校内协同会议
406 学院分党委赴挂甲峪新农村和焦庄户地道战遗址纪念馆开展主题党日活动
406 首次举办2017年厚德夏令营
407 举办“落实习近平总书记‘5·3’重要讲话精神暨马克思主义与全面依法治国高端论坛”
407 赴全国高校思想政治理论课骨干教师社会实践研修基地（福建）开展社会研修活动
407 参与开展“我与砥砺奋进的五年”大型主题教育实践教学活动
407 深入开展学习宣传贯彻党的十九大精神系列活动

407　打造“重走习总书记考察法大之路”——思政课主题实践教学活动
407　开展迎接教育部研究生学位授权点质量评估准备工作
407　增设2个基层教学组织
408　十二、社会学院
408　概况
409　十三、法律硕士学院
409　概况
410　日本名古屋大学师生来学院学习交流
410　戴宇鑫、杨婉冬同学获3项专利
410　举办“法大知产力论坛”系列学术活动
410　举办第二届优秀大学生夏令营
410　开展第四届意大利暑期交流项目
410　开展“模拟法庭”进校园活动
410　召开第八届法律硕士成长论坛
411　“法硕之星”科研课题大赛入选2017年度十佳校园文化品牌
411　评选第七届“十大最受欢迎教师”
411　颁发社会奖助学金
411　实体教研机构挂牌
411　开设暑期国际教学项目课程
411　十四、光明新闻传播学院
411　概况
412　上海大学悉尼工商管理学院老师来学院交流参观
412　签订实践教学基地合作协议
412　聘任兼职教授
412　举办青年教师教学基本功大赛
412　学院老师获多项奖励称号
412　学院科研成果取得良好成绩
413　本科生参加第九届全国大学生广告艺术大赛
413　获大学生创新项目立项申请
413　十五、比较法学研究院
413　概况
414　研究院党委完成换届选举
414　通过德意志学术交流中心项目评估

415 开展学习习近平总书记考察学校重要讲话精神活动
415 成功举办“中国法暑期班”
415 开展迎接《北京普通高等学校党建和思想政治工作基本标准》集中检查工作
415 完成学校第八次党代会相关工作
416 举办第八届中德宪法论坛
416 举办“数字经济时代的合同法：挑战与发展”学术研讨会
416 中德法学研究所硕士生应德国司法部之邀赴柏林访问
416 举办“比较法视野下的法学学科新发展”学术研讨会
416 开展学习党的十九大系列活动
416 十六、国际儒学院
416 概况
417 举办2017届研究生毕业典礼暨第八届纳通奖学金颁奖仪式
417 举行专项教育项目实施协议签约仪式
417 举办首届“儒学与当代中国”硕士研究生论坛
418 十七、中欧法学院
418 概况
419 学院学生参加国际比赛情况
419 学院组织师生学习贯彻习近平总书记考察学校重要讲话精神
419 举办国际学术研讨会
419 学院师生学习十九大报告
420 举办2017年度中欧学术研讨会
420 十八、法治信息管理学院、科学技术教学部
420 概况
420 参加美国大学生数学建模竞赛
420 参加第十届中国大学生计算机设计大赛北京市级“朔日科技杯”
420 参加第十届中国大学生计算机设计大赛
420 参加第七届中国大学生服务外包创新创业大赛
421 参加全国大学生数学建模竞赛
421 参加北京市大学生数学竞赛
421 参加北京市物理实验竞赛
421 举办法治信息系列讲座论坛

421 十九、体育教学部
421 概况
421 完成高水平运动员招生工作
422 举办全校运动会
422 举办体育法研究中心成立十五周年学术研讨会
422 举办新生运动会
422 接受延安红色教育
422 二十、诉讼法学研究院
422 概况
423 举办诉讼法改革热点问题研讨会
423 举办“理论与实践：以审判为中心的诉讼制度改革”研讨会
423 举办“中德刑事诉讼法学高端论坛”
423 举办“中国古代司法制度的传承与借鉴”座谈会
423 举办《法治政府建设与行政程序法制定》讲座
423 举办《政府合同理论和实践的若干问题》讲座
424 举办《PPP合同可仲裁性分析》讲座
424 举办《法治政府建设与行政程序法典制定》讲座
424 二十一、法律史学研究院
424 概况
424 举办第三届“青年法史学与法文化学者恳谈会”
425 入选法学教育十大新闻
425 举办第七届张晋藩法律史学基金会获奖征文颁奖典礼
425 举办“法律史学系列讲座”第三讲
425 举办“法律史学系列讲座”第四讲
425 举办“法律史学系列讲座”第五讲
425 举办《中国少数民族法史通览》出版座谈会
425 录制《名家谈·中华法文化》系列视频公开课
426 举办“法律史学系列讲座”第六讲
426 举办“法律史学系列讲座”第七讲
426 为部级领导干部做“中国传统法文化的历史地位与史鉴价值”学术讲座
426 举办“传承法律文化重构中华法系”学术研讨会
426 举办“法律史学系列讲座”第八讲
426 参加中纪委组织专家咨询会

426 获评“先进党支部”
426 二十二、法治政府研究院
426 概况
428 成立互联网与法律规制研究中心
428 举办《中国法治政府发展报告（2016）》新闻发布会
428 举办《中国法治政府评估报告（2017）》新闻发布会
428 举办公私合作合同（PPP）国际研讨会
429 成立教师法治教育研究中心
429 成立国家监察与反腐败研究中心
429 举办教育案例库上线仪式暨教育法治论坛
430 成立北京教育法治研究基地
430 举办应松年行政法学基金第一届理事会暨第八届应松年行政法学奖学金颁奖典礼
430 二十三、证据科学研究院
430 概况
432 举办《中国司法文明指数报告2016》新闻发布会
432 完成教学评估工作
432 举办“2017年司法文明指数表彰暨培训动员大会”
432 主办首届中国政法大学法庭科学标准体系建设研讨会
433 举办“第六届证据理论与科学国际研讨会”
433 举办国际证据科学协会第六次理事会会议
433 举办《人民法院诉讼证据规定》结项总结会
433 举办《证据法学》（第二版）修订会
433 成立法庭科学标准研究中心
433 出版著作、译著等13部
433 公开发表论文72篇
434 科研成果获奖2项
434 撰写立法建议/咨询报告1份
434 完成招生、论文答辩工作
434 完成接待工作
434 二十四、法律古籍整理研究所
434 概况
435 10位境内外学者来研究所进行学术交流

435　举办6次学术公益活动
435　教师参加国内外学术交流
436　创立微信公众号
436　主办2次国际会议
436　引进优秀人才1名
436　科研项目顺利结项1项
436　所刊《中国古代法律文献研究》第十一辑顺利出版
436　发表学术论文13篇
436　二十五、人权研究院
436　概况
438　举办“中欧伊斯兰教本土化”国际研讨会
438　举办英文学术写作培训交流会
438　承办中宣部第十九期人权知识培训班
438　举办人权暑期课程班
438　合作举办第七届国际人道法暑期教师高级研讨会
438　人权研究院入选国家高端智库建设培育单位
438　开展国际学术交流
439　参与起草《中国健康事业的发展与人权进步》白皮书
439　二十六、法学教育研究与评估中心
439　概况
439　贯彻落实习近平总书记“5·3”重要讲话精神
439　基本完成法学专业核心课程体系完善工作
440　推进中国特色法学学科体系建设工作
440　参与本科教学审核评估工作
440　形成中国法学专业评估报告
440　完成“中外法学教育比较研究和中国法学教育的改革”项目
440　二十七、法与经济学研究院
440　概况
441　举办“经济分析作为法学方法”专题研讨会
441　参加国际“法与经济学”研讨会
441　参加部门法学会年会
441　席涛教授主持项目获国家工商总局重大委托项目资助
441　举办“Reconsidering the Law-Finance Nexus in a Post-Crisis World（后危机

时代对金融与法律关系的再思考）” 国际学术会议
442 徐文鸣副教授、陈建伟博士和徐光东教授合著英文论文被SSCI期刊收录
442 “法律的经济分析” 被评为学校研究生精品课程
442 研究院代表团赴英国剑桥大学等高校进行学术交流
442 徐文鸣副教授项目获北京市哲学社会科学基金青年项目立项
442 亚洲开发银行代表来访并与学院签订课题委托协议
442 举办“市场监管的国际经验与我国市场监管体系的构建” 研讨会
442 参加“The Changing Role of Central Banks Post Global Financial Crisis（中央银行在全球金融危机后的角色转变）” 国际会议
442 中青年教师参加海外学术交流
442 国内外高校专家学者来学院访问交流
443 张卿教授项目获学校教改项目立项
443 研究生参加国际交流项目
443 二十八、全球化与全球问题研究所
443 概况
443 参加国际全球学第十届国际高校联盟年会议
444 参加“中国国际关系学会2017年理事会暨纪念上海国际关系理论讨论会三十周年会议”
444 举办第五届“全球学与全球治理论坛”
444 面向全国开展第一轮《全球治理》课程培训
444 召开“世界主义思想及其当代价值” 学术研讨会
444 参加第十五届全国高校国际政治研究会年会暨“世界秩序转型与区域治理” 研讨会
444 二十九、资本金融研究院
444 概况
445 资本金融研究院理事会
445 出版《大国金融梦论文集》（第三辑）
446 举办“蓟门法治金融论坛”
446 成立资本金融研究院（商学院）要报
446 三十、仲裁研究院
446 概况
447 共同举行“2017上海国际仲裁周”
447 共同举办西柏坡会议·新时期创新仲裁发展机制专题研讨会

447 举办"一带一路"倡议仲裁机构领导干部座谈会
448 成立全国第一个大数据仲裁中心
448 助力 2017 全运会工作
448 承办《电子合同法律应用与发展调研报告》发布会
448 举办仲裁大讲堂·2017 年中国仲裁周
448 首倡仲裁行业第一部仲裁题材纪录片《大国仲裁》摄制顺利进行
448 首届自贸区纠纷解决与临时仲裁专题论坛
449 协办第二届东湖国际法律论坛
449 协助"东盟"各国法律与仲裁合作落地
449 仲裁大讲堂·国际仲裁机制的合法性之争
449 仲裁大讲堂·虚假仲裁专题研讨会
449 承担课题《"一带一路"沿线国家间投资仲裁制度研究》
449 承担课题《仲裁公信力建设》
450 承担课题《"一带一路"沿线国家国际仲裁制度研究（三）》
450 承担课题《仲裁核心竞争力研究》
450 承担课题《中国特色仲裁基本理论问题研究》
450 承担全国首部以"立法修改建议稿"为形式的重大研究课题·《仲裁法修改专家建议稿》
450 创建"仲裁公信力"为核心的仲裁行业评价体系
450 聘请兼职研究员
450 三十一、互联网金融法律研究院
450 概况
451 承办首届"普惠金融与法制"论文大赛
451 成立大数据与法制研究中心
451 聘用 1 名研究院秘书及 6 名兼职教授
452 开设"大数据法治论坛"系列讲座
452 举办"虚拟货币发行、交易与融资法律问题"闭门研讨会
452 先后发布五大研究报告
452 举办"数据的权属、使用及保护问题"研讨会
452 "金融知识进万家"宣传服务月活动
452 举办 2017 金融消费者权益保护与教育论坛
452 开展"数据科学与法律"跨学科专业建设
453 举办首届新时代大数据法治峰会——大数据·新增长点·新动能·新秩序

453 举办全球数字资产交易风险及防范闭门研讨会
453 大数据法律与实务课程
453 政法金媒班校友思想汇
453 三十二、国家治理研究院
453 概况
454 举办第三届法学前沿论坛
454 国家社会科学基金重大委托项目“创新发展中国特色社会主义法治理论体系研究”立项
454 举办2017数博会“数据开放与隐私保护”高峰法治论坛
454 举办国家治理与法治发展高峰论坛——将司法体制改革进行到底：问题、经验与模式
454 举办中国大学智库论坛·法治峰会
455 发行刊物《国家治理决策参考》
455 成立大数据战略重点实验室中国政法大学研究基地
455 三十三、国家监察研究院
455 概况
456 三十四、网络法学研究院
456 概况
456 三十五、绿色发展战略研究院
456 概况
457 举办中国政法大学绿色发展高端论坛之绿色雄安暨第一届京津冀环境法治论坛
458 **第十四章　重要文件**
458 重要文件一览表
458 一、法大党发
460 二、法大发
461 三、法大办发
462 中国政法大学2017年党政工作要点
462 一、全面贯彻落实全国高校思想政治工作会议精神，深入推进全面从严治党
463 二、着眼全局科学谋划，大力推进“双一流”建设和发展规划工作
463 三、全面深入推进综合改革，狠抓执行务求实效
464 四、突出重点改革创新，做好本科教学审核评估工作，不断提升教育教学

质量和水平
465 五、打造服务型科研培育体系，促进科研工作再上新台阶
465 六、优化完善制度机制，提高师资人事整体工作水平
466 七、落实立德树人根本任务，引领服务学生健康成长
466 八、拓展合作，重点突出，持续深入实施国际化发展战略
467 九、加大投入，统筹管理，全面加强信息化建设
467 十、内抓管理服务，外促合作共赢，增强行政效能和办学活力
468 十一、关注民生，加强保障，切实改善办学条件和环境
468 十二、夯实巩固党建工作基础，深化落实民主管理，不断促进校园和谐
470 **第十五章 学校文件一览表**
470 一、法大党发
474 二、法大发
477 三、法大办发
479 **第十六章 奖励与表彰**
479 先进集体（教职工）
481 先进个人（教职工）
488 先进集体（学生）
491 先进个人（学生）
500 中国政法大学第十一届“感动法大人物”获奖名单
501 中国政法大学第十一届“感动法大人物提名奖”获奖名单
501 中国政法大学第十一届“自强之星”获奖名单
502 中国政法大学2016－2017学年度校级三好学生获奖名单
511 中国政法大学2016—2017学年度本科生国家奖学金名单
512 中国政法大学2016－2017学年度本科生学业奖学金获奖名单
526 中国政法大学2016－2017学年度科研创新奖学金获奖名单
527 中国政法大学2016－2017学年度校长奖学金获奖名单
528 中国政法大学2017年研究生国家奖学金获奖学生名单
529 中国政法大学2016－2017学年2015、2016级研究生奖学金获奖名单
545 中国政法大学2017级研究生新生奖学金获奖名单
553 2016－2017学年度宝钢优秀学生奖获奖名单
553 2017年研究生蒋震奖学金获奖名单
554 2016－2017学年中国政法大学研究生长安公证奖学金获奖名单
554 中国政法大学2016－2017学年度义务兵退役复学奖学金获奖名单

555 中国政法大学 2016 – 2017 学年度“新疆、西藏籍少数民族优秀学生奖学金”获奖学生名单
557 中国政法大学 2016 – 2017 学年度志愿服务奖学金获奖名单
557 中国政法大学 2016 – 2017 学年度竞赛优胜奖学金获奖名单
562 科研奖励
563 体育竞赛获奖
568 **第十七章　大事记**
573 **第十八章　综合统计表**
573 一、高等教育学校（机构）统计报表
574 二、学校（机构）基本情况
576 三、数据核查结果说明及建议
577 四、普通本科分专业学生人数
584 五、成人本科分专业学生人数
586 六、硕士研究生分专业（领域）学生人数
605 七、博士研究生分专业（领域）学生人数
617 八、在校生分年龄情况
618 九、招生、在校生来源情况
620 十、学生变动情况
621 十一、学生休退学的主要原因
622 十二、在校生中其他情况
623 十三、在职人员攻读硕士学位分专业（领域）学生数
624 十四、其他学生情况
625 十五、外国留学生情况
626 十六、教职工情况
628 十七、专任教师、聘请校外教师岗位分类情况
629 十八、专任教师、聘请校外教师学历（位）情况
630 十九、专任教师年龄情况
631 二十、分学科专任教师数
633 二十一、专任教师变动情况
633 二十二、专任教师接受培训情况
634 二十三、研究生指导教师情况
635 二十四、教职工中其他情况
636 二十五、校舍情况

637　二十六、资产情况
638　二十七、信息化建设情况
639　二十八、专职辅导员分年龄、专业技术职务、学历情况
640　二十九、心理咨询工作人员情况
641　三十、普通本科生、普通预科生录取来源情况
644　三十一、普通本科生、普通预科生招生来源情况
646　三十二、教育部直属高校校园占地情况统计报表
649　三十三、教育部直属高校校舍功能明细统计报表
659　**第十九章　毕业生名册**
659　2017 届春季博士研究生毕业名单
660　2017 届夏季博士研究生毕业名单
661　2017 届春季硕士研究生毕业名单
662　2017 届夏季硕士研究生毕业名单
673　2017 届本科生毕业名单
684　成人学历教育 2017 届毕业生名单
688　**第二十章　2017 年媒体索引**
688　电视媒体
688　网络媒体
693　平面媒体

# 第一章　学校综述

## 一、学校概况

中国政法大学是一所以法学为特色和优势，兼有文学、历史学、哲学、经济学、管理学、教育学、理学、工学等学科的“211 工程”重点建设大学，“‘985 工程’优势学科创新平台”“2011 计划”和“111 计划”（高校学科创新引智计划）重点建设高校，国家“双一流”建设高校，直属于国家教育部，正致力于建设世界一流大学和一流学科。现有海淀区西土城路和昌平区府学路两个校区。

学校的前身是 1952 年由北京大学、清华大学、燕京大学、辅仁大学四校的法学、政治学、社会学等学科组合而成的北京政法学院，毛泽东同志亲笔题写了校名。1954 年，学校迁址至学院路（今西土城路）。1960 年成为国家确定的全国重点高校。“文革”中学校停办，1978 年复办。1983 年，北京政法学院与中央政法干校合并，组建成立中国政法大学，邓小平同志亲笔题写了校名。学校形成一校及本科生院、研究生院、进修生院三院办学格局。1985 年，学校开辟昌平校区。进修生院后更名为中央政法管理干部学院单独办学，2000 年，复又合并于中国政法大学。

学校在 60 多年的办学历程中，为国家培养了各类优秀人才 20 余万人。学校是国家法学教育和法治人才培养的主力军，参与了自建校以来几乎国家的所有立法活动，引领着国家法学教育的创新、法学理论的革新和法律思想的更新，代表着国家对外进行法学学术和法治文化交流。同时，学校多学科和跨学科的人才培养模式也为社会输送了一大批人文社会科学高级专门人才，成为国家政治、经济、社会、文化等领域人才培养的生力军。

学校现有在校生 16 736 人，其中本科生 9319 人，研究生 6612 人，留学生 805 人；教师 968 人，教学科研岗教师中教授 307 人，博士生导师 201 人、硕士生导师 613 人，有博士或硕士学位的比例达 89. 25% 。

学校现有法学院、民商经济法学院、国际法学院、刑事司法学院、政治与公共管理学院、商学院、人文学院、外国语学院、马克思主义学院、社会学院、光明新闻传播学院、中欧法学院、法律硕士学院、国际儒学院、国际教育学院/港澳台教育中心、继续教育学院/网络教育学院、科学技术教学部/法治信息管理学院、体育教学部共 18 个教学单位。学校积极推进新型智库建设，设立国家治理研究院，作为学校科研发展与智库建设的总平台；设有诉讼法学研究院（教育部人文社会科学重点研究基地）、法律史学研究院（教育部人文社会科学重点研究基地）、证据科学研究院（教育部重点实验室）、法治政府研究院/青少年法制教育研究中心（北京市哲学社会科学研究基地、教育部青少年法制教育研究基地）、人权研究院（国家人权教育与培训基地、国家高端智库建设培育单位）、比较法学研究院、法与经济学研究院、法律古籍整理研究所、法学教育研究与评估中心/高等教育研究所/质量评估中心、全球化与全球问题研究所、公司法与投资保护研究所等11个在编科研机构；设有资本金融研究院、仲裁研究院、互联网金融法律研究院、绿色发展战略研究院、制度学研究院、国家监察研究院、网络法学研究院、法治经济研究院、国家法律援助研究院、国际法治研究院等10个新型研究机构；设有司法文明协同创新中心、国家领土主权与海洋权益协同创新中心、马克思主义与全面依法治国协同创新中心、全球治理与国际法治协同创新中心、知识经济与法治发展协同创新中心、人权建设协同创新中心、法治政府协同创新中心7个协同创新中心。其中，由中国政法大学牵头组建的司法文明协同创新中心是首批经教育部、财政部认定的14个国家“2011计划”协同创新中心之一，学校参与组建的“国家领土主权与海洋权益协同创新中心”成为第二批获得认定的24个国家“2011计划”协同创新中心之一，学校牵头组建的“马克思主义与全面依法治国协同创新中心”获批北京高校中国特色社会主义理论研究协同创新中心之一。

学校设有法学、侦查学、政治学与行政学、行政管理、国际政治、公共事业管理、工商管理、经济学、国际商务、金融工程、哲学、汉语言文学、汉语言、思想政治教育、社会学、社会工作、应用心理学、英语、德语、翻译、新闻学、网络与新媒体、数学与应用数学、信息管理与信息系统（法治信息管理）共24个本科专业，其中法学、政治学与行政学、社会学为国家级特色专业。学校拥有34个博士学位授权点、78个硕士学位授权点、5个专业硕士学位授权点和3个博士后科研流动站。法学、政治学、马克思主义理论为博士学位授权一级学科，哲学、理论经济学、应用经济学、社会学、心理学、外国语言文学、新闻传播学、中国史、工商管理、公共管理为硕士学位授权一级学科，其中，法学为一级学科国家重点学科，政治学为一级学科北京市重点学科。在第四轮学科评估中，学校9个一级学科参评并全部上榜，其中法学进入A+档，并列全国第一，政治学排名全国第八，社会学、哲学、马克思主义理论等学科取得较好成绩。

学校先后与50个国家和地区的235所知名大学、科研机构和国际组织建立了合作交流关系，每年通过各类合作交流项目派出千余名师生赴境外交流学习，聘请三百余名长短期外国专家来校讲学。2008年建立的中国政法大学中欧法学院是中国政府和欧盟在法学教育领域最大的合作项目。学校从2009年开始全面实施国际化发展战略，不断提升国际化办学水平，学校培养国际型人才的格局已经初步形成。2012年以来，学校先后在英国、罗马尼亚、巴巴多斯建成3所孔子学院。

学校的校训是：厚德、明法、格物、致公。

学校的办学目标是：学校遵循国家教育方针和高等教育规律，弘扬传统，与时俱进，努力办成开放式、国际化、多科性、创新型的世界一流法科强校。

（学生、教师基础数据截至2017年9月，其他数据截至2018年1月。）

## 二、2017 年学校发展综述

### （一）科学制定发展规划，深入推进“双一流”建设

1. **谋篇布局，科学制定发展规划。**全面推进“双一流”建设，编制完成《中国政法大学一流学科建设高校建设方案》；我校“双一流”建设取得重大进展，顺利进入“一流学科建设高校”名单，法学学科入选“双一流”建设学科名单，完成“十三五”发展规划编制的修订工作并开展相关普宣工作；编制完成《中国政法大学博士、硕士学位授权学科和专业学位授权类别动态调整实施办法》，完成2017 年北京市博士硕士学位授权审核工作；完成第四轮学科评估信息异议处理、信息增补、数据核实等工作；开展系列学科调研。

2. **狠抓落实，综合推进学科建设。**推进综合改革中期检查工作；开展法学学科体系、学术体系、话语体系建设工作系列调研活动；探索建立发展预研机制；推进学校京津冀一体化建设进程；完成各项综合信息统计和专项信息统计任务；推进统计工作专业化工作；强化统计信息分析整理工作；开展系列学科调研；制定《中国政法大学新兴学科培育计划管理办法》《中国政法大学交叉学科繁荣计划管理办法》，开展交叉学科和新兴学科建设项目遴选工作，促进新兴学科和交叉学科发展。

### （二）创新人才培养模式，全面提高育人质量

1. **积极探索，培养德法兼修的社会主义法治人才。**学校以评促建、以评促改，顺利通过本科教学评估工作，着力提升专业建设质量和教师教学能力；切实贯彻落实习近平总书记“5.3”重要讲话精神，积极探索德法兼修的社会主义法治人才培养模式；深化法学专业教学改革，我校牵头研究制定《立格联盟院校法学专业教学质量标准》，并在“立格联盟”第八届高峰论坛上正式发布；建设和培育思想政治理论课的“金牌”课程体系，创新思政课程建设模式；完善公益法教育体系，强化法律职业伦理教育；积极推进“中国特色社会主义法治理论”系列教材建设；建立以“立德树人”为理念的课堂教学评价体系，规范本科教学评教体系；深化专业特色化建设，深化校院两级人才培养管理改革；启动各专业本科培养方案的修订工作，完善六年制贯通人才培养机制，持续推进专业特色化建设；本科生“三学期制”稳步实施，实体和虚拟实验班并行模式效果显著；教育教学改革立项工作，立项 22 个，委托立项 31 个；将课程体系以课程类型为导向逐步向以人才培养目标为导向进行转变，初步形成学校“通识教育 2.0”课程体系；启动本科培养方案的修订工作，促进专业特色化建设；加快推进法治人才培养的“马工程教材（辅助、补充教材系列）”建设工作，已出版《刑法学·总论》《行政法与行政诉讼法》《国际私法》《国际经济法》等 4 本教材。

2. **深化改革，全面提升教学水平。**首次面向全校博士、硕士研究生开设《马克思主义经典著作选读》；开展跨学科教改项目和跨学科课程申报、评审和建设工作，7 门跨学科课程、15 个跨学科教改项目获立项并予以资助；顺利启动“中国特色社会主义法治理

论”系列研究生教材编写工作；审议通过《中国政法大学法律硕士学院综合改革建设方案》，法律硕士学院实体化建设迈出关键一步；多举措保障博士研究生“申请－考核”制招生方式全面实施；开展应用型法学博士研究生培养改革试点工作；工商管理、公共管理和法律硕士（非法学）三个专业学位首次招收非全日制硕士研究生，完成首次硕士生入学考试法律硕士联考评卷工作。

3. **创新机制，拓展实践教学工作。**扩展共建范围，增加同步实践教学模式合作实务部门数量；与国内十家知名律所签署合作协议书，合作开展高素质法治人才培养；全方位推进专业实习，全校159个实习基地中，有121个校外实习基地投入到本年度实习工作中，利用率为76.1%；完善创新创业教育工作，新开设4门创新创业课程，与创业学院合办第二期创业训练营，发布《中国政法大学创新创业课程管理办法（试行）》和《中国政法大学创新创业教育管理办法》；我校成功入选26个北京市“一带一路”国家人才培养基地；2017年国家公派研究生项目录取人数上创历史新高，共有92名学生获得国家公派研究生项目资助，增长率达11%。

### （三）创新科研体制，提升科研综合实力

1. **多措并举，完善科研制度建设。**制定《2017年度院级单位科研经费分配及使用方案》，给予院级单位相应的科研经费支持，全面调动各学院研究机构的学术热情与活力。修订《中国政法大学期刊分类办法》，进一步与“双一流建设”要求接轨；修订《中国政法大学科研成果奖励办法》和制定《中国政法大学拓荒牛奖奖励办法》，完善了科研激励制度，大幅提高对教师高质量学术成果的奖励力度。

2. **持续推进，科研项目捷报频传。**我校在2017年国家社科基金重大项目获得5项立项，取得了我校历史上的最好成绩；本次国家社科基金重大项目法学选题共立25项，我校立项数目占全国总数的20%，位列全国第一；2017年我校共获得科研项目381项；纵向、横向项目经费均为历年最高；学校纵向科研项目立项93项，立项批准经费2160万元；其中获得5项国家社科基金重大项目及26项国家社科基金年度项目，均取得学校历史上的最好成绩；获得13项教育部人文社科一般项目，11项司法部项目；获得14项北京市社科基金项目，名列北京市第四，其中法学项目立项7项，名列北京市第一。

3. **积极稳妥，科研成果取得突破。**本年度，我校共有620项2016年度科研成果获得学校奖励，其中，专著123部、高水平译著43部、权威期刊论文40篇、核心期刊论文390篇、咨询报告16项、立法建议5项。8项优秀成果获得省部级以上科研成果奖，其中，北京市第十四届哲学社会科学优秀成果奖7项，一等奖1项，二等奖6项，吴玉章优秀成果奖优秀著作奖1项。三项咨询报告获党和国家领导人批示。发布了《中国司法文明指数报告2016》、“法治政府蓝皮书”之《中国法治政府发展报告（2016）》。

4. **借助共建，打造新型科研平台。**研究基地建设取得重要成绩，我校人权研究院被纳入国家高端智库建设培育单位。我校与北京市教育委员会合作建设“北京教育法治研究基地”，成立了“联合国环境署－中国政法大学环境法研究基地”。新型科研机构建设进一步发展，新建立国家监察研究院和网络法学研究院2个新型科研机构；新成立非在编

研究机构13个，非在编研究机构总数达到182个。

### （四）加强德育工作，提升学生工作质效

1. **立德树人，践行高校思想政治教育。**以深入学习贯彻党的十九大精神、习近平总书记考察我校重要讲话精神、习近平总书记系列重要讲话精神和全国高校思想政治工作会议精神为主线，开展“十九大代表进校园”报告会、中国梦主题教育、形势与政策教育“七个一”工程等活动；启动“书香法大”读书读经典主题活动，开展“身边的阅读故事”作品征集，弘扬中华优秀传统文化；开展“毕业红色之旅”、参观革命圣地及展览活动，引导学生自觉增强“四个自信”。继续举办“卓越领导力”学生训练营、“榜样法大”颁奖典礼等活动，选树先进典型，引导优良学风的传承。举办新生引航、毕业教育系列主题活动、“大学生成长沙龙”活动，以及各类文艺演出活动，积极推进德育工作。

2. **以人为本，服务学生成长成才。**我校实施“一把手”工程，本科及研究生就业率再创新高，其中本科毕业生就业落实率97.99%，研究生就业落实率97.31%；毕业生就业结构更趋合理、就业质量进一步提高；制定并实施学校《深化创新创业教育改革实施方案》，创新创业教育工作取得新突破，被教育部评选为第三批“全国高校实践育人创新创业基地”，被北京市教委评委北京地区高校示范性创业中心；设立专项基金，对赴西部边疆就业的毕业生进行奖励；重点帮扶，做好就业专项工作。

3. **强化素质，展示青年学子风采。**开展“厉害了 我的国”“我的青春法大”等体育赛事，鼓励师生参与大众健身体育文化活动；先后举办“学术十星”“学术新人”论文大赛、“博闻论坛”“法治中国论坛”等活动，创办“博士生沙龙”学术交流活动、建设“咖啡之e——云课堂”线上交流平台，营造学术文化氛围；整合两校区、院校两级志愿服务资源，千余名志愿者在全国五省七地开展普法宣传活动；“双百行动计划”暑期社会实践活动中，3个项目团队获得“首都大学生暑期社会实践优秀团队”称号；33个志愿服务组织，总计19 271人次进行1762场次志愿服务活动。学生代表队在各类辩论赛、科创竞赛、文体竞赛中获数十项奖励，名列人文社科类高校前茅。

### （五）落实人才强校，加强师资队伍建设

1. **多措并举，高层次人才建设成效显著。**汪海燕入选第八届“全国十大杰出青年法学家”；冯晓青、王万华入选2017年文化名家暨“四个一批”人才、国家“万人计划”哲学社会科学领军人才；席涛、冯晓青和李秀云分别获评2017年“北京市优秀教师”和“北京市优秀教育工作者”；雷磊等16位教师入选“百名法学英才培养计划”；年内共计推荐教师13人次参加高层次人才项目角逐；完成第三批优秀中青年教师培养支持计划人员遴选工作；新聘26位兼职教授，续聘26位兼职教授、1位客座教授、1名名誉教授。

2. **注重培养，提升师资队伍综合素质。**成立中国政法大学教师发展中心，促进我校教师队伍建设水平进一步提升；完成2017年“中青年骨干教师海外提升专项资助计划”人员录取及派出工作；认真组织青年骨干教师出国研修项目的申报工作；开展新教师岗前培训和管理人员培训工作；充分利用网络培训资源，加强师德建设和培训培养。

3. **完善制度，制定修改人事相关办法。**制定《中国政法大学教师荣休办法》；修订《中国政法大学“优秀中青年教师培养支持计划”实施办法》《中国政法大学优秀人才引进办法》。提升效率，开发完善人力资源信息化系统，其中岗位聘任系统成果显著，受到广泛好评；做好教师的“引”“育”“留”的结合，为教师队伍发展提供良好的制度环境。

（六）深化国际化发展战略、拓宽国际交流合作

1. **不断拓展，做好国际合作交流。**新签署国际合作协议58份，新增合作伙伴23所，合作高校增至238所，合作国家和地区增至50个；累计接待来自32个国家和地区的118个代表团，其中各国政要及国际组织领导8位；获批国家留学基金委“优秀本科生国际交流项目”46个，位列全国高校第五；学校各类赴境外长短期学生交流项目增至261个，较去年增长了13.7%，累计派出学生近1千人。

2. **提升层次，国际化战略取得突出成果。**2017年我校共聘请长短期外国专家180人，其中长期外国专家19人；继续大力推进外国专家引智工作，国家级引智项目涉及111学科创新引智基地项目1个、海外名师项目1个、学校特色项目2个；国内唯一全英文法庭科学国际期刊Journal of Forensic Science and Medicine（JFSM）顺利创刊；两所海外孔子学院同时荣获“2017全球先进孔子学院”称号，实现重大历史性突破；与联合国环境署合作，设立“联合国环境署－中国政法大学环境法研究基地”。

（七）提升现代治理能力，提高行政服务水平

1. **扎实高效，推进落实重点工作。**精心筹备、周密部署，圆满完成习总书记考察我校的重大政治任务，并开展专项督办贯彻落实习近平总书记在考察我校时重要讲话精神；完成65年校庆典礼、中办回访检查等重大会议、接待活动。

2. **积极推进，校院两级管理取得实质性进展。**组织开展校院两级管理体制改革调研工作，通过召开推进协调及征求意见会3次，以书面征求意见4轮，向8个学院开展实地调研，并向校内行政管理、教育行政法等方面的专家学者征求意见，形成《中国政法大学关于深化校院两级管理体制改革的若干意见》，已于党委常委会原则性通过。

3. **高效规范，认真做好文秘工作。**全年共召开校级党政会议50次，发放党委常委会决议通知单80件、校长办公会决议通知单106件；共处理校级公文481件；按时完成信息报送工作，为学校中心工作提供文秘信息服务；完成法大年鉴编写，并为各级教育年鉴提供材料。

4. **服务师生，提升行政办公水平。**启用新版行政办公系统（OA）、两校区同步视频会议系统、两校区本科生学位学历复印件及翻译件和事业单位法人证书（副本）复印件网上申领程序和自助打印服务等；钱端升纪念馆于65年校庆前夕落成，展馆使用面积约260平方米，开馆以来共接待校内外团体60余个，参观人数2000余人次。

（八）推进国内合作交流，做好社会服务工作

1. **全面推进，国内合作成效初显。**注重推进与国家机关和实务部门层面的国内合作工作；开展与高等院校和研究机构合作，优化教育资源；落实对口支援，为进一步推动滇西扶贫工作，与甘肃政法学院（现甘肃政法大学）签订对口支援协议。

2. **稳步实施，打开筹融资工作新局面。**积极筹措资金，实施《中国政法大学鼓励捐资助学办法实施细则》，实施新的激励政策，充分调动学校上下筹融资工作的积极性；科学管理运行，基金会被认定为4A级社会组织。

（九）科学规范，内部治理进一步优化

1. **规范管理，优化财务治理运行机制。**内部控制制度建设工作基本完成，编制完毕：《内部控制管理规范总册》《内部控制流程控制规范手册》《内部控制评价规范手册》《权限指引》；进一步落实中央“放管服”指示精神，简化优化科研经费报销程序和使用规定，制定完善学校差旅费、会议费等管理办法，助力我校科研事业发展；优化财务信息管理模式，加大信息公开力度，开通原始凭证电子查询功能。

2. **求真务实，稳步推进审计工作。**深入开展经济责任审计，加强对权力运行的审计监督；稳步推进财务预算执行情况和决算审计，规范财政拨款使用管理；2017年审计处会同学校信息建设办公室建设科研项目结项审计网上申报系统；规范管理与服务，制定了《中国政法大学建设工程管理审计办法》《中国政法大学加强审计整改工作管理办法》，不断提升审计工作的质量和水平。

（十）提升服务质量，增强办学综合实力

1. **协同创新，推进“智慧校园”建设。**继续推进教学信息化，加强教学应用管理平台建设、智慧教室的推广与应用双轨教室改造建设、学院路校区虚拟录制系统建设等；促成全国22所政法院校关于推进法学教育信息化的“法大共识”；加强管理信息化，完成一卡通自助服务设备的建设和新系统的上线运行，新增微信集成；启用智慧法大校内门户平台、建立涵盖教务处、校办、信息办、人事处、资产处、宣传部几个单位的二十几个审批业务的办事大厅，为教师提供“一张表”数据服务；进一步加强网络安全维护，建立健全网络信息安全责任体系，《中国政法大学网络与信息安全管理办法》，全面加强二级单位网站安全保护工作。

2. **规范体系，提高资产管理和服务水平。**健全国有资产管理制度，颁布实施《中国政法大学关于完善教学科研仪器设备采购工作的实施意见》《中国政法大学公共租赁住房管理办法》；规范国有资产管理工作，下发82个单位公有房使用明细及公有房使用责任书，完成公车改革车辆处置工作；加强校办企业国有资产监管，规范商铺一卡通收入转账方式；加强国有资产民生服务工作，完善房产管理系统功能，启用和完善住房补贴模块；完成通州马驹桥的公租房两批次报名申请、资格审核及配租等相关工作；启动周转房网上申请及选房系统，实现周转房申请、选房等手续的网络化办公。

3. **强化责任，注重提升基建工作实效。**加强工程前期工作，切实推进基建工作取得进展，启动昌平校区学生公寓、综合体育馆、博士生及博士后公寓等项目的规划设计工作；昌平校区图书馆节能维修改造工程已开始工程改造设计等前期工作；完成昌平校区礼堂节能维修改造工程；做好教学楼、办公楼及锅炉房等已竣工项目维保工作，确保师生正常使用；积极争取政策、资金支持，申请国拨资金2018年教学图书综合楼项目，极大缓解我校资金紧张局面。

4. **扎实推进，全面建设平安校园。**及时了解掌握师生思想动态，加强意识形态阵地管理，切实做好敏感时段、重大事件期间的维稳工作；坚持“预防为主、防治结合、加强教育、群防群治”的原则，紧紧围绕学校的中心工作，为学校相关重要活动提供有力的安保支持；强化监督检查、严格整改落实，做好师生员工的消防安全培训教育工作，将安全培训和检查落到实处；强化日常工作，提高师生安全感和满意度；加大安全稳定工作投入，提升防范能力；以综合防控体系为核心，细化安稳工作格局。

5. **服务至上，不断提高后勤保障能力。**组织后勤服务系统安全及服务专项检查，确保重要节点、敏感时期及日常后勤服务保障工作的平稳运行；重视加强后勤员工培训工作，不断提升后勤科学管理水平；试行后勤实体负责人绩效考核，充分发挥激励与示范作用；正式启动后勤信息化平台的建设，进一步推动后勤服务标准化改造和建设，实现后勤标准化建设工作常态化；立足改善民生，开设教工自助餐厅，为广大教职员工提供优质的服务；配合学校做好公务用车制度改革工作，建立车辆统一管理机制；积极开展维修改造工程，扎实推进节能减排工作。

## 三、机构设置

### （一）现任党政领导名单

1. 党委常委：石亚军（截至2017年7月）　胡　明　黄　进　冯世勇
刚文哲（2017年9月起任）　马怀德　高浣月　李树忠
徐　扬　时建中　常保国　于志刚
2. 党委书记：石亚军（截至2017年7月）
胡　明（2017年7月起任）
3. 校　　长：黄　进
4. 副 校 长：冯世勇　马怀德　李树忠　徐　扬　时建中　常保国　于志刚
5. 党委副书记：黄　进（2017年4月起任）
刚文哲（2017年9月起任）　高浣月
胡　明（截至2017年7月）　常保国
6. 纪委书记：刚文哲（2017年9月起任）
胡　明（截至2017年7月）
7. 宣传部（新闻中心）部长（主任）：刚文哲（兼）（2017年12月起任）
8. 组织部部长：高浣月（兼）（2017年12月起任）

9. 统战部部长：常保国（兼）（2017 年 12 月起任）

（二）中共中国政法大学第八届委员会名单（25 人）（按姓氏笔画为序）

于志刚　马怀德　王立艳（女）　王洪松　王称心（女，满族）
王敬波（女）　尹志强　孔庆江　卢少华　卢春龙
冯世勇　刚文哲　刘琳琳（女）　李秀云（女）　李国强（满族）
李树忠　李曙光　时建中　吴　平（女）　胡　明
徐　扬　高浣月（女）　黄　进　黄瑞宇　常保国

（三）中共中国政法大学第八届纪律委员会名单（9 人）（按姓氏笔画为序）：

王万华（女，侗族）　曲新久　刚文哲　刘大炜　许　兰（女）
杨　军（女）　张翼志　范分社　彭祥林

（四）第十届中国政法大学学术委员会成员名单（25 人）

主任委员：黄　进
副主任委员：时建中（常务）　石亚军　马怀德　张桂林
委　　员（按姓氏笔画排序）：
马怀德　于志刚　王　玲　王万华　文　兵　石亚军
曲新久　朱　勇　李　立　李树忠　时建中　邰丽华
应　星　张保生　张桂林　罗智敏　庞金友　易　军
郑永流　柳经纬　高健军　栗　峥　黄　进　舒国滢
薛刚凌
特邀委员：陆小华
秘书长：栗　峥

第十届中国政法大学学术委员会各专门委员会名单
1. 学科建设委员会（15 人，按姓氏笔画排序，下同）
主　任：李树忠
副主任：解志勇
委　员：卫　灵　孔庆江　文　兵　刘俊生　阮齐林　陈明生
李树忠　李曙光　陆小华　张　清　赵　宏　赵旭东
徐世虹　郭伟和　解志勇
2. 研究生教学指导委员会（15 人）
主　任：马怀德
副主任：李曙光
委　员：马怀德　刘　飞　刘　星（法学院）　刘纪鹏　李曙光
杨秀清　沙丽金　汪海燕　林　林　庞金友　赵丙祥

费安玲　袁　方　袁　钢　霍政欣

3. 本科教学指导委员会（15 人）

主　任：于志刚

副主任：卢春龙

委　员：马　皑　于志刚　卢春龙　许身健　阴卫芝　李　立
李　净　李永军　郜丽华　吴宏耀　张　巍　庞金友
俞学明　郭金霞　霍政欣

4. 教师聘任委员会（15 人）

主　任：李树忠

副主任：吴　平

委　员：于　飞　王心竹　王　霆　刘　玫　刘淑环
刘　斌（光明新闻传播学院）　吕　芳　李　立
李树忠　郜丽华　吴　平　应　星　赵旭东
舒国滢　霍政欣

5. 科学研究委员会（15 人）

主　任：时建中

副主任：栗　峥

委　员：王　涌　王万华　丛日云　李永军　李居迁　宋朝龙
时建中　汪海燕　张中秋　赵丙祥　赵晓华　施正文
栗　峥　席　涛　舒国滢

6. 学风建设委员会（15 人）

主　任：时建中

副主任：栗　峥

委　员：王心竹　王敬波　尹志强　阮齐林　许身健　时建中
吴宏耀　张秀华　张　莉（社会学院）　张　清　张　巍
费安玲　柳经纬　栗　峥　傅广宛

（五）第五届中国政法大学学位评定委员会名单

（2017 年成员调整，法大发〔2017〕58 号）

顾　　问：江　平　陈光中　张晋藩　李德顺　应松年

主　　席：黄　进

常务副主席：马怀德

副 主 席：石亚军　李曙光　舒国滢

委　　员：（21 人，按姓氏笔画排序）
于志刚　马怀德　文　兵　孔庆江　石亚军　曲新久
刘　飞　刘纪鹏　李　立　李树忠　李曙光　时建中
杨　阳　应　星　郜丽华　费安玲　姚泽金　高　祥

黄　进　焦洪昌　舒国滢

研究生教学指导委员会名单

主 任 委 员：马怀德

副主任委员：李曙光

委　　　员：（15人，按姓氏笔画排序）

马怀德　刘　飞　刘　星　刘纪鹏　李曙光　杨秀清

汪海燕　沙丽金　林　林　庞金友　赵丙祥　费安玲

袁　芳　袁　钢　霍政欣

中国政法大学博士后工作领导小组名单

组　长：马怀德

副组长：李曙光　吴　平

成　员：焦洪昌（法学院）　李树忠（民商经济法学院）

孔庆江（国际法学院）　曲新久（刑事司法学院）

高　祥（比较法学研究院）　杨　阳（政治与公共管理学院）

邰丽华（马克思主义学院）　文　兵（人文学院）

### （六）处级机构调整情况

新增和调整机构10个，其中成立1个在编教学科研机构法治信息管理学院。成立1个在编科研合署办公机构质量评估中心，成立2个新型在编研究机构网络法学研究院、国家监察研究院。成立2个校部机关挂靠机构教师发展中心、“双一流”建设工作办公室。

### （七）校部机关部门负责人名单

| | |
|---|---|
| 学校办公室 | 主　任　李秀云 |
| | 副主任兼学院路校区工作委员会办公室副主任　王　敏 |
| | 副主任　刘耀辉 |
| | 副主任兼法律事务办公室主任　王　巍 |
| 档案馆 | 馆　长　李健百 |
| 党委组织部 | 部　长　王立艳（截至2017年12月） |
| | 常务副部长　王立艳（2017年12月起任） |
| | 副部长　袁　林 |
| | 副部长　黎　洋（2017年3月起任） |
| 统战部 | 部　长　王称心（截至2017年12月） |
| | 常务副部长　王称心（2017年12月起任） |
| 纪律检查委员会 | 副书记　范分社 |
| 纪委办公室 | 主　任　彭祥林 |

| | |
|---|---|
| | 副主任　王有为 |
| 监察处 | 处　长（兼）　范分社 |
| | 副处长　叶建华 |
| 宣传部（新闻中心） | 部　长（主　任）　刘琳琳（截至 2017 年 12 月） |
| | 常务副部长（常务副主任）刘琳琳（2017 年 12 月起任） |
| | 副部长（副主任）　刘　杰 |
| | 副部长（副主任）　何　苗 |
| 离退休工作处 | 副处长　贾　彤 |
| | 副处长　牛晓飞 |
| 教务处 | 处　长　卢春龙 |
| | 副处长　邵文郁 |
| | 副处长兼实验教学中心主任　王　为 |
| | 副处长　吴宏耀 |
| | 副处长兼招生办公室主任　宋婧博 |
| | 副处长　王　强（2017 年 3 月起任） |
| 科研处 | 副处长（主持工作）　栗　峥 |
| | 副处长　杜学亮 |
| | 副处长　于　飞 |
| | 副处长（兼）　杜彩云 |
| 2011 计划办公室 | 主　任　杜彩云 |
| 研究生院 | 院　长　李曙光 |
| | 副院长（正处级）王振峰 |
| | 副院长兼研究生院招生办公室主任　何　欣 |
| | 副院长　袁　钢 |
| | 副院长（兼）　张永然 |
| 发展规划与学科建设处 | 处　长　解志勇 |
| | 副处长　黄　利 |
| 人事处 | 处　长　吴　平 |
| | 副处长　黎　军 |
| | 副处长　宋乃龙 |
| 人才引进办公室 | 主　任（兼）　吴　平 |
| | 常务副主任　刘惠敏 |
| 国际合作与交流处 | 处　长　许　兰 |
| | 副处长　王福平 |
| | 副处长　吕　勇 |
| 孔子学院办公室 | 主　任　李丹丹 |
| 学生工作部（处） | 处　长　卢少华 |

| | |
|---|---|
| | 副处长兼学生就业指导与服务中心主任　解廷民 |
| | 副处长（兼）　张永然 |
| | 副处长兼学生资助管理中心主任　卜路军 |
| | 副处长　王　彤 |
| 武装部 | 部　长（兼）　卢少华 |
| | 研究生工作办公室主任　张永然 |
| 财务处 | 处　长　李国强 |
| | 副处长　梁　璐 |
| | 副处长　郑　楠（2017 年 7 月起任） |
| 审计处 | 处　长　张翼志（2017 年 3 月起任） |
| | 副处长　张翼志（截至 2017 年 3 月） |
| 招投标及采购管理办公室 | 主　任　金龙河（2017 年 3 月起任） |
| 保卫部（处） | 处　长　林发军 |
| | 副处长　梁安琪 |
| | 副处长　田兆军 |
| | 副处长（兼）　韩伯君 |
| 610 办公室 | 主　任　韩伯君 |
| 资产管理处 | 处　长　罗晓季 |
| | 副处长　李　勇 |
| 后勤工作委员会办公室 | 副主任　卢　东 |
| | 副主任　赵鹏程 |
| 基建处 | 处　长　杨学志 |
| | 副处长　赵广成 |
| 校园发展办公室 | 主　任　金龙河 |
| 校工会 | 常务副主席　尹志强 |
| | 副主席　李玺文 |
| 校团委 | 书　记　黄瑞宇 |
| | 副书记　孙　璐 |
| 开放教育管理办公室 | 主　任　吴景明 |
| | 副主任　刘　英 |
| 信息化建设办公室 | 主　任　孙园植 |
| （现代教育技术中心） | 副主任　吕淑艳 |
| | 副主任　李庆珍 |
| 校友工作办公室 | 主　任　杨　杰（截至 2017 年 7 月） |
| 国内合作处 | 处　长　吴　飚 |
| | 副处长　刘　建 |

## （八）院、部、所、中心负责人名单

| | |
|---|---|
| 法学院 | 院　长　焦洪昌（2017 年 3 月起任） |
| | 副院长（兼）　刘大炜 |
| | 副院长　焦洪昌（截至 2017 年 3 月） |
| | 副院长　许身健 |
| | 副院长　薛小建 |
| | 副院长　雷　磊（2017 年 10 月起任） |
| | 副院长（兼）　王文英 |
| 民商经济法学院 | 院　长（兼）　李树忠 |
| | 副院长（兼）　王洪松 |
| | 副院长　赵旭东 |
| | 副院长　卢　跃 |
| | 副院长　李永军 |
| | 副院长　杨秀清 |
| 国际法学院 | 院　长　孔庆江 |
| | 副院长（兼）　顾永强 |
| | 副院长　李居迁 |
| | 副院长　霍政欣 |
| | 副院长（兼）　杨俊丽 |
| 刑事司法学院 | 院　长　曲新久 |
| | 副院长（兼）　周志荣 |
| | 副院长　汪海燕 |
| | 副院长　郭金霞 |
| | 副院长（兼）　王敬川 |
| 政治与公共管理学院 | 院长兼 MPA 教育中心主任　杨　阳 |
| | 副院长（兼）　李程伟 |
| | 副院长　贾文华 |
| | 副院长　庞金友 |
| | 副院长（兼）　张艳萍 |
| MPA 教育中心办公室 | 主　任　布仁巴图 |
| 商学院 | 院　长　刘纪鹏 |
| | 副院长（兼）　李欣宇 |
| | 副院长　杨　杰（2017 年 7 月起任） |
| | 副院长　朱晓武（截至 2017 年 7 月） |
| | 副院长（兼）　何　欣 |
| MBA 教育中心办公室 | 主　任　李景华 |

| | |
|---|---|
| 人文学院 | 院　长　文　兵 |
| | 副院长（兼）　杨　军 |
| | 副院长　俞学明 |
| | 副院长　赵晓华 |
| | 副院长（兼）　尹晓华 |
| 国际儒学院 | 副院长　王心竹 |
| 光明新闻与传播学院 | 院　长（兼）　陆小华（截至 2017 年 1 月） |
| | 院　长（兼）　沈卫星（2017 年 10 月起任） |
| | 副院长（兼）　尚　武 |
| | 副院长　刘徐州 |
| | 副院长　姚泽金 |
| 外国语学院 | 院　长　李　立 |
| | 副院长（兼）　赵云鹏 |
| | 副院长　沙丽金 |
| | 副院长　张　清 |
| | 副院长（兼）　田力男 |
| 社会学院 | 院　长　应　星 |
| | 副院长（兼）　王英伟 |
| | 副院长　马　皑 |
| | 副院长　赵内祥 |
| 马克思主义学院 | 副院长（主持工作）　郜丽华 |
| | 副院长（兼）　阮广宇 |
| | 副院长　袁　方（2017 年 7 月起任） |
| | 副院长　黄　东（2017 年 7 月起任） |
| 法律硕士学院 | 院　长　费安玲 |
| | 副院长（兼）　韩文生 |
| | 副院长　辛崇阳 |
| | 副院长　杜　娟（截至 2017 年 9 月） |
| 继续教育学院 | 院　长　刘守仁 |
| | 副院长　张晓琴 |
| | 副院长　孙　智 |
| | 副院长（兼）　刘玉娥 |
| 国际教育学院 | 院　长　张丽英 |
| | 副院长　杜　鹃 |
| | 副院长　曾　涛 |
| 科学技术教学部 | 主　任　李　净 |
| | 副主任　王　云 |

| | |
|---|---|
| 体育教学部 | 主　任　贾海翔（2017 年 3 月起任） |
| | 副主任　贾海翔（截至 2017 年 3 月） |
| | 副主任　黎　晨 |
| | 副主任　孙显超（2017 年 7 月起任） |
| 出版社 | 社　长　尹树东 |
| 图书馆 | 馆　长（兼）　时建中 |
| | 副馆长　欧阳晨红 |
| | 副馆长（兼）　乔占学 |
| 政法论坛 | 主　编　王人博 |
| | 副主编　陆　敏 |
| 诉讼法学研究院 | 院　长　卞建林 |
| | 副院长　李本森 |
| 比较法学研究院 | 院　长　高　祥 |
| | 副院长（兼）　王　芳 |
| | 副院长（正处级）　鲍增华 |
| | 副院长　林　林 |
| | 副院长　谢立斌 |
| 法律史学研究院 | 院　长　朱　勇 |
| | 常务副院长　张中秋 |
| | 副院长　林　乾 |
| 人权研究院 | 常务副院长（正处级）　张　伟 |
| | 副院长　班文战 |
| 法律古籍整理研究所 | 副所长　李雪梅 |
| 法学教育研究与评估中心 | 主　任　田士永 |
| | 副主任　刘坤轮 |
| 全球化与全球问题研究所 | 副所长　刘贞晔 |
| 法和经济学研究院 | 院　长　席　涛 |
| 证据科学研究院 | 院　长　王　旭（2017 年 3 月起任） |
| | 副院长　王　旭（截至 2017 年 3 月） |
| | 副院长　张　中 |
| 中国政法大学学报 | 主　编　曹明德 |
| | 副主编　陈景善 |
| 中欧法学院 | 中方联席院长　刘　飞 |
| 法治政府研究院 | 院　长　王敬波 |
| | 副院长　赵　鹏（2017 年 3 月起任） |
| 校医院 | 副院长　杜　飞 |
| | 副院长　蓝　红 |

| | |
|---|---|
| 中国政法大学科技园管理办公室 | 主　任　卫跃宁 |
| 班戈大学孔子研究院 | 中方院长　辛衍君 |
| 布加勒斯特大学孔子学院 | 中方院长　董京波 |
| 巴巴多斯孔子学院 | 中方院长　宋庆宝 |

### （九）基层党组织负责人名单

| | |
|---|---|
| 校部机关党委 | 书　记（兼）　胡　明 |
| 离退休干部党委 | 书　记　马华山 |
| | 副书记　牛晓飞 |
| 法学院党委 | 书　记　刘大炜 |
| | 副书记　王文英 |
| 民商经济法学院党委 | 书　记　王洪松 |
| 国际法学院党委 | 书　记　顾永强 |
| | 副书记（兼）　霍政欣 |
| | 副书记　杨俊丽 |
| 刑事司法学院党委 | 书　记　周志荣 |
| | 副书记　王敬川 |
| 政治与公共管理学院党委 | 书　记　李程伟 |
| | 副书记　张艳萍 |
| 商学院党委 | 书　记　李欣宇 |
| | 副书记　何　欣 |
| 人文学院党委 | 书　记　杨　军 |
| | 副书记　尹晓华 |
| 光明新闻传播学院党委 | 书　记　尚　武 |
| 外国语学院党委 | 书　记　赵云鹏 |
| | 副书记　田力男 |
| 社会学院党委 | 书　记　王英伟 |
| 马克思主义学院党委 | 书　记　阮广宇 |
| 法律硕士学院党委 | 书　记　韩文生 |
| 科研单位党委 | 书　记　杜学亮 |
| 比较法学研究院党委 | 书　记　王　芳 |
| 后勤分党委 | 副书记　杨怀军 |
| 图书馆党总支 | 书　记　乔占学 |
| 继续教育学院直属党支部 | 书　记（兼）　刘守仁 |
| | 副书记　刘玉娥 |
| 国际教育学院直属党支部 | 书　记（兼）　张丽英 |
| 体育部直属党支部 | 书　记　恽鹏远 |

科教部直属党支部　　　　　　书　记　武晓红
现代教育技术中心直属党支部　书　记（兼）　孙园植
出版社直属党支部　　　　　　书　记（兼）　尹树东

### （十）校内各单位科室设置（科级）

根据工作需要，成立4个科级管理机构发展规划与学科建设处信息统计科、教务处交流培养科、审计处管理审计科、校工会文体福利科。

新增和调整编制90个，其中增加教学科研岗位53个、其他专技岗位5个、辅导员岗位4个、管理岗位28个（含科级领导职数10个）。

### （十一）第六届教代会主席团名单

| | | | | | |
|---|---|---|---|---|---|
| 于向荣 | 王　萍 | 王冬方 | 王国芳 | 王顺安 | 王晋萍 |
| 尹志强 | 冯世勇 | 刘志雄 | 刘艳萍 | 祁　欢 | 杜学亮 |
| 李　净 | 李树忠 | 李玺文 | 欧阳晨虹 | 周军英 | 周爱华 |
| 郑　楠 | 胡　明 | 恽鹏远 | 黄瑞宇 | 焦洪昌 | |

### （十二）委员会、领导小组及其成员名单

1. 中国政法大学昌平家属院置换项目善后工作领导小组
（2017年成立，法大发〔2017〕2号）
组　　　长：徐　扬　冯世勇
成　　　员：金龙河　罗晓季　李国强　张翼志
　　　　　　范分社　刘琳琳　王　巍
校内法律专家：于　飞　薛克鹏
专 职 律 师：李延武

领导小组下设办公室，设在校园发展建设办公室，牵头负责项目善后工作，相关职能部门予以积极配合。

2. 中国政法大学招投标及采购领导小组
（2017年成立，法大发〔2017〕128号）
组　长：主管校领导
副组长：招投标及采购管理办公室主任
成　员：纪委办监察处、审计处、财务处、资产管理处、基建处、后勤工作委员会办公室等部门负责人

3. 中国政法大学实验室安全工作领导小组
（2017年成立，法大发〔2017〕124号）
组　长：胡　明　黄　进
副组长：于志刚　刚文哲　马怀德　徐　扬　时建中　常保国
成　员：（按姓氏笔画排序）

王　旭　王　为　卢春龙　卢　东　卢少华　孙园植
刘纪鹏　刘琳琳　曲新久　应　星　杜　飞　李国强
李　立　李秀云　李曙光　杨　阳　杨学志　范分社
林发军　罗晓季　姚泽金　栗　峥

领导小组下设办公室，办公室设在教务处实验教学中心。

4. 中国政法大学体育运动委员会

(2017 年成员调整，法大发〔2017〕133 号)

主　　任：冯世勇

常务副主任：贾海翔

副　主　任（4 人，按姓氏笔画排序，下同）：
尹志强　卢少华　卢春龙　黄瑞宇

委　　员（33 人）：
王　芳　王英伟　王洪松　王敬川　尹晓华　卢　东
刘　飞　刘大炜　刘琳琳　阮广宇　孙显超　孙园植
杜　飞　李　欢　李秀云　李国强　李欣宇　李玺文
吴　飚　张　中　张永然　张艳萍　林发军　尚　武
武晓红　赵云鹏　恽鹏远　顾永强　袁　钢　韩文生
彭　博　曾　涛　黎　晨

5. 中国政法大学研究生招生工作领导小组

(2017 年成员调整，法大发〔2017〕94 号)

组　长：胡　明　黄　进

成　员：刚文哲　马怀德　常保国　李曙光　何　欣

领导小组负责按照教育部有关招生方针、政策、规定、办法，上级主管部门、所在省（区、市）高等学校招生委员会的补充规定，以及本单位的实际情况，制订实施细则，并开展招生工作。

6. 中国政法大学本科招生工作领导小组

(2017 年成员调整，法大发〔2017〕102 号)

组　长：胡　明　黄　进

成　员：刚文哲　常保国　于志刚　卢春龙　宋婧博

7. 中国政法大学招生委员会

(2017 年成员调整，法大发〔2017〕103 号)

主　任：胡　明　黄　进

副主任：刚文哲　马怀德　常保国　于志刚

委　员：（以姓氏笔画为序）
于志刚　马怀德　王天华（教师代表）　卢少华　卢春龙
刚文哲　李秀云　李国强　李曙光　佟丽华（校友代表）
张丽英　范分社　胡　明　黄　进　常保国

学生代表（实行席位制，由招生年度在任校学生会主席担任）

8. 中国政法大学“双一流”建设领导小组

（2017年成立，法大发〔2017〕139号）

组　长：胡　明　黄　进

副组长：李树忠

成　员：（以姓氏笔画为序）

马怀德　于志刚　王立艳　冯世勇　卢少华　卢春龙

刚文哲　许　兰　刘琳琳　李秀云　李曙光　李国强

时建中　吴　平　张翼志　范分社　高浣月　徐　扬

栗　峥　常保国　黄瑞宇　解志勇

9. 中国政法大学绿化委员会

主　　任：徐　扬

成　　员：学校办公室、宣传部、研究生院、学生工作部、财务处、保卫处、资产管理处、后勤工作委员会办公室、基建处、校工会、校团委、校医院及各后勤实体负责人

执行机构：绿化委员会下设执行机构，设在后勤工作委员会办公室。

10. 中国政法大学爱国卫生运动委员会

（2017年成立，法大发〔2017〕99号）

主　　任：徐　扬

成　　员：学校办公室、统战部、宣传部、研究生院、人事处、学生工作部、财务处、保卫处、资产管理处、基建处、校工会、校团委、校医院、后勤工作委员会办公室及各后勤实体负责人

执行机构：爱国卫生运动委员会下设执行机构，设在后勤工作委员会办公室。

# 第二章　特　载

**【新华社】** 习近平在中国政法大学考察时强调 立德树人德法兼修抓好法治人才培养励志勤学刻苦磨炼促进青年成长进步

**新华社北京 5 月 3 日电**　在五四青年节来临之际，在中国政法大学建校 65 周年前夕，中共中央总书记、国家主席、中央军委主席习近平 3 日上午来到中国政法大学考察。习近平代表党中央，向全国各族青年致以节日的问候，向全国广大教育工作者、青年工作者、法治工作者致以诚挚的问候。他强调，全面推进依法治国是一项长期而重大的历史任务，要坚持中国特色社会主义法治道路，坚持以马克思主义法学思想和中国特色社会主义法治理论为指导，立德树人，德法兼修，培养大批高素质法治人才。

习近平强调，中国的未来属于青年，中华民族的未来也属于青年。青年一代的理想信念、精神状态、综合素质，是一个国家发展活力的重要体现，也是一个国家核心竞争力的重要因素。当今中国最鲜明的时代主题，就是实现“两个一百年”奋斗目标、实现中华民族伟大复兴的中国梦。当代青年要树立与这个时代主题同心同向的理想信念，勇于担当这个时代赋予的历史责任，励志勤学、刻苦磨炼，在激情奋斗中绽放青春光芒、健康成长进步。

中国政法大学是我国一所著名高等学府，成立于 1952 年，以“厚德、明法、格物、致公”为校训，长期以来为国家培养了大批法治人才。

暮春时节，位于北京市昌平区的中国政法大学校园内满目青葱、一派生机。上午 9 时 20 分，习近平在校党委书记石亚军、校长黄进陪同下，首先来到逸夫楼一层大厅，参观校史及成果展。一张张图片，一件件实物，见证了几代党和国家领导人对中国政法大学和中国法治建设的关心和支持，展示了中国政法大学的发展历程，习近平不时驻足观看，询问有关情况。他对中国政法大学在人才培养、学术研究、社会服务、文化传承、国际交流合作、特色课程教育等方面取得的成就表示肯定，希望学校总结经验、改革创新，更好整合资源，更好找准着力点，把教学、科研、育人各项工作做得更好。

在展厅内，总书记亲切会见了张晋藩、廉希圣、李德顺、王卫国、卞建林等几位资深教授，同他们一一握手，亲切交谈。参与新中国法治进程的教授们讲述了他们对法治精神和治学方法的思考，习近平感谢他们为法治理论研究和法治人才培养做出的贡献，希望他们继续贡献才智，祝他们生活愉快、身体健康。参观结束时，习近平同中国政法大学领导班子成员和几位教授合影留念。

在学生活动中心一层大厅，民商经济法学院本科二年级 2 班团支部正在开展“不忘初心跟党走”主题团日活动。习近平来到他们中间，同学们报以热烈掌声。几位同学从不同角度畅谈观看电影《焦裕禄》的体会，习近平认真倾听，并参与讨论。习近平语重心长地对同学们说，新中国成立以来，我们党和人民一路筚路蓝缕、艰苦奋斗走来，使国家越来越富强、民族越来越兴盛、人民越来越幸福，其中很重要的一条就是有无数焦裕禄这样的优秀党员、干部为党和人民无私奉献。焦裕禄同志的事迹归结到一点，就是坚定跟党走，他一生都在为党分忧、为党添彩。焦裕禄精神跨越时空，永远不会过时，我们要结合时代特点不断发扬光大。希望大家矢志不渝，用一生来践行跟党走的理想追求。共青团是党的助手和后备军，要始终保持先进性，广大团员青年坚定跟党走，就是初心。不忘这个初心，是我国广大青年的政治选择，也是我国广大青年的人生航向。习近平勉励同学们珍惜韶华，潜心读书，敏于求知，做到德智体美全面发展，毕业后为祖国和人民施展自己的才华，实现自己的人生价值。

之后，习近平来到学生活动中心三层会议室，同中国政法大学师生和首都法学专家、法治工作者代表、高校负责同志座谈。中国政法大学党委书记石亚军、终身教授张晋藩、民商经济法学院学生潘辉和北京市朝阳区人民法院奥运村法庭庭长刘黎先后发言。他们结合实际，谈教育管理、教书育人、学习生活、法治实践。

在听取大家发言后，习近平发表重要讲话。他指出，全面依法治国是坚持和发展中国特色社会主义的本质要求和重要保障，事关我们党执政兴国，事关人民幸福安康，事关党和国家事业发展。随着中国特色社会主义事业不断发展，法治建设将承载更多使命、发挥更为重要的作用。推进全面依法治国既要着眼长远、打好基础、建好制度，又要立足当前、突出重点、扎实工作。建设法治国家、法治政府、法治社会，实现科学立法、严格执法、公正司法、全民守法，都离不开一支高素质的法治工作队伍。法治人才培养上不去，法治领域不能人才辈出，全面依法治国就不可能做好。

习近平强调，没有正确的法治理论引领，就不可能有正确的法治实践。高校作为法治人才培养的第一阵地，要充分利用学科齐全、人才密集的优势，加强法治及其相关领域基础性问题的研究，对复杂现实进行深入分析、做出科学总结，提炼规律性认识，为完善中国特色社会主义法治体系、建设社会主义法治国家提供理论支撑。

习近平指出，法学学科体系建设对于法治人才培养至关重要。我们有我们的历史文化，有我们的体制机制，有我们的国情，我们的国家治理有其他国家不可比拟的特殊性和复杂性，也有我们自己长期积累的经验和优势，在法学学科体系建设上要有底气、有自信。要以我为主、兼收并蓄、突出特色，深入研究和解决好为谁教、教什么、教给谁、怎样教的问题，努力以中国智慧、中国实践为世界法治文明建设做出贡献。对世界上的优秀法治文明成果，要积极吸收借鉴，也要加以甄别，有选择地吸收和转化，不能囫囵吞枣、照搬照抄。

习近平强调，法学学科是实践性很强的学科，法学教育要处理好知识教学和实践教学的关系。要打破高校和社会之间的体制壁垒，将实际工作部门的优质实践教学资源引进高校，加强法学教育、法学研究工作者和法治实际工作者之间的交流。法学专业教师要坚定理想信念，带头践行社会主义核心价值观，在做好理论研究和教学的同时，深入了解法律实际工作，促进理论和实践相结合，多用正能量鼓舞激励学生。

习近平指出，中国特色社会主义法治道路的一个鲜明特点，就是坚持依法治国和以德治国相结合，强调法治和德治两手抓、两手都要硬。法学教育要坚持立德树人，不仅要提高学生的法学知识水平，而且要培养学生的思想道德素养。各级领导干部要做尊法学法守法用法的模范，以实际行动带动全社会崇德向善、遵法守法。

习近平强调，青年处于人生积累阶段，需要像海绵汲水一样汲取知识。广大青年抓学习，既要惜时如金、孜孜不倦，下一番心无旁骛、静谧自怡的功夫，又要突出主干、择其精要，努力做到又博又专、愈博愈专。特别是要克服浮躁之气，静下来多读经典，多知其所以然。

习近平指出，青年时期是培养和训练科学思维方法和思维能力的关键时期，无论在学校还是在社会，都要把学习同思考、观察同思考、实践同思考紧密结合起来，保持对新事物的敏锐，学会用正确的立场观点方法分析问题，善于把握历史和时代的发展方向，善于把握社会生活的主流和支流、现象和本质。要充分发挥青年的创造精神，勇于开拓实践，勇于探索真理。养成了历史思维、辩证思维、系统思维、创新思维的习惯，终身受用。

习近平强调，青年在成长和奋斗中，会收获成功和喜悦，也会面临困难和压力。要正确对待一时的成败得失，处优而不养尊，受挫而不短志，使顺境逆境都成为人生的财富而不是人生的包袱。广大青年人人都是一块玉，要时常用真善美来雕琢自己，不断培养高洁的操行和纯朴的情感，努力使自己成为高尚的人。

习近平指出，全国高校思想政治工作会议以来，各级党委、教育系统和各高校抓紧会议精神贯彻落实，工作成效明显。要强化基础、抓住重点、建立规范、落实责任，真正做到“虚”功“实”做，把“软指标”变为“硬约束”。高校党委要履行好管党治党、办学治校的主体责任，把思想政治工作和党的建设工作结合起来，把立德树人、规范管理的严格要求和春风化雨、润物无声的灵活方式结合起来，把解决师生的思想问题和教学科研、学习就业等实际问题结合起来，使高校始终充满积极向上的正能量、洋溢蓬勃向上的青春活力、展现改革创新的时代风采。

考察结束时正值下课时间，闻讯而来的师生们站满校园道路两旁，习近平沿路同师生们热情握手，向远处的师生们挥手致意。热烈的掌声和欢呼声经久不息，荡漾整个校园。

王沪宁、刘延东、孟建柱、栗战书、郭金龙及中央和国家机关有关部门负责同志陪同考察。

**【人民网】** 中国政法大学师生：总书记为我们的主题团日点赞

在五四青年节来临之际，在中国政法大学建校65周年前夕，中共中央总书记、国家主席、中央军委主席习近平3日上午来到中国政法大学考察。习近平代表党中央，向全国各族青年致以节日的问候，向全国广大教育工作者、青年工作者、法治工作者致以诚挚的问候。

今天下午，记者采访了中国政法大学的部分师生，师生们纷纷表示，我们要把总书记对法大的关怀，对青年学生的关爱，对法治建设的重视，对法学教育和法治人才的培养期望，传达到法大全体师生员工和广大校友，贯彻落实习总书记在中国政法大学的讲话精神，为全面推进依法治国建言献策。

**总书记为我们的主题团日点赞！**

今天上午，在学生活动中心一层大厅，民商经济法学院本科二年级 2 班团支部正在开展“不忘初心跟党走”主题团日活动。习近平来到他们中间，同学们报以热烈掌声。几位同学从不同角度畅谈观看电影《焦裕禄》的体会，习近平认真倾听，并参与讨论。

“我们活动开始没有多久，就得知习总书记来了，大家都很激动也很紧张。”民商经济法学院 1502 班的郭司雨告诉记者，毕竟是第一次见到总书记，总书记走到我们中间跟我们每一个同学都握了手。然后坐下来问我们是哪个班，哪个学院等，这样距离感和紧张感都从我们心中消失了，觉得总书记特别和蔼可亲，没有那么严肃。

同样在活动现场的蔡仁杰回忆说，他作为优秀团干部代表，当时正结合自身的一些支教经历来谈焦裕禄精神。总书记来了之后，就坐在他对面。蔡仁杰说，总书记不仅对于我们的社会实践非常关注，更关注我们大学生的日常学习有没有认真、有没有受到影响，希望我们以一个大学生的姿态，更好地学习，在学习之余完成其他的社会工作。郭司雨说，总书记提到了焦裕禄精神对他的影响，其实对我来说也是一个启迪，我可能之前对于焦裕禄的认识并非那么深刻，但是总书记这一席话让我觉得自己需要学习的地方还有很多，可能在我人生的各个关键点都会铭记着这样一种精神以及习总书记的教诲。郭司雨还特别提到，总书记知道了我们把焦裕禄精神作为主题团日的主题，还为我们点赞呢。

**我们要承担起当代青年的历史使命**

习近平在考察时强调，中国的未来属于青年，中华民族的未来也属于青年。青年一代的理想信念、精神状态、综合素质，是一个国家发展活力的重要体现，也是一个国家核心竞争力的重要因素。当今中国最鲜明的时代主题，就是实现“两个一百年”奋斗目标、实现中华民族伟大复兴的中国梦。当代青年要树立与这个时代主题同心同向的理想信念，勇于担当这个时代赋予的历史责任，励志勤学，刻苦磨练，在激情奋斗中绽放青春光芒、健康成长进步。

民商经济法学院 2013 级的学生潘辉说，青年人要“励志勤学，刻苦磨练”，总书记的这一寄语深深地触动到我，我们这一代青年人其实面临着更加多元的价值观的冲击，所以在青年时代树立起高远的理想和正确的价值观就显得更加重要了，唯有如此，我们才能在未来的人生道路中有正确的发展航向和不懈的奋斗力量。

民商经济法学院 13 级 7 班魏若竹同学则表示，聆听了总书记在座谈会上对青年人提出的几点新要求，我认为作为当代大学生，我们一定要戒骄戒躁，扎实自己的专业基础，在学生阶段积累丰富的专业知识；积极参加社会实践活动和志愿服务，磨练自己的意志品格；将个人发展和时代主题紧密结合在一起，承担起作为当代青年的历史使命，为中华民族伟大复兴的中国梦和两个一百年目标的实现贡献自己的力量。

人文学院 14 级哲学 1 班的梁晶晶同学说，我们要积极响应总书记号召，登高望远，励志勤学，加强对自身的磨练。在大学比较宽松自在的环境中，面对多彩的世界和诸多的诱惑，我们尤其要加强对自己的品德磨练，增强定力，做好自己该做的事情，像海绵吸水一样学习知识。

政治与公共管理学院政治学理论专业 16 级硕士班许超表示，我们这一代青年人是无比幸运的一代，又是责任重大的一代。青年作为勇立时代潮头的奋进者和开拓者，习近平总书记鼓励青年要励志勤学，刻苦磨练。我们青年学子要勇敢肩负起时代赋予的历史重任，创造无愧于前辈、无愧于后人的业绩，积极投身社会主义法治建设事业，为实现全面依法治国贡献青春的力量，努力在实现中华民族伟大复兴的中国梦的生动实践中放飞青春梦想。

**集全校之力交出符合总书记要求的答卷**

习近平来到学生活动中心三层会议室，同中国政法大学师生和首都法学专家、法治工作者代表、高校负责同志座谈。

作为教师代表参加了座谈会的霍政欣表示，作为一名法学工作者，总书记的讲话让我深受鼓舞，倍感振奋。我们应当按照总书记的要求，有信念、有担当、有作为。首先要解决“为什么教，教什么，怎么教”的问题，要立足中国，挖掘历史，关怀世界，正确解读中国实践、解决中国问题，尽快培育出具有中国特色与国际视野的法学学科体系，成为中国法学学术的创造者与世界法学学术的贡献者，为建设社会主义法治国家提供理论支撑，为全面推进依法治国培养德才兼备、信仰坚定的高素质法治人才而努力。

中国政法大学校长黄进说，习近平总书记今天到中国政法大学视察，祝贺中国政法大学建校 65 周年，看望广大师生员工，观看校史展和成果展，参加青年学生主题团日活动，主持座谈会并发表了重要讲话，意义重大，是对学校师生和广大校友的巨大鼓舞。习近平总书记重视青年学生成长成才，对青年一代谆谆教诲，寄予厚望。

党委书记石亚军表示，习近平总书记的重要讲话对建设好法学学科、举办好法学教育、培养好法治人才，为落实好全面依法治国战略部署提供坚实的人才支撑提出了高境界、新指向、深触及、全方位的重要要求，充分体现了党中央对落实全面依法治国战略的坚定决心，对全国青年的热切厚望，对中国政法大学的肺腑期待。我们必须立即行动起来，在全校掀起学习宣传贯彻总书记重要讲话的热潮，把总书记重要讲话传达到全体师生员工，全面准确深刻领悟讲话的精神实质和责任要领，制定周密行动计划和任务措施，集全校之力交出符合总书记要求的法学学科建设、法学教育改革、法学人才培养的答卷。

**【求是】***石亚军：为全面依法治国培养更多优秀人才——学习习近平总书记考察中国政法大学时的重要讲话*

习近平总书记在中国政法大学考察时的重要讲话，立意高远、思想深邃、主题鲜明、内涵丰富，从全面推进依法治国、法治人才培养、青年成长成才等多个方面提出了新要求，通篇贯穿“敢于啃硬骨头，敢于涉险滩，敢于闯难关”的魄力，是指导进一步推进全面依法治国和法学教育改革的重要文献，必将对我国法治建设的充实深化、法学教育的改革创新、法治人才的成长成熟产生重大而深远的影响。中国政法大学全体师生倍感振奋，正积极行动起来，努力践行习近平总书记的谆谆教导。

**一、站在全面依法治国的高度：法治情怀和法治韬略**

习近平总书记的重要讲话站在实现“两个一百年”奋斗目标和中华民族伟大复兴中国梦的战略高度，强调全面推进依法治国是一项长期而重大的历史任务，是坚持和发展中国特色社会主义、实现国家治理能力和治理体系现代化的重要任务，发出了不断推进全面依法治国向纵深发展的号令。

强烈的法治情怀。习近平总书记在讲话中系统回顾了新中国成立以来特别是党的十八大以来我国推进中国特色社会主义法治建设的历史进程，深刻指出，全面依法治国是坚持和发展中国特色社会主义的本质要求和重要保障，事关我们党执政兴国，事关人民幸福安康，事关党和国家事业发展。随着中国特色社会主义事业不断发展，法治建设将承载更多使命、发挥更为重要的作用。他语重心长地指出，全面依法治国，是一项长期而重大的历史任务，也必然是一场深刻的社会变革和历史变迁。这些讲话精神，体现出以习近平同志为核心的党中央坚定不移地推进全面依法治国的决心，是中国共产党全面实现公平正义，不辜负历史和人民选择的执政之方，是中国共产党带领人民实现中华民族伟大复兴中国梦的保障之要。

深邃的法治韬略。习近平总书记没有单纯从法治现实建构和实施的角度，而是从法治源头培育和供给的角度谈全面依法治国。他强调，推进全面依法治国既要着眼长远、打好基础、建好制度，又要立足当前、突出重点、扎实工作。建设法治国家、法治政府、法治社会，实现科学立法、严格执法、公正司法、全民守法，都离不开一支高素质的法治工作队伍。法治人才培养上不去，法治领域不能人才辈出，全面依法治国就不可能做好。他在讲话中沿着法治的生命力在于实施、实施的关键在于人才、人才的培养在于教育的逻辑，从全面推进依法治国、全面加强法学教育、全面促进青年成才三个方面，针对法治建设急需解决的认识问题、教育问题、人才问题，提出了一系列新理念、新思想、新要求。这些讲话精神，体现出以习近平同志为核心的党中央重视法学教育和法治人才培养的法治韬略，是实现全面依法治国的坚实保障。

**二、走向高等法学教育的深处：法学学科体系建设和法治人才培养体系建设**

习近平总书记的重要讲话着眼于高等法学教育的深层次问题，为深化法学教育改革和加强法治人才培养指明了方向。

对法学教育进行了全面诊断。习近平总书记充分肯定了法学教育在改革发展中取得的丰硕成果，同时指出法学教育和法治人才培养中仍存在的一些问题和不足，诸如学科结构不尽合理，法学学科体系、课程体系不尽完善，社会急需的新兴学科开设不足，法学学科和其他学科交叉融合还不够；有的教材编写和教学实施偏重西方法学理论、缺乏鉴别批判，对中国特色社会主义法学理论研究不够深入；有的法学教育重形式轻实效，法学人才培养重专业轻思想政治素养等。习近平总书记的诊断准确深刻，为法学教育提出了必须引起高度重视并全力做好的课题。今后，我们将按照习近平总书记的重要讲话精神，就如何以科学的法学学科体系、学术体系、教材体系、话语体系为架构，以践行社会主义核心价值观为根本，以中国特色社会主义法治理论为基础，构建具有中国特色的社会主义法治人才培养体系，立足立德树人、德法兼修，整合知识教育和实践教育，培养德才兼备、全面发展的法治人才。

为加强法学教育提供了改革指南。习近平总书记在讲话中要求深入研究和解决好为谁教、教什么、教给谁、怎样教的问题，强调法学教育要坚持立德树人，不仅要提高学生的法学知识水平，而且要培养学生的思想道德素养。学科是龙头，他要求法学学科建设要体现时代发展，体现坚持和发展中国特色社会主义的客观要求，在学科体系、学术体系、话语体系方面，体现中国特色、中国风格、中国气派。理论是基础，他希望充分利用学科齐全、人才密集的优势，加强法治及其相关领域基础性问题的研究，为完善中国特色社会主义法治体系、建设社会主义法治国家提供理论支撑。师资是根本，他要求法学专业教师要坚定理想信念，成为马克思主义理论和中国特色社会主义理论的坚定信仰者、积极传播者、模范实践者。对于青年学生，习近平总书记着眼立志，强调当代青年要树立与这个时代主题同心同向的理想信念，要立志干大事，而不是当大官、求大名、图大利；着眼求知，强调要惜时如金、孜孜不倦、心无旁骛，要突出主干、对问题择其精要，读万卷书、行万里路，做到又博又专、愈博愈专；着眼思维素质，强调养成历史思维、辩证思维、系统思维、创造性思维的习惯。他还指出，广大青年人人都是一块玉，要时常用真善美来雕琢自己，体现出对青年的厚爱和重托。

**三、挺立法学教育改革的前沿：努力办好社会主义的政法大学**

在去年召开的全国高校思想政治工作会议上，习近平总书记从全局和战略的高度，紧紧围绕中国特色社会主义高校培养什么人、如何培养人以及为谁培养人这个根本问题，深刻回答了事关我国高等教育事业发展和高校思想政治工作的一系列重大问题。在此次考察中国政法大学时，又提出要以我为主、兼收并蓄、突出特色，深入研究和解决好为谁教、教什么、教给谁、怎样教的问题。这些讲话精神，为我们加快法学教育改革，办好社会主义政法大学提供了基本遵循。

坚持以马克思主义法学思想和中国特色社会主义法治理论为指导。我们的高校是党领导下的高校，是中国特色社会主义高校。扎根中国大地办大学，必须坚持社会主义办学方向，全面贯彻党的教育方针，坚持以马克思主义为指导，坚持党对高校的领导。我们要坚持中国特色社会主义法治道路，坚持以马克思主义法学思想和中国特色社会主义法治理论为指导，用马克思主义立场、观点、方法指导教学和研究，把法学教育发展方向自觉同我国发展的现实目标和未来方向紧密联系在一起，自觉为人民服务，为中国共产党治国理政服务，为巩固和发展中国特色社会主义制度服务，为改革开放和社会主义现代化建设服务，不断增强道路自信、理论自信、制度自信、文化自信，真正阐发好中国的法治理论、构建好中国学术，努力以中国智慧、中国实践为世界法治文明建设作出贡献。

坚持立德树人，德法兼修。习近平总书记指出，中国特色社会主义法治道路的一个鲜明特点，就是坚持依法治国和以德治国相结合，法治和德治两手抓、两手都要硬。法学教育要坚持立德树人，不仅要提高学生的法学知识水平，而且要培养学生的思想道德素养。我们要把立德树人作为立身之本，坚持不懈传播马克思主义科学理论、坚持不懈培育和弘扬社会主义核心价值观、坚持不懈促进高校和谐稳定、坚持不懈培育优良校风和学风，要把社会主义核心价值观体现到教育教学全过程，引导广大青年学生将个人梦想融入中国梦，争做社会主义核心价值观的坚定信仰者、积极传播者、模范践行者，不断提高学生思想水平、政治觉悟、道德品质、文化素养，促进学生健康成长成才，为全面依法治国培养大批高素质法治人才。我们要把马克思主义世界观和方法论贯穿学科建设、教材编写、课题研究、学术交流、成果评价等各个环节，使学术科研工作始终站稳正确的政治立场、理论立场。我们要认真总结政法大学在人才培养、学术研究、社会服务、文化传承、国际交流合作、特色课程教育等方面取得的成就和经验，不断改革创新，更好整合资源，找准着力点，把教学、科研、育人各项工作做得更好。作为法治人才培养的第一阵地，我们要充分利用学科齐全、人才密集的优势，加强法治及其相关领域基础性问题的研究，对复杂现实进行深入分析、作出科学总结，提炼规律性认识，为完善中国特色社会主义法治体系、建设社会主义法治国家作出我们应有的理论贡献。

加强党委领导，落实主体责任。党委是把握办学方向、凝聚师生人心、引导学校发展的主心骨，必须认真履行管党治党的主体责任，坚持和完善党委领导下的校长负责制，把思想政治工作和党的建设工作结合起来，把立德树人、规范管理的严格要求和春风化雨、润物无声的灵活方式结合起来，把解决师生的思想问题和教学科研、学习就业等实际问题结合起来，使高校始终充满积极向上的正能量、洋溢蓬勃向上的青春活力、展现改革创新的时代风采。

近年来，随着高等教育改革的持续深化，我国法学教育的规模不断扩大、结构不断优化、质量不断提高、效益不断增强，取得了蓬勃发展，为法治国家建设输送了大批优秀的法治人才，提供了大量法学支撑。中国政法大学建校65年来，始终与国家法治建设同呼吸、共命运，始终坚持服务党和国家战略需要，始终坚持为全面依法治国战略育才资政。中国政法大学决不辜负以习近平同志为核心的党中央的关心、支持和重托，要以全面从严治党为引领，以切实加强思想政治工作为保障，牢牢把握社会主义办学方向，牢牢把握立德树人之本，加快建设世界一流法学学科，深入推进综合改革、协同创新、内涵发展，创新教学和科研机制，提高办学质量，挺立在法学教育改革的前沿，带头把我们党领导下的中国法学教育办出世界一流水平，为全面依法治国培养更多更好德才兼备、全面发展的优秀人才，提供更多更好贡献国家、惠及人民的社会服务。

**【人民日报】**黄进：为全面依法治国贡献力量（深入学习贯彻习近平同志系列重要讲话精神）

习近平同志不久前来到中国政法大学考察，并就全面依法治国与培养法治人才等发表了重要讲话。习近平同志的重要讲话体现了对法治建设的高度重视、对法学教育和法治人才培养的殷切期望、对高校和青年学生的深切关怀。深入学习贯彻习近平同志重要讲话精神，需要法学研究者、法学教育者、法治工作者坚定法治信仰，扎实提高自身的学识水平与道德修养，努力为全面依法治国贡献力量。

**深刻认识依法治国取得的巨大成就**

习近平同志在讲话中深刻总结了我国依法治国取得的巨大成就，强调要“努力以中国智慧、中国实践为世界法治文明建设作出贡献”。这为我们在新形势下全面依法治国树立了坚定自信、提出了更高要求。

新中国成立后特别是改革开放以来，党和政府高度重视法治建设。党的十一届三中全会提出了“发展社会主义民主，健全社会主义法制”的方针。1997年，党的十五大确定了“依法治国，建设社会主义法治国家”的基本方略。1999 年，依法治国这一基本方略被写入宪法，成为宪法基本原则。党的十六大、十七大都对依法治国作出重要部署。党的十八大提出全面推进依法治国。党的十八届三中全会提出推进法治中国建设，并要求坚持依法治国、依法执政、依法行政共同推进，坚持法治国家、法治政府、法治社会一体建设；深化司法体制改革，加快建设公正高效权威的社会主义司法制度。党的十八届四中全会明确提出全面推进依法治国的总目标是建设中国特色社会主义法治体系、建设社会主义法治国家。这些战略部署，推动我国依法治国不断取得新成就。

目前，中国特色社会主义法律体系已经形成，国家生活和社会生活各方面总体上实现了有法可依。我们紧紧围绕建设中国特色社会主义法治体系、建设社会主义法治国家，紧紧围绕维护社会公平正义，抓紧落实有关改革举措，取得了重要进展。例如，不断增强行政主体依法履职能力，促使其牢固树立执法为民理念，严格执法监督，努力解决执法中的突出问题。再如，不断推进司法体制改革，努力让人民群众在每一起司法案件中都能感受到公平正义。习近平同志指出：“我们有我们的历史文化，有我们的体制机制，有我们的国情，我们的国家治理有其他国家不可比拟的特殊性和复杂性，也有我们自己长期积累的经验和优势，在法学学科体系建设上要有底气、有自信。”当前，法学的研究和教育尤其要有底气、有信心。

**深刻认识全面依法治国在“四个全面”战略布局中的重要地位**

习近平同志在讲话中强调：“全面依法治国是坚持和发展中国特色社会主义的本质要求和重要保障，事关我们党执政兴国，事关人民幸福安康，事关党和国家事业发展。随着中国特色社会主义事业不断发展，法治建设将承载更多使命、发挥更为重要的作用。”这一重要论述深刻阐明了全面依法治国的重要地位。

深刻认识全面依法治国的重要地位，就要把全面依法治国放到“四个全面”战略布局中去把握。“四个全面”战略布局是我们党在新的历史条件下治国理政的总方略，其中全面建成小康社会是重大战略目标，全面深化改革、全面依法治国、全面从严治党是三大战略举措。三大战略举措对实现全面建成小康社会战略目标一个都不能缺。不全面深化改革，发展就缺少动力，社会就没有活力；不全面依法治国，国家生活和社会生活就不能有序运行，就难以实现社会和谐稳定；不全面从严治党，党就做不到“打铁还需自身硬”，也就难以发挥好领导核心作用。全面依法治国，着眼于促进国家生活和社会生活法治化制度化规范化，是实现党和国家长治久安的重要保障。没有全面依法治国，就不可能全面建成小康社会，也不可能全面深化改革；没有全面依法治国，全面从严治党的效应也将受到很大局限。全面依法治国的重要地位，要求我们必须大力培养法治人才。习近平同志强调：“建设法治国家、法治政府、法治社会，实现科学立法、严格执法、公正司法、全民守法，都离不开一支高素质的法治工作队伍。法治人才培养上不去，法治领域不能人才辈出，全面依法治国就不可能做好。”作为法学教育者，我们要深刻认识自己身上肩负的责任，坚持中国特色社会主义法治道路，坚持以马克思主义法学思想和中国特色社会主义法治理论为指导，立德树人，德法兼修，努力培养大批高素质法治人才。

**深刻认识全面依法治国在国家治理现代化中的重要作用**

习近平同志的重要讲话，将全面依法治国与推进国家治理体系和治理能力现代化有机统一起来，为我们在法治轨道上推进国家治理体系和治理能力现代化、实现全面深化改革的总目标指明了方向。

完善和发展中国特色社会主义制度、推进国家治理体系和治理能力现代化，是全面深化改革的总目标。国家治理是一个重大而又复杂的问题，如何推进国家治理现代化是近百年来中国国家发展、社会转型中的重大命题。实践证明，国家治理现代化离不开法治化。从国家治理体系现代化角度看，构建一个科学合理的法治体系是推进国家治理体系现代化的必然要求。国家治理体系就是在党领导下管理国家的制度体系，包括经济、政治、文化、社会、生态文明和党的建设等各领域体制机制、法律法规安排，是一整套紧密相连、相互协调的国家制度。其中，法治体系无疑是国家治理体系极为重要的组成部分。从国家治理能力现代化角度看，维护宪法法律权威、深化行政执法体制改革、确保依法独立行使审判权和检察权、健全司法权力运行机制、完善人权司法保障制度等，都是推进国家治理能力现代化的重要举措。因此，国家治理法治化是国家治理现代化最为重要的内涵，不能离开法治化这一评价尺度和标准谈论国家治理现代化。全面依法治国是国家治理现代化的重要评判指标，同时也是国家治理现代化的必要条件。没有全面依法治国，就没有国家治理现代化，国家治理现代化内含着国家治理法治化。法治化与现代化是相互依存、相互促进的关系。新形势下，我们要按照习近平同志提出的要求，“加强法治及其相关领域基础性问题的研究，对复杂现实进行深入分析、作出科学总结，提炼规律性认识，为完善中国特色社会主义法治体系、建设社会主义法治国家提供理论支撑”，从而助力国家治理体系和治理能力现代化。

**朝着法治中国建设目标稳步前进**

习近平同志在讲话中指出：“推进全面依法治国既要着眼长远、打好基础、建好制度，又要立足当前、突出重点、扎实工作。”全面依法治国是一项系统工程，是国家治理领域一场广泛而深刻的革命，需要付出长期艰苦的努力。我们必须更加自觉地投身全面依法治国的伟大实践，为建设法治中国贡献自己的智慧和力量。

推进科学立法。科学立法是全面依法治国的前提，也是新时期对立法提出的更高要求。推进科学立法，要求坚持党对立法工作的领导，完善立法规划，突出立法重点，坚持立改废并举，提高法律的针对性、及时性、系统性，使立法更加符合国情、符合实际、符合规律。科学立法离不开民主立法，必须坚持立法为了人民、依靠人民立法。

坚持严格执法。法律的生命在于实施，实施的关键在于执法。严格执法是法治的关键环节。严格执法需要培养忠于法律的执法队伍，营造忠于法律的执法环境。执法者要忠于法律，坚决排除对执法活动的不当干预。各级政府作为国家权力机关的执行机关，作为国家行政机关，负有严格贯彻实施宪法和法律的重要职责。要规范政府行为，切实做到严格规范公正文明执法。应深化行政执法体制改革，创新行政执法方式，加强行政执法保障。

确保公正司法。公正司法是理想目标，更是现实要求。公正司法是全面依法治国得以实现的重要途径和检验标准。只有公正司法，我们才能说全面依法治国达到了预期的社会效果，全面依法治国也才能赢得人民的理解、信赖和支持。我们要依法公正对待人民群众的诉求，努力让人民群众在每一个司法案件中都能感受到公平正义。

落实全民守法。“国无常强，无常弱。奉法者强则国强，奉法者弱则国弱”。推进全面依法治国，必须坚持全民守法。做到全民守法，首先要求领导干部依法办事、带头守法，不以言代法、以权压法、徇私枉法。应加强法治教育，弘扬法治精神，完善法律服务体系，增强尊法学法守法用法观念，在全社会形成良好的法治氛围。

培养法治人才。建设法治中国需要大量法治人才。习近平同志在讲话中对于如何培养法治人才作了全面系统的阐述。高校是法治人才培养的第一阵地，应加快构建中国特色法学学科体系、学术体系、教材体系和话语体系，加强法学理论创新，不能做西方法学理论的搬运工。法学教育要注重立德树人，使培养出来的法治人才不仅有法律专业知识和能力，还有优良的品德。法学教育者要坚定理想信念，做到学为人师、行为世范，多用正能量鼓舞激励学生。

**【党建网】**石亚军：高校思想政治工作必须虚功实做

**内容摘要**：高校思想政治工作必须虚功实做，营造体现“正能量的正气、青春活力的生气、时代风采的朝气”的工作目标；实现“把思想政治工作和党的建设工作结合起来，把立德树人、规范管理的严格要求和春风化雨、润物无声的灵活方式结合起来，把解决师生的思想问题和教学科研、学习就业等实际问题结合起来”的工作方式；体现“强化基础，抓住重点，建立规范，落实责任”的基本保障。

**关键词**：高校思想政治工作；虚功实做

2017 年 5 月 3 日，习近平总书记来到中国政法大学考察，围绕全面依法治国、法学教育和人才培养、青年成长成才发表了意义重大而深远的重要讲话。其中，着眼于高等教育正向发展和青年学生健康成长，他语重心长地再次强调加强高校思想政治工作，对促进高校思想政治工作真正做到虚功实做提出了新思想、新指向、新要求，切中高校贯彻落实工作的根本、关键和重点。我们必须充分领悟总书记重要指示的精神实质，结合本校特点，把思想政治工作的虚功，切实做到实处、做出实招、做成实效。

**确立营造“三气”的工作目标**

习近平总书记鲜明准确地指出高校思想政治工作的一切努力最终应当达成的目标是使高校始终充满积极向上的正能量、洋溢蓬勃向上的青春活力、展现改革创新的时代风采。这一要求勾画出思想政治工作虚功实做的目标要义。

高校思想政治工作之所以被理解为虚功，是因为做的是人的思想工作，而且是以政治规则、道德规范为根本的思想交流和互动，容易使人把它与学科建设、人才培养、科学研究等实实在在支撑学校办学水平和地位的中心工作割裂开来。思想政治工作的功能看似虚，但在功力和功效上却非常实。中国的所有大学，不论从事什么学科专业教育，都是为中国特色社会主义事业培养建设者和接班人，这就要求所有大学的校园要有拥护党的领导、维护国家利益、敬畏宪法规定、恪守道德准则的体现正能量的正气。大学的生命在于学科的品位、人才的质量、科研的水平，而这些无一不是来自于全校教师、学生、职工在排除思想障碍后，呈现的主体精神、责任意识、能力潜质极大发挥的生气。大学的跃升得益于始终前行在时代的主流，敢于创新的担当、智识、魄力，一定是成活于勇于奉献、拒斥怠惰、不惟己得的朝气。正气、生气、朝气，每一气都与思想政治工作息息相关、互为因果。

思想政治工作是使高校充满积极向上的正能量、营造正气的根本保证。高校积极向上的正能量体现为，通过思想政治工作发挥政治引导功能，在各种政治思潮、价值取向、社会生态汇集交错在信息传播中的情况下，始终在课堂、教材、讲座、校园文化中保持社会主义的政治方向和服务党的事业的学术导向，培养学生坚定正确的政治信念、高尚纯洁的道德品质、勇于担当的社会责任。加强思想政治工作，必须通过加强和创新高校党的建设、思想理论课建设、教师师德建设、日常思想工作建设，提高学生在大是大非面前辨别对错的价值判断能力，在复杂现实面前抵御各种干扰的人格完善能力和在言行举止中恪守准则的行为自律能力。

思想政治工作是使高校洋溢蓬勃向上的青春活力、展现改革创新的时代风采、营造生气与朝气的根本保证。高校蓬勃向上的青春活力体现为，通过思想政治工作发挥精神驱动功能，使教师勃发创造学术的激情，学生饱含能动学习的志趣，有生命力的学术思想不断迸发，有创造力的学术成果大量涌现，有建树力的人才茁壮成长，教学质量、科研水平、办学效益越来越高。高校改革创新的时代风采体现为，通过思想政治工作的意志支撑功能，学科内涵体现时代主流趋势，学术成果体现国家战略急需，学生质量适应经济社会发展要求，学校在相应学科领域，拥有创新思想、支撑决策、影响社会的话语权、推动力。加强思想政治工作，必须着力于抓好党员、党政干部、党组织的先锋骨干作用，激发师生为教学改革、科研创新刻苦钻研、奋力奉献的荣誉感、自豪感、成就感，帮助师生及时有效解决思想、心理问题和工作、学习困难，提高他们在顺境和逆境中都能把握发展方向的定心能力，在成功和挫折面前都能保持前进动力的定神能力，在赞扬和批评中都能拥有正态发展的定律能力。

**把握实现“三个结合”的工作方式**

习近平总书记围绕切实把高校思想政治工作做出实效必须掌握的工作方法，明确指出：“高校党委要履行好管党治党、办学治校的主体责任，把思想政治工作和党的建设工作结合起来，把立德树人、规范管理的严格要求和春风化雨、润物无声的灵活方式结合起来，把解决师生的思想问题和教学科研、学习就业等实际问题结合起来。”这一要求揭示了思想政治教育与党的建设的关系、坚持原则与打动心灵的关系、拨开心雾与解决困难的关系，点明了思想政治工作虚功实做的方法要领。

思想政治工作根本上是要通过有理、有据、有力的理论原理、实践经验，帮助人排除影响正确认识、正当行为的思想障碍、心理郁堵，而不是束之高阁的清谈和隔靴搔痒的呻吟。当加强思想政治工作的重要性不再需要反复强调时，把握好真正能够使这项工作因有效而加强的工作方法，便成为必须高度重视并着力创新的问题。大道理不是没有用，关键看有没有实际针对性，没有就是空谈，空谈必将毁坏思想政治工作的信誉；有就是雨露，雨露必将增添思想政治工作的光彩。思想政治工作欲求入耳、入脑、入心，谈心人必须取得别人的信任，依据的理论必须具有充分的说服力，讲出的道理必须能够使人感到对他有益处，否则，思想政治工作就不会产生应有的效果。

把思想政治工作和党的建设结合起来，是思想政治工作以理育人和以实服人相结合的有效方法。思想政治工作是要用正确的理论讲明涉及重大问题、原则问题、根本问题的正确思想和行为是什么，用正态的形象印证这样的思想和行为表现为什么，以帮助人们排除思想上的价值迷茫和行为上的准则困惑。加强党的思想理论建设，必将为思想政治工作的思想解惑提供强大的理论支撑；加强党的组织建设、作风建设、制度建设、反腐倡廉建设，必将为思想政治工作的行为纠偏提供过硬的形象支撑。因此，高校要切实抓好全面从严治党，通过依据党章、党规，提高党员和党政领导干部的政治理论水平，塑造党员和党政领导干部优良的履职行为和廉洁的履职作风，与全党全面从严治党的优秀成果一起为思想政治工作注入思想教育的说服力、行为引导的说服力。

把立德树人、规范管理的严格要求和春风化雨、润物无声的灵活方式结合起来，是思想政治工作以治立标和以浸化标相结合的有效方法。思想政治工作是要使正确的政治、伦理标准在人们的思想和行为中听得进、立得住。只有立德树人、规范管理的严格要求，而缺乏春风化雨、润物无声的灵活方式，虽然立得住却未必听得进，导致谈理论道成为无用功；只有春风化雨、润物无声的灵活方式，而放弃立德树人、规范管理的严格要求，虽然听得进却因缺乏标准和约束而难以立得住。因此，高校既要加强立德树人、规范管理，不能因为要让人接受就放弃原则，在大是大非面前不能含糊和让步，有缺点要批评，有错误要纠正。同时，还要做到春风化雨、润物无声，从善意出发入情入理地亮明问题、剖析症结、指出方向，切实把思想政治工作塑造正确的政治人格、职业人格、社会人格的本意，做到人的心坎上、灵魂里、行为中。

把解决师生的思想问题和教学科研、学习就业等实际问题结合起来，是思想政治工作疏解心结与促进发展相结合的有效方法。高校师生的许多思想问题，起源于教师在教学科研中、学生在学习就业中面临的影响发展而单靠自身能力难以解决的实际问题和困难。与正当利益相关的实际问题和困难得不到合理有效解决，不仅会引发师生对待工作、学习的态度扭曲、情绪低落、思想抵触，甚至还会引发师生对党和政府的方针政策有意见。因此，高校做好思想政治工作，绝不能单纯从思想问题谈思想问题，必须联系与思想问题相关的各种实际问题和困难，对因不公正不合理导致的必须进行公正合理的解决，对因制度性程序性问题导致的要进行耐心细致的说服教育，帮助教师和学生从思想深处解开心结。

**强化体现“四要”的基本保障**

习近平总书记围绕强化支撑高校思想政治工作的基本保障，明确指出，“要强化基础、抓住重点、建立规范、落实责任”。这一要求统括了做好思想政治工作的内容、主体、平台、渠道、制度、责任等重要影响要素，明示了思想政治工作虚功实做的工作要旨。

高校思想政治工作的基础，根本上反映的是马克思主义立场观点方法、中国特色社会主义核心价值体系、中国特色社会主义道路理论制度文化、党的路线方针政策在知识传播和创造、人格培养和完善中的话语权，体现为承载这种话语权的课程体系、教材体系、教育体系、工作体系。强化基础，高等学校必须坚定不移地把握社会主义办学方向，营造政治上风清气正的思想氛围、文化氛围，教学和科研上导向正确的学术意境、育人意境，在重大问题、原则问题、根本问题上是非分明、旗帜鲜明。因此，必须以全面从严治党为依托，以立德树人为宗旨，以思想政治教育为根本，着力建设好各级党政领导班子的理论学习、师德师风、大学生思想理论课程、校园主流文化、讲座论坛平台，全面夯实思想政治工作的基础。

高校思想政治工作的重点，根本上反映的是对落实思想政治教育话语权起决定性作用的要素和环节，体现为话语权掌握在什么人手中，以什么形态存在于课堂、教材、讲座、论坛和日常思想工作中，以什么方式实现解疑释惑的效果。抓住重点，一是以队伍建设为重点，采取有效措施，切实建设好马克思主义学院教师队伍、各学院专业课教师队伍、面向师生的思想政治工作队伍，形成各支队伍分工合作、协同作为的育人局面；二是以载体建设为重点，实施各项工程，切实建设好大学生思想理论课程体系、人文社会科学专业课程体系、各类教材体系以及讲座、论坛体系，牢牢把握思想政治教育的重点。

高校思想政治工作的规范，根本上反映的是落实思想政治教育的制度效应，体现为以什么制度、标准、程序、规则、考核保证话语权一以贯之。建立规范，一是要健全优化面向师生员工的思想政治教育制度体系，以鲜明的原则导向保证教学、科研、思想交流过程切实落实思想政治教育话语权；二是要健全大学生思想理论课程建设标准，指导讲什么、怎么讲、讲出怎样效果以符合课程纲要；三是强化考核，要建立健全一整套质量效果监控保障体系，对在教学科研过程中出现的问题能及时解决和纠偏，切实保证不给错误思想和言论留有空间。

高校思想政治工作的责任，根本上反映的是落实思想政治教育的担当义务，体现为高校党委、行政、学术系统的组织、部门主要负责人、每一位成员，在思想认识、履职行为中的政治本职和政治担当。落实责任，一是要健全覆盖全校各个系统的思想政治工作责任制，明确责任点，不仅党委系统的各级组织、部门主要负责人、责任人，而且行政系统、学术系统的各级组织、部门主要负责人、责任人，都要分工明确、合作有序地承担起把好思想政治教育关的责任；二是要健全与责任制衔接与配套的问责制，强化各个系统的组织、部门主要负责人、责任人对履行思想政治教育职责的重视意识、把关意识、落实意识，保证思想政治教育的每一份工作职责担职有人，履职有责，渎职必罚，失职必究。

**【学习时报】**黄进：培养德才兼备的高素质法治人才

2017 年五四青年节前夕，习近平总书记到中国政法大学考察，同中国政法大学师生和首都法学专家、法治工作者代表、高校负责同志座谈，并就全面依法治国和法治人才培养发表重要讲话。习近平总书记的重要讲话深刻阐述了全面依法治国在“四个全面”战略布局、国家长治久安以及国家治理体系和治理能力现代化建设中的重要地位和作用，全面论述了法治人才培养在中国特色社会主义法治建设中的突出功能和价值定位，为加快社会主义法治国家建设，培养德才兼备的高素质法治人才指明了方向、明确了目标、提供了方法。

**法治人才培养在全面依法治国中的重要地位**

全面依法治国是一个系统工程，法治人才培养是其重要的组成部分。习近平总书记指出，建设法治国家、法治政府、法治社会，实现科学立法、严格执法、公正司法、全民守法，都离不开一支高素质的法治工作队伍。法治人才培养上不去，法治领域不能人才辈出，全面依法治国就不可能做好。

党的十八届四中全会对全面依法治国进行了战略部署，明确提出了要加强法治工作队伍建设，创新法治人才培养机制。法治人才的培养是全面依法治国的重要组成部分，是基础性、先导性工作。法律的生命力在于实施，而法律的实施在于人。在全面依法治国的大局和全局中，必须坚持把法学教育和法治人才培养摆在优先发展的位置。创新法治人才培养机制，培养造就一批熟悉和坚持中国特色社会主义法治体系的法治人才及后备力量，是全面推进依法治国的重要保障。

**我国法学教育面临的挑战及应对策略**

改革开放以来，我国法学教育进入了一个新的发展阶段。这些年来，我国的法学教育和法治人才培养成效显著，法治人才培养规模和质量不断提高，形成了较为完备的法学教育体系、较为齐全的法学学科体系，为法治领域输送了数以百万计的专门人才。同时，我们也应当看到，当前的法学教育仍面临五个方面的挑战。

一是国内经济社会发展提出的新挑战。从国内经济社会发展形势来看，我国经济、政治、社会、文化、生态都在发生深刻的变化，经济社会的改革发展、法治中国的建设对我国提高国民素质、培养创新人才提出了新的需求，也对高素质法治人才培养提出了新的要求，我们必须培养一大批能够满足国家经济社会发展需要的高素质法治人才。

二是国际形势发展变化提出的新挑战。从国际形势来看，政治多极化、经济全球化深入发展，科技进步日新月异，人才竞争日趋激烈。我国积极推进“一带一路”建设，全面参与全球治理，正在从一个世界大国迈向世界强国。这对我国的法学教育提出了新的挑战，我们需要培养一大批具有世界眼光、国际视野、具有国际交往能力、熟悉国际规则、善于处理国际法律事务的法治人才，也就是说需要培养一大批能够参与全球治理的法治人才。而培养能够参与全球治理的法治人才，就要有好的法学教育。这样的人才必须有家国情怀，能够在国际交往中自觉地维护国家的主权、安全和发展利益，追求公平正义，平等地保护中外当事人的合法权益、促进世界和平发展。

三是高等教育快速发展提出的新挑战。我国的高等教育已经迈入大众化教育阶段。随着高等教育规模的增长和数量的扩张，法学教育必须适度控制规模的增长和量的扩展，注重办学质量的提升，走以质量提升为核心的内涵发展道路，着力培养高素质的法治人才。

四是全面依法治国提出的新挑战。我国的法治建设已经进入建设中国特色社会主义法治体系、建设社会主义法治国家的新阶段，不仅要坚持依法治国、依法执政、依法行政共同推进，而且要坚持法治国家、法治政府、法治社会一体建设；不仅要做到“有法可依、有法必依、执法必严、违法必究”，而且要做到“科学立法、严格执法、公正司法、全民守法”，实现国家治理体系和治理能力现代化。这对我们法学教育和法治人才培养提出了新的更高的要求。培养的法治人才应该在立法、执法、司法、普法等方面满足社会的需求，满足法治建设的需求，尤其要注重满足中国法治发展的需求，不仅要为大城市、发达地区、沿海地区培养高素质法治人才，而且还要为中西部地区、少数民族地区和基层培养一批能够下得去、留得住、干得好的优秀法治人才，从而推进整个国家的法治建设。

五是科技迅速发展带来的新挑战。现在，科学技术发展非常迅速，日新月异，特别是互联网、大数据、云计算等现代信息技术的发展对法学教育和法治人才培养提出了许多新的挑战。现如今，青年学生的信息源更多来自互联网、计算机、手机等，如何借助现代信息技术来培养高素质法治人才，也是一个很大的挑战。同时，法治实务部门也需要懂法治、懂现代信息技术、懂信息管理的法治人才。

为了应对这些挑战，法学教育需要更新理念、创新发展，法治人才培养要坚持立德树人、德法兼修。首先，要厘清法学教育的定位，在重视通识教育的同时更加强调法学教育的专业化。其次，法学教育又不仅仅是专业教育，而且是一种专门职业教育。法学教育需要做好法官、检察官、律师、立法人员、执法人员教育培养工作。再次，法学教育培养的法治人才将从事立法、执法、司法、普法等方面的工作，不仅要掌握法学理论知识方法、法治基本技能，而且还应该具有法治信仰、法治理想、家国情怀。

**做好“五个强化”，提升法学教育水平和法治人才培养质量**

一是强化中国特色社会主义法治理论的指导。没有正确的法治理论引领，就不可能有正确的法治实践。要坚持以马克思主义法学思想、中国特色社会主义法治理论、社会主义核心价值观为指导来开展法学教育，加强法学教育的思想引领，走中国特色社会主义法治道路，让法学院校成为贯彻中国特色社会主义法治理论的重要阵地和推进法治理论创新的重要力量，为形成具有中国特色、中国气派、中国风格的中国特色社会主义法学理论作贡献。

二是强化法学学科建设。加强法学学科体系、学术体系、话语体系、课程体系、教材体系等方面建设，要立足中国、以我为主、兼收并蓄、突出特色。要优化学科结构，完善学科体系，构建学术体系，把握话语体系，调整课程体系和教材体系，增加社会急需的新知识、新理论、新技能方面的课程，强化法学学科同其他学科的交叉融合。要处理好中西关系，立足中国、借鉴国外，对世界上的优秀法治文明成果，要积极吸收借鉴，也要加以甄别，有选择地吸收和转化，不能囫囵吞枣、照搬照抄。我们不能做西方理论的“搬运工”，而要做中国学术的创造者、世界学术的贡献者。同时，要处理好古今关系，要传承中华法系的精华，也要去其糟粕，挖掘历史、把握当代。而且，还要处理好当下与未来的关系，法学教育和法学研究不能只顾眼前、只看脚下、只利自己，要仰望星空、关怀人类、面向未来。

三是强化实践教学。法学是一门实践性很强的学科，法学教育要处理好知识教学和实践教学的关系，让学生不仅具有理论知识，而且具有法治实践能力。要实现这一点，仅靠法学院校的教育教学是不够的。要重视与法治实务部门的合作，打破高校和社会之间的壁垒，邀请有理论水平的实务专家到学校来参与法治人才培养，让实务部门参与制定培养方案、设计课程、编写教材、专业教学、指导学生等。

四是强化法学教师队伍建设。清华大学的老校长梅贻琦先生说过：“所谓大学者，非谓有大楼之谓也，有大师之谓也。”法学教育、法治人才培养，离不开一支高素质的法学专业教师队伍。法学专业教师要坚定理想信念，在思想上有定力，人格上有魅力，学术上有功力，教学上有活力，实践上有能力，追求言为人师、行为世范。现在，有的老师只注重专业教学，只教书，不注重育人。法学专业教师要克服这种现象，坚持立德树人、教书育人、言传身教，用社会主义核心价值观来引领法学教育和法治人才培养。

五是强化德法兼修、明法笃行。这是习近平总书记提出来的一个很重要的命题，是专门针对法学教育和法治人才培养提出来的。法治人才不仅要懂法学专业知识、理论、技能，还必须要有高尚的品德。法学教育，不仅要加强专业教育，而且要加强思想政治教育，加强品德教育，让我们的学生首先学会做人，然后再成为高素质的法治人才。法学教育要把法律职业伦理或者说法律职业道德修养作为必修的课程，法律职业资格考试也应该加大关于法律职业伦理道德的考试内容。

**【法制日报】** 黄进：创新发展新时代中国特色社会主义法治理论

十九大报告提出：“全面依法治国是中国特色社会主义的本质要求和重要保障。必须把党的领导贯彻落实到依法治国全过程和各方面，坚定不移走中国特色社会主义法治道路，完善以宪法为核心的中国特色社会主义法律体系，建设中国特色社会主义法治体系，建设社会主义法治国家，发展中国特色社会主义法治理论，坚持依法治国、依法执政、依法行政共同推进，坚持法治国家、法治政府、法治社会一体建设，坚持依法治国和以德治国相结合，依法治国和依规治党有机统一，深化司法体制改革，提高全民族法治素养和道德素质。”

党的十九大报告系统阐述了习近平新时代中国特色社会主义思想和基本方略，在阐述“坚持全面依法治国”基本方略时，特别明确地提到要“发展中国特色社会主义法治理论”。这实际上是肯定了发展中国特色社会主义法治理论在坚持全面依法治国基本方略中的重要地位和作用。

创新发展中国特色社会主义法治理论是新时代中国特色社会主义法治建设的重要任务和要求。十八大以来，经过艰辛努力，中国特色社会主义进入了新时代，这是我国发展新的历史方位。新时代是决胜全面建成小康社会、进而全面建设社会主义现代化强国的时代，是逐步实现全体人民共同富裕的时代，是奋力实现中华民族伟大复兴中国梦的时代，是我国日益走近世界舞台中央、不断为人类作出更大贡献的时代，也是全面依法治国的新时代。在新时代，我国社会主要矛盾已经转化为人民日益增长的美好生活需要和不平衡不充分的发展之间的矛盾，这一关系全局的历史性变化，对党和国家工作提出了许多新要求，改革发展稳定任务之重前所未有、矛盾风险挑战之多前所未有，全面依法治国在党和国家全局中的地位更加突出、作用更加重大，全面依法治国任务依然繁重。实践没有止境，理论创新也没有止境。坚持全面依法治国，不仅要坚定不移地走中国特色社会主义法治道路，完善以宪法为核心的中国特色社会主义法律体系，建设中国特色社会主义法治体系，建设社会主义法治国家，而且要创新发展中国特色社会主义法治理论，不断探索、认识人类社会发展规律、社会主义建设规律、共产党执政规律和依法治国规律，从理论和实践结合上，系统回答新时代坚持和发展什么样的中国特色社会主义法治、怎样坚持和发展中国特色社会主义法治。

创新发展中国特色社会主义法治理论是对中国特色社会主义法治实践的理论升华。时代是思想之母，实践是理论之源。中国特色社会主义法治理论不是无源之水、无本之木，而是根植于中国特色社会主义法治的伟大实践。新中国成立60多年来，法治建设走过了不平凡的历程。新中国成立后，党和国家高度重视法治建设，先后制定了宪法和一批法律法规，确立了我国的基本政治法律制度。后来，“文革”期间民主法治遭到严重破坏。进入改革开放新时期后，党的十一届三中全会决定在把党和国家工作重心转移到经济建设上来，同时将加强社会主义民主法制建设作为坚定不移的方针确定下来，开创了社会主义法治建设新局面。党的十五大将依法治国确立为党领导人民治国理政的基本方略，把建设社会主义法治国家作为建设社会主义现代化国家的重要目标。党的十六大、十七大就落实依法治国提出了要求、作出了部署。特别是党的十八大以来，党中央高度重视依法治国，提出“法治是治国理政的基本方式”，要加快建设社会主义法治国家，并把全面推进依法治国与全面建成小康社会、全面深化改革、全面从严治党一起纳入“四个全面”战略布局，协调推进。党的十八届四中全会则对全面依法治国专题进行研究部署，提出了全面依法治国的指导思想，提出了建设中国特色社会主义法治体系、建设社会主义法治国家的总目标，系统部署了科学立法、严格执法、公正司法、全民守法，为全面依法治国进行了顶层设计。可以这样说，中国特色社会主义法治实践艰难曲折、波澜壮阔，砥砺前行、成效显著。我们必须以习近平新时代中国特色社会主义思想为指导，坚持解放思想、实事求是、与时俱进、求真务实，系统、深入、全面地梳理、概括、归纳、提炼和总结中国特色社会主义法治实践，并紧密结合新的时代条件和实践要求，以全新的视野深化对中国特色社会主义法治规律的认识，进行艰辛理论探索，不断推进理论创新，对法治实践加以理论升华，形成新时代中国特色社会主义法治理论。中国特色社会主义法治理论来源于法治实践，但又高于实践，是对实践的理论升华，用于指导实践。我们必须致力于中国特色社会主义法治理论的实际运用，不断实现中国特色社会主义法治理论创新与中国特色社会主义法治实践的良性互动，在这种互动中推进中国特色社会主义法治理论不断丰富和创新发展，开拓中国特色社会主义法治道路的崭新境界。

创新发展中国特色社会主义法治理论要着力构建中国特色社会主义法治理论体系。中国特色社会主义法治理论，是马克思主义中国化在法治领域的理论成果，是中国特色社会主义理论体系的重要组成部分，也是习近平新时代中国特色社会主义思想的有机组成部分。

中国特色社会主义法治理论是从中国实际出发，建立在中国特色社会主义法治实践或者说全面依法治国的中国实践基础上的科学理论体系，是实践经验的总结、集体智慧的结晶。

中国特色社会主义法治理论是传承法律文化精华、借鉴吸收世界上优秀法治文明成果，并对世界法治文明作出积极贡献的最新理论成果。

中国特色社会主义法治理论体系是一个科学化、系统化、理论化的有机整体，与中国特色社会主义法治体系、中国特色社会主义法学理论体系、学科体系、学术体系、教材体系、话语体系既有联系，相辅相成、相互促进、相得益彰，但又有明显的区别。中国特色社会主义法治理论体系是建立在中国特色社会主义法治体系或者说全面依法治国的中国实践的基础之上的，而中国特色社会主义法学理论体系、学科体系、学术体系、教材体系、话语体系又是建立在中国特色社会主义法治体系和中国特色社会主义法治理论体系基础之上的。当然，中国特色社会主义法治理论体系和中国特色社会主义法学理论体系、学科体系、学术体系、教材体系、话语体系对全面依法治国，建设中国特色社会主义法治体系、建设社会主义法治国家起着理论分析、理论支撑和理论指导作用。中国特色社会主义法治理论是全面推进依法治国的行动指南。

中国特色社会主义法治理论体系"四梁八柱"的主体框架已经搭建起来，明确中国的法治道路是坚持走中国特色社会主义法治道路；明确中国特色社会主义法治的最根本保证是中国共产党的领导，必须把党的领导贯彻落实到依法治国全过程和各方面；明确中国特色社会主义法治的基本方略是坚持全面依法治国；明确全面推进依法治国总目标是建设中国特色社会主义法治体系、建设社会主义法治国家；明确中国特色社会主义法治的本质特征是坚持党的领导、人民当家做主、依法治国有机统一；明确中国特色社会主义法治的基本原则是坚持中国共产党的领导、坚持人民主体地位、坚持法律面前人人平等、坚持依法治国与以德治国相结合、坚持从中国实际出发；明确中国特色社会主义法治体系是形成完备的法律规范体系、高效的法治实施体系、严密的法治监督体系、有力的法治保障体系，形成完善的党内法规体系；明确中国特色社会主义法律体系是以宪法为核心、由民商法、刑法、行政法、经济法、社会法、诉讼及争议解决法等部门法组成的法律体系；明确中国特色社会主义法治的基本格局是科学立法、严格执法、公正司法、全民守法，坚持依法治国、依法执政、依法行政共同推进，坚持法治国家、法治政府、法治社会一体建设；明确中国特色社会主义法治的核心价值是保障人权、公平正义。

恩格斯曾经讲过："一个民族想要站在科学的最高峰，就一刻不能没有理论思维。"全面依法治国，是国家治理的一场深刻革命。推进全面依法治国，一刻也离不开中国特色社会主义法治理论的分析、支撑和指导。中国特色社会主义法治理论体系已基本形成，但仍在不断深化、演进中。创新发展中国特色社会主义法治理论没有止境，永远在路上。

**【法制日报】**黄进：高校是宪法教育的主阵地

今年5月3日习近平总书记到中国政法大学考察时强调，要坚持以马克思主义法学思想和中国特色社会主义法治理论为指导，立德树人，德法兼修，培养大批高素质法治人才，为我国法治人才的培养指明了方向。党的十九大报告对宪法地位和发挥宪法在国家治理中的重要作用作出了高屋建瓴的论述，为新时代中国特色社会主义宪法实践、宪法研究和宪法教育提供了遵循。高校作为人才培养的第一阵地，肩负着为中国特色社会主义事业培养建设者和接班人的重大任务，高校的宪法教育至关重要。

**新时代背景下宪法教育的意义**

宪法作为国家根本大法，具有最高的法律效力，居于中国特色社会主义法律体系的核心地位。坚持依法治国首先要坚持依宪治国，坚持依法执政首先要坚持依宪执政。全国各族人民、一切国家机关和武装力量、各政党和各社会团体、各企业事业组织，都必须以宪法为根本的活动准则，并且负有维护宪法尊严、保证宪法实施的职责。十九大报告中 8 次出现“宪法”，1 次出现“合宪性”，1 次出现“宪制”，这在历次党代会报告中是不多见的。十九大报告强调要“完善以宪法为核心的中国特色社会主义法律体系”；要求“加强宪法实施和监督，推进合宪性审查工作，维护宪法权威”；要求“树立宪法法律至上、法律面前人人平等的法治理念”。这些内容突出反映了宪法在党和国家事业全局中，特别是在健全人民当家做主制度体系、发展社会主义民主政治过程中不可替代的重要作用，彰显了以习近平同志为核心的党中央坚持依宪治国、依宪执政，坚持推进国家治理体系和治理能力现代化的鲜明政治理念，是习近平新时代中国特色社会主义思想在宪法领域的充分展开。十九大报告提出的这些关于宪法的理念和要求，为新时代中国特色社会主义宪法实践、宪法研究和宪法教育指明了方向。

宪法教育是法治教育的基础和重点，是培养公民意识、国家意识的重要途径，对弘扬宪法精神、维护宪法权威，将宪法理论与宪法认知付诸实践，意义重大。在大学求学是青年学习成长，形成正确的人生观、价值观和世界观的关键时期，在这个时期加强对大学生的宪法教育尤为重要。大学开展宪法教育，是大学的职责所在、使命所在，是大学人才培养的内在要求。

**强化宪法教育必须坚持的导向**

宪法的生命在于实施，宪法的权威也在于实施。宪法教育要紧紧围绕中国宪法中所确立的制度内容开展，以解决中国社会实践中的宪法问题为导向：一是坚持中国共产党的领导。中国特色社会主义最本质的特征是中国共产党的领导，中国特色社会主义制度的最大优势是中国共产党的领导。我国宪法确立了在历史和人民选择中形成的中国共产党的领导地位。坚持党的领导，是切实尊重和有效实施宪法的根本要求，是我国宪法作为社会主义宪法的基本特征，也是保证我国宪法教育正确方向的必然要求。二是坚持人民代表大会制度。人民代表大会制度是我国的根本政治制度，反映了我国的国家政权性质和政治体制特征，是人民当家做主的制度保证，可以说是我国国家制度体系之根、我国国家制度体系之首。人民代表大会制度具有蓬勃生机与活力，坚持和完善好这一制度是我们的重大历史责任。在新的时代背景下，必须充分发挥人民代表大会制度的根本政治制度作用。三是坚持宪法总纲中确立的国家的基本国策、主要政治、经济、社会、文化和生态文明制度，这些构成了我国社会主义制度的基本框架；四是坚持保障公民基本权利，这是宪法功能与目标的具体指向，是宪法教育中与每个公民息息相关的内容，也是宪法最重要、最核心的价值。

**开展宪法教育的实践**

中国政法大学在注重对法学专业学生进行宪法教育的同时，十分注重把中国特色社会主义法治理论和实践与宪法教育结合起来，将其作为开展宪法教育的基本出发点，并利用宪法研究和宪法学习的专业储备，自觉为宪法教育的社会化推广作贡献。

为了做好宪法教育，学校一是注重打造一支政治立场坚定、理论功底深厚、熟悉中国国情的高水平宪法学家、学术带头人、骨干教师和专兼职结合的教师队伍；二是建立一个强有力的宪法教研室，加强组织保障；三是坚持用中国特色社会主义法治理论为指导，着力构建中国特色、中国气派、中国风格的宪法学科体系、学术体系、话语体系、课程体系；四是坚守“大宪法教育”理念，既推行以《中华人民共和国宪法》学习和研究为对象的宪法教育，也推行反歧视、弱势群体保护、女性权益保护、人权的法治保障等涉及公民权利保护的特别宪法教育，还推行以港澳基本法的学习和研究为对象的特色宪法教育；五是坚持宪法教育全覆盖，对法学专业的学生进行宪法深度教育，对其他专业的学生进行宪法的公民教育；六是坚持立德树人、德法兼修，把开展宪法教育与学生的德行修养结合起来，不仅要提高学生的宪法知识水平，而且要注重培养学生的国家大德和公民道德；七是从历史演变的角度，通过分析中外国家治理的历史经验来开展宪法教育，帮助学生认识宪法的由来和中国的宪制选择；八是创造条件让师生广泛参与宪法及其相关法律的起草、修订、解释、实施、宣传、普法等活动，在实践中学习宪法，接受宪法教育。

此外，中国政法大学还通过组织模拟宪法宣誓、国家宪法日宣传、宪法主题讲座等多种形式的宪法教育来针对一般公民开展宪法教育，并且为党政机关、企事业单位的宪法学习、为各种社会组织举办的宪法教育与宣传活动投入专业力量来提供支持。应该说，学校建立了以教学科研为基础、专业精细、视域宏阔的宪法学习和宪法教育体系，主体面向法学专业教育与法学人才培养，辅以一般的公民宪法教育，并且辐射社会公众的宪法学习与宪法教育的服务工作。

开展宪法教育是全面依法治国的重要任务。宪法教育要根据教育对象的具体情况，用生动的语言、鲜活的事例、灵活多样的方式，讲好法治中国的宪法故事。要从青少年抓起，采用青少年喜闻乐见的方式让他们有多种机会接近宪法、走近宪法、贴近宪法、亲近宪法，成为宪法的拥趸。宪法教育必须抓住领导干部这个“关键少数”，使其牢固树立宪法法律至上、法律面前人人平等的法治理念，带头尊宪学宪守宪用宪，在宪法法律范围内行使权力。今后，要在香港、澳门特别行政区深化普及宣传基本法的同时，开启普及宣传《中华人民共和国宪法》的行动。同时，开展宪法教育要高举依宪治国的伟大旗帜，加大宪法实施和监督力度，充分发挥活生生的我国宪法实践特有的宪法教育教化功能。

**【光明网】**黄进：构建中国特色法学学科体系的历史背景和五个维度（建设中国特色法学 推进全面依法治国——第四届“法治中国论坛”发言摘登）

2016 年习近平总书记在哲学社会科学工作座谈会上提出，构建具有自身特质的学科体系、学术体系、话语体系。法学包含在哲学社会科学学科体系里，加快构建中国特色法学学科体系、学术体系、话语体系是应有之义。

《中共中央关于全面推进依法治国若干重大问题的决定》提出要加强法学基础理论研究，形成完善的中国特色社会主义法学理论体系、学科体系、课程体系。

习近平总书记今年 5 月 3 日到中国政法大学视察，特别强调了法学学科体系建设。我们要按照立足中国、借鉴国外、挖掘历史、把握当代、关怀人类、面向未来的思路，在学科建设中体现继承性、民族性、原创性、时代性、系统性、专业性。在学科体系、学术体系和话语体系等方面要体现中国特色、中国风格、中国精神。法学学科体系建设一定要从中国实际出发，正确解读中国现实，回答中国问题；要以我为主，兼收并蓄、突出特色；要强化法学实践教学；要立德树人，特别强调德法兼修。

习近平总书记的关怀对我们构建法学学科体系有极为重要的指导意义，我们要在处理好理论与实践、中国与世界、古代与现代、今天与未来、法学学科与其他学科、立德与修法这六大关系中构建法学学科体系。

构建中国特色法学学科体系有五个维度：

第一是从法治理论与实践紧密结合的维度来思考构建法学学科体系。

第二要从法学学科发展的维度来构建法学学科体系。

第三是从法律体系的维度构建法学学科体系，即把法学学科体系分为国内法学和国际法学。

第四是从法治体系的维度构建法学学科体系。中国特色社会主义法治体系可分为国内法治体系和国际法治体系。

第五是从法治工作的基本格局维度构建法学学科体系，即科学立法、严格执法、公正司法和全民守法，再加上公共法律服务。

**【光明日报】**胡明：构建中国特色社会主义法学体系的体会和探索

构建中国特色社会主义法学学科体系、学术体系和话语体系具有重大意义。构建中国特色社会主义法学学科体系、学术体系、话语体系是实现全面依法治国的必然要求，也是全面建成小康社会决胜阶段必须解决的问题；是用中国理论解决中国问题，用中国智慧阐释人类共同价值的有益尝试，将为新时代中国特色社会主义的发展提供新的理论支撑。作为哲学社会科学体系的重要组成部分，现有的法学体系需要与时俱进、创新发展。

构建中国特色社会主义法学学科体系、学术体系、话语体系要坚持四个重要原则。坚持以马克思主义法学思想和中国特色社会主义法治理论为指导；坚持立足中国实际解决中国问题，这是构建中国特色社会主义法学学科体系、学术体系、话语体系的根本；坚持汲取传统精华，体现时代精神，积极开展创造性转化、创新性发展，使中华法学思想不断焕发出新的生机活力；坚持面向世界，开放自信，要在坚持以我为主、兼收并蓄的原则下吸收和转化世界上的优秀成果，有底气、有自信地为世界法治文明贡献中国智慧和中国方案。

中国政法大学在构建中国特色社会主义法学学科体系、学术体系、话语体系上作出了一些探索。一是博采众长，通过开展深入调研、举办高端论坛、深入探讨，推出一批具有前沿性和影响力的研究成果，为打造中国特色法学学科体系、学术体系和话语体系提供了理论支持和智力支撑。二是以新兴学科建设和交叉学科建设为载体，培育法学学科体系、学术体系和话语体系新的增长点。三是坚持“一体两翼”培育具有法大特色的法学体系。“一体”即以法学为优势为特色，与相关学科相互融合的学术体系；“两翼”即以基本原理、基本话语构成的理论学术体系和以服务国家重大战略项目构成的应用学术体系。我们坚持“一体两翼”，以国家社科基金重大委托项目“创新发展中国特色社会主义法治理论研究”为引领，努力构建结构合理、特色鲜明的学科、学术和话语体系。

希望通过此次论坛成就一场思想交流的盛宴，汇聚各界的智慧，努力形成构建与完善中国特色社会主义法学学科体系、学术体系和话语体系的新思路、新路径和新方案，为实现全面推进依法治国的总目标提供理论支撑和智力支持，为确保党中央的决策部署和习近平关于法治建设的重要讲话和指示精神落地生根提供有力的思想保证。

**【第八次党代会报告】**

## 加快“双一流”建设　推动内涵式发展<br>为建设中国特色世界一流法科强校而努力奋斗

——在中国共产党中国政法大学第八次党员代表大会上的报告

（2017 年 11 月 10 日）

胡　明

各位代表、同志们：

中国共产党中国政法大学第八次党员代表大会，是在我校全面贯彻落实党的十九大精神和习近平总书记考察我校重要讲话精神、奋力创建中国特色世界一流法科强校的关键时期召开的重要会议，具有承前启后、继往开来的重要意义。首先，请允许我代表学校党委向莅临大会的教育部、北京市的各位领导表示热烈的欢迎和衷心的感谢！受中共中国政法大学第七届委员会委托，我向大会报告工作，请各位代表审议。

大会的主题是：高举中国特色社会主义伟大旗帜，坚持以习近平新时代中国特色社会主义思想为行动指南，全面贯彻落实党的十九大精神、全国高校思想政治工作会议精神和习近平总书记考察我校重要讲话精神，牢固树立“四个意识”，始终坚定“四个自信”，紧密围绕“四个全面”战略布局，扎根中国大地办大学，聚焦人才培养创一流，凝心聚力、锐意进取，为把学校建设成为开放式、国际化、多科性、创新型的世界一流法科强校而努力奋斗。

### 一、过去七年的工作回顾

自 2010 年 11 月第七次党代会召开以来，学校党委在党中央、国务院的关心支持下，在教育部、北京市的正确领导下，紧紧团结和依靠全校广大师生员工，认真贯彻党的教育方针，全面履行管党治党、办学治校的主体责任。坚持因事而化、因时而进、因势而新，通过全面落实从严治党，持续深化综合改革，认真实施五年规划，扎实推进依法治校，逐步构建起新形势下一体化推进党建工作的新格局，推动学校党的建设和事业发展迈出新步伐，凝聚力和创造力不断增强，影响力和竞争力持续提升，立足世界一流法科强校建设，为中国特色社会主义法治建设做出重要贡献。

#### （一）抓方向管大局，努力办好中国特色社会主义大学

始终坚持党委的领导核心地位。坚持和完善党委领导下的校长负责制，努力构建“党委领导、校长负责、教授治学、民主管理、社会参与”的治理架构，切实发挥“把握方向、总揽全局、科学决策、协调各方”的重要作用。始终坚持社会主义办学方向，牢牢把握意识形态领导权。坚持依法治校，科学民主决策，建立健全党委全委会、党委常委

会、校长办公会、书记办公会等会议制度和议事规则。七年来，累计召开党委全委会、党委常委会181次，研究审议了680项涉及学校改革发展的重大事项。坚持把党的决策部署贯彻到最基层，确保党的工作目标任务落到实处。

始终坚持正确的价值导向。全面贯彻党的教育方针，把正确的政治方向、价值导向贯穿办学育人全过程，确保学校沿着社会主义办学方向前进。大力推进社会主义核心价值观进教材、进课堂、进头脑，积极引导师生牢固树立“四个自信”。继续秉承“厚德、明法、格物、致公”的校训，牢牢坚持“学术立校、人才强校、质量兴校、特色办校、依法治校”的办学理念，积极践行“经国纬政、法泽天下”的办学使命。遵循思想政治工作规律、教书育人规律和学生成长规律，汲取凝练出“课比天大”的教育教学理念，树立起在“科学建课、认真备课、专心讲课、积极听课、公正评课、规范管课”等人才培养环节中的基本价值导向。通过不断凝练“法大精神”的价值体系和科学内涵，为学校事业发展提供不竭的精神动力。

始终坚持强化意识形态工作。坚持社会主义办学方向和马克思主义的指导地位，建立健全宣传思想工作、意识形态工作责任制等相关制度，强化和落实校院两级领导班子的领导责任，健全意识形态工作责任体系，形成党委统一领导、党政齐抓共管、宣传部门组织协调、有关部门分工负责的工作机制。注重项目、平台和阵地管理，密切与师生员工思想交流，把思想政治工作与解决实际问题有机统一起来，确保学校政治稳定。加强互联网思想政治工作载体建设，组建新媒体联盟，构建意识形态工作网络化、立体化管理体系。

（二）抓引领促实效，全面落实立德树人根本任务

切实推进“三全”育人。坚持以立德树人为根本、以理想信念教育为核心、以社会主义核心价值观为引领、以学生全面发展为目标，不断深化“全员全过程全方位”的育人模式。通过强化思想理论教育，改进课堂教学管理，加强教师和专门队伍建设，把思想价值引领贯穿教育教学全过程和各环节。打造“八个法大”品牌项目，引导学生勤学、修德、明辨、笃实。健全管理服务体系，促进学生健康成长成才。完善教学督导制度，健全教学纪律约束和质量保障机制。完善教师评聘考核机制，把思想政治表现和课堂教学质量作为首要标准。强化班主任育人作用，落实导师德育责任制，推进辅导员队伍专业化、职业化建设，凝聚育人合力。

切实推进师德师风建设。不断丰富教师思想政治工作载体，制定理论教育与价值导向培育的实施方案，强化教师理想信念教育，增强教师责任担当。认真落实“一课双责”，将专业知识教育与品德修养教育相结合。完善师德师风建设体系，引导教师树立职业理想、恪守职业道德，严守教育教学纪律和学术道德规范。依托教师发展中心，建立健全青年教师互助体系和成长体系，实施教师思想引领计划和教师实践锻炼计划。定期开展教书育人楷模和师德标兵评选等活动，大力宣传师德师风先进典型，积极营造风清气正的教书育人环境。

切实推进校园文化建设。始终坚持把“文化育人”作为人才培养的重要途径、作为思想引领的重要载体，打造文化精品，强化道德养成，提高文化品位，促进全面发展。相继建成校史展厅、钱端升纪念馆、文化艺术展厅等校园文化设施。组织开展礼敬中华优秀

传统文化活动，弘扬先进思想文化。加强体育文化建设，用体育观念、体育精神和体育道德塑造健康的身心素质和坚强的意志品质。优良的体育传统和文化熏陶，促进学校在各类体育竞赛中取得骄人成绩。健全校园文化体系，把社会主义核心价值观与学校独特的法治文化有机融合，打造“校园十佳文化品牌”。“基层校友寻访”入选教育部礼敬中华传统文化展示项目。

（三）抓改革求创新，全面促进学校事业科学发展

学科建设进一步加强。“双一流”建设取得重大进展，入选教育部等三部委公布的世界一流学科建设高校名单。在第三轮学科评估中，法学学科继续保持优势地位，哲学、政治学、社会学等学科均有所提升，以法学为特色和优势、人文社会科学为主体的多科性学科体系基本建成。学位授权审核工作取得突破，重点学科建设也取得显著成绩。学校获批“985 工程优势学科创新平台”项目高校，“证据科学创新引智基地”获批国家“111”计划（高等学校学科创新引智计划），学校牵头组建的“马克思主义与全面依法治国”协同创新中心入选“北京高校中国特色社会主义理论研究协同创新中心”。

教学改革进一步深化。本科生“三学期制”稳步实施，实体和虚拟实验班并行模式效果显著，公共课程教学内容持续优化，大学英语教学改革不断深入，体育课程建设水平与体育教学质量同步提升。硕士研究生招生命题改革、博士研究生“申请考核制”改革和法律硕士教育综合改革统筹推进，研究生教育从学术型为主向学术型、专业型并行发展，研究生导师制度改革取得成效，高层次应用型人才培养模式顺利落地。“四跨”本科生人才培养模式和“四个突出”研究生人才培养模式初见成效。认真组织毕业论文原创性审查和科学道德宣讲，深入推进学风建设。本、硕、博国际交换生项目积极拓展，国际化人才培养有序推进。通过深化教育教学改革，推动人才培养质量不断提高。年均毕业生全员就业率达 95.12%，2011 年，荣获“全国毕业生就业典型经验高校”。2014 年，“同步实践教学模式”荣获国家级教学成果一等奖。2017 年初，顺利通过教育部本科教学工作审核评估。大学生创新创业教育扎实推进，荣获 2017 年北京地区高校示范性创业中心。

科学研究工作进一步加强。七年来，科研成果量质兼顾，均有提升，共获纵向科研项目 542 项，获省部级以上科研成果奖 53 项。科研经费拨入总额达到 59 117.30 万元，连续三年突破 1 亿元。完成新一届学术委员会换届工作。建立健全科研管理制度，最大程度地释放政策红利。基本科研业务经费分配模式改革初见成效。学校牵头组建的“司法文明协同创新中心”，作为协同单位之一的“国家领土主权与海洋权益协同创新中心”先后入选教育部“2011 计划”。陆续成立了 7 个新型共建科研机构。法大法庭科学技术鉴定研究所入选国家级司法鉴定机构。2016 年，组建了整合学校各类智库资源、承接重大项目的总平台“国家治理研究院”。2017 年，“创新发展中国特色社会主义法治理论体系研究”获批国家社会科学基金重大委托项目。人权研究院入选“国家高端智库建设培育单位”。

人才强校进一步推进。完善教师分类管理，加大优秀中青年教师培养支持力度，健全人才引进制度，初步构建符合教师发展规律的考核评价机制，不断优化教师队伍结构。引进各类人才 48 人，“千人计划”项目实现突破，资助 169 名教师赴海外名校访学。目前，专任教师中拥有博士学位的 655 人，占专任教师总数的 74.69%；22 人获聘“马工程”首

席专家，其中第一首席专家 5 人；40 多位教师入选“万人计划”“长江学者奖励计划”“百千万人才工程”“跨（新）世纪优秀人才支持计划”等高层次人才支持计划（含青年项目），14 人获宝钢教育奖“优秀教师奖”，7 人获“全国十大杰出青年法学家”称号。

社会服务能力进一步提升。七年来，学校几乎参与了所有国家层面的立法活动，并先后有 3 人次受邀为中共中央政治局集体学习作辅导报告或参加座谈。2013 年启动了智库建设计划，咨政服务能力不断提升，定期发布《中国法治政府评估报告》《中国司法文明指数报告》《中国上市公司法律风险指数报告》，产生了广泛的社会影响。坚持首善标准，承接北京教育工会法律援助服务，建立志愿者队伍弘扬公益精神，服务首都“四个中心”建设。“污染受害者法律帮助中心”致力于环境维权和公益诉讼，助推生态文明建设。开放教育办学水平日益提高，为全国政法干部队伍提供专业化培训，赢得了良好的社会效益。

国际交流合作进一步加深。七年来，新建 3 所海外孔子学院，加入“全球法学院联盟”“中国－中东欧国家高校联合会”等国际教育组织，牵头成立“内地与港澳法学教育联盟”，入选北京市首批“一带一路”人才培养基地项目。已同世界 50 个国家和地区的 233 所高校和机构建立了合作关系。各类国际合作项目大幅增长，获批国家留学基金委资助项目逐年增加，其中“优秀本科生国际交流项目”资助名额已连续两年位列全国第 5 名。2017 年，“国家公派硕士研究生项目”资助名额占到全国总名额的 5%。中欧法学院作为国内唯一一家中外合作办学的法学院稳步发展，培养出一大批国际化高端法律人才。每年派出师生千余人次，通过攻读硕博学位、联合培养、学生交换、短期游学、海外实习、访学研究、国际会议等方式，开展国别法律研究、参与国际法律事务、推进国际交流合作，为弘扬中华优秀传统文化和世界法治文明建设做出法大特有的贡献。

国内合作进一步拓展。加强全国政法大学“立格联盟”协同创新，联合发布法学专业教学质量标准，务实推动人才培养工作，不断扩大合作领域的广度和深度。2015 年，与昌平区前锋学校合作，集小学、初中、高中于一体的中国政法大学附属学校挂牌成立。加大校部共建、校所共建力度，进一步拓展了校外人才培养基地和学生实习实践基地，建立起法学教育的协同育人机制，助力“双一流”建设。七年来，董事会、基金会筹融资能力不断提升，推动学校事业健康发展，累计筹融资达 22 510 万余元，大批校友、校董关心学校发展，关注学生成长，捐资助学，促进学校软硬件条件不断改善。

内部治理进一步优化。以承担“推动大学内部治理结构改革，完善大学章程建设”试点改革项目为契机，不断完善党委统一领导、党政分工合作、协调运行的工作机制。建立校部机关职责、审批与服务清单，建设网络服务大厅，健全督办工作机制，提高行政办公效率。认真落实中央八项规定精神，严格控制“三公经费”支出。完善经济责任审计，加大领导干部管理监督力度。加强财务精细化管理，提高资金使用效益。全面推行绩效工资改革，进一步激发师生员工干事创业的积极性、主动性。

教辅工作进一步改善。图书馆馆藏文献总量达到 276.2 万余册，实现年均 8 万册稳步增长。出版社 2013 年完成转企改制，图书出版发行工作进入快车道，2015 年出版社销售码洋首次突破亿元大关。2016 年，法庭科学博物馆正式开馆，成为国内首家集法庭科学、文献文物收藏、宣传教育、科学研究等为一体的综合性学术研究机构。“数字校园”建设成效显著，以昌平校区智慧教学楼、庭审直播教室、网络视频会议系统等为代表的学校基础网络、硬件环境和各类应用系统基本建成。《政法论坛》《比较法研究》《行政法学研究》入选中国社会科学引文索引来源期刊（CSSCI）。

后勤保障能力进一步提高。基础设施持续改善，完成学院路校区综合科研楼项目和教学图书综合楼主体建设，完成昌平校区办公楼、教学楼、宿舍楼等项目维修改造工程，两校区学生公寓实现空调全覆盖。后勤服务标准化建设切实加强，创办教职工食堂和自助餐厅，幼儿园入托范围实现全覆盖，绿化保洁等服务项目社会化改革有效推进。校医院医疗服务保障转型升级，与北京大学第三医院建立医联体，开通绿色就诊通道。通过优化资源配置，土地、建筑、设备等资源总值和保障能力不断提高。

（四）抓党建夯基础，积极构建一体化党建新格局

领导班子和干部队伍建设同步加强。全面落实上级文件精神，配合做好学校领导班子的调整工作和副校级后备干部推荐工作，进一步优化领导班子结构。选齐配强二级机构领导班子，完善学院重大决策和重要事项集体讨论决定制度。扎实推进校院理论中心组学习，不断加强领导班子思想政治建设。认真贯彻执行党的干部路线方针政策，积极改进完善干部选拔任用方式，强化选拔任用审核措施，实行“四凡四必”。建立干部选拔任用纪实制度，客观反映选人用人全过程和相关责任主体履职情况。坚持线上线下结合、校内校外兼顾，通过干部在线学习、专题集中授课、体验式实践教学、挂职借调锻炼、境外交流培训等教育培训形式，不断提升领导干部办学治校能力。

思想建党与制度治党紧密结合。扎实开展创先争优活动、党的群众路线教育实践活动、“三严三实”专题教育和“两学一做”学习教育，结合每年制定的理论学习计划，在完善长效机制建设上下功夫，在提高党员干部思想政治素质上见实效。着力推进党校教学改革，突出党的理论教育和党性教育的主课地位。大力加强制度建设，通过制定实施全面从严治党一体化推进党建工作计划、党建工作责任制等一系列规章制度，形成了任务明确、分工合理、齐抓共管、协同合作的一体化党建新格局。十八大以来，先后制定、修订和完善党内规章制度49 项，把“软指标”变为“硬约束”，为党的建设提供了强有力的制度保障。

基层组织建设与党员队伍建设统筹推进。加强党组织规范化建设，着力增强党内政治生活的政治性、时代性、原则性、战斗性。严格落实“三会一课”、民主评议党员、组织生活会、民主生活会、谈心谈话等组织生活制度，认真执行新修订的党费收缴、管理和使用制度。选优配强党支部书记，加强党支部书记队伍建设。完善基层党组织书记述职制度，强化对党组织书记抓党建工作的监督考核。组织在职党员到社区报到服务、实施学生党员先锋工程，开展针对性强、特色鲜明的主题党日活动，有效增强基层党组织的创造力、凝聚力、战斗力。建立以“一细则两意见”为主体的发展党员工作制度体系，高度重视在优秀教职工和学生中发展党员工作，完善积极分子、发展对象和新党员的分层分类教育培训体系，不断提高骨干队伍的纯洁性、先进性。

作风建设与党风廉政建设相辅相成。坚持以作风建设为抓手，深入推进党风廉政建

设。通过深化落实“两个责任”，推进全面从严治党，努力实现“三转”，使优良作风内化为信念、外化为习惯、固化为制度。强化纪委组织协调职能，践行监督执纪“四种形态”，把纪律和规矩挺在前面。在二级党委设立纪律检查委员会，推动监督执纪问责工作机制改革不断深化。每年开展党风廉政宣传教育月，持续深化廉洁教育。加强对招生录取、基建后勤、物资采购、财务管理等重点领域监督。狠抓教育部巡视整改落实工作，确保整改实效。开展财务审计和基建、修缮工程审计，防控财经工作风险和经济违法违纪行为，不断推进党风廉政建设向纵深发展。

（五）抓合力促和谐，不断凝聚事业发展的前进动力

统战工作不断加强。建好建强统战工作队伍，系统培训二级党委统战委员和统战干部，提高统战工作能力和水平。强化党外知识分子的思想政治引领，创新性开展政治培训和主题教育实践活动，累计参与统战成员达530人次。连续6年开展以“走长征路”“重温多党合作辉煌历史，共谱民主协商新篇章”等为主题的政治培训和教育实践活动，2015年获得北京高校统战工作特色与创新“十大品牌项目”荣誉称号。认真做好党外代表人士储才、育才和用才工作，目前，担任各民主党派各级组织负责人、国务院参事的党外人士30人次，担任各级人大代表政协委员的党外人士17人次，学校处级领导干部中党外人士占12.8%。

离退休工作水平不断提高。坚持从政治上关心、生活上照顾、工作上重视、情感上贴近，围绕广大老同志的切身利益，不折不扣地执行好党和国家的政策，不断提高服务水平，增强保障能力。通过加强学习与活动“双阵地”建设，努力让离退休干部“老有所学、老有所为、老有所乐、老有所养”。新建离退休活动中心，新增场地面积达1700平方米。2014年创办老年大学，先后有1500余人次参与学习。通过主题党日、老领导论坛、老龄论坛、大讲堂、形势政策报告会等特色项目，积极开展为党和人民事业增添正能量的活动。2012年，学校被中组部确定为全国老干部工作联络单位。

群团工作不断深入。深入贯彻落实加强和改进党的群团工作的有关要求，深化群团工作改革试点，切实提高群团工作水平。坚持教代会代表、学生代表列席校长办公会制度，推进校园民主管理。工会通过青年教师教学基本功大赛、教职工趣味运动会、兴趣社团等广泛联系教职工，桥梁纽带作用凸显。2012年，顺利通过“全国教科文卫体系统模范教职工之家”验收。坚持党建带团建，打造了“论衡”辩论文化节、“博闻论坛”等深受学生欢迎的团学工作品牌，学生在一系列学术实践和文体艺术竞赛中屡创佳绩，第二课堂育人效果显著。

“平安校园”建设不断深化。建立校院两级安全稳定工作领导小组和专兼职结合的安稳工作队伍，逐步完善维稳工作的运行机制。做好敏感时间节点和学校重大活动期间的安全稳定工作，确保学校政治稳定。加强对校园周边秩序的综合治理，建立了与属地政府部门联动机制，推进校园周边环境秩序问题有效解决。加大安全设施投入力度，构建起“五防合一”的安全防范体系，为构建和谐校园奠定坚实基础。2014年2月，顺利通过北京高校“平安校园”检查验收。

同志们，经过七年的砥砺奋进，我们基本完成了第七次党代会提出的“取得法科强

校建设新成就”的奋斗目标。学校的发展态势进一步向好，发展后劲进一步增强，发展潜能进一步释放，发展优势进一步凸显。这些成绩的取得，是教育部、北京市亲切关怀和坚强领导的结果，是历届领导班子接续努力的结果，是全校师生共同奋斗的结果。在此，我代表学校党委，向关心支持学校发展的各级领导、各界朋友和广大校友，向学校老领导、离退休老同志，向全校共产党员和师生员工表示崇高的敬意和衷心的感谢！

七年来，学校积淀并形成了推动改革事业发展的普遍共识和基本经验，这就是：

必须坚持党的领导。始终坚持党的领导核心地位，认真贯彻执行党和国家、教育部、北京市的决策部署，团结凝聚全校师生员工同心同德，共促发展。

必须坚持社会主义办学方向。全面贯彻党的教育方针，坚持马克思主义指导地位，强化“四个服务”意识，为社会主义现代化建设提供智力支持和人才保障。

必须坚持以人为本。以学生为主体、教师为本位，聚焦师生全面发展。把促进学生成长成才作为工作的出发点、落脚点。统筹师资队伍和管理服务队伍建设，促进各类队伍协调发展。

必须坚持立德树人。坚持全员全过程全方位育人，把社会主义核心价值观贯穿教育教学全过程和各环节，建立健全长效机制，不断增强德育工作的针对性和实效性。

必须坚持改革创新。坚持以体制机制改革为重点，加快重要领域和关键环节改革步伐，破解制约学校发展的障碍和瓶颈，释放办学活力，提供前进动力。

必须坚持依法治校。坚持以法治思维和法治方式推进综合改革，加快构建学校依法办学、教师依法执教、校园和谐有序的教育发展新格局，全面推进治理体系和治理能力现代化。

必须坚持艰苦奋斗。以攻坚克难的决心、和衷共济的勇气、奋力拼搏的实干，克服学校办学空间相对有限、办学资源相对紧张等困难，不断推动事业向前发展。

必须坚持内涵发展。充分把握学校独特的办学理念、办学优势和办学使命，分类规划，统筹推进，走特色发展、创新发展、开放发展、国际发展、和谐发展的内涵发展道路。

在回顾过去、总结经验的同时，我们清醒地认识到，学校发展中仍然存在着一些问题和不足，主要表现在：党的建设仍有薄弱环节，特别是基层党建发展水平参差不齐，个别党组织、党员干部作用发挥不充分；法学学科结构和体系不尽完善，法学教育资源较为分散；社会亟需的新兴学科开设不足，法学学科同其他学科交叉融合还不够；有的学科理论建设滞后于实践，学校与社会之间的体制壁垒仍然存在；人才培养体系化建设尚不完善；基础性、标志性科研成果偏少，学术评价和科研激励机制仍需完善，科研组织力、生产力、创新力有待提升；学科梯队结构性失衡问题不同程度存在，高层次人才引进和优秀人才培育力度不大，教师队伍后劲乏力；参与全球治理、贡献中国智慧的研究与实践仍需加强；管理体制改革亟待推进，内部治理结构欠优化，干事创业的凝聚力、创造力不够强；办学资源有限，特别是办学空间等短板仍较为突出，等等。

**二、今后面临的形势与发展目标**

各位代表，同志们！总结过去，是为了更好地开创未来。今后五年，是我校法科强校建设进程中极其关键的历史机遇期和战略挺进期。我们要把学习贯彻党的十九大精神作为首要政治任务，深入学习领会习近平新时代中国特色社会主义思想，与贯彻落实习近平总书记考察我校重要讲话精神紧密结合，切实肩负起在全面建设社会主义现代化强国进程中的新责任、新担当和新使命，筑牢人才培养的坚强阵地。始终坚持“一张蓝图绘到底，一张蓝图干到底”，稳扎稳打，实干苦干，在迎接机遇和挑战的务实拼搏中，走出一条中国特色世界一流的法科强校建设之路。

### （一）学校发展面临的机遇与挑战

从世情上看，世界多极化、经济全球化、社会信息化、文化多样化深入发展，全球治理体系和国际秩序变革加速推进，科技进步日新月异，教育国际化潮流日益凸显。国际竞争归根结底是人才的竞争，全面提高人才培养质量和教育水平是摆在高等教育面前的重大课题，是增强国际竞争力、提升全球治理话语权的必然选择。以互联网、大数据、人工智能为代表的新一轮科技革命蓄势待发，提高全球教育资源利用率，实现全球教育资源优势互补，是全面深化高等教育综合改革的必然趋势。加快推进世界一流大学和一流学科建设，是迈向世界高等教育强国的必由之路。作为法学教育的最高学府，建设世界一流法科强校，参与推动世界高等教育改革发展，责任重大、使命光荣。

从国情上看，党的十九大报告勾勒出教育事业发展的美好蓝图。“两个一百年”奋斗目标为提高人才培养质量指明了方向。统筹推进“五位一体”总体布局、协调推进“四个全面”战略布局、创新驱动发展战略顺利实施，为全面深化改革注入强劲动力。“一带一路”倡议、京津冀协同发展、长江经济带发展为推进教育领域协同创新、加强区域合作交流提供了难得机遇。中国特色社会主义进入新时代，社会主要矛盾转化为人民日益增长的美好生活需要和不平衡不充分的发展之间的矛盾，教育发展质量和效益仍须提升。高等教育内涵发展深入推进，深化教育体制改革力度空前。作为法学教育的最高学府，服务全面依法治国，培养社会急需人才，义不容辞、责无旁贷。

从校情上看，习近平总书记来校考察并围绕“立德树人德法兼修抓好法治人才培养，立志勤学刻苦磨炼促进青年成长进步”发表重要讲话，为法科强校建设指明了方向，学校面临着前所未有的发展机遇。学校党的建设不断加强、综合改革不断深入、“十三五”规划不断推进、依法治校能力不断提高、社会贡献度与美誉度不断提升，法学学科进入世界一流学科建设行列，但与世界一流大学相比仍有差距。作为法学教育的最高学府，加快构建中国特色法学学科体系、学术体系、话语体系和教材体系，对标世界一流，建设法科强校，重任在肩、时不我待。

### （二）指导思想

今后五年是法科强校建设的关键时期，学校工作的总体指导思想是：高举中国特色社会主义伟大旗帜，坚持以习近平新时代中国特色社会主义思想为行动指南，全面贯彻落实党的十九大精神、全国高校思想政治工作会议精神和习近平总书记考察我校重要讲话精神，凝心聚力、锐意进取，全面贯彻党的教育方针，全面深化综合改革，全面加强党的建设，加快“双一流”建设，推动内涵式发展，坚定不移走中国特色世界一流法科强校建设之路。

（三）总体发展目标

展望未来，学校将按照“三步走”的战略构想逐步实现中国特色世界一流法科强校的总体发展目标。第一步：到2020年，法学学科进入世界一流学科行列，其他学科的整体实力和核心竞争力明显提升。第二步：到2030年，法学学科进入世界一流学科中前列，政治学、社会学等学科进入世界一流学科建设行列，更多学科进入国内一流学科行列。第三步：到21世纪中叶，法学学科进入世界一流学科前列，部分学科进入世界一流学科行列，学校建成开放式、国际化、多科性、创新型的世界一流法科强校，迈入世界一流大学行列。

今后五年，我们要坚持以“十个新”为着力点和突破口，不断取得法科强校建设的新成就。

党的建设开创新局面。坚持社会主义办学方向，加强和改进思想政治工作，推动全面从严治党向纵深发展。牢固树立“抓好党建就是最大政绩”意识，继续强功能、抓基本、补短板、重创新，进一步加强党的建设。

学科建设跨入新阶段。积极构建中国特色法学学科体系、学术体系、话语体系和教材体系，建立健全多学科交叉融合与协同创新机制，世界一流法学学科建设取得重大进展，顺利迈出“三步走”战略的“第一步”。

人才培养再上新台阶。坚持走以质量提升为核心的内涵式发展道路，创新人才培养模式，提高人才培养质量。不断深化教育教学改革，不断增强思想政治教育实效，塑造科学思维，强化道德养成，努力培养德法兼修、明法笃行的高素质人才。

科学研究释放新动能。建立科学规范、开放合作、运行高效的现代科研管理机制，提升科研组织能力和服务水平。精心打造高端科研平台，整体加强科研梯队建设，系统优化科研创新生态，充分调动广大教师从事科研工作的积极性、创造性。

师资队伍建设实现新突破。深化人事管理体制改革，优化师资队伍建设的环境条件。加大骨干教师培育和引进力度，坚持“四有”好老师标准，构建以学术大师为代表的优秀教师集群。优化布局、改善结构，积蓄可持续发展的师资力量。

社会服务建立新体系。服务国家战略急需，全面提升社会服务能力。服务全面推进依法治国战略能力显著提升，教育培训基地建设基本落实，社会培训资源优化整合，法大品牌效应全面形成。

文化传承创新焕发新活力。传承弘扬中华优秀传统文化，推出一批标志性成果，推动社会主义先进文化建设。丰富完善大学精神，提高文化软实力。发挥文化育人作用，努力营造求真务实的学术氛围和风清气正的育人环境。

国际交流合作构建新格局。坚持“请进来”与“走出去”相结合，引进全球优势教育资源，传播中国特色教育文化。国际交流合作的广度、深度进一步拓展，在服务国家外交战略和创新国际化人才培养方面做出更大贡献。

管理服务展现新面貌。全面深化内部治理结构改革，探索建立现代大学制度，系统推进管理体制改革，不断优化资源配置，积极转变工作作风，努力加强队伍建设，切实提高管理服务水平。

综合保障能力取得新提升。持续优化办学空间，不断完善基础设施，全面推动信息化建设，大力加强多元筹融资能力，着力解决民生问题，扎实推进校园环境综合治理和“平安校园”建设，为法科强校建设提供有力保障。

**三、今后五年的工作任务**

今后五年，学校党委将把全面贯彻落实党的十九大精神和习近平总书记考察我校重要讲话精神作为主线贯穿管党治党、办学治校全过程。牢固树立政治意识、大局意识、核心意识、看齐意识，始终坚定道路自信、理论自信、制度自信、文化自信，聚焦“培养什么样的人，如何培养人，为谁培养人”这一根本问题，提高政治站位，加强顶层设计，勇于改革创新，敢于担当负责，努力开创中国特色世界一流法科强校建设新局面。

（一）全面贯彻党的教育方针，坚持社会主义办学方向

“扎根中国大地办大学，最重要的一条，就是要坚持社会主义办学方向”。办好中国特色社会主义大学，必须坚持以习近平新时代中国特色社会主义思想为行动指南，全面贯彻党的教育方针，切实做到“四个坚持不懈”，最根本的是要把立德树人作为中心环节，掌握思想政治工作主导权，保证学校始终成为培养社会主义事业建设者和接班人的坚强阵地。

1. 深入学习贯彻落实党的十九大精神和习近平总书记考察我校重要讲话精神。把党的十九大精神和习近平总书记考察我校重要讲话精神作为管党治党、办学治校的基本遵循和干事创业、共谋发展的行动指南。教育引导广大师生把思想和行动统一到党中央对教育改革发展的新要求新任务上来，坚定理想信念、树立崇高志向，把习近平总书记对学校事业发展的新期待、党建和思想政治工作的新要求、高等教育深化改革的新任务、社会主义法治建设的新使命紧密结合起来，不断推进法科强校建设再上新台阶。

2. 始终坚持中国特色的办学道路。深入学习贯彻党的十九大精神，坚持习近平新时代中国特色社会主义思想，充分发挥党委领导核心作用，把方向、管大局、做决策、保落实，把办好中国特色社会主义大学作为管党治党、办学治校的崇高使命。坚定走中国特色的办学道路，在指导思想上，坚持马克思主义指导地位；在基本制度上，坚持党委领导下的校长负责制；在价值诉求上，坚持办人民满意的高等教育；在人才培养上，坚持培养中国特色社会主义建设者和接班人。加强中国特色社会主义理论体系教育，引领全校师生员工学思践悟、合力育人。

3. 牢牢把握意识形态工作的领导权。坚持马克思主义在意识形态领域的指导地位，把意识形态工作摆在首要突出位置。强化校院两级领导班子的领导责任，积极探索新形势下推进意识形态工作的新思路、新途径和新方法。建立健全监督检查和考核问责机制，切实把网络意识形态责任制落到实处。统筹推进意识形态工作队伍建设，不断提高网络媒介环境下的舆论引导能力和媒体合作能力。增强出版工作阵地意识，始终把社会效益摆在首位，坚持正确的学术导向和政治方向。完善课程设置管理制度，建立课程标准审核和教案评价制度，切实加强意识形态阵地管理。

4. 着力增强思想政治工作的实效性。准确把握“三个结合”的工作方式，坚持全员全过程全方位育人，积极构建教学育人、科研育人、管理育人、党建育人、活动育人、文

化育人、帮扶育人体系。设立党委教师工作部，创建青年教师协会，完善师德“一票否决”制，建立健全师德建设长效机制。建立线上线下互动一体的运行和激励机制，切实建好网络思政和舆论阵地。坚持“标本兼治，综合治理”，推进学术规范教育和科研诚信教育。

5. 扎实推进思想政治理论课建设。积极推进党的十九大精神和习近平新时代中国特色社会主义思想进教材、进课堂、进头脑。深入实施“思想政治理论课建设体系创新计划”“思想政治工作难点攻关计划”，大力推进“思政课程”向“课程思政”转化，引导学生养成历史思维、辩证思维、系统思维、创新思维习惯。深化教学改革，完善教材体系，打造精品课程，培育特色化的教学模式和教学方法，增强教学的吸引力、说服力和感染力。组织开展特色鲜明的教学成果评选和教学观摩等系列活动，鼓励协同创新，推行思想政治理论课特聘教授制度，不断加强思想政治理论课建设。

6. 充分发挥校园文化的育人功能。把中华优秀传统文化、革命文化、社会主义先进文化有机融入校园文化建设，建立健全以“法大精神”为核心的校园文化体系，建好首都文明校园。明确特色文化育人的工作思路，加强文化育人载体建设，组建校园文化传播多元化平台，打造“第二课堂成绩单”。推动中国法律博物馆和校史馆建设，努力打造新时代中国特色法治文化传播中心。弘扬主旋律，传播正能量，努力建设体现新时代特征、大学生特点和学校特色的校园文化。

（二）全面深化综合改革，推进学校事业内涵式发展

全面深化综合改革是实现高等教育强国的必然要求，是学校创建中国特色世界一流法科强校的必由之路，也是学校加快发展的根本动力。要坚持以党的十九大精神和习近平总书记考察我校重要讲话精神统领改革发展全局，加强改革的系统性、整体性和协同性，努力在重要领域和关键环节的改革上取得突破性进展，走以质量提升为核心的内涵式发展道路。

1. 以世界一流法学学科建设为引领，全面推进学科建设

坚持学科建设的龙头地位，加大学科建设力度，创新学科组织模式，凝练学科发展方向，突出学科建设重点，加强学科交叉融合，打造更多学科高峰，以一流学科建设带动学校整体建设，为世界一流大学建设奠定坚实的学科基础。

夯实法学学科优势地位。以世界一流为目标，加强法学学科整体建设，全面提升法学二级学科的实力，半数以上目录内二级学科的可量化指标均获领先优势，其余二级学科进入全国前五。自主设置的法学二级学科，特色更加鲜明。开展法学学科体系创新性研究，构建中国特色社会主义法学学科体系的理论基础和实践框架。

提升学科整体实力。在巩固法学学科（门类）优势地位的基础上，加强哲学、经济学、管理学、教育学、文学、历史学等人文社会学科建设，力争一到两个学科进入国内前列，使学校在建设“中国人文社会科学重镇”的征程中稳步前进。充分发挥学科相对齐全和人才密集的优势，大力加强学科基础性理论研究，努力实现学科创新性发展。

推动学科特色化发展。以国家重大战略需求为依托，以问题为导向，开展新兴学科创新研究和建构，探索全方位、立体化的多学科交叉融合模式。实施“新兴学科培育计划”，选育一批新兴学科建设项目，不断优化学科体系，促进新兴学科快速发展。重点扶

持5个－10个新兴学科，精心培育10个－15个交叉学科，争取新增3个－5个博士学位一级授权点，新增3个－5个专业硕士学位授权点，使学校硕士学位授权点基本覆盖人文社会科学的主要门类。

2. 以人才培养为根本，全面提升人才培养质量

突出人才培养的中心地位，以全面提高人才培养质量为核心，通过多措并举，扎实推进，引领人才培养模式创新，进一步提高教育教学质量，办出国内领先、世界一流的法学教育。

创新人才培养模式。改革本科招生选拔机制，不断提高生源质量。坚持“课比天大”理念，完善课程体系、创新教学方式、优化考试制度，不断提高教学质量。优化研究生招生制度，探索多学科交叉融合培养项目。加强研究生培养对接社会实践，强化博士研究生培养对接国家战略急需。加强研究生导师队伍建设和课程体系建设，推进研究生教育内涵式发展。强化实践育人环节，建立协同育人机制，分类制定实践教学标准，提高实践教学比重。积极推进“中国特色社会主义法治理论”系列教材建设，构建多元化、立体式的教材体系。

加大教学支持力度。全面推进实施“教学名师培育工程”，努力建设一支素质过硬、结构优化、梯队合理的教学队伍，力争国家级教学名师、北京市教学名师数量稳步增长。重点建设一批优质视频公开课程，若干课程获批国家级精品视频公开课。加强基层教研室、研究所建设，确保教师在教学工作中的主体地位。增加教学经费投入，实现课时费、教改项目经费大幅提高。

完善人才培养质量保障体系。大力加强质量评估中心建设，建立人才培养质量评估标准并不断完善以结果为导向的质量保障体系。完善课堂教学管理规范，优化课堂教学质量评价体系，坚持校领导和教学督导听课制度。多渠道、多方式收集并分析培养质量信息，助力教育教学改革。建立人才培养质量动态监测反馈机制，定期发布人才培养质量年度报告。形成视人才培养质量为生命的大学文化，推动办学质量不断提升。

健全就业创业服务体系。把创新创业教育贯穿人才培养全过程，健全创新创业通识教育体系，落实毕业生“就业促进和创业引领计划”。加强与用人单位联系，建立健全毕业生就业协调联动机制和人才培养社会综合评价反馈机制，努力推动就业质量与社会声誉同步提升。

创新信息化教育方式。适应高等教育数字化、网络化、全球化趋势，加快推进教育信息化进程，积极创建“智慧法大”。引导教师树立互联网思维，变革教育教学方式，推广混合式教学、翻转课堂等新型教学方法。促进信息技术与高等教育、科学研究深度融合，探索建立跨学科、跨领域、协同创新的教育教学和科学研究新模式。加强法学教育信息化过程中的规范化、标准化建设，引领法学教育教学改革趋势。

3. 以科研管理体制改革为抓手，全面提高科研创新能力

坚持把人才作为科研创新的核心要素，通过不断深化科研管理体制改革，完善评价体系，优化资源配置，改进激励政策，充分调动广大教师从事科研工作的积极性、创造性。

深化科研管理体制改革。以科研评价机制改革为重点，加大科研管理体制改革力度。

完善代表作和同行评价制度，构建科学的学术评价体系。增加高水平科研项目、成果在科研评价和专业技术岗位聘任中的权重。优化科研成果分类标准，大幅提高优质成果奖励力度，建立对做出突出科研贡献教师的奖励机制。完善科研经费二级分配制度，以贡献计算经费基数、以目标确定经费增量，根据完成情况动态调整经费，强化使用绩效，激发教学科研机构和教师的创新创造活力。年度科研项目立项数、拨入经费数、权威核心期刊发表数力争实现大幅提升。

推进高端科研平台建设。充分发挥已有平台作用，不断创新科研组织形式，引入优质科研资源，搭建高端科研平台。加强新兴科研机构和协同创新中心建设，力争入选国家高端智库建设试点单位。创设高端科研品牌活动，增强学术影响力和学术活跃度。聚焦国家重大战略急需，加大基础研究和前瞻性、针对性、储备性政策研究力度。集全校之力，顺利完成“创新发展中国特色社会主义法治理论体系研究”重大委托项目，为全面依法治国贡献法大智慧和法大方案。

提高科研管理服务水平。加强科研管理队伍的专业化、职业化建设，更新科研管理服务理念、模式和流程。完善“钱端升法学成果研究奖”的组织工作，不断提升这一奖项的影响力。完善学校学术委员会的运行机制，充分保障学校学术委员会及各专门委员会在学术事务中有效发挥作用。加大对学校学术期刊的扶持力度，不断提升办刊质量。大力弘扬优良学风，推动形成崇尚精品、严谨治学、注重诚信、讲求责任的优良学风，营造风清气正、互学互鉴、积极向上的学术生态。

4. 以人事制度改革为动力，全面加强教师队伍建设

大力推进“人才强校”战略，深化人事体制机制改革，建立健全高层次人才服务保障体系，积极构建教师评价综合制度体系、引育体系和各类队伍协调发展机制，建立一支与世界一流法科强校建设相适应的师资队伍和管理服务队伍。

实施高层次人才支持计划。制定高层次人才支持计划，建立以绩效分配机制改革为牵引，以有利于体现人才价值和激励人才成长为核心的高层次人才支持体系，积极构建多元化薪酬分配体系，大幅提高高层次人才待遇。坚持“以岗位为基础，能力与贡献相结合”的分配原则，建立竞争和激励相结合的分配模式。造就一批富有学术创新力、国际竞争力、社会影响力的学科领军人才和青年拔尖人才。

完善教师评价制度体系。加大教师评价机制改革力度，优化岗位聘任机制、优秀青年教师脱颖而出机制和个性化职业发展评价机制，积极构建符合教师发展规律的制度环境。深化岗位聘任改革，建立原则性与灵活性相结合的教师分类评价体系，突出师德师风和业务能力，以科学严谨的同行专家评价为基础，探索实施教师岗位聘任新模式。建立院部教师队伍建设水平专家评价制度，推行激励和问责相结合的奖惩机制，释放教师队伍建设活力。

建立健全教师引育体系。实施中青年骨干教师培养支持计划、海外提升计划，加大对中青年教师的支持力度。结合教师队伍结构化要求和教师职业发展个性化需求，建立教师定向培养、跟踪培养、协同培养机制。立足全国、面向世界，坚持标准、按需引进，广揽海内外高层次人才。通过引育并举，培养出一批活跃在国内外学术前沿的中青年学术骨干

和学术带头人。进一步提升入选国家“千人计划”“万人计划”“长江学者奖励计划”等高层次人才的数量。

加强管理服务队伍建设。研究制定管理服务队伍建设规划，促进各类队伍协调发展。建立科学合理的分类评价体系，改革岗位聘任和考核评价机制，拓宽多元发展通道。创立科学化、规范化、系统化的培养支持项目，不断丰富以海外提升、国内交流、校内轮岗、实务部门锻炼等为主要形式的培养支持模式。同步提高管理服务队伍人员薪酬待遇水平，探索建立绩效分配新机制。通过统筹兼顾、分类管理，充分调动管理服务队伍干事创业的积极性。

5. 以国际合作交流为纽带，全面提升国际化水平

要坚持“围绕中心、服务大局、以我为主、兼容并蓄”，积极拓展全球视野，加强双边多边教育合作，密切与世界一流大学和学术机构的实质性合作，切实提高学校在国际上的竞争力和话语权。

加强国际交流合作。在更高层面、更大范围打造合作交流平台，推进国际协同创新，实施国际交流“十百千”工程，引进海外知名教授10人，选派教师出国（境）进修100人，选派本、硕、博学生出国（境）研习5000人。本科生出国（境）交流率达到30%，留学生和港澳台学生数量力争五年翻一番。

加大中外合作办学力度。新增1－2个中外合作办学机构/项目。推动中欧法学院管理体制改革，不断探索与世界一流大学、国际组织和教育机构的深度合作，联合开展人才培养模式创新和科研协同攻关。力争在欧洲和北美地区新建1－2所孔子学院，努力打造出“全球先进孔子学院”，促进合作办学深度融合，为多元多彩文明发展做出法大新的贡献。

6. 以“四个服务”为宗旨，全面提升社会服务能力

紧扣我国社会主要矛盾变化，紧密结合全面建设社会主义现代化国家新征程，充分发挥社会服务功能，在扩大合作领域、深化合作内涵、促进科研成果转化中创造社会价值，不断提高学校的社会贡献度和美誉度。

提升社会服务能力水平。强化“四个服务”意识，积极服务国家战略决策，进一步提升社会服务能力。积极建设新型高端智库，发挥人文社会科学在经济社会发展中的思想库和智囊团作用。鼓励扶持学校师生参与国内外立法和政策咨询服务。依托获批的最高人民法院“一带一路”司法研究基地和北京市“一带一路”国家人才培养基地，为“一带一路”倡议实施提供优质服务、智力支撑和人才保障。

加强社会服务阵地建设。建设教师法治教育研究中心和法学教师师资培训基地，并力争入围全国干部教育培训基地。探索建立律师学院等专门教育机构，争取更多高端培训项目，推动科研创新能力和社会服务水平同步提高。积极建设法大法庭科学技术鉴定研究所，为全社会提供高质量的司法鉴定服务。引入市场化管理机制，实现社会化办学的专业化运行，不断提高开放教育办学水平，努力实现人才培养和社会服务双促进，社会效益和经济效益双提升。整合校内外资源和人才优势，发挥“法大”品牌的辐射效应。

7. 以师生重大关切为导向，全面改善学校软硬件环境

坚持以人为本，着力改善民生，不断提升综合保障能力和后勤工作服务水平，为师生

愉快生活、工作、学习创造有利条件，在法科强校建设的过程中增强师生的获得感、幸福感。

着力解决民生问题。积极争取与地方政府合作共建教师公寓，多方争取包括公租房在内的社会福利住房，多渠道解决青年教工住房问题。加强幼儿园和附属学校建设，缓解教职工子女入学压力。大力提高工资收入水平，不断满足教职工对学校事业发展的期待和对美好生活的追求。加强校医院医疗体系建设，努力把校医院建成新型社区卫生中心。关注师生身心健康，建立灵活便捷的就医、体检和心理健康咨询服务体系，倡导全民健身理念，打造“健康法大”。

改善学校办学条件。坚持“外争内调”的总体思路，对外积极抢抓机遇，广泛争取办学空间和办学资源，对内推进资源充分利用，调整优化空间和资源配置。不断改进校友会、基金会工作，积极拓宽筹融资渠道，优化多元筹融资体系，为改善办学条件争取资金支持。立足两个校区，科学统筹规划，就地务实拓展，积极推进昌平校区北区功能调整，规划建设昌平校区学生公寓、综合体育馆等。建成启用学院路校区教学图书综合楼，按期完成学院路校区旧楼拆迁、食堂重建等。加强图书馆文献资源建设，提高信息服务能力。改善校园育人环境，加强生活、教学、运动等基础设施更新改造和校园环境绿化美化工作，努力创建“美丽法大”。

8. 以管理体制改革为保障，全面提高管理科学化水平

建立健全大学运行的制度体系，是做好办学育人工作的重要保证。要加快构建充满活力、富有效率、更加开放、有利于学校科学发展的体制机制，全面提高管理科学化水平。

完善中国特色现代大学制度。建立健全“依法办学、自主管理、民主监督、社会参与”的现代大学制度。充分发挥学术委员会在学科建设、学术评价、学术发展中的重要作用。推广教授委员会试点改革成果。加强教职工代表大会、学生代表大会和董事会建设，不断健全群团组织和社会力量支持监督学校发展的长效机制。积极推进学校“放管服”改革，深化校院二级管理体制改革，按照“层次合理、简洁明确、协调一致”的要求加强制度体系建设，实现“治理有方、管理到位、风清气正”的工作目标。

加强管理体制机制建设。建立健全行政目标制、行政考核制、行政问责制，构建起目标导向、绩效监督和失职问责“三位一体”的制度体系，以问责传导压力，以压力激发动力，以动力推动落实。推进管理服务方式转型升级，加快无纸化办公系统建设，推动校园大数据互联互通，实现信息数据“自动获取，实时更新；一次录入，动态共享”，避免教师重复性填报。完善网络服务大厅工作机制，为师生提供便捷化、一站式服务，不断提高工作效率。完善财务管理制度，优化财务审批流程，提升服务保障效益。建立自查自纠常态机制，定期排查管理服务中存在的突出问题，采取有效措施整改落实，进一步提高管理服务效能。

（三）全面加强党的建设，推动从严治党向纵深发展

要牢固树立“抓好党建就是最大政绩”意识，始终坚持一体化推进党建工作，严格落实党建工作责任制，把党的政治建设摆在首位，不断提高党的建设质量，为推动学校改革发展提供坚强保证。

1. 坚持高标准严要求，践行守纪律讲规矩，进一步加强领导班子和干部队伍建设

坚持党管干部原则，深化干部选拔任用制度改革，选好配强领导班子。不断深化党风廉政建设，健全干部管理监督机制，从严教育管理干部，打造忠诚干净担当的干部队伍。

加强领导班子建设。要注重培养专业能力、专业精神，大力加强领导班子建设，充分发挥其在一体化推进党建工作中的政治核心作用。探索领导班子任期目标责任制，努力实现集体领导与个人分工负责相结合，压力与动力相协调，责任与担当相统一。实施“领导班子思想政治建设工程”，强化思想理论武装，建设“学习型”领导班子。坚持群众观点和群众路线，深入基层、深入群众，健全密切联系群众长效机制。完善民主决策程序、执行和监督机制，大力推进学校决策的科学化、民主化和法治化。扎实推进党务公开、校务公开，自觉接受群众监督。

加强干部队伍建设。坚持正确选人用人导向，贯彻新时期好干部标准，匡正选人用人风气，突出政治标准，建设高素质专业化干部队伍。丰富选拔任用方式，大力选拔任用年轻干部。建立轮岗制度，促进干部交流。加大干部培养力度，拓展干部输送渠道。推动思想政治工作队伍和党务工作队伍专业化、职业化建设，探索职务职级“双线”晋升办法和保障激励机制，实行职务（职称）评审单列计划、单设标准、单独评审。制定落实思想政治工作队伍和党务工作队伍培训计划。坚持党建督导员制度，选聘老干部、老教师、老模范从事思想政治工作或党务工作。

加强教育管理监督。坚持抓早抓小、重在日常，突出抓好“关键少数”，特别是对“一把手”要把好选拔关、念好“紧箍咒”，加强履职情况考核。制定干部教育培训规划，实施“双百计划”，选派100名干部赴海外知名高校交流学习，推荐100名干部到地市级以上实务部门挂职锻炼，增强干部队伍适应新时代中国特色社会主义发展要求的能力。加强和改进党校工作，进一步发挥党校培训党员领导干部的主渠道作用。创新线上线下教育模式，增强教育的针对性、管理的经常性、监督的有效性。严格执行领导干部报告个人有关事项制度，从严从实抓好抽查核实工作，对发现的苗头性、倾向性问题，进一步加大查处力度。

加强党风廉政建设。把党风廉政建设和反腐败工作与学校发展战略目标紧密结合起来，全面落实从严治党党委主体责任和纪委监督责任。建立健全改进作风长效机制，完善领导干部联系基层、党员联系师生制度，重点解决“四风”突出问题和关系群众切身利益问题。探索校内巡察制度，加强对党章、党规和中央八项规定精神执行情况，“三重一大”决策制度建设及其执行情况，重点领域、关键环节和重点岗位的监督检查，构建有效管用的廉政风险防控体系，把权力关进制度的笼子。

2. 聚焦基层抓党建，精准发力促发展，进一步加强基层党建工作

党的基层组织是确保党的路线方针政策和决策部署贯彻落实的基础。要把基层党组织建设放到推进学校改革发展稳定的大局中去谋划，使基层党组织和党员队伍始终充满生机和活力。

强化基层党组织功能。完善学院党政联席会议制度，进一步发挥学院党委的政治核心作用。把握教学科研管理等重大事项中的政治原则、政治立场、政治方向，制定党组织在

教师队伍建设、教育教学活动中加强政治把关的具体办法。完善在教职工聘用、晋级晋职、评奖评优工作中征求所在党支部意见的工作机制，完善学生党支部、团支部、班委会协同工作机制，建立健全党支部发挥作用的途径。严把党员入口关，确保党员发展质量。全面开展“不忘初心，牢记使命”主题教育，用习近平新时代中国特色社会主义思想武装头脑。

狠抓基层党支部建设。牢固树立党的一切工作到支部的鲜明导向，把党支部建设作为学校党建工作的基本建设。加强教师党支部、学生党支部特别是研究生党支部建设，充分发挥党支部组织教育管理党员和宣传引导凝聚师生的主体作用。选优配强党支部书记，大力推进教师党支部书记“党建带头人、学术带头人”培育工程。组织党员深入推进“两学一做”学习教育制度化常态化，推动“两学一做”学习教育融入日常、抓在经常，努力使党支部成为教育党员的学校、团结群众的核心、攻坚克难的堡垒，不断提高党支部建设的制度化、规范化、科学化水平。

3. 坚持以人为本，夯实群众基础，进一步凝聚推动学校事业发展的合力

大力加强统战、离退休和群团工作，凝聚起推动学校事业发展的强大合力。积极创建“平安校园”，筑牢维护安全稳定的根基，努力营造和谐的校园环境。

认真做好统一战线工作。实施“思想引领工程”，进一步强化对党外知识分子的思想政治引导，夯实共同的政治基础；实施“人才培育工程”，加大党外人才的储备、培养、推荐、安排和使用力度，充分发挥党外代表人士作用；实施“凝心聚力工程”，充分发挥港澳台侨工作领导小组作用，健全联谊交友机制，落实侨务政策，凝聚人心、汇聚力量；实施“固本强基工程”，加强统战委员和统战干部培训，优化统战工作队伍结构，提升统战工作能力和水平；实施“特色创新工程”，加强统一战线理论政策研究，创新统战工作方法，探索特色工作项目。

大力加强离退休工作。要牢牢把握为党和人民的事业增添正能量的价值取向，以充分体现离退休工作特点、更好的服务党和国家工作大局为方向，稳妥推进离退休工作。扎实推进离退休工作二级管理，充分调动二级单位在尊老敬老工作中的积极性、主动性和创造性，不断拓展离退休工作的深度、广度和温度。完善离退休干部困难帮扶机制。加强活动阵地、学习阵地建设，不断丰富离退休干部的精神文化生活。

加强和改进群团工作。充分发挥桥梁和纽带作用，不断夯实事业发展的群众基础。要经常深入群众中间，倾听群众呼声、反映群众意愿，深入做好群众的思想政治工作，把党的决策部署转化为群众的自觉行动。坚持党建带群建，特别是要大力加强共青团先进性建设，团结带领群众为学校发展贡献力量。要发挥教代会、学代会及群团组织的凝聚作用和群团骨干、学生干部的示范作用，健全师生员工参与民主管理的工作机制。要尊重基层首创精神，不断推进群团工作和群团组织建设理论创新、实践创新、制度创新，始终与办学育人事业同步前进。

深入开展“平安校园”建设。把“师生为本”作为学校安稳工作的根本出发点。要以解决师生员工最关心、最直接、最现实的利益问题为重点，营造和谐的校园环境。以全面提升学校安全稳定工作实效和水平为首要任务，以“平安校园”建设为抓手，以“推

动中心工作，确保政治稳定”为目标，进一步理顺机制，夯实基础，形成合力，努力构建富有时代特点、凸显学校特色的安稳工作体系，开创学校安稳工作新局面。

各位代表、同志们！征程万里风正劲，重任千钧再奋蹄。党的十九大对教育工作提出了新使命、新目标、新任务、新部署、新要求，为全面建设教育强国、加快实现教育现代化奠定了坚实基础。全面推进依法治国为学校事业发展赋予了新使命，高等教育强国战略为全面深化综合改革注入了新动力，“双一流”建设为学校内涵式发展创造了新机遇，全面推进从严治党为加强党的建设提出了新要求，全国高校思想政治工作会议精神为思想政治工作指明了新方向。站在新的历史起点上，让我们更加紧密地团结在以习近平同志为核心的党中央周围，全面贯彻落实党的十九大精神、全国高校思想政治工作会议精神和习近平总书记考察我校重要讲话精神，不忘初心，牢记使命，奋力谱写中国特色世界一流法科强校建设的崭新篇章。

## 校长黄进65周年校庆致辞

尊敬的各位老师、各位校友，亲爱的同学们：

大家好！

小月河畔，惠风和畅；军都山下，万木葱茏。值此美好时节，我们迎来了中国政法大学65周年华诞。在此，我谨代表学校，向全体师生员工及海内外校友致以节日的祝贺和诚挚的问候！向长期以来关心、支持和帮助中国政法大学建设与发展的社会各界朋友表示衷心的感谢！

六十五年，栉风沐雨；六十五载，春华秋实。从北大红楼扬帆起航，从小月河畔到军都山下，法大始终与共和国同心同行，积极推进国家法治建设和高等教育事业的发展，以卓越的人才培养、科学研究、社会服务推动国家法治昌明、政治民主、经济发展、文化繁荣、社会和谐及生态文明，书写了充满光荣与梦想、开拓与奋进的时代华章。

一年前，我们曾相约以一年的奋斗为65周年校庆增彩。一年来，我们不负誓约，硕果累累。“十三五”规划形成，三学期制实施，职责清单制定，综合改革稳步推进；学科专业扩增，智慧教室启用，创业学院成立，育人水平全面提高；科研项目捷报频传，科研成果屡获突破，国家治理研究院等科研平台相继造就，科研建设成绩斐然；高层次人才云集，考核机制完善，绩效工资改革，师资队伍再增活力；各国政要来访，孔子学院腾飞，“一带一路”拓展，合作版图扩大，国际影响与日俱增。在全体师生员工的共同努力下，学校各项事业发展均取得了实实在在的成绩。

今年“五四”青年节来临之际，中共中央总书记、国家主席、中央军委主席习近平亲临我校，祝贺法大建校65周年，高度肯定了我校的办学成就和为社会主义法治建设做出的突出贡献，为法大师生送来了党和国家的亲切关怀和由衷嘱托。总书记在座谈会上发表了重要讲话，对“全面推进依法治国”重大战略作了进一步的部署，为国家的法学教育研究和法治人才培养描绘了清晰蓝图，更为法大的未来发展指明了前进方向！总书记的到来和重要讲话让我们振奋激动、备受鼓舞，也让我们深感责任重大、使命光荣，我们相信在这个全面推进依法治国的最好时代，法大定将大有可为！

65 周年校庆是“凝聚师生、汇聚校友、振奋精神、争创一流”的校庆，它将成为法大新的起点。让我们胸怀“经国纬政、法泽天下”的壮志，坚守“经世济民、福泽万邦”的情怀，共同肩负起时代的使命和人民的重托，以建设开放式、国际化、多科性、创新型的世界一流法科强校为目标，同心毕力，奋楫争先，在新的征程里继续启航！

## 校长黄进 2018 新年致辞

亲爱的老师们、同学们、校友们、朋友们：

一元复始迎新年，大幕初启锦绣春。值此辞旧迎新的美好时刻，我谨代表学校向全校师生员工、离退休老同志、海内外校友，向长期以来关心、支持和帮助中国政法大学建设与发展的社会各界朋友，致以最诚挚的节日问候和最美好的新年祝愿！

2017 年是中国政法大学 65 年发展历程中意义非凡的一年，因为这一年在法大发生了许多振奋人心的大事、喜事：一是 5 月 3 日，在五四青年节来临之际，在法大建校 65 周年前夕，习近平总书记莅临学校考察，代表党中央对中国政法大学建校 65 周年向全校师生表示热烈祝贺，高度肯定了法大 65 年来的办学成就和为我国社会主义建设和改革开放事业特别是社会主义法治建设做出的重要贡献，并就全面推进依法治国、全面做好法治人才培养工作以及促进广大青年成长成才发表了重要讲话，总书记的 5·3 重要讲话成为学校管党治党、办学治校的基本遵循和干事创业、共谋发展的行动指南；二是学校顺利进入国家“双一流”建设的“一流学科建设高校”名单，法学学科入选“双一流”建设学科名单，为学校今后快速高质量发展创造了广阔前景和前所未有的新机遇；三是在全国高校第四轮学科评估中我校法学学科获 A+结果，并列全国第一；四是学校顺利通过了教育部本科教学工作审核评估，人才培养质量获得充分肯定；五是成功举办以“学习贯彻总书记视察我校重要讲话精神，积极行动起来全力推进学校‘双一流’建设”为主题的 65 周年校庆庆典活动，最高人民法院、最高人民检察院、司法部正式发函支持法大“双一流”建设，学校与 10 家知名律师事务所签署合作共建协议；六是成功召开了学校第八次党员代表大会，为法大今后五年乃至更长一段时间的发展做出了战略规划。

2017 年，全校师生同心同德、积极进取，把握机遇、扎实工作，在人才培养、科学研究、社会服务、文化传承创新、国际交流合作等方面都取得了突出的成绩。

2017 年，坚持“立德树人”，教育教学成果显著。学校切实贯彻落实习总书记“5·3”重要讲话精神，以立德树人、德法兼修、明法笃行为目标，加强思想政治理论教育，推动全员化、全程化思政教育模式，努力培养德才兼备、人格健全的高素质人才。建设“中国特色社会主义法治理论”系列教材；设立“公益教育中心”，增设公益学分；实行三学期制度改革，实现春夏秋三个学期均开设国际课程；首批赴世界银行、亚非法律协商组织等国际组织实习项目成功实施。学校本、硕、博生源质量不断提升，本科招生录取分再创新高，涨幅 10 分左右；研究生推免数量增幅达 20%，来自一流大学、一流学科建设高校及政法类院校的优秀学生增幅达 15%；博士招生全面推行“申请－考核”制，优质生源比例不断提升。毕业生就业落实率再创历史新高，本科生深造率达到 59.2%；共同发起成立全国大学生创新创业实践联盟。法大学子在高校辩论赛、大学生模拟法庭，首都大学生课外学术科技作品竞赛、大学生舞蹈节等比赛以及体育赛事中均获佳绩，硕果累累。

2017 年，落实“学术立校”，科研竞争能力显著增强。学校纵向科研项目立项 93 项；获得 5 项国家社科基金重大项目及 26 项国家社科基金年度项目，均取得学校历史上的最好成绩；获得 13 项教育部人文社科一般项目，11 项司法部项目；获得 14 项北京市社科基金项目，名列北京市第四，其中法学项目 7 项，名列北京市第一；荣获 7 项北京市第十四届哲学社会科学优秀成果奖；荣获 1 项第七届吴玉章人文社会科学优秀奖。中国政法大学人权研究院进入“国家高端智库建设培育单位”。成立中国政法大学国家监察研究院、中国政法大学网络法学研究院、中国政法大学国家法律援助研究院、北京教育法治研究基地—中国政法大学基地，与教育部共建“教师法治教育研究中心”。成功举办中国大学智库论坛·法治峰会和第四届法治中国论坛；牵头发布《立格联盟院校法学专业教学质量标准》。

2017 年，推进“人才强校”，师资队伍不断强化。马怀德教授当选 CCTV2017 年度法治人物；汪海燕教授入选第八届全国十大“杰出青年法学家”；冯晓青、王万华教授入选 2017 年文化名家暨“四个一批”人才；李立教授荣获中国政法大学“励道教学杰出贡献奖”。岗位聘任、代表作评价等自主开发人力资源信息应用系统，广获好评。建立“教师发展中心”，系统化教师培养模式基本形成，新入校教师科研启动计划、青年教师培养方案、青年骨干教师海外提升计划、归国教师讲堂讲座计划、优秀中青年教师培养支持计划、青年教师发展论坛等协同共助 80 多位教师综合素质和业务能力的提升。

2017 年，实施国际化战略，国际交流合作深化。学校新签署国际合作协议 58 份，新增合作伙伴 23 所，截至年底总共已同 50 个国家和地区的 238 所高校、科研机构、国际组织正式建立合作交流关系；累计接待来自 32 个国家和地区的 118 个代表团，其中各国政要及国际组织领导 8 位。获批国家留学基金委“优秀本科生国际交流项目”46 个，位列全国高校第 5；国家公派研究生项目录取人数 91 人，同比增长 9.7%，再创历史新高；学生赴境外交流和实习项目数量同比增长 13.7%。两所海外孔子学院同时荣获“2017 全球先进孔子学院”称号，实现重大历史性突破。学校入选北京市“一带一路”国家人才培养基地项目，设立“一带一路”国家人才培养与法律研究院；发起联合成立“内地与港澳法学教育联盟”，秘书处设在法大；与联合国环境署合作，设立“联合国环境署－中国政法大学环境法研究基地”。

2017 年，大力“服务师生”，综合保障能力增强。学校以推进“放、管、服”改革为契机，释放校内体制机制活力；法律硕士学院实体化、校院两级管理等综合改革项目取得实质性突破。新规划昌平校区，协调学生公寓与体育馆项目建设；与中国石油大学、首都体育学院等高校签署合作协议，不断拓展师生的学习生活空间。全面推进信息化建设，打造智慧法大、数字校园，大力提升行政效率和服务质量；简化办事流程，开通“一张表”教师工作量统计服务；加强校董会、基金会、校友会的运作，实现国内省级校友分会全覆盖。

承前启后创伟业，海阔扬帆再启航。2017，回顾成绩，令人鼓舞，催人奋进；2018，展望未来，蓝图美好，重任在肩。当前正值全国深入学习贯彻落实党的十九大精神的关键时期，党的十九大开启了建设教育强国的新征程，对高等教育工作提出了新目标、新任务、新部署、新要求，为全面建设教育强国、加快实现教育现代化绘就了蓝图，也为法大在新时代跨越式发展、加快“双一流”建设、服务全面依法治国提供了清晰指引！

蓝图已绘就，奋进正当时！新的一年，学校将全面贯彻落实党的十九大精神、全国高校思想政治工作会议精神和习近平总书记考察我校重要讲话精神，以“双一流”建设为切入点，强化人才培养中心地位，坚定不移地走以提升质量为核心、以突出特色为重点、以改革创新为动力的内涵式发展道路，不忘初心，牢记使命，凝心聚力、再创辉煌！为把法大建设成为开放式、国际化、多科性、创新型的世界一流法科强校，为决胜全面建成小康社会，夺取新时代中国特色社会主义伟大胜利，实现中华民族伟大复兴的中国梦作出新的更大贡献！

新的一年，祝福法大！祝福大家！让我们共同期待更加精彩的2018年！

## 【2017年度新闻】

1. 习近平考察中国政法大学，强调立德树人德法兼修

在五四青年节来临之际，在中国政法大学建校65周年前夕，中共中央总书记、国家主席、中央军委主席习近平5月3日上午来到中国政法大学考察。习近平代表党中央，向全国各族青年致以节日的问候，向全国广大教育工作者、青年工作者、法治工作者致以诚挚的问候。他强调，全面推进依法治国是一项长期而重大的历史任务，要坚持中国特色社会主义法治道路，坚持以马克思主义法学思想和中国特色社会主义法治理论为指导，立德树人，德法兼修，培养大批高素质法治人才。

2. 学校入选一流学科建设高校，全国第四轮学科评估法学学科获评A+

9月20日，教育部、财政部、国家发展改革委印发《关于公布世界一流大学和一流学科建设高校及建设学科名单的通知》，学校顺利进入“一流学科建设高校”名单，法学学科入选“双一流”建设学科名单。12月28日，教育部学位与研究生教育发展中心公布了第四轮学科评估结果。学校共有9个一级学科参评并全部上榜，其中法学学科进入A+档，政治学、马克思主义理论、社会学等学科也取得了较好的成绩。

3. 召开中国共产党中国政法大学第八次党员代表大会

11月10日–11日，中国政法大学第八次党代会召开。大会高举中国特色社会主义伟大旗帜，坚持以习近平新时代中国特色社会主义思想为行动指南，全面贯彻落实党的十九大精神和习近平总书记考察法大重要讲话精神，明确了今后工作的指导思想、发展目标和主要任务，对未来五年乃至更长一段时间内的工作进行了全面部署。

大会选举产生了中共中国政法大学第八届委员会委员25名，选举产生了中共中国政法大学纪律检查委员会委员9名。选举结果报中共北京市委予以批准。

党委委员为于志刚、马怀德、王立艳、王洪松、王称心、王敬波、尹志强、孔庆江、

卢少华、卢春龙、冯世勇、刚文哲、刘琳琳、李秀云、李国强、李树忠、李曙光、时建中、吴平、胡明、徐扬、高浣月、黄进、黄瑞宇、常保国。

纪委委员为王万华、曲新久、刚文哲、刘大炜、许兰、杨军、张翼志、范分社、彭祥林。

4. 教育部专家组对学校本科教学工作进行审核评估

4月23日至27日，教育部本科教学工作审核评估专家组一行12人莅临学校，开展审核评估进校考察工作。专家组通过查阅材料、深度访谈、观摩课堂教学与实践教学等方式，对学校的本科教学工作进行了全面深入的考察。审核完毕，专家组从审核评估的“五个度”方面充分肯定了学校取得的成绩，专家组成员也围绕学校法学与法学以外学科的关系，办学条件和资源投入，师资队伍建设等问题为学校本科教学工作提出了很多宝贵的意见和建议。

5. 教育部党组任命胡明为中国政法大学党委书记

7月10日，学校召开教师干部大会。教育部党组成员、中纪委驻部纪检组长王立英代表教育部党组宣布中国政法大学党委书记任免决定，胡明同志任中国政法大学党委书记；因年龄原因，石亚军同志不再担任中国政法大学党委书记职务。北京市委教工委常务副书记郑吉春，教育部人事司副司长吕杰，北京市委教工委委员、干部处处长陈江华出席了会议。会议由党委副书记、校长黄进主持。

6. 教育部党组任命刚文哲同志为学校党委副书记、纪委书记

9月7日，学校召开干部会议，教育部人事司副巡视员张国辉宣布教育部党组决定：刚文哲同志任中共中国政法大学委员会委员、常委、副书记，纪律检查委员会书记。教育部高校领导干部二处调研员周茂兴、一处副处长孙继军出席会议，学校现任领导班子成员和主要职能部门负责人参会。会议由校党委书记胡明主持。

7. 纵向科研项目立项喜获丰收

年内，学校在2017年国家社科基金重大项目获得5项立项，取得了学校历史上的最好成绩；本次国家社科基金重大项目法学选题共立25项，学校立项数目占全国总数的20%，位列全国第一。2017年以来，在学校新的科研政策的有效激励和全校教师的努力下，学校科研立项工作捷报频传，2017年学校纵向科研项目立项数为93项，较之2016年的58项，同比增长已经超过60%。

8. 立格联盟院校法学专业教学质量标准正式发布

7月18日，由山东政法学院主办的全国政法大学“立格联盟”第八届高峰论坛在济南举行。学校党委书记胡明、校长黄进率团出席论坛。开幕式上，胡明致开幕词；黄进代表“立格联盟”正式发布《立格联盟院校法学专业教学质量标准》。《立格联盟院校法学专业教学质量标准》为创新法治人才培养机制，深化法学专业教学改革，提高法治人才培养质量提供标尺。

9. 北京高校《基本标准》检查组到校检查党建和思想政治工作

11月30日，《北京普通高等学校党建和思想政治工作基本标准》（以下简称《基本标准》）检查组一行来到中国政法大学，通过听取汇报、审阅资料、交流座谈、实地走访

等形式，全面检查学校近五年来贯彻落实《基本标准》、开展党建和思想政治工作情况。在检查反馈沟通会上，检查组在肯定学校党建工作取得丰硕成果、形成丰富经验的同时，也提出了要抓住机遇促发展，发挥基层党组织政治核心作用，解决基层党组织建设不平衡、党支部作用需进一步发挥等建议和意见。

10. 学校首次运行夏季学期，为期一个月

7 月，学校首次运行夏季学期，共为期一个月，在此期间，学校共有 131 名教师为本科生开设 151 门次课程。2016 – 2017 学年夏季学期涉及的在校本科生为 2016 级、2015 级、2014 级学生（三个年级普通本科生总人数为 6468 人）。学生安排的主要学习活动包括：修读夏季学期学校开设的课程，约 2800 人；参与专业实习，约 2000 人；参与高校组织的暑期夏令营，约 91 人；参加学校组织的海外交流项目，约 252 人。

11. 两所海外孔子学院荣获“2017 全球先进孔子学院”称号

12 月 12 日上午，第 12 届全球孔子学院大会在西安开幕，国务院副总理、孔子学院总部理事会主席刘延东出席会议，作主旨演讲，并为全球 25 个先进孔子学院等奖项颁奖。学校共建罗马尼亚布加勒斯特大学孔子学院、巴巴多斯西印度大学凯夫希尔分校孔子学院同时荣获“2017 全球先进孔子学院”称号，这是学校孔子学院建设发展中的重大历史性突破。

# 第三章　发展规划与学科建设

## 一、发展规划

**【概况】** 2017 年，学校发展规划工作依据教育部“十三五”事业发展规划精神，跟进学校发展规划的编制、宣传、评估和评审评优工作，对学校 7 个专项发展规划和 18 个院部发展规划进行两次修订；推出 1 个汇编本、1 个手册本、1 个宣传片；以《中国政法大学发展规划优秀集体奖和优秀个人奖评选办法》《中国政法大学发展预研实施办法》为基础，建立评审制度和预研制度体系；开展综合改革自查工作，形成《中国政法大学综合改革自查报告》；开展综改中期实施自评及专家评审工作。

**【开展“十三五”发展规划修订工作】** 1 月起，相继开展对 7 个专项发展规划和 18 个院部发展规划的两次修订工作，形成 25 个院部级“十三五”发展规划的最终稿。

**【完成教育部重大教育问题研究工作】** 2 月，根据教育部《关于开展重大教育问题研究的通知》（教改办函［2017］4 号）要求，形成《中国政法大学关于现代大学制度建构问题的研究报告》。

**【完成教育部教育现代化相关征求意见的工作】** 3 月，根据教育部《教育现代化 教育治理现代化征求意见的通知》要求，形成《中国政法大学关于〈中国教育现代化 2030（征求意见稿）〉的意见》1 个报告，形成《中国政法大学关于〈关于深化体制机制改革加快推进教育治理现代化的意见（征求意见稿）〉的意见》1 个报告。

**【开展“十三五”发展规划宣传工作】** 3 月 –11 月，多种形式推进学校“十三五”发展规划宣传工作，制作《中国政法大学“十三五”事业发展规划（宣传片）》、设计并刊印《中国政法大学“十三五”事业发展规划》手册本、编写并刊印《中国政法大学“十三五”发展规划》汇编本，多层次全方位展示学校“十三五”发展规划。

**【完成学校综合改革中期检查工作】** 4 月 –6 月，应教育部要求，开展学校综合改革自查工作。对综合改革全部 10 个大项目 58 项改革任务的实施情况进行全面检查，形成《中国政法大学综合改革实施情况的报告》《中国政法大学综合改革任务实施情况汇总表》2 个文件；形成并刊印《中国政法大学综合改革中期实施情况汇编》1 书。

**【推进学校疏解非首都功能的工作进程】** 4 月、6 月、12 月，响应国家政策要求，修改完善并提交学校京津冀一体化建设方案及相关数据表。根据教育部《关于报送疏解非首都功能有关工作进展情况的通知》（教发司［2017］357 号）要求，形成并上报《中国政法大学关于疏解非首都功能的工作进展情况》和《中国政法大学“两区”项目需求统计表》2 个报告。

**【完成教育部综合改革相关研究工作】** 6 月 –7 月，根据教育部《关于报送党的十八大以来教育综合改革典型案例的通知》（教改办函［2017］24 号）要求，形成并上报《创新人才培养机制，打造社会主义核心价值教育体系——中国政法大学教育综合改革典型案例》1 个报告。根据教育部《关于推荐教育综合改革问题研究专家的函》（教改司函［2017］8 号）要求，形成并上报《中国政法大学关于教育综合改革问题研究专家库专家推荐名单》和 6 份专家基本信息表共 7 个报告。

**【完成教育部深化教育体制机制改革相关工作】**9 月 –10 月，按照教育部《关于举办学习贯彻〈关于深化教育体制机制改革的意见〉专题培训班的通知》（教改司函［2017］13 号）要求，形成《中国政法大学深化教育体制机制改革的工作情况》和《深化教育体制机制改革方面所关注或困惑的主要问题》2 个报告。根据《北京深化教育体制机制改革意见建议征集》的要求，形成并上报《中国政法大学关于北京深化教育体制机制改革的意见与建议》1 个报告。

**【开展“十三五”发展规划评审评优工作】**10 月，开展“十三五”发展规划编制评审评优工作。在以《中国政法大学发展规划优秀集体奖和优秀个人奖评选办法》为中心的评估制度的规范下，两次评审工作采用评分和投票方式，涉及校内外 30 余名专家。

**【探索建立战略预研机制】**11 月，探索建立学校发展战略预研机制，采用问题导向思维，结合常规式和订单式方法，对学校发展预研的项目设立、实施、成果、评估和奖励等各项工作做了相关规定，形成以《中国政法大学战略预研实施办法》为中心的预研制度体系。

## 二、学科建设

**【概况】**学校学科建设工作积极贯彻党的十九大精神和习近平总书记“5·3”重要讲话精神，聚力推进“双一流”建设工作的开展，基本形成了以法学学科为优势，政治学、经济学、管理学、社会学、哲学、史学、文学等学科共同发展，具有强势渗透力的高梯级、多重点、宽覆盖、广适应的学科体系结构。

年内，学校进入“一流学科建设高校”名单，法学学科入选“双一流”建设学科名单，在北京市博士硕士学位授权审核工作中 5 个学科位列新增一级学科博士学位授权点推荐名单，3 个硕士专业学位点位列新增硕士专业学位授权点推荐名单。在规划建设工作方面，开展系列学科调研，举办法治中国论坛，支持交叉学科、新兴学科建设。

目前，学校共有 34 个博士学位授权点，78 个硕士学位授权点，5 个专业学位点；具有 3 个博士学位授权一级学科，13 个硕士学位授权一级学科，1 个一级学科国家重点学科，1 个一级学科北京市重点学科，3 个二级学科北京市重点学科，2 个交叉学科北京市重点学科，14 个校级重点学科，12 个交叉学科建设项目。（学科目录见附件）

**【进入“一流学科建设高校”名单，法学学科入选“双一流”建设学科名单】**9 月，学校顺利进入“一流学科建设高校”名单，法学学科入选“双一流”建设学科名单。

**【召开“双一流”建设推进大会】**11 月 2 日，为全面贯彻落实党的十九大精神和习近平总书记“5·3”讲话重要精神，总结学校“双一流”建设相关情况并听取意见建议，全面推进学校“双一流”建设，学校全面推进“双一流”建设大会在昌平校区召开。校党委书记胡明，校长黄进，副校长冯世勇，党委副书记、纪委书记刚文哲，副校长徐扬、时建中，党委副书记、副校长常保国，校长助理赵海彦出席会议。各学院、科研机构负责人，学校职能部门负责人，学科建设委员会委员以及学生代表参加了大会。会议由时建中主持。

**【举办法治中国论坛——构建中国特色社会主义法学学科体系、学术体系、话语体系】** 12月26日，由光明日报社和学校联合主办的“法治中国论坛—构建中国特色社会主义法学学科体系、学术体系、话语体系”在京举行，来自法律实务部门、科研院所、法学高校的专家学者参加本次论坛，共同探讨构建中国特色法学学科体系、学术体系和话语体系的方法与路径。

**【编制完成《中国政法大学法学一流学科建设高校建设方案》】** 年内，根据教育部《关于编制世界一流大学和一流学科建设方案的通知》要求，编制完成《中国政法大学法学一流学科建设方案》。

**【完成2017年北京市博士硕士学位授权审核工作】** 年内，完成2017年博士硕士学位授权审核的启动部署、摸底调查、统计审核和申报材料报送等工作。7月完成新增博士硕士学位授权点申报材料的报送工作。10月30日，第五届北京市学位委员会第一次会议审议通过了北京市2017年新增博士硕士一级学科与专业学位类别推荐名单，学校哲学、理论经济学、社会学、心理学、公共管理5个学科位列新增一级学科博士学位授权点推荐名单；国际商务、金融、新闻与传播3个硕士专业学位点位列新增硕士专业学位授权点推荐名单。

**【开展系列学科调研】** 年内，结合学科评估分析报告、“十三五”发展规划和相关人事统计数据，系统梳理各学院在推动学科建设中所取得的成效、存在的主要问题及改进措施，编制完成《法学二级学科及法学以外一级学科情况分析报告》；结合《中国哲学社会科学最有影响力学者排行榜研究报告：基于中文论文的研究（2017年版）》等基础数据编制了15所高校法学二级学科相关排名情况汇总表。

**【开展“双一流”建设和法学学科体系建设等针对性调研】** 年内，先后赴山东大学、华东政法大学、上海交通大学、复旦大学、厦门大学等调研，进一步了解了四所高校在“双一流”建设方面的先进做法与成功经验，探讨了法学学科体系结构的完善以及如何促进法学与理、工、农、医等学科的交叉融合等问题，并就校际及校内学科交叉合作平台建设进行了洽谈交流。

**【完成2017年法学一流学科建设经费的分配与拨付工作】** 年内，根据国务院《关于统筹推进世界一流大学和一流学科建设总体方案的通知》、教育部《统筹推进世界一流大学和一流学科建设实施办法（暂行）》的文件精神，编制完成《2017年中国政法大学一流学科建设经费分配及使用方案》。

**【完成2016年度“双一流”建设经费绩效自评工作】** 年内，根据教育部《关于开展项目支出绩效自评工作的通知》的要求，对中央高校建设世界一流大学（学科）和特色发展引导专项资金中写学科建设专项经费的使用和支出情况进行梳理，在汇总数据的基础上开展自评工作，形成《2016年度项目支出绩效自评表》《2016年度绩效自评工作总结报告》。

**【完成2018年中央高校建设世界一流大学（学科）和特色发展引导专项资金项目经费预算申报工作】**年内，根据《财政部、教育部关于印发〈中央高校建设世界一流大学（学科）和特色发展引导专项资金管理办法〉的通知》和《中央高校建设世界一流大学（学科）和特色发展引导专项资金项目申报及评审工作的通知》等文件精神，制定《2018年度中国政法大学“双一流”建设经费使用方案》，组织各职能部门做好2018年中央高校建设世界一流大学（学科）和特色发展引导专项资金项目申报工作。

**【附件】**

（一）国家级重点学科（1个）

一级学科国家重点学科：法学

（二）北京市重点学科（6个）

一级学科：政治学
二级学科：世界经济、马克思主义中国化研究、马克思主义基本原理
交叉学科：法与经济学、证据科学

（三）校级重点学科（14个）

马克思主义哲学、社会学、英语语言文学、新闻学、中国近现代史、企业管理、行政管理、政治经济学、外国哲学、应用心理学、国外马克思主义研究、思想政治教育、传播学、历史文献学

（四）校级交叉学科建设项目（12个）

体育法学、全球学、法治文化、法商管理、法制新闻与传播、犯罪与刑事司法心理学、比较法学与区域一体化、法律文献学、法律语言学、法律翻译、海洋法律与经济、市场经济的理论与实践

（五）博士学位授权一级学科（3个）

法学、政治学、马克思主义理论

（六）硕士学位授权一级学科（13个）

法学、政治学、马克思主义理论、哲学、理论经济学、应用经济学、社会学、心理学、外国语言文学、新闻传播学、中国史、工商管理、公共管理

（七）博士学位授权学科、专业（34个）

1. 理论经济学（1个）：世界经济
2. 法学（17个）：法学理论、法律史、宪法学与行政法学、刑法学、民商法学、诉

讼法学、经济法学、环境与资源保护法学、国际法学、军事法学、比较法学、法律与经济、人权法学、证据法学、知识产权法学、网络法学、社会法学

3. 政治学（7 个）：政治学理论、中外政治制度、国际政治、国际关系、中国政治、公共行政、政治传播学

4. 马克思主义理论（4 个）：马克思主义中国化研究、国外马克思主义研究、思想政治教育、马克思主义基本原理

5. 交叉学科（5 个）：法治文化、全球学、纪检监察学、公共政策量化分析、政治社会学

### （八）硕士学位授权学科、专业（78 个）

1. 哲学（6 个）：马克思主义哲学、中国哲学、外国哲学、逻辑学、美学、宗教学

2. 理论经济学（4 个）：政治经济学、经济史、西方经济学、世界经济

3. 应用经济学（6 个）：区域经济学、金融学、财政学、产业经济学、国际贸易学、统计学

4. 法学（17 个）：法学理论、法律史、宪法学与行政法学、刑法学、民商法学、诉讼法学、经济法学、环境与资源保护法学、国际法学、军事法学、比较法学、法律与经济、人权法学、证据法学、知识产权法学、网络法学、社会法学

5. 政治学（10 个）：政治学理论、中外政治制度、科学社会主义与共产主义运动、中共党史、国际政治、国际关系、外交学、中国政治、公共行政、政治传播学

6. 社会学（1 个）：社会学

7. 马克思主义理论（6 个）：马克思主义基本原理、马克思主义发展史、马克思主义中国化研究、国外马克思主义研究、思想政治教育、中国近现代史基本问题研究

8. 心理学（2 个）：基础心理学、应用心理学

9. 外国语言文学（5 个）：英语语言文学、俄语语言文学、法语语言文学、德语语言文学、外国语言学及应用语言学

10. 新闻传播学（2 个）：新闻学、传播学

11. 中国史（4 个）：历史文献学、专门史、中国古代史、中国近现代史

12. 工商管理（3 个）：会计学、企业管理、法商管理

13. 公共管理（6 个）：行政管理、教育经济与管理、社会保障、公共人力资源管理、危机管理、国际人才交流管理

14. 交叉学科（6 个）：犯罪心理学、法治文化、全球学、纪检监察学、公共政策量化分析、政治社会学

### （九）专业硕士学位授权点（5 个）

法律硕士、公共管理硕士、工商管理硕士、翻译硕士、社会工作硕士

# 第四章　人才培养

## 一、本科教育教学

**【概况】** 年内，学校顺利通过本科教学评估。学校以评促建、以评促改，着力提升专业建设质量和教师教学能力，重点完成三项工作：一是完善学校各专业的人才培养质量标准，实现对各个专业的第一次校内评估；二是完善人才培养的质量保障体系，打造结果导向的PDCA质量保障体系；三是关注教师教学能力持续不断的提升，开展一系列教师教学能力提升的培训。

学校建设和培育思想政治理论课的“金牌”课程体系，设立两个思想政治理论课创新工作室。创设公益法律教育工作体系，在2017年培养方案中加入公益学分。加强法学教材体系建设，积极推进“中国特色社会主义法治理论”系列教材建设，构建多元化、立体式的教材体系。推进实务课程建设，完善实践教学模式，建立以“立德树人”为理念的课堂教学评价体系，在学生评教中引进思想引导工作评价。

为贯彻落实习近平总书记关于培养德法兼修高级法治人才的重要讲话精神，学校于2017年7月启动各专业本科培养方案的修订工作。本次培养方案的修订增加二级学院专业改革自主权和自主性，由二级学院自主制定专业建设内容和特色化方向。2017年学校教育教学改革立项工作，立项22个，委托立项31个，内容涉及专业建设、国际化人才培养、教学信息化改革、政治理论课程建设、虚拟课程建设等，为学校的教育教学改革和人才培养工作打下坚实基础。

初步形成学校“通识教育2.0”课程体系，通识教育课程体系的模块由过去以课程性质、授课内容为标准的划分转向以人才培养目标、能力类型为标准的划分。2017年，学校制定《中国政法大学教材建设规则与标准》，修订并通过了《中国政法大学本科教材选用管理办法》（修订稿）。把坚持首选“马工程教材”原则写入制度中，严格落实教材选用三级审核制，审慎选用国外经典原版教科书，完成两个学期的本科教材选用工作。

年内，学校共为本科生开设国际课程92门次，其中春季学期22门、夏季学期55门、秋季学期15门。课程涵盖法学、哲学、政治学、文学、经济学、管理学等多个领域，本科生选课人数近3000人次。学校组织选拔了30名学生作为首批国际课程助教，通过严格的培训确保助教以更严谨、更专业的面貌服务于来校授课的外籍专家学者。

本年度推免生名额为425名，最终415名学生获录取，10名学生被淘汰或放弃推免。在推免生择校方面，尊重学生意愿，鼓励学生自主选择就读院校和专业。获录取学生中，除定向本校的法学实验班、研究生支教团等外，可自主择校的187名推免生中，92人被外校录取，其中北京大学26人，清华大学7人（含2名直博），中国人民大学15人，武汉大学14人，上海交通大学5人，此外，中国科学院大学、北京师范大学、浙江大学、中山大学、复旦大学、北京外国语大学、中央财经大学、厦门大学、国防大学等院校均录取有学校推免生。

本年度继续对毕业论文工作进行过程控制和监督检查，对学校全部2013级本科生（含4+1、辅修、双学士、体改班）毕业论文进行原创性检查。此次本科生毕业论文原创性检查共计2494篇。经学位论文学术不端行为检测系统检测，并经人工核查后，共发现存在抄袭现象的论文56篇，占全部检测论文的2.2%。其中，学士论文抄袭率在20%以上的有15篇，占全部检测论文的0.6%；在20%–10%之间的有18篇，占全部检测论文的0.7%；低于10%的有23篇，占全部检测论文的0.9%。

2017年全校11个本科教学学院共有2372名学生参加实习，其中集中实习2082人，分散实习290人，全校总体集中实习率为87.8%，低于上一年度逾2个百分点。

适应网络移动服务需求，设计制作了2017级新生选课指导视频。尝试单独设立选课阶段9个，穿插于教学运行周期当中。2017年共安排智慧教室课程88门次。

2017年学校在全国的30个省（自治区、直辖市）实行文理兼收（西藏除外），分为本科“提前批”“国家专项计划批”“特殊类型批”和“一批”等批次录取，实际录取新生共2141人。

**【顺利通过本科教学评估】**4月23日–27日，根据教育部高等教育教学评估中心的安排，本科教学评估专家组到学校开展本科教学工作审核评估。在校期间，9位专家共访谈75人次，走访60部/处次，涉及学校所有校领导、主要职能部处以及全部教学单位。专家还走访智慧教学楼、侦查学实验室、网络犯罪实验室、墙幕式多功能视频教室、审判案例卷宗副本阅览室、国际仲裁庭模拟法庭、法大文库等。专家组听课37门，涉及18个专业；调阅试卷2590份，涉及15个专业；调阅论文464份，涉及12个专业。此外，专家组共举行座谈会11场，走访校外实践基地（用人单位）3个，并调阅了学校十三五规划、综合改革方案、常委会纪要等材料。专家组从审核评估的“五个度”方面充分肯定了学校取得的成绩，并突出问题导向，本着帮助学校发现问题、实现发展的目的，为学校提出了意见建议。

**【扩展共建范围】**6月，学校与新疆高院伊犁哈萨克分院签署共建合作协议；11月，与山东省东营市人民检察院签署共建合作协议；与北京市西城区人民法院达成了全面续签共建协议意向；与山西省临汾市政法委达成了签署共建合作协议意向。12月，在延安市中级人民法院设立“人民司法优良传统教学实践基地”。

**【首个实体第三学期正式运行】**7月，学校首个实体第三学期（夏季学期）正式运行。学校昌平校区共开设本科生课程151门次，其中通识必修课程12门次，专业必修课1门次，专业选修课30门次，通识选修课108门次（其中创新创业课程18门次，国际课程55门次）。夏季学期共有131名教师开课，其中本校教师80名，外籍教师48名。2016–2017学年夏季学期主要在校本科生为2016级、2015级、2014级学生（三个年级普通本科生总人数为6468人）。学生安排的主要学习活动包括：修读夏季学期学校开设的课程，约2800人；参与专业实习，约2000人；参与高校组织的暑期夏令营，约91人；参加学校组织的海外交流项目，约252人。

**【成功举办第五届大学生公益法国际学术研讨会】**7月16日，第五届大学生公益法国际学术研讨会在我校昌平校区国际交流中心开幕。研讨会由中国政法大学和致诚公益律师团队联合举办，以全球在校大学生为主体，是目前国内唯一的、完全由全球本科生自我组织、以公益法为主题的、跨国学术研讨会。本届参会人员来自美国哥伦比亚大学、圣路易斯华盛顿大学、纽约大学、英国约克大学、印度金德尔大学、澳大利亚悉尼科技大学等世界名校的大学生，以及来自中国政法大学、北京大学、清华大学、中国人民大学、北京外国语大学等国内名校的大学生。来自美国的 Alex Cooke 教授和 Emilio E. Varanini（加州）副总检察长，来自奥地利的 Michael Komuczky 教授，以及我校教务处副处长、外国语学院王强副教授和法治政府研究院郝倩副教授作为评议嘉宾出席了研讨会。会议全程工作语言为英语。本届学术研讨会由五个主题单元构成，分别为：（1）社会组织的创新与发展；（2）成年人监护制度研究；（3）未成年人保护；（4）全球视野下的劳动法；（5）刑事诉讼中早期法律援助律师的作用。

**【接受科研实验室现场安全检查】** 11 月 17 日，教育部高校科研实验室安全现场检查专家组一行 5 人来学校进行科研实验室现场检查，专家组对学校工作予以肯定，同时也指出了检查中发现的一些问题，并提出宝贵的建设性意见和建议。学校现已落实专家组相关整改意见。

**【完成春夏两学期评教工作】** 年内，开展评教工作，春季学期，学生评教参评率 97.55%，共计评价任课教师 684 人、评价课程 658 门；同行评教共计评价任课教师 263 人，评价课程 209 门，评价课程覆盖率达 37.59%。夏季学期学生评教参评率 90.17%，共计评价任课教师 139 人、评价课程 141 门；同行评教共计评价任课教师 32 人，评价课程 61 门次，评价课程覆盖率达 47.29%（虚拟第三学期课程不计算在内）。

**【推进各学院课程改革】** 年内，推进各学院课程改革，与法学院签订关于六年制法学人才培养实验班改革工作备忘录，在民商经济法学院、国际法学院、刑事司法学院共同培养的普通法学专业的基础上，根据学院特色，推进特色化培养。其他专业在学校总体人才培养目标的基础上，进一步凝练本专业的人才培养目标，凸显专业培养特色、优化专业课程体系、强化实践教学、落实国际化教育理念。先后与涉外法律人才培养模式实验班、西班牙语特色人才培养实验班、学术精英人才培养实验班等特色实验班的学生举行座谈，了解学生对于实验班建设的意见和建议，并根据实际情况进行改进。

**【完善创新创业教育工作】** 年内，完善创新创业教育工作，新开设了 4 门创新创业课程。目前创新创业课程总门数达到了 30 门。发布《中国政法大学创新创业课程管理办法（试行）》和《中国政法大学创新创业教育管理办法》，并在此基础上逐步建立起创新创业学分修读、取得及认定以及创新创业成绩进入成绩单等机制。

**【完善公益法教育体系】** 年内，修订培养方案，在课堂外实践教学学分中加入 1 学分的公益学分，学时为 16 学时，将公益教育放在人才培养工作的核心环节予以重视。

**【组织“中国特色社会主义法治理论”系列教材编写】** 年内，学校加快推进法治人才培养的“马工程教材（辅助、补充教材系列）”建设工作，已经形成“中国特色社会主义法治理论”系列教材的出版计划，并报教育部教材局备案，完成了编写工作研讨会、封面装帧设计、编委会名单及编写序言及编辑出版工作，年底已出版《刑法学·总论》《行政法与行政诉讼法》《国际私法》《国际经济法》等 4 本教材。稳步推进通识主干课系列教材的编写工作，截至年底，已出版系列教材中的 5 本，还有 5 本陆续进入编审流程。

**【构建本科生国际化培养的资助体系】** 年内，学校在全面推广学生国际化培养的过程中，继续申报国际化培养资助体系。年度共完成 67 项本科生交流学习项目的选派工作，近150名本科生作为交流交换生。其中获国家留学基金委资助优本项目46项，资助学生名额111名。学校在获批项目数量和获资助学生数量上已位列全国文科院校的第一方阵，是本科生国际化培养方面取得的又一个重大成果。交流院校和实习单位分布在欧洲、北美洲、南美洲、亚洲和大洋洲的20个国家，涵盖了学校绝大部分本科专业。

**【启动“世界银行国际金融组织海外实习项目”】**年内，正式启动世界银行国际金融组织海外实习项目，先后两次派遣11名赴世界银行国际组织参加实习。

**【启动“国外高水平大学教务管理人员来校联合办公”项目】**年内，为提升学校国际化办学水平以及行政管理人员的国际化程度，结合“一带一路”基地建设项目，学校正式启动“国外高水平大学教务管理人员来校联合办公项目”。11月11日至30日，印度金德尔全球大学管理人员 Pulkit Mogra 在学校教务处交流培养科进行了为期三周的联合办公。期间协助交流培养科组织了助教选拔、托福雅思授课志愿者考核、国际课程英文资料校订、印度金德尔大学校级交流项目宣讲等系列工作。

**【启动“本科生海外提升支持计划”】**年内，启动“本科生海外提升支持计划”，经过公开报名、面试选拔，招募了9名优秀学生作为首批托福/雅思专项课程授课志愿者，面向学校学生开设免费托福雅思培训课程，报名参加培训的学生达到440余人。

**【附件】**

（一）学校本科专业设置情况

| 1 | 法学 | 13 | 思想政治教育 |
|---|---|---|---|
| 2 | 侦查学 | 14 | 社会学 |
| 3 | 政治学与行政学 | 15 | 社会工作 |
| 4 | 行政管理 | 16 | 应用心理学 |
| 5 | 国际政治 | 17 | 英语 |
| 6 | 公共事业管理 | 18 | 德语 |
| 7 | 工商管理 | 19 | 数学与应用数学 |
| 8 | 经济学 | 20 | 翻译 |
| 9 | 国际商务 | 21 | 信息管理与信息系统 |
| 10 | 新闻学 | 22 | 金融工程 |
| 11 | 哲学 | 23 | 网络与新媒体 |
| 12 | 汉语言文学 | | |

（二）省级及以上本科教学工程项目情况

| 名称 | 类型 | 主持人 | 时间 |
|---|---|---|---|
| 法学 | 特色专业 | 徐显明 | 2007 |
| 政治学与行政学 | 特色专业 | 张桂林 | 2008 |
| 社会学 | 特色专业 | 应　星 | 2009 |
| 法律逻辑 | 精品视频公开课 | 王　洪 | 2012 |

续表

| 名称 | 类型 | 主持人 | 时间 |
|---|---|---|---|
| 法律英语 | 精品视频公开课 | 魏　蘅 | 2016 |
| 西方政治思想史 | 精品资源共享课 | 张桂林 | 2016 |
| 中国法制史 | 精品资源共享课 | 张晋藩 | 2016 |
| 行政法与行政诉讼法 | 精品资源共享课 | 马怀德 | 2016 |
| 商法学 | 精品资源共享课 | 赵旭东 | 2016 |
| 中国政法大学法学精英人才培养模式创新实验区 | 人才培养模式创新实验区 | 徐显明 | 2007 |
| 法学人才培养模式改革实验班 | 人才培养模式创新实验区 | 李树忠 | 2009 |
| 卓越法律人才培养计划 | 人才培养模式创新实验区 | 黄　进 | 2012 |
| 中国政法大学法学实验教学中心 | 实验教学示范中心 | 于志刚 | 2009 |

### （三）北京市级、国家级教学团队目录

| 团队名称 | 级别 | 获奖年份 | 团队带头人 |
|---|---|---|---|
| 西方政治学基础课程教学团队 | 国家级 | 2008 | 张桂林 |
| 法制史 | 国家级 | 2010 | 朱　勇 |
| 中国法制史教学团队 | 市级 | 2007 | 朱　勇 |
| 西方政治思想史教学团队 | 市级 | 2007 | 丛日云 |
| 西方政治学基础课程教学团队 | 市级 | 2008 | 张桂林 |
| 行政法学教学团队 | 市级 | 2008 | 马怀德 |
| 商法学教学团队 | 市级 | 2008 | 赵旭东 |
| 民法学教学团队 | 市级 | 2009 | 王卫国 |
| 国际法双语教学团队 | 市级 | 2009 | 莫世建 |
| 西方文明通论教学团队 | 市级 | 2009 | 丛日云 |
| 刑法学教学团队 | 市级 | 2010 | 曲新久 |

### （四）国内名校交流交换培养模式合作学校一览表

| | 合作学校 | 协议签署时间 | 交流名额 | 交流周期 | 备注 |
|---|---|---|---|---|---|
| 1 | 山东大学 | 2005 年 10 月 | 20 | 学年 | |
| 2 | 武汉大学 | 2006 年 1 月 | 20 | 学年 | |
| 3 | 中山大学 | 2006 年 1 月 | 15 | 学期 | |
| 4 | 吉林大学 | 2006 年 6 月 | 10 | 学年 | |
| 5 | 厦门大学 | 2006 年 6 月 | 15 | 学期 | |
| 6 | 华东师范大学 | 2007 年 1 月 | 20 | 学期 | |
| 7 | 浙江大学 | 2007 年春季首次互派 | 10 | 学年 | |
| 8 | 南开大学 | 2013 年 4 月 | 20 | 学期 | |

（五）2017 年国家级大学生创新创业训练计划项目信息表

| 项目编号 | 项目名称 | 项目类型 | 项目负责人姓名 | 项目其他成员信息 | 指导教师姓名 | 指导教师职称 | 项目所属一级学科代码 | 项目简介（200 字以内） |
| --- | --- | --- | --- | --- | --- | --- | --- | --- |
| 201710053001 | 新《大气污染防治法》下农村大气污染防治研究——以京津冀、长三角地区为研究范本 | 创新训练项目 | 张泽宇 | 王亦瑄/2016301161<br>江新蕙/2016814052<br>谷默涵/2014101003<br>刘庭玉/2014501070 | 庄敬华 | 副教授 | 820 法学 | 通过对京津冀、长三角地区部分重点城市进行实地调研，采取向社会发放调查问卷、对农村居民进行采访、对大气污染防治相关部门进行访谈的方式了解新《大气污染防治法》施行效果的现实情况；对国外关于农村大气污染防治的相关案例整理以及学者著述进行整理，结合实地调研状况综合理论学说、一手信息收集等多种方式来探索新大气法颁布以来我国农村大气污染防治效果，思索存在问题及改进意见。 |
| 201710053002 | “孔多塞陪审团定理”在二手交易平台纠纷中的适用性分析——以闲鱼小法庭为例 | 创新训练项目 | 张一琼 | 吕欣欣/2015402022<br>高　鑫/2016101043<br>贺戎北/2016201360 | 黄　璇 | 讲师 | 810 政治学 | 本项目主要是从实践中的二手交易平台纠纷难解决的角度出发，运用传统的政治学理论“孔多塞陪审团定理”对解决售后用户纠纷的小法庭的完善与改进，旨在提升售后纠纷解决机制，创新理论运用，促进闲置经济的进一步发展。 |
| 201710053003 | 构建以信息交流平台为核心的建筑垃圾监管机制探究——以北京市为对象 | 创新训练项目 | 宋周 | 单可航/2015501053<br>潘昕昀/2015101037<br>倪　爽/2015101043 | 詹承豫 | 教授 | 630 管理学 | 通过调查研究北京市建筑垃圾处理现状，实地走访并分析探究现状原因。构建以信息交流平台为核心的建筑垃圾监管机制，并结合调查研究探求新机制的必要性性和内在效用。 |

续表

| 项目编号 | 项目名称 | 项目类型 | 项目负责人姓名 | 项目其他成员信息 | 指导教师姓名 | 指导教师职称 | 项目所属一级学科代码 | 项目简介（200字以内） |
| --- | --- | --- | --- | --- | --- | --- | --- | --- |
| 201710053004 | 网络个人求助剩余资金的民法规制——以《慈善法》的实施为研究背景 | 创新训练项目 | 郭　珊 | 程一林/2015201173<br>山　珊/2015501314<br>肖　毅/2015501294<br>张　晗/2015501288 | 刘智慧 | 教授 | 820 法学 | 2016年9月1日，《中华人民共和国慈善法》正式开始实施，然而《慈善法》作为一部社会法，其将慈善界定为公益慈善，即受益人是不特定的社会群众，那么以特定对象为受益人的个人求助就不受《慈善法》调整了。但是这并不代表个人求助脱离了法律的监管，个人求助也可以通过民法来加以规制。在“互联网+”的时代背景下，个人求助行为衍生出了网络个人求助的形态，个人利用社交平台或众筹网站来发布求助信息进行募捐以解决自己当下的困难。但该求助信息的真伪和求助所得资金的使用情况一直都是网络个人求助急需解决的问题。因此更加有必要通过分析网络个人求助所涉及到的法律关系，解决网络个人求助剩余资金的归属问题，并更好地对网络个人求助的资金进行管理，这样才能理清网络个人求助的乱象，发挥其应有的社会作用。 |
| 201710053005 | 新《红十字会法》背景下大学红十字青年工作的现实困境与对策分析——以北京、合肥地区为例 | 创新训练项目 | 蔡仁杰 | 李　昂/2015301006<br>陈习明/2015814041<br>蔡梓超/2016501274 | 张钦昱 | 副教授 | 820 法学 | 在2017年新《中华人民共和国红十字会法》的正式实施背景下，本课题以“大学红十字青年工作的现实困境与对策分析”为研究目的，以“新红十字 |

续表

| 项目编号 | 项目名称 | 项目类型 | 项目负责人姓名 | 项目其他成员信息 | 指导教师姓名 | 指导教师职称 | 项目所属一级学科代码 | 项目简介（200字以内） |
| --- | --- | --- | --- | --- | --- | --- | --- | --- |
| | | | | | | | | 会法出台后，推进高校红十字青少年活动的制度构建与实施能否在实践中达到应有的实施效果”为研究核心，在对北京和安徽两地的一些大学红十字组织进行实地调研的基础上，对新红十字会法对高校红十字青少年推广的现状与实施状况进行思考，并对完善这一制度提出建设性意见，充分开展与研究课题。 |
| 201710053006 | 大学生自主创业运营模式合法化的现象分析与前景探究——以北京市各大高校大学生创业团队注册情况为研究对象 | 创新训练项目 | 张　瑾 | 陈思羽/2016201142 | 程　滔 | 教授 | 820 法学 | 随着近期我国不断走向转型化进程以及社会就业压力的不断加剧，创业逐渐成为在校大学生和毕业大学生的一种职业选择方式。由于一些机会，我们小组成员接触到了部分创业项目的具体运营，发现其运营模式多为私人协商，合作经营，而非进行企业注册，获取法人身份，也未办理合伙企业的登记。由此，我们开始思考，在“大众创业，万众创新”的浪潮之下，众多的大学生创业团队都选择了何种的经营模式以及什么样的模式才是最适合大学生创业发展，展开了我们的调查与研究。 |

续表

| 项目编号 | 项目名称 | 项目类型 | 项目负责人姓名 | 项目其他成员信息 | 指导教师姓名 | 指导教师职称 | 项目所属一级学科代码 | 项目简介（200字以内） |
|---|---|---|---|---|---|---|---|---|
| 201710053007 | 时事新闻传播中受著作权法保护的范围及“合理使用”的边界 | 创新训练项目 | 王悦莹 | 赵乐怡/2015201032<br>程　瑶/2015201096<br>晋江枝/2015710017<br>刘颖川/2015710032 | 于　飞 | 教授 | 820 法学 | 著作权法规定不保护单纯事实消息，但应保护具有独创性的新闻报道。本小组欲通过实践探究目前何种新闻属于应受著作权法保护的具有“独创性”的作品。调查目前“合理使用”制度在适用对象为新闻作品时的现状，并分析其适时性。初步思考改善措施、制定相关方案，通过一定范围的宣传提升公众的著作权意识，以实践调查为重心，望取得来自实践的第一手资料，以利以后的持续性研究及学者研究时参考。 |
| 201710053008 | 新公共服务理论视角下的共享单车发展现状及出路——以杭州、武汉、成都三地对比为例 | 创新训练项目 | 杜沛育 | 陈　锦/2015201045<br>梁惠敏/2015201214<br>段楚榆/2015201377<br>陈祖铭/2016812049 | 刘继峰 | 教授 | 820 法学 | 本课题创新性的引入新公共服务理论，顺应建设服务型政府的潮流，在新公共服务视野下，依托既有制度框架，从投资运营模式来探讨共享单车的发展现状出路，充分探讨个别城市先进的制度经验与相关法规，应用比较法学的方法论进行横向制度分析与发展土壤对比，在纵向上对行业内不同实力水平的个体、相互存在依附关系的个体进行同一制度假设下的适应性比较，两种并存的比较方式使得我们能够更加多元化的看待我们对共享单车这一行业进行规制的可能结果。 |

续表

| 项目编号 | 项目名称 | 项目类型 | 项目负责人姓名 | 项目其他成员信息 | 指导教师姓名 | 指导教师职称 | 项目所属一级学科代码 | 项目简介（200字以内） |
|---|---|---|---|---|---|---|---|---|
| 201710053009 | 拍卖新规视阈下人民法院网络司法拍卖实证研究——以上海一中院、天津二中院、重庆一中院为例 | 创新训练项目 | 李诗雯 | 徐　璐/2014201248<br>方　悦/2014201375<br>张楚立/2015301111 | 任自明 | 讲师 | 820 法学 | 本课题在界定司法拍卖的性质，梳理司法拍卖制度发展历程的基础上，以2017年起实施的系列网拍新规为视角，探究新规改革对于我国三种典型网络司法拍卖模式的影响，总结新规改革的优势与不足，以期更好保障网络司法拍卖实施效果。 |
| 201710053010 | 中小学教育惩戒手段调查研究——以《山东省青岛市中小学管理办法》第十一条第三款为例 | 创新训练项目 | 张文琦 | 苏俊铭/2015201242<br>程幕君/2015201064<br>张子婷/2015814014<br>杜粒粛/2014907008 | 王青斌 | 教授 | 820 法学 | 本次中小学教育惩戒手段调查研究将围绕着《山东省青岛市中小学校管理办法》第十一条第三款展开，针对现在各教育机构针对中小学生的违规行为进行惩戒的主要形式以及正在施行的惩戒方式对于教育来讲效果进行调查研究，进而得出目前社会对于惩戒学生方式的主流意见以及各种承接方式的不同接受程度，最终解决《山东省青岛市中小学校管理办法》第十一条第三款中“惩戒”一词的具体定义，提供可实施的惩戒方式以及惩戒程序建议，为相关立法的清晰化以及填补相关立法空白提供建议。 |

续表

| 项目编号 | 项目名称 | 项目类型 | 项目负责人姓名 | 项目其他成员信息 | 指导教师姓名 | 指导教师职称 | 项目所属一级学科代码 | 项目简介（200字以内） |
| --- | --- | --- | --- | --- | --- | --- | --- | --- |
| 201710053011 | 高校信息公开法律制度实施情况和完善意见——以五所政法院校为调查对象 | 创新训练项目 | 王晓娟 | 马倩南/2014201157<br>杨　萍/2016501078<br>刘鸿勋/2016301099<br>梁凌昊/2016301118 | 张钦昱 | 副教授 | 820 法学 | 在高校信息公开条例和信息公开清单相继出台的情况下，我们选取了二级学院网站作为研究信息公开的一个切入点，通过横向对比我们学校各个学院网站的信息公开范围，信息更新频率，公开的方式和师生的满意程度等方面对各个学院网站的信息公开做出一个系统的评估，纵向对比五所政法院校信息公开的情况，结合信息公开清单的要求，对完善我们学校信息公开制度提出合理、切实可行的建议。 |
| 201710053012 | 政法类院校侦查学专业的现状与前景探究——以司考改革为视角 | 创新训练项目 | 吕曼君 | 朱艺璠/2015201368<br>杜　津/2015301213<br>杨子阳/2015201128<br>陆思彤/2015506031 | 郭金霞 | 教授 | 820 法学 | 侦查学是我国刑事法学的三大支柱之一，目前我国的侦查学专业主要由政法类和公安类院校承担开设，两类学校的本身资源优势的不同导致了人才培养模式的不同。随着司考改革政策的出台，侦查学学生不再能够直接报考将来的国家法律职业统一考试，本项目从这一视角出发，探究政法类院校侦查学的现状和前景。 |

续表

| 项目编号 | 项目名称 | 项目类型 | 项目负责人姓名 | 项目其他成员信息 | 指导教师姓名 | 指导教师职称 | 项目所属一级学科代码 | 项目简介（200 字以内） |
| --- | --- | --- | --- | --- | --- | --- | --- | --- |
| 201710053013 | 中国工业遗产保护和再利用的法律对策分析——以蒸汽机车为例 | 创新训练项目 | 丁　可 | 胡砚才/2015201008<br>石凌浩/2015201300<br>白思洁/2015405016 | 张钦昱 | 副教授 | 820 法学 | 通过蒸汽机车，进而研究中国工业遗产保护和再利用的方法。首先是在客观上能否保护蒸汽机车。若保护手段和制度得当，蒸汽机车完全可以永久保留，甚至可以在相当长的时间内持续运用。<br>之后需要思考以何种方式保护。我们从其他国家获得一定的蒸汽机车保护、再利用经验，并将整套制度中国化，形成最初的制度构想。<br>而在制定具体部门规章当中，我们根据行政法和经济法的诸多原则，尽可能扩大该部门规章所能创造的经济效益并在最大程度上保障公民权益。 |
| 201710053014 | 产业精准扶贫中的产品销路问题研究——以云南省普洱市麦地村、龙潭村为例 | 创新训练项目 | 李兴文 | 赵雨昕/2015814036 | 陈玥生 | 教授 | 790 经济学 | 本项目通过对云南省普洱市镇沅县麦地村的产业精准扶贫中的产品销售存在的问题进行深入探究，结合国内外的相关情况，有关的经济学分析方法，探析出可以科学有效的解决我国现在产业精准扶贫中贫困地区面临的产业销售困境方案。 |

续表

| 项目编号 | 项目名称 | 项目类型 | 项目负责人姓名 | 项目其他成员信息 | 指导教师姓名 | 指导教师职称 | 项目所属一级学科代码 | 项目简介（200 字以内） |
| --- | --- | --- | --- | --- | --- | --- | --- | --- |
| 201710053015 | 大学生一对一深度陪伴项目的价值及推广意义的评估——以一米阳光成长陪伴项目为例 | 创新训练项目 | 张毓麟 | 周梦琦/2015201273<br>王子诚/2015201147<br>李　悦/2015403025<br>苑梦颖/2015403023 | 傅　扬 | 副教授 | 840 社会学 | 此次课题研究是针对当下社会城市化发展过程中务工人员子弟在父母工作城市就地接受教育的普遍状况，以在北京市昌平区周边中小学校就读的进城务工子女为调查对象，以本校志愿组织曾开展的“一米阳光成长陪伴项目”为例，将评估工作落实到大学生一对一深度陪伴活动中，以实地走访调查的形式，加以对外来务工人员子女的教师、父母等相关人群的调查，深人调查研究大学生一对一深度陪伴进城务工子弟的状况，根据调查所得结果，分析当下大学生对进城务工子弟一对一深度陪伴的现状，以及这种一对一深度陪伴项目在实行过程中产生的效果，从而对大学生一对一深度陪伴对进城务工子弟的影响进行评估。从而形成大学生群体与外来务工人员子女两大社会群体相互交流沟通的良性循环，促进大学生深度陪伴这一机制的良好运行，产生良好的社会效益。 |

续表

| 项目编号 | 项目名称 | 项目类型 | 项目负责人姓名 | 项目其他成员信息 | 指导教师姓名 | 指导教师职称 | 项目所属一级学科代码 | 项目简介（200字以内） |
|---|---|---|---|---|---|---|---|---|
| 201710053016 | 我国“互联网+”背景下虚拟角色商品化权研究——以影视作品知识产权衍生开发法律问题与相关争议解决机制为例 | 创新训练项目 | 宋 蕾 | 韦丁云/2015301027<br>董晓宇/2015710052<br>石 昕/2015301302 | 周长玲 | 副教授 | 820 法学 | 商品经济时代下隐私权机制对人格要素商品化的保护存在重大缺陷，学界对建立“商品化权”保护机制争议不断。随着中国大数据时代的到来，互联网背景下影视作品知识产权侵权行为频频发生，对于其中的虚拟角色的纠纷更是持续发酵。为了解决影视作品侵权标准的问题，虚拟角色商品化权这一权益的立法保护再一次被提上议程。然而，商品化权益这一英美法律制度产物能否在我国法制土壤上嫁接，仍待结合互联网背景进行新的研究。 |
| 201710053017 | “一带一路”背景下我国企业境外能源投资争端解决机制研究——以中亚五国为例 | 创新训练项目 | 仉昱博 | 秦鸿璟/2015301283<br>王文超/2015405038<br>龙 艳/2016201276<br>丁思涵/2016501141 | 余 丽 | 副教授 | 820 法学 | 本课题拟对“一带一路”倡议背景下，我国投资者到中亚五国能源投资所涉及“投资者——东道国”类型争端的解决机制以及潜在风险类型进行梳理和研究，在政府层面，我们将结合中亚五国的国情和潜在风险、“一带一路”投资争端典型案例、我国和中亚五国已有BIT/RTA协议的弊端、我国已有的在BIT/RTA下的争端解决机制、《解决投资者与东道国投资争端解决机构》（ICSID）仲裁机制以及国际商事仲裁机构仲裁机制，为我国建立和完善相关的规范境外能源投资，保护投资者合法利益的法律规范提出意见。 |

续表

| 项目编号 | 项目名称 | 项目类型 | 项目负责人姓名 | 项目其他成员信息 | 指导教师姓名 | 指导教师职称 | 项目所属一级学科代码 | 项目简介（200 字以内） |
|---|---|---|---|---|---|---|---|---|
| 201710053018 | 数字财产继承问题的研究及法律建议 | 创新训练项目 | 谢　琛 | 张　榆/2015301165<br>匡雾帆/2015811091<br>曾椿雪/2015811101<br>王语佳/2015811098 | 尹志强 | 教授 | 820 法学 | 随着信息技术的不断发展，数字化逐渐出现在生活的各个方面，在此背景下诞生了民法学对于“数字财产”的新问题。学界关于“数字财产”法律保护的讨论已经开始，国内外逐渐接受和认可了“数字财产”的概念，但对于“数字财产”能不能继承、如果能继承怎么继承、怎样保护其继承等问题的研究还十分有限，也罕有司法实践经验供参考。然而随着信息化的不断加深，“数字财产”的继承问题终将产生巨大的影响，而本研究旨在探索其解决办法。 |
| 201710053019 | 网络直播中的违法犯罪类型与对策研究——以 300 个直播平台为样本的实证分析 | 创新训练项目 | 蒋淑蒙 | 王文杨/2015710010<br>张　圆/2015201381<br>肖圣军/2015101116<br>杨宇越/2016201241 | 于　冲 | 讲师 | 820 法学 | 在高速发展的网络直播背后，我们可以发现网络直播乱象丛生。即便出台了各类规范性文件，对于网络直播的规制仍显得不足，还需要从多个方面进一步研究并出台相关的治理措施。本课题从犯罪学和刑法学的角度入手，搜集网络直播犯罪的现状类型，由现象到本质，研究网络直播平台管理者、网络主播以及观看者三方主体应承担的责任，结合现有打击措施，以期探究出合理的刑法规制措施，从而为净化网络直播环境提出切实可行的建议。 |

续表

| 项目编号 | 项目名称 | 项目类型 | 项目负责人姓名 | 项目其他成员信息 | 指导教师姓名 | 指导教师职称 | 项目所属一级学科代码 | 项目简介（200字以内） |
|---|---|---|---|---|---|---|---|---|
| 201710053020 | 司法改革视野下最高人民法院巡回法庭实情考察——基于第一与第二巡回法庭的对比探究 | 创新训练项目 | 倪子岳 | 刘　伟/2015301298<br>胡静仪/2015301161<br>赵子毅/2013301203<br>张旌宏/2015301151 | 张　力 | 副教授 | 820 法学 | 本项目立足于当前司法改革的大环境，对司法改革中的热点改革——最高人民法院巡回法庭制度进行实情考察。我们选取设立最早的第一和第二巡回法庭，从受案范围、打破地方司法保护和减轻最高人民法院本部压力三个角度进行探究。本项目结合中外巡回法庭制度的理论研究和巡回法庭运行状况的实证研究，对巡回法庭法官、律师和其他参与人进行问卷调查，以期了解当前最高人民法院巡回法庭运行的实际情况与发展方向。 |
| 201710053021 | 食品小摊的行政管理与质量监督 | 创新训练项目 | 何泽文 | 韩雨薇/2015301266<br>邹岳璐/2015301264<br>韦　震/2015301238<br>梅　阳/2016506004 | 罗晓军 | 讲师 | 820 法学 | 小组成员将通过调查与研究，全面深入的挖掘当今食品小摊管理的现状，以取得的事实为基础，建立贴近实际，切实可行，允许食品小摊合法经营且有益于社会的食品小摊管理模式。 |
| 201710053022 | 农村地区中小学“补习教育”规范化发展路径探究——以江苏、浙江地区为例 | 创新训练项目 | 蔡　帅 | 毛金虎/2015301056<br>郭子建/2015101012<br>邵泽豪/2016101055 | 李慧敏 | 副教授 | 880 教育学 | 本课题着眼于当下农村地区中小学校外补习机构的发展现状，从外部视角探究我国农村地区校外补习机构的产生背景，从内部视角分析农村地区校外补习机构的运作模式，从二者结合的角度分析农村地区校外补习机构的产生原因、存在问题以及政府对其的监管模式。 |

续表

| 项目编号 | 项目名称 | 项目类型 | 项目负责人姓名 | 项目其他成员信息 | 指导教师姓名 | 指导教师职称 | 项目所属一级学科代码 | 项目简介（200字以内） |
|---|---|---|---|---|---|---|---|---|
| 201710053023 | 政务微信服务能力提升问题研究——以北京市区级政务微信为例 | 创新训练项目 | 张一凡 | 韩月明/2014405048<br>周宇航/2015811048<br>吕文静/2015501235<br>顾晨阳/2016201177 | 刘柏志 | 讲师 | 630 管理学 | 在“互联网＋政务”蓬勃发展的背景下，政务微信成为党政机构创新公共服务模式的新途径。本课题主要对北京市各区级政务微信发展情况展开调研，在数据的基础上进行科学的分析，探究我国整体政务微信发展的现状、存在的问题，结合政务微信运行中的优秀个例，为政务微信公众号把握用户使用和接受心理、提高服务质量、获得公众认可、切实发挥作用提供有价值的建议，使政务微信公众号真正发挥好为民服务的作用。 |
| 201710053024 | 地方戏保护的困境和出路——以浙江越剧为例 | 创新训练项目 | 陶鹏远 | 林瑶南/2015301364<br>王肃仪/2015501256<br>范珈齐/2015301334<br>蒋月珍/2015015012 | 祁志锐 | 副教授 | 850 民族学与文化学 | 本课题以越剧为典型案例，研究越剧现状及影响和保护现状，分析越剧保护面临的主要困境，尝试提供解决方案。以此为基础，探究适合多数地方戏文化遗产的保护路径，推动中华民族传统文化的继承与发展，弘扬我国的传统文化。 |
| 201710053025 | 对大学生志愿者线上法律援助模型的探究和构建 | 创新训练项目 | 陈雅萱 | 段　迪/2015301353<br>龚思危/2015301333<br>翁伊昕/2016301375 | 李松锋 | 讲师 | 840 社会学 | 大学生公益法律援助是法学专业大学生运用法学知识帮助当事人处理案件的，富有实践性质和公益性质的学生活动，能够切实帮助当事人解决法律问题，很好地实现大学生的社会价值，近十年来，它的重要性、专业性和有 |

续表

| 项目编号 | 项目名称 | 项目类型 | 项目负责人姓名 | 项目其他成员信息 | 指导教师姓名 | 指导教师职称 | 项目所属一级学科代码 | 项目简介（200字以内） |
|---|---|---|---|---|---|---|---|---|
| | | | | | | | | 序性也在不断地提升。本研究小组拟通过信息检索收集当今线下法律援助的缺陷和问题，设计建构线上法律援助平台，并在试运营之后收集志愿者和当事人双方的反馈意见，修改线上平台的漏洞和不足之处，进一步对该平台进行完善并进行推广应用。 |
| 201710053026 | 探究土地经营权流转地方性制度——以上海松江、浙江宁波、四川成都“家庭农场”为例 | 创新训练项目 | 陈　艾 | 刘金逗/2015501091<br>莫葭采/2015201088<br>王灿驹/2015501063<br>程自然/2015501052 | 席志国 | 副教授 | 820 法学 | 在“三权分置”新一轮农村土地产权改革的背景下，土地经营权成为农村土地未来迸发活力的源泉。本小组就该背景下浙江宁波、上海松江、四川成都三个“家庭农场”模式示范性地区进行调研，开展对于土地经营权地方性制度的探究，结合实地调研和学术理论，为未来经营权立法设计提出有价值的意见。 |
| 201710053027 | 从值班律师制度看刑事速裁中被追诉人的权利保护现状及对策研究——以北京市海淀区人民法院为例 | 创新训练项目 | 陈超跃 | 张　原/2015101004<br>肖　涵/2015501232<br>刘乃玮/2015101036<br>刘佳怡/2015301273 | 赵珊珊 | 副教授 | 820 法学 | 由于值班律师制度和刑事速裁程序中被追诉人权利保障情况的相关性非常大，所以本课题组通过值班律师制度的运行情况来侧面反映出被追诉人的权利保护现状，通过走访调查以及线上线下派发问卷的方法，深入北京海淀区人民法院，和法律援助中心，对值班律师制度运行现状有一个深入的了解，发现问题，提出建议，让刑事速裁程序中被追诉人权利保护的最后一道防线真正起到其作用。 |

续表

| 项目编号 | 项目名称 | 项目类型 | 项目负责人姓名 | 项目其他成员信息 | 指导教师姓名 | 指导教师职称 | 项目所属一级学科代码 | 项目简介（200字以内） |
| --- | --- | --- | --- | --- | --- | --- | --- | --- |
| 201710053028 | NPO“益法援”平台之建立——以O2O模式为切入点 | 创新训练项目 | 魏　西 | 张君蔓/2015501124<br>万雪映/2015814034<br>白　婧/2015814049 | 马更新 | 教授 | 820 法学 | 近年来O2O法律服务平台不断涌现，多以提供法律服务收取价金为目的，但网络平台自身的一定局限性，使其可信度低。使用者关于金钱使用方面服务一般较为慎重。该项目则是建立在通过大学生提供免费服务的基础上，双向解决问题，为中下层经济困难提供法律服务，同时为大学生提供处理现实案件机会。开发app与微信公众号一体的网络服务平台。同时在该过程中进行实际调研，找出存在于中下阶层的法律盲区，针对性普法。 |
| 201710053029 | 探究知识型网红（群体）的传播模式、问题与规范 | 创新训练项目 | 梁钰蕾 | 左　灵/2015501263<br>梁　好/2015501285<br>龙亚宁/2015811052<br>吴文帝/2016811038 | 王天铮 | 教授 | 860 新闻学与传播学 | 本课题旨在通过探究知识型网红的传播模式、问题与规范——首先，以传媒学观点探索自媒体平台下知识型网红的概念、分类及传播发展模式，研究其兴起背景与原因。其次，分析以知识型网红兴起所带来的良性影响与负面问题。最后，基于当下现实情况和小组实际调研，对此知识网红模式从国家、自媒体运营平台两方面提出合理的规范，完成课题研究。 |

续表

| 项目编号 | 项目名称 | 项目类型 | 项目负责人姓名 | 项目其他成员信息 | 指导教师姓名 | 指导教师职称 | 项目所属一级学科代码 | 项目简介（200字以内） |
|---|---|---|---|---|---|---|---|---|
| 201710053030 | 中国临终关怀发展现状与解决方案的探究——以北京松堂关怀医院为例 | 创新训练项目 | 龚举文 | 丁子纹/2016812032<br>杨佳羲/2016709023<br>王慕涵/2016501048 | 高秋明 | 讲师 | 630 管理学 | 从了解国内外临终关怀发展的相关状况入手，通过在北京市松堂关怀医院亲身从事临终关怀志愿活动，在志愿活动中对临终关怀发展状况进行体会，并实行调研。得出我国临终关怀发展现状、存在问题和针对性建议。 |
| 201710053031 | 乡村夏令营探索——志愿失灵下新型支教模式的试验与评估 | 创新训练项目 | 崔梦钰 | 崔梦钰/2014501219<br>黄思媛/2015907018<br>向志龙/2015301148<br>曹馨予/j2015201002 | 胡　静 | 副教授 | 840 社会学 | 针对现在大学生支教饱受质疑的现状进行反思，与社会 NGO 与企业合作，以乡村夏令营的形式进行支教，提高支教的专业性，并且对这种模式进行试验与评估，以期待为之后的社团提供经验和参考。 |
| 201710053032 | 我国代孕母亲的权益侵害状况及其权益保护机制研究——以北京为例 | 创新训练项目 | 乔　智 | 王海晔/2015402031<br>穆轩雨/2015101137<br>郎梦蔚/2015501281<br>阮淑怡/2016501032 | 金　眉 | 教授 | 820 法学 | 本课题以深入具体地了解代孕母亲在整个代孕过程中可能面临的权益侵害情况为目的，以探讨建立相应的法律或行政法规的救济机制为核心，在充分研究了国内外代孕母亲权益侵害案例与暗访代孕中介、采访代孕母亲和地方政府的卫生部门获取经验性事实资料的基础上，充分认识到了代孕母亲在代孕过程中可能面临的权益侵害风险。最后，通过征询相关领域学者意见、借鉴美国、英国和印度等国家的经验，我们在充分论证前提下，提出了对建立保护代孕母亲权侵害的预防和救济机制的建议，并在此基础上引申出以下研究内容。 |

续表

| 项目编号 | 项目名称 | 项目类型 | 项目负责人姓名 | 项目其他成员信息 | 指导教师姓名 | 指导教师职称 | 项目所属一级学科代码 | 项目简介（200字以内） |
|---|---|---|---|---|---|---|---|---|
| 20171C053033 | 分享经济背景下政府政策模型探究——以共享单车为例 | 创新训练项目 | 李艺涵 | 方雅婕/2015402032<br>王宇阳/2014405003<br>王星星/2015201564 | 傅广宛 | 教授 | 630 管理学 | 本文围绕政府在不同时期的公共政策展开，回顾分享经济的发展历程，以理论综述结合实际问题，借鉴相关决策模型理论构建更为合理的分享经济背景下政府政策设计模型，以共享单车为例，通过有关数据仿真模拟，实现规范研究与实证研究相结合；通过分析政府决策的动态过程，研究有限理性约束和不完全信息约束下政策设计模型，实现了动态分析与静态分析相结合。 |
| 201710053034 | 关于完善中国政法大学两校区图书馆馆际互借机制的研究 | 创新训练项目 | 陈诗茹 | 于鲲鹏/2015301077<br>耿　普/2015201149<br>邱思颖/2016101123 | 王冬芳 | 副教授 | 870 图书馆情报与文献学 | 本课题的研究着眼于中国政法大学两校区图书馆馆际互借机制的完善，针对现有的机制中存在的问题，课题小组提出的解决方案为：在两校区之间借助图书馆义工和校园班车搭建图书输送系统，实现两校区图书馆联动可持续发展，推进一体化建设，重点有三方面：图书输送系统、义工管理系统和网上借阅系统。课题研究成果将有利于推动学校两校区图书资源优化配置，提高资源利用率和借还书效率。 |

续表

| 项目编号 | 项目名称 | 项目类型 | 项目负责人姓名 | 项目其他成员信息 | 指导教师姓名 | 指导教师职称 | 项目所属一级学科代码 | 项目简介（200字以内） |
|---|---|---|---|---|---|---|---|---|
| 201710053035 | 变化社会中的宗族现代化——以南方多省农村祠堂修建为例 | 创新训练项目 | 杨文博 | 麻继尹/2015403027<br>刘学旺/2015403004 | 张立鹏 | 副教授 | 810 政治学 | 随着现代化发展，在政治、经济、文化等领域，农村格局都发生了巨大变革。课题小组在众多变化的因素中，发现了“祠堂”这一特殊事物。与很多传统事物的就此沉沦不同，近几年里，在农村尤其南方地区，祠堂修建热象屡见不鲜。考虑到祠堂作为宗族重要象征物之一，课题认为这与这与宗族的现代化密切相关。所以课题研究重点就在于研究当今社会快速发展形势下宗族的现代化趋势。现代化的宗族不同于传统的宗族，无论是在组织程度和密度之上，还是在功能发挥的主要领域上，现代化的宗族都发生了深刻的变化。 |
| 201710053036 | 中国非法移民管理体制研究——以广东“三非”非洲人为例 | 创新训练项目 | 杨浇琳 | 李欣燃/2015501216<br>袁子媚/2015201023<br>刘伊伟/2015101186<br>张　偲/2015101185 | 李群英 | 教授 | 820 法学 | 本项目希望以广东“三非非洲人”问题为样本，深入了解广东非洲人与本地人的生存现状与二者的交往模态，分析引发此问题的内外动因。结合国外移民大国的移民政策经验。探索在中国非法移民管理体制有待完善的现状下，能够维护“黑—黄”生态平衡并能及时止损，促进经济发展与维护社会长治久安的良性管理体制。本课题采用问题导向型的思路在，从广东在中国非法移民管理体制有待完善的 |

续表

| 项目编号 | 项目名称 | 项目类型 | 项目负责人姓名 | 项目其他成员信息 | 指导教师姓名 | 指导教师职称 | 项目所属一级学科代码 | 项目简介（200字以内） |
| --- | --- | --- | --- | --- | --- | --- | --- | --- |
| | | | | | | | | 现状下，“三非非洲人”问题所引起的社会问题出发，探讨其背后的动因。运用比较法的研究方式，考察分析国外的移民政策的优势和国内非法移民管理体制的缺漏。从学理分析入手，明确管理的基本理念，确认初步的具体改革方式探如何通过健全管理体制来及时止损。同时结合实证调查，采取田野调查，问卷调查，专家访谈，随机访谈等方式，充分全面了解当地的管理体制缺陷，对症下药。 |
| 201710053037 | 利用“商业模式创新”保护并弘扬小众传统手工艺的探索与实践 | 创新训练项目 | 刘　铮 | 金晓艺/2016814051<br>史超文/2016101116<br>陈　婧/2016501075 | 钱雪松 | 讲师 | 790 经济学 | 我们在创新商业模式的基础上，结合实践运营，通过调查问卷，实地考察，新媒体宣传，商品营销等方式，归纳得出切实有效且具有一般性的商业模式，大大提升传统手工艺的活力。达到传承并弘扬传统手工艺品的目的。 |
| 201710053038 | 准公共物品配置效率的经济学分析——以中国政法大学教室占座现象为例 | 创新训练项目 | 黄自力 | 叶素洁/2015101201<br>郭晨晨/2016814013<br>何俊杰/2015812012 | 巫云仙 | 教授 | 790 经济学 | 本课题以经济学视角对准公共物品进行研究，以中国政法大学占座现象为例。 |

续表

| 项目编号 | 项目名称 | 项目类型 | 项目负责人姓名 | 项目其他成员信息 | 指导教师姓名 | 指导教师职称 | 项目所属一级学科代码 | 项目简介（200字以内） |
|---|---|---|---|---|---|---|---|---|
| 201710053039 | 共享单车行业顾客满意度调研及前景预测——基于模糊DEA模型的实证分析 | 创新训练项目 | 陈齐等 | 曹晶晶/2014814048<br>詹桥进/2014814030 | 宏　结 | 教授 | 790 经济学 | 本课题在借鉴国内外大量文献的基础上，结合共享单车的产品特点和使用共享单车的顾客特征建立了共享单车顾客满意度的概念模型。将影响顾客满意度的因素进行归纳、分类。将指标细化成可操作变量，在模糊综合评价和DEA模型的基础上推导出共享单车顾客满意度的定量计算公式，提出相关的研究假设。采取问卷调查的方式，问卷回收后使用SPSS软件对问卷的质量进行检验，对数据进行统计分析，检验相关假设，对概念模型进行修正，得出最终的结论。 |
| 201710053040 | 利用信贷配置化解产能过剩的新思路——从信贷价格角度探究 | 创新训练项目 | 周　健 | 尹旦利/2014403023<br>陈耀亮/2015811002<br>吴　佳/2015812029 | 余宇莹 | 副教授 | 790 经济学 | 本课题从信贷数量和信贷价格角度研究行业货币需求与信贷配置的关系，寻求从信贷方向去产能的新思路。通过双向固定效应法的回归模型，以货币需求为变量探求信贷配置的行业差异，希望证实信贷数量方面不存在行业货币需求导致的行业差异，而信贷价格则与之相反的结论，由此提出将货币需求引入政策考量从而有效化解过剩产能的政策建议。 |

续表

| 项目编号 | 项目名称 | 项目类型 | 项目负责人姓名 | 项目其他成员信息 | 指导教师姓名 | 指导教师职称 | 项目所属一级学科代码 | 项目简介（200字以内） |
|---|---|---|---|---|---|---|---|---|
| 201710053041 | 产权界定理论视角下共享单车侵权现象的解析及其机制设计——以北京深圳地区为例 | 创新训练项目 | 邱　佶 | 宋佳音/2015812081<br>张　飞/2015814010<br>王世卓/2015814040 | 熊金武 | 副教授 | 630 管理学 | 本课题以共享单车所遇到的上私锁、遭窃受损等问题作为切入点，通过与科斯灯塔的一系列对将这些问题与产权界定联系到一起，对共享单车产权界定进行深入分析。 |
| 201710053042 | 大学生志愿服务活动纳入高校实践学分管理的路径完善研究 | 创新训练项目 | 李钲泽 | 卢婧斐/2015301208<br>郑　蕾/2015811054<br>邓石军/2015812047 | 刘　娜 | 副教授 | 840 社会学 | 运用实证分析的研究方法，尝试建立一个由教育部牵头的、覆盖全国高校的志愿服务平台，通过内部管理和外部激励促进高校志愿服务管理的规范化、体系化和高效化。 |
| 201710053043 | 共享单车可持续发展模式研究——以降低共享单车破坏率为切入点 | 创新训练项目 | 王金晓 | 项　上/2015814063<br>王一平/2015814043<br>曹歆怡/2015405088<br>邵稚权/2016812050 | 陈芑名 | 讲师 | 840 社会学 | 在共享单车兴起的背景下，共享单车屡屡遭到破坏的现象也引发了人们的广泛关注。安装私锁、破坏单车二维码的现象引发了社会各界的热议。该课题成员紧跟社会发展需要，从共享单车恶意破坏现象出发，通过文献与资料整合研究，分析共享单车破坏背后的成因，并结合实地考察、问卷调研等方法，探究降低共享单车破坏率的可行方案，从而为共享单车的可持续发展建言献策。 |

续表

| 项目编号 | 项目名称 | 项目类型 | 项目负责人姓名 | 项目其他成员信息 | 指导教师姓名 | 指导教师职称 | 项目所属一级学科代码 | 项目简介（200字以内） |
|---|---|---|---|---|---|---|---|---|
| 201710053044 | 国有企业激励机制存在的问题及改善建议——以国务院国资委监管的中央企业为例 | 创新训练项目 | 吕闻佳 |  | 葛建华 | 教授 | 630 管理学 | 课题以激励的经济学理论、激励的管理学理论、心理契约理论为理论基础，通过对部分有代表性中央企业的实地走访和调查研究，梳理中央企业物质激励、精神激励、政治激励的内涵和范围，进一步从理论上对中央企业高管物质激励和政治激励的历史沿革以及物质激励、政治激励与经营绩效的现状和关系进行深入分析探讨，并在此基础上提出优化中央企业激励机制的建议和策略。 |
| 201710053045 | 社区养老文化建设研究——以攀枝花市红格社区和北京市和平里社区为例 | 创新训练项目 | 曹汶强 | 琚培源/2014015002<br>施来舒/2014709016<br>赵嘉闵/2015709014<br>张博琼/2015709012 | 费多益 | 教授 | 720 哲学 | 本课题以社区康养文化为核心，以异化理论、量化研究等专业知识为基础，对北京市和平里社区和攀枝花市红格社区进行实地调研，对比两大社区在养老文化建设中的异同，总结出为我国养老文化的特点，厘清养老文化与养老产业、养老模式的关系，为我国养老文化理论建设填补空白，为今后的社区养老文化建设提供参考资料。 |
| 201710053046 | 博弈语用学视角下的网络舆论与司法良性互动的研究——以徐州中院联动引导机制为例 | 创新训练项目 | 刘婧星 | 刘美诚/2015405078<br>魏凡皓/2015713009<br>孙少卓/2015713005<br>宋梅琳/2016201138 | 崔玉珍 | 副教授 | 740 语言学 | 舆论作为一种社会语言现象，具有很大研究价值。我们从应用语言学角度，分析网络舆论与司法的互动。通过收集材料，整理归纳出舆论类型，并筛选各地公检法机关的宣传作品，确定较有探究价 |

续表

| 项目编号 | 项目名称 | 项目类型 | 项目负责人姓名 | 项目其他成员信息 | 指导教师姓名 | 指导教师职称 | 项目所属一级学科代码 | 项目简介（200字以内） |
|---|---|---|---|---|---|---|---|---|
| | | | | | | | | 值的对象（徐州中院）；考虑到博弈论框架易于操作，团队成员在老师推荐下决定选用该框架进行研究。同时制定了从校友资源入手，实地采访徐州中院的计划。在掌握博弈论和获得素材后，将在老师指导下，形成网络舆情与司法良性互动最优策略模型。 |
| 201710053047 | 中美大学生对学术道德规范认知的比较研究——以中国政法大学和加州大学洛杉矶分校为例 | 创新训练项目 | 穆丽冰 | 徐镜媛/2015608043<br>俞逸栋/2015710008<br>李　爽/2015710050 | 叶　洪 | 教授 | 740语言学 | 本研究通过对中美大学生对学术道德规范认知情况的调查，了解我国大学生对学术道德规范的认识现状，为我国高校学术道德教育和相关法规的制定提供实证依据。 |
| 201710053048 | 微博个性化定制趋势与群体极化的关系——以乐天萨德为背景 | 创新训练项目 | 苏　醒 | 谢艾珊/2015917030<br>梁晨雨/2015201070<br>孙楚然/2015917020<br>伍凌波/2015917021 | 王国芳 | 副教授 | 190心理学 | 通过大数据、相关分析、实验等方法探究微博个性化定制和群体极化的关系。以当下最热们的萨德事件作为讨论的背景。 |
| 201710053049 | 高校快递绿色回收系统建设－以中国政法大学为试点 | 创新训练项目 | 王田恬 | 周婉嘉/2015101034<br>李佳珊/2015608012<br>吴伟红/2015811022<br>陈奕辰/2015608032 | 李　净 | 教授 | 840社会学 | 根据目前高校快递存在的乱扔、纸盒浪费的现象，打算联合校内菜鸟驿站建立一个高校快递绿色回收系统，以中国政法大学为试点，并逐步推广至其他高校，乃至社会社区。 |

续表

| 项目编号 | 项目名称 | 项目类型 | 项目负责人姓名 | 项目其他成员信息 | 指导教师姓名 | 指导教师职称 | 项目所属一级学科代码 | 项目简介（200字以内） |
|---|---|---|---|---|---|---|---|---|
| 201710053050 | 电影网络评分机制的问题研究和优化策略 | 创新训练项目 | 刘子溪 | 邹　杨/2015710022<br>陈洁明/2015710019<br>张敏/2015710020<br>尼鲁法尔·迪里夏提/2015710018 | 刘徐州 | 副教授 | 860 新闻学与传播学 | 针对现阶段不同电影评分网站所采取的不同评分机制所产生的不同问题，对用户、网站开发者、电影产业专家学者进行调查走访，发现问题，综合各方意见分析问题，提出优化升级的策略方向，并通过访谈专业开发者完善策略，最终对优化方案进行反馈和总结。 |
| 201710053051 | 网络出版物的付费意愿及版权意识研究——基于代际、地区双维度视角 | 创新训练项目 | 杨淑榆 | 吴宇同/2015710035<br>朱凌军/2015710045<br>申玉梅/2015710051<br>库浩辰/2015101006 | 崔　凯 | 讲师 | 860 新闻学与传播学 | 项目着眼于时下数字文化产业发展不容忽视的热点，即网络出版物的版权保护，将网络出版物的付费意愿与版权意识进行跨学科、跨领域的综合考察，基于代际、地区的双维度视角，运用 TRA 理性行为模型，试图构建起网络出版物付费意愿的诸影响因素与版权意识的之间关联度，从而为提高用户付费意愿和版权意识提出关于网络出版物的付费营销模式的改进性建议，以期为版权制度的推行提供更充分的来自用户群体的积极支持。 |
| 201710053052 | 社交媒体时代新闻事实核查机制研究 | 创新训练项目 | 杨丽萍 | 李思宇/2015710001<br>杨　雪/2015301018 | 聂书江 | 讲师 | 860 新闻学与传播学 | 美国大选期间，politifact（普利策新闻奖得主）核查政治家言论“揭露政治谎言”，捍卫新闻真实同时保护了公民的知情权。2016 年，谷歌新闻实验室 firstdraft 与 facebook 等媒体合作，智能收集、核查 |

续表

| 项目编号 | 项目名称 | 项目类型 | 项目负责人姓名 | 项目其他成员信息 | 指导教师姓名 | 指导教师职称 | 项目所属一级学科代码 | 项目简介（200 字以内） |
| --- | --- | --- | --- | --- | --- | --- | --- | --- |
| | | | | | | | | 社交媒体上的新闻线索。社交媒体时代，基于时效性，传统的事实核查不能满足现实需要。该情况下，西方媒体正兴起的新闻事实核查也许为中国新闻业提供了一个新思路。本项目意在跟进西方媒体事实核查的研究、实践现状，结合中国国情，探索国内创新性事实核查方案。 |
| 201710053053 | 社交媒体环境下的舆情演变与性质扩散路径——以“乐天为萨德提供用地”事件在新媒体上的传播为例 | 创新训练项目 | 农雅晴 | 李小趣/2015015014<br>王杭锋/2015403002 | 姚泽金 | 副教授 | 860 新闻学与传播学 | 在“乐天为萨德提供用地”的事件背景上以该事件在新媒体上的传播为例研究社交媒体环境下的舆情演变与性质扩散路径。 |
| 201710053054 | 大数据背景下法科院校校友职业发展信息库构建模式研究——以中国政法大学为例 | 创新训练项目 | 张艺瀚 | 韩　朔/2015812037<br>伊　扬/BJ2015201016<br>徐　颖/2016501262<br>肖　杨/2016501056 | 解廷民 | 教授 | 630 管理学 | 以中国政法大学为例，用大数据分析方法，分析法科院校校友职业发展与法科院校校友职业发展信息库模式。从而为法科院校在校生提供就业方法借鉴和参考，增加校友对法大的认可度和满意度，为学校人才培养方案、课程的设置、与用人单位的对接提供建议。 |

续表

| 项目编号 | 项目名称 | 项目类型 | 项目负责人姓名 | 项目其他成员信息 | 指导教师姓名 | 指导教师职称 | 项目所属一级学科代码 | 项目简介（200 字以内） |
|---|---|---|---|---|---|---|---|---|
| 201710053055 | 部校共建新闻学院模式的现状、问题及对策探究——以中国政法大学光明新闻传播学院为例 | 创新训练项目 | 张　娜 | 安　杨/2014710050<br>黄牧晨/2015710057 | 刘徐州 | 副教授 | 860 新闻学与传播学 | 以中国政法大学光明新闻传播学院为研究对象，调研“部校共建”模式在各校的发展现状，包括部校共建新闻学院的合作机制；驱动力；现实困境及对策；着力点建设现状（课程建设、人才培养、科学研究、经费支持、智库建设、学科发展、社会服务等）和创新发展。同时，将复旦大学新闻学院部校、清华大学新闻与传播学院、北京大学新闻与传播学院、人民大学新闻学院、暨南大学新闻与传播学院 5 所新闻学院作为补充调研院校，进行对比分析。 |
| 201710053056 | 有机妈妈 | 创业训练项目 | 王梦霏 | 邓昕彤/2016709011<br>杜颖哲/2016812026<br>陈泓璇/2016812051<br>陆　凡/2016301123 | 熊金武 | 副教授 | 790 经济学 | 有机农散户深陷市场困境连年亏损，有机产品真假难辨，交易信赖链稀薄，农散户销售模式缺乏创新。项目组立足于该问题，在线上利用多角度新媒体帮助宣传，保持产品更新，便捷购买；在线下发散式创新农散户经营模式，帮助策划农场活动，通过吸引消费者实地体验农场，感受有机生活，增加农散户盈利，提升信赖度，构建稳定消费链。项目运行一年半之久，拥有丰富合作资源与客户数据。 |

续表

| 项目编号 | 项目名称 | 项目类型 | 项目负责人姓名 | 项目其他成员信息 | 指导教师姓名 | 指导教师职称 | 项目所属一级学科代码 | 项目简介（200字以内） |
|---|---|---|---|---|---|---|---|---|
| 201710053057 | 池获废旧电池回收中转商 | 创业训练项目 | 蔡文婷 | 毕钰晗/2015811060<br>柳　戈/2015811062<br>安　宁/2015811063<br>朱延茹/2015811064 | 于　淼 | 教授 | 790 经济学 | 池获废旧电池回收中转商是介于废旧电池产生者及废旧电池再利用者之间的组织。废旧电池产生者缺乏合理处置旧电池的渠道，而拥有废旧电池再利用技术的企业也不能耗费较大成本回收电池，废旧电池如果不能合理处置将造成严重环境污染，我们扮演回收与利用旧电池中转商的角色。我们将利用网络平台和垃圾回收站、热门app、景区以及快递公司等合作以兑换门票、快递免单等方式激励废旧电池产生者；主要通过将电池出售给有需求的企业获得盈利。 |
| 201710053058 | “超级大学”综合性信息平台 | 创业训练项目 | 郑　杭 | 李辰希/2016812085<br>卞麓晨/2016812086<br>焦佳悦/2016812083 | 刘婷文 | 副教授 | 790 经济学 | 我公司将为即将参加高考的高中学生及各位家长提供一个国内各个大学信息资源汇集与比较的综合平台。该平台将以APP和网站的形式出现，旨在为高中生提供客观全面的大学资料一站式信息平台。为高三学生选择与比较不同大学，志愿填写提供方便。 |
| 201710053059 | 彣绘友 skinart 创意体绘 | 创业训练项目 | 马梦雅 | 赵洺妤/2015917029<br>徐弋涵/2016501329 | 熊金武 | 副教授 | 760 艺术学 | 海娜体绘是绘在皮肤上的装饰性图案，存在两周左右即可自然消退，同时由于其取材自印度的天然植物原料，它还在一定程度上具有驱寒祛毒的作用。 |

续表

| 项目编号 | 项目名称 | 项目类型 | 项目负责人姓名 | 项目其他成员信息 | 指导教师姓名 | 指导教师职称 | 项目所属一级学科代码 | 项目简介（200字以内） |
|---|---|---|---|---|---|---|---|---|
| | | | | | | | | 但在目前庞大而充满前景的中国市场内，并无一家专营专研创意体绘的企业或机构，而彣绘友创意体绘文化有限公司是一家致力于为广大白领阶层以及追求时尚年轻一代，打造充满创意的高端健康的体绘体验的企业，我们专业经营，专门研究，专注客户体验，争做创意体绘行业的领头羊。 |
| 201710053060 | “不二术”专业书籍推荐平台 | 创业训练项目 | 孙兰欣 | 胡　迪/2016301001<br>胡　懿/2016814062<br>李林轩/2016811047<br>姜南瑾/2016812033 | 刘婷文 | 副教授 | 880 教育学 | 不二术创意来源：首先在高中生步入大学的阶段，面对着由简单专一学科转向专业划分的背景，很多大学生变得窘迫和迷茫。其次在大学生专业学习的过程中，大学也往往缺乏对大学生人生规划的指导和建议性书籍，这个平台旨在给予他们最专业，最快捷的书籍指导！<br>不二术创意模式：我们通过对特定人群的细分化，从小视角去推荐书籍，通过名人推荐，个人书评指导和内容丰富介绍，让他们快速了解书籍对于自身的作用，采取一站式服务模式，构建 APP 平台。 |

续表

| 项目编号 | 项目名称 | 项目类型 | 项目负责人姓名 | 项目其他成员信息 | 指导教师姓名 | 指导教师职称 | 项目所属一级学科代码 | 项目简介（200 字以内） |
| --- | --- | --- | --- | --- | --- | --- | --- | --- |
| 201710053061 | 四维服饰文化工作室 | 创业训练项目 | 范修齐 | 黄海霞/2014811067<br>罗梦蝶/2014811070<br>袁嘉曼/2014811066<br>陆婧怡/2014811068 | 王　玲<br>祁志锐 | 教　授，<br>副教授 | 760 艺术学 | 四维服饰文化工作室是由高校大学生成立的虚拟工作室。工作室以原创服饰为原则，以时尚为主题，以创新为特色，初期利用微信公众平台销售、租赁以“一衣多穿”为主的日常服饰或礼服，以及开展线上线下小课堂，校内外约拍摄影等特别活动。工作室目前已与多所北京高校学生会和社团取得合作关系，也吸纳了部分校园拍摄平台和御用模特。工作室希望在未来发展成为中国中端礼服定制市场上一枝独秀的企业。我们的口号是“创意时尚，匠心独妙”。 |
| 201710053062 | 法趣——法学知识游戏化的创新手游 APP | 创业训练项目 | 王　越 | 孙　信/2016301203<br>李佳彤/2015402024<br>吕芊慧/2015812073<br>孟轲宁/2016301009 | 熊金武 | 副教授 | 820 法学 | 法趣 APP 旨在用新颖有趣的方式将法学知识游戏化，用趣味化和场景化的方式让大家随时随地更容易地接受、理解法学知识。通过对不同职业日常生活中遇到的典型法律问题进行总结归纳，以剧情模式呈献给大家，让大家可以切身投人到整个角色的发展过程中并自己判断、解决其中的法律问题，谱写属于自己的法律故事。 |

续表

| 项目编号 | 项目名称 | 项目类型 | 项目负责人姓名 | 项目其他成员信息 | 指导教师姓名 | 指导教师职称 | 项目所属一级学科代码 | 项目简介（200 字以内） |
|---|---|---|---|---|---|---|---|---|
| 201710053063 | “E 行校园”APP | 创业训练项目 | 宋　颖 | 杨　京/2015814059<br>翁　颖/2015811100<br>赵晚晴/2015301368<br>池佳林/2016812029 | 刘振宇，马克态 | 副教授，副教授 | 520 计算机科学技术 | “E 行校园”APP 专注于法大校园一卡通的服务一体化，通过一卡通消费自动提醒以及在线挂失和解除挂失有效遏制一卡通被盗刷的现象，同时 APP 还将增加预约办卡、电卡缴费、一卡通丢失与招领信息平台、图书馆还书日期提醒、月末自动生成一卡通支出报表分析等功能，为法大学子提供“一卡畅通”的舒适与便利。 |
| 201710053064 | 小板凳高校信息共享平台 | 创业训练项目 | 龙书培 | 张婷婷/2015101074<br>罗正言/2016608027<br>黄阔祥/2016301195<br>杨梦雅/2016608012 | 徐　庆 | 讲师 | 860 新闻学与传播学 | “小板凳”高校信息共享平台，是基于与各高校学生自治组织订阅号的合作，以提供真实可靠的北京高校讲座、文化活动信息为目标的中小型信息发布与校园广告资源整合平台。通过寻找、筛选、接收面向广大学生讲座资讯，统一整理加工成微信文章，并按时给各合作的校园订阅号推送，从而达到一呼百应的效果。该项目注重专业类高校之间的资源互补，高校之间的交流互补，使大学生感受到最为专业权威的学术氛围。 |

续表

| 项目编号 | 项目名称 | 项目类型 | 项目负责人姓名 | 项目其他成员信息 | 指导教师姓名 | 指导教师职称 | 项目所属一级学科代码 | 项目简介（200字以内） |
| --- | --- | --- | --- | --- | --- | --- | --- | --- |
| 201710053065 | 易安权——知识产权电子保全存证与交易平台 | 创业训练项目 | 崔　赫 | 方　楠/2015402049<br>祁辉莹/2016201280<br>辛　婕/2016608023 | 王立梅 | 教授 | 820 法学 | 网络技术的发展给知识产权造成巨大冲击，彻底改变了作品的流通途径，使得目前知识产权出现了侵权现象严重而又维权难的问题，本项目主要是利用时间戳技术将作品提交至平台的时间固定，同时平台对提交文件进行哈希加密，计算出哈希值，连同文件名存储至分布式数据库中，从而能够为作品的原作者提供一个权属证明，是对作者原创过程的保护和证明，同时作者也可以选择在平台上进行知识产权交易，充分发挥作品价值。 |
| 201710053066 | 爱传思信息科技（北京）有限公司 | 创业实践项目 | 任心仪 | 杨　雪/2014608035<br>王嘉伟/2016201301 | 解廷民<br>王　玲 | 教授<br>教授 | 740 语言学 | 爱传思是一家专业的本地化与云语言服务提供商。践行着“让跨国企业扎根中国，让中国企业走向世界”的公司理念。旨在让每个人能够像使用水和电一样方便的使用互联网语言服务。 |
| 201710053067 | Coolaswag 新概念轰趴别墅 | 创业实践项目 | 姜　珊 | 于川淇/2014501079<br>路金鑫/2015501200<br>刘传新/2016201168 | 管晓立<br>任启明 | 讲师<br>讲师 | 790 经济学 | CoolaSwag 新概念轰趴别墅自 2016 年 6 月份启动，第一栋轰趴别墅（中央财经大学店）运营半年多以来反响极佳，正是由于其火爆的人气且经过对周边高校市场的调研分析，项目团队认为，这是一个尚未有效开发且潜力很可观的新兴市场，因此推出了 CoolaSwag 连 |

续表

| 项目编号 | 项目名称 | 项目类型 | 项目负责人姓名 | 项目其他成员信息 | 指导教师姓名 | 指导教师职称 | 项目所属一级学科代码 | 项目简介（200字以内） |
|---|---|---|---|---|---|---|---|---|
| | | | | | | | | 锁项目，迄今为止已在北京开设五家连锁别墅店。在传统的轰趴别墅模式基础上，项目团队提出了轰趴别墅2.0及3.0的概念并投入实践，打造新概念轰趴别墅。该项目旨在打造高校大学生自营自管自销的连锁轰趴别墅，打造出一个高校娱乐圈内以引领潮流互动交友为主打点的品牌。 |
| 201710053068 | 司房 | 创业实践项目 | 李诗艺 | 陈一菲/2016301325<br>李纪良/2016301103 | 杨俊丽 | 副教授 | 790 经济学 | 我们团队专注提供司法拍卖的房产类交易服务，根据2016年最高人民法院通过的网络司法拍卖意见，这一政策逐渐放宽了司法拍卖的资格限制，进一步推进司法拍卖市场化。在司法拍卖的交易过程中所释放出的大量服务需求：案件背景调查、税费核算、房产信息披露、落户过户等，我们司房团队将针对这些特定市场需求，为消费者提供专业服务，并让申请执行人与被执行人利益最大化。 |
| 201710053069 | Data Pro 信息咨询有限公司 | 创业实践项目 | 李文昊 | 周　琪/2015812030<br>郭颜欢/2015814053<br>温明睿/2016811065<br>于一帆/2016811063 | 马克态 | 副教授 | 630 管理学 | Data Pro 联合高校和咨询专家，专注于数据调研、数据分析、商业建模、程序开发等业务，帮助企业、机构和个人提供集成化的数据解决方案。 |

（六）本科生实习、实践基地一览表

| 序号 | 基地名称 | 建立年月 | 联系院系名称 | 面向校内专业 | 地址 | 每次可接纳学生数（个） | 当年接纳学生总数（人） |
|---|---|---|---|---|---|---|---|
| 1 | 昌平区人民检察院 | 2012/9 | 法学院 | 法学 | 北京市昌平区政府街9号 | 50 | 12 |
| 2 | 天元律师事务所 | 2012/9 | 法学院 | 法学 | 北京市西城区丰盛胡同 | 30 | 12 |
| 3 | 观韬律师事务所 | 2013/10 | 法学院 | 法学 | 北京市西城区金融大街5号 | 50 | 12 |
| 4 | 大成律师事务所 | 2012/9 | 法学院 | 法学 | 北京市朝阳区东大桥街9号 | 50 | 12 |
| 5 | 兰台律师事务所 | 2012/9 | 法学院 | 法学 | 北京市朝阳区曙光西里甲一号 | 20 | 10 |
| 6 | 中伦律师事务所 | 2013/10 | 法学院 | 法学 | 北京市朝阳区建国门外大街甲6号 | 30 | 10 |
| 7 | 金杜律师事务所 | 2012/9 | 法学院 | 法学 | 北京市东三环中路7号 | 30 | 10 |
| 8 | 盈科律师事务所 | 2013/10 | 法学院 | 法学 | 北京市朝阳区东四环中路辅路76号 | 50 | 10 |
| 9 | 炜衡律师事务所 | 2012/9 | 法学院 | 法学 | 北京市北四环西路66号 | 20 | 10 |
| 10 | 隆安律师事务所 | 2012/9 | 法学院 | 法学 | 北京市建国门外大街21号 | 20 | 10 |
| 11 | 法桓律师事务所 | 2016/9 | 法学院 | 法学 | 北京市西城区黄寺大街26号 | 30 | 10 |
| 12 | 戎和律师事务所 | 2016/9 | 法学院 | 法学 | 北京市东城区东直门外小街甲2号 | 30 | 10 |
| 13 | 海淀区人民法院 | 2012/9 | 法学院 | 法学 | 北京市海淀区丹棱街12号 | 30 | 10 |
| 14 | 海淀区人民检察院 | 2012/9 | 法学院 | 法学 | 北京市海淀区厂洼西路8号 | 30 | 10 |
| 15 | 昌平区劳动人事争议仲裁院 | 2012/9 | 法学院 | 法学 | 北京市昌平区政府街1号 | 20 | 15 |
| 16 | 西城区人民检察院 | 2015/9 | 法学院 | 法学 | 北京市西城区解放东路488号 | 20 | 15 |

续表

| 序号 | 基地名称 | 建立年月 | 联系院系名称 | 面向校内专业 | 地址 | 每次可接纳学生数（个） | 当年接纳学生总数（人） |
|---|---|---|---|---|---|---|---|
| 17 | 西城区人民法院 | 2013/9 | 法学院 | 法学 | 北京市西城区后英房胡同1号 | 30 | 15 |
| 18 | 北京市第三中级人民法院 | 2014/9 | 法学院 | 法学 | 北京市来广营西路81号 | 30 | 14 |
| 19 | 司法鉴定协会 | 2016/9 | 法学院 | 法学 | 北京市西城区后广平胡同39号 | 30 | 15 |
| 20 | 昌平区人民法院 | 2016/9 | 法学院 | 法学 | 北京市昌平区西环路62号 | 50 | 15 |
| 21 | 北京市司法局 | 2013/9 | 法学院 | 法学 | 北京市西城区后广平胡同39号 | 50 | 15 |
| 22 | 岳成律师事务所 | 2013/9 | 法学院 | 法学 | 北京市朝阳区东三环北路丙2号 | 30 | 15 |
| 23 | 天达共和律师事务所 | 2013/9 | 法学院 | 法学 | 北京市朝阳区东三环北路8号 | 30 | 15 |
| 24 | 首信律师事务所 | 2016/9 | 法学院 | 法学 | 北京市马甸南村甲18号 | 20 | 15 |
| 25 | 安理律师事务所 | 2016/9 | 法学院 | 法学 | 北京市朝阳区东三环北路38号 | 20 | 12 |
| 26 | 北京市致诚道合法律咨询中心 | 2015 | 国际法学院 | 法学 | 北京市海淀区后屯南路26号4层5－57 | 6 | 6 |
| 27 | 蓝英通华（北京）技术有限公司 | 2016 | 国际法学院 | 法学 | 北京市海淀区北四环中路229号海泰大厦1525室 | 5 | 5 |
| 28 | 北京市纪凯律师事务所 | 2016 | 国际法学院 | 法学 | 北京市西城区宣武门西大街甲129号金隅大厦6层 | 5 | 5 |
| 29 | 北京朝阳区人民法院 | 2013 | 国际法学院 | 法学 | 北京市朝阳公园南路甲2号 | 6 | 5 |
| 30 | 北京金诚同达律师事务所 | 2012 | 国际法学院 | 法学 | 北京市建国门外大街1号国贸大厦三期9/10层 | 6 | 5 |
| 31 | 北京市法大律师事务所 | 2006 | 国际法学院 | 法学 | 北京市海淀区西土城路25号 | 9 | 5 |

续表

| 序号 | 基地名称 | 建立年月 | 联系院系名称 | 面向校内专业 | 地址 | 每次可接纳学生数（个） | 当年接纳学生总数（人） |
| --- | --- | --- | --- | --- | --- | --- | --- |
| 32 | 吉林省梅河口市人民检察院 | 2016 | 国际法学院 | 法学 | 吉林省梅河口市人民大街 999 号 | 5 | 5 |
| 33 | 广东省惠州市中级人民法院 | 2015 | 国际法学院 | 法学 | 广东省惠州大道江北段 41 | 6 | 5 |
| 34 | 北京重光律师事务所 | 2015 | 国际法学院 | 法学 | 北京市西城区金融街广宁伯 2 号金泽大厦 7 层 | 5 | 5 |
| 35 | 山东潍坊市司法局 | 2016 | 国际法学院 | 法学 | 山东省维坊市东风东街 6396 阳光大厦西区 21 层 | 5 | 5 |
| 36 | 北京市闻达律师事务所 | 2016 | 国际法学院 | 法学 | 北京市朝阳区北辰东路 8 号红宾大厦 A0809 | 8 | 5 |
| 37 | 四川省龙辉建设集团有限公司 | 2012 | 国际法学院 | 法学 | 四川省富顺县富世镇吉祥路 153 号 3 单元 3 号 | 6 | 5 |
| 38 | 山东省聊城市中级人民法院 | 2010 | 国际法学院 | 法学 | 山东省聊城市兴华东路 20 号 | 5 | 5 |
| 39 | 河南省南乐县人民法院 | 2016 | 国际法学院 | 法学 | 河南省南乐县昌州西路 6 号 | 5 | 5 |
| 40 | 湖南天楚律师事务所 | 2016 | 国际法学院 | 法学 | 湖南省长沙市开福区晴岚路 68 号凤凰天阶 1 栋 30 层 | 5 | 5 |
| 41 | 河南省温县人民法院 | 2016 | 国际法学院 | 法学 | 河南省温县城区黄河路东段 | 5 | 5 |
| 42 | 山东省莱州市人民法院 | 2017 | 刑事司法学院 | 法学 | 山东省烟台市莱州市北苑路 2366 号 | 8 | 6 |
| 43 | 新疆渭疆律师事务所 | 2017 | 刑事司法学院 | 法学 | 乌鲁木齐市水磨沟区西虹东路 64 号 | 10 | 9 |

续表

| 序号 | 基地名称 | 建立年月 | 联系院系名称 | 面向校内专业 | 地址 | 每次可接纳学生数（个） | 当年接纳学生总数（人） |
|---|---|---|---|---|---|---|---|
| 44 | 内蒙古吉拓律师事务所 | 2017 | 刑事司法学院 | 法学 | 赤峰市新城区大明街自治区煤田地质局104勘探队商业办公楼一号南侧 | 10 | 9 |
| 45 | 吉林省延吉市人民法院 | 2017 | 刑事司法学院 | 法学 | 吉林省延吉市天池路3343号 | 10 | 7 |
| 46 | 安徽省淮南市法律援助中心 | 2017 | 刑事司法学院 | 法学 | 淮南市陈洞中路48号淮南市司法局附近 | 8 | 6 |
| 47 | 江西省上高县人民检察院 | 2017 | 刑事司法学院 | 法学 | 江西省上高县镜山大道7号 | 8 | 6 |
| 48 | 北京康丰投资有限公司 | 2017 | 刑事司法学院 | 法学 | 北京市昌平区昌平镇城北街道办北京手表厂51幢 | 10 | 8 |
| 49 | 浙江省瑞安市第二建筑工程有限公司 | 2017 | 刑事司法学院 | 法学 | 浙江省温州市瑞安市海关大楼附属楼三楼 | 12 | 10 |
| 50 | 辽阳市白塔区人民检察院 | 2017 | 刑事司法学院 | 法学 | 辽阳市白塔区解放路80号 | 12 | 12 |
| 51 | 云南省曲靖市天志律师事务所 | 2017 | 刑事司法学院 | 法学 | 云南曲靖市南城门广场曲靖会堂附近 | 12 | 11 |
| 52 | 山东春水律师事务所 | 2017 | 刑事司法学院 | 法学 | 山东潍坊市向阳路68号 | 8 | 5 |

（七）中国政法大学法学教育实践基地名单

| 序号 | 共建基地 | 共建协议签署时间 |
|---|---|---|
| 1 | 洛阳市西工区人民检察院 | 2012年9月 |
| 2 | 河北省围场满族蒙古族自治县人民检察院 | 2012年9月 |
| 3 | 河南省汝南县人民检察院 | 2012年11月 |
| 4 | 山西省阳泉市人民检察院 | 2012年11月 |

续表

| 序号 | 共建基地 | 共建协议签署时间 |
|---|---|---|
| 5 | 西藏自治区芒康县人民检察院 | 2012 年 11 月 |
| 6 | 河南省栾川县人民法院 | 2012 年 11 月 |
| 7 | 太原市尖草坪区人民法院 | 2012 年 12 月 |
| 8 | 鄂尔多斯市中级人民法院 | 2012 年 12 月 |
| 9 | 河南省鹤壁市中级人民法院 | 2013 年 1 月 |
| 10 | 吉林省辽源市东丰县人民法院 | 2013 年 1 月 |
| 11 | 河南省濮阳市中级人民法院 | 2013 年 1 月 |
| 12 | 海南省临高县人民法院 | 2013 年 1 月 |
| 13 | 四川省遂宁市中级人民法院 | 2013 年 1 月 |
| 14 | 四川省泸州市中级人民法院 | 2013 年 4 月 |
| 15 | 河南省商丘市睢阳区人民法院 | 2013 年 4 月 |
| 16 | 河南省南阳市西峡县人民法院 | 2013 年 4 月 |
| 17 | 河南省鹤壁市淇滨区人民法院 | 2013 年 4 月 |
| 18 | 河南省三门峡市中级人民法院 | 2013 年 4 月 |
| 19 | 河南省开封市龙亭区法院 | 2013 年 5 月 |
| 20 | 辽宁省新民市人民法院 | 2013 年 5 月 |
| 21 | 内蒙古满洲里市人民检察院 | 2013 年 5 月 |
| 22 | 四川省泸州市人民检察院 | 2013 年 5 月 |
| 23 | 江苏宜兴市人民检察院 | 2013 年 6 月 |
| 24 | 山东省莒南县人民检察院 | 2013 年 6 月 |
| 25 | 河北省邢台市中级人民法院 | 2013 年 8 月 |
| 26 | 北京市怀柔区人民法院 | 2013 年 9 月 |
| 27 | 河南省高级人民法院 | 2013 年 11 月 |
| 28 | 广州市天河区人民检察院 | 2013 年 11 月 |
| 29 | 大庆市中级人民法院 | 2014 年 4 月 |
| 30 | 青岛市中级人民法院 | 2014 年 6 月 |
| 31 | 泰安市中级人民法院 | 2015 年 8 月 |
| 32 | 大理白族自治州中级人民法院 | 2015 年 10 月 |
| 33 | 海南省昌江黎族自治县人民法院 | 2016 年 1 月 |
| 34 | 廊坊市人民检察院 | 2016 年 3 月 |
| 35 | 吉林省东辽县人民检察院 | 2016 年 11 月 |
| 36 | 广州市越秀区人民法院 | 2016 年 12 月 |
| 37 | 新疆高院伊犁哈萨克自治州分院 | 2017 年 6 月 |
| 38 | 山东省东营市人民检察院 | 2017 年 11 月 |

（八）实验室常用信息统计表

| 单位 | 实验室名称 | 房间号（或地址） | 面积情况 | | | 专任实验员数目 | 电脑数量情况 | | 贵重仪器情况 | 建立时间（年/月） |
|---|---|---|---|---|---|---|---|---|---|---|
| | | | 各房间面积 | 实验室面积小计 | 各单位实验室面积总计 | | 各实验室电脑数量 | 各单位实验室电脑数量总计 | | |
| 教务处 | 墙幕式多功能直播教室 | 明 307 | 174 | 1258 | 1258 | 0 | 1 | 1 | 远程直播系统 | 2012. 12 |
| | 案例卷宗副本阅览室 | 明 206<br>308（1）<br>410 | 207 | | | 2 | 见各房间号括号内数量 | 1 | —— | 2012－2013 |
| | 实况庭审录像资料库 | 厚 310 | 73 | | | 0 | 29 | 29 | —— | 2013. 12 |
| | 法学实验教学系统实验室 | —— | —— | | | 0 | 1 | 1 | —— | 2013. 1 |
| | 司法案例卷宗电子阅览室 | 厚 310 | 73 | | | 0 | 29 | 29 | —— | 2014. 1 |
| | 模拟法庭 | 明 203（2）<br>明 204（1）<br>明 405（1）<br>明 407（1） | 804 | | | 0 | 见各房间号括号内数量 | 5 | 庭审录播系统（明 203）、视频会议系统（明 203、明 407） | 2006、2012 |
| 政治与公共管理学院 | 民意研究实验室 | 明 207 | 75. 5 | 75. 5 | 75. 5 | 0 | 80 | 80 | —— | 2016 |

续表

| 单位 | 实验室名称 | | 房间号（或地址） | 面积情况 | | | 专仟实验员数目 | 电脑数量情况 | | 贵重仪器情况 | 建立时间（年/月） |
|---|---|---|---|---|---|---|---|---|---|---|---|
| | | | | 各房间面积 | 实验室面积小计 | 各单位实验室面积总计 | | 各实验室电脑数量 | 各单位实验室电脑数量总计 | | |
| 社会学院 | 心理学实验室 | 认知神经实验室 | 格 105 | 23. 6 | 120 | 145 | 1 | 28 | 28 | 脑电仪、眼动仪等 | 2006 |
| | | 心理学多媒体实验室 | 格 109 | 49. 5 | | | | | | | |
| | | 实验心理学实验室 | 格 115 | 47. 2 | | | | | | | |
| | 社会学多媒体实验室 | | 格 108 | 24. 4 | 24. 4 | | | | | | 2006 |
| | 社会工作实验室 | | 未定 | —— | —— | | | | | | 2013 |
| 商学院 | 商务管理实验室 | | 格 106、116<br>厚 112 | 502 | 502 | 502 | 1 | 79 | 211 | —— | 2006 |
| | 财会管理实验室 | | 厚 111 | | | | | 36 | | —— | 2007 |
| | 金融投资与监控 | | 厚 109、110 | | | | | 96 | | —— | 2007 |
| 新闻学院 | 新闻传播实验教学中心 | 多媒体新闻信息综合处理平台 | 厚 308 | 355 | 355 | 355 | 1 | 20 | 83 | 摄像一体机 | 2007 |
| | | 媒体基础技术教室 | 厚 309 | | | | | 40 | | | 2004 |
| | | 数字图像与动画专业技术教室 | 厚 311 | | | | | 23 | | | 2008 |
| | | 媒体实验室办公室 | 格 318 | | | | | 0 | | | 2008 |

续表

<table>
<tr><th rowspan="2">单位</th><th rowspan="2" colspan="2">实验室名称</th><th rowspan="2">房间号（或地址）</th><th colspan="3">面积情况</th><th rowspan="2">专任实验员数目</th><th colspan="2">电脑数量情况</th><th rowspan="2">贵重仪器情况</th><th rowspan="2">建立时间（年/月）</th></tr>
<tr><th>各房间面积</th><th>实验室面积小计</th><th>各单位实验室面积总计</th><th>各实验室电脑数量</th><th>各单位实验室电脑数量总计</th></tr>
<tr><td rowspan="17">刑事司法学院</td><td rowspan="13">侦查学实验室</td><td>模拟现场勘查实验室</td><td>格塔 01</td><td>45.6</td><td rowspan="13">557</td><td rowspan="17">878</td><td rowspan="13">1</td><td>0</td><td rowspan="13">43</td><td>——</td><td rowspan="13">2003</td></tr>
<tr><td>文书检验实验室</td><td>格塔 02</td><td>44.1</td><td>6</td><td>——</td></tr>
<tr><td>司法摄影实验室</td><td>格 201</td><td>49.5</td><td>6</td><td>——</td></tr>
<tr><td>痕迹检验实验室</td><td>格 202</td><td>49.5</td><td>6</td><td>比较显微镜</td></tr>
<tr><td>图像处理及电子证据实验室</td><td>格 203</td><td>49.5</td><td>16</td><td>——</td></tr>
<tr><td>资料档案室</td><td>格 204</td><td>49.5</td><td>1</td><td>——</td></tr>
<tr><td>全光谱 CCD 实验室</td><td>格 205</td><td>23.6</td><td>2</td><td>全光谱 CCD</td></tr>
<tr><td>声纹鉴定实验室</td><td>格 206</td><td>24.4</td><td>4</td><td>声纹分析系统</td></tr>
<tr><td>痕迹显现提取实验一室</td><td>格 207</td><td>49.5</td><td>0</td><td>——</td></tr>
<tr><td>痕迹显现提取实验二室</td><td>格 208</td><td>48.8</td><td>0</td><td>——</td></tr>
<tr><td>扫描电子显微镜实验室</td><td>格 209</td><td>49.5</td><td>1</td><td>扫描电镜</td></tr>
<tr><td>心理测试及模拟讯问实验室</td><td>格 210</td><td>23.6</td><td>1</td><td>——</td></tr>
<tr><td>薄层色谱实验室</td><td>格 219</td><td>49.5</td><td>0</td><td>薄层色谱仪</td></tr>
<tr><td rowspan="3">法医学实验室</td><td>法医物证实验一室</td><td>格 213</td><td>47.2</td><td rowspan="3">147</td><td rowspan="4">1</td><td>0</td><td rowspan="3">0</td><td>——</td><td rowspan="3">2003</td></tr>
<tr><td>法医人体模型陈列实验室</td><td>格 217</td><td>49.5</td><td>0</td><td>——</td></tr>
<tr><td>法医物证实验二室</td><td>格 218</td><td>50.3</td><td>0</td><td>——</td></tr>
<tr><td colspan="2">网络犯罪侦查实验室</td><td>明 205</td><td>174</td><td>174</td><td>33</td><td>33</td><td>——</td><td>2013</td></tr>
</table>

续表

| 单位 | 实验室名称 | 房间号（或地址） | 面积情况 | | | 专任实验员数目 | 电脑数量情况 | | 贵重仪器情况 | 建立时间（年/月） |
|---|---|---|---|---|---|---|---|---|---|---|
| | | | 各房间面积 | 实验室面积小计 | 各单位实验室面积总计 | | 各实验室电脑数量 | 各单位实验室电脑数量总计 | | |
| 证据科学研究院 | 法大法庭科学技术鉴定研究所 | | | | | 8 | | | — | 2006/5 |
| 外国语学院 | 笔译实验室 | 厚 101 | 45 | 45 | 45 | 0 | 31 | 31 | 0 | 2016 |
| 外国语学院 | 会议同传实验室 | 厚 102 | 45 | 45 | 45 | 0 | 2 | 2 | 远程会议系统 polycom | 2017 |
| 现代教育技术中心 | 口译实验室 | 厚 403（35） | 141 | 141 | 3613 | 0 | 见各房间号括号内数量 | 35 | — | 2007 |
| 现代教育技术中心 | 语音实验室 | 厚 101（30）<br>厚 102（28）<br>厚 103（60）<br>104（60） | 423 | 423 | | | 见各房间号括号内数量 | 178 | — | 1987 |
| 现代教育技术中心 | 大学英语公共实验室 | 厚 203（54）<br>厚 204（54）<br>厚 205（24）<br>厚 207（24）<br>厚 208（54）<br>厚 209（54） | 913 | 913 | | | 见各房间号括号内数量 | 264 | — | 2004 |

续表

| 单位 | 实验室名称 | 房间号（或地址） | 面积情况 | | | 专任实验员数目 | 电脑数量情况 | | 贵重仪器情况 | 建立时间（年/月） |
|---|---|---|---|---|---|---|---|---|---|---|
| | | | 各房间面积 | 实验室面积小计 | 各单位实验室面积总计 | | 各实验室电脑数量 | 各单位实验室电脑数量总计 | | |
| 现代教育技术中心 | 计算机公共实验室 | 厚201（20）<br>厚202（20）<br>厚301（20）<br>厚302（20）<br>厚304（60）<br>厚402（54）<br>厚404（54）<br>厚408（54）<br>厚409（54）<br>厚410（20）<br>厚411（20）<br>格409（46）<br>格410（36）<br>致404（60）<br>致406（72）<br>致407（72） | 2136 | 2136 | 3613 | 0 | 见各房间号括号内数量 | 682 | —— | 1985 |

### （九）北京市市级精品课程目录

| 学院 | 课程名称 | 获奖年份 | 获奖级别 | 课程负责人 |
|---|---|---|---|---|
| 法学院 | 中国法制史 | 2004 | 北京市 | 马志冰 |
| | 国家赔偿法学 | 2006 | 北京市 | 马怀德 |
| | 宪法学 | 2009 | 北京市 | 焦宏昌 |
| 民商经济法学院 | 民法 | 2005 | 北京市 | 王卫国 |
| | 商法学 | 2006 | 北京市 | 赵旭东 |
| | 经济法总论 | 2007 | 北京市 | 徐晓松 |
| 国际法学院 | 海商法 | 2003 | 北京市 | 张丽英 |
| | 国际法 | 2007 | 北京市 | 周忠海 |
| | 国际私法 | 2009 | 北京市 | 杜新丽 |
| 刑事司法学院 | 刑法案例研习 | 2010 | 北京市 | 于志刚 |
| 社会学院 | 中国社会 | 2010 | 北京市 | 应　星 |

### （十）国家精品课程目录

| 序号 | 课程名称 | 课程类型 | 课程级别 | 主持人姓名 | 获批时间 | 批准文号 |
|---|---|---|---|---|---|---|
| 1 | 法律逻辑 | 精品视频公开课 | 国家级 | 王　洪 | 2012 | 教高司函〔2012〕52 号 |
| 2 | 法律英语 | 精品视频公开课 | 国家级 | 魏　蘅 | 2014 | 教高厅函〔2014〕15 号 |
| 3 | 西方政治思想史 | 精品资源共享课 | 国家级 | 张桂林 | 2015 | 教高厅函〔2015〕54 号 |
| 4 | 中国法制史 | 精品资源共享课 | 国家级 | 张晋藩 | 2015 | 教高厅函〔2015〕54 号 |
| 5 | 行政法与行政诉讼法 | 精品资源共享课 | 国家级 | 马怀德 | 2015 | 教高厅函〔2015〕54 号 |
| 6 | 商法学 | 精品资源共享课 | 国家级 | 赵旭东 | 2015 | 教高厅函〔2015〕54 号 |

### （十一）国家级人才培养模式创新实验区

| 序号 | 学校 | 负责人 | 项目名称 |
|---|---|---|---|
| 1 | 中国政法大学 | 徐显明 | 中国政法大学法学精英人才培养模式创新实验区 |
| 2 | 中国政法大学 | 孙选中 | 法商型人才培养模式创新实验区 |

《教育部、财政部关于批准 2007 年度人才培养模式创新实验区建设项目的通知》（教高函〔2007〕29 号）

### （十二）高等学校特色专业建设点名单

**第二批**

| 项目编号 | 学校名称 | 专业名称 |
|---|---|---|
| TS10057 | 中国政法大学 | 法学 |

《教育部财政部关于批准第二批高等学校特色专业建设点的通知》（教高函〔2007〕31号）

**第三批**

| 项目编号 | 学校名称 | 专业名称 |
|---|---|---|
| TS10640 | 中国政法大学 | 政治学与行政学 |

《教育部财政部关于批准第二批高等学校特色专业建设点的通知》（教高函〔2008〕21号）

**第四批**

| 项目编号 | 学校名称 | 专业名称 |
|---|---|---|
| TS11229 | 中国政法大学 | 社会学 |

《教育部财政部关于批准第四批高等学校特色专业建设点的通知》（教高函〔2009〕16号）

## 二、研究生教育教学

**【概况】**2017年，研究生工作坚持以“立德树人”为根本任务，全面贯彻落实党的十九大精神、习近平总书记“5.3”重要讲话精神，顺利启动“中国特色社会主义法治理论”系列研究生教材编写工作，拟编写《法学方法论》《民法总论前沿问题研究》《商法前沿问题》等10本教材，《法学方法论》已编写完成并提交出版社审校；创新德法兼修的社会主义法治人才培养模式，召开“思政核心课程教学协同创新工坊”，举行“‘马工程教材’交流会暨思想政治教育专业核心课程教学改革研讨会”，首次面向全校博士、硕士研究生开设《马克思主义经典著作选读》；主办“学术规范、学术诚信与论文写作”系列讲座，向全体研究生新生发放了《中国政法大学学术诚信与学术规范读本》；制定《中国政法大学研究生导师招收博士研究生条件认定办法》《中国政法大学学位授予办法》（修订征求意见稿）《中国政法大学兼职、特聘导师招收博士办法》《中国政法大学硕士博士学位论文抽检办法》等文件；制定《中国政法大学首届“研究生心目中的优秀导师”评选方案》（草案）；对《应用型法学博士研究生培养方案》进行修订，增设《以德治国》和《法律职业道德》两门选修课程；启动第二批国际金融公司实习研究生的遴选工作；组织31名博士、硕士研究生挂职锻炼和开展实习活动；促进法学与其他学科交叉融合，开展跨学科项目和跨学科课程申报、评审和建设工作，通过专家评审，共立项7门课程、15 个项目予以资助；开展研究生课程跨学科互选工作，要求法学各专业 2017 级硕士研究生每人修读法学以外学科研究生课程不少于 1 门。

2017 年学校所有博士研究生均通过“申请－考核”制招生方式招收，2017 年录取的博士研究生中优秀生源的比例占总人数的 90%，较 2016 年提高 5%；扩展招生计划动态调整机制覆盖范围，将新增专业也纳入招生计划动态调整机制覆盖范围，将硕士入学考试评卷质量与招生计划挂钩，设立“评卷错误率”观测指标，将评卷工作质量与招生计划挂钩；开展应用型法学博士研究生培养改革试点工作，修订应用型法学博士研究生培养方案，采取相对集中、单独授课的方式进行培养，组织开展 3 次集中授课；开展应用型法学博士生主题论坛，2016、2017 级应用型法学博士研究生分别围绕“司法体制改革”“德法兼修对司法职业的重要意义”开展了两次主题论坛；聘请应用型法学博士生合作导师，由最高人民检察院政治部、最高法人民法院政治部共同推荐，聘请了 12 位具有丰富实践经验和较高学术造诣的专家担任应用型法学博士研究生合作导师。

多措并举促进“双一流”建设。持续升级“四个突出”研究生人才培养目标，培养“五位一体”的复合型、应用型、创新型、国际型的一流法治人才，即以创新法学学科体系、课程体系和教材体系为路径，优化理论教学，完善实践教学体系，打破知识教学和实践教学之间的体制壁垒；继续完善六年制法学人才培养模式，在课程内容、教学方法、实践实习和导师指导等环节实现全面贯通；国际组织实习工作实现重大突破，2017 年首批派出 5 名研究生赴世界银行实习并圆满完成 4 个月的实习任务，首批派出 3 名研究生赴亚非法律协商组织进行 3 个月的实习，1 名研究生赴联合国教科文组织实习，1 名研究生赴前南斯拉夫国际刑事法庭实习，10 名研究生赴美国密歇根法院实习；通过编制双一流经费使用方案，明确各二级培养单位和研究生院在研究生课程体系建设中的分工和配合工作，对于交叉学科、新兴学科予以特别倾斜和资助。

**【完成两次学位论文学术规范审查工作】**4 月，启动 2017 年上半年学位论文学术规范审查工作，共有 2066 人提出学位申请，2066 人提交了学位论文，其中博士学位申请人 133 人，硕士学位申请人 1933 人。经过学位论文学术规范审查，共有 46 篇学位论文涉嫌抄袭剽窃，占论文总数的 2.2%。2017 年下半年共有 651 人提交学位论文申请，并提交了学位论文，其中博士学位申请人 42 人（其中同等学力 1 人），同等学力硕士 419 人，专业学位硕士申请人 151 人，学术型硕士学位申请人 39 人。经研究生院学位论文学术规范审查，共查出 36 篇学位论文涉嫌抄袭剽窃，共占本次申请学位论文总数的 5.5%，其中博士学位论文 3 篇，硕士学位论文 33 篇。

**【92 名研究生获录取成为国家公派留学研究生】**5 月，国家留学基金管理委员会公布了 2017 年度“国家建设高水平大学公派研究生项目”“国家公派硕士研究生项目”录取名单。总计 92 名研究生获录取成为国家公派留学研究生。其中，国家建设高水平大学公派研究生项目录取 43 人，联合培养博士生 31 人，攻读博士研究生 12 人；国家公派硕士研究生项目 49 人，其中，联合培养硕士研究生 35 人，攻读硕士研究生的应届本科毕业生 14 人。

**【成立研究生教学服务中心】**5 月 26 日，中国政法大学研究生院研究生教学服务中心挂牌仪式在学校学院路校区举行，马怀德副校长出席挂牌仪式。研究生教学服务中心在两校区分别设立自助打印一体机，方便学生中英文成绩单和在读证明打印，还将陆续实现各类奖学金获奖证明打印、教室借用等功能。

**【评选2017年研究生精品课程】**6月，根据《关于申报2017年研究生精品课程的通知》（法大研字［2017］30号）的相关规定，经任课教师申报、所在二级培养单位推荐、专家评审等程序，按照择优立项的原则，共评选出15门课程为学校2017年研究生精品课程。

**【进行研究生教改立项工作】**6月，为深化研究生教学改革，提高研究生培养质量，学校开展教改立项申报和评审工作。经各二级培养单位推荐，共提交研究生教改立项项目53项。经过评审，共有34个项目获得资助。

**【完成2017－2018研究生导师指导硕士研究生条件认定工作】**7月，根据学校统一部署，经个人申请、学院审核、研究生院备案等程序，确定李德顺等623位教师2017－2018年度符合指导硕士研究生条件。

**【举行博士后入站仪式暨入站培训会议】**9月20日，2017年度博士后入站仪式在学院路校区科研楼B205举行。副校长马怀德、研究生院院长李曙光、研究生院副院长王振峰、博士后合作导师代表来小鹏以及2017级博士后参加了本次仪式。学校本年度共招收23名博士后（含联合培养博士后1名，与中国华融资产管理股份有限公司联合招收），均已办理完入站手续。

**【启动第三批研究生课程大纲工作】**11月3日，启动第三批研究生课程大纲工作，编写范围为2016年新版培养方案中新增加的课程，共计82门。

**【开展研究生跨学科课程工作】**11月，开展了2017年研究生跨学科课程以及跨学科教改立项相关工作。经过经任课教师申报、所在二级培养单位推荐、专家评审等程序，按照择优立项的原则，共评选出7门课程为学校2017年研究生跨学科课程，15项研究生跨学科教改立项项目。

**【启动2018年国家建设高水平大学公派研究生项目】**12月12日，2018年国家公派研究生项目工作部署会在学院路校区召开，学校2018年国家建设高水平大学公派研究生项目工作正式启动。会议对学校2018年国家公派研究生工作进行了总体部署，学校可选派90名优秀研究生赴国外知名院校联合培养。此外，根据与我国台湾地区及国外高校签署的交流项目协议，学校还可选派20名优秀研究生赴台湾、香港学习。

**【举行“法律硕士学院实体教研机构揭牌仪式暨新时代法律硕士专业学位研究生培养改革研讨会”】**12月19日，法律硕士学院“实体教研机构揭牌仪式暨新时代法律硕士专业学位研究生培养改革研讨会”在学院路校区举行。校长黄进出席会议，相关院部负责人及法律硕士学院全体教职员工、兼职教授代表、学生代表参加了揭牌仪式。揭牌仪式由法律硕士学院院长费安玲主持。

根据《中国政法大学法律硕士学院综合改革建设方案》要求，法律硕士学院自主设立公法教研部、私法教研部、经济法教研部和法律实践教研部等4个实体教研机构。

**【开展2018年全国硕士研究生招生考试】**12月23日－24日，举行2018年全国硕士研究生招生考试。学校考点包括学院路校区和昌平校区两个考区，共设置 124 个标准化考场，3560 人参加考试，增幅 14%，监考人员和组织考务人员 350 余名。本考点考生中，除了报考本校的 2658 人外，还有报考京外招生单位的 902 名考生，分别报考 165 个招生单位。

**【评选校级优秀博士学位论文】** 12 月 28 日，2015－2016 学年度校级优秀学位论文颁奖仪式在学院路校区召开，对获奖学生和导师进行了表彰。经学科推荐、学院审核、校内外专家匿名评审，校学位评定委员会 2017 年 12 月 19 日审议表决，评选出了 10 篇 2016－2017 学年度校级优秀博士学位论文。

**【多举措保障博士研究生“申请－考核”制招生方式全面实施】** 年内，为提高博士研究生招生质量，优化选拔机制，学校所有博士研究生均通过“申请－考核”制招生方式招收。“申请－考核”制招生方式给予学院、专业、导师更大的自主权。学校通过规范考核选拔要求，建立和完善集体决策、信息公开、巡查制度、纪检监察、申诉复议五项监督保障机制，保障博士研究生招生质量积极、稳固提高。

**【完成接收推荐免试硕士研究生工作】** 年内，共接收推免生 747 人，同比去年增加 122 人，增幅 20%。质量方面，来自一流大学建设高校、一流学科建设高校及政法类院校的优秀学生 708 人，同比去年增加 109 人，增幅 15%。“第二届优秀大学生夏令营”报名人数达到近 2000 人，营员规模达到 515 人，评选优秀营员 313 人，最终通过夏令营接收 162 人，占推免接收总数的 22%，较上一年度提高 7%。

**【完成首批非全日制研究生招生工作】** 年内，学校在工商管理、公共管理和法律硕士（非法学）三个专业学位首次招收非全日制硕士研究生，计划招生 211 人。

**【完成首次硕士生入学考试法律硕士联考评卷工作】** 年内，根据北京教育考试院要求，学校首次承担全国法律硕士（法学、非法学）专业学位研究生招生考试联考北京地区的评卷工作。研究生院组织来自北京地区 9 所高校的百余名评卷员，历经 5 天，完成两万八千余份评卷工作。评卷工作得到北京教育考试院好评。

**【完成同等学力人员申请硕士学位管理工作】** 年内，完成同等学力申硕人员参加全国统考报名组织和审核工作，共审批通过 6700 余门次全国统考报名。经网上报名、采集图像与指纹、现场确认，组织并完成对共计 2300 余名申请人进行并通过同等学力人员申请硕士学位资格审查。分两次组织共计 2900 余名同等学力申请硕士学位人员进行学位课考试。分两次对共计 400 余名已取得学校研究生课程班或同步进修结业证、并在资审有效期内通过学校相关专业全部学位课考试和国家统考、符合参加学位论文答辩条件的人员进行资格审核，并办理同意答辩手续。

**【完成 2017 年度专业学位教育改革立项建设】** 年内，开展面向全校相关培养单位、学科和教师团队开展专业学位教育改革立项建设工作，共评选出 14 个专业学位教学案例编写项目、12 个专业学位联合培养基地建设项目、5 个专业学位实务技能课程建设项目，共资助 88 万元用于项目建设。

**【完成应用型法学博士合作导师聘任工作】** 年内，根据《中国政法大学应用型法学博士研究生合作导师聘任办法（暂行）》相关规定，由最高人民检察院政治部、最高法人民法院政治部共同推荐，聘请了12位专家担任学校应用型法学博士研究生合作导师，其中最高人民检察院7位、最高人民法院4位、重庆市高级人民法院1位。合作导师的聘任，将有利于促进学校与实际部门的联系，探索改革应用型法学博士研究生培养模式改革，提升培养质量。

**【全面修订学校法律硕士培养方案】**年内，根据《全国法律硕士专业学位研究生指导性培养方案》，制定学校《关于修订法律硕士专业学位研究生培养方案的指导意见》，对学校各类型法律硕士培养方案进行全面修订。

**【9人获中国博士后科学基金资助】**年内，学校共计10名博士后人员获得中国博士后科学基金资助，总资助金额达93万元。其中，4人获特别资助（15万元），1人获面上资助一等资助（8万元），5人获二等资助（5万元）。

**【完成2017年国内访问学者接收和考核工作】**年内，完成2016年访问学者的考核工作，5位国内访问学者通过了结业考核，获得了学校颁发的国内访问学者结业证书；开展2017年访问学者的接收工作，共接收3名国内访问学者。

**【附件】**

1. 中国政法大学2017年研究生教育教学改革项目立项名单

| 序号 | 立项编号 | 项目名称 | 项目负责人姓名 | 二及培养单位 |
|---|---|---|---|---|
| 1 | YJLX1701 | 2022年北京冬奥会背景下体育法专业硕士培养模式研究 | 张笑世 | 法学院 |
| 2 | YJLX1702 | 国际组织复合型涉法专业人才培养的新路径研究——以法大世行实习项目为例 | 张　卿 | 法学院 |
| 3 | YJLX1703 | 推免生本硕衔接培养模式研究 | 张钦昱 | 民商经济法学院 |
| 4 | YJLX1704 | 研究生法律适用能力培养体系的构建与实践——以民商法学为例 | 管晓峰 | 民商经济法学院 |
| 5 | YJLX1705 | 我校研究生卫生法学课程设置与改革研究 | 翟宏丽 | 民商经济法学院 |
| 6 | YJLX1706 | 翻转课堂（Flipped Classroom）教学法在法律硕士双语课程中的应用 | 薛　童 | 国际法学院 |
| 7 | YJLX1707 | 博士生教学实践工作对推进硕士生课堂教学管理的辅助作用研究 | 张　丽 | 国际法学院 |
| 8 | YJLX1708 | 网络法学专业跨学科协同创新教学模式研究 | 于　冲 | 刑事司法学院 |
| 9 | YJLX1709 | 侦查学方向硕士研究生课程体系与教学方法改革研究 | 肖承海 | 刑事司法学院 |
| 10 | YJLX1710 | 《欧洲法律趋同的理论与方法》教学内容及实施途径改革研究 | 张　彤 | 比较法学研究院 |

续表

| 序号 | 立项编号 | 项目名称 | 项目负责人姓名 | 二级培养单位 |
|---|---|---|---|---|
| 11 | YJLX1711 | 法律全球化背景下的法学理论教学 | 朱明哲 | 比较法学研究院 |
| 12 | YJLX1712 | 公共经济学教学规划与改革 | 鲁照旺 | 政治与公共管理学院 |
| 13 | YJLX1713 | 研究生学术阅读与写作能力的提高——以《宪政原理》研讨课为例 | 聂　露 | 政治与公共管理学院 |
| 14 | YJLX1714 | 产学研一体化课程建设模式探索——以“环境经营与可持续发展”研究生课程为例 | 葛建华 | 商学院 |
| 15 | YJLX1715 | 北京高校硕士招生机制与人才培养模式创新研究 | 张　巍 | 商学院 |
| 16 | YJLX1716 | 《非形式逻辑》微课建设 | 王建芳 | 人文学院 |
| 17 | YJLX1717 | 关于加强中国传统史学思想与方法在史学理论课程中比重的研究 | 刘丹忱 | 人文学院 |
| 18 | YJLX1718 | 加强《中国古代文献学通论》教学的实践性 | 孙　旭 | 人文学院 |
| 19 | YJLX1719 | “互联网+”背景下受众研究课程教学内容设计及教学模式改革 | 孟　盈 | 光明新闻传播学院 |
| 20 | YJLX1720 | 新媒介环境下《传播心理学》跨学科教育研究 | 滕　乐 | 光明新闻传播学院 |
| 21 | YJLX1721 | “普通语言学”课程教学内容、课程体系、实施途径及改革方案 | 张洪芹 | 外国语学院 |
| 22 | YJLX1722 | 英美文学课程的批判性思维培养模式研究 | 张　磊 | 外国语学院 |
| 23 | YJLX1723 | 基于学术能力的研究生英语教学模式研究 | 张　清 | 外国语学院 |
| 24 | YJLX1724 | 大数据视阈下的硕士研究生公共英语学习需求分析及其对教改的启示 | 田力男 | 外国语学院 |
| 25 | YJLX1725 | 网络环境下依托课程整合理念对硕士研究生英语教学模式探讨 | 苏桂梅 | 外国语学院 |
| 26 | YJLX1726 | 以微电影为载体的高校博士生政治理论课互动式教学研究 | 赵卯生 | 马克思主义学院 |
| 27 | YJLX1727 | 中国特色社会主义理论与实践课程的专题式教学探索与研究 | 林海虹<br>周爱华 | 马克思主义学院 |
| 28 | YJLX1728 | “互联网+”时代的《马克思主义与社会科学方法论》教改研究 | 王觅泉 | 马克思主义学院 |

续表

| 序号 | 立项编号 | 项目名称 | 项目负责人姓名 | 二及培养单位 |
|---|---|---|---|---|
| 29 | YJLX1729 | “国外思想政治教育比较”课程教学模式研究 | 虞花荣 | 马克思主义学院 |
| 30 | YJLX1730 | 研究生教学模式的网络化研究——以马克思主义理论学科为例 | 吴韵曦 | 马克思主义学院 |
| 31 | YJLX1731 | 微平台支持下的《中国近现代社会文化史专题》混合式教学探索 | 黄　东 | 马克思主义学院 |
| 32 | YJLX1732 | 犯罪心理学应用技术的模块化教学模式 | 刘建清 | 社会学院 |
| 33 | YJLX1733 | 经典文本分析理解与经验化思维能力的培养 | 王　楠 | 社会学院 |
| 34 | YJLX1734 | 三学期制下研究生实习实践教学模式的改革 | 张永然 | 研工办 |

2. 中国政法大学2017年专业学位教育改革立项名单

| 专业学位教学案例编写项目 | | | |
|---|---|---|---|
| 序号 | 项目名称 | 负责人 | 专业学位类型 |
| 1 | 民法示范性教学案例 | 费安玲 | 法律硕士 |
| 2 | 知识产权法示范性教学案例 | 陶　乾 | 法律硕士 |
| 3 | 民事诉讼法学教学案例 | 史　飚 | 法律硕士 |
| 4 | 民事诉讼法学示范性教学案例 | 邱星美 | 法律硕士 |
| 5 | 税法案例研习 | 施正文 | 法律硕士 |
| 6 | 财税法示范性教学案例 | 翟继光 | 法律硕士 |
| 7 | 中菲南海仲裁案及其类案评析 | 辛崇阳 | 法律硕士 |
| 8 | 国际投资法示范案例精选 | 孔庆江 | 法律硕士 |
| 9 | 新闻传播学专业英语：案例演练与理论解析 | 张艳红 | 法律硕士 |
| 10 | 卫生法案例研习 | 翟宏丽 | 法律硕士 |
| 11 | 刑法学示范性教学案例 | 赵天红 | 法律硕士 |
| 12 | 社会保障典型案例研究 | 张永理 | 公共管理硕士 |
| 13 | 基层政府行政机构职能转变与管理模式创新—以乡镇和社区居委会社区治理职能为例 | 吴新辉 | 公共管理硕士 |
| 14 | 同声传译案例研习 | 戴嘉佳 | 翻译硕士 |

3. 2017 年跨学科教育教学改革立项项目拟立项名单

| 序号 | 学院 | 项目名称 | 项目负责人 | 所跨学科专业 | |
|---|---|---|---|---|---|
| 1 | 民商经济法学院 | 金融学与破产法交叉课程研究 | 张钦昱 | 金融学 | 破产法 |
| 2 | 民商经济法学院 | “数据科学与法律”跨学科专业建设研究 | 李爱君 | 法学 | 计算机科学与技术、应用经济学 |
| 3 | 商学院 | 创业的商业设计与法律编制 | 王　玲<br>李建伟<br>胡继晔 | 管理学、经济学 | 法学 |
| 4 | 商学院 | 法商复合创新型高端国际商务人才培养模式探索与实践 | 宏　结 | 管理学 | 法学 |
| 5 | 人文学院 | 跨学科视域下的研究生阅读活动与素质培养研究 | 崔蕴华 | 法学 | 文史 |
| 6 | 光明新闻传播学院 | 以就业为导向的传播法法律硕士教育教学模式改革研究 | 王瑞奇 | 新闻传播学 | 法学 |
| 7 | 光明新闻传播学院 | 《新闻发布制度与信息公开法》通选课开设论证 | 张艳红 | 新闻传播学 | 法学、政治学、社会学、公关学、心理学 |
| 8 | 外国语学院 | 新时期下研究生文学与法律跨学科教学探索研究 | 张立新 | 英语 | 法学 |
| 9 | 外国语学院 | 法律与法国文学研究及课程建设 | 赵静静 | 法学 | 法语语言文学 |
| 10 | 比较法学研究院 | 研究生法学教育创新中的跨学科培养模式研究 | 何启豪 | 法学 | 经济学 |
| 11 | 马克思主义学院 | 《马克思主义法哲学思想》课程体系与教学内容研究 | 赵卯生 | 马克思主义理论 | 法学 |
| 12 | 社会学院 | 《法社会学》研究生课程教学模式探索 | 何珊君 | 社会学 | 法学 |
| 13 | 社会学院 | 犯罪社会心理特征及其司法社工矫正 | 熊贵彬 | 社会学 | 法学、心理学 |
| 14 | 法律硕士学院 | 结合商事部门法教学培养跨学科人才路径研究 | 王　萍 | 法学、经济学 | 管理学、社会学 |

续表

| 序号 | 学院 | 项目名称 | 项目负责人 | 所跨学科专业 | |
|---|---|---|---|---|---|
| 15 | 研究生工作办公室 | 卓越法律人才心理素质培养与开发 | 许晶晶 | 心理 | 法学 |

4. 中国政法大学2017年研究生精品课程名单

| 立项号 | 学院 | 课程名称 | 学科专业 | 课程负责人 |
|---|---|---|---|---|
| YJPKC01 | 法学院 | 军事法学基础理论 | 军事法学 | 李卫海 |
| YJPKC02 | 法学院 | 法律的经济分析 | 法与经济学 | 周天舒 |
| YJPKC03 | 民商经济法学院 | 知识产权国际保护 | 知识产权法学 | 周长玲 |
| YJPKC04 | 民商经济法学院 | 保 险 法 | 民商法学 | 王 萍 |
| YJPKC05 | 国际法学院 | 国际环境法 | 国际环境法 | 林灿铃 |
| YJPKC06 | 国际法学院 | 国际经济法专题 | 国际经济法 | 孔庆江 |
| YJPKC07 | 刑事司法学院 | 犯罪学 | 刑法学 | 王顺安 |
| YJPKC08 | 刑事司法学院 | 证据法 | 诉讼法学 | 刘 玫 |
| YJPKC09 | 政治与公共管理学院 | 中国传统政治制度专题 | 政治学 | 屈超立 |
| YJPKC10 | 政治与公共管理学院 | 西方政治文化传统与政治现代化 | 政治学 | 李 筠 |
| YJPKC11 | 政治与公共管理学院 | 中国近现代政治哲学专题 | 政治学 | 张春林 |
| YJPKC12 | 人文学院 | 法律文献学 | 历史文献学 | 李雪梅 |
| YJPKC13 | 光明新闻传播学院 | 传播理论研究 | 传播学 | 王天铮 |
| YJPKC14 | 外国语学院 | 法律案例阅读与翻译 | 翻译硕士 | 沙丽金 |
| YJPKC15 | 社会学院 | 心理学理论与流派 | 心理学 | 王国芳 |

5. 专业学位实务技能课程建设项目

| 序号 | 课程名称 | 负责人 | 专业学位类型 |
|---|---|---|---|
| 1 | 民法实务 | 费安玲 | 法律硕士 |
| 2 | 反不正当竞争法实务 | 陶 乾 | 法律硕士 |
| 3 | 劳动法实务 | 金英杰 | 法律硕士 |
| 4 | 刑事法实务前沿探究 | 张 凌 | 法律硕士 |
| 5 | 国际会议口译 | 戴嘉佳 | 翻译硕士 |

6. 2017 年中国政法大学研究生跨学科课程建设项目名单

| 序号 | 学院 | 课程名称 | 课程类别 | 学科专业 | 课程负责人 | 职称 |
|---|---|---|---|---|---|---|
| 1 | 法律硕士学院 | 公司治理 | 前沿创新课程 | 管理学、法学 | 陈景善 | 教授 |
| 2 | 政治与公共管理学院 | 创新理论前沿 | 前沿创新课程 | 公共管理、工商管理、法学、哲学 | 孙 蕊 | 讲师 |
| 3 | 商学院 | 法学定量研究方法 | 综合素质课程 | 经济学、法学 | 张 巍 | 教授 |
| 4 | 商学院 | 法务会计研究 | 综合素质课程 | 工商管理、法学 | 张苏彤 | 教授 |
| 5 | 人权法学研究院 | 性别、社会与人权 | 学术视野课程 | 法学、教育学、社会学 | 刘小楠 | 教授 |
| 6 | 比较法学研究院 | 城市空间治理与法制建设 | 前沿创新课程 | 法学、管理学、社会学 | 薄燕娜 | 教授 |
| 7 | 民商经济法学院 | 法律经济与政治哲学 | 综合素质课程 | 法学、经济学、政治学、哲学、社会学 | 郑俊果 | 副教授 |

7. 2017 年第三批课程大纲编写情况表

| 序号 | 学院 | 课程名称 | 课程性质 | 学分 | 课程负责团队 |
|---|---|---|---|---|---|
| 1 | 法学院 | 非政府组织法律问题 | 选修 | 2 | 王建芹 |
| 2 | 法学院 | 党规之治 | 选修 | 2 | 柯华庆、蒋立山、王宏哲 |
| 3 | 法学院 | 法律与经济经典文献选读 | 选修 | 2 | 周天舒、李文静 |
| 4 | 法学院 | 立法法学 | 选修 | 2 | 刘莘 |
| 5 | 法学院 | 罗马公法专题研究 | 选修 | 2 | 罗智敏 |
| 6 | 法学院 | 社会经济统计学 | 选修 | 2 | 贵斌威、徐文鸣 |
| 7 | 法学院 | 德国法哲学导论（慕课） | 选修 | 2 | 雷磊 |
| 8 | 法学院 | 反兴奋剂与体育人权保护 | 选修 | 2 | 马宏俊 |
| 9 | 法学院 | 体育产业与法律保护 | 选修 | 2 | 王小平 |
| 10 | 法学院 | 体育概论 | 选修 | 2 | 王小平 |
| 11 | 民商经济法学院 | 反不正当竞争法 | 专业限选课 | 2 | 张今、郑璇玉 |
| 12 | 国际法学院 | 国际海洋法经典案例 | 专业限选课 | 2 | 高健军 |
| 13 | 国际法学院 | 极地法律制度 | 专业限选课 | 2 | 郭红岩、金哲 |

续表

| 序号 | 学院 | 课程名称 | 课程性质 | 学分 | 课程负责团队 |
| --- | --- | --- | --- | --- | --- |
| 14 | 国际法学院 | 国际法经典著作 | 专业学位课 | 3 | 李居迁、兰花、朱利江 |
| 15 | 国际法学院 | 国际环境法经典案例 | 专业限选课 | 2 | 林灿铃、张力、郭红岩、金哲 |
| 16 | 国际法学院 | 国际航空法前沿问题研究 | 专业限选课 | 2 | 宣增益、朱子勤、覃华平 |
| 17 | 刑事司法学院 | 网络法概论 | 学位课 | 3 | 王立梅 |
| 18 | 刑事司法学院 | 网络犯罪概论 | 学位课 | 3 | 于志刚、于冲 |
| 19 | 刑事司法学院 | 网络知识产权法 | 学位课 | 3 | 来小鹏 |
| 20 | 刑事司法学院 | 信息安全法 | 学位课 | 3 | 戴士剑 |
| 21 | 刑事司法学院 | 网络犯罪案件侦查 | 限选课 | 2 | 李小恺 |
| 22 | 政治与公共管理学院 | 当代资本主义 | 专业限选课 | 2 | 林德山、国政系 |
| 23 | 政治与公共管理学院 | 工作分析专题研究（中英双语）Main Subjects and Frontiers in Job Analysis | 专业选修课 | 2 | 吴新辉 |
| 24 | 政治与公共管理学院 | 管理研究方法（中英双语）Research Methods in Management | 专业选修课 | 2 | 吴新辉 |
| 25 | 政治与公共管理学院 | 人力资源战略与规划专题研究（中英双语）Main Subjects and Frontiers in Human Resource Strategy and Planning | 专业选修课 | 2 | 吴新辉 |
| 26 | 政治与公共管理学院 | 全球文化专题 | 专业限选课 | 2 | 夏林 |
| 27 | 政治与公共管理学院 | 国际关系理论 | 专业学位课 | 3 | 严挺、林德山、曹兴、李群英、韩献栋、刘艳、李晓燕、任洪生、刘星 |
| 28 | 政治与公共管理学院 | 国际政治研究方法 | 专业学位课 | 3 | 严挺、张飚 |
| 29 | 政治与公共管理学院 | 全球公域专题 | 专业限选课 | 2 | 杨昊 |

续表

| 序号 | 学院 | 课程名称 | 课程性质 | 学分 | 课程负责团队 |
| --- | --- | --- | --- | --- | --- |
| 30 | 政治与公共管理学院 | 全球化与社会理论 | 专业限选课 | 2 | 杨昊、刘贞晔<br>杨军、夏林 |
| 31 | 政治与公共管理学院 | 全球学理论与方法 | 专业学位课 | 3 | 蔡拓、杨昊 |
| 32 | 人文学院 | 古代司法档案研究 | 专业选修课 | 2 | 张蓓蓓 |
| 33 | 人文学院 | 法律文化史 | 专业限选课 | 2 | 胡小进 |
| 34 | 人文学院 | 非形式逻辑 | 任选课 | 2 | 王建芳 |
| 35 | 外国语学院 | 英美女性作家研究 | 专业任选课 | 3 | 张磊 |
| 36 | 外国语学院 | 法律专题口译 | 选修课 | 2 | 付瑶 |
| 37 | 外国语学院 | 美国合同法 | 专业限选课 | 2 | 张法连 |
| 38 | 外国语学院 | 法律话语 | 专业选修课 | 2 | 张清 |
| 39 | 外国语学院 | 法律术语翻译 | 选修课 | 2 | 魏蘅、张法连 |
| 40 | 外国语学院 | 法律文书翻译 | 专业限选课 | 2 | 沙丽金 |
| 41 | 外国语学院 | 美国法（二） | 选修课 | 2 | 齐筠 |
| 42 | 外国语学院 | 普通语言学 | 专业学位课 | 3 | 张洪芹 |
| 43 | 外国语学院 | 英美法律案例研习 | 选修课 | 2 | 齐筠 |
| 44 | 外国语学院 | 英美法律文学 | 专业限选课 | 2 | 张立新 |
| 45 | 外国语学院 | 英语教学法 | 学位专业课 | 3 | 李立 |
| 46 | 外国语学院 | 德语文学与法律 | 专业学位课 | 3 | 李烨 |
| 47 | 外国语学院 | 法律翻译实践 | 专业学位课 | 3 | 王强 |
| 48 | 外国语学院 | 翻译理论 | 专业学位课 | 3 | 陈晖 |
| 49 | 外国语学院 | 语料库语言学 | 专业限选课 | 2 | 高莉 |
| 50 | 外国语学院 | 翻译专题研讨 | 专业学位课 | 3 | 丛凤玲 |
| 51 | 外国语学院 | 法国宪法 | 专业学位课 | 3 | 王蔚 |
| 52 | 外国语学院 | 法律法语 | 专业学位课 | 3 | 朱琳 |
| 53 | 外国语学院 | 法律语言学 | 专业学位课 | 3 | 刘小妍 |
| 54 | 外国语学院 | 法语笔译 | 专业学位课 | 3 | 赵静静 |
| 55 | 外国语学院 | 法语经贸翻译 | 选修课 | 2 | 宋碧珺 |
| 56 | 外国语学院 | 法语口译 | 专业学位课 | 3 | 宋碧珺 |
| 57 | 光明新闻学院 | 新闻传播学专业英语 | 专业选修课 | 2 | 张艳红 |
| 58 | 光明新闻学院 | 新媒体理论与实务 | 专业学位课 | 2 | 黄金、陆小华、<br>王佳航、崔凯 |

续表

| 序号 | 学院 | 课程名称 | 课程性质 | 学分 | 课程负责团队 |
|---|---|---|---|---|---|
| 59 | 光明新闻学院 | 法治新闻理论与实务研究 | 专业选修课 | 2 | 姚广宜、刘斌 |
| 60 | 光明新闻学院 | 文化传媒产业与娱乐法实务 | 专业选修课 | 2 | 万蓉 |
| 61 | 光明新闻学院 | 传媒模拟法庭 | 专业限选课 | 2 | 王瑞奇、姚泽金 |
| 62 | 光明新闻学院 | 大数据技术与应用 | 专业选修课 | 2 | 崔凯 |
| 63 | 光明新闻学院 | 论文规范与写作 | 专业学位课 | 2 | 阴卫芝、崔凯、侯月娟、徐亚萍、滕乐、郑满宁、姚泽金、朱巍 |
| 64 | 光明新闻学院 | 法治广播电视新闻研究 | 专业选修课 | 2 | 史兴庆 |
| 65 | 光明新闻学院 | 广电媒体技术 | 专业选修课 | 2 | 史兴庆 |
| 66 | 光明新闻学院 | 传播心理学 | 专业选修课 | 2 | 滕乐 |
| 67 | 光明新闻学院 | 新媒体营销 | 专业选修课 | 2 | 崔凯 |
| 68 | 光明新闻学院 | 新闻传播史研究 | 专业选修课 | 2 | 王永亮、姚泽金 |
| 69 | 光明新闻学院 | 网络媒体技术 | 专业补修课 | 2 | 郑满宁 |
| 70 | 证据科学研究院 | 法庭审判中的科学证据 | 选修课 | 2 | 王元凤、李冰 |
| 71 | 马克思主义学院 | 公民教育理论与实践 | 专业选修课 | 2 | 虞花荣 |
| 72 | 马克思主义学院 | 隋唐佛教伦理思想研究 | 专业选修课 | 2 | 郭继承 |
| 73 | 社会学院 | 劳动社会学 | 选修课 | 2 | 游正林 |
| 74 | 社会学院 | 高级统计方法 | 选修课 | 2 | 毕向阳 |
| 75 | 社会学院 | 法律社会学 | 选修课 | 2 | 何珊君 |
| 76 | 社会学院 | 社会人类学：理论与方法 | 选修课 | 2 | 杨清媚 |
| 77 | 社会学院 | 民族志与田野调查 | 选修课 | 2 | 赵丙祥 |
| 78 | 社会学院 | 经济人类学 | 选修课 | 2 | 赵丙祥 |
| 79 | 社会学院 | 历史社会学专题 | 选修课 | 2 | 孟庆延、应星 |
| 80 | 社会学院 | 法律心理学 | 选修课 | 2 | 马皑、刘建清、郑红丽 |
| 81 | 社会学院 | 刑事司法心理学 | 选修课 | 2 | 马皑、刘建清、郑红丽 |
| 82 | 社会学院 | 社会心理学研究进展 | 选修课 | 2 | 刘萃侠 |

8. 中国政法大学2017－2018年度符合招收博士研究生条件教师名单（155人）

法学理论专业（8人）

| | | | | | |
|---|---|---|---|---|---|
| 郑永流 | 舒国滢 | 单　纯 | 刘　星 | 曹义孙 | 柯华庆 |
| 杨玉圣 | 陈景辉 | | | | |

法律史专业（6人）

| | | | | | |
|---|---|---|---|---|---|
| 张晋藩 | 朱　勇 | 刘广安 | 徐世虹 | 张中秋 | 林　乾 |

宪法学与行政法学专业（19人）

| | | | | | |
|---|---|---|---|---|---|
| 应松年 | 马怀德 | 王人博 | 张树义 | 薛刚凌 | 刘　莘 |
| 高家伟 | 焦洪昌 | 王万华 | 李树忠 | 王敬波 | 刘　飞 |
| 解志勇 | 王天华 | 姚国建 | 罗智敏 | 张　莉 | 王青斌 |
| 陈　征 | | | | | |

刑法学专业（8人）

| | | | | | |
|---|---|---|---|---|---|
| 曲新久 | 阮齐林 | 王　平 | 于志刚 | 杨　波 | 马　皑 |
| 徐久生 | 王志远 | | | | |

民商法学专业（14人）

| | | | | | |
|---|---|---|---|---|---|
| 江　平 | 方流芳 | 赵旭东 | 李永军 | 费安玲 | 夏吟兰 |
| 管晓峰 | 于　飞 | 王　涌 | 李建伟 | 尹志强 | 陈景善 |
| 耿利航 | 刘宝玉 | | | | |

诉讼法学专业（13人）

| | | | | | |
|---|---|---|---|---|---|
| 陈光中 | 卞建林 | 宋朝武 | 杨宇冠 | 顾永忠 | 刘　玫 |
| 毕玉谦 | 汪海燕 | 李本森 | 卫跃宁 | 杨秀清 | 栗　峥 |
| 纪格非 | | | | | |

经济法学专业（10人）

| | | | | | |
|---|---|---|---|---|---|
| 李曙光 | 徐晓松 | 时建中 | 符启林 | 刘少军 | 刘纪鹏 |
| 施正文 | 刘继峰 | 薛克鹏 | 李爱君 | | |

环境与资源保护法学专业（4人）

| | | | |
|---|---|---|---|
| 王灿发 | 曹明德 | 于文轩 | 侯佳儒 |

国际法学专业（16人）

| | | | | | |
|---|---|---|---|---|---|
| 黄　进 | 赵　威 | 杜新丽 | 林灿铃 | 张丽英 | 宣增益 |
| 高健军 | 孔庆江 | 齐湘泉 | 霍政欣 | 宋连斌 | 马呈元 |
| 史晓丽 | 李居迁 | 郭红岩 | 朱利江 | | |

军事法学专业（1人）

李卫海

人权法学专业（1人）

齐延平

证据法学专业（6 人）

张保生　王进喜　常　林　施鹏鹏　赵　东　张　中

比较法学专业（4 人）

柳经纬　高　祥　王志华　刘承韪

知识产权法学专业（4 人）

冯晓青　来小鹏　张　今　韦　之

法与经济学专业（3 人）

席　涛　胡继晔　张　卿

法治文化专业（7 人）

李德顺　刘　斌　文　兵　王　洪　张　清　邹玉华

王建芳

政治学理论专业（7 人）

张桂琳　丛日云　杨　阳　林存光　庞金友　费多益

曹　兴

中外政治制度专业（1 人）

林德山

国际政治专业（1 人）

贾文华

国际关系专业（2 人）

刘长敏　韩献栋

公共行政专业（4 人）

石亚军　潘小娟　吕　芳　刘俊生

纪检监察学专业（1 人）

常保国

全球学专业（1 人）

刘贞晔

公共政策量化分析（1 人）

傅广宛

政治传播学专业（2 人）

陆小华　卢春龙

政治社会学专业（1 人）

应　星

马克思主义基本原理专业（2 人）

孙美堂　张秀华

马克思主义中国化研究专业（1 人）

卫　灵

国外马克思主义研究专业（1 人）
邰丽华
世界经济专业（5 人）
金仁淑　巫云仙　李景华　王　霆　刘志雄
注：本名单不含特聘、兼职教师。

9. 中国政法大学2017－2018年度符合指导硕士研究生条件教师名单
（按一级学科、姓氏笔画，共794人）

**哲学**

马克思主义哲学专业（共4人）
李德顺　罗朝慧　胡　明　倪寿鹏
中国哲学专业（共5人）
王心竹　刘　震　李虎群　李春颖　俞学明
外国哲学专业（共3人）
张浩军　宫　睿　费多益
逻辑学专业（共6人）
马抗美　王建芳　王　洪　孔　红　朱素梅　徐海燕
美学专业（共6人）
文　兵　卢燕娟　孙　鹤　金莉莉　康晨宇　臧小戈
宗教学专业（共3人）
李虎群　俞学明　钱雪松

**理论经济学**

政治经济学专业（共14人）
马丽娜　支小青　邓　达　刘志雄　刘婷文　齐　勇
李　超　张　弛　张毅来　张　巍　陈明生　郭　琳
黄立君　霍　钊
经济史专业（共4人）
巫云仙　李　晓　岳清唐　熊金武
西方经济学专业（共14人）
马丽娜　支小青　邓　达　刘志雄　刘婷文　齐　勇
李　超　张　弛　张毅来　张　巍　陈明生　郭　琳
黄立君　霍　钊
世界经济专业（共8人）
刘　毅　杨丽花　宏　结　张淑静　金仁淑　胡　明
高秋明　梁　涵

**应用经济学**

区域经济学专业（共14人）
马丽娜　支小青　邓　达　刘志雄　刘婷文　齐　勇

| | | | | | |
|---|---|---|---|---|---|
| 李　超 | 张　弛 | 张毅来 | 张　巍 | 陈明生 | 郭　琳 |
| 黄立君 | 霍　钊 | | | | |

金融学专业（共 6 人）

| | | | | | |
|---|---|---|---|---|---|
| 王晓明 | 田文昭 | 刘纪鹏 | 李　泳 | 朱晓武 | 胡继烨 |

产业经济学专业（共 14 人）

| | | | | | |
|---|---|---|---|---|---|
| 马丽娜 | 支小青 | 邓　达 | 刘志雄 | 刘婷文 | 齐　勇 |
| 李　超 | 张　弛 | 张毅来 | 张　巍 | 陈明生 | 郭　琳 |
| 黄立君 | 霍　钊 | | | | |

国际贸易学专业（共 8 人）

| | | | | | |
|---|---|---|---|---|---|
| 刘　毅 | 杨丽花 | 宏　结 | 张淑静 | 金仁淑 | 胡　明 |
| 高秋明 | 梁　涵 | | | | |

**法学**

法学理论专业（共 23 人）

| | | | | | |
|---|---|---|---|---|---|
| 王　洪 | 王建芳 | 王夏昊 | 王称心 | 王新宇 | 孔　红 |
| 朱　巍 | 刘　星 | 刘　斌 | 刘小楠 | 刘红婴 | 阴卫芝 |
| 杨玉圣 | 陆小华 | 陈景辉 | 赵雪纲 | 柯华庆 | 姚广宜 |
| 姚泽金 | 曹义孙 | 蒋立山 | 舒国滢 | 雷　磊 | |

法律史专业（共 22 人）

| | | | | | |
|---|---|---|---|---|---|
| 王银宏 | 朱　勇 | 刘广安 | 孙　旭 | 李　青 | 李典蓉 |
| 李　倩 | 李雪梅 | 李　超 | 张中秋 | 张蓓蓓 | 张德美 |
| 陈　煜 | 邵　方 | 林　乾 | 赵　晶 | 姜晓敏 | 顾　元 |
| 徐世虹 | 高浣月 | 崔林林 | 黎　敏 | | |

宪法学与行政法学专业（共 58 人）

| | | | | | |
|---|---|---|---|---|---|
| 马　允 | 马怀德 | 马宏俊 | 王人博 | 王万华 | 王小平 |
| 王天华 | 王成栋 | 王青斌 | 王建芹 | 王银宏 | 王敬波 |
| 王　蔚 | 卞修全 | 邓建新 | 田　瑶 | 成协中 | 刘　飞 |
| 刘　莘 | 刘晓兵 | 刘善春 | 许身健 | 李松锋 | 李树忠 |
| 何　兵 | 汪庆华 | 张　力 | 张士忠 | 张吕好 | 张　劲 |
| 张　莉 | 张笑世 | 张　锋 | 张　卿 | 陈　宜 | 陈　征 |
| 林　华 | 林鸿潮 | 罗智敏 | 周青风 | 郑永流 | 赵　宏 |
| 赵　鹏 | 赵雪刚 | 郝　倩 | 侯淑雯 | 姚国建 | 秦奥蕾 |
| 袁　钢 | 高家伟 | 郭晓飞 | 曹　鎏 | 程　滔 | 焦洪昌 |
| 谢立斌 | 解志勇 | 蔡乐渭 | 薛小建 | | |

刑法学专业（共 20 人）

| | | | | | |
|---|---|---|---|---|---|
| 于　冲 | 于志刚 | 于国旦 | 王　平 | 王志远 | 王顺安 |
| 王桂萍 | 方　鹏 | 曲新久 | 邬明安 | 刘丽娜 | 刘艳敏 |
| 阮齐林 | 张　凌 | 陆　敏 | 罗　翔 | 赵天红 | 徐久生 |

董淑君　潘　勤

民商法学专业（共45人）

于　飞　马更新　王玉梅　王光进　王　军　王　旸
王　涌　王　轶#　王　萍　方流芳　尹志强　田士永
冯晓青　朱庆育#　朱晓娟　刘亚天　刘宝玉　刘家安
刘智慧　李永军　李建伟　吴日焕　何俊萍　张子学
陈　汉　陈景善　易　军　金　眉　周　昀　柳经纬
郑佳宁　赵旭东　胡利玲　费安玲　耿利航　夏吟兰
高　祥　郭宏彬　席志国　梅慎实　寇广萍　靳文静
管晓峰　翟远见　戴孟勇

诉讼法学专业（共50人）

杜春鹏　洪　坚　王　娣　史　飚　毕玉谦　乔　欣
刘金华　孙邦清　纪格非　杜　闻　李　响　杨秀清
肖建华　邱星美　胡思博　郭晓光　韩　波　谭秋桂
卫跃宁　王贞会　王　晶　王亚新　元　轶　卞建林
刘　玫　许兰亭　李本森　杨宇冠　吴宏耀　汪海燕
罗海敏　岳礼玲　郑　旭　屈　新　赵珊珊　洪道德
栗　峥　顾永忠　倪　润　郭志媛　鲁　杨　刘革新
刘　燕　李小恺　肖承海　张保生　张鹏莉　陈　碧
郭金霞　戴士剑

经济法学专业（共28人）

刘少军　刘　丹　刘纪鹏　刘继峰　孙　颖　苏洁澈
杜远航　李　文　李东方　李美云　李曙光　时建中
吴景明　张　东　张钦昱　武长海　范世乾　赵廉慧
郑俊果　施正文　贺绍奇　徐晓松　翁武耀　符启林
翟继光　薛克鹏　霍玉芬　魏敬淼

环境与资源保护法学专业（共9人）

于文轩　马　燕　王灿发　庄敬华　杨素娟　杨　源
胡　静　侯佳儒　曹明德

国际法学专业（共38人）

丁　夏　马成元　马灵霞　王传丽　孔庆江　齐湘泉
史晓丽　兰　兰　兰　花　朱子勤　朱利江　冯　霞
刘　力　祁　欢　许浩明　杜新丽　李居迁　余　丽
辛崇阳　宋连兵　张　力　张西峰　张丽英　张　玲
陈儒丹　林灿铃　金　哲　赵　威　宣增益　高健军
郭红岩　黄　进　寇　丽　董京波　覃华平　薛　童
霍政欣　戴　龙

军事法学专业（共8人）

丛文胜　李卫海　李　强　张连凯　张建田　张柔桑
姜　涛　谢　丹

人权法学专业（共7人）

刘小楠　孙　萌　张　伟　班文战　袁　钢　夏吟兰
徐　爽

证据法学专业（共21人）

于天水　马长锁　王元凤　王　旭　王进喜　刘　鑫
李训虎　李　冰　杨天潼　连园园　吴丹红　吴洪淇
汪诸豪　张　中　张保生　赵　东　郝红霞　施鹏鹏
袁　丽　曹洪林　褚福民

比较法学专业（共36人）

丁　强　王志华　王　昶　元　轶　车　虎　龙卫球#
田士永　冯　恺　朱伟一　朱明哲　刘承韪　许　兰
孙海波　杨自然　何启豪　迟　颖　张　生#　张　彤
张学哲　林　林　罗智敏　罗　瑶　岳礼玲　郑永流
赵　宏　郝维华　柳经纬　原　洁　徐　妍　高　祥
黄　河　舒国滢　谢立斌　翟远见　潘　灯　薄燕娜

知识产权法学专业（共15人）

韦　之　付继存　冯晓青　刘　瑛　孙　阳　李玉香
杨利华　来小鹏　张　今　张　南　陈丽苹　陈　健
周长玲　郑璇玉　陶　乾

法与经济学专业（共8人）

李文静　李曙光　张　卿　周天舒　贵斌威　徐文鸣
徐光东　席　涛

网络法学方向（共5人）

于志刚　王立梅　来小鹏　于　冲　戴士剑

社会法学专业（共10人）

李　娟　杨　飞　张春丽　陆伟丰　金英杰　赵红梅
赵廉慧　胡彩霄　娄　宇　翟宏丽

**政治学**

政治学理论专业（共11人）

卢春龙　丛日云　李　筠　杨　阳　张辰龙　张春林
张桂林　林存光　庞金友　郑　红　常保国

中外政治制度专业（共8人）

尹　钛　田为民　丛日云　杨　阳　张立鹏　陈忠云
屈超立　聂　露

中共党史专业（共4人）

刘　晨　　张文灿　　胡尚元　　侯松涛

国际政治专业（共6人）

任洪生　　刘　星　　李晓燕　　林德山　　贾文华　　韩献栋

国际关系专业（共4人）

刘　艳　　严　挺　　李群英　　曹　兴

**社会学**

社会学专业（共14人）

王　楠　　方慧容　　毕向阳　　刘　娜　　杨清媚　　何珊君

应　星　　张　莉　　孟庆延　　赵丙祥　　胡杰容　　郭伟和

游正林　　熊贵彬

**马克思主义理论**

马克思主义基本原理专业（共3人）

孙美堂　　张秀华　　郃丽华

马克思主义发展史专业（共3人）

林海虹　　袁　方　　傅　扬

马克思主义中国化研究专业（共5人）

卫　灵　　吴韵曦　　范亚新　　林海虹　　周爱华

国外马克思主义研究专业（共4人）

王　嘎　　郃丽华　　赵卯生　　靳晓春

思想政治教育专业（共6人）

王觅泉　　赵庆杰　　郭继承　　谢　军　　虞花荣　　解启扬

中国近现代史基本问题研究专业（共6人）

王　强　　孔祥宇　　白丽萍　　张文灿　　周增光　　黄　东

**心理学**

基础心理学专业（共9人）

马　皑　　王国芳　　片成男　　刘兆敏　　刘建清　　杨　波

张　卓　　郑红丽　　高　钦

应用心理学专业（共9人）

马　皑　　王国芳　　片成男　　刘兆敏　　刘建清　　杨　波

张　卓　　郑红丽　　高　钦

**外国语言文学**

英语语言文学专业（共15人）

王　芳　　叶　洪　　付　瑶　　齐　筠　　孙平华　　李　立

沙丽金　　张立新　　张和军　　张法连　　张洪芹　　张　清

张鲁平　　张　磊　　高莲红

俄语语言文学专业（共3人）

丛凤玲　李国强　崔　熳

法语语言文学专业（共3人）

朱　琳　刘小妍　赵静静

德语语言文学专业（共5人）

王　强　许　兰　李　烨　陈　晖　高　莉

**新闻传播学**

新闻学专业（共14人）

王永亮　王佳航　史兴庆　朱　巍　刘徐州　刘　斌
阴卫芝　张宏伟　张艳红　陆小华　侯月娟　姚广宜
姚泽金　鞠宏磊

传播学专业（共14人）

王天铮　王佳航　邓　力　毕秋灵　刘徐州　张宏伟
张　森　陆小华　郑满宁　孟　盈　姜振宇　徐亚萍
黄　金　鞠宏磊

**中国史**

历史文献学专业（共3人）

孙　旭　李雪梅　赵　晶

专门史（共6人）

邓庆平　张蓓蓓　金　雁　赵国辉　赵　晶　郭瑞卿

中国古代史（共4人）

李雪梅　张蓓蓓　林　乾　南玉泉

中国近现代史专业（共3人）

刘丹忱　金　雁　赵晓华

**工商管理**

会计学专业（共4人）

田　明　余宇莹　张美玲　陈佳俊

企业管理专业（共13人）

于　淼　马克态　王大地　王　玲　王　霆　孙选中
李维华　李景华　陈　曦　顾　凡　柴小青　葛建华
慕凤丽

法商管理专业（共3人）

李东方　李欣宇　李建伟

**公共管理**

行政管理专业（共15人）

马建川　王冬芳　王湘军　吕　芳　刘柏志　刘　星
刘俊生　李程伟　杨炳霖　胡叔宝　梅燕京　傅广宛

詹承豫　　翟校义　　潘小娟

社会保障专业（共 4 人）

孙晓冬　　李　环　　张永理　　潘小娟

公共人力资源管理专业（共 5 人）

王丽莉　　王明杰　　刘俊生　　商　磊　　谭兰英

**交叉学科**

法治文化专业（共 14 人）

文　兵　　李德顺　　邹玉华　　张　文　　张　灵　　张　彦
罗世琴　　金莉莉　　胡小进　　赵国辉　　盛百卉　　崔玉珍
崔蕴华　　董　燕

全球学专业（共 3 人）

刘贞烨　　杨　军　　蔡　拓

纪检监察学专业（共 2 人）

王湘军　　常保国

**专业学位**

法律硕士专业（共 39 人）

于天水　　万　蓉　　马长锁　　王元凤　　王　永　　王　旭
王进喜　　尹树东#　　乌　兰　　邓建新　　朱　巍　　刘　斌
刘　斌 1　　刘　鑫　　阴卫芝　　李训虎　　李　冰　　杨天潼
连园园　　吴丹红　　吴洪淇　　狄胜利　　汪诸豪　　张　中
张保生　　张艳红　　陆小华　　赵　东　　郝红霞　　徐　迅#
胡纪念　　施鹏鹏　　姚广宜　　姚泽金　　袁　丽　　陶　乾
曹洪林　　鲁　涤　　褚福民

社会工作硕士专业（共 14 人）

马　皑　　王国芳　　片成男　　刘建清　　杨　波　　何珊君
应　星　　张　莉　　赵丙祥　　胡杰容　　郭伟和　　游正林
熊贵彬　　黎　安

翻译硕士专业（共 4 人）

田力男　　刘　华　　刘建波　　徐新燕

注：1. 具有指导学术学位硕士研究生资格的教师同时具有指导相关专业的专业学位硕士研究生资格。

2. 带#号者为学校兼职导师。

10. 博士后流动站（研究生院）

有法学、政治学和马克思主义理论 3 个博士后流动站，博士后研究人员出站 20 人、进站 23 人（其中联合招收 1 人）、退站 1 人，在站 144 人。

11. 研究生实习、实践基地

北京市平谷区人民检察院

北京市海淀区人民法院
北京市朝阳区人民检察院
山东省泰安市市委组织部
中共吉安市委政法委
河南省新安县人民检察院
山东省东营市人民检察院
山东省东营市中级人民法院
长安公证处
北京市律师协会
北京大成（厦门）律师事务所
北京市洪范广住律师事务所
北京市德恒律师事务所
北京市金杜律师事务所
北京集佳知识产权代理有限公司
司法部燕城监狱
最高人民法院
北京市国有资产管理委员会
贵州省安顺市市委组织部
浙江省高级人民法院
青岛中德生态园
湖北省丹江口市市委组织部
北京知识产权法院

12. 专业学位联合培养基地建设项目

| 序号 | 联合培养基地名称 | 申报学院 | 专业学位类型 |
|---|---|---|---|
| 1 | 北京友恒律师事务所 | 法律硕士学院 | 法律硕士 |
| 2 | 乾成律所 & 帮瀛法务机构 | 法律硕士学院 | 法律硕士 |
| 3 | 北京市教育委员会政策研究与法制工作处 | 法学院 | 法律硕士 |
| 4 | 北京天驰君泰律师事务所 | 民商经济法学院 | 法律硕士 |
| 5 | 华税律师事务所财税法 | 民商经济法学院 | 法律硕士 |
| 6 | 北京德恒律师事务所 | 民商经济法学院 | 法律硕士 |
| 7 | 北京拓尔思信息技术股份有限公司 | 光明新闻传播学院 | 法律硕士 |
| 8 | 青岛乾程科技股份有限公司 | MBA 教育中心 | 工商管理硕士 |
| 9 | 北京富腾投资管理有限公司 | MBA 教育中心 | 工商管理硕士 |

续表

| 序号 | 联合培养基地名称 | 申报学院 | 专业学位类型 |
| --- | --- | --- | --- |
| 10 | 郑州公共住宅建设投资有限公司 | MBA 教育中心 | 工商管理硕士 |
| 11 | 北京旗渡锦程翻译有限公司 | 外国语学院 | 翻译硕士 |
| 12 | 中国日报网 | 外国语学院 | 翻译硕士 |

13. 优秀学位论文名单

**中国政法大学 2015－2016 学年度校级优秀博士学位论文名单**

| 序号 | 学院 | 姓名 | 专业 | 指导教师 |
| --- | --- | --- | --- | --- |
| 1 | 法学院 | 徐　航 | 法学理论 | 曹义孙 |
| 2 | 法学院 | 张京凯 | 法律史 | 张晋藩 |
| 3 | 法学院 | 吴秀尧 | 法与经济学 | 席　涛 |
| 4 | 民商经济法学院 | 刘征峰 | 民商法学 | 夏吟兰 |
| 5 | 民商经济法学院 | 陈文祥 | 经济法学 | 刘少军 |
| 6 | 刑事司法学院 | 白思敏 | 诉讼法学 | 卞建林 |
| 7 | 刑事司法学院 | 陈子楠 | 诉讼法学 | 杨宇冠 |
| 8 | 政治与公共管理学院 | 安　超 | 政治学理论 | 潘小娟 |
| 9 | 商学院 | 张　波 | 世界经济 | 金仁淑 |

**中国政法大学 2015－2016 学年度校级优秀硕士学位论文名单**

| 序号 | 学院 | 姓名 | 专业 | 指导教师 |
| --- | --- | --- | --- | --- |
| 1 | 法学院 | 王　毓 | 法律史 | 马志冰 |
| 2 | 法学院 | 翁文涛 | 宪法学与行政法学 | 汪庆华 |
| 3 | 法学院 | 刘欣东 | 法与经济学 | 李曙光 |
| 4 | 民商经济法学院 | 李瑞轩 | 民商法学 | 王卫国 |
| 5 | 民商经济法学院 | 吴　恒 | 诉讼法学 | 毕玉谦 |
| 6 | 民商经济法学院 | 程　玉 | 环境与资源保护法学 | 曹明德 |
| 7 | 民商经济法学院 | 秦　荧 | 知识产权法学 | 张　今 |
| 8 | 民商经济法学院 | 陈　越 | 知识产权法学 | 来小鹏 |
| 9 | 民商经济法学院 | 邹子凡 | 知识产权法学 | 来小鹏 |
| 10 | 民商经济法学院 | 孟雅丹 | 知识产权法学 | 冯晓青 |

续表

| 序号 | 学院 | 姓名 | 专业 | 指导教师 |
| --- | --- | --- | --- | --- |
| 11 | 国际法学院 | 朱爽爽 | 国际法学 | 戴　龙 |
| 12 | 国际法学院 | 高玮玢 | 国际法学 | 刘　力 |
| 13 | 刑事司法学院 | 徐万龙 | 刑法学 | 张　凌 |
| 14 | 刑事司法学院 | 张益南 | 诉讼法学 | 刘　玫 |
| 15 | 刑事司法学院 | 闫爱萍 | 诉讼法学 | 陈　碧 |
| 16 | 政治与公共管理学院 | 王中园 | 政治学理论 | 庞金友 |
| 17 | 政治与公共管理学院 | 陈　林 | 中外政治制度 | 屈超立 |
| 18 | 政治与公共管理学院 | 陈啸天 | 公共管理硕士 | 杨　阳 |
| 19 | 商学院 | 张天啸 | 政治经济学 | 马丽娜 |
| 20 | 商学院 | 张俊夫 | 经济史 | 岳清唐 |
| 21 | 商学院 | 章亚如 | 企业管理 | 葛建华 |
| 22 | 商学院 | 王怀青 | 工商管理硕士 | 王燕祥 |
| 23 | 人文学院 | 安　洋 | 历史文献学 | 李雪梅 |
| 24 | 法律硕士学院 | 孙亚卿 | 法律硕士 | 祁　欢 |
| 25 | 法律硕士学院 | 陈丽萍 | 法律硕士 | 戴　龙 |
| 26 | 法律硕士学院 | 刘宗鑫 | 法律硕士 | 梅慎实 |
| 27 | 法律硕士学院 | 陈莹璐 | 法律硕士 | 鄢一美 |
| 28 | 法律硕士学院 | 肖　瑶 | 法律硕士 | 刘　力 |
| 29 | 法律硕士学院 | 施　晓 | 法律硕士 | 刘　力 |
| 30 | 法律硕士学院 | 梁　超 | 法律硕士 | 栗　峥 |
| 31 | 法律硕士学院 | 于景平 | 法律硕士 | 吴宏耀 |
| 32 | 外国语学院 | 屈源潮 | 法语语言文学 | 朱琳、焦杰 |
| 33 | 社会学院 | 许卢峰 | 社会学 | 赵丙祥 |
| 34 | 中欧法学院 | 林　溪 | 法律硕士 | 李　响 |
| 35 | 马克思主义学院 | 汪　波 | 中共党史 | 张文灿 |
| 36 | 光明新闻传播学院 | 吴　珂 | 新闻学 | 姚广宜 |
| 37 | 证据科学研究院 | 杨　健 | 法律硕士 | 鲁　涤 |
| 38 | 证据科学研究院 | 郭　蕾 | 法律硕士 | 王　旭 |
| 39 | 人权研究院 | 荆　超 | 人权法学 | 班文战 |
| 40 | 比较法学研究院 | 蔡　睿 | 比较法学 | 柳经纬 |

## 三、外国留学生及港澳台学生教育教学

**【概况】**年内，学校继续面向港澳台侨和海外招收下列类别学生：①港澳台侨学生招生类别：联合招生考试本科招生项目、香港免试生本科项目、台湾免试生本科项目、港澳台硕博学历生。②外国留学生招生类别：本科生、硕博研究生（中文学位）、硕博研究生（英文学位）、中国政府奖学金（本、硕、博）、汉语言学习生、国际交流生。

年内，招收港澳台侨学生 130 人，外国留学生 128 人。其中：本科生 113 人，硕士生 32 人，博士生 20 人，访问学者 7 人，汉语言学习生 25 人，交换生 59 人，国际进修生 2 人。

截至 2017 年 12 月，学校在籍学历生共 798 人，其中外国留学生 354 人，港澳台学生 438 人，其他中国籍交换生 4 人。外国留学生中：博士研究生 125 人，硕士生 96 人，本科生 55 人，校际交换生 46 人，国际进修生 2 人。港澳台学生中：博士生 108 人，硕士生 39 人，本科生 278 人，校际交换生 13 人。

## 四、继续教育

2017 年，夜大学招生 403 人，函授招生 394 人，共计招生 797 人；夜大毕业生 408 人，函授专升本科毕业生 276 人，高起本科函授毕业生 52 人，共计 736 人。在非学历教育培训方面，年内培训人数突破 10 000 人，其中，为各级党政机关、政法部门和企业行业系统开展各类短期培训班 92 期，共计培训 10 268 人；司法考试开展线上、线下培训 762 人；开展法律英语项目培训 1 期，共 22 人。同等学力高级研修班全年招生 719 人。

司法职业教育培训方面，以习近平总书记考察我校为契机，抓住机遇，全力提升司法职业教育培训规模。根据政法委、公安、检察、法院、司法五个系统及其机构不同工作特点和业务方向，围绕全面推进依法治国、司法改革理论与实践、领导干部法治思维与法治素养提升和司法职业规范及职业道德等主题，设计研发课程和培训。首次与军队系统合作，为中部战区空军开展法律骨干、侦查骨干和心理骨干专业主题培训。2017 年共举办培训班 48 期，培训 6088 人。培训规模大幅提高，比 2016 年增加 127%。

政府与企业教育培训方面，推进与山西省人大常委会战略合作协议关于干部培训计划，与北京市地税局的总法律顾问培训计划，与中国证监会战略合作协议关于干部轮训计划；积极开展“依法行政和社会管理”“领导干部法治专题”“政务公开”等面向党政部门的系列项目培训。举办“昌平区领导干部进高校大讲堂”2 期，培训 580 人；举办各类短期培训班 40 期，培训 2838 人，比 2016 年增加 85%。

网络教育服务方面，录制同等学力在线课程 5 门、127 课时；录制高等学历继续教育项目课程 3 门、90 课时；录制统考培训项目串讲提高班课程 8 门，100 课时；录制法律英语项目 1 期面授班课程 6 门共 40 课时，实务课程 1 门共 4 课时。全年共上传视频课程及相关学习资 1530 课时。

**【与中国证监会签署监管干部 2017 年法制专项培训班项目协议书】**年内，学校与中国证券监督管理委员会签署监管干部 2017 年法制专项培训班项目协议书，双方约定 2017

年为中国证监会系统干部举办四期法制专项培训班，由学校继续教育学院具体承办。

**【与国家知识产权局专利局签署法制专题培训班项目协议书】** 年内，学校与国家知识产权局专利局签署法制专题培训班项目协议书，双方约定，2017 年为国家知识产权局专利局举办 2 期法制专题培训班。

## 五、开放教育

2017 年，开放教育工作严格落实“禁止与私人公司合作、鼓励与政府机关及企事业单位合作”的双重原则，全方位严格监管各办学单位的合作协议、网络招生、外地办学点和广告宣传等情况，并鼓励各办学单位把握市场契机。制定实施《中国政法大学同等学力人员课程学习及水平认定考试办法（试行）实施细则》及《中国政法大学同等学力申请硕士学位人员学位环节培训费管理办法》，促进学校开放办学工作和谐有序发展。全年共有各类培训班 364 个，较 2016 年增加 62%；培训总人数 30 730 人，较 2016 年增加 41%。其中，同等学力研修班 104 个，培训总人数 6422 人（其中已结业 862 人），培训人数较 2016 年提高 33%；短训班 254 个，培训总人数 23 555 人，培训人数较去年提高 67%；司法考试培训班 6 个，培训总人数 753 人。

**【办理结业审批及发放证书】** 年内，开放教育管理办公室共办理结业审批并发放证书 4392 人次，其中短训班 3492 人，同等学力研修班 900 人。

**【执行开放教育办学会审和备案制度】** 年内，学校拓展多项新领域的办学项目，在申报合作办学项目方面，校内各办学单位坚持与私人公司合作的零申报。在办学项目备案方面，本年度学校开放教育办学备案项目共计 249 个，其中短训班项目 243 个、同等学力班项目 6 个。

**【监督管理开放教育办学网络招生】** 年内，开放教育管理办公室通过定期排查、限期整顿等方法进行开放教育的网络招生监督和管理工作；继续监管各办学单位唯一备案招生官网，全面掌握其网络招生情况。

**【完成 2017 年开放教育办学年度调查工作】** 年内，根据本年度开放教育办学情况，开放教育管理办公室整理各办学单位办学数据和调查报告。调查报告涵盖开放教育办学基本情况和工作进展、规范办学情况、对合作方招生工作和广告宣传监督情况、对合作方进行定期监督检查及具体监督检查情况、开放教育信息化建设的进展情况以及开放教育办学工作中存在的困难、主要问题和建议、下一年度开放办学工作的基本思路、目标和重点等方面的内容。安排专人核对并汇总各办学单位提交的数据，并总结报告中的关键信息，完成 2017 年度开放教育办学各类项目的信息采集和数据统计工作。

**【加强同等学力办学管理】** 年内，学校启用同等学力研修班从项目到学员的全程管理模式，建立同等学力项目及学员数据库。同等学力项目备案审批由办公室主管领导直接负责，对办学单位自办项目，和与信誉良好的企事业单位合作的低风险项目准予备案。

# 第五章　科学研究

## 一、学术研究

**【概况】** 2017 年，学校共获得科研项目 381 项，共争取项目经费 7205.08 万元，其中纵向项目立项批准经费 2160 万元、横向项目到账经费 5045.08 万元。在 11 月公布的国家社科基金重大项目中，法学选题共立项 25 项，我校获得其中 5 项，立项数占全国总数的 20%，位列全国第一。在国家社科基金年度项目中，学校立项 26 项，其中法学项目立项 14 项。在教育部一般项目申报中，学校获得 13 项，其中规划、青年、自筹项目立项 12 项。在司法部项目申报中，学校获得 11 项。在北京市社会科学基金项目申请中，学校共有 14 个项目获得立项。

本年度，学校共有 620 项科研成果获得学校奖励，其中，专著 123 部、高水平译著 43 部、权威期刊论文 40 篇、核心期刊论文 390 篇、咨询报告 16 项、立法建议 5 项。8 项优秀成果获得省部级以上科研成果奖；3 项咨询报告获党和国家领导人批示；冯晓青教授的《中国政法大学知识产权法研究所关于推进国家知识产权文献及信息资料库建设课题成果应用的咨询建议（报告）》入选国家社科基金成果要报；黄进教授的《加强海事司法维护国家海洋权益》和王敬波教授的《法治政府建设的短板和推进路径》入选《教育部简报（高校智库专刊）》；赵鹏的《推进北京市法治政府建设的三点建议》和侯月娟的《新闻媒体在增强大学生政治认同过程中要提升四种能力》入选北京市社科基金《成果要报》；马怀德教授、武长海教授等 3 篇咨询报告入选中国法学会《要报》；马怀德教授等 5 篇咨询报告入选人民日报内参全文刊发。

学校对《中华人民共和国人民法院组织法（修订草案）》《中华人民共和国人民检察院组织法（修订草案）》《中华人民共和国民法侵权责任编（草案）》《中华人民共和国民法婚姻家庭编（草案）》《中华人民共和国民法物权编（草案）》《中华人民共和国农村土地承包法修正案（草案）》等 6 项立法提供建议咨询报告。

学校共举办 21 场名家论坛，至此，名家论坛已经举办 200 场；分别邀请 21 位国内外知名学者和教授与学校师生分享学术成果。学校各专门委员会先后共召开会议 12 次，就校级科学研究专项项目、校级科学研究规划项目和校级科学研究青年项目、非在编科研机构的设立等事项进行了评审推荐。

**【举办"第三届法学前沿论坛"】** 5 月 13 日，由中国社会科学杂志社和中国政法大学主办，学校科研处、国家治理研究院承办的"第三届法学前沿论坛"在北京市友谊宾馆召开，来自全国高校、学术机构、社会机构代表共 50 余人参加。中国社会科学杂志社常务副总编辑、研究员王利民，中国政法大学校长、教授黄进出席了开幕式并分别致辞。论坛共分为“主题发言”“刑事政策与刑事法治”“犯罪治理与刑法完善”“法治发展与法理创新”“法治发展与法理反思”“私法发展与民法典编纂”“法治政府与一带一路”7场。

**【李雪梅教授的科研成果获第七届吴玉章人文社会科学优秀奖】**9月28日，第七届吴玉章人文社会科学奖暨第六届吴玉章人文社会科学终身成就奖颁奖典礼在中国人民大学世纪馆举行，我校法律古籍整理研究所李雪梅教授的专著《法制“镂之金石”传统与明清碑禁体系》荣获优秀奖。

**【参加第七届“立格联盟”科研管理论坛】**11月15日至17日，由上海政法学院承办的第七届“立格联盟”科研管理论坛在上海隆重举行，中国政法大学、华东政法大学、中南财经政法大学、西南政法大学、西北政法大学、甘肃政法学院、山东政法学院、上海政法学院等8所政法院校主管科研校领导以及科研管理部门人员共计60余人参加。我校副校长时建中、科研处栗峥、杜学亮、于飞、闫立宇、吴婵等6人参加论坛。

**【举行全国“网信普法进校园”活动闭幕式】**11月23日至24日，由国家互联网信息办公室、司法部、全国普法办公室共同主办的全国“网信普法进校园”活动闭幕仪式在我校昌平校区举行。中央网信办副主任、国家网信办副主任杨小伟、司法部法制宣传司司长王晓光、教育部思想政治工作司副巡视员余先亭、我校党委书记胡明等出席活动，大会由我校副校长时建中主持。作为首次全国性的网络普法专项活动，该活动自9月启动以来，陆续在北京、重庆、海口、乌鲁木齐、长春、合肥等6座城市的12所高校开展普法活动，通过普法讲座、专题论坛、模拟法庭、知识竞赛等多种形式动员线上线下十几万人次参与活动，宣传普及网络安全和网信法律知识，提高广大网民网络安全意识。

**【举行中国大学智库论坛·法治峰会】**12月9日，中国大学智库论坛·法治峰会在北京召开。本次峰会以“新时代中国特色社会主义法治思想”为主题，由中国政法大学和中国大学智库论坛共同主办。最高人民检察院副检察长、中国法学会副会长、国家高端智库培育计划首席专家徐显明做主旨演讲，全国政协教科文卫体委员会副主任、中国大学智库论坛秘书长、教育部原副部长李卫红，教育部社会科学司司长刘贵芹，我校校长黄进，复旦大学校长助理陈志敏出席大会并致辞。我校终身教授张晋藩、应松年，国家行政学院法学部主任胡建淼做主题发言。教育部社会科学司、中国大学智库论坛秘书处、我校师生200余人参加此次大会。大会由我校副校长时建中主持。

**【与北京市教育委员会建设“北京教育法治研究基地”】**12月18日，北京市人大常委会法制办公室、北京市人大教科文卫体办公室、北京市教育委员会、北京市政府法制办公室分别与中国政法大学、中国人民大学、北京师范大学、北京外国语大学签订共建协议，依托该四所高校成立“北京市教育法治研究基地”。我校作为四个基地之一，将就北京市教育法治的理论与实践开展研究，并主要承担北京市教育行政立法的研究起草、教育行政执法操作规范化、青少年法治教育资源建设、教育疑难行政案件研究等任务。我校副校长李树忠出席仪式，相关院部负责人和教育法方向的硕士研究生参加了成立仪式。

**【学校7项成果获得北京市第十四届哲学社会科学优秀成果奖】**12月，北京市第十四届哲学社会科学优秀成果奖正式公布，本次评奖经教育系统评审和北京市评奖委员会终评，共有208项成果获奖，其中特等奖空缺、一等奖46项、二等奖162项。我校有7项成果获奖，包括一等奖1项、二等奖6项。获得一等奖的是李雪梅的《法制“镂之金石”传统与明清碑禁体系》；获得二等奖的是应星的《学校、地缘与中国共产党早期组织网络的形成——以北伐前的江西为例》、李筠的《论西方中世纪王权观——现代国家权力观念的中世纪起源》、卢春龙的《新型中产阶层对民主价值的理解：立足中国国情的民主价值观》、易军的《“法不禁止皆自由”的私法精义》、于志刚的《大数据时代数据犯罪的制裁思路》和吴洪淇的《转型的逻辑：证据法的运行环境与内部结构》。

**【加强青年教师学术创新团队建设】**年内，根据新修订的《中国政法大学青年教师学术创新团队支持办法》，启动第五批（2017年）青年教师学术创新团队申报工作，同时对第三批（2014年）、第四批（2016年）校级青年教师学术创新团队开展考核，加强青年教师学术创新团队建设，形成青年教师“成长帮扶制度”。之前，学校已资助4批共41支校级青年教师学术创新团队。

**【成立各类研究院、研究中心】**年内，成立中国政法大学网络法学研究院，首任院长于志刚教授；成立中国政法大学国家监察研究院，首任院长张桂林教授。成立中国政法大学中小企业发展环境研究中心、中国政法大学世界贸易组织研究中心，中国政法大学法律与金融研究中心、中国政法大学新三板与新金融研究中心、中国政法大学国际知识产权研究中心、中国政法大学儿童法研究中心、中国政法大学企业法律风险管理研究中心、中国政法大学法治发展与教育研究中心、中国政法大学青年研究中心、中国政法大学国家监察与反腐败研究中心、中国政法大学安保与法律研究中心、中国政法大学法庭科学标准研究中心、中国政法大学人工智能法研究中心等非在编科研机构。

**附件**

1．“2011计划”协同创新中心一览表

| 序号 | 协同创新中心名称 | 协同单位 | 牵头单位 | 成立时间 | 备注 |
|---|---|---|---|---|---|
| 1 | 司法文明协同创新中心 | 中国政法大学、吉林大学、武汉大学 | 中国政法大学 | 2012年7月 | 2013年5月获得国家首批认定 |
| 2 | 全球治理与国际法治协同创新中心 | 中国政法大学、武汉大学、厦门大学、南开大学、对外经贸大学 | 中国政法大学 | 2012年12月 | |
| 3 | 法治政府协同创新中心 | 中国政法大学、国家行政学院、北京大学 | 中国政法大学 | 2013年10月 | |
| 4 | 国家领土主权与海洋权益协同创新中心 | 武汉大学、复旦大学、中国政法大学、外交学院、郑州大学、中国社会科学院中国边疆史地研究中心、水利部国际经济技术合作交流中心 | 武汉大学 | 2012年12月 | 2014年10月获得国家第二批认定 |

续表

| 序号 | 协同创新中心名称 | 协同单位 | 牵头单位 | 成立时间 | 备注 |
| --- | --- | --- | --- | --- | --- |
| 5 | 人权建设协同创新中心 | 南开大学、中国政法大学、广州大学 | 南开大学 | 2013 年 8 月 | |
| 6 | 知识经济与法治发展协同创新中心 | 中南财经政法大学、中国政法大学、北京大学 | 中南财经政法大学 | 2012 年 7 月 | |
| 7 | 北京高校中国特色社会主义理论研究协同创新中心（中国政法大学） | 中国社科院、南开大学、河北大学、北京工商大学 | 中国政法大学 | 2015 年 10 月 | 2016 年 5 月获北京市批准 |

2. 2017 年新成立新型研究机构一览表

| 序号 | 机构名称 | 负责人 |
| --- | --- | --- |
| 1 | 中国政法大学网络法学研究院 | 于志刚 |
| 2 | 中国政法大学国家监察研究院 | 张桂林 |

3. 2017 年新成立非在编科研机构一览表

| 序号 | 机构名称 | 负责人 | 管理单位 |
| --- | --- | --- | --- |
| 1 | 中小企业发展环境研究中心 | 常保国 | MPA 教育中心 |
| 2 | 世界贸易组织研究中心 | 孔庆江 | 国际法学院 |
| 3 | 法律与金融研究中心 | 席　涛 | 法与经济学研究院 |
| 4 | 新三板与新金融研究中心 | 武长海 | 资本金融研究院 |
| 5 | 国际知识产权研究中心 | 李树忠 | 民商经济法学院 |
| 6 | 儿童法研究中心 | 张　伟 | 人权研究院 |
| 7 | 企业法律风险管理研究中心 | 宋朝武 | 民商经济法学院 |
| 8 | 青年研究中心 | 王洪松 | 民商经济法学院 |
| 9 | 法治发展与教育研究中心 | 卢少华 | 学生工作部 |
| 10 | 国家监察与反腐败研究中心 | 应松年 | 法治政府研究院 |
| 11 | 安保与法律研究中心 | 李卫海 | 法学院 |
| 12 | 法庭科学标准研究中心 | 王　旭 | 证据科学研究院 |
| 13 | 人工智能法研究中心 | 解志勇 | 法治政府研究院 |

4. 2017 年纵向科研项目立项和经费情况一览表（97 项）

（1）国家社会科学基金重大项目（7 项）

| 项目名称 | 负责人 | 所在单位 | 项目类别 | 批准经费（万元） |
| --- | --- | --- | --- | --- |
| 创新发展中国特色社会主义法治理论体系研究 | 张晋藩 | 法律史学研究院 | 重大项目 | 200 |
| 十八届四中全会以来我国刑事诉讼制度重大变革实施效果的实证研究 | 卞建林 | 诉讼法学研究院 | 重大项目 | 60 |
| 司法评估的理论与方法研究 | 张保生 | 证据科学研究院 | 重大项目 | 60 |
| 建立犯罪记录制度的基础理论和制度设计研究 | 于志刚 | 刑事司法学院 | 重大项目 | 60 |
| 创新驱动发展战略下知识产权公共领域问题研究 | 冯晓青 | 民商经济法学院 | 重大项目 | 60 |
| 全球海洋治理新态势下中国海洋安全法律保障问题研究 | 李卫海 | 法学院 | 重大项目 | 60 |
| 推进党内监督制度化、规范化、程序化研究 | 马怀德 | 法治政府研究院 | 重大项目 | 80 |

（2）国家社会科学基金项目（26 项）

| 项目名称 | 负责人 | 所在单位 | 项目类别 | 批准经费（万元） |
| --- | --- | --- | --- | --- |
| 法学方法论视角下民法基本原则的司法适用研究 | 于　飞 | 民商经济法学院 | 重点项目 | 35 |
| 气候变化所致损失损害责任之国际法机制研究 | 林灿铃 | 国际法学院 | 重点项目 | 35 |
| 中国共产党党内法规实施后评估制度研究 | 王建芹 | 法学院 | 一般项目 | 20 |
| 中国抗战漫画研究（1934—1945） | 孔祥宇 | 马克思主义学院 | 一般项目 | 20 |
| 现象学与分析哲学比较研究 | 张浩军 | 人文学院 | 一般项目 | 20 |
| 西欧国家福利危机与民主政治的关系研究 | 李　筠 | 政治与公共管理学院 | 一般项目 | 20 |

续表

| 项目名称 | 负责人 | 所在单位 | 项目类别 | 批准经费（万元） |
|---|---|---|---|---|
| 宋代地方政府权力制衡机制研究 | 屈超立 | 政治与公共管理学院 | 一般项目 | 20 |
| 人民陪审员制度的实质化改革研究 | 施鹏鹏 | 证据科学研究院 | 一般项目 | 20 |
| 我国刑事判决在民事诉讼中预决效力的规则设计研究 | 纪格非 | 民商经济法学院 | 一般项目 | 20 |
| 认罪认罚从宽制度实施中的证据问题研究 | 李训虎 | 证据科学研究院 | 一般项目 | 20 |
| 庭审实质化语境下法官认知力研究 | 元　轶 | 比较法学研究院 | 一般项目 | 20 |
| 违约惩罚性赔偿制度研究 | 刘承韪 | 比较法学研究院 | 一般项目 | 20 |
| 网络互助保险的法律制度研究 | 王　萍 | 民商经济法学院 | 一般项目 | 20 |
| 亲等和亲系制度研究 | 金　眉 | 民商经济法学院 | 一般项目 | 20 |
| 数字经济时代的合同法制度更新与制度供给研究 | 张　彤 | 比较法学研究院 | 一般项目 | 20 |
| 苏区时期的军事化、社会结构与政党文化研究 | 应　星 | 社会学院 | 一般项目 | 20 |
| 近代上海银钱业利率波动机制研究 | 王　强 | 马克思主义学院 | 一般项目 | 20 |
| 20世纪以来中国文学与法治建构的互动关系研究 | 董　燕 | 人文学院 | 一般项目 | 20 |
| 媒介融合背景下媒体集团的组织重构研究 | 黄　金 | 光明新闻传播学院 | 一般项目 | 20 |
| 中法法律交流档案研究（1877—1958） | 朱明哲 | 比较法学研究院 | 青年项目 | 20 |
| 以民商事涉外案件为视角的域外证据分类及采信标准研究 | 汪诸豪 | 证据科学研究院 | 青年项目 | 20 |
| 网络共同犯罪基本原理及其对传统共犯理论的突破研究 | 于　冲 | 刑事司法学院 | 青年项目 | 20 |
| 中国共产党党内问责与行政问责衔接问题研究 | 曹　鎏 | 法治政府研究院 | 青年项目 | 20 |

续表

| 项目名称 | 负责人 | 所在单位 | 项目类别 | 批准经费（万元） |
|---|---|---|---|---|
| 父母与青少年子女微信沟通行为及其影响因素研究 | 高 钦 | 社会学院 | 青年项目 | 20 |
| 当代英语小说中的音乐叙事研究（1990—2015） | 张 磊 | 外国语学院 | 青年项目 | 20 |
| 基于医保赔付数据的不合理医疗支出构成及约束机制研究 | 高秋明 | 商学院 | 青年项目 | 20 |

（3）国家社会科学基金后期资助项目（3 项）

| 项目名称 | 负责人 | 所在单位 | 项目类别 | 批准经费（万元） |
|---|---|---|---|---|
| 现代公司控制权法律制度研究——基于公司内外部视角下的考究 | 马更新 | 民商经济法学院 | 后期资助 | 20 |
| 中国慈善信托法基本原理 | 赵廉慧 | 民商经济法学院 | 后期资助 | 20 |
| 张九成思想研究 | 李春颖 | 国际儒学院 | 后期资助 | 20 |

（4）国家社科基金中华学术外译项目（2 项）

| 项目名称 | 负责人 | 所在单位 | 项目类别 | 批准经费（万元） |
|---|---|---|---|---|
| 中华法制文明史（古代卷） | 张立新 | 外国语学院 | 中华学术外译项目 | 50 |
| 中国法律制度 | 朱 琳 | 外国语学院 | 中华学术外译项目 | 35 |

（5）全国教育科学规划项目（1 项）

| 项目名称 | 负责人 | 所在单位 | 项目类别 | 批准经费（万元） |
|---|---|---|---|---|
| 高等教育评估法律制度构建及运行机制研究 | 王 红 | 法学教育研究与评估中心 | 全国教育学一般项目 | 20 |

（6）国家自然科学基金项目（1 项）

| 项目名称 | 负责人 | 所在单位 | 项目类别 | 批准经费（万元） |
|---|---|---|---|---|
| 微流控芯片中 ELISA 检测的数值模拟研究 | 石丽伟 | 科学技术教学部 | 青年科学基金项目 | 25 |

（7）教育部重大委托项目（1 项）

| 项目名称 | 负责人 | 所在单位 | 批准经费（万元） |
|---|---|---|---|
| 中国特色社会主义法治理论体系的创新与发展 | 黄　进 | 中国特色社会主义法治理论体系研究院 | 80 |

（8）教育部重点研究基地重大项目（6 项）

| 项目名称 | 负责人 | 所在单位 | 批准经费（万元） |
|---|---|---|---|
| 民事诉讼证据规则重点问题研究 | 肖建华 | 诉讼法学研究院 | 45 |
| 加强人权司法保障研究 | 卞建林 | 诉讼法学研究院 | 80 |
| 行政争议的实质性解决与行政诉讼制度的完善研究 | 高家伟 | 诉讼法学研究院 | 45 |
| 公私并举：中国传统法律维护私权益的原则性与调整方式的多样性 | 张晋藩 | 法律史学研究院 | 50 |
| 公正与和谐：中国传统社会多元纠纷解决机制 | 朱　勇 | 法律史学研究院 | 50 |
| 工商业与人权保护研究 | 张　伟 | 人权研究院 | 30 |

（9）教育部人文社会科学研究一般项目（13 项）

| 项目名称 | 负责人 | 所在单位 | 项目类别 | 批准经费（万元） |
|---|---|---|---|---|
| 污染场地修复责任性质及其实现机制研究 | 胡　静 | 民商经济法学院 | 规划项目 | 10 |
| 中国当代法学翻译及其对法律文化建构研究 | 魏　蘅 | 外国语学院 | 规划项目 | 10 |
| 刑事被害人的社会救助问题 | 刘晓兵 | 法学院 | 规划项目 | 10 |
| 我国反校园欺凌立法的困境和进路研究 | 冯　恺 | 比较法学研究院 | 规划项目 | 10 |
| 数字业务战略与组织结构的匹配及其对企业绩效的影响 | 朱晓武 | 商学院 | 规划项目 | 10 |
| 中共建国初期的社会舆论治理研究－以地方性档案资料为基础 | 侯松涛 | 马克思主义学院 | 规划项目 | 10 |

续表

| 项目名称 | 负责人 | 所在单位 | 项目类别 | 批准经费（万元） |
| --- | --- | --- | --- | --- |
| 青少年暴力犯的风险评估与心理矫正 | 张　卓 | 社会学院 | 规划项目 | 10 |
| 审查逮捕程序的诉讼化改革研究 | 王贞会 | 诉讼法学研究院 | 青年项目 | 8 |
| 英国早期现代的道德情感思想及其对中国社会治理的意义 | 杨　璐 | 社会学院 | 青年项目 | 8 |
| 启蒙晚期（1770－1830）德语文学中的时间诗学 | 张珊珊 | 外国语学院 | 青年项目 | 8 |
| 微信社群的传播机制与话语空间研究 | 郑满宁 | 光明新闻传播学院 | 青年项目 | 8 |
| 大学英语教育背景下借由《跨文化交际》课程中的反思导向教学法培养学习者的思辨能力 | 谢　芹 | 外国语学院 | 青年项目 | 8 |
| 以微课程、翻转课堂构建的混合式教学在《中国近现代史纲要》课程中的应用 | 张文灿 | 马克思主义学院 | 高校示范马克思主义学院和优秀教学科研团队建设项目 | 5 |

（10）教育部指向性课题（1项）

| 项目名称 | 负责人 | 所在单位 | 批准经费（万元） |
| --- | --- | --- | --- |
| 世界各国对转基因技术的政策和法律研究 | 孔庆江 | 国际法学院 | 10 |

（11）教育部特别委托项目（2项）

| 项目名称 | 负责人 | 所在单位 | 批准经费（万元） |
| --- | --- | --- | --- |
| 宪法视角下特别行政区高度自治权的边界研究 | 焦洪昌 | 法学院 | 8 |
| “港人治港”的基础理论和现实问题 | 姚国建 | 法学院 | 8 |

（12）教育部哲学社会科学研究后期资助项目（2项）

| 项目名称 | 负责人 | 所在单位 | 批准经费（万元） |
| --- | --- | --- | --- |
| 国际文化财产法：原理、体系与中国主张 | 霍政欣 | 国际法学院 | 20 |
| 死亡的权利——有关临终决定的法律 | 翟宏丽 | 民商经济法学院 | 10 |

（13）国家法治与法学理论研究项目（11 项）

| 项目名称 | 负责人 | 所在单位 | 项目类别 | 批准经费（万元） |
| --- | --- | --- | --- | --- |
| 行政复议法修改研究 | 王青斌 | 法治政府研究院 | 重点课题 | 6 |
| “一带一路”建设与金融风险防范 | 范晓波 | 国际法学院 | 重点课题 | 10 |
| 韩国违宪审查制的历史考察 | 崔林林 | 法学院 | 一般课题 | 3 |
| 英国“脱欧”对中英双边法律制度的影响研究 | 姚国建 | 法学院 | 一般课题 | 5 |
| 数据利益的民事司法保护研究 | 肖建华 | 诉讼法学研究院 | 一般课题 | 5 |
| 新形势下人民检察院法律监督权研究 | 卫跃宁 | 刑事司法学院 | 一般课题 | 3 |
| 我国合作社社会责任立法的特殊性研究 | 朱晓娟 | 民商经济法学院 | 一般课题 | 3 |
| 商个人制度完善的重大理论与立法问题研究 | 李建伟 | 民商经济法学院 | 一般课题 | 5 |
| 清代庙产纠纷解决机制及其当代借鉴 | 谢　晶 | 法学院 | 中青年课题 | 3 |
| 养老服务模式社会化的法律保障 | 徐　妍 | 比较法研究院 | 专项课题 | 0 |
| “一带一路”沿线国家间投资仲裁制度研究 | 杜新丽 | 仲裁研究院 | 专项课题 | 0 |

（14）北京市社会科学基金项目（18 项）

| 项目名称 | 负责人 | 所在单位 | 项目类别 | 批准经费（万元） |
| --- | --- | --- | --- | --- |
| 全面从严治党战略下的国家监察体制改革研究 | 薛小建 | 法学院 | 重大项目 | 30 |
| 北京市农村集体经济产权制度研究 | 管晓峰 | 民商经济法学院 | 重点项目 | 15 |
| 京津冀环境协同治理的法律机制问题研究 | 于文轩 | 民商经济法学院 | 重点项目 | 15 |
| 国家监察体制改革中监察权的构成与配置研究 | 刘俊生 | 政治与公共管理学院 | 重点项目 | 15 |
| 《北京市居家养老服务条例》的法律完善 | 徐　妍 | 比较法学研究院 | 一般项目 | 8 |
| 网络侵权的平台责任研究 | 陶　乾 | 法律硕士学院 | 一般项目 | 8 |
| 高新技术企业开源软件运用及其知识产权风险管理研究 | 王　玲 | 商学院 | 一般项目 | 8 |

续表

| 项目名称 | 负责人 | 所在单位 | 项目类别 | 批准经费（万元） |
| --- | --- | --- | --- | --- |
| 新时期以来北京市村干部队伍建设研究 | 冯军旗 | 政治与公共管理学院 | 一般项目 | 8 |
| 涉案报道的谦抑原则：理念、规范与适用范围 | 刘徐州 | 光明新闻传播学院 | 一般项目 | 8 |
| 知识产权法环境下北京非遗项目生产性保护机制研究 | 杨利华 | 民商经济法学院 | 一般项目 | 0 |
| 北京市促进就业创业政策效用评估研究 | 王　霆 | 商学院 | 一般项目 | 8 |
| 多层次资本市场改革与“新三板”自律监管问题的实证研究 | 徐文鸣 | 法与经济学研究院 | 青年项目 | 0 |
| 科学证据错误风险排除规则研究 | 曹　晶 | 证据科学研究院 | 青年项目 | 8 |
| 刑事案件的事实认定模式研究 | 吴洪淇 | 证据科学研究院 | 青年项目 | 8 |
| 清代法律文书语言研究 | 张　文 | 人文学院 | 青年项目 | 8 |
| 北京市突发事件风险沟通机制研究——基于法律文本和情景模拟实验的分析 | 詹承豫 | 法治政府研究院 | 重点项目（基地项目） | 15 |
| “都”、“城”关系的法治化研究 | 焦洪昌 | 法治政府研究院 | 重点项目（基地项目） | 15 |
| 中国法治政府年度发展报告（2018） | 王敬波 | 法治政府研究院 | 重点项目（基地项目） | 15 |

（15）中国法学会项目（2项）

| 项目名称 | 负责人 | 所在单位 | 项目类别 | 批准经费（万元） |
| --- | --- | --- | --- | --- |
| 《社会组织法》立法研究 | 赵红梅 | 民商经济法学院 | 年度重点项目 | 12 |
| 有限责任公司股东利润分配请求权法律问题研究 | 李美云 | 民商经济法学院 | 年度重点项目 | 12 |

（16）北京市共建项目（1项）

| 项目名称 | 负责人 | 所在单位 | 项目类别 | 批准经费（万元） |
| --- | --- | --- | --- | --- |
| 监察权的刑事诉讼属性研究——以北京市监察体制改革为视角 | 卫跃宁 | 法大科技园 | 北京市共建项目 | 30 |

5. 2017 年横向科研项目立项和经费一览表（284 项）

| 序号 | 项目名称 | 负责人 | 承担部门 | 项目来源 | 进账额（万元） |
|---|---|---|---|---|---|
| 1 | 国有资产投资与行政审批研究 | 卞修全 | 法学院 | 晋煤金石化投资集团有限公司 | 60 |
| 2 | “京津冀长城执法联合巡查”研究项目 | 蔡乐渭 | 法学院 | 北京市平谷区文化委员会行政执法队 | 5 |
| 3 | 全球化再平衡的若干问题 | 蔡　拓 | 全球化与全球问题研究所 | 外交部 | 1 |
| 4 | 建设职业化检察员队伍，提高监管效能 | 曹　鎏 | 法治政府研究院 | 北京市食品药品监督管理局 | 29.7 |
| 5 | 北京市朝阳区行政规范性文件备案管理研究 | 曹　鎏 | 法治政府研究院 | 北京市朝阳区人民政府法制办公室 | 15 |
| 6 | 北京市朝阳区法治政府建设难点问题研究 | 曹　鎏 | 法治政府研究院 | 北京市朝阳区人民政府法制办公室 | 8 |
| 7 | 西城区法治建设评估研究 | 曹　鎏 | 法治政府研究院 | 中共北京市西城区委 | 28 |
| 8 | 《河南省大气污染防治条例》立法项目 | 曹明德 | 民商经济法学院 | 河南省环境保护厅 | 19 |
| 9 | 全国学会法律法规及政策文件解读综合报告撰写 | 曾　涛 | 国际法学院 | 中国科协服务中心 | 3 |
| 10 | 家事审判理论与实务研究 | 陈　汉 | 民商经济法学院 | 山东泰安市人民法院、东平县人民法院 | 8 |
| 11 | 《民法·继承编》学者建议稿联合起草项目 | 陈　汉 | 民商经济法学院 | 长安公证处等 | 40 |
| 12 | 集体经营性建设用地入市法律制度研究 | 陈　健 | 民商经济法学院 | 北京市农村工作委员会 | 5 |
| 13 | 新型城镇化建设中户籍管理制度法理研究 | 陈　健 | 民商经济法学院 | 北京市农村工作委员会 | 10 |
| 14 | 家族企业治理制度研究 | 陈景善 | 民商经济法学院 | 九成投资集团有限公司 | 80 |

续表

| 序号 | 项目名称 | 负责人 | 承担部门 | 项目来源 | 进账额（万元） |
| --- | --- | --- | --- | --- | --- |
| 15 | 北京市属媒体受众满意度研究报告（2016） | 崔　凯 | 光明新闻传播学院 | 北京市新闻工作者协会 | 9 |
| 16 | 美欧日农业立法比较研究 | 崔林林 | 法学院 | 农业部管理干部学院 | 3 |
| 17 | 首都机场翻译、调研项目 2017 | 崔延花 | 外国语学院 | 北京首都国际机场股份有限公司 | 8.8302 |
| 18 | 学会服务性收费法律法规及规范性文件解读 | 戴嘉佳 | 外国语学院 | 中国药学会 | 5 |
| 19 | 反垄断调查中的数据恢复方法研究 | 戴士剑 | 刑事司法学院 | 上海市价格监督检查与反垄断局 | 5 |
| 20 | 从电子取证到大数据研判 | 戴士剑 | 刑事司法学院 | 上海蓝灯数据科技股份有限公司 | 5 |
| 21 | 香港中国历史课程与教材（初中必修）检视 | 邓庆平 | 人文学院 | 北京大学历史学系 | 3 |
| 22 | 三项制度研究——律师在场制度研究 | 樊崇义 | 诉讼法学研究院 | 福特基金会 | 134.0996 |
| 23 | 北京市中小学校校园欺凌应对政策调查研究 | 冯　恺 | 比较法学研究院 | 北京市教工委 | 1 |
| 24 | 北京市台胞权益保护立法可行性研究 | 冯　霞 | 国际法学院 | 北京市人民政府台湾事务办公室 | 0.3 |
| 25 | 十九大报告关于为台胞提供与大陆同胞同等待遇研究 | 冯　霞 | 国际法学院 | 中国法学会 | 4.2 |
| 26 | 专利无效纠纷案件研究 | 冯晓青 | 民商经济法学院 | 富园采科技股份有限公司 | 6 |
| 27 | 知识产权复合型人才培养研究 2017 | 冯晓青 | 民商经济法学院 | 致诺（北京）管理顾问有限公司 | 50 |
| 28 | 万慧达知识产权合作项目 2017 | 冯晓青 | 民商经济法学院 | 北京万慧达知识产权代理有限公司 | 20 |
| 29 | BROOKS 商标侵权纠纷案件研究 | 冯晓青 | 民商经济法学院 | 安踏（中国）有限公司 | 8 |

续表

| 序号 | 项目名称 | 负责人 | 承担部门 | 项目来源 | 进账额（万元） |
| --- | --- | --- | --- | --- | --- |
| 30 | 商业秘密与不正当竞争案件研究 | 冯晓青 | 民商经济法学院 | 北京捷适中坤铁道技术有限公司 | 35 |
| 31 | 翻译专业基于 SDL Trados 翻译软件创建中国法律翻译记忆库 | 付　瑶 | 外国语学院 | 思迪软件科技（深圳）有限公司 | 2 |
| 32 | 中国智库发展研究 | 傅广宛 | 政治与公共管理学院 | 北京三鼎科技公司 | 20 |
| 33 | 北京市城市管理法治体系不平衡不充分相关问题研究 | 高　红 | 政治与公共管理学院 | 北京市人民政府法制办 | 4.5 |
| 34 | “一带一路”国别法律研究也门项目 | 高　祥 | 比较法学研究院 | 中国国际贸易促进委员会 | 4.9 |
| 35 | 电子商务信用体系构建的司法问题研究 | 管晓峰 | 民商经济法学院 | 最高人民法院 | 4 |
| 36 | 加强多层次资本市场体系建设的法律制度完善问题研究 | 管晓峰 | 民商经济法学院 | 中国证监会 | 4 |
| 37 | 国际海洋环境保护争端案例研究 | 郭红岩 | 国际法学院 | 国家海洋局海洋发展战略研究所 | 7.5 |
| 38 | 化学发光和石墨烯传感技术快速检测爆炸物方法研究 | 郝红霞 | 证据科学研究院 | 公安部院士基金 | 31.6 |
| 39 | 基于纳米金增强和表面化学修饰技术的毒品快速检测技术的研究 | 郝红霞 | 证据科学研究院 | 上海市刑事科学技术研究院 | 10 |
| 40 | 青岛市下辖区市法治政府建设评估指标体系 | 郝　倩 | 法治政府研究院 | 青岛市政府法制办公室 | 8 |
| 41 | 地方人大重大事项决定权相关问题研究 | 何　兵 | 法学院 | 北京市人大常委会 | 0.5 |
| 42 | 创业工作室模式在创业教育中的作用及其培育策略研究 | 何　欣 | 商学院 | 中共北京市教育工作委员会 | 1 |
| 43 | 检察机关提起环境公益诉讼理论与政策跟踪研究 | 候佳儒 | 绿色发展战略研究院 | 环境保护部环境与经济政策研究中心 | 12 |
| 44 | 《能源法》立法审查修改相关问题研究 | 胡继晔 | 商学院 | 国家能源局 | 16 |

续表

| 序号 | 项目名称 | 负责人 | 承担部门 | 项目来源 | 进账额（万元） |
|---|---|---|---|---|---|
| 45 | 国外主要国家能源法律梳理和翻译项目 | 胡继晔 | 商学院 | 国家能源局 | 18 |
| 46 | 瑞士国际财富管理师教材编译项目 | 胡继晔 | 商学院 | 北京天相瑞中教育咨询有限公司 | 8 |
| 47 | 环境公益诉讼中环保部门的定位和风险防范 | 胡　静 | 民商经济法学院 | 环境保护部 | 10 |
| 48 | 《固体废物污染环境防治法》后评估及修改建议 | 胡　静 | 证据科学研究院 | 环境保护部 | 10 |
| 49 | 对虚假诉讼的检察监督 | 胡思博 | 诉讼法学研究院 | 北京市法学会 | 1.5 |
| 50 | “机场案例汇编”咨询服务研究 | 华　夏 | 比较法学研究院 | 北京首都国际机场股份有限公司 | 7.0755 |
| 51 | 在宪法中规定国际法地位问题 | 黄　进 | 国际法学院 | 外交部政策规划司 | 3 |
| 52 | 国际私法学课程资源评测系统 | 黄　进 | 教务处 | 高等教育出版社有限公司 | 15 |
| 53 | 仲裁核心竞争力研究 | 姜丽丽 | 仲裁研究院 | 武汉仲裁委员会 | 4 |
| 54 | 退役士兵就业岗位落实责任制追究体系研究 | 姜　涛 | 法学院 | 民政部优抚安置局 | 9.5 |
| 55 | 北京市农村法律治理状况调研报告——以北京市昌平区崔村镇为例 | 蒋立山 | 法学院 | 北京市法学会 | 2 |
| 56 | 流动性与贸易项目研究 | 焦　杰 | 国际法学院 | 加拿大蒙特利尔大学法学院 | 7.875434 |
| 57 | 我国民营企业在“一带一路”沿线工程建设发展研究 | 金仁淑 | 商学院 | 北京理翰律师事务所 | 1 |
| 58 | 国外弹性工时制度实施状况研究 | 金英杰 | 民商经济法学院 | 人力资源和社会保障部劳动科学研究所 | 5 |
| 59 | 日本政府采购法制研究 | 金　哲 | 国际法学院 | 外交部条法司 | 4.75 |
| 60 | 从马克思主义政治经济学角度阐述绿色发展的依据和内涵 | 靳晓春 | 马克思主义学院 | 中共中央宣传部 | 1 |

续表

| 序号 | 项目名称 | 负责人 | 承担部门 | 项目来源 | 进账额（万元） |
| --- | --- | --- | --- | --- | --- |
| 61 | 汤阴对外交流信息平台资源现状和建设调研 | 鞠宏磊 | 光明新闻传播学院 | 河南省汤阴县人民政府 | 5 |
| 62 | 党规与国法相互关系和衔接研究 | 柯华庆 | 法学院 | 中国法学会 | 7 |
| 63 | “一带一路”战略推进中的制度供给研究（大纲） | 孔庆江 | 国际法学院 | 北京金城同达律师事务所 | 13.939 |
| 64 | IALA 组织性质转变研究 | 孔庆江 | 国际法学院 | 交通运输部北海航海保障中心天津航测科技中心 | 20.79 |
| 65 | 1945－1949 年国民党政府与南海有关行为的国际法意义 | 孔庆江 | 国际法学院 | 中央办公厅警卫局 | 10 |
| 66 | 我国周边海洋争端提交国际司法或仲裁程序涉管辖权问题研究 | 孔庆江 | 国际法学院 | 中央办公厅警卫局 | 10 |
| 67 | 新形势下外商投资法律体系建设研究 | 孔庆江 | 国际法学院 | 国家发展和改革委员会 | 67.993406 |
| 68 | 郑绵平学术成长资料采集 | 孔祥宇 | 马克思主义学院 | 北京科技咨询中心 | 15 |
| 69 | 网络知识产权保护问题研究 | 来小鹏 | 民商经济法学院 | 中国网络空间研究院 | 8 |
| 70 | 开展中新广州知识城知识产权运用与保护综合改革试验相关工作研究 | 来小鹏 | 民商经济法学院 | 国家知识产权局 | 15 |
| 71 | 巴黎协定遵约机制有关问题和建议方案研究 | 兰　花 | 国际法学院 | 国家发展和改革委员会 | 10 |
| 72 | 2016“金融创新与金融消费者权益保护教育实施路径”研究 | 李爱君 | 互联网金融法律研究院 | 普信恒业科技发展有限公司 | 100 |
| 73 | 互联网风险防范与多元化监管 | 李爱君 | 互联网金融法律研究院 | 北京中国网转传播有限公司 | 27.6 |
| 74 | 互联网金融创新及运营合法合规研究 | 李爱君 | 互联网金融法律研究院 | 深圳市鹏鼎创盈金融信息服务股份有限公司 | 25 |

续表

| 序号 | 项目名称 | 负责人 | 承担部门 | 项目来源 | 进账额（万元） |
|---|---|---|---|---|---|
| 75 | 鑫合汇互联网金融创新与应用研究 | 李爱君 | 互联网金融法律研究院 | 杭州鑫合汇网络科技有限公司 | 10 |
| 76 | 互联网金融创新合规研究 | 李爱君 | 民商经济法学院 | 上海你我贷金融信息服务有限公司 | 10 |
| 77 | 我国老年人权益保障现状与对策研究 | 李　超 | 商学院 | 全国老龄工作委员会 | 8 |
| 78 | 推进网络安全领域军民融合的法律困境及其消解 | 李德顺 | 人文学院 | 北京奇虎科技有限公司 | 6 |
| 79 | FTA 及 BIT 中环境章节程序性事项研究 | 李居迁 | 国际法学院 | 环境保护部环境与经济政策研究中心 | 5 |
| 80 | 海洋法法庭船舶迅速释放案例研究 | 李居迁 | 国际法学院 | 国家海洋局海洋发展战略研究所 | 8 |
| 81 | 高校思想政治教育家校合作新途径的探索——家长委员会制度的构建 | 李　蕾 | 学生处 | 中共北京市委教工委 | 0.5 |
| 82 | 欧洲伊斯兰极端主义蔓延背景下的中欧关系研究 | 李群英 | 政治与公共管理学院 | 外交部 | 2.8 |
| 83 | 证据规则与价格认定的关系研究 | 李曙光 | 民商经济法学院 | 国家发展和改革委员会价格认证中心 | 8 |
| 84 | 国民经济动员立法研究 | 李卫海 | 法学院 | 国家发展和改革委员会 | 20 |
| 85 | 中国政法大学安保和法律研究中心建设论证报告及相关会议 | 李卫海 | 法学院 | 华信中安（北京）保安服务有限公司 | 30 |
| 86 | 军民融合发展战略与国民经济动员立法 | 李卫海 | 法学院 | 北京市法学会 | 2 |
| 87 | 招标投标法和政府采购法在公共资源交易中的规制和完善 | 李显冬 | 民商经济法学院 | 北京筑龙信息技术有限责任公司 | 1.2 |
| 88 | 公共资源交易背景下矿业权出让 | 李显冬 | 民商经济法学院 | 山西财经大学 | 1.8 |
| 89 | 我国公立高校权力运行机制研究 | 李秀云 | 光明新闻传播学院、学校办公室 | 北京党建研究会 | 0.5 |

续表

| 序号 | 项目名称 | 负责人 | 承担部门 | 项目来源 | 进账额（万元） |
| --- | --- | --- | --- | --- | --- |
| 90 | 特别法人 | 李永军 | 民商经济法学院 | 北京大成律师事务所 | 20 |
| 91 | 中国司法案例网项目 | 栗　峥 | 国家治理研究院 | 北京华宇信息技术有限公司 | 60 |
| 92 | 数据安全研究 | 栗　峥 | 国家治理研究院 | 贵阳市公安局 | 29.5 |
| 93 | 大数据战略与创新发展 | 栗　峥 | 国家治理研究院 | 贵阳创新驱动发展战略研究院 | 200 |
| 94 | 数据开放与隐私保护研究 | 栗　峥 | 国家治理研究院、科研处 | 贵州省贵阳市智行大数据发展基金会 | 20 |
| 95 | 贵阳市人大常委会战略合作项目 | 栗　峥 | 国家治理研究院、科研处 | 贵阳市人民代表大会常务委员会办公厅 | 31.815 |
| 96 | 国际法之国家责任理论与实践研究 | 林灿铃 | 国际法学院 | 重庆祥恒建筑劳务有限公司 | 22 |
| 97 | 中华民族共同体认同研究 | 林存光 | 政治与公共管理学院 | 中央社会主义学院 | 7 |
| 98 | 国外政党构建党内政治文化的得失及启示 | 林德山 | 政治与公共管理学院 | 中共中央对外联络部 | 3 |
| 99 | 常州市法治政府建设评估研究项目 | 林鸿潮 | 民商经济法学院 | 常州市政府法制办 | 20 |
| 100 | 广州市法治政府建设推进与创新 | 林鸿潮 | 法治政府研究院 | 广州市政府法制办 | 8 |
| 101 | 《海洋灾害防御条例》立法空白、条例建议稿以及立法说明 | 林鸿潮 | 法治政府研究院 | 国家海洋局预报减灾司 | 15 |
| 102 | 全面推进朝阳区法治建设的实施意见研究 | 林鸿潮 | 法治政府研究院 | 中共北京市朝阳区政法委员会 | 19 |
| 103 | 综合减灾立法研究 | 林鸿潮 | 法治政府研究院 | 民政部救灾司 | 12 |
| 104 | 从推进依法行政重要制度的执行论法制机构职责作用的发挥及人员素质的提升 | 林鸿潮 | 法治政府研究院 | 北京市朝阳区法制办 | 10 |

续表

| 序号 | 项目名称 | 负责人 | 承担部门 | 项目来源 | 进账额（万元） |
|---|---|---|---|---|---|
| 105 | 海洋灾害立法与海洋防灾减灾体制机制改革研究 | 林鸿潮 | 法治政府研究院 | 国家海洋局预报减灾司 | 20 |
| 106 | 朝阳区危房改造遗留项目法律问题研究 | 林　华 | 法治政府研究院 | 北京市朝阳区法制办 | 30 |
| 107 | 政府信息和政务公开第三方评估 | 林　华 | 法治政府研究院 | 北京市民政局 | 7 |
| 108 | 北京市朝阳区法治政府评估 | 林　华 | 法治政府研究院 | 北京朝阳区法制办 | 30 |
| 109 | 网信行政执法案例分析研究 | 林　华 | 法治政府研究院 | 北京市互联网信息办公室 | 8 |
| 110 | 互联网领域中的行政审批研究 | 林　华 | 法治政府研究院 | 百度在线网络技术公司 | 10 |
| 111 | 创新机制有效推进台州法治政府建设 | 林　华 | 法治政府研究院 | 台州市人民政府法制办 | 7.5 |
| 112 | 人格权法研究 | 刘承韪 | 比较法学研究院 | 里仁律师事务所 | 5 |
| 113 | 政府特许经营项目协议变更、股权转让与经营权质押问题研究 | 刘承韪 | 比较法学研究院 | 国家发展和改革委员会 | 5 |
| 114 | 国家公园立法研究 | 刘红婴 | 法学院 | 河仁慈善基金会 | 12 |
| 115 | 反垄断法与大数据 | 刘　华 | 外国语学院 | 美国富士高咨询公司 | 3.37535 |
| 116 | 互联网不正当竞争行为研究 | 刘继峰 | 民商经济法学院 | 北京奇虎科技有限公司 | 6 |
| 117 | 互联网企业发展中的反垄断和反不正当竞争与政府管理相关法律问题研究 | 刘继峰 | 民商经济法学院 | 中国网络空间研究院 | 14 |
| 118 | 依法治国视野下加强人大新闻宣传工作法治化探索 | 刘　杰 | 宣传部 | 北京市昌平区人民代表大会制度理论研究会 | 0.4 |
| 119 | 财产刑执行法律监督研究 | 刘　玫 | 刑事司法学院 | 北京市法学会 | 2.5 |
| 120 | 北京市卫生法规体系与十年立法规划研究 | 刘　莘 | 法学院 | 北京市卫生和计划生育委员会 | 12.6 |

续表

| 序号 | 项目名称 | 负责人 | 承担部门 | 项目来源 | 进账额（万元） |
|---|---|---|---|---|---|
| 121 | 票据法律适用疑难问题研究 | 刘心稳 | 民商经济法学院 | 北京天驰君泰律师事务所 | 25 |
| 122 | 2014－2016年度北京市医疗纠纷形势研究 | 刘　鑫 | 证据科学研究院 | 北京市卫生和计划生育委员会 | 20 |
| 123 | 法治医院建设研究 | 刘　鑫 | 证据科学研究院 | 北京市卫生和计划生育委员会 | 10.5 |
| 124 | 改善政法舆情生态环境研究 | 刘徐州 | 光明新闻传播学院 | 中央政法委 | 5 |
| 125 | 北京市属媒体涉法报道内容研究 | 刘徐州 | 光明新闻传播学院 | 北京市新闻工作者协会 | 3 |
| 126 | 铁路“七五”普法宣传（第一期） | 刘　杨 | 法学院 | 国家体路局科技与法制司 | 60 |
| 127 | “一带一路”知识产权发展布局研究 | 刘　瑛 | 民商经济法学院 | 深圳伟宁法律服务有限公司 | 5 |
| 128 | 中国周边安全问题研究 | 刘长敏 | 政治与公共管理学院 | 北京拓展文化协会 | 10 |
| 129 | 职务犯罪智能评估关键技术研究 | 刘振宇 | 科学技术教学部 | 南方科技大学 | 84.95 |
| 130 | 互联网纠纷调解与法律服务2017 | 刘智慧 | 民商经济法学院 | 首都互联网协会 | 25 |
| 131 | 国家标准版权使用与保护政策研究 | 柳经纬 | 比较法学研究院 | 国家标准化管理委员会 | 15 |
| 132 | 北京市企业高管劳动争议解决方案研究 | 娄　宇 | 民商经济法学院 | 北京市法学会 | 1.5 |
| 133 | 比较法视野下的保险纠纷多元化解决机制研究 | 娄　宇 | 民商经济法学院 | 中国保险学会 | 1.4 |
| 134 | 信访大数据应用与北京市信访和社会矛盾治理机制研究 | 卢春龙 | 政治与公共管理学院、教务处 | 中共北京市委北京市人民政府信访办公室 | 14 |
| 135 | 高校与校办企业剥离的风险防控问题研究 | 罗晓季 | 资产管理处 | 北京市高等教育学会技术物资研究分会 | 1 |

续表

| 序号 | 项目名称 | 负责人 | 承担部门 | 项目来源 | 进账额（万元） |
| --- | --- | --- | --- | --- | --- |
| 136 | “社会治理动态监测平台及深度观察点网络建设”项目——社会组织案例库建设和分析 | 吕　芳 | 政治与公共管理学院 | 民政部社会福利与社会进步研究所 | 9 |
| 137 | 国际刑事审判中的程序规则 | 马呈元 | 国际法学院 | 北京市中诚友联律师事务所 | 3.42107 |
| 138 | 北京市公证机构改革调研及方案 | 马宏俊 | 法学院 | 北京市公证协会 | 10.8 |
| 139 | 加强农业领域审批权的监督研究 | 马怀德 | 法治政府研究院 | 农业部办公厅 | 20 |
| 140 | 新时代金融市场法治建设 | 梅慎实 | 民商经济法学院 | 北京市隆安律师事务所 | 5 |
| 141 | 案例教学视频制作 | 慕凤丽 | 商学院 | 教育部学位与研究生教育发展中心 | 29.58 |
| 142 | 拉美外国投资法研究 | 潘　灯 | 比较法学研究院 | 北京人富律师事务所 | 20 |
| 143 | WTO 模拟法庭研究 | 祁　欢 | 国际法学院 | 中国法学会世界贸易组织法研究会 | 5 |
| 144 | 反垄断法下的拒绝交易分析 | 祁　欢 | 国际法学院 | 富尔德律师事务所（英） | 3.436187 |
| 145 | 中国刑法总论基本问题研究 | 阮齐林 | 刑事司法学院 | 北京市法立律师事务所 | 10 |
| 146 | 大兴区“集体经营性建设用地试点改革”研究 | 时建中 | 民商经济法学院、图书馆 | 北京市大兴区人民政府法制办公室 | 10 |
| 147 | 反不正当竞争法修订的重大问题研究 | 时建中 | 民商经济法学院、图书馆 | 北京市京东世纪贸易有限公司 | 15 |
| 148 | 出口管制与 WTO 安全例外规则研究 | 史晓丽 | 国际法学院 | 中国法学会世界贸易组织法研究会 | 2 |
| 149 | 价格听证会消费者参加人遴选工作方案研究 | 孙　颖 | 民商经济法学院 | 北京阳光消费大数据技术研究院 | 5 |
| 150 | 京津冀消费者协会维权体系建设研究 | 孙　颖 | 民商经济法学院 | 北京市消费者协会 | 7.8 |

续表

| 序号 | 项目名称 | 负责人 | 承担部门 | 项目来源 | 进账额（万元） |
|---|---|---|---|---|---|
| 151 | 互联网公司涉民事纠纷的司法判决调研项目 | 陶　乾 | 法律硕士学院 | 深圳市腾讯计算机系统有限公司 | 4 |
| 152 | 首都国家安全司法保障机制调研 | 汪海燕 | 刑事司法学院 | 北京市法学会 | 16.68 |
| 153 | 舆情引导问题研究 | 汪海燕 | 刑事司法学院 | 北京市法学会 | 5 |
| 154 | 证据裁判原则在刑事司法实践中的应用研究 | 汪诸豪 | 证据科学研究院 | 浙江省衢州市常山县人民检察院 | 10 |
| 155 | 《消费者权益保护法实施条例》的若干问题研究 | 王伯潇 | 民商经济法学院 | 中国消费者协会 | 6 |
| 156 | 2016年环境执法大练兵专家评审 | 王灿发 | 民商经济法学院 | 环保护环境规划院 | 57 |
| 157 | 环境法律能力建设项目——公益诉讼法律能力建设项目 | 王灿发 | 民商经济法学院 | 中兴通讯公益基金会 | 15 |
| 158 | 《自然保护区条例》立法后评估 | 王灿发 | 民商经济法学院 | 环境保护部自然生态保护司 | 30 |
| 159 | 环境保护行政许可标准化研究 | 王灿发 | 民商经济法学院 | 环境保护部政策法规司 | 20 |
| 160 | 违法处罚方式方法研究与修法建议 | 王灿发 | 民商经济法学院 | 中国环境科学研究院 | 10 |
| 161 | 亚非环境执法研究 | 王灿发 | 民商经济法学院 | 联合国环境规划署 | 3.99798 |
| 162 | 美国海洋法律法规体系研究 | 王灿发 | 民商经济法学院 | 国家海洋局 | 10 |
| 163 | 领事认证代办问题研究 | 王成栋 | 法学院 | 外交部领事司 | 1 |
| 164 | 北京青年法律工作者职业现状研究 | 王洪松 | 民商经济法学院 | 北京市国睿律师事务所 | 20 |
| 165 | 《市场准入负面清单草案（试点版）》评估 | 王洪松 | 民商经济法学院 | 国家发展和改革委员会 | 20 |
| 166 | 《市场准入负面清单草案（试点版）》修订准则与范例研究 | 王洪松 | 民商经济法学院 | 国家发展和改革委员会 | 10 |

续表

| 序号 | 项目名称 | 负责人 | 承担部门 | 项目来源 | 进账额（万元） |
|---|---|---|---|---|---|
| 167 | 法律服务认可方案研究与应用 | 王进喜 | 证据科学研究院 | 中国质量认证中心 | 12 |
| 168 | “北京市朝阳区律师协会发展现状及五年发展规划（2018－2022）”建议稿初步研究计划 | 王进喜 | 证据科学研究院 | 北京市朝阳区律师协会 | 15 |
| 169 | 居民健康信息服务重点法律问题研究 | 王敬波 | 法治政府研究院 | 国家卫生和计划生育委员会 | 10.5 |
| 170 | 中国海警局法律专家服务合同 | 王敬波 | 法治政府研究院 | 中国海警局 | 20 |
| 171 | 首都食品药品安全监管法制人才能力提升项目 | 王敬波 | 法治政府研究院 | 北京市食品药品监督管理局 | 40 |
| 172 | 基层政府法制工作创新 | 王敬波 | 法治政府研究院 | 广州市越秀区政府法制办 | 19 |
| 173 | 北京市到期墓穴管理研究 | 王敬波 | 法治政府研究院 | 北京市民政局 | 2.4 |
| 174 | 首都环境建设检查考评标准编制 | 王敬波 | 法治政府研究院 | 北京市城市管理委员会 | 33.95 |
| 175 | 张家口市 2017 年度立法项目（6） | 王敬波 | 法治政府研究院 | 张家口市人民政府法制办公室 | 12.5 |
| 176 | 2017 年政务公开评估 | 王敬波 | 法治政府研究院 | 国务院办公厅 | 29.4 |
| 177 | 分享经济背景下网络互助保险法律规制研究 | 王　萍 | 民商经济法学院 | 中国法学会 | 4.2 |
| 178 | 知识产权质押融资型科研保障制度研究 | 王　萍 | 民商经济法学院 | 北京航空航天大学 | 3 |
| 179 | 南宁市法治政府建设课题研究服务项目 | 王青斌 | 法治政府研究院 | 南宁市人民政府法制办公室 | 45 |
| 180 | 依法分类处理信访诉求工作机制研究 | 王青斌 | 法治政府研究院 | 国家工商行政管理总局 | 8 |
| 181 | 食品安全惩罚性赔偿制度实施研究 | 王青斌 | 法治政府研究院 | 国家食品药品监督管理总局 | 6 |
| 182 | 北京市地方性法规和政府规章立法存在的问题研究 | 王青斌 | 法治政府研究院 | 北京市政府法制办公室 | 5 |
| 183 | 制定《北京市医疗器械监督管理办法》研究 | 王青斌 | 法治政府研究院 | 北京市食品药品监督管理局 | 40 |

续表

| 序号 | 项目名称 | 负责人 | 承担部门 | 项目来源 | 进账额（万元） |
| --- | --- | --- | --- | --- | --- |
| 184 | 通州区人民政府法治政府建设评估研究项目 | 王青斌 | 法治政府研究院 | 通州市人民政府法制办公室 | 20 |
| 185 | 全国公路交通出行服务产品指标体系研究与设计及行业影响力评估 | 王天铮 | 光明新闻传播学院 | 交通运输部路网监测与应急处置中心 | 28 |
| 186 | 民营企业社会信用研究 | 王卫国 | 民商经济法学院 | 全国工商联 | 8 |
| 187 | 市场要素邮政用品用具监管政策研究 | 王　蔚 | 法学院 | 邮政科学研究规划院 | 10.325 |
| 188 | 我国知识产权执法与司法协作机制研究 | 王夏昊 | 法学院 | 国家知识产权局 | 5 |
| 189 | 国际铁路联运公约问题研究 | 王夏昊 | 法学院 | 国家铁路局科技与法制司 | 50 |
| 190 | 法医临床学视野检测规范 | 王　旭 | 证据科学研究院 | 司法部司法鉴定局 | 5 |
| 191 | 基于ICF编码的法医学伤残评定标准研究 | 王　旭 | 证据科学研究院 | 上海市刑事科学技术研究院 | 10 |
| 192 | 创新驱动发展法律法规体系研究 | 王　涌 | 民商经济法学院 | 科技部 | 28 |
| 193 | 海淀区农村产权交易研究 | 王玉梅 | 民商经济法学院 | 北京市海淀区政协 | 4.8 |
| 194 | 俄罗斯外商投资法规政策问题研究 | 王志华 | 比较法学研究院 | 国家发展和改革委员会 | 20 |
| 195 | 全国食品药品稽查执法案例选编2017 | 王志永 | 法学院 | 国家食品药品投诉举报中心 | 12 |
| 196 | 贵阳政法大数据办案系统法律数据研究 | 卫跃宁 | 刑事司法学院 | 贵阳创新驱动发展战略研究院 | 20 |
| 197 | 法律翻译（英译汉）教学案例建设 | 魏　蘅 | 外国语学院 | 全国翻译专业学位研究生教育指导委员会 | 1 |
| 198 | “一带一路”中国企业创新与国际化研究 | 巫云仙 | 商学院 | 中新广视（北京）国际教育科技有限公司 | 22 |

续表

| 序号 | 项目名称 | 负责人 | 承担部门 | 项目来源 | 进账额（万元） |
|---|---|---|---|---|---|
| 199 | 法律援助立法重大疑难问题研究 | 吴宏耀 | 诉讼法学院、教务处 | 司法部法律援助中心 | 198 |
| 200 | 法律援助立法 | 吴宏耀 | 诉讼法学院、教务处 | 司法部法律援助司 | 40 |
| 201 | 互联网时代思想政治理论课教学话语创新研究 | 吴韵曦 | 马克思主义学院 | 中共北京市委教工委 | 5 |
| 202 | 运用网络话语提升大学生思想政治和教育亲和力研究 | 吴韵曦 | 马克思主义学院 | 中共北京市委教育工作委员会 | 1 |
| 203 | 市场监管的国际经验与我国市场监管体系的构建 | 席　涛 | 法与经济学研究院 | 国家工商行政管理总局 | 27 |
| 204 | 军队遂行国际救援任务法律保障问题研究 | 肖凤城 | 法学院 | 中央军委法制局 | 5 |
| 205 | 中国百年企业数据库及近代传统商业文化现代化研究 | 熊金武 | 商学院 | 用友公益基金会 | 12 |
| 206 | 中外企业家和企业家精神研究 | 熊金武 | 商学院 | 中盛华亨科技发展（北京）有限公司 | 10 |
| 207 | 首都高校网络思想政治教育实效性模式研究——以微信公众平台为例 | 熊元林 | 学生处 | 中共北京市委教工委 | 0.5 |
| 208 | 残疾人福利条例立法论证 | 徐　爽 | 人权研究院 | 中国残疾人联合会 | 7 |
| 209 | 多层次资本市场改革与“新三板”自律监管问题的实证研究 | 徐文鸣 | 法与经济学研究院 | 东北证券股份有限公司 | 8 |
| 210 | 养老服务模式创新研究调研项目 | 徐　妍 | 比较法学研究院 | 北京市教育工委、北京科技大学 | 0.5 |
| 211 | “一带一路”国别法律研究（孟加拉）项目 | 徐　妍 | 比较法学研究院 | 中国国际贸易促进委员会 | 5 |
| 212 | 我国都市养老服务模式规范化与法治化研究 | 徐　妍 | 比较法学研究院 | 北京新视野公司 | 10 |
| 213 | 金融营改增运行效应评估分析 | 徐　妍 | 比较法学研究院 | 国家税务局税收科学研究所 | 9 |

续表

| 序号 | 项目名称 | 负责人 | 承担部门 | 项目来源 | 进账额（万元） |
| --- | --- | --- | --- | --- | --- |
| 214 | 京津冀协发展中的税制协调法律问题研究 | 徐　妍 | 比较法学研究院 | 北京社科联 | 2 |
| 215 | 台湾地区年金改革研究 | 徐　妍 | 比较法学研究院 | 中国法学会 | 4.2 |
| 216 | 养老公证理论与实证比较研究 | 杨　军 | 全球化与全球问题研究所 | 北京中信公证处 | 20 |
| 217 | 知识产权视角下非遗生产性保护机制研究：以北京非遗生产性保护机制研究：以北京非遗为考察对象 | 杨利华 | 民商经济法学院 | 北京恒都律师事务所 | 8 |
| 218 | 奥运会背景下奥林匹克法制研究 | 杨素娟 | 民商经济法学院 | 北京市法学会 | 2.5 |
| 219 | 我国法制宣传教育理论与实践研究 | 姚国建 | 法学院 | 北京明法文化传播有限公司 | 20 |
| 220 | 烟草控制项目 | 应松年 | 法治政府研究院 | 无烟草青少年运动基金会 | 18.400047 |
| 221 | 行政处罚、行政许可、行政执行三法与地方立法权的关系 | 应松年 | 法治政府研究院 | 全国人大常委会法律工作委员会 | 7 |
| 222 | 社会调查2017 | 应　星 | 社会学院 | 国家发展和改革委员会经济体制与管理研究所 | 30 |
| 223 | 北京市村居法律顾问制度实施现状调研 | 于　冲 | 刑事司法学院 | 北京市委教育工作委员会 | 0.5 |
| 224 | 农村集体经济组织法律地位研究 | 于　飞 | 民商经济法学院 | 农业部农村经济体制与经营管理司 | 10 |
| 225 | 基于人工智能的企业流程化方案研究 | 于　淼 | 商学院 | 北京启冠智能科技股份有限公司 | 5 |
| 226 | 防范和打击网络新型违法犯罪研究 | 于志刚 | 刑事司法学院 | 中国法学会 | 7 |
| 227 | 综合监管与行业监管的职责定位及其边界研究 | 于志刚 | 刑事司法学院 | 国家安全生产监督管理总局 | 14 |

续表

| 序号 | 项目名称 | 负责人 | 承担部门 | 项目来源 | 进账额（万元） |
| --- | --- | --- | --- | --- | --- |
| 228 | 刑事诉讼审判中心改革下的辩护制度研究 | 元　铁 | 比较法学研究院 | 山西金强律师事务所 | 51 |
| 229 | 十八大以来习近平总书记青年人才思想研究 | 袁　芳 | 马克思主义学院 | 中共北京市委教育工作委员会 | 2 |
| 230 | 基于大数据统计的全同胞关系推断关键技术研究 | 袁　丽 | 证据科学研究院 | 公安部物证鉴定中心 | 9 |
| 231 | 基于“科学证据与理性思维”的化学与生命科学领域翱翔学员培育体系构建 | 袁　丽 | 证据科学研究院 | 北京市教育科学研究院 | 80 |
| 232 | 经济新常态下法学专业学生创新创业教育模式研究 | 岳红池 | 法学院 | 北京市教工委 | 0.5 |
| 233 | 北京优秀传统文化传承创新与文化走出问题研究 | 臧小戈 | 人文学院 | 北京市教工委 | 0.5 |
| 234 | 中美药师法律制度比较研究 | 翟宏丽 | 民商经济法学院 | 四川医事卫生法治研究中心 | 1 |
| 235 | 药师法基本理论问题研究 | 翟宏丽 | 民商经济法学院 | 武田（中国）投资有限公司 | 16 |
| 236 | 部分国家和地区印花税编译 | 翟继光 | 民商经济法学院 | 北京市地方税务局 | 3.25 |
| 237 | 北京市地方税务局税收案例研究（第二辑） | 翟继光 | 民商经济法学院 | 北京市地方税务局 | 4 |
| 238 | 关于建立税务法庭的思考 | 翟继光 | 民商经济法学院 | 北京市地方税务局 | 2.5 |
| 239 | 信访视角下北京市公共政策制定与执行 | 翟校义 | 政治与公共管理学院 | 北京市委市政府信访办 | 14 |
| 240 | 朝阳区信访工作体系研究 | 翟校义 | 政治与公共管理学院 | 北京朝阳区区委区政府信访办 | 20 |
| 241 | 南充市法治政府建设评估报告 | 詹承豫 | 法治政府研究院 | 四川省南充市人民政府法制办公室 | 30 |
| 242 | 法律英语助推“一带一路”战略实施研究 | 张法连 | 外国语学院 | 北京外国语大学中国外语教育研究中心、外语教学与研究出版社有限责任公司 | 0.5 |

续表

| 序号 | 项目名称 | 负责人 | 承担部门 | 项目来源 | 进账额（万元） |
| --- | --- | --- | --- | --- | --- |
| 243 | 中国互联网平台知识产权治理问题研究 | 张　今 | 民商经济法学院 | 腾讯科技（北京）有限公司 | 3 |
| 244 | 中华法律传统的反思、传承和发展研究 | 张晋藩 | 法律史学研究院 | 中华司法研究会 | 7.5 |
| 245 | 托育服务机构市场准入管理机制研究 | 张　力 | 法学院 | 国家卫生和计划生育委员会 | 7.4 |
| 246 | 中国企业海外投资风险与争端解决研究 | 张丽英 | 国际法学院 | 乔治华盛顿大学法学院 | 17.160941 |
| 247 | 北京市平谷区打击砂石盗采执法状况评估（2012－2016） | 张　莉 | 法治政府研究院 | 北京市平谷区人民政府办公室 | 5 |
| 248 | 天津市区县街道综合执法改革试点评估 | 张　莉 | 法治政府研究院 | 天津市人民政府办公厅 | 19.5 |
| 249 | 民政行政处罚中违法行为构成要件研究 | 张　莉 | 法治政府研究院 | 北京市民政局 | 2.1 |
| 250 | 我国公开征集投票权规范性研究 | 张钦昱 | 商学院 | 中证中小投资者服务中心 | 5 |
| 251 | 首都社会发展研究 | 张　森 | 光明新闻传播学院 | 北京市人大常委会 | 13 |
| 252 | 司法会计鉴定现有技术标准研究 | 张苏彤 | 民商经济法学院 | 中国注册会计师协会 | 1.5 |
| 253 | 《2016年国别人权报告》翻译 | 张　伟 | 人权研究院 | 中共中央宣传部 | 4 |
| 254 | 国际人道法暑期教师高级研究项目（2017） | 张　伟 | 人权研究院 | 红十字国际委员会东亚地区代表处 | 3.0537 |
| 255 | 健康权白皮书撰写及专题研究 | 张　伟 | 人权研究院 | 中宣部人权事务局 | 5 |
| 256 | 英文学术写作研究项目（2017） | 张　伟 | 人权研究院 | 荷兰博睿学术出版社 | 1.524545 |
| 257 | 数字货币等法律问题研究 | 张西峰 | 国际法学院 | 北京百尚家和商贸有限公司 | 6 |
| 258 | 首都高校思想政治教育新媒体平台建设的现状调查及思考 | 张永然 | 学生处 | 北京市教工委 | 1 |
| 259 | 对法医学体液（斑）检材RNA提取物质量评价及内参基因RNA的选择 | 赵　东 | 证据科学研究院 | 公安部物证鉴定中心 | 8 |

续表

| 序号 | 项目名称 | 负责人 | 承担部门 | 项目来源 | 进账额（万元） |
|---|---|---|---|---|---|
| 260 | 以微电影为载体的高校思想政治理论课互动式教学研究 | 赵卯生 | 马克思主义学院 | 中共北京市委教工委 | 1.5 |
| 261 | 《电子招标投标办法》法条解析与市场环境研判 | 赵　鹏 | 法治政府研究院 | 北京乐金系统集成有限公司 | 4.95 |
| 262 | 科技计划管理相关行政复议、行政诉讼案例研究 | 赵　鹏 | 法治政府研究院 | 中国科学技术发展战略研究院 | 12 |
| 263 | 检察机关提起行政诉讼试点工作评估报告研究项目 | 赵　鹏 | 法治政府研究院 | 最高人民检察院 | 15 |
| 264 | 北京市小型食品生产经营者立法研究 | 赵　鹏 | 法治政府研究院 | 北京市食品药品监督管理局 | 39.92 |
| 265 | 分享经济规制法律与问题研究 | 赵　鹏 | 法治政府研究院 | 淘宝（中国）软件有限公司 | 12 |
| 266 | 上海市浦东新区法治政府评估 | 赵　鹏 | 法治政府研究院 | 上海市浦东新区人民政府办公室 | 49 |
| 267 | 佛山行政执法绩效评估体系构建 | 赵　鹏 | 法治政府研究院 | 佛山市法制局 | 12 |
| 268 | 质检总局权力清单及责任清单目录编制 | 赵　鹏 | 法治政府研究院 | 国家质量监督检验检疫总局法规司 | 10 |
| 269 | 城市管理立法研究 | 赵　鹏 | 法治政府研究院 | 住房和城乡建设部城市监督管理局 | 18 |
| 270 | 《政府采购供应商投诉处理办法》修订立法评估 | 赵　鹏 | 法治政府研究院 | 财政部条法司 | 5 |
| 271 | 涉罪未成年人社会观护体系研究 | 赵天红 | 刑事司法学院 | 共青团湖北省委员会 | 3 |
| 272 | 核进出口法律法规与国家管控体制研究咨询服务 | 赵　威 | 国际法学院 | 中广核电有限公司 | 28 |
| 273 | 破产法的实施与公司法的适用 | 赵旭东 | 民商经济法学院 | 北京农商银行 | 10 |
| 274 | 构建商事制度的总体思路研究 | 赵旭东 | 民商经济法学院 | 国家工商行政管理总局 | 30 |
| 275 | 快递公司上市后监管措施完善研究 | 郑佳宁 | 民商经济法学院 | 国家邮政局 | 13.65 |

续表

| 序号 | 项目名称 | 负责人 | 承担部门 | 项目来源 | 进账额（万元） |
| --- | --- | --- | --- | --- | --- |
| 276 | 智能快件箱服务管理研究 | 郑佳宁 | 民商经济法学院 | 国家邮政局 | 17.91 |
| 277 | 北京春节庙会舆情监测与治理研究（2017） | 郑满宁 | 光明新闻传播学院 | 北京市龙潭公园管理处 | 0.72 |
| 278 | 网络舆情视域下的公共政策传播与舆情引导 | 郑满宁 | 光明新闻传播学院 | 北京市社会科学界联合会 | 2 |
| 279 | 农产品加工行业政策法律问题研究 | 周　昀 | 民商经济法学院 | 农业部规划设计研究院 | 10 |
| 280 | 《日内瓦公约》共同第三条评注翻译及校对 | 朱利江 | 国际法学院 | 红十字国际委员会东亚地区代表处 | 2.133928 |
| 281 | 关于国际司法和仲裁研究机构的司法政策研究 | 朱利江 | 国际法学院 | 国家海洋局 | 7 |
| 282 | 帕尔马斯群岛和加纳科特迪瓦海域划界案研究 | 朱利江 | 国际法学院 | 国家海洋局国际合作司 | 10 |
| 283 | 广告监管执法疑难热点问题研究——互联网程序化购买广告的监管 | 朱　巍 | 光明新闻传播学院 | 国家工商行政管理总局经济监督管理中心 | 12 |
| 284 | 坚持依法治国和以德治国相结合 | 朱　勇 | 法律史学研究院 | 中国法学会 | 7 |

6. 2017 年中国政法大学校级科学研究项目一览表（44 项）

| 序号 | 项目名称 | 负责人 | 所在单位 | 项目类别 | 资助金额（万元） |
| --- | --- | --- | --- | --- | --- |
| 1 | 媒体融合背景下传播生态变迁与新型主流媒体构建研究 | 黄　金 | 光明新闻传播学院 | 规划项目 | 8 |
| 2 | 基本法功能的三个向度与实施机制的完善 | 姚国建 | 法学院 | 规划项目 | 8 |
| 3 | 网络服务提供者专利侵权责任研究 | 杨利华 | 民商经济法学院 | 规划项目 | 8 |
| 4 | 基于大数据的信访老户微观行为计算与治理政策模型研究 | 傅广宛 | 政治与公共管理学院 | 规划项目 | 8 |

续表

| 序号 | 项目名称 | 负责人 | 所在单位 | 项目类别 | 资助金额（万元） |
|---|---|---|---|---|---|
| 5 | 规范性和特殊性视角下的排污许可立法思路研究 | 胡　静 | 民商经济法学院 | 规划项目 | 8 |
| 6 | 全球治理与国家治理互动关系研究 | 刘贞晔 | 全球化与全球问题研究所 | 规划项目 | 8 |
| 7 | 行政程序与责任机制研究 | 王万华 | 诉讼法学研究院 | 规划项目 | 8 |
| 8 | 心肌缺血性病变中 FBW7 介导的泛素化调节机制的病理学研究 | 赵　东 | 证据科学研究院 | 规划项目 | 8 |
| 9 | 营商环境法治化研究 | 李建伟 | 民商经济法学院 | 规划项目 | 8 |
| 10 | 基于当代西方政治理论的民主条件研究 | 聂　露 | 政治与公共管理学院 | 规划项目 | 8 |
| 11 | 社会发展与媒介伦理问题研究 | 阴卫芝 | 光明新闻传播学院 | 规划项目 | 8 |
| 12 | 行政规范性文件的法治化研究 | 曹　鎏 | 法治政府研究院 | 规划项目 | 8 |
| 13 | 刑民交叉案件诉讼问题研究 | 纪格非 | 民商经济法学院 | 规划项目 | 8 |
| 14 | 全球伦理学 | 曹　兴 | 政治与公共管理学院 | 规划项目 | 8 |
| 15 | TPP 外部约束下我国融入国际价值链分工战略研究 | 于　淼 | 商学院 | 规划项目 | 8 |
| 16 | 反校园欺凌立法研究 | 徐久生 | 刑事司法学院 | 规划项目 | 8 |
| 17 | 公司法中公司地位的缺失与制度重构 | 朱晓娟 | 民商经济法学院 | 规划项目 | 8 |
| 18 | 全球化中的地方治理比较研究 | 杨　军 | 全球化与全球问题研究所 | 规划项目 | 8 |
| 19 | 中国话语体系建设与全球治理研究 | 孔庆江 | 国际法学院 | 规划项目 | 8 |
| 20 | 美国政教关系及其借鉴价值研究 | 李松锋 | 法学院 | 规划项目 | 8 |
| 21 | 太平天国宫廷史研究 | 刘　晨 | 马克思主义学院 | 青年项目 | 4 |
| 22 | 想象与情感：西方现代社会的道德基础研究 | 杨　璐 | 社会学院 | 青年项目 | 4 |
| 23 | 清律“共盗”问题的法文化研究 | 谢　晶 | 法学院 | 青年项目 | 4 |
| 24 | 中国边疆治理的全球维度：以人权理事会影子报告为例 | 杨　昊 | 全球化与全球问题研究所 | 青年项目 | 4 |
| 25 | 经验心理学视野下的儒家心性哲学 | 王觅泉 | 马克思主义学院 | 青年项目 | 4 |

续表

| 序号 | 项目名称 | 负责人 | 所在单位 | 项目类别 | 资助金额（万元） |
|---|---|---|---|---|---|
| 26 | 非时齐马氏过程的泛函不等式与遍历性 | 张　铭 | 科学技术教学部 | 青年项目 | 4 |
| 27 | 中国近代学科史研究 | 郑云艳 | 人文学院 | 青年项目 | 4 |
| 28 | “一带一路”战略下中国人权外交的话语体系建构 | 王理万 | 人权研究院 | 青年项目 | 4 |
| 29 | 纳入土地要素的空间经济理论研究及其政策应用探析 | 梁　涵 | 商学院 | 青年项目 | 4 |
| 30 | 汪辉祖的治理术及其政治关怀 | 姜金顺 | 人文学院 | 青年项目 | 4 |
| 31 | MMP－2/9在骨骼肌损伤时间推断中应用价值的探讨 | 于天水 | 证据科学研究院 | 青年项目 | 4 |
| 32 | 社会信任对创新的影响 | 陈艺名 | 商学院 | 青年项目 | 4 |
| 33 | 新媒体环境下医患暴力冲突议题的新闻生产机制研究 | 刘双庆 | 光明新闻传播学院 | 青年项目 | 4 |
| 34 | 米歇尔·维莱的实在论古典自然法研究 | 李　璐 | 人文学院 | 青年项目 | 4 |
| 35 | “一带一路”与南亚“能源贫困”治理——联合国发展目标的视角 | 王卓宇 | 政治与公共管理学院 | 青年项目 | 4 |
| 36 | 安全化理论视角下的“中国对外投资威胁论” | 张　飚 | 政治与公共管理学院 | 青年项目 | 4 |
| 37 | 网络恐怖主义的传播机制及舆论导向研究 | 聂书江 | 光明新闻传播学院 | 青年项目 | 4 |
| 38 | 科学证据鉴定意见可采性研究 | 曹　晶 | 证据科学研究院 | 青年项目 | 4 |
| 39 | 刑事证据信息化管理研究 | 李小恺 | 刑事司法学院 | 青年项目 | 4 |
| 40 | 传教士眼中的中国法律 | 王　静 | 人文学院 | 青年项目 | 4 |
| 41 | 历史上的法治和德治研究 | 朱　勇 | 法律史学研究院 | 专项项目 | 10 |
| 42 | 南海仲裁案的法律分析与后续对策 | 李居迁 | 国际法学院 | 专项项目 | 8 |
| 43 | 民法典编纂中合同法编重大立法问题研究 | 赵旭东 | 民商经济法学院 | 专项项目 | 10 |
| 44 | 对“两高”《办理贪污贿赂刑事案件适用法律若干问题的解释》精神解读 | 阮齐林 | 刑事司法学院 | 专项项目 | 2 |

7. 科研成果

(1) 学术专著、译著

| 序号 | 著作名称 | 第一作者 | 属单位 | 著作类型 | 出版单位 | 出版时间 |
|---|---|---|---|---|---|---|
| 1 | 北京市法律援助体系实证研究 | 袁 钢 | 法学院 | 独著 | 中国人民大学出版社 | 2017年12月 |
| 2 | 后劳教时代社会工作融入下的社区矫正——北京调查与思考 | 熊贵彬 | 社会学院 | 独著 | 中国社会出版社 | 2017年12月 |
| 3 | 民法典“占有与本权章”建议稿 | 隋彭生 | 民商经济法学院 | 独著 | 北京大学出版社 | 2017年12月 |
| 4 | 改革视野与理论品格 | 肖凤城 | 法学院 | 主编 | 中国政法大学出版社 | 2017年12月 |
| 5 | 多变规则视野下出口信贷法律制度研究 | 范晓波 | 国际法学院 | 独著 | 中国商务出版社 | 2017年12月 |
| 6 | 刑罚执行现代化：观念、制度与技术 | 王 平 | 刑事司法学院 | 独著 | 北京大学出版社 | 2017年12月 |
| 7 | 社会保障法请求权体系之构架 | 娄 宇 | 民商经济法学院 | 独著 | 中国政法大学出版社 | 2017年12月 |
| 8 | 国家公园制度解析 | 刘红婴 | 法学院 | 独著 | 知识产权出版社 | 2017年12月 |
| 9 | 中国民法典争鸣：柳经纬卷 | 柳经纬 | 比较法学研究院 | 独著 | 厦门大学出版社 | 2017年12月 |
| 10 | 知识产权法律诊所之运行研究 | 刘 瑛 | 民商经济法学院 | 独著 | 中国政法大学出版社 | 2017年11月 |
| 11 | 古汉语“言说”概念场词汇研究 | 杨凤仙 | 人文学院 | 独著 | 金琅学术出版社 | 2017年11月 |
| 12 | 民事诉讼专家辅助人制度研究 | 毕玉谦 | 民商经济法学院 | 第一作者 | 中国政法大学出版社 | 2017年10月 |
| 13 | 中西法律语言与文化对比研究 | 张法连 | 外国语学院 | 独著 | 北京大学出版社 | 2017年10月 |
| 14 | 北京市突发事件心理援助体系构建 | 王丽莉 | 政治与公共管理学院 | 独著 | 经济日报出版社 | 2017年10月 |

续表

| 序号 | 著作名称 | 第一作者 | 属单位 | 著作类型 | 出版单位 | 出版时间 |
|---|---|---|---|---|---|---|
| 15 | 中国司法文明指数调查数据挖掘报告 2015 | 张　中 | 证据科学研究院 | 第一作者 | 中国政法大学出版社 | 2017 年 10 月 |
| 16 | 近现代中日文化交流概说 | 孙　承 | 政治与公共管理学院 | 独著 | 中国政法大学出版社 | 2017 年 10 月 |
| 17 | 流域跨界污染纠纷调处机制研究 | 胡　静 | 民商经济法学院 | 独著 | 中国法制出版社 | 2017 年 10 月 |
| 18 | 股权转让研究 | 赵　威 | 国际法学院 | 独著 | 中国政法大学出版社 | 2017 年 9 月 |
| 19 | Essays on Energy Assets Management: Operations, Valuation, and Financing | 王大地 | 商学院 | 独著 | ProQuest | 2017 年 8 月 |
| 20 | 大学生生命价值理论与生命教育实践 | 王敬川 | 刑事司法学院 | 独著 | 知识产权出版社 | 2017 年 8 月 |
| 21 | 民法原理与实例研究第二册 | 戴孟勇 | 民商经济法学院 | 独著 | 中国政法大学出版社 | 2017 年 8 月 |
| 22 | 民事检察建议制度研究 | 吴岳翔 | 学生处（学生工作部\ 武装部） | 独著 | 法律出版社 | 2017 年 8 月 |
| 23 | 美国金融制度的历史变迁 | 巫云仙 | 商学院 | 独著 | 社会科学文献出版社 | 2017 年 8 月 |
| 24 | 法边际均衡论（修订版） | 刘少军 | 民商经济法学院 | 独著 | 中国政法大学出版社 | 2017 年 8 月 |
| 25 | 研究生思想政治教育研究 | 韩文生 | 法律硕士学院 | 独著 | 中国政法大学出版社 | 2017 年 8 月 |
| 26 | 文化治理：理论演进、西方模式与中国路径 | 张　森 | 光明新闻传播学院 | 独著 | 中国政法大学出版社 | 2017 年 8 月 |
| 27 | 从依法行政到建设法治政府—应松年文选 | 应松年 | 法治政府研究院 | 独著 | 中国政法大学出版社 | 2017 年 8 月 |
| 28 | 显学重光：墨学的近代转化 | 解启扬 | 马克思主义学院 | 独著 | 中国政法大学出版社 | 2017 年 8 月 |
| 29 | 高校篮球运动教学体系分析与创新研究 | 于建营 | 体育教学部 | 独著 | 中国商业出版社 | 2017 年 7 月 |

续表

| 序号 | 著作名称 | 第一作者 | 属单位 | 著作类型 | 出版单位 | 出版时间 |
|---|---|---|---|---|---|---|
| 30 | 中国古代监察法制史（修订版） | 张晋藩 | 法律史学研究院 | 主编 | 江苏人民出版社 | 2017 年 7 月 |
| 31 | 比较行政体制 | 潘小娟 | 政治与公共管理学院 | 独著 | 经济科学出版社 | 2017 年 7 月 |
| 32 | 传闻证据规则的理论与实践 | 刘　玫 | 刑事司法学院 | 第一作者 | 中国政法大学出版社 | 2017 年 7 月 |
| 33 | 明代白话小说法律资料研究 | 孙　旭 | 法律古籍整理研究所 | 独著 | 上海古籍出版社 | 2017 年 7 月 |
| 34 | 财税法基础理论研究 | 翟继光 | 民商经济法学院 | 独著 | 中国政法大学出版社 | 2017 年 7 月 |
| 35 | 实验总时间序与次序统计量的随机比较 | 王雅实 | 科学技术教学部 | 独著 | 中国政法大学出版社 | 2017 年 7 月 |
| 36 | Demand for Electricity: a case in South Korea | 刘婷文 | 商学院 | 独著 | Scholar's Press | 2017 年 6 月 |
| 37 | 法医 DNA 证据研究 | 袁　丽 | 证据科学研究院 | 独著 | 法律出版社 | 2017 年 6 月 |
| 38 | 应急产业及其人才培育研究 | 张永理 | 政治与公共管理学院 | 独著 | 知识产权出版社 | 2017 年 6 月 |
| 39 | 政府购买公共服务研究：中国实践与国际经验 | 吕　芳 | 政治与公共管理学院 | 第一作者 | 国家行政学院出版社 | 2017 年 6 月 |
| 40 | 自媒体繁荣背景下的政法舆情引导机制研究 | 王佳航 | 光明新闻传播学院 | 第一作者 | 中国政法大学出版社 | 2017 年 6 月 |
| 41 | New Bank Insolvency Law for China and Europe | 孔庆江 | 国际法学院 | 独著 | Eleven International Publishing | 2017 年 6 月 |
| 42 | 中国特色社会主义法治体系研究 | 黄　进 | 法学院 | 主编 | 中国政法大学出版社 | 2017 年 5 月 |
| 43 | 新教育场域的兴起 | 应　星 | 社会学院 | 独著 | 三联书店 | 2017 年 5 月 |
| 44 | “一带一路”战略下我国铁路走出去相关法律及对策研究 | 宣增益 | 国际法学院 | 独著 | 中国政法大学出版社 | 2017 年 5 月 |
| 45 | 互联网环境下的知识产权制度变迁 | 陈　健 | 民商经济法学院 | 独著 | 中国政法大学出版社 | 2017 年 5 月 |

续表

| 序号 | 著作名称 | 第一作者 | 属单位 | 著作类型 | 出版单位 | 出版时间 |
|---|---|---|---|---|---|---|
| 46 | 皇权下县：秦汉以来基层管理制度研究 | 张德美 | 法律史学研究院 | 独著 | 清华大学出版社 | 2017 年 5 月 |
| 47 | 法律职业的危机与改革 | 吴洪淇 | 证据科学研究院 | 独著 | 中国政法大学出版社 | 2017 年 4 月 |
| 48 | 应急管理中的协调机制研究 | 李卫海 | 法学院 | 第一作者 | 法律出版社 | 2017 年 4 月 |
| 49 | Algebraic aspects of compatible poisson structures | 张璞媚 | 商学院 | 独著 | Scholars'Press | 2017 年 4 月 |
| 50 | 说唱、唱本与票房：北京民间说唱研究 | 崔蕴华 | 人文学院 | 独著 | 商务印书馆 | 2017 年 4 月 |
| 51 | 反恐怖主义犯罪诉讼程序研究 | 罗海敏 | 诉讼法学研究院 | 独著 | 中国政法大学出版社 | 2017 年 4 月 |
| 52 | 刑事诉讼法解释研究 | 汪海燕 | 刑事司法学院 | 第一作者 | 中国政法大学出版社 | 2017 年 4 月 |
| 53 | 从文化产业到创意产业：澳大利亚创意产业发展模式研究 | 张宏伟 | 光明新闻传播学院 | 独著 | 经济科学出版社 | 2017 年 4 月 |
| 54 | 未成年人刑事司法社会支持机制研究 | 王贞会 | 诉讼法学研究院 | 第一作者 | 中国人民公安大学出版社 | 2017 年 4 月 |
| 55 | 中国法治政府发展报告(2016) | 马怀德 | 法治政府研究院 | 第一作者 | 社会科学文献出版社 | 2017 年 4 月 |
| 56 | 晚清职官法研究 | 李曙光 | 民商经济法学院 | 独著 | 法律出版社 | 2017 年 3 月 |
| 57 | 张彭春：世界人权体系的重要设计师 | 孙平华 | 外国语学院 | 独著 | 社会科学文献出版社 | 2017 年 3 月 |
| 58 | 司法公正的技术标准及方法保障 | 王夏昊 | 法学院 | 独著 | 中国政法大学出版社 | 2017 年 2 月 |
| 59 | 中国司法文明指数报告 2016 | 张保生 | 证据科学研究院 | 第一作者 | 中国政法大学出版社 | 2017 年 2 月 |
| 60 | 驯化利维坦——有限政府的一般理论 | 王建勋 | 法学院 | 独著 | 东方出版社 | 2017 年 1 月 |

续表

| 序号 | 著作名称 | 第一作者 | 属单位 | 著作类型 | 出版单位 | 出版时间 |
|---|---|---|---|---|---|---|
| 61 | 法治文化与法治新闻 | 刘斌 | 光明新闻传播学院 | 独著 | 社会科学文献出版社 | 2017年1月 |
| 62 | 美国贸易逆差对经济增长的作用机制 | 杨丽花 | 商学院 | 独著 | 人民出版社 | 2017年1月 |
| 63 | 法治的语境 | 王建芹 | 法学院 | 独著 | 中国政法大学出版社 | 2017年1月 |
| 64 | 清代法律体系辨析 | 刘广安 | 法律史学研究院 | 第一作者 | 中国政法大学出版社 | 2017年1月 |
| 65 | 委内瑞拉玻利瓦尔共和国刑事诉讼组织法典 | 潘　灯 | 比较法学研究院 | 合译 | 中国检察出版社 | 2017年8月 |
| 66 | 秦汉法制史研究 | 徐世虹 | 法律古籍整理研究所 | 合译 | 中西书局 | 2017年10月 |
| 67 | 亚洲法的多元性构造 | 赵　晶 | 法律古籍整理研究所 | 合译 | 中国政法大学出版社 | 2017年3月 |
| 68 | 民主之门：最高法院如何将“一人一票”制带到美国 | 胡小进 | 法学教育研究与评估中心 | 合译 | 上海社会科学院出版社 | 2017年4月 |
| 69 | 星球大战的世界 | 张　力 | 法学院 | 独译 | 中国政法大学出版社 | 2017年12月 |
| 70 | 推进正义的法律诊所教育 | 袁　钢 | 法学院 | 合译 | 中国人民大学出版社 | 2017年7月 |
| 71 | 法哲学导论 | 雷　磊 | 法学院 | 独译 | 中国政法大学出版社 | 2017年6月 |
| 72 | 法律与文学：可能性及其研究视角 | 刘　星 | 法学院 | 合译 | 中国政法大学出版社 | 2017年4月 |
| 73 | 欧洲统一专利与统一专利法院 | 张　南 | 民商经济法学院 | 合译 | 知识产权出版社 | 2017年10月 |
| 74 | 培根文集 | 杨宇冠 | 诉讼法学研究院 | 合译 | 中国政法大学出版社 | 2017年8月 |
| 75 | 刑法总论讲义 | 曾文科 | 刑事司法学院 | 独译 | 北京大学出版社 | 2017年12月 |

续表

| 序号 | 著作名称 | 第一作者 | 属单位 | 著作类型 | 出版单位 | 出版时间 |
|---|---|---|---|---|---|---|
| 76 | 德国刑法教科书 | 徐久生 | 刑事司法学院 | 独译 | 中国法制出版社 | 2017年7月 |
| 77 | 对抗制下的法律职业伦理 | 吴洪淇 | 证据科学研究院 | 独译 | 中国人民大学出版社 | 2017年8月 |
| 78 | 加拿大不列颠哥伦比亚省1998年法律职业法 | 王进喜 | 证据科学研究院 | 独译 | 中国法制出版社 | 2017年6月 |
| 79 | 苏格兰诉辩律师协会诉辩律师职业行为指引和惩戒规则 | 王进喜 | 证据科学研究院 | 独译 | 中国法制出版社 | 2017年6月 |
| 80 | 日本国际政治学（第一卷-第四卷） | 刘　星 | 政治与公共管理学院 | 合译 | 北京大学出版社 | 2017年1月 |
| 81 | 法哲学（菲尼斯文集） | 尹　超 | 法学教育研究与评估中心 | 独译 | 中国政法大学出版社 | 2017年8月 |
| 82 | 欧洲与德国经济法 | 张学哲 | 比较法学研究院 | 独译 | 法律出版社 | 2016年12月 |
| 83 | “一带一路”战略下央企重组整合研究 | 张　巍 | 商学院 | 独著 | 中国经济出版社 | 2016年8月 |
| 84 | 战争与和平法（第二卷） | 马呈元 | 国际法学院 | 合译 | 中国政法大学出版社 | 2016年9月 |
| 85 | 战争与和平法（第三卷） | 马呈元 | 国际法学院 | 合译 | 中国政法大学出版社 | 2017年10月 |
| 86 | Parteiautonomie im chinesisschen Internaitonalen Privatrecht | 薛　童 | 国际法学院 | 独著 | Peter Lang Verlag | 2016年8月 |
| 87 | Die Verfahrensgestaltung der Konzerninsolvenz in Deutschland und China | 葛平亮 | 民商经济法学院 | 独著 | Peter Lang Verlag | 2016年4月 |
| 88 | 行进中的中国刑事诉讼 | 吴宏耀 | 诉讼法学研究院 | 合著 | 人民日报出版社 | 2016年7月 |
| 89 | 现代竞技体育背景下传统武术教育与发展研究 | 赵　江 | 体育教学部 | 独著 | 中国商务出版社 | 2016年12月 |
| 90 | 五人制足球的推广与发展研究 | 贾海翔 | 体育教学部 | 独著 | 中国商业出版社 | 2016年10月 |

续表

| 序号 | 著作名称 | 第一作者 | 属单位 | 著作类型 | 出版单位 | 出版时间 |
| --- | --- | --- | --- | --- | --- | --- |
| 91 | 公共政策制定与公民参与研究 | 傅广宛 | 政治与公共管理学院 | 独著 | 中国社会科学出版社 | 2016年10月 |
| 92 | 农民民主权益保障政策研究 | 傅广宛 | 政治与公共管理学院 | 独著 | 中国社会科学出版社 | 2016年10月 |

（2）权威期刊论文

| 序号 | 论文名称 | 主要作者 | 所在单位 | 发表刊物 | 发表年期 |
| --- | --- | --- | --- | --- | --- |
| 1 | 中国古代社会基于人文精神的道德法律共同治理 | 朱　勇 | 法律史学研究院 | 中国社会科学 | 2017年第12期 |
| 2 | 事实、证据与事实认定 | 张保生 | 证据科学研究院 | 中国社会科学 | 2017年第8期 |
| 3 | 包需求合同的法理与适用 | 刘承韪 | 比较法学研究院 | 法学研究 | 2017年第1期 |
| 4 | Contesting Legitimacy in China: The Politics of Law in Modern Chinese Jurisprudence | 谢立斌 | 比较法学研究院 | Hong Kong Law Journal | 2016年11月 |
| 5 | 中国古代国家治理的重心 | 张晋藩 | 法律史学研究院 | 国家行政学院学报 | 2017年第4期 |
| 6 | 比例原则的普遍化与基本权利的性质 | 陈景辉 | 法学院 | 中国法学 | 2017年第5期 |
| 7 | 法律概念是重要的吗 | 雷　磊 | 法学院 | 法学研究 | 2017年第4期 |
| 8 | An Empirical Analysis of the Public Enforcement of Securities Law in China: Finding the Missing Piece of the Puzzle | 徐文鸣 | 法与经济学研究院 | European Business Organization Law Review | 2017年6月第18卷 |
| 9 | 行政审批制度改革的成效、问题与建议 | 马怀德 | 法治政府研究院 | 国家行政学院学报 | 2016年第3期 |
| 10 | 我国法治政府建设地区差异的定量分析 | 王敬波 | 法治政府研究院 | 法学研究 | 2017年第5期 |
| 11 | 习近平全球治理与国际法治思想研究 | 黄　进 | 国际法学院 | 中国法学 | 2017年第5期 |
| 12 | 为全面依法治国贡献力量 | 黄　进 | 国际法学院 | 人民日报 | 2017年7月 |
| 13 | The Necessity Test in World Trade Law: What Now? | 杜　明 | 国际法学院 | Chinese Journal of International Law | 2016年12月 |

续表

| 序号 | 论文名称 | 主要作者 | 所在单位 | 发表刊物 | 发表年期 |
|---|---|---|---|---|---|
| 14 | A Weak Formulation for Solving the Elliptic Interface Problems with Imperfect Contact | 石丽伟 | 科学技术教学部 | Adavances in Applied Mathematics and Mechanics | 2017 年 10 月第 9 卷 |
| 15 | A Numerical Method for Solving Two-Dimensional Elliptic Interface Problems with Nonhomogeneous Flux Jump Condition and Nonlinear Jump Condition | 石丽伟 | 科学技术教学部 | International Journal of Nonlinear Sciences and Numerical Simulation | 2017 年 6 月第 18 卷 |
| 16 | An improved non-traditional finite element formulation for solving three-dimensional elliptic interface problems | 石丽伟 | 科学技术教学部 | Computers & Mathematics with Applications | 2017 年 2 月 1 日第 73 卷 |
| 17 | A simple weak formulation for solving two – dimensional diffusion equation with local reaction on the interface | 石丽伟 | 科学技术教学部 | Computers and Mathematics with Applications | 2017 年 |
| 18 | Mechanical properties and crystalline structures of PPR modified by SEBS elastomer and rare – earth beta nucleating agent | 张红岩 | 科学技术教学部 | Chemical Papers | 2017 年 12 月，总第 71 卷 |
| 19 | The synthesis of novel Schiff base antioxidants to promote anti – thermal aging properties of natural rubber | 张红岩 | 科学技术教学部 | Chemical Papers | 2017 年 8 月第 71 卷 |
| 20 | 《资本论》与马克思主义基本原理体系研究——2017 年全国马克思主义基本原理研讨会综述 | 靳晓春 | 马克思主义学院 | 马克思主义研究 | 2017 年第 9 期 |
| 21 | “做”以成人：人之存在论问题中的工程存在论意蕴 | 张秀华 | 马克思主义学院 | 哲学研究 | 2017 年第 11 期 |
| 22 | 环境权的规范效力：可诉性和具体化 | 胡　静 | 民商经济法学院 | 中国法学 | 2017 年第 5 期 |

续表

| 序号 | 论文名称 | 主要作者 | 所在单位 | 发表刊物 | 发表年期 |
|---|---|---|---|---|---|
| 23 | 婚姻家庭立法的同一性原理——以婚姻家庭理念、形态与财产法律结构为中心 | 金 眉 | 民商经济法学院 | 法学研究 | 2017 年第 4 期 |
| 24 | 司法解散公司事由的实证研究 | 李建伟 | 民商经济法学院 | 法学研究 | 2017 年第 4 期 |
| 25 | 民法总则设置商法规范的限度及其理论解释 | 李建伟 | 民商经济法学院 | 中国法学 | 2016 年第 4 期 |
| 26 | 民法典的编纂与商事立法 | 赵旭东 | 民商经济法学院 | 中国法学 | 2016 年第 4 期 |
| 27 | 民法分则婚姻家庭编立法研究 | 夏吟兰 | 人权研究院 | 中国法学 | 2017 年第 3 期 |
| 28 | 洛克论“名义的本质”与“实在的本质” | 宫 睿 | 人文学院 | 哲学研究 | 2017 年第 12 期 |
| 29 | 价值独断主义的终结——从“电车难题”看桑德尔的公正论 | 李德顺 | 人文学院 | 哲学研究 | 2017 年第 2 期 |
| 30 | 当代哲学思维的变革和挑战 | 李德顺 | 人文学院 | 岭南学刊 | 2017 年第 1 期 |
| 31 | 正义的多面孔：马克思与罗尔斯 | 倪寿鹏 | 人文学院 | 哲学研究 | 2017 年第 8 期 |
| 32 | Performance appraisal in Western and local banks in China: the influence of firm ownership on the perceived importance of guanxi | 顾 凡 | 商学院 | International Journal of Human Resource Management | 2017 年第 28 卷 |
| 33 | Study on the impact of negative media coverage on stock prices of listed companies: Evidence from the liquor plasticizer event | 刘志雄 | 商学院 | 系统工程理论与实践 | 2017 年第 2 期第 37 卷 |
| 34 | Do United States manufacturing companies benefit from climate change mitigation technologies? | 王大地 | 商学院 | Journal of Cleaner Production | 2017 年 9 月 10 日第 161 卷 |

续表

| 序号 | 论文名称 | 主要作者 | 所在单位 | 发表刊物 | 发表年期 |
|---|---|---|---|---|---|
| 35 | Benchmarking the Performance of Solar Installers and Rooftop Photovoltaic Installations in California | 王大地 | 商学院 | Sustainability | 2017 年 8 月第 9 卷 |
| 36 | A Comparative Study of Firm-Level Climate Change Mitigation Targets in the European Union and the United States | 王大地 | 商学院 | Sustainability | 2017 年 4 月第 9 卷 |
| 37 | Assessment of large commercial rooftop photovoltaic system installations：Evidence from California | 王大地 | 商学院 | Applied Energy | 2017 年 2 月 15 日第 188 卷 |
| 38 | Efficency assessment and resource allocation for hospitals by data envelopment analysis | 王大地 | 商学院 | 2017 3rd International Conference on Information Management, ICIM 2017 | 2017 年 |
| 39 | The effects of sun – tracking on rooftop photovoltaic systems | 王大地 | 商学院 | IOP Conference Series：Earth and Environmental Science | 2017 年 |
| 40 | The optimization solutions method for customs risk with random dispatched model | 于　淼 | 商学院 | Journal of Intelligent & Fuzzy Systems | 2017 年第 33 卷 |
| 41 | Model for evaluating the E – commerce logistics service quality with hesitant fuzzy uncertain linguistic information | 于　淼 | 商学院 | Journal of Intelligent & Fuzzy Systems | 2017 年第 32 卷 |
| 42 | Conflict Resolution in Chinese Adolescents'Friendship：Links with Regulatory Focus and Friendship Satisfaction | 高　钦 | 社会学院 | Journal of Psychology | 2017 年第 151 卷 |

续表

| 序号 | 论文名称 | 主要作者 | 所在单位 | 发表刊物 | 发表年期 |
|---|---|---|---|---|---|
| 43 | What Happened in Dialogical Classes of Intercultural Understanding?: An Analysis of Exchanging Classes between Chinese and Japanese University Students | 片成男 | 社会学院 | Integrative Psychological and Behavioral Science | 2017 年 9 月第 51 卷 |
| 44 | Differences in Inhibitory Control between Impulsive and Premeditated Aggression in Juvenile Inmates | 杨 波 | 社会学院 | Frontiers in Human Neuroscience | 2017 年 7 月 24 日第 11 卷 |
| 45 | 事件社会学脉络下的阶级政治与国家自主性——马克思《路易·波拿巴的雾月十八日》新释 | 应 星 | 社会学院 | 社会学研究 | 2017 年第 2 期 |
| 46 | An Age-Period-Cohort Analysis of Religious Involvement and Adult Self Rated Health: Results from the USA, 1972 - 2008 | 张 莉 | 社会学院 | Journal of Religion & Health | 2017 年 6 月第 56 卷 |
| 47 | Eye Movement Evidence of Attentional Bias for Substance - Related Cues in Heroin Dependents on Methadone Maintenance Therapy | 张 卓 | 社会学院 | Substance Use & Misuse | 2017 年第 52 卷 |
| 48 | 我国监察体制改革若干问题思考 | 陈光中 | 诉讼法学研究院 | 中国法学 | 2017 年第 4 期 |
| 49 | 刑事速裁程序试点实效检验——基于 12666 份速裁案件裁判文书的实证分析 | 李本森 | 诉讼法学研究院 | 法学研究 | 2017 年第 5 期 |
| 50 | 证据链与结构主义 | 栗 峥 | 诉讼法学研究院 | 中国法学 | 2017 年第 2 期 |
| 51 | 法治人才培养中实践教学模式的中国探索：同步实践教学 | 于志刚 | 网络法学研究院 | 中国政法大学学报 | 2017 年第 5 期 |

续表

| 序号 | 论文名称 | 主要作者 | 所在单位 | 发表刊物 | 发表年期 |
|---|---|---|---|---|---|
| 52 | 免除刑罚制度的比较考察 | 曾文科 | 刑事司法学院 | 法学研究 | 2017 年第 6 期 |
| 53 | The first step of the long march: implementing the exclusionary rules in China | 郭志媛 | 刑事司法学院 | Asia Pacific Law Review | 2017 年第 25 卷 |
| 54 | 刑事司法应坚持罪责实质评价 | 阮齐林 | 刑事司法学院 | 中国法学 | 2017 年第 4 期 |
| 55 | Haplotype data for 27 Y-chromosomal STR loci in the Chaoshan Han population, South China | 百茹峰 | 证据科学研究院 | Forensic Science International-Genetics | 2017 年 11 月第 31 卷 |
| 56 | Effect of speaking rate on the formant dynamics of triphthongs | 曹洪林 | 证据科学研究院 | 清华大学学报（自然科学版） | 2017 年第 9 期 |
| 57 | Carboxymethylated Dextran-Modified N-Heterocyclic Carbene Self-Assembled Monolayers on Fold for Use in Surface Plasmon Resonance Biosensing | 郝红霞 | 证据科学研究院 | ACS Applied Materials & Interfaces | 2017 年 11 月 15 日第 9 卷 |
| 58 | The Application of Hollow Fiber in Forensic Toxicology | 郝红霞 | 证据科学研究院 | Basic & Clinical Pharmacology & Toxicology | 2017 年第 121 卷 |
| 59 | Genetic variation of 18 STR loci in the Changsha Han population from Hunan Province, South Central China | 石美森 | 证据科学研究院 | Forensic Science International – Genetics | 2017 年 11 月第 31 卷 |
| 60 | 刑事证据审查的基本制度结构 | 吴洪淇 | 证据科学研究院 | 中国法学 | 2017 年第 6 期 |
| 61 | Study of autosomal STR loci with IBS method in full sibling identification | 袁　丽 | 证据科学研究院 | Legal Medicine | 2017 年 5 月第 26 卷 |
| 62 | Administrative Reform and the Transfer of Authority to Social Organizations in China | 高　红 | 政治与公共管理学院 | China Quarterly | 2017 年 12 月第 232 卷 |

续表

| 序号 | 论文名称 | 主要作者 | 所在单位 | 发表刊物 | 发表年期 |
| --- | --- | --- | --- | --- | --- |
| 63 | 制度选择对民主转型结果的影响 | 卢春龙 | 政治与公共管理学院 | 政治学研究 | 2017 年第 1 期 |
| 64 | 政治传播与政治信任的关系：以我国农民的政治信任为考察 | 卢春龙 | 政治与公共管理学院 | 学习与探索 | 2015 年第 12 期 |
| 65 | 现代行政体制的产生及其启示 | 潘小娟 | 政治与公共管理学院 | 国家行政学院学报 | 2017 年第 3 期 |
| 66 | 当代西方国家失败理论的路径与逻辑 | 庞金友 | 政治与公共管理学院 | 政治学研究 | 2017 年第 5 期 |
| 67 | 政府职能转移与购买公共服务关系辨析 | 石亚军 | 政治与公共管理学院 | 中国行政管理 | 2017 年第 3 期 |
| 68 | 中国政治传统与国家治理的现代化 | 杨　阳 | 政治与公共管理学院 | 河北师范大学学报（哲学社会科学版） | 2017 年第 1 期 |
| 69 | “受命于天”与中国古代施政观念的形成——商周时期政治思想述论 | 杨　阳 | 政治与公共管理学院 | 政治学研究 | 2017 年第 4 期 |
| 70 | 逻辑要义、历史努力与认知前提：建构中国特色政治学话语体系 | 张桂林 | 政治与公共管理学院 | 政治学研究 | 2017 年第 5 期 |
| 71 | 挟持民意的民粹主义当休矣 | 庞金友 | 政治与公共管理学院 | 人民论坛 | 2017 年第 2 期 |
| 72 | The Obligation to Negotiate in the Philipines v. China Case: A Critique of the Award on Jurisdiction | 高健军 | 国际法学院 | Ocean Development and International Law | 2016 年 6 月 |
| 73 | A simple method for matrix - valued coefficient elliptic equations interfaces | 石丽伟 | 法治信息管理学院/科学技术教学部 | Applied Mathematics and Computation | 2014 年第 242 期 |
| 74 | Beyond the Love - Hate Approach? International Law and International Institutions and the Rising China | 孔庆江 | 国际法学院 | China: An International Journal | 2017 年第 1 期 |

续表

| 序号 | 论文名称 | 主要作者 | 所在单位 | 发表刊物 | 发表年期 |
|---|---|---|---|---|---|
| 75 | Reforming Private Securities Litigation in China：The Stock market has already cast ite vote | 徐文鸣 | 法与经济学研究院 | International Review of Law and Economics | 2016 年第 45 期 |
| 76 | 中国参与全球治理的新问题与新关切 | 蔡　拓 | 全球化与全球问题研究所 | 学术界 | 2016 年第 9 期 |

（3）核心期刊论文

| 序号 | 论文题目 | 作者 | 所属单位 | 发表刊物/论文集 | 论文转载 | 发表刊期 |
|---|---|---|---|---|---|---|
| 1 | 我国清算与破产审判庭的设置与运转 | 陈夏红 | 《中国政法大学学报》编辑部 | 甘肃社会科学 | | 2017 年第 1 期 |
| 2 | 意定代理授权行为无因性解析 | 迟　颖 | 比较法学研究院 | 法学 | | 2017 年第 1 期 |
| 3 | 《民法总则》无权代理法律责任体系研究 | 迟　颖 | 比较法学研究院 | 清华法学 | | 2017 年第 3 期 |
| 4 | 政府再保险对巨灾风险的治理 | 何启豪 | 比较法学研究院 | 康涅狄格保险法杂志 | | 2017 年 Volume23 Number2 |
| 5 | 论德国电信监听的法律规制——基于基本权利的分析 | 黄　河 | 比较法学研究院 | 比较法研究 | | 2017 年第 3 期 |
| 6 | 比较法视野下的非法人组织主体地位问题 | 柳经纬 | 比较法学研究院 | 暨南学报（哲学社会科学版） | | 2017 年第 4 期 |
| 7 | 疑难案件裁判的中国特点：经验与实证 | 孙海波 | 比较法学研究院 | 东方法学 | | 2017 年第 4 期 |
| 8 | 不存在疑难案件？ | 孙海波 | 比较法学研究院 | 法制与社会发展 | | 2017 年第 4 期 |
| 9 | 司法义务理论之构造 | 孙海波 | 比较法学研究院 | 清华法学 | | 2017 年第 3 期 |
| 10 | 疑难案件否定法治吗——依法裁判立场之重申 | 孙海波 | 比较法学研究院 | 政治与法律 | | 2017 年第 5 期 |

续表

| 序号 | 论文题目 | 作者 | 所属单位 | 发表刊物/论文集 | 论文转载 | 发表刊期 |
|---|---|---|---|---|---|---|
| 11 | 俄罗斯国家与法理论的历史传统 | 王志华 | 比较法学研究院 | 求是学刊 | | 2017 年第 5 期 |
| 12 | 中国宪法生活中的现实与规范 | 谢立斌 | 比较法学研究院 | 立命馆大学法学评论 | | 2017 年 Number35 |
| 13 | 论大英国协法制体系下「衡平法之禁反言」 | 杨自然 | 比较法学研究院 | 中华国际法与超国界法评论 | | 2017 年 Volume13 Number1 |
| 14 | Практическое исследование реформы права на защиту по уголовным делам Китая под углом зрепия пового уголовно－прецессуального кодекса КНР | 元　铁 | 比较法学研究院 | Сравнительное правоведение в странах азиатско－тихоокеанского региона-VI | | 2015 年第 6 卷 |
| 15 | 强制医疗程序整体构造成因论 | 元　铁 | 比较法学研究院 | 证据科学 | | 2017 年第 3 期 |
| 16 | 从信息公开到信息保护：公法上信息权保护研究的风向流转与核心问题 | 赵　宏 | 比较法学研究院 | 比较法研究 | | 2017 年第 2 期 |
| 17 | 德国公私合作的制度发展与经验启示 | 赵　宏 | 比较法学研究院 | 行政法学研究 | | 2017 年第 6 期 |
| 18 | 服务于法史学的自然法——19 世纪末法史学在法国的形成 | 朱明哲 | 比较法学研究院 | 华东政法大学学报 | | 2017 年第 3 期 |
| 19 | 论法国“世俗性”原则的斗争面向 | 朱明哲 | 比较法学研究院 | 欧洲研究 | | 2016 年第 6 期 |
| 20 | 面对社会问题的自然法——论法律社会化中的自然法学说变迁 | 朱明哲 | 比较法学研究院 | 清华法学 | | 2017 年第 6 期 |
| 21 | “崇德改制”与“丙子之役”：朝中交往中的正统性问题 | 柱　涛 | 法律古籍整理研究所 | 清史研究 | | 2017 年第 2 期 |

续表

| 序号 | 论文题目 | 作者 | 所属单位 | 发表刊物/论文集 | 论文转载 | 发表刊期 |
|---|---|---|---|---|---|---|
| 22 | 秦汉的乞鞫与覆狱 | 南玉泉 | 法律古籍整理研究所 | 上海师范大学学报（哲学社会科学版） | | 2017 年第 1 期 |
| 23 | 出土简牍法律文献的定名、性质与类别 | 徐世虹 | 法律古籍整理研究所 | 古代文明 | | 2017 年第 3 期 |
| 24 | 试论宋代法律体系的多元结构——以宋令为例 | 赵晶 | 法律古籍整理研究所 | 史林 | | 2017 年第 4 期 |
| 25 | “殊为具文”——浅论《大清律例》中的宣示性条款 | 陈煜 | 法律史学研究院 | 东南大学学报 | | 2016 年第 6 期 |
| 26 | 论美国印第安部落的自治权——联邦宪制分权的另一种样态 | 顾元 | 法律史学研究院 | 比较法研究 | | 2017 年第 1 期 |
| 27 | 名分攸关与夹签声请——清代服制命案中的严格责任与衡平裁断 | 顾元 | 法律史学研究院 | 法制史研究 | | 2017 年第 31 期 |
| 28 | 中国古代监察机构的演变及其改革的经验教训 | 李青 | 法律史学研究院 | 国家行政学院学报 | | 2017 年第 2 期 |
| 29 | 论雍正帝相度“万年吉地”的几个问题 | 林乾 | 法律史学研究院 | 故宫博物院院刊 | | 2017 年第 4 期 |
| 30 | 清代吏治腐败的法律诱因——以“完赃减等”例为中心的考察 | 林乾 | 法律史学研究院 | 国家行政学院学报 | | 2017 年第 5 期 |
| 31 | 意大利 PPP 法律制度研究 | 罗冠男 | 法律史学研究院 | 行政法学研究 | | 2017 年第 6 期 |
| 32 | 论作为政治性立法的1811 年《奥地利普通民法典》 | 王银宏 | 法律史学研究院 | 华东政法大学学报 | | 2017 年第 4 期 |

续表

| 序号 | 论文题目 | 作者 | 所属单位 | 发表刊物/论文集 | 论文转载 | 发表刊期 |
|---|---|---|---|---|---|---|
| 33 | “帝国基本法”与统治的契约化——契约观念下神圣罗马帝国的“帝国改革”（1500—1521） | 王银宏 | 法律史学研究院 | 史学月刊 | | 2017 年第 10 期 |
| 34 | 中国古代监察思想、制度与法律论纲——历史经验的总结 | 张晋藩 | 法律史学研究院 | 环球法律评论 | | 2017 年第 2 期 |
| 35 | 治道之要：任法与任人 | 张晋藩 | 法律史学研究院 | 中国高校社会科学 | | 2017 年第 4 期 |
| 36 | 中国古代监察机关的权力地位与监察法 | 张晋藩 | 法律史学研究院 | 国家行政学院学报 | | 2016 年第 6 期 |
| 37 | 习惯作为民法法源的类型化分析——以《民法总则》第 10 条的适用为中心 | 刘智慧 | 法律硕士学院 | 新疆社会科学 | | 2017 年第 4 期 |
| 38 | 数字出版物二次交易技术评析 | 陶　乾 | 法律硕士学院 | 现代出版 | | 2017 年第 1 期 |
| 39 | 柏拉图《法义》中的监察官制度探究 | 曹义孙 | 法学教育研究与评估中心 | 山东社会科学 | | 2017 年第 12 期 |
| 40 | 柏拉图《法律篇》的良法思想研究 | 曹义孙 | 法学教育研究与评估中心 | 首都师范大学学报（社会科学版） | | 2017 年第 6 期 |
| 41 | 我国法学类专业本科课程体系改革的现状与未来——以五大政法院校类院校为例 | 刘坤轮 | 法学教育研究与评估中心 | 中国政法大学学报 | | 2017 年第 4 期 |
| 42 | 论合同变动的民事权利义务关系 | 田士永 | 法学教育研究与评估中心 | 华东政法大学学报 | | 2017 年第 3 期 |
| 43 | 法治人才法治化培养的德国经验 | 田士永 | 法学教育研究与评估中心 | 中国政法大学学报 | | 2017 年第 4 期 |

续表

| 序号 | 论文题目 | 作者 | 所属单位 | 发表刊物/论文集 | 论文转载 | 发表刊期 |
|---|---|---|---|---|---|---|
| 44 | 国家监察机关的监察对象 | 蔡乐渭 | 法学院 | 环球法律评论 | | 2017 年第 2 期 |
| 45 | 中国土地征收补偿制度的演进、现状与前景 | 蔡乐渭 | 法学院 | 政法论坛 | | 2017 年第 6 期 |
| 46 | 法治必然承诺特定价值吗？ | 陈景辉 | 法学院 | 清华法学 | | 2017 年第 1 期 |
| 47 | 论强化军民融合发展战略的宪法基础 | 从文胜 | 法学院 | 法学杂志 | | 2017 年第 5 期 |
| 48 | 论当代中国法学教育中“法外教育”的重要性 | 董静姝 | 法学院 | 复旦教育论坛 | | 2017 年第 4 期 |
| 49 | 美国警察的军事化及后果 | 何　兵 | 法学院 | 行政法学研究 | | 2017 年第 4 期 |
| 50 | 论国家监察体制改革的修宪保障 | 焦洪昌 | 法学院 | 北京行政学院学报 | | 2017 年第 3 期 |
| 51 | 论《国家监察法》的立法原则 | 焦洪昌 | 法学院 | 北京联合大学学报（人文社会科学版） | | 2017 年第 2 期 |
| 52 | 中央与特别行政区关系中的授权 | 焦洪昌 | 法学院 | 国家行政学院学报 | | 2017 年第 3 期 |
| 53 | 监察委员会的宪法定位 | 焦洪昌 | 法学院 | 国家行政学院学报 | | 2017 年第 2 期 |
| 54 | 从全国人大常委会授权看监察体制改革 | 焦洪昌 | 法学院 | 行政法学研究 | | 2017 年第 4 期 |
| 55 | 互联网治理视域中的平台责任研究 | 解志勇 | 法学院 | 国家行政学院学报 | | 2017 年第 5 期 |
| 56 | 党导民主制：正当性与价值 | 柯华庆 | 法学院 | 学术界 | | 2017 年第 5 期 |
| 57 | 国家监察机关的设置模式：基于“独立性”的比较研究 | 雷　磊 | 法学院 | 北京行政学院学报 | | 2017 年第 6 期 |

续表

| 序号 | 论文题目 | 作者 | 所属单位 | 发表刊物/论文集 | 论文转载 | 发表刊期 |
| --- | --- | --- | --- | --- | --- | --- |
| 58 | 法律逻辑研究什么? | 雷　磊 | 法学院 | 清华法学 | | 2017 年第 4 期 |
| 59 | “宪法体系化”再思考——限权宪法原理下的限权原则体系与宪法价值秩序 | 黎　敏 | 法学院 | 政法论坛 | | 2017 年第 2 期 |
| 60 | 尊重并保证尊重国际人道法——1949 年日内瓦四公约共同第一条的解构分析 | 李　强 | 法学院 | 国际法研究 | 人大复印 | 2017 年 |
| 61 | 在立德立言中成就自我实现价值 | 李树忠 | 法学院 | 中国高等教育 | | 2017 年第 6 期 |
| 62 | 宪法回避理论及其适用界限 | 李松锋 | 法学院 | 清华法学 | | 2017 年第 2 期 |
| 63 | 法规范文件备案考 | 刘　莘 | 法学院 | 国家行政学院学报 | | 2017 年第 6 期 |
| 64 | “三个行为法”与地方立法权 | 刘　莘 | 法学院 | 浙江社会科学 | | 2017 年第 12 期 |
| 65 | “文学中的法律”与“作为文学的法律”的关系 | 刘　星 | 法学院 | 法制与社会发展 | | 2017 年第 6 期 |
| 66 | 美国环境规制中的命令、激励与重构 | 马　允 | 法学院 | 中国行政管理 | | 2017 年第 4 期 |
| 67 | 司法能动主义视野下的同性婚姻和平等保护——基于欧伯格费案的讨论 | 汪庆华 | 法学院 | 浙江社会科学 | | 2017 年第 1 期 |
| 68 | 党内程序性法规与实体性法规协调性研究 | 王建芹 | 法学院 | 桂海论丛 | 人大复印 | 2017 年第 1 期 |
| 69 | 党内法规清理标准的科学化构建 | 王建芹 | 法学院 | 理论学刊 | | 2017 年第 4 期 |

续表

| 序号 | 论文题目 | 作者 | 所属单位 | 发表刊物/论文集 | 论文转载 | 发表刊期 |
|---|---|---|---|---|---|---|
| 70 | 法国宪法学研究方法之嬗变——从“意识形态化”到“新实证主义”？ | 王　蔚 | 法学院 | 财经法学 | 人大复印 | 2017 年第 5 期 |
| 71 | 论法律解释方法的规范性质及功能 | 王夏昊 | 法学院 | 现代法学 |  | 2017 年第 6 期 |
| 72 | 德沃金司法裁判方案的重构与批判——以法律论证理论为基础 | 王夏昊 | 法学院 | 政法论丛 |  | 2017 年第 3 期 |
| 73 | 论作为法的渊源的制定法 | 王夏昊 | 法学院 | 政法论坛 |  | 2017 年第 3 期 |
| 74 | 中国特色社会主义法治概念的重构——以交往行动理论为基础 | 王夏昊 | 法学院 | 中共中央党校学报 |  | 2017 年第 1 期 |
| 75 | 财产何必“神圣”？——清代“盗官物”律例论解 | 谢　晶 | 法学院 | 法制史研究 |  | 2017 年第 31 期 |
| 76 | 学者、师者、仁者、智者——杨生茂先生的道德文章及其魅力 | 杨玉圣 | 法学院 | 世界历史 |  | 2017 年第 6 期 |
| 77 | 晚清中国政论界的美国观再检讨——以梁启超之美国宪法与政制观为中心 | 杨玉圣 | 法学院 | 文史哲 |  | 2016 年第 2 期 |
| 78 | 法治、自治、礼治与善治——立足于县域法治与县域善治的讨论 | 杨玉圣 | 法学院 | 政法论坛 |  | 2017 年第 4 期 |
| 79 | 作为宪法性义务的政治效忠——以香港立法会议员宣誓事件为视角 | 姚国建 | 法学院 | 国家行政学院学报 |  | 2017 年第 4 期 |

续表

| 序号 | 论文题目 | 作者 | 所属单位 | 发表刊物/论文集 | 论文转载 | 发表刊期 |
|---|---|---|---|---|---|---|
| 80 | 中央与地方双重视角下司法权属性 | 姚国建 | 法学院 | 法学评论 | | 2016 年第 5 期 |
| 81 | 中美证券法公共执行机制比较研究——基于监管机构投入产出的实证分析 | 徐文鸣 | 法与经济学研究院 | 财经法学 | 人大复印 | 2017 年第 3 期 |
| 82 | 证券民事诉讼与投资者赔偿——基于虚假陈述案件的实证分析 | 徐文鸣 | 法与经济学研究院 | 山东大学学报（哲学社会科学版） | | 2017 年第 3 期 |
| 83 | 证券民事诉讼制度实施效果的实证研究——以虚假陈述案件为例 | 徐文鸣 | 法与经济学研究院 | 证券市场导报 | | 2017 年第 4 期 |
| 84 | 证券民事诉讼制度的实证研究 | 徐文鸣 | 法与经济学研究院 | 中国政法大学学报 | | 2017 年第 2 期 |
| 85 | 论大城市治理交通拥堵的政府监管制度选择与优化 | 张　卿 | 法与经济学研究院 | 行政法学研究 | | 2017 年第 6 期 |
| 86 | 证监会对内幕信息传递人的选择性执法研究—以 2011 年至 2015 年内幕交易案件为样本 | 周天舒 | 法与经济学研究院 | 北方法学 | 人大复印 | 2017 年第 5 期 |
| 87 | 从“次贷”、欧债危机反思中国金融市场稳定 | 胡继晔 | 法与经济学研究院/商学院 | 城市发展研究 | | 2016 年第 12 期 |
| 88 | 国内外聚甲醛行业标准与环保法规分析 | 张红岩 | 法治信息管理学院 | 塑料工业 | | 2017 年第 8 期 |
| 89 | 美国问责的探源与解析 | 曹　鎏 | 法治政府研究院 | 比较法研究 | | 2017 年第 5 期 |
| 90 | 五国行政复议制度的启示与借鉴 | 曹　鎏 | 法治政府研究院 | 行政法学研究 | | 2017 年第 5 期 |

续表

| 序号 | 论文题目 | 作者 | 所属单位 | 发表刊物/论文集 | 论文转载 | 发表刊期 |
| --- | --- | --- | --- | --- | --- | --- |
| 91 | 美国传统问责机制探析 | 曹 鎏 | 法治政府研究院 | 法治社会 | 人大复印 | 2016 年第 7 期 |
| 92 | 公职人员财产申报法的法律衔接 | 林 华 | 法治政府研究院 | 行政法学研究 | | 2017 年第 4 期 |
| 93 | 通过公职人员财产申报法的腐败治理 | 林 华 | 法治政府研究院 | 中国政法大学学报 | | 2017 年第 5 期 |
| 94 | 行政法学的新使命——2016 年行政法学研究述评 | 马怀德 | 法治政府研究院 | 北京行政学院学报 | | 2017 年第 3 期 |
| 95 | 《国家监察法》的立法思路与立法重点 | 马怀德 | 法治政府研究院 | 环球法律评论 | | 2017 年第 2 期 |
| 96 | 学生管理新规为依法治校办学奠定制度基础 | 马怀德 | 法治政府研究院 | 中国高等教育 | | 2017 年第 9 期 |
| 97 | 构建中国特色法学学科体系 | 马怀德 | 法治政府研究院 | 中国高校社会科学 | | 2017 年第 4 期 |
| 98 | 为改革铺设好通畅的法治轨道 | 马怀德 | 法治政府研究院 | 求是 | | 2016 年第 24 期 |
| 99 | 我国政府信息公开的问题、对策与前瞻 | 王敬波 | 法治政府研究院 | 行政法学研究 | | 2017 年第 2 期 |
| 100 | 我国法治政府建设的几个关键问题——基于 2013 - 2015 年法治政府评估的数据分析 | 王敬波 | 法治政府研究院 | 暨南学报（哲学社会科学版） | | 2017 年第 2 期 |
| 101 | 中国行政法发展的创新之路 | 应松年 | 法治政府研究院 | 行政法学研究 | | 2017 年第 3 期 |
| 102 | 超越平台责任：网络食品交易规制模式之反思 | 赵 鹏 | 法治政府研究院 | 华东政法大学学报 | | 2017 年第 1 期 |
| 103 | 实践重塑规则：有限公司股权转让限制规范检讨 | 王 军 | 公司法与投资保护研究所 | 中国政法大学学报 | | 2017 年第 6 期 |

续表

| 序号 | 论文题目 | 作者 | 所属单位 | 发表刊物/论文集 | 论文转载 | 发表刊期 |
| --- | --- | --- | --- | --- | --- | --- |
| 104 | 时间累积、用户行为与匿名社区资本——基于豆瓣网网络爬虫数据的分析 | 崔 凯 | 光明新闻传播学院 | 青年研究 | | 2017 年第 1 期 |
| 105 | 镜像与观照："90 后"大学生网民群体的政治认同构建——基于北京市 9 所高校的大学生问卷调查 | 侯月娟 | 光明新闻传播学院 | 现代传播（中国传媒大学学报） | | 2017 年第 6 期 |
| 106 | 电视公益广告中的家国情怀及其传播策略分析 | 侯月娟 | 光明新闻传播学院 | 中国电视 | | 2017 年第 5 期 |
| 107 | 人工智能与"个人日报"时代的到来 | 王佳航 | 光明新闻传播学院 | 新闻与写作 | 人大复印 | 2017 年第 11 期 |
| 108 | 数据与算法驱动下的欧美新闻生产变革 | 王佳航 | 光明新闻传播学院 | 新闻与写作 | 人大复印 | 2016 年第 12 期 |
| 109 | 视频内容产业价值链的重构与创新 | 王天铮 | 光明新闻传播学院 | 编辑之友 | | 2017 年第 2 期 |
| 110 | 产业深度调整期的影院建设与发展趋势探析 | 徐亚萍 | 光明新闻传播学院 | 当代电影 | | 2017 年第 9 期 |
| 111 | 对中国网络自制剧的传播政治经济学考察 | 徐亚萍 | 光明新闻传播学院 | 山东社会科学 | | 2017 年第 6 期 |
| 112 | 网络大电影：转型中的网络电影及其风险 | 徐亚萍 | 光明新闻传播学院 | 现代传播 | | 2016 年第 6 期 |
| 113 | 新媒体环境下危机传播主体的多元化呈现 | 姚广宜 | 光明新闻传播学院 | 当代传播 | | 2017 年第 3 期 |
| 114 | 一国国际形象是如何被媒体塑造的——基于 CCTV、BBC 和 CNN 国际新闻报道的比较研究 | 张宏伟 | 光明新闻传播学院 | 中国出版 | | 2017 年第 5 期 |
| 115 | 媒体融合时代的电视节目表达创新 | 张宏伟 | 光明新闻传播学院 | 编辑之友 | | 2016 年第 6 期 |

续表

| 序号 | 论文题目 | 作者 | 所属单位 | 发表刊物/论文集 | 论文转载 | 发表刊期 |
|---|---|---|---|---|---|---|
| 116 | 文化社会学视角下的文化治理路径 | 张　森 | 光明新闻传播学院 | 甘肃社会科学 | | 2017 年第 2 期 |
| 117 | 国外主要文化治理模式及其启示 | 张　森 | 光明新闻传播学院 | 出版发行研究 | | 2016 年第 6 期 |
| 118 | 舆情 2.0 时代新闻事件命名机制研究 | 郑满宁 | 光明新闻传播学院 | 当代传播 | | 2016 年第 6 期 |
| 119 | WTO 裁决执行与国家利益实现的潜在背离研究 | 陈儒丹 | 国际法学院 | 环球法律评论 | | 2017 年第 5 期 |
| 120 | 滥用相对优势地位的法律规制研究——兼议《反不正当竞争法（修订草案送审稿）》第 6 条的修改 | 戴　龙 | 国际法学院 | 中国政法大学学报 | | 2017 年第 2 期 |
| 121 | 两岸学生往来相关法律法规与实务问题研究——基于“两岸交换生”群体的问卷调查 | 冯　霞 | 国际法学院 | 法学杂志 | | 2017 年第 5 期 |
| 122 | 合意管辖条款之准据法 | 冯　霞 | 国际法学院 | 月旦法学 | | 2016 年总第 16 期 |
| 123 | 南海仲裁案中的领土主权问题——以菲律宾的第 4 项和第 5 项诉求为例 | 高健军 | 国际法学院 | 太平洋学报 | | 2017 年第 3 期 |
| 124 | 关于设计亚洲基础设施投资银行投资争端解决中心的探讨 | 黄　进 | 国际法学院 | 国际经济评论 | | 2017 年第 6 期 |
| 125 | 坚持立德树人、德法兼修 培养高素质法治人才 | 黄　进 | 国际法学院 | 中国高等教育 | | 2017 年第 10 期 |
| 126 | 深海资源开发：国际投资法新疆域 | 孔庆江 | 国际法学院 | 人民论坛·学术前沿 | | 2017 年第 18 期 |

续表

| 序号 | 论文题目 | 作者 | 所属单位 | 发表刊物/论文集 | 论文转载 | 发表刊期 |
|---|---|---|---|---|---|---|
| 127 | 美国在国际规则的议程设定及其对中国的启示 | 孔庆江 | 国际法学院 | 中国政法大学学报 | | 2016 年第 2 期 |
| 128 | 边境地区环境问题的法治之道 | 林灿铃 | 国际法学院 | 政法论丛 | | 2017 年第 2 期 |
| 129 | 中外区域贸易协定贸易救济条款：以强化制度为切入点 | 史晓丽 | 国际法学院 | 政法论坛 | | 2017 年第 4 期 |
| 130 | 我国仲裁裁决撤销制度探析及立法完善之建议 | 覃华平 | 国际法学院 | 中国政法大学学报 | | 2017 年第 2 期 |
| 131 | 对外铁路工程总承包的法律风险应对 | 宣增益 | 国际法学院 | 中州学刊 | | 2017 年第 4 期 |
| 132 | 《中国入世议定书》第 15 条到期的问题及解读 | 张丽英 | 国际法学院 | 中国政法大学学报 | | 2017 年第 1 期 |
| 133 | 人民币国际化的法律保障机制 | 张西峰 | 国际法学院 | 学习与探索 | | 2016 年第 12 期 |
| 134 | 核损害民事责任制度研究 | 赵　威 | 国际法学院 | 法学杂志 | | 2017 年第 11 期 |
| 135 | 国际法院判例中的争端之界定——从“马绍尔群岛案”谈起 | 朱利江 | 国际法学院 | 法商研究 | | 2017 年第 5 期 |
| 136 | 武装冲突时期保护文化财产：中国的路径 | 朱利江 | 国际法学院 | 亚非法协国际法杂志 | | 2017 年 Volume16 Number1 |
| 137 | 张九成对《大学》致知格物的心学诠释 | 李春颖 | 国际儒学院 | 中国哲学史 | | 2017 年第 3 期 |
| 138 | 互联网金融的法治路径 | 李爱君 | 互联网金融法律研究院 | 法学杂志 | | 2016 年第 2 期 |
| 139 | 互联网金融的本质与监管 | 李爱君 | 互联网金融法律研究院 | 中国政法大学学报 | | 2016 年第 2 期 |
| 140 | 元好问《中州集》法制思维与诗性正义 | 黄震云 | 离退休干部处 | 忻州师范学院学报 | 人大复印 | 2017 年第 3 期 |

续表

| 序号 | 论文题目 | 作者 | 所属单位 | 发表刊物/论文集 | 论文转载 | 发表刊期 |
|---|---|---|---|---|---|---|
| 141 | 生态环境损害的赔偿、移转与预防：从私法到公法 | 侯佳儒 | 绿色战略发展研究院 | 法学论坛 | | 2017 年第 3 期 |
| 142 | 金融资本时代的战争与和平 | 林海虹 | 马克思主义学院 | 当代世界与社会主义 | | 2017 年第 3 期 |
| 143 | 黑格尔法哲学关于人的规定的双重路径 | 蔺庆春 | 马克思主义学院 | 教学与研究 | | 2017 年第 11 期 |
| 144 | 从密议、密函到明诏：天京事变爆发的复杂酝酿 | 刘　晨 | 马克思主义学院 | 史林 | | 2017 年第 3 期 |
| 145 | 试析当代西方学者《资本论》研究 | 郇丽华 | 马克思主义学院 | 毛泽东邓小平理论研究 | | 2017 年第 9 期 |
| 146 | 丝绸之路经济带建设下的中哈能源合作研究 | 卫　灵 | 马克思主义学院 | 思想理论教育导刊 | | 2017 年第 6 期 |
| 147 | 从“科尔宾现象”看英国工党的变革与面临的挑战 | 吴韵曦 | 马克思主义学院 | 当代世界与社会主义 | | 2017 年第 2 期 |
| 148 | 第二国际理论家对十月革命农民问题的认识及启示 | 吴韵曦 | 马克思主义学院 | 江西师范大学学报（哲学社会科学版） | | 2017 年第 4 期 |
| 149 | 第二国际中派理论家的十月革命观评析 | 吴韵曦 | 马克思主义学院 | 求索 | | 2017 年第 7 期 |
| 150 | 民主社会主义时代观的重要转折——拉斯基对时代的认识及启示 | 吴韵曦 | 马克思主义学院 | 理论月刊 | 人大复印 | 2016 年第 11 期 |
| 151 | 马克思与怀特海的精神实践之比较 | 张秀华 | 马克思主义学院 | 理论探讨 | | 2017 年第 1 期 |
| 152 | 在场的他者——马克思与怀特海的他者之维 | 张秀华 | 马克思主义学院 | 上海交通大学学报（哲学社会科学版） | | 2017 年第 4 期 |

续表

| 序号 | 论文题目 | 作者 | 所属单位 | 发表刊物/论文集 | 论文转载 | 发表刊期 |
| --- | --- | --- | --- | --- | --- | --- |
| 153 | 知识产权默示许可理论研究 | 陈　健 | 民商经济法学院 | 暨南学报 | | 2016 年第 6 期 |
| 154 | 日本的法学教育改革与人才培养模式 | 陈景善 | 民商经济法学院 | 中国政法大学学报 | | 2017 年第 4 期 |
| 155 | 民法典中优先购买权制度的体系设计 | 戴孟勇 | 民商经济法学院 | 华东政法大学学报 | | 2017 年第 5 期 |
| 156 | 物权法共有制度的反思与重构——关于我国《物权法》“共有”章的修改建议 | 戴孟勇 | 民商经济法学院 | 政治与法律 | | 2017 年第 4 期 |
| 157 | 大陆法系民事诉讼鉴定人的法律定位及相关问题研析 | 杜　闻 | 民商经济法学院 | 证据科学 | | 2017 年第 2 期 |
| 158 | 《民法总则》“知识产权条款”的评析与展望 | 冯晓青 | 民商经济法学院 | 法学评论 | | 2017 年第 4 期 |
| 159 | 小微企业知识产权战略论纲 | 冯晓青 | 民商经济法学院 | 湖南大学学报（社会科学版） | | 2017 年第 6 期 |
| 160 | 外观设计专利无效认定研究——以最高人民法院再审的一起典型案件为考察对象 | 冯晓青 | 民商经济法学院 | 政法论丛 | | 2017 年第 6 期 |
| 161 | 网络游戏直播画面的作品属性及其相关著作权问题研究 | 冯晓青 | 民商经济法学院 | 知识产权 | | 2017 年第 1 期 |
| 162 | 论土地财政的历史命运 | 符启林 | 民商经济法学院 | 比较法研究 | | 2017 年第 6 期 |
| 163 | 我国环境行政命令体系探究 | 胡　静 | 民商经济法学院 | 华中科技大学学报（社会科学版） | | 2017 年第 6 期 |
| 164 | 我国刑事判决在民事诉讼中预决力规则的反思与重构 | 纪格非 | 民商经济法学院 | 法学杂志 | | 2017 年第 3 期 |

续表

| 序号 | 论文题目 | 作者 | 所属单位 | 发表刊物/论文集 | 论文转载 | 发表刊期 |
|---|---|---|---|---|---|---|
| 165 | 刑事判决在民事诉讼中的效力——英国规则的演进与启示 | 纪格非 | 民商经济法学院 | 法制与社会发展 | | 2017 年第 3 期 |
| 166 | 《民法总则》评议 | 江　平 | 民商经济法学院 | 浙江工商大学学报 | | 2017 年第 3 期 |
| 167 | 我国“亲属”法律概念的变迁探析 | 金　眉 | 民商经济法学院 | 江苏社会科学 | | 2017 年第 1 期 |
| 168 | 论我国事实婚姻制度之完善 | 金　眉 | 民商经济法学院 | 南京社会科学 | | 2017 年第 10 期 |
| 169 | 未成年人父母的监护人资格撤销制度比较研究 | 金　眉 | 民商经济法学院 | 南京大学学报 | | 2016 年第 6 期 |
| 170 | 与电影有关的知识产权问题研究——以《电影产业促进法》为视角 | 来小鹏 | 民商经济法学院 | 当代电影 | | 2017 年第 2 期 |
| 171 | 规范我国专利代理服务的法律思考 | 来小鹏 | 民商经济法学院 | 法学杂志 | | 2017 年第 7 期 |
| 172 | 论网络环境下的版权专有许可 | 来小鹏 | 民商经济法学院 | 中国出版 | | 2017 年第 3 期 |
| 173 | 证券监管机构及其监管权的独立性研究——兼论中国证券监管机构的法律变革 | 李东方 | 民商经济法学院 | 政法论坛 | | 2017 年第 1 期 |
| 174 | 论股市危机后中国股票发行注册制改革的对策 | 李东方 | 民商经济法学院 | 中国政法大学学报 | | 2017 年第 5 期 |
| 175 | 我国民法典合同法编分则的重大立法问题研究 | 李建伟 | 民商经济法学院 | 政治与法律 | | 2017 年第 7 期 |
| 176 | 国有企业特殊法制在现代公司法制中的生成与安放 | 李建伟 | 民商经济法学院 | 中南大学学报（社会科学版） | | 2017 年第 3 期 |
| 177 | 我国房地产税课税对象正当性考量 | 李美云 | 民商经济法学院 | 中国政法大学学报 | | 2017 年第 1 期 |

续表

| 序号 | 论文题目 | 作者 | 所属单位 | 发表刊物/论文集 | 论文转载 | 发表刊期 |
|---|---|---|---|---|---|---|
| 178 | 农地信托的法律障碍及其克服 | 李　蕊 | 民商经济法学院 | 现代法学 | | 2017年第4期 |
| 179 | 为效果付费债券 一个创新的公私伙伴关系及其风险防范 | 李　蕊 | 民商经济法学院 | 中外法学 | | 2017年第3期 |
| 180 | 论我国地方政府融资平台公司二维治理进路 | 李　蕊 | 民商经济法学院 | 法商研究 | | 2016年第2期 |
| 181 | 论我国市场退出法律制度的市场化改革——写于《企业破产法》实施十周年之际 | 李曙光 | 民商经济法学院 | 中国政法大学学报 | | 2017年第3期 |
| 182 | 政府购买慈善服务若干问题研究 | 李　响 | 民商经济法学院 | 兰州学刊 | | 2017年第2期 |
| 183 | 知识产权审判中的技术调查官制度刍议 | 李　响 | 民商经济法学院 | 南京大学学报（哲学·人文科学·社会科学） | | 2017年第6期 |
| 184 | 集体经济组织法人的历史变迁与法律结构 | 李永军 | 民商经济法学院 | 比较法研究 | | 2017年第4期 |
| 185 | 论自然之债在我国未来民法典债法体系中的地位 | 李永军 | 民商经济法学院 | 比较法研究 | | 2017年第1期 |
| 186 | 中华人民共和国民法物权编（专家建议稿） | 李永军 | 民商经济法学院 | 比较法研究 | | 2017年第4期 |
| 187 | 法律行为无效原因之规范适用 | 李永军 | 民商经济法学院 | 华东政法大学学报 | | 2017年第6期 |
| 188 | 因第三人原因造成的违约与责任承担——兼论《合同法》第121条的理论解构 | 李永军 | 民商经济法学院 | 山东大学学报（哲学社会科学版） | | 2017年第5期 |

续表

| 序号 | 论文题目 | 作者 | 所属单位 | 发表刊物/论文集 | 论文转载 | 发表刊期 |
|---|---|---|---|---|---|---|
| 189 | 论《民法总则》中个人隐私与信息的“二元制”保护及请求权基础 | 李永军 | 民商经济法学院 | 浙江工商大学学报 |  | 2017 年第 3 期 |
| 190 | 虚假意思表示之法律行为刍议 | 李永军 | 民商经济法学院 | 中国政法大学学报 |  | 2017 年第 4 期 |
| 191 | 我国地方政府债务法律监管研究 | 刘继峰 | 民商经济法学院 | 法学杂志 |  | 2017 年第 8 期 |
| 192 | 论公平竞争审查制度中的问题与解决 | 刘继峰 | 民商经济法学院 | 价格理论与实践 |  | 2017 年第 1 期 |
| 193 | 论通过返还请求权让与方式实现动产所有权移转 | 刘家安 | 民商经济法学院 | 比较法研究 |  | 2017 年第 4 期 |
| 194 | 金融性财产冻结的权益冲突与分配研究 | 刘少军 | 民商经济法学院 | 中国政法大学学报 |  | 2017 年第 3 期 |
| 195 | 《商业银行法》改为“银行业法”的总体构想 | 刘少军 | 民商经济法学院 | 中国政法大学学报 |  | 2016 年第 3 期 |
| 196 | 原则性禁止转售价格维持的立法正确性及其实施改进 | 时建中 | 民商经济法学院 | 政治与法律 |  | 2017 年第 11 期 |
| 197 | 司法调解中知识添附的悖论 | 史　飚 | 民商经济法学院 | 新疆大学学报 |  | 2016 年第 6 期 |
| 198 | 日本诉讼标的理论再认识——一种诉讼法哲学观的转向 | 史明洲 | 民商经济法学院 | 法学论坛 |  | 2017 年第 6 期 |
| 199 | 执行和解（执行 ADR）重述：以德国法、中国法的实务为线索 | 史明洲 | 民商经济法学院 | 一桥法学 |  | 2017 年第 16 卷第 2 号 |
| 200 | 财产权谱系、财产权法定主义与民法典《财产法总则》 | 王　涌 | 民商经济法学院 | 政法论坛 |  | 2016 年第 3 期 |

续表

| 序号 | 论文题目 | 作者 | 所属单位 | 发表刊物/论文集 | 论文转载 | 发表刊期 |
|---|---|---|---|---|---|---|
| 201 | 论民法中的原则的识别与适用——对德沃金原则理论的几点疑问与思考 | 王　涌 | 民商经济法学院 | 中国政法大学学报 | | 2016 年第 2 期 |
| 202 | 意大利税务委员会制度及借鉴 | 翁武耀 | 民商经济法学院 | 税务研究 | | 2017 年第 3 期 |
| 203 | 量能课税原则与我国新一轮税收法治改革 | 翁武耀 | 民商经济法学院 | 中国政法大学学报 | | 2017 年第 5 期 |
| 204 | 《民法总则》中法律行为规范体系评析 | 席志国 | 民商经济法学院 | 浙江工商大学学报 | | 2017 年第 3 期 |
| 205 | 经济法司法实施困境及体制创新 | 薛克鹏 | 民商经济法学院 | 法学论坛 | | 2017 年第 5 期 |
| 206 | 论人格权一般保护之民法实现——兼评《中华人民共和国民法总则》第 109 条 | 尹志强 | 民商经济法学院 | 新疆社会科学 | | 2017 年第 4 期 |
| 207 | 认真地对待《民法总则》第一章"基本规定" | 于　飞 | 民商经济法学院 | 中国高校社会科学 | | 2017 年第 5 期 |
| 208 | 论我国生态损害赔偿金的法律制度构建 | 于文轩 | 民商经济法学院 | 吉林大学社会科学学报 | | 2017 年第 5 期 |
| 209 | On Legal Path of Wildlife Conservation: From the Perspective of Exceeding Utilitarianism | 于文轩 | 民商经济法学院 | 中国法学（英文版） | | 2017 年第 1 期 |
| 210 | 环境司法专门化视阈下环境法庭之检视与完善 | 于文轩 | 民商经济法学院 | 中国人口·资源与环境 | | 2017 年第 8 期 |
| 211 | 美国水污染损害评估及其借鉴 | 于文轩 | 民商经济法学院 | 中国政法大学学报 | | 2017 年第 1 期 |
| 212 | 论纳税前置对税务行政复议申请期限的影响 | 翟继光 | 民商经济法学院 | 税务研究 | | 2017 年第 8 期 |

续表

| 序号 | 论文题目 | 作者 | 所属单位 | 发表刊物/论文集 | 论文转载 | 发表刊期 |
|---|---|---|---|---|---|---|
| 213 | 证券融资交易规制逻辑及制度反思 | 张春丽 | 民商经济法学院 | 清华法学 | | 2017 年第 6 期 |
| 214 | 论社会法体系构建的新路径 | 张　东 | 民商经济法学院 | 法学论坛 | | 2017 年第 2 期 |
| 215 | 再论信息网络传播行为 | 张　今 | 民商经济法学院 | 出版发行研究 | | 2017 年第 2 期 |
| 216 | “后慈善法时代”慈善信托制度的理论与实践 | 赵廉慧 | 民商经济法学院 | 中国非营利评论 | | 2017 年第 1 期 |
| 217 | 慈善法的性质和社会法法理 | 赵廉慧 | 民商经济法学院 | 国家行政学院学报 | | 2016 年第 6 期 |
| 218 | 电子商务主体注册登记之辩 | 赵旭东 | 民商经济法学院 | 清华法学 | | 2017 年第 4 期 |
| 219 | 快递服务合同违约损害赔偿的理论剖析与审视 | 郑佳宁 | 民商经济法学院 | 北京社会科学 | | 2017 年第 9 期 |
| 220 | 目标公司董事信义义务客观标准之构建 | 郑佳宁 | 民商经济法学院 | 东方法学 | | 2017 年第 4 期 |
| 221 | 电商线下履约代收货款制度的法律规制与适用 | 郑佳宁 | 民商经济法学院 | 河南师范大学学报（哲学社会科学版） | | 2017 年第 5 期 |
| 222 | 快递市场外资准入的现实挑战与法律应对 | 郑佳宁 | 民商经济法学院 | 暨南学报（哲学社会科学版） | | 2017 年第 3 期 |
| 223 | 关于快递业发展的若干法律问题 | 郑佳宁 | 民商经济法学院 | 暨南学报（哲学社会科学版） | | 2017 年第 3 期 |
| 224 | 我国非营利组织向社会企业转型的现实基础与路径探索 | 郑佳宁 | 民商经济法学院 | 中国法学（英文版） | | 2017 年第 2 期 |
| 225 | 论《侵权责任法》第 68 条之部分连带责任性质 | 庄敬华 | 民商经济法学院 | 中国政法大学学报 | | 2017 年第 1 期 |

续表

| 序号 | 论文题目 | 作者 | 所属单位 | 发表刊物/论文集 | 论文转载 | 发表刊期 |
|---|---|---|---|---|---|---|
| 226 | 被误解的全球化与异军突起的民粹主义 | 蔡　拓 | 全球化与全球问题研究所 | 国际政治研究 | | 2017 年第 1 期 |
| 227 | 全球治理中的民族主义 | 蔡　拓 | 全球化与全球问题研究所 | 教学与研究 | | 2017 年第 4 期 |
| 228 | 世界主义的理路与谱系 | 蔡　拓 | 全球化与全球问题研究所 | 南开学报（哲学社会科学版） | | 2017 年第 6 期 |
| 229 | 世界主义的新视角：从个体主义走向全球主义 | 蔡　拓 | 全球化与全球问题研究所 | 世界经济与政治 | | 2017 年第 9 期 |
| 230 | 浅析当代德国右翼民粹主义 | 杨　军 | 全球化与全球问题研究所 | 国际政治研究 | | 2017 年第 2 期 |
| 231 | 当代西方右翼民粹主义的危害及应对分析 | 杨　军 | 全球化与全球问题研究所 | 国外理论动态 | | 2017 年第 12 期 |
| 232 | 法治—命定的文明秩序 | 杨　军 | 全球化与全球问题研究所 | 国外理论动态 | | 2016 年第 2 期 |
| 233 | 中国履行国际人权义务的路径与特色 | 孙　萌 | 人权研究院 | 东岳论丛 | | 2017 年第 6 期 |
| 234 | 论联合国人权机制的整合 | 孙　萌 | 人权研究院 | 世界经济与政治 | | 2017 年第 7 期 |
| 235 | 商业性强制保险制度的合宪性分析 | 王理万 | 人权研究院 | 法学家 | | 2017 年第 2 期 |
| 236 | 迁徙自由的规范结构与宪法保障 | 王理万 | 人权研究院 | 政治与法律 | | 2017 年第 4 期 |
| 237 | 民法典婚姻家庭编亲属关系通则立法研究 | 夏吟兰 | 人权研究院 | 现代法学 | | 2017 年第 5 期 |
| 238 | 构建快递服务合同消费者权益保护体系的探索与实践 | 肖宝兴 | 人权研究院 | 中国法学（英文版） | | 2017 年第 6 期 |

续表

| 序号 | 论文题目 | 作者 | 所属单位 | 发表刊物/论文集 | 论文转载 | 发表刊期 |
| --- | --- | --- | --- | --- | --- | --- |
| 239 | 我国城市少数民族移民权利保障研究 | 徐　爽 | 人权研究院 | 贵州民族研究 | | 2017 年第 7 期 |
| 240 | 域外宪法文本解释方法的历史演进——以美国宪法解释为例 | 徐　爽 | 人权研究院 | 现代法学 | | 2017 年第 3 期 |
| 241 | 从传统到现代：晚清民初文学中的正义叙述 | 崔蕴华 | 人文学院 | 华南师范大学学报（社会科学版） | | 2017 年第 2 期 |
| 242 | 庶民情感与娱乐空间——德国藏中国俗文学刊本研究 | 崔蕴华 | 人文学院 | 暨南学报（哲学社会科学版） | | 2017 年第 6 期 |
| 243 | 清代直隶的旗地圈补与地方社会结构的变动——以清代卫所变革为中心 | 邓庆平 | 人文学院 | 清史研究 | | 2017 年第 4 期 |
| 244 | 中国当代文学中情法冲突的三种书写形态——以《毒手》《河边的错误》《云破处》《蛙》为例 | 董　燕 | 人文学院 | 福建论坛（人文社会科学版） | | 2017 年第 8 期 |
| 245 | 论严歌苓对美国救世主形象的解构 | 董　燕 | 人文学院 | 江汉论坛 | | 2017 年第 8 期 |
| 246 | 林语堂女性观的独特性及其现代意义 | 董　燕 | 人文学院 | 求索 | | 2017 年第 7 期 |
| 247 | 实在的两种秩序——柏格森的心身观及其当代发展 | 费多益 | 人文学院 | 世界哲学 | | 2017 年第 5 期 |
| 248 | 随机变化中的有序回应——表观遗传的因果性反思 | 费多益 | 人文学院 | 自然辩证法研究 | | 2017 年第 8 期 |

续表

| 序号 | 论文题目 | 作者 | 所属单位 | 发表刊物/论文集 | 论文转载 | 发表刊期 |
|---|---|---|---|---|---|---|
| 249 | 康德的自然法则公式：以虚假承诺为例 | 宫　睿 | 人文学院 | 安徽大学学报（哲学社会科学版） |  | 2017 年第 6 期 |
| 250 | 作为“行为同一性”的康德的意志自律 | 宫　睿 | 人文学院 | 世界哲学 |  | 2017 年第 2 期 |
| 251 | 心有中华 | 李德顺 | 人文学院 | 吉首大学学报（社会科学版） |  | 2017 年第 2 期 |
| 252 | 论民主与法治不可分——“法治中国”的几个基本理念之辩 | 李德顺 | 人文学院 | 中共中央党校学报 |  | 2017 年第 1 期 |
| 253 | 《周易》卦爻辞之中的“君子”范畴 | 刘　震 | 人文学院 | 南京师大学报（社会科学版） |  | 2017 年第 4 期 |
| 254 | 马王堆帛书《易传》对立范畴考 | 刘　震 | 人文学院 | 山东大学学报（哲学社会科学版） |  | 2017 年第 4 期 |
| 255 | 《大象传》的德治与法治思想 | 刘　震 | 人文学院 | 周易研究 |  | 2017 年第 4 期 |
| 256 | 晚清的终结与现代中国的开端——从影视剧“晚清故事”的流变看历史意识形态的演变 | 卢燕娟 | 人文学院 | 海南大学学报（人文社会科学版） |  | 2017 年第 4 期 |
| 257 | 独特的“早晨”——周而复《上海的早晨》再解读 | 卢燕娟 | 人文学院 | 首都师范大学学报（社会科学版） |  | 2017 年第 2 期 |
| 258 | 美学与意识形态之辨——再谈朦胧诗的理论问题 | 卢燕娟 | 人文学院 | 文艺理论与批评 |  | 2017 年第 4 期 |
| 259 | “实体”还是“实体的本原”——论亚里士多德《形而上学》中的基本问题 | 苏　峻 | 人文学院 | 哲学动态 |  | 2017 年第 5 期 |

续表

| 序号 | 论文题目 | 作者 | 所属单位 | 发表刊物/论文集 | 论文转载 | 发表刊期 |
|---|---|---|---|---|---|---|
| 260 | 儒家道德实践困境略探——以“不逆诈，不亿不信”问题史为中心 | 孙国柱 | 人文学院 | 孔子研究 | | 2017 年第 4 期 |
| 261 | 当代西方“组合与收敛结构之分”的三大疑难 | 王建芳 | 人文学院 | 哲学动态 | | 2017 年第 9 期 |
| 262 | 组合与收敛结构之分的新标准——弗里曼方案评析 | 王建芳 | 人文学院 | 自然辩证法研究 | | 2017 年第 4 期 |
| 263 | 劳动与工作，可以是“政治的”吗？——阿伦特《人的境况》批判解读 | 文　兵 | 人文学院 | 教学与研究 | | 2017 年第 6 期 |
| 264 | 独在与交往之间：阿伦特关于思考与判断的困惑 | 文　兵 | 人文学院 | 学术研究 | | 2017 年第 1 期 |
| 265 | 恪守与嬗变——从当代艺术视角再谈传统漆艺 | 臧小戈 | 人文学院 | 南京艺术学院学报（美术与设计） | | 2017 年第 2 期 |
| 266 | 老手艺的新语境——电视媒体在传统手工艺传承中的功能 | 臧小戈 | 人文学院 | 中国电视 | | 2017 年第 11 期 |
| 267 | 产业升级、要素收益提高与我国城市发展方式的转变 | 陈明生 | 商学院 | 新疆社会科学 | | 2017 年第 4 期 |
| 268 | 碳税征收提高能源效率的作用机制研究 | 陈明生 | 商学院 | 中国政法大学学报 | | 2017 年第 5 期 |
| 269 | 影响城乡居民医保整合的制度融合因素研究 | 高秋明 | 商学院 | 中国特色社会主义研究 | | 2017 年第 6 期 |
| 270 | 便利视角下中国 O2O 模式的演进路径研究 | 葛建华 | 商学院 | 吉首大学学报（社会科学版） | | 2017 年第 4 期 |

续表

| 序号 | 论文题目 | 作者 | 所属单位 | 发表刊物/论文集 | 论文转载 | 发表刊期 |
|---|---|---|---|---|---|---|
| 271 | 从次贷、欧债危机反思中国金融市场稳定——基于城市化进程中机构投资者发展的视角 | 胡继晔 | 商学院 | 城市发展研究 | | 2016 年第 6 期 |
| 272 | 理查德·塞勒对行为法和经济学的贡献 | 黄立君 | 商学院 | 经济学动态 | | 2017 年第 12 期 |
| 273 | 国际油价波动对我国经常账户影响的实证研究 | 金仁淑 | 商学院 | 兰州学刊 | | 2017 年第 1 期 |
| 274 | 中日对东盟投资比较及中国的策略——“一带一路”倡议下的新考量 | 金仁淑 | 商学院 | 现代日本经济 | | 2017 年第 6 期 |
| 275 | 基于层次分析法的循证管理中证据的评价 | 李景华 | 商学院 | 江西师范大学学报（哲学社会科学版） | | 2017 年第 5 期 |
| 276 | 法与工商管理：概念、模型及其应用 | 李景华 | 商学院 | 学术论坛 | | 2016 年第 11 期 |
| 277 | 全球化背景下中西方管理教育思想之碰撞与思考 | 慕凤丽 | 商学院 | 浙江学刊 | | 2017 年第 5 期 |
| 278 | 美国 JD/MBA 法商复合型人才培养模式及其启示 | 王　霆 | 商学院 | 高教探索 | | 2017 年第 2 期 |
| 279 | 近代中西金融制度合流中的制度企业家——基于买办群体的考察 | 熊金武 | 商学院 | 贵州社会科学 | | 2017 年第 5 期 |
| 280 | 理解历史上的企业家精神：基于中国经济史学研究的反思 | 熊金武 | 商学院 | 中国经济史研究 | | 2017 年第 5 期 |

续表

| 序号 | 论文题目 | 作者 | 所属单位 | 发表刊物/论文集 | 论文转载 | 发表刊期 |
|---|---|---|---|---|---|---|
| 281 | 心理资本、情绪适应与大学生网络成瘾——基于性别差异的完全效应调节模型分析 | 毕向阳 | 社会学院 | 青年研究 | | 2017 年第 3 期 |
| 282 | 自发走神和有意走神及其与元认知的关系 | 刘兆敏 | 社会学院 | 心理科学 | | 2017 年第 5 期 |
| 283 | “深耕者”与“鼓动家”：论共产党早期乡村革命中的“农运派” | 孟庆延 | 社会学院 | 社会 | | 2017 年第 3 期 |
| 284 | 在准新婚个体中验证未来取向应对的序列模型 | 苗　淼 | 社会学院 | 中国临床心理学杂志 | | 2017 年第 4 期 |
| 285 | 涂尔干：道德本原与现代潮流以自杀类型为线索 | 王　楠 | 社会学院 | 社会 | | 2017 年第 6 期 |
| 286 | 中国走失老人总量测算与区域分布特征分析——基于全国救助站随机抽样调查 | 熊贵彬 | 社会学院 | 人口与发展 | | 2017 年第 6 期 |
| 287 | 暴力犯的冷酷无情特质在暴力风险水平和恐惧情绪识别之间的中介作用 | 杨　波 | 社会学院 | 中国健康心理学杂志 | | 2017 年第 9 期 |
| 288 | 甲卡西酮成瘾者的心理特点及其对戒毒的启示 | 杨　波 | 社会学院 | 中国健康心理学杂志 | | 2017 年第 9 期 |
| 289 | 青少年暴力风险评估量表在未成年暴力犯的信效度检验 | 杨　波 | 社会学院 | 中国健康心理学杂志 | | 2017 年第 11 期 |
| 290 | 病理性说谎及其对司法实践的影响 | 杨　波 | 社会学院 | 中国健康心理学杂志 | | 2017 年第 12 期 |
| 291 | 精神病态暴力犯的恐惧情绪面孔识别特点 | 杨　波 | 社会学院 | 中国临床心理学杂志 | | 2017 年第 4 期 |

续表

| 序号 | 论文题目 | 作者 | 所属单位 | 发表刊物/论文集 | 论文转载 | 发表刊期 |
|---|---|---|---|---|---|---|
| 292 | 新型毒品成瘾者在不同情境下的决策特点 | 杨 波 | 社会学院 | 中国临床心理学杂志 | | 2017 年第 4 期 |
| 293 | 传统的变革与个体的重构：鲁滨逊的出走、改造与重返 | 杨 璐 | 社会学院 | 社会 | | 2017 年第 1 期 |
| 294 | 衡平与宽容：笛福的社会思想 | 杨 璐 | 社会学院 | 社会理论学报 | | 2017 年第 1 期 |
| 295 | 印象与观念在社会构成中的涵义：休谟对契约论的批评 | 杨 璐 | 社会学院 | 学海 | | 2017 年第 5 期 |
| 296 | 头人首领、等级制社会与现代化——从《凉山夷家》及其后续研究讲起 | 杨清媚 | 社会学院 | 西北民族研究 | | 2017 年第 4 期 |
| 297 | 新革命史：问题与方法 | 应 星 | 社会学院 | 妇女研究论丛 | | 2017 年第 5 期 |
| 298 | 想象中的工会作用——评几篇定量研究中国工会作用的文献 | 游正林 | 社会学院 | 东南大学学报（哲学社会科学版） | | 2017 年第 5 期 |
| 299 | 革命的劳动伦理的兴起以陕甘宁边区“赵占魁运动”为中心的考察 | 游正林 | 社会学院 | 社会 | | 2017 年第 5 期 |
| 300 | 休闲活动对我国老年人认知功能的影响 | 张 莉 | 社会学院 | 心理科学 | | 2017 年第 2 期 |
| 301 | 诈骗犯、暴力犯的黑暗三人格与创造力及标新立异的关系 | 张 卓 | 社会学院 | 中国健康心理学杂志 | | 2017 年第 8 期 |
| 302 | 辩证行为疗法在罪犯矫正领域的应用 | 张 卓 | 社会学院 | 中国临床心理学杂志 | | 2017 年第 1 期 |
| 303 | 监察机关办案程序初探 | 卞建林 | 诉讼法学研究院 | 法律科学（西北政法大学学报） | | 2017 年第 6 期 |

续表

| 序号 | 论文题目 | 作者 | 所属单位 | 发表刊物/论文集 | 论文转载 | 发表刊期 |
| --- | --- | --- | --- | --- | --- | --- |
| 304 | 我国非法证据排除规则的重大发展——以《严格排除非法证据规定》之颁布为视角 | 卞建林 | 诉讼法学研究院 | 浙江工商大学学报 | | 2017 年第 5 期 |
| 305 | 我国非法证据排除规则的新发展 | 卞建林 | 诉讼法学研究院 | 中国刑事法杂志 | | 2017 年第 4 期 |
| 306 | 侦查权运行规律初探 | 卞建林 | 诉讼法学研究院 | 中国刑事法杂志 | | 2017 年第 1 期 |
| 307 | 关于《监察法（草案）》的八点修改意见 | 陈光中 | 诉讼法学研究院 | 比较法研究 | | 2017 年第 6 期 |
| 308 | 论庭审模式与查明案件事实真相 | 陈光中 | 诉讼法学研究院 | 法学杂志 | | 2017 年第 6 期 |
| 309 | 关于我国监察体制改革的几点看法 | 陈光中 | 诉讼法学研究院 | 环球法律评论 | | 2017 年第 2 期 |
| 310 | 完善证人出庭制度的若干问题探析——基于实证试点和调研的研究 | 陈光中 | 诉讼法学研究院 | 政法论坛 | | 2017 年第 4 期 |
| 311 | 对《严格排除非法证据规定》的几点个人理解 | 陈光中 | 诉讼法学研究院 | 中国刑事法杂志 | | 2017 年第 4 期 |
| 312 | 关于检察机关提起公益诉讼的几点思考 | 樊崇义 | 诉讼法学研究院 | 法学杂志 | | 2017 年第 5 期 |
| 313 | 认罪认罚从宽制度的理论反思与改革前瞻 | 樊崇义 | 诉讼法学研究院 | 华东政法大学学报 | | 2017 年第 4 期 |
| 314 | 非法证据排除规则的确立和发展 | 樊崇义 | 诉讼法学研究院 | 学习与探索 | | 2017 年第 7 期 |
| 315 | 鉴定意见撤销问题研究——以对鉴定意见投诉解决为视角 | 樊崇义 | 诉讼法学研究院 | 证据科学 | | 2017 年第 3 期 |
| 316 | 认罪认罚从宽制度与辩诉交易制度的异同及其启示 | 樊崇义 | 诉讼法学研究院 | 中州学刊 | | 2017 年第 3 期 |

续表

| 序号 | 论文题目 | 作者 | 所属单位 | 发表刊物/论文集 | 论文转载 | 发表刊期 |
|---|---|---|---|---|---|---|
| 317 | 从传统礼治文化秩序迈向现代软法规范秩序 | 高家伟 | 诉讼法学研究院 | 新疆社会科学 | | 2017 年第 6 期 |
| 318 | “完善认罪认罚从宽制度”的亲历观察与思考、建议——基于福清市等地刑事速裁程序中认罪认罚从宽制度的调研 | 顾永忠 | 诉讼法学研究院 | 法治研究 | 人大复印 | 2017 年第 1 期 |
| 319 | 民事检察监督证据的运用规则 | 胡思博 | 诉讼法学研究院 | 当代法学 | | 2017 年第 1 期 |
| 320 | 论民事诉讼中当事人之主观心理状态的查明——以程序性争议的处理为分析对象 | 胡思博 | 诉讼法学研究院 | 法学论坛 | | 2017 年第 5 期 |
| 321 | 我国当前司法环境下民事诉讼程序价值的保障力度与限度 | 胡思博 | 诉讼法学研究院 | 法学杂志 | | 2017 年第 7 期 |
| 322 | 美国刑事快速审判权的宪法检验与立法嬗变 | 李本森 | 诉讼法学研究院 | 环球法律评论 | | 2017 年第 3 期 |
| 323 | 刑事速裁程序试点的本地化差异 基于北京、上海、广州和西安试点的地方文本分析 | 李本森 | 诉讼法学研究院 | 中外法学 | | 2017 年第 2 期 |
| 324 | 论中国刑事诉讼定罪证明标准——以排除合理怀疑为视角 | 杨宇冠 | 诉讼法学研究院 | 浙江工商大学学报 | | 2017 年第 5 期 |
| 325 | The Proof Standard of Conviction in China | 杨宇冠 | 诉讼法学研究院 | 中国法学（英文版） | | 2017 年第 5 期 |
| 326 | 校园体育文化视角下的高水平运动队建设问题研究 | 彭　博 | 体育教学部 | 中国政法大学学报 | | 2017 年第 6 期 |

续表

| 序号 | 论文题目 | 作者 | 所属单位 | 发表刊物/论文集 | 论文转载 | 发表刊期 |
|---|---|---|---|---|---|---|
| 327 | 论张彭春与国际人权体系的建构 | 孙平华 | 外国语学院 | 浙江工商大学学报 | | 2017 年第 4 期 |
| 328 | 张彭春多元主义人权哲学研究 | 孙平华 | 外国语学院 | 中国法学（英文版） | | 2017 年第 3 期 |
| 329 | Das Vermächtnis als erbrechtliche Verfügung in der VR China — ein rechtswissenschaftlicher und-terminologischer Vergleich mit dem deutschen Pendant | 王　强 | 外国语学院 | ZVglRWiss（Zeitschrift für vergleichende Rechtswissenschaft） | | 2017 年第 4 期 |
| 330 | “临时继承人”制度研究 | 王　强 | 外国语学院 | 河南大学学报（社会科学版） | | 2017 年第 4 期 |
| 331 | Instructiveness of German Family Law's Development on China's Marriage Law | 王　强 | 外国语学院 | 中国法学（英文版） | | 2017 年第 3 期 |
| 332 | 继承法处分行为初探 | 王　强 | 外国语学院 | 中国政法大学学报 | | 2017 年第 2 期 |
| 333 | 快件禁止寄递制度的法律实现路径 | 许　兰 | 外国语学院 | 暨南学报（哲学社会科学版） | | 2017 年第 3 期 |
| 334 | 论《手势人生》中的音乐叙事与“他者”政治 | 张　磊 | 外国语学院 | 外国语言文学 | 人大复印 | 2017 年第 2 期 |
| 335 | 如何将证据转换为事实：以崔英杰案为例 | 张鲁平 | 外国语学院 | 中国法学（英文版） | | 2017 年第 1 期 |
| 336 | “产出导向法”对大学英语写作影响的实验研究 | 张文娟 | 外国语学院 | 现代外语 | | 2017 年第 3 期 |
| 337 | 英美法律术语汉译策略探究 | 张法连 | 外国语学院 | 中国翻译 | | 2016 年第 4 期 |

续表

| 序号 | 论文题目 | 作者 | 所属单位 | 发表刊物/论文集 | 论文转载 | 发表刊期 |
| --- | --- | --- | --- | --- | --- | --- |
| 338 | 共犯行为正犯化的立法探索与理论梳理——以"帮助信息网络犯罪活动罪"立法定位为角度的分析 | 于志刚 | 网络法学研究院 | 法律科学（西北政法大学学报） | | 2017 年第 3 期 |
| 339 | 青年刑法学者要有跟上时代步伐的激情和责任——20 年来网络犯罪理论研究反思 | 于志刚 | 网络法学研究院 | 法商研究 | | 2017 年第 6 期 |
| 340 | 网络空间中犯罪预备行为的制裁思路与体系完善——截至《刑法修正案（九）》的网络预备行为规制体系的反思 | 于志刚 | 网络法学研究院 | 法学家 | | 2017 年第 6 期 |
| 341 | 关于刑事管辖权冲突及其解决模式的思考——全球化时代中国刑事管辖权的应然立场 | 于志刚 | 网络法学研究院 | 法学论坛 | | 2017 年第 6 期 |
| 342 | "公民个人信息"的权利属性与刑法保护思路 | 于志刚 | 网络法学研究院 | 浙江社会科学 | | 2017 年第 10 期 |
| 343 | 检察机关侦查部门电子数据取证问题研究 | 戴士剑 | 刑事司法学院 | 湖南大学学报（社会科学版） | | 2017 年第 2 期 |
| 344 | 论公诉案件被害人诉讼权利的完善及保障 | 刘　玫 | 刑事司法学院 | 中国政法大学学报 | | 2017 年第 1 期 |
| 345 | 刑事冤错案件的制度防范与纠正——基于聂树斌案的思考 | 汪海燕 | 刑事司法学院 | 比较法研究 | | 2017 年第 3 期 |
| 346 | 跨行政区划检察院的法律地位研究——以检察院组织法修改为视角 | 汪海燕 | 刑事司法学院 | 法学杂志 | | 2017 年第 12 期 |

续表

| 序号 | 论文题目 | 作者 | 所属单位 | 发表刊物/论文集 | 论文转载 | 发表刊期 |
|---|---|---|---|---|---|---|
| 347 | 监察制度与《刑事诉讼法》的衔接 | 汪海燕 | 刑事司法学院 | 政法论坛 |  | 2017 年第 6 期 |
| 348 | 审判中心背景下非法证据排除规则的完善 | 汪海燕 | 刑事司法学院 | 中国刑事法杂志 |  | 2017 年第 4 期 |
| 349 | 论习近平法治思想对党员领导干部队伍建设的实践意义 | 王敬川 | 刑事司法学院 | 毛泽东思想研究 | 人大复印 | 2017 年第 3 期 |
| 350 | 规范确证：刑法社会机能的当代选择 | 王志远 | 刑事司法学院 | 东南大学学报（哲学社会科学版） |  | 2017 年第 5 期 |
| 351 | 被害人陈述的证据能力与证明力原则——一个比较证据法的视角 | 卫跃宁 | 刑事司法学院 | 证据科学 |  | 2017 年第 3 期 |
| 352 | 网络犯罪帮助行为正犯化的规范解读与理论省思 | 于　冲 | 刑事司法学院 | 中国刑事法杂志 |  | 2017 年第 1 期 |
| 353 | 变迁中的英美补强规则 | 李训虎 | 证据科学研究院 | 环球法律评论 |  | 2017 年第 5 期 |
| 354 | 残疾标准制定与实施中的基本问题研究——以《人体损伤致残程度分级》为例 | 刘　鑫 | 证据科学研究院 | 证据科学 |  | 2017 年第 3 期 |
| 355 | 法医学鉴定实践中的伦理考量 | 刘　鑫 | 证据科学研究院 | 中国法医学杂志 |  | 2017 年第 2 期 |
| 356 | 以审判为中心的庭审模式对法医出庭质证的挑战 | 刘　鑫 | 证据科学研究院 | 中国法医学杂志 |  | 2017 年第 1 期 |
| 357 | DNA 一次和二次接触转移现象试验研究 | 刘　鑫 | 证据科学研究院 | 中国法医学杂志 |  | 2017 年第 6 期 |
| 358 | 口供的自由、自愿原则研究——法国模式及评价 | 施鹏鹏 | 证据科学研究院 | 比较法研究 |  | 2017 年第 3 期 |

续表

| 序号 | 论文题目 | 作者 | 所属单位 | 发表刊物/论文集 | 论文转载 | 发表刊期 |
|---|---|---|---|---|---|---|
| 359 | 综合的反恐体系及检讨——以法国“新反恐法”为中心 | 施鹏鹏 | 证据科学研究院 | 中国刑事法杂志 | | 2017 年第 1 期 |
| 360 | 潮汕汉族群体 27 个 Y-STR 基因座的单倍型及遗传关系分析 | 石美森 | 证据科学研究院 | 解放军医学杂志 | | 2017 年第 3 期 |
| 361 | 人体损伤程度鉴定标准中晋级原则研究 | 王　旭 | 证据科学研究院 | 证据科学 | | 2017 年第 3 期 |
| 362 | 视盘 RNFL 厚度改变与视野缺损的关系 | 王　旭 | 证据科学研究院 | 中国法医学杂志 | | 2017 年第 3 期 |
| 363 | 眶壁骨折致眼球内陷法医学鉴定 1 例 | 王　旭 | 证据科学研究院 | 中国法医学杂志 | | 2017 年第 3 期 |
| 364 | ZnO/PAMAM G5.0 的合成及其对“502”熏显处理指印的增显作用研究 | 王元凤 | 证据科学研究院 | 光谱学与光谱分析 | | 2017 年第 12 期 |
| 365 | 论统计学在科学证据报告中的应用 | 王元凤 | 证据科学研究院 | 证据科学 | | 2016 年第 5 期 |
| 366 | 刑事证据辩护的理论反思 | 吴洪淇 | 证据科学研究院 | 兰州大学学报（社会科学版） | | 2017 年第 1 期 |
| 367 | 司法改革转型期的失序困境及其克服——以司法员额制和司法责任制为考察对象 | 吴洪淇 | 证据科学研究院 | 四川大学学报（哲学社会科学版） | | 2017 年第 3 期 |
| 368 | 胫骨 Pilon 骨折致伤方式推断 1 例 | 项　剑 | 证据科学研究院 | 中国法医学杂志 | | 2017 年第 5 期 |
| 369 | 《永久性残损评定指南》与美国工伤赔偿 | 杨天潼 | 证据科学研究院 | 证据科学 | | 2017 年第 1 期 |
| 370 | GEPI 关于多项残损的复合计算溯源——兼谈《伤残分级》晋级问题 | 杨天潼 | 证据科学研究院 | 证据科学 | | 2017 年第 3 期 |

续表

| 序号 | 论文题目 | 作者 | 所属单位 | 发表刊物/论文集 | 论文转载 | 发表刊期 |
|---|---|---|---|---|---|---|
| 371 | 《损伤程度》与《致残分级》关于脊柱四肢评定条款的比较 | 杨天潼 | 证据科学研究院 | 中国法医学杂志 |  | 2017年第5期 |
| 372 | 《永久性残损评定指南》下肢残损评定原则 | 杨天潼 | 证据科学研究院 | 中国法医学杂志 |  | 2017年第6期 |
| 373 | 外伤性癫痫致痫灶α-螺旋结构蛋白质的FTIR-mapping研究 | 杨天潼 | 证据科学研究院 | 中国法医学杂志 |  | 2017年第6期 |
| 374 | 不同高度钝力打击致大鼠皮肤与骨骼肌挫伤的对比 | 于天水 | 证据科学研究院 | 法医学杂志 |  | 2017年第1期 |
| 375 | 格林-巴利综合症继发肺动脉栓塞致死1例 | 于天水 | 证据科学研究院 | 法医学杂志 |  | 2017年第3期 |
| 376 | 冠状动脉肌桥致心源性猝死1例 | 于天水 | 证据科学研究院 | 中国法医学杂志 |  | 2017年第2期 |
| 377 | 2015-2016年中国证据法治前进步伐 | 张保生 | 证据科学研究院 | 证据科学 |  | 2017年第6期 |
| 378 | 非法证据排除与侦查办案人员出庭作证规则 | 张保生 | 证据科学研究院 | 中国刑事法杂志 |  | 2017年第4期 |
| 379 | 论侦查阶段的有效辩护 | 张　中 | 证据科学研究院 | 当代法学 |  | 2017年第6期 |
| 380 | 法官眼里无事实：证据裁判原则下的事实、证据与事实认定 | 张　中 | 证据科学研究院 | 浙江工商大学学报 |  | 2017年第5期 |
| 381 | DNA条形码技术在法庭科学种属鉴定中的应用 | 赵　东 | 证据科学研究院 | 中国法医学杂志 |  | 2017年第4期 |
| 382 | 骨质疏松者椎体压缩性骨折法医学鉴定1例 | 朱海标 | 证据科学研究院 | 中国法医学杂志 |  | 2017年第6期 |
| 383 | 缘何走出民族主义与国家主义悖论——对西方传统民族国家理论的反思与批判 | 曹　兴 | 政治与公共管理学院 | 世界民族 |  | 2017年第6期 |

续表

| 序号 | 论文题目 | 作者 | 所属单位 | 发表刊物/论文集 | 论文转载 | 发表刊期 |
|---|---|---|---|---|---|---|
| 384 | 西亚北非缘何成为世界民族宗教冲突的重灾区 | 曹　兴 | 政治与公共管理学院 | 新疆社会科学 | | 2017 年第 3 期 |
| 385 | 如何走出民族划分的困境 | 曹　兴 | 政治与公共管理学院 | 中南民族大学学报（人文社会科学版） | | 2017 年第 5 期 |
| 386 | 从精英民主、大众民主到民粹化民主——论西方民主的民粹化趋向 | 丛日云 | 政治与公共管理学院 | 探索与争鸣 | | 2017 年第 9 期 |
| 387 | 智库发展路径的差异化政策分析——基于两类智库的功能比较研究 | 傅广宛 | 政治与公共管理学院 | 南京社会科学 | | 2017 年第 9 期 |
| 388 | 现代政治的理性主义路向及其限度 | 黄　璇 | 政治与公共管理学院 | 社会科学战线 | | 2016 年第 6 期 |
| 389 | 公众立场与欧盟的未来——基于“欧洲晴雨表”的数据分析 | 贾文华 | 政治与公共管理学院 | 欧洲研究 | | 2017 年第 4 期 |
| 390 | 欧盟的“中国市场经济地位”问题与中国的应对之策——基于《中国加入 WTO 议定书》第 15 条之争的分析 | 贾文华 | 政治与公共管理学院 | 外交评论（外交学院学报） | | 2017 年第 5 期 |
| 391 | 流动人口疏解效果评价及政策建议——对北京市的问卷调查 | 李程伟 | 政治与公共管理学院 | 国家行政学院学报 | | 2017 年第 1 期 |
| 392 | “自由”的一致性——论林肯重塑美国政治和宪法结构的基本逻辑 | 李　筠 | 政治与公共管理学院 | 学术月刊 | | 2017 年第 1 期 |
| 393 | 东亚地区合作进程：一种“实践理性”的解释 | 李晓燕 | 政治与公共管理学院 | 世界经济与政治论坛 | | 2017 年第 3 期 |
| 394 | 美国国会对华贸易政策的自由主义新特征 | 李晓燕 | 政治与公共管理学院 | 学术界 | | 2017 年第 1 期 |

续表

| 序号 | 论文题目 | 作者 | 所属单位 | 发表刊物/论文集 | 论文转载 | 发表刊期 |
|---|---|---|---|---|---|---|
| 395 | 孔孟儒家论师友之道的精神旨趣与深刻意蕴——重思孔子“无友不如己者”教诲的实质含义 | 林存光 | 政治与公共管理学院 | 天府新论 | | 2017 年第 5 期 |
| 396 | 欧洲政党党内纪律监督制度探析 | 林德山 | 政治与公共管理学院 | 国外理论动态 | | 2017 年第 3 期 |
| 397 | 新自由主义的政治渗透与欧洲危机 | 林德山 | 政治与公共管理学院 | 欧洲研究 | | 2016 年第 6 期 |
| 398 | 从参与式扶贫到协同式扶贫：中国扶贫的演进逻辑——兼论协同式精准扶贫的实现机制 | 刘俊生 | 政治与公共管理学院 | 西南民族大学学报（人文社科版） | | 2017 年第 12 期 |
| 399 | 集中抑或分散：全球视野下的市场监管体制探析 | 刘俊生 | 政治与公共管理学院 | 中国行政管理 | | 2017 年第 11 期 |
| 400 | 美国“反建制主义”传统与“特朗普现象” | 刘长敏 | 政治与公共管理学院 | 青海社会科学 | | 2017 年第 3 期 |
| 401 | 权力转移理论视角下的中俄美中亚格局演变 | 刘长敏 | 政治与公共管理学院 | 太平洋学报 | | 2017 年第 12 期 |
| 402 | 高校要把立德树人作为人才培养中心环节 | 卢春龙 | 政治与公共管理学院 | 红旗文稿 | | 2017 年第 20 期 |
| 403 | 中国农民政治信任的来源：文化、制度与结构 | 卢春龙 | 政治与公共管理学院 | 湖南师范大学社会科学学报 | | 2017 年第 3 期 |
| 404 | 国家治理指数的国际比较：发展、民主与文化——兼评世界银行“世界治理指数” | 卢春龙 | 政治与公共管理学院 | 江苏行政学院学报 | | 2017 年第 2 期 |
| 405 | 新兴中产阶层的政治参与现状 | 卢春龙 | 政治与公共管理学院 | 学习与探索 | | 2017 年第 3 期 |
| 406 | 制度和行为 | 鲁照旺 | 政治与公共管理学院 | 学术界 | | 2017 年第 8 期 |

续表

| 序号 | 论文题目 | 作者 | 所属单位 | 发表刊物/论文集 | 论文转载 | 发表刊期 |
|---|---|---|---|---|---|---|
| 407 | 制度互动、权力互动与跨国森林治理 | 任洪生 | 政治与公共管理学院 | 东岳论丛 | | 2017 年第 8 期 |
| 408 | 边境“难民及非法入境者”问题与中国的应对策略研究 | 任洪生 | 政治与公共管理学院 | 国际展望 | | 2017 年第 5 期 |
| 409 | 地缘支轴、丝绸之路经济带与 21 世纪中哈地缘政治关系 | 任洪生 | 政治与公共管理学院 | 西北民族研究 | | 2017 年第 2 期 |
| 410 | 论地缘政治经济学研究的核心概念——一个分析框架的提出 | 任洪生 | 政治与公共管理学院 | 中国政法大学学报 | | 2016 年第 6 期 |
| 411 | 需要与尊荣：基层法官职业保障制度之重构 | 商　磊 | 政治与公共管理学院 | 政法论坛 | | 2017 年第 5 期 |
| 412 | 高校思想政治工作必须虚功实做——学习贯彻习近平总书记考察中国政法大学时发表重要讲话精神的体会 | 石亚军 | 政治与公共管理学院 | 党建 | | 2017 年第 6 期 |
| 413 | 合作治理中的政社关系与角色期待——以顺德为例 | 石亚军 | 政治与公共管理学院 | 上海行政学院学报 | | 2017 年第 3 期 |
| 414 | 优化法学学科体系 培养法治国家人才 | 石亚军 | 政治与公共管理学院 | 中国高等教育 | | 2017 年第 10 期 |
| 415 | 国家监察体制：全域立体监察模式的构建 | 石亚军 | 政治与公共管理学院 | 中国行政管理 | | 2017 年第 10 期 |
| 416 | 做实简政放权必须拉近政府间的政策距离 | 石亚军 | 政治与公共管理学院 | 中国行政管理 | | 2017 年第 12 期 |
| 417 | 安倍解决“北方领土”问题的“新方法”及其战略考量 | 孙　承 | 政治与公共管理学院 | 日本学刊 | | 2017 年第 2 期 |

续表

| 序号 | 论文题目 | 作者 | 所属单位 | 发表刊物/论文集 | 论文转载 | 发表刊期 |
|---|---|---|---|---|---|---|
| 418 | 重大突发事件后的社区心理援助协作探讨——基于组织间网络理论的视角 | 王丽莉 | 政治与公共管理学院 | 安徽大学学报（哲学社会科学版） | | 2017年第2期 |
| 419 | 回应性监管理论述评：精髓与问题 | 杨炳霖 | 政治与公共管理学院 | 中国行政管理 | | 2017年第4期 |
| 420 | 城市风险治理中的风险沟通制度——基于30部法律规范的文本分析 | 詹承豫 | 政治与公共管理学院 | 行政法学研究 | | 2016年第4期 |
| 421 | 内部行为的外部化及其判断标准 | 刘　飞 | 中欧法学院 | 行政法学研究 | | 2017年第2期 |
| 422 | 比特币法律属性探析——从广义货币法的角度 | 赵天书 | 中欧法学院 | 中国政法大学学报 | | 2017年第5期 |
| 423 | 大数据经济背景下公共数据获取与开放探究 | 武长海 | 资本金融研究院 | 经济体制改革 | | 2017年第1期 |
| 424 | 微商创业要避免误入网络传销迷途 | 武长海 | 资本金融研究院 | 中国经济时报 | 人大复印 | 2017年7月 |
| 425 | 如何构建互联网保险费率监管模式 | 武长海 | 资本金融研究院 | 中国经济时报 | 人大复印 | 2017年6月 |
| 426 | 论互联网背景下金融风险的衍变、特征与金融危机 | 武长海 | 资本金融研究院 | 中国政法大学学报 | | 2017年第6期 |

8. 学术活动

(1) 2017 年名家论坛一览表（21 场）

| 序号 | 名家论坛讲数 | 时间 | 承办单位 | 题目 | 主讲人 | 主讲人单位 | 地点 |
|---|---|---|---|---|---|---|---|
| 1 | 名家论坛第 180 讲 | 2017 年 3 月 23 日（周四 14：00－16：00 | 外国语学院 | 法条中的语言问题 | Gail Stygall | 美国华盛顿大学 | 学院路校区科研楼 B209 会议室 |
| 2 | 名家论坛第 181 讲 | 2017 年 5 月 3 日（周三）19：00－21：00 | 证据科学研究院 | 美国无罪辩护的证明基础与司法环境 | 满运龙 | 北京大学国际法学院 | 学院路校区教学楼 207 室 |
| 3 | 名家论坛第 182 讲 | 2017 年 5 月 2 日（周二）19：00－20：00 | 国际法学院 | 美国和东亚：特朗普时代的国际法律问题 The United States and East Asia: International Legal issues in the Age of Trump | Jacques deLisle | 宾夕法尼亚大学法学院 | 学院路校区科研楼 B206 教室 |
| 4 | 名家论坛第 183 讲 | 2017 年 5 月 8 日（周一）13：30－16：30 | 国际法学院 | 公私关系、国际法与中国崛起 | 蔡从燕 | 厦门大学法学院 | 学院路校区科研楼 B206 教室 |
| 5 | 名家论坛第 184 讲 | 2017 年 5 月 10 日（周三）14：30－16：30 | 人文学院 | 刘师培与北京大学——新文化运动史的一个侧面 | 李帆 | 北京师范大学历史学院 | 学院路校区科研楼 A204 教室 |
| 6 | 名家论坛第 185 讲 | 2017 年 5 月 11 日（周四）14：00－17：00 | 马克思主义学院 | 历史唯物主义的两种模式 | 王南湜 | 南开大学哲学院 | 学院路校区科地 103 教室 |

续表

| 序号 | 名家论坛讲数 | 时间 | 承办单位 | 题目 | 主讲人 | 主讲人单位 | 地点 |
|---|---|---|---|---|---|---|---|
| 7 | 名家论坛第186讲 | 2017年5月17日（周三）19：00－21：00 | 人文学院 | 文艺复兴前传 | 易英 | 中央美术学院 | 昌平校区端升楼102教室 |
| 8 | 名家论坛第187讲 | 2017年5月18日（周四）19：00－21：00 | 国际儒学院 | 统合孟荀，创新儒学 | 梁涛 | 中国人民大学国学院 | 昌平校区端升楼阶二教室 |
| 9 | 名家论坛第188讲 | 2017年5月10日（周三）14：30－16：30 | 外国语学院 | 再现不再：只为阅读的写作 | 陈永国 | 清华大学外文系 | 学院路校区科研楼二层B211会议室 |
| 10 | 名家论坛第189讲 | 2017年5月16日（周二）晚19：00－21：00 | 马克思主义学院 | 官场腐败与皇朝覆灭 | 郭卫东 | 北京大学历史学系 | 昌平校区端升楼204 |
| 11 | 名家论坛第190讲 | 2017年5月19日（周五）18：00－20：00 | 民商经济法学院 | 艺术品真伪与法律的因惑 | 季涛 | 中国拍卖行业协会法律咨询与理论研究委员会 | 学院路校区科研楼B211会议室 |
| 12 | 名家论坛第191讲 | 2017年5月26日（周五）18：30—21：00 | 民商经济法学院 | 社保将决定未来你的就业与幸福感：现代福利国家的起源与模式比较 | 郑秉文 | 中国社会科学院美国研究所 | 昌平校区阶六教室 |
| 13 | 名家论坛第192讲 | 2017年05月31日（周三）14：00－16：00 | 外国语学院 | 经典的旅行——以索福克勒斯的《俄狄浦斯王》为例 | 耿幼壮 | 中国人民大学 | 学院路校科研楼二层B211会议室 |

续表

| 序号 | 名家论坛讲数 | 时间 | 承办单位 | 题目 | 主讲人 | 主讲人单位 | 地点 |
|---|---|---|---|---|---|---|---|
| 14 | 名家论坛第193讲 | 2017年6月8日（周四）15：00－17：00 | 民商经济法学院 | 伤害保险中的保险事故的认定 | 大冢英明（大塚英明） | 日本早稻田大学 | 学院路校区新科研楼B209 |
| 15 | 名家论坛第194讲 | 2017年6月15日（周四19：00－21：00 | 人文学院 | 语言立法的宗旨与功能 | 苏金智 | 教育部语言文字应用研究所 | 学院路校区科研楼二层B209会议室 |
| 16 | 名家论坛第195讲 | 2017年9月18日（周一）19：00－21：00 | 法律古籍整理研究所 | 唐代史研究中史料的问题点 | 辻正博 | 日本京都大学人间·环境研究科 | 学院路校区科研楼B209教室 |
| 17 | 名家论坛第196讲 | 2017年9月20日（周三）15：00－17：00 | 法律古籍整理研究所 | 漫谈礼律——以失礼入刑为例 | 高明士 | 台湾大学历史学系 | 学院路校区科研楼B209教室 |
| 18 | 名家论坛第197讲 | 2017年10月23日（周一）14：00－17：00 | 民商经济法学院 | 日本商法总则适用中的问题点 | 尾崎安央 | 早稻田大学法学院 | 学院路科研楼B209会议室 |
| 19 | 名家论坛第198讲 | 2017年10月26日（周四）下午13：30－15：20 | 外国语学院 | 基于语类分析和语料库检索的期刊论文读写研究 | 蔡基刚 | 复旦大学 | 昌平校区逸夫楼1003教室 |
| 20 | 名家论坛第199讲 | 2017年11月6日（周一）19：00－21：00 | 法治政府研究院 | 例解法律实证研究 | 白建军 | 北京大学法学院 | 学院路校区科研楼B211会议室 |
| 21 | 名家论坛第200讲 | 2017年11月30日（周四）14：00－16：00 | 外国语学院 | 高翻培养与翻译教学、外语复合型人才培养 | 李军 | 首都师范大学 | 学院路校区B209会议室 |

（2）2017 年中国政法大学举办国内学术研讨会一览表

| 序号 | 题目 | 主办单位 | 举办时间 | 地点 | 参会人员 |
| --- | --- | --- | --- | --- | --- |
| 1 | 《黑名单制度立法研究》项目评审暨商事信用制度建设研讨会 | 中国法学会商法学研究会、国家工商行政管理总局企业监管局、法大智库——“现代市场体系与营商环境法治化研究” | 2017 年 5 月 25 日 | 学院路校区科研楼 B209 | 中国政法大学：赵旭东、王涌、李建伟、胡利玲、朱晓娟<br>北京大学：刘凯湘、蒋大兴 |
| 2 | 香港 CRS 税务情报交换立法解析 | 民商法经济学院 | 2017 年 5 月 3 日 | 学院路校区科研楼 B207 | 香港中文大学法学院教授：许炎<br>中国政法大学：施正文 |
| 3 | 理学与经学 | 国际儒学院 | 2017 年 5 月 14 日 | 学院路校区科研楼 B206 | 中国政法大学：李春颖<br>中青年学者：周广发、赵金刚、唐继宇、陈睿超、曹润清 |
| 4 | 《民法·继承编》的历史与未来 | 民商经济法学院 | 2017 年 4 月 22 日 | 学院路校区科研楼 B209 | 长安公证处、上海公证协会、昆明明信公证处、厦门鹭江公证处公证员与中国政法大学民法所教师 |
| 5 | 中国政法大学体育法研究中心成立十五周年学术研讨会——暨中国法下的北京冬奥会法律问题探讨 | 中国政法大学体育法研究中心 | 2017 年 6 月 24 日 –25 日 | 昌平校区国际交流中心 | 中国政法大学校、院领导<br>体育法研究中心主要成员<br>我校历届体育法研究生与博士生<br>国家体育总局政法司领导<br>中国法学会体育法学研究会领导<br>冬奥会组委会法律事务部领导<br>全国体育法学者、专家 |
| 6 | “青年比较法论坛”年度会议：“比较法视域下的法律多元” | 中国法学会比较法学研究、北京市比较法学会 | 2017 年 6 月 3 日 | 学院路校区科研楼 B211 | 《比较法研究》副主编：丁洁琳<br>中国政法大学比较法研究所所长：王志华<br>北京师范大学法学院讲师：马剑银<br>清华大学法学院：鲁楠<br>华东政法大学：于明 |

续表

| 序号 | 题目 | 主办单位 | 举办时间 | 地点 | 参会人员 |
|---|---|---|---|---|---|
| 7 | 电子商务法草案征求意见研讨会 | 中国商法学研究、中国政法大学商法研究中心、法大智库 | 2017年3月16日 | 学院路校区科研楼B209 | 中国政法大学民商经济法学院：赵旭东、刘继峰、李建伟、冯晓青、刘承\陈建、朱晓娟<br>北京大学法学院：蒋大兴<br>对外经济贸易大学法学院：梅夏英 |
| 8 | “数字文化创意产业发展”学术研讨会 | 中国政法大学新闻传播学创新团队、中国政法大学光明传播学院、国家社科基金课题组 | 2017年3月25日 | 学院路校区科研楼B209 | 北京市社科院文化研究所副研究员：许苗苗<br>北京工商大学艺术与传媒学院副教授：何艳<br>济南大学管理学院教授：张振鹏<br>中国联合网络通信集团有限公司综合部新闻办传播处副经理：付玉辉<br>中国政法大学：万蓉、徐亚萍、张宏伟、鞠宏磊、黄金、毕秋灵、滕乐、王丽莉 |
| 9 | 虚假诉讼的理论与实务探讨 | 民商经济法学院 | 2017年6月12日 | 学院路校区科研楼B209 | 清华大学教授：王亚新<br>北京师范大学教授：熊跃敏<br>西北政法大学教授：董少谋<br>华东师范大学教授：吴泽勇<br>北京知识产权法院法官：黄海涛<br>中国政法大学：杨秀清、刘智慧、王桂萍、纪格非、韩波、史飚、史明州 |
| 10 | 民间借贷诉讼的证明责任问题 | 民商经济法学院 | 2017年6月12日 | 学院路校区科研楼B211 | 华东师范大学教授：吴泽勇<br>中国政法大学：纪格非、韩波、史飚、史明州 |
| 11 | 历史上的企业家精神 | 商学院 | 2017年6月26日 | 学院路校区 | 中国社科院研究员：高超群<br>清华大学教授：龙登高<br>北京大学教授：周建波<br>北京大学副教授：张亚光<br>商务部研究院副研究员：彭波<br>中国人民大学讲师：林展 |

续表

| 序号 | 题目 | 主办单位 | 举办时间 | 地点 | 参会人员 |
| --- | --- | --- | --- | --- | --- |
| 12 | 营改增与增值税立法研讨会 | 民商经济法学院 | 2017 年 7 月 9 日 | 学院路校区科研楼 B209 | 中央财经大学教授：蔡昌<br>中国政法大学：施正文 |
| 13 | 关于召开“全球史视野下的中华传统文化与近代中国”学术研讨会 | 国际儒学院 | 2017 年 9 月 23 日 | 学院路校区科研楼 B206 | 中国政法大学：刘丹忱<br>历史研究学者：薄海昆、丁鹏勃、董坤玉、付开镜、郭子林、胡忆红、李小尉、李在全、李自典、梁洁 |
| 14 | 民法典分则编纂的体系与内容 | 民商经济法学院 | 2017 年 9 月 23 –24 日 | 学院路校区科研楼 B206、B209 | 中国政法大学李永军、来自全国人大（立法机关）、中国政法大学、中国人民大学、北京大学、清华大学、吉林大学、武汉大学、烟台大学、西南政法大学、中央财经大学、华东政法大学、中南财经政法大学、大连海事大学、广东外语外贸大学、中南大学、苏州大学、北京航空航天大学、中央民族大学、西安交通大学、对外经济贸易大学、南京大学、上海财经大学、上海交通大学、厦门大学、黑龙江大学、浙江工商大学等（以上为高等院校）、中国社会科学院法学研究所、北京市社会科学院等（以上为科研机构）的理论及实务工作者 |
| 15 | 2017 地方电力发展报告工作会议 | 民商经济法学院 | 2017 年 9 月 23 日 | 学院路校区科研楼 B207 | 中国政法大学：郑佳宁、于文轩<br>中国能源研究会：王永建、李乃崇<br>国家发改委：于娟<br>君泽君律所：彦行志 |
| 16 | 2017 年大数据法治论坛——暨“网络法学会”成立仪式 | 互联网金融法律研究院 | 2017 年 11 月 26 日 | 学院路科研楼学术讲堂 | 中国政法大学：时建中、李爱君<br>中国人民银行：焦瑾璞 |

续表

| 序号 | 题目 | 主办单位 | 举办时间 | 地点 | 参会人员 |
|---|---|---|---|---|---|
| 17 | 2017 年法律语言高端论坛 | 人文学院 | 2017 年 11 月 4 日 | 学院路校区科研楼 B209、B211 | 北京市人民检察院第二分院检察长：苗生明<br>浙江大学：程乐<br>鲁东大学：王东海<br>河南省焦作市中级人民法院：李玉杰<br>河南法官进修学院：潘家玲<br>河南省新乡市红旗区反贪局副局长：刘丹<br>北京市人民检察院第一分院：赵永红<br>北京市人民检察院第三分院：李凯<br>浙江警察学院：叶宁<br>中国政法大学：王洁、邹玉华、张彦 |
| 18 | “《社会组织法》立法研究”开题论证会 | 民商经济法学院 | 2017 年 7 月 12 日 | 学院路校区科研楼 B206、北邮科技大厦 | 民政部政策法规司：李健<br>中国法学会：彭伶<br>中国政法大学：于飞、赵红梅、刘莘等 |
| 19 | 文学与法治学术研讨会暨专家咨询会 | 人文学院 | 2017 年 11 月 1 日 | 学院路校区科研楼 B207 | 中国现代文学馆馆长：李敬泽<br>中国作家协会书记处书记：闫晶明<br>鲁迅博物馆副馆长：黄桥生<br>三联书店社长：路英勇<br>最高人民检察院：徐苏林 |
| 20 | “儒学与当代中国”硕士研究生论坛 | 国际儒学院 | 2017 年 12 月 23－24 日 | 学院路校区科研楼 B205、B206、B211、B215 | 张学智、李存山、梁涛、韩星等<br>中国政法大学：王心竹、李春颖 |

续表

| 序号 | 题目 | 主办单位 | 举办时间 | 地点 | 参会人员 |
| --- | --- | --- | --- | --- | --- |
| 21 | 中国政法大学首届“外国文学青年学者高端论坛” | 外国语学院 | 2017年11月25日 | 中国政法大学学院路校区科研楼B209会议室 | 十位来自北大、清华、人大、北外等各大高校外国文学方向的青年知名学者，他们在各类知名期刊上发表过具有很高学术影响力的论文，或是主持国家社科基金项目、北京市社科基金项目等重要的科研项目。<br>叶洪，中国政法大学外国语学院英语语言文学研究所所长 |
| 22 | “绿色发展高端论坛（2017）之雄安战略”研讨会 | 绿色发展战略研究院 | 2017年11月18日 | 学院路校区 | 全国人大环资委：翟勇<br>环保部政研室：夏光<br>最高人民法院：魏文超<br>国务院发展研究中心：常纪文<br>首都经济贸大学：高桂林　中国政法大学：马燕、庄静华、杨源、杨素娟、<br>天津大学：孙佑海<br>中国人民大学：李艳芳、殷少平、殷少平<br>北京师范大学：严厚福<br>北京大学：王社坤、汪劲、<br>北京师范大学：冷罗生<br>中社科院：刘红岩<br>北京理工大学：罗丽<br>清华大学：王明远 |
| 23 | 第二届“上海国际仲裁周”高端论坛 | 仲裁研究院 | 2017年3月5日 | 中欧国际工商学院 | 中国政法大学校长黄进、中欧校友国际贸易和知识产权保护协会副会长沈建芳、北京金诚同达律师事务所主任庞正忠、国际知名仲裁员陶景洲、唐功远，著名仲裁专家赵平、彭俊、郑惟、崔军、张忠、陈汉、金建忠、张志，北京大学法学院的邓峰教授、我校仲裁研究院的领导及相关研究人员 |

续表

| 序号 | 题目 | 主办单位 | 举办时间 | 地点 | 参会人员 |
| --- | --- | --- | --- | --- | --- |
| 24 | 第三届法学前沿论坛 | 科研处 | 2017 年 5 月 13 日 | 北京友谊宾馆 | 来自中国社会科学杂志社、中国政法大学、清华大学、北京大学、中国人民大学、中国社会科学院、上海社会科学院、华东政法大学、吉林大学、武汉大学、浙江大学、四川大学、东南大学、苏州大学、上海交通大学、上海师范大学和云南大学的学者 |
| 25 | “法治冬奥”研讨会 | 体育法研究中心 | 2017 年 6 月 24 日 | 昌平校区 | 校长黄进，终身教授江平，法学会体育法学研究会会长刘岩及国内体育法专家、学者，冬奥组委会成员，毕业及在校体育法硕、博士研究生 |
| 26 | 2017 年全国马克思主义基本原理研讨会 | 北京高校中国特色社会主义理论研究协同创新中心（中国政法大学）、马克思主义学院 | 2017 年 8 月 21 –22 日 | 北京 | 中国社会科学院马克思主义研究院党委书记、院长邓纯东研究员、我校党委书记胡明教授、中国社会科学院学部委员、学部主席团成员兼马克思主义研究学部主任程恩富教授、马克思主义学院郜丽华、张秀华、傅扬、靳晓春等 |
| 27 | 首届“自贸区纠纷解决与临时仲裁”专题论坛 | 仲裁研究院 | 2017 年 11 月 3 日 | 学院路校区 | 中国政法大学校长黄进、法律出版社总编辑孙志华，中国社会科学院刘敬东、中国国际贸易促进委员会刘超、中国海事仲裁委员会陈波，陕西、广东等自贸区代表、涉自贸区法院代表，以及中国国际经济贸易仲裁委员会等近 20 家涉自贸区仲裁机构、调解机构等代表；原全国人大法工委民法室副主任扈纪华、武汉大学国际法研究所所长肖永平、法制日报经济部主任万学忠、中山大学法学院罗剑雯教授等 |

续表

| 序号 | 题目 | 主办单位 | 举办时间 | 地点 | 参会人员 |
|---|---|---|---|---|---|
| 28 | “传承法律文化 重构中华法系”学术研讨会 | 法律史学研究院 | 2017 年 11 月 25 日 | 北京友谊宾馆 | 中国政法大学张晋藩先生、张中秋教授、朱勇教授，全国外国法制史研究会原副会长曾尔恕等 |
| 29 | 新时代大数据法治峰会 | 互联网金融法律研究院 | 2017 年 11 月 26 日 | 北京 | 中国政法大学副校长时建中、中国互联网金融协会秘书长陆书春、中国政法大学李爱君 |
| 30 | 诉讼法学高端论坛（2017）暨“发展中国特色社会主义程序法治理论”研讨会 | 国家司法文明协同创新中心、中国政法大学诉讼法学研究院 | 2017 年 11 月 25 日—26 日 | 深圳 | 来自全国人大常委会法工委、最高人民法院、最高人民检察院等中央机关，中国人民大学、北京师范大学、中国政法大学、中央财经大学、吉林大学、湖南大学、中南大学、华东政法大学、上海财经大学、苏州大学、武汉大学、四川大学、西南政法大学、华南师范大学、广州大学、深圳大学等高校专家，以及北京、重庆、黑龙江、山东、山西、宁夏、江苏、浙江、安徽、江西、广东等地司法实务部门的法官、检察官、律师代表 130 余人 |
| 31 | “一带一路”倡议的法律支撑研讨会 | 国际法学院 | 2017 年 12 月 2 日 | 北京市松鹤建国会议中心 | 中国政法大学孔庆江，来自中国政法大学、中南财经政法大学、华东政法大学、西南政法大学、西北政法大学、山东大学、上海交通大学、厦门大学、北京外国语大学、北京大学、英国萨里大学和中国国际经济贸易仲裁委员会的 20 余位专家学者 |
| 32 | 中国大学智库论坛·法治峰会——共同探讨新时代中国特色社会主义法治思想 | 科研处 | 2017 年 12 月 9 日 | 北京京仪大酒店 | 最高人民检察院副检察长、中国法学会副会长、国家高端智库培育计划首席专家徐显明，全国政协教科文卫体委员会副主任、中国大学智库论坛秘书长、教育部原副部长李卫红，教育部社会科学司司长刘贵芹，中国政法大学校长黄进，复旦 |

续表

| 序号 | 题目 | 主办单位 | 举办时间 | 地点 | 参会人员 |
| --- | --- | --- | --- | --- | --- |
| | | | | | 大学校长助理陈志敏，中国政法大学终身教授张晋藩，中国政法大学终身教授应松年，国家行政学院法学部主任胡建淼。中国政法大学副校长时建中、副校长马怀德教授、法律史学研究院院长朱勇教授、科研处处长栗峥教授，北京航空航天大学法学院院长龙卫球教授，清华大学法学院党委副书记程啸教授，中国政法大学人权研究院常务副院长张伟，来自教育部社会科学司、中国大学智库论坛秘书处、中国政法大学师生 200 余人 |
| 33 | “法治中国论坛——构建中国特色社会主义法学学科体系、学术体系、话语体系” | 发展规划与学科建设处 | 2017 年 12 月 26 日 | 北京 | 光明日报社总编辑张政、中国政法大学党委书记胡明，光明日报社副总编辑、中国政法大学光明新闻传播学院院长沈卫星，中国政法大学副校长李树忠，来自法律实务部门、科研院所、法学高校的专家学者，中国政法大学光明新闻传播学院聘请的光明日报兼职教授，中国政法大学师生等 90 余人 |

（3）2017 年中国政法大学举办学术讲座一览表

| 序号 | 中文名称 | 英文名称 | 主办单位 | 举办时间 | 主讲人姓名 | 主讲人单位 | 是否外籍人士 |
|---|---|---|---|---|---|---|---|
| 1 | 司法体制综合配套改革的方法——谈逻辑思维方法在司法改革中的运用 | | 学生工作部（处）\武装部 | 2017 年 10 月 25 日 14：00 | 王新清 | 中国社会科学院大学 | 否 |
| 2 | 法治政府建设与行政程序法制定 | | 2011 司法文明协同创新中心，诉讼法学研究院 | 2017 年 11 月 23 日 14：00 | 马怀德 | 中国政法大学 | 否 |
| 3 | 十月革命与苏联法 | | 比较法学研究院 | 2017 年 11 月 8 日 18：30 | 王志华 | 中国政法大学 | 否 |
| 4 | 儿童监护权的撤销与恢复：瑞士、中国比较视野下的思考 | | 法律古籍整理研究所 | 2017 年 11 月 23 日 14：30 | 郭瑞卿 | 中国政法大学 | 否 |
| 5 | 从反不正当竞争法的修订看手机应用市场的纠纷与争议 | | 法律硕士学院 | 2017 年 11 月 17 日 9：30 | 杨德嘉<br>蒋　舸<br>杨华权<br>刁云芸 | 北京海淀区人民法院<br>清华大学<br>北京理工大学<br>腾讯公司法务部 | 否 |
| 6 | 法大知产力论坛 第五期 作品中人物元素的知识产权保护 | | 法律硕士学院 | 2017 年 10 月 24 日 18：00 | 熊文聪<br>李燕蓉<br>孙黎卿 | 中央民族大学<br>TA 知识产权与娱乐法团队<br>阅文集团 | 否 |
| 7 | 漫议媒体版权保护 | | 法律硕士学院 | 2017 年 11 月 22 日 9：00 | 马晓刚 | 北京浩天律师事务所 | 否 |
| 8 | 如何做好互联网法律实务工作 | | 法律硕士学院 | 2017 年 12 月 13 日 18：30 | 秦　健 | 百度公司在线管理部 | 否 |

续表

| 序号 | 中文名称 | 英文名称 | 主办单位 | 举办时间 | 主讲人姓名 | 主讲人单位 | 是否外籍人士 |
| --- | --- | --- | --- | --- | --- | --- | --- |
| 9 | 实践中的刑罚执行 | | 法律硕士学院 | 2017 年 10 月 21 日 13：30 | 陈志海 | 司法部预防犯罪研究所 | 否 |
| 10 | 网络媒体侵犯人格权司法实践中的相关问题 | | 法律硕士学院 | 2017 年 11 月 30 日 18：30 | 李　颖 | 海淀法院 | 否 |
| 11 | 用手中的笔和话筒记录法治中国的进程 | | 法律硕士学院 | 2017 年 12 月 6 日 18：30 | 孙　莹 | 中央人民广播电台 | 否 |
| 12 | 司法体制综合配套改革的方法——谈逻辑思维方法在司法改革中的运用 | | 法学教育研究与评估中心 | 2017 年 10 月 25 日 14：00 | 王新清 | 中国社会科学院大学 | 否 |
| 13 | 司法实践中的区际司法协助工作 | | 法学教育研究与评估中心，学生工作部（处）\ 武装部 | 2017 年 11 月 7 日 18：00 | 田心则 | 最高院政策研究室 | 否 |
| 14 | 从国家学到国家法 | | 法学院 | 2017 年 10 月 25 日 18：30 | 张　翔 | 中国人民大学 | 否 |
| 15 | 合宪性解释 | | 法学院 | 2017 年 11 月 23 日 19：00 | 黄　卉 | 北京航空航天大学 | 否 |
| 16 | 平台治理权的性质及平台责任 | | 法学院 | 2017 年 11 月 8 日 18：30 | 刘　权 | 中央财经大学 | 否 |
| 17 | 大成杯宣讲会——榆林产妇案 | | 法学院 | 2017 年 10 月 25 日 18：00 | 刘智慧<br>席志国 | 中国政法大学 | 否 |

续表

| 序号 | 中文名称 | 英文名称 | 主办单位 | 举办时间 | 主讲人姓名 | 主讲人单位 | 是否外籍人士 |
|---|---|---|---|---|---|---|---|
| 18 | 第四十二期致知讲坛——探析民法典编纂中的人格权立法问题 | | 法学院 | 2017年11月23日18：30 | 杨立新 | 中国人民大学 | 否 |
| 19 | 第一期“实鉴论道”之田文昌律师专场讲座：中国二十年刑辩形势变化及刑辩技巧探讨 | | 法学院 | 2017年11月3日18：00 | 田文昌 | 全国律协刑事业务委员会 | 否 |
| 20 | 国家治理现代化与《行政程序法典》制定 | | 法治政府研究院 | 2017年12月12日18：30 | 王万华 | 中国政法大学 | 否 |
| 21 | 我国司法判决中的比例原则 | | 法治政府研究院/青少年法制教育研究中心 | 2017年10月17日19：00 | 刘　权 | 中央财经大学 | 否 |
| 22 | 法治教育与法治政府建设 | | 法治政府研究院/青少年法制教育研究中心 | 2017年10月30日14：00 | 马怀德 | 中国政法大学 | 否 |
| 23 | 法治政府建设 | | 法治政府研究院/青少年法制教育研究中心 | 2017年12月13日8：00 | 赵大光 | 最高人民法院 | 否 |
| 24 | 法治政府建设 | | 法治政府研究院/青少年法制教育研究中心 | 2017年12月12日8：00 | 田　昕 | 原国务院法制办 | 否 |

续表

| 序号 | 中文名称 | 英文名称 | 主办单位 | 举办时间 | 主讲人姓名 | 主讲人单位 | 是否外籍人士 |
|---|---|---|---|---|---|---|---|
| 25 | 博闻论坛第四十九期金灿荣专场 |  | 共青团中国政法大学委员会、中国政法大学校友会、中国政法大学研究生会 | 2017年11月24日18：30 | 金灿荣 | 中国人民大学 | 否 |
| 26 | 对话与探索：新媒体环境下的媒体转型与新闻生产 |  | 光明新闻传播学院 | 2017年11月25日9：00 | 白红义<br>张洪忠<br>马兴宇 | 上海社科院、北京师范大学、光明日报 | 否 |
| 27 | 国风论坛：一国两制的国际法视角——主讲人北大饶戈平 |  | 国际法学院 | 2017年11月14日14：00 | 饶戈平 | 北京大学 | 否 |
| 28 | 最高法院法官莅临讲解：一带一路战略的司法保障 |  | 国际法学院 | 2017年11月1日18：30 | 高晓力 | 最高法院 | 否 |
| 29 | 第十九期国风论坛 美国301条款的法律与政治分析 |  | 国际法学院 | 2017年11月3日18：30 | 史晓丽 | 中国政法大学 | 否 |
| 30 | 最高法院法官莅临讲解："一带一路"战略的司法保障 |  | 国际法学院 | 2017年11月1日18：30 | 高晓力 | 最高法院 | 否 |
| 31 | 海权思想的沿承与中国发展海权的辩证思考 |  | 国际法学院 | 2017年11月8日19：00 | 孟凡明 | 国防大学 | 否 |
| 32 | 《全球第七次并购浪潮中的中国企业海外并购》 |  | 国际法学院 | 2017年11月14日18：30 | 张伟华 | 香港上市公司联合能源集团 | 否 |

续表

| 序号 | 中文名称 | 英文名称 | 主办单位 | 举办时间 | 主讲人姓名 | 主讲人单位 | 是否外籍人士 |
|---|---|---|---|---|---|---|---|
| 33 | 海牙《选择法院协议公约》详析 | | 国际法学院 | 2017年10月19日18：30 | 徐国建 | 外国法院判决承认与执行公约谈判第一、二次特委会 | 否 |
| 34 | 军都论道十三期——深化司法体制改革的新问题新思维 | | 国际法学院 | 2017年12月11日19：00 | 何　帆 | 最高人民法院司法改革领导小组 | 否 |
| 35 | 军都论道——司法体制改革的理念与实践 | | 国际法学院 | 2017年11月7日16：30 | 胡仕浩 | 最高人民法院司法改革领导小组 | 否 |
| 36 | 行政程序法典化研究 | | 国家司法文明协同创新中心、诉讼法学研究院 | 2017年10月19日15：00 | 姜明安 | 北京大学 | 否 |
| 37 | PPP合同可仲裁性分析 | | 国家司法文明协同创新中心、诉讼法学研究院 | 2017年11月16日14：00 | 姜丽丽 | 中国政法大学 | 否 |
| 38 | 卫生法规体系研究 | | 法学院 | 2017年11月9日15：00 | 刘莘 | 中国政法大学 | 否 |
| 39 | 大数据法治论坛系列讲组第十一讲 | | 互联网金融法律研究院 | 2017年11月15日18：30 | 王四新 | 中国传媒大学 | 否 |
| 40 | 大数据法治论坛系列讲座第十二讲 | | 互联网金融法律研究院 | 2017年12月13日18：30 | 蔡雄山 | 工业和信息化部 | 否 |

续表

| 序号 | 中文名称 | 英文名称 | 主办单位 | 举办时间 | 主讲人姓名 | 主讲人单位 | 是否外籍人士 |
|---|---|---|---|---|---|---|---|
| 41 | 依法治国语境下的刑事辩护 | | 教务处、学生处、法学教育研究与评估中心 | 2017年10月27日19：00 | 王兆峰 | 管理合伙人/律师 争议解决专业委员会 | 否 |
| 42 | 从刑法解释角度看天津赵春华非法持枪 | | 民商经济法学院 | 2017年11月30日18：30 | 劳东燕<br>黎 宏<br>车 浩 | 清华大学、清华大学、北京大学 | 否 |
| 43 | 民商经济法学院2017年秋季论坛 | | 民商经济法学院 | 2017年11月25日8：00 | 刘家安<br>刘继峰<br>冯晓青 | 中国政法大学 | 否 |
| 44 | 明法论坛——民法典分则编纂的体系与内容 | | 民商经济法学院 | 2017年11月9日19：00 | 刘家安<br>翟远见<br>于 飞<br>吴香香 | 中国政法大学 | 否 |
| 45 | 商法论坛第三期 民法典的制定与商事立法 | | 民商经济法学院 | 2017年12月8日18：30 | 蒋大兴<br>刘家安<br>朱庆育 | 北京大学、中国政法大学、浙江大学 | 否 |
| 46 | 金融法学研讨会 | | 民商经济法学院 | 2017年12月23日9：00 | 刘少军 | 中国政法大学 | 否 |
| 47 | 民法典编纂研讨会 | | 民商经济法学院 | 2017年12月10日8：00 | 李永军 | 中国政法大学 | 否 |
| 48 | 国家重大项目开题仪式暨首次学术研讨会 | | 民商经济法学院 | 2017年12月24日8：00 | 李顺德<br>王 江<br>夏君丽 | 李顺德，中国社科院；王江，北京化工大学；夏君丽，最高法院 | 否 |

续表

| 序号 | 中文名称 | 英文名称 | 主办单位 | 举办时间 | 主讲人姓名 | 主讲人单位 | 是否外籍人士 |
|---|---|---|---|---|---|---|---|
| 49 | 蓟门破产重组对话第一期 | | 民商经济法学院 | 2017年12月13日18：00 | 张晓晶 | 中国社会科学院 | 否 |
| 50 | 中国网络小说与消费文化 | | 人文学院 | 2017年10月27日19：00 | 汤哲声 | 苏州大学 | 否 |
| 51 | 中国文化的十大特征（蓟门谈史第18讲） | | 人文学院 | 2017年11月11日19：00 | 欧阳祯人 | 武汉大学 | 否 |
| 52 | 《史记》导读 | | 人文学院 | 2017年11月27日19：00 | 孙家洲 | 中国人民大学 | 否 |
| 53 | 汉语史漫谈 | | 人文学院 | 2017年11月24日16：00 | 张　赪 | 清华大学 | 否 |
| 54 | 当代英语“重写”小说叙事结构研究 | | 外国语学院 | 2017年12月14日14：00 | 王丽亚 | 北京外国语大学 | 否 |
| 55 | 国际化视域下中青年外语学者科研的路径和方法：我的个人体验 | | 外国语学院 | 2017年11月9日14：00 | 王　革 | 中南财经政法大学 | 否 |
| 56 | 后现代文学伦理学批评要义 | | 外国语学院 | 2017年10月12日14：00 | 陈世丹 | 中国人民大学 | 否 |
| 57 | 口译译前准备与逻辑整理 | | 外国语学院 | 2017年12月7日14：00 | 钟震宇 | 北京外国语大学 | 否 |
| 58 | 现当代法国作家在想些什么？ | | 外国语学院 | 2017年12月1日10：00 | 刘成富 | 南京大学 | 否 |

续表

| 序号 | 中文名称 | 英文名称 | 主办单位 | 举办时间 | 主讲人姓名 | 主讲人单位 | 是否外籍人士 |
|---|---|---|---|---|---|---|---|
| 59 | 英语新闻写作与翻译——兼谈全国翻译资格水平考试 | | 外国语学院 | 2017年11月23日14：00 | 刘　强 | 外文局 | 否 |
| 60 | 英语新闻写作与翻译——兼谈全国翻译资格水平考试 | | 外国语学院 | 2017年11月16日14：00 | 刘　强 | 外文局 | 否 |
| 61 | 英语新闻写作与翻译——兼谈全国翻译资格水平考试阅卷心得 | | 外国语学院 | 2017年10月26日14：00 | 刘　强 | 外文局 | 否 |
| 62 | 语言、文化和批判性思维 | | 外国语学院 | 2017年11月29日14：00 | 王立弟 | 北京外国语大学 | 否 |
| 63 | “占有保护的正当性”专题讲座 | | 校团委 | 2017年10月13日18：00 | 吴香香 | 中国政法大学 | 否 |
| 64 | 为学御术大讲堂 第二十二场 新国家监察体系下的 职务犯罪侦查模式 | | 校团委 | 2017年11月7日18：00 | 王　旭 | 中国人民大学 | 否 |
| 65 | 博闻论坛陈瑞华先生专场——司法体制改革的问题与展望 | | 校团委、校友办 | 2017年10月12日19：00 | 陈瑞华 | 北京大学 | 否 |
| 66 | 欧洲：一体化还是分离化 | | 学生处 | 2017年11月9日18：45 | 黄　平 | 中国社会科学院 | 否 |

续表

| 序号 | 中文名称 | 英文名称 | 主办单位 | 举办时间 | 主讲人姓名 | 主讲人单位 | 是否外籍人士 |
| --- | --- | --- | --- | --- | --- | --- | --- |
| 67 | 解读中东乱象的背后 |  | 学生处、政治与公共管理学院 | 2017年11月2日18：45 | 吴思科 | 大使 | 否 |
| 68 | “法学教育高端论坛”系列讲座－刑事法的私塾与厨房 |  | 学生工作部（处）\武装部 | 2017年11月16日18：00 | 李　刚 | 北京市海淀区人民检察院 | 否 |
| 69 | 大数据时代下的网络侵权 |  | 学生工作部（处）\武装部 | 2017年11月20日14：00 | 洪　眉 | 北京市大都律师事务 | 否 |
| 70 | 法学高端论坛系列讲座－金融公证的发展 |  | 学生工作部（处）\武装部 | 2017年11月9日18：00 | 周志扬<br>蒋笃恒 | 长安公证处 | 否 |
| 71 | 马克思主义法哲学的实践旨趣 |  | 学生工作部（处）\武装部 | 2017年12月7日14：00 | 李其瑞 | 西北政法大学 | 否 |
| 72 | 企业商标品牌战略与操作实务 |  | 学生工作部（处）\武装部 | 2017年11月28日14：30 | 刘贵增 | 北京外国语大学 | 否 |
| 73 | 新业态对劳动法律管制的挑战与回应 |  | 学生工作部（处）\武装部 | 2017年11月22日19：00 | 杨　欣 | 中国政法大学 | 否 |
| 74 | 企业并购沙龙 |  | 民商经济法学院 | 2017年11月18日14：00 | 郑志斌 | 大成律师事务所律师 | 否 |
| 75 | “律界三十人”第四期：刑事辩护全覆盖的问题 |  | 法学院 | 2017年11月3日14：00 | 田文昌 | 律师 | 否 |
| 76 | 人机智能，了解用户与读者的区别 |  | 光明新闻传播学院 | 2017年11月21日18：00 | 白　兰 | 一点资讯媒体平台 | 否 |

续表

| 序号 | 中文名称 | 英文名称 | 主办单位 | 举办时间 | 主讲人姓名 | 主讲人单位 | 是否外籍人士 |
|---|---|---|---|---|---|---|---|
| 77 | 数字资产交易风险与防范闭门研讨会 | | 互联网金融法律研究院 | 2017 年 12 月 15 日 14：00 | 蔡雄山 | 腾讯研究院 | 否 |
| 78 | 推动绿色发展，建设美丽中国 | | 绿色发展战略研究院 | 2017 年 10 月 26 日 16：30 | 许光建<br>曹明德<br>郭兆晖<br>毛　涛 | 中国人民大学<br>中国政法大学<br>中国人民大学<br>工信部全球能源资源环境研究所 | 否 |
| 79 | 民事执行基础理论 | | 民商经济法学院 | 2017 年 12 月 9 日 8：00 | 史明洲 | 中国政法大学 | 否 |
| 80 | 蕅益大师的《大乘起信论》观 | | 人文学院 | 2017 年 12 月 15 日 19：00 | 张文良 | 中国人民大学 | 否 |
| 81 | 川普顾问班农与普京顾问杜金的思想比较 | | 商学院、资本金融院 | 2017 年 12 月 6 日 18：30 | 崔之元 | 清华大学 | 否 |
| 82 | 互联网金融对商业银行的机遇与挑战 | | 商学院、资本金融院 | 2017 年 11 月 29 日 18：30 | 洪　崎 | 中国民生银行股份有限公司 | 否 |
| 83 | 养老金与资本市场——中美比较的视角 | | 商学院、资本金融院 | 2017 年 12 月 13 日 18：30 | 郑秉文 | 中国社会科学院 | 否 |
| 84 | 我国图形用户界面（GUI）外观设计专利保护理论与实践 | | 民商经济法学院 | 2017 年 11 月 9 日 18：30 | 赵彦雄<br>任　可 | 北京市隆安律师事务所 | 否 |

续表

| 序号 | 中文名称 | 英文名称 | 主办单位 | 举办时间 | 主讲人姓名 | 主讲人单位 | 是否外籍人士 |
|---|---|---|---|---|---|---|---|
| 85 | 中国政法大学2017－2018年度“法治中国”系列学术论坛 第一期——人工智能与法律的碰撞 |  | 研究生会 | 2017年11月10日18：30 | 朱 巍 | 中国政法大学 | 否 |
| 86 | 学术规范与论文写作 |  | 研究生院 | 2017年12月18日14：00 | 雷 磊<br>袁 钢 | 中国政法大学 | 否 |
| 87 | 学术规范与论文写作 |  | 研究生院 | 2017年11月24日18：30 | 许章润 | 清华大学 | 否 |
| 88 | 学术规范与论文写作 |  | 研究生院 | 2017年11月17日18：30 | 何海波 | 清华大学 | 否 |
| 89 | 学术期刊的分布板块与核心期刊的审稿标准 |  | 研究生院 | 2017年11月2日14：00 | 张耀铭 | 《新华文摘》 | 否 |
| 90 | 自贸区纠纷解决与临时仲裁专题研讨论坛 |  | 仲裁研究院 | 2017年11月3日9：00 | 黄 进<br>各地仲裁委员会秘书长<br>自贸区相关部门领导 | 中国政法大学 | 否 |
| 91 | 企业家与企业家精神 |  | 资本金融研究院 | 2017年10月18日18：30 | 宋志平 | 中国建材集团 | 否 |
| 92 | 锦绮之花：佛典的语言、文本与翻译 |  | 人文学院 | 2017年11月23日18：29 | 王邦维 | 北京大学 | 否 |

续表

| 序号 | 中文名称 | 英文名称 | 主办单位 | 举办时间 | 主讲人姓名 | 主讲人单位 | 是否外籍人士 |
|---|---|---|---|---|---|---|---|
| 93 | 宏观经济形势分析 | | 资本金融院、商学院 | 2017年11月15日18：30 | 范恒山 | 国家发展改革委员会 | 否 |
| 94 | 金融与国家安全 | | 资本金融院、商学院 | 2017年10月25日18：30 | 张红力 | 中国工商银行 | 否 |
| 95 | 英国脱欧与欧盟发展前景 | | 资本金融院、商学院 | 2017年11月22日18：30 | 冯仲平 | 中国现代国际关系研究院 | 否 |
| 96 | 2017国际形象管理讲座——好形象创造高效商业交流的优势 | Good Image Create Effective Business Co mmunication | 商学院 | 2017年10月15日8：30 | 伍永宜 Mabel Wu | 国际形象经营管理协会（Image Management As-sociation，International） | 是 |
| 97 | 政治经济学与经济学：马克思主义理论的发展之道 | Political Economy and Economics: The Way Forward for Marxist Theory | 北京高校中国特色社会主义理论研究协同创新中心（中国政法大学）、商学院 | 2017年10月24日14：00 | 大卫·莱伯曼 | 美国布鲁克林学院和纽约城市大学大学 | 是 |
| 98 | 德国网络刑法 | Internetstrafrecht im Deutschland | 比较法学研究院 | 2017年11月28日19：00 | Martin Waßmer | 德国科隆大学 | 是 |
| 99 | 学习英美法的理由与方法 | 无 | 比较法学研究院 | 2017年10月12日14：00 | 杨 桢 | 台湾东吴大学 | 否 |
| 100 | 大数据时代的数据保护比较研究 | Data Protection in the world of big data a comparar-tive perspective. | 法律硕士学院 | 2017年11月2日16：30 | Giovanni Comande’ | 意大利比萨圣安娜高等研究院 | 是 |

续表

| 序号 | 中文名称 | 英文名称 | 主办单位 | 举办时间 | 主讲人姓名 | 主讲人单位 | 是否外籍人士 |
|---|---|---|---|---|---|---|---|
| 101 | 法国公证制度 | | 法律硕士学院 | 2017年11月14日8：00 | Marylise HE BRARD(西风) 博士 | 法国总统顾问委员会 | 是 |
| 102 | 合同法的协调 | The Harmonisation of Contract Law | 法律硕士学院 | 2017年11月11日18：30 | Roberta Marini | 意大利罗马第二大学 | 是 |
| 103 | 罗马合同法中的合意 | | 法律硕士学院 | 2017年11月13日18：45 | Roberta Marini | 意大利罗马第二大学 | 是 |
| 104 | 意大利法律术语分析 | | 法律硕士学院 | 2017年11月14日14：00 | Roberta Marini | 意大利罗马第二大学 | 是 |
| 105 | 债的起源 | | 法律硕士学院 | 2017年11月4日18：00 | Riccardo Cardilli | 意大利罗马第二大学 | 是 |
| 106 | 中国民法总则比较研究：民事责任制度 | Comparative Research On Chinese General Rules of Civil Code: Regime of Civil Liability | 法律硕士学院 | 2017年12月8日19：00 | Marina Timoteo | 意大利博洛尼亚大学 | 是 |
| 107 | 中国民法总则的比较研究：法律行为制度 | Comparative Research On Chinese General Rules of Civil Code: Regime of Juristic Action | 法律硕士学院 | 2017年12月8日9：00 | Marina Timoteo | 意大利博洛尼亚大学 | 是 |

续表

| 序号 | 中文名称 | 英文名称 | 主办单位 | 举办时间 | 主讲人姓名 | 主讲人单位 | 是否外籍人士 |
| --- | --- | --- | --- | --- | --- | --- | --- |
| 108 | 731 部队细菌战真相以及日本政府的责任 | | 法学院 | 2017 年 11 月 6 日 16：00 | 森正孝 | 日本国立静冈大学 | 是 |
| 109 | 大数据如何改变法律 | How Big Data Will Change the Law | 法与经济学研究院 | 2017 年 11 月 6 日 18：00 | Omri Ben Shahar | 美国芝加哥大学 | 是 |
| 110 | 第三次冲突法重述 | | 国际法学院 | 2017 年 11 月 9 日 15：00 | Kermit Roosevelt III | 美国宾夕法尼亚大学 | 是 |
| 111 | 国际仲裁机制的合法性之争 | The Debate about Sources of the Inherent Powers in International Adjudication and Arbitrators | 国际法学院 | 2017 年 12 月 7 日 18：30 | Andrea Bjorklund | 加拿大麦吉尔大学 | 是 |
| 112 | 空间的“使用”的法律演化：遥感的例子 | The Legal Evolution of a “Use” of Space: the Case of Remote Sensing | 国际法学院 | 2017 年 10 月 27 日 14：00 | Joanne Gabrynovicz | | 是 |
| 113 | 芬兰立法系统和议会 | Introduction of Finland Legal System and Parliament | 国际合作与交流处 | 2017 年 11 月 6 日 11：00 | 玛丽亚·洛赫拉女士 | 芬兰议会议长 | 是 |

续表

| 序号 | 中文名称 | 英文名称 | 主办单位 | 举办时间 | 主讲人姓名 | 主讲人单位 | 是否外籍人士 |
|---|---|---|---|---|---|---|---|
| 114 | 行政文件获取权 | | 国家司法文明协同创新中心，诉讼法学研究院 | 2017 年 10 月 23 日 18：30 | Danilo Pappano（达尼罗·帕帕诺）；Andrea fari'(安德列·法理) | 意大利卡拉布里亚大学、罗马圣马力亚自由大学；罗马第三大学、罗马圣马力亚自由大学 | 是 |
| 115 | 互联网时代新型劳动形态对劳动法的挑战 | | 民商经济法学院 | 2017 年 11 月 25 日 18：00 | 赵红梅<br>李曙光 | 中国政法大学 | 否 |
| 116 | 明法论坛第二十六期 民法典分则编纂的体系畅谈 | | 民商经济法学院 | 2017 年 12 月 1 日 18：30 | 朱庆育 | 浙江大学 | 否 |
| 117 | 意向性与自我（上、下） | Intentionality and Self | 人文学院 | 2017 年 12 月 16 日 8：30 | Andrea Baldini<br>Kevin Lynch | Andrea Baldini 南京大学<br>Kevin Lynch 华侨大学 | 是 |
| 118 | 日本经济形势概况 | | 商学院 | 2017 年 11 月 24 日 14：00 | 前川纮一郎 | 日本驻华大使馆 | 是 |
| 119 | 社区矫正在香港：假释制度的运行及效果 | Probation as the Community Correction in Hong Kong：Its Operation and Effectiveness | 社会学院 | 2017 年 11 月 9 日 19：00 | 崔永康 | 香港大学 | 否 |

续表

| 序号 | 中文名称 | 英文名称 | 主办单位 | 举办时间 | 主讲人姓名 | 主讲人单位 | 是否外籍人士 |
|---|---|---|---|---|---|---|---|
| 120 | 香港青少年罪犯对感化官的看法 | Juvenile Offenders' Perceptions of Probation Officers as Social Workers in Hong Kong | 社会学院 | 2017年11月9日13：30 | 崔永康 | 香港大学 | 否 |
| 121 | 德国刑事辩护人的功能和定位 | Funktionen und Stellung des Verteidigers im deutschen Strafverfahren | 诉讼法学研究院 | 2017年10月9日18：00 | Werner Beulke | 德国帕绍大学 | 是 |
| 122 | 亲属法上的身份行为与私法自治 | | 比较法学研究院 | 2017年11月9日8：00 | 王海南 | 台湾大学 | 否 |
| 123 | 社会主义、计划与民主：写在马克思诞辰200周年和俄国十月革命100周年的一种考察视角 | Socialism, Planning, and Democracy: A Perspective from Marx at 200 and the Russian Revolution at 100 | 马克思主义学院、北京高校中国特色社会主义理论研究协同创新中心（中国政法大学） | 2017年10月23日14：00 | 大卫·莱伯曼 | 美国布鲁克林学院和纽约城市大学 | 是 |
| 124 | 从企业和法律实务视角看互联网时代新型劳动形态对劳动法的挑战 | | 民商经济法学院 | 2017年11月25日13：30 | 殷永胜<br>张　腾<br>谭　俊<br>周丽霞 | 滴滴出行<br>美团<br>百度法务部<br>北京极光律师事务所 | 否 |

续表

| 序号 | 中文名称 | 英文名称 | 主办单位 | 举办时间 | 主讲人姓名 | 主讲人单位 | 是否外籍人士 |
|---|---|---|---|---|---|---|---|
| 125 | 从学者视角看互联网时代新型劳动形态对劳动法的挑战 | | 民商经济法学院 | 2017年11月25日10：30 | 沃尔夫冈·多伊普勒（Wolfgang Däubler）<br>沃尔夫冈·施罗德（Wolfgang Schröder）<br>董保华 | 德国不莱梅大学、德国卡塞尔大学、华东师范大学 | 是 |
| 126 | 从政府、工会和行业视角看互联网时代新型劳动形态对劳动法的挑战 | | 民商经济法学院 | 2017年11月25日9：00 | 吴伟（Uwe Stoffregen）<br>彭恒军<br>胡　钢 | （Uwe Stoffregen）德国驻华大使馆<br>中华全国总工会<br>中国互联网协会互联网法治工作委员会 | 是 |
| 127 | 互联网对法律的影响 | | 民商经济法学院 | 2017年11月24日18：00 | 沃尔夫冈·多伊普勒（Wolfgang Däubler） | 德国不莱梅大学 | 是 |
| 128 | 如何学习税法总论：方法与问题 | | 民商经济法学院 | 2017年11月17日19：00 | 陈清秀 | 东吴大学 | 否 |
| 129 | 税法基本建制原则 | | 民商经济法学院 | 2017年11月21日19：00 | 黄茂荣 | 台湾大学 | 否 |
| 130 | 欧洲劳动法的最新发展 | | 民商经济法学院 | 2017年11月1日14：00 | Wolfgang Mazal | 奥地利维也纳大学 | 是 |
| 131 | 公共艺术：从哲学的视角看 | Public Art：A Philosophical Introduction | 人文学院 | 2017年12月14日19：00 | Andrea Baldini | 南京大学 | 是 |

续表

| 序号 | 中文名称 | 英文名称 | 主办单位 | 举办时间 | 主讲人姓名 | 主讲人单位 | 是否外籍人士 |
|---|---|---|---|---|---|---|---|
| 132 | 欧盟法治的削弱趋势 | Eroding trends of the EU rule of law | 中欧法学院 | 2017年10月19日17：00 | Andreas Orator | 维也纳经济管理大学 | 是 |
| 133 | 中欧关系——法律前提与发展现状 | EU-China Relations：Legal prerequisites and current developments | 中欧法学院 | 2017年11月8日16：00 | Andrea Ott | 荷兰马斯特里赫特大学 | 是 |
| 134 | 亚投行的法律基础问题 | Legal Foundations of the Asian Infrastructure Investment Bank | 国际法学院 | 2017年05月08日14：00 | Gerard Sanders | 亚投行 | 是 |
| 135 | 世界法律体系是否有共同的核心？ | “Do the world's legal systems have a common core?” | 中欧法学院 | 2017年03月01日17：00 | Michael Bogdan 教授 | 瑞典隆德大学 | 是 |
| 136 | 学术写作训练 | Academic Writing Training | 人权研究院 | 2017年06月29日13：00 | Bert Lockwood | Human Rights Quarterly | 是 |
| 137 | 联合国宪章中第二条第四款和第五十四条中的非国家主体：以亚非为例 | APPLICATION OF ARTICLES 2（4）AND 51 OF THE UN CHARTER ON NON－STATE ACTORS：WITH REFLECTIONS FROM AFRICA AND ASIA | 国际法学院 | 2017年09月07日18：30 | Prof. Dr. Kennedy Gastorn | 亚非法律协商组织 | 是 |

续表

| 序号 | 中文名称 | 英文名称 | 主办单位 | 举办时间 | 主讲人姓名 | 主讲人单位 | 是否外籍人士 |
|---|---|---|---|---|---|---|---|
| 138 | 精神分析在社区心理咨询中的应用 | Application of psychoanalysis in community psychological counseling | 社会学院 | 2017 年 09 月 04 日 18：30 | 霍夫曼 | 巴黎第七大学 | 是 |
| 139 | 脱欧与英国国际私法的未来 | Brexit and the Future of Private International Law in the UK | 国际法学院 | 2017 年 09 月 13 日 18：30 | 汤铮 | 英国纽卡斯尔大学 | 是 |
| 140 | 律师可以创造价值吗？ | Can lawyers create value? | 民商经济法学院 | 2017 年 04 月 10 日 19：00 | 阿兰 · 劳伦 · 韦伯克教授 | 比利时鲁汶大学 | 是 |
| 141 | 作为垄断权利的著作权 | Copyright as Monopoly | 法律硕士学院 | 2017 年 05 月 18 日 18：00 | Roberto Caso | 意大利特伦托大学 | 是 |
| 142 | 二战中的公司清算：中国、韩国和日本 | Corporate Settlements for WWII: China, Japan and Korea | 国际法学院 | 2017 年 09 月 22 日 14：30 | Timothy Webster | 凯斯西储大学 | 是 |
| 143 | 美国的犯罪与社会控制 | Crime and Social Control in America | 社会学院 | 2017 年 01 月 06 日 09：00 | 徐新义 | 美国加州大学北岭分校 | 是 |
| 144 | 快马加鞭未下鞍——以审判为中心刑事诉讼制度改革述评 | Criminal litigation system | 刑事司法学院 | 2017 年 04 月 18 日 19：00 | 陈卫东 | 中国人民大学 | 否 |

续表

| 序号 | 中文名称 | 英文名称 | 主办单位 | 举办时间 | 主讲人姓名 | 主讲人单位 | 是否外籍人士 |
|---|---|---|---|---|---|---|---|
| 145 | 香港刑事诉讼程序及辩护技巧 | Criminal Procedures & ? Criminal? Defense? Trial? Skills in Hong Kong | 刑事司法学院 | 2017 年 03 月 31 日 19：00 | 张耀良 | 香港大律师公会大陆事务委员会 | 否 |
| 146 | 跨文化视域下的写作实践、研究与及教学 | Cross culture perspective of writing practice，research and teaching | 外国语学院 | 2017 年 03 月 30 日 14：00 | Trevor Hay（海雷） | 澳洲学者 | 是 |
| 147 | 警务决策：法庭情报学的“另类身份” | Decision making in policing：a specific role for forensic intelligence | 证据科学研究院 | 2017 年 10 月 13 日 10：00 | Pierre Aepli，Olivier Ribaux | 瑞士洛桑大学 | 是 |
| 148 | 德国和欧洲法中家庭概念变迁 | Der Wandel des Familienbegriffs im deutschen und europ? ischen Recht | 法律硕士学院 | 2017 年 03 月 16 日 18：30 | Dr. Dorothee Schulze | 德国明斯特地方法院 | 是 |
| 149 | 中国专利制度与日本专利制度的差异 | Differences between Chinese Patent System and Japanese Patent System | 法律硕士学院 | 2017 年 07 月 02 日 18：30 | 山口直彦 | 金杜律师事务所 | 是 |

续表

| 序号 | 中文名称 | 英文名称 | 主办单位 | 举办时间 | 主讲人姓名 | 主讲人单位 | 是否外籍人士 |
|---|---|---|---|---|---|---|---|
| 150 | 中匈教育交流 | Educational Exchange between China and Hungary | 国际合作与交流处 | 2017 年 05 月 18 日 14：30 | 齐丽女士 | 匈牙利驻华大使馆 | 是 |
| 151 | 人文学院北辰论坛第十讲：柏拉图的本质理论（上） | Essentialism in Plato | 人文学院 | 2017 年 06 月 16 日 18：30 | Vasilis Politis 教授 | 都柏林大学圣三一学院 | 是 |
| 152 | 人文学院北辰论坛第十一讲：柏拉图的本质理论（下） | Essentialism in Plato | 人文学院 | 2017 年 06 月 19 日 18：30 | Vasilis Politis 教授 | 都柏林大学圣三一学院 | 是 |
| 153 | 欧盟个人数据框架 | EU Personal Data Framework | 法律硕士学院 | 2017 年 07 月 01 日 18：30 | Arnold Fragoso Frerreira | 阿诺斯蒂诺内托大学 | 是 |
| 154 | WTO 规则的（经济）理由研讨：为什么说指责中国倾销没有任何经济意义 | Exploring the (economic) rationale of WTO rules: why it made little (economic) sense to accuse China of dumping | 中欧法学院 | 2017 年 03 月 30 日 18：00 | Alessandro Romano | 中欧法学院 | 是 |
| 155 | 法治政府论坛第 101 期 食品法沿革的规范基础和历史机遇 | Food law | 法治政府研究院/青少年法制教育研究中心 | 2017 年 05 月 26 日 19：00 | Michael T. Roberts 教授 | 加州大学洛杉矶分校（UCLA） | 是 |

续表

| 序号 | 中文名称 | 英文名称 | 主办单位 | 举办时间 | 主讲人姓名 | 主讲人单位 | 是否外籍人士 |
|---|---|---|---|---|---|---|---|
| 156 | 美国医疗纠纷的法医学鉴定 | Forensic Examination of Medical Disputes in the United States | 证据科研研究院 | 2017 年 06 月 07 日 10：00 | Prof. Li Ling | 美国马里兰州法医局 | 是 |
| 157 | PCAST 报告之后法庭科学家何去何从："天使"？"走狗"？"反叛者"？ | Forensic scientists after the PCAST report：angels，dogs or rebels? | 证据科学研究院 | 2017 年 10 月 17 日 13：00 | Christophe CHAMPOD | 瑞士洛桑大学 | 是 |
| 158 | 民法总则的规范体系与解释适用 | General specification system and civil law explanation applies | 民商经济法学院 | 2017 年 04 月 19 日 18：30 | 江　平<br>王泽鉴<br>朱庆育 | 中国政法大学　台湾大学　浙江大学 | 否 |
| 159 | 国际大学之间的科研合作如何制度化? | How Do International University Research Ventures Become Institutionalized? | 商学院 | 2017 年 05 月 05 日 09：00 | Jan Youtie | Georgia Institute of Technology | 是 |
| 160 | 华岩论坛第 49 讲：从古典时代晚期到文艺复兴早期的耶稣形象 | IMAGES OF JESUS CHRIST FROM LATE ANTIQUITY TO EA RLY RENAISS ANCE | 人文学院 | 2017 年 07 月 13 日 09：30 | ALESSANDRO SIMBENI 教授 | 日本东京立教大学（RIKKYO UNIVERSITY） | 是 |

续表

| 序号 | 中文名称 | 英文名称 | 主办单位 | 举办时间 | 主讲人姓名 | 主讲人单位 | 是否外籍人士 |
|---|---|---|---|---|---|---|---|
| 161 | 艺术与法律的关系 | Interaction bewteen art and law | 中欧法学院 | 2017年03月08日17：00 | Bert Demarsin | 比利时鲁汶大学 | 是 |
| 162 | 香港刑事法和刑事程序一般原则的介绍 | Introduction about Hong Kong Criminal Law and Criminal Process | 国际合作与交流处 | 2017年04月26日15：30 | 熊运信 | 香港律师会 | 否 |
| 163 | 意大利民法典：概念及法典化的历史 | Italian Civil Code：Concepts and Story of Codification | 法律硕士学院 | 2017年04月27日09：30 | Stefano Porcelli | 意大利罗马第二大学 | 是 |
| 164 | 意大利民法典：结构和债法编的分析 | Italian Civil Code：On Structure and Book of Obligation | 法律硕士学院 | 2017年05月04日09：30 | Stefano Porcelli | 意大利罗马第二大学 | 是 |
| 165 | 公正审判与认罪协商 | judicial trail and plea bargaining | 诉讼法学研究院 | 2017年09月12日13：00 | 贝恩德．许乃曼 | 德国慕尼黑大学 | 是 |
| 166 | 欧洲的并购环境和跨境交易的基本法律问题 | M&A Environment in Europe and Basic Legal Issues in Cross Border Deals | 法律硕士学院 | 2017年07月03日18：30 | Francisco Martinez | 乌利亚律师事务所 | 是 |
| 167 | 人文高端论坛暨《中外音乐经典》通识主干课专家讲座：国际视野下的音乐、民族与自然 | Music，Nationality，and Nature in Global Perspective | 人文学院 | 2017年10月09日19：00 | David G. Hebert 教授 | 西挪威应用科技大学（欧洲挪威卑尔根市） | 是 |

续表

| 序号 | 中文名称 | 英文名称 | 主办单位 | 举办时间 | 主讲人姓名 | 主讲人单位 | 是否外籍人士 |
|---|---|---|---|---|---|---|---|
| 168 | 瑞典的新仲裁法 | New Arbitration Law in Sweden | 国际法学院 | 2017 年 09 月 21 日 14：00 | Johan Gernandt | 斯德哥尔摩商会 | 是 |
| 169 | 行政诉讼中的公益诉讼问题 | Public Interest Litigation in Administrative Litigation | 法学院 | 2017 年 05 月 10 日 18：30 | 张文郁 | 台北大学法律学院 | 否 |
| 170 | 柏拉图哲学中的理性与爱欲（西方文明大系第 52 讲暨北辰论坛第 9 讲） | Reason and Love in Plato | 人文学院 | 2017 年 06 月 15 日 18：30 | Vasilis Politis 教授 | 都柏林大学圣三一学院 | 是 |
| 171 | 欧洲法院前院长/法官 Robert Lecourt 的经历（1962 – 1976） | Robert Lecourt, Judge and President of the European Court of Justice, 1962 – 1976 | 中欧法学院 | 2017 年 07 月 03 日 13：30 | William Phelan | 都伯林圣三一学院 | 是 |
| 172 | 法治与可持续发展和生态文明 | Rule of Law for Advancing Sustainable Development Goals and Ecological Civilization | 民商经济法学院 | 2017 年 05 月 10 日 15：30 | Elizabeth Maruma Mrema 女士 | 联合国环境署 | 是 |
| 173 | 法庭诉辩技巧 | Seminar on mooting skills | 国际合作与交流处 | 2017 年 03 月 23 日 16：00 | 许伟强 | 香港大律师公会 | 否 |

续表

| 序号 | 中文名称 | 英文名称 | 主办单位 | 举办时间 | 主讲人姓名 | 主讲人单位 | 是否外籍人士 |
|---|---|---|---|---|---|---|---|
| 174 | 美国总统权力来源及其限制 | Sources of U. S. Presidential Power and Their Limitations | 比较法学研究院 | 2017 年 03 月 13 日 15：30 | Mathew Diller | 福德汉姆大学 | 是 |
| 175 | 德国和欧洲民法中的格式合同：导论 | Standardisierte Vertr? ge im deutschen und europ? ischen Zivilrecht-eine Einführung | 法律硕士学院 | 2017 年 03 月 09 日 18：30 | Prof. Dr. Reiner Schulze | 德国明斯特大学 | 是 |
| 176 | 台湾地区土地征收法制的最新发展 | The development of land expropriation legal system on TAIWAN | 法学院 | 2017 年 09 月 11 日 14：00 | 陈新民 | 台湾师范大学 | 否 |
| 177 | 名家论坛：伤害保险中的保险事故的认定 | The Identification of Insurance Accident in Injury Insurance | 民商经济法学院 | 2017 年 06 月 08 日 15：00 | 大冢英明 | 日本早稻田大学 | 是 |
| 178 | 特朗普执政对美国宪法的影响 | The Impact on American Constitution of President Trump’s Administration | 法学院 | 2017 年 03 月 06 日 14：00 | Robert Schapiro | 美国艾默里大学（Emory University）法学院 | 是 |

续表

| 序号 | 中文名称 | 英文名称 | 主办单位 | 举办时间 | 主讲人姓名 | 主讲人单位 | 是否外籍人士 |
|---|---|---|---|---|---|---|---|
| 179 | 德国社会法的最新发展 | The Latest Development of German Social Law | 民商经济法学院 | 2017年09月02日14：00 | 戴蓓蕊（Barbara Darimont） | 德国路德维希港应用技术大学 | 是 |
| 180 | 唐代史研究中史料的问题点 | the materials for the research on the Tang Dynasty | 法律古籍整理研究所 | 2017年09月18日19：00 | 辻正博 | 日本京都大学 | 是 |
| 181 | 警察权力的监督 | The Monitoring of Police Officers'Power | 诉讼法学研究院 | 2017年09月12日15：00 | Peter Zimorth | 纽约大学 | 是 |
| 182 | 西方收藏的中国文物及来历 | The origin of Chinese cultural relics in the West | 人文学院 | 2017年06月08日18：30 | 杨晓能 | 斯坦福大学 | 是 |
| 183 | 行政行为司法审查中的政治经济学效应 | The Political Economy of Judicial Review of Administrative Action | 比较法学研究院 | 2017年06月02日18：30 | John C. Reitz | 美国爱荷华大学 | 是 |
| 184 | 讲座“议会大选之前的德国政治形势” | The Political Situation in Germany before the Parliamentary Elections | 比较法学研究院 | 2017年09月06日15：00 | 库特？贝克（Kurt Beck） | 德国艾伯特基金会 | 是 |
| 185 | 民事诉讼中当事人支配原则 | The principle of disposition of party in civil action | 诉讼法学研究院 | 2017年05月12日14：00 | 张文郁 | 台北大学 | 否 |

续表

| 序号 | 中文名称 | 英文名称 | 主办单位 | 举办时间 | 主讲人姓名 | 主讲人单位 | 是否外籍人士 |
|---|---|---|---|---|---|---|---|
| 186 | 美国和东亚：川普时代的国际法律问题 | The United States and East Asia：International Legal issues in the Age of Trump | 国际法学院 | 2017年05月02日18：30 | Jacques deLisle | University of Pennsylvania | 是 |
| 187 | 《日内瓦第一公约》最新评注：尊重国际人道法的最新指南 | The Updated Commentary on the First Geneva Convention：A New Tool for Generating Respect for IHL | 国际法学院 | 2017年05月17日17：30 | Jean-Marie Henckaerts | 红十字国际委员会 | 是 |
| 188 | 法律与法律翻译 | Translation of law and law | 外国语学院 | 2017年09月29日13：00 | Dieter · A · Stein | 国际语言和法律协会 | 是 |
| 189 | 关于朝鲜的联合国安理会决议：朝鲜是否有权利成为核大国? | UN Security Council Resolution on North Korea：Does North Korea have the right to become a nuclear power? | 中欧法学院 | 2017年09月14日18：00 | Alexis Vahlas 教授 | 法国斯特拉斯堡大学 | 是 |
| 190 | 数字时代为什么需要隐私和个人数据保护 | Why? protect? privacy? and? personal? data? in? the? digital? age | 中欧法学院 | 2017年05月17日15：00 | Paul F. Nemitz | 欧盟欧洲委员会司法部基本权利与公民联盟主管 | 是 |

续表

| 序号 | 中文名称 | 英文名称 | 主办单位 | 举办时间 | 主讲人姓名 | 主讲人单位 | 是否外籍人士 |
|---|---|---|---|---|---|---|---|
| 191 | 个人信息保护促进联盟成立仪式暨用户信息保护政策透明度报告发布会 | | 光明新闻传播学院 | 2017 年 05 月 31 日 13：00 | 朱　巍 | 中国政法大学 | 否 |
| 192 | 互联网直播隐私权的界定 | | 光明新闻传播学院 | 2017 年 05 月 09 日 14：00 | 王四新 | 中国传媒大学 | 否 |
| 193 | 微商责任示范法研讨会 | | 光明新闻传播学院 | 2017 年 06 月 24 日 13：30 | 朱　巍 | 中国政法大学 | 否 |
| 194 | 敦煌壁画中的行刑图像 | | 法律古籍整理研究所 | 2017 年 09 月 17 日 15：00 | 马　德 | 敦煌研究院 | 否 |
| 195 | 法大知产力论坛丨科技创新对著作权法的影响——过去、现在与将来 | | 法律硕士学院 | 2017 年 04 月 20 日 19：00 | 费安玲<br>谢甄柯<br>王　磊 | 中国政法大学、北京市高级人民法院、新浪集团 | 否 |
| 196 | 法大知产力论坛第三期丨版权技术保护措施下的合理使用 | | 法律硕士学院 | 2017 年 06 月 28 日 18：30 | 费安玲<br>陈　健<br>蒋　强 | 中国政法大学、北京市高级人民法院 | 否 |
| 197 | 法大知产力论坛第四期丨民法典知识产权编的制度设计——专家建议稿评议 | | 法律硕士学院 | 2017 年 09 月 26 日 14：30 | 费安玲<br>李　琛<br>易继明 | 中国政法大学、中国人民大学、北京大学 | 否 |
| 198 | 法大知产力论坛——网络服务商的版权过滤义务之重新审视 | | 法律硕士学院 | 2017 年 05 月 26 日 19：00 | 崔国斌<br>李　颖 | 清华大学、海淀法院 | 否 |

续表

| 序号 | 中文名称 | 英文名称 | 主办单位 | 举办时间 | 主讲人姓名 | 主讲人单位 | 是否外籍人士 |
|---|---|---|---|---|---|---|---|
| 199 | 《中华人民共和国政府信息公开条例》修订讨论沙龙 | | 法学院 | 2017 年 07 月 29 日 13：30 | 沈　岿 | 北京大学 | 否 |
| 200 | 【律届三十人】第一期：王亚林律师 | | 法学院 | 2017 年 03 月 25 日 13：30 | 王亚林 | 安徽金亚太律师事务所 | 否 |
| 201 | 【律界三十人】第三期：刑事辩护专业化的内涵及实现路径 | | 法学院 | 2017 年 05 月 11 日 18：00 | 毛立新 | 尚权律师事务所 | 否 |
| 202 | 【律界十三人】第二期：企业处境的法律护航——中国企业海外纠纷解决经验与教训 | | 法学院 | 2017 年 04 月 15 日 14：00 | 陶景洲 | 美国德杰律师事务所 | 否 |
| 203 | 2016 年度中国十大行政诉讼案件评选发布会 | | 法学院 | 2017 年 03 月 10 日 13：00 | 姜明安 | 北京大学 | 否 |
| 204 | 第二届“军都法学”论文大赛颁奖典礼暨从“于欢案”透视刑事诉讼中程序正义和实体正义的保障讲座 | | 法学院 | 2017 年 04 月 14 日 13：30 | 刘大炜 | 中国政法大学 | 否 |
| 205 | 第四十一期致知讲坛：法律和公共政策对性别的影响 | | 法学院 | 2017 年 03 月 29 日 16：00 | 夏吟兰 | 中国政法大学 | 否 |

续表

| 序号 | 中文名称 | 英文名称 | 主办单位 | 举办时间 | 主讲人姓名 | 主讲人单位 | 是否外籍人士 |
|---|---|---|---|---|---|---|---|
| 206 | 蓟门决策第 105 期：于欢案研讨会 | | 法学院 | 2017 年 03 月 30 日 13：00 | 阮齐林 | 中国政法大学 | 否 |
| 207 | 法治政府论坛第 98 期 | | 法治政府研究院/青少年法制教育研究中心 | 2017 年 03 月 15 日 19：00 | 王立峰 | 中共中央党校 | 否 |
| 208 | 宪法观与中国宪法学研究 | | 法治政府研究院/青少年法制教育研究中心 | 2017 年 03 月 29 日 19：00 | 张　翔<br>王　旭 | 中国人民大学 | 否 |
| 209 | 银行破产法讲座 | | 国际法学院 | 2017 年 04 月 01 日 08：00 | 沈　伟 | 山东大学 | 否 |
| 210 | 法治视角下的警察执法规范化 | | 法学院 | 2017 年 09 月 27 日 15：00 | 余凌云 | 清华大学 | 否 |
| 211 | 公法上警察概念的变迁 | | 法学院 | 2017 年 05 月 19 日 18：30 | 陈　鹏 | 厦门大学 | 否 |
| 212 | 国家公园管理体制法律问题分析 | | 法学院 | 2017 年 05 月 04 日 18：30 | 马　允 | 中国政法大学 | 否 |
| 213 | 行政法研究所学术交流讲座 | | 法学院 | 2017 年 09 月 26 日 13：30 | 李松锋 | 中国政法大学 | 否 |
| 214 | 控权理论及其制度实践 | | 法学院 | 2017 年 06 月 17 日 08：00 | 罗智敏 | 法学院行政法所 | 否 |

续表

| 序号 | 中文名称 | 英文名称 | 主办单位 | 举办时间 | 主讲人姓名 | 主讲人单位 | 是否外籍人士 |
|---|---|---|---|---|---|---|---|
| 215 | 量化行政法 | | 法学院 | 2017年05月12日18：30 | 徐文鸣 | 中国政法大学 | 否 |
| 216 | 中美关系论坛 | | 马克思主义学院 | 2017年03月17日08：00 | 高　飞 | 外交学院 | 否 |
| 217 | 大数据安全与隐私保护技术 | | 互联网金融法律研究院 | 2017年10月19日19：00 | 王　伟 | 北京交通大学 | 否 |
| 218 | 互联网金融监管问题研讨 | | 互联网金融法律研究院 | 2017年06月17日08：00 | 李爱君 | 中国政法大学 | 否 |
| 219 | “民法总则要义解读与适用指导”论坛 | | 继续教育学院/网络教育学院 | 2017年04月17日19：00 | 龙卫球 | 北京航天航空大学 | 否 |
| 220 | 后世俗美国小说及其研究 | | 外国语学院 | 2017年09月22日14：00 | 刘建华 | 北京大学 | 否 |
| 221 | 讨论式课堂——国外研究及启示 | | 外国语学院 | 2017年09月29日09：00 | 李　昕 | 外国语学院 | 否 |
| 222 | 《民法总则》法人制度立法解读 | | 民商经济法学院 | 2017年05月02日19：00 | 刘　振 | 江苏省高级人民法院 | 否 |
| 223 | 明法论坛第二十二期——新“民法总则”畅谈 | | 民商经济法学院 | 2017年04月10日19：00 | 刘家安 | 中国政法大学 | 否 |
| 224 | 商法论坛第二期：揭开《公司法》司法解释（四）的神秘面纱 | | 民商经济法学院 | 2017年05月25日19：00 | 赵旭东 | 中国政法大学 | 否 |

续表

| 序号 | 中文名称 | 英文名称 | 主办单位 | 举办时间 | 主讲人姓名 | 主讲人单位 | 是否外籍人士 |
| --- | --- | --- | --- | --- | --- | --- | --- |
| 225 | 中国政法大学经济法学科系列讲座第七讲 |  | 民商经济法学院 | 2017年04月07日18：30 | 张　红 | 中国政法大学 | 否 |
| 226 | 万国竞争：康有为与维也纳体系的衰变 |  | 人文学院 | 2017年04月12日14：00 | 章永乐 | 北京大学 | 否 |
| 227 | 法治政府建设与《行政程序法典》制定 |  | 诉讼法学研究院 | 2017年09月28日14：00 | 应松年 | 中国政法大学 | 否 |
| 228 | 论经济分析作为法学方法 |  | 法与经济学研究院 | 2017年04月02日13：30 | 张永健 | 台湾省中央研究院 | 否 |
| 229 | 《法学的观念与方法》读书会 |  | 校团委 | 2017年05月09日19：00 | 孙海波 | 中国政法大学 | 否 |
| 230 | 法律评论社名家沙龙 开启《民主之门》 |  | 校团委 | 2017年05月17日19：00 | 胡晓进 | 中国政法大学 | 否 |
| 231 | 法评名家沙龙之对话江怡 |  | 校团委 | 2017年04月23日09：30 | 江　怡 | 北京师范大学 | 否 |
| 232 | 马克思主义协会 后现代状况下的马克思主义思考 |  | 校团委 | 2017年05月18日19：00 | 郭伟和 | 中国政法大学 | 否 |
| 233 | 西部志愿者协会临终关怀公益论坛 |  | 校团委 | 2017年04月13日18：30 | 张大诺<br>杨冉明 | 至美公益基金会，中国政法大学 | 否 |
| 234 | 英语协会口译讲座 |  | 校团委 | 2017年05月19日12：30 | 周　鑫 | TRANSMAX | 否 |

续表

| 序号 | 中文名称 | 英文名称 | 主办单位 | 举办时间 | 主讲人姓名 | 主讲人单位 | 是否外籍人士 |
|---|---|---|---|---|---|---|---|
| 235 | 准律师协会比较法论坛 | | 校团委 | 2017年04月19日18：30 | 马怀德<br>姜明安<br>王　旭<br>张　劲 | 中国政法大学、北京大学法学院、中国人民大学、中国政法大学 | 否 |
| 236 | 准律师协会为学御术大讲堂 | | 校团委 | 2017年04月11日19：00 | 周飞舟<br>柯华庆<br>席志国 | 北京大学、中国政法大学、中国政法大学 | 否 |
| 237 | 全国媒介伦理与社会发展研讨会 | | 光明新闻传播学院 | 2017年06月24日14：00 | 王　军 | 中国传媒大学 | 否 |
| 238 | 判决的流通与大国间的博弈 | | 国际法学院 | 2017年05月19日18：30 | 何其生 | 武汉大学 | 否 |
| 239 | “移民实边”是新疆社会治理的前提和关键 | | 国际法学院 | 2017年05月10日19：00 | 廖肇羽 | 塔里木大学 | 否 |
| 240 | 从《论语》一则看儒家推崇的做人准则 | | 人文学院 | 2017年04月19日18：30 | 杨荣祥 | 北京大学 | 否 |
| 241 | 对话气候变化国际治理 | | 国际法学院 | 2017年06月14日19：00 | 荀海波 | 外交部 | 否 |
| 242 | 佛教中国化的新思考 | | 人文学院 | 2017年03月17日08：40 | 杨曾文 | 中国社会科学院 | 否 |
| 243 | 国际经济法视野中的国有企业问题 | | 国际法学院 | 2017年04月13日19：00 | 杜　明 | 中国政法大学 | 否 |

续表

| 序号 | 中文名称 | 英文名称 | 主办单位 | 举办时间 | 主讲人姓名 | 主讲人单位 | 是否外籍人士 |
|---|---|---|---|---|---|---|---|
| 244 | 国际民用航空组织与国际航空立法实践—兼谈学生在国际组织实习与工作应具备的素质 | | 国际法学院 | 2017年04月25日14：30 | 马　涛 | 中国民航 | 否 |
| 245 | 明清以来的奥古斯丁中文传记 | | 人文学院 | 2017年05月19日14：00 | 周伟驰 | 中国社会科学院 | 否 |
| 246 | 南北朝敦煌遗书《涅槃经》注疏的基础研究 | | 人文学院 | 2017年03月03日14：00 | 史经鹏 | 中央民族大学 | 否 |
| 247 | 太平天国与千禧年主义 | | 人文学院 | 2017年05月05日14：00 | 周伟驰 | 中国社会科学院 | 否 |
| 248 | 新时期的中美经贸关系 | | 国际法学院 | 2017年06月13日18：30 | 江　山 | 商务部 | 否 |
| 249 | 法医技术在命案现场分析中的应用 | | 证据科学研究院 | 2017年05月25日18：00 | 何光龙 | 公安部物证鉴定中心 | 否 |
| 250 | 化学在法庭科学微量物证检验中的应用 | | 证据科学研究院 | 2017年05月11日18：00 | 朱　军 | 公安部物证鉴定中心 | 否 |
| 251 | 中国商标法现代化——理论、制度与实践 | | 民商经济法学院 | 2017年05月09日14：00 | 汪　泽<br>臧宝清 | 中国政法大学，国家工商行政管理总局 | 否 |
| 252 | 保险法名家论坛 | | 中国政法大学学报编辑部 | 2017年06月08日14：00 | 陈景善 | 中国政法大学 | 否 |

续表

| 序号 | 中文名称 | 英文名称 | 主办单位 | 举办时间 | 主讲人姓名 | 主讲人单位 | 是否外籍人士 |
|---|---|---|---|---|---|---|---|
| 253 | 证券法示范课 | | 中欧法学院 | 2017年07月01日15：00 | 朱伟一 | 中国政法大学 | 否 |
| 254 | 昆曲与文学：大雅之美 | | 人文学院 | 2017年05月12日15：00 | 张卫东 | 北方昆曲剧院 | 否 |
| 255 | 文学的新演变与新形态（人文学院中文论坛第22期） | | 人文学院 | 2017年05月22日15：30 | 白　烨 | 中国社会科学院 | 否 |
| 256 | “民法典时代的开启”论坛 | | 国际法学院 | 2017年05月20日10：00 | 杜　涛 | 全国人大常委会法制工作委员会 | 否 |
| 257 | 【蓟门决策】第104期：刑法中的重刑主义倾向 | | 法学院 | 2017年01月06日18：00 | 阮齐林 | 中国政法大学 | 否 |
| 258 | 法律职业伦理研讨 | | 法学院 | 2017年07月01日08：00 | 刘晓兵 | 中国政法大学 | 否 |
| 259 | 民法总则之法学家对话 | | 法律硕士学院 | 2017年06月02日18：30 | 刘家安<br>姚国建<br>赵　鹏 | 中国政法大学 | 否 |
| 260 | 努力践行文化自信 | | 商学院 | 2017年05月12日18：30 | 王健林 | 万达集团 | 否 |
| 261 | 萨德问题透视——半岛危机与大国博弈 | | 政治与公共管理学院 | 2017年04月11日19：00 | 韩献栋 | 中国政法大学 | 否 |
| 262 | 以审判为中心的刑事诉讼制度改革综述 | | 刑事司法学院 | 2017年04月18日19：00 | 陈卫东 | 中国人民大学 | 否 |

续表

| 序号 | 中文名称 | 英文名称 | 主办单位 | 举办时间 | 主讲人姓名 | 主讲人单位 | 是否外籍人士 |
|---|---|---|---|---|---|---|---|
| 263 | 中国政法大学法学院“巅峰职场”系列活动之——面试指导与实战演练 |  | 法学院 | 2017 年 04 月 05 日 16：00 | 王新宇 | 清华大学 | 否 |
| 264 | 川普顾问班农与普京顾问杜金的思想比较 |  | 资本金融研究院 | 2017 年 06 月 13 日 18：30 | 崔之元 | 清华大学 | 否 |
| 265 | 从贫富差别和金融虚拟度反思国内外金融改革 |  | 资本金融研究院 | 2017 年 04 月 20 日 18：30 | 向松祚 | 中国人民大学 | 否 |
| 266 | 对当代青年双创发展的思考和忠告 |  | 资本金融研究院 | 2017 年 06 月 01 日 18：30 | 闫　焱 | 赛富亚洲 | 否 |
| 267 | 国企改革最现实的问题是什么？ |  | 资本金融研究院 | 2017 年 04 月 12 日 18：30 | 周放生 | 国务院国有资产监督管理委员会企业改革局 | 否 |
| 268 | 蓟门法治金融论坛：保险资金海外投资可反哺中国经济 |  | 资本金融研究院 | 2017 年 06 月 14 日 18：30 | 吴小晖 | 安邦保险集团 | 否 |
| 269 | 蓟门法治金融论坛：国际经济形势分析 |  | 资本金融研究院 | 2017 年 05 月 10 日 18：30 | 黄海洲 | 中国国际金融有限公司 | 否 |
| 270 | 蓟门法治金融论坛 35 讲 |  | 资本金融研究院 | 2017 年 05 月 17 日 18：30 | 卢周来 | 中国国防经济研究中心 | 否 |
| 271 | 蓟门法治金融论坛第 29 讲 |  | 资本金融研究院 | 2017 年 03 月 01 日 18：30 | 余永定 | 中国社会科学院 | 否 |

续表

| 序号 | 中文名称 | 英文名称 | 主办单位 | 举办时间 | 主讲人姓名 | 主讲人单位 | 是否外籍人士 |
|---|---|---|---|---|---|---|---|
| 272 | 蓟门法治金融论坛第30讲 | | 资本金融研究院 | 2017年03月15日18：30 | 邵　宁 | 国资委 | 否 |
| 273 | 蓟门法治金融论坛第31讲：并购投资基金是股权投资基金的发展方向 | | 资本金融研究院 | 2017年03月22日18：30 | 刘健钧 | 证监会 | 否 |
| 274 | 蓟门法治金融论坛第33讲 | | 资本金融研究院 | 2017年04月19日18：30 | 向松祚 | 中国人民大学 | 否 |
| 275 | 蓟门法治金融论坛第34讲 | | 资本金融研究院 | 2017年04月26日18：30 | 申　毅 | 上海申毅投资咨询有限公司 | 否 |
| 276 | 蓟门法治金融论坛第36讲 | | 资本金融研究院 | 2017年05月24日18：30 | 陈兴动 | 法国巴黎百富勤有限公司 | 否 |
| 277 | 蓟门法治金融论坛第37讲 | | 资本金融研究院 | 2017年06月07日18：30 | 陈思进 | 加拿大皇家银行 | 否 |
| 278 | 孔丹口述：难得本色任天然 | | 资本金融研究院 | 2017年03月08日18：30 | 孔　丹 | 中信集团 | 否 |
| 279 | 一个监管者的思考和感受 | | 资本金融研究院 | 2017年03月29日18：30 | 蔡鄂生 | 银监会 | 否 |
| 280 | 法律制度研讨会——特朗普政府下美国法治新动态 | | 民商经济法学院 | 2017年06月14日19：00 | 周政宏 | 美国纽约周政宏律师事务所 | 否 |
| 281 | 博文听友之袁硕专场 | | 校团委 | 2017年04月05日19：00 | 袁　硕 | 国家博物馆 | 否 |

续表

| 序号 | 中文名称 | 英文名称 | 主办单位 | 举办时间 | 主讲人姓名 | 主讲人单位 | 是否外籍人士 |
|---|---|---|---|---|---|---|---|
| 282 | 我国反腐败机制的思考与发展 | | 校团委 | 2017 年 05 月 26 日 18：30 | 常保国 | 中国政法大学 | 否 |
| 283 | 中国政法大学 2016 - 2017 年度“法治中国”系列学术论坛第 4 期—守住互联网直播的法治底线 | | 校团委 | 2017 年 05 月 09 日 19：00 | 赵天红 | 中国政法大学 | 否 |
| 284 | 中国政法大学 2016 - 2017 年度“法治中国”系列学术论坛第三期——大数据时代下的中国司法 | | 校团委 | 2017 年 04 月 06 日 17：30 | 于志刚 | 中国政法大学 | 否 |
| 285 | 古希腊对自然的追问——亚里士多德《论灵魂》的阐释 | | 北京高校中国特色社会主义理论研究协同创新中心（中国政法大学）；马克思主义学院 | 2017 年 11 月 08 日 21：00 | 弗兰斯·德·哈斯（Frans de Haas） | 荷兰莱顿大学 | 是 |
| 286 | 马克思主义法哲学的实践旨趣 | | 学生工作部（处）\ 武装部 | 2017 年 12 月 07 日 16：00 | 李其瑞 | 西北政法大学 | 否 |
| 287 | 为秩序而战：后冷战时期东亚中的霸权、科层与转型 | The Struggle for Order: Hegemony, Hierarchy & Transition in Post-Cold War East Asia | 政治与公共管理学院 | 2017 年 11 月 26 日 17：00 | Dr Pichamon Yeophantong；皮查蒙 约范童 | | 是 |

续表

| 序号 | 中文名称 | 英文名称 | 主办单位 | 举办时间 | 主讲人姓名 | 主讲人单位 | 是否外籍人士 |
|---|---|---|---|---|---|---|---|
| 288 | 全球治理概述 | Introduction of Global Governance | 政治与公共管理学院 | 2017年11月27日17：00 | Dr Pichamon Yeophantong；皮查蒙 约范童 | | 是 |
| 289 | 国际发展新趋势 | 讲授 International Development | 政治与公共管理学院 | 2017年11月05日12：00 | Dr Pichamon Yeophantong；皮查蒙 约范童 | | 是 |
| 290 | 全球治理面临的挑战 | Challenge in Global Governance | 政治与公共管理学院 | 2017年11月28日17：00 | Dr Pichamon Yeophantong；皮查蒙 约范童 | | 是 |
| 291 | 湄公河区域治理与中国 | Mekong Regional Governance and China | 政治与公共管理学院 | 2017年11月05日12：00 | Dr Pichamon Yeophantong；皮查蒙 约范童 | | 是 |
| 292 | 中国与对外投资管制 | China and the Regulation of Outbound Investment | 政治与公共管理学院 | 2017年11月29日17：00 | Dr Pichamon Yeophantong；皮查蒙 约范童 | | 是 |
| 293 | 亚洲河流激进主义者、政策性企业和跨界水域争端 | River activism, policy entrepreneurship and transboundary water disputes in Asia | 政治与公共管理学院 | 2017年11月30日12：00 | Dr Pichamon Yeophantong；皮查蒙 约范童 | | 是 |

续表

| 序号 | 中文名称 | 英文名称 | 主办单位 | 举办时间 | 主讲人姓名 | 主讲人单位 | 是否外籍人士 |
|---|---|---|---|---|---|---|---|
| 294 | 中国在湄公河流域的大坝外交 | China's Dam Diplomacy in the Mekong Region—Three Game Changers | 政治与公共管理学院 | 2017年12月01日14：30 | Dr Pichamon Yeophantong；皮查蒙 约范童 |  | 是 |
| 295 | 中国与治理灾难：全球责任的国内资源 | Erratum to：China and Disaster Governance：Assessing the Domestic Sources of a Global Responsibility | 政治与公共管理学院 | 2017年12月01日17：00 | Dr Pichamon Yeophantong；皮查蒙 约范童 |  | 是 |
| 296 | 亚洲环境正义与人权 | the Environmental Justice and Human Rights in Asia | 政治与公共管理学院 | 2017年12月02日12：00 | Dr Pichamon Yeophantong；皮查蒙 约范童 |  | 是 |
| 297 | 西塞罗与国家稳定 | Cicero and the Stability of States. | 政治与公共管理学院 | 2017年12月04日17：00 | Xavier Márquez |  | 是 |
| 298 | 柏拉图的政治人和法 | Knowledge and Law in Plato's Statesman and Laws | 政治与公共管理学院 | 2017年12月05日12：00 | Xavier Márquez |  | 是 |
| 299 | 论历史上的民主思想 | On the History of Democratic Thoughts | 政治与公共管理学院 | 2017年12月05日16：00 | Xavier Márquez |  | 是 |

续表

| 序号 | 中文名称 | 英文名称 | 主办单位 | 举办时间 | 主讲人姓名 | 主讲人单位 | 是否外籍人士 |
|---|---|---|---|---|---|---|---|
| 300 | 新西兰亚洲移民选举参与的影响因素分析 | Factors influencing the electoral participation of Asian immigrants in New Zealand | 政治与公共管理学院 | 2017 年 12 月 05 日 17：00 | Fiona Barker | | 是 |
| 301 | 中日现代经济发展 | Modern Economic Development in Japan and China | 政治与公共管理学院 | 2017 年 12 月 05 日 17：00 | Xiaoming Huang | | 是 |
| 302 | 关于独岛和竹岛争端 | This Island is Ours: Defending Dokdo/Retrieving Takeshima | 政治与公共管理学院 | 2017 年 12 月 06 日 12：00 | Alexander | | 是 |
| 303 | 加拿大、澳大利亚、新西兰移民投票研究 | Researching immigrant and emigrant voting in Canada, Australia and New Zealand | 政治与公共管理学院 | 2017 年 12 月 06 日 12：00 | Fiona Barker | | 是 |
| 304 | 收入不平等的政治哲学视角 | Is Income Inequality Unjust? Perspectives from Political Philosophy | 政治与公共管理学院 | 2017 年 12 月 06 日 12：00 | Xavier Márquez | | 是 |

续表

| 序号 | 中文名称 | 英文名称 | 主办单位 | 举办时间 | 主讲人姓名 | 主讲人单位 | 是否外籍人士 |
|---|---|---|---|---|---|---|---|
| 305 | 中国与国际体系：成为一个大国 | China and the International System: Becoming a World Power | 政治与公共管理学院 | 2017年12月06日12：00 | Xiaoming Huang | | 是 |
| 306 | 俄罗斯在南洋的形象与软实力 | Surveys and IR: Measuring Russia's Soft Power in Southeast Asia | 政治与公共管理学院 | 2017年12月06日16：00 | Alexander | | 是 |
| 307 | 关于移民、多样性和民主政治：研究成果和研究方法前沿 | On Immigration, Diversity and Democratic Politics: New Research Findings and Methods. | 政治与公共管理学院 | 2017年12月06日16：00 | Fiona Barker | | 是 |
| 308 | 民主社会的形成：新西兰将国家选举权扩大到非公民 | Constituting the Democratic Public: New Zealand's Extension of National Voting Rights to Non-Citizens' | 政治与公共管理学院 | 2017年12月06日17：00 | Fiona Barker | | 是 |

续表

| 序号 | 中文名称 | 英文名称 | 主办单位 | 举办时间 | 主讲人姓名 | 主讲人单位 | 是否外籍人士 |
|---|---|---|---|---|---|---|---|
| 309 | 新西兰的非公民投票权 | Constituting the Democratic Public: New Zealand's Extension of National Voting Rights to Non-Citizens' | 政治与公共管理学院 | 2017年12月06日17：00 | Xiaoming Huang | | 是 |
| 310 | 韩国国家认同，公民行动与独岛、竹岛领土争端 | Korean National Identity, Civic Activism and the Dokdo/Takeshima Territorial Dispute. | 政治与公共管理学院 | 2017年12月07日12：00 | Alexander | | 是 |
| 311 | 中国印度与发展模式的终结 | China, India and the End of Development Models | 政治与公共管理学院 | 2017年12月07日12：00 | Xiaoming Huang | | 是 |
| 312 | 柏拉图政治人的考量和艺术 | Measure and the Arts in Plato's Statesman | 政治与公共管理学院 | 2017年12月07日17：00 | Xavier Márquez | | 是 |
| 313 | 国际关系研究方法新进展 | On the New Trend of Research Approach in International Relations | 政治与公共管理学院 | 2017年12月07日16：30 | Xiaoming Huang | | 是 |

续表

| 序号 | 中文名称 | 英文名称 | 主办单位 | 举办时间 | 主讲人姓名 | 主讲人单位 | 是否外籍人士 |
|---|---|---|---|---|---|---|---|
| 314 | 出版研讨 | Workshop on Publishing | 政治与公共管理学院 | 2017 年 12 月 08 日 17：00 | Xavier Márquez |  | 是 |
| 315 | 出版研讨 | Workshop on Publishing | 政治与公共管理学院 | 2017 年 12 月 08 日 17：00 | Fiona Barker |  | 是 |
| 316 | 国际关系研究方法新进展 | On the New Trend of Research Approach in International Relations | 政治与公共管理学院 | 2017 年 12 月 08 日 17：00 | Xiaoming Huang |  | 是 |
| 317 | 如何发表英文论文 | Workshop on Journal Publishing | 政治与公共管理学院 | 2017 年 12 月 08 日 16：00 | Professor Huang |  | 是 |
| 318 | 如何做好互联网法律实务工作 |  | 法律硕士学院 | 2017 年 12 月 13 日 21：30 | 秦健 | 百度公司在线管理部 | 否 |
| 319 | 当代英语“重写”小说叙事结构研究 |  | 外国语学院 | 2017 年 12 月 14 日 16：00 | 王丽亚 | 北京外国语大学 | 否 |
| 320 | 2017 年《高级法官、检察官司法前沿讲堂》破案科学：侦查逻辑与经验 |  | 研究生院 | 2017 年 11 月 13 日 17：00 | 柴学友 | 安徽省人民检察院原党组成员 | 否 |
| 321 | 2017 年《高级法官、高级检察官司法前沿讲堂》第二讲 |  | 研究生院 | 2017 年 12 月 04 日 21：00 | 曹守晔 | 最高人民法院中国应用法学研究所 | 否 |

续表

| 序号 | 中文名称 | 英文名称 | 主办单位 | 举办时间 | 主讲人姓名 | 主讲人单位 | 是否外籍人士 |
|---|---|---|---|---|---|---|---|
| 322 | 2017 年《高级法官、高级检察官司法前沿讲堂》第三讲 | | 研究生院 | 2017 年 12 月 06 日 21：00 | 罗庆东 | 最高人民检察院刑事申诉检察厅 | 否 |
| 323 | 苏联和俄罗斯历史教科书中的中国抗日战争 | | 中国政法大学马克思主义学院 北京高校中国特色社会主义理论研究协同创新中心（中国政法大学） | 2017 年 12 月 16 日 16：30 | 米·瓦·诺维科夫 | 俄罗斯雅罗斯拉夫国立师范大学 | 是 |
| 324 | 有机宇宙论的当代发展——从二元论向三元论思想范式的转换 | | 北京高校中国特色社会主义理论研究协同创新中心（中国政法大学）；马克思主义学院 | 2017 年 11 月 13 日 21：00 | 康斯坦丁（Konstantin S. KHROUTSKI） | 俄罗斯诺夫哥罗德大学 | 是 |
| 325 | 古代自由意志问题的探究——对亚里士多德实践哲学的反思 | | 北京高校中国特色社会主义理论研究协同创新中心（中国政法大学）；马克思主义学院 | 2017 年 11 月 20 日 21：00 | 弗兰斯·德·哈斯（Frans de Haas） | 荷兰莱顿大学 | 是 |
| 326 | 数字资产交易风险与防范闭门研讨会 | | 互联网金融法律研究院 | 2017 年 12 月 15 日 19：00 | 蔡雄山 | 腾讯研究院 | 否 |

续表

| 序号 | 中文名称 | 英文名称 | 主办单位 | 举办时间 | 主讲人姓名 | 主讲人单位 | 是否外籍人士 |
|---|---|---|---|---|---|---|---|
| 327 | 康德的客观演绎与可能经验的必然性 | Kant's Objective Deduction and the Necessity of Possible Experience | 人文学院 | 2017年12月27日17：00 | 戴　华 | 成功大学（中国台湾）通识中心特聘教授 | 否 |
| 328 | 国家治理现代化与《行政程序法典》制定 | | 法治政府研究院 | 2017年12月12日20：30 | 王万华 | 中国政法大学 | 否 |
| 329 | 加拿大精神疾病刑事犯罪嫌疑人的风险评估、加拿大的司法社会工作实践、恐怖主义研究与应对 | Risk assessment of criminal suspects in Canadian mental illness、The practice of judicial social work in Canada、Terrorism Research and response | 社会学院 | 2017年12月19日17：30 | Richard D. Schneider、WagdyLoza、David Nussbaum | 1. Richard D. Schneider 加拿大安大略省法院大法官<br>2. WagdyLoza WagdyLoza博士退休前曾在加拿大联邦惩教署<br>3、David Nussbaum David Nussbaum教授曾经供职于科勒克神经心理学研究院，担任加拿大约克大学教授 | 是 |
| 330 | 用法治思维法治方式助推医患和谐与纠纷处理 | | 法律硕士学院 | 2017年12月20日17：00 | 张宝珠 | 中国人民解放军总医院（301医院）法律事务部 | 否 |
| 331 | 医疗投诉管理专业化发展方向 | | 法律硕士学院 | 2017年12月26日17：00 | 陈　伟 | 北京积水潭医院 | 否 |

续表

| 序号 | 中文名称 | 英文名称 | 主办单位 | 举办时间 | 主讲人姓名 | 主讲人单位 | 是否外籍人士 |
| --- | --- | --- | --- | --- | --- | --- | --- |
| 332 | 医疗健康商业新模式的法律思考 | | 法律硕士学院 | 2017年12月27日17：00 | 龚　楠 | 北京市百瑞律师事务 | 否 |
| 333 | 创新法律实务课程系列讲座 | | 民商经济法学院 | 2017年11月22日17：00 | 李孝霖、殷杰、陈聪、谢婧、李芳、曲忠、马翔、丁宁宁 | 北京市天驰君泰律师事务所 | 否 |
| 334 | 仲裁理论研究与实务对话系列之："虚假仲裁"专题研讨 | | 仲裁研究院 | 2017年12月21日18：00 | 胡思博 | 中国政法大学 | 否 |
| 335 | 人工智能的（法律）人格化：演进与动力 | | 法学院 | 2017年12月23日21：00 | 胡　凌 | 上海财经大学法学院 | 否 |
| 336 | 知识产权诉讼禁令的申请与适用 | | 法律硕士学院 | 2017年12月25日17：00 | 杨　静<br>卢海君<br>姚克枫 | 杨静　北京知识产权法院<br>卢海君　对外经济贸易大学法学院<br>姚克枫　中国电子商务协会法律工作委员会 | 否 |
| 337 | 中国政法大学2017－2018年度"法治中国"系列学术论坛 第二期——网络平台的法律责任 | | 研究生会 | 2017年12月27日22：00 | 赵　鹏 | 中国政法大学 | 否 |

续表

| 序号 | 中文名称 | 英文名称 | 主办单位 | 举办时间 | 主讲人姓名 | 主讲人单位 | 是否外籍人士 |
|---|---|---|---|---|---|---|---|
| 338 | 德国宪法财产权的限制 | | 法学院 | 2017年12月19日17：00 | 谢立斌 | 中国政法大学 | 否 |
| 339 | 印度法学研究方法 | Legal Research Methodology in India | 刑事司法学院 | 2017年12月04日17：00 | Shefali Raizada 教授 | 印度阿米提大学 | 是 |
| 340 | 印度司法制度导论 | Introduction to Judicial System in India | 刑事司法学院 | 2017年12月04日17：00 | Bhavna Batra 助理教授 | 印度阿米提大学法学院 | 是 |
| 341 | 刑法的道德限制 | The Moral Limits of the Criminal Law | 刑事司法学院 | 2017年12月25日21：00 | Dennis J. Baker | 英国萨里大学 | 是 |
| 342 | 普通法法域的刑法——杀人罪的历史与理论 | Criminal Law in the Common Law World——The History and Theory of Homicide Law | 刑事司法学院 | 2017年12月26日21：00 | Dennis J. Baker | 英国萨里大学法学院 | 是 |
| 343 | 【蓟门决策】第108期：尘肺病农民工问题研讨会 | | 法学院 | 2017年12月23日19：00 | 杨志明 | 国务院农民工办公室 | 否 |
| 344 | 国家重大项目开题仪式暨首次学术研讨会 | | 民商经济法学院 | 2017年12月24日22：00 | 李顺德、王江、夏君丽 | 李顺德，中国社科院法学所<br>王江，北京化工大学经济管理学院<br>夏君丽，最高法院知产庭 | 否 |
| 345 | 网络借贷中的信息中介机构责任 | | 互联网金融法律研究院 | 2017年12月27日19：00 | 付正丽 | 银监会担保协调处 | 否 |

## 二、学术刊物

### （一）《政法论坛》

**【概况】**《政法论坛》是由中国政法大学主办的以反映法学研究成果为主的专业学术期刊。《政法论坛》一直是中文核心期刊、法学类核心期刊、《中国学术期刊综合评价数据库》来源期刊、《中国人文社会科学引文数据库》来源期刊、《中文社会科学引文索引》（CSSCI）来源期刊、教育部社科期刊“名刊工程”入选期刊，被中国高校社科期刊学会评为高校社会科学名刊，入选第一批国家社科基金资助期刊，除邮局向国内外发行两千余份外，还通过各种民营及事业单位批发、零售等渠道，发行一千余份。

《政法论坛》牢固树立特色化的发展理念，坚持走特色化的发展道路，已走出了一条以主要反映法学创新成果为主的特色之路。围绕党的十八届四中全会《关于全面推进依法治国若干重大问题的决定》，召开了编辑部与部分作者研讨会，并向各个法学学科的学科带头人约稿，推出了一批在法学界有较大影响的法学理论文章，被《新华文摘》《中国社会科学文摘》《高校文科学报文摘》《人大复印资料》及报刊等转载、摘编，有力地配合了《关于全面推进依法治国若干重大问题的决定》在法学理论界和司法实务界的学习和研究。

为落实习近平总书记考察法大重要讲话精神、贯彻依法治国理念，《政法论坛》积极组稿，在第四期推出我国县域法治的专题，3 篇专家论文从“传统中国的县域治理及其近代嬗变”“国家法治建设县域试验的逻辑与路径”“法治、自治、礼治与善治——立足于县域法治与县域善治的讨论”等多个角度展开了论述。

为了进一步办好《政法论坛》，就研究解决国家经济社会发展中具有全局性、前瞻性、战略性的重大问题推出更多原创性和创新性成果，不定期召开由《政法论坛》骨干作者、北京著名大学学报主编、全国著名法学期刊主编参加的关于《政法论坛》未来走向的座谈会，为《政法论坛》的进一步发展献计献策。2017 年内，刊发了对立法进行重大修改的建议性稿件和重大立法修改后的深度解读稿件十余篇，受到立法机关的关注和司法实践部门的欢迎。

在学术规范建设方面，自觉抵制不良学术风气，所刊发的论文学风严谨。要求主编、副主编、责任编辑参加高校社科期刊研究会及报刊协会举办的培训班。通过责编、专家匿名、主编三审制，杜绝人情稿、关系稿，通过编辑部邮箱、作者、读者座谈等形式，广泛接受监督。

在培养学术新人方面，推出了“文选”栏目，对有较好学术价值的研究生论文进行摘编，重点扶持学术新人。设立了“读书札记”栏目，对世界范围内的法学学术名著予以深度解读，倡导多读书、读好书，该栏目受到了作者、读者的广泛好评。

### （二）《比较法研究》

**【概况】**《比较法研究》（双月刊）是中华人民共和国教育部主管、中国政法大学主办的法学期刊，由中国政法大学比较法学研究院编辑出版。本刊系纯学术性期刊，旨在促进我国比较法学基本理论的研究和探讨。

本刊主要刊载比较法学研究的学术论文，现设“论文”“专题讨论”“人物与思想”“法政时评”“民法典编纂”“法学译介”“人文对话”等栏目。现任主编由比较法学研究院院长高祥教授担任，副主编由林林教授、丁洁琳编审担任。《比较法研究》编辑部现有5个专职编辑，其中3人为编审，2人为副编审；4人为博士学位，1人为硕士学位。

2017年《比较法研究》共出版6期，合计发表各类文章78篇，其中“论文”栏目61篇，“专题研讨”6篇，“民法典编纂”4篇，“法政时评”栏目4篇，“人物与思想”栏目1篇，“人文对话”栏目1篇、“法学信息”栏目1篇。全年字数180余万字。

（三）《行政法学研究》

**【概况】**《行政法学研究》创刊于1993年，是教育部主管、学校主办的国内外公开发行的国内首家部门法杂志，是面向大专院校、科研院所、各级人大法制工作机构、政府法制部门、监察部门、人民法院行政审判庭、人民检察院民事行政检察机构和公安、工商、税务、土地管理、环保等行政执法部门的专业期刊。《行政法学研究》杂志社编辑部设在法治政府研究院。杂志为双月刊，逢单月15日出版。常设“专论”“法律时评”“比较行政法”等栏目。《行政法学研究》是中国首家部门法学杂志，在国内行政法学领域具有重要影响力，被选入“北京大学《中文核心期刊要目总览》来源期刊（2014年版）”“CSSCI中文社会科学引文索引（2014—2015年）来源期刊（含扩展版）”“CSSCI中文社会科学引文索引（2017—2018年）来源期刊。现有编辑委员会，主任1人，由应松年教授担任，委员14人；设有编辑部，主编1人，由马怀德教授担任，副主编2人，责任编辑8人。

（四）《中国政法大学学报》

**【概况】**《中国政法大学学报》（以下简称《学报》）创刊于2007年9月，是由国家教育部主管、学校主办的面向海内外学术界的综合性人文社会科学学术期刊。《学报》为双月刊，逢单月10日出版；大16开本，10印张，每期160面，刊发学术论文约26万字。《学报》以“提倡学术规范、尊重知识产权、推进学术交流、追求学术创新”为办刊理念，刊发论文涉及人文社会科学的大部分学科，目前设置“法治文化”“学术论衡”“学人讲坛”“学术书评”等栏目；其中“环境资源法学”“法治文化”是本刊重点特色栏目，旨在突出学术前沿性、国际性和文史哲等人文社会科学与法学的综合创新，提升学术引力作用、推进当代中国的法治文化建设。编辑部现有专职编辑人员6人、兼职人员1人，其中教授2人、编审3人、副编审1人、编辑1人；其中全国十大青年法学家1人，另有编辑委员60人和一批审稿专家。

《学报》全年发表学术论文48篇，被人大报刊资料中心学术期刊、《中国社会科学文摘》、《新华文摘》等文摘刊物全文或摘要转载文章21篇，保持较高转载率。根据中南财经政法大学图书馆期刊信息检索中心2017年9月所做统计，2016年《中国政法大学学报》所发论文共计11篇次被中国人民大学书报资料中心编辑出版的各类学术期刊及《新华文摘》《红旗文摘》等重要学术转载报刊全文或摘要转载，转载量在全国法律类院校学报中排第16位。

**【举办第四届优秀论文奖颁奖典礼暨高峰论坛】** 1月14日，《学报》编辑部在北京京仪大酒店举办第四届优秀论文奖颁奖典礼暨高峰论坛，会议由学校主办，东方毅集团协办。同时，来自校内外的100多位专家学者围绕“美丽中国与法治建设”及“法治建设与期刊使命”主题进行讨论。

**【曹明德教授参加“环境公益诉讼比较研究”论坛】** 5月19日，《学报》主编曹明德教授应邀在河南财经政法大学做学术报告，报告主题为“环境公益诉讼比较研究”。河南财大环境资源法学专业部分研究生和老师以及校外研究者约100人与会。

**【参加《中华人民共和国土壤污染防治法（草案）》专家咨询会】** 7月14日，《学报》主编曹明德教授应邀参加中国法学会主办的《中华人民共和国土壤污染防治法（草案）》专家咨询会，并发言。与会专家学者包括全国政协社法委驻会副主任、中国法学会环境资源法学研究会副会长、武汉大学环境法研究所吕忠梅兼职教授，自然之友法律与政策倡导总监葛枫等法学界、实务界专家15人。

**【参加“可再生能源：可持续发展的经济驱动力”会议】** 7月18日，《学报》主编曹明德教授应邀出席在联合国总部举办的“可再生能源：可持续发展的经济驱动力”会议，并作题为“可再生能源在中国经济发展与消除贫困中的作用”发言。

**【曹明德主编当选中国环境资源法学研究会副会长】** 8月26日至8月27日，在中国法学会环境资源法学研究会、河北大学主办的中国法学会环境资源法学研究会第二次会员代表大会上，《学报》主编曹明德教授再次当选为中国环境资源法学研究会副会长。

**【参加2017年中国经社理事会论坛】** 9月21日，《学报》主编曹明德教授应邀出席2017年中国经社理事会论坛：“推进‘一带一路’建设促进经济社会繁荣发展”，并做题为“推进一带一路建设促进绿色低碳发展”的发言。来自学术、企业、政府部门、社会组织等350位各界人士参加此次论坛。

**【举办第五届优秀论文奖颁奖典礼及签字仪式】** 10月26日至10月27日，《学报》编辑部在北京牡丹苑宾馆主办第五届优秀论文奖颁奖典礼暨与东方毅集团继续合办优秀论文奖评选活动签字仪式。《学报》创刊十周年，由中国政法大学研究生院、教务处及东方毅集团等协办的“一带一路与法治建设”高端论坛学术研讨，学报主编曹明德教授主持，学校副校长时建中、于志刚、终身教授李德顺及来自海内外高等教育界、学术出版界的110多名嘉宾出席论坛。

**【举办“中国可再生能源的现状”讲座】** 11月29日，《学报》主编曹明德教授应邀在美国培思大学法学院举办讲座“中国可再生能源的现状”。培思大学法学院等机构的环境资源法研究领域近30位专家和研究生参加讲座。

### （五）《证据科学》

**【概况】**《证据科学》是由教育部主管、学校主办、学校证据科学研究院承办的学术性期刊。2017年《证据科学》杂志共出版6期，刊发论文56篇，印数为每期2000册。截至目前，《人大报刊复印资料（诉讼制度·司法制度）》收录全文转载文章2篇。中国知网相关数据：复合影响因子1.160（2016年1.471）；综合影响因子0.672（2015年0.916），复合影响因子和综合影响因子都有所下降。

（六）《学术法大》

**【概况】**《学术法大》是学生处、教务处主办的面向全校本科学生的学术刊物。2017年《学术法大》共开设“商理民情”“慎刑笃思”“国际风云”“社会纵横”“文韬思略”“法史钩沉”“国际法纵横”“信笔臻识”“十星特辑”等十余个栏目，出版1期（总第46期），收到来稿60多篇，刊登文章16篇。

（七）《研究生法学》

**【概况】**《研究生法学》是由中国政法大学在校博士和硕士研究生独立承办的法学学术刊物，创刊于1986年，至今已有30年的历史。《研究生法学》为双月刊，版面固定，每期160页左右、字数22万字左右。《研究生法学》编辑部正式成立于1989年，已经形成专业、高效的工作流程。

# 第六章　人事工作

## 一、人才队伍建设

**【概况】**2017 年，学校高度重视师资队伍建设工作，继续坚持人才强校战略，修订《中国政法大学优秀人才引进办法》，重点加大学科领军人才和外籍教师引进力度，并使弹性用人制度常态化；修订《中国政法大学“优秀中青年教师培养支持计划”实施办法》，实施“优秀中青年教师培养支持计划”“青年骨干教师海外提升计划”“青年教师国内访问学者计划”等措施，培养学术带头人和学术骨干，壮大青年骨干教师队伍；开展师德师风网络专题培训，完成本年度新教师校内岗前培训，组织新教师参加北京市高等学校教师岗前培训，完成教师资格认定。提升高层次人才待遇水平，尝试实行引进人才年薪制。

截至 2017 年 12 月底，学校共有教职工 1722 人（含博士后），其中专任教师 881 人，包括教授 328 人、副教授 389 人（含副主任医师 1 人）。法学专业教师 455 人，占专任教师总数的 51.65%；法学以外专业（含公共课 96 人）教师 426 人，占专任教师总数的 48.35%。专任教师中持有博士学位 662 人，占专任教师总数的 75.14%；硕士学位 127 人，占专任教师总数的 14.42%。

最高学位是学校授予或最后毕业于学校的教师 275 人，占专任教师总数的 31.21%；外校学缘教师 606 人，占专任教师总数的 68.79%，其中海外学缘 131 人，占专任教师总数的 14.87%；年龄在 35 岁以下教师 140 人，占专任教师总数 15.89%；36 至 45 岁的 305 人，占专任教师总数的 34.62%；46 岁以上的 436 人，占专任教师总数的 49.49%。

截至 2017 年底，学校有 5 位教授被授予“全国杰出资深法学家”称号，7 人荣获“全国十大杰出青年法学家”称号，1 人入选国家“千人计划”，4 人入选新（跨）世纪百千万人才工程，42 人荣获国务院特殊津贴，“长江学者”讲座教授 1 人、特聘教授 2 人、青年项目 2 人。1 人入选万人计划“青年拔尖人才”，4 人入选万人计划“哲学社会科学领军人才”。

**【完成岗位聘任工作】**年内，依规依序完成 2017 年度专业技术岗位聘任，在教学科研、辅导员、其他专业技术岗位聘任中，教学科研岗位聘任晋职 43 人，晋级 54 人，初聘 27 人；辅导员岗位聘任晋职 12 人，晋级 5 人，初聘 6 人；其他专业技术岗位聘任晋职 10 人，晋级 17 人，初聘 10 人，管理岗位人员执行专业技术工资待遇晋级 2 人。完成 2017 年度科级领导岗位聘任，共 30 个部门（副处级挂靠单位单独统计）聘任科级领导岗位 55 人，其中正科级岗位 30 人（含专业技术部门负责人岗位 7 人），副科级岗位 25 人（含专业技术部门负责人岗位 4 人）。完成 2017 年度管理（职员）岗位（中级及中级以下）聘任工作，35 人职员职级晋升（确认）。其中因任职年限届满晋升 8 人，校内转岗初聘 1 人，校人才交流中心重新上岗后初聘的 1 人，来校后初聘 25 人；晋升或确认七级职员 9 人，八级职员 26 人。完成 2017 年度工勤技能岗位聘任工作，晋级聘任（级别确认）12 人，其中晋级一级岗位 1 人、晋级二级岗位 10 人、晋级三级岗位 1 人。

**【开展全校教职工年度考核工作】**年内，学校人事处完成教职工年度考核。共有 1683 人（含在编博士后 25 人，校付费合同制人员 80 人）参加考核，结果为优秀 227 人、合格 1453 人、不合格 3 人，暂缓考核 19 人，不参加考核 97 人（10 位校领导和 11 位出版社人员未计算在内），对考核合格及以上等次人员调整薪级工资并进行表彰；对工作量欠缺但学校综合考虑批准考核合格人员，向所在单位下达书面要求，对个人予以警诫。

**【规范教职工档案管理】**年内，规范教职工档案管理，做好全校在职教职工的档案接收、保管、整理、归档、转递等日常管理工作，努力提升档案借（查）阅服务质量。初步制定并持续推进学校档案信息化建设方案。

**【完成事业编制人员招聘工作】**年内，招聘入职教职工 104 人，含事业单位编制人员 86 人、学校付费劳动合同制人员 18 人。事业编制中，按岗位类型分，含教学科研岗位 41 人、学生辅导员 5 人、其他专业技术岗位 18 人、管理岗位 22 人；按人员来源分，有博士后出站人员 5 人、海归 16 人、调入 16 人、高层次人才引进 5 人、国内应届毕业生 44 人。

**【调整机构和编制】**年内，学校新增和调整 10 个机构，其中：成立 1 个在编教学科研机构——法治信息管理学院；成立 1 个在编科研合署办公机构——质量评估中心；成立 2 个新型在编研究机构——网络法学研究院、国家监察研究院；成立 2 个校部机关挂靠机构——教师发展中心、“双一流”建设工作办公室；成立 4 个科级管理机构——发展规划与学科建设处信息统计科、教务处交流培养科、审计处管理审计科、校工会文体福利科。新增和调整 90 个编制，其中增加教学科研岗位 53 个、其他专技岗位 5 个、辅导员岗位 4 个、管理岗位 28 个（含科级领导职数 10 个）。

**【推进人才引进工作】**年内，修订《中国政法大学优秀人才引进办法》，共计引进各类人才 11 人，其中二类人才 3 人，三类人才 3 人，弹性引进 5 人；法学学科 10 人，非法学学科 1 人；海外留学任教归国人员 3 人，具有实务部门工作经验人员 2 人。新聘 26 位兼职教授，续聘 26 位兼职教授、1 位客座教授、1 名名誉教授。

**【推进高层次人才工作】**年内，汪海燕入选第八届“全国十大杰出青年法学家”；冯晓青、王万华入选文化名家暨“四个一批”人才、国家“万人计划”哲学社会科学领军人才；席涛、冯晓青和李秀云分获评本年度“北京市优秀教师”和“北京市优秀教育工作者”；雷磊等 16 位教师入选“百名法学英才培养计划”。此外向相关机构推荐学校专家 102 人次。

**【成立中国政法大学教师发展中心】**年内，成立教师发展中心，挂靠在人事处。教师发展中心通过讲座、沙龙、咨询、一对一指导、专家评估等形式开展相关活动，以满足教师个性化、专业化发展要求。全年共组织开展讲座、职业发展规划沙龙和青年教师发展论坛等系列活动 19 场次。

**【构建系统化教师培养模式】**年内，实施“优秀中青年教师培养支持计划”，2017 年遴选 A 层次 10 人，B 层次 20 人，并完成 2014 年入选教师期满考核、2016 年入选教师中期考核工作。完成 2017 年“中青年骨干教师海外提升专项资助计划”人员录取及相关工作，年内共向留学基金委推荐 20 位人，年度共出国 10 人、回国 10 人。开展 2017 年批次“新入校青年教师科研启动资助计划”申报及相关工作。选派 8 名管理岗位教职工参加为期约 1 个月的出国研修项目。

**【完成事业编制教职工试用期考核和新进教职工首个聘期考核】**年内，在年度事业编制教职工试用期考核中，涉及教职工 73 人，考核结果均“合格”；在新进教职工首个聘期考核中，涉及教职工 67 人，考核结果均“合格”；完成人事代理人员合同续聘 143 人次。

**【完成首批校付费劳动合同制人员合同续聘】**年内，在首批校付费劳动合同制人员合同续聘工作中，63 名教职工经用人单位严格考核并交人事处确认后续签了劳动合同，合同期 4 年。另有 1 人不与学校续聘。

**【组织完成校级相关奖项评选工作】**年内，完成年度“励道教学杰出贡献奖”评选，外国语学院李立教授荣获该奖项。完成优秀教师评选，朱利江、吕芳、费安玲、张秀华、王贞会 5 人获得优秀教师称号。完成“管理与服务优秀集体奖”及“优秀教育工作者奖”评选，学校办公室等 5 个单位获得 2016 – 2017 年度“管理与服务优秀集体奖”，王琦等 25 人获得 2016 – 2017 年度“优秀教育工作者奖”。

**【提升人力资源系统整体运行服务能力】**年内，启用岗位聘任、代表作评价等自主开发人力资源信息应用系统，李树忠教授作为全国唯一高校代表受邀在“全国教师管理信息系统全面启动”活动上做典型发言。开发并使用工人技术职务模块；协同教务处、研究生院和学生处设计教职工考核模块；完善人力资源管理系统中招聘计划申报、新教职工报到、组织机构管理、教职工调出等功能模块；推进建设招聘职位申请模块；新增业绩津贴计发功能，新增特殊津贴、补贴计发功能，完成薪酬福利模块基础准备工作。

**【落实在京中央国家机关事业单位养老保险改革】**根据人力资源社会保障部中央国家机关养老保险管理中心文件要求，6 月完成 1675 名在职职工、1127 名退休职工的首次参保登记手续；10 月完成 1048 名退休老人及 156 名退休中人的信息确认及待遇核定工作；做好当期征缴准备工作，将人员和缴费信息更新到 2017 年 12 月；办理人员增减、变更及待遇暂停等业务。

**附件**

2014 年“万人计划”青年拔尖人才

栗　峥

2014 年国家百千万人才工程

冯晓青

文化名家暨“四个一批”人才、国家“万人计划”哲学社会科学领军人才

第二批：马怀德　于志刚

第三批：冯晓青　王万华

“长江学者支持计划”青年项目

栗　峥（2016 年度）　费多益（2017 年度）
第八届“全国十大杰出青年法学家”称号
汪海燕（2017 年）
第二届“首都十大杰出青年法学家”称号
汪海燕（2016 年）
第二届“首都十大杰出青年法学家”提名奖
易　军（2016 年）
首批北京高校思想政治理论课特级教授
卫　灵
首批北京高校思想政治理论课特级教师
赵庆杰
2017 年“北京市优秀教师”
席　涛　冯晓青
2017 年“北京市优秀教育工作者”
李秀云
法学会百名英才（16 人）

| | | | | | |
|---|---|---|---|---|---|
| 雷　磊 | 张钦昱 | 李　响 | 王　雷 | 娄　宇 | 葛平亮 |
| 吴香香 | 张　南 | 于　冲 | 王贞会 | 胡思博 | 赵　晶 |
| 徐文鸣 | 陶　乾 | 倪　润 | 王　蔚 | | |

中国政法大学优秀中青年教师培养支持计划人选者名单（15 人）

| | | | | | |
|---|---|---|---|---|---|
| 于　淼 | 王敬波 | 卢春龙 | 许身健 | 应　星 | 王　霆 |
| 刘兆敏 | 刘承韪 | 刘　震 | 李卫海 | 张浩军 | 郑佳宁 |
| 施鹏鹏 | 雷　磊 | 鞠宏磊 | | | |

中国政法大学 2016－2017 学年“励道教学杰出贡献奖”
李　立
中国政法大学 2016－2017 年度优秀教师

| | | | | |
|---|---|---|---|---|
| 张秀华 | 吕　芳 | 朱利江 | 费安玲 | 王贞会 |

中国政法大学 2016－2017 年度“管理与服务优秀集体奖”
学校办公室、党委宣传部、教务处、科研处、保卫处
中国政法大学 2016－2017 年度“优秀教育工作者奖”（23 人）

| | | | | | |
|---|---|---|---|---|---|
| 刘赫然 | 邸维蛟 | 李　叶 | 黄庆峰 | 张　鹏 | 魏　雯 |
| 郑永吉 | 刘　旭 | 许晶晶 | 张　翀 | 刘　岩 | 郭芳芳 |
| 张轶舸 | 王　琦 | 于　丽 | 张　丽 | 彭伟红 | 杜　娟 |
| 张雨晨 | 陈　珍 | 桑　迪 | 赵　巍 | 孟庆超 | |

中国政法大学 2017 年聘任兼职教授、名誉教授、客座教授名单
客座教授（2 人）
赖因哈德·盖尔　　李殷国

名誉教授（1人）

Stephen G. Barnes

兼职教授（51人）

余永定　邵　宁　王梓木　糜忠良　蔡伟思　蔡能斌
常　林　汪习根　梁晓辉　柳华文　钱　舫　沈卫星
邓海云　马兴宇　周　迅　杨　谷　潘凯雄　雷晓路
倪寿明　李雪慧　赵晓谦　陆小华　陈凯星　尹韵公
阎晶明　杨传春　刘佑生　王运声　张本才　徐　迅
蒋建国　孙福会　赵　翔　周占华　蔡功文　陈　里
焦瑾璞　邱晓华　张韶华　文　政　许建峰　姚　前
刘为波　宋志平　张红力　洪　崎　郑秉文　范恒山
常　健　冯仲平　崔之元

中国政法大学2017年教授名单（328人）

于志刚　黄　进　李树忠　马怀德　刚文哲　高浣月　时建中　胡　明（人文学院）
常保国　卢春龙　吴宏耀　于　飞　栗　峥　李曙光　解志勇　李国强
尹志强　罗智敏　刘　星　刘红婴　崔林林　陈　征　成协中　焦洪昌
薛小建　秦奥蕾　田　瑶　姚国建　汪庆华　陈景辉　雷　磊　王夏昊
侯淑雯　蒋立山　舒国滢　柯华庆　王新宇　程　滔　陈　宜　马宏俊
许身健　李卫海　刘　莘　王成栋　刘善春　何　兵　王天华　卞修全
杨玉圣　姜晓敏　马更新　刘亚天　曹明德　于文轩　戴孟勇　李永军
刘智慧　刘家安　杨秀清　乔　欣　王　娣　刘金华　邱星美　韩　波
纪格非　毕玉谦　王灿发　李美云　刘少军　李　蕊　张子学　耿利航
孙　颖　陈丽苹　施正文　贺绍奇　来小鹏　冯晓青　周长玲　李玉香
刘　瑛　张　今　符启林　赵红梅　徐晓松　李东方　薛克鹏　刘继峰
周　昀　管晓峰　王　萍　赵旭东　江　平　吴日焕　胡利玲　王玉梅
李建伟　王　涌　王光进　易　军　何俊萍　胡安潮　郑佳宁　金　眉
祁　欢　范晓波　史晓丽　许浩明　杜新丽　宋连兵　霍政欣　冯　霞
齐湘泉　朱子勤　刘　力　郭红岩　李居迁　马成元　高健军　朱利江
赵　威　林灿铃　宣增益　孔庆江　王顺安　徐久生　赵天红　阮齐林
王　平　曲新久　张　凌　罗　翔　郭志媛　汪海燕　卫跃宁　岳礼玲
刘　玫　洪道德　屈　新　郭金霞　刘革新　王志远　戴士剑　王立梅
鲁照旺　王明杰　詹承豫　刘长敏　林德山　杨　阳（政治与公共管理学院）
张桂林　石亚军　刘俊生　傅广宛　李程伟　翟校义　商　磊　田为民
屈超立　林存光　庞金友　聂　露　丛日云　胡叔宝　潘小娟　吕　芳
马建川　李群英　任洪生　贾文华　曹　兴　韩献栋　于　淼　张　巍
朱晓武　王　霆　金仁淑　宏　结　李　泳　王　玲　张淑静　葛建华
柴小青　孙选中　刘纪鹏　李　晓　刘志雄　李　超（商学院）邓　达

陈明生　巫云仙　李景华　胡继晔　邹玉华　杨凤仙　金　雁　赵晓华
康晨宇　孙　鹤　王建芳　孔　红　王　洪　李德顺　张浩军　费多益
文　兵　俞学明　王心竹　单　纯　董　燕　崔蕴华　张立新　辛衍君
沙丽金　李　立　李　妍　齐　筠　马　静　刘艳萍　张　清　田力男
苏桂梅　张洪芹　孙平华　叶　洪　张法连　张丽英　陈　莲　郭　梅
刘淑环　李　净　王小平　贾海翔　张笑世　李宝庆　张秀华　郜丽华
孙美堂　赵卯生　赵庆杰　解启扬　卫　灵　孔祥宇　游正林　应　星
赵丙祥　郭伟和　杨　波　张　莉(社会学院) 王国芳　马　皑　刘建清
费安玲　辛崇阳　刘　斌　姚广宜　阴卫芝　姚泽金　王天铮　张宏伟
鞠宏磊　郑永流　刘　飞　柳经纬　谢立斌　元　轶　米　健　王志华
高　祥　赵　宏　薄燕娜　刘承韪　林　林　张　彤　武长海　方流芳
李爱君　侯佳儒　朱　勇　张中秋　张德美　顾　元　李　青　林　乾
邵　方　张晋藩　刘广安　徐世虹　南玉泉　李雪梅　刘小楠　夏吟兰
杨勤活　张　伟　班文战　田士永　朱维究　曹义孙　谭秋桂　杨宇冠
李本森　高家伟　陈光中　肖建华　顾永忠　卞建林　王万华　席　涛
张　卿　刘　鑫　鲁　涤　王　旭　赵　东　施鹏鹏　张保生　王进喜
张　中　胡纪念　百茹峰　石美森　陈景善　林鸿潮　王敬波　王青斌
应松年　张　莉（法治政府研究院）刘贞晔　王人博

引进人才名单（105 人）

王人博　丛日云　张　凌　蔡　拓　杨　帆（商学院）杨玉圣　许浩明
张　楚　蔡定剑　张中秋　高　祥　潘小娟　孙　承　王天华　丁　强
金仁淑　席　涛　柳经伟　张辰龙　车　虎　金　雁　齐延平　李德顺
陈忠云　单　纯　刘纪鹏　王　昶　张法连　王建勋　易　军　李　响
张　卿　郝　倩　孙晓冬　沈祥福　张　莉（法治政府研究院）谢立斌
卢春龙　陈景善　石美森　百茹峰　张天民　刘　星（法学院）陈　汉
曹明德　游正林　何江蕙　张　卓　戴　龙　刘　娜　应松年　郭伟和
于文轩　朱伟一　孔庆江　王　楠　宋连兵　张浩军　傅广宛　费多益
张　莉(社会学院) 王贞会　张　红（民商经济法学院）张文显　赵　东
王　强　Gudmundur Alfredsson　陈兆恺　王　蔚　陆小华　吴洪淇
杨　军　施鹏鹏　孙　阳　贾　康　戴士剑　杨清娟　丛文胜　王黎红
肖凤城　张建田　张柔桑　谢　丹　林德山　李　文　王大地　曹景钧
叶　洪　陈儒丹　张子学　陶　乾　杜　明　陈　刚　何启豪　娄　宇
Andrea Altobrando　来汉瑞　王志远　李　莉（政治与公共管理学院）
陈　征　哈德·盖尔　成协中　沈永祥　龚刃韧　刘海年

## 二、离退休处工作

**【概况】**2017 年，离退休总人数 1253 人。全校有离休干部 52 人、退休教职工 1201 人；离退党支部 28 个、党员 620 人；活动站室 2 个，使用面积 1500 平方米；离退休社团共有 6 个协会、21 个活动队（组）、1 个志愿者服务队。6 个二级单位、5 户家庭、3 个社团活动小组、103 名老同志，在尊老敬老、开展活动、“老有所为”领域受到上级部门和学校表彰；举办形势报告、理论辅导报告、参观学习 4 次，共 350 多人次参加；组织专题参观学习 1 次，共有 29 人次参加；组织外出健康休养、运动会、游览等各类活动 1 次，共 370 人次参加；学校投入 30 万元用于走访慰问老同志，累计走访 1200 人次。

以深入学习贯彻习近平总书记考察学校重要讲话精神和党的十九大精神为工作主线，加强离退休老同志思想政治建设。召开党员代表大会，校党委副书记高浣月向老同志传达总书记讲话精神：召开全处会议，向全体离退休工作人员传达讲话精神；组织离退休各支部召开支部会议学习贯彻讲话精神；组织邀请老同志代表传阅总书记讲话全文。组织离退休干部收看十九大开幕盛况；邀请军事科学院研究员栾大龙大校给离退休老同志做“十九大精神与军民融合的发展”报告；举办离退休党支部干部、社团骨干学习贯彻党的十九大精神专题培训班；出版《夕阳红》理论学习专刊。

扎实贯彻校党委各项工作部署。做好学校第八次党代会涉及老同志的各项任务，召开离退休第四次党员代表大会选举产生 17 位校第八次党员代表大会党代表。在全校开展重阳节评优。扎实开展“两学一做”，研究制定《离退休干部分党委推进“两学一做”学习教育常态化制度化实施方案》，组织各支部深入贯彻落实。组织 30 个离退休党支部召开组织生活会，开展党员民主评议，推荐学校出席北京市第十二次党代会代表候选人。组织召开中共中国政法大学离退休干部委员会第三次党员代表大会，选举产生新一届分党委和新一届纪委。开展纪念建党 96 周年系列活动，组织 50 多位老同志到南口军营开展“不忘初心，庆建党迎建军”主题党日活动，组织离退休党员开展“共产党员献爱心”捐献活动。完成建党 96 周年党内评优推荐相关工作，6 位老同志评选为学校优秀共产党员、2 个支部被评委学校优秀党支部、1 位老同志被评为优秀党务工作者。

扎实落实政治待遇和生活待遇。双节期间走访全体离休干部、退休教职工中的特困空巢和无二级归属群体离退休老同志共 241 人，同时组织全校二级单位开展本单位离退休教职工走访慰问活动。三八节期间为全体离退休女职工发慰问品，“七一”前后走访慰问 53 位离休干部，全年探望生病住院的离退休老同志 70 余人次，为 22 位去世老同志办理相关抚恤工作。

推进社团建设和老年大学建设。举办两校区离退休教职工趣味运动会及 2018 年老同志迎新春联欢会，累计 600 多位老同志参加。积极开展社团活动，30 位老同志参加市教委、教工委“喜迎十九大，健身乐晚年”的高校老同志健身项目展示活动，荣获“阳光风采奖”，赴石油大学离退休工作处调研，探讨整合两校资源，更好地开展活动。老年大学建设走向常态化，做好老年大学的教学管理，老年大学第三年度开课，进入成熟化常态化，每学期开设 7 门至 8 门课程，100 多位学员。

**【元旦、春节走访慰问离退休教职工】** 1月，在元旦、春节期间同时组织全校二级单位开展本单位离退休教职工走访慰问活动。校党委书记石亚军、校长黄进和全体校领导参与走访老同志。离退休干部分党委、离退休工作处代表校党委、校行政走访全体离休干部、退休教职工中的特困空巢和无二级归属群体离退休老同志共241人。

**【学习贯彻习近平总书记“5·3”重要讲话精神】** 5月12日，学校召开党员代表大会，校党委副书记高浣月向老同志传达习近平总书记“5·3”重要讲话精神；随后，离退休工作处通过全处会议和支部会议的形式，组织全体工作人员学习重要讲话精神。

**【昌平校区乒乓球活动室建成启用】** 7月6日，正式启用昌平校区离退休乒乓球活动室，校党委副书记高浣月、离退休分党委负责人及40余名老同志参加了启用活动。

**【重阳节评优表彰】** 9月，在全校开展重阳节评优，评选出“老有所为”先进个人20名，尊老敬老好家庭5个，优秀社团活动队组3个，尊老敬老先进集体6个；离退休工作先进工作者10名，无私奉献好党员81名。10月27日，召开校党委重阳节评优表彰大会，对受表彰对象进行表彰，并为70、80、90岁整寿老人祝寿，校党委书记胡明、副校长冯世勇、党委副书记高浣月，受表彰集体、个人、家庭，整寿老人以及各二级单位、离退休教职工代表近200人共庆老同志的传统节日。

**【学习贯彻党的十九大精神】** 10月18日，组织离退休干部收看十九大开幕盛况；11月，邀请军事科学院研究员栾大龙大校给离退休老同志做“十九大精神与军民融合的发展”报告；11月，底举办离退休党支部干部、社团骨干学习贯彻党的十九大精神专题培训班，该培训是北京市教工委主办的北京高校离退休系统第一个学习贯彻十九大精神专题培训班；出版《夕阳红》理论学习专刊，刊印党的十九大报告和新修订的党章。

**【重阳节“老有所为”成果展】** 10月，开展重阳节“老有所为”成果展，共展出老同志的书画作品、手工艺品、摄影作品、园艺盆景等300余件，校党委书记胡明、校党委副书记高浣月参观了展览。

**【选举产生新一届分党委和新一届纪委】** 年内，组织召开中共中国政法大学离退休干部委员会第三次党员代表大会，选举产生新一届分党委和新一届纪委。马华山当选离退休干部分党委书记，牛晓飞、李书灵当选副书记，贾彤、马抗美、焦玉学、庞本当选分党委委员。牛晓飞当选离退休干部分党委纪委书记，董秋、曾尔恕当选纪委委员。

**【开展纪念建党96周年系列活动】** 年内，开展纪念建党96周年系列活动，组织50多位老同志到南口军营开展“不忘初心，庆建党迎建军”主题党日活动；组织离退休党员开展“共产党员献爱心”捐献活动。

# 第七章　交流与合作

## 一、国内交流与合作

**【概况】**2017 年，学校积极搭建平台，务实开展与社会各界的合作，先后与云南省人民政府、中国证券监督管理委员会、新疆阿勒泰地区行政公署、黑河市中级人民法院、青岛市市北区人民政府、十一家知名律师事务所、中国石油大学、首都体育学院、海军军事学术研究所、云南警官学院、山东政法学院和甘肃政法学院等签署合作协议或者达成合作意向。上述合作内容涉及科学研究、机构共建、人才培养、咨询服务等。

**【接待中国证券监督管理委员会法律部主任程合红一行】**2 月 22 日，中国证券监督管理委员会（以下简称“中国证监会”）法律部主任程合红一行来访，校长黄进及学校相关部门负责人与其就委托学校承办中国证监会工作人员法制专项培训工作举行座谈。3 月 20 日，中国证监会第一期法制专项培训班在学校开班。开班前，双方签订了合作协议。

**【接待郑州市副市长刘东一行】**3 月 22 日，河南省郑州市副市长刘东、郑州职业技术学院党委书记苗晋琦等一行 7 人来校洽谈交流合作事宜。双方就继续合作事宜进行了进一步的讨论，确定了双方交流合作联络人和有关事项。

**【召开附属学校第一届理事会第二次会议】**3 月 29 日，学校附属学校第一届理事会第二次会议在昌平校区召开。会议由冯世勇理事长主持，会议听取了《中国政法大学附属学校建设项目 2016 年工作报告》《中国政法大学附属学校建设项目 2017 年实施计划》，与会人员就与附属学校建设项目有关事项进行了讨论。

**【拜访司法部、最高人民检察院】**4 月 14 日，校长黄进一行拜访了司法部、最高人民检察院。双方议定就“双一流”建设、人才培养、法制宣传、课题研究等工作展开进一步合作。

**【开展姚安县调研工作】**5 月 5 日，副校长冯世勇一行到定点扶贫地区姚安县走访调研扶贫工作并看望学校挂职教师；前往姚安县一中看望学校附属学校挂职教师和学校支教学生。

**【与十所知名律所签署合作协议】**5 月 16 日，学校 65 周年校庆纪念大会隆重举行，校长黄进代表学校与金杜律师事务所、中伦律师事务所、君合律师事务所、方达律师事务所、天元律师事务所、德恒律师事务所、国浩律师事务所、竞天公诚律师事务所、大成律师事务所、金诚同达律师事务所共十所知名律师事务所签署关于联合开展高素质法治人才培养的框架协议。

**【与云南省人民政府签署战略合作协议】**6 月 20 日至 6 月 21 日，学校党委书记石亚军率队赴云南省出席学校与云南省人民政府合作签约仪式，并走访云南警官学院和云南民族大学。根据协议，双方将本着“需求引导、讲求实效、优势互补、互惠互利、共同发展”的原则，在人才培养、学科建设、科学研究、文化传承以及服务法治云南建设、助力滇西扶贫等方面开展合作，并与云南警官学院签订了合作意向书。

**【与甘肃政法学院签署合作协议】**9月27日，学校对口支援甘肃政法学院协议签订仪式在兰州举行，双方将在联合培养人才、提升师资水平、共建学科平台、共享信息资源以及国际交流合作、干部相互挂职等方面进行合作。

**【甘肃政法学院代表团一行来学校调研】**10月31日，甘肃政法学院代表团来校调研，与学校党委宣传部、教务处、学生处、国内合作处等相关部门主要负责人进行交流座谈。双方主要围绕如何全力保障本科教学有序发展、在发展中寻找不足并解决问题、如何建设优良的教风学风等问题展开交流，并商讨对口支援工作事项。

**【与中国石油大学（北京）签订校际合作框架协议】**11月9日，学校与中国石油大学（北京）校际合作框架协议签约仪式在昌平校区举行。中国石油大学（北京）党委书记山红红、校长张来斌，学校党委书记胡明、校长黄进出席仪式。

**【接待山东政法学院代表团一行】**12月6日，山东政法学院代表团来学校调研，与副校长于志刚及相关部门主要负责人进行交流座谈。两校以发展合作意向书为基础，优化合作形式和内容，就学生联合培养项目、课程共享、教师交流、科研合作等议题交换了意见并初步达成共识，以更好地将优质资源纳入两校的人才培养之中。

**【与首都体育学院确定建立合作关系】**12月6日，学校党委书记胡明、校长黄进带队访问首都体育学院，并与首都体育学院领导座谈交流两校合作事宜。会上，两校就人才培养、科学研究、国际交流、资源共享等方面达成合作共识。

**【与知名律所就联合培养高素质法治人才进行交流座谈】**12月8日，学校与全国知名律师事务所联合培养高素质法治人才交流座谈会在海淀校区召开。与会的11家知名律师事务所律师代表和各学院、职能部门负责人就如何联合培养高素质法治人才进行探讨交流。

**【党委书记胡明、校长黄进一行拜访中国法学会、司法部】**12月12日，学校党委书记胡明、校长黄进带队拜访中国法学会，向中国法学会主要领导汇报学校工作，受到中国法学会会长王乐泉亲切会见。随后赴司法部，拜访司法部部长张军，就部校共建合作进行商谈。

## 二、国际交流与合作

**【概况】**年内，学校与美国加州大学伯克利分校、莫斯科国立大学等23个国家和地区的高校和机构签署合作协议58份，新增合作院校23所，合作高校总数增至235所，合作国家和地区增至50个。累计接待来自32个国家和地区的118个代表团，共计341人次，其中各国政要及国际组织领导8位。校团出访“一带一路”沿线国家，深化并拓展相关领域国际合作，入选北京市“一带一路”国家人才培养基地项目。全年，学校与沿线国家9所高校签署13份合作协议，派出24名交换生、2名中层干部和2名硕士奖学金学位学生，接收27名师生来校参加“首届‘一带一路’法学院学生论坛”。2017年，学校已与美国圣路易斯华盛顿大学签署《法学中外合作办学项目合作意向书》，拟于2018年正式向教育部提出设立中外合作办学项目申请。学校首次启动并完成“双一流”建设国际化人才培养工作。根据学校经费资助方案，共有6个学院的15个国际合作项目获得资助。

2017年，学校“海外硕士奖学金项目”已经成为学校国际化人才培养的重要平台。海外硕士奖学金学位合作院校和项目数扩大到52所大学66个项目。与24个国家的39所大学搭建了41个海外攻读博士、高水平联合培养项目，全年通过国家留学基金委资助共派出12名学生攻读博士学位、31名学生攻读联合培养项目。巩固并加强与世界银行、国际城市管理协会、德国联邦议会等国际组织的合作，首次向亚非法协、香港律政司派出实习学生，全年共计向以上各机构派出实习学生49名，其中本科生30名，硕士19名。其中，世界银行国际金融公司实习项目、美国密歇根州法院实习项目、前南斯拉夫国际刑事法庭实习项目获国家留学基金委优秀本科生项目资助。与欧洲高校合作伙伴联合申请欧盟“伊拉斯谟+”项目。全年与意大利博洛尼亚大学等7所知名高校合作项目获欧盟资助，分别派出13名学生、15名教师到海外长期交流和短期讲学，所有派出人员均获得欧方全额资助。同时，通过“伊拉斯谟+”接收外方2名博士，8名教师来校短期讲学或授课。举办“第四届法大海外硕士奖学金项目专场宣讲会”；搭建“留学沙龙”平台，举办第一期法大留学沙龙——海外学位项目专场辅导会；邀请海外合作伙伴来校举办各种类型的项目见面会。

2017年，学校共建罗马尼亚布加勒斯特大学孔子学院、巴巴多斯西印度大学凯夫希尔分校孔子学院同时荣获“2017全球先进孔子学院”称号。学校先后派出四个校团赴海外三所孔子学院开展工作，取得多项成果。2017年学校继续多方寻求合作伙伴，已初步确定与欧洲著名高校——挪威卑尔根大学合作，共建一所法律特色孔子学院。孔子学院总部——国家汉办希望依托学校雄厚的法学教育与研究优势资源，拟在学校设立“汉语国际推广法律咨询与保障基地”。学校已经向国家汉办递交基地建设可行性报告，得到孔子学院总部认可。2017年7月，马怀德副校长应邀赴汉办就基地建设事宜进行磋商，基本达成一致，待双方商定基地建设协议后即可正式签署并挂牌。基地设立以后将为全球汉语国际推广事业提供智力支持和法律服务。7月，学校接待巴巴多斯教育部代表团11人，此次访问交流为期10天；三所孔子学院46名学生为期两周的汉语文化体验营活动。2017年，学校获得国家外国专家局下拨引智经费720万元。国家级引智项目涉及111学科创新引智基地项目1个、海外名师项目1个、学校特色项目2个。2017年学校共聘请长短期外国专家180人，其中长期外国专家19人。

2017年国际处为进一步加强国际会议管理，提升服务效益，首次在校园网开通国际会议网上审批流程。本年度学校共举办国际会议15个。

## 三、港澳台合作交流

**【概况】**2017，中国政法大学、香港中文大学、澳门大学共同发起成立了内地与港澳法学教育联盟，通过了《内地与港澳法学教育联盟章程》，产生了首批16所理事高校，进一步促进内地、香港与澳门三地法学教育领军高校间的交流与合作。联盟的成立将为全面推动依法治国，建设法治国家、法治政府、法治社会做出积极贡献。联盟成员秉承沟通合作、互尊互助、互学互鉴、互利共赢为核心的联盟精神，携手开启三地法治人才培养新篇章。2017 年 7 月，学校派遣国内首批 2 名优秀法学专业本科生赴香港律政司实习。

本年度学校共完成 8 个教育部重点对港澳学生交流项目，共接待港澳师生 136 人，其中有 3 个项目成功获批教育部“万人计划”项目资助；学校目前已与台湾“清华大学”、东海大学、东吴大学、高雄大学、中正大学、香港大学、香港中文大学等院校开展了 27 个学生交流项目，派出 86 名学生赴台交流，17 名学生赴港澳参加长短期项目。

**【接待教育部国际司副司长于继海一行】**4 月 7 日，教育部国际合作与交流司副司长于继海一行来访学校，并参加在学院路校区举行的《中外合作办学条例》及其实施办法修订工作专家培训暨文本草案研讨会。副校长马怀德出席会议，并就“行政法律文件修订方法”做专题培训。

**【学校聘任客座教授和颁发“感动法大人物特别奖”】**4 月 26 日，学校聘任香港律师会前会长熊运信为国际法学院客座教授；向香港终审法院非常任大法官陈兆恺颁发“感动法大人物特别奖”。

**【学校代表团访问美国、墨西哥、巴巴多斯】**5 月 11 日至 5 月 21 日，党委副书记、纪委书记胡明应邀率团访问美国、墨西哥、巴巴多斯三国高校，签署多项合作协议，并参加由国家汉办/孔子学院总部主办、学校共建西印度大学凯夫希尔分校孔子学院承办的“第一届加勒比地区孔子学院联席会议”及其系列活动。此次访问着眼于深化与上述地区知名高等教育机构的多领域合作，为学校“双一流”建设积聚国际优质教育资源。

**【匈牙利驻华大使做客学校大使论坛】**5 月 18 日，副校长冯世勇在昌平校区会见匈牙利驻华大使齐丽女士（H. E. Ms. Andrea Cecilia SZILAS）、文化参赞宋妮雅女士（Ms. Szonja BUSLIG）一行二人，双方进行了友好会谈。会谈结束后，齐丽为学校师生带来题为“中匈教育交流”的讲座。

**【成立“内地与港澳法学教育联盟”】**6 月 2 日，为促进内地、香港与澳门三地法学教育领军高校间的交流与合作，共享法学高等教育先进的理念、成功的办学经验、优质的教育资源，由中国政法大学、香港中文大学、澳门大学共同发起成立了内地与港澳法学教育联盟，通过了《内地与港澳法学教育联盟章程》，产生了首批 16 所理事高校。

**【学校代表团访问俄罗斯、波兰、匈牙利】**6 月 5 日，校长黄进应邀率团访问俄罗斯、波兰、匈牙利三国多所著名高校，签订 7 项合作协议。

**【意大利最高司法委员会副主席和最高法院院长访问学校】**7 月 3 日，校长黄进在学院路校区会见意大利最高司法委员会副主席 Giovanni Legnini、意大利最高法院院长 Giovanni Canzio 等一行八人，中华人民共和国最高人民法院国际合作局副巡视员于小羽等陪同访问，双方就加强中意法律双边多层次的交流合作进行了友好会谈。随后，Giovanni Canzio 和意大利国家司法委员会委员 Paola Balducci 就学术界在司法界的影响、积极推动法学理论知识教学与实践教学相结合做了专题报告。

**【学校第四届孔子学院来华夏令营顺利举行】**7 月 13 日至 7 月 31 日，学校第四届孔子学院来华夏令营顺利举行，共有来自英国、罗马尼亚、巴巴多斯三国孔子学院的46名师生在北京、苏州两地参加了学习交流活动。

**【学校接待巴巴多斯教育部和加勒比考试委员会代表团】** 7月11日至7月19日，受孔子学院总部/国家汉办邀请，学校全程组织接待巴巴多斯教育部和加勒比考试委员会代表团，开展在京为期9天访问交流活动。

**【校长黄进会见玻利维亚最高法院院长】** 7月27日，校长黄进会见玻利维亚最高法院院长、玻利维亚国家法官学院管理委员会主席帕斯托尔·马马尼·维尔卡（Pastor Segundo Mamani Villca）、玻利维亚驻华大使埃里韦托·基斯佩（Heriberto Quispe）一行两人。与会人员就各自的培养模式、学生就业去向、课程建设等内容进行了深入交流，并就未来合作模式充分交换了意见。随后，黄进与维尔卡签署了《中国政法大学与玻利维亚国家法官学院学术交流合作谅解备忘录》。

**【校长黄进会见亚非法协秘书长】** 9月7日，校长黄进于学院路校区会见亚非法律协商组织秘书长 Kennedy G. Gastorn，双方就继续加强合作进行了友好会谈。随后，Gastorn 为法大师生带来题为"《联合国宪章》第2（4）条及第51条对非国家行为者的适用：以亚非为例"的讲座。

**【举行联合国环境署——中国政法大学环境法研究基地揭牌仪式】** 9月12日，根据中国政法大学与联合国环境署签署的合作备忘录，联合国环境署和中国政法大学联合成立的"联合国环境署——中国政法大学环境法研究基地"在环境国际公约履约大楼举行了揭牌仪式，校长黄进宣布"联合国环境署——中国政法大学环境法研究基地"正式成立。环境法研究基地是联合国环境署与高校合作成立的第一家专门从事环境法研究的机构。

**【学校与亚洲开发银行签订课题委托协议】** 10月13日，副校长马怀德于学院路校区会见亚洲开发银行驻中国办事处经济部部长 Jurgen Conrad。亚开行与学校法与经济学研究院签订了"关于金融稳定与金融监管"课题委托协议。随后，Jurgen Conrad 为法与经济学研究院师生做了题为"Economic Development and Reforms in the PRC（中国经济发展与改革）"的学术讲座。

**【越南司法部副部长阮庆玉一行来访】** 10月13日，越南司法部副部长阮庆玉（Nguyên Khánh Ngoc）、河内法律大学副校长武氏兰英（Vu Thị Lan Anh）率代表团一行5人来访学校学院路校区，马怀德副校长代表学校予以接待。陪同来访的还有中国司法部国际合作局副局长尹雪梅等，双方就加强越南与法大在理论或实践、学生培养及职业培训方面的合作进行了会谈。

**【举办第四届海外硕士奖学金项目专场宣讲会】** 10月23日，中国政法大学"第四届海外硕士奖学金项目专场宣讲会"在昌平校区举办，校长黄进出席并致辞。来自美国南加州大学、澳大利亚悉尼大学、英国利兹大学等8个国家21所合作院校的32位代表参加了宣讲会。学校分别签署《法大与瑞典乌普萨拉大学法学院合作协议》《法大与瑞典乌普萨拉大学文化人类学与民族学学院合作协议》《法大与美国威廉玛丽学院合作协议》《法大与美国密歇根州立大学合作协议》四份协议，内容涉及学生交换、硕士和JD奖学金、教师交流等合作。

**【举办聘任名誉教授仪式】**10 月 26 日，在学院路举行美国宾夕法尼亚州立大学法学院院长助理 Stephen G. Barnes 法大“名誉教授”受聘仪式。党委副书记高浣月出席仪式并为 Stephen G. Barnes 颁发聘书。

**【芬兰议会议长玛丽亚·洛赫拉一行访问学校】**11 月 6 日，黄进校长在学院路校区会见芬兰议会议长玛丽亚·洛赫拉（Maria Lohela）一行，陪同来访的还有芬兰驻华大使肃海岚（Jarno Syrjälä）、全国人大内务司法委员会副主任委员、中国—芬兰友好小组副组长何晔晖等，双方就继续拓展及加强交流合作进行了友好会谈。会谈结束后，玛丽亚·洛赫拉在学术报告厅发表了题为《芬兰立法系统和议会》的演讲。

**【校长黄进会见俄罗斯前副总理沙赫赖和随行杨心宇教授】**12 月 6 日，校长黄进在学院路校区会见俄罗斯前副总理、俄罗斯莫斯科国立大学副校长沙赫赖教授（Sergey M. Shakhray）及随行的复旦大学杨心宇教授，双方就学校与俄罗斯高校加强合作进行了会谈。随后，沙赫赖教授与学校黄道秀教授及出版社代表进行了深入的探讨，就其著作《快速、公正、仁慈和人人平等的法庭——纪念俄国司法改革 150 周年》在中国的出版事宜交换了意见。

**【学校两所海外孔子学院荣获“2017 全球先进孔子学院”称号】**12 月 12 日，第 12 届全球孔子学院大会在西安开幕，国务院副总理、孔子学院总部理事会主席刘延东出席会议、作主旨演讲，并为全球 25 个先进孔子学院等奖项颁奖。学校共建罗马尼亚布加勒斯特大学孔子学院、巴巴多斯西印度大学凯夫希尔分校孔子学院同时荣获“2017 全球先进孔子学院”称号学校。

**2017 年签署校际合作协议一览表**

| 序号 | 国家/地区 | 协议名称 | 日期 |
| --- | --- | --- | --- |
| 1 | 新加坡 | 中国政法大学与新加坡管理大学学生交换协议 | 2017 年 1 月 4 日 |
| 2 | 加拿大 | 中国北京高校中国特色社会主义理论研究协同创新中心（中国政法大学）与蒙特利尔大学文理学院合作协议 | 2017 年 1 月 20 日 |
| 3 | 西班牙 | 中国政法大学与西班牙庞贝法布拉大学 框架 交换生 2017 | 2017 年 2 月 1 日 |
| 4 | 立陶宛 | 中国政法大学与立陶宛维陶玛娜大学谅解备忘录 | 2017 年 2 月 26 日 |
| 5 | 立陶宛 | 中国政法大学与立陶宛维陶玛娜大学学术、学生交换协议 | 2017 年 2 月 26 日 |
| 6 | 芬兰 | 中国政法大学与芬兰图尔库大学（续签）MOU 交换生 2017 | 2017 年 2 月 26 日 |
| 7 | 瑞典 | 中国政法大学与斯德哥尔摩大学法学院 框架 交换生 2017 | 2017 年 3 月 2 日 |
| 8 | 比利时 | 中国政法大学与比利时蒙斯大学 框架 师生交换 | 2017 年 3 月 7 日 |
| 9 | 日本 | 中国政法大学与大阪大学大学院法学研究科等学术交流协议书 | 2017 年 3 月 14 日 |
| 10 | 日本 | 中国政法大学与大阪大学大学院法学研究科等学生交流备忘录 | 2017 年 3 月 17 日 |

续表

| 序号 | 国家/地区 | 协议名称 | 日期 |
| --- | --- | --- | --- |
| 11 | 马来西亚 | 中国政法大学与马来西亚拉曼大学 MOU 2017 | 2017 年 3 月 17 日 |
| 12 | 冰岛 | 中国政法大学与冰岛阿库雷利大学伊拉斯谟加（Erasmus +）项目协议 2017 | 2017 年 3 月 28 日 |
| 13 | 比利时 | 中国政法大学与比利时法语布鲁塞尔自由大学－双学位博士 | 2017 年 4 月 6 日 |
| 14 | 比利时 | 中国政法大学与比利时荷语布鲁塞尔自由大学－ MoU | 2017 年 4 月 11 日 |
| 15 | 澳大利亚 | 中国政法大学与澳洲 ASI 关于美国哥伦比亚大学项目合作协议 | 2017 年 4 月 11 日 |
| 16 | 美国 | 中国政法大学与美国东卡罗莱纳大学谅解备忘录 | 2017 年 4 月 25 日 |
| 17 | 加拿大 | 中国政法大学与加拿大蒙特利尔大学 LLD 协议 | 2017 年 4 月 25 日 |
| 18 | 克罗地亚 | 中国政法大学与克罗地亚萨格勒布大学伊拉斯谟加（Erasmus +）项目协议 2017 | 2017 年 4 月 25 日 |
| 19 | 波兰 | 中国政法大学与波兰华沙大学伊拉斯谟加（Erasmus +）项目协议 2017 | 2017 年 5 月 2 日 |
| 20 | 马来西亚 | 中国政法大学与马来西亚国民大学谅解备忘录 | 2017 年 5 月 5 日 |
| 21 | 马来西亚 | 中国政法大学与马来西亚国民大学学生交换协议 | 2017 年 5 月 5 日 |
| 22 | 巴巴多斯 | 中国政法大学与巴巴多斯西印度大学凯夫希尔分校谅解备忘录 | 2017 年 5 月 6 日 |
| 23 | 巴巴多斯 | 中国政法大学与巴巴多斯西印度大学出版社谅解备忘录 | 2017 年 5 月 10 日 |
| 24 | 美国 | 中国政法大学与美国普渡大学谅解备忘录 | 2017 年 5 月 11 日 |
| 25 | 美国 | 中国政法大学与圣路易斯华盛顿法学院备忘录 | 2017 年 5 月 12 日 |
| 26 | 墨西哥 | 中国政法大学与墨西哥科技自治大学谅解备忘录 | 2017 年 5 月 12 日 |
| 27 | 墨西哥 | 中国政法大学与墨西哥科技自治大学交换协议 | 2017 年 5 月 17 日 |
| 28 | 意大利 | 中国政法大学与意大利罗马二大协议（续） | 2017 年 5 月 18 日 |
| 29 | 匈牙利 | 中国政法大学与匈牙利中欧大学合作协议备忘录 | 2017 年 5 月 18 日 |
| 30 | 匈牙利 | 中国政法大学与匈牙利中欧大学学生交换协议 | 2017 年 6 月 6 日 |
| 31 | 俄罗斯 | 中国政法大学与俄罗斯国立研究大学高等经济学院（HSE） | 2017 年 6 月 6 日 |
| 32 | 俄罗斯 | 中国政法大学与俄罗斯莫斯科国立罗蒙诺索夫大学合作备忘录 | 2017 年 6 月 6 日 |
| 33 | 俄罗斯 | 中国政法大学与俄罗斯莫斯科国立罗蒙诺索夫大学国家高等审计学院 | 2017 年 6 月 6 日 |

续表

| 序号 | 国家/地区 | 协议名称 | 日期 |
| --- | --- | --- | --- |
| 34 | 澳大利亚 | 中国政法大学比较法学院与澳大利亚查理亚达尔文大学合作谅解备忘录 | 2017年6月6日 |
| 35 | 玻利维亚 | 中国政法大学与玻利维亚国家法官学院合作备忘录 | 2017年6月12日 |
| 36 | 日本 | 中国政法大学与早稻田大学合作协议备忘录 | 2017年6月12日 |
| 37 | 哈萨克斯坦 | 中国政法大学与哈萨克斯坦国立大学谅解备忘录 | 2017年6月14日 |
| 38 | 俄罗斯 | 中国政法大学与俄罗斯金融大学谅解备忘录 | 2017年6月15日 |
| 39 | 俄罗斯 | 中国政法大学与俄罗斯金融大学学术交换协议 | 2017年7月13日 |
| 40 | 美国 | 中国政法大学与美国德保尔大学合作备忘录 | 2017年7月27日 |
| 41 | 美国 | 中国政法大学与美国德保尔大学JD项目招生协议 | 2017年9月5日 |
| 42 | 美国 | 中国政法大学与美国俄亥俄州立大学学生交换协议 | 2017年9月5日 |
| 43 | 智利 | 中国政法大学与智利瓦尔帕莱索天主教大学备忘录 | 2017年9月14日 |
| 44 | 奥地利 | 中国政法大学国际合作与交流处与奥地利格拉茨大学法学院学生交换协议 | 2017年9月15日 |
| 45 | 西班牙 | 中国政法大学与西班牙ESADE大学法学院谅解备忘录 | 2017年9月15日 |
| 46 | 西班牙 | 中国政法大学与西班牙ESADE大学法学院交换生协议 | 2017年9月15日 |
| 47 | 美国 | 中国政法大学与威廉玛丽学院合作协议 | 2017年9月25日 |
| 48 | 美国 | 中国政法大学与密歇根州立大学合作执行合作协议 | 2017年10月23日 |
| 49 | 瑞典 | 中国政法大学与乌普萨拉大学合作协议 | 2017年10月23日 |
| 50 | 瑞典 | 中国政法大学与瑞典隆德大学交换生协议 | 2017年10月23日 |
| 51 | 印度 | 中国政法大学与印度阿米提大学合作备忘录 | 2017年10月30日 |
| 52 | 新加坡 | 中国政法大学与新加坡管理大学谅解备忘录 | 2017年11月14日 |
| 53 | 美国 | 中国政法大学与美国南加州大学古尔德法学院协议备忘录 | 2017年11月22日 |
| 54 | 克罗地亚 | 中国政法大学与克罗地亚奥西耶克大学学术合作协议 | 2017年11月23日 |
| 55 | 美国 | 中国政法大学与美国宾夕法尼亚州立大学协议备忘录 | 2017年11月24日 |
| 56 | 俄罗斯 | 中国政法大学与俄罗斯国立研究大学高等经济学院师生交换协议 | 2017年12月6日 |
| 57 | 美国 | 中国政法大学与美国加州大学伯克利分校海外学习协议 | 2017年12月7日 |
| 58 | 瑞典 | 中国政法大学与瑞典乌普萨拉大学人文学院硕士项目协议 | 2017年12月7日 |
| 59 | 美国 | 中国政法大学与加州大学河滨分校国际教育项目谅解备忘录 | 2017年12月25日 |
| 60 | 西班牙 | 中国政法大学与西班牙庞培法布拉大学伊拉斯谟加项目协议 | 2017年12月28日 |

**中国政法大学校际交流院校及机构一览表**

**（国际及港澳台地区）**

| 序号 | 国家或地区 | 合作大学/院校、机构及组织 |
|---|---|---|
| 1 | 美国 | 乔治城大学 |
| 2 | 美国 | 圣路易斯华盛顿大学 |
| 3 | 美国 | 埃默里大学 |
| 4 | 美国 | 加州大学伯克利分校 |
| 5 | 美国 | 加州大学戴维斯分校 |
| 6 | 美国 | 加州大学长滩分校 |
| 7 | 美国 | 加州大学圣地亚哥分校 |
| 8 | 美国 | 印第安纳大学布鲁明顿分校 |
| 9 | 美国 | 福德汉姆大学 |
| 10 | 美国 | 俄亥俄州立大学 |
| 11 | 美国 | 威廉玛丽学院 |
| 12 | 美国 | 佛蒙特法学院 |
| 13 | 美国 | 南方卫理公会大学 |
| 14 | 美国 | 密歇根大学 |
| 15 | 美国 | 密歇根州立大学 |
| 16 | 美国 | 宾夕法尼亚州立大学 |
| 17 | 美国 | 伊力诺依大学香槟分校 |
| 18 | 美国 | 杜肯大学 |
| 19 | 美国 | 旧金山大学 |
| 20 | 美国 | 杜兰大学 |
| 21 | 美国 | 布鲁克林法学院 |
| 22 | 美国 | 马里兰大学 |
| 23 | 美国 | 爱达荷学院 |
| 24 | 美国 | 韦恩州立大学 |
| 25 | 美国 | 洛约拉马利蒙特大学 |
| 26 | 美国 | 哥伦比亚大学 |
| 27 | 美国 | 威廉·米切尔法学院 |
| 28 | 美国 | 凯斯西储大学 |
| 29 | 美国 | 密苏里州立大学 |

续表

| 序号 | 国家或地区 | 合作大学/院校、机构及组织 |
| --- | --- | --- |
| 30 | 美国 | 普渡大学 |
| 31 | 美国 | 东卡罗莱纳大学 |
| 32 | 美国 | 德保尔大学 |
| 33 | 美国 | 南加州大学 |
| 34 | 加拿大 | 蒙特利尔大学 |
| 35 | 加拿大 | 圣托马斯大学 |
| 36 | 加拿大 | 西安大略大学 |
| 37 | 加拿大 | 达尔豪斯大学 |
| 38 | 墨西哥 | 科利马大学 |
| 39 | 墨西哥 | 墨西哥国立自治大学 |
| 40 | 墨西哥 | 自动化科技信息学院 |
| 41 | 古巴 | 哈瓦那大学 |
| 42 | 巴西 | FGV（巴西里约热内卢热图利奥·瓦加斯基金会圣保罗校区） |
| 43 | 巴西 | FGV（巴西里约热内卢热图利奥·瓦加斯基金会里约校区） |
| 44 | 阿根廷 | 奥斯特拉尔大学 |
| 45 | 秘鲁 | 皮乌拉大学 |
| 46 | 智利 | 瓦尔帕莱索天主教大学 |
| 47 | 玻利维亚 | 国家法官学院 |
| 48 | 巴巴多斯 | 西印度大学凯夫希尔分校 |
| 49 | 澳大利亚 | 邦德大学 |
| 50 | 澳大利亚 | 麦考瑞大学 |
| 51 | 澳大利亚 | 蒙纳什大学 |
| 52 | 澳大利亚 | 格里菲斯大学 |
| 53 | 澳大利亚 | 新南威尔士大学 |
| 54 | 澳大利亚 | 西澳大学 |
| 55 | 澳大利亚 | 昆士兰大学 |
| 56 | 澳大利亚 | 澳大利亚国立大学 |
| 57 | 澳大利亚 | 维多利亚科技大学 |
| 58 | 澳大利亚 | 迪肯大学 |
| 59 | 澳大利亚 | 悉尼大学 |
| 60 | 澳大利亚 | 墨尔本大学 |

续表

| 序号 | 国家或地区 | 合作大学/院校、机构及组织 |
| --- | --- | --- |
| 61 | 澳大利亚 | 阿德莱德大学 |
| 62 | 澳大利亚 | 卡内基梅隆大学澳洲分校 |
| 63 | 新西兰 | 奥克兰大学 |
| 64 | 新西兰 | 惠灵顿维多利亚大学 |
| 65 | 新西兰 | 坎特伯雷大学 |
| 66 | 英国 | 埃克斯特大学 |
| 67 | 英国 | 利兹大学 |
| 68 | 英国 | 牛津大学奥利尔学院 |
| 69 | 英国 | 班戈大学 |
| 70 | 英国 | 格拉斯哥大学 |
| 71 | 英国 | 斯克莱德大学 |
| 72 | 英国 | 斯旺西大学 |
| 73 | 英国 | 曼彻斯特大学 |
| 74 | 爱尔兰 | 都柏林大学 |
| 75 | 爱尔兰 | 都柏林圣三一学院 |
| 76 | 荷兰 | 鹿特丹伊拉斯谟大学 |
| 77 | 荷兰 | 蒂尔堡大学 |
| 78 | 荷兰 | 莱顿大学 |
| 79 | 荷兰 | 阿姆斯特丹自由大学 |
| 80 | 荷兰 | 马斯特里赫特大学 |
| 81 | 意大利 | 罗马第二大学 |
| 82 | 意大利 | 比萨圣安娜高等师范学校 |
| 83 | 意大利 | 博洛尼亚大学 |
| 84 | 意大利 | 罗马第一大学 |
| 85 | 意大利 | 卡梅里诺大学 |
| 86 | 意大利 | 布雷西亚大学法学院 |
| 87 | 德国 | 汉堡大学 |
| 88 | 德国 | 法兰克福大学 |
| 89 | 德国 | 慕尼黑大学 |
| 90 | 德国 | 弗莱堡大学 |
| 91 | 德国 | 科隆大学 |

续表

| 序号 | 国家或地区 | 合作大学/院校、机构及组织 |
| --- | --- | --- |
| 92 | 德国 | 洪堡大学 |
| 93 | 德国 | 明斯特大学 |
| 94 | 德国 | 柏林自由大学 |
| 95 | 奥地利 | 维也纳大学 |
| 96 | 奥地利 | 格拉茨大学 |
| 97 | 奥地利 | 维也纳经济大学 |
| 98 | 波兰 | 华沙大学 |
| 99 | 波兰 | 罗兹大学 |
| 100 | 波兰 | 克拉科夫雅盖隆大学 |
| 101 | 罗马尼亚 | 布加勒斯特大学 |
| 102 | 捷克 | 布拉格查理大学 |
| 103 | 斯洛文尼亚 | 卢布尔雅那大学 |
| 104 | 克罗地亚 | 萨格勒布大学 |
| 105 | 克罗地亚 | 奥西耶克大学 |
| 106 | 立陶宛 | 维陶玛纳大学 |
| 107 | 匈牙利 | 中欧大学 |
| 108 | 匈牙利 | 罗兰大学 |
| 109 | 瑞士 | 伯尔尼大学 |
| 110 | 瑞士 | 卢塞恩大学 |
| 111 | 法国 | 巴黎第一大学 |
| 112 | 法国 | 巴黎第二大学 |
| 113 | 法国 | 马赛第三大学 |
| 114 | 法国 | 蒙彼利埃大学 |
| 115 | 法国 | 巴黎第十一大学（南巴黎大学） |
| 116 | 法国 | 波尔多大学 |
| 117 | 法国 | 斯特拉斯堡大学 |
| 118 | 比利时 | 蒙斯大学 |
| 119 | 比利时 | 布鲁塞尔自由大学（法语） |
| 120 | 比利时 | 布鲁塞尔自由大学（荷语） |
| 121 | 比利时 | 鲁汶大学 |
| 122 | 挪威 | 卑尔根大学 |

续表

| 序号 | 国家或地区 | 合作大学/院校、机构及组织 |
|---|---|---|
| 123 | 挪威 | 奥斯陆大学 |
| 124 | 瑞典 | 隆德大学 |
| 125 | 瑞典 | 乌普萨拉大学 |
| 126 | 瑞典 | 斯德哥尔摩大学 |
| 127 | 丹麦 | 奥胡斯大学 |
| 128 | 丹麦 | 哥本哈根大学 |
| 129 | 芬兰 | 坦佩雷大学 |
| 130 | 芬兰 | 赫尔辛基大学 |
| 131 | 芬兰 | 图尔库大学 |
| 132 | 冰岛 | 阿库雷里大学 |
| 133 | 冰岛 | 雷克雅未克大学 |
| 134 | 西班牙 | 马德里自治大学 |
| 135 | 西班牙 | 巴塞罗那自治大学 |
| 136 | 西班牙 | IE 大学 |
| 137 | 西班牙 | 德乌斯比大学 |
| 138 | 西班牙 | 庞培法布拉大学 |
| 139 | 西班牙 | ESADE 大学 |
| 140 | 葡萄牙 | 天主教大学 |
| 141 | 葡萄牙 | 里斯本大学 |
| 142 | 希腊 | 希腊亚里士多德大学 |
| 143 | 希腊 | 雅典大学 |
| 144 | 沙特 | 埃伊玛目穆罕默德伊本沙特伊斯兰大学 |
| 145 | 土耳其 | 伊斯坦布尔大学 |
| 146 | 土耳其 | 安卡拉大学 |
| 147 | 土耳其 | 科克大学 |
| 148 | 土耳其 | 伊斯坦布尔科技大学 |
| 149 | 土耳其 | 伊斯坦布尔城市大学 |
| 150 | 俄罗斯 | 国立圣彼得堡大学 |
| 151 | 俄罗斯 | 内务部圣彼得堡大学 |
| 152 | 俄罗斯 | 莫斯科国际关系学院 |
| 153 | 俄罗斯 | 莫斯科国立法律大学 |

续表

| 序号 | 国家或地区 | 合作大学/院校、机构及组织 |
|---|---|---|
| 154 | 俄罗斯 | 贝加尔国立经济法律大学 |
| 155 | 俄罗斯 | 俄罗斯联邦司法部俄罗斯法律大学 |
| 156 | 俄罗斯 | 远东联邦大学 |
| 157 | 俄罗斯 | 莫斯科国立罗蒙诺索夫大学 |
| 158 | 俄罗斯 | 国立研究大学高等经济学院 |
| 159 | 俄罗斯 | 金融大学 |
| 160 | 乌克兰 | 基辅国立大学 |
| 161 | 日本 | 名古屋大学 |
| 162 | 日本 | 大阪经济法科大学 |
| 163 | 日本 | 福冈大学 |
| 164 | 日本 | 国立冈山大学 |
| 165 | 日本 | 中央大学 |
| 166 | 日本 | 名古屋经济大学 |
| 167 | 日本 | 立命馆大学 |
| 168 | 日本 | 大板大学 |
| 169 | 日本 | 早稻田大学 |
| 170 | 韩国 | 中央大学 |
| 171 | 韩国 | 国际法律经营大学院 |
| 172 | 韩国 | 高丽大学 |
| 173 | 韩国 | 灵山大学 |
| 174 | 韩国 | 朝鲜大学 |
| 175 | 韩国 | 庆北大学 |
| 176 | 韩国 | 庆熙大学 |
| 177 | 韩国 | 世宗大学 |
| 178 | 新加坡 | 国立大学 |
| 179 | 新加坡 | 管理大学 |
| 180 | 新加坡 | 南洋理工大学 |
| 181 | 越南 | 河内法律大学 |
| 182 | 越南 | 河内国家大学 |
| 183 | 印度 | 德里国立法律大学 |
| 184 | 印度 | 金德尔大学 |

续表

| 序号 | 国家或地区 | 合作大学/院校、机构及组织 |
| --- | --- | --- |
| 185 | 印度 | 阿米提大学 |
| 186 | 马来西亚 | 国民大学 |
| 187 | 马来西亚 | 拉曼大学 |
| 188 | 哈萨克斯坦 | 国立大学 |
| 189 | 香港特别行政区 | 香港大学 |
| 190 | 香港特别行政区 | 香港城市大学 |
| 191 | 香港特别行政区 | 香港科技大学 |
| 192 | 香港特别行政区 | 香港中文大学 |
| 193 | 香港特别行政区 | 香港树仁大学 |
| 194 | 香港特别行政区 | 香港理工大学 |
| 195 | 澳门特别行政区 | 澳门科技大学 |
| 196 | 澳门特别行政区 | 澳门大学 |
| 197 | 台湾地区 | 东吴大学 |
| 198 | 台湾地区 | 政治大学 |
| 199 | 台湾地区 | 文化大学 |
| 200 | 台湾地区 | 中正大学 |
| 201 | 台湾地区 | 台北大学 |
| 202 | 台湾地区 | 世新大学 |
| 203 | 台湾地区 | 义守大学 |
| 204 | 台湾地区 | 台湾大学 |
| 205 | 台湾地区 | 高雄大学 |
| 206 | 台湾地区 | 东海大学 |
| 207 | 台湾地区 | 成功大学 |
| 208 | 台湾地区 | 铭传大学 |
| 209 | 台湾地区 | 金门大学 |
| 210 | 台湾地区 | 台湾清华大学 |
| 211 | 台湾地区 | 实践大学 |
| 212 | 台湾地区 | 开南大学 |
| 213 | 台湾地区 | “中研院”法律学研究所 |

续表

| 序号 | 国家或地区 | 合作大学/院校、机构及组织 |
| --- | --- | --- |
| 214 | 国际学术联合团体 | 全球法学院联盟 |
| 215 | 国际学术联合团体 | 中国－中东欧国家高校联合会 |
| 216 | 联合国 | 联合国环境规划署 |
| 217 | 奥地利 | 欧亚太平洋联盟 |
| 218 | 荷兰 | 海牙国际私法会议 |
| 219 | 美国 | 世界银行 |
| 220 | 印度 | 亚非法协 |
| 221 | 加拿大 | 国际民航组织 |
| 222 | 美国 | 国际城市管理协会 |
| 223 | 美国 | 卡特中心 |
| 224 | 英国 | 大卫·帕特森教育基金会 |
| 225 | 英国 | 英国皇家仲裁员协会 |
| 226 | 德国 | 弗里德里希艾伯特基金会 |
| 227 | 德国 | 德意志学术交流中心 |
| 228 | 澳门特别行政区 | 澳门基金会 |
| 229 | 香港特别行政区 | 蒋震工业慈善基金 |
| 230 | 香港特别行政区 | 香港法律教育基金 |
| 231 | 澳门特别行政区 | 法律翻译办公室 |
| 232 | 美国 | 国际城市管理协会 |
| 233 | 美国 | 马科姆郡文化与经济合作中心 |
| 234 | 德国 | 法兰克福欧洲法律史马普研究所 |
| 235 | 韩国 | 法制处 |

# 第八章　党建和思想政治工作

## 一、组织工作

**【概况】** 2017 年，学校认真学习贯彻十九大精神和习近平总书记系列重要讲话精神，扎实推进全面从严治党与全面深化改革、全面依法治校有机融合、同频共振。着力加强干部队伍建设，夯实基层党组织建设，切实推动党员队伍规范化管理，提高党校建设质量，努力提升学校党建工作科学化水平，为学校综合改革和各项事业发展提供了有力保障。

精心筹备召开第八次党员代表大会，选举产生了中共中国政法大学第八届委员会、中共中国政法大学第八届纪律检查委员会。在随后的中共中国政法大学第八届委员会第一次全体会议上，胡明同志当选为党委书记，在中共中国政法大学第八届纪律检查委员会第一次全体会议上，刚文哲同志当选为纪委书记。

抓管理重教育，着力加强领导干部队伍建设。举办 2016 年度校级领导班子和领导干部考核大会，配合教育部人事司完成校领导班子换届考察工作。按照《中国政法大学处级领导干部选拔任用工作规定》，学校党委开展了 3 批次的公开竞聘工作。按照程序要求，安排了 11 场面试和竞聘演说，组织会议和谈话推荐 17 场，参与人数 400 余人；与 180 余名教职工进行了 16 场考察谈话，完成了 31 名处级领导干部的任用工作；结合“两学一做”学习教育制度化常态化，不断深化学习型领导班子建设，制定处级领导干部学习党的十九大精神培训方案，举行多场学习十九大精神专题报告会。

抓基层强服务，大力推进基层党组织建设。组织召开全体处级干部会，集中学习传达会议精神并做了全面部署；召开分党委书记会，进一步强调了各级党组织及其负责人在落实会议精神、推进党建工作中的责任；召开会议精神落实推进会，听取相关部门工作进展情况，集中讨论工作中的重点难点问题，并部署下一阶段工作。制定《关于进一步加强分党委（党总支、直属党支部）领导体制的实施方案》《关于加强基层党建工作实施意见》。完成部分院级党委的换届工作，校党委对任期届满且班子完整的 15 个院级党委进行换届。开展院级党委书记抓党建工作述职考核工作，举行院级党委书记抓基层党建工作述职评议考核会，共有离退休干部分党委等 13 个院级党委书记采取现场述职。加强教师党支部书记队伍建设，在陕西延安革命老区举办第一期教师党支部书记党性修养专题培训班。推进学生党员先锋工程常态化、特色化建设，在山东临沂沂蒙山革命老区举行 2017 年学生党员先锋工程第一期学生党支部书记专题培训班。同时，开展“党员先锋服务岗——体育场存包处”活动，为师生提供存包服务。提高发展党员工作科学化水平，按照“一细则两意见”要求，全面开展发展党员工作业务培训。面向院级党委负责人、党务秘书、辅导员组织召开“专兼职组织员培训班”“分党委书记沙龙”等培训会。建立基层党组织换届台帐，集中排查基层党组织按期换届情况，督促指导党支部按期完成换届工作。抓阵地保质量，加强改进党校整体建设。2017 年全年合计发展党员 911 人，完成市委教育工委给学校下达的发展任务。此外，按照北京市委教育工委组织处要求，新开通北京高校教师党员在线学习平台，实现了教师党员在线学习全覆盖。

**【召开2017 年党政工作部署会】**2 月 25 日，2017 年党政工作部署会在昌平校区召开。全体在京校领导以及处级领导干部参加会议。校党委书记石亚军、校长黄进分别对新学期党委和行政工作进行安排部署。

**【举行分党委书记抓党建工作述职考核会】**3 月 15 日，学校分党委书记抓党建工作述职考核大会在学院路校区召开。13 位书记分别作了现场述职，未参加现场述职的书记均提交了书面述职报告。与会人员对 13 位书记的述职情况进行了现场测评和民主评议。

**【召开专题会议落实全国高校思想政治工作会议精神】**4 月 13 日，全国高校思想政治工作会议精神落实推进会在学院路校区召开。各单位对学习贯彻落实全国高校思想政治工作会议精神的情况做了工作汇报和研究探讨。

**【召开推进“两学一做”学习教育常态化制度化工作专题部署会】**6 月 7 日，推进“两学一做”学习教育常态化制度化工作专题部署会在昌平校区召开。会议结合《推进“两学一做”学习教育常态化制度化实施方案》，对学校“两学一做”学习教育的深入开展进行了工作部署。

**【召开纪念中国共产党成立 96 周年暨表彰大会】**6 月 30 日，纪念中国共产党成立 96 周年暨表彰大会在昌平校区召开。会议宣读了学校党委《关于向入党满 50 年老党员颁发纪念奖的决定》和《关于表彰 2017 年先进基层党组织、优秀共产党员和优秀党务工作者的决定》，校领导为获得表彰的先进基层党组织和优秀个人代表颁奖。校党委书记石亚军、校长黄进分别发表讲话。

**【召开新学期党政工作部署会】**9 月 2 日，新学期党政工作部署会在昌平校区召开。全体在京校领导以及中层干部参加了会议。校党委书记胡明、校长黄进分别对新学期党务和行政工作进行安排部署。

**【召开贯彻落实习近平总书记考察中国政法大学重要讲话精神推进会】**9 月 8 日，贯彻落实习近平总书记考察中国政法大学重要讲话精神推进工作会在昌平校区召开。会上，校党委书记胡明对贯彻落实习近平总书记考察中国政法大学重要讲话精神进行了部署，提出了具体要求。

**【召开中国共产党中国政法大学第八次党员代表大会】**11 月 10 日至 11 月 11 日，中国共产党中国政法大学第八次党员代表大会在昌平校区学生活动中心学术报告厅召开。全校 187 名正式代表出席会议。本次大会听取和审议了中国共产党中国政法大学第七届委员会的工作报告；审议了中国共产党中国政法大学纪律检查委员会的工作报告；选举产生了中国共产党中国政法大学第八届委员会和新的纪律检查委员会，明确了下一阶段学校党的建设和事业发展的工作目标和任务。

**【召开专题会议部署落实学校第八次党代会精神】**11 月 15 日，部署落实学校第八次党代会精神专题会议在昌平校区召开。会上，校党委书记胡明对学校第八次党代会“党委工作报告”的形成过程作了介绍，并对下一步落实第八次党代会精神工作提出了明确要求。

**【组织领导干部赴井冈山开展教育培训】**11月17日至11月21日，领导干部专题培训班在井冈山举行。培训对象为处级领导干部、民主党派和归国留学人员代表。此次培训班以“把握新思想，再踏新征程”为主题，通过实地参观和辅导报告，学员们深刻理解了井冈山的内涵与特征，对党的优良作风、精神和传统有了新的认识。

**【顺利通过北京高校《基本标准》检查】**11月30日，《北京普通高等学校党建和思想政治工作基本标准》检查组一行来到中国政法大学，通过听取汇报、审阅资料、交流座谈、实地走访等形式，全面检查学校近五年来贯彻落实《北京普通高等学校党建和思想政治工作基本标准》、开展党建和思想政治工作情况。

**附件1**

**2017年各党委、党总支、直属党支部数据统计（截至2017年12月31日）**

| 序号 | 单位 | 党支部数 | 党员数 |
|---|---|---|---|
| 1 | 校部机关党委 | 20 | 267 |
| 2 | 离退休干部党委 | 30 | 618 |
| 3 | 法学院党委 | 52 | 764 |
| 4 | 民商经济法学院党委 | 45 | 823 |
| 5 | 国际法学院党委 | 25 | 408 |
| 6 | 刑事司法学院党委 | 23 | 514 |
| 7 | 政治与公共管理学院党委 | 22 | 298 |
| 8 | 商学院党委 | 16 | 356 |
| 9 | 人文学院党委 | 12 | 146 |
| 10 | 光明新闻传播学院党委 | 8 | 126 |
| 11 | 外国语学院党委 | 7 | 142 |
| 12 | 继续教育学院党委 | 1 | 21 |
| 13 | 社会学院党委 | 7 | 89 |
| 14 | 马克思主义学院党委 | 13 | 101 |
| 15 | 法律硕士学院党委 | 33 | 545 |
| 16 | 比较法学研究院党委 | 3 | 159 |
| 17 | 证据科学研究院党委 | 14 | 164 |
| 18 | 科研单位党总支 | 12 | 116 |
| 19 | 图书馆党总支 | 2 | 30 |
| 20 | 后勤党总支 | 9 | 63 |
| 21 | 国际教育学院直属党支部 | 1 | 11 |
| 22 | 体育教学部直属党支部 | 1 | 25 |

续表

| 序号 | 单位 | 党支部数 | 党员数 |
|---|---|---|---|
| 23 | 科学技术教学部直属党支部 | 1 | 13 |
| 24 | 现代教育技术中心直属党支部 | 1 | 16 |
| 25 | 出版社直属党支部 | 1 | 12 |
| 合　计 | | 359 | 5827 |

**附件 2**

## 中国共产党中国政法大学第八次党员代表大会<br>代表团组成及代表名单

（以姓氏笔画为序）

第一代表团（校部机关党委，23 人）

成员：

王　敏（女）　王立艳（女）　王有为（女，蒙古族）
王称心（女，满族）　卢少华　刘　杰
刘琳琳（女）　许玺铮　李秀云（女）
李玺文　宋　歌（女）　张　霞（女）
陈泉廷　范分社　林发军
迪达尔·马力克（女，哈萨克族）　胡　明
黄　进　黄瑞宇　彭祥林
韩伯君　解廷民　黎　洋

第二代表团（校部机关党委，18 人）

成员：

刚文哲　解志勇　李国强（满族）
李曙光　梁　璐（女）　刘惠敏（女）
卢春龙　宋婧博（女，蒙古族）　宋乃龙
王晋萍（女）　王振峰　吴　飚
吴　平（女）　吴国伟（女）　吴宏耀
许　兰（女）　张翼志　郑梓楠（女）

第三代表团（离退休干部党委，18 人）

成员：

马华山　马抗美（女）　龙梦晖
伊夏年（满族）　邬宝顺（满族）　刘金国
齐东平　李书灵（女）　吴　微（女）
余常汉　陆　炬　庞　本
侯廷智　高浣月（女）　梁淑英（女）
董　秋（女）　焦玉学　曾尔恕（女）

第四代表团（法学院党委、光明新闻传播学院党委、体育教学部直属党支部，20 人）

成员：

| | | |
|---|---|---|
| 万　蓉（女） | 王　玎 | 王　莉（女） |
| 王　琦 | 王文英（女） | 王新宇（女） |
| 冯世勇 | 刘大炜 | 阴卫芝（女） |
| 杨婷婷（女） | 尚　武 | 罗智敏（女，蒙古族） |
| 姜晓敏（女） | 恽鹏远 | 姚泽金 |
| 秦奥蕾（女） | 贾海翔 | 黄丽清（女，壮族） |
| 崔林林（女，朝鲜族） | 雷　磊（畲族） | |

第五代表团（民商经济法学院党委、继续教育学院直属党支部，21 人）

成员：

| | | |
|---|---|---|
| 王　涌 | 王洪松 | 牛　伟 |
| 尹志强 | 卢　跃 | 朱晓娟（女） |
| 乔　欣（女） | 刘玉娥（女） | 刘守仁 |
| 刘继峰 | 刘智慧（女） | 李　昊 |
| 李树忠 | 李美云（女） | 杨秀清（女） |
| 邱星美（女） | 张伊佳（女） | 孟广慧（女） |
| 赵旭东 | 胡　静 | 戴孟勇 |

第六代表团（国际法学院党委、社会学院党委、后勤党委，18 人）

成员：

| | | |
|---|---|---|
| 于美芬（女） | 王　站（女） | 王英伟 |
| 孔庆江 | 祁　欢（女，满族） | 杜　飞 |
| 杨　奕（女） | 杨怀军 | 杨俊丽（女） |
| 何江穗（女） | 应　星 | 罗晓季 |
| 赵广成 | 赵鹏程 | 顾永强 |
| 徐　扬 | 郭红岩（女，满族） | 霍政欣 |

第七代表团（刑事司法学院党委、外国语学院党委、科学技术教学部直属党支部，18 人）

成员：

| | | |
|---|---|---|
| 于志刚 | 王　敏（女） | 王敬川 |
| 毛中婉（女） | 田力男（女） | 曲新久 |
| 孙园植 | 李　烨（女） | 杨　雪（女，苗族） |
| 汪海燕 | 沙丽金（女） | 武晓红（女） |
| 周江柳（女，苗族） | 周志荣 | 赵云鹏（回族） |
| 郭金霞（女，满族） | 鲁　杨（女） | 管　雯（女） |

第八代表团（政治与公共管理学院党委、人文学院党委、马克思主义学院党委，22 人）

成员：

王　帅　　王　洪（土家族）　　文　兵
任洪生（蒙古族）　　刘　星（女）　　刘丹忱
刘俊生　　阮广宇　　李晓燕（女）
李群英（女）　　杨　军（女）　　张　珺（女）
张秀华（女）　　张艳萍（女）　　郜丽华（女）
罗世琴（女）　　庞金友　　赵　方
黄　东　　盛百卉（女）　　常保国
詹承豫

第九代表团（商学院党委、法律硕士学院党委、比较法学研究院党委、国际教育学院直属党支部，20 人）

成员：

马子腾（满族）　　马怀德　　王　芳（女）
王　玲（女）　　王　霆　　王志华
邓　达（女）　　冯　恺（女）　　刘　飞
刘纪鹏（满族）　　巫云仙（女）　　李欣宇
杨　杰（女）　　何　欣（女）　　张　彤（女）
张丽英（女）　　费安玲（女，满族）　　徐文红（女）
黄立君（女）　　韩文生

第十代表团（证据科学研究院党委、科研单位党委、图书馆党总支、出版社直属党支部，22 人）

成员：

王　旭（女）　　王　婷（女）　　王人博
王万华（女，侗族）　　王元凤（女）　　王敬波（女）
尹树东（满族）　　田士永　　乔占学
孙　萌（女）　　闫　璐（女，回族）　　杜学亮
李　蔚（女）　　李春燕（女）　　李雪梅（女，俄罗斯族）
时建中　　张　中　　莫爱新
夏振华　　顾　元　　梁　敏（女）
鲁　涤（女）

## 二、纪检监察工作

**【概况】**2017 年，学校深入学习贯彻党的十九大精神和习近平总书记考察学校重要讲话精神，按照学校第八次党代会部署，牢固树立“四个意识”，坚定“四个自信”，深入落实全面从严治党监督责任，切实把纪律和规矩挺在前面，驰而不息纠正“四风”，不断完善惩防体系建设，强化监督执纪问责，学校党风廉政建设和反腐败工作取得了新成效。

校党委书记、校长认真履行党风廉政建设第一责任人的职责，班子其他成员认真履行

“一岗双责”职责。纪委切实履行全面从严治党监督责任，聚焦主责主业，强化监督执纪问责，通过廉政谈话、日常监督、检查考核、责任追究等方式，督促各级党组织和领导干部真正把管党治党的责任扛起来。制定《中共中国政法大学委员会2017年党风廉政建设和反腐败工作主要任务分工》（法大党发［2017］6号），同时加强检查考核，督促各项任务有效落实。

加强党的纪律建设，把纪律和规矩挺在前面。学校党委制定了《中共中国政法大学委员会关于践行监督执纪四种形态的实施意见》（法大党发［2017］99号），开展反腐倡廉教育。

深化党的作风建设，驰而不息纠正“四风”。学校党委、行政、纪委在例行召开的新学期党政工作部署会、党风廉政建设大会等重要会议上，着重强调要把落实中央八项规定精神抓常、抓细、抓长，锲而不舍纠正“四风”。学校纪委严格监督执纪，加大对“三公”经费使用、违规发放津补贴、公款旅游等问题的监察力度。定期开展正风肃纪专项整治，多次深入到重点部门和岗位进行监督检查。

严肃查信办案，加大执纪监督力度。加强信访举报工作规范化处置，按照标准处置问题线索，并及时向上级报告。严格对照“六项纪律”确认问题，根据违纪行为的性质、危害程度以及对所犯错误的认识深度、悔改表现，按照“四种形态”的要求，依纪依规恰当运用批评教育、诫勉谈话、组织调整、轻处分、重处分等方式提出处理意见。

推动在二级党组织设立纪律检查委员会或纪律检查委员的工作，推动全面从严治党向基层延伸。纪检监察部门严格执行《中国共产党纪律检察委员会监督执纪工作规则（试行）》，严明程序规范和纪律要求，强化内部监管，并采取多种形式加大培训力度，形成并固化干部理论业务素养提升机制。按照教育部指派，抽调专人参加了巡视工作。加大纪检监察工作信息化建设，启用信访举报和线索处置内部管理系统。设立了纪检监察档案室，规范档案管理工作；设立廉政专用账户，加强涉案款物管理。

加强重点领域监督检查，主动防范廉政风险。加强对学校党委和班子成员的监督，做好对干部选拔任用管理工作的监督，加强对招生工作的监督，强化对科研经费管理使用的监督，深化对招投标和物资采购工作的监督。

学校纪检监察工作落实“转职能、转方式、转作风”要求。根据中央纪委关于纪检监察工作“三转”要求及《中共中国政法大学委员会关于纪检监察工作“转职能、转方式、转作风”的实施意见》（法大党发［2015］35号），学校纪委办监察处主动退出原参与的主业之外的议事协调机构，着力健全和完善落实“三转”的配套措施，聚焦监督执纪问责，强化程序监督，切实增强工作约谈、专项检查、监察建议等工作力度。

**【部署新学年党政工作】**2月25日，2017年党政工作部署会在昌平校区召开，会议指出全面从严治党要从全面落实贯彻全国高校思想政治工作会议精神、结合学校的中心工作和今年的两大主攻目标来有效推进“两学一做”学习教育、抓好党的建设，尤其是抓好党支部的建设这一薄弱环节、加强干部队伍建设和做好党风廉政建设和党的纪律、党规的落实和执行等五个方面。

**【召开新任处级干部任前集体谈话会】**3月22日，新任处级领导干部任前集体谈话会在昌平校区召开。校党委副书记、纪委书记胡明代表学校纪委就党风廉政建设工作向新任处级干部提出了“做到清正廉洁、切实履行‘一岗双责’、自觉接受监督”三点要求。

**【召开2017年党风廉政建设大会】**为加强贯彻落实中央要求和上级部署，进一步推动学校党风廉政建设和反腐败工作，3月30日，2017年党风廉政建设大会在昌平校区召开。会议总结了2016年学校党风廉政建设和反腐败主要工作，安排部署2017年主要工作任务。会议现场党委书记、校长与二级单位党政主要负责人签订《全面从严治党责任书》。

**【召开中共中国政法大学第七届纪律检查委员会第十五次全体会议】**5月10日，中共中国政法大学第七届纪律检查委员会第十五次全体会议在昌平校区召开，纪律检查委员会委员专题学习《习近平总书记考察学校时重要讲话精神》，并安排近期相关工作。

**【召开北京教育纪检监察研究会高校第四组研讨交流会】**7月5日，北京教育纪检监察研究会高校第四组研讨交流会在学院路校区召开。中国石油大学、中国农业大学、中国地质大学、北京语言大学、北京信息科技大学、北京农学院、北京林业大学、中国政法大学等八所高校的纪检监察干部参加会议。参会代表以“纪检监察部门在执纪、监督、问责工作中的热点、难点问题及其对策思考”为主题进行了深入的交流。

**【部署秋季学期党政工作】**9月2日，新学期党政工作部署会在昌平校区召开。会议强调今后工作要紧扣一个中心，把深入学习贯彻落实习近平总书记考察学校重要讲话精神作为首要政治任务，将其作为学校管党治党、办学治校的基本遵循，作为谋划发展、干事创业的行动指南。要将习近平总书记对学校事业发展的新期待、党建和思想政治工作的新要求、高等教育深化改革的新任务、社会主义法治建设的新使命紧密结合起来，不断推进法科强校建设再上新台阶。

**【召开中共中国政法大学第七届纪律检查委员会第十六次全体会议】**10月10日，中共中国政法大学第七届纪律检查委员会第十六次全体会议在昌平校区召开。全会审议通过了《第七届中共中国政法大学纪律检查委员会向中共中国政法大学第八次代表大会的工作报告》，同意将报告提请学校党委常委会审议。

**【召开中共中国政法大学第八届纪律检查委员会第一次全体会议】**11月11日，中国共产党中国政法大学第八届纪律检查委员会召开第一次全体会议。经过投票选举，会议选举刚文哲同志为纪律检查委员会书记，范分社同志为纪律检查委员会副书记。选举结果报中共北京市委予以批准。

## 三、新闻宣传工作

**【概况】**2017年，宣传思想工作坚持以社会主义核心价值观体系为引领，以教育部本科教学审核评估、北京市党建评估及学校65周年校庆为契机，加强学习宣传贯彻党的十九大精神和习近平新时代中国特色社会主义思想，继续深入贯彻落实全国思想政治工作会议精神，努力加强师生思想政治教育、特色校园文化营造、舆论阵地建设强化、学校良好形象树立。

思想理论建设方面，制定《关于认真学习宣传贯彻党的十九大精神的通知》《关于深入学习宣传以习近平同志为总书记的党中央治国理政新理念新思想新战略的通知》，认真贯彻落实习近平总书记考察法大重要讲话精神，制作“5·3”专刊，官方微信发布专题文章12篇。

思想政治教育方面，制定《关于学习贯彻落实全国高校思想政治工作会议精神的通知》《理论教育与价值导向培育实施方案》《网络意识形态工作责任制实施细则》及《关于增强全校思想政治工作实效的具体实施办法》；组织召开全校思想政治工作会，与各二级单位负责人签订意识形态工作责任书；加强对全校贯彻落实全国高校思想政治工作会议精神的相关情况的检查，制定《关于贯彻落实全国高校思想政治工作会议精神专项督查的自查报告》；推进青年教师社会实践项目，协助北京市教工委组织北京市五所高校青年教师“城乡体验日”社会实践活动；新设“2017中国政法大学青年教师思想政治工作研究课题”。

校园文化建设方面，完成学院路校区综合科研楼一层公共休息区设计施工和学术讲堂16幅油画绘制装饰；完成昌平校区教学楼交汇处环境美化装饰和教学楼、阶梯教室室内标志标识规范布置；制定《“十佳校园文化品牌”评选办法》；完成VI系统基础部分和应用部分的修改设计项目；举办第二届“RONG聚法大”文化盛典；举办第三期基层校友寻访活动；举办“碑石逸韵”古代法律碑刻拓片展、“美好生活”毕业生摄影展等各项展览18场；组织俄罗斯伊尔库茨克青少年艺术团专场演出、《你好·音乐剧》演出等各类演出4场。

舆情监管建设方面，制定《网络意识形态工作责任制实施细则》，牵头成立网络安全和信息化领导小组，加强网络意识形态监管；发布《新媒体联盟章程》和《新媒体建设与管理工作实施办法（试行）》，加强对新媒体联盟的规范管理，有序推进校院新媒体融合发展；全年审批487场讲座、27场论坛、17场国际会议的线上申请。

舆论阵地建设方面，完成宣传部部门网站全新改版；新闻网共计编发新闻、评论、图集1955条，制作主页大图90张次，各类新闻专题21个，专题网站11个；校报共计编辑发行报纸48期、手机报60余期，发布官方微信300余条、官方微博300余条，官方微信订阅用户数突破85 000人，篇均阅读量提升至5000次左右，在首都高校新媒体联盟榜单中稳居前15名；摄影工作室全年共拍摄照片150 000张、广播电视台全年完成录像带转数字资料1000余小时；外宣加强主题策划、创新宣传形式，共计推出全国政法类高校（学院）共青团学习习近平总书记重要讲话精神研讨会、65周年校庆大会、中国政法大学钱端升纪念馆开馆仪式等20余个宣传主题。

**【开展迎接本科教学审核评估活动系列报道】** 3月至4月，制作学校以评促建宣传片，设计评估专题、知识手册，在学校新闻网、校报、官方微博、官方微信上推出《以评促建》《院长论坛》《学院巡礼》等专栏，在师生中深入宣传学校办学本情况以及审核评估相关知识。

**【评选2017年学校青年教师思想政治工作课题】** 4月26日，面向全校青年教师开展2017年中国政法大学青年教师思想政治工作课题申报评选工作。经过评审专家组初审、终审，共有14项申报课题获准立项，其中，4项为重点课题（工作模式创新及工作案例），10 项为一般课题（学术论文及调研报告）。

**【开展 2017 年优秀青年教师社会调研成果评选活动】**5 月 5 日，开展 2017 年优秀青年教师社会调研成果评选活动，共评选出优秀青年教师社会调研成果 7 篇。在 2017 年北京高校青年教师优秀社会调研成果资助中，7 篇成果中，2 篇荣获一等奖、3 篇二等奖。

**【开展迎接学校 65 周年校庆系列宣传活动】**4 月至 5 月，举办 65 周年校庆特展，承接为多个团队参观讲解任务 20 场；制作 65 周年校庆宣传片、学校动画宣传片及校庆专题网站，举办校庆摄影展。开展各类校庆主题征文活动，出版《守望法大》等校庆系列文化丛书、校庆专刊及《借你双眸读法大》校庆画册；完成 65 周年校庆特展数字虚拟展厅前期招投标工作。

**【举办第三期基层校友寻访活动】**7 月至 8 月，举办第三期“根植祖国大地 播洒法治阳光”基层校友寻访活动。在全校范围内选拔 40 名优秀在校学生组成寻访团，利用暑假深入全国 24 个省市，采访 80 余名校友，并借助校园网、官方微信、校报等平台陆续进行成果展示。

**【评选第七届“最受本科生欢迎的十位老师”】**9 月 26 日，“吾爱吾师——第七届最受本科生欢迎的十位老师”评选颁奖典礼在昌平校区举办。活动由党委宣传部主办，校新闻通讯社承办。经过初选、正选、计票与公示，于冲、罗翔、刘家安、刘智慧、吴韵曦、张钦昱、方鹏、赵珊珊、席志国、黄东当选为最受本科生欢迎的十位教师，王文培当选为最受本科生欢迎的非教学岗位教师，房艮孙获得特别致敬奖。

**【举办思想政治工作会】**11 月 15 日，思想政治工作会在昌平校区举行。会议解读了《中共中国政法大学委员会关于进一步加强和改进思想政治工作的实施意见及其落实方案》，对全校思想政治工作进行了总体部署，党委书记胡明与全校职能部门、教学及科研机构负责人代表分别签订了意识形态工作责任书。

**【开展第八次党代会宣传工作】**9 月至 11 月，设计第八次党代会新闻专题；开通“党代表通道”“党代表有话说”等栏目，对党代表进行全面采访，制作党代会专刊 2 期、快讯 1 期；开辟《党代会·回望》《落实第八次党代会》等校报专栏和官方微信专栏；发布“学校第八次党代会”专题手机报。

**【举办第二届“RONG 聚法大”文化盛典暨第十九届校园广播歌手大赛】**11 月 30 日，第二届“RONG 聚法大”文化盛典暨第十九届校园广播歌手大赛在昌平校区举办。活动由学校党委宣传部主办，校新闻通讯社承办，颁发了“十佳校园文化品牌”“优秀校园新闻组织”“宣传工作先进集体”“优秀校园刊物”“优秀新媒体平台”“校园好新闻”“优秀校园微电影”“十佳通讯员”“基层校友寻访团优秀记者”“优秀校园记者”等十个奖项。

**【推出年终新闻评选巡礼活动】**12 月，分别组织开展校内十大新闻评选、全国法学教育十大新闻评选。多个平台开辟专栏进行新闻回顾与巡礼，学校新闻网开辟“2017，法大砥砺前行”专题，学校官方微信推出“2017 官微最印象”专栏、“2017 新媒体联盟大事记”栏目、文化艺术展厅推出“砥砺奋进谱华章”年度新闻事件展、校报推出新年专刊。

## 四、统战工作

**【概况】**2017 年，学校共有民主党派成员 120 人；党外高级知识分子 260 人；归侨、侨眷 65 人；台胞 3 人，台属 27 人，港属 4 人；台湾学生 179 人，港澳学生 260 人，华侨学生 13 人；外国留学生 342 人；少数民族学生 2079 人；归国留学人员 376 人。有 26 人次任各民主党派各级负责人，其中市委常委 1 人、区委主委 1 人、区工委副主委 2 人、委员 2 人、区支部副主委 1 人、校支部（支社）主委 4 人、副主委 5 人、支委成员 10 人；国务院参事 1 人；任各级人大代表政协委员的党外人士共 16 人次，其中全国政协委员 1 人、北京市人大代表 3 人、政协常委 1 人；海淀区人大常委 1 人、人大代表 1 人、政协副主席 1 人、政协常委 1 人、政协委员 1 人；昌平区政协常委 1 人、委员 5 人；担任处级领导干部的党外人士 23 人，其中任正职的 6 人，无党派人士 12 人。

学校深入贯彻落实中央和北京市委有关会议精神，进一步完善统战工作机制，加强统战制度建设，成立中国政法大学港澳台侨工作领导小组，调整了校级领导联系党外代表人士名单，修改《中共中国政法大学委员会关于校级领导干部密切联系党外人士的规定》；推进落实院系分党委（直属党支部、党总支）书记兼任统战委员工作；完成中国政法大学归国华侨联合会和中国政法大学归国留学人员联谊会换届工作；成立中国政法大学党外知识分子联谊会。

采取多种形式强化党外知识分子思想政治教育。组织召开学习贯彻习近平总书记考察学校重要讲话精神座谈会 2 次，组织学习十九大精神系列报告 2 次、召开座谈会 1 次，组织参加“黄大年同志先进事迹报告会”1 次，组织开展统战成员主题教育参观实践活动 3 次，组织党外代表人士和归国留学人员赴井冈山进行政治培训和主题教育实践活动 1 次。

广泛征求统战成员意见建议，专门组织召开了学校第八次党代会“两委工作报告”征求党外人士意见会、党外挂职锻炼人士座谈和征求意见会，还利用召开其他工作会议和开展主题教育活动等机会、利用学校统战部建立的不同统战对象微信群来征求意见和建议。坚持重要节假日看望慰问统一战线老教师，看望患病老师和去世教师家属。

加强党外代表人士队伍建设，认真做好党外代表人士的发现储备、政治培训、实践锻炼、选拔推荐和管理工作。完成党外代表人士队伍人才库的更新工作、党外代表人士后备队伍人选以及党外中层后备干部人选的推荐和选拔工作，把党外代表人士队伍建设纳入学校干部队伍建设和人才工作总体规划。加强分层分类培养，不断提高党外代表人士的综合能力和整体素质。针对党外人士不同特点，精心组织校内各项政治培训和学习实践活动，积极推荐参加市委教育工委等上级部门组织的各项教育培训和挂职锻炼工作。做好党外代表人士的校内外各项推荐和使用工作。9 月至 12 月，全力配合北京市政协委员、人大代表以及全国政协委员换届工作，认真协助做好人选的推荐、考察、公示、测评等各项相关工作。完成昌平区党外知识分子联谊会和海外联谊会理事、北京市政府参事推荐、海淀区党外知识分子联谊会换届工作理事候选人、民主党派中央监督委员会委员人选的候选人推荐工作等。大力支持和宣传党外人士参政议政和建言献策工作，积极搭建服务平台。以统一战线理论进课堂为载体，探索高校思想政治教育工作领域发挥党外代表人士作用新模式。

大力支持和协助民主党派搞好自身建设。加强与民主党派基层组织负责人联系，通过工作例会制度和“统战负责人”微信群，及时了解民主党派开展思想建设、组织建设和制度建设情况，定期传达学习有关会议或文件精神；在经费上、组织协调、活动策划以及租借场地等方面大力支持民主党派基层组织开展活动。建立健全无党派人士工作机制，为无党派人士履行职能，发挥作用提供必要支持和保障。举办少数民族重大节日的庆祝活动、“爱我中华——中华民族一家亲，同心共筑中国梦”文艺专场活动。

大力支持和协助校侨联、留联会开展工作，做好港澳台侨海外统一战线工作。与校侨联共同组织参加中国侨联主办的“黄大年同志先进事迹报告会”；邀请北京市侨联副主席陶庆华来校做主题为“中国特色海内外同胞关系的历史与发展”的专题讲座；支持校侨联组织代表队参加北京市侨联“第八届首都新侨乡文化节”丰台合唱专场活动，获得二等奖。与留联会共同邀请欧美同学会西葡拉美分会来昌平校区进行考察交流，并走进课堂进行现场教学和指导。

加强与对口单位和兄弟院校统战部门的联系合作与交流学习。与校留联会共同拜访欧美同学会，召开部分高校统战部长工作交流座谈会等交流学习活动。

**【召开校侨联和留联会换届大会】**3 月 17 日，中国政法大学归国华侨联合会（简称“校侨联”）暨中国政法大学归国留学人员联谊会（简称“留联会”）换届选举大会在学院路校区召开。校长黄进、校党委副书记高浣月出席会议，学校相关部门负责人、校侨联和留联会现任领导班子成员及代表参加会议。大会投票选举产生了新一届领导班子。

**【赴北京市规划展览馆开展主题教育实践活动】**4 月 18 日，学校统战部组织统战成员赴北京市规划展览馆等地进行主题教育实践活动，开展国情教育，考察北京市城市规划建设情况。学校国务院参事、部分人大代表和政协委员、民主党派和无党派人士、校侨联和留联会成员、台胞台属等近 50 人参加了活动。

**【召开统战成员学习贯彻习近平总书记来校考察重要讲话精神座谈会】**5 月 11 日，组织召开统战成员学习贯彻习近平总书记考察学校重要讲话精神座谈会，主管统战工作的校领导通报学校情况，传达习近平总书记考察学校时发表的重要讲话精神，与会统战成员共同畅谈学习心得体会。

**【召开党外代表人士学习贯彻落实习近平总书记来校考察讲话重要精神座谈会】**5 月 22 日下午，组织召开了党外代表人士学习贯彻落实习近平总书记来校考察讲话重要精神座谈会暨学校情况通报会议，校党委副书记高浣月主持会议。校党委书记石亚军传达习近平总书记重要讲话精神，与会党外代表人士一致认为习总书记到法大考察对于全面做好法治人才培养具有重要的历史意义，学校要抓好历史赋予的机遇，勇于担当，抓好落实，促进学校事业的全面发展。

**【欧美同学会西葡拉美分会一行来校进行考察交流】**6 月 12 日，应学校统战部和校归国留学人员联谊会共同邀请，欧美同学会西葡拉美分会一行在其代会长、原中联部拉美局局长、前驻古巴大使李连甫的带领下，来学校昌平校区进行考察交流，并走进课堂对学校拉美法方向研究生、法学西班牙语特色实验班的本科生进行现场教学和指导。校党委副书记高浣月、相关院部负责人和教师参加了考察及座谈交流活动。

**【成立中国政法大学港澳台侨工作领导小组】** 为贯彻落实中央统战工作会议和全国高校统战工作会议精神，经7月5日校党委常委会审议，同意成立中国政法大学港澳台侨工作领导小组，进一步做好高校港澳台学生教育管理服务工作，推动高校建立统战、学工、港澳台等部门联动机制。

**【成立中国政法大学党外知识分子联谊会】** 9月27日，中国政法大学党外知识分子联谊会（以下简称“知联会”）成立大会在学院路校区召开。校党委书记胡明、党委副书记高浣月出席了成立大会，会议审议通过了《中国政法大学党外知识分子联谊会章程》，选举产生了第一届理事会领导班子。

**【海淀区政协领导班子来校走访座谈】** 10月12日，海淀区政协党组书记、主席傅首清率领主席班子成员来校走访座谈并看望慰问学校的海淀区政协委员。学校党委书记胡明、党委副书记高浣月出席了座谈会，相关职能部门负责人及学校3名海淀区政协委员参加了座谈会。

**【昌平区委统战部一行来校进行统战工作交流座谈】** 10月31日，昌平区委统战部常务副部长鹿伟强带领区委统战部有关工作人员来校进行统战工作交流座谈，学校统战部部长王称心全面介绍了学校统战工作情况。双方就“如何开展对党外知识分子的政治引导、加强港澳台学生工作、创新“心桥工程”建设等方面进行了广泛交流。

**【举办九三学社先贤肖像画展】** 12月18日，学校与九三学社北京市委、昌平区委统战部、九三学社中国政法大学支社在昌平校区联合主办“学习贯彻中共十九大精神 不忘初心 砥砺前行——九三学社先贤肖像画展”。九三学社北京市委主委助理、北京九三书画院院长（执行）刘永泰，昌平区委统战部常务副部长鹿伟强，学校党委副书记高浣月，学校统战部和宣传部负责人以及九三学社支社的社员等40余人出席了开幕式。

**【举行民盟中国政法大学支部成立65周年纪念大会暨“中国民主同盟传统教育基地”揭牌仪式】** 12月20日，民盟中国政法大学支部成立65周年纪念大会暨“中国民主同盟传统教育基地”揭牌仪式在学院路校区举行。民盟中央副主席、民盟北京市委主委、北京市副市长程红，学校党委书记胡明出席纪念大会并共同为“中国民主同盟传统教育基地”揭牌，出席大会的还有民盟中央组织部副部长蔡葵，校党委副书记高浣月，民盟北京市委秘书长严为，民盟昌平区工委主委、北京市人大常委会民族宗教侨务办公室副主任刘淑华，民盟北京市委组织部副部长帅远霞，钱端升次子钱仲兴等，来自民盟昌平区工委、学校统战部、各民主党派、各学院、兄弟院校民盟支部的嘉宾和学校盟员代表共50余人共同参加了揭牌仪式。

附件 1

**中国政法大学担任各级人大代表、政协委员人员名单**

统战部 2017 年 12 月

| 姓名 | 党派 | 担任人大职务 | | | 担任政协职务 | | | 所在单位 |
|---|---|---|---|---|---|---|---|---|
| | | 全国 | 省市 | 区县 | 全国 | 省市 | 区县 | |
| 曹义孙 | 中国民主民盟 | | | | 第十二届委员 | | | 法学教育研究与评估中心 |
| 焦洪昌 | 中国农工民主党 | | 北京市第十五人大代表 | | | | | 法学院 |
| 王玉梅 | 中国民主建国会 | | 北京市第五届人大代表 | | | | 海淀区第十届政协常委、第十届政协副主席 | 民商经济法学院 |
| 李永军 | 无党派 | | | | | 北京市第十二届政协常委 | | 民商经济法学院 |
| 辛崇阳 | 无党派 | | 北京市第十五届人大代表 | 海淀区第十六届人大常委 | | | | 法律硕士学院 |
| 高　祥 | 中国民主建国会 | | | 海淀区第十六届人大代表 | | | | 比较法学研究院 |
| 金英杰 | 无党派 | | | | | | 海淀区第十届政协常委 | 民商经济法学院 |
| 栗　峥 | 中国民主促进会 | | | | | | 海淀区第十届政协委员 | |

续表

| 姓名 | 党派 | 担任人大职务 | | | 担任政协职务 | | | 所在单位 |
|---|---|---|---|---|---|---|---|---|
| | | 全国 | 省市 | 区县 | 全国 | 省市 | 区县 | |
| 冯世勇 | 中共党员 | | | 昌平区第五届人大代表 | | | | 校领导 |
| 柯华庆 | 中国民主同盟 | | | | | | 昌平区第五届政协常委 | 法学院 |
| 康晨宇 | 中国民主同盟 | | | | | | 昌平区第五届政协委员 | 人文学院 |
| 薛克鹏 | 中国民主同盟 | | | | | | 昌平区第五届政协委员 | 民商经济法学院 |
| 侯佳儒 | 中国国民党革命委员会 | | | | | | 昌平区第五届政协委员 | 绿色发展战略研究院 |
| 岳清唐 | 九三学社 | | | | | | 昌平区第五届政协委员 | 商学院 |
| 许身健 | 无党派 | | | | | | 昌平区第五届政协委员 | 法学院 |

附件 2

**中国政法大学各民主党派组织负责人名单**

统战部 2017 年 12 月

| 姓名 | 党派组织名称 | 党派内职务 | | | | 所在单位 |
|---|---|---|---|---|---|---|
| | | 中央 | 省　市 | 区 县 | 校 内 | |
| 焦洪昌 | 中国农工民主党 | | 北京市第十二届监督委员会委员 | | | 法学院 |
| 周建海 | 中国国民党革命委员会 | | | 昌平区支部副主委 | | 国际法学院 |
| 王玉梅 | 中国民主建国会 | | 北京市第十届委员会常委 | 海淀区委主委 | | 民商经济法学院 |
| 柯华庆 | 中国民主同盟 | | | 昌平区工委副主委 | 支部主委 | 法学院 |
| 康晨宇 | 中国民主同盟 | | | 昌平区工委委员 | 支部副主委 | 人文学院 |
| 岳清唐 | 九三学社 | | | 昌平区工委副主委 | 支社主委 | 商学院 |
| 杨素娟 | 九三学社 | | | 昌平区工委委员 | 支社副主委 | 民商经济法学院 |
| 薛克鹏 | 中国民主同盟 | | | | 支部副主委 | 民商经济法学院 |
| 许晓红 | 中国民主同盟 | | | | 支部委员 | 体育教学部 |
| 王　云 | 中国民主同盟 | | | | 支部委员 | 科学技术教学部 |
| 刘坤轮 | 中国民主同盟 | | | | 支部委员 | 法学教育研究与评估中心 |
| 陈　睿 | 中国民主同盟 | | | | 支部委员 | 宣传部 |
| 王　萍 | 中国民主建国会 | | | | 支部主委 | 民商经济法学院 |
| 姜登峰 | 中国民主建国会 | | | | 支部副主委 | 法学院 |

续表

| 姓名 | 党派组织名称 | 党派内职务 | | | | 所在单位 |
|---|---|---|---|---|---|---|
| | | 中央 | 省 市 | 区 县 | 校 内 | |
| 赵天红 | 中国民主建国会 | | | | 支部委员 | 刑事司法学院 |
| 李 净 | 中国民主促进会 | | | | 支部主委 | 科学技术教学部 |
| 杨学明 | 中国民主促进会 | | | | 支部委员 | 离退休干部处 |
| 张步勇 | 中国民主促进会 | | | | 支部委员 | 图书馆 |
| 张 弘 | 九三学社 | | | | 支社副主委 | 民商经济法学院 |
| 吴景明 | 九三学社 | | | | 支社委员 | 开放教育管理办公室 |
| 杨育茹 | 九三学社 | | | | 支社委员 | 离退休干部处 |
| 李 泳 | 九三学社 | | | | 支社委员 | 商学院 |
| 孙 宇 | 九三学社 | | | | 支社委员 | 人民法院电子音像出版社（联合支部成员） |

## 五、安全保卫工作

**【概况】** 2017 年，学校围绕中心工作，坚持“预防为主、防治结合、加强教育、群防群治”的原则，着力维护学校意识形态领域稳定，着力预防、化解各类涉校矛盾纠纷，着力推动解决校园及周边突出安全隐患，坚决防止危害国家安全和社会稳定的重大暴恐事件、重大政治事件、重大群体性事件、重大个人极端事件、重大公共安全事件发生。

学校保卫处及时了解掌握师生思想动态，强化课堂、校报校刊、校园网等意识形态阵地的监管，强化论坛讲座、学术研讨、科研项目、学生社团活动等的审批管理。全年共审批管理各类展台及学生各类活动共计 1480 余次。年内，处理治安案件 111 起，进行医疗救助 328 次，解决消防问题 58 次，处理电话诈骗 23 起，清理校园传销人员 9 人次，清理校园流浪狗 5 次，抓获流氓滋事 1 人、盗窃 3 人、传教人员 3 人，清理校内自行车 5 次。规范校园车辆管理，共为广大师生办理机动车出入证 1700 余个。

做好消防安全工作，完善防火安全责任管理机制。采取科室巡查和专业消防维保公司检修相结合的方法对校区内消防设备进行维护，及时检修和更新各种消防器材。共检修灭火器 852 具；为学校实验室配备 $CO_2$ 灭火器 75 具，灭火毯 12 块，为校食堂配备灭火毯 28 块；对办公楼、图书馆、礼堂、科研楼、学生活动中心、逸夫楼及多处重点部位消防设施进行了维修和改造。学校火灾报警系统方面，更换烟感、手动报警按钮、消火栓按钮、输入输出模块、声光报警器、广播模块等；应急疏散系统方面，更换安全出口 266 套、应急灯 84 套；消火栓系统更换消火栓 2 套、消防水带 13 条、维修管道漏水 2 次；送、排风系统增加风机控制箱标识。紧急处理喷淋系统漏水情况 1 次，更换泵房预作用气泵 1 套、压力表 2 块、增加了末端放水标识；微型消防站正压式呼吸器加压 2 台。结合 2017 年 12 月 13 日和 14 日教育部、北京市教委对学校进行督查中发现的问题，学校保卫处、后勤办联合开展以防火为重点的安全隐患集中清查工作，对消防设备、办公设备、出租房屋、电线老化、仓库、地下空间、设备用房、食堂操作间、电梯、施工工地、彩钢板建筑、老旧平房、大屋脊筒子楼等重点部位逐个检查、排查。学校校长办公会议就排查出来的安全隐患进行专题研究，并对相关工作做了安排部署。

做好户籍窗口服务工作。2017 年，共为毕业生办理户口迁出 2590 人次（含应届和往届毕业生）。此外，为学生及征兵入伍学生办理户口业务 67 人次，户口改派 10 人次，清理滞留毕业生户口 100 余人次。年内，为 2027 人次办理各类新生户籍迁入，并协助办理身份证照片采集等工作；为 63 位新教职工、博士后及新生儿办理户籍迁入。

**【积极开展反邪教警示教育工作】** 9 月 15 日，2017 级本科学生军训期间，学校邀请中国反邪教学会李安平做反邪教警示教育报告，实现反邪教警示教育本科学生全覆盖。

**【组织开展消防应急疏散演练】** 11 月 9 日，消防疏散演习在昌平校区竹园二号学生公寓进行。活动由学校学生公寓管理服务中心与保卫处联合举办，分别进行了消防疏散演习和灭火器实操演练。

**【教育部高校实验室安全现场检查组来校检查】** 11 月 17 日，教育部 2017 年高校科研实验室安全现场检查专家组一行 5 人来学校进行科研实验室现场检查，并指导实验室消防设施和危化品的管理工作。

**【开展消防安全隐患集中清查整治工作】**年内，北京大兴“11·18”火灾后，按照北京市安全生产委员会《关于开展安全隐患大排查大清理大整治专项行动的通知》、北京市防火安全委员会关于印发《消防安全隐患集中清查整治工作方案的通知》和教育部《关于开展消防安全隐患集中清查整治工作方案》等要求，结合12月13日和14日教育部、北京市教委对学校进行督查中发现的问题，学校保卫处、后勤办联合开展了以防火为重点的安全隐患集中清查工作，对消防设备、办公设备、出租房屋、电线老化、仓库、地下空间、设备用房、食堂操作间、电梯、施工工地、彩钢板建筑、老旧平房、大屋脊筒子楼等重点部位进行安全检查和隐患排查，并就排查出来的安全隐患以报告的形式在校长办公会上进行专题研究。

# 第九章 学生工作

## 一、学生工作

**【概况】**2017 年，学校深入开展理想信念教育，通过“我秀我的大学梦”作品征集活动和开学典礼发言征集，邀请“国旗护卫队”先进事迹报告团来校报告，组织参观“砥砺奋进的五年”大型成就展，组织全体新生收看《法治中国》专题政论片并通过主题班会等形式进行深入研讨和学习，形成了《新时代·我的大学梦》《新时代·我的法治梦》和《新时代·我的中国梦》组成的《圆梦新时代》中国政法大学学生系列梦想文集。

培育和践行“社会主义核心价值观”，弘扬中华优秀传统文化和革命文化、社会主义先进文化。学校组织 16 个学生党支部开展红色 1 +1 活动对口支援活动。启动“书香法大”读书读经典主题活动，开展“身边的阅读故事”作品征集等活动。利用网络平台弘扬传统文化，通过“漫画新春”“元宵特辑”“二十四节气”等推送，以学生喜闻乐见的形式弘扬传统文化，通过微信公众平台“经典 E 言”栏目推送包含中华优秀传统经典诗文等内容，引导学生深入学习中国古代思想文化。

深入学习宣传贯彻落实党的十九大精神。组织学生及全体辅导员集中收看党的十九大开幕会，并组织学生骨干前往人民大会堂听取十九大精神宣讲团首场报告会。举办两期“十九大代表进校园”报告会，分别邀请了中国共产党第十九届中央委员会候补委员、北京知识产权法院院长宋鱼水，十九大代表、南京航空航天大学马克思主义学院党总支书记徐川，就十九大精神的解读进行主题报告。

做好困难学生资助工作。2017 年，全校共有家庭经济困难本科生 1530 人。国家、社会各界以及学校共设立其他各类奖助学金 15 项，资助金额达 726. 5 万，资助学生 2167 人次。其中，共有 81 名学生获得国家奖学金，268 名学生获得国家励志奖学金，1546 名学生获得国家助学金，总金额达 621. 8 万元；有 292 人次获得申永亮奖学金、英才奖学金、民建海淀同心基金等 12 项社会资助项目的资助，资助总金额 104. 7 万元。发放各类补助 37. 79 万元，资助学生 1496 人次；为 44 名学生办理了校园地国家助学贷款，为 751 名学生协助办理了生源地信用助学贷款。学校（昌平校区）共设立勤工助学岗位 1040 个，发放勤工助学工资总额达 280 余万元，基本上满足了学校家庭经济困难本科生的勤工助学岗位需求。

着力推进毕业生就业创业工作。2017 届毕业生共 3972 人，其中本科生 2037 人、研究生 1935 人。截至 10 月 31 日，毕业生共落实就业 3879 人，落实就业率为 97. 66%。其中，1076 人升学，227 人出国，1484 人签约（含签订就业协议和劳动合同）就业，其他形式就业 1060 人，自主创业人数 32 人，参军入伍 3 人，实现学校今年就业工作目标。学校建立精准就业服务机制，以项目化、品牌化为工作抓手，实施全方位、全过程就业指导服务体系。举办第八届“京平律师杯”大学生职业生涯规划大赛、第八届“贺氏天翔杯”大学生创业大赛、第十届“我来当老板”自主销售体验日、第二期创业训练营、第四届大学生职业教练计划，以及2017年国家公务员考试备考辅导讲座、“研究生生涯体验日”、简历诊所等活动，累计4000余人参加；为全体毕业生及家庭经济困难毕业生发放就业专项补贴，共为2017届毕业生发放就业补贴45万余元。积极拓宽渠道推荐毕业生就业，先后收集发布就业招聘信息2531条，通过微信、QQ等平台累计推送就业信息967条，累计岗位需求信息2.4万个，两校区共组织3场双选会，组织北京地区法院、检察院系统等单位专场招聘宣讲会120场，与黑龙江省大庆市中级人民法院、北京昌科科技孵化器有限公司（回＋双创社区）、北京观韬中茂律师事务所签订就业创业实践基地共建协议。

学校通过报告会等多种形式教育引导毕业生面向基层就业，组织落实二十余个省份选拔优秀应届毕业生到基层工作，协助开展各地大学生村干部等基层就业项目的选拔和推荐工作，共有305名毕业生面向基层就业。

学校创业教育工作取得新突破，获评第三批“全国高校实践育人创新创业基地”、北京市教育委员会第二批北京地区高校示范性创业中心、中国高等教育学会创新创业教育分会“全国深化创新创业教育改革特色典型经验高校”，学校与部分学院共建就业创业指导工作室，首次设立创业奖学金，进一步促进了学校就业创业工作机制的健全完善；与厦门大学等19所高校共同发起成立“全国大学生创新创业实践联盟”；推荐29名创业导师进入教育部“全国万名优秀创新创业导师人才库”；1个创业项目获得第三届中国互联网＋大学生创新创业大赛北京赛区二等奖，取得学校在此项赛事中最佳成绩；出版《创业故事汇——法大学子创业案例集》。

**【举行青春励志中国梦——中国政法大学2017年“自强之星”暨“感动法大人物”颁奖典礼】**4月25日，青春励志中国梦——中国政法大学2017年“自强之星”暨“感动法大人物”颁奖典礼在昌平校区礼堂举行。乍得共和国驻华大使馆经济参赞穆罕默德·穆斯塔法·雅各布、参赞哈米德·迈德·瑟迪，中国政法大学校长黄进、党委副书记、副校长常保国等出席了颁奖典礼。“最受本科生欢迎的10位老师”代表以及各学院和相关职能部门负责人、辅导员代表以及1000余名学生参加了颁奖典礼。陈兆恺先生荣获“感动法大人物”特别奖；灵心手语协会（团队）以及吴迪等10名同学荣获“感动法大人物”称号；也尔帕等7名同学荣获“感动法大人物提名奖”；刘晓悦等85名同学荣获“自强之星”称号。

**【开展2017届毕业生毕业教育活动】**4月至7月，学校制定实施《关于开展2017届毕业生文明离校教育工作方案》，向毕业生发出文明离校倡议，在学生中开展优秀毕业生评选，设置毕业墙等校园景观供同学留念等活动，围绕“遇见法大”“再见法大”和“启程法大”三个主题，设计了专属于2017届毕业生的12项毕业活动，包括：“最法大”毕业季留言征集、法大倾听·毕业“说吧”活动、组织拍摄《2017届毕业生教师寄语》微视频、组织毕业生开展“文化之旅”、优秀毕业生报告会、毕业典礼发言稿征集。

**【学习习近平总书记考察我校重要讲话精神】** 5月3日至5月31日，学校学生工作系统先后召开20余次会议、座谈会、研讨会学习贯彻习近平总书记考察我校重要讲话精神。围绕促进学生成长成才主题，制定《中国政法大学坚持立德树人促进青年学生全面发展实施办法》。

**【“走基层，行边疆”研究生赴南疆暑期社会调研】** 7月12日至7月18日，校党委副书记、副校长常保国带队，组织在校研究生代表赴新疆阿克苏地区、阿拉尔市和塔里木大学调研。

**【举行2017年退伍士兵欢迎会暨入伍新兵欢送会】** 9月6日，学校2017年退伍士兵欢迎会暨入伍新兵欢送会在昌平校区逸夫楼举行。校党委副书记、副校长常保国出席会议，相关院部负责人以及2017年退伍士兵和2017年入伍新兵参加会议。会议由学生处副处长兼学生资助管理中心主任卜路军主持。2017年，我校共有22名同学退伍，1名同学选择继续留在部队服役，每人均获得“优秀士兵”称号，其中晏鹏缘同学两次荣立个人三等功。

**【成立中国政法大学博士生边疆服务团】** 9月15日，为进一步贯彻落实习近平总书记5月3日视察中国政法大学重要讲话精神，增强我校研究生艰苦磨炼，到国家最需要的艰苦地区服务意识，我校成立博士生边疆服务团。服务团重点面向9个陆地边疆省份中的新疆、西藏、内蒙古、云南、甘肃五个地区开展服务工作，通过挂职、授课、合作研究、普法、扶贫、支教等多种形式开展服务工作。

**【推出家庭经济困难学生海外提升计划】** 9月，学校推出家庭经济困难学生“海外提升计划”，首批资助3名家庭经济困难学生赴印度津德尔大学交流。自2018年起，学校每年拨付专款20万元设立专项基金，用于该项计划。

**【开展研究生心理健康活动】** 10月17日至11月17日，学校开展心理健康活动，活动主要以团体辅导形式进行。老师们利用专业的心理团体咨询技术设计了多种多样的团队合作项目，同学们在轻松快乐的氛围中得到启发。共有9个学院、12个班级、230余名同学参与活动。

**【举办2017年“添翼工程”培训班】** 11月11日至11月12日，学校举办“添翼工程”周末学习班，全年共有485位少数民族学生参加，共开设84个科目、110个班、906课次，聘请学生教员110位，并为少数民族学生发放了语言工具书。

**【举办第三届“卓越领导力”学生骨干训练营】** 11月28日，“第三届卓越领导力学生骨干训练营开营仪式”在昌平校区学术报告厅举行。学校学生工作部、组织部、校团委负责人出席仪式，全体训练营学员参加了开营仪式。训练营包括深化思想引领、提高综合能力、加强班级建设和促进学业辅导四个模块，本学期的活动主要围绕思想引领展开。开营仪式后，训练营举行了“开营第一课”，邀请马克思主义学院十九大宣讲团成员吴韵曦老师为学员们专题讲授了《新时代的青年责任——十九大精神学习》。11月30日学校组织第三届“卓越领导力”学生骨干训练营部分学员听中央财经大学王春玺教授讲授的思政学习大讲堂《习近平新时代中国特色社会主义思想解读》。

**【举办2016—2017学年度“榜样法大”暨奖学金评优颁奖典礼】** 12月5日，2016－

2017 学年度“榜样法大”暨奖学金评优颁奖典礼在昌平校区举行。校长黄进，副校长徐扬，校党委副书记、副校长常保国，校长助理赵海彦，昌平区人民武装部部长陈军以及中科建设开发总公司常务副总经理、中科建融投资有限公司董事长兼总经理申永亮出席了颁奖典礼。学校相关部门、各学院相关负责人、辅导员、班主任代表以及千余名学生参加了颁奖典礼。会议表彰了 2016 –2017 学年度奖学金、三好学生、优秀学生干部、先进班集体：共有 17 人获得校长奖学金，250 人获得国家奖学金，268 人获得国家励志奖学金，1934 人获研究生学业奖学金，1938 人获本科生学业奖学金，17 人获科研创新奖学金，54 人次获得首届创业奖学金，461 人次获竞赛优胜奖学金，20 人获志愿服务奖学金，58 人获新疆西藏及少数民族优秀学生奖学金，21 人获义务兵退役复学奖学金，322 人获校级“三好”学生称号，341 人获校级优秀学生干部称号，40 个班集体获校级优秀班集体称号。

**【荣获“北京地区高校示范性创业中心”称号】** 12 月 28 日，北京市 2018 年毕业生就业创业工作会召开。北京市人力社保局、市教委、北京地区高校领导和就业创业工作负责人、各区县人社局负责人和市属企业代表 400 余人参加会议。会上，北京市人力社保局、市教委领导分别对北京市 2017 年毕业生就业创业工作进行总结，并就做好全市 2018 年毕业生就业创业工作提出要求。会上宣读了第二批北京地区高校示范性创业中心评选名单并授牌，我校荣获“北京地区高校示范性创业中心”称号，学校学生处副处长王彤代表学校接受授牌。

**【入选“全国高校实践育人创新创业基地”】** 12 月 28 日，教育部思政司、人社部就业促进司、国务院国资委综合局联合在同济大学召开“2017 年全国高校实践育人暨创新创业现场推进会”。会议对“全国高校实践育人创新创业基地”工作进行交流，并对荣获第三批“全国高校实践育人创新创业基地”称号的 50 家高校和单位进行了表彰和授牌，我校成为入选高校之一，学校创业学院执行院长解廷民代表学校授牌。

**【完成学校奖学金评优表彰工作】** 年内，共评选出校级本科生各类奖学金获得者 2578 人次，“三好学生”“优秀学生干部”称号获得者 663 人次，先进班集体 42 个，发放奖学金总金额达 318. 4 万元；完成研究生 2016—2017 学年学业奖学金的评审工作，共有 1934 人获得研究生学业奖学金，共发放学业奖学金 2113. 80 万元；共有 149 名研究生获得国家奖学金，共发放国家奖学 332 万元；3 名研究生获中伦助学金，助学金总金额为 3 万元；1 名研究生获得法治地平线奖学金，金额 12 000 元；完成 2017 级研究生新生奖学金的评审工作，共 1206 人获得，发放奖金 1121. 8 万元；完成研究生国家助学金发放工作，共计发放 3355. 8 万元。完成“美迈斯”奖学金、汉坤青年法律奖学金、彭真奖助学金、贝克麦坚时——奋迅联合奖学金、通商奖学金、宝钢优秀学生奖学金的评选工作。1 人获得贝克麦坚时——奋迅联合奖学金，奖学金总额 15 000 元；7 人获宝钢优秀学生奖学金，奖学金总额 70 000 元；6 人获得彭真奖学金，奖学金总额 48 000 元。

**【开展形势与政策教育活动】** 年内，学校举办 1 期“聚焦两会热点 倾听时代声音”报告会、5 期大使报告会、4 期形势与政策报告会，分别邀请了第十二届全国人民代表大会代表李义虎、外交部亚洲司参赞梁建军、外交部边界与海洋事务司司长欧阳玉靖、洛杉矶中领馆前侨务领事杨连春、外交部外交政策咨询委员会原委员周晓沛、中国驻中东前特使吴思科、外交学院院长助理高飞、国防大学战略教研部副主任唐永胜、韩国庆南大学教授韩献栋、中国社会科学院欧洲研究所所长黄平做客法大，就当前的国际形势和中国的外交关系等进行了报告。

**【实施新生引航系列活动】** 年内，学校借力信息数字化，通过全新的学工管理服务系统下的迎新应用平台，实现新平台新生报到、全覆盖新生信息采集、全媒体推送迎新信息以及入学教育立体化延伸等措施实现了网络迎新。学校将入学教育贯穿于第一学年，并把第一学期作为教育奠基工程的重要阶段，按照“奠基计划 + 特色项目”的模式深入开展新生入学教育工作，开展形式多样的活动实施新生引航工程。

**【引导毕业生到国际组织实习】** 年内，学校积极引导鼓励毕业生到国际组织实习。学校学生处（就业创业指导中心）、教务处、研究生院、国际交流合作处等部门协同配合，搭建平台，拓宽学校学生赴国际组织实习的渠道。截至 12 月，学校共组织 13 名同学（其中本科生 7 人、硕士研究生 4 人、博士研究生 2 人）分别赴世界银行国际金融公司、联合国教科文组织、前南斯拉夫国际刑事法庭、亚非法律协商组织等国际组织实习。

**【开展国防教育和大学生应征入伍工作】** 年内，邀请北京武警总队“国旗护卫队”先进事迹报告团、国防大学李浩教授、昌平区武装部韩义政委、曾经参加中印边界自卫反击战的学校退休职工江智海为学生做讲座。全年共有 16 名同学被批准光荣应征入伍，其中男兵 15 名、女兵 1 名。

**附件 1**

## 中国政法大学各类奖助学金设立情况介绍

1. 国家奖学金

“国家奖学金”是由中央政府出资于 2002 年设立，用于激励普通本科高校、高等职业学校和高等专科学校学生勤奋学习、努力进取，在德、智、体等方面全面发展，奖金标准为每人每年 8000 元。2017 年，我校共有 81 人获得“国家奖学金”。

2. 国家励志奖学金

“国家励志奖学金”是由中央与地方共同设立的国家励志奖学金，用于奖励资助在校生中品学兼优的家庭经济困难学生，奖励标准为每生每年 5000 元。2017 年，我校共有 268 人获得“国家励志奖学金”。

3. 研究生国家奖学金

研究生国家奖学金是对研究生的学习成绩、科研能力和综合素质进行评价的最高荣誉，由中央财政出资设立，用于奖励普通高等学校中表现优异的全日制研究生。旨在提高研究生培养质量，调动和激发研究生刻苦学习、从事科学研究和实践的积极性，培养具有较强创新精神和实践能力的人才。博士研究生国家奖学金奖励标准为每生每年 3 万元；硕士研究生国家奖学金奖励标准为每生每年 2 万元。

4. 校长奖学金

中国政法大学校长奖学金是学校设立的学生奖学金最高奖。本奖以奖励思想道德品质优秀、专业知识功底扎实，综合素质优异，或实践创新能力强，特殊专长表现突出，在学生中起到表率作用的我校全日制本科生、第二学士学位生、研究生（各类非全日制学生、委托培养或定向培养研究生以及外国留学生除外）。校长奖学金每学年评选一次，每次评选10－20名，其中本科生及第二学士学位层次学生占60%，硕士研究生占30%，博士研究生占10%。校长奖学金奖励金额为每人1万元。2017年，我校共有17人获得校长奖学金，其中本科生12人，研究生5人。

5. 本科生学业奖学金

本科生学业奖学金以奖励思想品德良好、学习成绩优异的本科学生。本科生学业奖学金设为三等，评定比例及奖励金额如下：

一等奖按应参评本科学生人数的5%评定，每生奖励金额3000元；

二等奖按应参评本科学生人数的10%评定，每生奖励金额2000元；

三等奖按应参评本科学生人数的15%评定，每生奖励金额1000元。

2017年度共有1938人获得学业奖学金，其中获得学业奖学金一等奖的325人，二等奖的652人，三等奖的961人。

6. 研究生学业奖学金

研究生学业奖学金授予在学习、科研活动中表现优秀的研究生，资助研究生在学习期间的学杂费、科研经费和生活费。旨在提高研究生培养质量，调动和激发研究生努力学习和从事科学研究的积极性，培养具有创新精神和实践能力的人才。研究生学业奖学金评定比例及奖励金额如下：

新生奖学金，奖励比例为70%，奖励金额为学费金额。

特等奖学金，奖励比例为5%，奖励金额为学费金额加9000元。

一等奖学金，奖励比例为20%，奖励金额为学费金额加2000元。

二等奖学金，奖励比例为50%，奖励金额为学费金额。

7. 研究生新生奖学金

研究生新生奖学金不分等级，名额由学校下达，依据招录过程中的初试和复试总成绩进行评定。新生奖学金，奖励比例为70%，奖励金额为学费金额。

8. 科研创新奖学金

科研创新奖学金以奖励学习成绩良好，并在科研创新方面表现优异的本科生。科研创新奖设为三等。

科研创新奖学金一、二等奖的评定无名额限制，符合条件即可获奖。科研创新奖学金三等奖获奖人数以应参评学生数的2%为限。科研创新奖学金奖额为：一等奖3000元，二等奖2000元，三等奖1000元。

2017年度共有17人获得科研创新奖学金，其中获得一等奖的5人，二等奖的7人，三等奖的5人。

9. 竞赛优胜奖学金

竞赛优胜奖学金以奖励在文化、科技或体育等各类竞赛中获得优异成绩的本科生。竞赛优胜奖学金设为三等，奖励金额分别为：一等奖 2000 元，二等奖 1500 元，三等奖 1000 元。

2017 年度共有 70 人次获得竞赛优胜（个人）奖，其中获得一等奖的 10 人次，获得二等奖的 32 人次，获得三等奖的 28 人次；

共有 401 人次获得 113 项竞赛优胜（团体）奖，其中一等奖 48 人次，二等奖 186 人次，三等奖 167 人次。

10. 志愿服务奖学金

志愿服务奖学金以奖励在志愿服务活动中表现优秀的本科生。志愿服务奖学金每年度评选一次，每年评定名额原则上为 20 名，奖励金额为 2000 元。

2017 年度共有 20 人获得志愿服务奖学金。

11. 新疆、西藏籍少数民族优秀学生奖学金

“新疆、西藏籍少数民族优秀学生奖学金”于 2010 年设立，旨在鼓励新疆、西藏的少数民族学生勤奋学习，促进他们全面综合发展。设三等，评定比例及奖励金额如下：

一等奖按照应参评人数的 5% 评定，奖励金额为 2000 元/人；

二等奖按照应参评人数的 10% 评定，奖励金额为 1500 元/人；

三等奖按照应参评人数的 15% 评定，奖励金额为 1000 元/人。

2017 年，共有 58 人获得该项奖学金，其中，一等奖 10 人，二等奖 19 人，三等奖 29 人。

12. 义务兵退役复学奖学金

“义务兵退役复学奖学金”于 2010 年设立，鼓励退役复学学生完成学业。本科生在校期间奖学金为每人每年 3000 元人民币，研究生在校期间奖学金为每人每年 4000 元人民币。

2017 年，共有 21 人获得“义务兵退役复学奖学金”。

13. 三星奖学金

“三星奖学金”是由“三星（中国）投资有限公司”于 2010 年出资在我校设立，奖励对象为成绩优秀，品行端正的法律相关专业优秀本科生和硕士研究生。每年奖励 12 名本科生，3 名硕士研究生，奖励标准为本科生每人每学年 5000 元人民币，硕士研究生每人每学年 7000 元人民币。

14. 英才奖学金

“英才奖学金”是由曾宪梓教育基金于 2017 年出资 200 万元人民币在我校设立，旨在帮助我校品学优良、学习勤奋、成绩优秀、家境贫寒的本科生完成学业。该奖学金自 2017 年开始实施，到 2026 年止，每年奖励 40 名学生，每名学生每学年 5000 元人民币。

15. 申永亮奖学金

申永亮奖学金由中科建设开发总公司常务副总经理、中科建融投资有限公司董事长兼总经理于 2016 年出资 100 万元人民币在我校设立，旨在鼓励家庭经家庭经济困难学生勤奋学习、全面发展。该奖学金自 2016 年开始实施，到 2020 年为止，每名学生奖金额度为

5000 元人民币，每年奖励名额 40 个。

16. 黄乾亨奖学金

“黄乾亨奖学金”是由黄乾亨基金会于 2004 年在我校设立，奖励对象为品学兼优的家庭经济困难本科生，每年奖励 30 名学生，每名学生奖励 2000 元人民币。

**附件 2**

## 中国政法大学各类助学金设立情况

1. 86 级校友新生助学金

“86 级友新生助学金”是由我校 1986 级校友于 2011 年出资设立，奖励对象为一年级家庭经济特别困难本科生。每年奖励 10 名学生，每名学生每学年 5000 元人民币。

2. 88 级校友助学金

“88 级校友助学金”是由我校 1988 级校友于 2012 年出资设立，2022 年止，奖励对象为一年级家庭经济特别困难本科生。每年奖励 20 名学生，每名学生每学年 5000 元人民币。

3. 黄乾亨助学金

“黄乾亨助学金”是由黄乾亨基金于 2000 年在我校设立，资助对象为家庭经济困难学生。自 2004 年起，资助名额为 30 名家庭经济困难学生，每名学生资助 2000 元人民币。

4. “民建海淀同心基金”助学金

“民建海淀同心基金”由民建海淀区委的 8 位会员于 2011 年发起成立，资助对象为一年级家庭经济困难本科生，连续资助 3 年。每年资助 20 名学生，每名学生每年 2000 元人民币

### 二、共青团工作

**【概况】**2017 年，共青团中国政法大学委员会认真学习贯彻落实党的十九大精神、全国高校思想政治工作会议精神和习近平总书记考察学校重要讲话精神，推进学校育人中心工作，组织召开“首都高校青年学习习近平总书记重要讲话精神座谈会”“国家机关青年代表与学校青年学生代表学习习近平总书记重要讲话精神研讨会”“全国政法类高校（学院）共青团学习习近平总书记重要讲话精神研讨会”以及学校各级团系统、团学组织、学生干部为主体的学习活动数十场次。

围绕学习宣传贯彻党的十九大精神，组织在校师生、学生组织以及各级团系统开展形式多样、主题明确、特色鲜明的学习活动。组织团员青年、学生骨干参加学习贯彻党的十九大精神中央宣讲团报告会，全校基层团组织开展主题团日活动。组建“圆梦中国人”宣讲践行团走进课堂、走出校园、走入基层，深入开展“学、讲、践”活动近 10 场。

制定《中国政法大学加强共青团先进性建设实施办法》《中国政法大学“第二课堂成绩单”制度实施办法》《中国政法大学共青团改革实施方案》，全面加强和改进学校共青

团的各项工作与发展建设。

持续开展“CUPL 正能量”人物访谈系列活动等网络思想引领宣传活动，开办“经典阅读”等线下活动。“CUPL 正能量”推出 150 余期，总浏览量逾 41.7 万次，每期 2779 次，第三部合集（第 51 至 100 期）进入出版阶段；举办团支部网络宣传大赛，引导基层班团组织的开展网络文明宣传活动；制作 2017 届毕业视频《肆年，我与法大的故事》，获 2017 年北京大学生书画艺术作品展金奖。

学校艺术团应邀参加中央电视台清明特别节目《相聚中国节　春天的思念》，赴加勒斯特大学孔子学院参加第五届罗马尼亚亚洲文化节中国主宾国活动；五四青年节，国防生合唱团首次参加 2017 年“五月的鲜花”全国大中学生文艺会演；原创舞蹈作品《玉树芝兰》获 2017 年北京市大学生舞蹈节比赛金奖，话剧《六个寻找剧作家的剧中人》获第六届北京大学生戏剧节金奖，诗朗诵作品《李白》获第二届北京市高校经典诗词诵读吟唱比赛一等奖。

毕业季，开展“依依法大”2017 届毕业音乐会中国武警男声合唱团专场演出、“蓟忆法大”研究生毕业晚会；新生入学教育期间，开展“锋声”学生先进事迹宣讲活动、“缘聚法大”新生军训慰问演出、新生入学教育之中国残疾人艺术团“我的梦”专场演出；邀请开心麻花话剧演出《婿势待发》，举行中国歌剧舞剧院演出大型舞剧《孔子》献礼校庆 65 周年、辽宁芭蕾舞团《天鹅湖》专场演出等“雅蕴”高雅艺术进校园系列活动；开展“舞动青春”纪念“一二·九”运动 82 周年主题舞蹈大赛。

积极组织文体活动。举办“冠军杯”足篮排等球类、“众行”大众体育文化赛事活动；开展“我的青春法大”65 周年校庆长跑活动，1200 余名师生、校友共同参赛；共青团中央学校部、全国学联秘书处联合中央电视台举办全国大学生校园跑步季活动，举办“厉害了 我的国”校园迷你马拉松赛。

举办第十四届“学术新人”和第十五届“学术十星”论文大赛；邀请王健林、陈瑞华、金灿荣等名师大家做客“博闻论坛”，刘德良、王四新、杨立新等知名学者参与“法治中国”系列学术论坛；创办“博士生沙龙”学习学术交流活动，建设“咖啡之 e——云课堂”线上交流平台。继续推出第五期“友思（Youth）”学习圈，宿舍“百家”生活圈和团支部“百言”文化圈活动，全校师生共组建学习圈 365 个，开展线下活动 4013 余次，举行校级成果分享会 7 次，逾 4600 名师生直接参与其中。

认真开展普法宣传活动。以“3·15 消费者权益保护日”“12·4”国家宪法日等为契机，依托研究生法律援助中心、青年志愿者协会、准律师协会等学生组织和社团，开展以“法治文化进课堂”、远程普法与支教相结合等基层法治文化传播活动，千余名学生志愿者在京、新、晋、赣、云等五省七地开展普法宣传活动。

积极做好志愿服务工作。学校共有 33 个志愿服务类型的学生组织、学生社团，招募组织在校本科生、研究生志愿服务总计 19271 人次，开展三大类公益志愿服务活动共计 1762 场次，包括普法及法律援助类 289 次，支教助学类 751 次以及其他类志愿服务工作（主要包括环境保护、社区服务、医疗卫生教育普及等）722 次，服务时长 120311 小时。学校评选出年度校优秀志愿者 50 名，志愿服务先进个人 50 名，志愿服务奖学金获得者

20 名。

**【习近平总书记参加本科生“不忘初心跟党走”主题团日活动】** 5 月 3 日，在中国政法大学建校 65 周年前夕，中共中央总书记、国家主席、中央军委主席习近平来到学校考察。在学生活动中心一层大厅，民商经济法学院本科二年级 2 班团支部正在开展“不忘初心跟党走”主题团日活动，习近平总书记来到他们中间，认真倾听几位同学从不同角度畅谈观看电影《焦裕禄》的体会，并参与讨论。

**【完成“双百行动计划”】** 年内，暑期社会实践活动组织支持 90 个团队共计 512 名在校师生，赴黑、川、黔、新等 20 多个省级行政区开展主题调研、普法宣传、公益支教等活动，形成总结报告、调研报告 80 余项。3 个项目团队获得“首都大学生暑期社会实践优秀团队”称号。

**【完成个人、集体评选表彰活动】** 年内，学校评选表彰优秀团支部 54 个、优秀团员 415 名、优秀团干部 86 名、“青年之友”17 名；在首都大学、中职院校“先锋杯”评选中，共有获奖优秀团员 16 名、优秀团干部 16 名、优秀团支部 12 个；获得市级“三好学生”22 名、优秀团干部 7 名、先进班集体 7 个。

**【参演央视清明特别节目《相聚中国节　春天的思念》】** 4 月 4 日，我校艺术团参加中央电视台综合频道清明特别演出《相聚中国节　春天的思念》，表演《红旗歌》《露营之歌》《祖国不会忘记》《天之大》《春天在哪里》五个节目。

**【国防生合唱团首次亮相 2017 年“五月的鲜花”全国大中学生文艺会演】** 5 月 4 日，由中宣部、教育部、团中央联合主办，中央电视台承办的《激扬青春梦——2017 年“五月的鲜花”全国大中学生文艺会演》在央视综合频道和综艺频道进行首播，学校国防生合唱团及指导教师共 35 人参与了节目的准备和演出工作，参演合唱《当那一天来临》、朗诵《请老师放心》、开场舞《五月的鲜花》和尾声《在你伟大的怀抱里》四个节目。

**【召开首都高校青年学习习近平总书记重要讲话精神座谈会】** 5 月 8 日，由中国共产主义青年团北京市委员会、北京市学生联合会与中国政法大学联合主办，召开首都高校青年学生代表学习习近平总书记考察中国政法大学重要讲话精神座谈会，北京市学联代表安子豪和首都 24 所高校的青年学生代表，以及我校参与 5 月 3 日主题团日活动和座谈会的部分学生代表参加了本次座谈会。

**【召开国家机关青年代表与学校青年学生代表学习习近平总书记重要讲话精神研讨会】** 5 月 8 日，我校召开全国人大、司法部门青年代表与学校青年学生代表共同学习习近平总书记考察中国政法大学重要讲话精神研讨会，来自全国人民代表大会常务委员会、最高人民法院、最高人民检察院、公安部、司法部等单位的青年代表与学校青年学生代表围绕“立德树人德法兼修抓好法治人才培养，励志勤学刻苦磨炼促进青年成长进步”主题进行发言。

**【召开全国政法类高校（学院）共青团学习习近平总书记重要讲话精神研讨会】** 5 月 9 日，由团中央学校部和中国政法大学联合主办的全国政法类高校（学院）共青团学习习近平总书记考察中国政法大学重要讲话精神研讨会顺利召开，中国青年政治学院、中国人民公安大学、中南财经政法大学、西南政法大学、华东政法大学、西北政法大学、中央司法警官学院、河南财经政法大学、上海政法学院、山东政法学院、甘肃政法学院，北京大学法学院、北京师范大学法学院、吉林大学法学院、武汉大学法学院等高校和高校法学院团委代表参加了研讨，活动是全国政法类高校（学院）共青团联盟以学习总书记讲话精神为契机专门召开的成员单位会议。

**【举办“我的青春法大”迎校庆长跑】**5月14日，为庆祝建校65周年，开展“我的青春法大”65周年校庆长跑活动，全程6.5公里，1200余名师生、校友共同参赛。

**【召开中国政法大学第十七次学生代表大会】**6月3日，为践行学生民主自治理念、实现青年自我服务与管理，中国政法大学第十七次学生代表大会召开，全国学生联合会驻会执行主席方艺凝出席会议。大会通过学院班级选举产生学生代表275名，实际出席会议230名，分为六个代表团。列席代表13人，其中教师代表2名，学生代表11名。参会学生代表差额选举产生第十七届学生委员30名。经大会秘书长、副秘书长提名校学生委员会主任委员候选人2名、学生会主席候选人2名，经过2场候选人竞选演说与辩论，参会学生代表投票选举产生第十七届校学生委员会主任委员孙家安和第十七届校学生会主席陈耀亮。

**【举办第十四届“学术新人”论文大赛颁奖典礼】**6月15日，由中国政法大学主办、北京仲裁委员会/北京国际仲裁中心协办的第十四届“学术新人”论文大赛颁奖典礼在我校研究生院举办。本次大赛自2016年11月启动，经过初审、答辩式复审、综合评审三个环节，前后历时7个多月，共收到全校各专业参赛论文195篇，经校内外专家学者和学刊编辑的严格评阅，最终产生了11名“学术新人”及22名“优秀论文”获奖者。“学术新人”大赛是中国政法大学研究生最高端的学术活动，该大赛以“弘扬法治精神，砥砺人文品格，激扬学术新风，培育学术新人”为宗旨。

**【举办第十五届“学术十星”论文大赛颁奖典礼】**10月31日，由中国政法大学主办、中伦律师事务所协办的第十五届“学术十星”论文大赛颁奖典礼在我校昌平校区举办。本次大赛于2016年12月启动，共收到全校各专业参赛论文145篇，经初审、答辩式复审、综合评审三个环节，前后历时10个多月，通过学校专家学者的认真评审，最终产生了10名“学术十星”以及10名“优秀论文”获奖者。“学术十星”论文大赛是中国政法大学本科生阶段规模最大、影响力最广的学术论文竞赛活动，本届比赛以“明理笃思，韶华共术”为口号，倡导同学们思考学术道理，共同学习进步。

**【举办“厉害了 我的国”国庆主题校园跑活动】**10月1日，为庆祝祖国六十八周年华诞，喜迎党的十九大胜利召开，共青团中央学校部、全国学联秘书处联合中央电视台，在全国五所高校共襄“厉害了 我的国”全国大学生校园跑步季，学校作为活动的第一站。来自学校艺术团和Green light啦啦队、CG街舞社、京华京剧社、宜字林书法爱好者协会、国标舞协会和武术协会6个学生社团的100余名师生参与“快闪”表演，央视财经频道对活动进行了现场直播。

**【参演第五届罗马尼亚亚洲文化节中国主宾国活动】**11月24日，与学校共建的布加勒斯特大学孔子学院作为主办方，全程参与第五届罗马尼亚亚洲文化节，中国驻罗马尼亚文化参赞闫建武、布大孔院中方院长董京波、外方院长白罗米和由我校团委副书记孙璐担任团长的艺术团师生出席了本次活动并选派代表致辞。随后，我校艺术团师生助阵演出。

**【召开党的十九大代表王进与校学生骨干座谈会】**12 月 1 日，学校邀请党的十九大代表、全国青联常委、国网山东电力检修公司员工王进与学生骨干举行座谈会，与会学生干部集体学习党的十九大精神，与会师生围绕“为党的事业无私奉献，坚守初心”精神进行了讨论和交流，学校共青团师生代表 30 余人参加活动。

**【学生组织、社团开展 12·4 国家宪法日普法宣传活动】**12 月 4 日前后，学校研究生支教团、研究生院青年志愿者协会以及准律师协会、农村与法治研究会等学生组织、社团的 200 余名志愿者在京、新、晋、赣、云等五省七地开展国家宪法日普法宣传活动。

**【学校师生宣讲团赴河北平泉开展“学、讲、践”活动】**12 月 11 日至 12 月 13 日，为学习宣传贯彻党的十九大精神，应平泉市委市政府邀请，学校“圆梦中国人”宣讲团师生一行 8 人赴国家级贫困县河北平泉开展宣讲调研活动。

**附件**

**2017 年校级学生组织负责人**

| | |
|---|---|
| 校学生委员会 | 主任：孙家安 |
| 校学生会 | 主席：陈耀亮 |
| 研究生会 | 主席：丁晏清 |
| 学生社团联合会 | 主席：燕子笑 |
| 青年志愿者协会 | 会长：葛泽元 |
| 艺术团 | 团长：李　镒 |
| 团委宣传中心 | 主任：陈　钢 |
| 团委政策研究中心 | 主任：陈　纯 |
| 团委组织部 | 部长：秦鸿璟 |

**2017 年学生社团**

本科生社团总数：82 个

人文分会（9 个）

| | | |
|---|---|---|
| 345 诗社 | 风云动漫社 | 正大琴社 |
| 舞月汉服社 | 京华京剧社 | 净行社 |
| 美术协会 | 天空印象 | 宜字林书法协会 |

理论分会（11 个）

| | | |
|---|---|---|
| 阿里郎文化交流协会 | 德语社 | 法律评论社 |
| 法语协会 | 国际时政论坛 | 青年学社 |
| 日本语协会 | 微博协会 | 心理协会 |
| 英语协会 | 马克思主义协会 | |

特色分会（31 个）

CUPL Goebel 街舞社
棒垒球协会
国标舞协会
军事爱好者协会
篮球裁判协会
灵心手语协会
轮滑协会
魔术爱好者协会
排球协会
乒乓球协会
跆拳道协会
推理协会
玩泥巴清唱团
网球协会
武术协会
弦子锅庄舞协会
羽毛球协会
清韵雅音陶笛社
藤球协会
雪莲花协会
法大 Fitness Club
星道天文社
情·理·法·社会工作协会
木头人吉他社
法大演说协会
定向越野协会
足球协会
电子竞技社
国际交流协会
留学服务中心
GreenLight 绿光啦啦队

实践分会（31 个）

创新协会
电影协会
岭南文化协会
绿色家园环保协会
模拟联合国协会
农村与法治研究会
求是社
政法创行
西部志愿者协会
职业发展协会
准律师协会
新长城自强社
橄榄绿协会
万里自行车协会
DreamOut
法大 AIESEC
GIB 美妆协会
声动朗诵协会
光政辩论协会
英语辩论社
TEDxCUPL
摄影协会
礼射研习协会
强军协会
案例研究会
棋牌协会
图书馆学生工作协会
英语写作协会
法律英语协会
益行人
数学建模研究会

研究生社团总数：10 个

弘毅国学社
环境与发展协会
刑辩研究会
英语协会
法律援助中心
青年志愿者协会
乒乓球协会
羽毛球协会
足球协会
舞蹈协会

# 第十章　办学条件与保障

## 一、学校办公室工作

**【概况】** 2017 年，学校办公室认真学习贯彻党的十九大精神、习近平总书记考察我校重要讲话精神及学校第八次党代会精神，自觉将思想和行动统一到学校的各项中心工作中，不断改进工作作风、增强服务意识，逐步提升理论水平和工作实效。获评学校管理与服务优秀集体、安全标兵先进集体、昌平区学习型先进组织，钱端升纪念馆获评十佳校园文化品牌。

圆满完成习近平总书记考察我校的系列综合协调及接待工作，形成了细致周全的工作方案，接受了上级单位的多轮次检查。起草《中共中国政法大学委员会关于深入贯彻落实习近平总书记在考察我校时重要讲话精神的方案》，成为学校落实习近平总书记“5·3”重要讲话精神的指导性文件；开展专项督办工作，配合做好 9 月中办回访检查工作，起草相关汇报材料，形成月度督办通报和会议汇报，切实督促各单位落实工作。

夯实服务技能，综合协调服务保障水平不断提升。完成了 65 周年校庆典礼、钱端升纪念馆开馆典礼、中办回访检查、北京市人大李伟主任来访、北京市委教育工委林克庆书记来访等重大会议、接待活动的主办工作，协同相关单位完成了本科教学审核评估、第八次党代会、党建评估等重大任务的接待、会务等保障工作，共接待省部级以上干部 20 余人次，接待上级单位视察和兄弟院校来访近 30 次、约 130 余人次，承办学校各类会议 30 余场次，其中 100 人以上会议 10 余场。正式上线新版行政办公系统（OA），增强会议室、公文等事项申办的体验感；启用校级党政会议电子会议办公系统，完全取消纸质材料；启用两校区同步视频会议系统；启用两校区本科生学位学历复印件及翻译件和事业单位法人证书（副本）复印件网上申领程序和自助打印服务，启用至今已有近 400 余人次使用。根据教育部公务用车制度改革相关批复，完成公务用车整改工作，学校保留各类车辆 24 辆，其中，专业性、业务性用车 19 辆，公务车辆 5 辆。以公开拍卖、解体等形式处置封存公车 15 辆。

文秘工作规范细致，积极发挥参谋助手作用。全年共召开校级党政会议 50 次，其中党委全委会 5 次、党委常委会 27 次、校长办公会 16 次、书记办公会 2 次；发放决议通知单 186 件，其中党委常委会决议通知单 80 件、校长办公会决议通知单 106 件。共处理校级公文 481 件，其中行政类公文 339 件（法大发 143 件、法大报 75 件、法大请 88 件、法大函 15 件、法大办发 18 件），党委类公文 142 件（法大党发 109 件、法大党文 32 件、法大党函 1 件）。完成各类讲话、报告、汇报等稿件百余篇，向上级单位报送信息 45 篇。完成法大年鉴 2014 卷、2015 卷、2016 卷，并为各级教育年鉴提供文件材料 2 万余字、视频资料 6 条、照片 24 幅。

突出工作重点，提高督办和信息公开工作实效。全年完成《月度督办情况通报》10 期、《学期党政工作督办情况通报》1 期，专项督办上级来文 186 件，督办校长办公会决议 92 项，党委常委会决议 74 项，并处理部门报请件 73 件，按时完成率为 99.1%；发布《中国政法大学 2016－2017 年度信息公开报告》，全面公开学校信息公开工作情况；上报《中国政法大学关于校务公开情况的自查报告》，全面对学校的信息公开工作进行自查自纠；主动更新信息公开专栏，全年共发布信息 285 条；共收到信息公开申请 14 件，其中属于依申请公开的信息为 6 件，其余的均为咨询信息。信息公开申请的按时办结率为 100%。

畅通信访渠道，不断提升现代治理能力。制定《中国政法大学关于深化校院两级管理体制改革的若干意见》，校院两级管理取得实质性进展。全年审查以学校名义对外签订的各类合同 483 件，代表学校处理诉讼、仲裁、调解及其他非诉讼案件 2 件，其中校园置换案件胜诉，为学校的重大决策及有关事务提供法律意见 8 次，为校内各职能部门和单位提供法律咨询 15 次，组织重大事项专家论证会 8 次，审查拟以学校名义下发的各类规范性文件 45 件，受理投诉举报信访 63 人次，组织校领导接待日 10 次，接待参与师生 11 人次。

严格保密程序，做好机要保密工作。接收各上级单位来文 1940 余份（其中涉密文件近 300 份），全年审核发布校内外通知公告 700 多条，流转上级通知 200 余件、兄弟院校及其他单位交流函件 71 份。

加强档案利用，提高档案管理工作水平。建立钱端升纪念馆，开馆以来共接待校内外团体 60 余个，参观人数 2000 余人次。全年完成档案查询 1225 人次，完成档案管理办法修订工作，启动档案馆数字化扫描和空间置换工作。

以师生为本位，收发工作完成任务。全年共分发全校报纸 56 万余份，期刊 450 多种 18000 余份，接收各种邮件 56 万多件，机要件 7000 多件；完成两校区互转信件 8970 余封、互传文件 750 余件；外发机要件、挂号信 8600 余件；退转邮件 27 900 余件。

**【建成钱端升纪念馆】** 5 月 15 日，钱端升纪念馆开馆仪式在学院路校区举行。全国人大常委、中国文联副主席、民盟中央委员会副主席张平，中国法学会党组成员、副会长、学术委员会主任张文显，学校党委书记石亚军，校长黄进，副校长冯世勇，党委副书记高浣月出席了开馆仪式。还有民盟中央及北京市委员会的部分领导、北京市委统战部的部分领导、钱端升生前工作单位的部分领导和钱端升的家属及友人参加开馆仪式。张平、张文显、石亚军和钱端升家属共同为钱端升纪念馆揭牌。我校于 2007 年开始筹办钱端升纪念馆，经过多年的史料挖掘、实物收集，学校档案馆工作人员、钱端升先生家属一起整理了 4 万余页中英文信件、手稿等珍贵资料；通过实地调研、访谈老教师、咨询展览专家等多种方式对展览材料进行完善，现有馆藏资料 2300 多卷（件），展厅面积 260 平方米，分设 7 个展区，较为完整地展示了钱端升先生波澜壮阔的人生画卷。截至年底，共接待校内外团体 60 余个，参观人数 2000 余人次。

**【举办学校 65 周年校庆纪念大会】** 5 月 16 日，学校 65 周年校庆纪念大会在昌平校区学术报告厅召开。大会以“学习贯彻习近平总书记视察学校重要讲话精神，积极行动起来全力推进学校‘双一流’建设”为主题，全体在校校领导，最高人民法院、最高人民检察院、司法部等共建单位领导，知名律师事务所负责人，校董代表，校友代表，全国重点中学校长代表，学校各二级单位负责人、离退休教职工代表、教师代表及学生代表参会。

**【接待市人大常委会主任李伟来学校调研】**6月16日，北京市人大常委会主任李伟到我校调研，市人大常委会秘书长张清等陪同调研。调研团先后考察了我校法渊阁图书馆、光明新闻传播学院实验室及智慧教室，并参观了位于逸夫楼大厅的校史展和重要办学成果展，随后举行座谈会。学校党委书记石亚军，校长黄进，副校长冯世勇、马怀德，各学院、部处相关负责人及师生代表参加了座谈。

**【接待市委常委、教工委书记林克庆一行来学校调研】**9月28日，北京市委常委、教工委书记林克庆一行来校走访调研，与学校党委书记胡明、校长黄进进行交流座谈，走访法渊阁图书馆、智慧教室，现场观摩了学生模拟法庭课堂，参观了校史展和重要办学成果展，了解了校园智能化现代化建设以及同步实践教学的相关情况。

**【启用两校区本科生学位学历复印件及翻译件自助打印服务】**10月，学校办公室启用两校区本科生学位学历复印件及翻译件自助打印服务，本科生可凭学号在逸夫楼自助打印机实现自助打印，截至年底，近400余人次使用。

## 二、财务工作

**【概况】**2017年，学校财务工作紧紧围绕学校事业发展需要，以保障中心工作为宗旨，以“双一流”建设为核心，加强财务管理制度建设，规范财务管理工作流程，不断健全和优化财务治理体制和运行机制。

完善内部控制制度建设。成立了由校长黄进牵头的工作组，加快推进以内部控制制度为核心的财务管理制度建设，并制定实施方案。完成内控流程梳理工作，《内部控制现状评估报告》接近完成，《内部控制管理规范总册》《内部控制流程控制规范手册》《内部控制评价规范手册》《权限指引》基本编制完毕。

加强财务制度建设。为落实中办、国办印发的《关于进一步完善中央财政科研项目资金管理等政策的若干意见》（中办发［2016］50号）精神，财务处配合科研处制定《中国政法大学横向科学研究项目管理办法》（法大发［2016］164号）《中国政法大学纵向科学研究项目管理办法》（法大发［2016］165号）《中国政法大学科研项目间接费用管理办法》（法大发［2016］166号）等科研项目管理文件，减少教师在预算编制、预算调剂、绩效支出等方面的制度性障碍，有力支持教师开展科研创新活动。制定《中国政法大学野外考察差旅费管理实施细则》（法大发［2017］62号）《中国政法大学科研财务助理管理办法》（法大发［2017］63号），最大限度激发教师的主动性和创造性，支持教师通过项目建设产出高质高量的科研成果。

积极落实中央“放管服”指示精神。通过制作“报销指引”明晰报销规定、简化科研经费中差旅费的使用和报销流程、为学校科研工作者查询经费到账情况提供数字化服务等方式，简化优化科研经费报销程序和使用规定。

严格预算执行。开展盘活财政存量资金工作，整理与核实学校财政存量资金规模、结构、结存状态、变化情况等，动态监控项目实施全过程，建立预算执行动态监控机制。2017 年共有项目预算资金 1.91 亿元，通过召开项目资金执行专题会议，将任务单按时间分解，项目落实到各职能部门，责任到人；成立项目执行小组，审计处、纪委办监察处负责对项目实施全过程监控，实现基建项目资金、中央高校改善基本办学条件、中央高校基本科研业务费、中央高校教育教学改革经费、“双一流”建设经费、中央高校管理改革等绩效拨款、中央高校捐赠配比等项目年底全部完成。

强化财务管理信息化建设。依托学校财务处网站、短信平台、微信公众号、QQ 群、微信群等平台及时推送各类通知、信息，及时发布国家、学校相关财务政策、指引。以微信公众号为平台，开通缴费平台功能，实现教职工自主缴纳党费、学生缴纳学宿费等事项。加大信息公开力度，开通原始凭证电子查询功能，科研项目报销的原始凭证，教师可通过网上查询功能及时查看；开通汇款单到账查询功能，教师可通过查看到账款项功能，及时认领来款；可凭电子来款信息进行立项。

**【召开财经工作领导小组会】**7 月 13 日，2017 年第一次财经工作领导小组会议在学院路校区召开。会议由校长黄进主持，出席会议的有财经领导小组成员以及财务处等部门相关人员。会议听取和批准了校医院等 8 个部门提交的挂号诊疗费调整分配项目、同等学力培训费调整分配比例、非全日制研究生专业学位调整学费标准以及人事处调整聘用合同违约金标准等议题。

**【召开财务处业务会】**11 月 3 日，依据中办、国办印发的《关于进一步完善中央财政科研项目资金管理等政策的若干意见》（中办发［2016］50 号）文件精神，就如何践行“放管服”理念，为科研经费松绑，财务处举行业务会，形成了关于科研经费报销的十八条决议。

**【召开 2018 年预算工作布置及填报培训会】**11 月 9 日，2018 年预算工作布置及预算填报培训会在昌平校区召开，各学院、职能部门负责预算编制的工作人员参加培训，培训会由财务处副处长梁璐主持。会议介绍了 2018 年预算填报工作的总体目标、编制要求以及上报方式，并要求各单位高度重视，严格按照要求填报。

**【印制报销手册】**12 月，财务处印制关于“会计标准化建设（报销指引）”手册，全面梳理各类开支的报销要求，通过图表与文字相结合的形式，从发票样式、报销简表、注意事项等方面，全面讲解了财务报销所需的材料以及特别情况的处理方法，明确了报销清单与流程。

## 三、审计工作

**【概况】**2017 年，学校审计工作坚持审计业务服务于学校改革发展大局的原则，通过强化审计监督、突出重点领域审计、履行好对关键经济业务的监督职能等方式，在规范教育经济行为、确保资金资产安全、促进政策落实等方面取得了积极成效，为学校决策提供依据，保障了教学、科研及各项事业的健康发展。

2017 年共完成各类审计项目 92 项，审计资金总额为 119 535.7 万元，其中，财务预算执行情况审计 1 项、财务收支审计 1 项、经济责任审计 2 项、后续审计 2 项、科研课题结项经费审计 30 项、基建工程审计 1 项、修缮工程审计 55 项。通过各类财务审计项目发现问题 56 项，提出审计建议 44 条，纠正违规违纪资金 7.10 万元，督促整改金额达 346.96 万元，通过基建、修缮工程审计降低工程造价 260.31 万元。

**【制定《中国政法大学建设工程管理审计办法》】** 6 月 2 日，校长办公会审议通过《中国政法大学建设工程管理审计办法》，并于 6 月 12 日印发施行。

**【制定《中国政法大学加强审计整改工作管理办法》】** 6 月 28 日，校长办公会审议通过《中国政法大学加强审计整改工作管理办法》，并于 7 月 5 日印发施行。

**【开展学校国内合作处财务收支审计】** 年内，审计国内合作处 2016 年度财务收支情况，并审计其运营的中国政法大学教育基金会的相关财务收支情况，审计金额 1550.68 万元，出具审计报告 1 份，发现问题 5 项，提出审计建议 6 条。

**【开展财务预算执行情况和财务决算审计】** 年内，对学校 2016 年度财务预算执行情况和决算的真实性、合法性和效益性进行了审计，重点关注校办产业上缴学校利润和费用的情况、应收应付款项长期挂账问题以及合同管理问题。审计金额共计 108 651.54 万元，出具审计报告 1 份，发现问题 5 项，为学校财务管理提出审计建议 4 条。

**【开展后续审计】** 年内，对政法论坛和政治与公共管理学院 2014 年至 2016 年审计报告中提出的问题整改情况进行后续审计，共针对 14 项问题发表了审计意见，出具审计报告 2 份，发现问题 5 项，提出审计建议 5 条。

**【开展科研课题结项经费审计】** 年内，完成科研项目结项经费审计 30 项，审计金额 310.70 万元，出具审计意见书 12 份，发现问题 30 项，提出审计建议 20 条。

**【开展基建修缮工程审计】** 年内，开展教学图书综合楼项目、学院路校区学生公寓维修改造项目全过程审计。完成修缮工程结算审计共计 55 项，审计金额为 3569.94 万元，审减额为 260.31 万元，审减率为 7.29%，共降低工程造价 260.31 万元。

**【开展对招投标相关事项的审计监督】** 年内，共完成对 72 项招标项目的审计监督鉴证工作，其中委托招标项目 58 项、校内招标项目 14 项；维修改造工程招标项目 27 项，采购招标项目 45 项。学校审计处作为招投标领导小组成员单位，参与了对 14 项校内招标项目的评标工作，对 73 项申请的审议工作以及对 50 项项目的验收工作。

**【开展学校秋季收费检查工作】** 年内，由学校审计处牵头，纪委办公室、监察处和财务处协助配合，开展了秋季教育收费检查工作。检查工作分自查自纠和抽查两个阶段进行，检查内容主要包括二级学院和校内相关部门的收费情况、教育收费公示制度落实情况、财务管理、学校和幼儿园服务性收费代收费情况以及学校收取的行政事业性收费是否及时足额上缴财政。

## 四、资产工作

**【概况】** 资产管理处是学校国有资产管理的职能机构。主要职能是根据上级有关规定，建立健全国有资产管理的各项规章制度；保障国有资产的安全和完整，防止国有资产流失；明晰产权关系，实施产权管理，办理产权登记；规范国有资产使用、配置、处置行为，优化国有资产的配置，提高资产利用率；定期对学校的国有资产进行清查核实，逐步加强国有资产管理信息化建设。下设综合管理科、房地产管理科、设备管理科、校办产业管理科等 4 个科室，现有工作人员 11 人。

努力解决青年教职工住房困难。积极与北京市住建委、昌平区住建委等相关部门协调，争取到位于通州马驹桥的公租房 30 套，按照北京市保障房建设投资中心的要求制定《中国政法大学公共租赁住房管理办法》，完成两批次报名申请、资格审核及配租等相关工作，17 人办理了配租入住手续。启动周转房网上申请及选房系统，实现了周转房申请、选房等手续的网络化办公，装修改造周转房 31 套，新购家具 40 套，对昌平家属院 4 栋房屋楼顶进行了防水处理，为每套新改造的周转房配置绿植。安排新职工周转房入住 66 户，腾退 76 户，续签 41 户。

加强国有资产管理规范化建设工作。进一步健全国有资产管理制度，制定《中国政法大学关于完善教学科研仪器设备采购工作的实施意见》，破除束缚教学科研仪器设备采购的体制机制障碍。落实共有房使用管理责任制，将公有房使用责任书的签订制度化，加强公有房使用管理，确保公有房使用的安全、高效。不定期对公有房进行巡查，安装门牌共计 188 块，以公开招租或中介评估方式进行房屋出租，变更商铺一卡通收入的结算方式转变为打入中标单位的公司账户。

按照国管局等上级部门的相关政策，将级差补贴的审核发放工作常规化，纳入年度预算，发放级差补贴 126 人，共计 515. 25 万元；审核发放 2016 年 6 月前来校新职工月住房补贴和差额补贴约 222 万元，提职晋职教职工月住房补贴 9. 63 万元，腾退不可售公房老职工国家补贴 11. 77 万元。审核发放 2009 年 9 月前来校人才引进教师住房补贴 223 万元。委托学校学生委员会权益部对军都楼所有商户进行满意度调查，根据调查结果，对军都楼到期商铺进行了重新规划。在昌平校区逸夫楼和学院路校区综合科研楼空间部分添置了学生自习用桌椅。

通过司法诉讼途径解决北京禾谷园连锁经营有限公司长期无偿占用学校房产的历史遗留问题，按照校长办公会决议落实 5 位教职工住房问题。

学院路教学图书楼，动员 2 号筒子楼相关住户调整搬迁，通过法律途径协商解决禾谷园公司占用房屋问题，与 6 号楼住户沟通，采取调整、回租、腾退等多种形式，完成了东西侧 33 间住户房屋向已完工的南北侧房间腾挪。

**【住房级差补贴发放】** 5 月 5 日，根据国管局文件精神和学校住房改革政策，对因职称职务等变化的 126 人发放级差补贴，共计 515. 25 万元。

**【举行燕保 · 马驹桥家园公租房配租会】** 9 月 7 日，学校在通州燕保 · 马驹桥家园公租房项目管理处举行现场配租会。参加此次现场配租会的有通过公租房租赁资格申请审核的教职工、学校监察处副处长叶建华、资产管理处副处长李勇、财务处工作人员、长安公证处公证员、马驹桥公租房项目管理处工作人员。

**【通过法院调解收回外单位占用房屋】** 12 月 15 日，海淀区人民法院根据我校与北京禾谷园连锁经营有限公司（简称“禾谷园公司”）的协商结果，出具调解书，确定由我校支付禾谷园公司相应安置费后，禾谷园公司于 2018 年 2 月 28 日前将占用房屋腾空交还我校。此前，因历史缘由，禾谷园公司长期无偿占用我校学院路校区南门外一处面积为315.1平方米的平房（原政法粮店）使用至今。

## 五、后勤工作

**【概况】**中国政法大学后勤服务工作由2004年7月成立的学校后勤工作委员会全面负责，实行“小机关多实体”管理模式，后勤工作委员会下设办公室，负责后勤事务的行政管理以及后勤实体、国际交流中心服务工作的监督、管理和协调，内设综合科、质量监督科、工程技术科、节能办公室。为便利师生、规范后勤实体服务及进行现金收费，2009年9月运行后勤服务大厅，目前分理后勤服务咨询、投诉、建议、提供校内电话号码查询等服务。后勤服务系统设饮食服务中心、学生公寓管理服务中心、物业管理服务中心、运输服务中心、电信服务中心、幼儿园、国际交流中心共7个实体直接从事服务与保障工作，实行独立核算、自主经营、自负盈亏、自我约束、自我发展的经营模式。另设有后勤结算中心作为学校二级财务机构负责实体的结算工作。

协调督促后勤实体完成了2017年两校区迎新、开学典礼、新生军训、教师节表彰大会、毕业典礼、毕业生离校、2017年学校献血工作、校运动会、自主选拔及艺术特长生招生测试、就业双选会、大学英语四六级考试、公共英语考试、硕士研究生招生考试等多项校内活动的后勤服务保障工作；完成教师节免费餐、中秋节免费月饼、供暖保障、两校区安全检查整改督办等后勤实体保障工作；与后勤实体相关中心协调，审核大批量一卡通办理申请。联系协调2016级法硕学生搬家等事宜。通过后勤服务大厅发布后勤服务一周热点35期、每周校园生活提示33期、失物招领信息128条，后勤服务质量追踪171项，接收、回复信息约23 909项，其中校内电话号码查询约19 612项，接收咨询、投诉、建议、报修约4297项；组织多次后勤服务系统安全及服务专项检查，确保了重要节点、敏感时期及日常后勤服务保障工作的平稳运行。

组织开展后勤系统总、分体系标准换版工作，组织后勤实体开展后勤服务质量管理体系内部审核工作，邀请认证公司专家对总、分体系进行认证转换监督审核工作。继续通过聘请后勤服务质量监督员、邀请师生代表参加后勤系统工作例会、接听校园生活服务热线、处理校园BBS投诉、发放后勤服务调查问卷、召开师生座谈会、大厅接待等方式与师生保持有效沟通。拓展后勤服务质量监督员职能，密切与学生组织的沟通交流，定期发布后勤服务质量监督报告3期，限期整改不合格服务项目205项。

积极组织维修改造工程。严格按照《中国政法大学修缮工程项目管理办法》及中央政府采购相关要求先后开展了20余项维修改造工作，组织实施了两校区学生公寓维修改造，留学生公寓改造、学生公寓防水改造、家属区周转房改造等修缮工程。在后勤办、管理使用部门及监理单位的严格监管下，经过各方面积极努力，各项工程均顺利竣工并投入使用。此外，组织开展了教育部修购专项申报工作，争取到1400余万元专项资金。

扎实开展节能减排工作。按照教育部和北京市发改委要求，积极参加重点用能单位节能减排培训会议，按时报送月、年度能耗资料及能耗报告，并接受上级部门现场检查，完成学校2016年度能源审计、碳排放核算等工作，推进清洁生产审核工作，能源管理体系和碳排放体系通过第三方年度评审，节约型校园建筑节能监管平台投入运行，校园能耗及水耗可随时在线监测。加大节能节水宣传力度，通过开展节水周宣传活动、与学生社团组织联合举办节水活动等方式，提高师生节能意识，强化行为节能。加强节能减排技术改造，完成四台燃气锅炉低氮改造工程及两台低氮供暖锅炉和五台低氮茶炉更新工作，整修设施设备、提高运行效率和节能效果，完成学校2017年节能减排任务。

不断推进党风廉政建设。深入学习贯彻党的十九大精神，切实推进党风廉政建设；对校园维改工程招标、后勤实体经营、财务收支管理以及涉及学生代收费和服务性收费等关键环节和关键岗位加强风险监控；根据《中国政法大学后勤实体报账员岗位轮换实施办法（暂行）》，落实后勤实体报账员岗位轮换工作；配合学校对后勤办及后勤实体开展各项审计工作，对审计中发现的问题认真落实整改。

**【开展第一期后勤系统管理培训】** 4月20日，后勤办举办2017年第一期后勤系统管理培训，特邀商学院王霆教授围绕“责任、荣誉和组织——构建高绩效组织的领导行为”进行专题培训，后勤办及后勤实体同志参加培训活动。

**【召开后勤信息化平台建设项目启动会】** 6月13日，后勤信息化平台项目启动会召开，后勤办、后勤实体负责人及相关同志、平台施工单位北京时尚百联科技股份有限公司实施工程师参加会议。会议围绕后勤信息化平台项目的整体进展情况、工作安排及相关要求等展开交流。

**【开展第二期后勤系统管理培训】** 7月6日，组织2017年第二期后勤系统管理培训，特邀北京市海淀区劳动仲裁委员会王洋仲裁员前来开展“劳动法与劳动争议的学习和理解”专题培训，后勤办及后勤实体相关同志参加了此次培训活动。

**【开设教工自助餐厅】** 9月11日，饮食服务中心于国际交流中心二层开设教工自助餐厅。

**【开展第三期后勤系统管理培训】** 10月17日，后勤办举办第三期后勤系统管理培训，特邀学校民商经济法学院郑佳宁教授进行《合同法》专题培训。后勤办及后勤实体相关同志参加了此次培训活动。

**【开展第四期后勤系统管理培训】** 11月29日，后勤办举办第四期后勤系统管理培训，特邀北京市海淀区劳动仲裁院孙旭副庭长与杨秋燕仲裁员来校围绕“劳动纠纷中常见问题”展开专题培训，后勤办及后勤实体相关同志参加培训。

**【入选全国校园物业服务百强单位】** 12月2日，中国教育后勤协会物业管理专业委员会在年会上正式公布了“2016全国校园物业服务百强单位研究报告（排行榜）”，物业管理服务中心成功入围高校后勤实体前30名，位列第20名。

**【组织第五届后勤系统职工羽毛球、乒乓球比赛】** 12月14日，第五届后勤职工羽毛球、乒乓球比赛在昌平校区启运体育馆举行，后勤职工共计50余人参加了比赛。

**【完成后勤服务质量管理体系认证转换监督审核工作】** 12月20至21日，北京中润兴认证有限公司审核专家组对学校后勤服务质量管理体系进行了认证转换监督审核，审核通过并继续保持认证注册资格，预计2018年1月换发认证证书。

**【保障本科教学评估】** 年内，物业管理服务中心完成教学楼部分区域粉刷、法治广场修缮、基础设施维修及保洁等整改工作近千余项，保障学校本科教学评估顺利进行。

## 六、基建工作

**【概况】** 基建处是学校负责落实校园建设总体规划，组织、实施基本建设项目的行政职能部门，下设综合科、计划科、工程科三个科室。2017 年共完成基本建设投资 3316.96 万元，修购专项资金 650 万元。学院路校区教学图书综合楼项目总承包范围内施工进入收尾阶段，正在进行各专项验收工作。学院路校区 6#楼加固工程施工完成 50%。学院路校区食堂项目正在办理前期手续。昌平校区礼堂改造工程完成。昌平校区图书馆改造工程前期工作开始进行。

加强工程前期工作，切实推进基建工作。根据《北京市住房和城乡建设委员会建设项目施工计划通知书》（京建计（施）字［2017］028 号）和《北京市海淀区水务局雨水利用设计方案意见复函》，现正进行学院路学生食堂厨房设备设计，完善后报送消防审核。昌平校区图书馆节能维修改造工程已于年中完成修购资金的申报工作并获批，根据工程的总体安排，现已开始工程改造设计等前期工作。启动昌平校区学生公寓、综合体育馆、博士生及博士后公寓等项目的规划设计工作。教学图书综合楼项目于 2013 年 12 月 24 日开工建设，已进入施工收尾阶段，2017 年完成了总承包范围内的装饰装修及安装专业施工工作，与科研楼相连的 3#汽车通道暗挖施工基本完成。完成教学楼、办公楼及锅炉房等已竣工项目维保工作，按照程序将维保到期项目交付相关管理单位。

与教育部、发改委等上级政府、机关沟通，争取对学校基建项目更大的政策支持和资金投入，2018 年教学图书综合楼项目申请国拨资金 7000 万元。为学校争取维修改造资金支持，完成 2018 年昌平校区图书馆节能维修改造资金申请工作。

**【完成昌平校区礼堂改造工程】** 3 月，完成昌平校区礼堂节能维修改造工程施工图纸的设计，6 月 27 日完成招标工作，8 月 17 日正式进场施工，9 月开学时具备使用条件，10 月全部完工，12 月 6 日完成四方竣工验收，完成审计结算。

**【昌平校区图书馆维修改造工程启动】** 7 月 25 日，完成昌平校区图书馆维修改造工程项目设计单位的招标工作，中标单位为华诚博远工程技术集团有限公司。

**【学院路校区 2#配电室工程完成】** 11 月 8 日，完成学院路校区 2#配电室工程的审计结算工作。该项目于 2016 年 5 月正式开工建设，2016 年 11 月正式送电启用，由北京鑫业博诚电力设计有限公司设计，北京海鸿电气工程有限公司施工，北京鸿厦基建工程监理有限公司进行工程监理。

**【学院路校区教学图书综合楼正常施工】** 11 月 22 日，进行了学院路校区教学图书综合楼项目的消防专项验收。学院路校区教学图书综合楼项目非精装修区域除 3#汽车通道外基本施工完成，进入竣工收尾及专项验收阶段。

## 七、信息化工作

**【概况】** 信息化建设办公室以建设“智慧校园”为总体目标，提升工作水平，创新服务方式，推动学校信息化建设。

在基础网络建设方面，一是完成现有校园网络设备的升级改造，更换不间断运行已超过八年的学院路校区1号、2号学生公寓的老旧交换机100余台；新购置了150多个无线接入点，用于两校区无线设备扩容，重点提升昌平教学区的无线网覆盖能力；购置流控设备，用于对校园网流量进行监控及管理；购置统一认证设备，用于对校内人员上网进行集中式安全管理，为有线网络的准入认证提供硬件基础平台。二是改造升级现有校园网络出口设备、计费系统，购置无线准入及访客认证管理设备，实现学生使用无线网络的准入认证。三是升级学院路2号学生公寓的无线网进行，按照每个房间一个AP的标准进行改造，增加AP接入点500余个，提高无线网信号强度，消除了无线网络信号覆盖存在的盲点，增大信号服务范围。四是启动了昌平校区格物楼机房改造项目，该机房是昌平校区数据中心及网络核心机房，承载着全校的网络信息业务的命脉。新规划的机房达到B类专业机房的建设标准，提供双路冗余的UPS供电系统，可通过电池稳定供电2小时。

在支撑平台建设方面，一是统一身份认证平台成功上线，新的统一身份认证平台在原基础上实现了更多业务系统的认证，行政办公系统、学工系统完全使用学校统一的身份认证，减轻了单独维护业务系统认证数据的压力，未来新的信息系统建设都可以与该身份认证系统实现对接。二是建立了网上办事大厅，解决两校区办公造成的审批耗时过长等问题。11月份启动“2016－2017学年度本科课堂教学超工作量”申报工作，以“一张表”形式呈现在办事大厅，在为广大教师提供“一张表”数据服务：实现线上填报，数据自动读取和线上审核。三是完成了数据中心建设工作，实现了数据中心与人事、教务、科研、干部、学工等13个信息系统的数据共享，数据在各业务系统之间流入流出，基本完成了对学校已有系统的基础数据整合与共享。

在应用系统建设方面，一是进一步完善数字化迎新平台，9月份开学启用“人脸识别”设备，在人文学院做试点，以刷脸形式代替扫码方式，整个过程只需要2秒－3秒，提高报到效率。完善后的学工系统，实现了奖学金、助学金的线上申请。二是建设了“智慧法大”校内门户平台，该平台是原“数字法大”平台的升级，实现了数据中心、办事大厅、业务系统、校内公告的全面整合，师生登录“智慧法大”就能实现网上办公。在原“数字法大”基础上实现了更多业务系统的单点登录，增加了本科教务系统、研究生系统、学工系统、毕博平台、优课程、爱讲座、房产系统的单点登录。校内公告方面实现了公告、公文、公示的细化分类。数据中心实现了个人“一张表”，包含人事基础数据、工资数据、教务数据、科研数据的全方位展示。

在教学资源建设方面，一是完成了VR虚拟现实仿真教学系统建设工作，实现了侦查学、法医学等教学中应用虚拟现实技术，定制高贴合度的虚拟现实仿真教学资源。二是完成了法院庭审直播与爱讲座流媒体资源平台的无缝对接，打破法院庭审只能转播到墙幕式教室的缺陷，克服空间上的局限。三是年内共完成了59门次法大微课，34门次研院网课，72门次国际课程，4门次北京名师，3门次虚拟第三学期课程等一系列的视频课程资源和法治金融论坛、名家论坛、创新论坛、模拟法庭等各类优质课外学术资源的录制、整理和发布。

在信息化安全保障方面，一是制定《中国政法大学网络与信息安全管理办法》，按照

“谁主管谁负责、谁运维谁负责、谁使用谁负责”的原则，建立健全全校网络信息安全责任体系，明确学校各单位依照本办法履行网络信息安全的义务和责任。二是根据教育部办公厅“关于开展信息系统安全等级保护工作的通知”（教办厅函［2009］80号），开展了信息系统安全定级工作，全面加强二级单位网站安全监测、测评和检查，查找网站安全隐患并及时整改，落实网站防攻击、防篡改、防挂马等关键技术防范措施。目前全校共有网站与信息系统162个，其中邮件系统和研究生招生系统为二级，其它定为一级。三是按照“谁主管谁负责、谁运维谁负责、谁使用谁负责”的原则，完成采集各二级单位网络安全责任人和联系人信息。四是完成了机房运维软件项目，此软件项目用于法大校园网络及机房进行可视化的监控与管理，部署在学院路校区的虚拟化平台内，能及时发现故障信息并给出告警，提高运维效率。机房监控运维软件通过SNMP发现并管理设备，可自定义指标项是否采集、是否记录、是否监控，采集与记录分开控制。五是开展校内网络信息安全宣传与培训。响应北京市公安局网络宣传周的工作，面向全校师生，与宣传部、学生处共同开展网络安全宣传教育活动；召开了信息网络安全培训会议，学校相关院部负责人及各单位网络信息安全责任人参加了培训。

**【召开2017年度信息网络安全工作会议】**7月12日，2017年度信息网络安全工作会议在昌平校区召开。校党委书记胡明、校长黄进、副校长冯世勇、党委副书记高浣月、副校长于志刚以及各院、部、处、室、所、中心（含非在编科研机构）负责人及各单位网络信息安全责任人参加了会议。会议由于志刚主持。会议分析了当前高校网络安全的形势，并向参会人员通报了学校网络安全检查工作情况，全面介绍了校园网络安全状况。随后，与会人员围绕各单位信息网络安全工作进行了交流。

**【建设智慧法大校内门户平台】**1月－9月，升级原“数字法大”平台，建设“智慧法大”校内门户平台，实现了数据中心、办事大厅、业务系统、校内公告的全面整合，师生登录“智慧法大”就能实现网上办公。

**【统一身份认证平台成功上线】**1月－9月，统一身份认证平台成功上线，该平台在原基础上实现了更多业务系统的认证，行政办公系统、学工系统完全使用学校统一的身份认证，未来新的信息系统建设都可以与该身份认证系统实现对接。

**【完成数字迎新工作与学工系统的无缝对接】**9月，协助学生处完成了数字迎新工作与学工系统的无缝对接，启用“人脸识别”设备，在人文学院做试点，以刷脸形式代替扫码方式，整个过程只需要2秒－3秒，提高报到效率。

**【完成一卡通系统与第三方数据接口对接工作】**9月，先后完成了网费收缴、图书馆、校医院、教务自助打印、通道机等设备的对接工作，保证了学校其他部门业务系统的高效运行。

**【完成VR虚拟现实仿真教学系统建设】**9月－11月，完成VR虚拟现实仿真教学系统建设工作，实现了侦查学、法医学等教学中应用虚拟现实技术，定制高贴合度的虚拟现实仿真教学资源，让学生在虚拟环境中真实体验犯罪现场，抽丝剥茧，搜集证据；深入完成人体解剖，熟悉人体结构，从而打破传统实践教学时间、空间、实验条件上的局限，切实提升学生学习效果。

**【完成机房运维软件项目建设】** 9 月 –12 月，完成机房运维软件项目建设，此软件项目用于法大校园网络及机房可视化监控与管理，部署在学院路校区的虚拟化平台内，能及时发现故障信息并发出告警，提高运维效率。机房监控运维软件通过 SNMP 发现并管理设备，可自定义指标项是否采集、是否记录、是否监控，采集与记录分开控制。

**【完成法院庭审直播与爱讲座流媒体资源平台的无缝对接】** 11 月 –12 月，完成法院庭审直播与爱讲座流媒体资源平台的无缝对接，打破法院庭审只能转播到墙幕式教室的局限。

**【启动“2016 –2017 学年度本科课堂教学超工作量”申报工作】** 11 月，启动“2016 – 2017 学年度本科课堂教学超工作量”申报工作，以“一张表”的形式呈现在办事大厅，为广大教师提供“一张表”数据服务，具有线上填报和审核，数据自动读取功能。

**【召开法治网络与网络法治人才培养——法学教育信息化研讨会暨中国教育技术协会政法教育专业委员会 2017 年年会】** 12 月，信息办承办了法治网络与网络法治人才培养—法学教育信息化研讨会暨中国教育技术协会政法教育专业委员会 2017 年年会，学校校长黄进、司法部司法行政学院院长孙艳辉、中国教育技术协会副会长兼秘书长丁新、教育部科技司信息化处处长张拥军出席了开幕式，中国教育技术协会政法教育专业委员会的兄弟院校单位相关负责人参加了开幕式，开幕式由学校副校长于志刚主持。

**【完成数据中心建设】** 年内，完成数据中心建设，实现了数据中心与人事、教务、科研、干部、学工等 13 个信息系统的数据共享，数据在各业务系统之间流入流出，已基本完成对学校已有系统的基础数据整合与共享。

**【建设网上办事大厅】** 年内，建设网上办事大厅，实现了学校行政审批流程透明化、可视化，工作网络化，解决两校区办公造成的审批耗时过长等问题，方便了全校师生的各类申请审批。

**【建设中国政法大学微信企业号】** 年内，在统一身份认证基础上完成了微信企业号与办事大厅、财务信息、个人信息、后勤服务、教学服务、一卡通服务、图书服务等中心的对接工作，为下一步推广上线打下坚实的基础。

**【完成智慧教室二期建设】** 年内，完成智慧教室二期建设，智慧教室为师生提供课前、课中、课后全方位的教、学、管理等业务服务，通过“互联网 +”的技术对教室内的多媒体设备进行智慧的感知和移动的互联。

**【完成学院路校区虚拟录制系统的建设】** 年内，完成学院路校区虚拟录制系统的建设，解决学院路校区课程录制方式单一、构图呆板等问题，满足研院网络课程等课程资源建设对视频制作的要求。

**【完成了 Blackboard 网络教学管理平台升级建设】** 年内，平台扩容至 12 000 点，支持学校所有老师和本科生的日常教学活动使用，实现该平台与数据中心和教学资源云平台的无缝对接。

**【新的一卡通系统上线】** 年内，全面进行一卡通系统的施工建设，经过专网布设、机房装修建设、服务器架设、系统搭建测试、POS 机及水控安装调试等，新系统成功切换上线运行。

## 八、校工会工作

**【概况】**校工会深入贯彻落实习近平总书记考察法大精神以及学校第八次党代会精神，致力于服务教职工、凝聚向心力，为学校发展助力。目前全校在编会员1692人，入会率达到100%，校工会现有工会专职工作人员5人，其中女职工1人。

召开教代会代表与职能部门见面会。部分部门工会相继建立教代会代表列席院务会议制度，参与、见证基层院务决策。召开第十二届工会教代会理论研讨会，以维护教职工权益和师德建设作为研讨的重点，共收到优秀论文16篇，形成理论研讨论文集。

服务学校中心工作。民商经济法学院张东老师、人文学院张文老师参加北京市青年教师教学基本功大赛，分获文史组A组二等奖。岗位练兵活动中，校工会共表彰先进集体5个，先进个人55人。组织开展运动会、健走活动等文体活动和专项体育赛事20余项。

通过列席制度、接待日制度、帮扶互助制度、法律援助制度以及落实定期联合为退休人员义诊机制、青年教职工子女入学帮扶机制等，促进学校与师生员工之间沟通，共为8名教职工子女解决入学问题。

承办的北京市教育工会法律援助中心全年共受理包括学校教职工在内的案件198件。共有1485名教职工加入爱心互助活动。资助4名教职员工，资助金额8万元。为教职员工办理“职工互助保障计划”投保、续保和理赔，全年累计办理女职工特殊疾病互助保障计划600人次，职工重大疾病互助保障计划1280人次，住院津贴互助保障计划549人次。为4位教职工出险，赔付金额总计12万元整。为教职工办理京卡累计达到1352张。

开展部门工会年底评优活动，实地抽检部门工会“教职工小家”建家工作，督促部门工会查漏补缺。邀请北京市教育工会主席张锦就贯彻落实《中共北京市教育工作委员会、中国教育工会北京市委员会关于加强和改进新形势下北京高校工会工作的意见》，以及对新形势下工会工作的目标和任务进行培训。通过网站、微信公众号等新媒体，宣传工会服务项目，实现服务便捷化、精准化。

**【举办迎接“三八”国际劳动妇女节系列活动】**3月7日，举办庆祝“三八”国际劳动妇女节座谈会；3月8日，学校工会为女教职工开展多项趣味游艺活动，近百名女教职工参与；自3月7日起，特邀“北京中医研究院”高级诊疗师开展为期一周的健康养生活动。

**【召开第六届教代会暨第十二届工代会第四次全体会议】**5月9日，中国政法大学第六届教代会暨第十二届工代会第四次全体会议在昌平校区召开。校领导，教代会正式代表、特邀代表、列席代表、非在编人员代表及学生代表110人参加会议。教代会代表共提案16件，学校工会严格按照《提案工作办法》督促职能部门进行相关回复。工会及时汇总上报教代会各代表团讨论意见以及教职工关注焦点，共整理代表建议27条，并将建议等同提案进行落实。大会表决通过了《校长工作报告》的决议（草案）等六项决议。

**【组织教职工春季运动会】**5月18日，由校工会主办的2017年教职工运动会在昌平校区举行，共有25支代表队参赛，进行了百米、跳绳等项目的角逐。

**【举办2017年教职工秋季长走活动】**10月10日，“喜迎十九大，健康快乐行”教职工秋季长走活动在昌平区滨河森林公园举行，500余名教职工参加了长走活动。

**【召开福利工作委员会第一次工作会议】**10月25日，福利工作委员会召开第一次工作会议，就学校工会福利费收支与结余情况进行通报，对福利工作进行布置，并对福利工作委员会工作制度的修订进行研究讨论。

**【开展岗位练兵活动】**10月31日，举行中国政法大学2017年“岗位练兵”先进集体和个人表彰暨事迹报告会。经领导小组审核评定，表彰“先进集体”5个，“先进个人”一等奖18人、二等奖37人。

**【开展教职工福利发放活动】**11月14日，学校工会在两校区同时为教职工发放福利。

**【举办首届中国政法大学教职工羽毛球高手大赛】**11月23日至24日，首届中国政法大学教职工羽毛球高手大赛在昌平校区启运体育馆举办，共有70余名教职工参加。此次比赛分男单、女双、男双三类项目，采用分组循环淘汰制。最终决出男单前三强，女双前四强，男双前八强。

**【举办第十二届工会教代会理论研讨暨工会委员培训会】**11月29日，第十二届工会教代会理论研讨暨工会委员培训会在昌平校区举行。会议邀请北京市教育工会主席张锦出席并讲话，获奖论文代表在会上进行交流分享。

**【参加2017年学院路地区高校教职工羽毛球团体赛】**12月9日，学院路地区高校教职工羽毛球团体赛在北京农业大学东校区奥运体育馆举行。比赛项目分为男双、女双和混双。学校参赛队由14名队员组成，取得第一名的佳绩。

**【举办第十五届青年教师教学基本功大赛】**12月14日，学校第十五届青年教师教学基本功大赛在昌平校区举行，大赛由教务处、人事处、校工会联合举办。共有来自15个学院的21名教师参赛。

## 九、图书馆

**【概况】**中国政法大学图书馆是新中国成立后国内最早建立的以政治法律文献为重点馆藏的高校图书馆。其前身是1952年成立的北京政法学院图书馆。1978年学校复办后发展至今，是全国政法院校图书馆协作委员会主任馆，中国高等教育文献保障系统成员馆。

图书馆由学院路校区图书馆和昌平校区图书馆两个分馆组成，昌平校区图书馆有文渊阁和法渊阁两个馆舍。图书馆采用开放的管理模式。两校区馆藏图书可通借通还。阅览室每周开放94小时，自习室每周开放112小时，网络资源全年每天24小时不间断服务。2017年，图书馆共有66位职工，其中正式职工54人，劳动合同制12人。本年度图书馆有5位（李晴萍、李永辉、许魏平、邢燕、戎丽）馆员退休，1位离职（刘伟），4位新入职馆员（王思远、浦燕妮、贺博文、肖月）。2017年图书馆职称评定结果为：曹奇敏聘任为副研究馆员；张玲、晋月培、张馨文、赵锦生聘任为馆员。

截至2017年年底，我校图书馆及各院系所资料室拥有的纸质图书达246.6万册，另有中外报刊近2000份，目前可供师生检索与利用的数据库大库36个、小库92个。

文献建设方面，2017年，图书馆新增图书80 536册，其中采购中文图书30 569种、70 577册；外文图书3023种、3082册；台版图书3143种3990册；采购中文期刊1100

种、1791 份，外文及台版期刊 129 种、130 份；通过认真审核，实际入库赠书 1930 种、2887 册。接受我校 2017 届 121 位博士毕业生和 1780 位硕士毕业生呈交的博、硕士纸质论文，共计收录电子版博硕论文 2024 篇。新增《民国时期期刊全文数据库》的 8 辑 - 11 辑。

**【参加中美法律图书馆年会】** 6 月，时建中副校长带队，图书馆一行四人参加在杭州召开的《第五届中美法律信息与图书馆论坛》。本次论坛共有 60 位中方代表，24 位外方代表，时建中副校长代表中方作大会闭幕词。

**【成立图书馆青年创新团队】** 9 月，依托申报学校“现代信息技术驱动的大学图书馆管理与服务”的课题，图书馆成立了青年创新团队，旨在提高图书馆的科研水平和服务能力，加强青年馆员之间的协作与交流，增强图书馆的凝聚力。青年创新团队由 27 名成员组成，以文献资源、管理服务、信息技术为对象开展创新研究。

**【参赛案例获得案例组二等奖】** 11 月 14 日，在上海同济大学图书馆召开的 2017 年全国高校信息素养教育研讨会上，我馆青年创新团队提交的参赛案例《法律信息资源检索——以许霆案为例》获得案例组二等奖。

**【全年借阅统计】** 截至 12 月 18 日，2017 年昌平法渊阁及文渊阁读者入馆人次超过 78.5 万（不包括文渊阁二楼自习室的读者人次），学院路图书馆入馆人次超过 13.7 万。图书馆共为读者办理外借图书 28.5 万余册。

**【远程访问统计】** 从 2016 年 12 月 1 日至 2017 年 11 月 30 日，图书馆的远程访问系统共有 5706 位读者使用，登陆人次为 104 687 次。目前图书馆的远程访问系统可供全校教职工、博士和硕士研究生使用。

**【阅读推广活动】** 年内，图书馆开展了阅读推广活动。活动内容包括中外文图书书展、数据库宣传月、经典推荐导读、阅读互动与竞赛、图书期刊漂流、阅读记忆等。另外全年共举办书展 8 场；数据库培训宣传讲座及“资源 · 服务 · 利用”专题培训系列讲座 77 场。

**【图书馆公众微信】** 年内，图书馆继续完善微信公共服务功能，栏目内容包括试用数据库通知、讲座预告、数据库相关消息、图书馆利用统计、“书”说法大、馆藏致敬、比赛及活动预告、书展通知等。截止到 2017 年 12 月 15 日图书馆公众微信用户量达到 8831 人。2017 年 1 月 1 日至 2017 年 12 月 15 日，用户量新增 2346 人。年内图书馆消息发送量达 122 条，用户阅读量为 50 032 次。

**【图书馆 RFID 启用】** 年内，图书馆利用暑假，配合厂商开始 RFID 相关系统及设备的部署，9 月图书馆 RFID 正式投入使用，到 12 月底已基本完成系统及设备的部署及测试工作。

**【主办《法律文献信息与研究》】** 年内，《法律文献信息与研究》（原名《政法图书馆》）系全国政法院图书馆协作委员会会刊，由中国政法大学图书馆主办，中国政法大学内部刊准印证号：YJ021 - 05Y。本刊为季刊，2017 年出版一期，刊登 7 篇文章，其中有我馆馆员的论文 1 篇。2017 年《法律文献信息与研究》获得“RONG 聚法大”十大刊物称号，另外图书馆还编辑出版了 2 期《法大图书馆馆讯》。

## 十、校医院

【概况】2017 年，校医院继续坚持以患者为中心的原则，不断加强服务意识和医德医风建设，进一步优化就诊服务体系。

现有职工 50 人，其中医疗技术人员 42 人，设有内科、外科、急诊科、中医科、妇科、耳鼻喉科、口腔科、检验科、放射科、B 超室、输液室、换药室、理疗室、药剂科、保健科等 15 个临床科室和公费医疗管理办公室、计划生育办公室 2 个职能科室。完成门急诊 62 753 人次，理疗、静脉输液等治疗 3840 人次，超声检查、X 线拍片检查、心电图等辅助检查及实验室检查 9940 人次。圆满完成学校举办的各类会议、运动会、军训、考试等大型活动的医疗保障工作，共派出保障人员 53 人次。未发生任何医疗差错、医疗责任事故和医疗纠纷事件，保障了医疗安全。

增强服务意识，加强医德医风建设。在全院范围内开展树立“服务意识、大局意识、集体意识”专项教育活动，强化全院人员的窗口服务单位意识，在日常诊疗工作和大型活动中充分调动和发挥职工的积极性，始终把为全校师生服务放在第一位，获得了广大师生的好评。建立了体系化的绩效考核方案，实行服务态度、服务质量“一票否决”制，使校医院的整体服务态度和服务质量始终保持在较高水平。

积极参加校工会组织的“岗位练兵”活动，凝聚单位“正能量”。接受北京市卫生计生委组织的“三好一满意”文明医院建设年度评比检查，以检查促工作改进，使医院整体服务水平得到了明显提升。

与北京大学第三医院之间开通的“绿色通道”双向转诊工作进入第三年，由最初的离退休人员试点转诊推展到在职人员预约挂号，目前已将学生纳入绿色通道体系内，做到预约挂号全覆盖，共为我校 93 名教职员工解决了急重症和疑难病症就诊难问题，方便了广大师生就医。

继续强化学生体检质量控制机制。为 2017 届毕业生和 2017 级新生提供健康体检 9327 人次，检出潜在重大疾病 9 例，均进行了复查鉴定和相应处置。检出传染病 4 例，均按照传染病防治法的规定实行了有效隔离治疗。

认真贯彻《传染病管理法》和《突发公共卫生事件管理条例》，切实落实各项传染病和突发公共卫生事件的预防和控制措施，在地方卫生行政部门的指导下，做好传染病疫情的监测、登记、报告和管理工作。积极配合昌平区结核病防治所开展结核防控工作，2017 级本科学生结核菌素试验检测率达 98.63%，X 射线检查拍片率 100%，检出单纯性 PPD 强反应同学 139 人，规范化预防性治疗 38 人，有效预防肺结核在校园的暴发流行。

进一步加强免疫预防接种工作，杜绝接种差错、接种事故。昌平校区校医院是 A 级预防接种规范化门诊，共为辖区 0 岁—6 岁儿童新转入预防接种卡 75 人，儿童、老年人接种各类疫苗 444 人次；为在校大学生接种各类疫苗 1953 人次，形成了稳固的免疫屏障，有效保护了师生员工和学龄前儿童的健康。

进一步加强专业技术人员队伍建设，提高专业技能。新调入医疗技术骨干 7 人，医保兼财务人员 1 人，均为大学本科及以上学历，其中硕士学历人员 4 人，进一步改善了专业技术人员队伍的年龄、学历和职称结构。调整了1个重点科室领导岗位人员，为下一年工作的有序开展奠定了基础。采取“走出去，请进来”的方式开展全体医技人员继续教育，共派出92人次参加上级单位组织的各类业务技能培训，同时聘请三甲医院专家10人次到校医院进行继续教育培训和讲座，显著提高了医技人员的专业素质。

充分发挥新媒体的作用，开展多种形式的健康教育宣传活动。校医院积极响应学校建设“健康法大”的号召，聘请北京大学第三医院、北京大学人民医院、北京大学第六医院、清华大学附属第一医院等三甲医院的专家，在两校区开展健康讲座/教育课6次，获得广大师生赞誉。根据北京市和昌平区卫计委的工作要求，在新生入学教育和世界艾滋病日等各类宣传日时，进行专题健康宣传与教育活动，利用微信公众号、课堂授课、网络宣传、发放宣传材料以及宣传栏等形式开展大学生健康教育。为广大师生普及现场急救知识，由校医院骨干医师为红十字会学生进行四次急救知识培训。

进一步加强硬件环境建设。购置了飞利浦大型多普勒超声诊断仪，使长期存在的超声诊断准确性问题得到了根本解决；在现有设备的基础上，采取合作投放的方式，引进了日本富士快速干生化检测仪，成倍减少了等待时间；完成校医院药库的标准化改造，整体更换了昌平校区校医院的门窗，医用污水处理系统正式上线运行；与上药集团签订“虚拟药房”的意向性协议，采取建立自助取药药柜的方式解决部分患者取药“偏、少、难”的问题，试点慢病药品点对点投放，尽最大力量方便师生员工取药。

加强公费医疗管理，完善制度建设。继续强化公费医疗管理，补充和修订公费医疗相关制度，对医改后出现的新问题和新矛盾及时做出解释和说明，避免出现因政策解释不到位而出现的纠纷和投诉。根据业务和管理的需要，继续建立和更新一批新的制度，目前已经建立形成体系的核心制度和规章，为规范化管理铺平了道路。

**【圆满完成无偿献血工作】**3月15日－16日，按照北京市血液中心和昌平区献血办公室的工作部署，校医院、校团委联合组织552名师生进行无偿献血，超额完成52人次，圆满完成了本年度献血工作。

**【顺利完成北京市医药分开综合改革】**4月8日，按照北京市政府和北京市卫计委统一部署，全市公立医院正式开始实施医药综合改革方案，两校区校医院均投入大量人力物力全程参与了从先期的调研和软硬件改造到系统零时顺利切换的全部过程，保障了医改的顺利实施。

**【开展健康体检】**5月14日－18日、19日－22日分别在学院路和昌平两个校区组织2955名教职工进行健康体检，此次体检由北京协和医院专家体检队承担。体检结果提示我校教职工“高血压、高脂血症”患病人数仍偏高，占参加体检人数19%以上，但较2015年、2016年体检结果有下降趋势。对于体检结果异常重点提示人员，校医院均在第一时间通知到本人进一步复检。同时，联系体检系统提供商，将全校教职员工近五年的体检结果电子化，开通了元向健康信息查询系统，使教职工能够动态了解自身身体情况和健康趋势，有效地保障了教职员工的健康权益。

**【校医院微信公众号平台上线运行】**6月，校医院微信公众号平台正式开通，随即全面展开了各项健康教育宣传工作，及时发布各类通知和公告。共发布相关图文信息51篇，群发消息39篇，关注人员已达2200人，其中浏览记录超过500人次的信息10篇，超过1000人次的信息4篇，最高浏览记录为1598次，信息化工作取得了良好的成绩。

**【荣获全国无偿献血促进奖单位奖】**9月，中华人民共和国国家卫生和计划生育委员会、中国红十字会总会、中央军委后勤保障部卫生局联合颁发“2014－2015年度全国无偿献血促进奖单位奖”。

**【举办“健康法大”校园行系列讲座】**11月，特邀请北京大学第三医院、北京大学人民医院、北京大学第六医院等三甲医院的专家为我校学生进行“心的力量”“说说月经这个事”“与耳鼻喉的约会”等6场健康讲座。

**【“三好一满意”年度评比取得优异成绩】**年内，在北京市卫生计生委组织的“三好一满意”文明医院建设工作中，医院整体服务水平得到专家组的认可，被北京市昌平区卫生和计划生育委员会、北京市昌平区非公有制医疗机构协会评为“2017年度‘三好一满意’优秀单位”。

**【结核病防控工作取得优异成绩】**年内，学校结核病防控工作被北京市昌平区卫生和计划生育委员会评为“2017年度昌平区学校结核病防治工作先进单位”。

# 第十一章　校董、校友、捐赠与基金管理

## 一、基金会、董事会工作

**【概况】**2017 年，面对新的经济社会形势，北京中国政法大学教育基金会（以下简称“基金会”）秘书处完善自身建设，积极做好基金会、董事会工作，稳步开展筹融资，截至 2017 年 12 月 31 日，共募集社会捐赠资金 3279 万余元人民币。

**【基金会被认定为 4A 级社会组织】**1 月，经北京市民政局审核，在中国社会组织等级评估中，基金会被认定为 4A 级社会组织。

**【首都经济贸易大学教育基金会一行来学校访问交流】**3 月 15 日，首都经济贸易大学教育基金会一行 6 人来学校访问，双方就财务、信息、资源拓展等方面的问题进行了交流。

**【基金会第二届理事会第七次会议】**4 月 1 日，基金会第二届理事会第七次会议召开。理事会审议并通过了《北京中国政法大学教育基金会第二届理事会第七次会议工作报告》《关于确定 2017 年非限定性资金额度的请示》和《关于完善基金会组织机构的请示》。

**【胡崇明校友向基金会捐赠 1000 万元人民币】**5 月 16 日，在 65 周年校庆纪念大会上，上海黑桃互动网络科技有限公司董事长校友胡崇明以个人名义向基金会捐赠 1000 万元人民币，用于奖励资助青年教师、文物书籍修复等项目。

**【贵州民投投资股份有限公司向基金会捐赠 300 万元人民币】**5 月 16 日，在 65 周年校庆纪念大会上，贵州民投投资股份有限公司向基金会捐赠 300 万元人民币，支持学校学生活动和校友工作。

**【校庆期间开展线上捐赠活动】**5 月，基金会利用微信公众号平台结合灵析智慧公益系统，开展了校庆 65 周年线上小额捐赠活动，共募集 19 万余元。

**【基金会被认定为慈善组织】**6 月，经北京市民政局审核，基金会符合《中华人民共和国慈善法》第 9 条和《慈善组织认定办法》第 4 条规定，被认定为慈善组织。

**【国际儒学院专项教育项目实施协议暨国际儒学联合会与学校教育基金会举行捐赠协议签约仪式】**6 月 20 日，国际儒学联合会与学校签订《中国政法大学国际儒学院专项教育项目实施协议》，并通过与中国政法大学教育基金会签订捐赠协议向学校国际儒学院定向捐助专项教育基金 320.36 万元。

**【举行捐赠仪式暨校董聘任仪式】**10 月 12 日，捐赠仪式暨校董聘任仪式在学院路校区举行。山东德兴集团董事局主席王武清董事长、北京德法兴政教育咨询有限公司总经理王宗兴和北京市两高律师事务所主任戴智勇，我校校长黄进，副校长、教育基金会理事长冯世勇，副校长、制度学研究院院长李树忠，以及相关部门的负责人出席了捐赠仪式。仪式由教育基金会秘书长吴飚主持。此前，山东德兴集团投资的北京德法兴政教育咨询有限公司向学

校教育基金会捐资 600 万元人民币，专项支持学校制度学研究院建设。北京市两高律师事务所向基金会捐赠 300 万元人民币，用于支持学校高水平运动队建设和其他教育事业发展。

**【陈兆恺大法官特聘教授续聘仪式暨奖助学金发放仪式】** 10 月 17 日，香港终审法院陈兆恺大法官特聘教授续聘暨奖助学金发放仪式在学校昌平校区举行。香港终审法院非常任大法官、我校香港法研究中心主任、特聘教授陈兆恺及其夫人，我校副校长李树忠以及相关部门负责人出席了仪式。仪式由人才引进办公室常务副主任刘惠敏主持。根据协议内容，新的聘期将延续至 2018 年 8 月 31 日。

**【学校第二届董事会第三次会议成功召开】** 12 月 20 日，学校召开第二届董事会第三次会议。会上，秘书处向各位董事报告了校董变更情况，党委书记胡明致辞，校长黄进作工作报告，董事会主席张福森进行讲话，各董事在会上先后进行了发言。

**【北京市尚权律师事务所向基金会捐赠 100 万元人民币】** 12 月 21 日，北京市尚权律师事务所向学校一次性捐赠 100 万元人民币，用于支持学校开展法律援助制度研究。

**【基金会第二届理事会第八次会议召开】** 12 月 28 日，基金会第二届理事会第八次会议在海淀校区召开。会议审议通过了《关于修订〈北京中国政法大学教育基金会章程〉的请示》《关于理事辞去职务的申请》《关于增补第二届理事会理事的请示》《关于学校实施高层次人才战略使用基金会资金的申请》和《关于申请发展大众体育基金的报告》。

## 二、校友工作

**【概况】** 2017 年，校友工作办公室依靠校友资源，加强校友的凝聚力，为学校的教学、科研、文化建设提供支持，加强学校与校外单位的合作、交流，促进学校教育事业的建设与发展，全年共接待值年返校校友近 2000 人次。

**【2017 年各省校友分会会长、秘书长联席会在杭州召开】** 4 月 8 日，2017 年度各省校友分会会长、秘书长联席会议在浙江杭州召开，全国 29 个省市、地区以及北美校友分会的会长、秘书长等 50 余人参加会议。学校副校长、校友总会会长冯世勇出席会议。会议总结、分析、研究了当前校友工作面临的新形势和新任务，提出了 2017 年度校友工作的重点，并以“区域高校校友联盟背景下的校友工作创新”为主题进行了研讨。

**【“同心同行”迎校庆，法大校友健走活动举行】** 5 月 13 日，学校校友总会举办的“同心同行”校友健走活动在北京奥林匹克森林公园举行，学校副校长冯世勇与 160 余位校友参加活动。

**【“桃李菁英　才效华夏”主题论坛暨曾宪梓教育基金“英才奖学金”捐赠仪式举行】** 5 月 13 日，“桃李菁英　才效华夏”主题论坛暨曾宪梓教育基金“英才奖学金”捐赠仪式在昌平校区举行。金利来集团副主席、曾宪梓教育基金会理事长曾智明，金利来集团企业传讯部总监葛丽，学校副校长冯世勇以及相关院部负责人出席了捐赠仪式。

**【举行建校 65 周年校友表彰大会暨捐赠仪式】** 5 月 16 日，建校 65 周年校友表彰大会暨捐赠仪式在昌平校区学术报告厅举行。校长黄进，副校长、校友总会会长冯世勇，上海海事法院院长赵红，中国光华科技基金会理事长、党委书记侯宝森，北京市海淀区法院院长焦慧强，通州区法院院长陈立如，怀柔区法院院长朱春涛以及新西兰国会议员霍建强出席大会。学校相关各院部处负责人，北美、新西兰、全国各省、市年度优秀校友获得者、星级校友分会获奖代表、优秀校友工作者及校内师生共计200余人参加大会。

**【83级同学毕业30周年纪念大会举行】**5月20日，“中国政法大学83级同学毕业30周年纪念大会”在学院路校区举行。副校长冯世勇、李树忠，终身教授江平，原法律系副主任田文昌及200多名海内外返校同学参加了大会。会议由83级校友张文天主持。

**【召开管理干部学院校友会第三届校友代表大会暨表彰大会】**6月18日，学校管理干部学院校友会第三届校友代表大会在昌平校区召开，副校长、校友总会会长冯世勇参加会议。

**【陕西校友分会举行学习习近平总书记考察法大重要讲话精神暨陕西校友分会换届大会】**9月23日下午，陕西校友分会学习习近平总书记考察法大重要讲话精神暨陕西校友分会换届大会在西安举行。副校长、校友总会会长冯世勇，终身教授陈光中先生应邀出席会议。

**【法大西藏校友分会成立】**11月25日，学习贯彻党的十九大精神暨中国政法大学西藏校友分会成立大会在拉萨召开。西藏自治区人大法工委备案处处长次松，自治区党委办公厅法规处处长贡久等30余名来自拉萨、昌都、山南等地区的西藏校友参加会议。学校副校长冯世勇及相关学院、部门负责人应邀出席大会。会议由我校95级校友、自治区党委办公厅法规处处长贡久主持。

**【校友分会成立情况】**

（一）省级、地区校友会

北京校友会
上海校友会
重庆校友会
天津校友会
湖北校友会
湖南校友会
广东校友会
广西校友会
吉林校友会
辽宁校友会
山东校友会
山西校友会
四川校友会
海南校友会
甘肃校友会
江苏校友会
贵州校友会

安徽校友会
河南校友会
陕西校友会
黑龙江校友会
内蒙古校友会
江西校友会
河北校友会
浙江校友会
云南校友会
福建校友会
青海校友会
宁夏校友会
新疆校友会
西藏校友会
香港校友会
台湾校友会
澳门校友会

### （二）海外校友会

北美校友会
韩国校友会
澳新校友会

### （三）市级校友会

深圳校友会
珠海校友会
厦门校友会
海拉尔校友会

### （四）院系校友会

管理干部学院校友会
商学院校友会
法学院校友会
法律硕士学院校友会
马克思主义学院校友会
国际法学院校友会
民商经济法学院校友会

# 第十二章　校办产业

## 一、出版社

**【概况】** 中国政法大学出版社（以下简称“出版社”）是全国普通高等学校中唯一的法律专业出版机构。出版社现设十九个科室：总编辑办公室、第一至第七编辑部、图书质检部、人力资源部、信息中心、市场营销部、国际版权部、社长办公室、财务室、图书出版部、电子图书编辑部、网络宣传部、储运部。博士研究生 3 人，其中在读学历 1 人。硕士学历 20 人，本科学历 46 人，专科学历及以下学历 32 人。

2017 年，出版图书 950 余种，2017 年全年销售品种数达到 4959 种，销售码洋突破了 1.5 亿元，同比增长 50%。销售实洋六千多万元，同比增长 20%。

**【推进重点项目及选题】** 年内，出版社在教材出版方面的重点项目有：普通高等教育“十一五”国家级规划教材、“十二五”国家重点图书出版规划项目、法学 e 系列教材、中国特色社会主义法治理论系列教材、反恐怖主义系列教材、司法警官职业教育优质教材、高等政法院校法学系列教材、高职院校司法警务专业系列教材、高等政法院校规划教材（本科）、高等政法院校专业主干课程系列教材（西北）等；同时继续补充完善高等政法院校系列教材、高等法律职业教育系列教材（广东）、警官高等职业教育十二五规划教材、中国政法大学精品系列教材、高等政法院校法学主干课程教材、高等院校通识教育系列丛书等系列教材。

**【出版重点教材】** 年内，出版的重点教材有：阮齐林的《刑法学分论》，霍政欣的《国际私法》，贾宇的《刑法学》（第三版），李昌麒的《经济法学》（第五版），夏吟兰的《婚姻家庭继承法》（第二版），杜新丽、宣增益的《国际私法》（第五版），江平的《物权法教程》（第三版），朱勇的《中国法制史》（第二版），郭捷的《劳动法学》（第六版），谢德成的《劳动法与社会保障法》（第五版）。《当代日本刑事法译丛》出版 1 种、《中国政法大学国际法文库》出版 1 种、《中国法学教育研究》出版 4 种、《雅理译丛》出版 8 种。《重构诉讼体制——以审判为中心的诉讼制度改革》《大宪章的历史导读》《国外卫生法译丛》《昆明理工大学法学文库》《法学译丛》《中国人民公安大学法学文库/法学教材》等。

**【进行版权输出与引进】** 年内，在版权引进方面，出版社坚持对外合作、与时俱进原则，继续与美国哈佛大学出版社、英国牛津大学出版社、德国施普林格出版集团、约翰威立国际出版公司、爱思唯尔国际出版集团等出版机构保持良好合作关系，同时与新加坡圣智学习出版公司、美国 SAGE 出版公司、德国 C. F. Müller 出版社等出版机构展开合作，引进了一批海外专家学者的优秀学术作品。

## 二、法大科技园

科技园管理办公室作为中国政法大学的职能部门，负责制定科技园发展的整体规划，搭建学校产学研结合平台，推动科研成果转化工作。

中国政法大学科技园（以下称“法大科技园”）是由中国政法大学与中关村国家自主创新示范区管理委员会共同建立的大学科技园，于2007年5月挂牌成立，是全国首家以法律服务为主要业务的大学科技园。依托中国政法大学法学优势学科，重点培育发展法律服务产业，包括法律咨询服务、知识产权专业服务、法学教育培训服务、证据和法庭科学技术服务等法律相关领域的新兴产业。法大科技园集孵化器和创业园为一体，以培育和支持留学生与大学生创业企业发展为核心，以法律服务型企业孵化、创新创业人才培养、留学人员创业等多个专项服务为基础，整合政府、社会和学校多种资源，为在孵企业尤其留学生和大学生创业的企业，提供多项服务和优惠政策，搭建科技成果转化、创业就业实践平台。目前，法大科技园已成为全国妇联认定的“女大学生创业实践基地”、北京市大学科技、学校重要的产学研基地。

## 三、国际交流中心

**【概况】**北京明法阁文化交流有限公司（以下简称“国际交流中心”）是由中国政法大学投资兴建的，集会议、客房、留学生公寓管理服务等功能为一体的实体。公司由中国政法大学后勤工作委员会授权总经理负责经营管理工作，设总经理办公室、综合办公室、质检部、财务部、销售部、客房部、会议保洁部、安保工程部和留学生公寓管理部，现有员工78人。建筑面积25000平方米，共7层，客梯9部，内设客房190余间、会议室3间、报告厅3间、多功能厅1间。其中，第一会议室可容纳80人，带贵宾室，设投影、会议录音、同声传译、宽带、有线/无线话筒设备，适合高级会议；第三、第四会议室可分别容纳16人，设宽带、无线网络设备，适合圆桌会议；第一、第二、第三报告厅可分别容纳70人，设投影、有线/无线话筒、宽带、无线网络设备；多功能厅可容纳150人，设投影、电脑点歌、舞台、灯光设备，适合中小型活动。

年度经营保持盈利。国际交流中心共接待宾客80 233人次，客房入住率达到月均62.44%（全部房型入住率）。2017年，共接待各项会议与培训174个，较去年接待总量增加了20次。预计累计营业收入980万元，较去年营业收入增加25万元，预计累计净利润50万元。

在硬件方面，维修改造客房、公共区域楼道及公共卫生间、楼内隔断门、安全门等；更换补充了客房家具、布草；更新电梯大修、门前LED屏及会议室顶灯等。完成了部分客房、公共区域、公共卫生间、前台的维修改造施工，楼内37扇木质防火门更新为金属防火隔热门，提高了防火分区的耐火等级，增加刷卡门禁，限制非住宿人员进入客房区。补足客房家具。全部客房均完成地毯、壁纸、家具、布草用品等设施设备的更新、完善，以准三星级的标准设置提供服务。提高了室内净化空气水平、公共区域摆件及挂画的人文风格、服务消耗品的质量，增加了客房及会议室服务便利设施的种类等。在软件提升方面，开创了客房开夜床、客房引领值守、会议茶歇、快速洗衣等服务项目；综合提高了服务人员的仪表仪态；加强了中控 24 小时安全值守及巡查。

加强财务及资产管理。通过月度财务报表、应收账款统计表、现金流量统计表、损益对比表及年度财务审计报告等向学校主管领导、董事监事、后勤办及时报告中心的经营情况。针对收入及成本费用率，通过董事会、经理会、专项请示报告，合理确定资金的使用。

规范完善了中心各部门的物品盘点工作。每月 15 日，在学校固定资产、中心固定资产盘账核查、库房盘点基础上，各部门均如实填报本部门消耗品盘点表及易耗品盘点表。实现台账管理，结合出入库记录、服务用品消耗记录实现账物相符，避免中心资产流失。

运行 ISO 质量管理体系，规范采购及库房管理工作。通过运行 ISO 质量管理体系，使各项基础工作正规化、程序化，通过日常巡检、绩效管理等及时纠正工作中发现的不足。有效控制了采购成本及物资消耗。全年共开展了 2 次合格供方评审，评选出 13 大类共计 21 个合格供方。严格执行中心采购流程，采购计划由四人以上的采购小组联合询价，在中心经理会上公示，并及时请示后勤办。物品采购后及时入库并登记，出库后严格记录使用情况，迎宾台、对讲机、装饰画等及时登记固定资产。各部门按照中心库房管理制度，做到领、用、去处分明，记录清晰。

2017 年未发生过责任性火灾、火险事故，其他事故发生率为 0。全年员工共签订《安全责任书》75 份，及住宿员工安全责任书 14 份，达到了 100% 签订率。进行消防宣传及培训和实践演练。

加强职工绩效考核工作，完善人力资源管理。落实全员绩效考核，通过质检部每日巡查、工作表现评议等形式，严格职工的日常管理，与月绩效工资挂钩。在 2016 年管理文件评审的基础上，继续对中心各项管理制度，特别是绩效管理办法、工资管理办法、各岗位服务标准与流程等进行研讨，依据相应制度深化落实各项人力资源管理工作。中心管理岗位开展岗位竞聘工作，以“公平竞争、民主评分”的方式，选拔“认真负责、工作敬业、踏实进取、严格自律”的员工担任部门主管、领班职务，激发员工工作积极性和创造性。组织各部门开展形式多样的岗位培训，鼓励消防中控、维修、前台等岗位员工参加职业资格培训、考试。

加强留学生公寓管理与服务。国际交流中心从软硬件两方面改进留学生公寓管理与服务，具体包括：运行校园一卡通闸道机，值班员对进出的人员进行严格管理；规范各项设备设施登记报修工作，并做好各项工作记录；每天上下午对楼内外进行安全巡视，发现学生有违规现象当面对其进行说服教育，并报送国际教育学院；保洁员在做好日常保洁的同时，每周二对各层洗衣机、公共区域进行消毒，每周四对公共区域进行灭四害，并做好记录；每个月联合国际教育学院一起对学生宿舍进行安全卫生大检查，在检查过程中，没收同学使用违章的电器，整改处理存在安全隐患的场所，确保楼内安全。

**【开展员工礼仪培训】** 3 月 29 日，邀请北京龙腾酒店人力资源部培训老师对公司全体员工进行了礼仪培训，就语言礼仪、行动礼仪和岗位仪容仪表进行了讲解，培训时长 90 分钟。

**【获得纳税 A 级单位】** 4 月，由北京市昌平区地方税务局授予 2016 年度纳税 A 级单位。

**【配合做好习近平总书记来校视察和本科教学评估的相关保障工作】** 4 月至 5 月，圆满完成习近平总书记视察、本科教学评估及中国政法大学建校 65 周年校庆等系列重要活动的相关的住宿及会议服务工作。

**【开展岗位竞聘】** 9 月 6 日，开展了客房部楼层主管竞聘选举，选举杨春兰为楼层七层领班。

**【开展昌平校区留学生公寓消防演练】** 11 月 2 日，联合国际教育学院开展消防安全灭火疏散演习和灭火器的实操演练。

**【更新客房布草】** 11 月 22 日，客房部通过招标方式批量采购了客房用床品、布草。

**【进行安全知识专题培训】** 11 月 24 日，召开 2017 年第一次职工大会，布置了冬季防火和灭火工作。

**【召开供应商评审会】** 年内，评选出 5 家供应商作为 2017 年 4 月至 2018 年 12 月期间相应类别物资的合格供应方。

**【完成部分客房及公共区域装修】** 年内，完成了 12 个套间、1 层—6 层部分公共区域、前台的装修。

# 第十三章　教学科研单位

## 一、法学院

**【概况】**法学院在历任院长（系主任）的领导下，坚持“学术立院、人才强院、特色兴院、依法治院”，经过全体师生的不懈努力，在长期的办学实践中形成了“胸怀法治、追求卓越”的学院精神，在办学理念、人才培养、师资队伍、学科建设、学术研究、管理服务等方面形成了独特的风格。

法学院设有6个博士专业、6个硕士专业和1个本科专业，下设3个委员会，9个教学机构，38个学术研究中心，6个行政机构。法学院以理论法学和公法学为主体，包含法律史学、法理学、宪法学与行政法学、人权法学、法与经济学、军事法学6个学科，其中法律史学和行政法学在国内具有极其重要的学术地位和领先的教学水平。现有教职工113人，其中专任教师98人、教授29人、副教授45人、博士生导师50人（其中校外兼职8人）、硕士生导师110人（其中校外兼职8人）、实践教学兼职教师50人。教师中有国内外享有盛誉的资深专家、海外留学归来的学者、实务部门专家以及一大批中青年学科带头人和学术骨干。

法学院现有在校各类学生共2082名。其中：六年制法学实验班1189人（本科阶段804人），双学士二学位学生374人，硕士研究生385人（法学硕士354人、法律硕士31人），博士研究生141人，博士后26人。法学院坚持法学教育面向学生、面向社会、面向世界，年来为社会各界输送了大批优秀人才。

法学院承担多项国家和省部级法学研究项目，科研成果丰硕；教师参与多部国家法律法规起草和审议工作，多位教师受邀参加中央各部委、司法行政机关组织的重大法律问题论证工作。法学院对外交流活动广泛，与海内外知名大学建立了长期稳定的学术合作和友好交流关系，专家学者互访、学生交流等活动十分频繁。

进入新世纪的法学院，以“法治天下、学问古今”为院训，以学校的办学指导思想和办学目标为导向，全面规划和开展各项中心工作，力争将法学院建成“高品质、创新型、开放性”的一流法学院。

人才培养方面，学院顺利通过本科教学审核评估，同时完成对实验班培养方案的修改。主要修改内容是：增加人文社科类基础课程、简化案例课程门数、缩短专业实习时间、增加研究生阶段的课程。

年内，新任领导班子完成了对学院各研究所（教研室）的调研，听取每一位老师的意见和建议，共同分析面临的问题，探讨发展的路径。学院多方筹措资源，搭建各种平台，推动学院整体科研水平提升。争取到学校科研专项奖励资金70万元，全部用于研究所建设、教师科研成果奖励、学术会议举办等。

2017 年学院教师在职级职称上提升情况是陈宜、姜晓敏 2 人晋职教授，李松锋、曾蓉 2 人晋职副教授。人才引进 2 名教授，新进 4 名教师。舒国滢老师获得国务院颁发的学术成就奖。李松锋老师获得了教师基本功大赛一等奖。3 名老师调离，白晟、刘杨两位老师退休。自 2017 年始，学院首创教授荣休仪式活动，通过颁发证书、举办典礼、组织座谈和学术研讨等形式对学院退休教授表达敬意，在感激退休教授多年来为人才培养、科学研究所做的贡献之外，同时将此作为学术传承的重要途径，对青年教师起到了极好的榜样作用。

为了促进师生国际交流的公平化和规范化，学院完善、更新与补充系列外事管理办法，形成较完备的外事管理制度。申请到学校双一流经费 42 万余元。学院全年派出教师因公团组 18 个共 50 人次，学生团组 9 个共 179 人次，人数均创历年新高。

在资源整合方面，与教务处多次就实验班培养方案改革等进行商谈，取得了学校对法学院本科培养改革的绝对支持；与司法文明协调创新中心签署了合作协议，规划了 13 个方面的合作，其中包括对方每年出资 50 万元支持我院外事交流工作。校外方面，充分利用学院的校友资源，先后与天同律师事务所、京都律师事务所、华宇元典信息服务有限公司、中关村联创军民融合装备产业联盟签署等多家单位开展多层次合作，在办学资金、学生培养、科研推动等方面助推学院发展。

**【举办第六届军都法学论文大赛】** 3 月 15 日，举办第六届军都法学论文大赛决赛答辩，张劲、曹鎏、赵雪刚、林灿铃等十多位老师担任专家评审，对进入决赛的 11 位选手进行面试考验，完成答辩，最终角逐出十篇获奖论文。

**【与证据科学研究院签订共建“2011 计划法学实验班”合作协议】** 5 月 17 日，“2011 计划”司法文明协同创新中心、中国政法大学法学院和证据科学研究院就“2011 计划法学实验班”深入合作框架协议签约仪式在法大鉴定研究所成功举行。司法文明协同创新中心联席主任张保生、法学院院长焦洪昌、分党委书记刘大炜、副院长薛小建、分党委副书记兼副院长王文英、院办主任李仁燕，证据科学研究院院长王旭、司法文明协同创新中心秘书长柳经纬、办公室主任赵馨、证据科学研究院国际交流合作办主任汪诸豪、法大鉴定研究所副所长郭兆明、教研部主任赵东等人出席签约仪式。

**【举办第四届“华沙 - 北京大学生论坛”】** 当地时间 5 月 17 日，第四届“华沙 - 北京大学生论坛”在波兰华沙大学开幕。学校研究生院副院长袁钢副教授、波兰科学及高教部部长、中国驻波兰大使馆代表、华沙大学法学与行政管理学院院长、论坛学术总监及两校学生代表等共同出席了本次开幕式。

**【举办第四届中法宪法论坛“宪法中的社会权”】** 5 月 20 日，由我校法学院宪法学研究所主办的第四届中法宪法论坛顺利举行。本届论坛以“宪法中的社会权”为主题，分为“社会权之宪法确认”“社会权性质：自由权或受益权?”“社会权和社会政策”“社会权的保障与救济”四个单元。来自法国巴黎第一大学、巴黎第八大学、波尔多第四大学、埃克斯 - 马赛大学以及来自清华大学、中国政法大学、北京师范大学、中央财经大学、武汉大学、北京航空航天大学、厦门大学、中国社会科学院法学所、北京市人民政府法制办、国土资源部不动产登记中心等高校、科研机构及实务部门的中法两国学者，围绕“宪法中的社会权”进行了为期一天的深入交流与讨论。

**【与荷兰莱顿大学法学院签订合作协议】**10月19日，我校法学院与荷兰莱顿大学法学院合作协议签署仪式在科研楼A301举行。法学院院长焦洪昌、副院长薛小建、莱顿大学国际教育处处长Anette van Sandwijk出席了仪式。

**【举办第八届“大成杯”模拟面试大赛】**11月17日，第八届“大成杯”模拟面试大赛举办成功。经过近五个小时的激烈角逐，最终决出一等奖、二等奖、三等奖和最佳简历奖的获得者共8名同学。

**【成立党内法规研究中心】**12月28日，我校法学院党内法规研究中心成立仪式暨“新时代党内法规的建设与发展”学术研讨会在学院路校区举办。法学院党内法规研究中心的前身是党内法规研究小组，成员包括教师和研究生50余人，在法学院党委的支持下，坚持坚定正确的政治方向，坚持法治思维和法治方式，充分发挥法学思维与理论研究的优势，充分利用学校和社会的资源条件，组织多领域专家学者系统地开展党内法规相关问题研究。中心吸引校内外多学科学子参与其中，加强学科间的横向学术交流，致力党内法规理论研究和创新，推进国家治理与党内治理法治化转型，是落实依法治国、依规治党思想的重要举措。

**【成立大数据和人工智能法律研究中心】**12月29日，“中国政法大学法学院大数据和人工智能法律研究中心”成立仪式暨“数据法学和人工智能的法律规制”研讨会在学院路校区举行。中心服务于国家互联网、大数据以及人工智能发展的宏观战略，服务于中国政法大学建设“智慧法学院”的具体目标。中心面向科技，面向世界，面向未来，致力于打破法商界限的藩篱，为人工智能时代的卓越法律人才培养探索出一条新路。中心为中国政法大学法学院下设机构，以便全面推进大数据和人工智能法律领域的人才培养、学术研究和学科建设的目标。

**【获得国家社科基金重大项目】**年内，李卫海教授的《全球海洋治理新态势下中国海洋安全法律保障问题研究》是法学院时隔十年之后再次获得国家社科基金重大项目。

**【参与撰写国家“十九大”报告法治部分】**年内，蒋立山教授参与了国家“十九大”报告法治部分的撰写工作。

## 二、民商经济法学院

**【概况】**民商经济法学院于2002年6月，通过整合原经济法系、原法律系等单位的相关学科团队组建而成，先后吸收原社会工程学院和继续教育学院的部分师资和历年引进人才，形成现在的学科和队伍。

学院有民商法、经济法、知识产权法、环境与资源法、民事诉讼法和社会法六个法学二级学科，均为国家级重点学科。学院现设民法、商法、经济法、民事诉讼法、环境资源法、知识产权法、财税金融法、社会法8个研究所，35个非在编科研机构。学院下设综合办公室、教学科研办、研究生工作办、学生工作办和对外培训办5个行政办公室。

学院坚持“创一流学科、建一流队伍、出一流成果、育一流人才”的目标，本着

“学术立院、人才强院、和谐兴院”的理念，努力培养志向高远、情操高尚、学识高深和情趣高雅的精英人才。副校长李树忠兼任民商经济法学院院长，其他领导班子成员为分党委书记兼副院长王洪松、副院长赵旭东、李永军、卢跃、杨秀清，分工会主席兼院长助理王萍。我院在编教职工 151 人，其中专任教师 126 人。专任教师 126 人中，教授 55 人，副教授 57 人，讲师 13 人，助教 1 人，具有高级职称的教师占全院教师的 88.9%。教师中获得博士学位的有 94 人，获得硕士学位的 18 人，具有研究生学历的教师占全院教师的 88.9%。45 岁以下青年教师 43 人，占全院教师的 34.1%。学院全日制在校生共 2522 人，其中本科生 1636 人，研究生 886 人。

教学方面，学院本学年共有 187 人次的教师承担了 357 门次课程的本科教学工作，选课人次 27574 人/次，总计纯 16 580 课时。研究生开设 90 余门次课程，作为新增专业，社会法新增课程 13 门课程。

学院 2016 年“国家级大学生科学研究与创业行动计划”项目结项 27 项，2010 年“北京市大学生创新性实验计划”项目结项 19 项。

2017 年度“国家大学生创新性实验计划”项目申报 51 项，获批 12 项。2017 年度“北京市大学生科学研究与创业行动计划”项目申报 45 项，获批 14 项。

2017 教改立项的申报，共有 6 位老师申报，经过教学指导委员会审核，上报两项，最终有两位老师获批。

在教学项目的申报方面，有 2 名教师主持的项目获《2017 年中国政法大学研究生精品课程》立项，有 2 名教师主持的项目《2016 年研究生教学改革项目》获得校级立项，有 2 名教师主持的项目获校级《2017 年研究生跨学科教学改革项目》立项，有 3 个专业（方向）获批校级《2017 年专业学位研究生联合培养基地》立项。

在研究生科研项目申报方面，硕士研究生创新项目获批 72 人，博士研究生创新项目获批 16 人，硕士学位论文资助项目学院初审通过 36 人，博士学位论文资助项目获批 10 人，硕士科研成果奖励获批 2 人，博士科研成果奖励获批 14 人。

科研方面，学院各学科教师共出版学术专著译著 18 部；发表论文 100 余篇，其中权威期刊论文 4 篇、核心期刊论 40 余篇。冯晓青老师主持的《创新驱动发展战略下知识产权公共领域问题研究》获得国家社科基金重大项目立项，是我院国家社科基金重大项目申报工作的重要进展。于飞老师主持的《法学方法论视角下民法基本原则的司法适用研究》、纪格非老师主持的《我国刑事判决在民事诉讼中预决效力的规则设计研究》、王萍老师主持的《网络互助保险的法律制度研究》、金眉老师主持的《亲等和亲系制度研究》获得国家社科基金一般项目立项。马更新老师申报的《现代公司控制权法律制度研究——基于公司内外部视角下的考究》、赵廉慧老师申报的《中国慈善信托法基本原理》获批为 2017 年度国家社科基金项目后期资助项目。在横向项目的争取上，学院教师立项了横向项目 40 余项。

学科建设方面，学院拥有民商法、经济法、知识产权法、环境与资源法、民事诉讼法和社会法六个法学二级学科，均为国家级重点学科。各学科有序建设，在“双一流”建设经费支持下，相应作出规划。

人才队伍建设方面，2017 年，学院新进教师 9 人，其中人才引进 2 名教师，招聘 7 名教师，扩大了学院师资队伍，青年教师比例比去年增加 4 个百分点。

对外交流方面，学院本年度继续加强国际交往，拓展对外交流，一方面，学院引进外国学者，积极邀请国外法学院学者来我校进行学术交流与研讨，同时，我院更多的学者也“走出去”进行访学。

社会服务方面，学院为《中华人民共和国农村土地承包法修正案（草案）》《中华人民共和国民法侵权责任编（草案）》《中华人民共和国民法物权编（草案）》等法律法规的制定提供了立法意见。

**【举办中国民法典论坛第十三讲】**4 月 19 日，由民商经济法学院主办的中国民法典论坛第十三讲在昌平校区礼堂举行。本次论坛以“《民法总则》的规范体系和解释适用”为主题，由我国台湾地区著名法学家王泽鉴教授和我校终身教授江平先生主讲，民商经济学院副院长李永军教授担任主持。副校长李树忠教授，党委副书记兼副校长常保国教授出席了本次论坛。

**【习近平总书记参加民商经济法学院 1502 班主题团日活动】**5 月 3 日，民商经济法学院本科 1502 班团支部开展“不忘初心跟党走”主题团日活动。习近平总书记来到同学们中间，1502 班理论导师、班主任张钦昱副教授和几位同学从不同角度畅谈观看电影《焦裕禄》的体会。习近平总书记充分肯定了同学们的主题团日活动，为主题团日活动点赞，并勉励同学们。

**【成功召开《黑名单制度立法研究》项目评审暨商事信用制度建设研讨会】**5 月 25 日，《黑名单制度立法研究》项目评审暨商事信用制度建设研讨会在我校研究生院成功召开。我校商法研究所赵旭东教授、王涌教授、管晓峰教授、李建伟教授、刘亚天教授、张子学教授、王萍教授、孙强教授、朱晓娟副教授、任启明助理教授出席会议。会议开幕式由我校民商经济法学院教授、中国法学会商法学研究会会长赵旭东主持，国家工商总局（国家市场监察管理总局）企业监管局局长马夫、我校副校长李树忠分别致开幕词。本次会议把项目评审和学术研讨结合起来，深化了实务部门和学界的交流与合作。

**【学院分党委和教师党员获北京市委教育工委表彰】**6 月 29 日，北京高校纪念中国共产党成立 96 周年表彰大会召开。市委常委、教工委书记林克庆出席并讲话，会议由市委教育工委常务副书记郑吉春主持。学院分党委书记王洪松教授、环境资源法研究所所长于文轩教授参加了表彰大会。民商经济法学院党委被评为“北京高校基层先进党组织”，是学校本年度唯一获奖单位；会议还表彰了北京地区高校 2016—2017 年度涌现出的 30 名优秀共产党员，学院环境资源法研究所所长于文轩教授被评为“北京高校优秀共产党员”。

**【于文轩教授和曹明德教授当选中国法学会环境资源法学研究会副会长】**8 月 26 日至 27 日，由中国法学会环境资源法学研究会、河北大学主办，河北大学政法学院、河北大学国家治理法治化研究中心承办的中国法学会环境资源法学研究会第二次会员代表大会暨 2017 年年会在河北大学召开。8 月 26 日上午举行了第二次会员代表大会和第二届（总第五届）理事会会议。选举产生了研究会第二届理事会理事，学院于文轩、曹明德当选为副会长。

**【成功召开“商事制度改革与商事立法座谈会”】** 9月10日，“商事制度改革与商事立法座谈会”在北京召开。本次座谈会由中国法学会商法学研究会和中国政法大学商法研究中心主办，由中国法学会商法学研究会会长、中国政法大学商法研究中心主任赵旭东教授主持。全国人大常委会法工委主任沈春耀、国家检察官学院石少侠教授发表讲话。中南财经政法大学法学院雷兴虎教授、北京大学法学院刘凯湘教授、中国人民大学法学院叶林教授、中国政法大学民商经济法学院管晓峰教授、中国社会科学院法学研究所邹海林研究员、吉林大学法学院于莹教授、中国政法大学民商经济法学院王涌教授、北京大学法学院蒋大兴教授分别就《商法通则》的立法问题发表了自己的意见和主张。

**【举行2017年秋季论坛】** 11月25日，中国政法大学民商经济法学院秋季论坛于中国政法大学研究生院学术报告厅顺利召开。本次秋季论坛分为三个单元，第一单元是由经济法研究所薛克鹏主持的以“PPP（public - private - partnership）的法律问题”为题的讨论；第二单元是由刘家安主持的以“民法总则的绿色原则”为题的讨论；第三单元是由王涌主持的以“制定商号法的问题”为题的讨论”。

**【成功举办首届“一带一路”高校法科学生论坛开幕式】** 12月7日，首届“一带一路”高校法科学生论坛在昌平校区举办，开幕式由学院党委书记王洪松主持。我校党委书记胡明，党委副书记、副校长常保国，俄罗斯联邦金融大学 Petyukoya Oksana 教授出席开幕式。会议举行了“一带一路”高校法科学生联盟成立仪式、首届“一带一路”高校法科学生论坛论文颁奖仪式与中国政法大学青年研究中心揭牌仪式。校党委书记胡明和校党委副书记、副校长常保国为青年研究中心揭牌。

**【举办第十八届江平民商法奖学金颁奖典礼】** 12月7日，第十八届江平民商法奖学金颁奖典礼在昌平校区礼堂举办。江平法学基金创始人、学校终身教授江平先生，校长黄进，副校长李树忠，浙江大学光华法学院朱庆育，武汉大学法学院院长助理李承亮，学校党委宣传部部长刘琳琳、教务处处长卢春龙、科研处副处长栗峥、法律硕士学院院长费安玲，清华大学法学院张沫，武汉大学法学院武亦文，武汉大学法学院刘慧，武汉大学法学院南玉梅，学校民商经济法学院党委书记王洪松，副院长赵旭东，民法研究所李显东、尹志强、刘智慧、席志国、靳文静、吴香香，商法研究所王涌、管晓峰、任启明、葛平亮，比较法学研究院翟远见，法律硕士学院乌兰等老师和来自首届“一带一路”高校法科学生论坛10所与会高校的20余名国外师生参加颁奖典礼，学校1000余名同学观看颁奖典礼。本届江平民商法奖学金共有来自中国政法大学、清华大学、浙江大学、武汉大学的22名同学获奖。

**【启动国家社会科学基金重大项目“创新驱动发展战略下知识产权公共领域问题研究”】** 12月24日，国家社会科学基金重大项目“创新驱动发展战略下知识产权公共领域问题研究”（17ZDA139）启动仪式暨首次学术研讨会在学院路校区举行。学校副校长李树忠、时建中，国家知识产权局保护协调司张志成、条法司副司长何越峰，中国社会科学院法学研究所李顺德，中国人民大学知识产权学院副院长郭禾，最高人民法院知识产权审判庭审判长夏君丽，项目首席专家冯晓青教授等法学界和实务部门的专家学者以及部分知识产权法专业硕博士生80余人参加了此次会议。

## 三、国际法学院

**【概况】**国际法学院设有法学专业的本科、国际法专业的硕士点和博士点，以及国际法研究所、国际私法研究所和国际经济法研究所三个教研实体，13 个非在编研究中心，5 个科级办公室。

硕士研究培养方向 8 个，博士研究培养方向 4 个。开设国际法、国际私法、国际经济法 3 门法学核心课程和 40 余门相关选修课，此外还有十几门实践性较强的案例课和研讨课。经过多年的建设与发展，学院形成了一支结构合理、学科方向齐全和国际化程度高的师资队伍。国际法学院现有教职工 58 人，其中专职教师 40 人，学生辅导员 8 人，行政人员 10 人，其中人才派遣及其他人员 4 人。学院主要致力于法学专业本科生和国际法专业研究生的人才培养和国际法学科研究工作。现有在校本科生 1589 人，其中四年制普通法学 1299 人，双培 83 人，涉外法律实验班 207 人。硕士研究生 233 人，博士研究生 67 人，在站博士后 10 人。

教学科研方面，2017 年举办了“和平解决国际争端与国际司法机构的作用”国际研讨会；承办建校 65 周年校庆活动之“民法典时代的开启”高端学术论坛；赴加拿大学术交流访问，主办“一带一路”倡议的法律支撑研讨会；签署并发布《“一带一路”倡议下国际法学科建设与发展的宣言》。持续推进涉外班培养建设，创新课程设置，举行国际法学院实施本科实践导师制暨聘任仪式，建立涉外班图书室，与兄弟院校探讨涉外培养模式。在学校教学评估工作实施方案指导下，完成本科教学评估相关工作，鼓励和协助学生科研活动的开展。突出国际法学院的特色，组织和参加各种国内外模拟法庭和学科竞赛。承办了 2017 年度国际刑事法院审判竞赛，参加国内外学科竞赛 13 场，

2017 年获得纵向项目 6 项，校级项目 2 项，横向项目 22 项，涉及项目经费 200 余万元。2017 年度共发表科研论文 43 篇，其中权威学术期刊论文 2 篇，核心学术期刊论文 15 篇，一般学术期刊论文 21 篇；出版专著 4 部；教材 3 部；主编论文集 1 部。

2017 年国际法学院教师共出席国内外会议 93 人次，其中国内会议 68 人次，国际会议 25 人次。资助教师参加各类学术会议和科研出版活动。举行国际法大讲堂系列讲座 12 期；开设国际法暑期课程 5 门，教师沙龙 1 期。在人才培养、师资队伍建设方面取得了良好效果。

外事交流方面，做好留学生英语专班的学生培养工作，并组织丰富多彩的活动。成功举办蒙特利尔暑期班活动，赴加拿大学术交流访问，加强学院外事交流，促成国际法学院与国外多所大学合作交流活动。选派学生前往国外院校进行短期交流，并接收外国院校的语言生与交换生。

社会服务方面，2017 年同等学力研修班有了新的发展，开放办学在册学员总数 252 人。北京自招班招生人数逐步上升，发展形势不错。下半年，经过多次洽谈、协调，学院与徐州工人文化宫合作，开始在徐州设点。学院还进一步加大与政府机关、事业单位的合作，如国家铁路局“中国高铁知识产权保护暨相关法律法规风险防范”高级研修班，广州市法律援助处“民法总则”专题培训班，徐州市公安局“法制干部履职能力提升”研

修班，浙江省高级人民法院“领导干部素质能力”“专家型法官”研修班等，共计培训人员 1486 人。

**【2017 年国际刑事法院审判竞赛】**3 月 11 日至 12 日，2017 年国际刑事法院审判竞赛（International Criminal Court Trial Competition）举行。本届选拔赛由我校国际法学院和国家领土主权与海洋权益协同创新分中心负责举办。来自全国著名大学法学院和政法院校的 24 支代表队报名参赛。比赛为期两日，我校代表队荣获本次比赛总冠军，并与北京大学和对外经贸大学代表中国大陆地区高校赴荷兰。

**【“和平解决国际争端与国际司法机构的作用”国际研讨会】**3 月 13 日至 14 日，国家领土主权与海洋权益协同创新中心中国政法大学分中心和国际法学院举行了“和平解决国际争端与国际司法机构的作用”国际研讨会。来自美国、德国、荷兰等国家的 11 位外国学者和中国政法大学、北京大学、外交学院、上海交通大学社科院法学所等大学及研究机构的 20 位中国学者参加了本次会议。为期两天的会议围绕“国际司法机构与国际正义”“联合国特设法庭在和平解决争端中的作用”“国际法院，国际海洋法法庭与常设仲裁法院”、“混合法庭在和平解决争端中的作用”“调查、调解和国际索赔”“和平解决中国争端和中国实践”等六个主题进行，中外与会者就上述主题发表了精辟见解并进行了深入的研讨，会议取得圆满成功。

**【“民法典时代的开启”高端学术论坛】**5 月 20 日，由国际法学院、网络教育学院承办，中国法制出版社协办的建校 65 周年校庆活动之“民法典时代的开启”高端学术论坛在昌平校区举行。本次论坛立足于《民法总则》获审议通过、民法典编纂正式提上日程的法制环境，利用建校 65 周年校庆师生校友欢聚一堂、共襄盛举的机遇，充分结合习近平总书记考察我校重要讲话精神，促进校内外法律工作者的沟通交流，有助于各界人士在我国民法发展议题上取得更高的共识。

**【国际法学院校友会成长论坛】**5 月 20 日，由国际法学院校友会主办，国际法学院学生会、学委会、新闻中心以及体育发展委员会联合承办的国际法学院校友会成长论坛在昌平校区刘皇发学术报告厅举行。本次论坛邀请了众多知名校友，通过各位嘉宾做详细发言介绍自己的成长经历，为在校同学开展了一次深入生动的教育和引导，为学院人才培养质量提升提供了助力。

**【国际法学院实施本科实践导师制暨聘任仪式】**9 月 5 日，学院为 2017 级新生及各年级聘任优秀校友担任实践导师，聘任仪式在刘皇发学术报告厅举行。本次共聘任 14 位来自著名律师事务所、仲裁机构、法院等部门的优秀专家校友担任本科生实践导师，为进一步加强法学实践性教育教学。

**附件**

**学院所获表彰和奖励**

国际级：

1. 第五十八届 Jessup 杰赛普国际模拟法庭比赛进入 32 强、百强最佳辩手第 38 名和第 67 名

带队指导老师兰花，学生：李佳珂（学号 2013814028），罗惠钰（学号 2013201096），

佘超（学号 2013101077），方曌郢（学号 2013201219），崔梦秋（学号 1601384111），蔡佳宏（学号 1601030378）

2. 第一届“法大－加勒比海国家”国际法模拟法庭比赛本科代表队第四名、研究生代表队冠军

带队指导老师朱利江，学生：罗惠钰（学号 2013201096），李佳珂（学号 2013814028）

3. 2017 年 ManfrdeLachs 国际空间法模拟法庭比赛（亚太赛）法律精神奖、十佳辩手

带队指导老师李居迁、郭红岩、唐雅，学生李灵韵（学号 2014301327），王亚伟（学号 2014101054），何叶梅（学号 2014301158），王艳（学号 2014201293）

4. 第五届亚太高校国际人道法模拟法庭比赛第九名

带队指导老师朱利江，学生：郑博文（学号 2014608023），戴林昕（学号 2014501245），李晨宇（学号 2014101149），林雅洁（学号 2014608268）

5. 第八届国际航空法模拟法庭比赛正方书状第五名、反方书状第十名、口头辩论反方第十名

带队指导老师朱子勤，学生崔永泽（学号 2013501237），朱誉（学号 2014301268），孙健宣（学号 2014501188）

6. 2017 年亚太 WTO 模拟法庭比赛亚洲八强

带队指导老师佘丽，学生：王若若（学号 2014101170），黄培宸（学号 2016301350），代思远（学号 2016301352），胥佳靓（学号 2016301391），詹书迪（学号 2016301338）

国内级：

1. 第十五届“杰赛普”国际法模拟法庭比赛国内选拔赛获得季军、一等奖和两个最佳辩手

带队指导老师兰花，学生：李佳珂（学号 2013814028），罗惠钰（学号 2013201096），佘超（学号 2013101077），李其蒙（学号）2013301230，方曌郢（学号 2013201219），崔梦秋（学号 1601384111），蔡佳宏（学号 1601030378），王珏（学号 16013814045），朱艺弘（学号 1601384123），张婷婷（学号 2014301334），赵博豪（学号 2014201276）

2. 第十一届中国大陆高校国际人道法模拟法庭比赛获得冠军、控方诉状亚军、最佳辩手

带队指导老师朱利江，学生：研究生。

3. 第六届国际刑事法院审判竞赛中国赛区选拔赛获得总冠军第一名、最佳书状一等奖、最佳受害人律师单项奖三项大奖

带队指导老师唐雅，学生：王怡秋（学号 2012616017），娄卓君（学号 2014201265），邹林志（学号 2014301189），杨佩茹（学号 1601030362）

4. 第十四届 Manfred Lachs 国际空间法模拟法庭竞赛国内赛获得冠军、一个最佳辩手奖、三个优秀辩手，指导老师获得冠军最佳指导奖

带队指导老师李居迁、唐雅，学生：张鑫（学号 2015101014），倪爽（学号 2015101043），刘夏婷（学号 2015301255），王湘琦（学号 2015501060），田园（学号

2015301361)，段楚榆（学 2015201377 号）

5. 第九届“北外－万慧达杯”知识产权模拟法庭比赛获得亚军、最佳书状奖和一个优秀辩手

带队指导老师李伯轩、董京波，学生：戴林昕（学号 2014501245），李依芮（学号 2014608017），张郡倩（学号 2014201263），马润艺（学号 2014301160），蔡帅（学号 2015301063）

6. 第十五届“贸仲杯”国际商事仲裁模拟仲裁庭辩论赛获得季军、最佳辩手、突出贡献奖

带队指导老师丁夏，学生：杨昆波（学号 2013101109），李佳珂（学号 2013814028），马金铎（学号 2016301367）

7. 第六届中国 WTO 模拟法庭辩论赛获得亚军、正方最佳辩手、反方最佳辩手

带队指导老师余丽，学生：杨育晗（学号 1701030386），王若若（学号 2014101170），黄培宸（学号 2016301350），代思远（学号 2016301352），胥佳靓（学号 2016301391），詹书迪（学号 2016301338）

## 四、刑事司法学院

**【概况】**刑事司法学院设有两个一级本科专业，即法学专业、侦查学专业。研究生硕士专业设有刑法学（下设中国刑法、外国刑法、犯罪与犯罪心理学、监狱学方向）、诉讼法学（下设刑事诉讼法学、刑事侦查学、司法鉴定学、法医学方向）、网络法学。研究生博士专业设有刑法学（下设刑法学、犯罪学、犯罪心理学、刑事执行法学方向）、诉讼法学（下设刑事诉讼法学方向）、网络法学。现有在职教职工 66 人，其中专职教师 48 人，占教职工总数的 72.7%；教授 20 人，占专职教师总数的 41.6%；副教授 22 人，占专职教师总数的 45.8%；博士生导师 8 人，硕士生导师 43 人。党政人员 9 人，专职学生辅导员 7 人，实验员 2 人。还拥有专任于中国政法大学诉讼法学研究院、证据科学研究院的兼职教学科研人员 30 多人，以及来自司法、行政实务部门的兼职教授 20 多人。

2017 年，学院在校本科生共有 1461 人，其中法学专业 1291 人（国防生 96 人）、侦查学专业 170 人；招收本科生 374 人，其中法学专业 334 人，侦查学专业 40 人；毕业本科生 324 人，其中法学专业 289 人，侦查学专业 35 人。在毕业生就业方面，2017 届本科毕业生共计 324 人，就业率达 97.6%，其中签约 44.1%、升学（含出国和读研）53.4%。

2017 年学院在校的研究生共有 517 人，其中硕士生 412 人、博士生 105 人；招收博士生 37 人，其中刑法学 19 人、诉讼法学（刑诉方向）15 人、网络法学 3 人；招收硕士生 148 人，其中刑法学 81 人、诉讼法学 61 人、网络法学 6 人。授予博士学位 39 人，其中刑法学 19 人、诉讼法学 16 人、证据法学 4 人；授予硕士学位 220 人，其中刑法学 117 人、诉讼法学 103 人。

在教学工作方面，任课教师圆满完成了学校教学计划设置的教学任务，并完成教务考务管理工作、毕业论文管理、学年论文的管理工作等常规教学管理工作。春季学期 49 位老师开设了 41 门课程，共 86 个课堂。夏季学期共有 8 位教师开设了 11 个课堂，秋季学

期共有42位老师开设了39门课程，共88个课堂。重视法律诊所工作，2017年顺利完成第21、22期少年越轨法律诊所组织招生工作以及第15、16期刑法与刑事法律科学法律诊所的招生工作。在指导学生实习方面，赵天红、于国旦获得校优秀专业实习指导教师，李娜获得实习工作先进个人称号。

完成教育部新一轮本科教学审核评估工作任务。完成本科培养方案修订和纸质版的印刷工作。删除了《外国刑法》课程，新增了《德国刑法学总论》《英美刑法导论》《欧陆刑法导论》《日本刑法学导论》《刑事庭审直播讲评》《全国大学生模拟法庭竞赛》《模拟法庭实务》等课程。将《刑事辩护与代理实务》修订为专业选修课程。

开展2017年度学校优秀教学奖申报工作，赵天红获得优秀教学特别奖，郑旭、肖承海获得优秀教学奖。申报了学校优秀教师奖、宝钢优秀教师奖、北京市优秀教师奖、励道教学杰出贡献奖等。开展2017年教育教学改革立项项目申报工作。肖承海申报的《侦查学专业（网络犯罪侦查方向）课程体系与教学方法的改革研究》和刘燕申报的《"经济犯罪侦查"课程内容与体系改革研究》分别获得立项。刘玫教授的"中俄反腐败中的相关举措"和郭志媛教授的"印度阿米提大学法学院合作项目""德国科隆大学合作项目"三项成果获得"双一流国际化项目"立项，立项经费达10万元。

举办2016－2017年度的教师教学观摩活动。选拔青年教师参加学校青年教师基本功大赛。曾文科获得学校青年教师教学基本功大赛二等奖。

在岗位聘任方面，教学科研系列赵天红、罗翔晋职四级教授，于冲晋职七级副教授，张鹏莉晋级六级副教授。辅导员系列王敬川晋级六级副教授，张继山晋级九级讲师。

在科研工作方面，组织教师进行了多项纵向科研课题申报，并有多位教师获得横向科研项目合同。申报科研奖励，获得校内奖励的重要论文有14篇，其中权威期刊论文有2篇，分别是曾文科的《免除刑罚处罚的比较考察》（载《法学研究》2017年第6期）和阮齐林的《刑事司法应坚持罪责实质评价》（载《中国法学》2017年第4期）。出版著作12部，其中专著和译著6部。

在学生工作方面，2016—2017学年度，学院获得校级优秀学生奖学金325人，三好学生33人，优秀学生干部34人，校级先进班集体4个，科研创新奖学金2人，竞赛优胜个人奖学金12人。在北京市级优秀的评定中，我院获得北京市优秀班集体1个，获得北京市三好学生2人，北京市优秀学生干部1人。

在学生资助工作方面，资助政策落实到人，工作形成数据化管理，并及时做好管理服务工作，保证关怀到位，让在校学生无后顾之忧的接受大学教育。2017年共计获得国家奖学金13人，国家助学金187人，国家励志奖学金47人，黄乾亨奖学金5人，黄乾亨助学金5人，宪梓英才奖学金7人，三星奖学金4人，申泳亮奖学金6人。

在学术文化生活方面。学院累计举办各种学术讲座、论坛总计10余场，其中刑事法论坛、律师沙龙、行思讲坛、司考同仁会等学术讲座和学术交流类活动受到广大同学的热烈欢迎。院报《行思人》获得优秀校园刊物，与"十佳校园新媒体平台"称号。学院新闻中心获校园新闻组织，学院分团委获优秀新闻宣传工作先进集体称号。

**【完成中国共产党刑事司法学院委员会与纪律检查委员会换届选举】**5月12日，中国共产党刑事司法学院委员会党员大会在逸夫楼刘皇发学术报告厅召开。委员候选人 11 人，投票选举产生 9 名委员；纪律检查委员候选人 4 名，投票选举产生 3 名委员。

**【举行“学习贯彻习近平总书记考察我校重要讲话精神”专题报告】**5 月 15 日，刑事司法学院和外国语学院师生在昌平校区开展主题为“学习贯彻习近平总书记考察我校重要讲话精神”的系列活动。本次活动中，副校长于志刚为两学院师生做了“学习贯彻习近平总书记考察我校重要讲话精神”的专题报告。

**【召开第三届教职工代表大会第二次会议】**6 月 9 日，召开第三届教职工代表大会第二次会议。分党委书记周志荣、院长曲新久与 22 名代表出席了会议，会议由分党委副书记、工会主席王敬川主持。

**【举办第二十一期行思讲坛】**10 月 26 日，由刑事司法学院分团委主办、刑事司法学院学生会承办的第二十一期行思讲坛“潜行追踪—浅谈犯罪心理画像”在昌平校区第五阶梯教室举行。

**【举办 2017 年度青年教师教学基本功比赛】**11 月 6 日，刑事司法学院 2017 年度青年教师教学基本功比赛在昌平校区举行。

**附件**

**学院获得奖励或表彰**

1. 赵天红指导的 2017 年北京市大学生模拟法庭竞赛获赛队获一等奖，赵天红被评为优秀指导老师。
2. 曾文科获中国政法大学第十五届青年教师教学基本功大赛二等奖。
3. 刘玫论文《论公诉案件被害人诉讼权利的完善及保障》获得第五届“《中国政法大学学报》东方毅优秀论文奖”一等奖。
4. 汪海燕专著《刑事诉讼法律移植研究》荣获第四届中国法学优秀成果奖专著类一等奖。
5. 汪海燕荣获第八届“全国十大杰出青年法学家”称号并名列首位。
6. 于志刚论文《中国互联网领域立法体系化建构的路径》获得第五届马克思主义研究一等奖。
7. 王立梅获得第二届“中国大数据学术创新奖”，被授予“中国大数据创新百人”荣誉称号。

## 五、政治与公共管理学院

**【概况】**政治与公共管理学院前身为学校 1985 年成立的政治系，1999 年更名为政治与管理学院，2002 年更名为政治与公共管理学院。学院下设 5 个行政办公室以及政治学系、国际政治系、行政管理系、公共事业管理系 4 个教学单位、10 个非在编研究机构以及 3 个国际学术交流平台。学院现有教职工 78 人，在校学生 1300 余人。学院院长为杨阳教授，分党委书记为李程伟教授。

学院目前设有 1 个博士后流动站，拥有政治学一级学科博士学位授予权和公共管理一级学科硕士学位授予权，学院目前设有 8 个博士点、9 个硕士点和 1 个 MPA（公共管理硕士）专业学位授予权，设有政治学与行政学、行政管理、国际政治、公共事业管理四个本科专业，政治学理论学科和中外政治制度学科为北京市重点学科。政治学与行政学为北京市和教育部高等学校特色专业。政治学基础课程教学团队为国家级优秀教学团队。政治思想史教学团队和西方文明通论教学团队为北京市优秀教学团队。

2017 年是政管学院各项工作平稳发展的一年。学院以习近平总书记考察我校重要讲话精神为指导，以学院“十三五”事业发展规划为基础，以学校入选“双一流”建设为契机，不断推进教育教学改革、不断提升人才培养质量，加强优秀科研成果培育，大力开展社会服务工作。

**【时建中副校长到政管学院调研科研工作】** 4 月 13 日，时建中副校长带领科研处到政管学院调研科研工作。政管学院院长杨阳教授、副院长庞金友教授、学术委员会主席丛日云教授及各系教师代表参加了调研。杨阳院长主持了调研会。调研会上，科研处处长栗峥解读了《政管学院科研数据分析报告》，从“本单位科研总体现状、本单位科研在全校比较情况、本单位内科研发展分类比较”三个部分对政管学院 2011 年至 2015 年科研进行了总体概括，并按照 C 刊论文、权威 C 刊论文、各类科研项目的总量、人均数量、教师分布情况、各年龄段教师分布情况、各系分布情况、不同年份情况对学院科研状况进行了数据化的梳理和说明，并对学院各项科研数据与我校其他院系、我校均值和其他政法类院校进行了比较。院长杨阳对科研处梳理的政管学院科研数据及科研处推出的科研激励政策进行了回应，分析了制约政管学院科研工作的各项因素，介绍了政管学院推动科研工作的举措，并对学校科研改革措施提出意见建议。

**【举办国家理论与国家治理现代化学术研讨会】** 5 月 13 日，由政治与公共管理学院和《政治学研究》编辑部共同主办的“国家理论与国家治理现代化”学术研讨会在昌平校区国际交流中心举办。来自清华大学、中国人民大学、南开大学、中山大学、吉林大学、华东师范大学、西北政法大学、天津师范大学等高校 30 余位学者踊跃参会，《中国行政管理》《探索》《西南大学学报》《政治思想史》等著名学术刊物也派代表参会。研讨会分为“中西政治思想中的国家问题”“当代国家理论的最新发展”“国家治理的基本理论”“当代中国国家治理问题”四个单元。

**【举办第五届“政管群星”颁奖典礼】** 5 月 18 日，第五届“政管群星”颁奖典礼在昌平校区逸夫楼刘皇发学术报告厅举行。院长杨阳教授等学院 20 余位教师参加颁奖典礼，13 位个人及团体获得表彰。“政管群星”评比活动秉承公平公正公开的原则，按照评比标准，在学院学委会监察部的监督下选拔优秀政管人。

**【开展教学观摩活动】** 5 月 19 日和 11 月 15 日，学院组织了两次教学观摩活动，分别在 4 位骨干教师的课堂上进行教学观摩，课堂观摩后进行研讨。学院老教师、中青年骨干教师和新入校教师共同探讨如何提高课堂授课效果。

**【杨阳院长带队访问欧洲名校】** 6 月 8 日至 18 日，院长杨阳带队共 4 人访问法国波尔多大学孟德斯鸠政治研究中心、爱尔兰都柏林学院大学、英国斯特拉格莱德大学以及利兹大学，并与相关学院负责人进行洽谈。

**【政管学院分党委组织教师党员赴山东临沂开展主题党日活动】** 6 月 23 日至 6 月 25

日，为纪念中国共产党建党 96 周年，大力弘扬党的光荣传统，推进“两学一做”学习教育常态化制度化，学院分党委一行 28 人赴山东省临沂市开展以“不忘初心，砥砺前行”为主题的党日活动，参观了孟良崮战役纪念馆，瞻仰了孟良崮战役纪念碑。

**【制定《政治与公共管理学院科研突出贡献激励计划》】**6 月 28 日，学院召开第 4 次院务会扩大会议，审批通过《政治与公共管理学院科研突出贡献激励计划》，根据该计划，学院将对年度科研工作有突出成绩的学院教师给予重奖。

**【开展第二届研究生致公夏令营工作】**7 月 14 日至 17 日，学院 2017 年全国优秀大学生致公夏令营在昌平校区举办，392 名国内高校本科生报名参加。学院开设了政治学、管理学两个营共招收 51 名营员入营，进行了为期 4 天的学习考核，并评选出 21 名优秀营员。9 月，学院实际录取优秀营员 13 名，录取其他推免生 8 名，为进一步提高研究生生源质量打下了良好基础。

**【卢春龙教授、李筠副教授分别获得北京市第十四届哲学社会科学优秀成果奖二等奖】**9 月 8 日，北京市社科联公布了北京市第十四届哲学社会科学优秀成果奖，卢春龙教授发表于《政治学研究》2014 年第 1 期的《新兴中产阶层对民主价值的理解：立足中国国情的民主价值观》和李筠副教授在社会科学文献出版社于 2013 年 8 月出版的《论西方中世纪王权观——现代国家权力观念的中世纪起源》分别获得优秀成果奖二等奖。

**【3 位教师获得教师节表彰】**9 月 9 日，在学校 2017 年教师节表彰中，学院国际政治系获得中国政法大学优秀教学集体奖，屈超立教授获得中国政法大学优秀教师特别奖，王丽莉副教授、刘艳副教授分别获得中国政法大学优秀教师奖。

**【举办国家转型和中国崛起国际学术研讨会】**9 月 9 日，国际政治系在学院路校区科研楼举办以“国家转型和中国崛起”为主题的小型国际研讨会。本次研讨会主要围绕“在全球化的大背景下，新型崛起大国（特别是中国）的外交政策制定和执行过程是否发生了地方化、多元化、碎片化、国际化”展开，国际政治系张飚博士主持了本次研讨会。

**【公共管理学科被北京市学位办列入新增一级学科推荐名单】**10 月 30 日，北京市学位委员会公示了《北京市 2017 年学位授予单位新增博士一级学科与专业学位类别推荐名单》，该学院公共管理学科被列入推荐名单。

**【杨阳院长带队访问美国国际城市管理协会和詹姆士麦迪逊大学】**11 月 1 日至 8 日，杨阳院长带队共 3 人访问美国国际城市管理协会（特区、波士顿）和詹姆士麦迪逊大学（哈里森堡），会见我校海外名师项目人选、詹姆士麦迪逊大学研究生院院长陈捷教授，双方就开展进一步合作进行磋商。

**【杨阳院长带队参加第二届政管立格 - 联盟高端论坛】**11 月 25 日，第二届政管 - 立格联盟高端论坛暨“建设新时代的一流学科和一流专业”研讨会在西北政法大学举办，学院杨阳院长带队，一行 10 人参加了本次会议。参会的还有华东政法大学政治与公共管理学院、中南财经政法大学哲学院、西南政法大学政治与公共管理学院、西北政法大学政治与公共管理学院共 5 所政管 - 立格联盟成员的学院领导和各专业负责人、相关科室负责人参会。

**【建成并启用“中国政法大学民意研究实验室”】**12 月 1 日，中国政法大学民意研究实验室通过相关部门验收，投入使用。该实验室设施一流、管理科学，能够满足学院的相关教学和科研要求。

**【举办“统治、治理与现代政治发展”学术研讨会】** 12月9日，由学院政治学系主办的“统治、治理与现代政治发展”学术研讨会在昌平校区国际交流中心举办。来自中国人民大学、中山大学、清华大学、北京师范大学、厦门大学、天津师范大学、柏林自由大学、西北政法大学、华中科技大学以及中国政法大学等国内外高校的60余位专家学者参加研讨会，《天津社会科学》《探索》和《中国行政管理》等知名学术刊物代表参会。研讨会围绕四个单元“国家治理与现代政治发展”“中国治理：改革、发展与技术”“国家治理与政治参与”“中国治理：地方创新与话语表达”展开了专题研讨。

**【举办“权力转移与地区秩序：变动与重构学术”研讨会】** 12月15日，由学院国际政治系主办的“权力转移与地区秩序：变动与重构”学术研讨会在北京歌华开元大酒店举行，本次研讨会邀请了校内外多名学者参加，集中、深入地讨论了围绕权力转型和东亚地区国际关系的前沿议题。

**【庞金友教授入选中国政法大学杰出青年项目A类计划】** 12月21日，庞金友教授入选中国政法大学杰出青年项目A类计划，詹承豫教授入选中国政法大学杰出青年项目B类计划。两位教授将获得我校为期3年、总额分别为40万元和30万元的资助。

**【黄进校长到政管学院开展学科调研工作】** 12月22日，校长黄进到政管学院调研学科建设工作。教务处、科研处、人事处、学生处、发展规划处、国际合作与交流处、研究生院负责人陪同调研。学院院长杨阳在调研会上从学科结构、师资队伍、科学研究和人才培养四个方面介绍了政管学院学科发展建设现状，阐述了政管学院学科建设的基本定位，并分析了存在的问题及改进措施。校长黄进提出今后要把政治学科率先列入重点支持、重点投入的建设计划，力争使政治学科进入一流学科建设行列。并要求学院从师资数量和高层次人才引进两个方面加强师资队伍建设，补强科研短板，培育良好的学院氛围和风气。

**【举办“新时代与国家治理现代化”学术研讨会】** 12月23日，由学院行政管理系主办的“新时代与国家治理现代化学术研讨会”在昌平校区召开，共有40余位公共管理学科知名学者参加会议。

## 六、商学院

**【概况】** 商学院是国际精英商学院协会AACSB的正式会员，拥有工商管理、理论经济学、应用经济学3个一级学科硕士学位授予权，设有1个世界经济博士点，13个二级学科学术型硕士点，1个MBA专业硕士点，以及经济学、工商管理、国际商务3个本科专业，金融工程（成思危现代金融菁英班）1个实验班。现有教职工91人，其中专任教师54人、教授21人、副教授23人，博士生导师7人、硕士生导师53人（其中院外兼职2人）。现有在校学生共1794名（本科生1046人，双学位及双学士173人，硕士研究生126人，博士研究生19人，MBA专业硕士研究生430人。

作为学校教学改革创新试点单位，商学院提出“一主两翼”（以工商管理和经济学为主导，以法商管理和融商管理为“两翼”）的发展模式，形成了“六系一所一中心”的新学科体系："六系"为工商管理系、经济系、法商系、资本金融系、财务会计系、国际商务系，其中法商系和资本金融系为商学院所独创，"一所"即企业史研究所，"一中心"即 MBA 教育中心，同时还设有 10 个非在编科研机构和 3 个专业实验室。

2017 年，商学院在校领导下，本着"一主两翼，融合发展，培养社会需要的复合型人才"的办学理念，以学科建设为龙头，以提高教育教学质量为重点，以细化管理为保障，努力开拓，优化制度，梳理流程，不断创新，各项事业平稳发展。

在争创"双一流"高校建设、冲击"双一流"品牌的过程中，7 项获得资助（课程 3 项、教材 2 项，教改 2 项），为商学院特色内涵发展发挥积极作用。基本完成理论经济学、应用经济学、工商管理 3 个一级学科学位授权点评估报告的撰写及简表填写工作。国际商务专业硕士、金融专业硕士已获北京市相关部门通过，理论经济学一级学科博士点申报材料也已上报至国务院学位办。根据学校要求，撰写"商学院教学评估自评报告、工商管理专业教学评估自评报告、经济学专业教学评估自评报告、国际商务专业教学评估自评报告"，并根据自评报告整理支撑材料，顺利完成教学评估工作并通过检查。

科研项目平均资助经费大幅度提高，总计获得 19 项各类项目，资助经费总额 307.038 万元，平均每个项目资助经费约 16.16 万元，比去年增长了超一倍。其中，国家社科基金青年项目 1 项，资助经费 20 万元；教育部人文社科项目 1 项，资助经费 10 万元；北京市社会科学基金项目 2 项，资助经费 16 万元；横向项目 12 项，资助经费 245.038 万元；校级人文社科研究项目 3 项，资助经费 16 万元。本年度，高质量科研成果比重增加。教师共发表 33 篇论文，其中核心以上论文 21 篇，约占全部论文数量的 64%；出版学术著作 10 部，合计 456 余万字。

2017 年是商学院实施全面改革的一年。为配合"一主两翼、融合发展"的改革战略，进一步规范学术制度，提高学术质量，经校学术委员会批准，学院成立学位评定分委员会并完成对学术分委员会成员的部分调整。借鉴现代企业公司管理模式，首次将管理流程、预算规划、品牌建设引入学院建设，实现各部门无缝对接，简化工作程序，提高工作质效，从而为实现把学院建成具有鲜明法科特色的、国内一流商学院的办学目标奠定坚实基础。

在学生培养方面，继续完善"雁阵计划"，雁阵团体系列活动效果显著。充分利用国家奖学金、励志奖学金、"商院英才"、院长奖学金评选和班级达标的契机，促进学风建设。举办各类论坛、学术讲座、辩论赛、体育、文艺、主题晚会等丰富多彩的课外科技文化活动 40 余场，为促进学生全面发展搭建校园文化平台；在各类竞赛和学术创新活动中，学院共获得 21 项立项，获得资助 19 万元，其中获得 11 项国家级创新训练项目、10 项北京市"大学生科学研究与创业行动计划"项目。在各级创业项目中，共获得 12 项立项（2 项国家级创业实践项目、6 项国家级创业训练项目和 4 项校级创业项目），资助 28 万元。在研究生科研创新项目立项中，共有 2 个博士项目、11 个硕士项目获得立项，并于年底顺利结项。在优秀毕业论文资助项目中，共有 3 个项目获得立项。本年度，本科生共发表/被国际会议收录学术论文 6 篇。研究生共发表学术论文 48 篇，其中 6 篇发表于核心期刊。此外，学院全方位构建就业工作体系，通过建立保障有力的组织制度体系，开展创业教育等措施提升毕业生就业质量。

积极开展国内外合作与交流。由国际商务系牵头，中国政法大学与美国普渡大学 ODI 项目达成合作备忘录。该次合作是学院国际化探索方面迈出的重要一步。此外，在维护原有合作院校（美国底特律大学、美国加州大学长滩分校、美国南加州大学、瑞典乌普萨拉大学、美国纽约理工大学、英国 BPP 大学、法国雷恩商学院和巴基斯坦拉合尔经济学院等）的基础上，继续拓展国际合作项目。同时，为更好地协调对外办学资源，MBA 对外办学部正式更名为中国政法大学商学院高层管理教育中心（EEP）。

**【获准成为改革创新试点单位】**3 月 8 日，校长办公会通过了《商学院学科体系改革方案》，明确指示把商学院作为学校改革创新试点单位。随即学院依托学校法学优势，对原有院所体系进行了全面整合，形成了“六系一所一中心”的全新组织架构，明确提出了“一主两翼”的发展方向及“一主两翼，融合发展，培养社会需要的复合型人才”的全新办学理念。其中，“一主”为商经学科：遵循商学院以工商管理和经济学为主的普世准则；“左翼”为法商管理学：彰显法大特色，抓工商伦理和法律风险控制；“右翼”为融商管理学：研究资本金融学，探索产融结合、产品经营与资本运营相结合的现代公司金融。“六系”为工商管理系、经济系、法商系、资本金融系、财务会计系、国际商务系，“一中心”即 MBA 教育中心。

**【召开行政管理体系改革大会】**4 月 20 日，行政管理体系改革大会在学院路校区召开，80 余名教职员工参加了会议，院长刘纪鹏做报告，研究生院李曙光出席会议。行政管理体系改革大会是继学科体系改革完成后启动的又一重大举措，是学院改革创新的重要组成部分。

**【举办首届理事会成立大会暨第一次会议】**5 月 12 日，首届理事会成立大会暨第一次会议在昌平校区召开。首届理事会理事、院领导、系（所、中心）主任及部分兼职教授代表等 60 余人出席会议，会议由刘纪鹏主持。与会全体理事一致审议通过了《中国政法大学商学院理事会章程》，并一致同意选举孔丹担任理事长，宋志平、时建中担任副理事长，杨杰担任理事会秘书长。理事会是商学院重大发展事项的咨询、审议与监督机构，理事会成立后实行中国政法大学和学院理事会双重领导下的院长负责制。

**【举办博闻论坛第 48 期暨理事会成立报告会】**5 月 12 日，博闻论坛第 48 期暨理事会成立报告会在昌平校区举行。校长黄进，副校长冯世勇、时建中，党委副书记、副校长常保国，院长刘纪鹏、首届理事会理事及学院部分师生出席报告会，会议由校长黄进主持。万达集团董事长、校董王健林发表题为《努力践行文化自信》的演讲，与法大师生进行了深入交流。随后进行的赠书仪式，由时建中代表图书馆接受赠书。

**【完成行政职能改革工作】**5 月 25 日，行政职能改革总结大会在学院路校区召开。院领导、各系（所、中心）主任及全体教职工近 90 人参加会议。院长刘纪鹏做行政职能改革工作总结报告，研究生院王振峰副院长出席会议并讲话，会议由学院分党委书记李欣宇主持。本次行政职能流程优化本着明确跨部门工作对责任边界，进一步确定系所主任负责制，强化行政对系所的业务衔接，界定各项行政事务审批权限的基本原则，对 14 个行政部门职能模块和流程进行了全面梳理，总计编制汇总部门管理流程

479 个。

**【举办学术分委员会选举大会】**6 月 6 日，学术分委员会选举大会在学院路校区召开，院长刘纪鹏主持会议。根据《中国政法大学学术委员会章程》及《商学院学术分委员会章程》，经六系一所提名，全体教师民主选举，院党政联席会议审定，决定聘任王霆、王玲、刘纪鹏、巫云仙、李欣宇、李建伟、张巍、宏结、陈佳俊、胡继晔、黄立君为调整后学术分委员会委员。6 月 8 日，学术分委员会第一次全体会议在学院路校区召开，王霆、王玲、刘纪鹏、巫云仙、李欣宇、李建伟、张巍、宏结、陈佳俊、胡继晔、黄立君参会，院长刘纪鹏主持会议，会议选举王霆为本届学术分委员会主任委员，巫云仙、李建伟为副主任委员，任命成福蕊为学术分委员会秘书。

**【完成“十三五”学科发展规划修订工作】**9 月 3 日，“十三五”规划修订版工作会议召开，王霆、王玲、刘纪鹏、巫云仙、李欣宇、李建伟、张巍、宏结、陈佳俊、胡继晔、黄立君参加会议，并针对有关部门对学院“十三五”规划初稿提出的专家意见进行了修改和投票。“十三五”规划聚焦于学院长远发展的重大问题和制约学院发展的关键环节，集中力量解决改革发展中的重点难点，是全院各项事业科学发展的基础。

**【学位申报工作取得重大突破】**10 月，金融专业硕士、国际商务专业硕士学位点申报获北京市初审通过。通过该次增列，专业学位点由原来的 1 个增加到 3 个，是继工商管理硕士学位点获批通过以来在学科建设上取得的又一次重大突破。

**【选举产生出席学校第八次党员大会代表】**9 月 14 日，全体党员大会在学院路校区召开，会议由分党委书记李欣宇主持。大会应到正式党员 125 人，实到 108 人。全体正式党员以无记名投票的方式，差额选举产生了出席第八次党员大会代表 9 人，分别为：王玲、王霆、邓达、刘纪鹏、巫云仙、李欣宇、杨杰、何欣、黄立君。

**【举行学术发展与学科建设会议】**9 月 29 日，学术发展与学科建设会议在学院路校区召开。王霆、王玲、刘纪鹏、李欣宇、李建伟、张巍、宏结、陈佳俊、胡继晔、黄立君参会。会议就学术发展和学科建设相关若干重要问题进行了评审，内容如下：增加《国际经济合作》和《管理观察》作为研究生校内核心期刊（候选）；确定与《管理观察》期刊战略合作三原则；审议并通过《商学院教师招聘和人才引进议事规则》《商学院纵向科学研究项目奖励办法》《商学院科研成果奖励办法》。

**【举办学生支部书记论坛】**10 月 28 日，学生支部书记论坛在学院路校区召开。郭继承老师以“学习十九大精神，弘扬中国特色社会主义文化”为主题为参会党员师生授课。分党委书记李欣宇以“深入学习贯彻十九大精神，推进学院党建工作新发展”为内容作主题发言。各年级学生支部书记代表做主题发言，并分享学生支部党建工作经验。李欣宇、何欣、郭虹、王晓曦、各年级辅导员、各年级学生党支部书记、支部委员、党员及入党积极分子代表等 60 余名师生参会，何欣主持会议。本次论坛旨在深入学习十九大报告，解读十九大报告精神，结合学院实际进一步提升学生党支部书记的综合素质和工作能力，促进学生党支部工作经验交流，加强学生基层党组织建设。

**【完成职称评定推荐工作】**11 月 21 日，职称评定会议在学院路校区召开，王霆、刘纪鹏、巫云仙、李欣宇、张巍、宏结、陈佳俊（四级回避）、胡继晔、黄立君参会。审议结果为：副教授七级推荐名单（不排序）为：张毅来、霍钊；教授四级推荐名单（按入围先后顺序排序）为：邓达、朱晓武、胡明。

**【党建评估座谈会顺利召开】** 11 月 30 日，党建评估座谈会在昌平校区召开，北京教育学院原党委书记马宪平、北京市政府教育督导室评估与检测处处长张晓玲作为评估专家组成员参会，刘纪鹏、李欣宇、杨杰、何欣参加会议并就党建工作进行汇报。

**【获得 2 项校青年教师教学基本功竞赛奖项】** 11 月 30 日，第十四届青年教师基本功竞赛在学院路校区举行，50 余位教职工到场观赛。工商管理系王大地、国际商务系高秋明、企业史研究所熊金武参加并分获一、二、三等奖。王大地、高秋明被推选参加校第十五届青年教师基本功决赛，均获得优秀奖。

**【举办第八届教学观摩活动】** 11 月，分别对柴小青的《管理学原理》和黄立君的《法经济学》进行了观摩，观摩总人数 10 余人次。11 月 30 日，教学观摩研讨会在学院路校区召开，会议分别从课堂互动、教态、教学方法等方面进行了研讨，并就青年教师的教学展示与资深教师的真实课堂观摩进行了讨论。该活动旨在提高青年教师的教学水平及课堂教学质量，加强教师之间的学习与交流，充分发挥优秀教师的示范作用，帮助青年教师提高业务能力。

## 七、人文学院

**【概况】** 人文学院成立于 2002 年 6 月，涵括文、史、哲、艺四个一级学科门类，设有 2 个本科专业，法治文化交叉学科 1 个博士点，12 个硕士专业。设有教授委员会和学位分委员会，5 个教研机构，9 个非在编科研机构，4 个行政机构。人文学院以“法大人文、人文法大”为办学理念，加强专业教学，努力做到与其他著名高校的专业教学看齐。重视素质教育，开设了大量全校性的通识核心课程和通识主干课程，通识教育逐步成为学院发展特色。在学术研究与学科建设上，重视人文学科与法学学科的深度结合，法治文化、法律逻辑、法律语言、法治文学、法律与宗教等新兴交叉学科在全国产生了较大影响。现有教职工 72 人，专任教师 62 人，其中教授 18 人、副教授 27 人，7 名教授具有博士生招生资格。现有全日制在校学生共 431 名，其中普通本科生 252 人、研究生 179 人（硕士研究生 147 人，博士研究生 32 人），另有博士后研究人员 6 人。

2017 年是建院十五周年，学院结合习总书记考察我校重要讲话精神，开展了以“人文春秋，十五冬夏，以梦为马，不负韶华”为主题的系列院庆活动。

教学工作方面，4 月，学院顺利迎接并完成了本科教学评估审核工作，同时进行哲学专业评估、汉语言文学专业评估。本年度全院教师共开设本科生课程 262（120 + 4 + 138）门次。课程方式进一步多元化，除了普通的课堂教学、研讨会外，还开设了网络课 3 门、微课 13 门，校长推荐书目导读课 6 门次、国际课程 3 门次，创新创业课程 1 门次。进一步配合学校教务处通识核心课程和通识主干课程建设，承担通识核心课程西方文明通论、中华文明通论的组织管理工作。获批教改立项 2 项。《固本铸魂 以人为本 培养德才兼备的卓越人才——高校中华优秀传统文化教育模式的探索与实践》获校优秀教学成果一等奖。

科研工作方面，教育部国家社科基金项目获批 2 项（张浩军、董燕），北京市社会科学基金青年项目获批 1 项（张文），校级人文社科项目获批 4 项（王静、李璐、姜金顺、郑云艳），横向项目立项 3 人 3 项（李德顺、邓庆平、臧小戈）。举办 2017 年法律语言高端论坛、“文学与法治学术研讨会暨专家咨询会”“‘意向性与自我’工作坊”等学术会议。举办学术讲座 32 讲，包括名家论坛 3 讲（李凡、易英、苏金智）、中文论坛 6 讲、青年哲学论坛 4 讲、华岩论坛 9 讲、北辰论坛 5 讲、蓟门谈史 3 讲、人文高端论坛 1 讲、“法治中国的理论与实践”课程系列讲座 1 讲。举办教师科研能力提升系列活动。做好非在编机构管理工作。

师资队伍建设方面，哲学研究所接收 3 名应届博士毕业生（吴照玉、苏峻、吕明烜）、中文教研室接收 1 名应届博士毕业生（韩达），充实到教师队伍。其中苏峻博士为都柏林大学留学回国，也是学院招聘的第二位海外学历背景的教师；本年度学院引进意大利学者 Andrea Altobrando 作为灵活聘用特聘教授，为本科生、研究生开设课程，并参与哲学学科科学研究和建设，学院在队伍国际化方面有了零的突破。顺利开展了教职工年度考核、岗位晋职晋级、新教师科研启动、优秀青年教师支持计划推荐、2018 年进人计划论证、行政与教师岗位类型增编计划申报论证、校内绩效工资改革学院方案制定等工作。

研究生工作方面，根据学校学位授权点合格评估的相关部署，学院哲学、中国史撰写完成一级学科学位点授权点评估报告。法学理论、法治文化专业配合法学院进行相应资料提供及简况表的撰写。

外事工作方面，继续支持学院教师参加海外国际学术会议；继续支持我院教师、学生参与学校孔子学院建设。2017 年卢燕娟、王静获批海外提升项目，分赴英国杜伦大学、美国普渡大学进行为期一年的访学活动。

教工之家特色活动方面，组织学院教职工与学生一起开展“铃动法大”系列活动。开展与教师工作紧密相关的学校管理部分进学院特色宣讲活动，开展家庭教育座谈会，针对孩子教育问题，进行经验交流与学习座谈；邀请北京师范大学学报主编蒋重跃教授为我校青年教师举办讲座；开展健康诊疗活动，邀请北京中医研究院诊疗师来我院进行颈椎病、腰椎病、关节炎、肩周炎等骨关节疼痛类疾病以及静脉曲张、三高、失眠等慢性病的检查和治疗。继续补充完善留学、访学回国人员交流工作。继续做好本学院教代会各项工作和提案工作，所提交提案获得学校高度重视。

**【召开本科教学工作会】** 1 月 5 日，人文学院本科教学工作会在昌平校区逸夫楼召开。会议以本科教学评估的动员和工作布置、2017 年的教学工作要点为主要内容，人文学院院务会成员、室所负责人、哲学中文专业本科教学负责人、各班班主任、辅导员、教学科研办、综合办等成员出席会议。哲学、中文四个年级的班主任张浩军、金莉莉、费多益、卢燕娟、刘黛、张文、李璐、张彦等老师汇报履职情况、各班的学生现状以及主要问题。辅导员张宇飞介绍了人文学院学生的总体情况。张浩军、董燕分别介绍了哲学、中文两个专业的教学评估准备情况。主管本科教学工作的副院长俞学明老师介绍了学院 2017 年度本科教学工作要点，并从教师队伍、教学方法和能力、培养过程、教学管理等环节提出了具体工作目标。院长文兵、分党委书记杨军就本科教学评估、本科教学管理规范化等问题进行了动员和要求。

**【举办院庆系列活动】**3月15日—4月7日，举办人文学院第二届“别样法大”摄影大赛及作品展；5月举办“铃动法大”DIY风铃节。5月25日，举行“人文春秋，十五冬夏，以梦为马，不负韶华”人文学院十五周年院庆暨2017届毕业晚会。

**【举办第九届和第十届中华文明月】**4月至5月，第九届中华文明季举办如下活动：4月20日—21日，民族舞蹈、民族歌曲快闪活动；4月24日—5月1日，中国问题论衡班级手绘海报展；5月8日—18日，中国问题论衡班级沙龙；5月26日—6月5日，中国问题论衡班级成果展。11月至12月，第十届中华文明季举办如下活动：11月11日—17日中国问题论衡班级手绘海报展；11月18日—24日，中国问题论衡班级沙龙；12月4日—11日，中国问题论衡班级成果展。中华文明季系列活动是中国政法大学“十佳校园文化”品牌活动之一。

**【中共中国政法大学人文学院委员会换届选举党员大会成功召开】**5月25日，中共中国政法大学人文学院委员会换届选举党员大会在昌平校区逸夫楼刘皇发报告厅举行，学校党建督导员周栓喜、人文学院分党委书记杨军、副书记尹晓华、委员文兵、王建芳等145名党员参加了会议，发展对象列席会议，会议由分党委副书记尹晓华主持。由总监票人罗世琴同志主持大会选举，通过监计票人员名单，以无记名投票方式选举产生了中共中国政法大学人文学院委员会新一届委员：文兵、王建芳、尹晓华、刘丹忱、杨军、宋黎明、俞学明、赵晓华、盛百卉（以姓氏笔画为序）；新一届纪律检查委员会委员：尹晓华、卢燕娟、倪寿鹏（以姓氏笔画为序）。

**【举办征兵宣讲会】**6月1日，人文学院征兵宣讲会暨国防教育在端升楼阶二教室举办，活动邀请校学生处副处长、武装部副部长卜路军和退伍大学生士兵李正新、朱倩倩同学作为嘉宾，为同学们讲解大学生应征入伍政策，分享多彩军旅生活。活动由人文学院分党委副书记兼副院长尹晓华主持，辅导员张宇飞、全体本科生和部分研究生参加。尹晓华介绍了征兵宣传和国防教育的意义，两位退伍复学的同学分享了自己的军旅经历和感想，卜路军系统介绍了参军入伍相关政策。

**【举办第八届“丽娜研究生学术论文大赛”】**6月8日，由人文学院主办、研究生会承办的人文学院第八届“丽娜研究生学术论文大赛”（复赛）答辩会在学院路校区举行。本次大赛旨在进一步鼓励学院研究生积极参与学术活动，培养严谨勤奋的学术态度，激发科研创新的精神，提升求真务实的学术修养，营造良好、主动的学术氛围。人文学院副院长赵晓华教授出席了本次会议。本次答辩会由孔红、董燕、姜金顺、钱雪松、崔玉珍、李京泽等老师担任评审委员会成员。本次复赛主要分为选手陈述、现场答辩、评委点评三个环节。李娟的《德沃金的法律解释理论》荣获一等奖；徐玮的《简单罪状在“本院认为”部分的叙写研究》、伍桐的《从〈芥子园画传〉窥见出文人书画之美学思想性》获得二等奖；孙祥阳的《民国时期社会救济立法的比较研究——以〈游民习艺所章程〉〈各地方救济院规则〉〈社会救济法〉为比较对象》、刘锦程的《印顺法师的儒佛观——以修身为核心》和徐瑶同学的《〈我不是潘金莲〉中的农民信访问题演技》获得三等奖。

**【召开2017年本科培养方案审核工作会】**6月15日，人文学院2017年本科培养方案审核工作会在昌平校区主楼召开。学院本科教学指导委员会委员、各教研室及研究所负责人、汉语言文学及哲学专业本科教学负责人及学院领导出席本次会议，会议由副院长俞学明教授主持。哲学专业的本科教学负责人张浩军、汉语言文学专业本科教学负责人徐文贵对2017年本专业本科培养方案修订稿进行了详细汇报。学院本科教学指导委员会委员及各教研室、研究所负责人针对两个专业的2017年本科培养方案修订稿开展讨论。院长文兵对本科培养方案修订提出具体要求。

**【举办北京市书法大赛校内选拔赛并带队参加市级比赛】**6月24日，由北京市教委主办、首都师范大学承办的第六届北京市大学生书法大赛决赛在首都师范大学体育馆举行。人文学院承办校内选拔赛，通过向全校征集作品并进行专业指导后，向大赛选送14件优秀作品，最终民商经济法学院2016级本科生郭文汐和魏伊槿、刑事司法学院2014级本科生刘晨爽、商学院2013级本科生张政等4位同学的作品进入此次决赛，其中，张政、郭文汐同学获得非专业软笔组二等奖，魏伊槿同学获得非专业软笔组三等奖；刘晨爽同学获得硬笔组二等奖。学校学生在历次书法大赛中多有斩获，均取得了较好的成绩。学院孙鹤老师分别在第二届、第四届、第五届获得优秀指导教师称号。

**【举办通识主干课程建设研讨会】**6月26日，人文学院通识主干课程建设研讨会在昌平校区召开。学院通识教育委员会委员、各教研室及研究所负责人、通识主干课程负责人、汉语言文学及哲学专业本科教学负责人及学院领导出席本次会议。会议由副院长俞学明主持。学院共参加了9门通识主干课的建设工作，分别是《中外文学名著导读》《艺术修养与艺术鉴赏》《中国哲学智慧》《西方哲学智慧》《逻辑导论》《批判性思维》《中外音乐经典》《历史上的中国与世界》以及《中国社会史》。2016－2017学年度，学院共开设通识主干课程46门次，惠及学生约6100多人次。

**【举办华岩学术基金颁奖典礼】**6月29日，2017年度华岩学术基金颁奖典礼在中国政法大学学院路校区举行。本次颁奖典礼由中国政法大学宗教与法律研究中心副主任李虎群主持，重庆市华岩文教基金会秘书长尹亮居士，人文学院长文兵教授、国际儒学院常务副院长王心竹教授、历史研究所所长邓庆平副教授、民商经济法学院郑俊果副教授、宗教与法律中心主任俞学明教授、副主任钱雪松、秘书雷晓丽以及相关专业学生和获奖学生参加了本次颁奖典礼。本届华岩学术基金共分为五个部分：华岩奖学金、华岩悦读奖、华岩组织奖、华岩社会实践奖和华岩年度学术资助项目。本年度共有21人次获得华岩奖学金、华岩悦读奖和华岩学术组织奖，并设立3个华岩社会实践项目。

**【举办第二届优秀大学生中国史夏令营】**7月5日—7日，学院积极响应研究生院招生办号召，成功举办第二届优秀大学生中国史夏令营活动。本次夏令营安排了开营仪式、师生见面会、教学活动、文化参观活动等环节。来自国内十余所高校的优秀大学生参加了夏令营。

**【采取多种形式开展研究生招生宣传】**7月份，中国史学科和中国哲学专业进行了优秀大学生夏令营活动。在9月份接收推免生和10月硕士研究生普通招考报名期间，学院教师多渠道参与招生宣传。9月28日，逻辑研究所的孔红教授前往有逻辑学本科专业的南开大学进行招生宣讲。10月22日，历史研究所刘丹忱副教授在山东师范大学进行研究生招生宣传。学院教师还利用其他参加学术会议或调研机会，介绍和宣传学院相关学位点情况。

**【“建构中国特色社会主义法治理论体系”研讨会在汕头召开】**8月26日，由中国政法大学法治与文化研究中心主办，汕头市仲裁委员会、汕头市龙湖区政协委员会、汕头创展投资有限公司协办的“建构中国特色社会主义法治理论体系”研讨会在汕头召开。学校党委副书记高浣月出席会议并致开幕词，终身教授李德顺、国家2011司法文明协同创新中心中国政法大学联席主任张保生教授、学位委员会副主席舒国滢教授作主旨发言，会议由人文学院院长文兵教授主持。潮汕校友会校友及我校部分师生共80余人参加了研讨会。与会学者紧密围绕会议主题，探讨了“法治的中国观念史”“清代救灾立法的特点及历史借鉴”“清代直隶的旗地圈补与地方社会结构的变动”“翻译对建构中国特色社会主义法治理论体系的重要意义”“外交法治的建设”“实践理性视野中的法律规范”“唐代《踏摇娘》‘笑乐’接受及其律法背景”“宗教法治建设中的思考”“董仲舒王道思想的启发”“孔子、马克思与法治”“‘法治’概念”等议题。

**【召开2017—2018学年第一次本科教学工作会】**9月4日，人文学院2017—2018学年第一次本科教学工作会在昌平校区召开。会议以总结2017年本科生招生情况、传达学校教学管理新精神以及讨论新学年教学工作的重点为主要内容，人文学院各教研室、研究所负责人、哲学及汉语言文学专业本科教学负责人、大一新生班主任等教师出席此次会议。会议由副院长俞学明主持。

**【中共中国政法大学人文学院委员会党员大会成功召开】**9月14日，中共中国政法大学人文学院委员会全体党员大会在昌平校区逸夫楼刘皇发报告厅举行，选举中共中国政法大学第八次党员代表大会代表。人文学院分党委书记杨军、副书记尹晓华、分党委委员等110名党员参加了会议，会议由分党委书记杨军主持。大会采用无记名投票方式进行了选举，选举产生了出席中国共产党中国政法大学第八次代表大会代表（按姓氏笔画排序）：王帅（学生）、王洪（土家族）、文兵、刘丹忱、杨军、罗世琴、盛百卉。

**【学院调研团赴南京、上海等多所高校调研】**9月15日，学校教务处教研科科长于华溢与学院哲学系副主任钱雪松、孟彦文、雷晓丽一行4人，赴南京大学哲学系及东南大学人文学院哲学与科学系进行“哲学学科与通识教育教学法”（南京组）调研。通过对南京大学和东南大学的哲学专业建设和通识教育工作的调研，加深了解两校通识教育的特色项目、课程设置、教学方法和保障体系，以及哲学专业的专业特色化建设和教学管理在学生培养中的引导作用和方式等，推动学院后续的教学改革与课程建设。12月12日—13日，学院中文教研室崔蕴华教授、副主任崔玉珍副教授、党支部书记兼副主任盛百卉副教授，哲学研究所李璐博士，艺术教研室李京泽博士及学院办公室丁宁等一行6人，赴复旦大学、华东师范大学、上海交通大学围绕“专业教育和通识教育，专业学科与跨学科建设”进行调研，探索推动学院本科教育教学改革和课程建设工作，进而在学院各学科专业建设、交叉学科建设以及我校通识教育改革方面发挥作用。

**【华东政法大学传播学院来学院访问交流】**10月13日，华东政法大学传播学院高鸿教授、朱宏伟博士来该院调研交流，交流会于学院路校区召开，学院副院长赵晓华、院长助理罗世琴、中文教研室主任董燕、副主任崔玉珍及研工办宋黎明、吕明烜等老师与会。会议围绕政法院校中文专业的办学经验展开讨论。赵晓华院长、高鸿老师分别介绍了各自学院的基本情况，以及文学学科的建设情况。董燕老师介绍的有关中文专业实践课程、交叉学科相关课程设计、崔玉珍老师介绍的关于法律语言学科的团队建设、学生培养等，双方重点围绕中文专业课程设置、就业去向及相关交叉学科建设等展开深入交流。

**【举行“丽娜奖助学金”颁奖仪式】**10月18日，人文学院2017年“丽娜奖助学金”颁奖仪式于学院路校区举行，出席嘉宾有学校校友、奖助学金捐资人郭恒忠、孟丽娜伉俪，人文学院院长文兵、副院长赵晓华、分党委副书记兼副院长尹晓华、研究生辅导员杨莉莉老师以及获奖的本科生和研究生学生代表。本次颁奖仪式由尹晓华主持。本次共有18名同学获得奖学金，其中研究生奖学金由李娟等6人获得，本科生奖学金由曹汶强等12人获得，助学金由惠海红等7名同学获得。

**【召开2017—2018学年第二次本科教学工作会】**10月26日，人文学院2017—2018学年第二次本科教学工作会在昌平校区召开。会议以“双一流”建设中的本科教学为研讨的主要内容，哲学及汉语言文学专业本科教学负责人、2016级和2017级班主任等教师出席了此次会议。会议由副院长俞学明主持。与会人员深入探讨了在“双一流建设”的潮流中，学院本科专业未来应该如何建设和发展，就“新课程建设与课程改革，通过班主任推进学生专业素养的提升，校长推荐阅读书目导读的必要性与重要性，教师教学培训及本科生竞赛支持，举办学术论文写作的相关系列讲座或者课程，以班级为单位的学生奖励机制，推行班级读书打卡活动”等模式设想进行探讨交流。

**【校党委书记胡明来学院走访调研】**10月30日，校党委书记胡明教授到访该院调研，教务处处长卢春龙教授、发展规划与学科建设处处长解志勇教授陪同，学院院领导班子全体成员，各教研室、所负责人出席调研会。会议由院长文兵教授主持。会上，文兵院长简要介绍了学院的基本情况；学院领导班子分别就人事、本科教学、研究生招生与管理、科研、学科建设、财务等工作进行了梳理汇报，提出了学院、学校未来发展的建议或意见；各室所负责人就室所工作、遇到的问题与困难做了简要说明。其中的一些具体问题，胡明书记一行当场给出了解决方案和回应。在听取了全部汇报后，胡明书记肯定了学院近年取得的重要成绩，并对学院今后的工作也提出了三点要求：要认真学习贯彻落实党的十九大精神；要统筹推进学院的中心工作，抓主要矛盾，做好各项工作；要有“落实”意识和“责任”意识。

**【召开“文学与法治学术研讨会暨专家咨询会”】**11月1日，由人文学院主办的“文学与法治学术研讨会暨专家咨询会”在学院路校区科研楼B207会议室召开。出席研讨会的专家有中国社会科学院文学所所长刘跃进、三联书店社长路英勇、北京鲁迅博物馆常务副馆长黄乔生、最高人民检察院影视中心海剑影视工作室主任及著名编剧徐苏林、北京语言大学教授方铭、中国人民大学文学院教授张洁宇、首都师范大学文学院教授张桃洲。学院金莉莉副教授和韩达老师作为教师代表，法学理论专业法治与文学方向硕士研究生和法治文化方向部分研究生作为学生代表参加此次研讨会。研讨会由人文学院中文系负责人董燕副教授主持。董燕向各位专家介绍了当前国内文学与法治研究的发展现状、中国政法大学人文学院中文专业教师近年来在有关领域取得的科研成果以及研究过程中遭遇的困境和挑战，同时号召各位专家能对文学与法治研究提出指导性建议。

**【举办“淼焜奖助学金”颁奖仪式】**11月2日，人文学院2017年度“淼焜奖助学金”颁奖仪式在学院路校区举行。“淼焜奖助学金”捐资方负责人、校友尤志安先生，人文学院分党委副书记兼副院长尹晓华，分团委书记杨莉莉以及2017年度“淼焜助学金”获得者参加此次仪式。颁奖仪式由尹晓华主持。会上介绍了“淼焜奖助学金”设立的初衷及本年度淼焜助学金评审情况。

**【举办2017年法律语言高端论坛】**11月4日，中国政法大学法律语言研究中心和人文学院、北京市人民检察院第二分院联合举办的“2017年法律语言高端论坛”在学院路校区举办。本次论坛的主题是“法律语言研究与法律实践——以审判为中心的方方面面”。论坛开幕式由中国政法大学法律语言研究中心副主任、秘书长尤志安主持，学校校长黄进、北京市人民检察院第二分院检察长苗生明、北京市知识产权法院副院长宋鱼水、中国政法大学法律语言研究中心主任王洁在开幕式上致辞。人文学院院长文兵教授、外国语学院院长李立教授、北京市人民检察院原副检察长方工、北京市海淀区人民检察院原检察长王振峰等出席此次会议。会议探讨以审判为中心诉讼制度改革视角下法律语言的相关问题，并对当前法律语言研究如何更好的服务司法实践提出意见建议。

**【召开教学基本功大赛与教学观摩研讨】**11月9日，人文学院2017年度青年教师教学基本功比赛暨教学观摩研讨会在昌平校区召开。校工会副主席彭博、人文学院教师及学生代表参加活动。会议由我院工会主席罗世琴老师主持，评委由我院教学指导委员会委员、各室所负责人、学科负责人以及学生代表等成员组成。在讲课演示环节中，历史研究所姜金顺老师主讲《世界史视野中的“嘉靖大倭寇”》；哲学研究所的孙国柱老师从儒家“仁者自爱”与“仁者爱人”的对比入手，深入分析了“仁者自爱”思想的内涵与价值；哲学研究所的雷晓丽老师讲授《种姓制度》。讲课演示环节结束后，各位评委老师对四位教师进行点评。比赛推荐雷晓丽、姜金顺老师代表学院参加学校2017年度教师教学基本功大赛，两位教师在12月14日的学校决赛中，分获二等奖、优秀奖。

**【人文学院党委“学习十九大精神专题报告会”成功举办】**11月16日，人文学院党委在学院路校区举办“学习十九大精神专题报告会”，两场报告会分别由人文学院李凯林教授、马克思主义学院赵卯生教授主讲《中国发展的战略定位和文化自觉——学习十九大报告的几点体会》《中国特色社会主义进入新时代——十九大精神与我们的担当》，人文学院各学生党支部党员、发展对象、入党积极分子及部分教工党员参加了报告会，人文学院党委副书记尹晓华主持。

**【举办“意向性：现象学与分析哲学”工作坊】**12月16日，由中国政法大学哲学系主办的“意向性：现象学与分析哲学”（Intentionality：Phenomenology and Analytic Philosophy）工作坊在学院路校区举行。本次工作坊由哲学系张浩军教授和Andrea Altobrando教授共同主持，采取全英文报告和讨论的形式进行，旨在汇集国内外优秀青年学者，从现象学和分析哲学的双重视角探究意向性的本质，交流和分享各自的研究成果。来自华侨大学的李忠伟教授、Kevin Lynch博士，上海交通大学的蔡文菁副教授，南京大学的Andrea

Baldini副教授，中山大学的王鸿赫博士，中国社科院大学的赵猛博士共6位学者提交论文并做了报告，中国政法大学哲学系的费多益教授、宫睿副教授、苏峻博士以及北京大学哲学系的朱薇博士、北京第二外国语学院的陈伟功副教授等共计20余位学者出席会议并参加了讨论。

**【校领导来学院进行学科建设调研】**12月26日，冯世勇副校长率队开学院进行学科建设调研，调研会在昌平校区召开，调研围绕“法治文化、中国史、哲学”3个学科的学科建设与振兴进行。教务处处长卢春龙，国际合作与交流处处长许兰，研究生院副院长王振峰，科研处副处长于飞，人事处人才引进办公室主任刘惠敏，学生处副处长卜路军，学院院长文兵、副院长俞学明和赵晓华，各学科负责人代表和青年教师出席会议。会议由学院院长文兵教授主持。

**【多位教师在全国或市级学术团体中担负重要职务】**12月，北京市哲学会改选，文兵教授任副会长，俞学明、王心竹教授任常务理事。费多益任北京自然辩证法研究会副理事长、中国自然辩证法研究会常务理事。孔红任中国逻辑学会法律逻辑专业委员会副会长；王建芳任中国逻辑学会副秘书长、北京市逻辑学会常务理事兼副秘书长。

**附件**

**奖励与表彰**

1. 教学实践类

金莉莉获得2016－2017学年校级“教学特别奖”，倪寿鹏、王建芳、邓庆平获得2016－2017学年校级“教学优秀奖”。

赵晓华获得学校“宝钢优秀教师奖”。

雷晓丽、姜金顺在学校第十五届教师教学基本功比赛分别获得二等奖、优秀奖。

《固本铸魂　以人为本　培养德才兼备的卓越人才——高校中华优秀传统文化教育模式的探索与实践》获校级优秀教学成果一等奖。

人文学院获2016－2017学年校级优秀实习集体；费多益、张文获评2016－2017学年校级优秀专业实习指导教师，姚瑶获评专业实习工作先进个人。

2. 学工类

杨莉莉获校级就业工作先进个人。

3. 党团类

中国政法大学第二届“RONG聚法大”文化盛典评选：人文学院学生会获得“优秀校园新闻组织”奖；“人文院会微信公众号”获评“优秀新媒体平台”；张宇飞获“十佳通讯员”。

人文学院党委获评校级“优秀分党委”，中文系党支部获评校级“先进党支部”；费多益、康晨宇、陈静瑜（学生）获评“校级优秀党员”；王莉获评“校级优秀党务工作者”。

赵晓华荣获工会“优秀教职工之友”；康晨宇荣获“优秀工会工作者”；赵强、张瑞丁、王莉荣获“工会工作积极分子”。

祁志锐获评2016年“五四评优”青年之友。

## 八、外国语学院

**【概况】**外国语学院是一所多语种、开放型的学院，成立于2002年6月，前身是1994年9月成立的中国政法大学外语系。截至2017年12月31日，学院在编专任教师93人（含双肩挑3人），教授16人、副教授46人、讲师24人、助教7人。学院师资队伍数量稳定，职称分布、学历结构等比较合理，符合高质量教学科研的要求。学院现有在校本科生496人，在校研究生88人，其中学术型硕士研究生49人、专业型硕士研究生39人。

2017年，学院秉承“中外并蓄、德业兼修”的院训，坚守“开放办学、严谨治学”的办学理念，外国语学院围绕学校“双一流”建设和学校开放式、国际化、多科性、创新型的世界一流法科强校的目标，以学科建设为龙头，以教学工作为中心，走以高水平的师资队伍建设为保障，优化调整专业培养方案，强化教学过程管理，创新人才培养模式，不断提升内涵发展的取胜之路。

教学工作方面，承担了包括英语、翻译、德语专业的本科、双学位、商学院国际商务、法学实验班、西班牙语法学实验班等特色专业的教学任务，同时承担外国语言文学硕士研究生、MTI专业硕士研究生的培养工作，以及全校英、德、日、俄、法、意、西等语种的本科生、硕士生和博士研究生的公共外语教学工作。本年度，开设123门类549门次课程，本科课堂教学14 377学时，选课学生17 851人。在向研究生、博士生授课方面，开设研究生课程（硕士、博士）84门次，开课时数为3408学时。硕士生授课方面，外国语言文学学科开设研究生课程31门，开课时数为2630学时。专业硕士培养上，翻译硕士专业（MTI）开设研究生课程16门，选课数271人次，开课时数为712学时。

科研工作方面，本年度，共有6项国社科及教育部人文社科项目成功立项，其中国家社科基金项目1项（9人申报）、国家社科基金中华外译2项（1人申报）、教育部人文社科项目3项（8人申报）、横向项目6项、校级教改项目21项。我院教师发表学术论文共计61篇，其中有6篇论文被CSSCI收录、1篇被A&HCI收录，出版著作共10部，其中教材5部，译著2部，专著3部。共举办20场学术讲座，与科研处联合承办中国政法大学名家论坛讲座5场，教师海外提升归国系列讲座共3场，讲座数量较去年增长53.8%。

师资队伍建设方面，从年龄分布看，35岁以下的教师21人，占22.6%；36岁－45岁的教师37人，占39.8%；46岁－55岁的教师35人，占37.6%；从学历结构来看，具有博士学位的教师48人，占51.6%；具有硕士以上学位的教师91人，占97.8%；有海外经历的教师71人，占76.3%；同时具有外语和法学双重教育背景的教师36人，占教师总数38.7%。我院外教8名，西班牙1名，美国5名，南非1名，德国1名。英语外教授课课程主要为英语口语、英语写作。德语外教为专业课外教，每学期授课门数较多。2017年度李丹、高静、史红丽、魏蘅、高莉5人参加海外提升项目，其中李丹、高静、史红丽3人提升结束并归国，魏蘅、高莉为学校2017年新获批“中青年骨干教师海外提升专项资助计划”人选，于9月出国，预计2018年9月归国。2017年张文娟、李小龙、王冬梅3位教师博士毕业。

完成2017年岗位聘任工作，张洪芹晋职法学以外学科教授四级，张鲁平晋职法学以外学科副教授七级，谢芹、雷佳晋职法学以外公共基础课副教授七级，戴嘉佳晋职十级讲师岗位。许兰、崔熳、崔延花、张青云晋级副教授五级，杜洁敏、刘瑞英、朱琳拟晋级副教授六级，孙蕾晋级讲师九级。张春阳、宋碧珺首次聘用定级助教十二级。聘任杜冰子为外国语学院分党委党务秘书（正科级）。

人才培养方面，2017 届本科生人数 126 人，其中 87 人继续修读“4 +1”双学位，1 人休学，本科毕业生人数为 38 人，37 人就业，就业率为 97. 34% ，其中继续升学读研究生的 24 人、继续升学读“4 +2”双专业双学位的 7 人、出国出境的 2 人，签署三方协议及劳动合同就业的 4 人。2017 届 MTI 研究生人数 13 人，就业率为 100% ；MA 研究生 15 人，研究生就业率为 100% 。

学生海外交流方面，共派出 47 名本科生、研究生在国内名校交换学习和赴海外 18 个国家地区进行项目交流。组织第六届“哥伦比亚大学暑期语言文化交流项目”和第三届“伦敦大学学院语言文化暑期交流活动”，筹备华盛顿大学暑期文化交流项目启动，推动学院国际化教育开展。校际交流方面，与北京外国语大学、北京语言大学、上海外国语大学、广东外语外贸大学、澳大利亚阿德莱德大学、美国加州大学戴维斯分校、新西伯利亚国立技术大学、远东联邦大学等多所国内外大学就研究生培养进行经验交流。

党务方面，按照校党委的统一部署和要求，学院分党委继续深化“两学一做”学习教育，将贯彻党的十九大精神及习近平总书记考察法大重要讲话精神和学习习近平总书记系列重要讲话精神作为党建工作的首要任务。进行《北京普通高等学校党建和思想政治工作基本标准》集中检查工作，通过评估，学院党政建设、学生工作、工会工作、统战工作上都取得了重要进展。分党委通过专题研讨会、主题活动等形式组织党员进行学习与互评，教育引导广大师生党员尊崇党章、遵守党规，用习近平总书记系列重要讲话精神统一思想行动，做合格党员。同时大力推进制度建设，建立分党委学习计划，各个党支部制定学习日程，强化基层党组织建设，将“两学一做”学习教育制度化、常态化和长效化。本年度，学院分党委本科生、研究生党支部共发展党员 56 人，截至 12 月 31 日，学生党员人数 80 人（本科生党员 48 人、研究生党 32 人），教师党员 55 人，学院师生党员人数共为 135 人。

**【举办中国政法大学首届“拓荒杯”学术论文报告会】**6 月，中国政法大学英语写作中心主办中国政法大学首届“拓荒杯”学术论文报告会。该报告会分为主会和分会两部分，主会上各位嘉宾及校友发言分享她在学术写作想法、国际会议上经验；分会上来自英语专业、公共外语及硕博士的 70 位发言人分别在端升楼 10 个分会场进行发言和研讨。

**【学院院长荣获励道教学杰出贡献奖】**7 月，学院院长李立教授荣获“励道教学杰出贡献奖”的荣誉称号。该奖项奖励李院长在外语教育界 34 年的辛勤耕耘，每年全校仅有 1 名教师获此殊荣。

**【外国语学院国际小学期课程】**7 月至 8 月，外国语学院开始国际小学期课程，全校共有 56 名同学参加。积极配合学校国际小学期的计划，外国语学院于 7、8 月邀请 9 位不同学科背景的外籍教师，开设国际小学期课程，给学生提供为期两周的外国文化相关课程学习，提供扩展语言、文化和法律的国际视野的平台。

**【外国语言文学博士点申报入围专家评审环节】** 9月，学院外国语言文学博士学位授权点申报，入围专家评审最后环节。学院博士点申报顺利通过了学校申请、北京市学位委员会资格审核及公示、并以优异成绩通过通讯专家评审，一举进入了北京学位委员会组织的专家评审最后环节，但未能通过最后的专家评审。

**【举办第八届全国法律英语大赛】** 11月5日，外国语学院成功举办第八届全国法律英语大赛。本届赛事由外国语学院、中华全国律师协会外事委员会、北京第二外国语学院国际法学院和法律英语证书（LEC）全国统一考试委员会联合主办。比赛分为演讲比赛和论文比赛两部分，主题为“用英语表达你的法律观点”。参赛选手均为全国具有较强法律英语能力的在校在读本、硕学生及法律行业工作者。共有海内外51所高校及单位，319名在校生及法律人士报名参赛。

**【学院教师获选2017年优秀中青年教师培养支持计划】** 12月，张磊副教授获选2017年优秀中青年教师培养支持计划B层次。学院英语语言文学研究所副所长张磊副教师获选2017年优秀中青年教师培养支持B层次计划。本次共计52人申报，经过专家初评，遴选出38人参加专家复审，经复审10人通过A层次评审，20人通过B层次评审。

**附件**

**表彰与奖励**

1. 教职工获奖情况

（1）校级奖励

徐新燕荣获教学特别奖；张立新、李小龙、王立平、戴嘉佳、Felix、古飞（外籍教师）6人荣获教学优秀奖。

翻译研究所荣获2016－2017年度优秀教学集体奖。

张清、陈晖获得中国政法大学2017年校级优秀实习指导教师。

毛中婉荣获第十五届中国政法大学青年教师基本功大赛三等奖，张文鹏荣获优秀奖。

张雨晨获中国政法大学年度校级优秀教育工作者2、教学基本功大赛

吴康平荣获第十三届中国政法大学青年教师基本功大赛三等奖，李烨荣获优秀奖。

张春阳荣获第七届北京市研究生青年教师教学基本功大赛二等奖。

（2）其他奖项

《更新法学外语课程体系、搭建法学外语实践平台——我校卓越法律人才本科阶段外语实践能力培养模式的创新与实践》获得北京市教学成果奖二等奖，成果完成人：李立、田力男、张清、王敏、张文娟。

戴嘉佳荣获第二十届“外研社杯”大学生英语辩论赛全国总决赛优秀指导教师奖。

2. 学生获奖情况

（1）公共外语类竞赛

全国大学生英语竞赛特等奖3名、一等奖5名。

“外研社杯”全国英语写作大赛二等奖2名。

“外研社杯”全国英语阅读大赛一等奖1名，二等奖1名。

（2）翻译专业类竞赛

海峡两岸口译大赛华北赛区比赛三等奖 2 名。

（3）德语专业类竞赛

“人民网”杯京津地区高校德语配音比赛三等奖。

“永旺杯”第十届多语种全国口译大赛优秀奖 1 名。

京津地区德语演讲比赛优秀奖 2 名。

## 九、继续教育学院

2017 年度，继续教育学院认真学习贯彻落实习近平总书记在考察我校重要讲话精神和学校综合改革方案，立足现有法学优势资源、法学教师团队资源和中央政法干校的优良基因传统，主动对接依法治国战略需求，积极承担对各级领导干部培训的重任，抓住机遇，重点围绕司法改革理论与实践、领导干部法治思维与法治素养提升和司法职业规范及职业道德等主题，不断探索培训模式、扩大培训范围、提高培训质量和培训规模。采用“菜单式”和“订单式”相结合的形式为行业、系统设计具有有针对性的培训方案，针对公安系统、检察系统、法院系统、司法系统及其机构、党政机关及企事业单位等行业系统领导干部开展短期高端业务及职业素质提升培训，提高各级领导干部和国家工作人员带头尊法学法守法用法和运用法治思维和法治方式解决问题的能力。助力领导干部以德修身、以德立威、以德服众，做尊法学法守法用法的模范。

司法职业教育培训方面，根据政法委、公安、检察、法院、司法五个系统及其机构不同工作特点和业务方向，围绕全面推进依法治国、司法改革理论与实践、领导干部法治思维与法治素养提升和司法职业规范及职业道德等主题，设计研发具有前瞻性、针对性、实用性、时效性的课程和项目，并开展培训。积极拓宽培训渠道，首次与军队系统合作，为中部战区空军进行法律骨干、侦查骨干和心理骨干专业主题培训。2017 年共举办培训班 48 期，培训 6088 人，其中包括各类短训班 40 期，3676 人；北京市实习律师培训 8 期，2412 人。

政府与企业教育培训方面，推进与山西省人大常委会战略合作协议关于干部培训计划，与北京市地税局总法律顾问培训计划，与中国证监会战略合作协议关于干部轮训计划；开展“依法行政和社会管理”“领导干部法治专题”“政务公开”等面向党政部门的系列项目培训。加强与各级政府部门、企业、行业系统的沟通联系机制，服务各级领导干部和国家工作人员带头遵法学法守法用法的需求，积极研发并围绕地方税务系统知识更新项目培训。2017 年，举办“昌平区领导干部进高校大讲堂”2 期，580 人；举办各类短期培训班 40 期，培训 2838 人，比 2016 年增加 85%。

司法考试培训方面，通过百度竞价、搜狗、360 网站推广和微信、微博等网络营销模式，以及招生简章、海报、赠书等方式加大线上、线下宣传推广力度。2017 年，共计培训 762 人，其中面授培训 402 人，网络培训 362 人。

成人学历教育方面，年内成人学历教育共招新生 797 人，其中夜大学 403 人，函授 394 人；同年夜大毕业生 408 人，函授生 328 人（其中专升本 276 人，高起本 52 人）。

网络教育服务方面，与外国语学院教师合作研发“法律外语和涉外法律业务在线培训平台”并于7月上线，开展“涉外法律人才高级研修班”，培训22人次；以同等学力法学综合（民法、刑法、法理、中国法制史、宪法）和英语两门统考课程系统全面讲解为主要内容，研发和推出同等学力统考课程在线产品。2017年招收同等学力项目学员719人，比2016年增加了97%。

年内，录制同等学力在线课程5门，127课时；录制高等学历继续教育项目课程3门，90课时；录制统考培训项目串讲提高班课程8门，100课时；录制法律英语项目1期面授班课程6门，40课时，实务课程1门，4课时。整理、编辑、发布同等学力项目试题试卷50份，成教平台试题试卷18份；整理编辑发布课程资料75份；所有项目课程录制需要的PPT脚本的编辑加工共计3992页；编辑、审核文字总计约78.2万字。全年共上传视频课程及相关学习资料1530课时。

依据与中国法制出版社签署的《行政执法学习培训平台项目合作协议书》，实施二期视频资源的建设工作；围绕与中国法制出版社签署的《民法总则要义解读与适用指导系列论坛项目合作协议》，分别就《民法总则》的精神创新与制度创新、对人的关怀，民法典时代的商法与商人，法学方法论与民法典的适用等四个方向邀请理论实务界的专家开展线上线下的联动分享；举办相关高端论坛2期，并实现全程直播。

**【签署监管干部2017年法制专项培训班项目协议书】** 3月9日，学院与中国证券监督管理委员会签署监管干部2017年法制专项培训班项目协议书。双方约定，2017年为中国证监会系统干部举办4期法制专项培训班，由继续教育学院具体承办。

**【签署总法律顾问选拔培训班项目协议书】** 4月5日，学院与北京市地方税务局签署总法律顾问选拔培训班项目协议书。双方约定，4月11日至4月21日，为北京市地方税务局总法律顾问选拔举办培训班，由继续教育学院具体承办。

**【签署2017年盐城市领导干部和法制工作人员法治专题培训班项目协议书】** 5月3日，学院与江苏省盐城市人民政府法制办公室签署2017年盐城市领导干部和法制工作人员法治专题培训班项目协议书。双方约定，2017年为盐城市领导干部和法制工作人员举办两期法治专题培训班，由继续教育学院具体承办。

**【签署2017年大连市甘井子区执法机关优秀青年干警培训班项目协议书】** 5月8日，学院与大连市甘井子区政法委员会签署2017年大连市甘井子区执法机关优秀青年干警培训班项目协议书，双方约定，5月8日至5月14日，为大连市甘井子区执法机关优秀青年干警举办专题培训班。由继续教育学院具体承办。

**【签署2017年政法机关领导干部履职能力提升专题研修班项目协议书】** 5月9日，学院与中共山西省委政法委员会签署2017年政法机关领导干部履职能力提升专题研修班项目协议书。双方约定，5月9日至5月13日，为山西省政法机关领导干部履职能力提升举办专题研修班，由继续教育学院具体承办。

**【与中部战区空军签署战略合作框架协议】** 5月15日，学院与中部战区空军签署战略合作框架协议。我方将根据工作需要，推荐相关专家、学者到对方调研、讲学，共同设置科研课题，成果共享；对对方进行多样化军事任务和推进部队建设中遇到矛盾问题，给予法律支持和帮助；对方委托我方对部队官兵进行继续教育，合作举办各类专业务实的培训班；双方共建军队法制学习交流平台，为开展军队管理创新改革工作提供法律支持。

**【签署广东省工商和市场监管系统竞争执法专题培训班项目协议书】**6月5日，学院与广东省工商行政管理干部素质教育中心签署广东省工商和市场监管系统竞争执法专题培训班项目协议书。双方约定，8月7日至8月12日，为广东省工商行政管理干部素质教育中心举办广东省工商和市场监管系统竞争执法专题培训班，由继续教育具体承办。

**【签署干部综合能力提升培训班项目协议书】**6月5日，学院与中共韶关市委政法委员会签署干部综合能力提升培训班项目协议书。双方约定，6月22日至6月28日，为中共韶关市委政法委员会举办干部综合能力提升培训班，由继续教育学院具体承办。

**【签署监督司法工作专题研修班（第二期）项目协议书】**7月20日，学院与山西省人大内务司法委员会签署监督司法工作专题研修班（第二期）项目协议书。双方约定，8月14日至8月18日，为山西省人大内务司法委员会举办监督司法工作专题研修班（第二期），由继续教育学院具体承办。

**【签署法制专题培训班项目协议书】**10月15日，学院与国家知识产权局专利局签署法制专题培训班项目协议书。双方约定，2017年为国家知识产权局专利局举办两期法制专题培训班。

**【签署干部综合能力提升培训班项目协议书】**10月25日，学院与中共韶关市委政法委员会签署干部综合能力提升培训班项目协议书。双方约定，11月5日至11月11日，为中共韶关市委政法委员会举办干部综合能力提升培训班，由继续教育学院具体承办。

**【签署民法总则要义解读与适用指导系列论坛项目协议书】**10月27日，学院与中国法制出版社签署民法总则要义解读与适用指导系列论坛项目协议书。双方约定，共同举办民法总则要义解读与适用指导系列论坛及培训，由中国发展出版社编辑三部与学校网络教育学院负责实施。

## 十、国际教育学院（港澳台教育中心）

**【概况】**国际教育学院于1999年，在原学校留学生管理处、港澳台学生管理处和中国国际高级法律人才培训中心（北京）办公室的基础上成立，目的是为充分发挥学校的办学优势，进一步加强对外交流与合作，积极开拓国际教育市场，更好地开展涉外培训，强化对留学生及港澳台学生的管理。国际教育学院下设留学生暨港澳台侨学生办公室、国际合作部、对外汉语培训中心、综合办公室等部门，学院现任院长为张丽英教授。学院现有教职工15人。学校学院目前开展的教育培养工作包括学历教育、英文学位项目、汉语言教育、国际交流生教育、高级访问学者访学。

2017年，学院继续面向港澳台侨和海外招收下列类别学生：

港澳台侨学生招生类别包括：联合招生考试本科招生项目、香港免试生本科项目、台湾免试生本科项目、港澳台硕博学历生。

外国留学生招生类别包括：本科生、硕博研究生（中文学位）、硕博研究生（英文学位）、中国政府奖学金（本、硕、博）、汉语言学习生、国际交流生。

2017 年学院共招收留学生 262 人，其中港澳台侨学生 130 人，外国留学生 128 人。本科生 113 人，硕士生 32 人，博士生 20 人，访问学者 7 人，汉语言学习生 25 人，交换生 63 人，国际进修生 2 人。

截至 2017 年 12 月，学院在籍学历生共 798 人，其中外国留学生 354 人、港澳台学生 438 人、其他中国籍交换生 4 人。外国留学生中：博士研究生 125 人、硕士生 96 人、本科生 55 人、校际交换生 46 人、国际进修生 2 人。港澳台学生中：博士生 108 人、硕士生 39 人、本科生 278 人、校际交换生 13 人。

**【为留学生设立“汉语言专业”】** 3 月，经教育部备案和审批，面向来华留学生正式设立了“汉语言专业”，并于今年启动了汉语言专业的建设和招生教学工作，完成了汉语言专业的人才培养方案、教师聘任和首期课程的教学安排。

**【入选北京市“一带一路”国家人才培养基地项目】** 8 月，学校作为第一批高校，入选北京市“一带一路”国家人才培养基地项目，在学校建立了北京市“一带一路”国家法律人才培养基地。

**【举办“2017 中国政法大学国际日”活动】** 12 月 2 日，学院举办了 2017 年中国政法大学国际日。在国际日活动中，来自不同国家和地区的同学齐聚一堂，身着民族服装，献上特色舞蹈和民族音乐等各色表演，并邀请同学品尝各国特色美食，兼以各地风情介绍，让参展同学在玩乐中欣赏诸多民族的风情。

**【设立“一带一路”人才培养与法律研究院】** 12 月 8 日，经学校党委常委会审议通过，设立了中国政法大学“一带一路”人才培养与法律研究院。该研究院由学院负责筹建，并于 2018 年起正式开始建设工作。

**【启动留学生法学专业“一带一路”课程体系建设】** 年内，学院在北京市“一带一路”国家法律人才培养基地的基础上，于 2017 年正式启动了法学专业“一带一路”课程体系建设工作，该课程体系以培养和提高法学人才的“一带一路”实际工作能力为主要目标；以“一带一路”沿线国家的“国别法”“区域法”为主要研究和讲授对象；着眼于培养应用性、实务型、国际型的法学人才。

**【继续开办小语种语言兴趣班】** 年内，由学院和教务处联合开设的小语种兴趣班继续开展。上半年小语种班开设俄语、哈萨克语、粤语、法语等语种班，下半年小语种兴趣班设有粤语、韩语、俄语、日语、葡萄牙语、哈萨克语等语种班。学校下半年第二期小语种班共 183 名学员。

**【学校留学生和港澳台侨学生参加系列中华武术邀请赛】** 年内，学院留学生继续代表学校参加了系列中华武术邀请赛，包括有：2017 年第二届中国 · 徐州国际武术大赛暨“丝路汉风”国际武术文化节；三亚南山第二届世界太极文化节；2017“武动中国 · 咏耀世界”佛山高新区第四届国际咏春拳大赛暨“世界功夫之城”武术文化国际论坛。

## 十一、马克思主义学院

**【概况】** 马克思主义学院成立于 2005 年 6 月，其前身是 1985 年成立的中国政法大学马列主义理论部，以及 2002 年成立的中国政法大学马克思主义理论教学与研究中心，

2005 年正式成为独立的、直属于学校领导的思想政治理论课教学科研二级机构。学院一方面承担全校本科生和研究生的思想政治理论课教学任务，另一方面学校还从事马克思主义理论研究工作。

马克思主义学院现有思想政治教育本科专业，马克思主义理论一级学科硕士点和马克思主义理论一级学科博士点，以及中共党史专业硕士点。现已开设的马克思主义理论二级学科硕士专业有：马克思主义基本原理、马克思主义中国化研究、马克思主义发展史、国外马克思主义研究、思想政治教育与中国近现代史基本问题研究等。开设 4 个马克思主义理论二级学科博士专业：马克思主义中国化研究、马克思主义基本原理、思想政治教育及国外马克思主义研究。马克思主义中国化研究和马克思主义基本原理是北京市重点学科，思想政治教育和国外马克思主义研究为校级重点学科。

学院现有专任教师 34 人，行政人员 6 名。教授 7 人，副教授 20 人，讲师 7 人，高级职称比例占 79%。其中，博士学位 27 人、硕士学位 5 人、学士学位 2 人，分别占教师总数的 79%、15% 和 6%。学院现有本科专业共 4 个年级，在校生 115 人；硕士研究生 3 个年级，在校生 71 人；博士研究生 3 个年级，在校生 33 人。

学院以三个同心圆为架构，建设教学创新工坊，完成思政专业培养方案修订。调整基层教学组织，在原有 5 个研究所的基础上，新设立“形势与政策”“当代世界经济与政治”2 个教研室，完成思政课程“4 +1 +1”的体系化布局。以实践教学为突破，开展“重走习总书记考察法大之路”思政课主题实践教学活动、“我与砥砺奋进的五年”大型主题教育实践教学活动等品牌活动；以课程教学为抓手，进行系统规划和重点建设；以十九大精神进课堂为重点，开展教学展示、十九大精神第一时间进课堂、“思政学习大讲堂”等活动；加大对现有教学模式和教学经验的宣传推广。

学院全面展开迎接教育部研究生学位授权点质量评估准备工作，重组学院评估领导小组，聘请评估顾问并成立工作小组。首次成功举办 2017 年厚德夏令营，基本完成新的教务综合系统的培训和信息录入工作，进一步完善博士生招生申请—考核制度，研究生管理和人才培养更加制度化、规范化。2017 届毕业生共计 60 人，其中本科生 27 人，硕士生 29 人，博士生 4 人，就业率均为 100%。

参与北京市教工委“马克思主义理论学科和思想政治理论课建设发展状况调研”、教育部社科司“全国高校马克思主义理论学科点建设发展情况调研”等系列调研。

学院出版专著 2 部。发表各类论文 38 余篇，其中在《哲学研究》《教学与研究》《American Journal of Economics and Sociology》等权威及核心期刊上发表论文 14 篇，其中有 2 篇被人大复印资料转载，1 篇被《新华文章》观点转载。获批纵向课题 4 项，其中国家社科基金立项 2 项，教育部人文社科研究项目 2 项。横向课题 5 项，校级青年项目 1 项。全年共举办各类学术会议和学术报告近 20 场，其中组织和举办“新视野系列学术活动”（学术讲座、学术报告、理论研讨会）11 余场，含外国专家 9 场、国内专家 2 场。学院教师参加重要学术会议 40 余场。

开展学院专业技术岗位聘任工作。1 名教师晋升为四级教授，1 名教师晋升为七级副教授，4 名教师晋级。接收应届毕业生 2 名，进一步扩大师资队伍。成功组织思政课教师暑期赴全国高校思想政治理论课骨干教师社会实践研修基地（福建）开展学习培训及社会实践活动。结合学科建设、教研专长等内容对研究所人员构成进行调整，同时调整部分研究所和教研室负责人，进一步优化队伍结构和师资布局。

学院分党委组织开展纪念建党96周年系列活动，赴挂甲峪新农村和焦庄户地道战遗址纪念馆，参观社会主义新农村，学习“众志成城、保家卫国”的地道战精神；进行“七·一”表彰，总结学院基层党组织建设和党员队伍建设的先进经验。

**【完成教育部本科教学工作审核评估】**4月24日，教育部本科教学工作审核评估专家、武汉大学人文社会科学研究院院长沈壮海教授莅临学院开展本科教学工作审核评估。为迎接教育部本科教学工作审核评估，学院先后召开多次本科教学审核评估动员大会、工作推进会，提炼教学特色方法和教学特色项目，其中思政课教学特点和金牌团队被学校写入主报告并做特色介绍。

**【北京市教工委专家到学院调研“翻转课堂”教学】**5月31日，北京市教工委专家陈世阳副教授来到学院周增光博士的《中国近现代史纲要》课堂，调研该课程“翻转课堂”教学情况。“翻转课堂”是在学校、学院、研究所三级协同的基础上，由承担该课程的中国近现代史研究所，通过三年的教学实践，逐渐探索出以问题意识为导向，以微课程为载体，以知识内化为目标，依托法大的网络教学资源建立起来的混合式教学模式。陈世阳副教授听完课后，评价“翻转课堂”教学模式新颖、学生参与度高，网络资源支持力度大，并从专业角度提出了建议。本年度，学院“翻转课堂”项目获得教育部思政课教学方法改革项目择优推广计划。

**【深入开展学习习近平总书记考察学校发表重要讲话精神】**5月，学院分党委将其作为主题教育活动月，进行专题式、体系式学习，通过集体学习、师生座谈、主题沙龙、专题党课等形式，确保学习教育取得实效。

**【“马克思主义理论与全面依法治国”协同创新中心召开校内协同会议】**6月6日，“马克思主义理论与全面依法治国”协同创新中心在学院路校区召开协调工作会。中心主任胡明教授，以及来自法学院、政管学院、人文学院、外国语学院、商学院、马克思主义学院、科研处、研究生院、法治政府研究院、宣传部等部门领导出席会议，会议由中心执行主任郜丽华教授主持。与会人员围绕中心总目标，分别就学科建设、科学研究、队伍建设、人才培养、思政教学、智库咨询、国际交流、宣教传播、文献中心建设献计献策，为协同创新中心下一步工作的开展提供诸多意见。

**【学院分党委赴挂甲峪新农村和焦庄户地道战遗址纪念馆开展主题党日活动】**6月10日，为纪念建党96周年，学院分党委组织全院教师党员和学生党员骨干，赴挂甲峪新农村和焦庄户地道战遗址纪念馆，开展主题党日活动。在焦庄户地道战纪念馆，大家参观了包括“冀东抗战燃烽火、人民战争建奇功、今日顺义更美好”3个展区。

**【首次举办2017年厚德夏令营】**7月5日至7月8日，学院2017年厚德夏令营在学院路校区举行，是马克思主义学院首届优秀大学生夏令营。经过招生、专业课基础知识的笔试、英文阅读笔试、导师组面试等环节，来自华南师大、石河子大学等国内十余所高校的14名本科生最终入选本届夏令营。

**【举办“落实习近平总书记‘5·3’重要讲话精神暨马克思主义与全面依法治国高端论坛”】**7月8日，“马克思主义理论与全面依法治国”协同创新中心在学校学院路校区举办“落实习近平总书记‘5·3’重要讲话精神暨马克思主义与全面依法治国高端论坛”，党委副书记、纪委书记胡明，副校长时建中出席了会议。五家协同单位院领导、教授及研究员参加了会议。论坛以学习落实习近平总书记重要讲话精神为核心，围绕高校思想政治理论课学科建设、课程建设协同运行规律和德法兼修人才培养等议题展开深入讨论。

**【赴全国高校思想政治理论课骨干教师社会实践研修基地（福建）开展社会研修活动】**7月23日至7月29日，学院组织教职工赴全国高校思想政治理论课骨干教师社会实践研修基地（福建），开展学习培训及暑期社会实践活动。学校原党委副书记、副校长、马克思主义学院原院长马抗美教授，马克思主义学院分党委书记兼副院长阮广宇副教授，副院长（主持工作）郜丽华教授以及学院部分教职工共12人参加了活动。全体人员学习听取了专家报告，实地参观考察了马尾船政文化博物馆、林则徐纪念馆、古田会址、福建省苏维埃政府旧址等地。

**【参与开展“我与砥砺奋进的五年”大型主题教育实践教学活动】**9月28日至10月14日，学院以参观“砥砺奋进的五年”大型成就展为契机，与学生处协同开展主题教育实践教学。中国近现代研究所全所教师集体参与，3位主讲教师随学生一起参观并进行现场主题教学。现场教学主要围绕从社会主义初级阶段的阶段性特征看“砥砺奋进的五年”、中国道路的“四个自信”与“四个全面”改革布局、中国梦与中国道路的伟大证明等主题展开。活动期间共组织5000名师生参观。

**【深入开展学习宣传贯彻党的十九大精神系列活动】**10月—12月，学院分党委组织了学习宣传贯彻党的十九大精神系列活动：组织全院师生党员收看十九大开幕式；召开分党委扩大会议，传达学习贯彻落实党的十九大会议精神；发挥学科及专业优势，大力推进党的十九大精神进课堂活动；成立学习宣传贯彻党的十九大精神宣讲团，在校内外开展高质量、多形式的宣讲活动，从不同角度和层面对新时代党的创新理论成果进行解读和宣传；同时，各支部结合自身特色开展多种形式的学习活动。

**【打造“重走习总书记考察法大之路”——思政课主题实践教学活动】**11月28日和11月30日，学院将思政课程教学与校团委“十九大精神宣讲进班级”活动相结合，依托《思想道德修养与法律基础》课程开展了“重走习近平总书记考察法大之路”的实践教学活动。活动在教学内容上选取习近平总书记考察学校的重要地点进行专题讲述，授课团队由课程讲授者、活动亲历者以及理论宣讲员组成。

**【开展迎接教育部研究生学位授权点质量评估准备工作】**11月，学院在2016年下半年学院自评以及汇集各方面专家的意见和建议的基础上，重新组建了以学院领导为核心的评估领导小组，聘请3位学院资深教授为评估顾问，由学院各学科负责人组成工作小组，同时成立了撰写组和秘书组，为迎接教育部一级学科研究生学位授权点合格评估做准备。

**【增设2个基层教学组织】**11月，学院对现有基层教学组织进行调整，在原有5个研究所的基础上，新设立2个教研室：形势与政策教研室和当代世界经济与政治教研室。将

“当代世界经济与政治”和“形势与政策”2门课教学组织化，其中“形势与政策”首次实现课程化，“当代世界经济与政治”由1人设课改为教研室设课。至此，学校思政课程“4+1+1”体系化布局全面完成。在此基础上，学院对各研究所和教研室人员构成进行调整。

## 十二、社会学院

**【概况】**社会学院是2005年7月组建的，现任院长为应星教授。社会学是北京政法学院建校时的三大学科之一，著名社会学家严景耀先生和雷洁琼先生长期在北京政法学院任教，为保留社会学火种作出了特殊的贡献。中国政法大学成为20世纪80年代全国重建社会学专业以来在高校最早开设社会学课程的高校之一。社会学专业于2009年被教育部评为国家级特色专业。学院也是在国内最早开展犯罪心理学、法律心理学研究并在此领域始终保持着前沿地位的高校，当代中国犯罪心理学学科的主要开创者罗大华教授领军的学术团队为社会学院心理学学科的发展奠定了基础。中国心理学会法制心理专业委员会自1983年成立以来一直挂靠在学校。

学院下设社会学系、社会工作与社会政策系、心理学系和学院实验室等4个教研实体，建立起从本科到博士点的完整的人才培养和学科发展体系。学院现有3个本科专业（社会学专业、社会工作专业和应用心理学专业），2个一级学科硕士点（社会学专业和应用心理学专业），1个二级学科博士点（政治社会学交叉学科博士点）以及1个专业学科硕士点（社会工作专业硕士点）。现有专业师资30人，其中教授7人（含二级教授1人，博士生导师3人）、副教授15人，有博士学位的教师30人，占全院教师比例的100%；从海外留学归国的教师17人，占全院师资比例的58.6%。学院学生共383人。学院社会学硕士一级学科在全国同学科排名中位列第20位。

学院涌现出北京市教学名师、宝钢优秀教师、北京市优秀教师、北京市优秀教育工作者等一批教学名师，并获得过北京市教学成果一等奖、北京市精品课程、北京市精品教材等多项教学奖励。学院的发展定位是：立足精品特色、走内涵发展的道路，发挥师资力量起点高、结构好、后劲足、人心齐的优势，一方面以法学学科为依托，使社会学和应用心理学成为法学重要的关联学科和支撑学科，并成为学校迈向世界知名法科强校的发展战略的有机组成部分；另一方面，社会学一级学科和应用心理学中法律心理学、犯罪心理学若干方向达到国内一流水平。学院进一步强化了“四位一体”的实践性人才培养模式，与国家体改所合作开展了本科生毕业社会实践项目。

在党建工作方面，编撰出版《伟大的复兴——思想政治教育经典读本》。该书编撰历经两年时间，辑录自清末至今170多年以来，反映民族复兴的部分文学名篇，以及马克思主义的部分经典著作，共有23位著名人物的70篇作品，共计430页，其中习近平总书记系列重要讲话12篇。在该书基础上，学院建成全校首个院级“习近平总书记治国理政重要讲话与战略思想书库”，以及一系列鲜明反映我党发展建设理论演变及历程的重要著作为基础的“党建专题书库”。

11月，学院分党委制定了《日新经典阅读平台建设方案》，通过经典阅读小组、读书沙龙、知名学者讲座等方式，将以《伟大的复兴 伟大的使命思想政治教育经典读本》（第一辑）为主要阅读材料的书库丛书，全面应用于全院党员、发展对象、积极分子的教育管理和发展工作，并将逐步推广至全院人才培养与思想政治教育过程。

## 十三、法律硕士学院

**【概况】**法律硕士学院有事业编制教职工 10 人，非在编教辅人员 5 人，其中学院领导 3 人。学院设综合、教务及学生工作 3 个行政办公室；公法教研部、私法教研部、经济法教研部、法律实践教研部 4 个实体教研机构。学院师资队伍主要由本校专职教师及校外法律实务部门聘任的兼职教授构成。本年度学院聘请的校内专职教师 125 人，兼职教授 180 人。

学院现有在校学生 976 人，其中全日制法律硕士 750 人、非全日制法律硕士 226 人。2017 年学院共有全日制毕业生 386 人，其中法律硕士（法学）65 人、法律硕士（非法学）321 人。在职法律硕士结业 102 人。全部学生中取得硕士学位 481 人。

2017 年，有 125 名校内教师、34 名校外兼职教授、实务专家及 2 个实务课授课团队为学生开课，全年开设课程 143 门次。本年度学院共组成 48 个论文答辩委员会，有 161 人次教师参加答辩，论文指导教师 177 人，共计指导 513 篇学位论文。共有 513 名硕士研究生申请参加论文答辩，其中全日制硕士 404 人，在职硕士 109 人；通过论文答辩 481 人，其中全日制硕士 383 人、在职硕士 98 人。

学院 2017 年参加司法考试的法律硕士（非法学）一次通过率 68%，应届毕业生司法考试总通过率 91%。

学院建立了校内外教师教学信息库与微信联络群。为更好地培养适应社会需要的法律人才，实现法律硕士研究生的培养目标，为学生设置了十个方向课程组。此外，学院继续推进教学评教制度，确保教学质量，继续举办 2016—2017 学年“十大最受欢迎授课教师”评选活动，十位授课教师获优秀教师称号。

在人才培养方面，学院注重通过科研课题申报、学术讲座等手段，全面提升学生能力，开拓学生视野。2017 年，开办法律硕士学院专家讲坛、兼职教授讲坛共 95 场主题讲座，国际小学期课程讲座 3 场；开展第八届“法硕之星”科研课题大赛活动。学生就业方面，学院积极为学生拓展就业渠道，举办各类就业指导讲座，通过微信、学院网站专栏等及时传递就业信息。经过全院师生的共同努力，2017 届全日制法律硕士毕业生共计 386 人，截至 11 月 1 日，已落实工作人数 363 人，就业落实率达 94%（部分已就业落实同学材料尚未提交，其他待业同学多为准备国考、省考、准备出国或处于找工作过程中）。学院举办第八届法律硕士成长论坛，邀请不同行业的知名校友，为学院学生未来职业的选择明确方向；学院还举办不同年级之间的就业经验交流会系列活动，使求职就业工作形成一种前后延续的良好传承。按照《中国政法大学法律硕士学院研究生奖学金管理暂行办法》，学院公正、公开、公平地开展各项研究生奖学金评选工作；评选并颁发兼职教授与社会资助的“骐骥容之助学金”“大嘉法硕育英助学金”“友恒阳光成长奖学金”“思源·天明姜明奖助学金”“帮瀛英才奖学金”等奖助学金。本年度与友恒律师事务所续签了“友恒阳光成长”奖学金，与中华思源扶贫基金会签订了“思源·天明姜明奖助学金”，与2004级法硕校友签订了“04法硕奖学金”，帮助学生解决实际困难。

在国内外交流方面，本年度有5名学生赴意大利、日本进行交流学习。同时，学院大力推动与北京市知识产权法院等实务部门的协同创新与合作，加强学院实习基地建设。

在招生方面，学院积极组织招生宣传工作。7月成功举办了首届优秀大学生夏令营，经过学院严格选拔，共有104名营员参加了活动。

在师资队伍实体化建设方面，经广泛征求意见、专家论证，学校批准学院成立4个实体教研机构：公法教研部、私法教研部、经济法教研部、法律实践教研部，同时，学校批准了《关于法律硕士学院综合改革（实体化）建设方案的报告》，使学院的综合改革进入了一个新的阶段。学院还积极与学校人事部门沟通合作，组织了2次海外留学归国人员应聘试讲活动，同时在校内公开招聘教学科研人员。今年引进了1位民商法学教授到学院任教。目前，师资实体化的各项工作正有序进行。

**【日本名古屋大学师生来学院学习交流】**3月24日，日本名古屋大学宇田川幸则教授率领该校法学院学生一行9人来学院学习交流，学院十多名同学参加了学习交流活动。学院向名古屋大学师生介绍了中日两国刑事法律及其区别，概括了中国刑事法律的发展历程、中国刑事诉讼制度的发展和特色以及中日两国刑事法律学者进行学术交流的历史。两国学生就公务员尤其是法官犯罪的处理方法、如何确保法官的独立地位等法律问题进行了沟通和讨论。

**【戴宇鑫、杨婉冬同学获3项专利】**4月，学院学生杨婉冬获得1项外观设计专利。8月，学院学生戴宇鑫获得2项外观设计专利。

**【举办“法大知产力论坛”系列学术活动】**4月至12月，由学院和北京知产力网络科技有限公司联合举办的“法大知产力论坛”已连续举办7期。论坛邀请校内外学者、法律实务界专家等就不同的法律主题为学院学生举办演讲、并就相关问题进行深入探讨，为学生解答问题。

**【举办第二届优秀大学生夏令营】**7月1日至7月4日，学院第二届优秀大学生夏令营在学院路校区举办，共有104名全国各地优秀学生参加本次活动。

**【开展第四届意大利暑期交流项目】**7月1日至7月16日，学院开展与意大利布雷西亚大学法学院联合举办的第四届暑期交流项目，学院选派3名学生赴意大利参加了活动。本次暑期班的教学课程涵盖了罗马法、意大利私法、意大利民事诉讼法、国际法与欧盟法、中国民法、经济法、比较私法等内容。来自意大利罗马第二大学、布雷西亚大学、米兰大学、博洛尼亚大学等知名高校法学院的学者、法律实务工作者以全英文授课方式为暑期班师生进行讲授。

**【开展“模拟法庭”进校园活动】**11月23日，学院青年志愿者协会志愿者赴昌平西关鹏鹰打工子弟学校，开展普法之模拟法庭进校园活动。昌平区法院未成年人案件审判庭法官朱莹莹、城北街道司法所所长梁永利、鹏鹰打工子弟学校的校长及学生、青年志愿者协会近20名同学参加了本次活动。

**【召开第八届法律硕士成长论坛】**11月25日，中国政法大学第八届法律硕士成长论坛在昌平校区逸夫楼刘皇发报告厅举行。第十九届中央候补委员，北京知识产权法院党组成员、副院长兼政治部主任宋鱼水，中央财经大学法学院副院长李伟，北京律师协会副会长、冠衡律师事务所主任刘卫东，学院院长费安玲出席论坛。此次论坛共分为主论坛“社会发展与法律硕士研究生的职业准备”及“看山不是山：法律人如何思考——法律人思维方式的探讨”“聚焦新反不正当竞争法——热点问题解读分析”两个分论坛。

**【“法硕之星”科研课题大赛入选 2017 年度十佳校园文化品牌】** 11 月 30 日，学校 2017 年“RONG 聚法大”文化盛典暨“诗玖年华”第十九届校园广播歌手大赛决赛在昌平校区礼堂举行，学院“法硕之星”科研课题大赛入选 2017 年度十佳校园文化品牌。“法硕之星”科研课题大赛已持续举办八期，今年的大赛经过初审、立项和结项答辩，最终九项课题获得认定，其中一级重点课题 1 个，二级重点课题 2 个，三级一般课题 6 个。

**【评选第七届“十大最受欢迎教师”】** 12 月初，举办 2016—2017 学年法律硕士学院“十大最受欢迎授课教师”评选活动，尹志强、刘智慧、李建伟、赵鹏、罗晓军、范静怡、徐久生、蒋立山、戴龙、陶乾 10 位教师获奖。12 月 11 日，学院在昌平校区礼堂举办的“鎏梦军都，研途累硕”元旦晚会上举行了颁奖仪式。

**【颁发社会奖助学金】** 12 月 11 日，学院在昌平校区礼堂举办的“鎏梦军都，研途累硕”元旦晚会上为获奖学生颁发社会奖助学金。按照“友恒阳光成长奖学金（20 人）”“思源·天明姜明奖助学金（5 人）”“帮瀛英才奖学金（10 人）”获奖标准及评选程序，学院分别评选出相应学生成为 2017 年获奖人选。

**【实体教研机构挂牌】** 12 月 19 日，学院“实体教研机构揭牌仪式暨新时代法律硕士专业学位研究生培养改革研讨会”在学院路校区举行。校长黄进，研究生院院长李曙光、副院长王振峰，法律硕士学院院长费安玲、分党委书记韩文生、副院长辛崇阳及学院全体教职员工、兼职教授代表、学生代表参加了揭牌仪式。

**【开设暑期国际教学项目课程】** 年内，学院为学生开设了暑期国际教学项目课程。该项目为讲座授课，特邀法律实务界驻华外籍专家以及曾在国际组织工作过的 3 位专业人士围绕《欧盟个人数据框架》《中国专利制度与日本专利制度的差异（以发明专利为主）》《欧洲的并购环境和跨境交易的基本法律问题》为学生系统讲授相关的法律专业知识。

## 十四、光明新闻传播学院

**【概况】** 光明新闻传播学院设有新闻学、网络与新媒体 2 个本科专业，拥有新闻传播学一级学科硕士学位、政治传播学博士学位授予权，招收法治新闻、传播法、新闻媒介管理、文化传播、商业传播 5 个方向的硕士研究生；拥有法学理论硕士学位授予权，下设法治新闻、传播法方向，是中宣部重点联系的 10 所新闻院校之一。学院下设 3 个研究所、1 个实验室、5 个非在编研究中心。分别是：新闻学研究所、传播学研究所、网络与新媒体研究所；新媒体实验室；中国政法大学法治新闻研究中心、传媒与文化产业研究中心、传播法研究中心、法治传播研究中心、政法宣传与舆情研究中心。学院现有专职教师 31 人，其中教授 7 人，副教授 13 人，博士生导师 1 人，硕士生导师 23 人。学院另有兼职教授 26 人。现有全日制在校学生共 391 人（本科生 253 人，硕士研究生 136 人，博士研究生 2 人）。

2017 年，学校本科教学中增设的“网络与新媒体”专业；积极筹划“新闻学专业硕士”。论证申请新闻学专业硕士点，学院新专业开始招生；全面统计教师本科生教学工作量及授课意向，优化本科生培养方案；邀请来自光明日报社、新华社、中央电台等媒体单位的多位专家为本科生授课；学院教师积极参加青年教师基本功大赛、教学观摩活动以及校内外各类教学研讨会；开设全校通识主干课《大众传播与媒介素养》；持续深入推进国际化教学进程，为学院刘双庆、万蓉老师分赴美国、澳大利亚参加学术会议提供支持，派遣崔凯老师赴美国进行学术交流；组织全体教师开展教学观摩活动 2 场；邀请校外专家学者来学校进行系列专题讲座；积极开展夏季学期国际课程，邀请美国东卡大学 Linda 教授与香港浸会大学李文教授讲授夏季学期课程；组织优秀学生夏令营，赴光明日报社、新华社和新华网参观、访问并进行交流。

2017 年，学院教师获得国家社科基金项目立项 1 项，北京市社会科学项目立项 1 项，教育部人文社科研究项目 1 项目；获得校级社科项目立项 4 项，获得横向课题立项 9 项；科研经费高达 162.6 万元。出版专著 4 部，核心期刊发表学术论文 9 篇；学院教学科研人员参加国际、国内学术会议 18 次，并在会议中提交论文 16 篇；学院邀请校外专家学者来学院参加学术讲座 3 人次。

1 月至 4 月，按照学校关于新进教师招聘计划的总体安排，最终聘任中国传媒大学专业博士生祖昊到学院从事教学科研工作。学院分别组织了教学观摩研讨活动和青年教师基本功大赛。崔凯获批“2017 年中青年骨干教师海外提升专项资助计划”，准备赴美国杜克大学访学。王天铮、王佳航入选教育部高等学校与新闻单位从业人员互聘“千人计划”。2017 年，邀请人民日报媒体技术公司视觉总监吴莺进行美国主流媒体的信息与多媒体设计案例解读，与一点资讯合作，由一点资讯副总裁、总编辑吴晨光、36 氪副总编辑全昌连、三声创始人王卓等作为主讲嘉宾，就新媒体发展趋势及运营经验进行分享。学院完成了 2017 年考核和岗位聘任工作。

**【上海大学悉尼工商管理学院老师来学院交流参观】** 3 月 15 日，上海大学悉尼工商管理学院教务主任高莹老师等来到学院进行交流活动。

**【签订实践教学基地合作协议】** 7 月起，学院先后与今日头条、北京拓尔思信息技术股份有限公司、北京新媒体集团北京时间等公司签约，建立学院实践教学基地，实现人才培养的资源共享和优势互补。

**【聘任兼职教授】** 9 月 9 日，光明新闻传播学院兼职教授聘任仪式在学院路校区举行，共有来自新闻媒体、政法宣传和文学艺术界的 26 位领军人物成为学校兼职教授。

**【举办青年教师教学基本功大赛】** 11 月 15 日，学院举行 2017 年青年教师教学基本功大赛，滕乐老师在比赛中获得第一名，并代表学院参加学校的青年教师基本功比赛。

**【学院老师获多项奖励称号】** 年内，胡梦瑶老师获得优秀党务工作者等荣誉称号；郑满宁老师获得优秀班主任和校级优秀实习指导老师称号；王瑞奇老师获得校级优秀实习指导老师称号；白桂香老师 2017 年获得校级实习工作先进个人、优秀教育工作者等荣誉称号等。

**【学院科研成果取得良好成绩】** 年内，学院教师获得国家级社科立项 1 项，省部级社科立项 2 项，校级课题立项 15 项；出版专著 3 部；核心期刊上发表学术论文 10 篇（截至 2017 年 11 月）。纵向项目包括：黄金《媒介融合背景下媒体集团的组织重构研究》，省部级社科基金项目；刘徐州《涉案报道的谦抑原则：理念、规范与适用范围》、郑满宁《微信社群的传播机制与话语空间研究》。

**【本科生参加第九届全国大学生广告艺术大赛】** 年内，学院杨明、崔凯等教师指导学院本科生参加第九届全国大学生广告艺术大赛，在全国比赛中，学院同学的作品获得四个优秀奖，在北京赛区比赛中，获得 2 个二等奖、3 个三等奖和 4 个优秀奖。学校获得北京赛区优秀组织党委荣誉称号，学院杨明老师因指导学生取得优异成绩，被授予“北京赛区优秀指导教师”荣誉称号。

**【获大学生创新项目立项申请】** 年内，学院获得北京市大学生创新项目立项 3 项，国家级大学生创新项目立项 6 项。

## 十五、比较法学研究院

**【概况】** 比较法学研究院是在整合原比较法研究所、中德法学院和中美法学院三个教学科研院所的基础上于 2009 年 10 月 15 日成立的，是目前中国高校和科研机构中唯一以比较法学为中心的专门的教学科研机构。除了《比较法研究》编辑部以外，研究院下属常设教学科研单位 5 个：比较法研究所、中德法学研究所（中德法学院）、中美法学研究所、欧盟法研究所、港澳台法律研究所。研究院设办公室 1 个，负责全院日程行政管理工作。研究院共有教职员工 44 人，包括 32 名教师、5 名《比较法研究》编辑部编辑、1 名辅导员和 6 名行政人员。32 名教师中，教授 12 人、副教授 14 人、讲师 6 人，其中获法学博士学位的教师 30 人，占教师的 94%；获国外高校博士学位的教师 17 人，占研究院教师的 53%。研究院招收比较法学专业硕士研究生、博士研究生和博士后研究人员，设有比较法学专业硕士点和博士点。2017 年，研究院共招收 54 名硕士研究生、5 名博士研究生。硕士生中，中德法学研究所 27 人，中美法学研究所 23 人、比较法学研究所 4 人。研究院在籍学生共 205 人，其中硕士研究生 178 人、博士研究生 27 人，分属于中德法学研究所 110 人、中美法学研究所 80 人、比较法学研究所 15 人。2017 年研究院毕业学生 54 人，其中硕士研究生 51 人、博士研究生 3 人。2017 届毕业生整体就业率达 98.15%，其中硕士研究生就业率 98.04%，博士研究生就业率 100%。根据《德意志学术交流中心向中国政法大学中德法学院/北京提供资助框架协议》，研究院中德法学研究所 13 名 2015 级硕士研究生、1 名 2016 级硕士研究生于 2017 年获德意志学术交流中心和中国政法大学联合提供的奖学金，赴德国合作大学进行为期一年的交流学习并攻读 LL. M. 学位；中德法学研究所 2017 年接收 11 名德国合作大学的交换生来校进行交流学习。根据中国政法大学与美国、澳大利亚相关大学的合作协议，研究院中美法学研究所派出 2 名硕士生前往美国福德汉姆大学、1 名硕士生前往美国印第安纳大学攻读 LL. M. 学位、1 名硕士生前往澳大利亚邦德大学交流学习、1 名硕士生前往该校攻读 J. D. 学位。此外，1 名博士研究生获国家留学基金委建设高水平大学公派研究生项目奖学金赴瑞士伯尔尼大学进行联合培养。2017 年，共有 7 名外籍教师在研究院中德法学研究所任教，其中包括 1 名长期法学专业教师、1 名长期语言教师和 5 名短期法学专业课教授。研究院与 20 余所外国及港澳台地区大学开展了学术交流活动，正在实施的中外合作项目有 10 余项。研究院中德法学研究所设有中德法学图书馆。截至 2017 年底，图书馆馆藏德文书籍约 5000 本，另有德文期刊约 600 本、中文书籍和期刊 1000 本以及由欧盟机构赠送的欧盟法资料光盘约 100 盘。

2017 年，修订《比较法学研究院学位论文预答辩暂行办法》，继续坚持开展博士、硕士研究生学位论文预答辩工作；继续举办优秀大学生夏令营活动，招收夏令营优秀营员作为 2018 级推免生。

在科学研究方面，研究院 2017 年共召开国际学术会议 2 场，国内学术会议 3 场，学术讲座 8 场。研究院教学科研人员共出版学术著作 3 部，其中专著 1 部，译著 1 部（合译），编著 1 部；发表论文 36 篇，其中权威期刊论文 1 篇，核心期刊论文 19 篇。纵向项目方面，6 个项目获立项，其中国家社科基金项目 4 项，教育部人文社科研究项目 1 项，北京市社科基金项目 1 项，项目合同总金额为 98 万元。横向项目方面，12 个项目获立项，项目合同总金额为 170 万元。教学科研人员共计 18 人次参加国内外学术会议，其中 15 人次做大会发言，7 人次提交论文。来自美国、德国等国家和我国台湾地区的高校专家学者先后来院进行学术交流活动。

促进教师参与国际学术交流，研究院因公出境赴美、德、荷兰、克罗地亚、俄罗斯、波兰、匈牙利、格鲁吉亚（高）、印尼等访问教师共 11 人次；拓展学生国际化视野，选派学生出国交流学习，并接收国外交换生；积极加深与国外高校与机构合作，接待美国、澳大利亚合作伙伴来访 3 次；继续举办“中国法暑期班”，弘扬中国法律文化学校。

在队伍建设方面，研究院 2017 年从北京外国语大学法学院调入教学科研岗教师 1 名（李晓辉副教授）。

在社会服务方面，高祥院长作为北京市海淀区第十六届人民代表大会代表，在海淀区人民代表大会上提出关系民生的建议和议案。9 月 18 日，学院成功中标中国国际贸易促进委员会经贸摩擦应对法律服务供应商库·争端解决库。

在党建思想政治工作方面，研究院党委现有 1 个教工党支部和 2 个学生党支部，共有党员 158 人，其中教工党员 28 人，学生党员 130 人。2017 年度，研究院新发展预备党员 6 名，发展入党积极分子 14 名，预备党员转正 15 名，顺利进行院党委、学生第一、第二党支部换届选举。学校在思想政治工作方面，倡导育才先育人、育人先育德的教育理念，积极开展新生入学教育、主题班会、留德行前动员会、毕业生系列交流会等活动。

**【研究院党委完成换届选举】** 4 月至 5 月，研究院党委根据校党委统一部署，开展了换届选举工作。经过全体党员酝酿推荐、院党委考察、校党委审批等程序，确定了 10 名院党委委员候选人。5 月 10 日，院党委召开全体党员大会，在 10 名委员候选人中选举产生王芳、王志华、冯恺、车虎、刘铭、赵宏、张彤 7 名新一届院党委委员。经新一届院党委全体委员会议酝酿选举和讨论分工，并经报组织部审批，确定了院党委书记人选和委员分工：王芳任院党委书记兼统战委员，王志华任院党委组织委员，冯恺任院党委宣传委员，赵宏任院党委青年委员，车虎、刘铭任院党委纪检委员，张彤任院党委保卫委员。

**【通过德意志学术交流中心项目评估】** 5 月 4 日至 6 日，德意志学术交流中心

(DAAD）评估专家组对中德法学院（中德法学研究所）进行项目评估。评估内容包括与校领导、比较法学研究院领导以及中德法学院领导、中方教师、德方授课专家、语言教师、行政人员、德国交流学生代表、中方学生代表、校友代表进行访谈，走访德国驻华大使馆、德国国际合作机构（GIZ）、德国赛德尔基金会北京办公室、德国在华律师事务所等机构，全面考查中德法学院的办学成效。在前来北京对中德法学院进行评估之前，DAAD 评估专家还赴中德法学院的德国合作高校进行相关评估。此次评估是 DAAD 在 2012 年的首次项目评估之后对中德法学院进行的第二次评估，评估专家组对中德法学院合作项目近五年工作成果给予了肯定，对项目下一阶段发展提出意见和建议。

**【开展学习习近平总书记考察学校重要讲话精神活动】**5 月起，研究院党委根据校党委和校团委的统一部署，结合研究院实际制定了《比较法学研究院学习贯彻习近平总书记在学校考察时的重要讲话精神实施计划表》，在全院师生中广泛开展学习习近平总书记考察学校重要讲话精神活动。截至 12 月 31 日，开展院党委委员会集中学习 2 次，院理论中心组集中学习 1 次，全体党员学习活动 2 次（1 次邀请马怀德副校长讲党课、1 次研究院青年教师畅谈学习心得），党支部集中学习 3 次，主题党日活动 5 次，主题班会 2 次。

**【成功举办“中国法暑期班”】**6 月 19 日至 29 日，由研究院与澳大利亚查尔斯·达尔文大学连续第二年联合举办的“中国法暑期班”圆满结业。该项目自去年成功由研究院主办，达尔文大学选派 10 名来自该校法学院的优秀学生在学院路校区参加该项目学习。项目课程包括中国法律体系介绍和法律文化活动，所有课程均由研究院教师使用英文讲授。

**【开展迎接《北京普通高等学校党建和思想政治工作基本标准》集中检查工作】**6 月至 11 月，研究院根据北京市和校党委统一部署，开展了迎接北京市《北京普通高等学校党建和思想政治工作基本标准》（以下简称《基本标准》）集中检查工作。研究院多次召开院党委委员会、院务会、工作会议、学生干部例会等，传达部署《基本标准》检查工作要求，坚持“以评促改、评建结合”的原则，对照《基本标准》全面梳理近五年来的党建和思想政治工作，进一步提升党建科学化水平、推进研究院制度建设。经过校党委两轮检查，北京市《基本标准》检查组于 11 月 30 日入校检查，院党委书记王芳、青年教师翟远见副教授出席了座谈会，接受了检查组的检查。

**【完成学校第八次党代会相关工作】**9 月，研究院党委根据学校党委统一部署，开展了学校第八次党员代表大会（以下简称“第八次党代会”）相关工作，推荐提名“中国共产党中国政法大学第八届委员会和纪律检查委员会”（以下简称“两委”）委员候选人并选举研究院出席学校第八次党代会的党员代表。9 月 4 日至 9 月 13 日，各党支部分别召开 3 次全体党员大会，酝酿讨论“两委”委员候选人名单，顺利完成“两委”委员候选人“三下”的推荐提名和讨论酝酿工作。9 月 4 日至 9 月 7 日，经各党支部酝酿讨论、推荐提名、院党委研究考察和校党委审批等环节，确定了研究院出席校第八次党代会的党员代表候选人 8 名。9 月 13 日，院党委召开全体党员大会，在 8 名党员代表候选人中选举产生了 6 名党员代表，具体如下（按姓氏笔画排序）：马子腾（满族）、马怀德、王志华、王芳（女）、冯恺（女）、张彤（女）。

**【举办第八届中德宪法论坛】** 9月9日，由研究院中德法学研究所与法学院宪法学研究所、弗里德里希·艾伯特基金会共同举办的“第八届中德宪法论坛·税收的宪法控制探讨会”在北京友谊宾馆举行。参会人员包括中德两国宪法学者约60人。研讨会主题为税收的宪法控制，共分为三个单元：财产权对税收的控制、平等权对税收的控制与税收法定原则。

**【举办“数字经济时代的合同法：挑战与发展”学术研讨会】** 9月25日，由研究院欧盟法研究所与校欧洲研究中心联合举办的“数字经济时代的合同法：挑战与发展”学术研讨会在学院路校区举行。参会人员包括中欧学者近30人。研讨会对欧盟数字化发展和数字内容合同的最新立法、提供数字内容合同与履行障碍、电子合同成立与效力的新规则以及21世纪的香港、新加坡及欧盟消费者买卖法的比较等问题以及我国新颁布的《民法总则》相关问题进行了探讨。

**【中德法学研究所硕士生应德国司法部之邀赴柏林访问】** 12月4日至8日，应德国联邦司法与消费者保护部（BMJV）的邀请，研究院中德法学研究所在德国弗莱堡大学、法兰克福大学、慕尼黑大学、汉堡大学、科隆大学、柏林洪堡大学和明斯特大学等合作高校交流学习的16名硕士生赴柏林参加了为期五天的以“（德意志）联邦共和国的立法程序；欧盟法向国家法的转化”为主题的系列研讨会及参观访学活动。访问期间，学生们先后访问了德国联邦司法与消费者保护部、联邦议会、联邦参议院、联邦律师协会、联邦总理府、德意志学术交流中心柏林办事处，参加了一系列旨在介绍和探讨德国立法程序及欧盟法在德国适用的学术对话。

**【举办“比较法视野下的法学学科新发展”学术研讨会】** 12月16日，由北京市法学会比较法学研究会主办、研究院承办、北京市影视娱乐法学会协办的“比较法视野下的法学学科新发展”学术研讨会在京仪大酒店召开。来自知名高校和科研院所、实务部门的30多位专家学者参会。研讨会分为两个单元，第一单元是新兴前沿学科发展报告会，第二单元活动为娱乐法专题沙龙。

**【开展学习党的十九大系列活动】** 年内，中国共产党第十九次全国代表大会在北京胜利召开之际，根据学校党委统一部署，研究院党委结合实际制定了《比较法学研究院迎接党的十九大工作方案》，分阶段、分主体地具体细化了迎接工作和学习活动。截至12月31日，开展了院党委委员会集中学习1次，院理论中心组学习1次，院党委专题报告会1次、“砥砺奋进的五年”参观活动3次并提交感想32篇，党支部集中学习4次，主题党日活动2次，教工党支部理论自学1次，学生干部集中学习1次，向学校提交学习感想14篇（其中教师7篇、学生6篇）、主题征文2篇（其中教师1篇、学生1篇）。

## 十六、国际儒学院

**【概况】** 国际儒学院是中国政法大学和国际儒学联合会于2006年6月合作创办的二级学院。国际儒学联合会常务副会长刘忠德先生、滕文生先生先后担任院长。学院致力于中华文明的传承、中华民族的复兴，本着“从事儒学教育，培养儒学人才，开展儒学研究，弘扬儒学精华”的办学宗旨，凝聚国内优质师资，对话国际儒学前沿，广泛开展儒学的教学、研究、交流、传播、培训活动。学院从2007年开始招收硕士生，2012年开始搭建博士培养平台。

学院聘请众多国内外知名儒学专家、学者担任学术顾问、专家委员会委员、兼职教授和导师，对学院的教学和学术研究形成强有力的支持。学院特聘教授、导师21人；在编教职工2人，其中，专任教师1人，管理岗1人。毕业生63人，62人为学历教育全日制硕士研究生、1人为学历教育全日制博士研究生。在校生29人，其中，学历教育全日制硕士研究生24人，博士研究生5人。2017年，学院招收1名法律史博士研究生、8名中国哲学专业硕士研究生；毕业的10名硕士研究生毕业就业率达到90%。

年内，学院特聘教授为研究生开设10门课程：经学与玄学、专业外语、宋明哲学原典研读、中国哲学热点问题研究、秦汉哲学、中国近现代哲学研究、心学与理学、先秦诸子原典研读、道家与道教哲学、中国哲学史；校内教师为研究生开设学位课4门：哲学前沿问题研究、哲学方法论、三教关系研究、中国儒学史；选修课3门：古代汉语、佛教哲学、佛典研读。邀请国内外知名学者举办《儒学讲坛》系列讲座3讲，分别是：中国传统市场经济与春秋战国及秦汉统一、《周易》的智慧和墨学精华现代观。

年内，学院完成2017届毕业研究生学位授予审核和优秀毕业论文推荐，完成研究生培养方案修订工作。2组研究生团队完成学校硕士研究生创新基金资助项目结项工作（2017年2项）。学院完成各项奖学金评审以及校院两级评优工作。学院完成年度考核工作，其中正式编制教师、管理岗位人员各1名，考核结果均为合格。

**【举办2017届研究生毕业典礼暨第八届纳通奖学金颁奖仪式】**6月20日，中国政法大学国际儒学院2017届研究生毕业典礼暨第八届纳通奖学金颁奖仪式在学院路校区举行。国际儒学联合会副会长、北京纳通医疗集团董事长、中国政法大学校董赵毅武先生、国际儒学联合会秘书长牛喜平先生、中国政法大学副校长马怀德教授、研究生院副院长张永然出席典礼，参会的研究生导师有钱逊教授、周桂钿教授、向世陵教授、田辰山教授、李祥俊教授、张学智教授。学校俞学明教授、刘震副教授、张文老师、李春颖老师莅临会场。随后进行了第八届纳通奖学金颁奖仪式。

**【举行专项教育项目实施协议签约仪式】**6月20日，国际儒学院专项教育项目实施协议暨国际儒学联合会与学校教育基金会捐赠协议签约仪式在学院路校区举行。学校副校长、教育基金会理事长冯世勇，副校长马怀德，国际儒学联合会副会长、北京纳通医疗集团董事长、中国政法大学校董赵毅武，国际儒学联合会秘书长牛喜平，国际儒学联合会秘书处办公室主任李焕梅，国际儒学联合会儒学与企业管理委员会办公室主任、北京纳通医疗集团宣传部总监郭昱，国际儒学院副院长王心竹，国际儒学院副院长周桂钿出席了捐赠仪式，仪式由王心竹主持。国际儒学联合会与我校签订《中国政法大学国际儒学院专项教育项目实施协议》，并通过与中国政法大学教育基金会签订捐赠协议向我校国际儒学院定向捐助专项教育基金320.36万元。

**【举办首届“儒学与当代中国”硕士研究生论坛】**12月23日，由国际儒学联合会学术委员会和中国政法大学国际儒学院联合主办的第一届“儒学与当代中国”硕士研究生论坛在学校海淀校区举行。学校党委副书记高浣月出席论坛开幕式，国际儒学联合会秘书长牛喜平，人文学院副院长俞学明，国际儒学院副院长王心竹、周桂钿，相关部门负责人以及来自全国28所高校的硕士研究生参加了活动。论坛自2017年8月启动征稿至9月末截止，共收到论文60篇。经过选稿、评议等环节，遴选出42篇佳作参会，涉及先秦儒学、儒教与祭典、儒学与政治、儒与法、儒学当代化等重要议题。在23日下午至24日中午的论坛分组讨论中，论坛请到李存山、陈静、韩星、梁涛、李祥俊、俞学明、彭永捷、赵晓华等学者担任评议嘉宾，对参会论文进行点评和指导。

## 十七、中欧法学院

**【概况】** 中欧法学院是第一家依据“中外合作办学条例”组建的法学院，由教育部于2008年9月17日批准成立。中国政法大学和德国汉堡大学是中外合作办学机构的合作举办者，另有16所中欧高等院校和28所国际律师事务所、研究机构协作运行。

学院下设联合管理委员会及顾问委员会，联合管理委员会为决策机构，由中外人士共10人组成。顾问委员会为监管和咨询机构，由中外人士共5人组成。学院的日常管理由联席院长负责，中方院长刘飞教授为主要行政负责人。7月，新任欧方联席院长Bengt Lundell教授正式上任，Lundell教授为瑞典隆德大学全职教授。Clemens Richter博士不再担任欧方执行院长职务。Clemens Richter博士于2014年至2017年期间任欧方执行院长。

按照教育部批文，本院主要从事法学研究生教育，研究生项目包括中国政法大学法学/法律硕士项目、汉堡大学“欧洲－国际法学硕士”项目和博士项目。此外，本院还开展职业培训项目（法官培训、检察官培训、律师培训和公务员培训）和研究咨询项目。

学院教师包括中国法教师和欧洲法教师，中国法教师均来自国内知名院校，欧洲法教师则来自欧洲12所合伙院校。学院目前有专职中国教师3人。2017年，学院在册学生381人，其中：硕士生344人、博士生15人、国际学生22人，分别来自德国、法国、爱尔兰和波兰。

2017年中国法硕士课程的专职教授和客座教授分别来自中国政法大学、清华大学、德国汉堡大学等国内外知名大学法学院，以及跨国公司和律师事务所的法律职业人士。他们均具有中国和海外法学教育背景，具备融会贯通的法学知识和专心教学的奉献精神。2017年，中国法课程共计开设31门课程，聘用31名国内外知名法学教授，其中包括一名长期国际教授。

2017年“欧洲－国际法学硕士”项目，学院共为2015、2016两个年级的学生开设了4个单元必修课和1个单元选修课，共计20门课程，共有来自9个国家的11所院校的27位欧洲飞行教授来北京为学生授课。授课教师来自德国汉堡大学、英国曼彻斯特大学、比利时鲁汶大学、荷兰马斯特里赫特大学、法国斯特拉斯堡大学、意大利博洛尼亚大学、匈牙利中欧大学、西班牙马德里自治大学、德国马克思·普朗克比较法与国际私法研究所以及奥地利维也纳经济管理大学等。2017年，学院常驻助理教授包括莫莉（Monika Prusinowski）女士，承担“欧洲－国际法学硕士”项目“法律写作”的授课任务，毕业于荷兰鹿特丹大学的Alessandro Romano博士、比利时鲁汶大学在读博士Nick Hallemeesch先生、法国斯特拉斯堡大学在读博士Sarah Hayes女士、匈牙利中欧大学在读博士Zurab

Gvelesiani 先生以及德国科隆大学在读博士 Max Baumgart 等为学生讲授研讨课。

2017 年，学院继续推进“欧洲 - 国际法学硕士”项目的选修课建设，为全部学习“欧洲 - 国际法学硕士”项目课程的中国学生提供赴欧洲学习选修课的机会，凡是愿意到欧洲参加选修课学习的中国同学，均获得访学机会。中欧法学院承担学生的住宿费用，并提供每人 3000 元人民币的机票、签证、保险补助。100 名学生中，共计 84 名 2015 级中国双硕士学生和 6 名 2016 级中国学生修读“欧洲 - 国际法学硕士”的赴欧学习选修课，另有 10 位同学由于个人原因未能赴欧上课，实际出访人数占学生人数的 90%。选修课学习地点包括德国汉堡欧洲学院（Europa - Kolleg Hamburg）、荷兰马斯特里赫特大学、瑞典隆德大学、匈牙利中欧大学、奥地利维也纳经济管理大学、法国斯特拉斯堡大学以及西班牙马德里自治大学。学生所修得的学分纳入“欧洲 - 国际法学硕士”项目。9 名中国学生在北京学习专题为跨境投资的选修课程，并到欧洲国际性联盟律师事务所 CMS 北京代表处、德国泰乐信律师事务所（Taylor Wessing）北京代表处、英国高伟绅律师事务所北京代表处以及西班牙乌利亚律师事务所（Uría Menéndez）北京代表处参观访问。

2017 年，学院继续开设“英文讲授中国法”（CLTE）课程，国际学生在一学期内学习中国商法、中国刑事司法、中国反垄断法、中国法律与社会、比较宪法、中国行政法与监管以及中国非营利组织法等。从沿革、转型、现状和前瞻等层面介绍中国法律制度的基本框架和主要内容。

2017 年，学院共举行了 6 次讲座，主讲人均为来院授课的欧洲合伙人院校教授。

2017 年，学院与国家检察官学院共同举办检察官培训，共有 318 名检察官学员参加了培训；与四川省监狱系统、陕西省监狱系统、镇江市民政系统、铜仁市委组织部、淮南市政法系统、自贡市委政法委等单位合作举办培训，共有 620 名公务员参加。

**【学院学生参加国际比赛情况】** 4 月，学院 Vis 代表队（CESL Vis Team），在第 14 届 Willem C. Vis（East）国际商事仲裁辩论赛中，获得最佳申请方书状荣誉提名奖。11 月 19 日至 11 月 24 日，中国国际经济贸易仲裁委员会（贸仲）主办第十五届“贸仲杯”国际商事仲裁模拟仲裁庭辩论赛，中欧代表队参赛，获得第 16 名。

**【学院组织师生学习贯彻习近平总书记考察学校重要讲话精神】** 5 月 6 日，学院在国际交流中心第二会议室组织召开学习贯彻习近平总书记重要讲话精神座谈会。法律硕士学院分党委书记韩文生、中欧法学院中方联席院长刘飞、行政老师曾彬彬、校友代表 2014 届毕业生刘庆以及 2014 级、2015 级、2016 级学生骨干等参加了本次座谈会。

**【举办国际学术研讨会】** 10 月 11 日，公私合作合同（PPP）国际研讨会于北京市京仪大酒店召开。本次研讨会由中国政法大学法治政府研究院和中欧法学院主办，来自全国人大法工委、国务院法制办、财政部、国家发改委、最高人民法院、北京市第四中级人民法院、长沙市政府法制办等多个政府机关以及北京大学、中国人民大学、中国政法大学、中央财经大学、对外经济贸易大学、北京外国语大学、浙江大学等多所高校的 70 余位理论界和实务界的专家学者参加了本次研讨会。

**【学院师生学习十九大报告】** 10 月 24 日，学院师生在昌平校区国际交流中心第二会议室集体学习十九大报告。中欧法学院中方联席院长刘飞教授、教师代表郑永流教授、行政老师李晓露、曾彬彬、马安娜、陈颖芳、赵天书、潘辰唯参会并结合自身的工作谈了学习体会。中欧法学院博士生代表邵昱飞、硕士生代表2017级褚婧一、潘淑英参加并发表学习报告后的感想。

**【举办2017年度中欧学术研讨会】** 11月3日，中欧法学院“大数据时代的个人信息保护”国际学术会议在北京京仪大酒店成功召开。来自中国政法大学、清华大学、中国社会科学院、复旦大学、浙江大学、意大利博洛尼亚大学、法国斯特拉斯堡大学、荷兰马斯特里赫特大学、西班牙马德里自治大学、瑞典隆德大学、匈牙利布达佩斯中欧大学、捷克共和国驻华大使馆、环球律师事务所等80余名政府官员、学者出席了本次国际学术会议。

## 十八、法治信息管理学院、科学技术教学部

**【概况】** 科学技术教学部的前身是基础部，成立于1983年。2002年在学校院系调整时更名为科学技术教学部，共有计算机、自然科学、应用数学3个教研室，承担着全校自然科学类课程的教学任务；有专任教师18名，其中，教授3名、副教授10名、讲师4名、助教1人，具有博士学位的教师占50%，45岁以下中青年教师占比约67%。承担学校研究生院、本科生院各层次、各专业、各年级计算机公共基础课程、“高等数学”“应用数学”“管理数学”“现代科技概论”“自然科学史”等课程以及对本校学生科学素质的培养；组织学生参加“中国大学生服务外包创新创业大赛、文科高等院校计算机设计大赛、美国大学生数学建模竞赛、全国大学生数学建模比赛、北京市大学生物理实验竞赛”等，所有参赛队伍皆取得名次。

成立法治信息管理学院。学院下设1个专业教研室：法治信息管理教研室。目前教研室有4位专业课老师，其中教授1名、副教授3名，具有博士学位教师占75%。

学院设立1个专业：信息管理和信息系统。根据培养方案规定学生在4年内完成专业规定课程和学分要求，考核合格，将授予工学学士学位，是学校唯一的工学专业。9月份该专业开始招生，第一届招收学生29名。

教学部/院教师2017年共发表论文11篇，其中权威期刊6篇、核心期刊3篇；成功申请1项国家自然科学基金项目；编写2部著作。

在平台建设方面，对部门网站进行改版升级，包括网站的整体结构、页面布局等，网站将整合科学技术教学部和法治信息管理学院两个单位的优势资源，展现两个单位师资力量、科研情况等，预计于2018年初正式上线。

**【参加美国大学生数学建模竞赛】** 2月，组织学生参加美国大学生数学建模竞赛，获得一等奖8项、二等奖13项，多支队伍获得成功参赛奖。

**【参加第十届中国大学生计算机设计大赛北京市级“朔日科技杯”】** 5月，组织学生参加“朔日科技杯”比赛，获得一等奖3项、二等奖4项、三等奖5项。

**【参加第十届中国大学生计算机设计大赛】** 7月，组织学生参加大赛，获得二等奖3项、三等奖5项。

**【参加第七届中国大学生服务外包创新创业大赛】** 9月，组织学生参加在无锡举办的

第七届中国大学生服务外包创新创业大赛，获得团体二等奖1项。

**【参加全国大学生数学建模竞赛】**9月，部门组织学生参加全国大学生数学建模竞赛，获得全国二等奖2项，北京赛区一等奖7项，北京赛区二等奖11项，另外有多支队伍获得成功参赛奖。

**【参加北京市大学生数学竞赛】**10月，在北京市大学生数学竞赛中获得全国二等奖2项、全国三等奖4项、北京市一等奖2项、二等奖3项、三等奖2项。

**【参加北京市物理实验竞赛】**11月，在北京市物理竞赛中，获得三等奖1项。

**【举办法治信息系列讲座论坛】**年内，学院组织了法治信息系列讲座论坛，邀请校内、校外法治信息方面的专家来学院进行讲座，截至12月份已举办2期。

## 十九、体育教学部

**【概况】**体育教学部成立于1994年5月，是学校的体育教学单位，负责全校师生的体育教学、群体活动、运动队训练与竞赛以及运动场馆设施管理维修等体育后勤保障工作。教学部现下设有主任办公室、副主任办公室、行政办公室、学生体质健康标准测试管理中心（即资料室）、场地管理科、体育教研室、群体教研室以及体育法研究中心（挂靠单位）。昌平校区有体育馆1座，内设羽毛球场8块、乒乓球台12个，有标准塑胶田径场1个，轮滑场地1块，五人制足球场1块，标准足球场1块，篮球、排球、网球、藤球等场地22块，总面积47979.32万平方米。学院路校区有羽毛球场地3块、乒乓球台10块、台球桌2台、健身房1个、总面积约2600平方米。开设球类课程有：足球、篮球、排球、网球、乒乓球、羽毛球、藤球、棒垒球；健身舞蹈类课程有：体育舞蹈、形体、艺术体操、健美操、瑜伽；其他类课程有：武术、散打、跆拳道、定向越野。

体育教学部现有教师31人、教辅人员6人。教师中有硕士学历19人，双学士9人，高级职称教师20人，占全体教师人数55.5%，有国家级裁判1人，国际级裁判1人。教师今年共发表论文5篇，著作1部。有15人次老师外出参加学术会议或者培训，4人次老师分别赴英、法、德国交流学习。全年教师担任全国性比赛裁判工作的有20余人次。

学校体育教学部完成了今年高水平运动员的招生工作。教师完成学校教改立项工作。成功举办全校运动会、新生运动会、冬季长跑等学生活动。各运动队与国内外学校、俱乐部进行比赛交流。在学校的支持下，高水平运动队继续发展壮大，均在全国各项赛事中获得成果，羽毛球队、乒乓球队成绩突出，排球队有所突破。男、女足球队在校园组赛事中成绩优异。体育教学部协办各类学校级活动如教职工冬季长走、首届羽毛球高手大赛、乒乓球大赛等。体育教学部领导班子成员在学期末带领部分党员及群众前往陕西照金接受红色教育，学习照金精神——不怕牺牲、顽强拼搏；庆祝体育法研究中心成立十五周年学术研讨会在京举办，北京冬奥会组委会将“北京冬奥会法律风险”课题委托体育法中心。体育法中心成员走出国门参加在罗马举办的第23届世界体育法大会，并邀请国内外体育法专家来学校交流。

**【完成高水平运动员招生工作】**3月21日，体育教学部在昌平校区体育馆完成高水平运动员招生工作。

**【举办全校运动会】** 4 月 21 日至 22 日，体育教学部在昌平校区田径场，举办面向全校师生的全校运动会。

**【举办体育法研究中心成立十五周年学术研讨会】** 6 月 24 日至 25 日，研究中心在昌平校区国际交流中心举办体育法研究中心成立十五周年学术研讨会。国内外专家及体育法硕博生参与研讨会。

**【举办新生运动会】** 10 月 21 日，体育教学部在昌平校区田径场，举办新生运动会。

**【接受延安红色教育】** 12 月，体育教学部部分党员及群众在学期末前往陕西延安接受红色教育，学习革命精神。

## 二十、诉讼法学研究院

**【概况】** 诉讼法学研究院（Procedural Law Research Institute，CUPL）成立于 1999 年 10 月，是专门从事诉讼法学研究的新型综合性研究机构，也是我国诉讼法学科唯一入选教育部普通高等学校人文社会科学重点研究基地的研究实体。研究院以建设我国诉讼法学的科学研究基地、人才培养培训基地、学术交流基地、情报资料基地、研究咨询基地为目标，集中开展诉讼法学、证据法学研究，引导和促进我国诉讼法学的繁荣和发展，加强国际合作与交流，深入研究诉讼法学理论和司法制度，为我国法制建设和司法改革建言献策。2013 年 4 月，由中国政法大学牵头联合吉林大学、武汉大学共同创建，以诉讼法学研究院为基础平台之一的司法文明协同创新中心入选首批国家认定的 14 家协同创新中心。研究院下设刑事诉讼法学研究所、民事诉讼法学研究所、行政诉讼法学研究所、证据法学研究所等四个专业研究所，行政与科研辅助机构有办公室、中国诉讼法律网（研究院官方网站），《诉讼法学研究》编辑部、《中国诉讼法判解》编辑部，图书资料室、电子阅览室等。研究院现任院长为卞建林教授，著名诉讼法学家陈光中教授、樊崇义教授受聘担任名誉院长。现有教职工 17 人，其中专职研究人员 14 人，教授 10 人，副教授 4 人，博士生导师 9 人（其中校外兼职 1 人）、硕士生导师 14 人。此外，学院还聘有来自国内外多个研究机构、高校及司法实务机关的 40 余名兼职研究人员。

2017 年，诉讼法学研究院按照教育部关于建设人文社会科学重点研究基地的具体要求及研究院的年度工作规划，依托 2011 计划司法文明协同创新中心平台，充分发挥研究院在全国诉讼法学研究方面的引领作用，大力推进智库建设，参加立法司法咨询、参与社会宣传和服务。

在科学研究方面，年内，学院专职研究人员共出版多部著作，在国内外期刊上发表百余篇学术论文。学院获得国家或省部级科研项目 7 项。获得科研奖励或人才资助计划多项，2017 年学院研究人员承担的教育部重点研究基地重大项目顺利结项，有关成果陆续出版；在研的国家社科基金项目、教育部、司法部项目、北京社科基金项目、中国法学会及其他各类研究项目进展顺利。

学术活动方面，学院主办各类学术研讨会 5 场，举办学术讲座 7 次。以学院名义对外发布《中国诉讼法治发展报告（2016）》。学院研究人员赴日本等国家或地区参加学术研讨和交流访问，参加国内学术研讨会或其他学术活动两百余场次。

立法司法咨询和服务社会方面，2017 年学院多名专职研究人员参加全国人大常委会法工委、中央政法委、最高人民法院、最高人民检察院、公安部等中央机关关于《刑事诉讼法》《民事诉讼法》和《行政诉讼法》配套司法解释或部门规定的专家论证会。在服务社会方面，学院多名研究人员接受法制日报、检察日报、人民法院报、中央电视台、人民网、正义网等媒体采访，积极参与国家法制宣传和社会服务活动。2017 年，诉讼法学研究院共有多个国家级、省部级以上课题获准立项，多个在研课题进展顺利。其中，卞建林教授主持的“十八届四中全会以来我国刑事诉讼制度重大改革实施效果的实证研究”获国家社科重大项目立项；卞建林教授、肖建华教授、高家伟教授主持的“加强人权司法保障研究”“民事诉讼证据规则重点问题研究”“行政争议的实质性解决与行政诉讼制度的完善研究”分别获教育部人文社会科学重点研究基地重大项目立项；王贞会副教授主持的“审查逮捕程序的诉讼化改革研究”获教育部青年项目立项；肖建华教授主持的“数据利益的民事司法保护研究”获司法部国家法治与法学理论一般研究项目立项；杨宇冠教授主持的“国家监察立法与刑事诉讼法的衔接问题研究”获中国法学会研究阐释党的十九大精神重点专项课题立项；胡思博副教授主持的“对虚假仲裁的检察监督”获北京市法学会青年项目立项；卞建林教授、杨宇冠教授、肖建华教授、胡思博副教授、张璐博士分别获教育部人文社会科学重点研究基地自设项目立项。

**【举办诉讼法改革热点问题研讨会】** 5 月 27 日，由国家司法文明协同创新中心、学院主办，中国政法大学刑事法律研究中心协办，河北省保定市人民检察院承办的诉讼法改革热点问题研讨会在河北省保定市举行。来自最高人民法院、最高人民检察院、北京大学、清华大学、中国人民大学、中国社会科学院等单位的专家学者，以及来自河北省检察机关的代表共 80 余人参会。

**【举办“理论与实践：以审判为中心的诉讼制度改革”研讨会】** 7 月 15 日至 16 日，由国家司法文明协同创新中心、诉讼法学研究院主办、宁夏回族自治区石嘴山市人民检察院承办的“理论与实践：以审判为中心的诉讼制度改革”研讨会成功举行。来自全国各高校、科研机构的专家学者与各地司法实务部门的相关负责人等 160 余人参加了本次研讨会。

**【举办“中德刑事诉讼法学高端论坛”】** 9 月 13 日至 14 日，由“2011 计划”国家司法文明协同创新中心主办、诉讼法学研究院协办的“中德刑事诉讼法学高端论坛”在京顺利召开。来自德国高校与实务部门的 8 位专家以及我国国内高校、科研机构的 20 余名专家、学者、代表参加本次论坛。

**【举办“中国古代司法制度的传承与借鉴”座谈会】** 12 月 11 日，由国家司法文明协同创新中心主办的“中国古代司法制度的传承与借鉴”座谈会暨陈光中教授《中国古代司法制度》新书发布会在京顺利召开。来自最高人民法院、最高人民检察院、清华大学、中国政法大学、中国人民大学等单位的专家学者共 30 余人参加了本次座谈会。

**【举办《法治政府建设与行政程序法制定》讲座】** 9 月 28 日，中国政法大学终身教授应松年做《法治政府建设与行政程序法制定》讲座。

**【举办《政府合同理论和实践的若干问题》讲座】** 10 月 19 日，中国法学会行政法学会副会长、北京大学法学院姜明安教授来学院做《政府合同理论和实践的若干问题》讲座。

**【举办《PPP合同可仲裁性分析》讲座】** 11月16日，中国政法大学仲裁研究院秘书长兼副院长姜丽丽副教授做《PPP合同可仲裁性分析》讲座。

**【举办《法治政府建设与行政程序法典制定》讲座】** 11月23日，中国法学会行政法学会会长、中国政法大学马怀德教授举办《法治政府建设与行政程序法典制定》讲座，北京大学法学院王锡锌教授担任与谈人。

## 二十一、法律史学研究院

**【概况】** 中国政法大学法律史学研究院（Institute of Legal History，CUPL）是学校直属科研教学单位，同时也是中华人民共和国教育部所属的国家级人文社会科学重点研究基地，其前身是1985年成立的中国政法大学中国法律史研究所，创始人为中国政法大学终身教授张晋藩先生。1988年，中国政法大学法制史学科被国家教委评定为首批国家级重点学科，2000年该学科再次被教育部评定为国家级重点学科。2002年10月，在原中国法律史研究所的基础上，成立中国政法大学法律史学研究中心。2004年12月中心正式入选教育部人文社会科学重点研究基地。2006年11月，根据学校文件并报教育部同意，中国政法大学法律史学研究中心正式更名为中国政法大学法律史学研究院。

法律史学研究院现有专、兼职研究人员49人，其中专职人员13人，专职人员中教授10人，博士生导师5人，副教授3人。法律史学研究院以法制史、法律思想史和比较法文化史为三个主要研究方向。研究院现设有法制史、比较法史、法文化史三个研究室和资料室、网络室、办公室、信息交流部。全院现有获教育部“高校青年教师奖”1人，教育部新世纪优秀人才支持计划入选者2人，当代中国法学名家3人。

法律史学研究院作为教育部人文社会科学重点研究基地，以学校为依托，整合学术资源，建立起了法律史学学科团队，其中主要包括科研、教学相互促进的三个平台：以科研为主的教育部人文社会科学重点基地法律史学研究院、教学科研型的法学院法律史研究所、教育部全国高等院校古籍整理工作委员会直接联系单位法律古籍整理研究所。

学院专职研究人员出版学术著作6部；发表学术论文45篇，其中权威期刊论文1篇、CSSCI来源期刊与核心期刊论文13篇（其中外文发表或境外期刊发表论文1篇）、一般论文30篇。研究院专职（部分兼职）研究人员共主持科研课题36项，其中2017年新增项目4项。项目的种类包括国家级项目、教育部人文社会科学重点研究基地重大项目、国家社科基金项目、司法部项目、北京市社科基金项目、2011建设项目、校级社科项目、智库项目以及横向项目等等。

4月到12月，法律史学研究院举办了6期“法律史系列讲座”，刘广安等教授先后进行主讲，从“传统法律体系与法律变通”“我对中国传统法的认识”等主题，以不同的角度和方法分享了自己的认识和心得。

2017年度研究院共组织大中型学术会议11次。

**【举办第三届“青年法史学与法文化学者恳谈会”】** 1月15日，法律史学研究院举办第三届“青年法史学与法文化学者”恳谈会。主题是“我的新认识”，探讨如何推进本专业的新材料、新取向、新视野、新方法和新思想。来自中国政法大学、北京大学法学院、清华大学法学院、吉林大学法学院、中国社会科学院法学研究所、北京师范大学法学院、中央民族大学法学院等单位的十余名青年法史学与法文化学者参加了此次会议。会议由法律史学研究院陈煜副教授主持，法律史学研究院常务副院长张中秋教授出席会议并同参会青年学者分享了自己的研究经验和体会。

**【入选法学教育十大新闻】**2月7日，《中华大典·法律典》的编纂出版入选2016年法学教育十大新闻。《中华大典·法律典》历时二十余年编纂完成，分为《法律理论分典》《刑法分典》《民法分典》《行政法分典》《经济法分典》《诉讼法分典》六部分典，共23卷，4000多万字。梳理了古代中国的基本法律制度，展示了传统中国的法文化原貌。

**【举办第七届张晋藩法律史学基金会获奖征文颁奖典礼】**3月18日，第七届张晋藩法律史学基金会获奖征文颁奖典礼在学校科研楼隆重举行。颁奖仪式由法律史学研究院常务副院长张中秋教授主持，全院教师出席典礼。本次征文活动共收到近30所大学学生的72篇稿件，经匿名评审和现场评审，共评选出17篇获奖论文。张晋藩先生向获奖者颁发荣誉证书，并做题为《中华法文化的民族精神》的讲座，从进取精神、务本求实的精神、诚信精神、追求德法共治的精神等方面谈中国传统法文化的史鉴价值，指出法律史学对于史学和法学的贡献与作用。

**【举办“法律史学系列讲座”第三讲】**4月17日，法律史学研究院“法律史学系列讲座”第三讲由刘广安教授主讲，主题为“传统法律体系与法律变通”。

**【举办“法律史学系列讲座”第四讲】**5月19日，法律史学研究院“法律史学系列讲座”第四讲由张中秋教授主讲，主题为“我对中国传统法的认识”。

**【举办“法律史学系列讲座”第五讲】**6月14日，法律史学研究院“法律史学系列讲座”第五讲由林乾教授主讲，主题为“清代聚众行为的法律控制”。

**【举办《中国少数民族法史通览》出版座谈会】**7月8日，由法律史学研究院、陕西人民出版社联合主办的《中国少数民族法史通览》出版座谈会在学校学院路校区举行。丛书总主编、学校终身教授张晋藩先生、副校长时建中教授、全国人大常委会内务司法委员会副主任委员秦光荣、国家民委副主任罗黎明、国家民委政策研究室处长田建明、陕西人民出版社副总编李晓锋、中国社会科学院中国边疆史地研究中心主任厉声教授、中国人民大学成崇德教授、贵州师范大学副校长徐晓光教授、清华大学法学院高其才教授、甘肃省民族研究所所长张世海教授、中央民族大学法学院苏钦教授以及来自广西师范大学、云南大学、江苏师范大学、昆明理工大学、山东政法学院等院校的该丛书主编、作者参加座谈会。法律史学研究院院长朱勇教授、常务副院长张中秋教授、副院长林乾教授及部分教师参加会议。座谈会由法律史学研究院院长朱勇教授主持。

**【录制《名家谈·中华法文化》系列视频公开课】**7月27日至9月15日，张晋藩教授领衔并组织中国政法大学法律史学研究院林乾教授、李青教授、顾元教授、张德美教授、陈煜副教授、王银宏副教授参与录制司法部法制宣传司《名家谈·中华法文化》系列视频公开课。

**【举办“法律史学系列讲座”第六讲】**9月20日下午，法律史学研究院“法律史学系列讲座”第六讲由邵方教授主讲，主题为“儒家思想对西夏法制的影响”。

**【举办“法律史学系列讲座”第七讲】**10月23日，法律史学研究院“法律史学系列讲座”第七讲由李青教授主讲，主题为“清代档案与民事诉讼制度”。

**【为部级领导干部做“中国传统法文化的历史地位与史鉴价值”学术讲座】**11月18日，张晋藩教授以“中国传统法文化的历史地位与史鉴价值”为主题，在国家图书馆为在京部级领导干部做中华法文化讲座。

**【举办“传承法律文化重构中华法系”学术研讨会】**11月24至26日，由教育部人文社会科学重点研究基地——中国政法大学法律史学研究院主办，中国法律史学会中国法制史专业委员会协办的“传承法律文化重构中华法系”学术研讨会在北京友谊宾馆成功举办。在开幕式上，学校法律史学研究院常务副院长张中秋教授主持，法律史学研究院院长朱勇教授致欢迎辞，全国外国法制史研究会原副会长曾尔恕作嘉宾致辞。学校终身教授、法律史学研究院名誉院长张晋藩先生为会议作了基调发言，来自不同高校的学者进行交流。

**【举办“法律史学系列讲座”第八讲】**12月19日，法律史学研究院“法律史学系列讲座”第八讲由顾元教授主讲，主题为“美国印第安部落的自治权——联邦宪制分权的另一种样态”。

**【参加中纪委组织专家咨询会】**12月28日，朱勇教授参加中央纪律检查委员会书记赵乐际主持的中纪委组织专家咨询会。

**【获评“先进党支部”】**年内，研究院党支部被学校党委评为“先进党支部”，陈煜副教授、王银宏副教授被科研分党委评为“优秀共产党员”。

## 二十二、法治政府研究院

**【概况】**中国政法大学法治政府研究院是北京市教育委员会和北京市社科规划办依托中国政法大学建立的北京市哲学社会科学研究基地之一，下设卫生法、应急法、教育法3个研究中心，分别配备专兼职研究人员从事科研，设1个行政办公室，负责研究院财务和行政管理。学术委员会是研究院学术研究的指导机构，负责对学术研究事项进行评议决定。现有委员30人，成员为来自高等学校、科研机构、实务部门的资深专家。

研究院现有10名专职研究人员，60余名兼职研究人员，汇聚了一大批中国宪法和行政法学的知名学者，既有新中国宪法和行政法学的奠基者，也有年轻一代的领军人物，研究力量雄厚。研究院教师为本科生和研究生开设10多门专业课程。现有在读的宪法学与行政法学专业博士研究生、硕士研究生270多人。其中100%的博士研究生，50%以上的硕士研究生均参加专项课题研究。

由研究院主办的《行政法学研究》是全国唯一的行政法学专业期刊，发表了大批优秀的行政法学研究成果。

2017年，研究院的研究人员出版著作10部，共发表学术论文52篇。主要著作有：

《当代中国行政法的使命》《世界信息公开法汇编》《城市管理执法办法理解与适用》《行政法与行政诉讼法》《从依法行政设法治政府——应松年文选》《法治政府论坛集萃》《中国法治政府发展报告（2016）》《中国法治政府评估报告（2017）》等。主要学术论文有：《国家监察体制改革的主要任务和难点》《我国法治政府建设地区差异的定量分析》《中国行政法发展的创新之路》《〈国家监察法〉的立法思路与立法重点》《我国政府信息公开的问题、对策与前瞻》《超越平台责任：网络食品交易规制模式之反思》《美国问责的探源与解析》《通过公职人员财产申报法的腐败治理》等刊发于《行政法学研究》《环球法律评论》《华东政法大学学报》《比较法研究》《中国政法大学学报》等杂志。

《地方法治政府建设的组织领导亟待加强》《移动游戏产业的快速发展呼吁科学的监督》《政务公开案例点评》及2篇涉密报告，共计5篇研究报告被《人民日报内参》《国家行政学院送阅件》、国务院办公厅政府信息与政务公开办公室、新华社参考新闻编辑部采纳。其中，《移动游戏产业的快速发展呼吁科学的监督》获得了李克强、刘延东、刘云山、刘奇葆的大段重要批示。

10篇研究成果刊发于《北京日报》《光明日报》《检察日报》等重要报纸：《这是事关全局的重大政治改革》《法治政府建设是国家治理的一场深刻革命》《把社会主义核心价值观融入法治政府建设全过程》《深刻认识法治政府的内涵和意义》《拓宽案件范围完善行政公益诉讼制度》《事关全局的重大政治改革》《完善以宪法为核心的中国特色社会主义法律体系》《行政诉讼更宜解决涉PPP协议争端》《风气的变化与制度的进步》《这些司法改革成果来之不易》。

研究院学者积极从事科研项目的申报和研究工作，新立项科研项目57项。其中纵向项目包括：国家社会科学基金重大项目“推进党内监督制度化、规范化、程序化研究”、国家社会科学基金青年项目“中国共产党党的问责与行政问责衔接问题研究”、司法部重点项目“行政复议法修改研究”、北京市社会科学基金研究基地项目“中国法治政府年度发展报告（2016）”“中国法治政府年度发展报告（2018）”“北京市突发事件风险沟通机制研究——基于法律文本和情景模拟实验的分析”“‘都’‘城’关系的法治化研究”。横向项目：“行政处罚、行政许可、行政强制三法与地方立法权的关系”“首都食品药品安全监管法制人才能力提升项目”“民政行政处罚中违法行为构成要件研究”“南宁市法治政府建设课题研究服务项目”“全面推进朝阳区法治建设的实施意见研究”“分享经济规制法律与问题研究”“北京市朝阳区行政规范性文件备案管理研究”“北京市朝阳区法治政府评估”等50项。

研究院主办了18次学术研讨会议。国际会议有：“公私合作合同（PPP）国际研讨会”“‘食品欺诈认定与规制’国际研讨会”。国内会议有：“‘互联网经济与行政规制’学术研讨会暨中国政法大学互联网与法律规制研究中心成立仪式”“《中国法治政府发展报告（2016）》发布会”“行政法总则制定与行政法法典化研讨会”“‘西城区法治建设评估指标体系’研讨会”“教师法治教育研究中心揭牌仪式”“国家监察立法座谈会”“教育案例库上线仪式暨教育法治论坛”等。

以“法治政府论坛”为平台，研究院诚邀国内外知名学者专家以及工作经验丰富的实务部门人士，结合当前我国时政热点和学术难点问题，举办了8场学术讲座，主题分别是："教育法治与教育改革""党内法规与全面依法治国""宪法观与中国宪法学研究""法治政府发展和建设""食品法的过去、现在和未来""我国司法判决中的比例原则""例解法律实证研究"及"国家治理现代化与《行政程序法典》制定"。

加强国际国内学术交流与合作，在应邀参加国际学术研讨会方面，研究院学者赴澳大利亚、新加坡进行合作办学法规调研、赴法国参加"卫生法与家庭变迁"国际会议及"宗教与人体"国际研讨会等；应邀参加内地及港澳台学术研讨会方面，研究院学者近60人次参加了"第三届法学前沿论坛""中国行政法学研究会2017年第二期青年论坛暨第四届部门行政法中青年学者论坛""澳门公共行政学术研讨会""第十八届海峡两岸行政法学学术研讨会"等共计30多个研讨会。

研究院分别与广州市越秀区人民政府法制办公室、佛山市法制局、南充市人民政府法制办公室签定了法治政府协同创新框架协议。合作双方将在课题研究、公务员培训、挂职锻炼、法律咨询等方面展开合作。

**【成立互联网与法律规制研究中心】**1月5日，中国政法大学互联网与法律规制研究中心在京成立。中心为学校非在编科研机构，旨在依托学校法学学科优势，研究如何使用有效的法律手段规制互联网，保证互联网能够在正确的轨道上、安全的途径上服务社会。中心主任为王青斌教授。学校副校长、中国行政法学研究会会长马怀德教授，中国社会科学院法学所所长助理、中国法学会互联网与信息法学研究会常务副会长周汉华研究员，国家行政学院法学部副主任杨伟东教授，学校法治政府研究院院长王敬波教授，中央财经大学法学院高秦伟教授，北京师范大学法学院副院长张红教授，中国电子商务协会政策法律委员会副主任阿拉木斯，百度公共政策研究院院长苏静，中国信息通信研究院互联网法律研究中心主任李海英，腾讯研究院法律研究中心秘书长柳雁军等来自学界、产业界的20余名专家学者出席会议。

**【举办《中国法治政府发展报告（2016）》新闻发布会】**4月8日，在京举办了《中国法治政府发展报告（2016）》发布会暨法治政府论坛第100期。来自全国人大常委会法工委、中央政法委员会、最高人民法院、国家检察官学院、北京大学、中国人民大学、中国社会科学院、中国政法大学等实务部门、知名高校和科研院所的40余位专家学者，以及《人民日报》《光明日报》、新华网、人民网、《法制日报》等18家新闻媒体出席会议。《中国法治政府发展报告（2016）》分为总报告、专题篇、立法述评和实践、案例篇等四个部分。

**【举办《中国法治政府评估报告（2017）》新闻发布会】**9月26日，由研究院组织编写、社科文献出版社出版的《法治政府蓝皮书：中国法治政府评估报告（2017）》在京发布。报告指出，近几年来，我国法治政府建设的进步是可见的、迅速的，但在总体上依然是处于低位徘徊的阶段，需要继续努力。各城市之间、区域之间法治发展不平衡，法治水平差距不断加大的情况需要引起高度关注。该报告为法治政府研究院的品牌项目，自2013年启动至今已连续开展了5年。

**【举办公私合作合同（PPP）国际研讨会】**10月11日，公私合作合同（PPP）国际研讨会在京召开。本次研讨会由法治政府研究院和中欧法学院主办，来自全国人大法工委、国务院法制办、财政部、国家发改委、最高人民法院、北京市第四中级人民法院、长沙市政府法制办等多个政府机关以及北京大学、中国人民大学、中国政法大学、中央财经大学、对外经济贸易大学、北京外国语大学、浙江大学等多所高校的70余位理论界和实务界的专家学者参加了本次研讨会。本次会议以公私合作合同（PPP）为主题，一共设置了四个单元，来自法国最高行政法院的法官和高等院校的学者介绍法国行政合同理论、制度与实践。中法学者就行政合同的概念、类型及纠纷解决机制等内容进行深入探讨。

**【成立教师法治教育研究中心】**10月31日，由教育部政策法规司与学校共建的教师法治教育研究中心成立仪式暨教师法治教育研讨会在中国政法大学海淀校区举行。成立仪式上，教育部党组成员、副部长田学军与中国政法大学党委书记胡明为“教师法治教育研究中心”揭牌，教育部政策法规司司长邓传淮与中国政法大学校长黄进签署了《教育部政策法规司、中国政法大学关于合作共建“教师法治教育研究中心”的协议》。教育部与学校共建“教师法治教育研究中心”，是贯彻落实党的十八届四中全会关于“把法治教育纳入国民教育体系，从青少年抓起”的有力举措，是落实习近平总书记5月3日考察学校重要讲话精神的重要内容，将为深入推进全面依法治国进程、建设社会主义法治国家提供坚实基础。

**【成立国家监察与反腐败研究中心】**11月20日，中国政法大学国家监察与反腐败研究中心成立暨国家监察立法座谈会在北京举行，此次会议由中国法学会行政法学研究会和中国政法大学国家监察与反腐败研究中心共同主办。来自最高人民法院、北京市人民政府法制办、海淀区监察委员会、中共中央党校、中国社科院法学所、北京大学、清华大学、中国政法大学等实务部门、知名高校和科研院所的三十余位专家学者，以及新华社、人民网、中央人民广播电台、《法制日报》等十多家新闻媒体出席了会议。该中心是学校落实十九大精神，特别是加快反腐败和国家监察立法研究的一个重要载体。中心的三项主要职能：一是加强和创新国家监察与反腐败的科学研究；二是开展监察与反腐法治化建设领域的政策咨询研究；三是加强与国内外相关机构的交流与合作。中心将深入研究国家监察权的建立与完善，解决合法性、合规性问题。

**【举办教育案例库上线仪式暨教育法治论坛】**12月6日，教育案例库上线仪式暨教育法治与改革论坛在京召开，此次会议由教育部政策法规司、最高人民法院司法案例研究院、中国政法大学法治政府研究院共同主办。来自最高人民法院司法案例研究院、教育部政策法规司、北京市高级人民法院、北京市教育委员会、北京市第四中级人民法院、北京大学、中国人民大学、中国政法大学、北京外国语大学、北京理工大学、北京大学附属中学、中国人民大学附属中学、北京市东交民巷小学等实务部门、知名高校和科研院所的三十余位专家学者，以及新华社、人民网、中央人民广播电台、《法制日报》等十多家新闻媒体出席了会议。教育案例库主要研究全国范围内教育领域的司法案例，既是助力教育改革、保障教育发展，也是贯彻落实党的‘十九大’精神，发展教育事业，实现行政与司法的良性互动，全面深化依法治国实践，实现法治国家、法治政府、法治社会一体建设的最佳实践。教育案例库将会发挥三个作用：一是制定法律法规政策以及开展行政审判、行政复议等相关工作的指导作用；二是作为教育的案例资源；三是具有反复使用的研究价值。

**【成立北京教育法治研究基地】** 12 月 18 日，“北京市教育法治研究基地成立仪式暨《北京教育法治年度报告》编写研讨会”在北京师范大学举行。在成立仪式上，北京市人大常委会法制办公室、北京市人大教科文卫体办公室、北京市教育委员会、北京市政府法制办公室分别与中国政法大学、中国人民大学、北京师范大学、北京外国语大学签订共建协议，依托以上四所高校成立“北京市教育法治研究基地”。学校作为四个基地之一，将就北京市教育法治的理论与实践开展研究，并主要承担北京市教育行政立法的研究起草、教育行政执法操作规范化、青少年法治教育资源建设、教育疑难行政案件研究等任务。学校副校长李树忠教授、法治政府研究院院长王敬波教授、法治政府研究院林鸿潮教授、曹鎏副教授和学校教育法方向的硕士研究生出席了成立仪式。

**【举办应松年行政法学基金第一届理事会暨第八届应松年行政法学奖学金颁奖典礼】** 12 月 28 日，应松年行政法学基金第一届理事会暨第八届应松年行政法学奖学金颁奖典礼在京顺利举行，本次大会产生了第一届理事会，常务理事、秘书长、副理事长、执行理事长、理事长、名誉理事长和奖学金学术委员会。本届应松年奖学金获得者一共 20 名，包括来自浙江大学的蒋成旭等 10 名博士研究生，中国政法大学的陈悦等 10 名硕士研究生。应松年教授亲自为每一位获奖者颁发荣誉证书，并与获奖学子合影留念。

## 二十三、证据科学研究院

**【概况】** 证据科学研究院是中国政法大学直属科研单位，现有教职工 49 人，其中专任教师 35 人、教授 12 人、副教授 17 人、博士生导师 7 人（其中校外兼职 3 人）、硕士生导师 32 人（其中校外兼职 6 人）、实践教学兼职教师 29 人。现有全日制在校学生研究生 288 人（其中硕士研究生 183 人，博士研究生 105）人，博士后研究人员 6 人；在职研究生 58 人；目前已毕业研究生 130 人。

研究院设有证据法学二级学科博士学位点和硕士学位点，下设证据法学、司法文明和法庭科学三个方向；是目前全国法学学科和法学研究院校唯一的教育部重点实验室。学院下设 3 个部分：学院综合办（包括院办公室、科研办、教学办、对外交流办）、法庭科学所（包括综合部、法医部、物证技术部、教研部）、证据法所（包括证据法学教研室、编辑部），包括 8 个学术研究中心（法律应用研究中心、法庭科学文化研究中心、法庭科学仪器研究中心、法律与精神医学研究中心、医药法律与伦理研究中心、疑难证据问题研究中心、律师学研究中心、法庭科学标准研究中心）。“法大法庭科学技术鉴定研究所”（即法庭科学所）为中央政法委确定的全国十家国家级司法鉴定机构之一。证据科学研究院为国家“2011 计划”司法文明协同创新中心和“111 计划”证据科学创新引智基地的实体性单位。

研究院首席专家张保生教授于 2011 年就任“国际证据科学协会”副主席一职（协会秘书处设在证据科学研究院）。自 2007 年以来，研究院每两年举办一届“证据理论与科学国际研讨会”，至今已成功举办 6 届，第六届研讨会已于 2017 年在美国顺利召开。

研究院自建院十年来共承担省部级以上研究项目 99 项，出版著作 110 部，发表论文 812 余篇（其中 67 篇被 SCI、EI、SSCI 收录），获发明专利 4 项，实用新型专利 13 项，起草公共安全行业标准 4 项。

本年度研究院教师申报各类科研项目 35 项，共有 21 项（13 人）获得立项，批准经费共计 452 万元。其中，纵向科研项目 6 项，包括：国家社科基金重大项目 1 项（张保生）、国家社科基金一般项目 2 项（施鹏鹏、李训虎）、青年项目 1 项（汪诸豪），北京市社科基金青年项目 2 项（吴洪淇、曹晶）；横向科研项目 12 项；校级科研项目 3 项。

本年度共有 4 项科研项目申请结项，项目的总体结项率偏低。本年度研究院多项科研项目进行了年度检查、中期检查，另有 2 项科研项目提交了变更申请并获得批准。

教育部重点实验室 2017 年度开放课题立项 7 项，结项 1 项。组织实验室 2017 年度开放课题的征集、申请、立项、经费拨款工作，共受理 24 项申请，批准立项 7 项，资助经费 35 万元。本年度组织审议了 3 项开放课题申请结项的材料，其中：2010 年度 1 项、2011 年度 2 项，同意其中 1 项课题结项，2 项课题延期结项；审议并同意了 10 项课题的变更申请。本年度拨付开放课题经费共计 17.5 万元。

本年度（春季、夏季和秋季）共开设 10 门实验课程，开设实验课 1088 课时，选课人数 605 人，平均每课时选课数 0.56。与 2016 年度（882 课时、539 人）比较，开课课时数和选课人数均有所增加。承担学校实践教学工作，是学校承担的国家级虚拟仿真教学中心。开设多门实践学科课程，面向北京市高校和校内学生开设。共开展 67 门实践教学课程。

研究院筹建的法庭科学博物馆（China Forensic Science Museum，CFSM）于 2016 年 5 月 20 日正式开馆，成为是我国第一家集法庭科学（含法医学与物证技术）文献文物收藏、宣传教育、科学研究等为一体的综合性学术研究机构和法庭科学文化研究中心的科研平台。本年度法庭科学博物馆共接待参观人数 1500 人次，收藏法庭科学相关藏品 3 件，对馆内藏品进行扫描/复制保存 150 册。

研究院下设的法大鉴定所继续发挥作为国家级司法鉴定机构的作用，引领地区司法鉴定的发展模式和技术发展，为各级司法机关、仲裁机构及行政机关解决矛盾纠纷提供了科学、客观的法定证据。2017 年共完成各类司法鉴定案件 5000 余件。年底，北京市公安局公安交通管理局再次启动招标工作，法大鉴定所再次中标 2018—2019 年车速鉴定、DNA 鉴定，由于法医病理鉴定、微量鉴定尚未达到法定开标条件，研究所作为前期司法鉴定服务供应商将自动顺延其鉴定服务资质。

本年度，研究所顺利通过中国合格评定国家认可委员会的声像资料鉴定、电子数据鉴定、微量物证鉴定、法医毒物鉴定等领域的扩项评审，并获得 CNAS 认可证书，已认可的司法鉴定业务基本实现全覆盖，共计 9 个专业 100 个项目/参数。并于 2017 年年底，再次启动了下一周期的 CNAS + CMA 换证复评审的筹备和申报工作。参加司法部举办的年度司法鉴定能力验证计划 24 项，通过率 100%，其中，22 项获得满意。

研究所作为全国司法鉴定人继续教育培训基地，年内开展 2 期“人身损害赔偿相关司法鉴定标准培训班”共 160 人次，承办北京市司法局、北京司法鉴定业协会组织的

“法医临床司法鉴定人转岗及标准培训班” 1 期共 90 人，承办天津市司法局、天津市司法鉴定协会组织的“天津市司法鉴定法医临床专项培训班” 2 期共 150 人。

研究所紧紧围绕国家标准化建设工作需要，王旭院长成功申请学校非在编科研机构：中国政法大学法庭科学标准研究中心，同时举办了首届法庭科学标准研讨会，正式启动法庭科学研究所的标准研究工作。

本年度《证据科学》杂志共出版 6 期，刊发论文 56 篇，印数为每期 2000 册。

截至目前《人大报刊复印资料（诉讼制度·司法制度）》收录全文转载 2 篇文章。中国知网相关数据：复合影响因子 1.160（2016 年 1.471）；综合影响因子 0.672（2015 年 0.916），复合影响因子和综合影响因子都有所下降。

英文杂志 JFSM（Journal of Forensic Science and Medicine）是中国第一本全英文法庭科学专业期刊，创刊于 2015 年。本年度 JFSM 杂志已出版并发行 4 期，于 8 月 14 日在美国马里兰州巴尔的摩市举行了 2017 年 JFSM 编委会会议，第二届 JFSM 编委会（2017—2020 年）成立，自 2017 年 4 月 26 日起已被收录于 DOAJ 开放获取期刊索引系统（Directory of Open Access Journals）。

依托司法文明协同创新中心以及证据科学创新引智基地等平台，坚持“走出去”与“引进来”并举的发展方向，2011 年 7 月 17 日由中国政法大学证据科学研究院发起设立的证据科学领域的第一个国际性学术组织——国际证据科学协会（International association of evidence science）正式成立，学院外国专家咨询委员会主席、美国西北大学法学院艾伦教授当选为第一任主席，研究院首席专家张保生教授当选为副主席，该协会的秘书处设在学院，王进喜教授、常林教授、张中教授当选为执委会委员。在 2017 年召开的第六次理事会会议上，学院院长王旭教授成为该协会理事，并增选为协会联席执行主管。目前，该协会共有 42 名理事，来自六大洲 16 个国家，包括中国、美国、英国、加拿大、澳大利亚、意大利、西班牙、匈牙利、波兰、瑞士、韩国、以色列、越南、日本、坦桑尼亚、墨西哥。以国际证据科学协会的建设为引领，呈现出“举办三个系列国际会议”（分别是：证据理论与科学国际研讨会，每两年举办一届，至今已成功举办六届；中瑞证据科学国际研讨会，已举办两届；“事实与证据”国际研讨会，已举办一届）、开设精品外教课程、打造九个海外研究中心、开展多层次国际交流活动”的格局，取得了跨越式发展，开创了学院甚至学校国际交流的新局面。

**【举办《中国司法文明指数报告 2016》新闻发布会】** 1 月 20 日，国家“2011 计划”司法文明协同创新中心在北京举行《中国司法文明指数报告 2016》新闻发布会。

**【完成教学评估工作】** 4 月 23 日至 27 日，在本科教学评估工作中，教育部专家组成员莅临证据科学研究院，并从审核评估的“五个度”充分肯定了学院在实践教学工作所取得的成绩，同时也提出了意见和建议。

**【举办“2017 年司法文明指数表彰暨培训动员大会”】** 6 月 15 日，“2017 年司法文明指数表彰暨培训动员大会”在中国政法大学昌平校区刘皇发报告厅举行。

**【主办首届中国政法大学法庭科学标准体系建设研讨会】** 7 月 25 日，主办首届中国政法大学法庭科学标准体系建设研讨会。

**【举办“第六届证据理论与科学国际研讨会”】** 8月14日至16日，受国家“2011计划”司法文明协同创新中心、“111计划”证据科学创新引智基地联合资助，由学院、国际证据科学协会共同主办，美国马里兰州法医局承办的“第六届证据理论与科学国际研讨会”在美国马里兰州巴尔的摩市召开。

**【举办国际证据科学协会第六次理事会会议】** 8月15日，国际证据科学协会（International Association of Evidence Science）第六次理事会会议在美国马里兰州巴尔的摩市隆重举行。

**【举办《人民法院诉讼证据规定》结项总结会】** 9月24日，国家社科基金重大项目《人民法院诉讼证据规定》结项总结会在北京召开。在2008年，最高人民法院常务副院长沈德咏批准最高人民法院研究室委托中国政法大学开展证据制度研究与试点。该课题《人民法院诉讼证据规定》系学院与最高人民法院研究室和中国应用法学研究所的后续合作。该项目共分人民法院诉讼证据规定理论体系研究、人民法院诉讼证据规定适用现状调查研究、三大诉讼证据共性和特殊性研究、国外证据规则比较研究、科学证据与司法鉴定研究、证人作证规则研究、证据排除规则研究、程序性证据规则研究、证明责任和证明标准研究等9个子课题，总体框架是要在对三大诉讼法和有关实体法中的证据规则、最高人民法院司法解释中的证据规定进行系统梳理和编纂的基础上，构建科学的证据法理论体系，并形成最终成果——《人民法院诉讼证据规定（司法解释建议稿）》。

**【举办《证据法学》（第二版）修订会】** 10月14至15日，国家重点图书出版规划教材《证据法学》（第二版）教材修订会在河北张家口召开。证据法学研究院教师和参与教材撰写的外校专家共20多人参加了本次会议。与会专家就教材修改的基本原则和注意事项进行了深入的讨论，各章负责人员逐一汇报了修改思路，与会专家就每一章节进行热烈的讨论。

**【成立法庭科学标准研究中心】** 11月，成立了非在编科研机构——法庭科学标准研究中心，中心主任为王旭教授，进一步完善了研究院的科研平台建设。中心的宗旨是围绕法庭科学/司法鉴定领域标准的理论与实践开展研究，力图通过国内司法鉴定机构、公安、社会保险业共同参与司法鉴定标准的研制与推广，打造一个国内一流的专门从事司法鉴定标准研究、总结、推广的新型学术研究机构。

**【出版著作、译著等13部】** 年内，张保生、张中、吴洪淇等著《中国司法文明指数报告2016》，张中主编《中国司法文明指数调查数据挖掘报告2015》，吴洪淇独著《法律职业的危机与改革》，袁丽独著《法医DNA证据研究》等专著共4部。王进喜独译《加拿大不列颠哥伦比亚省1998年法律职业法》《苏格兰诉辩律师协会诉辩律师职业行为指引和惩戒规则》《律师事务所的有效知识管理》《现代律师事务所管理》，吴洪淇独译《对抗制下的法律职业伦理》，吴丹红独译《让证据说话——李昌钰科学证据办案3（修订版）》等译著6部。第五届证据科学理论研讨会境外论文集《当代中国司法文明——证据法学与法庭科学评论》《现代诉讼中的证明——证据法学与法庭科学视角》2部。房保国编著《2017年国家司法考试法图讲堂——民事诉讼法之强化篇》1部。

**【公开发表论文72篇】** 年内，权威期刊论文10篇，其中，《中国社会科学》1篇

（张保生），《中国法学》1 篇（吴洪淇），SCI 论文 7 篇（石美森、百茹峰、郝红霞各 2 篇，袁丽 1 篇），EI 论文 1 篇（曹洪林）；发表核心期刊论文 30 篇，一般期刊论文 32 篇。

**【科研成果获奖 2 项】** 年内，吴洪淇专著《转型的逻辑：证据法的运行环境与内部结构》（2013 年 12 月版）获北京市第十四届哲学社会科学优秀成果奖二等奖。于天水论文《Time – dependent expression of MMP – 2 and TIMP – 2 after rats skeletal muscle contusion and their application to determine wound age》获 2015—2016 年度司法鉴定优秀论文奖。

**【撰写立法建议/咨询报告 1 份】** 王旭撰写的《关于〈医疗纠纷预防和处理条例（草案）〉的修改意见》报送国务院法制办教科文卫司，得到了该部门的高度重视，并于 2017 年 2 月 22 日到法庭所进行专题调研。

**【完成招生、论文答辩工作】** 年内，按计划组织完成了 2017 年研究生招生、复试、迎新工作，共迎新 84 人，其中法律硕士 45 人，证据法学硕士 15 人，证据法学、司法文明博士 24 人。组织博士研究生申报创新项目立项 11 项，博士学位论文资助 10 人；组织申报硕士研究生创新项目 29 项，硕士学位论文资助 4 人份。同时组织上一年度研究生创新项目验收，其中，组织博士创新项目验收 5 项，组织硕士创新项目验收 13 项。协助研究生工作办完成在校研究生的学业奖学金、国家奖学金评选工作。完成 2018 年推免研究生的招生工作，完成 2018 年司法文明方向博士审核制招生文件审查工作。上半年共完成 79 名研究生学位论文答辩，其中博士 12 名，学历硕士 67 名；下半年共完成 13 名硕士研究生学位论文答辩。

**【完成接待工作】** 年内，先后迎来司法部刘振宇副部长、内蒙古自治区司法厅毕力夫厅长、北京市司法局徐明江副局长、国务院卫生科技法制司、教育部本科评估的领导和专家团队等调研考察；黄进校长、校党委胡明书记、时建中副校长、徐扬副校长及学校各级领导等多次来研究院/研究所进行调研，肯定了研究院取得的各项成绩，同时对研究院的发展提出了要求和建议。

## 二十四、法律古籍整理研究所

**【概况】** 中国政法大学法律古籍整理研究所成立于 1984 年 11 月，是在全国率先成立也是目前教育部所属高校中唯一一所专门从事古代法律文献整理研究的学术机构。2009 年 6 月成为教育部全国高等院校古籍整理工作委员会直接联系单位，并享受高校古委会经费资助及相关支持。研究所现任副所长为李雪梅教授。目前全所共有成员 11 人。其中教授 3 人，副教授 4 人，讲师 2 人，行政秘书 1 人，学术秘书 1 人；获博士学位者 8 人（其中 3 人为博士后流动站出站），获硕士学位者 3 人；博士生导师 1 人，硕士生导师 7 人，专业知识背景涉及法学、历史、文学等多项一级学科。研究所下设出土法律文献、传世法律文献、民间法律文化 3 个研究室，另有图书资料室，藏书约 1.7 万余册。研究所共承担各类科研项目近 40 项，其中《中国历代刑法志译注》《盟水斋存牍》《中国古代法律文献研究》《沈家本全集》（8 卷）等集体成果获得同行关注。在历代律典、判词文牍、甲骨金文、秦汉简牍、古代碑刻等研究方向上，研究所成员均有影响较大的成果，成为学校乃至高校中独具特色的、在同行内具有一定影响力的学术力量。古籍所自 2012 年起招收中国史专业历史文献学、古代史和专门史 3 个方向的硕士研究生，开设新课十余门，在人才培养和学科建设方面力求创新。

2017 年，研究所继续推进“法律文献学”和“历史文献学”两门学校交叉学科和校级重点学科的学科建设，凸显学校学科建设的发展特色。

2017 年，古籍所教师主持的项目顺利结项 1 项，其他 15 项在研的国家级、省部级项目均按计划如期进行。同年，古籍所教师参加岳麓书院藏秦简（伍）释文审定会、“历史比较视野中的普通法与大陆法”等国内外学术交流活动 23 项，累计 30 余人次，出版学术著作 7 部，发表学术论文 13 篇，其中核心期刊 3 篇。

2017 年，研究所教师在本科生、研究生教学任务完成方面表现出色。研究所教授、副教授指导的 2014 级博士生、硕士生均顺利通过答辩并获得学位，有 1 篇硕士学位论文被评为校级优秀论文。徐世虹教授主持的学校中国法制史基础史料研读会、李雪梅教授主持的学校石刻法律文献研读班，通过史料研读和学术考察方式，形成特色的人才培养与学术提升模式。研究所主持的《法律文献学》课程被评为 2017 年研究生精品课程，《加强〈中国古代文献学通论〉教学的实践性》获立项研究生教改项目。研究所教师指导的三位同学荣获研究生创新实践项目立项，一名同学获学术新人奖。

**【10 位境内外学者来研究所进行学术交流】** 4 月 18 日，复旦大学出土文献与古文字研究中心教授郭永秉作题为《近年出土战国文献给古史传说研究带来的若干新知与反思》的讲座。5 月 15 日，复旦大学历史系副教授仇鹿鸣作题为《碑的社会史研究刍议》的讲座。6 月 20 日，北京大学哲学系副教授程乐松、中国人民大学哲学院副教授张雪松、中央美术学院艺术史专业博士后耿朔作题为《“宗教、考古与历史”三人谈》的讲座。6 月 26 日，国家图书馆研究员汪桂海作题为《汉代的符》的讲座。9 月 17 日，敦煌研究院文献研究所原所长马德研究员作题为《敦煌壁画所见法律与社会》的讲座。9 月 18 日，京都大学人间·环境研究科教授辻正博作为学校“名家论坛”演讲嘉宾，作题为《唐代史研究中史料的问题点》的讲座。9 月 20 日，台湾大学历史学系名誉教授高明士作为学校“名家论坛”演讲嘉宾，作题为《漫谈礼律——以失礼入刑为例》的讲座。9 月 25 日至 10 月 25 日，德国图宾根大学汉学系副教授黄菲作为访问学者，于 10 月 23 日作题为《客民、猓佃与官老爷：试读清代西南的民间诉讼文书》的讲座。

**【举办 6 次学术公益活动】** 4 月 25 日至 5 月 9 日，李雪梅教授在昌平校区文化艺术展厅举行《碑石逸韵：古代法律碑刻拓片展》，展出自汉代以来主要朝代的 30 余种法律碑拓和刻石。7 月 5 日至 7 月 7 日，研究所与学校人文学院联合主办第二届中国史优秀大学生夏令营，加强了各高校优秀大学生之间的交流，促进史学和法学的融通，为选拔优秀大学生来研究所深造储备人才。12 月 18 日，赵晶副教授应邀在浙江宁波效实中学作题为《图像所见中国法制史》的讲座。李雪梅教授参加中国法院博物馆组织的沈家本故居展陈会建言献策活动、北京石刻艺术博物馆 2017 年志愿者总结大会等学术公益活动。

**【教师参加国内外学术交流】** 4 月 26 日，李雪梅教授在首都经贸大学进行题为《古代碑刻中的法律文化》讲座；10 月 27 日，赵晶副教授应邀在浙江大学人文高等研究院作题为《中国法制史的前世今生》的讲座。11 月 17 日至 11 月 27 日，徐世虹教授应邀前往韩国首尔大学，担任人文学研讨课客座教授，讲授《中国古代法与社会》的相关课程。

**【创立微信公众号】** 5月16日，古籍所微信公众号正式运营。公众平台中既有本所教师的优秀科研成果展示，又有关于古代法律文化的科普文章，力求在“高冷”的学术研究和普通读者之间架起一座“古代法律文化”桥梁。

**【主办2次国际会议】** 7月15至16日，研究所主办、中国法律与历史国际学会协办中国法律与历史国际学术研讨会。9月16日至17日，研究所、中国社会科学院敦煌学研究中心以及中国法律史学会法律古籍整理专业委员会共同主办“敦煌吐鲁番法制文献与唐代律令秩序”学术研讨会。会议围绕“敦煌吐鲁番文书与唐代律令秩序”主题，展示了敦煌吐鲁番出土文书中有关礼法思想、胡商贸易、分家契约、律令制度等问题的研究。

**【引进优秀人才1名】** 7月，为解决古籍所即将面临的新老交替及教学师资短缺问题，特择优引进中国政法大学博士后流动站出站的张传玺博士。

**【科研项目顺利结项1项】** 8月，李雪梅教授承担的国家社科基金后期资助项目“中国古代石刻法律文献叙录”顺利结项（结项号20175143）。

**【所刊《中国古代法律文献研究》第十一辑顺利出版】** 12月，徐世虹教授主编《中国古代法律文献研究》第十一辑顺利出版。该辑共收论文22篇，含3篇书评，论文时段涵盖先秦至清代，作者来自中国、日本等国家。

**【发表学术论文13篇】** 年内，研究所成员在《上海师范大学学报》（2017年第1期）、日本东方学会《东方学》（第133期）、《苏州大学学报（法学版）》（2017年第1期）《清史研究》（2017年第2期）、《隋唐辽宋金元史论丛》（第七辑）、“台湾”《法制史研究》（2017年第31期）、《古代文明》（2017年第3期）、《史林》（2017年第4期）、《法律史译评》（2017年第四卷）、《交涉中的西法东渐学术研讨会论文集》（2017年12月）、《法律文化研究》（第十辑）、《中国古代法律文献研究》（第十一辑）等刊物发表中国古代法律文献研究论文共13篇，其中核心期刊3篇。

## 二十五、人权研究院

**【概况】** 中国政法大学人权研究院（Institute for Human Rights）为教育部和中央对外宣传办公室共同批准设立的国家人权教育与培训基地（National Base for Human Rights Education and Training），是直属学校的教学科研单位，院长由中国政法大学校长兼任，现任院长为校长黄进。学院拥有科学研究、人才培养、学科建设、社会服务和学术交流等多项职能。学院重点开展人权原理、国际人权法、人权国内保障、刑事司法与人权、宪政与人权、国家人权机构等方面的研究，主要负责人权法学二级学科的建设工作以及人权法学专业硕士研究生和博士研究生的培养工作。

在人员引进上，人权研究院现有专职教职工14人，兼职教授、副教授38人，特聘教授4人，客座教授1人。其中，专职教职工包括教师9人，学术编辑3人，行政人员2人。在制度建设上，9月，制定并通过《人权研究院学生会章程》。9月，制定《中国政法大学人权研究院2018年“申请－考核”制博士研究生招生工作办法》。

人权研究院积极开展国家人权高端智库的申请建设工作，于9月25日入选国家高端智库建设培育单位。本年度人权研究院依托“国家高端人权智库”平台，向中央部门报送要报情况如下：直接向国家高端智库理事会秘书处（全国哲学社会科学规划办公室智库联络处）报送要报 11 篇；通过承担中宣部“马工程人权重大课题”子课题“联合国人权机制与我国参与联合国人权事务对策研究”，向中宣部人权事务局报送要报稿件 11 篇；向外交部国际司提交研究报告 1 篇；向中国人权发展基金会报送调研报告 1 篇。“人权建设与发展研究”法大智库研究团队顺利开展届末考核工作，撰写了年度考核报告。本年度继续开展人权研究院学位授予点教学质量评估工作，撰写了人权研究院学位授予点教学质量评估报告。

人权研究研究成员积极申请、参与相应课题，具体情况如下：张伟教授作为课题负责人主持的 2013 年教育部人文社会科学重点研究基地重大项目——《A 类国家人权机构设立模式研究》经中宣部人权事务局、教育部高校社会科学研究评价中心以及学校科研处审核，已完成结项工作；主持的“欧盟关于促进人权与民主发展的研究”（Frame Project）已完成所有研究工作，准备项目结项；主持的国家民族事务委员会“少数民族人权咨询与研究基地”项目，继续进行第二阶段的翻译工作。2 月，张伟教授获得国务院新闻办公室的“美国国务院《2016 年国别人权报告》翻译”的研究项目，项目经费为 4 万元；国务院新闻办公室健康权白皮书撰写及研究项目，项目经费为 5 万元人民币；荷兰博睿出版社委托英文学术写作研究项目，项目经费为 1.5 万元人民币；国际红十字委托的国际人道法暑期教师高级研修项目，项目经费为 6.1 万元人民币；外交部委托保密课题，项目经费为 3 万元人民币（待到账）。项目经费总额为 19.6 万元。夏吟兰教授作为课题负责人主持的 2014 年教育部人文社会科学重点研究基地重大项目——《以保障儿童人权为导向建构国家监护制度》已完成专家评审，目前正等待财务审批；主持的中国法学会 2015 年度部级法学研究重点委托课题——《民法典婚姻家庭编专家建议稿》已完成专项课题，并于 8 月向全国人大法工委提交专家建议稿；夏吟兰教授已申请国家高端人权智库项目：《婚姻家庭立法中的弱势群体保护》。徐爽副教授主持的校级项目“党内法规与国家法律的衔接与调试研究”，继续完成研究工作；获得中国残联委托项目“《残疾人福利条例》立法论证”和中国残联、中国知网委托项目“全国残疾人权益保障知识竞赛”。王理万讲师获批中国政法大学校级科学研究青年项目（17ZFQ82002），经费 4 万元。

本年度人权研究院专职研究人员共出版 5 部著作，发表 26 篇论文，提交 6 项研究报告，取得 2 项获奖。杨勤活教授针对社会问题，撰写了与人权有关的建议书 2 份。一是关于改革个税扣除项目；二是关于建设法治国家和放弃传统立信方式。徐爽副教授参与《残疾人大辞典》审读工作和教育部全国硕士研究生入学考试专业试题命题工作。王理万讲师本年度受聘中央社会主义学院统一战线高端智库特约研究员。

举办研讨会 10 次，学院教职工参加国内外研讨会共 46 次，提交了相关论文，并做了相关的会议发言。

完成人权法学专业 2017 级研究生招生工作，共招收硕士研究生 11 人、博士研究生 7 人。继续承担并完成人权法学专业硕士研究生和博士研究生的培养工作，并先后邀请了 17 位国内外著名人权法学者和专家为学院师生作了 21 场系列讲座。3 月，邀请古德蒙德教授为学院2016级硕士研究生开设“少数人权利”课程；12月，再次邀请古德蒙德教授为学院2017级硕士研究生开设“国际人权法”课程。

本年度人权研究院2015级硕士研究生、2016级硕士研究生、2016级博士研究生各1名赴国外学习，2015级硕士研究生1名赴新西兰人权委员会实习。10月，组建人权研究院宣传团队，全面开展学院对外宣传工作。

**【举办“中欧伊斯兰教本土化”国际研讨会】** 3月17日至18日，人权研究院联合荷兰跨文化人权中心联合举办“中欧伊斯兰教本土化”国际研讨会，本次会议一方面研究伊斯兰教中国化的历史经验以及未来如何更进一步促进伊斯兰教与本土文化传统相融合，另一方面还将关注宗教本土化概念在欧洲适用的可能性，以及伊斯兰教融入欧洲的本土化进路等问题。

**【举办英文学术写作培训交流会】** 6月29日，人权研究院携手荷兰博睿出版社联合举办英文学术写作培训交流会。会议由学院常务副院长张伟教授主持，Human Rights Quarterly（《人权季刊》）主编Bert Lockwood教授，博睿学术出版社亚太区执行董事兼销售总监Liesbeth Kanis女士，中国社会科学院孙世彦教授、黄金荣教授，学校单纯教授、朱利江副教授，学院孙萌副教授等来自中国政法大学和北京大学的十余名师生参加本次交流会。

**【承办中宣部第十九期人权知识培训班】** 7月2日至15日，由国务院新闻办公室主办、人权研究院承办的“第十九期人权知识培训班”在学院路校区顺利举行，来自全国21个省（自治区、直辖市）的52所高校和科研机构的71名学员参加了本期培训。

**【举办人权暑期课程班】** 7月3日至14日，举办“第九届人权法暑期课程班”。邀请国内外人权领域资深专家和学者为本次暑期班授课，该课程免费向国内外高校的本科生、硕士研究生及博士研究生开放。今年共有来自全国25所高校的学生及教师参加。本次暑期班得到了教育部“外专特色项目”、联合国人权事务高级专员办事处、美国埃默里大学、挪威人权研究中心和北汽福田汽车股份有限公司等机构的大力支持。

**【合作举办第七届国际人道法暑期教师高级研讨会】** 8月31日至9月2日，红十字国际委员会东亚地区代表处与学校人权研究院联合举办“第七届国际人道法暑期教师高级研讨会”，共有约50名来自全国各高校、军事院校、智库和研究机构的教师、学者和研究人员参加了此次研讨会。本届研讨会以“纪念日内瓦四公约1977年《附加议定书》通过40周年”为主题。

**【人权研究院入选国家高端智库建设培育单位】** 9月25日，人权研究院入选国家高端智库建设培育单位。本年度人权研究院依托“国家高端人权智库”平台，积极开展国家人权高端智库申请建设工作，向中央部门报送要报稿件，其中1篇被《人民日报内参》《新疆维吾尔自治区法学会要报》等采用，并获得刘延东（中央政治局委员、国务院副总理）和吉尔拉·依沙木丁（新疆自治区副主席）的批示。

**【开展国际学术交流】** 12月1日，挪威奥斯陆大学法学院挪威人权中心国际部主任Hilde Salvesen女士、人权教育项目主管Wang Yi女士和联络部高级行政主管Susanne Flølo女士一行三人前来学院访问。学院班文战教授、刘小楠教授、孙萌副教授和徐爽副教授与来宾进行了座谈。

**【参与起草《中国健康事业的发展与人权进步》白皮书】**年内，学院组织撰写了《中国健康事业的发展与人权事业进步》白皮书。张伟教授作为负责人，牵头组织白皮书撰写专家组，并直接参与撰稿工作，人权研究院古孟德特聘教授、夏吟兰教授、班文战教授、王理万讲师、程莹博士参与了该部白皮书大纲拟定、初稿起草、数据整合和修改论证过程。白皮书是经中央批准，以中国政府名义公开发布的官方文件，对于阐明中国政府在相关领域的立场和成就具有重大意义。

## 二十六、法学教育研究与评估中心

**【概况】**法学教育研究与评估中心（以下简称“中心”）成立于2002年，系中国政法大学直属在编科研机构，现任主任为田士永教授。2012年学校成立高等教育研究所，2017年设立质量评估中心，与“中心”合署办公。“中心”负责编辑《中国法学教育状况》《中国法学教育研究》《中国政法大学教育文选》等杂志，并对法学教育问题展开跨学科、多视角、多领域研究；兼顾高等教育研究，运用高等教育研究的一般性规律对法学教育进行重点研究。同时进行法学教育的评估体系建设研究，建立国际、国内法学教育信息库，为法学教育研究和评估提供资料服务和研究咨询。

2017年，“中心”共有在编教学科研人员9名，办公室工作人员2名，其中教授3人，副教授4人，全国政协委员1名，国务院参事1名，分别具有法学、管理学、教育学、历史学等学科背景。

2017年，“中心”编辑出版《中国法学教育研究》4期，《中国政法大学教育文选》2辑，《中国法学教育状况2015》1部。推出“中国法学教育研究”微信公众号，及时推送中国法学教育前沿文章和重要信息。继续举办“法学教育高端论坛”，截至年底，累计举办至第12期。

2017年，“中心”共出版著作3部（包括译著、主编、参编），发表学术论文12篇，获得科研立项7项，参加国内学术会议共计52人次。以国别法学教育为内容，对美国、德国、英国、法国、日本和韩国的法学教育进行了系统研究，完成“中外法学教育比较研究与中国法学教育改革”研究报告。启动中国政法大学教学质量标准和评估标准研制工作，开展了法学院评估指标体系的研制工作。

2017年，“中心”承担学校本科教学工作教师共计5人，涉及7门专业课，共计454课时；承担硕士教学工作6人，涉及6门专业课，共计365课时，指导硕士研究生18人；承担博士教学工作2人，涉及2门专业课，共计54课时，指导博士研究生8人。

**【贯彻落实习近平总书记“5·3”重要讲话精神】**5月11日，“中心”和法制日报社共同组织举办“学习贯彻习近平总书记重要讲话精神，全面提升法治人才培养质量”专家座谈会；6月19日，召开“培养德法兼修高素质法治人才研讨会”，提出推动中国法学教育改革的关键性措施；出版《中国法学教育专刊》即《贯彻落实习近平总书记“5·3”重要讲话精神，培养德法兼修高素质法治人才专刊》。

**【基本完成法学专业核心课程体系完善工作】**6月18日，“中心”依托教育部高等学校法学类专业教学指导委员会秘书处，在北京召开法学教指委 2017 年工作会议，专题讨论“法学专业核心课程体系”调整方案并形成决议，实现了我国法学专业核心课程体系的调整。

**【推进中国特色法学学科体系建设工作】** 11 月 24 日至 26 日，教育部高校法学类专业教学指导委员会在广州召开，对法学类专业核心课程建设，展开了广泛和深入的研讨。

**【参与本科教学审核评估工作】** 年内，“中心”积极参与学校本科教学审核评估工作，完成学校法学专业质量标准研制等工作，初步完成校内本科专业质量评估，形成《中国政法大学本科专业质量评估报告》。

**【形成中国法学专业评估报告】** 年内，“中心”系统收集了全国有影响力法学院校的基础资料，形成若干指标，形成了中国法学专业评估报告的基础材料，并通过权重分析，基本形成法学专业排行榜——中国法学专业评估报告。

**【完成“中外法学教育比较研究和中国法学教育的改革”项目】** 年内，完成中央政法委重点研究项目“中外法学教育比较研究和中国法学教育的改革”，项目负责人为李树忠教授。同时，中国政法大学出版社出版项目成果《中国特色社会主义法学教育研究》。

## 二十七、法与经济学研究院

**【概况】** 法与经济学研究院前身为成立于 2005 年 3 月的法和经济研究中心，2016 年 6 月，法和经济学研究中心更名为法与经济学研究院。法与经济学研究院是学校直属教学科研单位，主要研究方向为法与经济学，是我国法学一级学科下首个拥有“法与经济学”博士和硕士学位授予权的二级学科点。该学科 2008 年被评为北京市重点交叉学科。法与经济学研究院有 4 个研究领域：法律的经济分析、转型经济与转型法律、法律与金融、市场与监管。现有教职工 9 人，其中专任教师 7 人（教授 3 人、副教授 3 人、讲师 1 人），其中：博士生导师 2 人、硕士生导师 5 人。现有全日制在校硕士研究生 37 人、博士研究生 9 人。

2017 年，为本科生开设选修课 4 门，为研究生开设必修课 5 门，选修课 6 门；承担了 23 名本科生、50 名硕士生、11 名博士生的学期论文、学年论文、毕业论文的指导工作。授予 13 人硕士学位、2 人博士学位；完成了 2017 年审核 - 录取制博士研究生的招录工作，完成了推荐免试研究生招录工作；完成了全国统招硕士研究生的命题、阅卷及招录工作；完成了博士及硕士研究生中期考核、开题、预答辩及答辩等工作；开展了法与经济学学位授权点研究生教育质量评估工作。

研究院教师发表学术论文 13 篇，出版论文集 1 部。其中，1 篇论文发表在 SSCI 期刊 European Business Organization Law Review 上，1 篇论文发表在 SCI 期刊 Journal of Intelligent & Fuzzy Systems 上，4 篇论文发表在 CSSCI 期刊上，7 篇论文发表在境内外重要学术期刊和论文集上。

“市场监管的国际经验与我国市场监管体系的构建”“多层次资本市场改革与‘新三板’自律监管问题的实证研究”等项目分别获得国家工商行政管理总局、北京市哲学社会科学基金项目资助。

徐文鸣副教授入选北京市法学会“百名法学英才”培养计划。

年内，举办法律与经济系列学术讲座 12 场，主办学术研讨会 3 场；组织教师参加国内外学术会议 26 人次，组织教师参加学术交流 18 人次。

年内，支部组织党员群众学习党的十九大精神、习近平总书记“5·3”重要讲话和“7·26”重要讲话等，参加了相关学习培训；开展了民主评议党员工作；召开了民主生活会和专题组织生活会；组织完成了学校第八次党代会代表推选和“两委”委员酝酿推荐工作；组织了“共产党员献爱心”、党费收缴等工作；组织党员教师赴延安参加了党员培训。

研究院工会组织教工参与教职工互助、大病互助保障计划活动，完成了科研工会从教 30 年教师的统计工作以及 2017 年科研系统青年教师教学基本功大赛组织工作。

年内，研究院组织完成了排课、课程考核、中期考核、预答辩、答辩等教学管理工作；组织完成了研究生教育质量评估工作；组织完成了科研统计及奖励、项目申报及验收等科研管理工作；组织完成了岗位聘任、教师招聘及年度考核、超工作量统计、课酬统计等师资管理工作；组织完成了学术讲座、国际会议等学术交流活动；认真开展资产清查、财务管理、网站管理等工作。

**【举办“经济分析作为法学方法”专题研讨会】**4 月 2 日，研究院举办了“经济分析作为法学方法”专题研讨会，来自我国台湾地区“中央研究院法律学研究所”、中国政法大学法学院、法与经济学研究院 20 多名专家学者与会。与会人员就经济分析作为法学方法问题进行了深入讨论。

**【参加国际“法与经济学”研讨会】**4 月，张卿教授参加了美国乔治梅森大学在华盛顿举办的“法律和经济学”研讨会并作主题发言。6 月，徐文鸣副教授参加了我国台湾地区“中央研究院”在台北举办的“亚洲实证法学”研讨会并作主题发言。9 月 14 日，周天舒副教授参加了英国利物浦大学在伦敦举办的“欧洲法经济学年会”。

**【参加部门法学会年会】**4 月，徐文鸣副教授参加了上海财经大学在上海举办的第九届“中国证券法学会年会”并作主题发言，论文《中美证券法公共执行机制比较研究—基于监管机构投入产出的实证分析》获年会优秀论文二等奖。8 月，张卿教授参加了中国行政法学研究会在湖北武汉举办的“中国行政法学年会”并作主题发言。

**【席涛教授主持项目获国家工商总局重大委托项目资助】**5 月，席涛教授主持的“市场监管的国际经验与我国市场监管体系的构建”获国家工商行政管理总局重大委托课题资助。

**【举办“Reconsidering the Law-Finance Nexus in a Post-Crisis World（后危机时代对金融与法律关系的再思考）”国际学术会议】**6 月 1 日至 2 日，研究院主办了“Reconsidering the Law-Finance Nexus in a Post-Crisis World（后危机时代对金融与法律关系的再思考）”国际学术会议。来自美国雪城大学、英国阿伯丁大学、荷兰马斯特里赫特大学、荷兰伊拉斯谟大学、香港中文大学、新加坡管理大学，以及北京大学、对外经贸大学、中央财经大学、中国政法大学、山东大学、华东政法大学等高校的 40 余名代表参加了会议。与会专家围绕特殊金融工具、替代性贷款的监管、公司治理与证券市场监管、金融和中国经济等议题进行了深入讨论。

**【徐文鸣副教授、陈建伟博士和徐光东教授合著英文论文被 SSCI 期刊收录】**6 月，徐文鸣副教授、陈建伟博士和徐光东教授合著的英文论文《An Empirical Analysis of the Public Enforcement of Securities Law in China：Finding the Missing Piece to the Puzzle》被 SSCI 期刊 *European Business Organization Law Review*2017 年第 18 期收录。

**【“法律的经济分析”被评为学校研究生精品课程】**6 月，研究院开设的专业学位课“法律的经济分析”被评为学校研究生精品课程。

**【研究院代表团赴英国剑桥大学等高校进行学术交流】**7 月 16 日至 28 日，席涛教授、周天舒副教授、徐文鸣副教授等应邀赴英国剑桥大学法学院、伦敦大学法学院、杜伦大学法学院和爱丁堡大学法学院进行学术访问。

**【徐文鸣副教授项目获北京市哲学社会科学基金青年项目立项】**9 月，徐文鸣副教授的北京市社科青年基金项目“多层次资本市场改革与‘新三板’自律监管问题的实证研究”通过专家评审，获北京市哲学社会科学基金青年项目立项。

**【亚洲开发银行代表来访并与学院签订课题委托协议】**10 月 13 日，亚洲开发银行经济部部长 Jurgen Conrad 访问学校并与学院签订课题委托协议。学校马怀德副校长会见了 Jurgen Conrad 部长。

**【举办“市场监管的国际经验与我国市场监管体系的构建”研讨会】**10 月 14 日，研究院举办了“市场监管的国际经验与我国市场监管体系的构建”研讨会。来自国家工商行政管理总局、北京大学、山东大学、南开大学、中国社会科学院、国家行政学院、中央财经大学、北京工商大学、中国人民银行、北京市人大常委会、中国金融期货交易所以及中国政法大学等单位的 40 余名专家学者与会。席涛教授、贵斌威副教授和徐文鸣副教授分别作了主题报告。与会人员围绕“市场中政府的职能和角色”“构建我国的市场监管体系”“营商环境评估”和“未来市场监管研究的创新方向”等问题进行了深入讨论。

**【参加“The Changing Role of Central Banks Post Global Financial Crisis（中央银行在全球金融危机后的角色转变）”国际会议】**12 月 7 日，席涛教授、徐光东教授、徐文鸣副教授参加了中国人民银行和亚洲开发银行举办的“The Changing Role of Central Banks Post Global Financial Crisis（中央银行在全球金融危机后的角色转变）”国际会议并作主题发言。

**【中青年教师参加海外学术交流】**年内，周天舒副教授受国家留学基金会资助，赴英国剑桥大学访问学习；张卿教授受学校“中青年骨干教师海外提升”项目资助，完成美国乔治城大学的访问学习顺利归来；李文静助理教授先后赴德国法兰克福大学法和金融研究所和意大利布雷西亚大学参加学术研讨和暑期讲学。

**【国内外高校专家学者来学院访问交流】**年内，芝加哥大学法学院 Coase – Sandor 法律经济学研究所主任 Omri Ben Shahar 教授、荷兰皇家科学院（KNAM）院士、荷兰鹿特丹伊拉斯谟大学法学院 Michael Faure 教授、荷兰马斯特里赫特大学法学院 Niels Philipsen 教授、德国马克斯普朗克比较法和国际私法研究所 Rainer Kulms 教授、英国杜伦大学法学院商法系主任 John Linarelli 教授、山东大学经济研究院魏建教授等先后访问研究院，就教学与科研合作等问题进行交流。

**【张卿教授项目获学校教改项目立项】**年内，张卿教授的《国际组织复合型涉法专业人才培养的新路径研究》和《培养国际组织任职人才——以法大世行实习项目为例》先后获学校教务处和研究生院教改项目立项。

**【研究生参加国际交流项目】**年内，研究院多名博士和硕士研究生参加国际交流项目，包括德国汉堡大学、荷兰伊拉斯谟大学、意大利博洛尼亚大学、美国加州大学伯克利分校、美国南方卫理公会大学、挪威卑尔根大学、世界银行、美国密歇根州法院和亚非法律协商组织等。

## 二十八、全球化与全球问题研究所

**【概况】**全球化与全球问题研究所设有 1 个博士专业、1 个硕士专业。该研究所是一个开放性的学术机构，实行专职与兼职研究人员并举，以项目为中心开展驻所研究的制度。现有教职工 8 人，其中专任教师 7 人（教授 2 人、副教授 1 人、讲师 4 人）；博士生导师 3 人（其中校外兼职 1 人）、硕士生导师 3 人。在读博士研究生 5 人，硕士研究生 8 人。

研究所成员开展各项科研项目研究。研究所所长蔡拓教授顺利推进国社科重大项目“世界主义思想研究”和北京市哲学社会科学重大招标项目“世界主义理论与当代价值”的研究工作；副所长刘贞晔教授顺利推进北京市教委高校通识教育课程教学改革项目和校级重点教材建设课题《当代国际关系理论与现实》。研究所成员还承担了国家海洋局委托极地转向资助课题《新兴国家南极政策比较研究》、4 项校级重点课题和青年课题以及横向课题《北京市中信公证发展与前瞻研究》。

完成全球学专业硕士生和博士生的招生和培养工作。2017 年全球学专业招收了 3 名硕士研究生和 2 名博士生，并制定了培养方案和计划。

完成本科和研究生教学任务。2017 年研究所承担了 2 门本科全校通识主干课程（《全球治理》和《当代国际关系理论与现实》）、4 门国际政治专业本科课程（《西方国际关系理论与流派》《当代全球问题》《国际关系研究方法》和《国际关系理论前沿》）、10 门全球学专业研究生学位课和选修课程以及全部全球学专业博士生课程的教学任务。夏季学期成功启动全球治理课程教学。其中刘贞晔教授全年完成了 258 课堂纯课时（其中昌平本科课堂课时 180 课时、研究生课堂课时 78 课时）的教学任务。

研究所开展国际化建设。2017 年成功引进 1 名海归博士，顺利申报了两岸四地学术交流项目、外国专家来华讲学项目。在读 2 名博士分别赴加拿大、英国著名大学联合培养，1 名学生成功申请去 LES 攻读博士学位，1 名硕士赴芬兰赫尔辛基大学进行交流，1 名硕士完成了为期一年的学校布加勒斯特大学孔子学院志愿教学工作。

**【参加国际全球学第十届国际高校联盟年会议】**6 月 7 日至 11 日，由上海大学全球学研究中心、土耳其研究中心、上海外国语大学中东研究所及上海研究院联合主办的第十届全球学国际高校联盟年会在上海大学宝山校区召开。研究所副所长刘贞晔教授、全球学博士研究生杨天宇、王宏岳参加此次年会。会上，刘贞晔教授向大会介绍了研究所成立十周年以来的发展历程、课程设置、科研项目及成果、研究生培养与发展、参与的主要会议以及近些年对外交流的情况。

**【参加“中国国际关系学会2017年理事会暨纪念上海国际关系理论讨论会三十周年会议”】**6月24至25日，研究所受邀参加“中国国际关系学会2017年理事会暨纪念上海国际关系理论讨论会三十周年会议”。会议分设了六个分论坛，研究所所长蔡拓教授主持了第五个分论坛的研讨并作了主题发言；刘贞晔教授参加了第二个论坛的讨论并在第二天的“全球治理引领的理论问题”专题讨论中担任评论人。

**【举办第五届“全球学与全球治理论坛”】**7月8日，研究所、南开大学联合吉林大学共同举办了第五届“全球学与全球治理论坛”。此论坛是由研究所首倡，并联合南开大学、吉林大学、华东政法大学、上海大学等高校共同发起的学术研究和交流平台，至今年已举办了五届。

**【面向全国开展第一轮《全球治理》课程培训】**7月13日至14日，研究所联合南开大学和北京大学出版社在天津举办了全国高校全球治理课程教学研修班，来自全国高校的50余名教师参加了本次研修班。著名学者俞可平、秦亚青、蔡拓、吴志成分别为学员讲座。所长蔡拓教授领衔主编的《全球治理》教材由北京大学出版社出版发行，这是我国国内第一本关于全球治理的教材，先后被列为全国普通高校21世纪规划教材和“十三五”规划政治学重点教材，自出版以来，受到国内各高校的关注。

**【召开“世界主义思想及其当代价值”学术研讨会】**9月23日，研究所围绕国家社科基金重大项目和北京市重大项目“世界主义思想研究”举办了“世界主义思想及其当代价值”学术研讨会。会议成果《“世界主义思想及其当代价值”学术研讨会论文集》收录了十余篇关于世界主义研究的最新成果。

**【参加第十五届全国高校国际政治研究会年会暨“世界秩序转型与区域治理”研讨会】**11月25日至26日，由全国高校国际政治研究会主办，中山大学国际关系学院承办的第十五届全国高校国际政治研究会年会暨“世界秩序转型与区域治理”研讨会在中山大学珠海校区举行。担任全国高校国际政治研究会副会长兼学术委员会主任蔡拓所长和担任全国高校国际政治研究会常务理事兼副秘书长的刘贞晔副所长参加了本届年会。

## 二十九、资本金融研究院

**【概况】**资本金融研究院为中国政法大学在编新型研究机构，不设行政级别，实行理事会领导下的院长负责制。研究院设院长1人，直接对理事会负责。研究院正式教学科研人员编制为4人，合同聘任制行政秘书1人。下设1个学术科研委员会、5个研究中心和5个行政机构。现有专任教师2人，其中教授1人、副教授1人，师资型博士后1人，博士生导师1人、硕士生导师1人，另有校内聘请教授10人，校聘兼职教授28人。研究院重点培养精通法律与资本金融的复合型人才，为中国金融立法和金融发展提供科学理论依据，解决中国金融体制改革和资本市场发展中的法律与金融结合当中的实际问题。研究院和民商经济法学院合作，承担经济法学专业“法律与资本金融研究方向”硕士、博士研究生培养任务。研究院和法律硕士学院合作，承担“资本金融法律实务研究方向”法律硕士研究生培养任务，现培养法律硕士15人。

基础建设方面，在理事会的领导下，依照学科发展方向，学院建设确立交易学研究中心、网络经济研究中心、资本金融计量中心、研究咨询与培训中心四个研究中心，进一步完善办公室、财务室、教学中心、编辑部、外联部五个行政部门，实现各个部门流程化建设管理。2017年，武长海副教授成立了非在编的科研机构——新三板与新金融研究中心。

课程教学方面，在法律硕士“资本金融法律实务方向”共开设了4门课程：分别是资本金融学、国际金融法律实务、公司组织与财务管理、资本金融法律实务讲座课程。资本金融学由刘纪鹏教授讲授、国际金融法律实务由武长海副教授讲授、公司组织与财务管理由博士后胡历芳讲授、资本金融法律实务讲座（蓟门法治金融论坛）课程分别由资本金融研究院兼职教授或校外相关领域的专家、学者讲授。

科学研究方面，研究院内部召开科研研讨会，针对国家社会科学基金重大课题《我国自然资源资本化及应对市场建设研究》，专门成立课题组，刘纪鹏院长作为课题组首席专家，负责课题的整体设计及协调工作，组织国际研讨会和本课题的全部调研工作，设计研究成果的结构，指导各个子课题研究的展开，并汇总成最终的研究成果，组织相关科研成果的宣传，提供给国家有关机关决策，目前确定计划用2年的时间来完成此课题的全部科研成果。

社会服务方面，刘纪鹏院长参加了2017年东莞经济年会、中国资本市场论坛、财经中国2016年会、首届中国企业改革与发展高端论坛2017首届新三板品牌峰会、中国投资50人论坛、“构建新型政商关系，促进民营经济健康发展”专题协商会、北京市国资委监事会培训班、民银智库50人论坛、第十届中国上市公司法律风险指数报告发布会暨2017中国上市公司法律风险管理高峰研讨会、2017新浪金麒麟论坛——思想改变中国、第六届中国上市公司领袖峰会等十余次论坛及峰会。武长海副教授参加“互联网金融创新与法制保障”研讨会、中国法学会国际经济法学研究会2017年年会、2017年中国仲裁法学研究会年会等，针对互联网保险中的若干法律问题及如何应对“市场经济地位”等问题提交相关论文材料。

2017年，刘纪鹏院长获得学校科研处横向课题《“一主两翼，协同发展”，探索法商互动和融商结合复合型人才的教育和培养模式》；公开出版了2本专著《金融强国之路（第一辑）——中国金融改革和创新模式激辩》《中国金融新秩序》；在《英大金融》《经济》《清华金融评论》等杂志上公开发表文章10余篇。武长海副教授发表论文8篇，其中有6篇为核心期刊。

**【资本金融研究院理事会】** 5月12日，商学院理事会成立，刘纪鹏院长作为资本金融研究院和商学院的院长，将两个理事会进行整合，在召开商学院理事会的同时也召开了资本金融研究院的理事会，参加的理事有孔丹、宋志平、时建中、王健林、李克穆、蔡鄂生、杨凯生、张红力、赖小民、李小雪、蒲坚、张大中、洪磊、姚峰、林义相、贾康、贺强、黄进、李曙光、杨健、向松祚、李桂年、熊衍贵、刘纪鹏。

**【出版《大国金融梦论文集》（第三辑）】** 12月底，资本金融研究院在出版《大国金融梦论文集》第一辑和第二辑的基础上，整合了2017年18讲蓟门法治金融论坛讲座的主讲和点评的精华，出版了《大国金融梦论文集》（第三辑）。

**【举办“蓟门法治金融论坛”】**年内，共举办“蓟门法治金融论坛”18场，余永定、陈兴动、刘俊海、向松祚、蔡鄂生、孔丹、邵宁、卢周来、王梓木、黄海洲、何帆、王湘穗、宋志平、张红力、范恒山、冯仲平、洪崎、崔之元等18位教授分别做主讲人，该论坛已经成为资本金融研究院乃至学校的招牌活动，受金融学界与法学界共同关注。

**【成立资本金融研究院（商学院）要报】**年内，资本金融研究院要报部转到商学院，并成立商学院要报部，成功出版5期要报。

## 三十、仲裁研究院

**【概况】**2015年底，中国政法大学仲裁研究院正式发文成立，是在国家高等教育“协同创新”政策指引下，依托中国政法大学，与仲裁机构和权威法制媒体以“协同共建”方式创建的新型科研机构。基本定位为仲裁理论界与实务界合作共建、携手共进，集仲裁学科建设、仲裁人才培养、仲裁科学研究、仲裁法治建设、仲裁咨询服务五位一体的协同创新中心。结合学院的实际工作情况，经2017年11月8日第13次校长办公会审议决定，仲裁研究院院长由黄进教授调整为杜新丽教授。

创建“仲裁公信力”为核心的仲裁行业评价体系，建立行业规范与标准，引领仲裁发展。2018年第二届仲裁公信力评价报告，将是首次通过量化、科学化、规范化的方式，设计出全国乃至世界首个“量化评价指标体系”，进行全球发布。

5月16日，学校黄进校长会见中国贸促会法律部刘超部长一行，就国务院汪洋副总理批示的关于建立由中国主导的“一带一路”争端解决机制和机构的事宜进行沟通和交流。黄进校长提出意见和建议后，由学院具体负责落实。研究院将2016年以来的智库研究成果提交贸促会，并把之前与民政部社会组织管理局国际组织管理处的交流经验和材料等与其共享，并派员直接参与其主导的国际国内研讨会，共同推进中国与东南亚各国的商协会合作与仲裁合作。现该议题已经于8月25日得到习近平总书记批示，正在进一步推进过程中。

7月29日，全国第一个大数据仲裁中心——大数据（深圳）仲裁中心在学校仲裁研究院的大力支持下正式成立。深圳仲裁委员会在全国率先启动“云上仲裁”，成功打造中国首个集电子证据固化、在线公证保全和网络裁判为一体的智慧平台，为互联网交易各方提供安全便捷、公正高效的一站式权威数据证明及争议解决方案，打造了全国在线法律服务创新实践样本。

科研方面，仲裁研究院主要围绕承担的7个方面的国家级课题展开，具体课题情况如下：（1）国家纵向课题：中华人民共和国司法部委托课题《“一带一路”沿线国家间投资仲裁制度研究》。（2）仲裁公信力评价系列课题：青岛仲裁委员会委托课题《仲裁公信力建设》，该课题项目系为中国仲裁行业整体构建提供参考和借鉴。（3）“一带一路”系列课题：中国国际经济贸易仲裁委员会委托《“一带一路”沿线国家国际仲裁制度研究（三）》，该课题项目系为中国企业“走出去”及中外经贸合作抉择者提供参考和借鉴。（4）仲裁机构委托课题：武汉仲裁委员会委托《仲裁核心竞争力研究》课题，该课题为武汉仲裁委谋求提升机构核心竞争力进一步发展而专门设立。（5）行业基础理论课题：国务院法制办委托课题《中国特色仲裁基本理论问题研究》，为“仲裁学”研究开启道路。（6）立法建议稿课题：中国法学会、中国仲裁法学研究会委托《完善仲裁制度若干重大问题研究》，成果为《仲裁法修改专家建议稿》，是全国首部以“立法修改建议稿”形式的重大研究课题。《仲裁法修改专家建议稿》将作为研究院的重大科研成果推广，以推动立法为目标，以促进行业发展为原则，将成为引领学校在仲裁研究领域发展的核心研究项目。该项目也将为学校在仲裁研究领域的发展凝聚人才，整合资源，发挥持续的外扩效应。（7）配合“冬奥会”国家战略课题：国家体育总局委托的《国际体育仲裁院案例大数据研究》《兴奋剂纠纷处理及入刑问题研究》两项涉及解决体育纠纷的重大课题，支持国家“奥运战略”。

围绕如何创建中国“仲裁学”命题，研究院现已创建“仲裁学研究”常设论坛，并组织“美国仲裁研究”专题小组，面向社会广泛征稿，将定期举办研讨，并推荐发表论文。十期专题培训佳绩：研究院共举办针对仲裁员业务能力提升的培训项目 4 期；针对仲裁机构业务骨干能力提升的项目 3 期；针对十九大精神解读的仲裁员培训项目 1 期；针对革命老区遵义和落后地区呼伦贝尔公益支持培训 2 期；参训人数达 1500 多人次，且参加人员均为区域行业精英人士的仲裁员。

2017 年度，研究院的培训模式在既有固定培训方式外，新开拓“系列论坛”合作模式。先后与英国伦敦仲裁学会、英国皇家御准仲裁员学会（CIArb），以及瑞士仲裁员学会、意大利罗马二大等进行磋商交流，并拟在 2018 年逐步推出成熟的国际培训项目。

**【共同举行“2017 上海国际仲裁周”】** 3 月 4 日至 9 日，学校仲裁研究院与中欧校友国际贸易和知识产权保护协会、金诚同达律师事务所共同发起的“2017 上海国际仲裁周”系列活动在沪举行。2017 上海国际仲裁周由“一场主论坛 + 九场分论坛”组成，主论坛即上海国际仲裁高端论坛，分论坛分别为“律师仲裁分论坛”“PPP 项目的政策、经验和争议处理”“仲裁机构发展与改革论坛”“东北亚仲裁论坛”“影视仲裁论坛”“中国青年仲裁论坛上海会议”“海事仲裁论坛”“仲裁调解与多元化纠纷解决机制改革论坛”“一带一路仲裁论坛”等，九场分论坛分别由仲裁周各主办或协办单位具体承办，仲裁研究院统筹策划并协助。本次仲裁周主论坛与分论坛各专题论坛均是针对仲裁及相关行业最关注、最前沿的问题而设计。

**【共同举办西柏坡会议·新时期创新仲裁发展机制专题研讨会】** 4 月 23 日，仲裁研究院联合石家庄仲裁委员会在西柏坡共同举办了“新时期创新仲裁发展机制专题研讨会”。国务院法制办公室政府法制协调司仲裁处处长石海、河北省人民政府法制办公室副主任赵树堂、最高人民法院民四庭副局级审判员高晓力等相关部门特邀嘉宾，以及来自中国政法大学、外交学院国际法系和北京理工大学法学院等高校的特邀专家出席了研讨会。研讨会就“当前创新仲裁发展机制中亟待解决的重要问题与建议”“雄安新区与自贸区仲裁创新发展面临的问题及对策”“仲裁联盟、行业仲裁与仲裁事业发展之深度解读”“CCTV 首部仲裁行业纪录片拍摄座谈”四个主题展开了研讨座谈。

**【举办“一带一路”倡议仲裁机构领导干部座谈会】** 6 月 5 日，仲裁研究院与宁夏回族自治区法制办、中卫市政府在宁夏中卫共同举办了首届落实“一带一路”倡议仲裁机构领导干部座谈会。宁夏回族自治区政府法制办主任亢晟、国务院法制办协调司副司长袁诗鸣、全国人大民法室副主任巡视员扈纪华等领导和专家参加了本次会议。来自中国贸仲、中国海仲、北京、长沙、合肥、石家庄、重庆、哈尔滨、长春、深圳、苏州、厦门、包头、绵阳等20余家仲裁委领导，围绕仲裁的困难、问题、愿景、建议进行了深入讨论。

**【成立全国第一个大数据仲裁中心】**7月29日，全国第一个大数据仲裁中心—大数据（深圳）仲裁中心在仲裁研究院的支持下正式成立。深圳仲裁委员会在全国率先启动“云上仲裁”，成功打造中国首个集电子证据固化、在线公证保全和网络裁判为一体的智慧平台，为互联网交易各方提供安全便捷、公正高效的一站式权威数据证明及争议解决方案。

**【助力2017全运会工作】**8月，研究院“国际体育仲裁院案例研究与反兴奋剂法律问题研究小组”对赛事前的培训素材、赛事中的检查、通知、听证等处理事宜、赛事后的兴奋剂检查处罚与合规审查等第一时间进行专业辅助、咨询反馈，与国家体育总局科教司密切配合。

**【承办《电子合同法律应用与发展调研报告》发布会】**9月18日，仲裁研究院承办了《电子合同法律应用与发展调研报告》发布会，研究院前期参与了《电子合同法律应用与发展调研报告》撰写，会上围绕“商事仲裁与电子商务的互动支持与融合发展角度提出新技术的产生和应用使得商贸环境发生巨大变化，法律服务和研究必然要随之跟进”的观点。学校副校长于志刚教授为大会致辞，学校比较法学研究院、欧盟“让·莫里”讲席教授张彤、仲裁研究院秘书长兼副院长姜丽丽、教授肖建华、法大大创始人兼CEO黄翔等专家学者及企业界人士出席会议并作主题发言，学校电子证据研究中心主任王立梅教授详细介绍了报告的撰写过程、报告重点及精华内容。

**【举办仲裁大讲堂·2017年中国仲裁周】**9月22日，仲裁研究院在学院路校区科研楼举办中国仲裁周法大专场，本次专场主题为“仲裁大讲堂：电子商务合同+大数据+仲裁——法律应用与发展趋势”。本场特邀学校电子证据研究中心主任王立梅教授、九次方大数据首席科学家宋雨伦博士作为主讲嘉宾，贸仲委事业发展处副处长贾珅担任特邀点评人。北京数字认证股份有限公司金融与企业事业部销售副总经理黄泽君先生、中国金融认证中心技术部总经理马春旺先生，部分律师、法律金融界人士和学校师生共同参加了本次专场讲座。讲座由仲裁研究院副院长兼秘书长姜丽丽主持。

**【首倡仲裁行业第一部仲裁题材纪录片《大国仲裁》摄制顺利进行】**9月，研究院将《大国仲裁》纪录片五集摄制方案报请中央电视台立项播出，中央电视台同意立项播出。该方案是在征求国务院法制办、全国人大法工委、最高人民法院等相关机关及仲裁机构等多方意见，并多次组织专家研讨后形成的初步方案。

**【首届自贸区纠纷解决与临时仲裁专题论坛】**11月3日，仲裁研究院、上海邦信阳中建中汇律师事务所、中国仲裁法学研究会、法律出版社联合主办了我国首届“自贸区纠纷解决与临时仲裁”专题论坛。学校黄进教授与法律出版社总编辑孙志华先生为会议作开幕致辞。中国社会科学院国际法研究所国际经济法室主任刘敬东、中国国际贸易促进委员会法律事务部部长刘超、中国海事仲裁委员会副秘书长陈波，与陕西、广东等自贸区代表、涉自贸区法院代表，以及中国国际经济贸易仲裁委员会等近20家涉自贸区仲裁机构、调解机构等代表分别围绕“自贸区纠纷解决与临时仲裁”主题的3个研讨单元发言；全国人大原法工委民法室副主任扈纪华、武汉大学国际法研究所所长肖永平、法制日报经济部主任万学忠、中山大学法学院罗剑雯教授等评议嘉宾对代表发言作点评。近200名来自全国各地的自贸区相关工作人员、法院与仲裁机构等纠纷解决机构人员、专家学者、仲裁员及律师、企业法务人员等实务工作人员与学校部分师生参加会议。

**【协办第二届东湖国际法律论坛】**11月25日，由国家高端智库武汉大学国际法研究所主办，学校仲裁研究院及其共建单位武汉仲裁委员会（武汉国际仲裁中心）协办的“第二届东湖国际法律论坛”在武汉大学举行，学校黄进校长发表了讲话，杜新丽院长及学院兼职研究人员参会。来自最高人民法院、外交部、商务部、贸促会、各大高校、著名律所以及企业界的两百多位专家学者参加了此次会议。

**【协助“东盟”各国法律与仲裁合作落地】**12月4日，以“一带一路，法律相随”为主题，仲裁研究院支持中国东盟法律合作中心在老挝万象设立“中国老挝法律咨询服务中心”。该中心于2017年9月获得老挝司法部批准，取得工贸部注册登记的专业法律服务平台。12月9日，中国东盟法律合作中心、吉隆坡区域仲裁中心主办、仲裁研究院协办的第二届中国东盟商事仲裁论坛在马来西亚吉隆坡国际仲裁中心举办。

**【仲裁大讲堂·国际仲裁机制的合法性之争】**12月7日，仲裁研究院在学院路校区举办了“国际仲裁机制的合法性之争”专题研讨会，讲座邀请了加拿大麦吉尔大学法学院教授、学院2016年特聘兼职研究员Andrea Bjorklund，以“国际仲裁机制的合法性之争”为主题进行演讲。

**【仲裁大讲堂·虚假仲裁专题研讨会】**12月21日，仲裁研究院在学院路校区举办了“虚假仲裁”专题研讨会。中国法学会研究部、国家检察官学院、中国仲裁法学研究会等研究机构的专家与学校相关领域的学者，以及最高人民检察院、中国国际经济贸易仲裁委员会、大连仲裁委员会、北京仲裁委员会、北京市第二中级人民法院、北京市石景山区人民检察院、北京市律师协会及专业律师等实务部门代表，共同就该问题从不同角度和层面展开对话与研讨，对实务界热议问题进行了回应。

**【承担课题《“一带一路”沿线国家间投资仲裁制度研究》】**年内，承担《“一带一路”沿线国家间投资仲裁制度研究》，该项课题为司法部2017年度国家法治与法学理论研究纵向课题。课题研究旨在以仲裁的程序流程为研究线索，主要囊括以下7个方面的内容：其一，投资仲裁合意的形成机制、中国与“一带一路”沿线国家间BIT争端解决条款的解释；其二，仲裁管辖权的确定与管辖权异议；其三，可利用的国际投资仲裁机构及其仲裁规则；其四，基于ICSID仲裁实践梳理投资仲裁程序中的焦点，例如最惠国待遇条款能否适用于争端解决程序性问题；其五，投资仲裁庭行使管辖权的前置要件、用尽当地救济、等待期条款等；其六，对中国已有的投资仲裁案例进行实证研究；其七，国际投资仲裁裁决在中国法院的承认与执行问题。

**【承担课题《仲裁公信力建设》】**年内，承担青岛仲裁委员会委托课题《仲裁公信力建设》，该课题为根据党的十八届四中全会提出的“完善仲裁制度、提高仲裁公信力”之要求，并基于中央对仲裁发展的指示和业界的期许，中国仲裁公信力评价体系论坛，将通过第三方评价，帮助仲裁行业建立公信力评定标准，将仲裁公信力指数化、透明化。

**【承担课题《“一带一路”沿线国家国际仲裁制度研究（三）》】**年内，承担中国国际经济贸易仲裁委员会委托课题《“一带一路”沿线国家国际仲裁制度研究（三）》，该课题系根据我国“一带一路”发展战略推进需要，在沿线国家中选取具有明显特点、代表性或者与我国经贸往来、法律交往尤其密切、关键的国家和地区，展开重点研究，以便为中国企业“走出去”以及中外经贸合作采取仲裁方式解决可能的法律纠纷提供有益参考，也争取为我国仲裁事业的发展提供借鉴，供决策者参考，特设立本课题。

**【承担课题《仲裁核心竞争力研究》】**年内，承担武汉仲裁委委托课题《仲裁核心竞争力研究》，开展仲裁核心竞争力项目研究。

**【承担课题《中国特色仲裁基本理论问题研究》】**年内，承担国务院法制办首次委托仲裁领域的重大课题《中国特色仲裁基本理论问题研究》，项目完成中期考核，并于11月份提交了结项研究成果，正在办理结项工作。该项课题的特色在于：第一，首次对中国特色仲裁基础理论进行了研究与总结；第二，首次提出了中国“仲裁学”研究的概念与仲裁学学科建设建议；第三，首次对国务院法制办长期指导全国仲裁的文件与规范进行了系统性整理和分析评价。

**【承担全国首部以“立法修改建议稿”为形式的重大研究课题·《仲裁法修改专家建议稿》】**年内，承担全国首部以“立法修改建议稿”为形式的重大研究课题·《仲裁法修改专家建议稿》，该项目确定直接以释义版的专家建议稿为成果。现已完成3次专家研讨会讨论，并通过了第二稿审议，第三稿正在修订中，将在2018年2月16日前召开扩大研讨会，邀请立法、司法、执法以及仲裁机构相关人员参加。

**【创建“仲裁公信力”为核心的仲裁行业评价体系】**年内，创建“仲裁公信力”为核心的仲裁行业评价体系，建立行业规范与标准。该项目作为研究院在2015年底成立伊始举办的创新项目，已成为仲裁研究院的核心影响力项目。2017年该项目集中以“仲裁核心竞争力”科研课题为依托，为2018年即将举行的第二届仲裁公信力评价报告的发布与评奖做准备。

**【聘请兼职研究员】**年内，研究院根据发展需要，制定聘任办法，初步聘任了一批来自仲裁机构、政府、律所、企业、行业等实务部门具备理论修养的资深专家；并根据学科发展需要聘任了一批校内兼职研究员。

## 三十一、互联网金融法律研究院

**【概况】**中国政法大学互联网金融法律研究院是中国政法大学在编科研机构，前身为中国政法大学金融创新与法治研究中心，是中国高校和科研机构中第一个以互联网、金融、法律的交叉领域研究为中心的专门教学科研机构，在扎实的传统法学（民商法、经济法、知识产权法）研究基础之上，致力于大数据、金融科技、人工智能、数字货币、电子商务等法学新兴领域的研究。现任院长为学校教授、博士生导师李爱君，共建方为学校董事会单位华兴控股集团。

研究院教学科研人员包括来自高校、科研机构的知名学者，精通理论与实务的部门专家，以及在相关学科具有影响力的学术骨干。

2017 年，在人才培养方面，研究院开设了金融法实务、互联网金融与法律、互联网金融法律与实务、大数据法律与实务等课程，开展建设了“数据科学与法律”跨学科专业，举办了“大数据法治论坛”等系列讲座，承办了首届政法院校“普惠金融与法制”论文大赛。

在活动方面，研究院举办了虚拟货币、数据权属、金融消费者权益保护、数据法治、数据资产交易风险等多个研究领域的主题研讨会，通过闭门研讨或举办大型研讨会的方式，搭建学术沟通交流平台。

在科研成果方面，研究院在 2017 年度发布《虚拟货币发行、交易与融资法律问题研究报告》《2017 中国金融消费者权益保护研究报告》《2017 中国大数据法治发展报告》《数据应用法律问题研究报告》《境外数据与信息保护规则译文汇编》等多部研究报告，出版《金融创新法律评论》第 2 辑、第 3 辑两本学术期刊。

在内部建设方面，研究院成立了“大数据与法制研究中心”，搭建大数据法制研究的理论平台与高端智库，将推进我国大数据法治作为研究院的重要科研使命。人员聘任方面，研究院聘任了一名学院秘书、六名兼职教授，一方面使研究院的行政工作正规化和系统化，另一方面进一步充实院内教学科研力量。

在履行社会责任方面，研究院连续第三年与中国银行北京分行合作开展“金融知识进万家”宣传服务月活动。

**【承办首届“普惠金融与法制”论文大赛】**2 月，研究院承办了首届“普惠金融与法制”论文大赛，该大赛是互联网金融创新与法制论坛下设的征文活动。互联网金融创新与法制论坛是由中国政法大学、西南政法大学、华东政法大学、西北政法大学、中南财经政法大学五所政法院校共同发起并联合创办，于 2017 年开始面向五所政法大学本科生举办“普惠金融与法制”论文大赛。

**【成立大数据与法制研究中心】**3 月，正式成立大数据与法制研究中心，由李爱君教授任研究中心主任。该研究中心是目前唯一一个由高校创建、明确以大数据法制问题为研究对象的研究中心。研究中心的宗旨是，以大数据运用的法制为核心，以推进相关法制建设为己任，发挥中国政法大学法学优势学科的力量，集高校、科研、立法、司法、政府与企业等部门及各领域法学专家、学者的智慧，打造理论探讨和法制建设的智库平台，为实现我国数据强国的法制建设贡献才智和力量。

**【聘用 1 名研究院秘书及 6 名兼职教授】**4 月 25 日，研究院新聘任 1 名研究院秘书，负责学院内部的行政及科研辅助工作。7 月和 9 月，分批聘请了共 6 名兼职教授，分别是：中国人民银行金融消费权益保护局局长、中国人民银行上海总部党委委员焦瑾璞，中国泛海控股董事、民生证券首席经济学家邱晓华，中国人民银行参事室副巡视员、兼任中国人民银行参事室金融研究中心秘书长张韶华，原中国银监会处置非法集资办公室副主任、高级经济师文政，中国人民银行数字货币研究所所长、高级工程师姚前，刑法学博士、最高人民法院刑二庭审判长刘为波。兼职教授主要参与研究院的学术科研工作。

**【开设“大数据法治论坛”系列讲座】**5月10日起，研究院陆续在学院路校区举办了11讲“大数据法治论坛”讲座，主要面向在校研究生开设，邀请阿里云安全事业部高级安全专家陈雪秀、中国人民银行征信中心副研究员刘新海、北京邮电大学人文学院副院长谢永江、蚂蚁金服法务总监聂正军、宜人贷首席风险官裴益川、中国信息通信研究院卿苏德、北京交通大学计算机学院王伟、中国传媒大学教授王四新等专家学者与听众共同交流大数据技术及其法治问题。

**【举办“虚拟货币发行、交易与融资法律问题”闭门研讨会】**8月20日，研究院在学院路校区科研楼召开“虚拟货币发行、交易与融资法律问题”闭门研讨会。学校副校长时建中，中国人民银行数字货币研究所所长姚前、中国互联网金融协会业务二部负责人王新华、北京市人民检察院第一分院公诉部主任庄伟、中央网信办相关部门领导等出席研讨会。会议由李爱君院长主持，并发布《虚拟货币发行、交易与融资法律问题研究报告》。会议围绕虚拟货币的发行、交易与融资的风险及其法律问题进行探讨，为我国虚拟货币发行、交易与融资的规范提出建议。

**【先后发布五大研究报告】**8月20日，发布《虚拟货币发行、交易与融资法律问题研究报告》；10月28日，发布《2017中国金融消费者权益保护研究报告》；11月26日，举办的首届新时代大数据法治峰会上发布《2017中国大数据法治发展报告》《数据应用法律问题研究报告》《境外数据与信息保护规则译文汇编》三大报告。

**【举办“数据的权属、使用及保护问题”研讨会】**8月23日，研究院在院路校区科研楼举办“数据的权属、使用及保护问题”研讨会。本次会议由李爱君院长主持，国务院参事室金融研究中心秘书长、中国人民银行参事室副巡视员张韶华，北京邮电大学人文学院副院长、教授谢永江，北京交通大学计算机学院、国家保密学院副教授、博士生导师王伟，学校民商经济法学院教授周昀和教授周长玲，通付盾副总裁艾婉婷参与了研讨会。

**【“金融知识进万家”宣传服务月活动】**9月，研究院与中国银行北京分行合作开展“金融知识进万家”宣传服务月活动。该活动依托银行与高等院校的合作，通过开展公益大讲堂，组织学生党员志愿者社区宣传等形式开展活动，深入推进银行业服务金融消费者的社会责任和高等院校服务社会的使命。

**【举办2017金融消费者权益保护与教育论坛】**10月28日，研究院在学院路校区科研楼学术报告厅举办2017金融消费者权益保护与教育论坛。学校副校长时建中、中国人民银行金融消费权益保护局巡视员朱红、中国消费者协会秘书长栗元广、中国人民银行金融消费权益保护局处长武岳、北京秉正银行业消费者权益保护促进中心副理事长兼中心主任赖恽等出席论坛。李爱君院长在论坛上发布了《2017中国金融消费者权益保护研究报告》。

**【开展“数据科学与法律”跨学科专业建设】**10月，研究院获批开展跨学科专业建设，创立了我国首个数据科学与法学、经济学交叉学科。“数据科学与法律”跨学科专业建设，以培养创新型、复合型法治人才为核心，以提升专业和人才质量为着力点，以强化学校学科特色为目标。依托学校法学学科优势、师资力量和科研团队，结合研究院新型科研机构的建设发展，加强与政府机构、其他高校、科研机构、企业的合作，实现法学、计算机科学与技术以及应用经济学的学科交叉与融合，关注数据科学与法律科研领域的前沿问题，服务于国家法治和社会发展的现实需求。

**【举办首届新时代大数据法治峰会——大数据·新增长点·新动能·新秩序】** 11月26日，首届新时代大数据法治峰会——大数据·新增长点·新动能·新秩序在北京友谊宾馆举办，峰会吸引了来自各大高校、科研机构、公检法机关、政府和监管部门、企业等近三百位专家学者。峰会中，近50位大数据法治领域的学者和实务界专家就会议主题发言，围绕大数据安全与法治、大数据应用与法治、数据跨境流动与国际保护、大数据应用的监管四大议题展开讨论。会上发布了研究院在大数据法治领域形成的三大研究报告。

**【举办全球数字资产交易风险及防范闭门研讨会】** 12月15日，研究院在学院路校区科研楼B211举办全球数字资产交易风险及防范闭门研讨会，邀请来自监管层、实务界、学术界的有关专家和学者参会，与学校民商法、知识产权法、金融法的学者共同从法律角度探讨数字资产交易中的风险及其防范对策。

**【大数据法律与实务课程】** 年内，春季学期首次面向研究生开设大数据法律与实务课程，在理论层面要求学生掌握大数据基本概念，理解数据权利，大数据立法价值、原则和目标，知识产权与数据权利的关系，数据共享开放法律政策，数据交易的主要规则，大数据多元化监管理论以及其他国家和地区的数据与信息法律制度。

**【政法金媒班校友思想汇】** 年内，“中国政法大学金融创新与法制高级媒体班”已开设3期，培养媒体、金融、法律复合型媒体人才百余名，形成了极富活力的媒体学员群、校友群。“政法金媒班校友思想汇”是研究院针对媒体校友举办的系列活动，邀请政法金媒班的教师、校友共同探讨经济金融、法律、互联网领域的热点问题，旨在搭建融洽师友感情、传承法大精神、交流创新思想、碰撞思维火花的平台，现已举办三期：5月18日第1期，主题为庆祝中国政法大学65周年校庆；7月7日第2期，主题为数据应用法律问题；7月27日第3期，主题为虚拟货币发行与交易的法律问题。

## 三十二、国家治理研究院

**【概况】** 国家治理研究院成立于2016年，是学校为“双一流”建设服务的新型综合性高等实体研究机构。研究院集智库咨询、科学研究、博士后培养、公共服务为一体，其发展目标是成为服务国家重大战略需求、推进国家治理与全球治理的新型高端智库，成为创新科研组织和运行机制的试验国家区、整合优化学术资源的集约高地，定位是负责承接国家各类重大急需项目，开展综合性和跨学科研究，发挥在学校建设世界一流学科和一流大学中突破口和特区的作用。研究院理事长由石亚军教授担任，院长由黄进教授担任，执行院长由时建中教授担任，学术委员会主席由马怀德教授担任，副院长由李树忠教授、常保国教授担任，秘书长由栗峥教授担任，下设行政办公室和智库编辑部。

在科研项目方面，国家社会科学基金重大委托项目“创新发展中国特色社会主义法治理论体系研究”于5月26日立项，并由研究院具体负责。本年度研究院共组织课题组召开项目推进会、贯彻落实十九大精神推进会、核心写作班子工作部署会、核心写作班子工作例会等会议11次，就项目研究及展开提供了充分支持。截至本年度末，项目核心子课题主报告提纲已完成，黄进教授负责的项目子课题“全面参与全球治理与国际法治”的阶段性研究成果《习近平全球治理与国际法治思想研究》已发表在《中国法学》2017年第5期。石亚军教授负责的项目子课题“中国共产党的领导与依法治国”的阶段性研究成果已推出五篇，其中，石亚军教授等的研究成果《国家监察体制：全域立体监察模式的构建》发表在《中国行政管理》2017年第10期。

在科研活动方面，本年度共举办4场大型学术会议，会议内容涉及多学科、多领域的内容，吸引了来自全国各地的各个领域的专家参会。本年度研究院共编制《国家治理决策参考》17期，一周一报，及时为智库建设与咨询提供充分信息支持。同时研究院还主办了中国政法大学决策参考，以推动智库建设。

在科研机构方面，研究院成立了大数据战略重点实验室中国政法大学研究基地。下设中国政法大学数据法研究中心与中国政法大学政法大数据研究中心。2017年，栗峥教授入选“长江学者奖励计划”青年学者项目；栗峥教授带领的教师团队入选首批全国高校黄大年式教师团队。

**【举办第三届法学前沿论坛】**5月13日至14日，第三届法学前沿论坛在北京友谊宾馆召开，中国社会科学杂志社常务副总编辑王利民，学校校长黄进出席了开幕式并分别致辞，论坛邀请了来自全国高校、学术机构、社会机构代表共50余人参加。

**【国家社会科学基金重大委托项目“创新发展中国特色社会主义法治理论体系研究”立项】**5月26日，全国哲社科规划办下发了“创新发展中国特色社会主义法治理论体系研究”国社科重大委托项目立项通知书。本年度研究院共召集项目相关团队人员召开项目推进会等会议11次，时刻推进项目进展，支持项目核心写作班子工作。项目已完成核心子课题主报告提纲撰写工作，黄进教授负责的项目子课题“全面参与全球治理与国际法治”的阶段性研究成果《习近平全球治理与国际法治思想研究》已发表在《中国法学》2017年第5期。5月3日，习近平总书记考察我校并发表重要讲话，并代表党中央将党的十八届四中全会确定的关于中国特色社会主义法治理论体系研究的任务郑重交给我校。

**【举办2017数博会“数据开放与隐私保护”高峰法治论坛】**5月27日，2017数博会“数据开放与隐私保护”高峰法治论坛在贵阳国际生态会议中心举行，学校党委书记石亚军、副校长时建中、副校长于志刚出席了论坛并发言。

**【举办国家治理与法治发展高峰论坛——将司法体制改革进行到底：问题、经验与模式】**8月20日，研究院举办的国家治理与法治发展高峰论坛在苏州会议中心召开，论坛以“将司法体制改革进行到底：问题、经验与模式”为主题，来自最高法、最高检、江苏省法、江苏省检、清华大学、北京大学、浙江大学等各地的专家学者与苏州法检等实务部门的领导共聚一堂，共同回顾、分析和总结了司法体制改革的成就、经验与模式，为国家司法体制改革的现实问题与未来走向提供了智慧。

**【举办中国大学智库论坛·法治峰会】**12月9日，由中国政法大学、中国大学智库论坛主办的中国大学智库论坛·法治峰会在北京召开。论坛以“新时代中国特色社会主义法治思想”为主题，着眼中央需求，立足法治建设，充分体现了研究院的智库职能。全国政协教科文卫体委员会副主任、中国大学智库论坛秘书长、教育部原副部长李卫红，教育部社会科学司司长刘贵芹，学校校长黄进，复旦大学校长助理陈志敏出席大会并致辞。最高人民检察院副检察长、中国法学会副会长、国家高端智库培育计划首席专家徐显明做了主旨演讲，学校终身教授张晋藩、终身教授应松年、国家行政学院法学部主任胡建淼做了主题发言。

**【发行刊物《国家治理决策参考》】** 年内，研究院共编制《国家治理决策参考》17期，坚持一周一报，及时为智库建设与咨询提供充分信息支持。《国家治理决策参考》以研究院为主体，以法学、社会学、行政管理学、政治学、哲学等学科创新团队为队伍支撑，致力于研究全球各国热点资讯，以国际、国内两个视角，研析世界范围内的热点、经典资讯，多视角的聚焦国家需要迫切解决的问题，为党和国家领导人以及有关部门提供国家重大战略问题或热点问题的信息资讯与政策建议。

**【成立大数据战略重点实验室中国政法大学研究基地】** 年内，研究院成立大数据战略重点实验室中国政法大学研究基地，下设中国政法大学数权法研究中心及中国政法大学大数据研究中心两个核心研究机构。

## 三十三、国家监察研究院

**【概况】** 为推进学校世界一流大学和一流学科建设，进一步推动新型研究机构发展，促进我国纪检监察学研究，经 2017 年 7 月 5 日校长办公会和党委常委会审议，通过了《中国政法大学国家监察研究院建设方案》，学校决定成立中国政法大学国家监察研究院。首任院长由张桂林教授担任。

研究院是由中国政法大学设立的集科学研究、人才培养、学科建设和社会服务为一体的新型在编研究机构，与国内知名国企等机构合作建设，不设行政级别。建设目标为聚焦国家经济社会发展和监察体制改革的重大前沿问题，充分利用校内学科优势和人才优势，与中央和地方纪检机构、国家监察机构合作，吸纳社会资源，推动国家监察学科发展，深化理论研究，创新人才培养模式。在第一个 4 年建设周期内，将在科学研究、人才培养、学科建设、政策咨询等方面取得突破性进展，将研究院打造成国内纪检监察领域高端人才培养基地，成为国内有影响力的智库型研究机构。在第二个 4 年建设周期内，将研究院建设成国内顶尖、有一定国际影响的高端智库型研究机构，建设成为纪检监察高端人才培养、培训基地以及国内廉政建设数据中心。

研究院将聚焦国家监察基础理论、中国监察制度通史、中共廉政建设史、国际廉政模式、廉政建设公众认知数据库、中国政商关系等六大领域，开展跨学科、跨部门研究，形成标志性的研究成果。研究院将与最高人民法院、最高人民检察院、地方国家监察机构合作，建立大型廉政建设数据库。研究院将申请创办《国家监察》学术期刊，出版年度《国家监察蓝皮书》，与国内学术研究机构、国家监察实务部门合作，每年举办全国性的学术会议，每两年举办一次国际性的学术会议。研究院将每年向社会公众发布廉政研究报告。

研究院将与中央与地方的纪检、国家监察机构合作，创新人培养模式，依托现有的纪检监察硕士点、博士点，培养纪检监察学人才，培训国家监察系统干部。

研究院将在理论研究成果和实证调研成果的基础上形成政策建议，定期报送中纪委、中办法规局、国家监察部等部门。研究院接受地方纪检、国家监察部门的委托进行政策研究；接受企业的廉政建设、企业廉政风险防控等咨询，并提供解决方案。

## 三十四、网络法学研究院

**【概况】** 为推进中国网络法学和网络空间国际治理规则的研究，努力建成“中国特色、世界一流”的网络法研究智库，推动中国政法大学网络法学的学科建设，经 2017 年 11 月 8 日校长办公会及 2017 年 11 月 27 日党委常委会审议，通过了《中国政法大学网络法学研究院建设方案》，学校决定成立中国政法大学网络法学研究院。首任院长由于志刚教授担任，副院长由王立梅教授担任。

研究院是由中国政法大学设立的集科学研究、人才培养、学科建设和社会服务为一体的新型在编研究机构，与国内顶级互联网企业合作建设，不设行政级别。

建设目标为聚焦国家网络法发展的重大前沿问题，充分利用校内学科优势和人才优势，与中央和地方立法机构、司法机构、信息化建设和管理部门合作，吸纳社会资源，推动网络法学学科的发展，深化网络法学和网络空间国际治理规则的理论研究，创新网络法治人才培养模式。在 4 年建设周期内，将在科学研究、人才培养、学科建设、政策咨询等方面取得突破性进展，力争将研究院打造成国内网络法研究领域的中心和高端人才培养基地，成为国内外有影响力的智库型研究机构。

研究院依托全国第一个“网络法”法学二级学科，以培养网络法博士生、硕士生和网络法学研究人才为目的，为实现国家从网络大国迈向网络强国的战略提供人才支持。研究院将以网络法的立法司法等问题和网络空间国际治理规则等问题为研究重点，为国家提供立法建议和决策咨询，发挥一流智库作用，为共建单位和其他单位提供咨询、培训等服务。

研究院定期举办大型普法宣传、学生活动赛事、成果发布会等大型活动，不断拓宽影响力，切实弘扬民族文化，传承法学精神。

## 三十五、绿色发展战略研究院

**【概况】** 为加强学校新型研究机构建设，促进我国绿色发展战略研究，推进世界一流大学和一流学科建设，2016 年学校成立中国政法大学绿色发展战略研究院。

研究院是集科学研究、社会服务、人才培养和学科建设为一体的新型在编研究机构，与民革河南省委、国际投资促进会、深圳市创意谷投资有限公司共同建设，不设行政级别。研究院正式教学科研人员编制为 4 人，合同聘任制行政秘书 1 人。首任院长由侯佳儒教授担任。

研究院紧紧围绕我国绿色发展战略实施过程中的重大问题、前沿问题和疑难问题，突出绿色发展战略实施过程中的法律和制度创新问题，充分整合校内各学科研究资源，积极拓展和利用校外、社会资源，目标在第一个 4 年建设周期内，在科学研究、咨询服务、人才培养、学科建设、体制创新等方面取得突破性进展，将绿色发展战略研究院打造成为国内有影响力的智库型研究机构，成为培养具有经济、环保和法律等跨学科知识的高端人才培养基地；在第二个4年建设周期内，将研究院建设成为国内顶尖、国际有影响力的高端智库型研究机构和高端人才培养基地。

**【举办中国政法大学绿色发展高端论坛之绿色雄安暨第一届京津冀环境法治论坛】** 11月18日，绿色发展战略研究院、北京市法学会环境与资源法学会、天津市法学会环境与资源法学会和河北省法学会环境与资源法学会联合主办的“中国政法大学绿色发展高端论坛之绿色雄安暨第一届京津冀环境法治论坛（2017）”在北京召开。来自全国人大环资委法案室、国务院发展研究中心、清华大学、北京大学、中国人民大学、北京师范大学、北京理工大学、首都经济贸易大学、天津大学、天津师范大学、河北大学、河北地质大学等单位领导、专家及实务界人士140多人参加了本次会议。大会分为开幕式、主题发言和分主题讨论三部分。本次研讨会得到中国政法大学和国际投资促进会（香港）的大力支持。

# 第十四章　重要文件

## 重要文件一览表

### 一、法大党发

| 文　号 | 标　题 |
|---|---|
| 法大党发〔2017〕1号 | 中共中国政法大学委员会关于印发2016年校级领导班子和领导人员年度考核及干部选拔任用“一报告两评议”工作方案的通知 |
| 法大党发〔2017〕3号 | 中共中国政法大学委员会关于印发中国共产党北京市第十二次代表大会代表选举工作方案的通知 |
| 法大党发〔2017〕4号 | 中共中国政法大学委员会关于开好党支部专题组织生活会的通知 |
| 法大党发〔2017〕6号 | 中共中国政法大学委员会关于印发2017年党风廉政建设和反腐败工作主要任务分工的通知 |
| 法大党发〔2017〕14号 | 中共中国政法大学委员会关于做好分党委（党总支、直属党支部）换届选举和分党委纪律检查委员会选举工作的通知 |
| 法大党发〔2017〕15号 | 中共中国政法大学委员会关于印发学校理论教育与价值导向培育实施方案的通知 |
| 法大党发〔2017〕16号 | 中共中国政法大学委员会关于认真学习贯彻习近平总书记在我校考察时重要讲话精神的通知 |
| 法大党发〔2017〕17号 | 中共中国政法大学委员会关于开展学习贯彻习近平总书记在我校考察时重要讲话精神主题党日活动的通知 |
| 法大党发〔2017〕18号 | 中共中国政法大学委员会关于印发深入贯彻落实习近平总书记在考察我校时重要讲话精神方案的通知 |
| 法大党发〔2017〕51号 | 中共中国政法大学委员会关于开展《北京普通高等学校党建和思想政治工作基本标准》集中检查工作的通知 |
| 法大党发〔2017〕52号 | 中共中国政法大学委员会关于印发推进“两学一做”学习教育常态化制度化实施方案的通知 |

续表

| 文　号 | 标　题 |
| --- | --- |
| 法大党发〔2017〕59 号 | 中共中国政法大学委员会关于印发学校“十佳校园文化品牌”评选办法的通知 |
| 法大党发〔2017〕60 号 | 中共中国政法大学委员会关于印发学校落实习近平总书记“5·3”重要讲话精神实施办法的通知 |
| 法大党发〔2017〕62 号 | 中共中国政法大学委员会关于深入学习贯彻习近平总书记在省部级主要领导干部专题研讨班上重要讲话精神的通知 |
| 法大党发〔2017〕63 号 | 中共中国政法大学委员会关于成立中国共产党中国政法大学第八次党员代表大会筹备工作领导小组及工作组的通知 |
| 法大党发〔2017〕64 号 | 中共中国政法大学委员会关于召开中国共产党中国政法大学第八次党员代表大会的通知 |
| 法大党发〔2017〕65 号 | 中共中国政法大学委员会关于中国共产党中国政法大学第八次党员代表大会代表选举工作的通知 |
| 法大党发〔2017〕66 号 | 中共中国政法大学委员会关于做好中国共产党中国政法大学第八届委员会和纪律检查委员会委员候选人推荐提名工作的通知 |
| 法大党发〔2017〕67 号 | 中共中国政法大学委员会关于成立中国共产党中国政法大学第八次党员代表大会代表资格审查小组的通知 |
| 法大党发〔2017〕68 号 | 中共中国政法大学委员会关于成立中国共产党中国政法大学第八次党员代表大会提案工作小组的通知 |
| 法大党发〔2017〕94 号 | 中共中国政法大学委员会关于转发《中共教育部党组关于学习贯彻习近平总书记给南开大学新入伍大学生重要回信精神的通知》的通知 |
| 法大党发〔2017〕96 号 | 中共中国政法大学委员会关于认真学习宣传贯彻党的十九大精神的通知 |
| 法大党发〔2017〕99 号 | 中共中国政法大学委员会关于践行监督执纪“四种形态”的实施意见 |
| 法大党发〔2017〕100 号 | 中共中国政法大学委员会关于进一步提升思想政治理论课教学质量与教学效果的若干意见 |
| 法大党发〔2017〕101 号 | 中共中国政法大学委员会关于本科教学进一步贯彻教书育人精神的若干意见 |
| 法大党发〔2017〕102 号 | 中共中国政法大学委员会关于推进学校思想政治工作改革创新的实施意见 |
| 法大党发〔2017〕103 号 | 中共中国政法大学委员会关于印发《胡明同志在中国共产党中国政法大学第八次党员代表大会上的报告》的通知 |
| 法大党发〔2017〕105 号 | 中共中国政法大学委员会关于进一步加强教师思想政治工作和思想政治工作专门队伍建设的实施意见 |

续表

| 文　号 | 标　题 |
| --- | --- |
| 法大党发〔2017〕106 号 | 中共中国政法大学委员会关于印发校领导联系基层党支部（班级）相关规定的通知 |
| 法大党发〔2017〕107 号 | 中共中国政法大学委员会关于印发校领导联系院（部）相关规定的通知 |
| 法大党发〔2017〕108 号 | 中共中国政法大学委员会关于印发校级党员领导干部密切联系党外人士相关规定的通知 |
| 法大党发〔2017〕112 号 | 中共中国政法大学委员会关于进一步加强和规范研究生导师教书育人工作的实施意见 |

## 二、法大发

| 文　号 | 标　题 |
| --- | --- |
| 法大发〔2017〕3 号 | 中国政法大学关于印发《〈同等学力人员课程学习及水平认定考试办法（试行）〉实施细则》的通知 |
| 法大发〔2017〕4 号 | 中国政法大学关于印发《同等学力申请硕士学位人员学位环节培训费管理办法》的通知 |
| 法大发〔2017〕24 号 | 中国政法大学关于印发德语专业和英语专业本科毕业生推荐免试攻读硕士学位研究生考核办法（修订稿）的通知 |
| 法大发〔2017〕25 号 | 中国政法大学关于印发本科课堂教学质量评价实施办法（修订稿）的通知 |
| 法大发〔2017〕26 号 | 中国政法大学关于印发本科生毕业论文工作管理办法（修订稿）的通知 |
| 法大发〔2017〕27 号 | 中国政法大学关于印发教学实验室建设管理办法（修订稿）的通知 |
| 法大发〔2017〕28 号 | 中国政法大学关于印发本科生专业实习管理办法（修订稿）的通知 |
| 法大发〔2017〕29 号 | 中国政法大学关于印发国家级大学生创新创业训练计划实施管理办法（修订稿）的通知 |
| 法大发〔2017〕38 号 | 中国政法大学关于印发学生违纪处分办法的通知 |
| 法大发〔2017〕39 号 | 中国政法大学关于印发学生违纪处分解除办法（修订稿）的通知 |
| 法大发〔2017〕40 号 | 中国政法大学关于印发学生申诉办法的通知 |
| 法大发〔2017〕41 号 | 中国政法大学关于印发学生离校请假管理办法（修订稿）的通知 |
| 法大发〔2017〕44 号 | 中国政法大学关于印发建设工程管理审计办法的通知 |
| 法大发〔2017〕45 号 | 中国政法大学关于印发研究生学籍管理规定的通知 |
| 法大发〔2017〕46 号 | 中国政法大学关于印发研究生毕业管理办法的通知 |
| 法大发〔2017〕56 号 | 中国政法大学关于印发博士研究生培养规定的通知 |
| 法大发〔2017〕57 号 | 中国政法大学关于印发研究生课程设置与教学管理办法的通知 |

续表

| 文　号 | 标　题 |
| --- | --- |
| 法大发〔2017〕61 号 | 中国政法大学关于印发信息网络安全管理办法的通知 |
| 法大发〔2017〕62 号 | 中国政法大学关于印发野外考察差旅费管理实施细则的通知 |
| 法大发〔2017〕63 号 | 中国政法大学关于印发科研财务助理管理办法的通知 |
| 法大发〔2017〕66 号 | 中国政法大学关于印发加强审计整改工作管理办法的通知 |
| 法大发〔2017〕71 号 | 中国政法大学关于印发本科生学籍管理规定的通知 |
| 法大发〔2017〕73 号 | 中国政法大学关于印发科研项目内部信息公开及内部风险防控实施细则的通知 |
| 法大发〔2017〕77 号 | 中国政法大学关于印发“优秀中青年教师培养支持计划”实施办法的通知 |
| 法大发〔2017〕87 号 | 中国政法大学关于印发优秀人才引进办法的通知 |
| 法大发〔2017〕88 号 | 中国政法大学关于印发教职员工荣休办法的通知 |
| 法大发〔2017〕93 号 | 中国政法大学关于印发档案管理办法（修订稿）的通知 |
| 法大发〔2017〕105 号 | 中国政法大学关于印发鼓励捐资助学办法实施细则的通知 |
| 法大发〔2017〕115 号 | 中国政法大学关于印发公共租赁住房管理办法的通知 |
| 法大发〔2017〕123 号 | 中国政法大学关于加强和改进学生心理健康教育工作的实施意见 |
| 法大发〔2017〕126 号 | 中国政法大学关于印发本科教材选用管理办法（修订稿）的通知 |
| 法大发〔2017〕127 号 | 中国政法大学关于印发本科教材建设规则的通知 |
| 法大发〔2017〕134 号 | 中国政法大学关于加强和改进学校体育工作的实施意见 |
| 法大发〔2017〕136 号 | 中国政法大学关于印发法律硕士学院综合改革建设方案的通知 |
| 法大发〔2017〕141 号 | 中国政法大学关于印发本科课堂教学质量评价实施办法的通知 |
| 法大发〔2017〕142 号 | 中国政法大学关于印发推荐优秀应届本科毕业生免试攻读硕士学位研究生办法的通知 |
| 法大发〔2017〕143 号 | 中国政法大学关于印发“创新发展中国特色社会主义法治理论体系研究”重大项目科研支持办法的通知 |

## 三、法大办发

| 文　号 | 标　题 |
| --- | --- |
| 法大办发〔2017〕1 号 | 中国政法大学学校办公室关于开展本科教学审核评估自评自建检查工作的通知 |
| 法大办发〔2017〕3 号 | 中国政法大学学校办公室关于印发学校 2017 年党政工作要点的通知 |

# 中国政法大学2017年党政工作要点

## 法大办发〔2017〕3号

2017年学校党政工作的总体思路是：高举中国特色社会主义伟大旗帜，全面贯彻党的十八大和十八届三中、四中、五中、六中全会精神，以邓小平理论、“三个代表”重要思想、科学发展观为指导，深入学习贯彻习近平总书记系列重要讲话精神和治国理政新理念新思想新战略，按照“五位一体”总体布局和“四个全面”战略布局，牢固树立和贯彻落实创新、协调、绿色、开放、共享的发展理念，主动适应经济发展新常态和高等教育发展的新形势，坚持贯彻党的教育方针，坚持以教书育人、立德树人为根本任务，坚持走以质量提升为核心的内涵式发展道路，继续全面推进从严治党，全面深化综合改革，全面实施依法治校，全面提升治理能力，以世界一流学科建设和本科教学审核评估为重点，创新体制机制，转变工作作风，抢抓机遇，攻坚克难，凝聚力量，真抓实干，努力推动学校各项事业发展再上新台阶，以优异成绩迎接建校65周年和党的十九大胜利召开。

### 一、全面贯彻落实全国高校思想政治工作会议精神，深入推进全面从严治党

1. 深入学习宣传贯彻党的十九大精神。根据上级有关要求，认真组织安排，迅速传达学习，把学习宣传贯彻十九大精神与“两学一做”学习教育结合起来，与统筹推进学校党的建设结合起来，将学习宣传贯彻十九大精神作为今年的重要政治任务。始终坚持一体化推进党建工作，把十九大精神贯穿于学校改革发展的全过程、各方面，落实到学校党建和思想政治工作、教育综合改革等各项工作中去。（石亚军书记、高浣月副书记、胡明副书记负责，组织部、宣传部具体落实）

2. 深入学习贯彻习近平总书记系列重要讲话精神和治国理政新理念新思想新战略。深入推进“两学一做”学习教育，持续把习近平总书记系列重要讲话精神和治国理政新理念新思想新战略纳入学习教育，积极引导党员践行“四讲四有”、做到“四个合格”，认真抓好整改落实，严肃党内政治生活，切实加强“两学一做”学习教育的制度化、常态化、长效化。广泛开展习近平总书记系列重要讲话精神和治国理政新理念新思想新战略重大主题宣传，积极推动习近平总书记系列重要讲话精神和治国理政新理念新思想新战略进教材、进课堂、进头脑。发挥自身优势，组织力量深入开展习近平总书记教育思想学习研究，形成研究成果。（石亚军书记、高浣月副书记、胡明副书记负责，组织部、宣传部具体落实）

3. 贯彻落实全国高校思想政治工作会议精神。扎实开展系统学习，生动开展案例式教学，生动开展有质量的、能够推动实际工作的融合式讨论；加强高校思想政治教育规律研究，形成一批高质量的学术研究成果。加强党的领导，完善党的领导管理体制，开辟思政学习微平台，运用新媒体新技术加强教师思想政治工作和学生思想政治教育，落实立德树人根本任务。实施“青年教师社会实践项目”和教师思想理论培训计划。探索将优秀网络文化成果纳入科研成果统计、职务（职称）评审、评奖评优条件。（石亚军书记、高浣月副书记、胡明副书记负责，组织部、宣传部具体落实）

4. 全面加强领导班子和干部队伍建设。加强干部管理规章制度建设，为干部工作提供有力的制度支撑。深化学习型领导班子建设，推动领导班子和领导干部素质、能力和水平的不断提升。严格领导干部选拔和任用，重点做好分党委、党总支、直属党支部（以下简称“分党委”）的换届工作。积极推进领导干部的分层分类培训，大力加强干部人才挂职交流和后备干部队伍建设，从严做好干部日常管理工作。（石亚军书记负责，组织部具体落实）

5. 强化基层党组织建设和党员队伍建设。落实党建工作责任制，开展党建工作专项检查。优化调整基层党组织机构，扎实做好分党委换届选举，以及二级党组织纪律检查委员会或纪律检查委员的成立选举工作。大力加强党支部建设，强化校院两级抓支部的责任。创新方式方法，提升组织生活质量。加强党建工作队伍建设，定期举办专题培训班。严把党员入口关，切实加强党员日常教育管理。创新形式，抓实抓牢党建品牌特色活动。深入开展党建研究，助力学校党建工作。（胡明副书记负责，组织部具体落实）

6. 全面从严治党加强党风廉政建设。创新机制、健全制度，抓好全面从严治党主体责任和监督责任的落实。继续推进在校内二级单位设立纪检工作机构或岗位，配合纪检干部。修订招标、采购、招生工作监督办法。推动成立学校廉政研究中心。严格执行“两个条例”，深入践行监督执纪“四种形态”，持之以恒纠正“四风”，加大对重点领域的监督检查力度。严格执纪，加强信访举报、问题线索和纪律审查工作。强化党规党纪警示教育，增强纪律规矩意识。（党委副书记、纪委书记胡明负责，纪委办公室/监察处具体落实）

**二、着眼全局科学谋划，大力推进“双一流”建设和发展规划工作**

7. 以“双一流”建设为契机大力推进学科建设工作。确立学校建设世界一流法科强校的发展目标，制定实施《中国政法大学“双一流”建设2030》行动方案，并以此统领学校各项工作。组织专门力量，攻坚克难，确保学校顺利进入国家“双一流”建设行列。建章立制，加强建设项目实施的统筹协调、组织管理、服务保障和绩效评估。建立校内学科发展评估机制，在二级学科评估、动态调整上迈出实质步伐。组织好博士硕士学位授权点的申报。做好第四轮学科评估结果的分析总结工作。（李树忠副校长负责，学科建设与发展规划处具体落实）

8. 持续深化推进学校战略发展工作。在发展战略研究方面取得突破，集中专家力量有计划地开展3－5个战略研究项目。修订学校《发展规划编制评估指南》，建立评估标准，完善发展规划评估体系；开展“十三五”发展规划宣传实施工作。（李树忠副校长负责，学科建设与发展规划处具体落实）

**三、全面深入推进综合改革，狠抓执行务求实效**

9. 推进综合改革务求实效。切实推进校院二级管理体制机制改革，制定实施工作方案，彻底简政放权，落实“放”“管”“服”，充分调动二级学院自主办学的积极性和主动性。出台有力举措，在法学学科资源整合、“4＋2”法学人才培养模式改革、2017年博士硕士学位授权审核、法硕学院综合改革、科研管理服务模式改革等事项上取得实质性成果。（冯世勇、马怀德、李树忠、时建中、于志刚副校长负责，学校办公室、学科建设与发展规划处、教务处、研究生院、科研处具体落实）

10. 切实提高行政决策执行力。加强制度建设，建立健全决策执行保障机制，层层抓执行、抓落实。建立目标责任制，加强考核监督，提高干部教师特别是领导干部的作为和担当能力。及时修订相关制度，优化管理政策，充分调动基层教师和职工的积极性，激发办学活力。（冯世勇副校长、胡明副书记、李树忠、徐扬、时建中副校长负责，学校办公室、组织部、人事处、科研处、财务处具体落实）

**四、突出重点改革创新，做好本科教学审核评估工作，不断提升教育教学质量和水平**

11. 举全校之力做好本科教学审核评估工作。明确“打造世界一流本科教育”的建设目标，确保2017年4月进行本科教学审核评估顺利获得通过。以评促建、以评促改、以评促管，完善学校各专业的人才培养质量标准，实现各个专业的自评常态化、科学化。完善人才培养的质量保障体系，尤其是建立和完善各个学院人才培养的质量保障体系。关注教师教学能力持续不断的提升，建立教师教学能力提升培训工作体系。（于志刚副校长负责，教务处具体落实）

12. 进一步推进专业特色化建设。进一步加大资源投入和强化制度建设，鼓励现有专业的特色化发展；推进“一个专业多个培养方案”的人才培养模式，推进特色化专业实验班探索和建设工作，完善西班牙语法学专业实验班和法学学术精英人才培养实验班建设工作，探索政治学等专业进行特色虚拟实验班建设；高起点做好法治信息管理、网络与新媒体、汉语言、金融工程等新专业建设工作。（于志刚副校长负责，教务处具体落实）

13. 多措并举优化本科人才培养质量。建立法大“网上 office time”工作体系，建设师生交流互动的网络直播平台，深化教学信息化改革，丰富师生互动教学，将智慧教室、毕博（blackboard）教学应用管理平台大规模投入课堂教学。重点建设法学以外专业的实践教学体系，全面提升各专业实践教学质量。以课程建设为抓手，建设好第三学期。打造稳定的国际交流平台，加大人才培养的国际化力度。加强思想政治理论教育，优化思政课程教学，加快推进创新创业教育的实施工作。（于志刚副校长负责，教务处具体落实）

14. 深化研究生教育综合改革着力提升培养质量。重点抓好学位授权点合格评估工作，对法学一级学科整体进行评估。推进研究生课程体系改革，强化课程内涵建设拓展通识选修课覆盖面，健全课程准入与淘汰退出机制。加强实践课、实务课建设和方法论教学。探索开展跨校选课。正式启动对各专业研究生培养质量的评估。加大实践型人才培养力度，做好选派研究生赴中德生态园和浙江高院实践实习工作。推进研究生招生制度改革，建立招生计划分配与培养质量、就业状况相结合的联动机制；博士研究生招生全面实行“申请－考核”制；形成良好的推免生招录体系，汇聚优秀推免生生源。做好法本法硕招录培养试点工作。深化研究生导师制度改革，制定《兼职、特聘导师招收博士研究生条件认定办法》。（马怀德副校长负责，研究生院具体落实）

15. 大力加强质量评估中心工作。以统一法律职业资格改革为背景，组织开展以国别法学教育为主要内容的“法学教育比较研究”。开展法学专业评估工作，发布中国法学专业评估报告和法学专业排行榜。完成第一轮校内本科专业质量评估，研究研究生质量评估和科研评估。完成法学专业核心课程体系完善工作。（李树忠副校长负责，法学教育研究与评估中心具体落实）

16. 加强体育工作提升师生健康水平。加强教育引导，树立师生“健康第一”理念。做好本科生体质健康测试工作，力争合格率在75%以上。建立全体学生健康档案库，成立健康指导中心。举办好阳光长跑活动及各类运动赛事。建设好高水平运动队，保持荣誉，力争突破。加强普通运动队建设，保持优势项目竞争力。（冯世勇副校长负责，体育教学部具体落实）

17. 拓展优化开放教育工作。积极探索开放教育的新途径新形式，提升开放办学质量和效益。继续完善开放教育管理制度，细化管理流程，严格监管，优化服务。（李树忠副校长负责，开放教育管理办公室具体落实）

**五、打造服务型科研培育体系，促进科研工作再上新台阶**

18. 着力提升科研质量和社会服务水平。深化科研服务模式改革，探索为学科、教师和基层科研机构提供精准的个性化科研服务。加大科研经费等激励机制改革措施的宣传力度，激发教师从事高质量科研的积极性。强化科研能力基础建设，提升中青年教师的课题申报水平。创新科研管理和科研组织模式，打造富有学术竞争力的科研团队。充分发挥国家治理研究院这一总平台的作用，围绕国家重大战略和急需，开展基础研究和前瞻性研究，推出高水平学术成果和智库成果。继续汇聚优质社会资源，设立新型共建研究院。完善科研服务模式，强化激励机制，以争取重大科研项目为抓手，做好各类课题的培育和申报工作。提高对标志性科研成果的奖励力度。抓住教育部继续推进高校创新能力提升计划的机遇，在协同创新方面取得新成绩。适时启动申报北京市工程中心的相关工作。凝练系列具有全国影响的法大科研品牌。进一步加强教师的学风建设。（时建中副校长负责，科研处具体落实）

**六、优化完善制度机制，提高师资人事整体工作水平**

19. 全力开创师资队伍建设新局面。修订《优秀中青年教师培养支持计划》，加大中青年教师培养力度。修订《优秀人才引进办法》，重点加大学科领军人才和外籍教师引进力度，尝试实行引进人才年薪制。积极拓展人才招聘渠道，提高人才招聘效能和质量。出台有力措施，做好教师的“引”“育”“留”工作，探索教师薪酬体系改革；建设好学校教师发展中心，围绕学校本科教学审核评估工作，积极展开教师培训等相关工作。加强师德师风建设，制定《中国政法大学师箴》。（李树忠副校长负责，人事处具体落实）

20. 不断提高人事管理工作水平。加强人事管理制度建设，进一步健全和完善教职工考核评价体系，出台教职工考核办法及管理岗位人员考核实施细则，出台校付费合同制人员管理办法。进一步开发人力资源信息化应用系统，配合完善智慧法大、数字法大建设，开展人事档案信息化建设工作。落实中央国家机关事业单位养老保险改革和绩效工资改革

工作。（李树忠副校长负责，人事处具体落实）

## 七、落实立德树人根本任务，引领服务学生健康成长

21. 充分发挥思想引领工作实效。坚持以社会主义核心价值观为统领，聚焦五大发展理念主题，深入开展理想信念教育、爱国主义教育、社会主义先进文化教育、形势与政策教育。完成“社会主义核心价值观”主题大型文献资料库建设。完善思想政治教育载体建设，推进网络思想政治教育工作。继续开展品牌活动，增强思想政治教育的实效性。深入开展民族团结教育，用心、用情、用力做好少数民族学生工作。（党委副书记、副校长常保国负责，学生处、校团委具体落实）

22. 积极推动共青团改革工作。制定实施学校《共青团改革实施方案》。以“团结、引领、服务、发展”为理念，拓展新的工作领域，成立法大青年协会，建立青年教师参与学生思政教育工作新平台，改变工作方式，增强共青团工作的吸引力和时效性。建立中国政法大学话剧社，推动思想性、高雅性学生艺术团体建设。（党委副书记、副校长常保国负责，校团委具体落实）

23. 巩固深化学风建设。以迎评促建为契机，开展学风督导工作。完善班主任激励、评价制度，为学生提供学业帮扶和个性化指导。推动学校辩论（演讲）文化建设，组织力量积极参加各级各类华语辩论赛。持续做好“友思”学习圈工作，深入开展两校区学生融合工作，继续做好两校区学生学术交流平台建设。继续开展学术品牌活动，创办法学以外学科研究生学术刊物《公共精神》。（党委副书记、副校长常保国负责，学生处、校团委具体落实）

24. 全力做好学生就业创业工作。积极拓宽就业渠道，引导毕业生到重点领域、西部基层就业和国际组织就业。建立精准推送就业服务机制。贯彻落实学校《深化创新创业教育改革实施方案》；完成校内“创客空间”建设；建立和注册中国政法大学法治教育与传播中心，作为学生创业基础性资源和品牌的研发平台，注册实体性企业，作为学生创业的总运行平台；创立“中国政法大学大学生创业园”；建立学生创业风险基金。（党委副书记、副校长常保国负责，学生处具体落实）

25. 做好特殊学生群体的帮扶工作。切实做好学生资助工作。加强心理健康课程建设，做好心理健康的普查和危机排查工作，完善突发事件处理机制。继续组织实施“添翼工程”。妥善解决学生特殊遗留问题。（党委副书记、副校长常保国负责，学生处具体落实）

## 八、拓展合作，重点突出，持续深入实施国际化发展战略

26. 切实提升国际合作交流的层次与水平。积极寻求与国际组织合作，搭建高端国际交流合作平台，重点开拓与国际民航组织等国际组织的合作，积极落实与世界银行等签署的协议；充分利用已加入平台，进一步发掘与吸纳优质国际教育资源。重点关注与“一带一路”沿线国家和地区的世界一流高校的交流与合作，积极探索在沿线国家和地区的世界一流高校筹建新的孔子学院。助推学校“双一流”建设，积极谋求与欧洲、北美等

地区世界一流高校建立全面战略合作伙伴关系，商谈开展中外合作办学项目。强化外事培训，提升管理与服务水平，进一步加强外事政策宣传和规范管理。落实上级主管部门委托，积极筹备成立“内地与香港法学教育联盟”。（马怀德副校长负责，国际合作与交流处具体落实）

**九、加大投入，统筹管理，全面加强信息化建设**

27. 全面增强校园信息化服务能力。全面推行“ehall 网上办事大厅”与实体“自助办事大厅”建设，实现服务师生的一站式信息化；依托数据中心建设，提供师生“一张表”的全口径个人信息查询服务；全面升级改造一卡通系统。加强网络安全建设，对全校核心机房、网络出口设备改造升级。加大“4+1 智慧学习环境”建设，推进两校区教育教学资源的信息化共享和同步发展，初步实现两校区的融入融合、互联互通、共建共享。初步完成法大网络安全与信息化的建章立制工作，建立健全相关工作机制。（于志刚副校长负责，信息化建设办公室具体落实）

**十、内抓管理服务，外促合作共赢，增强行政效能和办学活力**

28. 办好 65 周年校庆工作。以“凝聚师生、汇聚校友、振奋精神、争创一流”为主题，搞好 65 周年校庆工作。推动网上校史馆建设和学校 VI 系统更新；完成钱端升纪念馆建设工作；努力使基金会今年到账金额较上一年度有大幅增长；举办建校 65 周年校庆系列活动。（冯世勇副校长，高浣月副书记，常保国副书记、副校长负责，学校办公室、宣传部、国内合作处、校友工作办公室、工会、校团委具体落实）

29. 全面提升行政服务工作质效。落实中央规定，保持对“三公经费”支出的严格管理，严格审批有效管控全校性会议。启动新电子会议系统，完成远程打印系统及相关设备安装使用，推动网上办事大厅上线，探索学校办公室全事项、全流程网上办事。建设学校办公室微信公众号，进一步推进信息公开。切实发挥法律顾问在学校科学决策、维护权益、解决纷争、化解矛盾等方面的作用，制定学校《合同管理办法》，公布学校《规章制度管理汇编》，深入推进依法治校。（冯世勇副校长负责，学校办公室具体落实）

30. 积极拓展国内合作。明确职能定位，服务中心，联络高端，统筹资源，强调效益，积极签署战略合作协议。对已确定的国内合作项目，重点抓落实、出实效。发挥董事会在为学校发展争资源、聚智慧、促建设方面的作用。以基金会为载体和平台，建立多元筹融资体系。（冯世勇副校长负责，国内合作处具体落实）

31. 巩固深化校友工作。建立西藏校友会，实现国内校友工作全覆盖，积极拓展海外校友会。积极推进校友会在民政部注册工作。召开第六届各省校友分会、会长、秘书长会议；召开第三届校友理事会。筹备并牵头成立“全国政法院校校友工作立格联盟”。（冯世勇副校长负责，校友工作办公室具体落实）

32. 依法规范做好财务工作。持续修订完善学校《财务管理典》中的相关制度文件，建立健全科学严谨的内控控制体系。抢抓国家“双一流”建设新的机遇，努力实现学校收入持续增长。以各项审计和财务大检查为切入点，多举措并举细化内部财务管理。以信

息化建设为依托，创新财务管理手段。（徐扬副校长负责，财务处具体落实）

33. 切实加强审计监督工作。依法做好对学校财务、新建在建基建项目、修缮工程项目、科研课题结项经费、招投标项目的审计监督工作；强化对二级财务的审计监督。完善学校《经济责任审计实施办法》，深入开展经济责任审计，加强审计结果转化利用。（黄进校长、胡明副书记负责，审计处具体落实）

## 十一、关注民生，加强保障，切实改善办学条件和环境

34. 优化图书馆服务工作。继续积极探索服务于学科建设的图书信息服务有效模式，主动开展嵌入式的信息服务；优化图书信息资源的学科、载体、语种等各种结构；完善“图书馆学风指数”，强化学生信息素养教育；进一步拓展两校区图书信息资源服务合一的范围；做好学院路校区图书馆搬迁的准备工作。（时建中副校长负责，图书馆具体落实）

35. 加强民生保障，改善办学条件。借助国家“京津冀一体化协同发展”战略的实施，挖掘资源，努力拓展办学空间。进一步加强制度建设，制定学校政府采购、无形资产、资产配置等管理办法；努力解决青年教职工住房困难，切实改善周转房居住条件；做好法苑公寓等建筑拆除的前期准备，推进学院路校区建设发展。做好学院路校区食堂、昌平校区北区整体规划等项目前期手续办理工作；优质、高效完成学院路校区教学图书综合楼建设等 4 项工程；切实做好竣工项目交接工作。稳妥完成后勤实体换届工作；进一步推动后勤服务标准化改造和建设，保持平稳运行；继续减员增效，推动社会化和职业化建设；积极开展维修改造和服务保障工作，扎实推动民生工程建设；建立完善信息化管理平台，推出后勤实体便民服务新品牌。（徐扬副校长负责，资产管理处、基建处、后勤工作委员会办公室、校园发展办公室具体落实）

36. 强化市场机遇意识，不断优化选题程序和图书产品结构，切实提高图书质量。加强图书品牌建设，加大教材教辅的推广力度，增强市场竞争实力。加强音像电子出版工作，拓展新的业务增长点和竞争优势。提高内部管理水平，提升员工服务意识，为作者及客户提供优质服务。（时建中副校长负责，法大出版社具体落实）

## 十二、夯实巩固党建工作基础，深化落实民主管理，不断促进校园和谐

37. 全面提升学校形象宣传。开展本科教学审核评估宣传工作，营造“以评促建”氛围；规范管理学校新媒体联盟，在学府形象、学人风采的宣传上形成合力；建设互联网全平台舆情监测系统；建设学校网评员队伍，主动引导舆情，提升学校在互联网端的正面形象。（高浣月副书记负责，宣传部具体落实）

38. 切实发挥统战工作职能。贯彻落实中央和北京市委有关会议精神，完善制度和工作机制，搭建大统战工作格局。继续采取多种形式有效开展政治主题教育和学习实践活动，进一步增进政治共识，巩固政治基础。加强民族和宗教工作，协助有关部门做好抵御和防范校园宗教传播工作。加强党外代表人士队伍建设，重点做好党外代表人士的发现储备、培养选拔和举荐工作，大力支持和宣传党外代表人士的履职工作。筹备成立学校知识

分子联谊会。（高浣月副书记负责，统战部具体落实）

39. 继续做好离退休教职工工作。继续落实中央文件精神，加强离退休群体党建和思想政治工作，重点做好“两学一做”学习教育、离退休党支部干部培训、纪念建党96周年活动、十九大精神学习等工作。坚持思想上关心、生活上照顾，认真落实好离退休人员“两项待遇”，更加注重做好服务保障工作。（高浣月副书记负责，离退休工作处具体落实）

40. 深化落实民主办学。充分发挥年度教代会、教代会代表列席校长办公会、二级教代会（职代会）等制度的作用，实行民主管理、民主办学。切实维护职工权益。发挥工会职能，服务中心工作。挖掘工匠精神，选树各行各业模范。关注民生，满足教职工多样化文化需求。（冯世勇副校长负责，校工会具体落实）

41. 巩固深化“平安校园”建设。加强综合防控，确保学校政治稳定。理顺安全稳定工作机制，加强基础性安全保卫工作；系统排查安全隐患，开展校园周边环境整治。强化技防，大力推进安全保卫工作信息化建设。（党委副书记、副校长常保国负责，保卫处具体落实）

# 第十五章　学校文件一览表

## 一、法大党发

| 中共中国政法大学委员会关于印发2016年校级领导班子和领导人员年度考核及干部选拔任用“一报告两评议”工作方案的通知 |
|---|
| 中共中国政法大学委员会关于做好2016年度基层党组织书记党建述职评议考核工作的通知 |
| 中共中国政法大学委员会关于印发中国共产党北京市第十二次代表大会代表选举工作方案的通知 |
| 中共中国政法大学委员会关于开好党支部专题组织生活会的通知 |
| 中共中国政法大学委员会关于开展2016年度民主评议党员工作的通知 |
| 中共中国政法大学委员会关于印发2017年党风廉政建设和反腐败工作主要任务分工的通知 |
| 中共中国政法大学委员会关于印发2017年理论学习计划的通知 |
| 中共中国政法大学委员会关于黎洋同志任免职的通知 |
| 中共中国政法大学委员会关于印发学校2017年度学生党员先锋工程实施计划的通知 |
| 中共中国政法大学委员会关于印发学校2017年度学生党支部书记轮训方案的通知 |
| 中共中国政法大学委员会关于印发学校2017年度学生党员“服务先锋”行动计划实施方案的通知 |
| 关于评选先进基层党组织和优秀共产党员、优秀党务工作者的通知 |
| 中共中国政法大学委员会关于变更部分基层党组织名称的通知 |
| 中共中国政法大学委员会关于做好分党委（党总支、直属党支部）换届选举和分党委纪律检查委员会选举工作的通知 |
| 中共中国政法大学委员会关于印发学校理论教育与价值导向培育实施方案的通知 |
| 中共中国政法大学委员会关于认真学习贯彻习近平总书记在我校考察时重要讲话精神的通知 |
| 中共中国政法大学委员会关于开展学习贯彻习近平总书记在我校考察时重要讲话精神主题党日活动的通知 |
| 中共中国政法大学委员会关于印发深入贯彻落实习近平总书记在考察我校时重要讲话精神方案的通知 |
| 中共中国政法大学委员会关于离退休工作分党委委员和纪律检查委员会委员候选人预备人选的批复 |
| 中共中国政法大学委员会关于法学院分党委委员和纪律检查委员会委员候选人预备人选的批复 |
| 中共中国政法大学委员会关于国际法学院分党委委员和纪律检查委员会委员候选人预备人选的批复 |
| 中共中国政法大学委员会关于刑事司法学院分党委委员和纪律检查委员会委员候选人预备人选的批复 |
| 中共中国政法大学委员会关于外国语学院分党委委员和纪律检查委员会委员候选人预备人选的批复 |

续表

| 中共中国政法大学委员会关于法律硕士学院分党委委员候选人预备人选的批复 |
|---|
| 中共中国政法大学委员会关于比较法学研究院分党委委员候选人预备人选的批复 |
| 中共中国政法大学委员会关于继续教育学院直属党支部委员候选人预备人选的批复 |
| 中共中国政法大学委员会关于体育教学部直属党支部委员候选人预备人选的批复 |
| 中共中国政法大学委员会关于科学技术教学部直属党支部委员候选人预备人选的批复 |
| 中共中国政法大学委员会关于出版社直属党支部委员候选人预备人选的批复 |
| 中共中国政法大学委员会关于表彰2017年先进基层党组织、优秀共产党员和优秀党务工作者的决定 |
| 中共中国政法大学委员会关于现代教育技术中心直属党支部委员候选人预备人选的批复 |
| 中共中国政法大学委员会关于国际教育学院直属党支部委员候选人预备人选的批复 |
| 中共中国政法大学委员会关于图书馆党总支委员候选人预备人选的批复 |
| 中共中国政法大学委员会关于人文学院分党委委员和纪律检查委员会委员候选人预备人选的批复 |
| 中共中国政法大学委员会关于离退休干部分党委选举结果的批复 |
| 中共中国政法大学委员会关于法学院分党委选举结果的批复 |
| 中共中国政法大学委员会关于国际法学院分党委选举结果的批复 |
| 中共中国政法大学委员会关于刑事司法学院分党委选举结果的批复 |
| 中共中国政法大学委员会关于外国语学院分党委选举结果的批复 |
| 中共中国政法大学委员会关于法律硕士学院分党委选举结果的批复 |
| 中共中国政法大学委员会关于比较法学研究院分党委选举结果的批复 |
| 中共中国政法大学委员会关于继续教育学院直属党支部选举结果的批复 |
| 中共中国政法大学委员会关于科学技术教学部直属党支部选举结果的批复 |
| 中共中国政法大学委员会关于出版社直属党支部选举结果的批复 |
| 中共中国政法大学委员会关于现代教育技术中心直属党支部选举结果的批复 |
| 中共中国政法大学委员会关于国际教育学院直属党支部选举结果的批复 |
| 中共中国政法大学委员会关于图书馆党总支选举结果的批复 |
| 中共中国政法大学委员会关于人文学院分党委选举结果的批复 |
| 中共中国政法大学委员会关于开展《北京普通高等学校党建和思想政治工作基本标准》集中检查工作的通知 |
| 中共中国政法大学委员会关于印发推进“两学一做”学习教育常态化制度化实施方案的通知 |
| 中共中国政法大学委员会关于开展纪念建党96周年系列活动的通知 |
| 中共中国政法大学委员会关于开展纪念建党96周年主题党日活动的通知 |
| 中共中国政法大学委员会关于体育教学部直属党支部选举结果的批复 |
| 中共中国政法大学委员会关于印发学校理论学习中心组学习办法的通知 |
| 中共中国政法大学委员会关于向入党满50年老党员颁发纪念奖的决定 |

续表

| 中共中国政法大学委员会关于印发学校“十佳校园文化品牌”评选办法的通知 |
| --- |
| 中共中国政法大学委员会关于印发学校落实习近平总书记“5·3”重要讲话精神实施办法的通知 |
| 中共中国政法大学委员会关于深入学习贯彻习近平总书记在省部级主要领导干部专题研讨班上重要讲话精神的通知 |
| 中共中国政法大学委员会关于成立中国共产党中国政法大学第八次党员代表大会筹备工作领导小组及工作组的通知 |
| 中共中国政法大学委员会关于召开中国共产党中国政法大学第八次党员代表大会的通知 |
| 中共中国政法大学委员会关于中国共产党中国政法大学第八次党员代表大会代表选举工作的通知 |
| 中共中国政法大学委员会关于做好中国共产党中国政法大学第八届委员会和纪律检查委员会委员候选人推荐提名工作的通知 |
| 中共中国政法大学委员会关于成立中国共产党中国政法大学第八次党员代表大会代表资格审查小组的通知 |
| 中共中国政法大学委员会关于成立中国共产党中国政法大学第八次党员代表大会提案工作小组的通知 |
| 中共中国政法大学委员会关于校部机关分党委出席中国共产党中国政法大学第八次党员代表大会代表候选人预备人选的批复 |
| 中共中国政法大学委员会关于法学院分党委出席中国共产党中国政法大学第八次党员代表大会代表候选人预备人选的批复 |
| 中共中国政法大学委员会关于民商经济法学院分党委出席中国共产党中国政法大学第八次党员代表大会代表候选人预备人选的批复 |
| 中共中国政法大学委员会关于国际法学院分党委出席中国共产党中国政法大学第八次党员代表大会代表候选人预备人选的批复 |
| 中共中国政法大学委员会关于刑事司法学院分党委出席中国共产党中国政法大学第八次党员代表大会代表候选人预备人选的批复 |
| 中共中国政法大学委员会关于政治与公共管理学院分党委出席中国共产党中国政法大学第八次党员代表大会代表候选人预备人选的批复 |
| 中共中国政法大学委员会关于商学院分党委出席中国共产党中国政法大学第八次党员代表大会代表候选人预备人选的批复 |
| 中共中国政法大学委员会关于人文学院分党委出席中国共产党中国政法大学第八次党员代表大会代表候选人预备人选的批复 |
| 中共中国政法大学委员会关于光明新闻传播学院分党委出席中国共产党中国政法大学第八次党员代表大会代表候选人预备人选的批复 |
| 中共中国政法大学委员会关于外国语学院分党委出席中国共产党中国政法大学第八次党员代表大会代表候选人预备人选的批复 |

续表

| 中共中国政法大学委员会关于社会学院分党委出席中国共产党中国政法大学第八次党员代表大会代表候选人预备人选的批复 |
| --- |
| 中共中国政法大学委员会关于马克思主义学院分党委出席中国共产党中国政法大学第八次党员代表大会代表候选人预备人选的批复 |
| 中共中国政法大学委员会关于法律硕士学院分党委出席中国共产党中国政法大学第八次党员代表大会代表候选人预备人选的批复 |
| 中共中国政法大学委员会关于比较法学研究院分党委出席中国共产党中国政法大学第八次党员代表大会代表候选人预备人选的批复 |
| 中共中国政法大学委员会关于证据科学研究院分党委出席中国共产党中国政法大学第八次党员代表大会代表候选人预备人选的批复 |
| 中共中国政法大学委员会关于科研单位分党委出席中国共产党中国政法大学第八次党员代表大会代表候选人预备人选的批复 |
| 中共中国政法大学委员会关于图书馆党总支分党委出席中国共产党中国政法大学第八次党员代表大会代表候选人预备人选的批复 |
| 中共中国政法大学委员会关于后勤工作分党委出席中国共产党中国政法大学第八次党员代表大会代表候选人预备人选的批复 |
| 中共中国政法大学委员会关于继续教育学院直属党支部出席中国共产党中国政法大学第八次党员代表大会代表候选人预备人选的批复 |
| 中共中国政法大学委员会关于国际教育学院直属党支部出席中国共产党中国政法大学第八次党员代表大会代表候选人预备人选的批复 |
| 中共中国政法大学委员会关于体育教学部直属党支部出席中国共产党中国政法大学第八次党员代表大会代表候选人预备人选的批复 |
| 中共中国政法大学委员会关于科学技术教学部直属党支部出席中国共产党中国政法大学第八次党员代表大会代表候选人预备人选的批复 |
| 中共中国政法大学委员会关于现代教育技术中心直属党支部出席中国共产党中国政法大学第八次党员代表大会代表候选人预备人选的批复 |
| 中共中国政法大学委员会关于出版社直属党支部出席中国共产党中国政法大学第八次党员代表大会代表候选人预备人选的批复 |
| 中共中国政法大学委员会关于高退休干部分党委出席中国共产党中国政法大学第八次党员代表大会代表候选人预备人选的批复 |
| 中共中国政法大学委员会关于转发《中共教育部党组关于学习贯彻习近平总书记给南开大学新入伍大学生重要回信精神的通知》的通知 |
| 中共中国政法大学委员会关于2017年老年节表彰的决定 |

续表

| 中共中国政法大学委员会关于认真学习宣传贯彻党的十九大精神的通知 |
|---|
| 中共中国政法大学委员会关于践行监督执纪“四种形态”的实施意见 |
| 中共中国政法大学委员会关于进一步提升思想政治理论课教学质量与教学效果的若干意见 |
| 中共中国政法大学委员会关于本科教学进一步贯彻教书育人精神的若干意见 |
| 中共中国政法大学委员会关于推进学校思想政治工作改革创新的实施意见 |
| 中共中国政法大学委员会关于印发《胡明同志在中国共产党中国政法大学第八次党员代表大会上的报告》的通知 |
| 中共中国政法大学委员会关于黎洋同志试用期满正式任职的通知 |
| 中共中国政法大学委员会关于进一步加强教师思想政治工作和思想政治工作专门队伍建设的实施意见 |
| 中共中国政法大学委员会关于印发校领导联系基层党支部（班级）相关规定的通知 |
| 中共中国政法大学委员会关于印发校领导联系院（部）相关规定的通知 |
| 中共中国政法大学委员会关于印发校级党员领导干部密切联系党外人士相关规定的通知 |
| 中共中国政法大学委员会关于高浣月等同志任免职的通知 |
| 中共中国政法大学委员会关于做好 2017 年度院级党委书记抓基层党建述职评议考核工作的通知 |
| 中共中国政法大学委员会关于做好 2017 年度党支部书记抓基层党建述职工作的通知 |
| 中共中国政法大学委员会关于进一步加强和规范研究生导师教书育人工作的实施意见 |

## 二、法大发

| 中国政法大学关于刘纪鹏同志任职的通知 |
|---|
| 中国政法大学关于成立昌平校区家属院置换项目善后工作领导小组的通知 |
| 中国政法大学关于印发《〈同等学力人员课程学习及水平认定考试办法（试行）〉实施细则》的通知 |
| 中国政法大学关于印发《同等学力申请硕士学位人员学位环节培训费管理办法》的通知 |
| 中国政法大学关于成立教师发展中心的通知 |
| 中国政法大学关于成立质量评估中心的通知 |
| 中国政法大学关于准予和芫等 73 名研究生毕业的决定 |
| 中国政法大学关于陆小华同志免职的通知 |
| 中国政法大学关于王强等同志任免职的通知 |
| 中国政法大学关于成立中小企业发展环境研究中心等五个非在编科研机构的通知 |
| 中国政法大学关于印发德语专业和英语专业本科毕业生推荐免试攻读硕士学位研究生考核办法（修订稿）的通知 |
| 中国政法大学关于印发本科课堂教学质量评价实施办法（修订稿）的通知 |
| 中国政法大学关于印发本科生毕业论文工作管理办法（修订稿）的通知 |

续表

| 中国政法大学关于印发教学实验室建设管理办法（修订稿）的通知 |
| --- |
| 中国政法大学关于印发本科生专业实习管理办法（修订稿）的通知 |
| 中国政法大学关于印发国家级大学生创新创业训练计划实施管理办法（修订稿）的通知 |
| 中国政法大学关于举办建校 65 周年校庆活动的通知 |
| 中国政法大学关于表彰第十一届“自强之星”暨“感动法大人物”的决定 |
| 中国政法大学关于成立儿童法研究中心等两个非在编科研机构的通知 |
| 中国政法大学关于公布 2017 年校级科学研究项目资助名单的通知 |
| 中国政法大学关于授予安超等 116 名校友“2016－2017 年度优秀校友”的决定 |
| 中国政法大学关于完善教学科研仪器设备采购工作的实施意见 |
| 中国政法大学关于印发 2017－2018 学年校历的通知 |
| 中国政法大学关于印发学生违纪处分办法的通知 |
| 中国政法大学关于印发学生违纪处分解除办法（修订稿）的通知 |
| 中国政法大学关于印发学生申诉办法的通知 |
| 中国政法大学关于印发学生离校请假管理办法（修订稿）的通知 |
| 中国政法大学关于成立中国特色社会主义法治理论体系研究院的通知 |
| 中国政法大学关于印发建设工程管理审计办法的通知 |
| 中国政法大学关于印发研究生学籍管理规定的通知 |
| 中国政法大学关于印发研究生毕业管理办法的通知 |
| 中国政法大学关于表彰 2017 届优秀毕业生的决定 |
| 中国政法大学关于准予杨澜等 2184 名 2017 届普通本科及第二学士学位学生毕业的决定 |
| 中国政法大学关于授予杨澜等 2155 名 2017 届普通本科及第二学士学位毕业生学士学位的决定 |
| 中国政法大学关于准予王超奕等 1891 名研究生毕业的决定 |
| 中国政法大学关于表彰 2017 届赴西部和基层就业毕业生的决定 |
| 中国政法大学关于印发博士研究生培养规定的通知 |
| 中国政法大学关于印发研究生课程设置与教学管理办法的通知 |
| 中国政法大学关于调整第五届中国政法大学学位评定委员会的决定 |
| 中国政法大学关于表彰 2017 级研究生新生奖学金获得者的通知 |
| 中国政法大学关于成立联合国环境规划署—中国政法大学环境法研究基地的通知 |
| 中国政法大学关于印发信息网络安全管理办法的通知 |
| 中国政法大学关于印发野外考察差旅费管理实施细则的通知 |
| 中国政法大学关于印发科研财务助理管理办法的通知 |
| 中国政法大学关于印发加强审计整改工作管理办法的通知 |
| 中国政法大学关于成立大数据战略重点实验室中国政法大学研究基地的通知 |

**续表**

| 中国政法大学关于栗峥等同志试用期满正式任职的通知 |
| --- |
| 中国政法大学关于印发本科生学籍管理规定的通知 |
| 中国政法大学关于成立“双一流”建设工作办公室并调整发展规划与学科建设处职能及机构设置的通知 |
| 中国政法大学关于印发科研项目内部信息公开及内部风险防控实施细则的通知 |
| 中国政法大学关于表彰 2016 – 2017 年度管理与服务优秀集体及优秀教育工作者的决定 |
| 中国政法大学关于表彰 2016 – 2017 学年优秀教学奖获奖个人和集体的决定 |
| 中国政法大学关于表彰 2016 – 2017 学年优秀教师的决定 |
| 中国政法大学关于印发“优秀中青年教师培养支持计划”实施办法的通知 |
| 中国政法大学关于表彰 2016 – 2017 学年“励道教学杰出贡献奖”获奖者的决定 |
| 中国政法大学关于郑楠等同志任免职的通知 |
| 中国政法大学关于公布 2017 – 2018 年度符合指导硕士研究生条件教师名单的通知 |
| 中国政法大学关于于志刚等同志任职的通知 |
| 中国政法大学关于表彰于向荣等 88 位同志从事教育工作满 30 年的决定 |
| 中国政法大学关于成立法治信息管理学院的通知 |
| 中国政法大学关于印发优秀人才引进办法的通知 |
| 中国政法大学关于印发教职员工荣休办法的通知 |
| 中国政法大学关于印发档案管理办法（修订稿）的通知 |
| 中国政法大学关于调整研究生招生工作领导小组成员的通知 |
| 中国政法大学关于确认石亚军教授二级岗位的通知 |
| 中国政法大学关于赵海彦等同志任职的通知 |
| 中国政法大学关于杜娟同志免职的通知 |
| 中国政法大学关于成立绿化委员会的通知 |
| 中国政法大学关于成立爱国卫生运动委员会的通知 |
| 中国政法大学关于 2017 年岗位聘任工作的意见 |
| 中国政法大学关于调整本科生招生工作领导小组成员的决定 |
| 中国政法大学关于调整学校招生委员会成员的决定 |
| 中国政法大学关于印发鼓励捐资助学办法实施细则的通知 |
| 中国政法大学关于雷磊同志任职的通知 |
| 中国政法大学关于印发公共租赁住房管理办法的通知 |
| 中国政法大学关于表彰 2016 – 2017 学年优秀辅导员的决定 |
| 中国政法大学关于表彰 2016 – 2017 学年优秀班主任的决定 |
| 中国政法大学关于成立国家监察研究院的通知 |

续表

| 中国政法大学关于成立非在编科研机构法治发展与教育研究中心的通知 |
| --- |
| 中国政法大学关于调整校内部分机构和人员编制的通知 |
| 中国政法大学关于成立非在编科研机构青年研究中心的通知 |
| 中国政法大学关于表彰 2016 – 2017 学年研究生学业奖学金获得者的决定 |
| 中国政法大学关于加强和改进学生心理健康教育工作的实施意见 |
| 中国政法大学关于成立实验室安全工作领导小组的通知 |
| 中国政法大学关于成立国家监察与反腐败研究中心等四个非在编科研机构的通知 |
| 中国政法大学关于印发本科教材选用管理办法（修订稿）的通知 |
| 中国政法大学关于印发本科教材建设规则的通知 |
| 中国政法大学关于成立招投标及采购领导小组的通知 |
| 中国政法大学关于成立网络法学研究院的通知 |
| 中国政法大学关于表彰 2016 – 2017 学年度奖学金获得者、三好学生、优秀学生干部、先进班集体的决定 |
| 中国政法大学关于调整我校仲裁研究院院长的通知 |
| 中国政法大学关于公布 2016 – 2017 年度考核结果和相关事项的通知 |
| 中国政法大学关于调整学校体育运动委员会名单的通知 |
| 中国政法大学关于加强和改进学校体育工作的实施意见 |
| 中国政法大学关于王强等同志试用期满正式任职的通知 |
| 中国政法大学关于印发法律硕士学院综合改革建设方案的通知 |
| 中国政法大学关于表彰 2016 – 2017 学年优秀实习集体、优秀实习指导教师、优秀实习生、实习工作先进个人的决定 |
| 中国政法大学关于表彰 2017 年度“安全工作标兵单位”和“安全标兵”的通知 |
| 中国政法大学关于成立“双一流”建设领导小组的通知 |
| 中国政法大学关于表彰 2017 年毕业生就业创业工作先进集体和先进个人的决定 |
| 中国政法大学关于印发本科课堂教学质量评价实施办法的通知 |
| 中国政法大学关于印发推荐优秀应届本科毕业生免试攻读硕士学位研究生办法的通知 |
| 中国政法大学关于印发“创新发展中国特色社会主义法治理论体系研究”重大项目科研支持办法的通知 |
| 中国政法大学关于成立德国大学中国项目办公室的通知 |

## 三、法大办发

| 中国政法大学学校办公室关于开展本科教学审核评估自评自建检查工作的通知 |
| --- |

续表

| 中国政法大学学校办公室关于启用“中国政法大学制度学研究院”等7枚印章的通知 |
|---|
| 中国政法大学学校办公室关于印发学校2017年党政工作要点的通知 |
| 中国政法大学学校办公室关于2017年1－2月份督办事项办理情况的通报 |
| 中国政法大学学校办公室关于2017年3月份督办事项办理情况的通报 |
| 中国政法大学学校办公室关于对学校部分固定资产予以报废的决议 |
| 中国政法大学学校办公室关于2017年4月份督办事项办理情况的通报 |
| 中国政法大学学校办公室关于启用“中国政法大学政治与公共管理学院”等7枚印章的通知 |
| 中国政法大学学校办公室关于2017年5月份督办事项办理情况的通报 |
| 中国政法大学学校办公室关于对学校部分房屋对外出租报备的决议 |
| 中国政法大学学校办公室关于启用“中国政法大学绿色发展战略研究院”等3枚印章的通知 |
| 中国政法大学学校办公室关于2017年6月份督办事项办理情况的通报 |
| 中国政法大学学校办公室关于2017年7－8月份督办事项办理情况的通报 |
| 中国政法大学学校办公室关于2017年9月份督办事项办理情况的通报 |
| 中国政法大学学校办公室关于启用“中国政法大学青年研究中心”等6枚印章的通知 |
| 中国政法大学学校办公室关于2017年10月份督办事项办理情况的通报 |
| 中国政法大学学校办公室关于2017年11月份督办事项办理情况的通报 |
| 中国政法大学学校办公室关于启用“中国政法大学网络法学研究院”等4枚印章的通知 |

# 第十六章　奖励与表彰

**先进集体（教职工）**

学校获评 2014—2016 年度北京高校党建研究会工作先进单位

"北京市三八红旗集体"荣誉称号（1 个）

外国语学院

"北京高校先进基层党组织"称号（1 个）

民商经济法学院党委

北京工会暖心驿站（3 个）

法学院教职工小家

外国语学院教职工小家

科研院所教职工小家

先进分党委（4 个）

法学院分党委

民商经济法学院分党委

人文学院分党委

出版社直属党支部

先进教职工党支部（20 个）

校部机关分党委教务处党支部

校部机关分党委研究生院党支部

离退休干部分党委第 18 支部

离退休干部分党委第 19 支部

离退休干部分党委在职支部

法学院分党委法理学研究所党支部

民商经济法学院分党委民事诉讼法研究所党支部

刑事司法学院分党委行政党支部

国际法学院分党委行政辅导员党支部

政治与公共管理学院分党委国际政治系党支部

商学院分党委经济学研究所党支部

人文学院分党委中文系党支部

光明新闻传播学院分党委新闻学研究所党支部

外国语学院分党委行政党支部

马克思主义学院分党委中国近现代史研究所党支部

后勤分党委资产处党支部
科研单位分党委科研处党支部
科研单位分党委法律史学研究院党支部
证据科学研究院分党委教工党支部
图书馆党总支学院路党支部

尊老敬老先进集体（6 个）

人事处　保卫处　国际法学院
政治与公共管理学院　外国语学院　饮食服务中心

毕业生就业创业先进集体（6 个）

刑事司法学院　商学院
社会学院　马克思主义学院
光明新闻传播学院　比较法学研究院

安全标兵单位（10 个）

民商经济法学院
光明新闻传播学院
法律硕士学院
外国语学院
学校办公室
人事处
财务处
图书馆
饮食服务中心
物业管理服务中心

管理与服务优秀集体（5 个）

学校办公室
党委宣传部
教务处
科研处
保卫处

优秀教学集体（5 个）

刑法研究所
国际政治系
翻译研究所
心理学教研室
新闻学研究所

优秀实习集体（5 个）

法学院　民商经济法学院　人文学院

社会学院　光明新闻传播学院

优秀社团活动小组（3 个）

舞蹈协会　昌平综合协会　工美协会手工组

2018 年“岗位练兵”先进集体

校图书馆系统部

昌平校区保安队

学生公寓管理服务中心

幼儿园

学院路校区校医院

**先进个人（教职工）**

“全国三八红旗手”荣誉称号（1 人）

夏吟兰

北京市优秀教师（2 人）

席　涛　冯晓青

北京市优秀教育工作者（1 人）

李秀云

北京高校优秀共产党员（2 人）

于文轩　祁欢（女）

第十三届北京市高等学校教学名师奖获得者

赵卯生

北京市师德先锋

赵天红　王敬波

2017 年宝钢优秀教师奖获得者

高健军　赵晓华

第十六届青年教师基本功大赛

一等奖（2 名）

张春阳　李京泽

二等奖（4 名）

吴韵曦　周增光　陶　乾　陈志豪

三等奖（6 名）

王理万　耿佳宁　李　倩　韩　达　冯　威　张　铭

优秀奖（12 名）

邓　力　金　晶　宁势强　林　静　车路遥　李　莉

李伯轩　成福蕊　姜海燕　张　雨　葛平亮　张亚琼

2018 年“岗位练兵”先进个人

一等奖（18 名）

图书馆 5 名：

于　洁　　刘亚丽　　孙正国　　武小东　　戚军舰

保卫处 3 名：

杨光东　　张　勇　　韩　威

后勤系统 7 名：

孙文成　　李成生　　李新华　　武常勇　　夏新华　　焦家琪
温　杰

校医院 3 名：

吴晓峰　　宣新新　　甄　杰

二等奖（37 名）

图书馆 7 名：

李　杨　　李雪梅　　李惠霞　　李燕佳　　苌宛双　　呼青玉
唐　军

保卫处 6 名：

王　成　　孙梦檀　　李　伽　　李路鹏　　陈中超　　海志强

后勤系统 18 名：

于美娟　　王建旭　　冯　佳　　任海曼　　刘士富　　关金荣
祁　军　　孙会华　　李凤芹　　李建有　　杨春兰　　张松波
张建辉　　范宝云　　徐明仁　　郭建利　　崔玉荣　　梁飞龙

校医院 6 名：

王云华　　吴亚芬　　沈立哲　　范春梅　　崔冬梅　　郭　彤

就业贡献奖（6 人）

范世乾　　庞金友　　管晓立　　杨俊丽　　李欣宇　　尚　武

毕业生就业创业先进个人（15 人）

王家启　　樊昌茂　　刘　澍　　蒋龙琴　　张　葆　　张继山
刘　冰　　阮广宇　　逯钟文　　胡梦瑶　　黄晓慧　　吴　颖
王超群　　杨明荃　　杨莉莉

离退休先进工作者（10 名）

王建敏　　王洪松　　王　站　　李　净　　吴晓璐　　邸维蛟
张　伸　　姚梅娟　　顾永强　　谭立和

老有所为先进个人（20 名）

马凤霞　　王雁异　　王遂起　　王瑞华　　王耀庭　　石志琴
田　岚　　齐东平　　江智海　　杨鹤皋　　吴昭明　　张田田
张明翔　　陈淑华　　林翘翘　　罗　瑛　　周栓喜　　徐来琴
黄道秀　　靳桂荣

尊老敬老好家庭（5 户）

王一民　王杏捷　王启富　张玉森　郑　舒

无私奉献好党员（80 名）

于大双　马芳城　马春芝　马春荣　马柏清　马秋枫
马登民　王引淑　王刚平　王启富　王建新　王素明
王遂起　王遵佶　王耀庭　龙梦晖　兰　洁　宁作安
毕可鹰　仲建华　任淑梅　华莉苹　伊夏年　邬宝顺
刘秀华　刘根菊　齐东平　孙秀英　李月琴　李书灵
李志惠　李振茹　李桂芳　杨业贵　肖　宏　吴　薇
蒋小同　余常汉　谷永磊　宋振国　宋慧来　张之军
张志华　张明翔　张虹芝　陆　炬　陈大光　陈会玲
罗　瑛　周正会　周纪兰　庞　本　郑　杰　郑　舒
赵士凤　赵国先　赵相林　修　建　侯廷智　俞海燕
贺　平　贺　进　贾桂琴　徐德山　高　伟　高荆洪
唐长存　黄菊丽　彭望隽　董　秋　韩　会　嵇子明
焦玉学　焦宝华　曾尔恕　靳桂荣　廉雅荣　魏传军
魏克家　邢丽华

安全标兵（10 人）

于美芬（幼儿园）
王家启（法学院）
王超群（社会学院）
刘希庆（学生处）
刘　瑾（国际法学院）
孙黎萌（纪委办监察处）
杨冉明（刑事司法学院）
严　炜（政治与公共管理学院）
张之军（学生公寓管理服务中心）
张轶舸（信息化建设办公室）

励道教学杰出贡献奖（1 人）

李　立

优秀教师奖（5 人）

张秀华　吕芳　朱利江　费安玲　王贞会

优秀教育工作者（23 人）

刘赫然　学校办公室
邸维蛟　党委组织部
李　叶　党委宣传部
黄庆峰　离退休工作处

| | |
|---|---|
| 张　鹏 | 教务处 |
| 魏　雯 | 科研处 |
| 郑永吉 | 研究生院 |
| 刘　旭 | 人事处 |
| 许晶晶 | 学生工作部 |
| 张　翀 | 国际合作与交流处/港澳台办公室 |
| 刘　岩 | 财务处 |
| 郭芳芳 | 保卫处 |
| 张铁舸 | 信息化建设办公室 |
| 王　琦 | 法学院 |
| 于　丽 | 民商经济法学院 |
| 张　丽 | 国际法学院 |
| 彭伟红 | 政治与公共管理学院 |
| 杜　娟 | 法律硕士学院 |
| 张雨晨 | 外国语学院 |
| 陈　珍 | 继续教育学院 |
| 桑　迪 | 社会学院 |
| 赵　巍 | 图书馆 |
| 孟庆超 | 饮食服务中心 |

教学特别奖（9 人）

| | | | | | |
|---|---|---|---|---|---|
| 朱晓武 | 刘徐州 | 张文灿 | 金莉莉 | 屈超立 | 赵天红 |
| 胡安潮 | 徐新燕 | 翟远见 | | | |

教学优秀奖（40 人）

| | | | | | |
|---|---|---|---|---|---|
| 于　淼 | 于德江 | 王立平 | 王丽莉 | 王佳航 | 王建芳 |
| 王　莉 | 王　楠 | 邓庆平 | 史　飚 | 朱晓娟 | 刘　丹 |
| 刘兆敏 | 刘　艳 | 李小龙 | 李玉香 | 李　筠 | 肖承海 |
| 张立新 | 张　劲 | 陆伟丰 | 陈　宜 | 陈　莲 | 陈　煜 |
| 金　哲 | 周爱华 | 赵珊珊 | 赵雪纲 | 赵　晶 | 胡思博 |
| 袁　丽 | 倪寿鹏 | 徐　妍 | 蔡乐渭 | 翟继光 | 熊金武 |
| 黎　敏 | 薛　童 | 戴　龙 | 戴嘉佳 | | |

从事教育工作满 30 年的同志予以表彰（88 人）

| | | | | | |
|---|---|---|---|---|---|
| 于向荣 | 马　力 | 马灵霞 | 马　静 | 王立平 | 王　旭 |
| 王振峰 | 王　莉 | 王称心 | 王　娣 | 王敏惠 | 卞建林 |
| 方长元 | 方流芳 | 尹志强 | 史晓丽 | 付　昕 | 吕欣幸 |
| 朱　芸 | 朱　勇 | 任京忠 | 刘文平 | 刘丽娜 | 刘崇丽 |
| 刘淑环 | 刘媛媛 | 齐　筠 | 阳　辰 | 杜学亮 | 李永军 |
| 李良才 | 李　妍 | 李宝庆 | 李建华 | 李贵生 | 李　钢 |

| | | | | | |
|---|---|---|---|---|---|
| 李津兰 | 李　晓 | 李　娟 | 李雪梅 | 李群英 | 李　毅 |
| 杨凤仙 | 杨未然 | 杨　杰 | 杨　萍 | 吴意芬 | 吴　飚 |
| 邱星美 | 沈丽红 | 沈　净 | 宋在友 | 张士忠 | 张中秋 |
| 张　红 | 张辰龙 | 张青云 | 张美常 | 张　晖 | 张　清 |
| 张瑞君 | 陈冬青 | 陈殿成 | 欧小琪 | 金　眉 | 周长玲 |
| 周爱华 | 屈荣莉 | 屈超立 | 赵文彤 | 赵立梅 | 赵　斌 |
| 赵　馨 | 胡利玲 | 胡晋华 | 胡　琳 | 姚泽金 | 凌砚福 |
| 郭红岩 | 郭　梅 | 唐　军 | 常保国 | 商　磊 | 董维苹 |
| 满学惠 | 谭立和 | 黎　军 | 薛克鹏 | | |

优秀辅导员（5 人）

| | |
|---|---|
| 法学院 | 屈荣莉 |
| 民商经济法学院 | 张　葆 |
| 国际法学院 | 刘　凯 |
| 刑事司法学院 | 王红晓 |
| 法律硕士学院 | 苏　宇 |

优秀班主任（6 人）

| | |
|---|---|
| 民商经济法学院 | 朱晓娟 |
| 国际法学院 | 宣增益 |
| 刑事司法学院 | 赵珊珊 |
| 政治与公共管理学院 | 张立鹏 |
| 商学院 | 熊金武 |
| 光明新闻传播学院 | 郑满宁 |

优秀实习指导教师（21 人）

法学院（2 人）

赵志华　　董静姝

民商经济法学院（2 人）

胡彩肖　　李　文

国际法学院（2 人）

张　力　　李居迁

刑事司法学院（2 人）

赵天红　　于国旦

政治与公共管理学院（2 人）

尹　钛　　吴新辉

商学院（1 人）

王　玲

人文学院（2 人）

费多益　　张　文

外国语学院（2 人）

张　清　　陈　晖

马克思主义学院（2 人）

靳晓春　　王觅泉

社会学院（2 人）

杨　璐　　熊贵彬

光明新闻传播学院（2 人）

郑满宁　　王瑞奇

优秀教职工党员（53 名）

校部机关分党委：刘耀辉　沈　彪　周　玥　万　青
向芝鑫　张永然　郑　楠　郭芳芳

离退休干部分党委：靳桂荣　贺　平　吴昭明　刘亚茹
黄菊丽　李　泰

法学院分党委：李仁燕　侯淑雯　雷　磊

民商经济法学院分党委：王洪松　戴孟勇　朱晓娟　于文轩

国际法学院分党委：祁　欢　张　玲

刑事司法学院分党委：王桂萍　江乐园

政治与公共管理学院分党委：梅燕京　任洪生

商学院分党委：顾　凡　叶向红

人文学院分党委：费多益　康晨宇

光明新闻传播学院分党委：聂书江

外国语学院分党委：田力男　刘　婷

继续教育学院直属党支部：刘守仁

社会学院分党委：马　皑

马克思主义学院分党委：阮广宇

法律硕士学院分党委：曾彬彬

国际教育学院直属党支部：李　妍

科研单位分党委：陆　敏　韩　冰　梁　敏

证据科学研究院分党委：王　旭　张保生

比较法学研究院分党委：冯　恺

图书馆党总支：张　玲

后勤分党委：李卫东　谢君琦　王　站

体育教学部直属党支部：王　巍

科学技术教学部直属党支部：徐国文

现代教育技术中心直属党支部：吕淑艳

出版社直属党支部：尹树东

优秀党务工作者（25 名）

校部机关分党委：刘　杰　卜路军

离退休干部分党委：董　秋

法学院分党委：王　琦

民商经济法学院分党委：于　丽

国际法学院分党委：兰　兰

刑事司法学院分党委：王敬川

政治与公共管理学院分党委：彭伟红

商学院分党委：黄立君

人文学院分党委：王　莉

光明新闻传播学院分党委：胡梦瑶

外国语学院分党委：张鲁平

继续教育学院直属党支部：刘玉娥

社会学院分党委：桑　迪

马克思主义学院分党委：金　璐

法律硕士学院分党委：苏　宇

科研单位分党委：孙　萌

比较法学研究院分党委：王志华

证据科学研究院分党委：鲁　涤

图书馆党总支：李春燕

后勤分党委：杨怀军

体育教学部直属党支部：刘振民

科学技术教学部直属党支部：闫红霞

现代教育技术中心直属党支部：吴文影

出版社直属党支部：余　娟

入党满 50 年老党员颁发纪念奖（3 人）

门玉清　孙建军　武来再

第十三届教代会工会理论研讨会

一等奖（3 名）

解廷民：《换届聘任与员工职业发展》

王　莹：《新形势下我国高校工会财务管理中存在的问题及对策》

刘　璐：《“互联网＋”背景下高校“智慧工会”建设初探》

二等奖（4 名）

张　婷、陈建、贾娜琳捷：《高校工会改革探析》

李　妍：《浅论高校工会提升教职工运动健身参与度的举措》

林　华：《公办学校教师权利救济的困境与出路》

胡彩肖：《我国机构养老面临的几个问题及对策》

三等奖（5 名）

李晓燕、杨大华：《构建“知识型、创新型劳动大军”政策对高校工会工作的启示》

冯晓青：《高校教代会提案工作的重要意义及其改进对策》

熊贵彬、樊星：《社会工作在高校工会中的应用研究》

王顺安：《谈谈对〈新时代高校教师职业行为十项准则〉的看法》

杨　飞：《用人单位劳动规章制度法律规制的完善》

优秀奖（4 名）

李　媚：《“互联网 +”时代背景下建设“智慧工会”的创新举措》

张严心：《浅析高校打造“智慧”工会的创新与实践》

濮冰燕：《新时代高校工会开展思想政治工作的思考和探索》

王　琦：《新时代高校工会应在师德建设中发挥更大作用》

**先进集体（学生）**

2017 年北京市十佳示范班集体

民商经济法学院 1502 班

先进学生党支部（24 个）

法学院分党委 2012 级法学实验班 3 班党支部

法学院分党委 2013 级法学实验班 4 班党支部

法学院分党委 2015 级宪法行政法 2 班研究生党支部

法学院分党委本科生第 1 党支部

民商经济法学院分党委 2015 级本科生党支部

民商经济法学院分党委 2014 级本科第 1 党支部

民商经济法学院分党委 2015 级研究生第 8 党支部

民商经济法学院分党委 2015 级研究生第 1 党支部

刑事司法学院分党委 2014 级 3 班 6 班、2016 级联合党支部

刑事司法学院分党委 2015 级刑诉班党支部

国际法学院分党委 2014 级本科生党支部

国际法学院分党委 2015 级研究生 1 班党支部

政治与公共管理学院分党委 2014、2015 级本科生联合党支部

政治与公共管理学院分党委 2015 级研究生政治学党支部

商学院分党委 2016 级普通研究生党支部

商学院分党委 2014 级国际商务本科生党支部

人文学院分党委本科生党支部

社会学院分党委 2014 级研究生党支部

法律硕士学院分党委 2015 级 5 班党支部

法律硕士学院分党委 2016 级 5 班党支部

法律硕士学院分党委中欧法学院 2015 级 2 班研究生党支部

马克思主义学院分党委2014级博士研究生党支部

比较法学研究院分党委学生第2党支部

证据科学研究院分党委2015级证据法学研究生党支部

中国政法大学2016－2017学年度校级先进班集体获奖名单（40个）

法学院（5个）

本科生（3个）

2016级实验1603

2015级实验1503

2014级实验1402

研究生（2个）

2016级法律硕士班

2016级宪行二班

民商经济法学院（7个）

本科生（5个）

2016级民商1603

2016级民商1604

2016级民商1602

2015级双培1501

2015级民商1503

研究生（2个）

2016级研究生3班

2016级研究生6班

国际法学院（5个）

本科生（4个）

2016级国经1602

2015级国经1506

2015级国经1504

2014级国经1407

研究生（1个）

2016级硕士1班

刑事司法学院（4个）

本科生（3个）

2014级刑司1401

2015级侦查1501

2016级刑司1607

研究生（1个）

2016级刑诉班

政治与公共管理学院（4 个）
本科生（1 个）
2016 级公管类 1601
研究生（3 个）
2016 级博士生政管班
2015 级硕士生行政管理班
2016 级硕士生行政管理班
商学院（4 个）
本科生（3 个）
2016 级成思危菁英班 1601
2016 级商 1601
2015 级工 1501
研究生（1 个）
2016 级 16 级硕士班
人文学院（1 个）
本科生（1 个）
2016 级文 1601
外国语学院（2 个）
本科生（1 个）
2015 级法律翻译 1501
研究生（1 个）
2016 级 MTI 班
证据科学研究院（1 个）
研究生（1 个）
2016 级法庭科学
马克思主义学院（1 个）
本科生（1 个）
2015 级思政 1501
社会学院（1 个）
本科生（1 个）
2016 级社工 1601
法律硕士学院（2 个）
研究生（2 个）
2015 级法硕 4 班
2016 级法硕 5 班

光明新闻传播学院（1 个）
本科生（1 个）
　2014 级新闻 1402
中欧法学院（1 个）
研究生（1 个）
　2016 级研究生 3 班
比较法学研究院（1 个）
研究生（1 个）
　2015 级中德班

**先进个人（学生）**

第十二届全国大学生年度人物
　商学院 2014 级本科生　黄健栓
优秀学生党员（45 名）
　法学院分党委：胡化其　李瑾茹　林庆龙　石　玥　王琳琳
　　　　　　　　吴美辰　杨建民　赵一丹
　民商经济法学院分党委：邱琼玉　钟欣悦　魏若竹　乔红阳
　　　　　　　　　　　　焦一洋　张伊佳　尹瑞龙　毛安艺
　国际法学院分党委：郭晓阳　赵子毅　李妍欣　逯容如
　刑事司法学院分党委：王天元　徐隽颖　张晋铭　陈拨志　郭　锴
　政治与公共管理学院分党委：朱　磊　由继发
　商学院分党委：杨　悦　杨　洋　张　瑶　徐玮彤
　人文学院分党委：陈静瑜
　光明新闻传播学院分党委：饶金辉
　外国语学院分党委：魏　臻
　社会学院分党委：蒋宪航
　马克思主义学院分党委：赵　方
　法律硕士学院分党委：曾杏梓　齐　桐　史志鹏　徐文红
　　　　　　　　　　　杨　慧　张士皓
　科研单位分党委：姚　天
　比较法学研究院分党委：魏　冉
　证据科学研究院分党委：牛　哲
安全标兵（28 人）
　万南江　　　　　　法律硕士学院 2017 级研究生
　叶子函　　　　　　法学院 2017 级研究生
　田换林　　　　　　法律硕士学院 2016 级研究生
　包梦娜　　　　　　刑事司法学院 2016 级研究生

| | |
|---|---|
| 许启胜 | 光明新闻传播学院 2014 级本科生 |
| 许维萱 | 刑事司法学院 2016 级本科生 |
| 刘鹏宇 | 证据科学研究院 2016 级研究生 |
| 齐　菲 | 政治与公共管理学院 2016 级研究生 |
| 李亚男 | 民商经济法学院 2015 级本科生 |
| 李晓瑜 | 国际法学院 2014 级本科生 |
| 李露露 | 法学院 2014 级本科生 |
| 严　黎 | 国际法学院 2015 级研究生 |
| 张鹏飞 | 马克思主义学院 2016 级本科生 |
| 张蓝予 | 比较法学研究院 2017 级研究生 |
| 张靖达 | 外国语学院 2015 级本科生 |
| 汪　涛 | 社会学院 2016 级本科生 |
| 武秀丽 | 民商经济法学院 2016 级研究生 |
| 林婉婷 | 法学院 2016 级本科生 |
| 陈嘉伟 | 民商经济法学院 2016 级本科生 |
| 项正先 | 法学院 2015 级本科生 |
| 侯丹洋 | 政治与公共管理学院 2015 级本科生 |
| 姚丽静 | 民商经济法学院 2015 级研究生 |
| 黄乐虎 | 人文学院 2015 级本科生 |
| 蒋恩第 | 法学院 2017 级本科生 |
| 谢　超 | 刑事司法学院 2015 级本科生 |
| 谭日景 | 国际法学院 2016 级本科生 |
| 谭惠文 | 民商经济法学院 2014 级本科生 |
| 魏恒泽 | 国际法学院 2015 级本科生 |

优秀实习生（117 人）

法学院（24 人）

陈福祥　成汀汀　姜　山　景梦姣　马　丹　孙　睿
余　沛　章玉芬　周子琳　朱艺弘　何泽南　吴国正
吴千旻　张海伦　张　怡　胡　琪　黎　旭　肖怡竹
谢诗戴　杨婧雯　邹钰珊　马淑玉　左淇文　黄祚雨

民商经济法学院（20 人）

尹瑞龙　马伟栋　高　超　马小芳　杨华山　袁　荃
胡　丹　乔红阳　刘静宜　吴岱霖　谭惠文　李维康
徐　璐　黄奕通　包雍彬　郭　珊　焦一洋　李兴文
徐　冰　周　鑫

国际法学院（16 人）

汪辰子　赵耀民　陈　雪　顾　盼　陈超然　钟修齐

付亚男 冶利亚 李妍欣 刘文浩 李晓瑜 何叶梅
陈 光 谢思成 张齐才 余雪钟樱

刑事司法学院（18 人）

张天孟 牛 斐 李 亚 杨 帆 崔欣冉 谢树涛
刘晋轩 刘子泰 邓与骁 尹清源 武新阳 周 林
蒲开武 张奂祺 刘晨爽 于志翰 聂梓锋 梁晓辉

政治与公共管理学院（9 人）

齐雨萌 杨志宇 章贝格 郗 涵 胡浣词 张 楠
周钰洁 赖 芸 努尔艳木·亚生

商学院（13 人）

孟博雅 李 月 张鑫垚 张 新 唐宇萱 陈 聪
周雨婷 肖 瑶 王 宁 李泽琳 王金晓 范修齐
赖 琳

人文学院（3 人）

惠海红 周玉纹 张小华

外国语学院（6 人）

王 宁 李松倍 郑子璇 赵志恒 陈 欢 蔡泽佳

社会学院（3 人）

李正新 张若华 蒋玉燕

马克思主义学院（2 人）

苏 欣 李 猛

光明新闻传播学院（3 人）

李子寒 张田婷 岳 云

实习工作先进个人（11 人）

法学院：管晓立
民商经济法学院：张桂琴
国际法学院：刘 瑾
刑事司法学院：李 娜
政治与公共管理学院：王晓妹
商学院：郭 虹
人文学院：姚 瑶
外国语学院：杜冰子
社会学院：桑 迪
马克思主义学院：李良才
光明新闻传播学院：白桂香

中国政法大学2017届赴西部和基层就业毕业生名单

赴西部就业毕业生名单（48人）

郑亚珂　万　欣　倪梦圆　杜雅仪　卓　嘎　也尔帕
李振昔　吴新华　田永国　仁增朗杰　杨红燕　李　穗
蔡东伶　马　红　郭晓萌　张玉涛　梅　央　王　旭
马克布扎·叶尔江　赵亚然　饶　娉　曾　玲　贾　煜
杨晨颖　龙朝恒　刘　颜　周子睿　朱映雪　王　琳
蒋佳宏　杨蔚玲　姚俊颖　王月苑　陈　晨　仲文婷
丁振兴　侯慧娟　冯信兴　罗　希　王鹏飞　步洋洋
宋晨翔　张家祎　梁定宇　吴　捷　王　晴　丁　琪
邹　颖

赴东北、中部基层就业和参加基层项目毕业生名单（25人）

张　岩　陈皓思　栾文朔　王　茜　郭成刚　窦　鸿
王玥乔　马天一　冯梦笛　王天元　潘　俊　张志文
周晓珂　宋世豪　张峰祥　张天琳　刘一林　张梦薇
杨　娴　诺　敏　张　韬　卢文骄　梁兴博　吕夏宇
陈慕寒

自主创业毕业生名单（28人）

李运迪　李梦瑜　蒋晨逸　蔡雪梅　杨　笑　刘　姣
高艳德　么昕鑫　史慧杰　孙东辉　于　毅　杨逸姗
左政军　张玉玺　邹敬东　洪进鹏　陈　秉　邸雨辰
修　政　钟正松　周玉峰　李可辉　胡　楠　高强生
吕恒汉　余词香　石青松　齐　娜

中国政法大学2017届优秀毕业生名单

市级优秀本科毕业生（105人）

法学院（22人）

林金谷　墙路斌　武春旭　简鑫琦　龚昌林　陈嘉璐
袁　杉　张忠强　师钰然　任丹阳　林　琳　徐文海
李拓野　龚婉婷　徐晓聪　汪昕怡　王梓怡　谢　帅
郭　佳　黄　乾　陈泓天　牙舒媚

民商经济学院（20人）

任钰洋　向远坤　毛健武　裴文瑾　周少博　龙　迪
孙振宇　陈武鹏　狄行思　田梦驰　陆　琦　申　晔
刘培昂　张天琳　李　铭　也尔帕　魏若竹　苏仲天
潘　辉　王梦华

国际法学院（15人）

郭成刚　李　京　韩悦蕊　李万晨　毛春联　郭晓阳

| 文可心 | 张伟弘 | 曹华康 | 赵子毅 | 张晓辰 | 王　程 |
|---|---|---|---|---|---|
| 何　强 | 任思雨 | 尹晓彬 | | | |

刑事司法学院（17 人）

| 吴子豪 | 高宸宇 | 郑亚珂 | 王玥乔 | 陈剑宇 | 陈海俊杰 |
|---|---|---|---|---|---|
| 赵盈瑾 | 黄玉婷 | 丁晶晶 | 韩　月 | 张　璇 | 陈平巧 |
| 尚德贤 | 杨　博 | 王天元 | 汪雪莲 | 孙延菲 | |

政治与公共管理学院（7 人）

| 何家丞 | 闫　强 | 葛方晨 | 赵敬雅 | 陈清云 | 鞠军峰 |
|---|---|---|---|---|---|
| 林　雯 | | | | | |

商学院（14 人）

| 吴　畏 | 潘　俊 | 林　宇 | 张志文 | 蔡斐然 | 贾　丹 |
|---|---|---|---|---|---|
| 葛　尧 | 季舒珣 | 张馥蕾 | 曲　艺 | 周钰盈 | 钱知音 |
| 韩梦乔 | 刘婧婷 | | | | |

人文学院（2 人）

栾书剑　苏子婵

马克思主义学院（1 人）

张　冲

外国语学院（2 人）

肖利娜　聂旭东

社会学院（3 人）

董焱尧　王信力　杨　玥

光明新闻传播学院（2 人）

吕夏宇　饶金辉

市级优秀毕业研究生（99 人）

法学院（24 人）

| 杨　洋 | 慕婷婷 | 刘杰超 | 周　颖 | 王士硕 | 李依依 |
|---|---|---|---|---|---|
| 王超奕 | 周　磊 | 覃　慧 | 林庆龙 | 李作鹏 | 孙　艺 |
| 于潇岚 | 刘怡畅 | 潘　喆 | 王　怡 | 周乐达 | 陈　杨 |
| 李玲宇 | 朱龙臻 | 王宏月 | 蒋旭华 | 黄璎捷 | 苏　文 |

民商经济法学院（13 人）

| 郭柳源 | 薛信玮 | 张坤梅 | 郭建潇 | 陈贝贝 | 陈博闻 |
|---|---|---|---|---|---|
| 梁伟伟 | 檀校龙 | 邹佳旭 | 高涵悦 | 韩梦蝶 | 方明东 |
| 戴文骐 | | | | | |

国际法学院（4 人）

孙春风　王梦珂　杨承甫　焦　龙

刑事司法学院（10 人）

| 袁祥境 | 张雪永 | 徐隽颖 | 陈嘉琦 | 张　扬 | 黎　曚 |
|---|---|---|---|---|---|

李雅健　桂梦美　步洋洋　欧阳晓滨

政治与公共管理学院（6人）

陈　晔　陈　胜　陈自立　苏津力　张铂炎　王龙飞

商学院（4人）

王禄鹏　徐洪日　浦天龙　蓝　俊

人文学院（2人）

秦玉杰　杨　洁

马克思主义学院（2人）

周亚梅　王亚珍

法律硕士学院（19人）

王芊琇　董贞贞　郭改桃　李秀果　马　涛　晁宁宁
姜晓凤　朱国良　赵海洋　刘津宁　肖春阳　朱晓伟
万晓丹　马天雄　孙嘉琳　董世浩　王思维　葛　莹
庄明晓

外国语学院（1人）

朱博文

社会学院（1人）

李咨含

比较法学研究院（3人）

时鹏程　周婷婷　郑　喆

光明新闻传播学院（2人）

王希亚　谢小杭

中欧法学院（3人）

邵昱飞　孙凯瑞　姜沅伯

证据科学研究学院（4人）

尤　萌　陈艳萍　牛　哲　李江涛

人权研究院（1人）

朱莎莎

校级优秀本科毕业生（274人）

法学院（49人）

林金谷　墙路斌　陈加勤　华一枝　陈华倩　武春旭
陈碧霞　陈倩怡　简鑫琦　李　鑫　龚昌林　魏家浩
钟益鸣　陈嘉璐　袁　杉　卢稷铨　张忠强　师钰然
尹　源　任丹阳　李嘉惠　王新宇　林　琳　胡亚梅
邹景宁　徐文海　李飞宏　常　越　李拓野　龚婉婷
黄丽娇　余春芳　徐晓聪　赵克柔　谭迪允　汪昕怡

| | | | | | |
|---|---|---|---|---|---|
| 王梓怡 | 谢　帅 | 唐凡婷 | 曹怡玲 | 郭　佳 | 林涵雨 |
| 黄　乾 | 林自立 | 陈泓天 | 周彬榕 | 龙圣强 | 于晨哲 |
| 牙舒媚 | | | | | |

民商经济法学院（52 人）

| | | | | | |
|---|---|---|---|---|---|
| 欧阳萱 | 张加锴 | 尹一行 | 任钰洋 | 向远坤 | 舒翔羽 |
| 高　鹏 | 毛健武 | 姚　睿 | 裴文瑾 | 叶嘉瑶 | 赵　峰 |
| 周少博 | 顾浩然 | 龙　迪 | 孙振宇 | 陈武鹏 | 尹　璇 |
| 狄行思 | 肖明倩 | 卓　嘎 | 宋世豪 | 王天然 | 栾文朔 |
| 方怡堃 | 王君逸 | 田梦驰 | 陆　琦 | 申　晔 | 张峰祥 |
| 刘培昂 | 叶小其 | 谭　杰 | 谢慧敏 | 王　欣 | 张天琳 |
| 李　铭 | 王培嘉 | 也尔帕 | 毛欣铭 | 王　茜 | 杨　惠 |
| 蔡蔚然 | 余汶燕 | 魏若竹 | 高一丹 | 伊　萨 | 苏仲天 |
| 潘　辉 | 王梦华 | 许宝文 | 施晨晨 | | |

国际法学院（38 人）

| | | | | | |
|---|---|---|---|---|---|
| 王宏喆 | 郭成刚 | 高晓颖 | 姚　尧 | 李　京 | 陈增雨 |
| 杨育晗 | 李航羽 | 韩悦蕊 | 李万晨 | 刘一林 | 吴新华 |
| 李玉洁 | 毛春联 | 郭晓阳 | 刘恒瑞 | 尹晓彬 | 文可心 |
| 娜迪热 | 张伟弘 | 曹华康 | 扈梦瑶 | 魏依洋 | 赵子毅 |
| 张晓辰 | 张梦薇 | 杨　娴 | 诺　敏 | 侯　迪 | 钟卓然 |
| 王　程 | 何　强 | 韩冰凌 | 班　斓 | 朱文超 | 李娴姝 |
| 任思雨 | 崔代恒美 | | | | |

刑事司法学院（40 人）

| | | | | | |
|---|---|---|---|---|---|
| 吴子豪 | 高宸宇 | 张　瀚 | 赵积斌 | 杨　宸 | 郑亚珂 |
| 王玥乔 | 陈剑宇 | 陈海俊杰 | 黄钰容 | 董巧丹 | 王宇豪 |
| 杨　帅 | 赵盈瑾 | 黄玉婷 | 谷　津 | 梁兴博 | 陈洁琼 |
| 李孟芩 | 丁晶晶 | 易　李 | 韩　月 | 皮正德 | 侯华超 |
| 李佳馨 | 张　璇 | 陈平巧 | 赵姗姗 | 尚德贤 | 杨　博 |
| 马天一 | 冯梦笛 | 李碧霞 | 邓万昕 | 孙延菲 | 王天元 |
| 杨泽汉 | 汪雪莲 | 娄此杨兵 | 王阳雪子 | | |

政治与公共管理学院（17 人）

| | | | | | |
|---|---|---|---|---|---|
| 何家丞 | 闫　强 | 张　韬 | 黄雅雯 | 田斯予 | 窦　鸿 |
| 陈立夫 | 葛方晨 | 卢文骄 | 赵敬雅 | 蒋　琦 | 陈清云 |
| 鞠军峰 | 马子悦 | 陈掯珺 | 林　雯 | 汪婷婷 | |

商学院（42 人）

| | | | | | |
|---|---|---|---|---|---|
| 吴　畏 | 潘　俊 | 秦　力 | 林　宇 | 夏　曼 | 张志文 |
| 贺一杭 | 郭晓萌 | 蔡斐然 | 贺　朝 | 张玉涛 | 陈慕寒 |
| 罗雨菡 | 杨　炎 | 毛晓亮 | 岳伟豪 | 陈飞洋 | 王宇廷 |

贾　丹　葛　尧　曹业奇　黄睿之　周晓珂　董　勖
季舒珣　杜　谦　蒋文璐　张馥蕾　韩　瑜　温凯茹
杨洁萌　程　晴　曲　艺　丁　清　辛冠男　周钰盈
王　丹　钱知音　樊　琳　刘子铭　韩梦乔　刘婧婷

人文学院（4 人）

栾书剑　陈静瑜　马　红　苏子婵

马克思主义学院（3 人）

张　冲　陈　琪　陆豪青

外国语学院（4 人）

肖利娜　聂旭东　杨嘉倩　孙秀满

社会学院（5 人）

董焱尧　宋柯颖　王　瑶　王信力　杨　玥

光明新闻传播学院（6 人）

吕夏宇　张　群　饶金辉　王　然　叶尔力克·赛力克
玉苏甫·艾山

国际教育学院（14 人）

陈嘉琳　叶晓颖　胡玮茵　蔡彬霖　凌　华　周隽兴
戴　榕　苏　洁　翁子哲　楼钧业　陈靖淩　黎山海
黎冰芳　权度炫

校级优秀毕业研究生（212 人）

法学院（48 人）

杨　洋　牛利冉　慕婷婷　刘杰超　范志云　李　欣
林庆龙　周　颖　孙蕾蕾　秦　蓉　王士硕　胡志鹏
李依依　刘志强　王超奕　周　磊　齐伟玲　武夫波
陈尚龙　宋崇阳　覃　慧　王雯雯　李作鹏　郑　阳
孙　艺　马玲玉　于潇岚　刘怡畅　白冰璇　潘　喆
白云鹤　王　怡　高子婷　周乐达　魏晓田　姜　璐
严笑儿　陈　杨　赵继凯　李玲宇　朱龙臻　钱舒敏
邹　颖　王宏月　蒋旭华　黄璎捷　苏　文　平李博文

民商经济法学院（29 人）

郭柳源　刘亚东　薛信伟　耿瑞璞　张坤梅　郭建潇
李文凤　陈贝贝　张艺璐　李宗远　刘丝雨　陈博闻
梁伟伟　任笑菡　檀校龙　黄　湘　邹佳旭　赵元蒙
高涵悦　傅　琦　韩雅华　韩梦蝶　王丽媛　刘　洋
方明东　蒙向东　王　琪　戴文骐　杨晓强

国际法学院（9 人）

孙春凤　王梦珂　杨承甫　梁　卓　樊　凡　牛昱尹

焦 龙 王雅婷 李 捷

刑事司法学院（19 人）

袁祥境 张雪永 李振洋 刘奕君 柳兴豹 孙含悦
徐隽颖 陈嘉琦 张 扬 王诺亚 常峻玮 李雅健
黎 曚 郭碧瑶 步洋洋 桂梦美 王绍佳 向 准
欧阳晓滨

政治与公共管理学院（15 人）

汤 彬 张金苗 陈 晔 张梦君 饶 娉 陈 胜
李慧敏 陈自立 吴惠庶 彭 聪 苏津力 张铂炎
刘剑波 姜宇航 王龙飞

商学院（11 人）

王禄鹏 徐洪日 王月苑 王 晴 安红霞 唐琦瑢
浦天龙 韩 丽 程松岩 蓝 俊 刘 征

人文学院（7 人）

王金霞 秦玉杰 冯信兴 杨 洁 杨 阳 李 兵
曹 融

马克思主义学院（4 人）

周亚梅 侯慧娟 王亚珍 栗瑶平

法律硕士学院（39 人）

谢 雪 何 蓉 王芊琇 董贞贞 郭改桃 丁振兴
关蕾丝 马 涛 王 莹 宋雅颖 晁宁宁 姜晓凤
李冰辉 杜小峰 朱国良 赵海洋 倪琼敏 刘军业
姚伊洋 刘津宁 肖春阳 詹华东 朱晓伟 李 成
万晓丹 马天雄 王 俊 孙嘉琳 郭宇燕 刘 娜
张远卓 董世浩 王思维 葛 莹 张力涛 麻付新
李秀果 庄明晓 任晓敏

外国语学院（3 人）

孙钰岫 左诗瑶 朱博文

社会学院（2 人）

姜 玲 李咨含

比较法学研究院（7 人）

陈佳燕 王聪聪 闫 闰 时鹏程 周婷婷 郑 喆
陈 晨

光明新闻传播学院（3 人）

王希亚 董 婷 谢小杭

中欧法学院（7 人）

邵昱飞　陈佳葆　韩　筱　杨　霞　杨蔚玲　孙凯瑞

姜沅伯

证据科学研究学院（7 人）

刘孟尧　王耀民　尤　萌　许二兵　陈艳萍　牛　哲

李江涛

国际儒学院（1 人）

秦　轩

人权研究院（1 人）

朱莎莎

**中国政法大学第十一届“感动法大人物”获奖名单**

获奖团队

灵心手语协会

获奖个人

“感动法大人物”特别奖（1 人）

陈兆恺

法学院（1 人）

吴　迪

国际法学院（1 人）

娜迪热·艾尼娃尔

刑事司法学院（1 人）

赵方强

政治与公共管理学院（1 人）

薛　宝

商学院（3 人）

浦天龙　邓丽萍　黄健栓

人文学院（1 人）

惠海红

国际教育学院（1 人）

托　马

社会学院（1 人）

李正新

**中国政法大学第十一届“感动法大人物提名奖”获奖名单**

民商经济法学院（2人）

也尔帕　白玛康卓

国际法学院（1人）

陈　光

刑事司法学院（1人）

易　李

政治与公共管理学院（1人）

卢　珂

商学院（1人）

步艳宁

外国语学院（1人）

孙　璇

**中国政法大学第十一届“自强之星”获奖名单**

法学院（2人）

刘晓悦　周钰莹

民商经济法学院（11人）

王如霞　马小芳　徐曼曼　黄奕通　张媛媛　耿　普

晋美曲珠　夏里那依·阿合买　阿依角吐孜·居马汗

袁梦迪　贡秋平措

国际法学院（13人）

郝梓林　李怡凌　杨宏兴　陈　雪　王　杰　张　颖

贾鹏建　宋茜靖　韦　震　向睿林　郑　淇　王映霞

嘎玛琼达

刑事司法学院（11人）

李碧霞　姜　珊　刘　军　班　飞　康　婷　牛　昊

王　月　谭平芳　马天钧　曹吉茹　丁　露

政治与公共管理学院（11人）

李贵州　杨翠平　段生茂　徐　艳　张　青　任奕静

张　珺　莫少凡　雍春燕　王长建　朗杰旺姆

商学院（16人）

张志文　付姝菊　李自彬　朱永青　袁嘉曼　秦冰洋

田　春　杜梦迪　冯宗慧　穆国丽　王鹏芳　徐利会

卢迦南　张　慧　朱春旭　王建鑫

人文学院（5 人）

高 景 孙胜楠 陈美君 张玉香 格桑曲宗

法律硕士学院（2 人）

徐晓玲 李龙伟

外国语学院（6 人）

徐 军 邓秋丽 张 威 贡保娣 胡乃天 刘婧星

社会学院（3 人）

苏丽亚 郭春奇 王 凤

中欧法学院（1 人）

魏 帅

马克思主义学院（2 人）

李 祎 廉志杰

光明新闻传播学院（1 人）

韩富鹏

人权研究院（1 人）

马金娜

**中国政法大学 2016－2017 学年度校级三好学生获奖名单**

法学院（45 人）

2014 级（6 人）

卢人豪 周钰莹 朱琪玮 范艺娜 向竹君 郭书辰

2015 级（7 人）

吴茜仪 李航宇 徐 菁 叶素洁 石聪正 蔡君艺
陈丹瑶

2016 级（10 人）

刘 晴 郑航君 刘奕君 王 琳 王心诚 刘 畅
殷鹏飞 吴 琼 邵红红 卢佳音

研究生（22 人）

鲁谷辰 龚昌林 江 蔼 李 魏 黄晓航 张忠强
范雨萌 褚智林 王元义 常 青 卢 毅 吴国邦
吕 莹 尚红超 邓思齐 胡 悦 张莹莹 宋 平
李 烁 范鸿雁 洪 冲 薛志远

民商经济法学院（54 人）

2014 级（11 人）

胡熙曈 韩梦楚 陈春燕 张馨予 李 郑 王良益
乔红阳 焦信婷 李林源 郜俊辉 李昕贺

2015 级（24 人）

蔡晓文　辛　婕　冯瀚元　曲育铮　刘志鹏　盖云飞
翟冠华　孙　悦　姚相玲　房　畅　蒋安琪　白　煜
胡馨予　蔡仁杰　刘　璐　刘莹莹　吴秀尹　吕志威
王妙婷　陈洵彧　黄兆彦　姬雅晴　宋天一　黄一凡

2016 级（11 人）

贾文东　陈思羽　姜晨曦　刘旭远　阎臻浩　旦增旺姆
李宇鸽　应婷瑶　杨宇越　姚　彤　贺圣洋

研究生（8 人）

翟意雪　帅雅文　谭冰玉　王英州　李　昊　刘骐宁
赵若汀　潘海燕

国际法学院（43 人）

2014 级（10 人）

阎雨茜　贺雨晴　陈　航　郝冠华　黄丹妍　杨　汐
马沐青　刘文浩　高林皓　张齐才

2015 级（15 人）

郭文旭　闫　婕　向　楠　叶郁欣　魏恒泽　于　杰
陈绮琳　向　能　邱腾岳　霍玉洁　郭柯一　唐思远
曾祥娜　龙艳平　胡丹阳

2016 级（12 人）

黄培宸　张语童　刘若然　曾焕仁　陈国钰　周明慧
孙　信　梁凌昊　林可音　张淇嘉　邢艺龄　王逸然

研究生（6 人）

张　鑫　刘峻成　陈　晨　杨　婧　高　琳　魏求月

刑事司法学院（43 人）

2014 级（11 人）

韦玉静　陈宏亮　张　舒　徐瑞苑　彭　青　梁晓辉
廖雅婷　兰钰翔　刘庭玉　孙健宣　陈　扬

2015 级（11 人）

张　旭　金子洲　季书贤　何　愈　辛浩天　张金生
徐小庆　黄诗祺　王湘琦　程子璇　陈诗宇

2016 级（11 人）

滕欣悦　楼　丹　章　豪　郑　浩　甘淑铭　耿李茜
唐浪萍　祝雅婷　李　悦　李希梁　杜明宇

研究生（10 人）

黄　珣　鲁梦迪　于　新　柳安然　周江柳　胡剑涛
李雪松　王　天　沈奕含　褚晓囡

政治与公共管理学院（28 人）

2014 级（5 人）

王高洁　胡浣词　闵陆燕　韩明轩　魏　征

2015 级（8 人）

赵佳玲　方　楠　张　潇　努尔兰古丽·加尔恒
曹佳蕙　张　珺　蔡　宇　李　伟

2016 级（4 人）

徐聪怡　李　沁　邱子彧　邱素莹

研究生（11 人）

马　芳　韩文杰　高玉香　李晓晰　唐开清　王　芳
李媛媛　杨佳星　付　漫　朱建磊　高金花

商学院（33 人）

2014 级（7 人）

罗梦蝶　王　宁　郇嘉慧　马艺宁　范修齐　冯宗慧
卢文太

2015 级（11 人）

项　上　王资筌　石悦扬　李安淇　邱　晶　赵墨涵
郑立晨　石玉珍　陈朦朦　杨梦婷　万雪映

2016 级（8 人）

郭澍泽　虎佳明　莫　然　韩德馨　刘笑梅　胡潇月
邵稚权　王敬文

研究生（7 人）

孙　芳　刘海阅　安　然　王媛媛　常　茂　吴永清
尤璐璐

人文学院（9 人）

2014 级（2 人）

章天泽　李昕昕

2015 级（2 人）

杨　琪　施　语

2016 级（2 人）

程婷如　李林蔚

研究生（3 人）

苗光磊　罗　欣　孙祥阳

外国语学院（14 人）

2014 级（3 人）

马新月　赵一鸣　费诗逸

2015 级（4 人）

张效铭　李欣宁　刘　静　杜国栋

2016 级（4 人）

高雨欣　郑新越　曹元琪　赵　珂

研究生（3 人）

王洪欣　徐　军　刘　畅

证据科学研究院（6 人）

研究生（6 人）

闫　璐　雷艺璟　张　坤　于美溪　田　源　乔娟娟

人权研究院（1 人）

研究生（1 人）

赵　晨

马克思主义学院（5 人）

2014 级（1 人）

张仕林

2015 级（1 人）

徐艺桐

2016 级（1 人）

员明绚

研究生（2 人）

曲雯嘉　李　萍

社会学院（9 人）

2014 级（3 人）

梅楚舒　刘　祥　徐伊洁

2015 级（2 人）

宋　茜　黄辰加

2016 级（2 人）

周润皓　王璐瑶

研究生（2 人）

杨　勇　陈雅芳

法律硕士学院（14 人）

研究生（14 人）

赵敏璐　刘芮希　张婷婷　陈晓茜　吴宇峰　田　莹
林　娜　乙安强　王晓地　王明慧　范庆悦　戴　昀
戴宇鑫　周晓菲

国际儒学院（1 人）

研究生（1 人）

王　争

光明新闻传播学院（8 人）

2014 级（3 人）

许启胜　陈美初　欧阳荣鑫

2015 级（2 人）

唐启豪　尼鲁法尔·迪里夏提

2016 级（1 人）

梁书达

研究生（2 人）

李晓芳　蓝昱璇

中欧法学院（6 人）

研究生（6 人）

李昕悦　杜泽华　徐杰峰　陈玲玉　孟凡钦　陆　青

比较法学研究院（3 人）

研究生（3 人）

魏　冉　万思洋　金　端

校级优秀学生干部

法学院（46 人）

2014 级（6 人）

宫照融　龙泓任　崔世群　杜振强　王子逸　徐昌霖

2015 级（8 人）

| | | | | | |
|---|---|---|---|---|---|
| 宋婉毓 | 陈春鑫 | 张　璐 | 周泓仰 | 孙家安 | 项先正 |
| 刘乃玮 | 刘　晨 | | | | |

2016 级（10 人）

| | | | | | |
|---|---|---|---|---|---|
| 温新格 | 陈可心 | 杨　茂 | 孔维璐 | 龚超宇 | 田季煌 |
| 孟高正 | 于子航 | 寇　栋 | 刘保江 | | |

研究生（22 人）

| | | | | | |
|---|---|---|---|---|---|
| 李红梅 | 孙庆曦 | 朱鹏飞 | 华一枝 | 李　鑫 | 刘为文 |
| 陈嘉璐 | 陈嘉林 | 李英彬 | 马瑞跃 | 李　璇 | 吕　颖 |
| 马巧艳 | 朱晔辉 | 张振华 | 耿留睿 | 陈凯珊 | 马煦森 |
| 童海浩 | 章　耿 | 张　静 | 周琳珊 | | |

民商经济法学院（56 人）

2014 级（10 人）

| | | | | | |
|---|---|---|---|---|---|
| 钟小莲 | 胡　丹 | 李兴文 | 李修齐 | 金琪睿 | 谭惠文 |
| 丁丽彤 | 包雍彬 | 夏迪旸 | 唐宇轩 | | |

2015 级（28 人）

| | | | | | |
|---|---|---|---|---|---|
| 石凌浩 | 邢彦松 | 李亚南 | 段楚榆 | 黄雅颂 | 刘帅君 |
| 李泳霖 | 柴依林 | 刘欣禹 | 张　尧 | 王　牧 | 李子木 |
| 莫丽华 | 张君昊 | 郑　雯 | 杨晓莉 | 黄伟炜 | 王　泽 |
| 郭司雨 | 程幕君 | 滕　硕 | 丁　一 | 陈　锦 | 王佳民 |
| 张　帆 | 付宝菊 | 郑一格 | 郭正明 | | |

2016 级（11 人）

| | | | | | |
|---|---|---|---|---|---|
| 宋梅琳 | 潘德康 | 张　翼 | 殷睿达 | 万宝满 | 单紫薇 |
| 彭一飞 | 朱紫菱 | 张　园 | 郜英惠 | 其美拥措 | |

研究生（7 人）

| | | | | | |
|---|---|---|---|---|---|
| 刘　瑜 | 丁　健 | 李振东 | 王　瑜 | 王　涵 | 张泽帆 |
| 李丹龙 | | | | | |

国际法学院（51 人）

2014 级（10 人）

| | | | | | |
|---|---|---|---|---|---|
| 沙　钰 | 刘晓阳 | 姚杏林 | 贯　鑫 | 蒋湘妮 | 邵宇辰 |
| 胡映飞 | 李晓瑜 | 全平生 | 袁俊杰 | | |

2015 级（23 人）

| | | | | | |
|---|---|---|---|---|---|
| 陶鹏远 | 郭长海 | 闫　婕 | 吴　飘 | 陈　纯 | 仉昱博 |
| 谢南怡 | 黄俊铭 | 王立强 | 王　越 | 喻靖凯 | 陆满鑫 |
| 李　镒 | 张天懿 | 于　跃 | 徐鹏博 | 周　依 | 贾鹏建 |
| 秦鸿璟 | 成嘉璐 | 仇铭泽 | 陈　钢 | 铁　卓 | |

2016 级（11 人）

刘士畅　刘鸿勋　王若川　李道铭　胡　捷　王泓楗
胥佳靓　许峥嵘　秦汇钰　王映霞　杨梦琛

研究生（7 人）

庞智嘉　胡启良　逯容如　王　鸿　齐　宸　俞　炜
陈冬旭

刑事司法学院（44 人）

2014 级（11 人）

何　苗　吴金龙　谢思锐　赵方强　吴　非　宋卓宣
张天孟　杨　帆　钟云鹏　李　亚　邓与骁

2015 级（12 人）

胡文宸　李晨源　崔　赫　汪居恩　任　航　卞章珣
占慧玮　闫雪晴　董小燕　谢少濠　郑　郁　马　杰

2016 级（11 人）

尹玉娟　方　婷　蔡梓超　韦志彬　于泓扬　孙雨晨
李和佳　李敬一　邱梓欣　齐鲁杰　祝逸凡

研究生（10 人）

马　杰　徐唐佳　吕云川　张晋铭　刘铁洋　刘　璇
刘　悦　郭　锴　胡逸恬　黄　薇

政治与公共管理学院（32 人）

2014 级（5 人）

田　苗　曾威特　韩月明　汪毓雯　唐　蓓

2015 级（10 人）

赵佳玲　宋远涵　张馨予　葛泽元　祁泽正　王杭锋
常　微　潘　玥　马　毓　侯丹洋

2016 级（5 人）

王佳怡　畅河润　彭　越　姚　瑶　刘镇嶂

研究生（12 人）

盖　森　龙昌蔚　丁晏清　戴小华　张龙超　张　钊
辛公舜　张　瑜　李　聪　霍　沛　林文战　马晓宇

商学院（33 人）

2014 级（7 人）

廖宇蕾　卞明垚　李　月　曲天天　孙　晶　徐敬旭
夏娇娇

2015 级（11 人）

吴茗西　王一平　李松珊　贾子卿　唐　铭　钟　雨
白思洁　宋佳音　陈耀亮　马一博　燕子笑

2016 级（7 人）

王文宇　查鸿铭　刘宜鑫　陈易航　张　慧　郭　婧
金福林

研究生（8 人）

李仁耀　柳　靖　裴思琪　朱婷婷　程　源　王　晋
钟静瑶　韦政伟

人文学院（9 人）

2014 级（1 人）

施来舒

2015 级（3 人）

尤佳锟　刘海艺　吕盈辉

2016 级（2 人）

胡晓威　李泽锋

研究生（3 人）

王　帅　吕忱洋　笱远平

外国语学院（15 人）

2014 级（3 人）

蔡泽佳　漏好聃　桂　蓓

2015 级（4 人）

陈佳静　张靖达　焦晓璐　李慧萍

2016 级（5 人）

翟润景　徐士洪　申　晴　唐一媛　沙　溪

研究生（3 人）

王　玥　李巧梅　崔红丽

证据科学研究院（6 人）

研究生（6 人）

陈玠含　朱敏敏　瞿玲玲　王译晗　王华彬　李　念

人权研究院（1 人）

研究生（1 人）

鹿　原

马克思主义学院（7 人）
2014 级（1 人）
苏　欣
2015 级（2 人）
柯　岩　　徐伟华
2016 级（2 人）
艾丽菲拉·尔肯江　　张鹏飞
研究生（2 人）
崔馨丹　　易香君

社会学院（9 人）
2014 级（3 人）
崔文涛　　王子哲　　蒋宪杭
2015 级（3 人）
徐小壘　　郑艺钊　　唐铭泽
2016 级（1 人）
汪　涛
研究生（2 人）
刘　笑　刘香茗

法律硕士学院（15 人）
研究生（15 人）
朱　迪　　于　权　　杨梦迪　　许翌文　　刘　流　　宋晶晶
李　慧　　汤学文　　覃雅倩　　史志鹏　　陈　果　　柏懿娜
姜园园　　许　卉　　郝博达

国际儒学院（1 人）
研究生（1 人）
刘勇刚

光明新闻传播学院（8 人）
2015 级（4 人）
吴宇同　　黄牧晨　　张　烨　　张烜赫
2016 级（2 人）
刁皓璇　　陈　硕
研究生（2 人）
热依拉·艾合买提江　　王贤达

中欧法学院（5 人）
研究生（5 人）

万兴梦　徐　桦　闵业明　刘怡婷　黄慧心

比较法学研究院（3 人）
研究生（3 人）

谷　琪　王倩云　洪佳强

**中国政法大学 2016—2017 学年度本科生国家奖学金名单**

法学院（8 人）

王心诚　龙泓任　孙幸娟　李真睿　吴　琼　张弘毅
周素华　徐　菁

民商经济法学院（15 人）

马嘉骏　王园园　王沛然　朱军彪　刘月婷　李黛薇
杨宇越　张　园　陈春燕　陆柳华　夏艺聪　郭　曈
郭司雨　崔昱炘　董凡劼

国际法学院（14 人）

闫思旭　胡丹阳　林可音　周明慧　冯丽羽　梁凌昊
陈彦茹　李灵韵　任　雪　陈　航　刘文浩　蔡　帅
张一凡　陈容宾

刑事司法学院（13 人）

于　跃　刘　军　李　悦　何　愈　沈　涛　张　旭
张璁璟　陈诗宇　耿李茜　章　豪　谢玢瑶　詹　玮
唐露小荷

政治与公共管理学院（7 人）

由继发　李艺涵　徐　玮　徐　欣　高天钰　雷　铭
蔡　宇

商学院（11 人）

王　宁　李泽琳　安　娜　范修齐　王　梓　杨梦婷
王　珊　项　上　刘笑梅　邵稚权　虎佳明

人文学院（2 人）

章天泽　李衍泽

外国语学院（5 人）

邓嘉莹　李　双　辛　婕　陈忠华　国　莹

社会学院（3 人）

李正新　杨　奕　唐铭泽

马克思主义学院（1 人）

郭晓辉

光明新闻传播学院（2 人）

刘乔楠　　欧阳荣鑫

**中国政法大学 2016－2017 学年度本科生学业奖学金获奖名单**

法学院（185 人）

一等奖学金（30 人）

2014 级（10 人）

徐昌霖　温颂恒　赵一丹　周钰莹　龙泓任　孙幸娟
王睿康　李真睿　王正鑫　叶依梦

2015 级（10 人）

孙　铭　徐　菁　张弘毅　潘昕昀　刘乃玮　蔡君艺
李泽葳　陈丹瑶　周素华　郑君翘

2016 级（10 人）

卢佳音　郑航君　应江楠　刘奕君　杨兰欣　王心诚
徐颖华　林婉婷　陈弘毅　吴　琼

二等奖学金（64 人）

2014 级（20 人）

范家皓　王美睿　徐子植　刘　衡　张丽娜　李淋玉
刘艳花　朱琪玮　王昕怡　邱美娟　王亚伟　朱慎独
叶　蓓　郭书辰　石　烁　李　策　余　婷　卢人豪
山雯雯　周　烁

2015 级（21 人）

夏碧莹　张苊文　王天懿　张一琼　周婉嘉　霍宛彤
伍　乐　郭子建　石聪正　张　原　陈曦笛　李雨桐
裘诗晴　徐晓婷　李楠楠　龙书培　黄赛玉　吴茜仪
赵梁宇　张寒梦　许耀乘

2016 级（23 人）

葛思聪　陈柳西　齐瀚葳　葛瑞祺　何修璞　周　洁
王　优　王　琳　田书伦　万孝娴　荀璐阳　高　鑫
刘　畅　付嘉琳　殷鹏飞　陈晓丽　彭江杰　苏　媛
戴莉莉　李瑞淇　邵红红　邵泽豪　潘华杰

三等奖学金（91 人）

2014 级（30 人）

宫照融　徐浩诚　岳　可　蒙　露　曾仪琳　李　沛
陈　昊　韩东娱　李增慧　陈锶崎　陈庆嘉　张怀方

郭红玉　刘陈桉　索东汇　陈秋蕴　周雅青　王余千代
刘惕如　谢晓庆　崔世群　张蓁　李晨宇　向竹君
杨悦　杜振强　于宗伦　万光辉　邹昭敏　朱紫倩

2015 级（31 人）

安晨曦　贺煦炜　周谷鸿　项江南　程毓琪　高诗茗
郑海黎　倪爽　李航宇　莫雨蓉　郭思佳　张楚璇
刘浩　乔筠　王译　周泓仰　肖鹏　叶素洁
黄文　张晓琴　宋周　徐颜　祝宏熙　高阳
吴炎　刘伊伟　管静　李昕　宋静雯　袁尚志
王一诺

2016 级（30 人）

苏丽冰　梁子美　谭子文　倪靖楠　树莉　朱越江南
童言　杜康　刘艺　邓曼婷　黄婧怡　张亦弛
钟南　林嘉琳　邱思颖　张燕宾　李铃妹　李晴
周彦能　王静伟　徐秋羽　燕超　张文哲　杜美漪
杨佳航　卢佳帆　章佳瑜　刘晴　温新格　黄芮琪

民商经济法学院（357 人）

一等奖学金（60 人）

2014 级（20 人）

杨琼　王晓娟　夏艺聪　韩梦楚　李诗雯　崔昱炘
陈春燕　郑凯璇　杨静茹　张邹飞　李淑芬　徐曼曼
李林源　时双宁　许慧敏　王园园　马嘉骏　陈思洋
成前　王子健

2015 级（21 人）

李念纯　刘志鹏　程瑶　李新豪　刘燕雨　牛子月
白煜　黄柳依　梁翠玲　朱军彪　郭司雨　王沛然
吴秀尹　吕志威　曾文海　栾志博　陈洵彧　宋天一
郭曈　刘月婷　袁梦迪

2016 级（19 人）

宋梅琳　王雨菲　李黛薇　陈思羽　晏伟　王艺寰
单紫薇　陆柳华　方鑫汇　戴植瑞　韦柳婷　张园
王殊彦　刁倩　杨宇越　陈梦雅　董凡劼　贺圣洋
贾文东

二等奖学金（121 人）

2014 级（40 人）

赵丹阳　黄　云　郭婉霜　刘彦君　胡　丹　金　朝
汪　润　吴思雪　邹雨庭　柴晨朝　陶佳楠　王依妍
刘辉君　张馨予　赵　萌　石依林　杨济同　李梦可
李　宁　乔红阳　符月娜　孙　铚　焦信婷　林佩莹
刘惠琴　万秋霞　陈世炫　李　盟　彭　雨　郜俊辉
娄卓君　廖梓辰　高　超　刘书璐　王　艳　李昕贺
王魏阳　胡熙曈　陈　逸　何　瑞

2015 级（40 人）

杨雅舒　辛　婕　邢彦松　段楚榆　曲育铮　莫晓晴
徐超然　崔　琢　彭玮婕　翟冠华　汪天逸　黎铭华
张淑柠　孙浩然　姚　琴　莫葭采　尹培艺　向　茜
杨心雨　武惠媛　向婧婕　蒋安琪　朱艺璠　牛朔旸
吴　选　王悦莹　卜　充　樊笑辰　蔡仁杰　李汶珊
陈　馨　张　群　王妙婷　杨子阳　姬雅晴　黄一凡
杨博雅　刘佩蓉　杨　娟　蔡晓文

2016 级（41 人）

黄　欢　张　瑜　杨丹澜　祁　豫　谭姗姗　杨　帅
李佳凝　王　磊　殷睿达　陈晶玮　李仁益　兰　青
刘旭远　董　晴　张婉琳　李　仕　李素淳　童艺菲
阎臻浩　青美良　王懿奇　施俊文　应婷瑶　彭一飞
潘雪纯　杨轶男　胡天琦　贾睿萌　刘传新　张倩玉
虞晓雨　姚　彤　刘津津　张筱怡　张博洋　蒙唐若诗
余婉华　郭艳玲　金　源　裴子萌　张　瑾

三等奖学金（176 人）

2014 级（60 人）

张秋果　陈　静　张晟铖　项丽环　马　啸　唐瑞秸
徐　冰　吉石香　刘东伟　胡　挺　管　玉　刘煜成
孙云康　张　照　冶梅芳　刘禹杉　张　圆　郭华庆
张　冶　林晓恩　任怡彤　黄　乐　李　郑　王　晶
王良益　谢平乐　陈柏羽　龙　盼　薛钰子　金琪睿
周指剑　周欣镠　覃欢谈　王和民　桑茂桐　丁丽彤
曲鑫豪　包雍彬　傅晓宇　朱述仁　唐晓博　郑超博
李姣漪　何娟雨　马小芳　吴　玥　谷绍敏　李瑞声
袁　鸣　苏小雅　黄生芹　郭　珊　蒋诗平　晋美曲珠
龚　瑶　李佳颖　赵　靓　钟小莲　方　悦　范晓迪

2015 级（58 人）

冯　焜　冯瀚元　何　炎　袁可馨　铁锦莎　张弘毅

鄞芷珩 孙昊清 白易东 李钱璐 武贺 焦鑫雨
宁天琦 张圆 王董咪 余俊杰 盖云飞 亢剑楠
先毅 张尚 刘祥云 袁梓豪 孙悦 姚相玲
于丹 薛虹宇 张佳铭 郎祎祎 袁子媚 王静
胡馨予 翁瑞雪 林伟鹏 梁晓言 李东方 何王泽青
丁可 蔡盈 荆浩然 朱学韬 殷敬慧 杨云波
张昕惠 熊彩霖 张元佳 梁惠敏 张帆 葛胜男
黄兆彦 周迪 胡凯琪 邱琼玉 王春雷 原帅
俞悦 刘馥 张诗琪 黄琬淇

2016级（58人）

郑岚漪 郑健 张益铭 邓玥 汪丽亚 旦增旺姆
陈中悦 李倩 赵一凡 郭雪梅 王茜 谢泽宇
杨超 王嘉伟 刘其冰 张雨心 曹涵 赵润荻
罗凯元 王铮 贺戎北 方铌 王俊智 李宇鸽
杨心仪 舒润文 尚凡童 杨亦墨 罗雅丹 刘金林
林倩怡 祁辉莹 廖称林 陶星竹 杨雁琨 张心娃
郝宇 张惠瑀 杨万存 郭文汐 张艾伦 张悦
张采薇 王雪 阮笛 江宇 方军伟 杨瑞华
马珺 王琪璐 武湘然 徐铎源 郭凯旋 石佳惠子
时文迪 赖婉青 文依林 格桑拉姆

国际法学院（356人）

一等奖学金（61人）

2014级（19人）

任雪 陈雪 贺雨晴 陈航 王慧媛 郝冠华
乔莉娜 裴安琪 徐艺晖 王楠 高楚晗 余雪钟樱
刘文浩 余思诚 杨少华 裴任 曾佳 杨良峰
江卫东

2015级（21人）

陶鹏远 王博琨 向楠 陈瑶 闫思旭 龚涛
陈容宾 张一凡 席琢玉 高若云 张榆 胡丹红
田新萌 毛金虎 李远哲 刘夏婷 赵紫祺 范珈齐
胡丹阳 赵银 蔡帅

2016级（21人）

王苏姗 邵煊 郑淇 王若川 乌童昕 倪翠婷
周明慧 王逸然 李雪 姚榆辰 王卓筠 冯丽羽
梁会曼 陈彦茹 郭耿虹 梁凌昊 伍怡雯 林可音

张淇嘉　王晓琪　黄培宸

二等奖学金（118 人）

2014 级（34 人）

芮寒寒　罗雨荔　陈月迷　赵嘉宁　徐　浩　董琪瑶
王　杰　李灵韵　李　昊　顾　盼　叶桓辰　龙　丹
曾维茜　黄韵霜　谭琴元　张绘萌　马沐青　陈怡洁
何叶梅　赵　纯　陈柳萌　王照青　董　悦　陈嘉新
杨宁鑫　何怡欣　赵清斌　包元圆　马梦雅　刘　薇
汪辰子　吴立兰　韩　泠　李　静

2015 级（42 人）

范力文　罗棣丹　刘瑞琪　闫　婕　武睿杉　祝亚荻
古一茗　叶郁欣　曾志芳　杨　梅　张晓文　程新睿
张楚立　王佳林　王箫鸿　陈　艳　谢　瑞　刘　岩
马文轩　冯蜀兰　廖成秀　孟彦廷　刘伊然　韩奕新
韩雨薇　邹岳璐　贾鹏建　罗佳峰　王丽君　郭柯一
罗璐璐　吴越越　谭梓为　曹清洁　海　洋　程　洁
曾思婷　禹聪聪　曾祥娜　陈　钢　王晨璐　郭文旭

2016 级（42 人）

代思远　张锐斌　刘若然　冯　玉　邵恩慈　肖凯丽
王雨晴　文思亮　吴佳伶　胡　迪　王焕悟　李笑聪
唐冬燕　陶立梅　曾焕仁　葛梦婷　田晨凤　刘梦迪
徐子煜　王荪钰　武韬睿　傅　艳　郑曜灵　龙　湘
赵文煊　孟轲宁　彭　珂　金　彤　彭钰琰　李雨芳
刘　鑫　李诗艺　关舒丹　魏丹凝　李卓凡　赵璐璞
谭梦溪　邢艺龄　肖文斐　杨艺璇　莫蕙吉　申璐雯

三等奖学金（177 人）

2014 级（53 人）

任　溢　高婷婷　王　奕　杨亚威　吴彦沐　姚杏林
王姗姗　谢佳俊　王　宁　张婷婷　徐秋桐　陈诗怡
齐　曼　杨宏兴　黄丹妍　彭楚璇　马鑫悦　王宇萌
黄宇晗　徐　琳　唐明清　陈　曦　陈倩瑶　高　镤
张一凡　苗漱涵　徐　哲　李俊焘　次　央　吕　蕾
李芷馨　吕祎曼　袁也然　傅照宇　高林皓　张思雨
覃冶秀　俞蒙劼　黄丹燕　龚　瑜　刘　昱　李妍欣
杜美玲　于楚乔　张丁方　马梦宇　何仁平　戴文杰
谢思成　张子琳　王晓雪　冯继泽　梁　裙

2015 级（61 人）

| | | | | | |
|---|---|---|---|---|---|
| 封温馨 | 刘美银 | 钟环宇 | 罗　瑞 | 贺小艳 | 陈　曦 |
| 常文卓 | 颜可歆 | 禹思琪 | 杨仁杰 | 耿梓豪 | 谢南怡 |
| 李轶之 | 魏恒泽 | 于济铜 | 王慧慧 | 宋　蕾 | 刘　伟 |
| 杜　津 | 陈绮琳 | 何浩菁 | 白杰煊 | 汪曹一 | 向　能 |
| 陈贝尔 | 蒋淑蒙 | 李　昂 | 曾道扬 | 邱腾岳 | 范士卓 |
| 何浩峰 | 夏梦婕 | 薛子甄 | 张滢雪 | 陈　猛 | 魏　冕 |
| 梁国泽 | 郑　隆 | 蒋璐穗 | 赵晚晴 | 孙一帆 | 郭安旦娜 |
| 程小慧 | 王铭洁 | 李思慧 | 宋格非 | 吴　瑾 | 岳　千 |
| 刘佳怡 | 徐　媛 | 向睿林 | 尔蕾蕾 | 唐　蕾 | 赵　爽 |
| 唐思远 | 李欣桐 | 詹秋怡 | 郭辉宇 | 秦玉琦 | 胡静仪 |
| 丁雯婷 | | | | | |

2016 级（63 人）

| | | | | | |
|---|---|---|---|---|---|
| 朱家辉 | 许　航 | 龙翔云 | 于清影 | 李格非 | 吉梦雅 |
| 张语童 | 翁伊昕 | 颜雨沁 | 李欣奕 | 杜鑫慧 | 于东正 |
| 张瑞颖 | 任铭欣 | 王小容 | 李亦涵 | 余　卉 | 邓　彬 |
| 廖心禾 | 冯佳敏 | 韩习纯 | 王嘉婷 | 金　麟 | 吴　岳 |
| 李紫薇 | 陈国钰 | 顾铭颖 | 丁　逸 | 何星宇 | 陶力文 |
| 孙　信 | 闻浩杰 | 薛诗艺 | 陈慧姣 | 许华萍 | 马金铎 |
| 秦汇钰 | 秦嘉欣 | 叶　子 | 王　雪 | 蒲万钰 | 王雪渝 |
| 陈　榕 | 林萧韩 | 吴　楠 | 申易楠 | 杜奕萱 | 李梦瑶 |
| 刘文文 | 胡瑾瑜 | 于雪飞 | 刘珺曼 | 林海蓉 | 陈千汇 |
| 覃倩瑶 | 陈柯之 | 陈一菲 | 黄雨晴 | 绳　婧 | 李安祺 |
| 耿曼宇 | 徐陆嘉 | 廖　怡 | | | |

刑事司法学院（325 人）

一等奖学金（54 人）

2014 级（18 人）

| | | | | | |
|---|---|---|---|---|---|
| 吴泽玲 | 徐艺宁 | 班　飞 | 牛　斐 | 翟显赫 | 沈　涛 |
| 张　舒 | 于志依 | 石炳南 | 肖　锦 | 刘　军 | 胡彦羽 |
| 孙文弘 | 杨维娜 | 梁晓辉 | 陈　扬 | 于传远 | 唐露小荷 |

2015 级（18 人）

| | | | | | |
|---|---|---|---|---|---|
| 谢可杨 | 季书贤 | 何嘉欣 | 阙贝先 | 于　跃 | 倪　航 |
| 左　灵 | 何　愈 | 肖　毅 | 辛浩天 | 詹　玮 | 廖　芳 |
| 刘永琪 | 徐小庆 | 黄诗祺 | 程子璇 | 陈诗宇 | 张　旭 |

2016 级（18 人）

| | | | | | |
|---|---|---|---|---|---|
| 陈博洋 | 方　婷 | 张　晖 | 蔡梓超 | 张璁璟 | 包欣艳 |

| | | | | | |
|---|---|---|---|---|---|
| 李安琪 | 徐弋涵 | 章 豪 | 郑 浩 | 王 岚 | 耿李茜 |
| 阮淑怡 | 施潇媛 | 李 悦 | 李希梁 | 杜明宇 | 李耿君 |

二等奖学金（111 人）

2014 级（37 人）

| | | | | | |
|---|---|---|---|---|---|
| 赵婵娟 | 张玉洁 | 辛海平 | 余鹏文 | 陈宏亮 | 张 洁 |
| 周楚舒 | 童鑫宇 | 陈雅静 | 何 吉 | 白俊楠 | 姜怡心 |
| 赵凯莉 | 韩 芮 | 平乐祥 | 缪 慧 | 徐承钰 | 杨 璐 |
| 洪漪妮 | 刘向蕾 | 戴林昕 | 廖雅婷 | 周琳丽 | 兰钰翔 |
| 李 婷 | 刘 燕 | 赵玉婷 | 路 晨 | 孙健宣 | 蒲开武 |
| 张 月 | 刘晋轩 | 杨吕敏 | 江 雪 | 陈立之 | 谢玢瑶 |
| 朱 璟 | | | | | |

2015 级（37 人）

| | | | | | |
|---|---|---|---|---|---|
| 肖 涵 | 余迪雅 | 常海璠 | 潘佳琦 | 陆思彤 | 张 磊 |
| 张淼杰 | 梁 好 | 陶雅雯 | 任 航 | 苏嵘钰 | 郎梦蔚 |
| 谢美琪 | 路 畅 | 袁 敏 | 占慧玮 | 王玲玲 | 陈丹蕾 |
| 侯仟仟 | 吴希睿 | 徐瑞杰 | 山 珊 | 董小燕 | 彭寒羽 |
| 魏文哲 | 蒋伟鹏 | 王湘琦 | 张子昂 | 田双闻 | 王爱菲 |
| 吴宇寰 | 王 月 | 邓钰滢 | 魏 西 | 刘金逗 | 林义杰 |
| 王一超 | | | | | |

2016 级（37 人）

| | | | | | |
|---|---|---|---|---|---|
| 周一帆 | 郑 欣 | 高一峰 | 李仁婕 | 徐慧镕 | 程海林 |
| 龙沁沁 | 李 萌 | 张翼翔 | 杨骐玮 | 姜扬政 | 唐滨青 |
| 金 妍 | 员金鸽 | 徐 颖 | 于泓扬 | 唐莹莹 | 刘嘉洁 |
| 甘淑铭 | 王 静 | 陈美池 | 曾乙钦 | 孙雪洁 | 司徒沛宏 |
| 周子凡 | 郭秀清 | 王 淼 | 唐浪萍 | 梁智莹 | 周雨钧 |
| 刘森林 | 刘星艳 | 滕欣悦 | 于海盟 | 冯 鑫 | 王武云 |
| 马 佳 | | | | | |

三等奖学金（160 人）

2014 级（50 人）

| | | | | | |
|---|---|---|---|---|---|
| 刘 璇 | 施佳颖 | 董易难 | 陈 烨 | 张果辰 | 区展桐 |
| 徐伟杰 | 肖 菲 | 万美丽 | 杨品雪 | 李念祖 | 连 真 |
| 周宇驰 | 张艺茂 | 李梦夏 | 孙格格 | 余 帆 | 龚 倩 |
| 徐艳玲 | 杨 帆 | 曾荣丽 | 李逸聪 | 宋 琳 | 项丽欢 |
| 彭 青 | 孔德辉 | 王子臣 | 张文婷 | 吴子豫 | 樊杨娜 |
| 武新阳 | 李 琪 | 段昂尊 | 崔梦钰 | 刘敏迪 | 邵启聪 |
| 吴晓晗 | 许甜甜 | 于川淇 | 益 铭 | 刘晨爽 | 杨 琦 |
| 乔 雪 | 刘庭玉 | 杨 敏 | 马婧爽 | 马 莹 | 韦玉静 |

郑志佳　和亚男

2015 级（55 人）

唐天昕　樊明箫　李赵楠　金子洲　周俊彦　王　金
陈盈昭　赵文博　陈会娜　刘　瞳　谭奕菲　周蕴扬
张君蔓　辛齐顺　樊家明　林艺婷　尹　聪　王溪楠
陈婧旖　卞章珣　彭冰云　赵爽宁　王思佳　何　全
张永慧　张金生　姚　雨　杨晴晴　黄唯一　许皓然
曾梦雪　梁钰蕾　王　倩　王怡冰　王维奇　郑敬茹
曾　蕾　林灏铮　王小英　杨琰玲　高子涵　李　璇
杨　茹　黄海清　高义林　陈　艾　陈思宇　郭荣临
黄奥威　蔡　轩　张欣迪　魏佳慧　周　敏　胡正肇东
徐郡藜

2016 级（55 人）

万一璇　金　慧　孟思雨　代静烁　肖怡婕　覃丽洁
易江鹏　刘章雨　李玲铁　付晨欣　杨　萍　王诗墨
张程琳　陈佳琦　符　艺　孟小迪　鱼欣彤　吕欣怡
廖林卿　楼　丹　姜　奎　王智颖　胡需月　彭　峥
刘子琪　袁汉钰　华钦卿　齐鲁杰　王兴平　江琳夕
胡少静　丁思涵　张梦娇　张　照　何欣茹　张素雅
韦　婉　唐娴蔚　吴玮瑾　宋耀宗　冯　源　郭书巧
柴逸凡　徐新异　祝雅婷　张　沂　杨　柳　于展丽
吴江盟　占苑志　张　宁　王书怡　汪一恒　崔诗渲
冯　园

政治与公共管理学院（162 人）

一等奖学金（29 人）

2014 级（10 人）

王高洁　徐　音　徐　欣　戴思涵　许露雨　由继发
周保民　方一优　金友旋　黄宇婷

2015 级（9 人）

赵佳玲　李欣阳　方　楠　黄　琳　陈南褰　张　潇
杨德力　蔡　宇　李艺涵

2016 级（10 人）

张文云　徐　玮　李　沁　张佳凝　邱子彧　邱素莹
李彦函　徐聪怡　黄　琢　郭嵘婧

二等奖学金（53 人）

2014 级（17 人）

郗　涵　吴一帆　胡浣词　王鹏雅　周钰洁　高天钰
张　楠　张文雅　林塬培　曾　媛　韩明轩　杨志宇
魏　征　黄翔眉　张　青　唐　蓓　王　璇

2015 级（18 人）

李星萱　谭森森　汪棋佩　周梦娇　李　萌　陈诗茹
陈泳晓　曹佳蕙　杨晓慧　陈一林　刘学旺　马　悦
武柳君　麻继尹　王　嘉　雷　铭　张冰洁　赵若帆

2016 级（18 人）

肖欣悦　王涵霖　王长建　宁文琪　孙李涛　黄威铭
王云靖　钱浩东　陈雯萱　文媛静　邓佳乐　宋若楠
倪进晓　王曼羽　王佳怡　詹亚茹　雍春燕　胡佳倩

三等奖学金（80 人）

2014 级（28 人）

朱子惠　高　源　段馨雨　林彩霞　韩素玲　张宇涵
何清清　闵陆燕　黎子宁　彭敏霞　高　江　何　琪
彭宗辉　付　彤　曾　程　段凌宇　韩月明　杨倩颖
姚成程　宾宏伟　李佳佳　汪毓雯　张　宁　张愉婧
向彩凤　蔡雅楠　石乔松　田　苗

2015 级（26 人）

陈佼佼　李坛茹　袁梓灏　邓　羿　李艺丹　杜昊玥
吕欣欣　方雅婕　薛雁方　曾　璐　蒋若楠　杨立帆
周钰婕　黄晶晶　刘方园　刘嘉玮　吕　磊　刘佳琳
刘静远　胡紫霞　陈长平　乔　娜　李　伟　何兰茜驰
骆　颖　努尔兰古丽·加尔恒

2016 级（26 人）

何　美　李晓宇　蒋诗晗　白　雪　李昀亭　朱晓洁
谢盼盼　贺怡敏　王珊珊　彭　越　姜北妮　祝天姿
马丽雅　牛园园　梁玉霞　黄欣欣　张升华　刘宣辰
袁小玥　邓钰箫　朱韶婷　李欣颖　刘品昊　杨乙沛
高红悦　李雨欣

商学院（242 人）

一等奖学金（40 人）

2014 级（13 人）

陈　雨　王　宁　王怀新　范修齐　王鹏芳　赵冬蔚

冯宗慧　蓝芊子　夏美珊　李　月　李泽琳　黄健栓
金　全

2015 级（14 人）

宋　颖　刘怡舒　汪予希　胡爱玲　白思洁　战虹宇
王诗琳　王　梓　赵墨涵　王　珊　陈朦朦　杨梦婷
曾椿雪　项　上

2016 级（13 人）

王思雨　钟沥文　虎佳明　莫　然　苏　畅　童超怡
于克书　刘笑梅　金晓艺　谭瑞秋　林佳璐　吴　铮
王敬文

二等奖学金（81 人）

2014 级（27 人）

周　健　郑育婷　曹晶晶　尹旦利　穆国丽　邬嘉慧
马艺宁　钱　晨　戴婵娟　杨　派　李钊颖　东　妍
卢文太　李　梅　安　娜　田紫煜　徐利会　袁姚杰
步艳宁　李檬檬　范翔宇　徐敬旭　潘俏睿　王白雪
俞嘉枫　陈齐等　王金晓

2015 级（27 人）

李　萍　陈　峰　郑　蕾　吕芊慧　王资筌　李安淇
邱　晶　董轩廷　佟孟晗　李传艳　肖佑虹　李新宇
陈彦霖　张莎莎　周子锐　刘寅琛　石玉珍　孟德琳
潘　颖　王世卓　刘卓琦　郭梦真　王熠含　吴　佳
万雪映　燕子笑　孙　宇

2016 级（27 人）

赵小渝　彭亦庄　周雨亭　张钰瑶　张新瑞　毛　羽
施雨辰　辛沐聪　关鑫滢　查鸿铭　施　珺　张　慧
韩德馨　余若彤　叶金銮　何雨佳　江新蕙　肖菊芬
韩　琦　胡潇月　邵稚权　石博元　刘婷婷　王紫微
郭澍泽　李卓儒　张紫嫣

三等奖学金（121 人）

2014 级（42 人）

刘奕斐　黄　楠　马　健　朱永青　李云菲　詹桥进
张思颜　邬利蓉　张　璐　姜盼盼　蒋嘉莹　王雅蓉
刘紫钰　朱倩仪　王秋璇　周倩宇　李广扬　刘文鑫
吴晶晶　蔡文婷　王星宇　罗梦蝶　邱　婕　柳环宇
黄宗敏　任心仪　夏娇娇　黄译瑶　张　镇　封旻雯
孟　葛　韦雨彤　邓汝强　刘　庆　周　玥　吴佳怡

章静雯　曾庆子　倪欣雨　陈　曼　张　韵　毛　婷
2015 级（40 人）
李欣惠　韩　朔　罗杨堞　王语佳　赵师远　王薇昭
包梦倩　石悦扬　韩璧如　陈雪纯　陆　娇　林恒宇
尹　悦　匡雾帆　张紫薇　王佳燕　莫家莹　黄　镇
付琳雅　邹镓锶　杨朝霁　王奕涵　孔孟蕾　郑立晨
曾姝菡　吴铭凯　娜幕汉　姚　玥　赵向晓　赵雨昕
李　薇　郭崇榕　张　兵　赵秋雨　卢迦南　刘梅好
杨　京　李逸丹　郑颖涵　丁雪松
2016 级（39 人）
陈一婧　郭　达　于涵竹　温茜茜　王子怡　张咏仪
董冀宇　刘晴晴　郑心清　吴　越　李林轩　孙兰欣
陈爱凝　师泽慧　郑起沛　罗文函　程铂瀚　王　越
杨廷玉　张燕挺　林文曲　凌诗淇　张文悦　刘梦慈
唐子淇　江　尧　吴一凡　韩雪妹　胡　懿　张洋洋
龚　盛　余　镐　蔡颖吟　李一飞　姜　扬　季　煦
耿慧君　王焙焙　姜南瑾

人文学院（58 人）
一等奖学金（9 人）
2014 级（3 人）
章天泽　杨　特　袁姜涛
2015 级（3 人）
李衍泽　施　语　李刘梓滢
2016 级（3 人）
程婷如　贾小天　李林蔚
二等奖学金（18 人）
2014 级（6 人）
张玉香　李昕昕　凌　彤　陈琼婷　钱怡倩　陈海沂
2015 级（6 人）
魏凡皓　熊浈明　王艺璇　赵嘉闵　杨　琪　肖　芃
2016 级（6 人）
夏　瑜　叶　琳　周炜婷　徐　阳　谢　彤　刘兆元
三等奖学金（31 人）
2014 级（10 人）
曹汶强　张曼纯　翁倩倩　王铮凡　张若琳　胡雅心
颜　静　李涵睿　崔佳琪　吕羽丰

2015 级（11 人）

孙少卓　张瀚文　骆梦遥　张　璐　李　岚　雷钰文
王　畅　刘海艺　张晓凡　陈懿雯　周佳昕

2016 级（10 人）

秦　岭　刘雨薇　王雨琳　郭筱轶　宋心妍　徐　诺
杨佳羲　唐子纯　邓昕彤　孙　朋

外国语学院（108 人）

一等奖学金（19 人）

2014 级（7 人）

丁师孟　王凯伦　陈忠华　郑子璇　李丽萍　韦茜文
贡保娣

2015 级（6 人）

刘雪平　李　双　穆丽冰　邓嘉莹　杜国栋　贾柠荧

2016 级（6 人）

曹元琪　刘思琪　周旻颉　利曼诗　郑新越　辛　婕

二等奖学金（35 人）

2014 级（11 人）

赵志恒　郑博文　林雅洁　翁晖炀　桂　蓓　郑芷晴
张媛媛　蔡泽佳　国　莹　郭冬羚　李松倍

2015 级（12 人）

陈奕辰　汤淑杨　闫锦麟　姬雯婷　刘牧青　王盱衡
刘　畅　张　琳　张诗雨　白钶渊　高　赫　孙菡琳

2016 级（12 人）

高雨欣　李　璇　巨怡灿　胡春霞　吴雨倬　徐启帆
王湛铭　郝中林　唐一媛　黄若韬　焦昕宇　游　安

三等奖学金（54 人）

2014 级（18 人）

张　颖　冯英楠　漏妤聃　谢　莹　吏晓萌　梁思雨
管怡欣　马　骁　耿嘉月　汪丹阳　张雪纯　刘诗琪
费诗逸　张　潇　李亦凡　马新月　林豆豆　申心凝

2015 级（18 人）

徐晨鈊　管冰洁　徐镜媛　林小靖　李佳蓉　胡思琪
刘　静　陈　诺　张雪倩　李　夏　顾文萱　张颖冰
李慧萍　王雪涵　李佳潞　吴　婷　吴思琪　费　蕾

2016 级（18 人）

张丽楠　朱语童　李海梦　张静之　盛建平　高瑛戈

王　迪　　杜寒煊　　刘安琪　　李斯特　　张如歌　　赵晓语
柯曼琪　　郑巧宜　　高　正　　赵　珂　　刘　越　　龚发志凌

马克思主义学院（25 人）
一等奖学金（4 人）
2014 级（1 人）
苏　欣
2015 级（1 人）
郭晓辉
2016 级（2 人）
邵显越　　骆任佳
二等奖学金（9 人）
2014 级（3 人）
张仕林　　全艳君　　刘思敏
2015 级（3 人）
蒋月珍　　孙嘉丞　　张雅棋
2016 级（3 人）
刘禹轩　　员明绚　　王　伟
三等奖学金（12 人）
2014 级（5 人）
陈铤琨　　邹　璐　　张　栋　　韩亚男　　斯　琴
2015 级（4 人）
徐艺桐　　邹　维　　孙菲阳　　李思慧
2016 级（3 人）
王华杰　　张鹏飞　　彭舒怡

社会学院（64 人）
一等奖学金（10 人）
2014 级（5 人）
杨　奕　　徐伊洁　　张若华　　李正新　　何盼盼
2015 级（3 人）
唐铭泽　　茅月婷　　李　好
2016 级（2 人）
周润皓　　王璐瑶
二等奖学金（22 人）
2014 级（8 人）
崔文涛　　陈　立　　孙李娜　　庞天旺　　潘　慧　　徐嘉欣

朱　海　谢怀轩

2015 级（7 人）

曹媛媛　陈　菁　虞宗麟　王　凤　刘静妮　陈君晓

宋　茜

2016 级（7 人）

李丽蓉　梁以恒　李　静　张炳帅　范紫荆　邵　珏

谢锦之

三等奖学金（32 人）

2014 级（12 人）

杨翰霖　丁　一　刘　祥　李姗珊　梅楚舒　蒋　智

叶　杨　郭　雪　王夏华　许熙森　王慧蓉　原凌洁

2015 级（10 人）

袁　笑　赵洽好　王慧晶　黄辰加　肖美芳　宛雪灵

陈潞潞　蒋虹余　徐小蠱　孙楚然

2016 级（10 人）

蔡　欣　周　灿　池剑铭　张清淇　谢春玲　李雁庄

鄢布凡　王　宇　郑雯倩　曾　彦

光明新闻传播学院（56 人）

一等奖学金（9 人）

2014 级（3 人）

欧阳荣鑫　李子寒　罗寰昕

2015 级（3 人）

刘颖川　邹　杨　刘乔楠

2016 级（3 人）

杨莉雅　曹晓晨　焦紫雯

二等奖学金（20 人）

2014 级（7 人）

张墺多　秦伟臻　於佳凝　刘思琦　魏逸茗　潘蔓玲

王　琴

2015 级（7 人）

王文杨　刘子溪　李悦琳　董晓宇　杨淑榆　李小趣

尼鲁法尔·迪里夏提

2016 级（6 人）

童　旭　赵米洋　张　涛　高婧雯　黄媛媛　陈瑞庭

三等奖学金（27 人）

2014 级（8 人）

李定坤　徐晓峥　陈美初　钱　瑾　许启胜　吴育琼
王程凯　吕晨蕊

2015 级（10 人）

贺梦蓉　黄嘉怡　申玉梅　农雅晴　陈洁明　曹思琴
朱凌军　李兆娣　李思宇　褚文婷

2016 级（9 人）

杜欣悦　丁钰雅　王玮琪　陈　硕　张泺曼　钟志超
刘一诺　梁书达　潘镱源

**中国政法大学 2016－2017 学年度科研创新奖学金获奖名单**

法学院（2 人）

二等奖（1 人）

蔡君艺

三等奖（1 人）

刘　衡

民商经济法学院（5 人）

一等奖（2 人）

胡熙曈　郭司雨

二等奖（2 人）

谭惠文　杨汶涛

三等奖（1 人）

金琪睿

国际法学院（1 人）

一等奖（1 人）

马润艺

刑事司法学院（2 人）

二等奖（1 人）

杨亚杰

三等奖（1 人）

胡彦羽

商学院（6 人）

一等奖（2 人）

邓　军　章静雯

二等奖（2 人）

李云菲　　黄健栓

三等奖（2 人）

王金晓　　赖　琳

社会学院（1 人）

二等奖（1 人）

李正新

2017 年研究生长安公证奖学金

一等奖（1 人）

楼秋然

二等奖（6 人）

曹思婕　　武志孝　　杨　依　　郭传凯　　张文可　　孟　涛

三等奖（15 人）

李伟平　　陈星宇　　闫博慧　　郭　锴　　唐彬彬　　李思远

陈逸宁　　张宝丹　　王　超　　戴　玥　　马凯亮　　陈博闻

刘奕君　　李　尧　　李　良

**中国政法大学 2016 - 2017 学年度校长奖学金获奖名单**

民商经济法学院（4 人）

2014 级（1 人）

张邹飞

研究生（3 人）

赵若汀　　楼秋然　　严　立

刑事司法学院（1 人）

2014 级（1 人）

陈　扬

政治与公共管理学院（4 人）

2014 级（2 人）

方一优　　许露雨

2015 级（2 人）

李　萌　　陈南赛

商学院（5 人）

2014 级（5 人）

赵冬蔚　徐敬旭　金　全　黄健栓　王金晓

外国语学院（1人）
2015级（1人）
贾柠荧
证据科学研究院（1人）
研究生（1人）
余　萌

比较法学研究院（1人）
研究生（1人）
李梦佳

**中国政法大学2017年研究生国家奖学金获奖学生名单**

博士研究生（34人）

吴　然　孙晓丹　薛志远　王　玎　周敬敏　宋　烁
戴昕琦　程　玉　张文可　李伟平　郭传凯　周贺微
卢　宁　张　建　邵莉莉　周　航　郭　笑　郭　锴
张　峰　张　华　杜德荣　王　琴　何　炜　张立真
常婧超　叶会成　曲雯嘉　申唯佳　曹　瑞　刘道纪
余　萌　田　源　张　超　张晓晨

硕士研究生（115人）

胡宗亮　曹　楠　俞　伟　陈幽燕　李　烁　于玮宁
张　涛　谈文栋　付　震　洪　涛　吴国邦　褚智林
吕　莹　吕晓蕾　章逸琦　耿留睿　卢稷铨　武春旭
尹　源　张忠强　谷珊琳子　王志良　冯　磊　史书一
曹　莹　方宇菲　谭冰玉　孙晓菲　戴　玥　王　璇
魏迎悦　杨茂林　李宝霞　王英州　秦　威　谢江东
张　超　曹　阳　赵若汀　刘蒋西子　管宇钿　刘　妍
孙　青　蔡佳宏　李雪松　祝婧婧　黄陈辰　刘　璇
邹　宇　马　龙　沈奕含　吕云川　刘佳加　韩泳诗
陈新琦　白天德　付　漫　许　超　何婷婷　王　喆
杨济菡　汪　珣　韦政伟　孙　芳　安　沙　邵珊珊
王　帅　谢　薇　罗　欣　徐文红　程　帅　刘　玄
田　莹　陈　辰　江楚填　杨婉冬　史志鹏　郝博达
戴宇鑫　于婷婷　戴　昀　杨梦迪　余心笛　范小瑜
刘玉珠　朱师琳　范庆悦　赵　乐　孙华玉　马　晴

陈奕帆　刘　笑　黎智鹏　武　谦　乐　鹏　杜泽华
蔡泽桐　姚利明　冯　宸　刘　瑜　李晓芳　蓝昱璇
张方泽　张爱桐　侯赵翔　刘东奥　魏　冉　李梦佳
马世钰　曹倩文　向思阳　闫　璐　张　晶　王梦娟
郭佳音

**中国政法大学2016－2017学年2015、2016级研究生奖学金获奖名单**

法学院（332人）

硕士（164人）

一等奖学金（47人）

2015级（21人）

胡宗亮　俞　伟　陈幽燕　张　涛　曹　楠　吴珍珍
张　成　洪　冲　黄亚熙　李　烁　吕　颖　周琳珊
张文秀　曹慧君　李尚翼　孙立尧　赵　菁　王丹阳
范不凡　石　玥　农云贵

2016级（26人）

吴国邦　孙莎莎　米智琴　田俊英　林敏静　谈文栋
高鹏飞　宋　平　张莹莹　于玮宁　邓　勋　郝宁鑫
郭林雄　孙辰阳　尹艳婷　文亚雄　洪　涛　张欣然
满　鑫　杨　溯　付　震　李红梅　邓思齐　蒙明利
崔月柳　冯鹏一

二等奖学金（117人）

2015级（53人）

李鹏慧　刘　聪　邓雨寒　薛沛明　李龙宇　陈田成
赵逸伦　尹　楠　胡化其　陈　阳　梁丹丹　唐田力
常　青　李宏基　王新如　张世才　连　佳　李　璇
李素素　聂晓茜　徐　丹　张　伟　张天舒　唐　蕾
朱绍纲　尹不忧　仙应心　岑梓彬　张乐瑜　陈佳维
王敬妍　张英男　孙　萌　陈朋月　王勤原　崔　咪
蔡馨瑶　冯安琪　刘　盼　潘　峰　刘慧磊　吴美辰
张晖玉　杨星星　冯　亮　卢　毅　鲁谷辰　朱宝通
陈嘉林　杨晓萌　张于杰圣　赖普微　王宝娟

2016级（64人）

蒋　月　石笑聪　方小康　高恩帅　邓经超　王　蕾
包晓璇　李晴晴　金鲁铭　李莹坤　拾　珂　陶思延
王　萍　王　柳　石雨蒙　李　艺　赵　铭　王雷垠
孙钰涵　谈桔芳　陈明慧　刘　青　蔡笑盈　于　昊

| | | | | | |
|---|---|---|---|---|---|
| 潘生进 | 宗　旭 | 尹雨桐 | 冯亦浓 | 赵　严 | 赵　钰 |
| 余利均 | 王路瑶 | 李晓桐 | 张潇潇 | 朱　江 | 刘艳艳 |
| 郝晨鑫 | 孙　璇 | 赵艺绚 | 黄　烁 | 张艺琳 | 赵　芳 |
| 董亚威 | 朱良玉 | 杨　名 | 李安琪 | 邢嫣然 | 王小雨 |
| 王　芸 | 李晓琼 | 马骁骁 | 范志杰 | 李　杨 | 韩晶晶 |
| 田容芳 | 邵明茹 | 陈　莹 | 赵青媛 | 张　希 | 张雅慧 |
| 杨　璇 | 陈　磊 | 陈凯珊 | 钟立鹏 | | |

博士（33 人）

一等奖学金（11 人）

2015 级（5 人）

| | | | | |
|---|---|---|---|---|
| 吴　然 | 孙晓丹 | 薛志远 | 闫映全 | 杨敬之 |

2016 级（6 人）

| | | | | | |
|---|---|---|---|---|---|
| 韦　伟 | 杨　扬 | 王　玎 | 宋　烁 | 李　帅 | 周敬敏 |

二等奖学金（22 人）

2015 级（10 人）

| | | | | | |
|---|---|---|---|---|---|
| 张振华 | 董　敏 | 叶剑泉 | 李　萌 | 黄　丹 | 孔祥稳 |
| 马颜昕 | 胡睿超 | 王新萍 | 张　弛 | | |

2016 级（12 人）

| | | | | | |
|---|---|---|---|---|---|
| 童海浩 | 许　奎 | 范小渝 | 黄　婧 | 崔　瑜 | 刘绍宇 |
| 章　耿 | 龙　倩 | 李　舒 | 章志豪 | 孟庆武 | 戴昕琦 |

2016 级法学实验班（135 人）

一等奖学金（39 人）

| | | | | | |
|---|---|---|---|---|---|
| 吕　莹 | 章逸琦 | 褚智林 | 吕晓蕾 | 耿留睿 | 谢义诗 |
| 李　玮 | 胡　悦 | 张　静 | 宋　琦 | 丁泰凌 | 王昕月 |
| 张焕卿 | 陈晓婷 | 贾贝贝 | 杨建民 | 薛泽涵 | 任林杰 |
| 于　胜 | 游宗源 | 熊一霏 | 高　天 | 马瑞跃 | 王中慧 |
| 樊玉洁 | 尚红超 | 周易秋 | 董欣鑫 | 王　琨 | 郑洁珊 |
| 郭美玲 | 王元义 | 王琳琳 | 高斌斌 | 张振亚 | 鲁泽月 |
| 文如洁 | 贾　康 | 丁翔飞 | | | |

二等奖学金（96 人）

| | | | | | |
|---|---|---|---|---|---|
| 李芳菲 | 朱　恺 | 潘　琦 | 李　智 | 杨　然 | 乔　云 |
| 罗锦荣 | 胡骁毅 | 范鸿雁 | 赵锦钰 | 郗博鸣 | 汪雨涵 |
| 曾祥全 | 佟家伊 | 孟桐竹 | 纪　星 | 陈雅葳 | 林　芸 |
| 朱晔辉 | 易王瀚 | 马巧艳 | 李晓怡 | 李盛誉 | 王思诗 |
| 李博然 | 黄怡梦 | 刘美君 | 李英彬 | 林毅阳 | 周晶晶 |
| 平　浩 | 赵思娴 | 林　慧 | 甄天航 | 张　衡 | 李京默 |
| 孙昂然 | 汪漫妮 | 王　赢 | 张天阳 | 崔梦秋 | 蔡一星 |

王　珏　周　扬　任余美　吴　寒　韩　啸　李梦凡
张钟月　李晓娜　孙晓琳　代重阳　徐炎栋　郑　增
孙　言　梁楠楠　赵昱伟　李　响　卞舒雅　马彦博
陈晓琳　崔英美　于欢欢　唐小博　谭媛媛　靳轶超
何宛珊　马学敏　余家辉　郭登荣　毛佳星　李汉超
杜　锐　邵　颖　刘　婵　邹　琳　庄家璐　黄嘉天
杨书欣　谢冰滢　罗敏丽　李晓彤　陈采薇　卢明亮
李闪闪　蔡子熙　王　寒　卢　琳　尹长宇　闵　薇
邓　舸　李媛媛　田　越　刘芳菲　刘丹妮　许倩倩

民商经济法学院（368 人）
特等奖学金（1 人）
2016 级硕士（1 人）
曹　阳
硕士（346 人）
一等奖学金（96 人）
2015 级（42 人）
冯　磊　曹　凡　杨　莹　王安然　严　立　李思锦
李筱琛　潘　姚　郝　超　任重哲　盛伟荣　李晓燕
杨伟杰　易梦圆　杜　希　郑诗卉　柴都韵　肖　强
史书一　曹　莹　向　罡　常玥婷　毛安艺　孟津津
谭冰玉　张泽帆　姚　岚　栾思达　蹇梦婷　方宇菲
孙晓菲　戴　玥　王　璇　任英杰　魏迎悦　杨茂林
李娅然　李宝霞　邵树杰　刁佳星　孙　立　韩婷婷
2016 级（54 人）
刘洪辉　杨国龙　卢子颖　郭　歌　王英州　董　平
张树祥　秦　威　李健乐　林　瑶　贾　昊　贾　玮
林　珮　谢江东　常小宝　邹学庚　杨　洁　高一览
帅雅文　张　超　赵　玉　汲洋旭　吴艳艳　付雅卓
鲁明娟　姬鹏远　李　昊　方　颖　芦　姗　王佳倡
李廷达　贾　慧　张云云　陈思睿　付倩玉　李世佳
刘　瑜　李泽民　杨　柳　赵若汀　武秀丽　葛秋庆
赵石诚　刘蒋西子　曹文涓　王莹娴　马欣然　孙梦青
任依依　丁　健　张　晗　毛镜澄　张雨涵　宋昕之
二等奖学金（250 人）
2015 级（114 人）
李　殊　曹　晶　王文雅　达世亮　邢雅婧　史可飞

| | | | | | |
|---|---|---|---|---|---|
| 白忠雪 | 郭禹辰 | 林安倩 | 王义君 | 孙　怀 | 王　博 |
| 刘值卓 | 马　欢 | 傅　豪 | 王丽曼 | 杜　璇 | 李夏旭 |
| 解于申 | 王志良 | 戴同卫 | 王　媛 | 钟蔚荣 | 王妙齐 |
| 李梦洁 | 李　袒 | 吴静涵 | 永　姮 | 杨　劼 | 姚　彧 |
| 杨　洋 | 乔巧巧 | 郑梁仪 | 张卫卫 | 王胜华 | 刘骐宁 |
| 李金磊 | 张培培 | 李明月 | 李丽花 | 赵良伟 | 朱文昱 |
| 周思雨 | 党帅帅 | 蔡子祥 | 李向瑜 | 斯陈洁 | 罗永成 |
| 谭　鑫 | 杨一树 | 唐　恒 | 曹乙木 | 石萍萍 | 邵　珊 |
| 吴艳华 | 陈柳冰 | 韩煜坤 | 太　昊 | 叶林梅 | 杨世琳 |
| 李梅丽 | 陈培蓉 | 王媛媛 | 高维钊 | 邓雪琳 | 胡乃峰 |
| 魏溢男 | 李明阳 | 毕　莹 | 李军南 | 林宇凯 | 彭丽姗 |
| 买寒玉 | 王亚平 | 和玉娟 | 王　超 | 李　莹 | 陈莹蓝 |
| 陈　岚 | 郭家昊 | 肖哲元 | 杨锡慧 | 张　龙 | 曾彦妮 |
| 王雅祺 | 陈翊新 | 许丽君 | 冯　睿 | 王月萌 | 盛泓玢 |
| 张　珊 | 郑　弘 | 李　涛 | 冯诗仪 | 孟庆伟 | 杨　敏 |
| 姚丽静 | 张鹏鹏 | 刘品祎 | 干　倩 | 钟欣悦 | 陈一平 |
| 谢颖馨 | 王超奇 | 张　航 | 刘梦奇 | 刘舒蔓 | 黄　楚 |
| 格绒初 | 陈敏辉 | 王咏絮 | 黄心蕊 | 陈天然 | 鲍恩宏 |

2016 级（136 人）

| | | | | | |
|---|---|---|---|---|---|
| 徐霞晖 | 熊　杰 | 瞿永山 | 朱伟睿 | 王　岚 | 刘亚菲 |
| 罗南森 | 巴爽爽 | 殷子涵 | 郭贵芬 | 郑　莎 | 贾祎祺 |
| 包　阳 | 张一鸣 | 夏　玲 | 范丁琳 | 张若画 | 唐国香 |
| 朱　溁 | 郭兰兰 | 张家瑜 | 薛　雯 | 惠　鑫 | 于逸冰 |
| 朱　睿 | 李振东 | 兰　枫 | 陈樱娥 | 何靖川 | 薛　霜 |
| 熊　美 | 潘朗峰 | 王　涵 | 杨宇曦 | 刘远歌 | 王　蕊 |
| 季佳彬 | 韩林林 | 马楠楠 | 陈　宇 | 张鸣鑫 | 徐秋菊 |
| 许纯宁 | 林斯韦 | 王佳敏 | 李廷悦 | 常碧罗 | 王思雨 |
| 高依凡 | 王　瑜 | 洪巧缘 | 任晓彤 | 蒋慧林 | 杨梦娇 |
| 周　强 | 赵蕙骅 | 叶　昕 | 王金浩 | 郜晨燕 | 周雪菲 |
| 孟　遥 | 鲁南希 | 阮　璇 | 彭郁稀 | 姚　迪 | 韩易汝 |
| 莫厚辙 | 赵鹏佳 | 马天娇 | 孙　沁 | 吴一凡 | 齐绪震 |
| 李　杰 | 梁笑冬 | 马　军 | 谢春彤 | 曾凡君 | 周　超 |
| 李凌飞 | 陆虹宇 | 郭文姝 | 王康睿 | 张紫涵 | 郑　明 |
| 胡忠梅 | 石济尘 | 程　真 | 黄　琪 | 王锦超 | 石竹影 |
| 盛　盛 | 王文韬 | 李　果 | 郭东亮 | 贺莎茹勒 | 黄黎敏 |
| 张帅帅 | 黄梓沐 | 潘海燕 | 李彦霓 | 张昌裕 | 姜佳宁 |
| 缪张培 | 周鹏博 | 郭海涛 | 刘雪晴 | 李嘉丽 | 郭　畅 |

| | | | | | |
|---|---|---|---|---|---|
| 韦丛君 | 何映波 | 殷欣宇 | 张延琦 | 罗晨昊 | 翟意雪 |
| 冯禄航 | 何丹曦 | 杨　雪 | 姜艳红 | 于明玉 | 牟　宸 |
| 徐翎涵 | 于佳鑫 | 茶志梅 | 阳牧野 | 孙　姝 | 彭广明 |
| 郑凌之 | 梅艳婷 | 赵　硕 | 仇毅宁 | 杨　璇 | 薛　然 |
| 马丽丽 | 金子煦 | 曹彦斌 | 刘　威 | | |

博士（21 人）

一等奖学金（5 人）

2015 级（4 人）

周贺微　郭传凯　李伟平　张文可

2016 级（1 人）

程　玉

二等奖学金（16 人）

2015 级（10 人）

| | | | | | |
|---|---|---|---|---|---|
| 卢　宁 | 楼秋然 | 朱炳成 | 陈星宇 | 刘飞琴 | 徐建刚 |
| 厉潇逸 | 李海棠 | 华忆昕 | 祁　畅 | | |

2016 级（6 人）

李丹龙　旷涵潇　郝俊淇　田小军　施小雪　谢　凡

国际法学院（118 人）

硕士（100 人）

一等奖学金（28 人）

2015 级（14 人）

| | | | | | |
|---|---|---|---|---|---|
| 管宇钿 | 刘　妍 | 孙　青 | 方　芳 | 何寘宇 | 张　鑫 |
| 冯　翀 | 俞　炜 | 侯晨阳 | 王　露 | 汤　哲 | 高　琳 |
| 李品优 | 马　宁 | | | | |

2016 级（14 人）

| | | | | | |
|---|---|---|---|---|---|
| 刘峻成 | 蔡佳宏 | 邓　颖 | 胡启良 | 涂诗雨 | 杨珮茹 |
| 刘　炜 | 宿永庆 | 韦　玮 | 来晓磊 | 常佳明 | 胡　昕 |
| 陈　晨 | 信明魁 | | | | |

二等奖学金（72 人）

2015 级（38 人）

| | | | | | |
|---|---|---|---|---|---|
| 杜天宇 | 黄州兰 | 丰　硕 | 陈　玥 | 张珊珊 | 董　豪 |
| 方　可 | 黄鸿江 | 谷　冲 | 陈　茜 | 王立芳 | 卢雅瑜 |
| 时佳玥 | 宋　旭 | 蹇　潇 | 赵　青 | 孙学武 | 邵　晨 |
| 王　宇 | 郭诗雅 | 惠　凰 | 乔国文 | 马秋婧 | 肖珊珊 |
| 刘　瑾 | 胥燕然 | 刘奕初 | 黎　夏 | 李梓君 | 张文鸽 |
| 逯容如 | 李　阳 | 万晓艺 | 杨培健 | 孙梦爽 | 王　璐 |

章　汇　　郝晓雨

2016 级（34 人）

欧文婷　　庞智嘉　　杨　婧　　付　照　　李艳儒　　张旖琳
康　桥　　杨葳葳　　陈梦莹　　盛于兰　　陈　曦　　侯双成
贾新越　　郭晓畅　　王　鸿　　王丽娟　　成树佳　　丁卓琦
高　陆　　仉亭方　　漆文君　　刘华敏　　黄晓佳　　葛平皓
马　晓　　桂　足　　李　卓　　关琳琳　　张琰楠　　蒋璧灿
刘俊言　　安　拓　　相　杰　　徐咏冬

博士（18 人）

一等奖学金（3 人）

2015 级（3 人）

张　建　　邵莉莉　　周　航

二等奖学金（15 人）

2015 级（7 人）

齐　宸　　张蕾蕾　　刘敏敏　　郑一争　　卜令强　　张溪瑨
魏婷婷

2016 级（8 人）

文嫒怡　　鲁　洋　　魏求月　　孙世民　　刘　禹　　郝昭亮
崔佳文　　祁　壮

刑事司法学院（187 人）

硕士（167 人）

一等奖学金（46 人）

2015 级（22 人）

黄陈辰　　刘　璇　　邹　宇　　胡剑涛　　宋行健　　张耀文
姜嫒洋　　邓漫银　　武亦文　　吴梅玲　　贤力讷　　齐浩岩
李雪松　　陈　晓　　孙伟杰　　黄东霞　　祝婧婧　　李凯歌
褚晓囡　　司帅领　　崔松涛　　陶欣芸

2016 级（24 人）

童思琪　　马　龙　　惠遥遥　　吴滕娇　　刘　莹　　李佳蓉
刘雅琳　　贺尹钰　　高英杰　　张丽娜　　张慧宁　　尹　鶂
王佳悦　　吕云川　　刘佳加　　马　悦　　刘甜甜　　陶文婷
黄　珣　　谭棉婷　　于　新　　徐文晶　　王　周　　魏雯博

二等奖学金（121 人）

2015 级（60 人）

李若蓝　　周江柳　　许明毅　　刘　洁　　史宏静　　涂九江
王小康　　秦智贤　　丁　楠　　郑朝旭　　刘熙城　　王　森

封　旺　王贵芳　刘炳辰　郑凯文　苏雯雯　徐唐佳
琚丁庆浩　邢雅丽　王丽娟　李月莹　刘　欣　朱　云
冯长勇　邢莉莉　姜华倩　胡柳青青　陈　冉　朱映雪
刘　章　刘　翠　陈秀锋　刘艳娇　刘　妍　徐健峰
梁　鑫　王小菲　焦　珂　吕俊鸣　杨　拓　徐晓晓
常润轩　陈逸宁　刘思敏　荆　晶　曹　栋　许雅雯
詹焕昱　胡金彪　杨　楠　范　琳　葛晟楠　李　格
张　倩　刘铁洋　游　鹏　乐　伟　邵　静　夏小烜

2016 级（61 人）

朱鑫壤　崔　航　毕　琳　庄壹茜　姜　悦　刘佳慧
王馨桐　苏　悦　尤广宇　谭　乐　马育宏　王海燕
郭　曼　斯　涵　马　杰　康子豪　黄　薇　郝正新
杨　婷　肖　虹　李　笑　王张毓茜　沈奕含　曾晓燕
慕林芳　宫　毓　岳雅琦　黄丽婷　张　圆　鲁梦迪
崔美蕴　陈思同　信科宇　倪　婧　李　文　张晋铭
范景怡　薛静怡　刘云哲　李艳玲　侯容昌　谢梦雅
刘洁庆　魏伊慧　张　雯　包梦娜　陈昱希　张芳芷
张乃毓　马　容　张丹雪　华炫宁　严泽岷　刘　贤
孙静宜　彭　川　李思博　王　菲　秦　翔　李德平
李　静

博士（20 人）

一等奖学金（6 人）

2015 级（4 人）

郭　锴　张　可　张　峰　郝冠揆

2016 级（2 人）

郭　笑　彭瑞楠

二等奖学金（14 人）

2015 级（9 人）

刘曹祯　李逍遥　李章仙　唐彬彬　刘圃君　石常秀
王　天　李佳欣　王天若

2016 级（5 人）

柳安然　刘亚男　兰　哲　胡　杨　胡逸恬

政治与公共管理学院（98 人）

特等奖学金（1 人）

2015 级博士（1 人）

张　华

硕士（79 人）

一等奖学金（22 人）

2015 级（11 人）

韩泳诗　安　洁　梁　璐　马　静　苏　菲　李铭晨
李　林　陈新琦　殷晓娜　白天德　李欣桐

2016 级（11 人）

许　超　李晓晰　龙昌蔚　宿金梦　宋坤政　黄李莉
陈秋丰　常　冰　何婷婷　李　柔　张　钊

二等奖学金（57 人）

2015 级（32 人）

孟　梦　范晓宁　安　赟　杨佳星　吕晓琳　张　瑜
杜　妍　童　旭　陈梦佳　薛楠楠　王亮亮　李媛媛
裴海静　全　敏　安　然　任海慧　甘　婷　汪家锐
胡一凡　麦迪娜·吐逊江　周　亚　于佳立　李丽霞
王慧洋　索晨敏　付　漫　查晓微　张书心　刘　美
李晓靓　田卫卫　陆永玖

2016 级（25 人）

郭明珠　马文浩　胡浩城　王　宸　刘　健　候绪杰
秦兆凯　陈嘉华　郑益群　齐　菲　肖行超　高玉香
康　乐　任皓宇　李海霞　龚铁瑾　王　平　朱　昊
徐　潇　张　晓　马伟静　马　芳　王梦杰　李宛霖
赵博然

博士（17 人）

一等奖学金（7 人）

2015 级（3 人）

杜德荣　陈璐颖　程　冰

2016 级（4 人）

何　炜　王法强　王　琴　李益斌

二等奖学金（10 人）

2015 级（4 人）

程　名　朱建磊　洪丹丹　邱　倩

2016 级（6 人）

王宏岳　杨天宇　谭　溪　张正州　王雨辰　高梓原

商学院（65 人）

硕士（60 人）

一等奖学金（17 人）

2015 级（8 人）

| | | | | | |
|---|---|---|---|---|---|
| 王　喆 | 杨济菡 | 尤璐璐 | 周阳夏蕾 | 张春华 | 吴永清 |
| 林祝君 | 檀　昕 | | | | |

2016 级（9 人）

| | | | | | |
|---|---|---|---|---|---|
| 汪　珣 | 任超然 | 陈　岑 | 卢诗懿 | 吴光光 | 焦雪姿 |
| 韩庭轩 | 钟玲玲 | 陈玉霞 | | | |

二等奖学金（43 人）

2015 级（21 人）

| | | | | | |
|---|---|---|---|---|---|
| 张可欣 | 王梦秋 | 张一帆 | 钟静瑶 | 陈子旭 | 庞　欣 |
| 梅思思 | 李可歆 | 孙　优 | 闫立婷 | 郭姝楠 | 付颖娴 |
| 代　婧 | 李若雯 | 江渊博 | 齐媛媛 | 杨　悦 | 郑宇天 |
| 臧鸿词 | 高　璇 | 王琳芸 | | | |

2016 级（22 人）

| | | | | | |
|---|---|---|---|---|---|
| 程　源 | 许　路 | 吕尧伟 | 许亚楠 | 傅炜堃 | 卢　笛 |
| 李　杨 | 宋金国 | 王　晶 | 贾　瑶 | 张文卓 | 刘海阅 |
| 张　枭 | 董振伟 | 李凝曦 | 李思瑶 | 李易林 | 陆正平 |
| 舒　璇 | 李瑞鑫 | 蒋冰洁 | 钟　洁 | | |

博士（5 人）

二等奖学金（5 人）

2015 级（3 人）

| | | |
|---|---|---|
| 张立真 | 沈国云 | 廖苏宏 |

2016 级（2 人）

| | |
|---|---|
| 魏家齐 | 林丽玲 |

人文学院（71 人）

硕士（68 人）

一等奖学金（19 人）

2015 级（9 人）

| | | | | | |
|---|---|---|---|---|---|
| 陈汉英 | 张光玉 | 王　帅 | 邵珊珊 | 刘心悦 | 谭　婷 |
| 安　沙 | 温　河 | 李雪莹 | | | |

2016 级（10 人）

| | | | | | |
|---|---|---|---|---|---|
| 吕忱洋 | 关春蕾 | 笱远平 | 常家凤 | 崔晓娟 | 郑　晓 |
| 罗　欣 | 周　烨 | 曹　雨 | 郭晓梅 | | |

二等奖学金（49 人）

2015 级（24 人）

| | | | | | |
|---|---|---|---|---|---|
| 彭冬艳 | 王　永 | 宋曼璐 | 丁亮皓 | 王胜男 | 黄颖州 |
| 谭兆业 | 代　玥 | 程培沛 | 高　景 | 徐　玮 | 黄慧瑶 |
| 李　娟 | 年国余 | 许文静 | 谢　薇 | 李健鸿 | 韩童轩 |

孙祥阳　孙胜楠　王崇锐　张天驰　王文箫　聂　雯

2016 级（25 人）

魏宁宁　陈国双　郭李乐　高　彤　王欣茹　刘凤怡
赵　飞　付渝丹　胡月明　伍　桐　赵　阳　任朝旭
陈美君　潘琪云　王民乐　李明瑜　刘梦洁　张钰妍
韩京效　靳建朋　高九州　王　婷　祁文馨　苏瑞雪
贾　楠

博士（3 人）

二等奖学金（3 人）

2015 级（2 人）

郝　玥　苗光磊

2016 级（1 人）

常婧超

法律硕士学院（337 人）

硕士（337 人）

一等奖学金（81 人）

2015 级（49 人）

徐文红　程　帅　刘　玄　田　莹　陈　辰　江楚填
杨婉冬　史志鹏　郝博达　闫笑男　赵　树　陈天瑶
董可昕　覃雅倩　彭逸菲　蔡文效　郑书凝　许　卉
吴昌翠　王　龙　李　桃　王晓地　吴宇峰　张婷婷
崔玉凤　敖丽丹　姜超文　莫　强　杨　颖　秦楚齐
李　享　柴玉龙　丁嘉欣　王晓璇　惠裕岚　牛文源
李浩然　蔡宜松　尹懿琪　张海洋　刘　芮　李梦依
王晨光　王　霞　乙安强　谢　潋　张　莹　陈百川
厉俏蓉

2016 级（32 人）

戴宇鑫　于婷婷　戴　昀　杨梦迪　余心笛　范小瑜
刘玉珠　朱师琳　范庆悦　吕雪苗　薛宇娇　许翌文
张思茵　李　宇　沈　欣　杨启帆　郭　瑶　袁　惠
张　娜　高　楠　向润华　谭仲义　吴金诚　欧阳艺文
刘　娇　姜震东　刘　畅　杨　帆　褚　侨　王路路
陈丹丹　袁伦钢

二等奖学金（256 人）

2015 级（123 人）

朱元霄　邓　琪　李　慧　任文婷　柳子通　赵　振

| | | | | | |
|---|---|---|---|---|---|
| 吴琳科 | 商瑶瑶 | 丛　萌 | 王聪聪 | 付晓芳 | 吕亚妮 |
| 马丹薇 | 李　乐 | 姜园园 | 赵熙竹 | 陈晓茜 | 余桂权 |
| 陈　果 | 鄢雨朦 | 王　楠 | 詹黎明 | 连加埔 | 王兰婷 |
| 马丹宁 | 黄晓明 | 陆　艺 | 张　猛 | 付新新 | 李　征 |
| 周业添 | 刘　杨 | 陈亚茹 | 冒南君 | 曹晓彬 | 罗　双 |
| 胡君妍 | 任文茳 | 林　娜 | 何　敬 | 王妍蓓 | 贾云倩 |
| 李　杨 | 韩连怡 | 张陆灿 | 余珊珊 | 张微超 | 马　蕊 |
| 冯宇明 | 程　序 | 杨致昕 | 杨小桐 | 李建亮 | 魏凯伦 |
| 曾露露 | 徐　琳 | 肖　霞 | 贺　辰 | 翟若雯 | 张淑均 |
| 赵正凯 | 张　丽 | 吴　静 | 陈雨潇 | 赵　倩 | 从　灿 |
| 王茵茹 | 陈秋艳 | 刘怡婷 | 吴炜钰 | 智双燕 | 秘如凯 |
| 念智伟 | 王玄烨 | 曾诗露 | 胡哲瑄 | 王若云 | 程　靖 |
| 顾梦圆 | 谈银坤 | 朱思嘉 | 李　楠 | 张智渊 | 王冠祺 |
| 田　媛 | 李英焱 | 王泽恒 | 祁琢天 | 滕建芳 | 邵莉莉 |
| 张　梁 | 李鹿园 | 牛琳琳 | 陈国龙 | 刘思源 | 谢　文 |
| 邓甜甜 | 任相毅 | 张华耀 | 郭强敏 | 赵　丹 | 田　硕 |
| 李　韬 | 葛宇婷 | 徐晓玲 | 付妍妍 | 李　静 | 姜秀秀 |
| 穆龙龙 | 王　迪 | 李飞燕 | 马翠芸 | 郭　英 | 吕婷娜 |
| 齐甜甜 | 刘功芹 | 张伟男 | 李　多 | 隋清蕊 | 李　宁 |
| 朱森文 | 祁瑞娟 | 刘　浪 | | | |

2016 级（133 人）

| | | | | | |
|---|---|---|---|---|---|
| 焦艳芳 | 毛春梅 | 朱　迪 | 石　燕 | 付　爽 | 杨　慧 |
| 于好依 | 祁双双 | 李淑萍 | 王亚楠 | 柏懿娜 | 李　浪 |
| 严子娟 | 李若菡 | 刘芮希 | 韩　越 | 葛　瑞 | 谢　逸 |
| 匡　迪 | 李佳伟 | 李　珂 | 白天园 | 张　烨 | 王　婷 |
| 陆　宇 | 赵真真 | 周晓菲 | 武一帆 | 李　楠 | 赵敏璐 |
| 申卓灵 | 张田天 | 曹莎莎 | 孙光婧 | 张　瑨 | 刘　荧 |
| 马　朋 | 赵　龙 | 王梦杰 | 丛瑞佳 | 刘　流 | 郭娅雯 |
| 张津铭 | 曾青云 | 杨　丽 | 唐鑫萍 | 屈　雷 | 胡永杰 |
| 吴颖媛 | 梅　倩 | 宋晶晶 | 郭少锋 | 谢文娟 | 高　标 |
| 韩　迪 | 王舸帆 | 范雅晴 | 高静冉 | 吴　桐 | 葛晓湄 |
| 张豪东 | 屈　伟 | 王重阳 | 杨俊瑶 | 蔡路兰 | 姜玉姝 |
| 方　晗 | 魏晓彬 | 秦　伟 | 扆　超 | 王梦嘉 | 陈　冉 |
| 梁泽方 | 王霏耘 | 墨丹华 | 毛雪睿 | 魏亚萍 | 孙晓珂 |
| 汪　倩 | 张苏兵 | 汤　兵 | 王　宇 | 王明慧 | 于静航 |
| 侯如月 | 贾晓旻 | 韩　旭 | 王小雪 | 王昕媛 | 郑　哲 |
| 仵　娜 | 田梦思 | 王静怡 | 马　辰 | 张　倩 | 张继鹏 |

吴俊霞　蔡天钊　于　涛　刘　刚　胡　军　刘　叶
王　杨　秦　鹏　王　勤　王璐宏　郭晨馨　田　静
严双丽　姚　瑶　高　融　廖华艳　赵　敏　孔　静
王　萍　崔圣毅　赵岱君　杨柳青　戴晓宁　王　婷
宋瑞学　吕巧慧　张泽阳　杨　洋　何　佳　冯青青
吴　霞　马继伟　冯　杰　李振华　徐明子　秦　浩
袁登宇

外国语学院（24 人）

硕士（24 人）

一等奖学金（6 人）

2015 级（3 人）

赵　乐　高亚鹏　张　昕

2016 级（3 人）

孙华玉　崔红丽　刘　品

二等奖学金（18 人）

2015 级（9 人）

姜永海　闫　俊　王　玥　果红叶　庄方方　张乃智
王洪欣　武靖雅　金树骉

2016 级（9 人）

刘　畅　占才立　詹　竞　段金好　袁方唯　霍梦晴
王若寒　刘　灵　李　典

社会学院（41 人）

硕士（41 人）

一等奖学金（12 人）

2015 级（4 人）

荣思恒　杨　勇　刘　笑　陈奕帆

2016 级（8 人）

朱　楠　程　斌　赵梦雪　刘恩琪　刘飞飞　房亚南
刘香茗　彭晓洁

二等奖学金（29 人）

2015 级（9 人）

蒋小天　钱　钊　武　扬　张　璇　马舒妍　赵若男
马　晴　高伟伟　张　甜

2016 级（20 人）

仇文硕　项　堃　诸　晴　高　畅　秋丽雅　刘梦宇

齐　轲　　刘　宁　　夏嫣雨　　李彩超　　王海艳　　张锦东
陈雅芳　　郭晴晴　　周　慧　　王　贤　　罗晓旭　　王昭慧
陈　璐　　王赵与

中欧法学院（3 人）
博士（3 人）
一等奖学金（1 人）
2016 级（1 人）
叶会成
二等奖学金（2 人）
2015 级（1 人）
姜昊晨
2016 级（1 人）
萧　鑫

马克思主义学院（38 人）
硕士（33 人）
一等奖学金（10 人）
2015 级（4 人）
李　萍　　崔馨丹　　王燕菲　　柳忠京
2016 级（6 人）
姚利明　　冯金宇　　张力方　　白　雪　　宋亚霖　　张　文
二等奖学金（23 人）
2015 级（9 人）
孟祥成　　付金文　　贺　苗　　张芸霞　　胡晓燕　　陈　戈
冯　宸　　甄　洋　　麻静洁
2016 级（14 人）
马豪欣　　刘佳佳　　连冠宇　　桑伟华　　孟　进　　吴顺治
刘　莉　　付英娜　　庞彤彤　　王　辽　　张晓华　　张　萍
李　梦　　徐朝晖
博士（5 人）
一等奖学金（2 人）
2015 级（1 人）
曲雯嘉
2016 级（1 人）
沈克正

二等奖学金（3 人）
2015 级（2 人）
何景毅　刘　娟
2016 级（1 人）
王　萌
国际儒学院（13 人）
硕士（12 人）
一等奖学金（3 人）
2015 级（1 人）
刘　瑜
2016 级（2 人）
赵　蕾　李亚南
二等奖学金（9 人）
2015 级（5 人）
倪　交　刘勇刚　张瑜洪　李　洋　马晓见
2016 级（4 人）
王　争　司晓丹　田　雨　慕倩茜
博士（1 人）
二等奖学金（1 人）
2015 级（1 人）
安庞靖

光明新闻传播学院（61 人）
硕士（60 人）
一等奖学金（17 人）
2015 级（9 人）
李晓芳　孙彤昕　刘峙奥　齐鹏云　李雪楠　刘家琛
李秋硕　刘雪倩　钱柳君
2016 级（8 人）
蓝昱璇　郑一铭　张方泽　魏　月　陈思宇　侯大明
时斓娜　热依拉·艾合买提江
二等奖学金（43 人）
2015 级（22 人）
刘　婧　孟雨佳　乔晨阳　杨慧彩　朱丽莎　李　杨
王　英　张艺真　马小涵　朱佳楠　张　雯　李　欢
侯宏达　牛梦彤　沙宇航　李　冰　庞俊华　万宇菲
刘　靓　秦洋洋　仝景丽　谢雨虹

2016 级（21 人）

杨　岚　张晓秋　张婧琪　韩惠迪　马梦婕　张希臣
谭　冲　于梦洋　陈胜男　白楚玄　陈啸天　景剑霄
李　婷　刘楗淙　张　丽　梁　栋　曹　达　刘博心
张　丽　刘彩玉　见飞扬

博士（1 人）

二等奖学金（1 人）

2016 级（1 人）

申唯佳

人权研究院（15 人）

硕士（12 人）

一等奖学金（4 人）

2015 级（2 人）

周子容　吕　思

2016 级（2 人）

鹿　原　张爱桐

二等奖学金（8 人）

2015 级（4 人）

孙　振　聂小菁　马金娜　李风傧

2016 级（4 人）

段立群　赵　晨　王　璐　刘林语

博士（3 人）

一等奖学金（1 人）

2015 级（1 人）

曹　瑞

二等奖学金（2 人）

2015 级（1 人）

石　慧

2016 级（1 人）

程　莹

比较法学研究院（67 人）

硕士（65 人）

一等奖学金（18 人）

2015 级（8 人）

魏　冉　廖子浩　祝璐佳　刘　敏　李梦佳　马世钰

衣小慧　曹倩文

2016 级（10 人）

李成浩　景南衡　杨　雪　吴　伟　胡汉贤　王倩云
石海燕　刘东奥　王一楠　闫若思

二等奖学金（47 人）

2015 级（21 人）

艾　勋　谷　琪　郭　昕　许　奔　杨黎明　李　佩
龚梦园　金　青　梁晓雯　张　笛　黄诗宇　王天姿
马旭盼　曲姝怡　孙　毅　杨惠敏　董　玉　梁志芳
姚丽莎　许剑波　吕泽君

2016 级（26 人）

万思洋　李鹏举　潘雅婷　段志颖　惠文鑫　周凌霜
董瑾蓉　周小钰　张柳青　洪佳强　王　盈　轩珍珍
曹　源　侯赵翔　黄　寅　祁　颖　吴以源　孙　玉
李梦琳　金　端　杨　雪　朱子琦　赵律玮　李泽环
陈泰林　杨明志

博士（2 人）

二等奖学金（2 人）

2015 级（2 人）

刘道纪　刘天来

证据科学研究院（97 人）

硕士（83 人）

一等奖学金（23 人）

2015 级（11 人）

张　晶　周　晶　胡佩佩　王俊方　王梦娟　乔娟娟
王　伟　郭佳音　黄燕妮　张　程　于美溪

2016 级（12 人）

向思阳　张　松　丁铁珍　雷艺璟　李梦龙　闫　璐
虞惠静　王慧镭　刘鹏宇　张　坤　夏晨鹏　傅　新

二等奖学金（60 人）

2015 级（29 人）

刘小红　陈　曦　白佳奇　陈玠含　于颖超　白国华
苑　冲　杨荐能　王　婼　侯一阳　马恬恬　瞿玲玲
徐　婧　赵颖华　琚明亮　安佳宁　贾颖超　曹春新
柴　冬　王译晗　王华彬　于春洋　杜　婧　邓雅文

李　念　马瑞丰　任如诗　廖思蕴　李帅康

2016 级（31 人）

郑晓军　王　超　翟筱旭　李彦鹏　刘　琳　郭　昊
张　逸　申梦桐　王秀娟　李　鑫　杨　宁　郭　凯
王　楠　索子璇　杨　洁　黄凯丽　周婧姝　孔凡翠
郭淑娴　周俊康　卢　娜　王梓玮　张　弛　刘昊石
邢冬妮　林秋松　向虹楚月　刘彦伶　张　莹　刘　欣
徐玉洁

博士（14 人）

一等奖学金（4 人）

2015 级（3 人）

田　源　余　萌　张　超

2016 级（1 人）

徐歌旋

二等奖学金（10 人）

2015 级（8 人）

邱成梁　史　炜　许林波　潘　萍　曹　佳　马　康
张民全　朱敏敏

2016 级（2 人）

丁皖婧　陆宇光

**中国政法大学 2017 级研究生新生奖学金获奖名单**

法学院（318 人）

硕士（94 人）

王重尧　王怡雪　刘天乐　赵思源　成　亮　张庄子
张泽键　陈清坡　孙　彤　王威智　徐慧碧　沈秀荣
黄　亚　贾安琪　晏可艺　洪　麒　刘伟杰　费汉赟
殷优珍　田昕灵　楚天舒　刘一瑾　赵　旭　张　璇
钟柳依　温　薇　谢金秋　高　雅　郑少美　陈娅琳
朱伟嘉　杨欣雅　姚　睿　瞿梦迪　张怡铮　朱小乐
付　丹　韩利楠　黄圆胜　杨　绮　葛方晨　张纯一
崔圆英　王晓淑　王培涵　张向威　陈　格　郭礼兴
金　侠　黄馨仪　牛　茹　文　敏　顾亚楠　朱士琳
王培霖　张佳琪　霍　彩　陈佳宁　许嘉迪　范姗姗
乔　蓉　罗金丹　孔晓如　马俨琦　陈志清　索凌强
朱如意　方志远　周湘华　黄俊霖　周晓珂　钟　洁
楚亦斐　鲍冠一　邵秀菊　李若男　何一铭　李俊树

邓刘梦　陈跃潭　张赛娅　杨　正　刘　欢　沈天骁
周　航　李家成　张秉怡　朱　夏　戴嘉卉　曾　茜
陈　茗　陈金义　邹林杉　葛天骄

博士（35 人）

孟媛媛　张峰铭　韩亚峰　严　海　舒哲岚　郑　好
王斌通　田纯才　胡文宇　郭　威　江　溯　刘永秋
赵小静　许天问　郭思源　刘　国　李　琦　陈　悦
杨晓萌　蔡刘畅　赵嘉君　杨云善　廖吕有　李梦琳
周上钦　郭胜习　蔡　佳　关　颖　杨天波　贺昱辰
朱乾乾　黄思成　刘瑞强　孟铂林　安国辉

法学实验班（189 人）

吴京竞　华一枝　栗小淼　胡　丹　杜雪婷　陆心怡
罗允昔　佘　超　王博然　陈雅娜　周晗悦　李　涵
张　君　彭阳华　陈佳莉　武春旭　陈倩怡　田　舟
王　媛　於芯怡　孙庆曦　吴佳俊　陈兆彦　余雁泽
范雨萌　薛菲阳　李天佳　刘成睿　陈华倩　史沐慧
王嘉慧　张学府　陈　玮　张　洁　张力虹　徐志文
丁小宇　王虹元　李　魏　项圣炜　陈加勤　简鑫琦
许舒媛　高　晗　初思杰　杨　扬　曲姝洁　施润霖
韩子宜　张梦雪　黄　菁　和晓丹　种浩森　钟铮铮
李潇絮　王　维　钟益鸣　徐静怡　杨昆波　汤镇豪
张　文　商敬骑　王　鹏　张忠强　王舒颖　纪　璇
龚昌林　许奕圣　刘为文　游　晃　寇　曦　武雪萌
李　鑫　曹　琛　高樱芝　吴　仪　刘　敏　尹　源
刘　翔　黄承扬　时武涛　吴清愉　宋琳琳　刘晓悦
胡　军　张洁颖　张　暄　孙佩华　叶子函　魏家浩
段婉莹　卢稷铨　黄彦钦　李天祎　徐慕宁　肖伽琦
芦金科　墙路斌　苏圣塬　汪渤程　文　明　吴忠超
钟诗敏　杨雨莲　车　蕊　李昕昉　肖寓方　冯诗涵
周　潇　王启源　庞　超　崔晓光　祝　涛　李　瑶
梅明慧　张萍萍　林燕玲　赵　阳　刘江智　张蒙雨
漆楚人　吴梦阙　徐世聪　赵赟丽　秦一词　陈嘉璐
张　博　赵书山　赵　婧　魏莘晏　王美淇　姚　参
黄晓航　王椿舒　蔡嘉仪　申欣妍　陈东辉　牛召弟
徐　来　任丹阳　徐朝辉　陈　昱　尚增辉　师钰然
王寂任　魏濛濛　陈　键　徐超鹤　岳虹君　梁　韬

左金萍 张利秀 杨凌志 赵家皞 蔡 文 郭嘉珺
高树才 马小明 李昕滢 马鑫鑫 江 蔼 徐梦鲜
强雪莹 王瑜霜 张 歌 张翠盈 李念泽 白晴阳
余竹青 彭文卓 尹 博 陈利鑫 李贝妮 朱鹏飞
李瑾茹 岳 鑫 涂官福 滕质彬 鲁午扬 唐成平
陶雅洁 邹琬莹 侯佳正 胥其江 颜育元 宾敏琪
李晓玲 胡方正 谷珊琳子

民商经济法学院（206 人）

硕士（183 人）

周芙宇 朱文超 尹 晗 胡羽珺 杨现平 李雨施
王琬珺 黄娇娇 徐一伦 梁政超 翟冠惟 董子衿
董天元 刘桓佑 刘 欢 鲁 昕 方怡堃 潘 辉
林周汪 李 铭 邓万昕 赵 峰 高一丹 范 拓
陈琼娜 金 涛 童扬虹 唐明钰 张天琳 王伟平
欧阳艺纯 张若琳 蔡志成 周晓冬 咸 冰 何秉泽
杜丰贝 熊梦西 韩富鹏 覃亚莉 邓 敏 李玮钰
高素丽 毛春联 李 伟 葛 颖 田沛雨 任星瑞
杨翊城 张亦衡 谢雅琴 周伟国 郑 璐 张峰祥
任君培 黄玉婷 栾文朔 贾如茵 郑 鑫 俞烨岚
胡翔洲 邱玉霞 毛琳玉 周少博 赵小芳 武萌萌
俞 沁 张 涵 曹 倩 张 静 郑轶丹 班 斓
郝喜丽 张译文 杨嘉倩 洪 韵 董 云 李倩文
王 丹 鲁 鑫 高晓颖 郭馨雨 赵宇婷 孙晓洁
汪旭东 林晓欣 刘文珊 蓝 昕 王艺颖 陈洁琼
赵盈瑾 朱 姣 吴 璨 韩 月 潘 越 刘 昊
王妍紫 陈雨萌 宋世豪 吕 叶 李垚林 曾晓梅
肖明倩 王 茜 张智婷 李晓宁 刘 昭 刘丽丽
吕 琳 魏依洋 邱娜娜 杨佳莹 史梦宇 邹明欣
李 亚 尉 格 邹 敏 赵思琪 刘 畅 陈平巧
季凯韬 扈芳琼 王欣妍 周征宇 孙昭宇 孙阳阳
王雨彤 张亚峰 李天棋 刘 亮 刘 丹 张怡然
江健伦 王海雄 吴之洲 王雨桐 刘雨薇 梁子钦
徐伟杰 潘柏华 崔延蓉 文 方 王梦华 王 昆
张钰珩 蔡超静 张伟弘 辛欣昊 侯沛雨 韩 萍
顾玉莲 王煜佳 吴晓月 王天然 杜妍蓓 徐 伟
刘晓婕 王静贤 胡星星 徐国庆 张宁珊 张 璐

吴呈聪　付涵冰　叶彩妹　段惠欣　康　璇　葛　昱
倪淑萍　胡佩琳　姚春雨　王　鹏　王　桑　邢　昊
乔　木　刘思柯　张百川　陈　昉　陈　硕　黄亚楠
贾茗铄　文可心　王和美

博士（23人）

张艺璐　马俊骥　刘亚东　朱　震　王嘉良　袁梓旋
孟宪贵　徐佳咏　王　丹　黄　军　杨　婧　张小炜
张　珺　胡金华　刘　彪　阮莹茜　黄鹏辉　姜　潇
尚毓嵩　涂　靖　刘政操　卢结华　黎　聪

国际法学院（70人）

硕士（53人）

李航羽　杨育晗　高小雨　罗惠钰　王　华　诺　敏
郑　洁　张晓辰　刘一鸣　漆宇舟　许子昀　武振国
王　淼　李佳阔　赵　阳　魏若竹　郭成刚　余汶燕
俞元恺　吴　晗　张梦薇　张书遥　毛欣铭　王新雨
林　翔　王玥玥　郝梓伊　李玉洁　方思嘉　张诗林
杨　娴　程笑男　邬文文　李　京　陈星宇　刘一林
朱　宸　王咏婷　张迦密　任慧盈　樊高远　张　叶
李金珠　田　恬　李　薇　杨思涵　杨子仪　李　杰
霍　达　刘祎玮　叶小其　蔡敏弘　宋叶娉婷

博士（17人）

刘思竹　何　勇　刘媛媛　陈　苏　岳雷雨　刘春一
王林叶　杨关生　贾　林　刘　素　卫楚楚　于华溢
吕点点　石　泉　谢南希　翟语嘉　闫朱伟

刑事司法学院（107人）

硕士（92人）

王盼阳　庄艾凡　刘　晶　蓝子良　张勇虎　魏淑蕊
王士硕　王婷婷　许乃娣　祝晓雅　郭谭浩　白　涵
张　宇　袁　京　李梦洋　王　洋　李海花　蔡屈晨
王姝霖　张冰晶　李佳纯　相　羽　郑雪霏　李赟赟
赵常成　徐芹芹　李梦童　廖小佳　李佳威　徐文静
黄丹青　阎玉姣　高翔坤　倪红蕾　马浩洋　李太珍
杨　锦　迟玉莹　张　颖　朱元玉　安　坚　王文娟
孙振宇　王雅梦　田　森　朱天宇　孙婧鑫　宋雅婷
刘钰琳　李仲尧　梁兴博　姬佳琪　侯　硕　封　蕊

周亦然　杨亚婕　邢文雪　张可馨　吕云歌　甄　曦
陈小乐　程瀚雲　夏　雨　王勉予　刘　雯　卢玉良
刘昱彤　郑　帆　王　森　王玥乔　陈　倩　冯梦笛
王奕彤　曹译天　曹　璨　戴晓宇　刘玲胜军　王　智
张　宁　王逍奕　张正昕　孙　琛　林润权　汪雪莲
孙延菲　储丽丽　廖　萍　郑礼周　梁子莹　王天元
马天一　袁纪辉

博士（15 人）

杜少尉　李雅健　毕寓凡　管依依　徐隽颖　吴尚聪
宋业臻　王强龙　谢　澍　邵　俊　姜　丹　殷　闻
刘　鎏　高童非　付微明

政治与公共管理学院（57 人）

硕士（43 人）

管福华　王　恬　娄须光　陈玉瑾　张　韬　蒋宛希
田斯予　赵西亚　赵亮亮　常红霞　杜庚熙　胡圣涛
孙　涵　李成阳　裘　桐　张思浓　彭怀佳　魏益帆
杨大华　陈嘉琦　姚翔邹　赵敬雅　许伊娜　刘　桥
张良平　郑佳妤　陈璐维　陈　晨　侯凯悦　熊　逸
刘　皎　彭　璐　刘　莉　李雪茹　胡　冲　姜　丽
李　珂　岳宇柔　张开然　窦　鸿　杨璐铭　吴玉婷
郭丽敏

博士（14 人）

马　涛　岳蕾阳　孙　娜　朱嘉怡　王　君　薛美芳
王　瑶　焦　健　汪家锐　刘　金　李思宇　王　妍
李兆瑞　张　旭

商学院（32 人）

硕士（28 人）

刘　刚　晋同祥　关云博　梁嘉伟　耿　晖　王振齐
陈佳敏　温凯茹　李　翔　段　锐　杨　超　谢　骄
高钰杰　张凯欣　郑佳奇　李　倩　蒋功明　赵华阳
苏　艳　李　珊　杨文飞　王孝慈　潘　俊　李　雪
刘思彤　李可欣　姜　禹　牛丽华

博士（4 人）

汪霜傲　张智建　贺娅洁　刘　玉

人文学院（40 人）

硕士（34 人）

| | | | | | |
|---|---|---|---|---|---|
| 张　然 | 谢雨滢 | 刘　昫 | 尤倩倩 | 谈方明 | 魏雨晴 |
| 吕子婧 | 田靖瑶 | 杨婷婷 | 袁　强 | 石天宇 | 孙永会 |
| 陈静瑜 | 唐　朝 | 李环宇 | 冯　园 | 卢林林 | 陆帅文 |
| 黄楷文 | 李　卉 | 黄　俭 | 陈　聪 | 王　栋 | 崔栎丹 |
| 李卿茹 | 张铭倩 | 李阳阳 | 柳光耀 | 李晓宁 | 杨　宁 |
| 刘佳玥 | 徐晓聪 | 项泽仁 | 赵月星 | | |

博士（6 人）

| | | | | | |
|---|---|---|---|---|---|
| 李　冬 | 卢衍诚 | 王盛蕾 | 王　梓 | 张晓娜 | 钟林燕 |

法律硕士学院（177 人）

硕士（177 人）

| | | | | | |
|---|---|---|---|---|---|
| 秦康龄 | 丁　丁 | 吴　琦 | 刘子铭 | 薛静雯 | 王　颖 |
| 姚力熙 | 董月程 | 肖　婕 | 卢　珂 | 姚竹青 | 黄鑫钰 |
| 夏　曼 | 廖天娇 | 贺一杭 | 王玉璇 | 张铭真 | 邢　博 |
| 李　可 | 张椰子 | 宋柯颖 | 朱济伟 | 卢文骄 | 陈鹏宇 |
| 邓思禹 | 李天慧 | 段生茂 | 沈梦雪 | 杨雪琳 | 杨子涵 |
| 张潇丹 | 伊绪东 | 李　烁 | 张文派 | 宋梓林 | 段　璨 |
| 李祉璇 | 刘宇阳 | 张志文 | 曹群钏 | 董嘉欣 | 郝　婕 |
| 黄重文 | 聂　梦 | 杨　康 | 何译涵 | 王泽文 | 郭艳萍 |
| 唐　悦 | 张承子 | 马吉兰 | 李晓慧 | 吕洋菲 | 廖　可 |
| 李龙光 | 吕依萌 | 申淑敏 | 张　群 | 吴　蔚 | 李　建 |
| 刘贺桐 | 夏　霜 | 徐伟康 | 龚　倩 | 刘东草 | 刘晓楠 |
| 王梦颖 | 蔡雨婷 | 吕夏宇 | 尹丽雯 | 焦文慧 | 孟　昕 |
| 庞子玲 | 袁　璐 | 马思涵 | 刘　洋 | 徐　迪 | 姜　旭 |
| 高虹燕 | 王　峥 | 马秋月 | 秦金萍 | 薛　童 | 王　翔 |
| 郑龙飞 | 王林木 | 龚梦婕 | 刘鲲鹏 | 田　涵 | 吴　迪 |
| 刘彦卿 | 孔　惠 | 江　欢 | 吴嘉雯 | 张新若 | 朱信保 |
| 杨　过 | 徐艳杰 | 刘晓宇 | 刁瀚超 | 张家赫 | 唐嘉良 |
| 陈　莉 | 王　晨 | 万南江 | 赵　飞 | 刘佳钰 | 张　森 |
| 刘晨旭 | 朱思晗 | 杨钧博 | 吴胜印 | 吴天昊 | 高云云 |
| 石　灿 | 孔　尧 | 梁　晟 | 刘　玮 | 杨洋洋 | 李　征 |
| 刘欣然 | 张明珠 | 陈劲铮 | 贾　源 | 柳佳熙 | 任佳意 |
| 孙　悦 | 李祥熙 | 王　颖 | 陶新萌 | 曹　柏 | 贾　敏 |
| 王富薪 | 徐廷霖 | 刘　娇 | 殷晓喆 | 郑　伟 | 张奉祥 |
| 陈彦名 | 张玲燕 | 王仁健 | 李桦林 | 张丽娟 | 李俊霖 |

| | | | | | |
|---|---|---|---|---|---|
| 李　楠 | 施　浩 | 刘亚东 | 蒲　璟 | 王凯乐 | 李征宇 |
| 江小雪 | 张文然 | 张胜男 | 翁润东 | 李平平 | 朱鹏昆 |
| 徐　影 | 刘琬乔 | 周兴银 | 樊美辰 | 罗逢林 | 马　宁 |
| 陈晓航 | 赵　锋 | 邵亚庆 | 胥　澳 | 魏琨哲 | 孙芸兮 |
| 郭慧颖 | 郭淑赟 | 彭春霖 | 沈　潇 | 程　晨 | 张锦镭 |
| 王雪竹 | 孔德越 | 申屠轶慧 | | | |

外国语学院（12 人）

硕士（12 人）

| | | | | | |
|---|---|---|---|---|---|
| 徐　明 | 廖琦琛 | 冯婷婷 | 翁子琪 | 周子静 | 韦家玲 |
| 刘瑞姝 | 蔡凌寒 | 杨　鑫 | 陈雨静 | 曲　迪 | 鲁启玺 |

社会学院（22 人）

硕士（22 人）

| | | | | | |
|---|---|---|---|---|---|
| 王　婷 | 董焱尧 | 胡诗茹 | 王若曦 | 黄仁智 | 刘正英 |
| 周春婷 | 张　宇 | 钟娇蕾 | 翟羽琦 | 洪丽丽 | 王梦一 |
| 常宏瑞 | 郭殿怡 | 邓红丽 | 刘欣雨 | 刘宇平 | 杨夏菲 |
| 王雨浩 | 赵云鹤 | 李　炜 | 于源馨 | | |

中欧法学院（2 人）

博士（2 人）

| | |
|---|---|
| 谭伟杰 | 邵昱飞 |

马克思主义学院（18 人）

硕士（14 人）

| | | | | | |
|---|---|---|---|---|---|
| 廉志杰 | 单　翔 | 张灏鸣 | 朱雅楠 | 刘　彤 | 徐　烁 |
| 吴　玲 | 高　欣 | 董晓亚 | 刘雪梅 | 淮　展 | 樊佳佳 |
| 杨　玲 | 朱凌钰 | | | | |

博士（4 人）

| | | | |
|---|---|---|---|
| 贾亚南 | 李浩源 | 张文婷 | 徐宝剑 |

国际儒学院（7 人）

硕士（6 人）

| | | | | | |
|---|---|---|---|---|---|
| 施美彤 | 唐英伟 | 胡兆东 | 谢光祥 | 田　坤 | 邵怡晨 |

博士（1 人）

黄　巍

光明新闻传播学院（29 人）

硕士（29 人）

| | | | | | |
|---|---|---|---|---|---|
| 高可欣 | 崔　尧 | 黄海洋 | 吕玥媛 | 刘彧凡 | 赵佳琪 |
| 乔继尧 | 葛　尧 | 颜　胡 | 刘飞彤 | 许晓旭 | 吴逸宁 |
| 郭晨雅 | 王苏宁 | 周咏怡 | 黄子苓 | 郭媛媛 | 蒲玉玺 |
| 邓忠成 | 余　媛 | 张立杰 | 田刘琪 | 朱双健 | 陶　冶 |
| 徐小玉 | 甘　驰 | 周　文 | 秦紫函 | 王　宁 | |

证据科学研究院（47 人）

硕士（43 人）

| | | | | | |
|---|---|---|---|---|---|
| 朱家腾 | 胡杨振宇 | 李佩云 | 刘锦媛 | 于　典 | 姜　爽 |
| 韩　雪 | 王传凯 | 刘　锐 | 张梓琪 | 卫凯博 | 陈子涵 |
| 张照宇 | 饶阳阳 | 郑　亮 | 任姿姿 | 吴梦裳 | 胡　蓓 |
| 宋诚诚 | 张晓琳 | 马千惠 | 冯逍遥 | 尹菲菲 | 贺帅帅 |
| 安燕彬 | 闫　锴 | 丛嘉雯 | 代滨滨 | 李　明 | 李　琪 |
| 李曜呈 | 陈少丹 | 朱思凡 | 刘　越 | 李　雪 | 方程祖 |
| 吴影跃 | 张　丽 | 李彦彬 | 叶　振 | 朱希雯 | 罗炜琳 |
| 陈慕寒 | | | | | |

博士（4 人）

| | | | |
|---|---|---|---|
| 刘孟尧 | 董　帅 | 徐多麒 | 白凤波 |

司法文明协同创新中心（7 人）

博士（7 人）

| | | | | | |
|---|---|---|---|---|---|
| 娄秋琴 | 徐雨衡 | 徐长龙 | 方　俊 | 刘奕君 | 黄亚鸽 |
| 宋　鸽 | | | | | |

人权研究院（11 人）

硕士（8 人）

| | | | | | |
|---|---|---|---|---|---|
| 崔卫红 | 张嫔清 | 韩雨峰 | 孙圆圆 | 闫之涵 | 陈颖楠 |
| 张雅琪 | 封婷婷 | | | | |

博士（3 人）

| | | |
|---|---|---|
| 蔡星月 | 何晓斌 | 陈汶佳 |

比较法学研究院（45 人）

硕士（42 人）

| | | | | | |
|---|---|---|---|---|---|
| 戴俊哲 | 官　晔 | 张秋临 | 黄文彬 | 李伊凝 | 刘小钰 |
| 李　佳 | 叶芸函 | 张思瑶 | 张羽霄 | 裘羽霞 | 毕志勇 |
| 张嘉宸 | 张玲玲 | 杨　润 | 刘哲役 | 张紫薇 | 马佳敏 |
| 李雪莹 | 段佐利 | 武　晓 | 余春芳 | 赵南南 | 王梅杰 |
| 赵克柔 | 金　融 | 刘思睿 | 郑方普 | 南　凯 | 殷露阳 |
| 徐婷婷 | 高鹏宇 | 岳福岚 | 王小雨 | 廖瑞丽 | 曹　志 |
| 束　叶 | 鲁　婉 | 李春蕾 | 何　涛 | 张宏宇 | 高逸凡 |

博士（3 人）

王翼泽　　彭钰栋　　胡　育

公司法与投资保护研究所（1 人）

博士（1 人）

程　屹

**2016－2017 学年度宝钢优秀学生奖获奖名单**

本科生

| | |
|---|---|
| 王金晓 | 商学院 |
| 韩　芮 | 刑事司法学院 |
| 王　璇 | 政治与公共管理学院 |
| 杨良峰 | 国际法学院 |

博士生

| | |
|---|---|
| 田　源 | 证据科学研究院 |

港澳台

| | | | |
|---|---|---|---|
| 陈怡静 | 香港 | 硕士生 | 国际教育学院 |
| 杨　莉 | 香港 | 本科生 | 国际教育学院 |

**2017 年研究生蒋震奖学金获奖名单**

| | | | | | |
|---|---|---|---|---|---|
| 吴国邦 | 刘远歌 | 来晓磊 | 高依凡 | 孙宝玲 | 张乃毓 |
| 董海丽 | 张　雯 | 段志颖 | 孙艺童 | 毕　莹 | 李　烁 |
| 刘　敏 | 刘　妍 | 张英男 | 罗永成 | 朱宝通 | 严　立 |
| 阙霖瑶 | 金　青 | | | | |

## 2016－2017 学年中国政法大学研究生长安公证奖学金获奖名单

| 获奖等级 | 姓名 | 学院 | 年级 | 培养层次 |
|---|---|---|---|---|
| 一等奖 | 楼秋然 | 民商经济法学院 | 2015 级 | 博士 |
| 二等奖 | 曹思婕 | 民商经济法学院 | 2014 级 | 博士 |
| | 武志孝 | 民商经济法学院 | 2014 级 | 博士 |
| | 杨依 | 刑事司法学院 | 2014 级 | 博士 |
| | 郭传凯 | 民商经济法学院 | 2015 级 | 博士 |
| | 张文可 | 民商经济法学院 | 2015 级 | 博士 |
| | 孟涛 | 民商经济法学院 | 2014 级 | 硕士 |
| 三等奖 | 李伟平 | 民商经济法学院 | 2015 级 | 博士 |
| | 陈星宇 | 民商经济法学院 | 2015 级 | 博士 |
| | 闫博慧 | 民商经济法学院 | 2015 级 | 博士 |
| | 郭锴 | 刑事司法学院 | 2015 级 | 博士 |
| | 唐彬彬 | 刑事司法学院 | 2015 级 | 博士 |
| | 李思远 | 刑事司法学院 | 2014 级 | 博士 |
| | 陈逸宁 | 刑事司法学院 | 2015 级 | 硕士 |
| | 张宝丹 | 民商经济法学院 | 2014 级 | 硕士 |
| | 王超 | 民商经济法学院 | 2015 级 | 硕士 |
| | 戴玥 | 民商经济法学院 | 2014 级 | 硕士 |
| | 马凯亮 | 民商经济法学院 | 2014 级 | 硕士 |
| | 陈博闻 | 民商经济法学院 | 2014 级 | 硕士 |
| | 刘奕君 | 刑事司法学院 | 2014 级 | 硕士 |
| | 李尧 | 刑事司法学院 | 2014 级 | 硕士 |
| | 李良 | 民商经济法学院 | 2014 级 | 硕士 |

## 中国政法大学 2016－2017 学年度义务兵退役复学奖学金获奖名单

法学院（4 人）

孟高正　　卜迎晨　　陈　磊　　王佳佳

民商经济法学院（1 人）

张　任

刑事司法学院（3 人）

杨　庆　　张忠鑫　　王振福

政治与公共管理学院（3 人）

吴　为　　李智慧　　江　梦

商学院（4 人）

董廷俊　　许兵琛　　贾惠婷　　池美燕

人文学院（1 人）

朱倩倩

外国语学院（1 人）

赵方强

社会学院（2 人）

李正新　　夏　阳

马克思主义学院（1 人）

李　猛

光明新闻传播学院（1 人）

特列吾别克

**中国政法大学 2016－2017 学年度“新疆、西藏籍少数民族优秀学生奖学金”获奖学生名单**

民商经济法学院（13 人）

一等奖（2 人）

玛尔江·哈地斯　　　格桑拉姆

二等奖（4 人）

晋美曲珠　卓玛罗增　　仙璐扎德·艾孜买提　　　旦增旺姆

三等奖（7 人）

马　静　　拉　姆　　白玛康卓　　洛桑卓嘎　　次仁琼达

贡秋平措　热依汗·买买提

国际法学院（10 人）

一等奖（2 人）

次　央　　玛丽娜·贾尔肯

二等奖（3 人）

拉姆次仁　沙丽塔娜提·见拜　　　斯朗巴西

三等奖（5 人）

晋美措姆　嘎玛琼达　　冶利亚　　　买买提·玉素甫江

边巴片多

刑事司法学院（12 人）

一等奖（2 人）

邵一宸　　尼玛白珍

二等奖（4 人）

次仁玉珠　旦增央吉　　格桑德吉　　古丽克孜·吐尼亚孜

三等奖（6 人）

德吉旺姆　张鹏飞　　马晓岩　　帕孜丽娅·吐尔逊买买提
苏比奴尔·艾尼瓦　　祖丽批亚·喀迪尔

政治与公共管理学院（6人）
一等奖（1人）
努尔兰古丽·加尔恒
二等奖（2人）
朗杰旺姆　拉　珍
三等奖（3人）
努丽艳　丹增琼培　菊葩尔·金恩斯

人文学院（5人）
一等奖（1人）
格桑曲宗
二等奖（2人）
边巴卓嘎　辜勇梅
三等奖（2人）
阿旺仁青　格桑央拉

社会学院（4人）
一等奖（1人）
迪拉娜·努尔阿力
二等奖（1人）
塞依班姆·阿布力米提乐
三等奖（2人）
热依拉·阿卜拉艾海提　牡丽德尔·哈德

马克思主义学院（2人）
二等奖（1人）
哈力努尔·图尔荪
三等奖（1人）
阿依排日·库尔班

光明新闻传播学院（6人）
一等奖（1人）
丽迪娅·巴合提亚尔
二等奖（2人）

次仁拉姆　克阿吾沙·别力克吐尔
三等奖（3 人）
图玛日斯·阿布来提　地里努尔·别克火加
古丽妮格尔·艾尔肯

**中国政法大学 2016－2017 学年度志愿服务奖学金获奖名单**
民商经济法学院（1 人）
刘月婷

国际法学院（8 人）
王映霞　颜铭宏　韩习纯　唐思远　栗　瑞　李娟娟
胡紫薇　钟　远

刑事司法学院（8 人）
林　虎　陈思远　王武云　易邦彦　贾露倩　刘嘉豪
曾乙钦　易江鹏

政治与公共管理学院（2 人）
刘镇嶂　方　楠

商学院（1 人）
邹镓锶

**中国政法大学 2016－2017 学年度竞赛优胜奖学金获奖名单**
个人获奖名单（74 人次）
法学院（6 人次）
一等奖（4 人次）
李晨宇　李佳珂　邵泽豪　王亚伟
二等奖（2 人次）
陈柳西　潘珍雪

民商经济法学院（14 人次）
一等奖（5 人次）
王子嫣　黄莉娜　金振国　于国强　刘芷芸
二等奖（9 人次）
金振国　刘煜成　张伊佳　张邹飞　于国强
李维龙（4 人次）

国际法学院（6 人次）
二等奖（4 人次）
李雯珺　王辰川穗　王圣迪（2）
三等奖（2 人次）
吴佳伶　冯丽羽

刑事司法学院（12 人次）
一等奖（1 人次）
蒋　永
二等奖（6 人次）
路金鑫　蒋　永　韩　芮　施佳颖　张奂祺（2）
三等奖（5 人次）
崔　赫　何　愈　曹泽龙　刘晨爽　邬子豪

政治与公共管理学院（14 人次）
一等奖（1 人次）
聂泽宇
二等奖（3 人次）
聂泽宇　陈诗茹　杨晓慧
三等奖（10 人次）
张文雅　陈诗茹　杨晓慧　聂泽宇（3）　李欣阳（4）

商学院（17 人次）
二等奖（7 人次）
李泽琳　韩德馨　金　全　樊嘉祥　杨梦婷　杨春林（2）
三等奖（10 人次）
王金晓　王　宁　赵学武　周子锐　胡泽宇　刘克凡
郑立晨　安　娜　徐敬旭　袁姚杰

人文学院（2 人次）
二等奖（1 人次）
罗　粲
三等奖（1 人次）
杨佳羲

外国语学院（2 人次）

二等奖（2 人次）

蔡泽佳　　李松倍

社会学院（1 人次）

三等奖（1 人次）

黄思媛

团体获奖名单（231 人次）

一等奖（14 项，42 人次）

中国国际空间法模拟法庭竞赛（CASC 杯）团体最佳单项奖（2 人）

王　艳　　柯恬恬

“北外—万慧达杯”知识产权模拟法庭大赛第二名（9 人）

蔡佳宏　　马润艺　　李依芮　　许聿宁　　张郡倩　　戴林昕

王　珏　　胡启良　　蔡　帅

中国国际空间法模拟法庭竞赛（CASC 杯）第一名（3 人）

王亚伟　　李灵韵　　何叶梅

亚太大专华语辩论公开赛第三名（5 人）

王昕怡　　周润皓　　白杰煊　　朱琪玮　　刘奕君

杰赛普（Jessup）国际法模拟法庭中国赛区选拔赛第一名（3 人）

李佳珂　　崔梦秋　　蔡佳宏

北京大学生数学建模与计算机应用竞赛

一等奖（12 人）

沈　涛　　杨　敏　　韩　芮　　李泽琳　　王　宁　　张嘉威

胡泽宇　　李云菲　　任心仪　　朱倩仪　　王秋璇　　陈齐等

二等奖（9 人）

罗梦蝶　　郑立宇　　黄健栓　　金　全　　林皓砜　　范翔宇

李　锟　　范修齐　　林　桐

北京市大学生人文知识竞赛二等奖（5 人）

凌　彤　　郭　梁　　周港生　　李武豪　　王慧媛

“挑战杯”全国大学生课外学术科技作品竞赛二等奖（2 人）

刘　军　　王慧媛

全国大学生数学建模竞赛

一等奖（3 人）

王白雪　　曾庆子　　安　娜

二等奖（3 人）

邓汝强　　孟德琳　　曾少颖

北京市大学生物理实验竞赛第二名（3 人）

吴泽玲　赵婉晴　姚　雨

美国大学生数学建模竞赛

一等奖（15 人）

章静雯　袁姚杰　徐敬旭　黄健栓　郑立宇　罗梦蝶
范修齐　刘宇政　李　锟　王怀新　谢　瑞　黄宗敏
项　上　吴铭凯　钟妤婕

二等奖（20 人）

徐　欣　闵陆燕　王金晓　付浩楠　郑立晨　蔡雅楠
马　健　沈　涛　韩　芮　卢文太　王秋璇　陈齐等
朱倩仪　陆思彤　张　尧　吴茗西　胡泽宇　曾庆子
刘文鑫　翟雨新

三等奖（13 人）

林皓砜　金　全　范翔宇　王金晓　周子锐　李梓锋
蓝芊子　韩雨霏　王奕涵　井梦桐　汪予希　吕芊慧
李逸丹

北京市大学生模拟法庭竞赛一等奖（6 人）

许聿宁　王照青　辛海平　罗星语　董　悦　柴晨朝

国际刑事法院模拟法庭竞赛中国赛区选拔赛（英文赛）一等奖（2 人）

娄卓君　邹林志

“外研社杯”全国英语辩论赛二等奖（1 人）

邹林志

中国大学生服务外包创新创业大赛

第二名（5 人）

钱　晨　宋之远　田正蕾　蔡文婷　周胜男

第三名（9 人）

李雨凝　温明睿　邵稚权　于一帆　刘宜鑫　杨梦婷
胡宇婷　肖佑虹　吴　佳

北京市大学生广告艺术大赛

第二名（8 人）

廖佳豪　刘家骏　潘蔓玲　周宇驰　刘思琦　李子寒
农雅晴　李　爽

第三名（4 人）

周宇驰　潘蔓玲　刘思琦　欧阳荣鑫

全国大学生模拟法庭竞赛一等奖（8 人）

裴　任　武　贺　谭彧清　罗　新　陈文镝　庄紫婷
张一益　倪子岳

北京市大学生创业设计大赛

一等奖（8 人）

徐敬旭　於佳凝　杨倩颖　黄海霞　王金晓　赵嘉宁
罗梦蝶　范修齐

三等奖（22 人）

王金晓　孟博雅　郑立宇　陈　建　陈　扬　肖月江
任心仪　王金晓　徐艺宁　王　宁　邱　佶　周　健
李云菲　刘　庆
伊　扬　杨浇琳　邹竞仪　吴伟红　祝智慧　丁祉冰
于济铜　钟　雨

中国大学生（文科）计算机设计大赛

二等奖（5 人）

曾荣丽　张墺多　刘志鹏　吴宇珊　李亚南

三等奖（14 人）

李子寒　罗寰昕　刘思琦　杨念慈　李泽琳　张嘉威
崔　赫　郑　浩　李强强　谢玢瑶　谭奕菲　张　娜
李　爽　张熙廷

中国大陆高校间红十字“国际人道法”模拟法庭竞赛三等奖（4 人）

李晨宇　郑博文　戴林昕　林雅洁

“理律杯”全国高校模拟法庭竞赛第三名（7 人）

黄俊杰　胡彦羽　杨良峰　倪子岳　崔嘉琪　徐于舒
周梦静

北京市大学生人文知识竞赛二等奖（5 人）

黄　凯　孙少卓　刘美诚　刘婧星　魏凡皓

北京市大学生物理实验竞赛第三名（2 人）

郑敬茹　穆　彤

“创青春”全国大学生创业大赛三等奖（1 人）

王妙婷

全国大学生数学建模竞赛三等奖（3 人）

蔡雅楠　冯思敏　马　迎

全国大学生数学建模竞赛三等奖（3 人）

卢文太　冷　越　魏　征

“挑战杯”首都大学生课外科技作品竞赛特等奖（3 人）

杨宁鑫　陈小玥　徐　浩

2017 清华大学法学院模拟国际仲裁邀请赛季军（1 人）

高若云

北京市大学生数学竞赛（全国大学生数学竞赛北京赛区预赛）二等奖（3 人）

章静雯　徐敬旭　王金晓

# 科研奖励

**2017 年中国政法大学获省部级以上社科优秀成果奖的成果名单**

| 序号 | 成果名称 | 主要作者 | 奖项名称 | 所在单位 | 成果形式 | 获奖等级 |
| --- | --- | --- | --- | --- | --- | --- |
| 1 | 法制“镂之金石”传统与明清碑禁体系 | 李雪梅 | 第十四届北京市哲学社会科学优秀成果奖 | 法律古籍整理研究所 | 著作 | 一等奖 |
| 2 | 法制“镂之金石”传统与明清碑禁体系 | 李雪梅 | 第七届吴玉章人文社会科学奖 | 法律古籍整理研究所 | 著作 | 一等奖 |
| 3 | 转型的逻辑：证据法的运行环境与内部结构 | 吴洪淇 | 第十四届北京市哲学社会科学优秀成果奖 | 证据科学研究院 | 著作 | 二等奖 |
| 4 | 论西方中世纪王权观——现代国家权力观念的中世纪起源 | 李　筠 | 第十四届北京市哲学社会科学优秀成果奖 | 政治与公共管理学院 | 著作 | 二等奖 |
| 5 | “法不禁止皆自由”的私法精义 | 易　军 | 第十四届北京市哲学社会科学优秀成果奖 | 民商经济法学院 | 论文 | 二等奖 |
| 6 | 大数据时代数据犯罪的制裁思路 | 于志刚 | 第十四届北京市哲学社会科学优秀成果奖 | 网络法学研究院 | 论文 | 二等奖 |
| 7 | 新兴中产阶层对民主价值的理解：立足中国国情的民主价值观 | 卢春龙 | 第十四届北京市哲学社会科学优秀成果奖 | 政治与公共管理学院 | 论文 | 二等奖 |
| 8 | 学校、地缘与中国共产党早期组织网络的形成 | 应　星 | 第十四届北京市哲学社会科学优秀成果奖 | 社会学院 | 论文 | 二等奖 |

# 体育竞赛获奖

**运动队获奖**

| 队伍名称 | 比赛名称 | 比赛时间 | 教练领队 | 名次 |
|---|---|---|---|---|
| 高水平羽毛球队 | 世界大运会羽毛球选拔赛 | 4月 | 领队：贾海翔<br>教练：李　楠 | 单打冠军、女双季军 |
| 高水平羽毛球队 | 第二十一届中国大学生羽毛球锦标赛 | 7月27日—8月2日 | 领队：贾海翔<br>教练：李　楠 | 女团冠军<br>甲组女子单打冠军<br>甲组女子双打冠军 |
| 高水平乒乓球队 | 第二十二届全国大学生乒乓球锦标赛 | 9月24日—29日 | 领队：贾海翔<br>教练：彭　博<br>杨　策 | 女团冠军、男团第五名<br>女子单打冠军、女子单打第五名、女双亚军<br>女双第五名、男子单打第五名、男子双打季军<br>混双季军、精神文明运动队 |
| 高水平羽毛球队 | 第13届全国学生运动会 | 9月4日—9月16日 | 教练：李　楠 | 团体冠军<br>女双金牌、女单银牌、女单金牌 |
| 高水平乒乓球队 | 第13届全国学生运动会 | 9月4日—9月16日 | 教练：彭　博<br>杨　策 | 混合双打亚军、女子单打第五名 |
| 高水平排球队 | 2017－2018年中国大学生排球联赛（北方赛区） | 11月 | 领队：贾海翔<br>教练：邵建伟 | 男子B组第一名 |
| 校排舞队 | 2017年”舞动中国－排舞联赛”北京赛区 | 11月4日 | 教练：巢　琳<br>王　莉 | 普通院校组单人初级第一名<br>普通院校组单人初级第二名<br>普通院校组集体规定第二名 |
| 校女子足球队 | 2017首都高校女子足球联赛 | 5月－6月 | 领队：贾海翔<br>教练：王　巍<br>张　宇 | 校园组冠军 |
| 校田径队 | 第55届首都高等学校学生田径运动会 | 5月25日－28日 | 领队：贾海翔<br>教练：孙显超<br>刘振民 | 女子团体总分第八<br>女子400米第四（打破400米校记录），800米第二（打破800米校记录）<br>女子400米第五（打破400米校记录）、女子400米栏第二，100米栏第七。 |

续表

| 队伍名称 | 比赛名称 | 比赛时间 | 教练领队 | 名次 |
|---|---|---|---|---|
| | | | | 女子 5000 米第五，1500 米第七、女子 4×400 第二名（打破校记录）、男子 4×100 第八、男子 4×400 第七、5000 米第二（打破校记录）、1500 米第一 |
| 高水平男排 | 首都高等学校 2017 年阳光体育排球挑战赛 | 5 月 | 教练：邵建伟 | 甲组冠军 |
| 校武术队 | 2017 首都高校武术比赛 | 5 月、6 月 | 领队：贾海翔<br>教练：赵　江 | 推手团体总分第三名、32 式太极剑团体三等奖、24 式太极拳团体三等奖<br>定步推手 60 公斤级第一名、定步推手 65 公斤级第三名、定步推手 70 公斤级第一名、活步推手 60 公斤级第二名、活步推手 65 公斤级第一名、活步推手 70 公斤级第三名、散打 65 公斤级第三名、散打 70 公斤级第二名、男子传统四类拳第三名 |
| 校藤球队 | 首都高等学校第十届学生藤球比赛 | 11 月 5 日 | 教练：黎　晨<br>徐京生 | 男子甲组冠军<br>女子甲组冠军 |
| 校足球队 | 2017 年”卡尔美 4 杯”首都大学生女子五人制足球锦标赛 | 11 月 19 日 | 教练：王　巍<br>张　宇 | 冠军 |
| 校跆拳道队 | 2017 年首都高等学校跆拳道精英赛 | 11 月 4 日 | 教练：贾　涛 | 女子个人品势第一名<br>男子竞技乙组 80kg 第二名<br>男子竞技乙组 68kg 第三名 |
| 高水平排球队 | 2017－2018 年中国大学生排球联赛（北方赛区） | 11 月 | 领队：贾海翔<br>教练：邵建伟 | 男子 B 组 第一名 |
| 校足球队 | 2017 年第三届全国大学生女子室内五人制足球锦标赛 | 12 月 25 日 | 教练：张　宇<br>王　巍 | 冠军 |

**教练员获奖**

| 姓名 | 获奖名称 | 颁发单位 | 获奖时间 | 获奖比赛名称 |
| --- | --- | --- | --- | --- |
| 李楠 | 优秀教练员 | 中国大学生体育协会羽毛球分会 | 8 月 02 日 | 第二十一届中国大学生羽毛球锦标赛 |
| 赵江 | 优秀武术教练员 | 全国大学生体育协会 | 10 月 08 日 | 2018 年全国大学生武术比赛 |
| 巢琳 | 优秀教练员 | 国家体育总局体操运动管理中心、全国排舞广场舞推广中心 | 11 月 04 日 | 2017 年“舞动中国－排舞联赛”北京赛区 |
| 巢琳 | 先进个人 | 全国排舞广场舞推广中心、全国排舞广场舞推广中心北京市中心 | 11 月 | 2017 年全国排舞运动北京市推广工作 |
| 王巍 | 最佳教练员 | 中国大学生体育协会 | 12 月 | 2017 年全国大学生女子室内五人制足球锦标赛（校园组） |

**学生获奖**

全国大学生乒乓球锦标赛（高水平组）

第一名（4 人）

曾　妍　　李　硕　　李雯珺　　王圣迪

第二名（2 人）

李雯珺　　李　硕

第三名（3 人）

曾　妍　　叶俊佑　　万宝满

第五名（7 人）

王圣迪　　曾　妍　　王辰川穗　　叶俊佑　　路金鑫　　万宝满

郭宇航

首都高校大学生藤球联赛

第一名（11 人）

沈　涛　　林灏铮　　玛拿西　　贾银博　　姜德诚　　李　雪

张金一　　蒲彦萍　　黄利君　　蒋虹余　　李淋玉

第二名（2 人）

姚之彤　　刘佳伟

首都高校大学生乒乓球、羽毛球、排球比赛（高水平组）

第一名（1 人）

李　硕

第二名（3 人）

李雯珺　　李　硕　　王圣迪

第四名（5 人）

曹泽龙　　王圣文　　万宝满　　叶俊佑　　路金鑫

首都高校大学生乒乓球、羽毛球、网球比赛

第三名（6 人）

望运飞　　邬子豪　　张佐奇　　陈佳民　　易王瀚　　邹学庚

首都高校大学生田径运动会

第二名（4 人）

宋　琳　　罗　粲　　潘珍雪　　黄思媛

第三名（15 人）

高仕观　　付文举　　谢树涛　　林尤展　　张誉铙　　顾毓尚
韦万康　　于国强　　刘光立　　刘青龙　　程自然　　严培根
李维龙　　李玉银　　马一博

北京市大学生跆拳道比赛

第一名（3 人）

曾智豪　　冯鹏谕　　张奂祺

北京市大学生篮球、足球、排球比赛

第一名（13 人）

张婷婷　　胡瑾瑜　　徐聪怡　　彭雨歆　　何剑楠　　李碧霞
李玉卓　　袁子媚　　许佳婷　　浦　欣　　热依汗·买买提
夏含笑　　麻继尹

第二名（7 人）

李琳婷　　郑　雯　　杨　帆　　杜博然　　马　啸　　罗　粲
黄思腾

全国羽毛球超级联赛（高水平组）

第一名（1 人）

刘芷芸

全国大学生排舞联赛

第一名（2 人）

田羽倪　　王于歆渌

第四名（6 人）

郭安旦娜　娜幕汉　王于歆渌　谭晗愫　田羽伲　宋　洋

大学生舞蹈节金奖（18 人）

金昱旭　于涵竹　袁依涵　杨风笑　王昕昕　姜北妮
高浩婷　孟子天雪　陈海沂　郑志佳　吕晨蕊　黄琳倩
马　珺　马明君　罗雅丹　李梦瑶　梁馥林　江河源

北京市排舞联赛

第一名（2 人）

田羽伲　王于歆渌

首都高校武术比赛

二等奖（3 人）

吴宇珊　刘志鹏　李亚南

三等奖（15 人）

聂泽宇　吴雨伦　杨　洵　于国强　李欣阳　金振国
黄俊杰　丁子纹　陈　晗　韩　琦　李雁君　樊嘉祥
刘思硕　张　慧　李瑞淇

阳光体育全国乒乓球赛第四名（6 人）

刘丁一　于骊凡　顾铭颖　张　涵　郑　隆　李东方

阳光体育全国羽毛球赛

第一名（7 人）

覃丽洁　周明慧　黄莉娜　刘芷芸　王子嫣　叶如丹
李千雨

第七名（5 人）

邹学庚　望运飞　易王瀚　陈嘉华　邬子豪

# 第十七章　大事记

1 月 5 日，成立中国政法大学互联网与法律规制研究中心。

1 月 8 日，成立教师发展中心，挂靠在人事处。

2 月 7 日，《中华大典·法律典》的编纂出版，入选 2016 法学教育十大新闻。

3 月 17 日，召开中国政法大学归国华侨联合会（简称“校侨联”）暨中国政法大学归国留学人员联谊会（简称“留联会”）换届选举大会。

3 月 18 日，举行第七届张晋藩法律史学基金会获奖征文颁奖典礼。

3 月 21 日，成立中国政法大学中小企业发展环境研究中心，依托于 MPA 教育中心，中心主任为常保国教授。

3 月 21 日，成立中国政法大学世界贸易组织研究中心非在编科研机构，依托于国际法学院，中心主任为孔庆江教授。

3 月 21 日，成立中国政法大学法律与金融研究中心非在编科研机构，依托于法与经济学研究院，中心主任为席涛教授。

3 月 21 日，成立中国政法大学新三板与新金融研究中心非在编科研机构，依托于资本金融研究院，中心主任为武长海教授。

3 月 21 日，成立中国政法大学国际知识产权研究中心非在编科研机构，依托于民商经济法学院，中心主任为李树忠教授。

3 月，汪海燕教授入选第八届全国十大“杰出青年法学家”。

3 月，面向来华留学生正式设立“汉语言专业”，并于年内启动汉语言专业的建设和招生教学工作，完成汉语言专业的人才培养方案、教师聘任和首期课程的教学安排。

3 月，实施首批赴世界银行、亚非法律协商组织等国际组织实习项目。

3 月，成立教师发展中心。

4 月 24 日，成立中国政法大学儿童法研究中心非在编科研机构，依托于人权研究院，中心主任为张伟教授。

4 月 24 日，成立中国政法大学企业法律风险管理研究中心非在编科研机构，依托于民商经济法学院，中心主任为宋朝武教授。

4 月 25 日，举行青春励志中国梦——中国政法大学 2017 年“自强之星”暨“感动法大人物”颁奖典礼。

4 月 4 日，参加中央电视台综合频道清明特别演出《相聚中国节 春天的思念》，表演《红旗歌》《露营之歌》《祖国不会忘记》《天之大》《春天在哪里》五个节目。

4 月，9 名博士后人员获得中国博士后科学基金资助，其中，4 人获特别资助（15 万元），1 人获面上资助一等资助（8 万元），4 人获二等资助（5 万元）。

4 月，顺利通过了教育部本科教学工作审核评估，人才培养质量获得充分肯定。

5 月 3 日，中共中央总书记、国家主席、中央军委主席习近平来到学校考察。

5 月 4 日，学校国防生合唱团及指导教师参演由中宣部、教育部、团中央联合主办，中央电视台承办的《激扬青春梦——2017 年“五月的鲜花”全国大中学生文艺会演》。

5 月 8 日，召开全国人大、司法部门青年代表与学校青年学生代表共同学习习近平总书记考察中国政法大学重要讲话精神研讨会。

5 月 9 日，与团中央学校部联合主办全国政法类高校（学院）共青团学习习近平总书记考察中国政法大学重要讲话精神研讨会。

5 月 14 日，开展“我的青春法大”65 周年校庆长跑活动，全程 6.5 公里，1200 余名师生、校友共同参赛。

5 月 14 日，召开“缘聚蓟门，情牵法大——83 级研究生毕业 30 周年师生会”。

5 月 15 日，钱端升纪念馆开馆。

5 月 16 日，举行建校 65 周年校友表彰大会暨捐赠仪式。

5 月 16 日，举行法大 65 周年校庆纪念大会。

5 月 16 日，上海黑桃互动网络科技有限公司董事长校友胡崇明以个人名义在 65 周年校庆纪念大会上向基金会捐赠 1000 万元人民币，用于奖励资助青年教师、文物书籍修复等项目。

5 月 16 日，贵州民投投资股份有限公司在 65 周年校庆纪念大会上向基金会捐赠 300 万元人民币，支持学校学生活动和校友工作。

5 月 26 日，成立研究生教学服务中心。

5 月，基金会利用微信公众号平台结合灵析智慧公益系统，开展了校庆 65 周年线上小额捐赠活动，共募集 19 万余元。

5 月，组织撰写《中国健康事业的发展与人权事业进步》白皮书。

6 月 1 日—2 日，举办“Reconsidering the Law-Finance Nexus in a Post-Crisis World（后危机时代对金融与法律关系的再思考）”国际学术会议。

6 月 2 日，与香港中文大学、澳门大学共同发起成立内地与港澳法学教育联盟，通过《内地与港澳法学教育联盟章程》，产生首批 16 所理事高校。

6 月 3 日，召开中国政法大学第十七次学生代表大会。

6 月 15 日，举办第十四届“学术新人”论文大赛颁奖典礼。

6 月 16 日，经北京市民政局审核，基金会被认定为慈善组织。

6 月 20 日，与国际儒学联合会签订《中国政法大学国际儒学院专项教育项目实施协议》。国际儒学联合会向学校国际儒学院定向捐助专项教育基金 320.36 万元。

6 月 20 日，举办 2017 届本科生毕业典礼暨学士学位授予仪式

6 月 22 日，举行 2017 届研究生毕业典礼暨学位授予仪式。

6 月，发起成立全国大学生创新创业实践联盟。

7 月 10 日，胡明任中国政法大学党委书记。

7 月 14 日，召开 2017 年度信息网络安全大会。

7 月 25 日，举办首届中国政法大学法庭科学标准体系建设研讨会。

7 月，编制完成《中国政法大学法学一流学科建设高校建设方案》。

7 月，牵头发布《立格联盟院校法学专业教学质量标准》。

7 月，设立“公益教育中心”。

8 月，学校入选北京市“一带一路”国家人才培养基地项目的第一批高校，建立北京市“一带一路”国家法律人才培养基地。

9 月 12 日，与联合国环境署联合成立的“联合国环境署—中国政法大学环境法研究基地”。

9 月 15 日，成立中国政法大学博士生边疆服务团。

9 月 20 日，举行 2017 年度博士后入站仪式。

9 月 25 日，人权研究院入选国家高端智库建设培育单位。

9 月 26 日，举行“吾爱吾师——第七届最受本科生欢迎的十位老师”评选颁奖典礼。

9 月 27 日，成立中国政法大学党外知识分子联谊会。

9 月，学校顺利进入“一流学科建设高校”名单，法学学科入选“双一流”建设学科名单。

9 月，推出家庭经济困难学生“海外提升计划”，首批资助三名家庭经济困难学生赴印度津德尔大学交流。

9 月，增设公益学分。

9 月，统一身份认证平台成功上线。

10 月 10 日，举行“喜迎十九大，健康快乐行”教职工秋季长走活动。

10 月 13 日，山东德兴集团投资的北京德法兴政教育咨询有限公司向学校教育基金会捐资 600 万元人民币，专项支持学校制度学研究院建设。

10 月 17 日，北京市两高律师事务所向基金会捐赠 300 万元人民币，用于支持学校高水平运动队建设和其他教育事业发展。

10 月 17 日，举行香港终审法院陈兆恺大法官特聘教授续聘暨奖助学金发放仪式。

10 月 26 日，聘任美国宾夕法尼亚州立大学法学院院长助理 Stephen G. Barnes 为法大“名誉教授”。

10 月 30 日，成立中国政法大学国家监察研究院，首任院长为张桂林教授。

10 月 31 日，举行第十五届“学术十星”论文大赛颁奖典礼。

10 月 31 日，与教育部政策法规司共建的教师法治教育研究中心。

10 月，博士招生全面推行“申请—考核”制。

11 月 1 日，成立中国政法大学法治发展与教育研究中心非在编科研机构，依托于学生工作部，中心主任为卢少华教授。

11 月 2 日，召开贯彻落实十九大精神全面推进“双一流”建设大会。

11 月 3 日，启动第三批研究生课程大纲编写工作，编写范围为 2016 年新版培养方案中新增加的课程，共计 82 门。

11 月 7 日，成立中国政法大学青年研究中心非在编科研机构，依托于民商经济法学院，中心主任为王洪松教授。

11 月 11 日—12 日，举办“添翼工程”周末学习班，迄今为止共有 485 位少数民族学生参加，共开设 84 个科目，110 个班，906 课次，聘请学生教员 110 位，并为少数民族学生发放了语言工具书。

11 月 11 日—30 日，启动“国外高水平大学教务管理人员来校联合办公项目”。

11 月 15 日，成立中国政法大学国家监察与反腐败研究中心非在编科研机构，依托于法治政府研究院，中心主任为应松年教授。

11 月 15 日，成立中国政法大学安保与法律研究中心非在编科研机构，依托于法学院，中心主任为李卫海教授。

11 月 15 日，成立中国政法大学法庭科学标准研究中心非在编科研机构，依托于证据科学研究院，中心主任为王旭教授。

11 月 15 日，成立中国政法大学人工智能法研究中心非在编科研机构，依托于法治政府研究院，中心主任为解志勇教授。

11 月 24 日，与学校共建的加勒斯特大学孔子学院作为活动的主办方全程参与第五届罗马尼亚亚洲文化节，中国为活动主宾国。学校艺术团师生助阵演出。

11 月 28 日，成立中国政法大学网络法学研究院，首任院长为于志刚教授。

11 月 30 日，举办第二届“RONG 聚法大”文化盛典暨第十九届校园广播歌手大赛。

11 月，完成了 VR 虚拟现实仿真教学系统建设。

11 月，成立非在编科研机构——法庭科学标准研究中心，中心主任为王旭教授。

11 月，新设立 2 个教研室：形势与政策教研室和当代世界经济与政治教研室。

11 月，建立学校发展战略预研机制，形成以《中国政法大学战略预研实施办法》为中心的预研制度体系。

11 月，学校 1 名博士后人员获得中国博士后科学基金资助二等资助（5 万元）。

11 月—12 月，完成法院庭审直播与爱讲座流媒体资源平台的无缝对接。

12 月 1 日，举办“法治网络与网络法治人才培养——法学教育信息化研讨会暨中国教育技术协会政法教育专业委员会 2017 年年会”。

12 月 1 日，邀请党的十九大代表、全国青联常委、国网山东电力检修公司员工王进与学生骨干举行座谈会。

12 月 1 日，组织开展校内十大新闻评选、全国法学教育十大新闻评选。

12 月 2 日，举办 2017 年中国政法大学国际日。

12 月 4 日，设立“中国老挝法律咨询服务中心”。

12 月 5 日，启动“本科生海外提升支持计划”。

12 月 5 日，举行 2016 –2017 学年度“榜样法大”暨奖学金评优颁奖典礼。

12 月 7 日，举行第十七届江平民商法奖学金颁奖典礼。

12 月 11 日，召开“中国古代司法制度的传承与借鉴”座谈会暨陈光中教授《中国古代司法制度》新书发布会。

12 月 12 日，学校共建罗马尼亚布加勒斯特大学孔子学院、巴巴多斯西印度大学凯夫希尔分校孔子学院同时荣获“2017 全球先进孔子学院”称号学校。

12 月 18 日，与北京市共建“北京市教育法治研究基地”。

12 月 21 日，北京市尚权律师事务所向学校一次性捐赠人民币 100 万元用于支持学校开展法律援助制度研究。

12 月 20 日，举行民盟中国政法大学支部成立 65 周年纪念大会暨“中国民主同盟传统教育基地”揭牌仪式。

12 月 26 日，举办“法治中国论坛——构建中国特色社会主义法学学科体系、学术体系、话语体系”。

12 月 28 日，学校荣获“北京地区高校示范性创业中心”称号。

12 月 28 日，学校荣获第三批“全国高校实践育人创新创业基地”称号。

12 月 28 日，举行应松年行政法学基金第一届理事会暨第八届应松年行政法学奖学金颁奖典礼。

12 月 28 日，学校在全国高校第四轮学科评估中学校法学学科获 A + 结果，并列全国第一。

12 月，马怀德教授当选 CCTV2017 年度法治人物。

12 月，冯晓青、王万华教授入选 2017 年文化名家暨“四个一批”人才。

12 月，学校 7 项成果获北京市第十四届哲学社会科学优秀成果奖，其中一等奖 1 项、二等奖 6 项。

12 月，完成数据中心和网上办事大厅建设。

# 第十八章　综合统计表

## 一、高等教育学校（机构）统计报表

| | 学校（机构）办学类型 | 学校（机构）举办者 | 学校（机构）性质类别 | 规定年制 | | 规定入学年龄 | |
|---|---|---|---|---|---|---|---|
| 名称 | 大学 | 教育部 | 政法院校 | 小学 | * | 小学 | * |
| 代码 | 411 | 360 | 9 | 初中 | * | 初中 | * |

续

| 邮政编码 | 102249 | 校园（局域）网域名 | www. cupl. edu. cn | 校（园）长(签章) | 填表人 | 学校（机构）所在地 | |
|---|---|---|---|---|---|---|---|
| 办公电话 | 58909577 | 单位电子信箱 | plan@ cupl. edu. cn | | | 经度 | 纬度 |
| 传真电话 | 010 – 58909577 | 填表人电子信箱 | | | | 116. 247 | 40. 2214 |

续

| | 学校（机构）举办者 | | 学校（机构）属地管理教育行政部门 | 学校（机构）地址 | 规定年制 | | 规定入学年龄 | |
|---|---|---|---|---|---|---|---|---|
| 名称 | 附设幼儿班 | | | | 小学 | * | 小学 | * |
| 代码 | 119 | | | | 初中 | * | 初中 | * |
| 名称 | 附设小学班 | | | | 小学 | | 小学 | |
| 代码 | 219 | | | | 初中 | * | 初中 | * |
| 名称 | 附设普通初中班 | | | | 小学 | * | 小学 | * |
| 代码 | 319 | | | | 初中 | | 初中 | |
| 名称 | 附设职业初中班 | | | | 小学 | * | 小学 | * |
| 代码 | 329 | | | | 初中 | | 初中 | |
| 名称 | 附设普通高中班 | | | | 小学 | * | 小学 | * |

续表

| | 学校（机构）举办者 | | 学校（机构）属地管理教育行政部门 | 学校（机构）地址 | 规定年制 | | 规定入学年龄 | |
|---|---|---|---|---|---|---|---|---|
| 代码 | 349 | | | | 初中 | * | 初中 | * |
| 名称 | 附设特教班 | | | | 小学 | | 小学 | |
| 代码 | 519 | | | | 初中 | | 初中 | |
| 名称 | 附设中职班 | | | | 小学 | * | 小学 | * |
| 代码 | 368 | | | | 初中 | * | 初中 | * |

## 二、学校（机构）基本情况

| 学校（机构）基本情况 | | | | |
|---|---|---|---|---|
| 高基 112<br>单位： | | | | |
| 项目 | 编号 | 内容 | 单位 | 备注 |
| “985 工程” 院校 | 1 | 否 | | |
| “211 工程” 院校 | 2 | 是 | | |
| 设立研究生院 | 3 | 否 | | |
| 网络学院 | 4 | 无 | | |
| 建立校园网 | 5 | 是 | | |
| 接入互联网 | 6 | 光纤 | | |
| 接入互联网出口带宽 | 7 | 4500 | （Mbps） | |
| 专科（高职）专业 | 8 | | 个 | |
| 本科专业 | 9 | 24 | 个 | |
| 硕士学位授权一级学科点 | 10 | 13 | 个 | |
| 硕士学位授权二级学科点（不含一级学科覆盖点） | 11 | 1 | 个 | |
| 博士学位授权一级学科点 | 12 | 3 | 个 | |
| 博士学位授权二级学科点（不含一级学科覆盖点） | 13 | 6 | 个 | |
| 博士后科研流动站 | 14 | 3 | 个 | |
| 国家重点学科（一级） | 15 | 1 | 个 | |
| 国家重点学科（二级） | 16 | | 个 | |
| 国家重点（培育）学科 | 17 | | 个 | |

续表

| 项目 | 编号 | 内容 | 单位 | 备注 |
|---|---|---|---|---|
| 省、部级重点学科（一级） | 18 | 1 | 个 | |
| 省、部级重点学科（二级） | 19 | 5 | 个 | |
| 国家实验室 | 20 | | 个 | |
| 国家重点实验室 | 21 | | 个 | |
| 国家工程实验室 | 22 | | 个 | |
| 国家工程研究中心 | 23 | | 个 | |
| 国家工程技术研究中心 | 24 | | 个 | |
| 省、部级设置的研究（院、所、中心）、实验室 | 25 | 4 | 个 | |
| 定期公开出版的专业刊物数 | 26 | 5 | 种 | |
| 直属院（系）数 | 27 | 18 | 个 | |
| 普通本专科在校生中住宿生 | 28 | 9262 | 人 | |
| 普通本专科毕业生一次就业率 | 29 | 96.12 | % | |
| 授予同等学力申请硕士学位人数 | 30 | 235 | 人 | |
| 授予同等学力申请博士学位人数 | 31 | 2 | 人 | |
| 上学年参加国家学生体质健康标准测试的人数 | 32 | 8001 | 人 | |
| 优秀 | 33 | 323 | 人 | |
| 良好 | 34 | 3989 | 人 | |
| 及格 | 35 | 2529 | 人 | |
| 不及格 | 36 | 1160 | 人 | |
| 中国科学院院士（人事关系在本校） | 37 | | 人 | |
| 中国工程院院士（人事关系在本校） | 38 | | 人 | |
| “千人计划”入选者 | 39 | 1 | 人 | |
| “青年千人计划”入选者 | 40 | | 人 | |
| “长江学者奖励计划”讲座教授 | 41 | 1 | 人 | |
| “长江学者奖励计划”特聘教授 | 42 | 2 | 人 | |
| “国家杰出青年科学基金”获得者 | 43 | | 人 | |
| 专任教师中有海（境）外经历累计一年以上的 | 44 | 327 | 人 | |
| 安全保卫人员 | 45 | 31 | 人 | |
| 学校附属医院 | 46 | | 个 | |
| 建筑面积 | 47 | | 平方米 | |
| 床位数 | 48 | | 个 | |
| 临床教师 | 49 | | 人 | |

## 三、数据核查结果说明及建议

| 数据核查结果说明及建议 |
| --- |
| **高基 112 续表 1** |
| 对于高基 317 表的经验校验报错，因存在招生学生并非应届毕业生情况，故存在招生数大于 0，而应届毕业生等于 0 的情况。<br>对于高基 318 表的经验校验报错，因存在毕业生在毕业当年毕业但并未取得相应学位，在次年授予学位的情况。<br>对于高基 431 表的经验校验报错，因 2017 年新入校教师，学历为博士的，职称按讲师统计，故录用毕业生数大于未定职级人数。<br>对于高基 511 表的经验校验报错，因学校目前租用校外面积约 5390 平方米，用途为学生宿舍，所用固定资产均为租用，故不计入学校资产。 |

## 四、普通本科分专业学生人数

**普通本科分专业学生数**

高基 312
单位：人

| 学科 | 专业分类 | 专业名称 | 自主专业名称 | 专业代码 | 是否师范专业 | 年制 | 毕业生数 | 授予学位数 | 招生数 |  |  |  | 在校生数 |  |  |  |  |  | 预计毕业生数 |
|---|---|---|---|---|---|---|---|---|---|---|---|---|---|---|---|---|---|---|---|
|  |  |  |  |  |  |  |  |  | 计 | 其中 |  |  | 合计 | 一年级 | 二年级 | 三年级 | 四年级 | 五年级及以上 |  |
|  |  |  |  |  |  |  |  |  |  | 应届毕业生 | 春季招生 | 预科生转入 |  |  |  |  |  |  |  |
|  |  | 甲 | 乙 | 丙 |  | 丁 | 1 | 2 | 3 | 4 | 5 | 6 | 7 | 8 | 9 | 10 | 11 | 12 | 13 |
| 合计 | 合计 | 普通本科生 | 普通本科生 | 42100 | -1 | 0 | 2241 | 2204 | 2521 | 2446 | 0 | 75 | 9598 | 2524 | 2292 | 2252 | 2167 | 363 | 2563 |
| 合计 | 合计 | 其中：女 | 其中：女 | 421002 | 0 | 0 | 1434 | 1419 | 1655 | 1651 | 0 | 30 | 6325 | 1655 | 1467 | 1492 | 1462 | 249 | 1688 |
| 合计 | 合计 | 高中起点本科 | 高中起点本科 | 42101 | -1 | 0 | 2209 | 2173 | 2299 | 2224 | 0 | 75 | 9323 | 2302 | 2239 | 2252 | 2167 | 363 | 2510 |
| 学科门类：管理学 | 公共管理类 | 公共管理类专业 | 公共管理类专业 | 120499 | 0 | 4 | 0 | 0 | 0 | 0 | 0 | 0 | 96 | 0 | 96 | 0 | 0 | 0 | 0 |
| 学科门类：管理学 | 公共管理类 | 行政管理 | 行政管理 | 120402 | 0 | 5 | 0 | 0 | 0 | 0 | 0 | 0 | 25 | 0 | 0 | 0 | 0 | 25 | 25 |
| 学科门类：管理学 | 公共管理类 | 行政管理 | 行政管理 | 120402 | 0 | 4 | 49 | 47 | 70 | 70 | 0 | 0 | 211 | 71 | 0 | 70 | 70 | 0 | 70 |

续表

| 学科 | 专业分类 | 专业名称 | 自主专业名称 | 专业代码 | 是否师范专业 | 年制 | 毕业生数 | 授予学位数 | 招生数 | | | | 在校生数 | | | | | | 预计毕业生数 |
|---|---|---|---|---|---|---|---|---|---|---|---|---|---|---|---|---|---|---|---|
| | | | | | | | | | 计 | 其中 | | | 合计 | 一年级 | 二年级 | 三年级 | 四年级 | 五年级及以上 | |
| | | | | | | | | | | 应届毕业生 | 春季招生 | 预科生转入 | | | | | | | |
| 学科门类：文学 | 外国语言文学类 | 德语 | 德语 | 050203 | 0 | 4 | 5 | 5 | 0 | 0 | 0 | 0 | 6 | 0 | 0 | 3 | 3 | 0 | 3 |
| 学科门类：文学 | 外国语言文学类 | 德语 | 德语 | 050203 | 0 | 5 | 3 | 3 | 20 | 20 | 0 | 0 | 102 | 20 | 23 | 20 | 20 | 19 | 19 |
| 学科门类：法学 | 公安学类 | 侦查学 | 侦查学 | 030602 | 0 | 5 | 0 | 0 | 0 | 0 | 0 | 0 | 6 | 0 | 0 | 0 | 0 | 6 | 6 |
| 学科门类：法学 | 公安学类 | 侦查学 | 侦查学 | 030602 | 0 | 4 | 36 | 36 | 40 | 40 | 0 | 0 | 168 | 40 | 45 | 41 | 42 | 0 | 42 |
| 学科门类：法学 | 政治学类 | 国际政治 | 国际政治 | 030202 | 0 | 5 | 2 | 2 | 0 | 0 | 0 | 0 | 4 | 0 | 0 | 0 | 0 | 4 | 4 |
| 学科门类：法学 | 政治学类 | 国际政治 | 国际政治 | 030202 | 0 | 4 | 35 | 35 | 32 | 32 | 0 | 0 | 133 | 32 | 32 | 33 | 36 | 0 | 36 |
| 学科门类：哲学 | 哲学类 | 哲学 | 哲学 | 010101 | 0 | 5 | 0 | 0 | 0 | 0 | 0 | 0 | 11 | 0 | 0 | 0 | 0 | 11 | 11 |
| 学科门类：哲学 | 哲学类 | 哲学 | 哲学 | 010101 | 0 | 4 | 12 | 12 | 25 | 25 | 0 | 0 | 94 | 25 | 22 | 23 | 24 | 0 | 24 |

续表

| 学科 | 专业分类 | 专业名称 | 自主专业名称 | 专业代码 | 是否师范专业 | 年制 | 毕业生数 | 授予学位数 | 招生数 | | | | 在校生数 | | | | | | 预计毕业生数 |
|---|---|---|---|---|---|---|---|---|---|---|---|---|---|---|---|---|---|---|---|
| | | | | | | | | | 计 | 其中 | | | 合计 | 一年级 | 二年级 | 三年级 | 四年级 | 五年级及以上 | |
| | | | | | | | | | | 应届毕业生 | 春季招生 | 预科生转入 | | | | | | | |
| 学科门类：文学 | 中国语言文学类 | 汉语言文学 | 汉语言文学 | 050101 | 0 | 5 | 1 | 1 | 0 | 0 | 0 | 0 | 18 | 0 | 0 | 0 | 0 | 18 | 18 |
| 学科门类：文学 | 中国语言文学类 | 汉语言文学 | 汉语言文学 | 050101 | 0 | 4 | 19 | 19 | 40 | 40 | 0 | 0 | 156 | 40 | 37 | 38 | 41 | 0 | 41 |
| 学科门类：经济学 | 经济学类 | 经济学 | 经济学 | 020101 | 0 | 4 | 69 | 67 | 86 | 86 | 0 | 0 | 368 | 86 | 93 | 95 | 94 | 0 | 94 |
| 学科门类：经济学 | 经济学类 | 经济学 | 经济学 | 020101 | 0 | 5 | 5 | 5 | 0 | 0 | 0 | 0 | 17 | 0 | 0 | 0 | 0 | 17 | 17 |
| 学科门类：法学 | 法学类 | 法学 | 法学 | 030101 | 0 | 4 | 1378 | 1357 | 1446 | 1371 | 0 | 75 | 5590 | 1447 | 1405 | 1415 | 1323 | 0 | 1323 |
| 学科门类：法学 | 法学类 | 法学 | 法学 | 030101 | 0 | 5 | 245 | 244 | 0 | 0 | 0 | 0 | 29 | 0 | 0 | 0 | 0 | 29 | 29 |
| 学科门类：法学 | 社会学类 | 社会工作 | 社会工作 | 030302 | 0 | 5 | 1 | 1 | 0 | 0 | 0 | 0 | 6 | 0 | 0 | 0 | 0 | 6 | 6 |
| 学科门类：法学 | 社会学类 | 社会工作 | 社会工作 | 030302 | 0 | 4 | 9 | 9 | 13 | 13 | 0 | 0 | 51 | 13 | 13 | 12 | 13 | 0 | 13 |

续表

| 学科 | 专业分类 | 专业名称 | 自主专业名称 | 专业代码 | 是否师范专业 | 年制 | 毕业生数 | 授予学位数 | 招生数 | | | | 在校生数 | | | | | | 预计毕业生数 |
|---|---|---|---|---|---|---|---|---|---|---|---|---|---|---|---|---|---|---|---|
| | | | | | | | | | 计 | 其中 | | | 合计 | 一年级 | 二年级 | 三年级 | 四年级 | 五年级及以上 | |
| | | | | | | | | | | 应届毕业生 | 春季招生 | 预科生转入 | | | | | | | |
| 学科门类：法学 | 马克思主义理论类 | 思想政治教育 | 思想政治教育 | 030503 | 0 | 4 | 15 | 15 | 30 | 30 | 0 | 0 | 116 | 30 | 27 | 28 | 31 | 0 | 31 |
| 学科门类：法学 | 马克思主义理论类 | 思想政治教育 | 思想政治教育 | 030503 | 0 | 5 | 0 | 0 | 0 | 0 | 0 | 0 | 11 | 0 | 0 | 0 | 0 | 11 | 11 |
| 学科门类：文学 | 新闻传播学类 | 新闻学 | 新闻学 | 050301 | 0 | 4 | 53 | 53 | 30 | 30 | 0 | 0 | 215 | 30 | 60 | 68 | 57 | 0 | 57 |
| 学科门类：文学 | 新闻传播学类 | 新闻学 | 新闻学 | 050301 | 0 | 5 | 2 | 2 | 0 | 0 | 0 | 0 | 17 | 0 | 0 | 0 | 0 | 17 | 17 |
| 学科门类：法学 | 社会学类 | 社会学 | 社会学 | 030301 | 0 | 4 | 20 | 19 | 28 | 28 | 0 | 0 | 109 | 28 | 25 | 27 | 29 | 0 | 29 |
| 学科门类：法学 | 社会学类 | 社会学 | 社会学 | 030301 | 0 | 5 | 0 | 0 | 0 | 0 | 0 | 0 | 14 | 0 | 0 | 0 | 0 | 14 | 14 |
| 学科门类：文学 | 新闻传播学类 | 网络与新媒体 | 网络与新媒体 | 050306 | 0 | 4 | 0 | 0 | 30 | 30 | 0 | 0 | 30 | 30 | 0 | 0 | 0 | 0 | 0 |
| 学科门类：文学 | 新闻传播学类 | 网络与新媒体 | 网络与新媒体 | 050306 | 0 | 5 | 0 | 0 | 0 | 0 | 0 | 0 | 0 | 0 | 0 | 0 | 0 | 0 | 0 |

续表

| 学科 | 专业分类 | 专业名称 | 自主专业名称 | 专业代码 | 是否师范专业 | 年制 | 毕业生数 | 授予学位数 | 招生数 | | | | 在校生数 | | | | | | 预计毕业生数 |
|---|---|---|---|---|---|---|---|---|---|---|---|---|---|---|---|---|---|---|---|
| | | | | | | | | | 计 | 其中：应届毕业生 | 其中：春季招生 | 其中：预科生转入 | 合计 | 一年级 | 二年级 | 三年级 | 四年级 | 五年级及以上 | |
| 学科门类：文学 | 外国语言文学类 | 翻译 | 翻译 | 050261 | 0 | 5 | 0 | 0 | 0 | 0 | 0 | 0 | 0 | 0 | 0 | 0 | 0 | 0 | 0 |
| 学科门类：文学 | 外国语言文学类 | 翻译 | 翻译 | 050261 | 0 | 4 | 0 | 0 | 40 | 40 | 0 | 0 | 122 | 41 | 41 | 40 | 0 | 0 | 0 |
| 学科门类：法学 | 政治学类 | 政治学与行政学 | 政治学与行政学 | 030201 | 0 | 4 | 45 | 44 | 50 | 50 | 0 | 0 | 208 | 50 | 51 | 54 | 53 | 0 | 53 |
| 学科门类：法学 | 政治学类 | 政治学与行政学 | 政治学与行政学 | 030201 | 0 | 5 | 2 | 2 | 0 | 0 | 0 | 0 | 12 | 0 | 0 | 0 | 0 | 12 | 12 |
| 学科门类：文学 | 外国语言文学类 | 英语 | 英语 | 050201 | 0 | 4 | 43 | 41 | 60 | 60 | 0 | 0 | 293 | 60 | 67 | 63 | 103 | 0 | 103 |
| 学科门类：文学 | 外国语言文学类 | 英语 | 英语 | 050201 | 0 | 5 | 2 | 1 | 0 | 0 | 0 | 0 | 69 | 0 | 0 | 0 | 0 | 69 | 69 |

续表

| 学科 | 专业分类 | 专业名称 | 自主专业名称 | 专业代码 | 是否师范专业 | 年制 | 毕业生数 | 授予学位数 | 招生数 | | | | 在校生数 | | | | | | 预计毕业生数 |
|---|---|---|---|---|---|---|---|---|---|---|---|---|---|---|---|---|---|---|---|
| | | | | | | | | | 计 | 其中 | | | 合计 | 一年级 | 二年级 | 三年级 | 四年级 | 五年级及以上 | |
| | | | | | | | | | | 应届毕业生 | 春季招生 | 预科生转入 | | | | | | | |
| 学科门类：理学 | 心理学类 | 应用心理学 | 应用心理学 | 071102 | 0 | 5 | 2 | 2 | 0 | 0 | 0 | 0 | 10 | 0 | 0 | 0 | 0 | 10 | 10 |
| 学科门类：理学 | 心理学类 | 应用心理学 | 应用心理学 | 071102 | 0 | 4 | 20 | 18 | 29 | 29 | 0 | 0 | 125 | 29 | 30 | 31 | 35 | 0 | 35 |
| 学科门类：管理学 | 管理科学与工程类 | 信息管理与信息系统 | 信息管理与信息系统 | 120102 | 0 | 4 | 0 | 0 | 29 | 29 | 0 | 0 | 29 | 29 | 0 | 0 | 0 | 0 | 0 |
| 学科门类：管理学 | 管理科学与工程类 | 信息管理与信息系统 | 信息管理与信息系统 | 120102 | 0 | 5 | 0 | 0 | 0 | 0 | 0 | 0 | 0 | 0 | 0 | 0 | 0 | 0 | 0 |
| 学科门类：管理学 | 公共管理类 | 公共事业管理 | 公共事业管理 | 120401 | 0 | 4 | 19 | 17 | 29 | 29 | 0 | 0 | 73 | 29 | 0 | 20 | 24 | 0 | 24 |
| 学科门类：管理学 | 公共管理类 | 公共事业管理 | 公共事业管理 | 120401 | 0 | 5 | 2 | 2 | 0 | 0 | 0 | 0 | 8 | 0 | 0 | 0 | 0 | 8 | 8 |
| 学科门类：管理学 | 工商管理类 | 国际商务 | 国际商务 | 120205 | 0 | 5 | 2 | 2 | 0 | 0 | 0 | 0 | 30 | 0 | 0 | 0 | 0 | 30 | 30 |

续表

| 学科 | 专业分类 | 专业名称 | 自主专业名称 | 专业代码 | 是否师范专业 | 年制 | 毕业生数 | 授予学位数 | 招生数 | | | | 在校生数 | | | | | | 预计毕业生数 |
|---|---|---|---|---|---|---|---|---|---|---|---|---|---|---|---|---|---|---|---|
| | | | | | | | | | 计 | 其中 | | | 合计 | 一年级 | 二年级 | 三年级 | 四年级 | 五年级及以上 | |
| | | | | | | | | | | 应届毕业生 | 春季招生 | 预科生转入 | | | | | | | |
| 学科门类：管理学 | 工商管理类 | 国际商务 | 国际商务 | 120205 | 0 | 4 | 49 | 48 | 69 | 69 | 0 | 0 | 282 | 69 | 73 | 71 | 69 | 0 | 69 |
| 学科门类：管理学 | 工商管理类 | 工商管理 | 工商管理 | 120201 | 0 | 4 | 55 | 55 | 103 | 103 | 0 | 0 | 402 | 103 | 99 | 100 | 100 | 0 | 100 |
| 学科门类：管理学 | 工商管理类 | 工商管理 | 工商管理 | 120201 | 0 | 5 | 9 | 9 | 0 | 0 | 0 | 0 | 57 | 0 | 0 | 0 | 0 | 57 | 57 |
| 合计 | 合计 | 第二学士学位 | 第二学士学位 | 42103 | -1 | 0 | 32 | 31 | 222 | 222 | 0 | 0 | 275 | 222 | 53 | 0 | 0 | 0 | 53 |
| 学科门类：法学 | 法学类 | 法学 | 法学 | 030101 | 0 | 2 | 20 | 20 | 60 | 60 | 0 | 0 | 93 | 60 | 33 | 0 | 0 | 0 | 33 |
| 学科门类：管理学 | 工商管理类 | 工商管理 | 工商管理 | 120201 | 0 | 2 | 12 | 11 | 162 | 162 | 0 | 0 | 182 | 162 | 20 | 0 | 0 | 0 | 20 |

## 五、成人本科分专业学生人数

成人本科分专业学生数

高基 314
单位：人

| 学科 | 专业分类 | 专业名称 | 自主专业名称 | 专业代码 | 是否师范专业 | 年制 | 毕业生数 | 授予学位数 | 招生数 | 在校生数 | | | | | | | 预计毕业生数 |
|---|---|---|---|---|---|---|---|---|---|---|---|---|---|---|---|---|---|
| | | | | | | | | | | 合计 | 一年级 | 二年级 | 三年级 | 四年级 | 五年级 | 六年级及以上 | |
| | | 甲 | 乙 | 丙 | | 丁 | 1 | 2 | 3 | 4 | 5 | 6 | 7 | 8 | 9 | 10 | 11 |
| 合计 | 合计 | 成人本科生 | 成人本科生 | 42200 | -1 | 0 | 847 | 160 | 1027 | 2390 | 1027 | 899 | 232 | 232 | 0 | 0 | 721 |
| 合计 | 合计 | 其中：女 | 其中：女 | 422002 | -1 | 0 | 571 | 84 | 487 | 1004 | 487 | 379 | 70 | 68 | 0 | 0 | 360 |
| 合计 | 合计 | 函授本科 | 函授本科 | 42210 | -1 | 0 | 405 | 80 | 527 | 908 | 527 | 287 | 47 | 47 | 0 | 0 | 187 |
| 合计 | 合计 | 其中：女 | 其中：女 | 422102 | 0 | 0 | 211 | 43 | 155 | 342 | 155 | 157 | 15 | 15 | 0 | 0 | 93 |
| 合计 | 合计 | 高中起点本科 | 高中起点本科 | 42211 | -1 | 0 | 65 | 1 | 80 | 274 | 80 | 100 | 47 | 47 | 0 | 0 | 0 |
| 学科门类：法学 | 法学类 | 法学 | 法学 | 030101 | 0 | 5 | 65 | 1 | 80 | 274 | 80 | 100 | 47 | 47 | 0 | 0 | 0 |
| 合计 | 合计 | 专科起点本科 | 专科起点本科 | 42212 | -1 | 0 | 340 | 79 | 447 | 634 | 447 | 187 | 0 | 0 | 0 | 0 | 187 |
| 学科门类：法学 | 法学类 | 法学 | 法学 | 030101 | 0 | 2 | 340 | 79 | 447 | 634 | 447 | 187 | 0 | 0 | 0 | 0 | 187 |
| 合计 | 合计 | 业余本科 | 业余本科 | 42220 | -1 | 0 | 442 | 80 | 500 | 1482 | 500 | 612 | 185 | 185 | 0 | 0 | 534 |

续表

| 学科 | 专业分类 | 专业名称 | 自主专业名称 | 专业代码 | 是否师范专业 | 年制 | 毕业生数 | 授予学位数 | 招生数 | 在校生数 | | | | | | | 预计毕业生数 |
|---|---|---|---|---|---|---|---|---|---|---|---|---|---|---|---|---|---|
| | | | | | | | | | | 合计 | 一年级 | 二年级 | 三年级 | 四年级 | 五年级 | 六年级及以上 | |
| 合计 | 合计 | 其中：女 | 其中：女 | 422202 | 0 | 0 | 360 | 41 | 332 | 662 | 332 | 222 | 55 | 53 | 0 | 0 | 267 |
| 合计 | 合计 | 高中起点本科 | 高中起点本科 | 42221 | -1 | 0 | 0 | 0 | 100 | 548 | 100 | 78 | 185 | 185 | 0 | 0 | 0 |
| 学科门类：法学 | 法学类 | 法学 | 法学 | 030101 | 0 | 5 | 0 | 0 | 100 | 548 | 100 | 78 | 185 | 185 | 0 | 0 | 0 |
| 合计 | 合计 | 专科起点本科 | 专科起点本科 | 42222 | -1 | 0 | 442 | 80 | 400 | 934 | 400 | 534 | 0 | 0 | 0 | 0 | 534 |
| 学科门类：法学 | 法学类 | 法学 | 法学 | 030101 | 0 | 2 | 442 | 80 | 400 | 934 | 400 | 534 | 0 | 0 | 0 | 0 | 534 |

## 六、硕士研究生分专业（领域）学生人数

**硕士研究生分专业（领域）学生数**

高基 317
单位：人

| 学科 | 专业分类 | 专业名称 | 自主专业名称 | 专业代码 | 年制 | 毕业生数 | 授予学位数 | 招生数 | | 在校生数 | | | | | | 预计毕业生数 |
|---|---|---|---|---|---|---|---|---|---|---|---|---|---|---|---|---|
| | | | | | | | | 合计 | 其中：应届毕业生 | 合计 | 一年级 | 二年级 | 三年级 | 四年级 | 五年级及以上 | |
| | | 甲 | 乙 | 丙 | 丁 | 1 | 2 | 3 | 4 | 5 | 6 | 7 | 8 | 9 | 10 | 11 |
| 合计 | 合计 | 硕士研究生 | 硕士研究生 | 43100 | 0 | 1789 | 1949 | 2100 | 1292 | 5600 | 2100 | 1998 | 1502 | 0 | 0 | 1847 |
| 合计 | 合计 | 其中：女 | 其中：女 | 431002 | 0 | 1163 | 1236 | 1395 | 946 | 3709 | 1395 | 1239 | 1075 | 0 | 0 | 1113 |
| 合计 | 合计 | 学术学位硕士 | 学术学位硕士 | 43110 | 0 | 879 | 891 | 981 | 784 | 2945 | 981 | 979 | 985 | 0 | 0 | 1003 |
| 合计 | 合计 | 其中：女 | 其中：女 | 431102 | 0 | 595 | 604 | 690 | 585 | 2036 | 690 | 659 | 687 | 0 | 0 | 691 |
| 合计 | 合计 | 国家任务学术学位硕士 | 国家任务学术学位硕士 | 43111 | 0 | 860 | 874 | 0 | 0 | 1933 | 0 | 967 | 966 | 0 | 0 | 984 |
| 管理学 | 公共管理 | 社会保障 | 社会保障 | 120404 | 3 | 5 | 5 | 0 | 0 | 8 | 0 | 5 | 3 | 0 | 0 | 3 |
| 法学 | 政治学 | 外交学 | 外交学 | 030208 | 3 | 3 | 5 | 0 | 0 | 6 | 0 | 3 | 3 | 0 | 0 | 3 |
| 法学 | 马克思主义理论 | 马克思主义基本原理 | 马克思主义基本原理 | 030501 | 3 | 5 | 5 | 0 | 0 | 6 | 0 | 3 | 3 | 0 | 0 | 3 |
| 文学 | 外国语言文学 | 俄语语言文学 | 俄语语言文学 | 050202 | 3 | 4 | 4 | 0 | 0 | 5 | 0 | 2 | 3 | 0 | 0 | 3 |

续表

| 学科 | 专业分类 | 专业名称 | 自主专业名称 | 专业代码 | 年制 | 毕业生数 | 授予学位数 | 招生数 | | 在校生数 | | | | | | 预计毕业生数 |
|---|---|---|---|---|---|---|---|---|---|---|---|---|---|---|---|---|
| | | | | | | | | 合计 | 其中：应届毕业生 | 合计 | 一年级 | 二年级 | 三年级 | 四年级 | 五年级及以上 | |
| 管理学 | 工商管理 | 企业管理（含：财务管理、市场营销、人力资源管理） | 企业管理（含：财务管理、市场营销、人力资源管理） | 120202 | 3 | 7 | 7 | 0 | 0 | 14 | 0 | 8 | 6 | 0 | 0 | 6 |
| 管理学 | 工商管理 | 工商管理学科 | 法商管理 | 120299 | 3 | 1 | 1 | 0 | 0 | 7 | 0 | 3 | 4 | 0 | 0 | 4 |
| 管理学 | 公共管理 | 公共管理学科 | 公共人力资源管理 | 120499 | 3 | 3 | 3 | 0 | 0 | 6 | 0 | 3 | 3 | 0 | 0 | 3 |
| 管理学 | 公共管理 | 公共管理学科 | 危机管理 | 120499 | 3 | 1 | 1 | 0 | 0 | 6 | 0 | 4 | 2 | 0 | 0 | 2 |
| 管理学 | 公共管理 | 行政管理 | 行政管理 | 120401 | 3 | 12 | 12 | 0 | 0 | 25 | 0 | 11 | 14 | 0 | 0 | 14 |
| 管理学 | 工商管理 | 会计学 | 会计学 | 120201 | 3 | 4 | 4 | 0 | 0 | 9 | 0 | 5 | 4 | 0 | 0 | 4 |
| 历史学 | 中国史 | 历史文献学（含：敦煌学、古文字学） | 历史文献学（含：敦煌学、古文字学） | 060202 | 3 | 2 | 2 | 0 | 0 | 4 | 0 | 2 | 2 | 0 | 0 | 2 |
| 文学 | 新闻传播学 | 新闻学 | 新闻学 | 050301 | 3 | 16 | 16 | 0 | 0 | 27 | 0 | 14 | 13 | 0 | 0 | 13 |

续表

| 学科 | 专业分类 | 专业名称 | 自主专业名称 | 专业代码 | 年制 | 毕业生数 | 授予学位数 | 招生数 | | 在校生数 | | | | | | 预计毕业生数 |
|---|---|---|---|---|---|---|---|---|---|---|---|---|---|---|---|---|
| | | | | | | | | 合计 | 其中：应届毕业生 | 合计 | 一年级 | 二年级 | 三年级 | 四年级 | 五年级及以上 | |
| 文学 | 外国语言文学 | 英语语言文学 | 英语语言文学 | 050201 | 3 | 8 | 7 | 0 | 0 | 14 | 0 | 7 | 7 | 0 | 0 | 7 |
| 法学 | 马克思主义理论 | 思想政治教育 | 思想政治教育 | 030505 | 3 | 7 | 7 | 0 | 0 | 11 | 0 | 6 | 5 | 0 | 0 | 5 |
| 文学 | 新闻传播学 | 传播学 | 传播学 | 050302 | 3 | 4 | 4 | 0 | 0 | 13 | 0 | 7 | 6 | 0 | 0 | 6 |
| 历史学 | 中国史 | 中国古代史 | 中国古代史 | 060204 | 3 | 1 | 1 | 0 | 0 | 5 | 0 | 1 | 4 | 0 | 0 | 4 |
| 法学 | 马克思主义理论 | 马克思主义中国化研究 | 马克思主义中国化研究 | 030503 | 3 | 3 | 3 | 0 | 0 | 9 | 0 | 7 | 2 | 0 | 0 | 2 |
| 经济学 | 应用经济学 | 产业经济学 | 产业经济学 | 020205 | 3 | 3 | 3 | 0 | 0 | 7 | 0 | 4 | 3 | 0 | 0 | 3 |
| 历史学 | 中国史 | 中国近现代史 | 中国近现代史 | 060205 | 3 | 4 | 4 | 0 | 0 | 9 | 0 | 5 | 4 | 0 | 0 | 4 |
| 历史学 | 中国史 | 专门史 | 专门史 | 060203 | 3 | 4 | 4 | 0 | 0 | 10 | 0 | 5 | 5 | 0 | 0 | 5 |
| 哲学 | 哲学 | 宗教学 | 宗教学 | 010107 | 3 | 2 | 2 | 0 | 0 | 5 | 0 | 2 | 3 | 0 | 0 | 3 |
| 教育学 | 心理学 | 心理学学科 | 犯罪心理学 | 040299 | 3 | 6 | 6 | 0 | 0 | 15 | 0 | 9 | 6 | 0 | 0 | 6 |
| 经济学 | 理论经济学 | 西方经济学 | 西方经济学 | 020104 | 3 | 2 | 2 | 0 | 0 | 6 | 0 | 3 | 3 | 0 | 0 | 3 |
| 教育学 | 心理学 | 应用心理学 | 应用心理学 | 040203 | 3 | 6 | 6 | 0 | 0 | 5 | 0 | 2 | 3 | 0 | 0 | 3 |
| 经济学 | 理论经济学 | 经济史 | 经济史 | 020103 | 3 | 3 | 3 | 0 | 0 | 7 | 0 | 3 | 4 | 0 | 0 | 4 |
| 哲学 | 哲学 | 外国哲学 | 外国哲学 | 010103 | 3 | 3 | 3 | 0 | 0 | 4 | 0 | 3 | 1 | 0 | 0 | 1 |

续表

| 学科 | 专业分类 | 专业名称 | 自主专业名称 | 专业代码 | 年制 | 毕业生数 | 授予学位数 | 招生数 | | 在校生数 | | | | | | 预计毕业生数 |
|---|---|---|---|---|---|---|---|---|---|---|---|---|---|---|---|---|
| | | | | | | | | 合计 | 其中：应届毕业生 | 合计 | 一年级 | 二年级 | 三年级 | 四年级 | 五年级及以上 | |
| 法学 | 法学 | 法学理论 | 法学理论 | 030101 | 3 | 40 | 40 | 0 | 0 | 75 | 0 | 37 | 38 | 0 | 0 | 38 |
| 哲学 | 哲学 | 逻辑学 | 逻辑学 | 010104 | 3 | 2 | 2 | 0 | 0 | 7 | 0 | 3 | 4 | 0 | 0 | 4 |
| 哲学 | 哲学 | 马克思主义哲学 | 马克思主义哲学 | 010101 | 3 | 4 | 4 | 0 | 0 | 10 | 0 | 5 | 5 | 0 | 0 | 5 |
| 法学 | 政治学 | 政治学学科 | 全球学 | 030299 | 3 | 1 | 1 | 0 | 0 | 5 | 0 | 3 | 2 | 0 | 0 | 2 |
| 法学 | 政治学 | 政治学学科 | 纪检监察学 | 030299 | 3 | 5 | 5 | 0 | 0 | 9 | 0 | 4 | 5 | 0 | 0 | 5 |
| 法学 | 法学 | 军事法学 | 军事法学 | 030110 | 3 | 2 | 2 | 0 | 0 | 13 | 0 | 7 | 6 | 0 | 0 | 6 |
| 经济学 | 理论经济学 | 世界经济 | 世界经济 | 020105 | 3 | 4 | 4 | 0 | 0 | 8 | 0 | 4 | 4 | 0 | 0 | 4 |
| 法学 | 马克思主义理论 | 马克思主义发展史 | 马克思主义发展史 | 030502 | 3 | 3 | 3 | 0 | 0 | 7 | 0 | 4 | 3 | 0 | 0 | 3 |
| 法学 | 马克思主义理论 | 中国近现代史基本问题研究 | 中国近现代史基本问题研究 | 030506 | 3 | 4 | 5 | 0 | 0 | 4 | 0 | 2 | 2 | 0 | 0 | 2 |
| 法学 | 马克思主义理论 | 国外马克思主义研究 | 国外马克思主义研究 | 030504 | 3 | 3 | 3 | 0 | 0 | 4 | 0 | 3 | 1 | 0 | 0 | 1 |
| 文学 | 外国语言文学 | 德语语言文学 | 德语语言文学 | 050204 | 3 | 2 | 2 | 0 | 0 | 7 | 0 | 5 | 2 | 0 | 0 | 2 |
| 法学 | 政治学 | 国际政治 | 国际政治 | 030206 | 3 | 5 | 5 | 0 | 0 | 8 | 0 | 4 | 4 | 0 | 0 | 4 |

续表

| 学科 | 专业分类 | 专业名称 | 自主专业名称 | 专业代码 | 年制 | 毕业生数 | 授予学位数 | 招生数 | | 在校生数 | | | | | | 预计毕业生数 |
|---|---|---|---|---|---|---|---|---|---|---|---|---|---|---|---|---|
| | | | | | | | | 合计 | 其中：应届毕业生 | 合计 | 一年级 | 二年级 | 三年级 | 四年级 | 五年级及以上 | |
| 经济学 | 应用经济学 | 国际贸易学 | 国际贸易学 | 020206 | 3 | 2 | 3 | 0 | 0 | 4 | 0 | 2 | 2 | 0 | 0 | 2 |
| 经济学 | 应用经济学 | 区域经济学 | 区域经济学 | 020202 | 3 | 3 | 3 | 0 | 0 | 4 | 0 | 2 | 2 | 0 | 0 | 2 |
| 经济学 | 应用经济学 | 金融学（含：保险学） | 金融学（含：保险学） | 020204 | 3 | 0 | 0 | 0 | 0 | 6 | 0 | 3 | 3 | 0 | 0 | 3 |
| 文学 | 外国语言文学 | 法语语言文学 | 法语语言文学 | 050203 | 3 | 2 | 2 | 0 | 0 | 7 | 0 | 3 | 4 | 0 | 0 | 4 |
| 法学 | 政治学 | 国际关系 | 国际关系 | 030207 | 3 | 4 | 4 | 0 | 0 | 9 | 0 | 3 | 6 | 0 | 0 | 6 |
| 经济学 | 理论经济学 | 政治经济学 | 政治经济学 | 020101 | 3 | 7 | 7 | 0 | 0 | 14 | 0 | 7 | 7 | 0 | 0 | 7 |
| 法学 | 社会学 | 社会学 | 社会学 | 030301 | 3 | 9 | 8 | 0 | 0 | 22 | 0 | 11 | 11 | 0 | 0 | 11 |
| 法学 | 政治学 | 政治学理论 | 政治学理论 | 030201 | 3 | 13 | 13 | 0 | 0 | 20 | 0 | 10 | 10 | 0 | 0 | 10 |
| 法学 | 法学 | 民商法学（含：劳动法学、社会保障法学） | 民商法学（含：劳动法学、社会保障法学） | 030105 | 2 | 11 | 12 | 0 | 0 | 1 | 0 | 1 | 0 | 0 | 0 | 1 |
| 法学 | 法学 | 民商法学（含：劳动法学、社会保障法学） | 民商法学（含：劳动法学、社会保障法学） | 030105 | 3 | 83 | 84 | 0 | 0 | 234 | 0 | 112 | 122 | 0 | 0 | 122 |
| 哲学 | 哲学 | 美学 | 美学 | 010106 | 3 | 4 | 4 | 0 | 0 | 7 | 0 | 5 | 2 | 0 | 0 | 2 |

续表

| 学科 | 专业分类 | 专业名称 | 自主专业名称 | 专业代码 | 年制 | 毕业生数 | 授予学位数 | 招生数 | | 在校生数 | | | | | | 预计毕业生数 |
|---|---|---|---|---|---|---|---|---|---|---|---|---|---|---|---|---|
| | | | | | | | | 合计 | 其中：应届毕业生 | 合计 | 一年级 | 二年级 | 三年级 | 四年级 | 五年级及以上 | |
| 法学 | 政治学 | 中外政治制度 | 中外政治制度 | 030202 | 3 | 5 | 5 | 0 | 0 | 10 | 0 | 5 | 5 | 0 | 0 | 5 |
| 法学 | 法学 | 诉讼法学 | 诉讼法学 | 030106 | 2 | 6 | 6 | 0 | 0 | 0 | 0 | 0 | 0 | 0 | 0 | 0 |
| 法学 | 法学 | 诉讼法学 | 诉讼法学 | 030106 | 3 | 88 | 88 | 0 | 0 | 199 | 0 | 106 | 93 | 0 | 0 | 93 |
| 法学 | 法学 | 法学学科 | 法与经济学 | 030199 | 3 | 13 | 14 | 0 | 0 | 24 | 0 | 11 | 13 | 0 | 0 | 13 |
| 法学 | 法学 | 法学学科 | 法治文化 | 030199 | 3 | 0 | 0 | 0 | 0 | 7 | 0 | 3 | 4 | 0 | 0 | 4 |
| 法学 | 法学 | 法学学科 | 人权法学 | 030199 | 3 | 10 | 10 | 0 | 0 | 18 | 0 | 8 | 10 | 0 | 0 | 10 |
| 法学 | 法学 | 法学学科 | 证据法学 | 030199 | 3 | 13 | 13 | 0 | 0 | 36 | 0 | 17 | 19 | 0 | 0 | 19 |
| 法学 | 法学 | 法学学科 | 比较法学 | 030199 | 2 | 27 | 27 | 0 | 0 | 15 | 0 | 15 | 0 | 0 | 0 | 15 |
| 法学 | 法学 | 法学学科 | 比较法学 | 030199 | 3 | 25 | 23 | 0 | 0 | 128 | 0 | 51 | 77 | 0 | 0 | 77 |
| 法学 | 法学 | 法学学科 | 知识产权法学 | 030199 | 3 | 20 | 20 | 0 | 0 | 54 | 0 | 25 | 29 | 0 | 0 | 29 |
| 法学 | 法学 | 宪法学与行政法学 | 宪法学与行政法学 | 030103 | 2 | 1 | 1 | 0 | 0 | 1 | 0 | 1 | 0 | 0 | 0 | 1 |
| 法学 | 法学 | 宪法学与行政法学 | 宪法学与行政法学 | 030103 | 3 | 56 | 55 | 0 | 0 | 157 | 0 | 64 | 93 | 0 | 0 | 93 |
| 法学 | 政治学 | 中共党史（含：党的学说与党的建设） | 中共党史（含：党的学说与党的建设） | 030204 | 3 | 3 | 0 | 0 | 0 | 6 | 0 | 3 | 3 | 0 | 0 | 3 |

续表

| 学科 | 专业分类 | 专业名称 | 自主专业名称 | 专业代码 | 年制 | 毕业生数 | 授予学位数 | 招生数 | | 在校生数 | | | | | | 预计毕业生数 |
|---|---|---|---|---|---|---|---|---|---|---|---|---|---|---|---|---|
| | | | | | | | | 合计 | 其中：应届毕业生 | 合计 | 一年级 | 二年级 | 三年级 | 四年级 | 五年级及以上 | |
| 法学 | 法学 | 刑法学 | 刑法学 | 030104 | 2 | 3 | 4 | 0 | 0 | 0 | 0 | 0 | 0 | 0 | 0 | 0 |
| 法学 | 法学 | 刑法学 | 刑法学 | 030104 | 3 | 87 | 87 | 0 | 0 | 169 | 0 | 93 | 76 | 0 | 0 | 76 |
| 法学 | 法学 | 环境与资源保护法学 | 环境与资源保护法学 | 030108 | 3 | 14 | 14 | 0 | 0 | 31 | 0 | 16 | 15 | 0 | 0 | 15 |
| 法学 | 法学 | 法律史 | 法律史 | 030102 | 3 | 9 | 9 | 0 | 0 | 19 | 0 | 10 | 9 | 0 | 0 | 9 |
| 法学 | 法学 | 国际法学（含：国际公法、国际私法、国际经济法） | 国际法学（含：国际公法、国际私法、国际经济法） | 030109 | 3 | 69 | 82 | 0 | 0 | 146 | 0 | 69 | 77 | 0 | 0 | 77 |
| 哲学 | 哲学 | 中国哲学 | 中国哲学 | 010102 | 3 | 12 | 11 | 0 | 0 | 23 | 0 | 11 | 12 | 0 | 0 | 12 |
| 法学 | 法学 | 经济法学 | 经济法学 | 030107 | 2 | 13 | 13 | 0 | 0 | 1 | 0 | 1 | 0 | 0 | 0 | 1 |
| 法学 | 法学 | 经济法学 | 经济法学 | 030107 | 3 | 54 | 56 | 0 | 0 | 161 | 0 | 91 | 70 | 0 | 0 | 70 |
| 合计 | 合计 | 委托培养学术学位硕士 | 委托培养学术学位硕士 | 43112 | 0 | 1 | 1 | 0 | 0 | 1 | 0 | 0 | 1 | 0 | 0 | 1 |
| 法学 | 法学 | 刑法学 | 刑法学 | 030104 | 3 | 0 | 0 | 0 | 0 | 1 | 0 | 0 | 1 | 0 | 0 | 1 |
| 法学 | 法学 | 宪法学与行政法学 | 宪法学与行政法学 | 030103 | 3 | 1 | 1 | 0 | 0 | 0 | 0 | 0 | 0 | 0 | 0 | 0 |

续表

| 学科 | 专业分类 | 专业名称 | 自主专业名称 | 专业代码 | 年制 | 毕业生数 | 授予学位数 | 招生数 | | 在校生数 | | | | | | 预计毕业生数 |
|---|---|---|---|---|---|---|---|---|---|---|---|---|---|---|---|---|
| | | | | | | | | 合计 | 其中：应届毕业生 | 合计 | 一年级 | 二年级 | 三年级 | 四年级 | 五年级及以上 | |
| 合计 | 合计 | 自筹经费学术学位硕士 | 自筹经费学术学位硕士 | 43113 | 0 | 18 | 16 | 0 | 0 | 30 | 0 | 12 | 18 | 0 | 0 | 18 |
| 管理学 | 工商管理 | 企业管理（含：财务管理、市场营销、人力资源管理） | 企业管理（含：财务管理、市场营销、人力资源管理） | 120202 | 3 | 0 | 0 | 0 | 0 | 1 | 0 | 0 | 1 | 0 | 0 | 1 |
| 法学 | 政治学 | 外交学 | 外交学 | 030208 | 3 | 1 | 0 | 0 | 0 | 0 | 0 | 0 | 0 | 0 | 0 | 0 |
| 法学 | 法学 | 宪法学与行政法学 | 宪法学与行政法学 | 030103 | 3 | 1 | 1 | 0 | 0 | 1 | 0 | 1 | 0 | 0 | 0 | 0 |
| 法学 | 法学 | 刑法学 | 刑法学 | 030104 | 3 | 0 | 0 | 0 | 0 | 1 | 0 | 1 | 0 | 0 | 0 | 0 |
| 法学 | 法学 | 经济法学 | 经济法学 | 030107 | 3 | 1 | 1 | 0 | 0 | 3 | 0 | 1 | 2 | 0 | 0 | 2 |
| 法学 | 法学 | 国际法学（含：国际公法、国际私法、国际经济法） | 国际法学（含：国际公法、国际私法、国际经济法） | 030109 | 3 | 0 | 0 | 0 | 0 | 5 | 0 | 2 | 3 | 0 | 0 | 3 |
| 法学 | 法学 | 法学学科 | 比较法学 | 030199 | 3 | 7 | 7 | 0 | 0 | 0 | 0 | 0 | 0 | 0 | 0 | 0 |
| 法学 | 法学 | 诉讼法学 | 诉讼法学 | 030106 | 3 | 1 | 1 | 0 | 0 | 2 | 0 | 1 | 1 | 0 | 0 | 1 |

续表

| 学科 | 专业分类 | 专业名称 | 自主专业名称 | 专业代码 | 年制 | 毕业生数 | 授予学位数 | 招生数 | | 在校生数 | | | | | | 预计毕业生数 |
|---|---|---|---|---|---|---|---|---|---|---|---|---|---|---|---|---|
| | | | | | | | | 合计 | 其中：应届毕业生 | 合计 | 一年级 | 二年级 | 三年级 | 四年级 | 五年级及以上 | |
| 法学 | 法学 | 民商法学（含：劳动法学、社会保障法学） | 民商法学（含：劳动法学、社会保障法学） | 030105 | 3 | 6 | 5 | 0 | 0 | 15 | 0 | 6 | 9 | 0 | 0 | 9 |
| 法学 | 政治学 | 国际关系 | 国际关系 | 030207 | 3 | 0 | 0 | 0 | 0 | 1 | 0 | 0 | 1 | 0 | 0 | 1 |
| 法学 | 马克思主义理论 | 马克思主义发展史 | 马克思主义发展史 | 030502 | 3 | 0 | 0 | 0 | 0 | 1 | 0 | 0 | 1 | 0 | 0 | 1 |
| 教育学 | 心理学 | 应用心理学 | 应用心理学 | 040203 | 3 | 1 | 1 | 0 | 0 | 0 | 0 | 0 | 0 | 0 | 0 | 0 |
| 合计 | 合计 | 全日制学术学位非定向硕士 | 全日制学术学位非定向硕士 | 43114 | 0 | 0 | 0 | 931 | 757 | 931 | 931 | 0 | 0 | 0 | 0 | 0 |
| 管理学 | 公共管理 | 社会保障 | 社会保障 | 120404 | 3 | 0 | 0 | 4 | 4 | 4 | 4 | 0 | 0 | 0 | 0 | 0 |
| 管理学 | 工商管理 | 企业管理（含：财务管理、市场营销、人力资源管理） | 企业管理（含：财务管理、市场营销、人力资源管理） | 120202 | 3 | 0 | 0 | 8 | 5 | 8 | 8 | 0 | 0 | 0 | 0 | 0 |
| 文学 | 外国语言文学 | 俄语语言文学 | 俄语语言文学 | 050202 | 3 | 0 | 0 | 3 | 2 | 3 | 3 | 0 | 0 | 0 | 0 | 0 |

续表

| 学科 | 专业分类 | 专业名称 | 自主专业名称 | 专业代码 | 年制 | 毕业生数 | 授予学位数 | 招生数 | | 在校生数 | | | | | | 预计毕业生数 |
|---|---|---|---|---|---|---|---|---|---|---|---|---|---|---|---|---|
| | | | | | | | | 合计 | 其中：应届毕业生 | 合计 | 一年级 | 二年级 | 三年级 | 四年级 | 五年级及以上 | |
| 法学 | 马克思主义理论 | 马克思主义基本原理 | 马克思主义基本原理 | 030501 | 3 | 0 | 0 | 3 | 2 | 3 | 3 | 0 | 0 | 0 | 0 | 0 |
| 法学 | 法学 | 经济法学 | 经济法学 | 030107 | 3 | 0 | 0 | 81 | 73 | 81 | 81 | 0 | 0 | 0 | 0 | 0 |
| 哲学 | 哲学 | 中国哲学 | 中国哲学 | 010102 | 3 | 0 | 0 | 11 | 8 | 11 | 11 | 0 | 0 | 0 | 0 | 0 |
| 法学 | 政治学 | 外交学 | 外交学 | 030208 | 3 | 0 | 0 | 4 | 4 | 4 | 4 | 0 | 0 | 0 | 0 | 0 |
| 法学 | 法学 | 国际法学（含：国际公法、国际私法、国际经济法） | 国际法学（含：国际公法、国际私法、国际经济法） | 030109 | 3 | 0 | 0 | 79 | 65 | 79 | 79 | 0 | 0 | 0 | 0 | 0 |
| 法学 | 法学 | 法律史 | 法律史 | 030102 | 3 | 0 | 0 | 10 | 9 | 10 | 10 | 0 | 0 | 0 | 0 | 0 |
| 法学 | 法学 | 环境与资源保护法学 | 环境与资源保护法学 | 030108 | 3 | 0 | 0 | 16 | 14 | 16 | 16 | 0 | 0 | 0 | 0 | 0 |
| 法学 | 法学 | 刑法学 | 刑法学 | 030104 | 3 | 0 | 0 | 80 | 60 | 80 | 80 | 0 | 0 | 0 | 0 | 0 |
| 法学 | 政治学 | 中共党史（含：党的学说与党的建设） | 中共党史（含：党的学说与党的建设） | 030204 | 3 | 0 | 0 | 3 | 3 | 3 | 3 | 0 | 0 | 0 | 0 | 0 |
| 法学 | 法学 | 宪法学与行政法学 | 宪法学与行政法学 | 030103 | 3 | 0 | 0 | 66 | 52 | 66 | 66 | 0 | 0 | 0 | 0 | 0 |

续表

| 学科 | 专业分类 | 专业名称 | 自主专业名称 | 专业代码 | 年制 | 毕业生数 | 授予学位数 | 招生数 | | 在校生数 | | | | | | 预计毕业生数 |
|---|---|---|---|---|---|---|---|---|---|---|---|---|---|---|---|---|
| | | | | | | | | 合计 | 其中：应届毕业生 | 合计 | 一年级 | 二年级 | 三年级 | 四年级 | 五年级及以上 | |
| 法学 | 法学 | 诉讼法学 | 诉讼法学 | 030106 | 3 | 0 | 0 | 96 | 78 | 96 | 96 | 0 | 0 | 0 | 0 | 0 |
| 法学 | 法学 | 法学学科 | 网络法学 | 030199 | 3 | 0 | 0 | 6 | 5 | 6 | 6 | 0 | 0 | 0 | 0 | 0 |
| 法学 | 法学 | 法学学科 | 社会法学 | 030199 | 3 | 0 | 0 | 5 | 4 | 5 | 5 | 0 | 0 | 0 | 0 | 0 |
| 法学 | 法学 | 法学学科 | 法与经济学 | 030199 | 3 | 0 | 0 | 12 | 10 | 12 | 12 | 0 | 0 | 0 | 0 | 0 |
| 法学 | 法学 | 法学学科 | 法治文化 | 030199 | 3 | 0 | 0 | 11 | 9 | 11 | 11 | 0 | 0 | 0 | 0 | 0 |
| 法学 | 法学 | 法学学科 | 人权法学 | 030199 | 3 | 0 | 0 | 12 | 10 | 12 | 12 | 0 | 0 | 0 | 0 | 0 |
| 法学 | 法学 | 法学学科 | 证据法学 | 030199 | 3 | 0 | 0 | 14 | 13 | 14 | 14 | 0 | 0 | 0 | 0 | 0 |
| 法学 | 法学 | 法学学科 | 比较法学 | 030199 | 2 | 0 | 0 | 14 | 14 | 14 | 14 | 0 | 0 | 0 | 0 | 0 |
| 法学 | 法学 | 法学学科 | 比较法学 | 030199 | 3 | 0 | 0 | 50 | 40 | 50 | 50 | 0 | 0 | 0 | 0 | 0 |
| 法学 | 法学 | 法学学科 | 知识产权法学 | 030199 | 3 | 0 | 0 | 27 | 23 | 27 | 27 | 0 | 0 | 0 | 0 | 0 |
| 法学 | 政治学 | 中外政治制度 | 中外政治制度 | 030202 | 3 | 0 | 0 | 5 | 4 | 5 | 5 | 0 | 0 | 0 | 0 | 0 |
| 哲学 | 哲学 | 美学 | 美学 | 010106 | 3 | 0 | 0 | 5 | 3 | 5 | 5 | 0 | 0 | 0 | 0 | 0 |
| 法学 | 法学 | 民商法学（含：劳动法学、社会保障法学） | 民商法学（含：劳动法学、社会保障法学） | 030105 | 3 | 0 | 0 | 107 | 82 | 107 | 107 | 0 | 0 | 0 | 0 | 0 |

续表

| 学科 | 专业分类 | 专业名称 | 自主专业名称 | 专业代码 | 年制 | 毕业生数 | 授予学位数 | 招生数 | | 在校生数 | | | | | | 预计毕业生数 |
|---|---|---|---|---|---|---|---|---|---|---|---|---|---|---|---|---|
| | | | | | | | | 合计 | 其中：应届毕业生 | 合计 | 一年级 | 二年级 | 三年级 | 四年级 | 五年级及以上 | |
| 法学 | 政治学 | 政治学理论 | 政治学理论 | 030201 | 3 | 0 | 0 | 13 | 11 | 13 | 13 | 0 | 0 | 0 | 0 | 0 |
| 法学 | 社会学 | 社会学 | 社会学 | 030301 | 3 | 0 | 0 | 10 | 9 | 10 | 10 | 0 | 0 | 0 | 0 | 0 |
| 经济学 | 理论经济学 | 政治经济学 | 政治经济学 | 020101 | 3 | 0 | 0 | 9 | 6 | 9 | 9 | 0 | 0 | 0 | 0 | 0 |
| 法学 | 政治学 | 国际关系 | 国际关系 | 030207 | 3 | 0 | 0 | 3 | 3 | 3 | 3 | 0 | 0 | 0 | 0 | 0 |
| 文学 | 外国语言文学 | 法语语言文学 | 法语语言文学 | 050203 | 3 | 0 | 0 | 3 | 2 | 3 | 3 | 0 | 0 | 0 | 0 | 0 |
| 经济学 | 应用经济学 | 金融学（含：保险学） | 金融学（含：保险学） | 020204 | 3 | 0 | 0 | 2 | 1 | 2 | 2 | 0 | 0 | 0 | 0 | 0 |
| 经济学 | 应用经济学 | 区域经济学 | 区域经济学 | 020202 | 3 | 0 | 0 | 2 | 2 | 2 | 2 | 0 | 0 | 0 | 0 | 0 |
| 经济学 | 应用经济学 | 国际贸易学 | 国际贸易学 | 020206 | 3 | 0 | 0 | 2 | 2 | 2 | 2 | 0 | 0 | 0 | 0 | 0 |
| 法学 | 政治学 | 国际政治 | 国际政治 | 030206 | 3 | 0 | 0 | 4 | 4 | 4 | 4 | 0 | 0 | 0 | 0 | 0 |
| 文学 | 外国语言文学 | 德语语言文学 | 德语语言文学 | 050204 | 3 | 0 | 0 | 3 | 3 | 3 | 3 | 0 | 0 | 0 | 0 | 0 |
| 法学 | 马克思主义理论 | 国外马克思主义研究 | 国外马克思主义研究 | 030504 | 3 | 0 | 0 | 2 | 1 | 2 | 2 | 0 | 0 | 0 | 0 | 0 |
| 法学 | 马克思主义理论 | 中国近现代史基本问题研究 | 中国近现代史基本问题研究 | 030506 | 3 | 0 | 0 | 2 | 2 | 2 | 2 | 0 | 0 | 0 | 0 | 0 |

续表

| 学科 | 专业分类 | 专业名称 | 自主专业名称 | 专业代码 | 年制 | 毕业生数 | 授予学位数 | 招生数 | | 在校生数 | | | | | | 预计毕业生数 |
|---|---|---|---|---|---|---|---|---|---|---|---|---|---|---|---|---|
| | | | | | | | | 合计 | 其中：应届毕业生 | 合计 | 一年级 | 二年级 | 三年级 | 四年级 | 五年级及以上 | |
| 法学 | 马克思主义理论 | 马克思主义发展史 | 马克思主义发展史 | 030502 | 3 | 0 | 0 | 3 | 3 | 3 | 3 | 0 | 0 | 0 | 0 | 0 |
| 经济学 | 理论经济学 | 世界经济 | 世界经济 | 020105 | 3 | 0 | 0 | 4 | 4 | 4 | 4 | 0 | 0 | 0 | 0 | 0 |
| 法学 | 法学 | 军事法学 | 军事法学 | 030110 | 3 | 0 | 0 | 6 | 6 | 6 | 6 | 0 | 0 | 0 | 0 | 0 |
| 法学 | 政治学 | 政治学学科 | 全球学 | 030299 | 3 | 0 | 0 | 3 | 3 | 3 | 3 | 0 | 0 | 0 | 0 | 0 |
| 法学 | 政治学 | 政治学学科 | 纪检监察学 | 030299 | 3 | 0 | 0 | 3 | 1 | 3 | 3 | 0 | 0 | 0 | 0 | 0 |
| 哲学 | 哲学 | 马克思主义哲学 | 马克思主义哲学 | 010101 | 3 | 0 | 0 | 3 | 2 | 3 | 3 | 0 | 0 | 0 | 0 | 0 |
| 哲学 | 哲学 | 逻辑学 | 逻辑学 | 010104 | 3 | 0 | 0 | 3 | 3 | 3 | 3 | 0 | 0 | 0 | 0 | 0 |
| 法学 | 法学 | 法学理论 | 法学理论 | 030101 | 3 | 0 | 0 | 19 | 14 | 19 | 19 | 0 | 0 | 0 | 0 | 0 |
| 哲学 | 哲学 | 外国哲学 | 外国哲学 | 010103 | 3 | 0 | 0 | 3 | 2 | 3 | 3 | 0 | 0 | 0 | 0 | 0 |
| 经济学 | 理论经济学 | 经济史 | 经济史 | 020103 | 3 | 0 | 0 | 2 | 2 | 2 | 2 | 0 | 0 | 0 | 0 | 0 |
| 教育学 | 心理学 | 应用心理学 | 应用心理学 | 040203 | 3 | 0 | 0 | 1 | 0 | 1 | 1 | 0 | 0 | 0 | 0 | 0 |
| 经济学 | 理论经济学 | 西方经济学 | 西方经济学 | 020104 | 3 | 0 | 0 | 2 | 1 | 2 | 2 | 0 | 0 | 0 | 0 | 0 |
| 教育学 | 心理学 | 心理学学科 | 犯罪心理学 | 040299 | 3 | 0 | 0 | 8 | 5 | 8 | 8 | 0 | 0 | 0 | 0 | 0 |
| 哲学 | 哲学 | 宗教学 | 宗教学 | 010107 | 3 | 0 | 0 | 3 | 1 | 3 | 3 | 0 | 0 | 0 | 0 | 0 |
| 历史学 | 中国史 | 专门史 | 专门史 | 060203 | 3 | 0 | 0 | 4 | 4 | 4 | 4 | 0 | 0 | 0 | 0 | 0 |
| 历史学 | 中国史 | 中国近现代史 | 中国近现代史 | 060205 | 3 | 0 | 0 | 4 | 4 | 4 | 4 | 0 | 0 | 0 | 0 | 0 |

续表

| 学科 | 专业分类 | 专业名称 | 自主专业名称 | 专业代码 | 年制 | 毕业生数 | 授予学位数 | 招生数 | | 在校生数 | | | | | | 预计毕业生数 |
|---|---|---|---|---|---|---|---|---|---|---|---|---|---|---|---|---|
| | | | | | | | | 合计 | 其中：应届毕业生 | 合计 | 一年级 | 二年级 | 三年级 | 四年级 | 五年级及以上 | |
| 经济学 | 应用经济学 | 产业经济学 | 产业经济学 | 020205 | 3 | 0 | 0 | 3 | 3 | 3 | 3 | 0 | 0 | 0 | 0 | 0 |
| 法学 | 马克思主义理论 | 马克思主义中国化研究 | 马克思主义中国化研究 | 030503 | 3 | 0 | 0 | 3 | 2 | 3 | 3 | 0 | 0 | 0 | 0 | 0 |
| 历史学 | 中国史 | 中国古代史 | 中国古代史 | 060204 | 3 | 0 | 0 | 2 | 2 | 2 | 2 | 0 | 0 | 0 | 0 | 0 |
| 文学 | 新闻传播学 | 传播学 | 传播学 | 050302 | 3 | 0 | 0 | 8 | 6 | 8 | 8 | 0 | 0 | 0 | 0 | 0 |
| 法学 | 马克思主义理论 | 思想政治教育 | 思想政治教育 | 030505 | 3 | 0 | 0 | 6 | 6 | 6 | 6 | 0 | 0 | 0 | 0 | 0 |
| 文学 | 外国语言文学 | 英语语言文学 | 英语语言文学 | 050201 | 3 | 0 | 0 | 8 | 7 | 8 | 8 | 0 | 0 | 0 | 0 | 0 |
| 文学 | 新闻传播学 | 新闻学 | 新闻学 | 050301 | 3 | 0 | 0 | 16 | 13 | 16 | 16 | 0 | 0 | 0 | 0 | 0 |
| 历史学 | 中国史 | 历史文献学（含：敦煌学、古文字学） | 历史文献学（含：敦煌学、古文字学） | 060202 | 3 | 0 | 0 | 2 | 2 | 2 | 2 | 0 | 0 | 0 | 0 | 0 |
| 管理学 | 工商管理 | 会计学 | 会计学 | 120201 | 3 | 0 | 0 | 4 | 2 | 4 | 4 | 0 | 0 | 0 | 0 | 0 |
| 管理学 | 公共管理 | 行政管理 | 行政管理 | 120401 | 3 | 0 | 0 | 14 | 12 | 14 | 14 | 0 | 0 | 0 | 0 | 0 |
| 管理学 | 工商管理 | 工商管理学科 | 法商管理 | 120299 | 3 | 0 | 0 | 2 | 1 | 2 | 2 | 0 | 0 | 0 | 0 | 0 |

续表

| 学科 | 专业分类 | 专业名称 | 自主专业名称 | 专业代码 | 年制 | 毕业生数 | 授予学位数 | 招生数 | | 在校生数 | | | | | | 预计毕业生数 |
|---|---|---|---|---|---|---|---|---|---|---|---|---|---|---|---|---|
| | | | | | | | | 合计 | 其中：应届毕业生 | 合计 | 一年级 | 二年级 | 三年级 | 四年级 | 五年级及以上 | |
| 管理学 | 公共管理 | 公共管理学科 | 公共人力资源管理 | 120499 | 3 | 0 | 0 | 4 | 3 | 4 | 4 | 0 | 0 | 0 | 0 | 0 |
| 管理学 | 公共管理 | 公共管理学科 | 危机管理 | 120499 | 3 | 0 | 0 | 1 | 1 | 1 | 1 | 0 | 0 | 0 | 0 | 0 |
| 合计 | 合计 | 全日制学术学位定向硕士 | 全日制学术学位定向硕士 | 43115 | 0 | 0 | 0 | 50 | 27 | 50 | 50 | 0 | 0 | 0 | 0 | 0 |
| 管理学 | 公共管理 | 行政管理 | 行政管理 | 120401 | 3 | 0 | 0 | 4 | 3 | 4 | 4 | 0 | 0 | 0 | 0 | 0 |
| 文学 | 新闻传播学 | 新闻学 | 新闻学 | 050301 | 3 | 0 | 0 | 1 | 1 | 1 | 1 | 0 | 0 | 0 | 0 | 0 |
| 文学 | 新闻传播学 | 传播学 | 传播学 | 050302 | 3 | 0 | 0 | 2 | 2 | 2 | 2 | 0 | 0 | 0 | 0 | 0 |
| 法学 | 马克思主义理论 | 中国近现代史基本问题研究 | 中国近现代史基本问题研究 | 030506 | 3 | 0 | 0 | 1 | 0 | 1 | 1 | 0 | 0 | 0 | 0 | 0 |
| 法学 | 政治学 | 政治学理论 | 政治学理论 | 030201 | 3 | 0 | 0 | 1 | 1 | 1 | 1 | 0 | 0 | 0 | 0 | 0 |
| 法学 | 法学 | 民商法学（含：劳动法学、社会保障法学） | 民商法学（含：劳动法学、社会保障法学） | 030105 | 3 | 0 | 0 | 6 | 3 | 6 | 6 | 0 | 0 | 0 | 0 | 0 |

续表

| 学科 | 专业分类 | 专业名称 | 自主专业名称 | 专业代码 | 年制 | 毕业生数 | 授予学位数 | 招生数 | | 在校生数 | | | | | | 预计毕业生数 |
|---|---|---|---|---|---|---|---|---|---|---|---|---|---|---|---|---|
| | | | | | | | | 合计 | 其中：应届毕业生 | 合计 | 一年级 | 二年级 | 三年级 | 四年级 | 五年级及以上 | |
| 法学 | 法学 | 法学学科 | 法与经济学 | 030199 | 3 | 0 | 0 | 1 | 0 | 1 | 1 | 0 | 0 | 0 | 0 | 0 |
| 法学 | 法学 | 法学学科 | 证据法学 | 030199 | 3 | 0 | 0 | 1 | 0 | 1 | 1 | 0 | 0 | 0 | 0 | 0 |
| 法学 | 法学 | 诉讼法学 | 诉讼法学 | 030106 | 3 | 0 | 0 | 11 | 6 | 11 | 11 | 0 | 0 | 0 | 0 | 0 |
| 法学 | 法学 | 宪法学与行政法学 | 宪法学与行政法学 | 030103 | 3 | 0 | 0 | 4 | 3 | 4 | 4 | 0 | 0 | 0 | 0 | 0 |
| 法学 | 法学 | 刑法学 | 刑法学 | 030104 | 3 | 0 | 0 | 12 | 4 | 12 | 12 | 0 | 0 | 0 | 0 | 0 |
| 法学 | 法学 | 环境与资源保护法学 | 环境与资源保护法学 | 030108 | 3 | 0 | 0 | 1 | 1 | 1 | 1 | 0 | 0 | 0 | 0 | 0 |
| 法学 | 法学 | 经济法学 | 经济法学 | 030107 | 3 | 0 | 0 | 5 | 3 | 5 | 5 | 0 | 0 | 0 | 0 | 0 |
| 合计 | 合计 | 专业学位硕士 | 专业学位硕士 | 43120 | 0 | 910 | 1058 | 1119 | 508 | 2655 | 1119 | 1019 | 517 | 0 | 0 | 844 |
| 合计 | 合计 | 其中：女 | 其中：女 | 431202 | 0 | 568 | 632 | 705 | 361 | 1673 | 705 | 580 | 388 | 0 | 0 | 422 |
| 合计 | 合计 | 国家任务专业学位硕士 | 国家任务专业学位硕士 | 43121 | 0 | 879 | 1023 | 0 | 0 | 1499 | 0 | 997 | 502 | 0 | 0 | 807 |
| 法学 | 法律 | 法律 | 法律（非法学） | 035100 | 2 | 17 | 19 | 0 | 0 | 0 | 0 | 0 | 0 | 0 | 0 | 0 |
| 法学 | 社会工作 | 社会工作 | 社会工作 | 035200 | 3 | 0 | 0 | 0 | 0 | 18 | 0 | 18 | 0 | 0 | 0 | 0 |
| 文学 | 翻译 | 翻译 | 翻译 | 055100 | 2 | 13 | 13 | 0 | 0 | 22 | 0 | 22 | 0 | 0 | 0 | 22 |

续表

| 学科 | 专业分类 | 专业名称 | 自主专业名称 | 专业代码 | 年制 | 毕业生数 | 授予学位数 | 招生数 |  | 在校生数 |  |  |  |  |  | 预计毕业生数 |
|---|---|---|---|---|---|---|---|---|---|---|---|---|---|---|---|---|
|  |  |  |  |  |  |  |  | 合计 | 其中：应届毕业生 | 合计 | 一年级 | 二年级 | 三年级 | 四年级 | 五年级及以上 |  |
| 管理学 | 工商管理 | 工商管理 | 工商管理 | 125100 | 3 | 173 | 134 | 0 | 0 | 243 | 0 | 243 | 0 | 0 | 0 | 0 |
| 法学 | 法律 | 法律 | 法律（非法学） | 035100 | 3 | 330 | 445 | 0 | 0 | 659 | 0 | 321 | 338 | 0 | 0 | 338 |
| 法学 | 法律 | 法律 | 法律（法学） | 035100 | 2 | 280 | 281 | 0 | 0 | 283 | 0 | 283 | 0 | 0 | 0 | 283 |
| 管理学 | 公共管理 | 公共管理 | 公共管理 | 125200 | 3 | 66 | 131 | 0 | 0 | 274 | 0 | 110 | 164 | 0 | 0 | 164 |
| 合计 | 合计 | 委托培养专业学位硕士 | 委托培养专业学位硕士 | 43122 | 0 | 6 | 6 | 0 | 0 | 13 | 0 | 3 | 10 | 0 | 0 | 13 |
| 管理学 | 公共管理 | 公共管理 | 公共管理硕士 | 125200 | 2 | 0 | 0 | 0 | 0 | 2 | 0 | 2 | 0 | 0 | 0 | 2 |
| 管理学 | 工商管理 | 工商管理 | 工商管理 | 125100 | 2 | 1 | 1 | 0 | 0 | 1 | 0 | 1 | 0 | 0 | 0 | 1 |
| 管理学 | 公共管理 | 公共管理 | 公共管理 | 125200 | 3 | 5 | 5 | 0 | 0 | 10 | 0 | 0 | 10 | 0 | 0 | 10 |
| 合计 | 合计 | 自筹经费专业学位硕士 | 自筹经费专业学位硕士 | 43123 | 0 | 25 | 29 | 0 | 0 | 24 | 0 | 19 | 5 | 0 | 0 | 24 |
| 管理学 | 公共管理 | 公共管理 | 公共管理 | 125200 | 3 | 7 | 8 | 0 | 0 | 5 | 0 | 0 | 5 | 0 | 0 | 5 |
| 管理学 | 工商管理 | 工商管理 | 工商管理 | 125100 | 2 | 14 | 17 | 0 | 0 | 19 | 0 | 19 | 0 | 0 | 0 | 19 |
| 法学 | 法律 | 法律 | 法律（非法学） | 035100 | 3 | 4 | 4 | 0 | 0 | 0 | 0 | 0 | 0 | 0 | 0 | 0 |

续表

| 学科 | 专业分类 | 专业名称 | 自主专业名称 | 专业代码 | 年制 | 毕业生数 | 授予学位数 | 招生数 | | 在校生数 | | | | | | 预计毕业生数 |
|---|---|---|---|---|---|---|---|---|---|---|---|---|---|---|---|---|
| | | | | | | | | 合计 | 其中：应届毕业生 | 合计 | 一年级 | 二年级 | 三年级 | 四年级 | 五年级及以上 | |
| 合计 | 合计 | 全日制专业学位非定向硕士 | 全日制专业学位非定向硕士 | 43124 | 0 | 0 | 0 | 779 | 461 | 779 | 779 | 0 | 0 | 0 | 0 | 0 |
| 法学 | 法律 | 法律 | 法律（非法学） | 035100 | 3 | 0 | 0 | 323 | 218 | 323 | 323 | 0 | 0 | 0 | 0 | 0 |
| 法学 | 法律 | 法律 | 法律（法学） | 035100 | 2 | 0 | 0 | 259 | 242 | 259 | 259 | 0 | 0 | 0 | 0 | 0 |
| 管理学 | 工商管理 | 工商管理 | 工商管理 | 125100 | 2 | 0 | 0 | 148 | 0 | 148 | 148 | 0 | 0 | 0 | 0 | 0 |
| 管理学 | 公共管理 | 公共管理 | 公共管理 | 125200 | 3 | 0 | 0 | 20 | 0 | 20 | 20 | 0 | 0 | 0 | 0 | 0 |
| 文学 | 翻译 | 翻译 | 翻译 | 055100 | 3 | 0 | 0 | 17 | 1 | 17 | 17 | 0 | 0 | 0 | 0 | 0 |
| 法学 | 社会工作 | 社会工作 | 社会工作 | 035200 | 3 | 0 | 0 | 12 | 0 | 12 | 12 | 0 | 0 | 0 | 0 | 0 |
| 合计 | 合计 | 全日制专业学位定向硕士 | 全日制专业学位定向硕士 | 43125 | 0 | 0 | 0 | 134 | 22 | 134 | 134 | 0 | 0 | 0 | 0 | 0 |
| 法学 | 法律 | 法律 | 法律（非法学） | 035100 | 3 | 0 | 0 | 26 | 16 | 26 | 26 | 0 | 0 | 0 | 0 | 0 |
| 法学 | 法律 | 法律 | 法律（法学） | 035100 | 2 | 0 | 0 | 9 | 6 | 9 | 9 | 0 | 0 | 0 | 0 | 0 |

续表

| 学科 | 专业分类 | 专业名称 | 自主专业名称 | 专业代码 | 年制 | 毕业生数 | 授予学位数 | 招生数 | | 在校生数 | | | | | | 预计毕业生数 |
|---|---|---|---|---|---|---|---|---|---|---|---|---|---|---|---|---|
| | | | | | | | | 合计 | 其中：应届毕业生 | 合计 | 一年级 | 二年级 | 三年级 | 四年级 | 五年级及以上 | |
| 法学 | 社会工作 | 社会工作 | 社会工作 | 035200 | 3 | 0 | 0 | 1 | 0 | 1 | 1 | 0 | 0 | 0 | 0 | 0 |
| 管理学 | 公共管理 | 公共管理 | 公共管理 | 125200 | 3 | 0 | 0 | 70 | 0 | 70 | 70 | 0 | 0 | 0 | 0 | 0 |
| 管理学 | 工商管理 | 工商管理 | 工商管理 | 125100 | 2 | 0 | 0 | 28 | 0 | 28 | 28 | 0 | 0 | 0 | 0 | 0 |
| 合计 | 合计 | 非全日制专业学位非定向硕士 | 非全日制专业学位非定向硕士 | 43126 | 0 | 0 | 0 | 206 | 25 | 206 | 206 | 0 | 0 | 0 | 0 | 0 |
| 法学 | 法律 | 法律 | 法律（非法学） | 035100 | 3 | 0 | 0 | 80 | 25 | 80 | 80 | 0 | 0 | 0 | 0 | 0 |
| 管理学 | 工商管理 | 工商管理 | 工商管理 | 125100 | 2 | 0 | 0 | 26 | 0 | 26 | 26 | 0 | 0 | 0 | 0 | 0 |
| 管理学 | 公共管理 | 公共管理 | 公共管理 | 125200 | 3 | 0 | 0 | 100 | 0 | 100 | 100 | 0 | 0 | 0 | 0 | 0 |

## 七、博士研究生分专业（领域）学生人数

**博士研究生分专业（领域）学生数**

高基 318
单位：人

| 学科 | 专业分类 | 专业名称 | 自主专业名称 | 专业代码 | 年制 | 毕业生数 | 授予学位数 | 招生数 | | 在校生数 | | | | | | 预计毕业生数 |
|---|---|---|---|---|---|---|---|---|---|---|---|---|---|---|---|---|
| | | | | | | | | 计 | 其中：应届毕业生 | 合计 | 一年级 | 二年级 | 三年级 | 四年级 | 五年级及以上 | |
| | | 甲 | 乙 | 丙 | 丁 | 1 | 2 | 3 | 4 | 5 | 6 | 7 | 8 | 9 | 10 | 11 |
| 合计 | 合计 | 博士研究生 | 博士研究生 | 43200 | 0 | 149 | 175 | 248 | 80 | 1177 | 248 | 236 | 693 | 0 | 0 | 693 |
| 合计 | 合计 | 其中：女 | 其中：女 | 432002 | 0 | 60 | 66 | 100 | 35 | 463 | 100 | 104 | 259 | 0 | 0 | 259 |
| 合计 | 合计 | 学术学位博士 | 学术学位博士 | 43210 | 0 | 149 | 175 | 248 | 80 | 1177 | 248 | 236 | 693 | 0 | 0 | 693 |
| 合计 | 合计 | 其中：女 | 其中：女 | 432102 | 0 | 60 | 66 | 100 | 35 | 463 | 100 | 104 | 259 | 0 | 0 | 259 |
| 合计 | 合计 | 国家任务学术学位博士 | 国家任务学术学位博士 | 43211 | 0 | 110 | 143 | 0 | 0 | 687 | 0 | 228 | 459 | 0 | 0 | 459 |
| 法学 | 马克思主义理论 | 马克思主义基本原理 | 马克思主义基本原理 | 030501 | 3 | 0 | 0 | 0 | 0 | 11 | 0 | 3 | 8 | 0 | 0 | 8 |
| 法学 | 法学 | 国际法学（含：国际公法、国际私法、国际经济法） | 国际法学（含：国际公法、国际私法、国际经济法） | 030109 | 3 | 10 | 14 | 0 | 0 | 59 | 0 | 17 | 42 | 0 | 0 | 42 |
| 法学 | 法学 | 经济法学 | 经济法学 | 030107 | 3 | 5 | 6 | 0 | 0 | 39 | 0 | 16 | 23 | 0 | 0 | 23 |

续表

| 学科 | 专业分类 | 专业名称 | 自主专业名称 | 专业代码 | 年制 | 毕业生数 | 授予学位数 | 招生数 | | 在校生数 | | | | | | 预计毕业生数 |
|---|---|---|---|---|---|---|---|---|---|---|---|---|---|---|---|---|
| | | | | | | | | 计 | 其中：应届毕业生 | 合计 | 一年级 | 二年级 | 三年级 | 四年级 | 五年级及以上 | |
| 法学 | 法学 | 宪法学与行政法学 | 宪法学与行政法学 | 030103 | 3 | 12 | 14 | 0 | 0 | 63 | 0 | 22 | 41 | 0 | 0 | 41 |
| 法学 | 法学 | 刑法学 | 刑法学 | 030104 | 3 | 14 | 15 | 0 | 0 | 55 | 0 | 17 | 38 | 0 | 0 | 38 |
| 法学 | 法学 | 环境与资源保护法学 | 环境与资源保护法学 | 030108 | 3 | 2 | 2 | 0 | 0 | 10 | 0 | 2 | 8 | 0 | 0 | 8 |
| 法学 | 法学 | 法律史 | 法律史 | 030102 | 3 | 9 | 10 | 0 | 0 | 30 | 0 | 12 | 18 | 0 | 0 | 18 |
| 法学 | 政治学 | 中外政治制度 | 中外政治制度 | 030202 | 3 | 0 | 0 | 0 | 0 | 4 | 0 | 0 | 4 | 0 | 0 | 4 |
| 法学 | 马克思主义理论 | 思想政治教育 | 思想政治教育 | 030505 | 3 | 1 | 1 | 0 | 0 | 4 | 0 | 1 | 3 | 0 | 0 | 3 |
| 法学 | 马克思主义理论 | 马克思主义中国化研究 | 马克思主义中国化研究 | 030503 | 3 | 0 | 1 | 0 | 0 | 7 | 0 | 1 | 6 | 0 | 0 | 6 |
| 法学 | 法学 | 法学理论 | 法学理论 | 030101 | 3 | 11 | 11 | 0 | 0 | 35 | 0 | 9 | 26 | 0 | 0 | 26 |
| 法学 | 政治学 | 政治学学科 | 公共行政 | 030299 | 3 | 2 | 2 | 0 | 0 | 13 | 0 | 4 | 9 | 0 | 0 | 9 |
| 法学 | 政治学 | 政治学学科 | 中国政治 | 030299 | 3 | 1 | 2 | 0 | 0 | 8 | 0 | 3 | 5 | 0 | 0 | 5 |
| 法学 | 政治学 | 政治学学科 | 纪检监察学 | 030299 | 3 | 0 | 0 | 0 | 0 | 19 | 0 | 8 | 11 | 0 | 0 | 11 |
| 法学 | 政治学 | 政治学学科 | 公共政策量化分析 | 030299 | 3 | 0 | 0 | 0 | 0 | 2 | 0 | 1 | 1 | 0 | 0 | 1 |
| 法学 | 政治学 | 政治学学科 | 政治传播学 | 030299 | 3 | 0 | 0 | 0 | 0 | 2 | 0 | 2 | 0 | 0 | 0 | 0 |

续表

| 学科 | 专业分类 | 专业名称 | 自主专业名称 | 专业代码 | 年制 | 毕业生数 | 授予学位数 | 招生数 | | 在校生数 | | | | | | 预计毕业生数 |
|---|---|---|---|---|---|---|---|---|---|---|---|---|---|---|---|---|
| | | | | | | | | 计 | 其中：应届毕业生 | 合计 | 一年级 | 二年级 | 三年级 | 四年级 | 五年级及以上 | |
| 法学 | 法学 | 军事法学 | 军事法学 | 030110 | 3 | 0 | 1 | 0 | 0 | 8 | 0 | 3 | 5 | 0 | 0 | 5 |
| 经济学 | 理论经济学 | 世界经济 | 世界经济 | 020105 | 3 | 2 | 5 | 0 | 0 | 27 | 0 | 7 | 20 | 0 | 0 | 20 |
| 法学 | 政治学 | 国际政治 | 国际政治 | 030206 | 3 | 0 | 0 | 0 | 0 | 6 | 0 | 1 | 5 | 0 | 0 | 5 |
| 法学 | 马克思主义理论 | 国外马克思主义研究 | 国外马克思主义研究 | 030504 | 3 | 2 | 3 | 0 | 0 | 2 | 0 | 0 | 2 | 0 | 0 | 2 |
| 法学 | 政治学 | 国际关系 | 国际关系 | 030207 | 3 | 1 | 1 | 0 | 0 | 3 | 0 | 1 | 2 | 0 | 0 | 2 |
| 法学 | 政治学 | 政治学理论 | 政治学理论 | 030201 | 3 | 0 | 2 | 0 | 0 | 20 | 0 | 6 | 14 | 0 | 0 | 14 |
| 法学 | 法学 | 民商法学（含：劳动法学、社会保障法学） | 民商法学（含：劳动法学、社会保障法学） | 030105 | 3 | 5 | 8 | 0 | 0 | 53 | 0 | 19 | 34 | 0 | 0 | 34 |
| 法学 | 法学 | 法学学科 | 证据法学 | 030199 | 3 | 6 | 7 | 0 | 0 | 25 | 0 | 7 | 18 | 0 | 0 | 18 |
| 法学 | 法学 | 法学学科 | 比较法学 | 030199 | 3 | 3 | 6 | 0 | 0 | 19 | 0 | 6 | 13 | 0 | 0 | 13 |
| 法学 | 法学 | 法学学科 | 全球学 | 030199 | 3 | 0 | 0 | 0 | 0 | 5 | 0 | 2 | 3 | 0 | 0 | 3 |
| 法学 | 法学 | 法学学科 | 知识产权法学 | 030199 | 3 | 6 | 6 | 0 | 0 | 16 | 0 | 7 | 9 | 0 | 0 | 9 |
| 法学 | 法学 | 法学学科 | 法与经济学 | 030199 | 3 | 3 | 5 | 0 | 0 | 7 | 0 | 2 | 5 | 0 | 0 | 5 |
| 法学 | 法学 | 法学学科 | 法治文化 | 030199 | 3 | 0 | 0 | 0 | 0 | 16 | 0 | 7 | 9 | 0 | 0 | 9 |
| 法学 | 法学 | 诉讼法学 | 诉讼法学 | 030106 | 3 | 15 | 19 | 0 | 0 | 108 | 0 | 39 | 69 | 0 | 0 | 69 |
| 法学 | 法学 | 法学学科 | 人权法学 | 030199 | 3 | 0 | 2 | 0 | 0 | 11 | 0 | 3 | 8 | 0 | 0 | 8 |

续表

| 学科 | 专业分类 | 专业名称 | 自主专业名称 | 专业代码 | 年制 | 毕业生数 | 授予学位数 | 招生数 | | 在校生数 | | | | | | 预计毕业生数 |
|---|---|---|---|---|---|---|---|---|---|---|---|---|---|---|---|---|
| | | | | | | | | 计 | 其中：应届毕业生 | 合计 | 一年级 | 二年级 | 三年级 | 四年级 | 五年级及以上 | |
| 合计 | 合计 | 委托培养学术学位博士 | 委托培养学术学位博士 | 43212 | 0 | 23 | 18 | 0 | 0 | 114 | 0 | 0 | 114 | 0 | 0 | 114 |
| 法学 | 马克思主义理论 | 马克思主义基本原理 | 马克思主义基本原理 | 030501 | 3 | 0 | 0 | 0 | 0 | 1 | 0 | 0 | 1 | 0 | 0 | 1 |
| 法学 | 法学 | 经济法学 | 经济法学 | 030107 | 3 | 3 | 3 | 0 | 0 | 8 | 0 | 0 | 8 | 0 | 0 | 8 |
| 法学 | 法学 | 国际法学（含：国际公法、国际私法、国际经济法） | 国际法学（含：国际公法、国际私法、国际经济法） | 030109 | 3 | 0 | 0 | 0 | 0 | 12 | 0 | 0 | 12 | 0 | 0 | 12 |
| 法学 | 法学 | 法律史 | 法律史 | 030102 | 3 | 1 | 1 | 0 | 0 | 5 | 0 | 0 | 5 | 0 | 0 | 5 |
| 法学 | 法学 | 环境与资源保护法学 | 环境与资源保护法学 | 030108 | 3 | 0 | 0 | 0 | 0 | 2 | 0 | 0 | 2 | 0 | 0 | 2 |
| 法学 | 法学 | 刑法学 | 刑法学 | 030104 | 3 | 4 | 4 | 0 | 0 | 7 | 0 | 0 | 7 | 0 | 0 | 7 |
| 法学 | 法学 | 宪法学与行政法学 | 宪法学与行政法学 | 030103 | 3 | 5 | 5 | 0 | 0 | 19 | 0 | 0 | 19 | 0 | 0 | 19 |
| 法学 | 政治学 | 中外政治制度 | 中外政治制度 | 030202 | 3 | 0 | 0 | 0 | 0 | 3 | 0 | 0 | 3 | 0 | 0 | 3 |
| 法学 | 法学 | 法学学科 | 人权法学 | 030199 | 3 | 0 | 0 | 0 | 0 | 2 | 0 | 0 | 2 | 0 | 0 | 2 |

续表

| 学科 | 专业分类 | 专业名称 | 自主专业名称 | 专业代码 | 年制 | 毕业生数 | 授予学位数 | 招生数 | | 在校生数 | | | | | | 预计毕业生数 |
|---|---|---|---|---|---|---|---|---|---|---|---|---|---|---|---|---|
| | | | | | | | | 计 | 其中：应届毕业生 | 合计 | 一年级 | 二年级 | 三年级 | 四年级 | 五年级及以上 | |
| 法学 | 法学 | 法学学科 | 证据法学 | 030199 | 3 | 1 | 1 | 0 | 0 | 6 | 0 | 0 | 6 | 0 | 0 | 6 |
| 法学 | 法学 | 法学学科 | 知识产权法学 | 030199 | 3 | 1 | 0 | 0 | 0 | 3 | 0 | 0 | 3 | 0 | 0 | 3 |
| 法学 | 法学 | 法学学科 | 法律与经济 | 030199 | 3 | 1 | 1 | 0 | 0 | 0 | 0 | 0 | 0 | 0 | 0 | 0 |
| 法学 | 法学 | 法学学科 | 比较法学 | 030199 | 3 | 0 | 0 | 0 | 0 | 2 | 0 | 0 | 2 | 0 | 0 | 2 |
| 法学 | 法学 | 诉讼法学 | 诉讼法学 | 030106 | 3 | 2 | 2 | 0 | 0 | 8 | 0 | 0 | 8 | 0 | 0 | 8 |
| 法学 | 法学 | 民商法学（含：劳动法学、社会保障法学） | 民商法学（含：劳动法学、社会保障法学） | 030105 | 3 | 1 | 0 | 0 | 0 | 6 | 0 | 0 | 6 | 0 | 0 | 6 |
| 法学 | 政治学 | 政治学理论 | 政治学理论 | 030201 | 3 | 2 | 1 | 0 | 0 | 10 | 0 | 0 | 10 | 0 | 0 | 10 |
| 法学 | 政治学 | 国际政治 | 国际政治 | 030206 | 3 | 0 | 0 | 0 | 0 | 1 | 0 | 0 | 1 | 0 | 0 | 1 |
| 经济学 | 理论经济学 | 世界经济 | 世界经济 | 020105 | 3 | 1 | 0 | 0 | 0 | 7 | 0 | 0 | 7 | 0 | 0 | 7 |
| 法学 | 法学 | 军事法学 | 军事法学 | 030110 | 3 | 1 | 0 | 0 | 0 | 4 | 0 | 0 | 4 | 0 | 0 | 4 |
| 法学 | 政治学 | 政治学学科 | 公共行政 | 030299 | 3 | 0 | 0 | 0 | 0 | 1 | 0 | 0 | 1 | 0 | 0 | 1 |
| 法学 | 法学 | 法学理论 | 法学理论 | 030101 | 3 | 0 | 0 | 0 | 0 | 3 | 0 | 0 | 3 | 0 | 0 | 3 |
| 法学 | 马克思主义理论 | 马克思主义中国化研究 | 马克思主义中国化研究 | 030503 | 3 | 0 | 0 | 0 | 0 | 3 | 0 | 0 | 3 | 0 | 0 | 3 |
| 法学 | 马克思主义理论 | 思想政治教育 | 思想政治教育 | 030505 | 3 | 0 | 0 | 0 | 0 | 1 | 0 | 0 | 1 | 0 | 0 | 1 |

续表

| 学科 | 专业分类 | 专业名称 | 自主专业名称 | 专业代码 | 年制 | 毕业生数 | 授予学位数 | 招生数 | | 在校生数 | | | | | | 预计毕业生数 |
|---|---|---|---|---|---|---|---|---|---|---|---|---|---|---|---|---|
| | | | | | | | | 计 | 其中：应届毕业生 | 合计 | 一年级 | 二年级 | 三年级 | 四年级 | 五年级及以上 | |
| 合计 | 合计 | 自筹经费学术学位博士 | 自筹经费学术学位博士 | 43213 | 0 | 16 | 14 | 0 | 0 | 128 | 0 | 8 | 120 | 0 | 0 | 120 |
| 法学 | 法学 | 国际法学（含：国际公法、国际私法、国际经济法） | 国际法学（含：国际公法、国际私法、国际经济法） | 030109 | 3 | 3 | 3 | 0 | 0 | 22 | 0 | 1 | 21 | 0 | 0 | 21 |
| 法学 | 法学 | 经济法学 | 经济法学 | 030107 | 3 | 1 | 1 | 0 | 0 | 23 | 0 | 2 | 21 | 0 | 0 | 21 |
| 法学 | 法学 | 宪法学与行政法学 | 宪法学与行政法学 | 030103 | 3 | 2 | 2 | 0 | 0 | 4 | 0 | 0 | 4 | 0 | 0 | 4 |
| 法学 | 法学 | 刑法学 | 刑法学 | 030104 | 3 | 0 | 0 | 0 | 0 | 10 | 0 | 0 | 10 | 0 | 0 | 10 |
| 法学 | 法学 | 环境与资源保护法学 | 环境与资源保护法学 | 030108 | 3 | 0 | 0 | 0 | 0 | 1 | 0 | 0 | 1 | 0 | 0 | 1 |
| 法学 | 法学 | 法律史 | 法律史 | 030102 | 3 | 0 | 0 | 0 | 0 | 2 | 0 | 1 | 1 | 0 | 0 | 1 |
| 法学 | 政治学 | 中外政治制度 | 中外政治制度 | 030202 | 3 | 0 | 0 | 0 | 0 | 2 | 0 | 0 | 2 | 0 | 0 | 2 |
| 经济学 | 理论经济学 | 世界经济 | 世界经济 | 020105 | 3 | 1 | 0 | 0 | 0 | 1 | 0 | 0 | 1 | 0 | 0 | 1 |
| 法学 | 政治学 | 政治学理论 | 政治学理论 | 030201 | 3 | 0 | 0 | 0 | 0 | 1 | 0 | 1 | 0 | 0 | 0 | 0 |

续表

| 学科 | 专业分类 | 专业名称 | 自主专业名称 | 专业代码 | 年制 | 毕业生数 | 授予学位数 | 招生数 | | 在校生数 | | | | | | 预计毕业生数 |
|---|---|---|---|---|---|---|---|---|---|---|---|---|---|---|---|---|
| | | | | | | | | 计 | 其中：应届毕业生 | 合计 | 一年级 | 二年级 | 三年级 | 四年级 | 五年级及以上 | |
| 法学 | 法学 | 民商法学（含：劳动法学、社会保障法学） | 民商法学（含：劳动法学、社会保障法学） | 030105 | 3 | 4 | 4 | 0 | 0 | 42 | 0 | 1 | 41 | 0 | 0 | 41 |
| 法学 | 法学 | 诉讼法学 | 诉讼法学 | 030106 | 3 | 4 | 4 | 0 | 0 | 16 | 0 | 2 | 14 | 0 | 0 | 14 |
| 法学 | 法学 | 法学学科 | 知识产权法学 | 030199 | 3 | 0 | 0 | 0 | 0 | 1 | 0 | 0 | 1 | 0 | 0 | 1 |
| 法学 | 法学 | 法学学科 | 证据法学 | 030199 | 3 | 1 | 0 | 0 | 0 | 0 | 0 | 0 | 0 | 0 | 0 | 0 |
| 法学 | 法学 | 法学学科 | 比较法学 | 030199 | 3 | 0 | 0 | 0 | 0 | 3 | 0 | 0 | 3 | 0 | 0 | 3 |
| 合计 | 合计 | 全日制学术学位非定向博士 | 全日制学术学位非定向博士 | 43214 | 0 | 0 | 0 | 139 | 73 | 139 | 139 | 0 | 0 | 0 | 0 | 0 |
| 法学 | 法学 | 法律史 | 法律史 | 030102 | 3 | 0 | 0 | 7 | 4 | 7 | 7 | 0 | 0 | 0 | 0 | 0 |
| 法学 | 法学 | 环境与资源保护法学 | 环境与资源保护法学 | 030108 | 3 | 0 | 0 | 4 | 3 | 4 | 4 | 0 | 0 | 0 | 0 | 0 |
| 法学 | 法学 | 刑法学 | 刑法学 | 030104 | 3 | 0 | 0 | 9 | 7 | 9 | 9 | 0 | 0 | 0 | 0 | 0 |
| 法学 | 法学 | 宪法学与行政法学 | 宪法学与行政法学 | 030103 | 3 | 0 | 0 | 21 | 13 | 21 | 21 | 0 | 0 | 0 | 0 | 0 |
| 法学 | 法学 | 经济法学 | 经济法学 | 030107 | 3 | 0 | 0 | 7 | 4 | 7 | 7 | 0 | 0 | 0 | 0 | 0 |

续表

| 学科 | 专业分类 | 专业名称 | 自主专业名称 | 专业代码 | 年制 | 毕业生数 | 授予学位数 | 招生数 | | 在校生数 | | | | | | 预计毕业生数 |
|---|---|---|---|---|---|---|---|---|---|---|---|---|---|---|---|---|
| | | | | | | | | 计 | 其中：应届毕业生 | 合计 | 一年级 | 二年级 | 三年级 | 四年级 | 五年级及以上 | |
| 法学 | 法学 | 国际法学（含：国际公法、国际私法、国际经济法） | 国际法学（含：国际公法、国际私法、国际经济法） | 030109 | 3 | 0 | 0 | 18 | 4 | 18 | 18 | 0 | 0 | 0 | 0 | 0 |
| 法学 | 马克思主义理论 | 马克思主义基本原理 | 马克思主义基本原理 | 030501 | 3 | 0 | 0 | 1 | 1 | 1 | 1 | 0 | 0 | 0 | 0 | 0 |
| 法学 | 法学 | 法学学科 | 比较法学 | 030199 | 3 | 0 | 0 | 3 | 1 | 3 | 3 | 0 | 0 | 0 | 0 | 0 |
| 法学 | 法学 | 法学学科 | 知识产权法学 | 030199 | 3 | 0 | 0 | 3 | 0 | 3 | 3 | 0 | 0 | 0 | 0 | 0 |
| 法学 | 法学 | 法学学科 | 法与经济学 | 030199 | 3 | 0 | 0 | 2 | 1 | 2 | 2 | 0 | 0 | 0 | 0 | 0 |
| 法学 | 法学 | 诉讼法学 | 诉讼法学 | 030106 | 3 | 0 | 0 | 15 | 10 | 15 | 15 | 0 | 0 | 0 | 0 | 0 |
| 法学 | 法学 | 法学学科 | 法治文化 | 030199 | 3 | 0 | 0 | 6 | 4 | 6 | 6 | 0 | 0 | 0 | 0 | 0 |
| 法学 | 法学 | 法学学科 | 人权法学 | 030199 | 3 | 0 | 0 | 3 | 2 | 3 | 3 | 0 | 0 | 0 | 0 | 0 |
| 法学 | 法学 | 法学学科 | 证据法学 | 030199 | 3 | 0 | 0 | 4 | 3 | 4 | 4 | 0 | 0 | 0 | 0 | 0 |
| 法学 | 法学 | 法学学科 | 网络法学 | 030199 | 3 | 0 | 0 | 1 | 1 | 1 | 1 | 0 | 0 | 0 | 0 | 0 |
| 法学 | 法学 | 民商法学（含：劳动法学、社会保障法学） | 民商法学（含：劳动法学、社会保障法学） | 030105 | 3 | 0 | 0 | 9 | 4 | 9 | 9 | 0 | 0 | 0 | 0 | 0 |

续表

| 学科 | 专业分类 | 专业名称 | 自主专业名称 | 专业代码 | 年制 | 毕业生数 | 授予学位数 | 招生数 | | 在校生数 | | | | | | 预计毕业生数 |
|---|---|---|---|---|---|---|---|---|---|---|---|---|---|---|---|---|
| | | | | | | | | 计 | 其中：应届毕业生 | 合计 | 一年级 | 二年级 | 三年级 | 四年级 | 五年级及以上 | |
| 法学 | 政治学 | 政治学理论 | 政治学理论 | 030201 | 3 | 0 | 0 | 4 | 2 | 4 | 4 | 0 | 0 | 0 | 0 | 0 |
| 经济学 | 理论经济学 | 世界经济 | 世界经济 | 020105 | 3 | 0 | 0 | 4 | 2 | 4 | 4 | 0 | 0 | 0 | 0 | 0 |
| 法学 | 法学 | 军事法学 | 军事法学 | 030110 | 3 | 0 | 0 | 1 | 1 | 1 | 1 | 0 | 0 | 0 | 0 | 0 |
| 法学 | 政治学 | 国际政治 | 国际政治 | 030206 | 3 | 0 | 0 | 2 | 0 | 2 | 2 | 0 | 0 | 0 | 0 | 0 |
| 法学 | 政治学 | 国际关系 | 国际关系 | 030207 | 3 | 0 | 0 | 1 | 0 | 1 | 1 | 0 | 0 | 0 | 0 | 0 |
| 法学 | 马克思主义理论 | 国外马克思主义研究 | 国外马克思主义研究 | 030504 | 3 | 0 | 0 | 1 | 0 | 1 | 1 | 0 | 0 | 0 | 0 | 0 |
| 法学 | 马克思主义理论 | 马克思主义中国化研究 | 马克思主义中国化研究 | 030503 | 3 | 0 | 0 | 2 | 0 | 2 | 2 | 0 | 0 | 0 | 0 | 0 |
| 法学 | 法学 | 法学理论 | 法学理论 | 030101 | 3 | 0 | 0 | 5 | 2 | 5 | 5 | 0 | 0 | 0 | 0 | 0 |
| 法学 | 政治学 | 政治学学科 | 全球学 | 030299 | 3 | 0 | 0 | 2 | 2 | 2 | 2 | 0 | 0 | 0 | 0 | 0 |
| 法学 | 政治学 | 政治学学科 | 公共行政 | 030299 | 3 | 0 | 0 | 3 | 1 | 3 | 3 | 0 | 0 | 0 | 0 | 0 |
| 法学 | 政治学 | 政治学学科 | 公共政策量化分析 | 030299 | 3 | 0 | 0 | 1 | 1 | 1 | 1 | 0 | 0 | 0 | 0 | 0 |
| 合计 | 合计 | 全日制学术学位定向博士 | 全日制学术学位定向博士 | 43215 | 0 | 0 | 0 | 109 | 7 | 109 | 109 | 0 | 0 | 0 | 0 | 0 |
| 法学 | 马克思主义理论 | 马克思主义基本原理 | 马克思主义基本原理 | 030501 | 4 | 0 | 0 | 1 | 0 | 1 | 1 | 0 | 0 | 0 | 0 | 0 |

续表

| 学科 | 专业分类 | 专业名称 | 自主专业名称 | 专业代码 | 年制 | 毕业生数 | 授予学位数 | 招生数 | | 在校生数 | | | | | | 预计毕业生数 |
|---|---|---|---|---|---|---|---|---|---|---|---|---|---|---|---|---|
| | | | | | | | | 计 | 其中：应届毕业生 | 合计 | 一年级 | 二年级 | 三年级 | 四年级 | 五年级及以上 | |
| 法学 | 法学 | 国际法学（含：国际公法、国际私法、国际经济法） | 国际法学（含：国际公法、国际私法、国际经济法） | 030109 | 4 | 0 | 0 | 6 | 0 | 6 | 6 | 0 | 0 | 0 | 0 | 0 |
| 法学 | 法学 | 经济法学 | 经济法学 | 030107 | 3 | 0 | 0 | 1 | 0 | 1 | 1 | 0 | 0 | 0 | 0 | 0 |
| 法学 | 法学 | 经济法学 | 经济法学 | 030107 | 4 | 0 | 0 | 10 | 0 | 10 | 10 | 0 | 0 | 0 | 0 | 0 |
| 法学 | 法学 | 宪法学与行政法学 | 宪法学与行政法学 | 030103 | 3 | 0 | 0 | 1 | 0 | 1 | 1 | 0 | 0 | 0 | 0 | 0 |
| 法学 | 法学 | 宪法学与行政法学 | 宪法学与行政法学 | 030103 | 4 | 0 | 0 | 5 | 1 | 5 | 5 | 0 | 0 | 0 | 0 | 0 |
| 法学 | 法学 | 刑法学 | 刑法学 | 030104 | 3 | 0 | 0 | 4 | 0 | 4 | 4 | 0 | 0 | 0 | 0 | 0 |
| 法学 | 法学 | 刑法学 | 刑法学 | 030104 | 4 | 0 | 0 | 7 | 0 | 7 | 7 | 0 | 0 | 0 | 0 | 0 |
| 法学 | 法学 | 环境与资源保护法学 | 环境与资源保护法学 | 030108 | 4 | 0 | 0 | 1 | 0 | 1 | 1 | 0 | 0 | 0 | 0 | 0 |
| 法学 | 法学 | 法律史 | 法律史 | 030102 | 4 | 0 | 0 | 3 | 0 | 3 | 3 | 0 | 0 | 0 | 0 | 0 |
| 法学 | 政治学 | 政治学学科 | 公共行政 | 030299 | 4 | 0 | 0 | 1 | 0 | 1 | 1 | 0 | 0 | 0 | 0 | 0 |
| 法学 | 政治学 | 政治学学科 | 纪检监察学 | 030299 | 4 | 0 | 0 | 4 | 0 | 4 | 4 | 0 | 0 | 0 | 0 | 0 |
| 法学 | 政治学 | 政治学学科 | 政治传播学 | 030299 | 4 | 0 | 0 | 2 | 0 | 2 | 2 | 0 | 0 | 0 | 0 | 0 |

续表

| 学科 | 专业分类 | 专业名称 | 自主专业名称 | 专业代码 | 年制 | 毕业生数 | 授予学位数 | 招生数 | | 在校生数 | | | | | | 预计毕业生数 |
|---|---|---|---|---|---|---|---|---|---|---|---|---|---|---|---|---|
| | | | | | | | | 计 | 其中：应届毕业生 | 合计 | 一年级 | 二年级 | 三年级 | 四年级 | 五年级及以上 | |
| 法学 | 政治学 | 政治学学科 | 政治社会学 | 030299 | 4 | 0 | 0 | 1 | 0 | 1 | 1 | 0 | 0 | 0 | 0 | 0 |
| 法学 | 法学 | 法学理论 | 法学理论 | 030101 | 4 | 0 | 0 | 3 | 0 | 3 | 3 | 0 | 0 | 0 | 0 | 0 |
| 法学 | 马克思主义理论 | 思想政治教育 | 思想政治教育 | 030505 | 4 | 0 | 0 | 1 | 0 | 1 | 1 | 0 | 0 | 0 | 0 | 0 |
| 法学 | 政治学 | 国际关系 | 国际关系 | 030207 | 4 | 0 | 0 | 1 | 1 | 1 | 1 | 0 | 0 | 0 | 0 | 0 |
| 法学 | 政治学 | 国际政治 | 国际政治 | 030206 | 4 | 0 | 0 | 1 | 0 | 1 | 1 | 0 | 0 | 0 | 0 | 0 |
| 法学 | 法学 | 军事法学 | 军事法学 | 030110 | 4 | 0 | 0 | 2 | 0 | 2 | 2 | 0 | 0 | 0 | 0 | 0 |
| 经济学 | 理论经济学 | 世界经济 | 世界经济 | 020105 | 4 | 0 | 0 | 1 | 0 | 1 | 1 | 0 | 0 | 0 | 0 | 0 |
| 法学 | 政治学 | 政治学理论 | 政治学理论 | 030201 | 4 | 0 | 0 | 3 | 0 | 3 | 3 | 0 | 0 | 0 | 0 | 0 |
| 法学 | 法学 | 民商法学（含：劳动法学、社会保障法学） | 民商法学（含：劳动法学、社会保障法学） | 030105 | 3 | 0 | 0 | 3 | 0 | 3 | 3 | 0 | 0 | 0 | 0 | 0 |
| 法学 | 法学 | 民商法学（含：劳动法学、社会保障法学） | 民商法学（含：劳动法学、社会保障法学） | 030105 | 4 | 0 | 0 | 7 | 3 | 7 | 7 | 0 | 0 | 0 | 0 | 0 |
| 法学 | 法学 | 法学学科 | 法与经济学 | 030199 | 3 | 0 | 0 | 1 | 0 | 1 | 1 | 0 | 0 | 0 | 0 | 0 |
| 法学 | 法学 | 法学学科 | 法与经济学 | 030199 | 4 | 0 | 0 | 1 | 0 | 1 | 1 | 0 | 0 | 0 | 0 | 0 |

续表

| 学科 | 专业分类 | 专业名称 | 自主专业名称 | 专业代码 | 年制 | 毕业生数 | 授予学位数 | 招生数 | | 在校生数 | | | | | | 预计毕业生数 |
|---|---|---|---|---|---|---|---|---|---|---|---|---|---|---|---|---|
| | | | | | | | | 计 | 其中：应届毕业生 | 合计 | 一年级 | 二年级 | 三年级 | 四年级 | 五年级及以上 | |
| 法学 | 法学 | 法学学科 | 比较法学 | 030199 | 4 | 0 | 0 | 1 | 0 | 1 | 1 | 0 | 0 | 0 | 0 | 0 |
| 法学 | 法学 | 法学学科 | 网络法学 | 030199 | 4 | 0 | 0 | 2 | 0 | 2 | 2 | 0 | 0 | 0 | 0 | 0 |
| 法学 | 法学 | 法学学科 | 知识产权法学 | 030199 | 4 | 0 | 0 | 5 | 0 | 5 | 5 | 0 | 0 | 0 | 0 | 0 |
| 法学 | 法学 | 法学学科 | 法治文化 | 030199 | 4 | 0 | 0 | 3 | 1 | 3 | 3 | 0 | 0 | 0 | 0 | 0 |
| 法学 | 法学 | 法学学科 | 人权法学 | 030199 | 4 | 0 | 0 | 4 | 0 | 4 | 4 | 0 | 0 | 0 | 0 | 0 |
| 法学 | 法学 | 法学学科 | 证据法学 | 030199 | 4 | 0 | 0 | 3 | 0 | 3 | 3 | 0 | 0 | 0 | 0 | 0 |
| 法学 | 法学 | 诉讼法学 | 诉讼法学 | 030106 | 3 | 0 | 0 | 2 | 0 | 2 | 2 | 0 | 0 | 0 | 0 | 0 |
| 法学 | 法学 | 诉讼法学 | 诉讼法学 | 030106 | 4 | 0 | 0 | 18 | 1 | 18 | 18 | 0 | 0 | 0 | 0 | 0 |

## 八、在校生分年龄情况

在校生分年龄情况

高基 321
单位：人

| | 编号 | 合计 | 17岁及以下 | 18岁 | 19岁 | 20岁 | 21岁 | 22岁 | 23岁 | 24岁 | 25岁 | 26岁 | 27岁 | 28岁 | 29岁 | 30岁 | 31岁及以上 |
|---|---|---|---|---|---|---|---|---|---|---|---|---|---|---|---|---|---|
| 甲 | 乙 | 1 | 2 | 3 | 4 | 5 | 6 | 7 | 8 | 9 | 10 | 11 | 12 | 13 | 14 | 15 | 16 |
| 总计 | 1 | 18765 | 276 | 1647 | 2083 | 2326 | 2195 | 1903 | 1841 | 1627 | 1025 | 703 | 602 | 494 | 324 | 228 | 1491 |
| 其中：女 | 2 | 11501 | 211 | 1139 | 1401 | 1524 | 1413 | 1257 | 1129 | 980 | 654 | 346 | 315 | 255 | 189 | 120 | 568 |
| 普通专科生 | 3 | | | | | | | | | | | | | | | | |
| 其中：女 | 4 | | | | | | | | | | | | | | | | |
| 普通本科生 | 5 | 9598 | 270 | 1637 | 2052 | 2218 | 1888 | 1039 | 365 | 92 | 25 | 6 | 5 | 1 | | | |
| 其中：女 | 6 | 6325 | 208 | 1137 | 1376 | 1463 | 1236 | 633 | 202 | 55 | 11 | 2 | 2 | | | | |
| 成人专科生 | 7 | | | | | | | | | | | | | | | | |
| 其中：女 | 8 | | | | | | | | | | | | | | | | |
| 成人本科生 | 9 | 2390 | 6 | 10 | 31 | 100 | 190 | 164 | 253 | 337 | 188 | 256 | 217 | 204 | 110 | 42 | 282 |
| 其中：女 | 10 | 1004 | 3 | 2 | 25 | 54 | 90 | 96 | 66 | 115 | 102 | 66 | 100 | 100 | 80 | 30 | 75 |
| 网络专科生 | 11 | | | | | | | | | | | | | | | | |
| 其中：女 | 12 | | | | | | | | | | | | | | | | |
| 网络本科生 | 13 | | | | | | | | | | | | | | | | |
| 其中：女 | 14 | | | | | | | | | | | | | | | | |
| 硕士研究生 | 15 | 5600 | | | | 8 | 117 | 700 | 1219 | 1190 | 765 | 384 | 287 | 203 | 152 | 111 | 464 |
| 其中：女 | 16 | 3709 | | | | 7 | 87 | 528 | 860 | 807 | 517 | 249 | 174 | 117 | 81 | 57 | 225 |
| 博士研究生 | 17 | 1177 | | | | | | | 4 | 8 | 47 | 57 | 93 | 86 | 62 | 75 | 745 |
| 其中：女 | 18 | 463 | | | | | | | 1 | 3 | 24 | 29 | 39 | 38 | 28 | 33 | 268 |

## 九、招生、在校生来源情况

招生、在校生来源情况

高基 322
单位：人

| | 编号 | 招生数 | | | 在校生数 | | | | | | | | |
|---|---|---|---|---|---|---|---|---|---|---|---|---|---|
| | | 合计 | 普通专科生 | 普通本科生 | 合计 | 普通专科生 | 普通本科生 | 成人专科生 | 成人本科生 | 网络专科生 | 网络本科生 | 硕士研究生 | 博士研究生 |
| 甲 | 乙 | 1 | 2 | 3 | 4 | 5 | 6 | 7 | 8 | 9 | 10 | 11 | 12 |
| 总计 | 1 | 2521 | | 2521 | 18765 | | 9598 | | 2390 | | | 5600 | 1177 |
| 北京市 | 2 | 192 | | 192 | 4081 | | 676 | | 1482 | | | 1862 | 61 |
| 天津市 | 3 | 50 | | 50 | 349 | | 184 | | 35 | | | 114 | 16 |
| 河北省 | 4 | 119 | | 119 | 954 | | 479 | | 31 | | | 356 | 88 |
| 山西省 | 5 | 67 | | 67 | 670 | | 268 | | 115 | | | 219 | 68 |
| 内蒙古 | 6 | 54 | | 54 | 393 | | 196 | | 46 | | | 118 | 33 |
| 辽宁省 | 7 | 73 | | 73 | 540 | | 302 | | 49 | | | 149 | 40 |
| 吉林省 | 8 | 65 | | 65 | 345 | | 243 | | | | | 76 | 26 |
| 黑龙江 | 9 | 61 | | 61 | 391 | | 248 | | | | | 99 | 44 |
| 上海市 | 10 | 19 | | 19 | 139 | | 76 | | | | | 62 | 1 |
| 江苏省 | 11 | 91 | | 91 | 542 | | 360 | | | | | 151 | 31 |
| 浙江省 | 12 | 102 | | 102 | 670 | | 370 | | | | | 264 | 36 |
| 安徽省 | 13 | 103 | | 103 | 780 | | 397 | | 153 | | | 173 | 57 |
| 福建省 | 14 | 65 | | 65 | 340 | | 260 | | | | | 62 | 18 |

续表

|  | 编号 | 招生数 |  |  | 在校生数 |  |  |  |  |  |  |  |  |
|---|---|---|---|---|---|---|---|---|---|---|---|---|---|
|  |  | 合计 | 普通专科生 | 普通本科生 | 合计 | 普通专科生 | 普通本科生 | 成人专科生 | 成人本科生 | 网络专科生 | 网络本科生 | 硕士研究生 | 博士研究生 |
| 江西省 | 15 | 71 |  | 71 | 476 |  | 269 |  | 91 |  |  | 77 | 39 |
| 山东省 | 16 | 130 |  | 130 | 1182 |  | 498 |  |  |  |  | 562 | 122 |
| 河南省 | 17 | 144 |  | 144 | 1102 |  | 559 |  | 57 |  |  | 367 | 119 |
| 湖北省 | 18 | 79 |  | 79 | 473 |  | 306 |  |  |  |  | 134 | 33 |
| 湖南省 | 19 | 94 |  | 94 | 519 |  | 380 |  |  |  |  | 105 | 34 |
| 广东省 | 20 | 119 |  | 119 | 637 |  | 486 |  |  |  |  | 135 | 16 |
| 广西 | 21 | 71 |  | 71 | 334 |  | 275 |  |  |  |  | 39 | 20 |
| 海南省 | 22 | 29 |  | 29 | 137 |  | 123 |  |  |  |  | 13 | 1 |
| 重庆市 | 23 | 50 |  | 50 | 307 |  | 207 |  |  |  |  | 82 | 18 |
| 四川省 | 24 | 118 |  | 118 | 588 |  | 442 |  |  |  |  | 117 | 29 |
| 贵州省 | 25 | 57 |  | 57 | 274 |  | 231 |  |  |  |  | 29 | 14 |
| 云南省 | 26 | 66 |  | 66 | 401 |  | 257 |  | 84 |  |  | 39 | 21 |
| 西藏 | 27 | 33 |  | 33 | 150 |  | 130 |  |  |  |  | 19 | 1 |
| 陕西省 | 28 | 69 |  | 69 | 440 |  | 258 |  | 87 |  |  | 68 | 27 |
| 甘肃省 | 29 | 55 |  | 55 | 278 |  | 233 |  |  |  |  | 31 | 14 |
| 青海省 | 30 | 28 |  | 28 | 137 |  | 126 |  |  |  |  | 4 | 7 |
| 宁夏 | 31 | 37 |  | 37 | 312 |  | 136 |  | 160 |  |  | 11 | 5 |
| 新　疆 | 32 | 114 |  | 114 | 379 |  | 343 |  |  |  |  | 19 | 17 |
| 港澳台侨 | 33 | 96 |  | 96 | 445 |  | 280 |  |  |  |  | 44 | 121 |

## 十、学生变动情况

**学生变动情况**

高基 331
单位：人

| | 编号 | 上学年初报表在校生数 | 增加学生数 | | | | | 减少学生数 | | | | | | | | | 本学年初报表在校生数 |
|---|---|---|---|---|---|---|---|---|---|---|---|---|---|---|---|---|---|
| | | | 合计 | 招生 | 复学 | 转入 | 其他 | 合计 | 毕业 | 结业 | 休学 | 退学 | 开除 | 死亡 | 转出 | 其他 | |
| 甲 | 乙 | 1 | 2 | 3 | 4 | 5 | 6 | 7 | 8 | 9 | 10 | 11 | 12 | 13 | 14 | 15 | 16 |
| 总计 | 1 | 18081 | 5896 | 5896 | | | | 5212 | 5026 | 13 | 1 | 147 | | | | 25 | 18765 |
| 普通本科、专科生 | 2 | 9402 | 2521 | 2521 | | | | 2325 | 2241 | | 1 | 83 | | | | | 9598 |
| 普通专科生 | 3 | | | | | | | | | | | | | | | | |
| 普通本科生 | 4 | 9402 | 2521 | 2521 | | | | 2325 | 2241 | | 1 | 83 | | | | | 9598 |
| 成人本科、专科生 | 5 | 2210 | 1027 | 1027 | | | | 847 | 847 | | | | | | | | 2390 |
| 成人专科生 | 6 | | | | | | | | | | | | | | | | |
| 成人本科生 | 7 | 2210 | 1027 | 1027 | | | | 847 | 847 | | | | | | | | 2390 |
| 网络本科、专科生 | 8 | | | | | | | | | | | | | | | | |
| 网络专科生 | 9 | | | | | | | | | | | | | | | | |
| 网络本科生 | 10 | | | | | | | | | | | | | | | | |
| 研究生 | 11 | 6469 | 2348 | 2348 | | | | 2040 | 1938 | 13 | | 64 | | | | 25 | 6777 |
| 硕士研究生 | 12 | 5333 | 2100 | 2100 | | | | 1833 | 1789 | 5 | | 15 | | | | 24 | 5600 |
| 博士研究生 | 13 | 1136 | 248 | 248 | | | | 207 | 149 | 8 | | 49 | | | | 1 | 1177 |

## 十一、学生休退学的主要原因

学生休退学的主要原因

高基 332
单位：人

|  | 编号 | 合计 | 患病 | 停学实践（求职） | 贫困 | 学习成绩不好 | 出国 | 其他 |
|---|---|---|---|---|---|---|---|---|
| 甲 | 乙 | 1 | 2 | 3 | 4 | 5 | 6 | 7 |
| 总计 | 1 | 148 | 1 | 33 |  | 5 | 8 | 101 |
| 普通本科、专科生 | 2 | 84 |  | 33 |  | 5 | 6 | 40 |
| 普通专科生 | 3 |  |  |  |  |  |  |  |
| 普通本科生 | 4 | 84 |  | 33 |  | 5 | 6 | 40 |
| 成人本科、专科生 | 5 |  |  |  |  |  |  |  |
| 成人专科生 | 6 |  |  |  |  |  |  |  |
| 成人本科生 | 7 |  |  |  |  |  |  |  |
| 网络本科、专科生 | 8 |  |  |  |  |  |  |  |
| 网络专科生 | 9 |  |  |  |  |  |  |  |
| 网络本科生 | 10 |  |  |  |  |  |  |  |
| 研究生 | 11 | 64 | 1 |  |  |  | 2 | 61 |
| 硕士研究生 | 12 | 15 |  |  |  |  | 1 | 14 |
| 博士研究生 | 13 | 49 | 1 |  |  |  | 1 | 47 |

## 十二、在校生中其他情况

**在校生中其他情况**

高基 341
单位：人

| | 编号 | 共产党员 | 共青团员 | 民主党派 | 华侨 | 港澳台 | 少数民族 | 残疾人 |
|---|---|---|---|---|---|---|---|---|
| 甲 | 乙 | 1 | 2 | 3 | 4 | 5 | 6 | 7 |
| 总计 | 1 | 4587 | 10599 | 30 | 10 | 435 | 2420 | |
| 普通本科、专科生 | 2 | 1504 | 7628 | | 10 | 270 | 1423 | |
| 普通专科生 | 3 | | | | | | | |
| 普通本科生 | 4 | 1504 | 7628 | | 10 | 270 | 1423 | |
| 成人本科、专科生 | 5 | 360 | 1069 | 30 | | | 350 | |
| 成人专科生 | 6 | | | | | | | |
| 成人本科生 | 7 | 360 | 1069 | 30 | | | 350 | |
| 网络本科、专科生 | 8 | | | | | | | |
| 网络专科生 | 9 | | | | | | | |
| 网络本科生 | 10 | | | | | | | |
| 研究生 | 11 | 2723 | 1902 | | | 165 | 647 | |
| 硕士研究生 | 12 | 2580 | 1839 | | | 44 | 530 | |
| 博士研究生 | 13 | 143 | 63 | | | 121 | 117 | |

## 十三、在职人员攻读硕士学位分专业（领域）学生数

在职人员攻读硕士学位分专业（领域）学生数

高基351
单位：人

| 学科 | 专业分类 | 专业名称 | 自主专业名称 | 专业代码 | 年制 | 授予学位数 | 招生数 | 在校生数 | | | |
|---|---|---|---|---|---|---|---|---|---|---|---|
| | | | | | | | | 合计 | 一年级 | 二年级 | 三年级及以上 |
| | | 甲 | 乙 | 丙 | 丁 | 1 | 2 | 3 | 4 | 5 | 6 |
| 合计 | 合计 | 硕士学位学生 | 硕士学位学生 | 44200 | 0 | 189 | 0 | 454 | 0 | 0 | 454 |
| 合计 | 合计 | 其中：女 | 其中：女 | 442002 | 0 | 83 | 0 | 214 | 0 | 0 | 214 |
| 合计 | 合计 | 专业学位硕士 | 专业学位硕士 | 44220 | 0 | 189 | 0 | 454 | 0 | 0 | 454 |
| 合计 | 合计 | 专业学位硕士其中：女 | 专业学位硕士其中：女 | 442202 | 0 | 83 | 0 | 214 | 0 | 0 | 214 |
| 管理学 | 公共管理 | 公共管理 | 公共管理 | 125200 | 3 | 56 | 0 | 199 | 0 | 0 | 199 |
| 法学 | 法律 | 法律 | 法律 | 035100 | 3 | 133 | 0 | 255 | 0 | 0 | 255 |

## 十四、其他学生情况

其他学生情况

高基 361
单位：人、人次

| | | 编号 | 结业生数 | | 注册学生数 | |
|---|---|---|---|---|---|---|
| | | | 计 | 其中：女 | 计 | 其中：女 |
| 甲 | | 乙 | 1 | 2 | 3 | 4 |
| 自考助学班 | | 1 | | | | |
| 普通预科生 | | 2 | * | * | 75 | 30 |
| 研究生课程进修班 | | 3 | | | | |
| 进修及培训 | | 4 | 19978 | 7277 | 19978 | 7277 |
| 其中 | 资格证书培训 | 5 | | | | |
| | 岗位证书培训 | 6 | | | | |
| 其中 | 第一产业内培训 | 7 | | | | |
| | 第二产业内培训 | 8 | | | | |
| | 第三产业内培训 | 9 | 19978 | 7277 | 19978 | 7277 |
| 一个月以内 | | 10 | 19226 | 6887 | 19226 | 6887 |
| 一个月至三个月以内 | | 11 | 226 | 110 | 226 | 110 |
| 三个月至半年以内 | | 12 | 526 | 280 | 526 | 280 |
| 半年至一年以内 | | 13 | | | | |
| 一年及以上 | | 14 | | | | |

## 十五、外国留学生情况

外国留学生情况

高基 371
单位：人、人次

| | | 编号 | 毕（结）业生数 | 授予学位数 | 招生数 | | 在校生数 | | | | | |
|---|---|---|---|---|---|---|---|---|---|---|---|---|
| | | | | | 计 | 其中：春季招生 | 合计 | 第一年 | 第二年 | 第三年 | 第四年 | 第五年及以上 |
| 甲 | | 乙 | 1 | 2 | 3 | 4 | 5 | 6 | 7 | 8 | 9 | 10 |
| 总计 | | 1 | 191 | 54 | 118 | 36 | 361 | 118 | 51 | 39 | 50 | 103 |
| 其中：女 | | 2 | 61 | 22 | 49 | 11 | 117 | 49 | 20 | 16 | 13 | 19 |
| 按学历分 | 小计 | 3 | 121 | 54 | 46 | | 287 | 46 | 49 | 39 | 50 | 103 |
| | 专科 | 4 | | * | | | | | | | | |
| | 本科 | 5 | 28 | 28 | 18 | | 55 | 18 | 9 | 9 | 19 | |
| | 硕士研究生 | 6 | 60 | 22 | 15 | | 100 | 15 | 24 | 15 | 14 | 32 |
| | 博士研究生 | 7 | 33 | 4 | 13 | | 132 | 13 | 16 | 15 | 17 | 71 |
| 培训 | | 8 | 70 | * | 72 | 36 | 74 | 72 | 2 | | | |
| 按大洲分 | 亚洲 | 9 | 103 | 34 | 43 | 14 | 183 | 43 | 26 | 23 | 32 | 59 |
| | 非洲 | 10 | 12 | 5 | 12 | 5 | 38 | 12 | 5 | 6 | 6 | 9 |
| | 欧洲 | 11 | 61 | 11 | 50 | 14 | 91 | 50 | 16 | 5 | 7 | 13 |
| | 北美洲 | 12 | 8 | 1 | 6 | 2 | 29 | 6 | 1 | 1 | 4 | 17 |
| | 南美洲 | 13 | 3 | | 4 | | 11 | 4 | 2 | 2 | 1 | 2 |
| | 大洋洲 | 14 | 4 | 3 | 3 | 1 | 9 | 3 | 1 | 2 | | 3 |

续表

| | | 编号 | 毕（结）业生数 | 授予学位数 | 招生数 | | 在校生数 | | | | | |
|---|---|---|---|---|---|---|---|---|---|---|---|---|
| | | | | | 计 | 其中：春季招生 | 合计 | 第一年 | 第二年 | 第三年 | 第四年 | 第五年及以上 |
| 按经费来源分 | 国际组织资助 | 15 | | | | | | | | | | |
| | 中国政府资助 | 16 | 31 | 21 | 26 | | 118 | 26 | 30 | 24 | 20 | 18 |
| | 本国政府资助 | 17 | | | | | | | | | | |
| | 学校间交换 | 18 | 49 | | 46 | 20 | 48 | 46 | 2 | | | |
| | 自费 | 19 | 111 | 33 | 46 | 16 | 195 | 46 | 19 | 15 | 30 | 85 |

## 十六、教职工情况

教职工情况

高基411
单位：人

| | 编号 | 教职工数 | | | | | | | | | 聘请校外教师 | 离退休人员 | 附属中小学幼儿园教职工 | 集体所有制人员 |
|---|---|---|---|---|---|---|---|---|---|---|---|---|---|---|
| | | 合计 | 校本部教职工 | | | | | 科研机构人员 | 校办企业职工 | 其他附设机构人员 | | | | |
| | | | 计 | 专任教师 | 行政人员 | 教辅人员 | 工勤人员 | | | | | | | |
| 甲 | 乙 | 1 | 2 | 3 | 4 | 5 | 6 | 7 | 8 | 9 | 10 | 11 | 12 | 13 |

续表

| | | 编号 | 教职工数 | | | | | | | | | 聘请校外教师 | 离退休人员 | 附属中小学幼儿园教职工 | 集体所有制人员 |
|---|---|---|---|---|---|---|---|---|---|---|---|---|---|---|---|
| | | | 合计 | 校本部教职工 | | | | | 科研机构人员 | 校办企业职工 | 其他附设机构人员 | | | | |
| | | | | 计 | 专任教师 | 行政人员 | 教辅人员 | 工勤人员 | | | | | | | |
| 总计 | | 1 | 1686 | 1627 | 968 | 391 | 162 | 106 | | | 59 | 151 | 1250 | | |
| 其中：女 | | 2 | 879 | 847 | 477 | 238 | 115 | 17 | | | 32 | 14 | 766 | | |
| 正高级 | | 3 | 337 | 332 | 313 | 3 | 16 | | | | 5 | 94 | 196 | | * |
| 副高级 | | 4 | 490 | 475 | 418 | 29 | 28 | | | | 15 | 20 | 219 | | * |
| 中级 | | 5 | 365 | 344 | 210 | 73 | 61 | | | | 21 | 1 | * | * | * |
| 初级 | | 6 | 89 | 82 | 11 | 47 | 17 | 7 | | | 7 | | * | * | * |
| 未定职级 | | 7 | 405 | 394 | 16 | 239 | 40 | 99 | | | 11 | 36 | * | * | * |
| 其中聘任制 | 小计 | 8 | | | | | | | | | | * | * | * | * |
| | 其中：女 | 9 | | | | | | | | | | * | * | * | * |
| | 正高级 | 10 | | | | | | | | | | * | * | * | * |
| | 副高级 | 11 | | | | | | | | | | * | * | * | * |
| | 中级 | 12 | | | | | | | | | | * | * | * | * |
| | 初级 | 13 | | | | | | | | | | * | * | * | * |
| | 未定职级 | 14 | | | | | | | | | | * | * | * | * |

## 十七、专任教师、聘请校外教师岗位分类情况

**专任教师、聘请校外教师岗位分类情况**

高基 421
单位：人

| | 编号 | 本学年授课专任教师 | | | | 本学年授课聘请校外教师 | | | | 本学年不授课专任教师 | | | | |
|---|---|---|---|---|---|---|---|---|---|---|---|---|---|---|
| | | 合计 | 公共课基础课 | 专业课 | | 合计 | 公共课基础课 | 专业课 | | 合计 | 进修 | 科研 | 病休 | 其他 |
| | | | | 计 | 其中：双师型 | | | 计 | 其中：双师型 | | | | | |
| 甲 | 乙 | 1 | 2 | 3 | 4 | 5 | 6 | 7 | 8 | 9 | 10 | 11 | 12 | 13 |
| 总计 | 1 | 968 | 97 | 871 | | 151 | | 151 | | | | | | |
| 其中：女 | 2 | 477 | 57 | 420 | | 14 | | 14 | | | | | | |
| 正高级 | 3 | 313 | 12 | 301 | | 94 | | 94 | | | | | | |
| 副高级 | 4 | 418 | 52 | 366 | | 20 | | 20 | | | | | | |
| 中级 | 5 | 210 | 28 | 182 | | 1 | | 1 | | | | | | |
| 初　级 | 6 | 11 | 3 | 8 | * | | | | * | | | | | |
| 未定职级 | 7 | 16 | 2 | 14 | * | 36 | | 36 | * | | | | | |

## 十八、专任教师、聘请校外教师学历（位）情况

专任教师、聘请校外教师学历（位）情况

高基 422
单位：人

| | 编号 | 合计 | | | 博士研究生 | | | 硕士研究生 | | | 本科 | | | 专科及以下 | | |
|---|---|---|---|---|---|---|---|---|---|---|---|---|---|---|---|---|
| | | 计 | 其中：获学位 | | 计 | 其中：获学位 | | 计 | 其中：获学位 | | 计 | 其中：获学位 | | 计 | 其中：获学位 | |
| | | | 博士 | 硕士 | | 博士 | 硕士 | | 博士 | 硕士 | | 博士 | 硕士 | | 博士 | 硕士 |
| 甲 | 乙 | 1 | 2 | 3 | 4 | 5 | 6 | 7 | 8 | 9 | 10 | 11 | 12 | 13 | 14 | 15 |
| 1. 专任教师 | 1 | 968 | 669 | 215 | 669 | 669 | | 188 | | 188 | 111 | | 27 | | | |
| 其中：女 | 2 | 477 | 308 | 130 | 308 | 308 | | 114 | | 114 | 55 | | 16 | | | |
| 正高级 | 3 | 313 | 256 | 42 | 256 | 256 | | 39 | | 39 | 18 | | 3 | | | |
| 副高级 | 4 | 418 | 282 | 85 | 282 | 282 | | 70 | | 70 | 66 | | 15 | | | |
| 中级 | 5 | 210 | 130 | 64 | 130 | 130 | | 56 | | 56 | 24 | | 8 | | | |
| 初级 | 6 | 11 | 1 | 8 | 1 | 1 | | 8 | | 8 | 2 | | | | | |
| 未定职级 | 7 | 16 | | 16 | | | | 15 | | 15 | 1 | | 1 | | | |
| 2. 聘请校外教师 | 8 | 151 | 76 | 34 | 76 | 76 | | 34 | | 34 | 41 | | | | | |
| 其中：女 | 9 | 14 | 4 | 4 | 4 | 4 | | 4 | | 4 | 6 | | | | | |
| 外籍教师 | 10 | 19 | 6 | 6 | 6 | 6 | | 6 | | 6 | 7 | | | | | |
| 其他高校教师 | 11 | 39 | 31 | 4 | 31 | 31 | | 4 | | 4 | 4 | | | | | |
| 王高级 | 12 | 94 | 50 | 19 | 50 | 50 | | 19 | | 19 | 25 | | | | | |
| 副高级 | 13 | 20 | 8 | 7 | 8 | 8 | | 7 | | 7 | 5 | | | | | |
| 中级 | 14 | 1 | | | | | | | | | 1 | | | | | |
| 初级 | 15 | | | | | | | | | | | | | | | |
| 未定职级 | 16 | 36 | 18 | 8 | 18 | 18 | | 8 | | 8 | 10 | | | | | |

## 十九、专任教师年龄情况

专任教师年龄情况

高基423
单位：人

| | | 编号 | 合计 | 29岁及以下 | 30－34岁 | 35－39岁 | 40－44岁 | 45－49岁 | 50－54岁 | 55－59岁 | 60－64岁 | 65岁及以上 |
|---|---|---|---|---|---|---|---|---|---|---|---|---|
| 甲 | | 乙 | 1 | 2 | 3 | 4 | 5 | 6 | 7 | 8 | 9 | 10 |
| 总计 | | 1 | 968 | 27 | 87 | 165 | 172 | 165 | 170 | 126 | 48 | 8 |
| 其中：女 | | 2 | 477 | 16 | 43 | 88 | 95 | 69 | 90 | 61 | 14 | 1 |
| 获博士学位 | | 3 | 669 | 6 | 77 | 121 | 142 | 116 | 109 | 62 | 33 | 3 |
| 获硕士学位 | | 4 | 215 | 20 | 10 | 41 | 24 | 39 | 40 | 27 | 13 | 1 |
| 按专业技术职务分 | 正高级 | 5 | 313 | | | 6 | 45 | 50 | 86 | 73 | 45 | 8 |
| | 副高级 | 6 | 418 | | 12 | 80 | 102 | 97 | 76 | 48 | 3 | |
| | 中级 | 7 | 210 | 7 | 73 | 77 | 22 | 18 | 8 | 5 | | |
| | 初级 | 8 | 11 | 6 | 1 | 2 | 2 | | | | | |
| | 未定职级 | 9 | 16 | 14 | 1 | | 1 | | | | | |
| 按学历（学位）分 | 博士研究生 | 10 | 669 | 6 | 77 | 121 | 142 | 116 | 109 | 62 | 33 | 3 |
| | 其中获博士学位 | 11 | 669 | 6 | 77 | 121 | 142 | 116 | 109 | 62 | 33 | 3 |

续表

| | | 编号 | 合计 | 29岁及以下 | 30－34岁 | 35－39岁 | 40－44岁 | 45－49岁 | 50－54岁 | 55－59岁 | 60－64岁 | 65岁及以上 |
|---|---|---|---|---|---|---|---|---|---|---|---|---|
| 按学历（学位）分 | 获硕士学位 | 12 | | | | | | | | | | |
| | 硕士研究生 | 13 | 188 | 20 | 8 | 37 | 22 | 30 | 34 | 23 | 13 | 1 |
| | 其中获博士学位 | 14 | | | | | | | | | | |
| | 获硕士学位 | 15 | 188 | 20 | 8 | 37 | 22 | 30 | 34 | 23 | 13 | 1 |
| | 本科 | 16 | 111 | 1 | 2 | 7 | 8 | 19 | 27 | 41 | 2 | 4 |
| | 其中获博士学位 | 17 | | | | | | | | | | |
| | 获硕士学位 | 18 | 27 | | 2 | 4 | 2 | 9 | 6 | 4 | | |
| | 专科及以下 | 19 | | | | | | | | | | |
| | 其中获博士学位 | 20 | | | | | | | | | | |
| | 获硕士学位 | 21 | | | | | | | | | | |

## 二十、分学科专任教师数

分学科专任教师数

高基424
单位：人

| | 编号 | 合计 | 正高级 | 副高级 | 中级 | 初级 | 未定职级 |
|---|---|---|---|---|---|---|---|
| 甲 | 乙 | 1 | 2 | 3 | 4 | 5 | 6 |

续表

| | 编号 | 合计 | 正高级 | 副高级 | 中级 | 初级 | 未定职级 |
|---|---|---|---|---|---|---|---|
| 总计 | 1 | 968 | 313 | 418 | 210 | 11 | 16 |
| 其中：女 | 2 | 477 | 123 | 224 | 113 | 7 | 10 |
| 哲学 | 3 | 31 | 11 | 9 | 11 | | |
| 经济学 | 4 | 30 | 11 | 12 | 7 | | |
| 法学 | 5 | 635 | 233 | 268 | 119 | 4 | 11 |
| 教育学 | 6 | 44 | 6 | 22 | 12 | 3 | 1 |
| 其中：体育 | 7 | 30 | 3 | 16 | 9 | 2 | |
| 文学 | 8 | 148 | 26 | 69 | 47 | 3 | 3 |
| 其中：外语 | 9 | 92 | 15 | 44 | 29 | 1 | 3 |
| 历史学 | 10 | 9 | 2 | 4 | 3 | | |
| 理学 | 11 | 7 | 1 | 5 | 1 | | |
| 工学 | 12 | 15 | 3 | 7 | 3 | 1 | 1 |
| 其中：计算机 | 13 | 12 | 2 | 7 | 1 | 1 | 1 |
| 农学 | 14 | | | | | | |
| 其中：林学 | 15 | | | | | | |
| 医学 | 16 | | | | | | |
| 管理学 | 17 | 49 | 20 | 22 | 7 | | |
| 艺术学 | 18 | | | | | | |

## 二十一、专任教师变动情况

**专任教师变动情况**

高基 431
单位：人

| | 编号 | 上学年初报表专任教师数 | 增加教师数 | | | | | | | | 减少教师数 | | | | 本学年初报表专任教师数 |
|---|---|---|---|---|---|---|---|---|---|---|---|---|---|---|---|
| | | | 合计 | 录用毕业生 | | | 外单位教师调入 | | 校内外非教师调入 | | 合计 | 自然减员 | 调离教师岗位 | 其他 | |
| | | | | 计 | 其中：研究生 | | 计 | 其中：高校调入 | 计 | 其中：本校调整 | | | | | |
| | | | | | 计 | 其中：本校毕业 | | | | | | | | | |
| 甲 | 乙 | 1 | 2 | 3 | 4 | 5 | 6 | 7 | 8 | 9 | 10 | 11 | 12 | 13 | 14 |
| 总计 | 1 | 966 | 48 | 28 | 28 | 4 | 12 | 12 | 8 | 2 | 46 | 32 | 14 | | 968 |
| 其中：女 | 2 | 472 | 24 | 12 | 12 | 4 | 8 | 8 | 4 | 2 | 19 | 13 | 6 | | 477 |

## 二十二、专任教师接受培训情况

**专任教师接受培训情况**

高基 441
单位：人次

| | 编号 | 合计 | 国内 | | | | | | 国（境）外 | | | | | |
|---|---|---|---|---|---|---|---|---|---|---|---|---|---|---|
| | | | 计 | 一个月以内 | 一个月至三个月以内 | 三个月至半年以内 | 半年至一年以内 | 一年及以上 | 计 | 一个月以内 | 一个月至三个月以内 | 三个月至半年以内 | 半年至一年以内 | 一年及以上 |
| 甲 | 乙 | 1 | 2 | 3 | 4 | 5 | 6 | 7 | 8 | 9 | 10 | 11 | 12 | 13 |

续表

| | 编号 | 合计 | 国内 | | | | | | 国（境）外 | | | | | |
|---|---|---|---|---|---|---|---|---|---|---|---|---|---|---|
| | | | 计 | 一个月以内 | 一个月至三个月以内 | 三个月至半年以内 | 半年至一年以内 | 一年及以上 | 计 | 一个月以内 | 一个月至三个月以内 | 三个月至半年以内 | 半年至一年以内 | 一年及以上 |
| 总计 | 1 | 278 | 265 | 230 | 35 | | | | 13 | | | | | 13 |
| 其中：女 | 2 | 160 | 151 | 135 | 16 | | | | 9 | | | | | 9 |
| 正高级 | 3 | 29 | 28 | 27 | 1 | | | | 1 | | | | | 1 |
| 副高级 | 4 | 83 | 74 | 73 | 1 | | | | 9 | | | | | 9 |
| 中级 | 5 | 47 | 44 | 44 | | | | | 3 | | | | | 3 |
| 初级 | 6 | 4 | 4 | 4 | | | | | | | | | | |
| 未定职级 | 7 | 115 | 115 | 82 | 33 | | | | | | | | | |

## 二十三、研究生指导教师情况

研究生指导教师情况

高基 451
单位：人

| | 编号 | 合计 | 29 岁及以下 | 30－34 岁 | 35－39 岁 | 40－44 岁 | 45－49 岁 | 50－54 岁 | 55－59 岁 | 60－64 岁 | 65 岁及以上 |
|---|---|---|---|---|---|---|---|---|---|---|---|
| 甲 | 乙 | 1 | 2 | 3 | 4 | 5 | 6 | 7 | 8 | 9 | 10 |
| 总计 | 1 | 625 | 2 | 43 | 98 | 114 | 115 | 131 | 69 | 45 | 8 |
| 其中：女 | 2 | 274 | 1 | 17 | 43 | 57 | 52 | 64 | 29 | 10 | 1 |

续表

| | | 编号 | 合计 | 29岁及以下 | 30－34岁 | 35－39岁 | 40－44岁 | 45－49岁 | 50－54岁 | 55－59岁 | 60－64岁 | 65岁及以上 |
|---|---|---|---|---|---|---|---|---|---|---|---|---|
| 按专业技术职务分 | 正高级 | 3 | 304 | | | 9 | 50 | 54 | 87 | 52 | 45 | 7 |
| | 副高级 | 4 | 258 | 1 | 12 | 64 | 59 | 60 | 44 | 17 | | 1 |
| | 中级 | 5 | 63 | 1 | 31 | 25 | 5 | 1 | | | | |
| 按指导关系分 | 博士导师 | 6 | 13 | | | | | 1 | 3 | | 5 | 4 |
| | 其中：女 | 7 | 3 | | | | | | 2 | | 1 | |
| | 硕士导师 | 8 | 475 | 2 | 43 | 96 | 87 | 98 | 94 | 42 | 10 | 3 |
| | 其中：女 | 9 | 241 | 1 | 17 | 43 | 51 | 49 | 53 | 25 | 1 | 1 |
| | 博士、硕士导师 | 10 | 137 | | | 2 | 27 | 16 | 34 | 27 | 30 | 1 |
| | 其中：女 | 11 | 30 | | | | 6 | 3 | 9 | 4 | 8 | |

## 二十四、教职工中其他情况

教职工中其他情况

高基 461
单位：人

| | 编号 | 共产党员 | 共青团员 | 民主党派 | 华侨 | 港澳台 | 少数民族 |
|---|---|---|---|---|---|---|---|
| 甲 | 乙 | 1 | 2 | 3 | 4 | 5 | 6 |
| 教职工 | 1 | 1133 | 30 | 74 | 1 | 2 | 108 |
| 其中：女 | 2 | 599 | 22 | 41 | 1 | 1 | 64 |
| 专任教师 | 3 | 667 | 4 | 60 | 1 | 2 | 56 |
| 其中：女 | 4 | 321 | 2 | 33 | 1 | 1 | 36 |

## 二十五、校舍情况

**校舍情况**

高基 511
单位：平方米

| | 编号 | 学校产权校舍建筑面积 | | | | 正在施工校舍建筑面积 | 非学校产权校舍建筑面积 | | |
|---|---|---|---|---|---|---|---|---|---|
| | | 计 | 其中 | | | | 合计 | 独立使用 | 共同使用 |
| | | | 危房 | 当年新增校舍 | 被外单位借用 | | | | |
| 甲 | 乙 | 1 | 2 | 3 | 4 | 5 | 6 | 7 | 8 |
| 总计 | 1 | 508897.16 | | | | 81361 | 5390 | | 5390 |
| 一、教学科研及辅助用房 | 2 | 126479.09 | | | | 81361 | | | |
| 教室 | 3 | 27887.49 | | | | 81361 | | | |
| 图书馆 | 4 | 13375.2 | | | | | | | |
| 实验室、实习场所 | 5 | 10298.2 | | | | | | | |
| 专用科研用房 | 6 | 69680.7 | | | | | | | |
| 体育馆 | 7 | 1968 | | | | | | | |
| 会堂 | 8 | 3269.5 | | | | | | | |
| 二、行政办公用房 | 9 | 16600 | | | | | | | |
| 三、生活用房 | 10 | 180823.86 | | | | | 5390 | | 5390 |
| 学生宿舍（公寓） | 11 | 140309.58 | | | | | 5390 | | 5390 |
| 学生食堂 | 12 | 8330.98 | | | | | | | |
| 教工宿舍（公寓） | 13 | | | | | | | | |
| 教工食堂 | 14 | 3080 | | | | | | | |

续表

| | 编号 | 学校产权校舍建筑面积 | | | | 正在施工校舍建筑面积 | 非学校产权校舍建筑面积 | | |
|---|---|---|---|---|---|---|---|---|---|
| | | 计 | 其中 | | | | 合计 | 独立使用 | 共同使用 |
| | | | 危房 | 当年新增校舍 | 被外单位借用 | | | | |
| 生活福利及附属用房 | 15 | 29103.3 | | | | | | | |
| 四、教工住宅 | 16 | 132031.71 | | | | | * | * | * |
| 五、其他用房 | 17 | 52962.5 | | | | | | | |

## 二十六、资产情况

资产情况

高基 521

| | 编号 | 占地面积（平方米） | | | 图书（万册） | | 计算机数（台） | | | 教室（间） | | 固定资产总值（万元） | | | | |
|---|---|---|---|---|---|---|---|---|---|---|---|---|---|---|---|---|
| | | 计 | 其中： | | 计 | 其中：当年新增 | 计 | 其中：教学用计算机 | | 计 | 其中：网络多媒体教室 | 计 | 其中：教学、科研仪器设备资产值 | | 其中：信息化设备资产值 | |
| | | | 绿化用地面积 | 运动场地面积 | | | | 计 | 其中：平板电脑 | | | | 计 | 其中：当年新增 | 计 | 其中：软件 |
| 甲 | 乙 | 1 | 2 | 3 | 4 | 5 | 6 | 7 | 8 | 9 | 10 | 11 | 12 | 13 | 14 | 15 |
| 学校产权 | 1 | 402414.36 | 208876 | 26646 | 237.8754 | 7.8642 | 1337 | 1337 | 8 | 257 | 257 | 156581.79 | 19590.15 | 1746.35 | 9561.2021 | 760.9 |

续表

| | 编号 | 占地面积（平方米） | | | 图书（万册） | | 计算机数（台） | | | 教室（间） | | 固定资产总值（万元） | | | | |
|---|---|---|---|---|---|---|---|---|---|---|---|---|---|---|---|---|
| | | 计 | 其中： | | 计 | 其中：当年新增 | 计 | 其中：教学用计算机 | | 计 | 其中：网络多媒体教室 | 计 | 其中：教学、科研仪器设备资产值 | | 其中：信息化设备资产值 | |
| | | | 绿化用地面积 | 运动场地面积 | | | | 计 | 其中：平板电脑 | | | | 计 | 其中：当年新增 | 计 | 其中：软件 |
| 非学校产权 | 2 | | | | | | | | | | | | | | * | * |
| 1. 独立使用 | 3 | | | | | | | | | | | | | | * | * |
| 2. 共同使用 | 4 | | | | | | | | | | | | | | * | * |

## 二十七、信息化建设情况

信息化建设情况

| 高基522 | | | | | | | | | | | | |
|---|---|---|---|---|---|---|---|---|---|---|---|---|
| | 编号 | 网络信息点数（个） | | 上网课程数（门） | 电子邮件系统用户数（个） | 管理信息系统数据总量（GB） | 数字资源量 | | | | 信息化培训人次（人次） | 信息化工作人员数（人） |
| | | 计 | 其中：无线接入 | | | | 电子图书（册） | 电子期刊（册） | 学位论文（册） | 音视频（小时） | | |
| 甲 | 乙 | 1 | 2 | 3 | 4 | 5 | 6 | 7 | 8 | 9 | 10 | 11 |

续表

| | 编号 | 网络信息点数（个） | | 上网课程数（门） | 电子邮件系统用户数（个） | 管理信息系统数据总量（GB） | 数字资源量 | | | | 信息化培训人次（人次） | 信息化工作人员数（人） |
|---|---|---|---|---|---|---|---|---|---|---|---|---|
| | | 计 | 其中：无线接入 | | | | 电子图书（册） | 电子期刊（册） | 学位论文（册） | 音视频（小时） | | |
| 总计 | 1 | 16874 | 3087 | 120 | 16958 | 81300 | 2219876 | 1057028 | 5928533 | 9043 | 280 | 49 |

## 二十八、专职辅导员分年龄、专业技术职务、学历情况

专职辅导员分年龄、专业技术职务、学历情况

高基 931
单位：人

| | | 编号 | 合计 | 其中：女 | 本专科生专职辅导员 | | | | | | 研究生专职辅导员 | | | | | |
|---|---|---|---|---|---|---|---|---|---|---|---|---|---|---|---|---|
| | | | | | 计 | 19 岁及以下 | 20－29 岁 | 30－39 岁 | 40－49 岁 | 50 岁以上 | 计 | 19 岁以下 | 20－29 岁 | 30－39 岁 | 40－49 岁 | 50 岁及以上 |
| 甲 | | 乙 | 1 | 2 | 3 | 4 | 5 | 6 | 7 | 8 | 9 | 10 | 11 | 12 | 13 | 14 |
| 总　计 | | 1 | 93 | 55 | 68 | | 13 | 31 | 16 | 8 | 25 | | 4 | 7 | 11 | 3 |
| 其中：女 | | 2 | 55 | * | 39 | | 10 | 17 | 8 | 4 | 16 | | 1 | 6 | 6 | 3 |
| 按行政职务分 | 正处级 | 3 | 12 | 1 | 8 | | | 1 | 5 | 2 | 4 | | | | 3 | 1 |
| | 副处级 | 4 | 12 | 8 | 11 | | | 3 | 5 | 3 | 1 | | | 1 | | |
| | 正科级 | 5 | 19 | 9 | 17 | | 1 | 15 | 1 | | 2 | | | 2 | | |
| | 副科级及以下 | 6 | 50 | 37 | 32 | | 12 | 12 | 5 | 3 | 18 | | 4 | 4 | 8 | 2 |

续表

| | | 编号 | 合计 | 其中：女 | 本专科生专职辅导员 | | | | | | 研究生专职辅导员 | | | | | |
|---|---|---|---|---|---|---|---|---|---|---|---|---|---|---|---|---|
| | | | | | 计 | 19岁及以下 | 20－29岁 | 30－39岁 | 40－49岁 | 50岁以上 | 计 | 19岁以下 | 20－29岁 | 30－39岁 | 40－49岁 | 50岁及以上 |
| 按专业技术职务分 | 正高级 | 7 | 6 | 2 | 6 | | | | 2 | 4 | | | | | | |
| | 副高级 | 8 | 29 | 15 | 19 | | | 8 | 8 | 3 | 10 | | | 2 | 6 | 2 |
| | 中级 | 9 | 40 | 26 | 28 | | 1 | 20 | 6 | 1 | 12 | | 1 | 5 | 5 | 1 |
| | 初级 | 10 | 4 | 3 | 4 | | 3 | 1 | | | | | | | | |
| | 未定职级 | 11 | 14 | 9 | 11 | | 9 | 2 | | | 3 | | 3 | | | |
| 按学历分 | 博士研究生 | 12 | 17 | 8 | 11 | | | 7 | 4 | | 6 | | | 2 | 3 | 1 |
| | 硕士研究生 | 13 | 58 | 39 | 43 | | 13 | 22 | 6 | 2 | 15 | | 4 | 5 | 5 | 1 |
| | 本科 | 14 | 18 | 8 | 14 | | | 2 | 6 | 6 | 4 | | | | 3 | 1 |
| | 专科及以下 | 15 | | | | | | | | | | | | | | |

## 二十九、心理咨询工作人员情况

心理咨询工作人员情况

高基932
单位：人

| | 编号 | 合计 | 其中：女 | 其中：持有资格证书 | 按工作年限分 | | | |
|---|---|---|---|---|---|---|---|---|
| | | | | | 4年及以下 | 5－10年 | 11－20年 | 21年及以上 |
| 甲 | 乙 | 1 | 2 | 3 | 4 | 5 | 6 | 7 |
| 总计 | 1 | 2 | 2 | 2 | 2 | | | |
| 其中：女 | 2 | 2 | * | 2 | 2 | | | |

续表

| | | 编号 | 合计 | 其中：女 | 其中：持有资格证书 | 按工作年限分 | | | |
|---|---|---|---|---|---|---|---|---|---|
| | | | | | | 4 年及以下 | 5－10 年 | 11－20 年 | 21 年及以上 |
| 按专业技术职务分 | 正高级 | 3 | | | | | | | |
| | 副高级 | 4 | | | | | | | |
| | 中级 | 5 | | | | | | | |
| | 初级 | 6 | 1 | 1 | 1 | 1 | | | |
| | 未定职级 | 7 | 1 | 1 | 1 | 1 | | | |
| 按学历分 | 博士研究生 | 8 | | | | | | | |
| | 硕士研究生 | 9 | 2 | 2 | 2 | 2 | | | |
| | 本科 | 10 | | | | | | | |
| | 专科及以下 | 11 | | | | | | | |

## 三十、普通本科生、普通预科生录取来源情况

普通本科生、普通预科生录取来源情况

高基 942
单位：人

| | 编号 | 普通本科生 | | | | | | | | | | | | | | 普通预科生 | |
|---|---|---|---|---|---|---|---|---|---|---|---|---|---|---|---|---|---|
| | | 录取数 | | | | 生源类别 | | | | | | | | | | | |
| | | 合计 | | 其中：预科生转入 | | 普通高中 | | | | 中职 | | | | 其他 | | | |
| | | | | | | 应届毕业生 | | 往届毕业生 | | 应届毕业生 | | 往届毕业生 | | | | | |
| | | 计 | 农村 | 计 | 农村 | 计 | 农村 | 计 | 农村 | 计 | 农村 | 计 | 农村 | 计 | 农村 | 计 | 农村 |
| 甲 | 乙 | 1 | 2 | 3 | 4 | 5 | 6 | 7 | 8 | 9 | 10 | 11 | 12 | 13 | 14 | 15 | 16 |

续表

| | 编号 | 普通本科生 | | | | | | | | | | | | | | 普通预科生 | |
|---|---|---|---|---|---|---|---|---|---|---|---|---|---|---|---|---|---|
| | | 录取数 | | | | 生源类别 | | | | | | | | | | | |
| | | 合计 | | 其中：预科生转入 | | 普通高中 | | | | 中职 | | | | 其他 | | | |
| | | | | | | 应届毕业生 | | 往届毕业生 | | 应届毕业生 | | 往届毕业生 | | | | | |
| | | 计 | 农村 | 计 | 农村 | 计 | 农村 | 计 | 农村 | 计 | 农村 | 计 | 农村 | 计 | 农村 | 计 | 农村 |
| 总计 | 1 | 2668 | 599 | 75 | 18 | 2214 | 532 | 133 | 67 | | | | | 321 | | 49 | 7 |
| 北京市 | 2 | 198 | 9 | | | 175 | 8 | 3 | 1 | | | | | 20 | | | |
| 天津市 | 3 | 55 | 6 | | | 40 | 6 | 1 | | | | | | 14 | | | |
| 河北省 | 4 | 125 | 26 | | | 96 | 23 | 11 | 3 | | | | | 18 | | | |
| 山西省 | 5 | 74 | 17 | | | 49 | 16 | 10 | 1 | | | | | 15 | | | |
| 内蒙古 | 6 | 55 | 5 | | | 42 | 5 | 2 | | | | | | 11 | | | |
| 辽宁省 | 7 | 78 | 9 | | | 61 | 7 | 4 | 2 | | | | | 13 | | | |
| 吉林省 | 8 | 70 | 9 | | | 55 | 9 | | | | | | | 15 | | | |
| 黑龙江 | 9 | 65 | 4 | | | 56 | 4 | 1 | | | | | | 8 | | | |
| 上海市 | 10 | 20 | 2 | | | 18 | 2 | | | | | | | 2 | | | |
| 江苏省 | 11 | 95 | 25 | | | 82 | 23 | 3 | 2 | | | | | 10 | | | |
| 浙江省 | 12 | 107 | 29 | | | 96 | 29 | 2 | | | | | | 9 | | | |
| 安徽省 | 13 | 106 | 41 | | | 91 | 39 | 3 | 2 | | | | | 12 | | | |
| 福建省 | 14 | 67 | 17 | | | 57 | 16 | 4 | 1 | | | | | 6 | | | |
| 江西省 | 15 | 73 | 22 | | | 55 | 17 | 9 | 5 | | | | | 9 | | | |
| 山东省 | 16 | 136 | 35 | | | 116 | 35 | 3 | | | | | | 17 | | | |
| 河南省 | 17 | 151 | 89 | | | 109 | 71 | 23 | 18 | | | | | 19 | | | |
| 湖北省 | 18 | 83 | 23 | | | 68 | 22 | 3 | 1 | | | | | 12 | | | |

续表

| | 编号 | 普通本科生 | | | | | | | | | | | | | | 普通预科生 | |
|---|---|---|---|---|---|---|---|---|---|---|---|---|---|---|---|---|---|
| | | 录取数 | | | | 生源类别 | | | | | | | | | | | |
| | | 合计 | | 其中：预科生转入 | | 普通高中 | | | | 中职 | | | | 其他 | | | |
| | | | | | | 应届毕业生 | | 往届毕业生 | | 应届毕业生 | | 往届毕业生 | | | | | |
| | | 计 | 农村 | 计 | 农村 | 计 | 农村 | 计 | 农村 | 计 | 农村 | 计 | 农村 | 计 | 农村 | 计 | 农村 |
| 湖南省 | 19 | 97 | 26 | | | 84 | 24 | 3 | 2 | | | | | 10 | | | |
| 广东省 | 20 | 127 | 25 | | | 113 | 24 | 3 | 1 | | | | | 11 | | | |
| 广西 | 21 | 74 | 25 | 7 | 2 | 62 | 22 | 3 | 3 | | | | | 9 | | 6 | 1 |
| 海南省 | 22 | 30 | | | | 28 | | | | | | | | 2 | | | |
| 重庆市 | 23 | 54 | 11 | | | 35 | 1 | 13 | 10 | | | | | 6 | | | |
| 四川省 | 24 | 126 | 24 | 6 | 2 | 104 | 21 | 6 | 3 | | | | | 16 | | 6 | 1 |
| 贵州省 | 25 | 58 | 21 | 7 | 3 | 54 | 21 | 1 | | | | | | 3 | | 6 | 2 |
| 云南省 | 26 | 69 | 27 | 5 | 1 | 52 | 21 | 8 | 6 | | | | | 9 | | 6 | 1 |
| 西藏 | 27 | 8 | 2 | | | 6 | 2 | 1 | | | | | | 1 | | | |
| 陕西省 | 28 | 71 | 18 | | | 57 | 16 | 4 | 2 | | | | | 10 | | | |
| 甘肃省 | 29 | 57 | 18 | | | 43 | 14 | 6 | 4 | | | | | 8 | | | |
| 青海省 | 30 | 30 | 4 | | | 24 | 4 | 1 | | | | | | 5 | | | |
| 宁夏 | 31 | 42 | 6 | | | 30 | 6 | 1 | | | | | | 11 | | | |
| 新疆 | 32 | 93 | 14 | 50 | 10 | 82 | 14 | 1 | | | | | | 10 | | 25 | 2 |
| 内地新疆班 | 33 | 23 | 10 | | | 23 | 10 | | | | | | | | | | |
| 内地西藏班 | 34 | 26 | | | | 26 | | | | | | | | | | | |
| 港澳台侨 | 35 | 125 | | | | 125 | | | | | | | | | | | |

## 三十一、普通本科生、普通预科生招生来源情况

**普通本科生、普通预科生招生来源情况**

高基944
单位：人

| | 编号 | 普通本科生 | | | | | | | | | | | | | | 普通预科生 | |
|---|---|---|---|---|---|---|---|---|---|---|---|---|---|---|---|---|---|
| | | 招生数 | | | | 生源类别 | | | | | | | | | | | |
| | | 合计 | | 其中：预科生转入 | | 普通高中 | | | | 中职 | | | | 其他 | | | |
| | | | | | | 应届毕业生 | | 往届毕业生 | | 应届毕业生 | | 往届毕业生 | | | | | |
| | | 计 | 农村 | 计 | 农村 | 计 | 农村 | 计 | 农村 | 计 | 农村 | 计 | 农村 | 计 | 农村 | 计 | 农村 |
| 甲 | 乙 | 1 | 2 | 3 | 4 | 5 | 6 | 7 | 8 | 9 | 10 | 11 | 12 | 13 | 14 | 15 | 16 |
| 总计 | 1 | 2521 | 583 | 75 | 18 | 2170 | 518 | 131 | 65 | | | | | 220 | | 49 | 7 |
| 北京市 | 2 | 192 | 8 | | | 175 | 8 | 2 | | | | | | 15 | | | |
| 天津市 | 3 | 50 | 6 | | | 40 | 6 | 1 | | | | | | 9 | | | |
| 河北省 | 4 | 119 | 26 | | | 96 | 23 | 11 | 3 | | | | | 12 | | | |
| 山西省 | 5 | 67 | 17 | | | 47 | 16 | 10 | 1 | | | | | 10 | | | |
| 内蒙古 | 6 | 54 | 5 | | | 42 | 5 | 2 | | | | | | 10 | | | |
| 辽宁省 | 7 | 73 | 9 | | | 60 | 7 | 4 | 2 | | | | | 9 | | | |
| 吉林省 | 8 | 65 | 9 | | | 55 | 9 | | | | | | | 10 | | | |
| 黑龙江 | 9 | 61 | 4 | | | 56 | 4 | 1 | | | | | | 4 | | | |
| 上海市 | 10 | 19 | 2 | | | 18 | 2 | | | | | | | 1 | | | |
| 江苏省 | 11 | 91 | 25 | | | 80 | 23 | 3 | 2 | | | | | 8 | | | |
| 浙江省 | 12 | 102 | 29 | | | 96 | 29 | 2 | | | | | | 4 | | | |
| 安徽省 | 13 | 103 | 41 | | | 91 | 39 | 3 | 2 | | | | | 9 | | | |
| 福建省 | 14 | 65 | 17 | | | 57 | 16 | 4 | 1 | | | | | 4 | | | |

续表

| | 编号 | 普通本科生 | | | | | | | | | | | | | | 普通预科生 | |
|---|---|---|---|---|---|---|---|---|---|---|---|---|---|---|---|---|---|
| | | 招生数 | | | | 生源类别 | | | | | | | | | | | |
| | | 合计 | | 其中：预科生转入 | | 普通高中 | | | | 中职 | | | | 其他 | | | |
| | | | | | | 应届毕业生 | | 往届毕业生 | | 应届毕业生 | | 往届毕业生 | | | | | |
| | | 计 | 农村 | 计 | 农村 | 计 | 农村 | 计 | 农村 | 计 | 农村 | 计 | 农村 | 计 | 农村 | 计 | 农村 |
| 江西省 | 15 | 71 | 21 | | | 54 | 16 | 9 | 5 | | | | | 8 | | | |
| 山东省 | 16 | 130 | 35 | | | 116 | 35 | 3 | | | | | | 11 | | | |
| 河南省 | 17 | 144 | 88 | | | 108 | 70 | 23 | 18 | | | | | 13 | | | |
| 湖北省 | 18 | 79 | 23 | | | 68 | 22 | 3 | 1 | | | | | 8 | | | |
| 湖南省 | 19 | 94 | 26 | | | 84 | 24 | 3 | 2 | | | | | 7 | | | |
| 广东省 | 20 | 119 | 25 | | | 112 | 24 | 3 | 1 | | | | | 4 | | | |
| 广西 | 21 | 71 | 25 | 7 | 2 | 61 | 22 | 3 | 3 | | | | | 7 | | 6 | 1 |
| 海南省 | 22 | 29 | | | | 28 | | | | | | | | 1 | | | |
| 重庆市 | 23 | 50 | 10 | | | 33 | | 13 | 10 | | | | | 4 | | | |
| 四川省 | 24 | 118 | 23 | 6 | 2 | 102 | 20 | 6 | 3 | | | | | 10 | | 6 | 1 |
| 贵州省 | 25 | 57 | 21 | 7 | 3 | 54 | 21 | 1 | | | | | | 2 | | 6 | 2 |
| 云南省 | 26 | 66 | 26 | 5 | 1 | 52 | 21 | 7 | 5 | | | | | 7 | | 6 | 1 |
| 西藏 | 27 | 7 | 2 | | | 6 | 2 | 1 | | | | | | | | | |
| 陕西省 | 28 | 69 | 18 | | | 56 | 16 | 4 | 2 | | | | | 9 | | | |
| 甘肃省 | 29 | 55 | 18 | | | 42 | 14 | 6 | 4 | | | | | 7 | | | |
| 青海省 | 30 | 28 | 4 | | | 24 | 4 | 1 | | | | | | 3 | | | |
| 宁夏 | 31 | 37 | 6 | | | 30 | 6 | 1 | | | | | | 6 | | | |
| 新疆 | 32 | 91 | 14 | 50 | 10 | 82 | 14 | 1 | | | | | | 8 | | 25 | 2 |

续表

| | 编号 | 普通本科生 | | | | | | | | | | | | | | 普通预科生 | |
|---|---|---|---|---|---|---|---|---|---|---|---|---|---|---|---|---|---|
| | | 招生数 | | | | 生源类别 | | | | | | | | | | | |
| | | 合计 | | 其中：预科生转入 | | 普通高中 | | | | 中职 | | | | 其他 | | | |
| | | | | | | 应届毕业生 | | 往届毕业生 | | 应届毕业生 | | 往届毕业生 | | | | | |
| | | 计 | 农村 | 计 | 农村 | 计 | 农村 | 计 | 农村 | 计 | 农村 | 计 | 农村 | 计 | 农村 | 计 | 农村 |
| 内地新疆班 | 33 | 23 | | | | 23 | | | | | | | | | | | |
| 内地西藏班 | 34 | 26 | | | | 26 | | | | | | | | | | | |
| 港澳台侨 | 35 | 96 | | | | 96 | | | | | | | | | | | |

## 三十二、教育部直属高校校园占地情况统计报表

教育部直属高校校园占地情况统计报表

高元51
单位：平方米

| 校区名称 | 编号 | 是否含全日制办学校区 | 合计 | 学校产权占地面积 | 国有土地使用证号 | 土地已购置，但未取得国有土地使用证的占地面积 | 非学校产权占地面积 | | | 学校产权及已购置土地按功能分 | | | | | | 专门实习用地 |
|---|---|---|---|---|---|---|---|---|---|---|---|---|---|---|---|---|
| | | | | | | | 小计 | 独立使用 | 共同使用 | 小计 | 其中 | | | | | |
| | | | | | | | | | | | 教学科研及辅助用房占地面积 | 生活用房占地面积 | 行政办公用房占地面积 | 教工住宅占地面积 | 其他用房占地面积 | |
| 甲 | 乙 | 丙 | 1 | 2 | 3 | 4 | 5 | 6 | 7 | 8 | 9 | 10 | 11 | 12 | 13 | 14 |

续表

| 校区名称 | 编号 | 是否含全日制办学校区 | 合计 | 学校产权占地面积 | 国有土地使用证号 | 土地已购置，但未取得国有土地使用证的占地面积 | 非学校产权占地面积 | | | 学校产权及已购置土地按功能分 | | | | | | 专门实习用地 |
|---|---|---|---|---|---|---|---|---|---|---|---|---|---|---|---|---|
| | | | | | | | 小计 | 独立使用 | 共同使用 | 小计 | 其中 | | | | | |
| | | | | | | | | | | | 教学科研及辅助用房占地面积 | 生活用房占地面积 | 行政办公用房占地面积 | 教工住宅占地面积 | 其他用房占地面积 | |
| 昌平校区2 | 4 | 是 | 112377.1 | 112377.1 | 京昌国用（1999划）字第01－10－1072号 | 0 | 0 | 0 | 0 | 112377.1 | 0 | 0 | 0 | 0 | 112377.1 | 0 |
| 西土城路25号北校区1 | 5 | 是 | 5362.38 | 5362.38 | 京海国用（2006划）第3772号 | 0 | 0 | 0 | 0 | 5362.38 | 0 | 0 | 0 | 0 | 5362.38 | 0 |
| 昌平校区 | 1 | 是 | 4047 | 4047 | 京昌国用（1999划）字第01－10－1071号 | 0 | 0 | 0 | 0 | 4047 | 0 | 0 | 0 | 0 | 4047 | 0 |
| 西土城路25号北校区2 | 6 | 是 | 2700.02 | 2700.02 | 京海央国（2010划第4723号） | 0 | 0 | 0 | 0 | 2700.02 | 0 | 0 | 0 | 0 | 2700.02 | 0 |

续表

| 校区名称 | 编号 | 是否含全日制办学校区 | 合计 | 学校产权占地面积 | 国有土地使用证号 | 土地已购置，但未取得国有土地使用证的占地面积 | 非学校产权占地面积 | | | 学校产权及已购置土地按功能分 | | | | | | 专门实习用地 |
|---|---|---|---|---|---|---|---|---|---|---|---|---|---|---|---|---|
| | | | | | | | 小计 | 独立使用 | 共同使用 | 小计 | 其中 | | | | | |
| | | | | | | | | | | | 教学科研及辅助用房占地面积 | 生活用房占地面积 | 行政办公用房占地面积 | 教工住宅占地面积 | 其他用房占地面积 | |
| 西土城路25号北校区 | 2 | 是 | 88344.08 | 88344.08 | 京海央国用（2007 划）第4120号 | 0 | 0 | 0 | 0 | 88344.08 | 0 | 0 | 0 | 0 | 88344.08 | 0 |
| 昌平校区1 | 3 | 是 | 183231.8 | 183231.8 | 京昌国用（1999 划）字第01－10－1070号 | 0 | 0 | 0 | 0 | 183231.8 | 0 | 0 | 0 | 0 | 183231.8 | 0 |
| 北太平庄校区 | 7 | 否 | 6351.98 | 6351.98 | 京海央国用（2009 划）第4759号 | 0 | 0 | 0 | 0 | 6351.98 | 0 | 0 | 0 | 0 | 6351.98 | 0 |

## 三十三、教育部直属高校校舍功能明细统计报表

### 教育部直属高校校舍功能明细统计报表

高元 52　　　　单位：平方米

| 建筑物名称 | 编号 | 校区名称 | 建成年份 | 证书号 | 校舍建筑面积 | | | 建筑层数 | | 使用面积系数（K） | 教学科研及辅助用房面积 | | | | | | | 行政办公用房面积 | | | 生活用房面积 | | | | | | 教工住宅面积 | 其他用房面积 | | 校舍建筑面积中 | | 危房等级 | 非产权校舍 | |
|---|---|---|---|---|---|---|---|---|---|---|---|---|---|---|---|---|---|---|---|---|---|---|---|---|---|---|---|---|---|---|---|---|---|---|
| | | | | | 合计 | 其中地上面积 | 其中地下面积 | 地上层数 | 地下层数 | | 小计 | 教室 | 图书馆 | 实验室8、实习场所 | 专用科研用房 | 体育馆 | 会堂 | 小计 | 校级 | 院系 | 小计 | 学生宿舍（公寓） | 学生食堂 | 教工宿舍（公寓） | 教工食堂 | 生活福利及附属用房 | | 小计 | 功能类别 | 被外单位借用 | 当年新增 | C级/D级 | 独立使用面积 | 共同使用 |
| 甲 | 乙 | 丙 | 丁 | 戊 | 1 | 2 | 3 | 4 | 5 | 6 | 7 | 8 | 9 | 10 | 11 | 12 | 13 | 14 | 15 | 16 | 17 | 18 | 19 | 20 | 21 | 22 | 23 | 24 | 25 | 26 | 27 | 28 | 29 | 30 |
| 总计 | 1 | -1 | -1 | -1 | 595648.16 | 497437.76 | 98210.4 | -1 | -1 | -1 | 207840.09 | 109248.49 | 13375.2 | 10298.2 | 69680.7 | 1968 | 3269.5 | 16600 | 16600 | 0 | 186213.86 | 145699.58 | 8330.98 | 0 | 3080 | 29103.3 | 132031.71 | 52962.5 | -1 | 0 | 0 | -1 | 0 | 5390 |
| （一）学校产权校舍建筑面积 | 10000 | -1 | -1 | -1 | 508897.16 | 438110.76 | 70786.4 | -1 | -1 | -1 | 126479.09 | 27887.49 | 13375.2 | 10298.2 | 69680.7 | 1968 | 3269.5 | 16600 | 16600 | 0 | 180823.86 | 140309.58 | 8330.98 | 0 | 3080 | 29103.3 | 132031.71 | 52962.5 | -1 | 0 | 0 | -1 | -1 | -1 |
| 端升楼 | 10001 | 昌平校区1 | 1987 | 昌全字第00720 | 5265.75 | 5265.75 | 0 | 4 | 0 | 0 | 5265.75 | 5265.75 | 0 | 0 | 0 | 0 | 0 | 0 | 0 | 0 | 0 | 0 | 0 | 0 | 0 | 0 | 0 | 0 | | 0 | 0 | | -1 | -1 |
| 厚德楼 | 10002 | 昌平校区1 | 1987 | 昌全字第00720 | 5297.9 | 5297.9 | 0 | 4 | 0 | 0 | 5297.9 | 0 | 0 | 5297.9 | 0 | 0 | 0 | 0 | 0 | 0 | 0 | 0 | 0 | 0 | 0 | 0 | 0 | 0 | | 0 | 0 | | -1 | -1 |
| 格物楼 | 10003 | 昌平校区1 | 1989 | 昌全字第00720号 | 5000.3 | 5000.3 | 0 | 4 | 0 | 0 | 5000.3 | 0 | 0 | 5000.3 | 0 | 0 | 0 | 0 | 0 | 0 | 0 | 0 | 0 | 0 | 0 | 0 | 0 | 0 | | 0 | 0 | | -1 | -1 |
| 致公楼 | 10004 | 昌平校区1 | 2000 | 无 | 4548.69 | 4548.69 | 0 | 4 | 0 | 0 | 4548.69 | 4548.69 | 0 | 0 | 0 | 0 | 0 | 0 | 0 | 0 | 0 | 0 | 0 | 0 | 0 | 0 | 0 | 0 | | 0 | 0 | | -1 | -1 |
| 明法楼 | 10005 | 昌平校区1 | 2003 | 无 | 5400 | 5400 | 0 | 4 | 0 | 0 | 5400 | 5400 | 0 | 0 | 0 | 0 | 0 | 0 | 0 | 0 | 0 | 0 | 0 | 0 | 0 | 0 | 0 | 0 | | 0 | 0 | | -1 | -1 |
| 阶1-2 | 10006 | 昌平校区1 | 1989 | 昌全字第00720 | 568.45 | 568.45 | 0 | 1 | 0 | 0 | 568.45 | 568.45 | 0 | 0 | 0 | 0 | 0 | 0 | 0 | 0 | 0 | 0 | 0 | 0 | 0 | 0 | 0 | 0 | | 0 | 0 | | -1 | -1 |
| 阶3-4 | 10007 | 昌平校区1 | 1989 | 昌全字第00720 | 1286 | 1286 | 0 | 1 | 0 | 0 | 1286 | 1286 | 0 | 0 | 0 | 0 | 0 | 0 | 0 | 0 | 0 | 0 | 0 | 0 | 0 | 0 | 0 | 0 | | 0 | 0 | | -1 | -1 |

续表

| 建筑物名称 | 编号 | 校区名称 | 建成年份 | 证书号 | 校舍建筑面积 | | | 建筑层数 | | 使用面积系数(K) | 教学科研及辅助用房面积 | | | | | | | 行政办公用房面积 | | | 生活用房面积 | | | | | | 教工住宅面积 | 其他用房面积 | | 校舍建筑面积中 | | 危房等级 | 非产权校舍 | |
|---|---|---|---|---|---|---|---|---|---|---|---|---|---|---|---|---|---|---|---|---|---|---|---|---|---|---|---|---|---|---|---|---|---|---|
| | | | | | 合计 | 其中地上面积 | 其中地下面积 | 地上层数 | 地下层数 | | 小计 | 教室 | 图书馆 | 实验室8、实习场所 | 专用科研用房 | 体育馆 | 会堂 | 小计 | 校级 | 院系 | 小计 | 学生宿舍(公寓) | 学生食堂 | 教工宿舍(公寓) | 教工食堂 | 生活福利及附属用房 | | 小计 | 功能类别 | 被外单位借用 | 当年新增 | C级/D级 | 独立使用面积 | 共同使用 |
| 甲 | 乙 | 丙 | 丁 | 戊 | 1 | 2 | 3 | 4 | 5 | 6 | 7 | 8 | 9 | 10 | 11 | 12 | 13 | 14 | 15 | 16 | 17 | 18 | 19 | 20 | 21 | 22 | 23 | 24 | 25 | 26 | 27 | 28 | 29 | 30 |
| 阶5－8 | 10008 | 昌平校区1 | 1994 | 无 | 1724 | 1724 | 0 | 1 | 0 | 0 | 1724 | 1724 | 0 | 0 | 0 | 0 | 0 | 0 | 0 | 0 | 0 | 0 | 0 | 0 | 0 | 0 | 0 | 0 | | 0 | 0 | | -1 | -1 |
| 法渊阁书馆 | 10009 | 昌平校区1 | 1991 | 昌全字第00720 | 10295.2 | 10295.2 | 0 | 4 | 0 | 0 | 10295.2 | 0 | 10295.2 | 0 | 0 | 0 | 0 | 0 | 0 | 0 | 0 | 0 | 0 | 0 | 0 | 0 | 0 | 0 | | 0 | 0 | | -1 | -1 |
| 体育馆 | 10010 | 昌平校区1 | 1996 | 无 | 1968 | 1968 | 0 | 1 | 0 | 0 | 1968 | 0 | 0 | 0 | 0 | 1968 | 0 | 0 | 0 | 0 | 0 | 0 | 0 | 0 | 0 | 0 | 0 | 0 | | 0 | 0 | | -1 | -1 |
| 学生宿舍1号楼梅园1 | 10011 | 昌平校区1 | 1987 | 昌全字第00720 | 3816 | 3816 | 0 | 6 | 0 | 0 | 0 | 0 | 0 | 0 | 0 | 0 | 0 | 0 | 0 | 0 | 3816 | 3816 | 0 | 0 | 0 | 0 | 0 | 0 | | 0 | 0 | | -1 | -1 |
| 学生宿舍2号楼梅园2 | 10012 | 昌平校区1 | 1987 | 昌全字第00720 | 4750.5 | 4750.5 | 0 | 6 | 0 | 0 | 0 | 0 | 0 | 0 | 0 | 0 | 0 | 0 | 0 | 0 | 4750.5 | 4750.5 | 0 | 0 | 0 | 0 | 0 | 0 | | 0 | 0 | | -1 | -1 |
| 学生宿舍3号楼梅园3 | 10013 | 昌平校区1 | 1987 | 昌全字第00720 | 3816 | 3816 | 0 | 6 | 0 | 0 | 0 | 0 | 0 | 0 | 0 | 0 | 0 | 0 | 0 | 0 | 3816 | 3816 | 0 | 0 | 0 | 0 | 0 | 0 | | 0 | 0 | | -1 | -1 |
| 学生宿舍4号楼兰园1 | 10014 | 昌平校区1 | 1988 | 昌全字第00720 | 3816 | 3816 | 0 | 6 | 0 | 0 | 0 | 0 | 0 | 0 | 0 | 0 | 0 | 0 | 0 | 0 | 3816 | 3816 | 0 | 0 | 0 | 0 | 0 | 0 | | 0 | 0 | | -1 | -1 |
| 学生宿舍5号楼兰园2 | 10015 | 昌平校区1 | 1988 | 昌全字第00720 | 3816 | 3816 | 0 | 6 | 0 | 0 | 0 | 0 | 0 | 0 | 0 | 0 | 0 | 0 | 0 | 0 | 3816 | 3816 | 0 | 0 | 0 | 0 | 0 | 0 | | 0 | 0 | | -1 | -1 |
| 学生宿舍6号楼竹园1 | 10016 | 昌平校区1 | 1988 | 昌全字第00720 | 3816 | 3816 | 0 | 6 | 0 | 0 | 0 | 0 | 0 | 0 | 0 | 0 | 0 | 0 | 0 | 0 | 3816 | 3816 | 0 | 0 | 0 | 0 | 0 | 0 | | 0 | 0 | | -1 | -1 |
| 学生宿舍7号楼竹园2 | 10017 | 昌平校区1 | 1988 | 昌全字第00720 | 3816 | 3816 | 0 | 6 | 0 | 0 | 0 | 0 | 0 | 0 | 0 | 0 | 0 | 0 | 0 | 0 | 3816 | 3816 | 0 | 0 | 0 | 0 | 0 | 0 | | 0 | 0 | | -1 | -1 |
| 学生宿舍8号楼竹园3 | 10018 | 昌平校区1 | 1988 | 昌全字第00720 | 3816 | 3816 | 0 | 6 | 0 | 0 | 0 | 0 | 0 | 0 | 0 | 0 | 0 | 0 | 0 | 0 | 3816 | 3816 | 0 | 0 | 0 | 0 | 0 | 0 | | 0 | 0 | | -1 | -1 |

续表

| 建筑物名称 | 编号 | 校区名称 | 建成年份 | 证书号 | 校舍建筑面积 | | | 建筑层数 | | 使用面积系数（K） | 教学科研及辅助用房面积 | | | | | | | 行政办公用房面积 | | | 生活用房面积 | | | | | | 教工住宅面积 | 其他用房面积 | | 校舍建筑面积中 | | 危房等级 | 非产权校舍 | |
|---|---|---|---|---|---|---|---|---|---|---|---|---|---|---|---|---|---|---|---|---|---|---|---|---|---|---|---|---|---|---|---|---|---|---|
| | | | | | 合计 | 其中地上面积 | 其中地下面积 | 地上层数 | 地下层数 | | 小计 | 教室 | 图书馆 | 实验室8、实习场所 | 专用科研用房 | 体育馆 | 会堂 | 小计 | 校级 | 院系 | 小计 | 学生宿舍（公寓） | 学生食堂 | 教工宿舍（公寓） | 教工食堂 | 生活福利及附属用房 | | 小计 | 功能类别 | 被外单位借用 | 当年新增 | C级/D级 | 独立使用面积 | 共同使用 |
| 学生宿舍9号楼菊园 | 10019 | 昌平校区 | 1989 | 昌全字第00719 | 8161.5 | 8161.5 | 0 | 7 | 0 | 0 | 0 | 0 | 0 | 0 | 0 | 0 | 0 | 0 | 0 | 0 | 8161.5 | 8161.5 | 0 | 0 | 0 | 0 | 0 | 0 | | 0 | 0 | | -1 | -1 |
| 学生宿舍10号楼兰园3 | 10020 | 昌平校区1 | 2003 | 无 | 4167.5 | 4167.5 | 0 | 6 | 0 | 0 | 0 | 0 | 0 | 0 | 0 | 0 | 0 | 0 | 0 | 0 | 4167.5 | 4167.5 | 0 | 0 | 0 | 0 | 0 | 0 | | 0 | 0 | | -1 | -1 |
| 学生宿舍11号楼兰园4 | 10021 | 昌平校区1 | 2003 | 无 | 4167.5 | 4167.5 | 0 | 6 | 0 | 0 | 0 | 0 | 0 | 0 | 0 | 0 | 0 | 0 | 0 | 0 | 4167.5 | 4167.5 | 0 | 0 | 0 | 0 | 0 | 0 | | 0 | 0 | | -1 | -1 |
| 昌平第一食堂 | 10022 | 昌平校区1 | 1987 | 昌全字第00720 | 2714.2 | 2714.2 | 0 | 2 | 0 | 0 | 0 | 0 | 0 | 0 | 0 | 0 | 0 | 0 | 0 | 0 | 2714.2 | 0 | 2714.2 | 0 | 0 | 0 | 0 | 0 | | 0 | 0 | | -1 | -1 |
| 昌平第二食堂 | 10023 | 昌平校区1 | 1988 | 昌全字第00720 | 2714.2 | 2714.2 | 0 | 2 | 0 | 0 | 0 | 0 | 0 | 0 | 0 | 0 | 0 | 0 | 0 | 0 | 2714.2 | 0 | 2714.2 | 0 | 0 | 0 | 0 | 0 | | 0 | 0 | | -1 | -1 |
| 办公楼 | 10024 | 昌平校区1 | 1990 | 昌全字第00720 | 10093.6 | 8843.6 | 1250 | 14 | 1 | 0 | 0 | 0 | 0 | 0 | 0 | 0 | 0 | 10093.6 | 10093.6 | 0 | 0 | 0 | 0 | 0 | 0 | 0 | 0 | 1250 | 人防 | 0 | 0 | | -1 | -1 |
| 礼堂 | 10025 | 昌平校区1 | 1990 | 昌全字第00720 | 3269.5 | 3269.5 | 0 | 2 | 0 | 0 | 3269.5 | 0 | 0 | 0 | 0 | 0 | 3269.5 | 0 | 0 | 0 | 0 | 0 | 0 | 0 | 0 | 0 | 0 | 0 | | 0 | 0 | | -1 | -1 |
| 学生活动中心 | 10026 | 昌平校区1 | 2002 | 无 | 3560 | 3094 | 466 | 3 | 1 | 0 | 0 | 0 | 0 | 0 | 0 | 0 | 0 | 0 | 0 | 0 | 3560 | 0 | 0 | 0 | 0 | 3560 | 0 | 0 | 人防 | 0 | 0 | | -1 | -1 |
| 军都服务楼 | 10027 | 昌平校区1 | 1998 | 京昌房权证31458 | 474.57 | 474.57 | 0 | 2 | 0 | 0 | 0 | 0 | 0 | 0 | 0 | 0 | 0 | 0 | 0 | 0 | 474.57 | 0 | 0 | 0 | 0 | 474.57 | 0 | 0 | | 0 | 0 | | -1 | -1 |
| 浴室 | 10028 | 昌平校区1 | 2000 | 无 | 1068 | 1068 | 0 | 2 | 0 | 0 | 0 | 0 | 0 | 0 | 0 | 0 | 0 | 0 | 0 | 0 | 1068 | 0 | 0 | 0 | 0 | 1068 | 0 | 0 | | 0 | 0 | | -1 | -1 |
| 南门传达室 | 10029 | 昌平校区1 | 1988 | 昌全字第00720 | 165.7 | 165.7 | 0 | 1 | 0 | 0 | 0 | 0 | 0 | 0 | 0 | 0 | 0 | 0 | 0 | 0 | 165.7 | 0 | 0 | 0 | 0 | 165.7 | 0 | 0 | | 0 | 0 | | -1 | -1 |

续表

| 建筑物名称 | 编号 | 校区名称 | 建成年份 | 证书号 | 校舍建筑面积 | | | 建筑层数 | | 使用面积系数（K） | 教学科研及辅助用房面积 | | | | | | | 行政办公用房面积 | | | 生活用房面积 | | | | | | 教工住宅面积 | 其他用房面积 | | 校舍建筑面积中 | | 危房等级 | 非产权校舍 | |
|---|---|---|---|---|---|---|---|---|---|---|---|---|---|---|---|---|---|---|---|---|---|---|---|---|---|---|---|---|---|---|---|---|---|---|
| | | | | | 合计 | 其中地上面积 | 其中地下面积 | 地上层数 | 地下层数 | | 小计 | 教室 | 图书馆 | 实验室&、实习场所 | 专用科研用房 | 体育馆 | 会堂 | 小计 | 校级 | 院系 | 小计 | 学生宿舍（公寓） | 学生食堂 | 教工宿舍（公寓） | 教工食堂 | 生活福利及附属用房 | | 小计 | 功能类别 | 被外单位借用 | 当年新增 | C级/D级 | 独立使用面积 | 共同使用 |
| 教工住宅1号楼 | 10030 | 昌平校区2 | 1986 | 昌全字第00719 | 5348.4 | 5348.4 | 0 | 6 | 0 | 0 | 0 | 0 | 0 | 0 | 0 | 0 | 0 | 0 | 0 | 0 | 0 | 0 | 0 | 0 | 0 | 0 | 5348.4 | 0 | | 0 | 0 | | -1 | -1 |
| 教工住宅2号楼 | 10031 | 昌平校区2 | 1998 | 昌全字第00719号 | 3203.8 | 3203.8 | 0 | 6 | 0 | 0 | 0 | 0 | 0 | 0 | 0 | 0 | 0 | 0 | 0 | 0 | 0 | 0 | 0 | 0 | 0 | 0 | 3203.8 | 0 | | 0 | 0 | | -1 | -1 |
| 教工住宅3号楼 | 10032 | 昌平校区2 | 1998 | 昌全字第00719号 | 3203.8 | 3203.8 | 0 | 6 | 0 | 0 | 0 | 0 | 0 | 0 | 0 | 0 | 0 | 0 | 0 | 0 | 0 | 0 | 0 | 0 | 0 | 0 | 3203.8 | 0 | | 0 | 0 | | -1 | -1 |
| 教工住宅4号楼 | 10033 | 昌平校区2 | 1987 | 昌全字第00719 | 5348.4 | 5348.4 | 0 | 6 | 0 | 0 | 0 | 0 | 0 | 0 | 0 | 0 | 0 | 0 | 0 | 0 | 0 | 0 | 0 | 0 | 0 | 0 | 5348.4 | 0 | | 0 | 0 | | -1 | -1 |
| 教工住宅5号楼 | 10034 | 昌平校区2 | 1987 | 昌全字第00719 | 5348.4 | 5348.4 | 0 | 6 | 0 | 0 | 0 | 0 | 0 | 0 | 0 | 0 | 0 | 0 | 0 | 0 | 0 | 0 | 0 | 0 | 0 | 0 | 5348.4 | 0 | | 0 | 0 | | -1 | -1 |
| 教工住宅6号楼 | 10035 | 昌平校区2 | 1988 | 昌全字第00719 | 3057.1 | 3057.1 | 0 | 4 | 0 | 0 | 0 | 0 | 0 | 0 | 0 | 0 | 0 | 0 | 0 | 0 | 0 | 0 | 0 | 0 | 0 | 0 | 3057.1 | 0 | | 0 | 0 | | -1 | -1 |
| 教工住宅7号楼 | 10036 | 昌平校区2 | 1988 | 昌全字第00719 | 2297.2 | 2297.2 | 0 | 4 | 0 | 0 | 0 | 0 | 0 | 0 | 0 | 0 | 0 | 0 | 0 | 0 | 0 | 0 | 0 | 0 | 0 | 0 | 2297.2 | 0 | | 0 | 0 | | -1 | -1 |
| 教工住宅8号楼 | 10037 | 昌平校区2 | 2002 | 无 | 7009.2 | 7009.2 | 0 | 6 | 0 | 0 | 0 | 0 | 0 | 0 | 0 | 0 | 0 | 0 | 0 | 0 | 0 | 0 | 0 | 0 | 0 | 0 | 7009.2 | 0 | | 0 | 0 | | -1 | -1 |
| 教工住宅9号楼 | 10038 | 昌平校区2 | 1987 | 昌全字第00719 | 3657.1 | 3657.1 | 0 | 5 | 0 | 0 | 0 | 0 | 0 | 0 | 0 | 0 | 0 | 0 | 0 | 0 | 0 | 0 | 0 | 0 | 0 | 0 | 3657.1 | 0 | | 0 | 0 | | -1 | -1 |
| 教工住宅10号楼 | 10039 | 昌平校区2 | 1987 | 昌全字第00719 | 3657.1 | 3657.1 | 0 | 6 | 0 | 0 | 0 | 0 | 0 | 0 | 0 | 0 | 0 | 0 | 0 | 0 | 0 | 0 | 0 | 0 | 0 | 0 | 3657.1 | 0 | | 0 | 0 | | -1 | -1 |

**续表**

| 建筑物名称 | 编号 | 校区名称 | 建成年份 | 证书号 | 校舍建筑面积 | | | 建筑层数 | | 使用面积系数(K) | 教学科研及辅助用房面积 | | | | | | | 行政办公用房面积 | | | 生活用房面积 | | | | | | 教工住宅面积 | 其他用房面积 | | 校舍建筑面积中 | | 危房等级 | 非产权校舍 | |
|---|---|---|---|---|---|---|---|---|---|---|---|---|---|---|---|---|---|---|---|---|---|---|---|---|---|---|---|---|---|---|---|---|---|---|
| | | | | | 合计 | 其中地上面积 | 其中地下面积 | 地上层数 | 地下层数 | | 小计 | 教室 | 图书馆 | 实验室&、实习场所 | 专用科研用房 | 体育馆 | 会堂 | 小计 | 校级 | 院系 | 小计 | 学生宿舍(公寓) | 学生食堂 | 教工宿舍(公寓) | 教工食堂 | 生活福利及附属用房 | | 小计 | 功能类别 | 被外单位借用 | 当年新增 | C级/D级 | 独立使用面积 | 共同使用 |
| 教工住宅11号楼 | 10040 | 昌平校区2 | 1987 | 昌全字第00719 | 3657.1 | 3657.1 | 0 | 6 | 0 | 0 | 0 | 0 | 0 | 0 | 0 | 0 | 0 | 0 | 0 | 0 | 0 | 0 | 0 | 0 | 0 | 0 | 3657.1 | 0 | | 0 | 0 | | -1 | -1 |
| 教工住宅12号楼 | 10041 | 昌平校区2 | 1998 | 昌全字第00719号 | 3657.1 | 3657.1 | 0 | 5 | 0 | 0 | 0 | 0 | 0 | 0 | 0 | 0 | 0 | 0 | 0 | 0 | 0 | 0 | 0 | 0 | 0 | 0 | 3657.1 | 0 | | 0 | 0 | | -1 | -1 |
| 西环里15号楼 | 10042 | 昌平校区 | 1983 | 昌国字第31107号 | 6677 | 6677 | 0 | 6 | 0 | 0 | 0 | 0 | 0 | 0 | 0 | 0 | 0 | 0 | 0 | 0 | 0 | 0 | 0 | 0 | 0 | 0 | 6677 | 0 | | 0 | 0 | | -1 | -1 |
| 宁馨苑22号楼 | 10043 | 昌平校区2 | 2002 | 分户产权 | 3019.56 | 3019.56 | 0 | 6 | 0 | 0 | 0 | 0 | 0 | 0 | 0 | 0 | 0 | 0 | 0 | 0 | 0 | 0 | 0 | 0 | 0 | 0 | 3019.56 | 0 | | 0 | 0 | | -1 | -1 |
| 锅炉房 | 10044 | 昌平校区2 | 1987 | 昌全字第00719 | 1983.3 | 1983.3 | 0 | 1 | 0 | 0 | 0 | 0 | 0 | 0 | 0 | 0 | 0 | 0 | 0 | 0 | 1983.3 | 0 | 0 | 0 | 0 | 1983.3 | 0 | 0 | | 0 | 0 | | -1 | -1 |
| 配电室教学区 | 10045 | 昌平校区2 | 1987 | 昌全字第00720号 | 228.7 | 228.7 | 0 | 1 | 0 | 0 | 0 | 0 | 0 | 0 | 0 | 0 | 0 | 0 | 0 | 0 | 228.7 | 0 | 0 | 0 | 0 | 228.7 | 0 | 0 | | 0 | 0 | | -1 | -1 |
| 汽车库 | 10046 | 昌平校区2 | 1992 | 无 | 1032.73 | 1032.73 | 0 | 1 | 0 | 0 | 0 | 0 | 0 | 0 | 0 | 0 | 0 | 0 | 0 | 0 | 1032.73 | 0 | 0 | 0 | 0 | 1032.73 | 0 | 0 | | 0 | 0 | | -1 | -1 |
| 维修库房 | 10047 | 昌平校区2 | 1992 | 无 | 2084 | 2084 | 0 | 1 | 0 | 0 | 0 | 0 | 0 | 0 | 0 | 0 | 0 | 0 | 0 | 0 | 2084 | 0 | 0 | 0 | 0 | 2084 | 0 | 0 | | 0 | 0 | | -1 | -1 |
| 校医院 | 10048 | 昌平校区2 | 1992 | 昌全字第00719 | 1919 | 1919 | 0 | 3 | 0 | 0 | 0 | 0 | 0 | 0 | 0 | 0 | 0 | 0 | 0 | 0 | 1919 | 0 | 0 | 0 | 0 | 1919 | 0 | 0 | | 0 | 0 | | -1 | -1 |
| 幼儿园 | 10049 | 昌平校区2 | 1989 | 昌全字第00719 | 1752.6 | 1752.6 | 0 | 2 | 0 | 0 | 0 | 0 | 0 | 0 | 0 | 0 | 0 | 0 | 0 | 0 | 1752.6 | 0 | 0 | 0 | 0 | 1752.6 | 0 | 0 | | 0 | 0 | | -1 | -1 |

续表

| 建筑物名称 | 编号 | 校区名称 | 建成年份 | 证书号 | 校舍建筑面积 | | | 建筑层数 | | 使用面积系数(K) | 教学科研及辅助用房面积 | | | | | | | 行政办公用房面积 | | | 生活用房面积 | | | | | | 教工住宅面积 | 其他用房面积 | | 校舍建筑面积中 | | 危房等级 | 非产权校舍 | |
|---|---|---|---|---|---|---|---|---|---|---|---|---|---|---|---|---|---|---|---|---|---|---|---|---|---|---|---|---|---|---|---|---|---|---|
| | | | | | 合计 | 其中地上面积 | 其中地下面积 | 地上层数 | 地下层数 | | 小计 | 教室 | 图书馆 | 实验室&、实习场所 | 专用科研用房 | 体育馆 | 会堂 | 小计 | 校级 | 院系 | 小计 | 学生宿舍(公寓) | 学生食堂 | 教工宿舍(公寓) | 教工食堂 | 生活福利及附属用房 | | 小计 | 功能类别 | 被外单位借用 | 当年新增 | C级/D级 | 独立使用面积 | 共同使用 |
| 文渊阁图书馆 | 10050 | 昌平校区2 | 1992 | 无 | 3080 | 3080 | 0 | 2 | 0 | 0 | 3080 | 0 | 3080 | 0 | 0 | 0 | 0 | 0 | 0 | 0 | 3080 | 0 | 0 | 0 | 3080 | 0 | 0 | 0 | | 0 | 0 | | -1 | -1 |
| 国际交流中心 | 10051 | 昌平校区2 | 2006 | 无 | 25258.2 | 21973.2 | 3285 | 7 | 2 | 0 | 0 | 0 | 0 | 0 | 0 | 0 | 0 | 0 | 0 | 0 | 0 | 0 | 0 | 0 | 0 | 0 | 0 | 25258.2 | 交流中心 | 0 | 0 | | -1 | -1 |
| 逸夫楼 | 10052 | 昌平校区1 | 2011 | 无 | 23913.07 | 20733.07 | 3180 | 5 | 1 | 0 | 23913.07 | 0 | 0 | 0 | 23913.07 | 0 | 0 | 0 | 0 | 0 | 0 | 0 | 0 | 0 | 0 | 0 | 0 | 4276 | 人防 | 0 | 0 | | -1 | -1 |
| 教学楼 | 10053 | 西土城路25号北校区 | 1957 | 海全更字07241 | 9094.6 | 9094.6 | 0 | 6 | 0 | 0 | 9094.6 | 9094.6 | 0 | 0 | 0 | 0 | 0 | 0 | 0 | 0 | 0 | 0 | 0 | 0 | 0 | 0 | 0 | 0 | | 0 | 0 | | -1 | -1 |
| 新2号学生公寓 | 10054 | 西土城路25号北校区 | 2005 | 无 | 19269.28 | 15576.76 | 3692.52 | 5 | 0 | 0 | 0 | 0 | 0 | 0 | 0 | 0 | 0 | 0 | 0 | 0 | 20769.28 | 19269.28 | 0 | 0 | 0 | 1500 | 0 | 2192 | 人防 | 0 | 0 | | -1 | -1 |
| 法苑公寓 | 10055 | 西土城路25号北校区 | 1990 | 海全更字07241 | 2062.3 | 2062.3 | 0 | 4 | 0 | 0 | 0 | 0 | 0 | 0 | 0 | 0 | 0 | 0 | 0 | 0 | 2491.78 | 2062.3 | 429.48 | 0 | 0 | 0 | 0 | 0 | | 0 | 0 | | -1 | -1 |
| 食堂 | 10056 | 西土城路25号北校区 | 1983 | 海全更字第07241 | 2473.1 | 2473.1 | 0 | 2 | 0 | 0 | 0 | 0 | 0 | 0 | 0 | 0 | 0 | 0 | 0 | 0 | 2473.1 | 0 | 2473.1 | 0 | 0 | 0 | 0 | 0 | | 0 | 0 | | -1 | -1 |
| 3号筒子楼 | 10057 | 西土城路25号北校区 | 1953 | 海全更字第07241 | 2168.8 | 2168.8 | 0 | 3 | 0 | 0 | 0 | 0 | 0 | 0 | 0 | 0 | 0 | 2168.8 | 2168.8 | 0 | 0 | 0 | 0 | 0 | 0 | 0 | 0 | 0 | | 0 | 0 | | -1 | -1 |

续表

| 建筑物名称 | 编号 | 校区名称 | 建成年份 | 证书号 | 校舍建筑面积 | | | 建筑层数 | | 使用面积系数(K) | 教学科研及辅助用房面积 | | | | | | | 行政办公用房面积 | | | 生活用房面积 | | | | | | 教工住宅面积 | 其他用房面积 | | 校舍建筑面积中 | | 危房等级 | 非产权校舍 | |
|---|---|---|---|---|---|---|---|---|---|---|---|---|---|---|---|---|---|---|---|---|---|---|---|---|---|---|---|---|---|---|---|---|---|---|
| | | | | | 合计 | 其中地上面积 | 其中地下面积 | 地上层数 | 地下层数 | | 小计 | 教室 | 图书馆 | 实验室8、实习场所 | 专用科研用房 | 体育馆 | 会堂 | 小计 | 校级 | 院系 | 小计 | 学生宿舍(公寓) | 学生食堂 | 教工宿舍(公寓) | 教工食堂 | 生活福利及附属用房 | | 小计 | 功能类别 | 被外单位借用 | 当年新增 | C级/D级 | 独立使用面积 | 共同使用 |
| 新1号学生公寓 | 10058 | 西土城路25号北校区 | 2009 | 无 | 65252 | 48721 | 16531 | 17 | 3 | 0 | 0 | 0 | 0 | 0 | 0 | 0 | 0 | 0 | 0 | 0 | 66182 | 65252 | 0 | 0 | 0 | 930 | 0 | 15601 | 人防 | 0 | 0 | | -1 | -1 |
| 1号筒子楼 | 10059 | 西土城路25号北校区 | 1953 | 海全更字第07241 | 2168.8 | 2168.8 | 0 | 3 | 0 | 0 | 0 | 0 | 0 | 0 | 0 | 0 | 0 | 2168.8 | 2168.8 | 0 | 0 | 0 | 0 | 0 | 0 | 0 | 0 | 0 | | 0 | 0 | | -1 | -1 |
| 2号筒子楼 | 10060 | 西土城路25号北校区 | 1953 | 海全更字第07241 | 2168.8 | 2168.8 | 0 | 3 | 0 | 0 | 0 | 0 | 0 | 0 | 0 | 0 | 0 | 2168.8 | 2168.8 | 0 | 0 | 0 | 0 | 0 | 0 | 0 | 0 | 0 | | 0 | 0 | | -1 | -1 |
| 出版社 | 10061 | 西土城路25号北校区 | 1958 | 海全更字第07241 | 2577.3 | 2577.3 | 0 | 4 | 0 | 0 | 0 | 0 | 0 | 0 | 0 | 0 | 0 | 0 | 0 | 0 | 2577.3 | 0 | 0 | 0 | 0 | 2577.3 | 0 | 2577.3 | 产业用房 | 0 | 0 | | -1 | -1 |
| 学院路配电室 | 10062 | 西土城路25号北校区 | 2008 | 无 | 800 | 800 | 0 | 2 | 0 | 0 | 0 | 0 | 0 | 0 | 0 | 0 | 0 | 0 | 0 | 0 | 800 | 0 | 0 | 0 | 0 | 800 | 0 | 0 | | 0 | 0 | | -1 | -1 |
| 6号筒子楼 | 10064 | 西土城路25号北校区 | 1960 | 海全更字第07241 | 5767.5 | 5767.5 | 0 | 5 | 0 | 0 | 0 | 0 | 0 | 0 | 0 | 0 | 0 | 0 | 0 | 0 | 11534.5 | 5767 | 0 | 0 | 0 | 5767.5 | 0 | 0 | | 0 | 0 | | -1 | -1 |

续表

| 建筑物名称 | 编号 | 校区名称 | 建成年份 | 证书号 | 校舍建筑面积 | | | 建筑层数 | | 使用面积系数（K） | 教学科研及辅助用房面积 | | | | | | | 行政办公用房面积 | | | 生活用房面积 | | | | | | 教工住宅面积 | 其他用房面积 | | 校舍建筑面积中 | | 危房等级 | 非产权校舍 | |
|---|---|---|---|---|---|---|---|---|---|---|---|---|---|---|---|---|---|---|---|---|---|---|---|---|---|---|---|---|---|---|---|---|---|---|
| | | | | | 合计 | 其中地上面积 | 其中地下面积 | 地上层数 | 地下层数 | | 小计 | 教室 | 图书馆 | 实验室&、实习场所 | 专用科研用房 | 体育馆 | 会堂 | 小计 | 校级 | 院系 | 小计 | 学生宿舍（公寓） | 学生食堂 | 教工宿舍（公寓） | 教工食堂 | 生活福利及附属用房 | | 小计 | 功能类别 | 被外单位借用 | 当年新增 | C级/D级 | 独立使用面积 | 共同使用 |
| 明光北里13号楼 | 10066 | 西土城路25号北校区1 | 1989 | 京海国更字第00397 | 9884.8 | 8771 | 1113.8 | 18 | 2 | 0 | 0 | 0 | 0 | 0 | 0 | 0 | 0 | 0 | 0 | 0 | 0 | 0 | 0 | 0 | 0 | 0 | 9884.8 | 557 | 人防 | 0 | 0 | | -1 | -1 |
| 明光北里18号楼 | 10067 | 西土城路25号北校区1 | 2002 | 京海国字第022910 | 19411.12 | 18199.12 | 1212 | 18 | 2 | 0 | 0 | 0 | 0 | 0 | 0 | 0 | 0 | 0 | 0 | 0 | 0 | 0 | 0 | 0 | 0 | 0 | 19411.12 | 606 | 人防 | 0 | 0 | | -1 | -1 |
| 明光北里15号楼 | 10068 | 西土城路25号北校区2 | 1996 | 海全字第07207 | 4938.8 | 4293.5 | 645.3 | 9 | 1 | 0 | 0 | 0 | 0 | 0 | 0 | 0 | 0 | 0 | 0 | 0 | 0 | 0 | 0 | 0 | 0 | 0 | 4938.8 | 645 | 人防 | 0 | 0 | | -1 | -1 |
| 明光北里17号楼 | 10069 | 西土城路25号北校区2 | 1992 | 海全字第07207 | 4346.7 | 4346.7 | 0 | 6 | 0 | 0 | 0 | 0 | 0 | 0 | 0 | 0 | 0 | 0 | 0 | 0 | 0 | 0 | 0 | 0 | 0 | 0 | 4346.7 | 0 | | 0 | 0 | | -1 | -1 |
| 新1楼 | 10070 | 西土城路25号北校区1 | 1980 | 海全更字第07241号 | 4021 | 4021 | 0 | 5 | 0 | 0 | 0 | 0 | 0 | 0 | 0 | 0 | 0 | 0 | 0 | 0 | 0 | 0 | 0 | 0 | 0 | 0 | 4021 | 0 | | 0 | 0 | | -1 | -1 |
| 新2楼 | 10071 | 西土城路25号北校区1 | 1981 | 海全更字第07241号 | 2417.2 | 2417.2 | 0 | 5 | 0 | 0 | 0 | 0 | 0 | 0 | 0 | 0 | 0 | 0 | 0 | 0 | 0 | 0 | 0 | 0 | 0 | 0 | 2417.2 | 0 | | 0 | 0 | | -1 | -1 |

**续表**

| 建筑物名称 | 编号 | 校区名称 | 建成年份 | 证书号 | 校舍建筑面积 | | | 建筑层数 | | 使用面积系数(K) | 教学科研及辅助用房面积 | | | | | | | 行政办公用房面积 | | | 生活用房面积 | | | | | | 教工住宅面积 | 其他用房面积 | | 校舍建筑面积中 | | 危房等级 | 非产权校舍 | |
|---|---|---|---|---|---|---|---|---|---|---|---|---|---|---|---|---|---|---|---|---|---|---|---|---|---|---|---|---|---|---|---|---|---|---|
| | | | | | 合计 | 其中地上面积 | 其中地下面积 | 地上层数 | 地下层数 | | 小计 | 教室 | 图书馆 | 实验室&实习场所 | 专用科研用房 | 体育馆 | 会堂 | 小计 | 校级 | 院系 | 小计 | 学生宿舍(公寓) | 学生食堂 | 教工宿舍(公寓) | 教工食堂 | 生活福利及附属用房 | | 小计 | 功能类别 | 被外单位借用 | 当年新增 | C级/D级 | 独立使用面积 | 共同使用 |
| 明光北里8号楼 | 10072 | 西土城路25号北校区1 | 1977 | 海全更字第07241号 | 2934.8 | 2934.8 | 0 | 5 | 0 | 0 | 0 | 0 | 0 | 0 | 0 | 0 | 0 | 0 | 0 | 0 | 0 | 0 | 0 | 0 | 0 | 0 | 2934.8 | 0 | | 0 | 0 | | -1 | -1 |
| 北太平庄旧楼 | 10073 | 北太平庄校区 | 1956 | 京海国更字第00592 | 4478.9 | 4478.9 | 0 | 4 | 0 | 0 | 0 | 0 | 0 | 0 | 0 | 0 | 0 | 0 | 0 | 0 | 0 | 0 | 0 | 0 | 0 | 0 | 4478.9 | 0 | | 0 | 0 | | -1 | -1 |
| 北太平庄新楼 | 10074 | 北太平庄校区 | 1982 | 京海国更字第00592 | 1601.7 | 1601.7 | 0 | 5 | 0 | 0 | 0 | 0 | 0 | 0 | 0 | 0 | 0 | 0 | 0 | 0 | 0 | 0 | 0 | 0 | 0 | 0 | 1601.7 | 0 | | 0 | 0 | | -1 | -1 |
| 西三旗一期 | 10075 | 校外住宅 | 1996 | 分户产权 | 5447.5 | 5447.5 | 0 | 0 | 0 | 0 | 0 | 0 | 0 | 0 | 0 | 0 | 0 | 0 | 0 | 0 | 0 | 0 | 0 | 0 | 0 | 0 | 5447.5 | 0 | | 0 | 0 | | -1 | -1 |
| 西三旗二期 | 10076 | 校外住宅 | 1998 | 分户产权 | 4606.23 | 4606.23 | 0 | 0 | 0 | 0 | 0 | 0 | 0 | 0 | 0 | 0 | 0 | 0 | 0 | 0 | 0 | 0 | 0 | 0 | 0 | 0 | 4606.23 | 0 | | 0 | 0 | | -1 | -1 |
| 回龙观风雅园一区 | 10077 | 校外住宅 | 2000 | 分户产权 | 1977.64 | 1977.64 | 0 | 0 | 0 | 0 | 0 | 0 | 0 | 0 | 0 | 0 | 0 | 0 | 0 | 0 | 0 | 0 | 0 | 0 | 0 | 0 | 1977.64 | 0 | | 0 | 0 | | -1 | -1 |
| 六道口静淑苑 | 10078 | 校外住宅 | 1996 | 分户产权 | 1398 | 1398 | 0 | 0 | 0 | 0 | 0 | 0 | 0 | 0 | 0 | 0 | 0 | 0 | 0 | 0 | 0 | 0 | 0 | 0 | 0 | 0 | 1398 | 0 | | 0 | 0 | | -1 | -1 |
| 南湖东园 | 10079 | 校外住宅 | 2000 | 分户产权 | 1118.82 | 1118.82 | 0 | 0 | 0 | 0 | 0 | 0 | 0 | 0 | 0 | 0 | 0 | 0 | 0 | 0 | 0 | 0 | 0 | 0 | 0 | 0 | 1118.82 | 0 | | 0 | 0 | | -1 | -1 |
| 汉荣家园 | 10080 | 校外住宅 | 2001 | 分户产权 | 440.24 | 440.24 | 0 | 0 | 0 | 0 | 0 | 0 | 0 | 0 | 0 | 0 | 0 | 0 | 0 | 0 | 0 | 0 | 0 | 0 | 0 | 0 | 440.24 | 0 | | 0 | 0 | | -1 | -1 |
| 学院路综合科研楼 | 10081 | 西土城路25号北校区 | 2012 | 无 | 85178.41 | 45767.63 | 39410.78 | 11 | 3 | 0 | 45767.63 | 0 | 0 | 0 | 45767.63 | 0 | 0 | 0 | 0 | 0 | 0 | 0 | 0 | 0 | 0 | 0 | 0 | 0 | | 0 | 0 | | -1 | -1 |

**续表**

| 建筑物名称 | 编号 | 校区名称 | 建成年份 | 证书号 | 校舍建筑面积 | | | 建筑层数 | | 使用面积系数（K） | 教学科研及辅助用房面积 | | | | | | | 行政办公用房面积 | | | 生活用房面积 | | | | | | 教工住宅面积 | 其他用房面积 | | 校舍建筑面积中 | | 危房等级 | 非产权校舍 | |
|---|---|---|---|---|---|---|---|---|---|---|---|---|---|---|---|---|---|---|---|---|---|---|---|---|---|---|---|---|---|---|---|---|---|---|
| | | | | | 合计 | 其中地上面积 | 其中地下面积 | 地上层数 | 地下层数 | | 小计 | 教室 | 图书馆 | 实验室8、实习场所 | 专用科研用房 | 体育馆 | 会堂 | 小计 | 校级 | 院系 | 小计 | 学生宿舍（公寓） | 学生食堂 | 教工宿舍（公寓） | 教工食堂 | 生活福利及附属用房 | | 小计 | 功能类别 | 被外单位借用 | 当年新增 | C级/D级 | 独立使用面积 | 共同使用 |
| 配套楼 | 10082 | 西土城路25号北校区2 | 2012 | 无 | 3094.2 | 3094.2 | 0 | 4 | 0 | 0 | 0 | 0 | 0 | 0 | 0 | 0 | 0 | 0 | 0 | 0 | 3094.2 | 0 | 0 | 0 | 0 | 3094.2 | 0 | 0 | | 0 | 0 | | -1 | -1 |
| 配电室家属区 | 10083 | 昌平校区 | 1987 | 无 | 165.7 | 165.7 | 0 | 1 | 0 | 0 | 0 | 0 | 0 | 0 | 0 | 0 | 0 | 0 | 0 | 0 | 165.7 | 0 | 0 | 0 | 0 | 165.7 | 0 | 0 | | 0 | 0 | | -1 | -1 |
| 城区平房 | 10084 | 校外住宅 | 1930 | 分户产权 | 3867 | 3867 | 0 | 1 | 0 | 0 | 0 | 0 | 0 | 0 | 0 | 0 | 0 | 0 | 0 | 0 | 0 | 0 | 0 | 0 | 0 | 0 | 3867 | 0 | | 0 | 0 | | -1 | -1 |
| （二）非学校产权校舍建筑面积 | 20000 | -1 | -1 | -1 | 5390 | 5390 | 0 | -1 | -1 | -1 | 0 | 0 | 0 | 0 | 0 | 0 | 0 | 0 | 0 | 0 | 5390 | 5390 | 0 | 0 | 0 | 0 | 0 | 0 | -1 | -1 | -1 | -1 | 0 | 5390 |
| （三）正在施工校舍建筑面积 | 30000 | -1 | -1 | -1 | 81361 | 53937 | 27424 | -1 | -1 | -1 | 81361 | 81361 | 0 | 0 | 0 | 0 | 0 | 0 | 0 | 0 | 0 | 0 | 0 | 0 | 0 | 0 | 0 | 0 | -1 | -1 | -1 | -1 | -1 | -1 |
| 教学图书综合楼 | 30001 | 西土城路25号北校区 | [illegible] | 施建字082[illegible] | [illegible]61 | 53937 | 27424 | 10 | 3 | 0 | 81361 | 81361 | 0 | 0 | 0 | 0 | 0 | 0 | 0 | 0 | 0 | 0 | 0 | 0 | 0 | 0 | 0 | 0 | | -1 | -1 | -1 | -1 | -1 |

# 第十九章　毕业生名册

**2017 届春季博士研究生毕业名单**

法学理论

和　芫　　王金霞

法律史

高　翔　　何　慧

宪法学与行政法学

张　奇　　刘筱娟　　李忠颖

刑法学

焦　伟　　郑　纲

民商法学

李建防　　陈　波　　龚先进　　敖希颖　　刘丽娜

诉讼法学

林柏勋　　邱星美　　江钜星　　莫诒文　　耿慧茹

经济法学

陈朝毅　　刘　冰　　茹小月

国际法学

蔚丽华　　何　丹

法律与经济

孙立平

证据法学

刘　强

知识产权法学

邓毅沣　　李芳全

比较法学

王　蓉

政治学理论

何　滨

公共行政

白志华

国外马克思主义研究

温　雪

世界经济

万美君

**2017 届夏季博士研究生毕业名单**

法学理论

| | | | | | |
|---|---|---|---|---|---|
| 王超奕 | 郭　晔 | 宋晨翔 | 王　琳 | 曹　融 | 王　帅 |
| 马毓晨 | 张婷婷 | 任苗苗 | | | |

法律史

| | | | | | |
|---|---|---|---|---|---|
| 孙　斌 | 周　磊 | 苗春刚 | 齐伟玲 | 陈　迪 | 王长春 |
| 马洪伟 | 武夫波 | | | | |

宪法学与行政法学

| | | | | | |
|---|---|---|---|---|---|
| 王　巍 | 陈小兰 | 叶　强 | 姜　漪 | 胡丽燕 | 李培磊 |
| 李云舒 | 叶远涛 | 王亚利 | 谭达宗 | 陈尚龙 | 张　瑜 |
| 宋崇阳 | 覃　慧 | 宗婷婷 | 谭瑞明 | | |

刑法学

| | | | | | |
|---|---|---|---|---|---|
| 王庆华 | 时　斌 | 吕　哲 | 王鹏飞 | 赵　辉 | 王鹏飞 |
| 王　鼎 | 李　勤 | 孙洪山 | 陈凌剑 | 周　洁 | 吴镝飞 |
| 郭栋磊 | 张祥宇 | 向　准 | 刘洪峰 | | |

民商法学

| | | | |
|---|---|---|---|
| 何骏豪 | 任宇宁 | 陈范宏 | 王海燕 |

诉讼法学

| | | | | | |
|---|---|---|---|---|---|
| 林柏瑞 | 张　袁 | 韩　瀚 | 杨　依 | 程　衍 | 李庚强 |
| 李思远 | 李　婷 | 张　杰 | 刘太宗 | 王绍佳 | 桂梦美 |
| 霍艳丽 | 步洋洋 | 张自超 | 黄鑫淼 | | |

经济法学

| | | | | | |
|---|---|---|---|---|---|
| 徐乐夫 | 夏克勤 | 赵　天 | 杨　柳 | 李蔚然 | 姜沅伯 |

环境与资源保护法学

| | |
|---|---|
| 姚俊颖 | 王　琪 |

国际法学

| | | | | | |
|---|---|---|---|---|---|
| 程　冰 | 汪珂如 | 刘继勇 | 王红庆 | 石可涵 | 张小雨 |
| 金翁正 | 钟慧文 | 张振宇 | 何东闽 | 李　捷 | |

AGHAMAJIDI TERIFE　穆岚

HEDAYATOLLAH SHENASAEI　VIVEK JAIN

MAHAMADOU AHMADOU TRAORE

军事法学

傅达林

比较法学

翁两民　刘　云

证据法学

刘洪波　强　卉　巩寒冰　刘　波　戴晓东　曾　玲

李江涛

知识产权法学

陈　啸　刘知函　武志孝　戴文骐　杨晓强　杜　萌

法与经济学

高尔坦　杜津宇　陈建伟

世界经济

丁　宁　何　帅　任国文

政治学理论

马若龙

国际关系

张　敏

公共行政

高　红

中国政治

王龙飞

国外马克思主义研究

郭　冰

思想政治教育

王新心

**2017 届春季硕士研究生毕业名单**

刑法学

金殷显

民商法学

徐司南　牟　彤　葛笑辰　邓　旭　曲嘉琦

诉讼法学

张　益

国际法学

GERMAINE NSAGUYE　PATRIC WERNER

CAROLINE MARIE-PIERRE GADARINIAN

LEJUN PAN　ANDI WALLI

比较法学

李　帅

中外政治制度

梁艳娜

社会学

李歆然

法律（非法学）

王炳权　　梁聚阁　　韩春明

法律（法学）

罗千紫　　刘　嘉

英语语言文学

赵金芳

工商管理

陶乐辉　　袁　恒　　贺娅洁　　肖　宏　　白　洋　　赵玉璞
崔　翔　　焦亚培　　马天虹　　陶　里　　王妍侠　　张宏宇
杨　杰　　赵　慧

公共管理

陈　瑜　　刘海峰　　黄宏伟　　姚雪莹　　陈韵洁

**2017 届夏季硕士研究生毕业名单**

法学理论

佟　川　　杨　洋　　李瑞元　　杨天波　　张　磊　　周志华
牛利冉　　郭　超　　李亭慧　　孟媛媛　　彭　飘　　郭　颖
阮莹茜　　郑晓娇　　朱远峰　　宋青青　　孙丽丽　　黄　果
李　娜　　杨　洁　　李　萍　　魏　昕　　樊秋苹　　苏慧群
刘　通　　张　曼　　刘怡春　　丁冠天　　李蔚起　　李　娟
李雨霏　　刘　鸽　　徐　瑶　　蒋　萌　　牛丽娜　　王思达
薛春雨　　韩文涛　　于佳文　　李荣骏博

法律史

慕婷婷　　翟家骏　　付宁馨　　王敬存　　晁　群　　李　巽
胡文宇　　王泽宇　　杜远芳

宪法学与行政法学

蔡　佳　　邵海强　　敖和林　　张丽颖　　杨明荃　　王敬妍
刘杰超　　陈　瑶　　何美琳　　白丽红　　范志云　　房京鸿
李　峰　　李　欣　　刘平平　　赵振杰　　阳　琳　　王晨风
王　冰　　王　筝　　杨厚玲　　吴建伟　　李超萍　　付小彦
肖赛男　　林庆龙　　燕丽华　　郭胜习　　王　兵　　荣　幸

张　薇　　陈　悦　　王剑群　　葛明秀　　管筱笛　　陈一鸣
周　颖　　贾　丹　　杜佳虹　　孙蕾蕾　　徐晓宇　　汪　妮
关惠文　　赵康斌　　张爱华　　孙　雯　　张文利　　史　程
王紫薇　　周璐瑶　　相京辰　　陈蓓蓓　　晋淑宁　　唐光超
杨云善　　王士硕　　杨晓萌　　刘美霄　　平李博文

刑法学

杨珠瑛　　马方圆　　潘琳华　　刘　琛　　朱　慧　　谷永伟
李栓根　　郭碧瑶　　宋　歌　　疏　冉　　黄菊英　　章　超
周　晨　　张　扬　　吴玉祥　　王宏严　　郑勋勋　　阴长焰
雷绍倩　　朱　玲　　冯志远　　邢梦秋　　翟佳凝　　吴小文
王惠蓉　　张文娟　　刘智璇　　仲凯鸿　　顿　多　　汪洁琼
赵　天　　宋睿哲　　黄镇玲　　梁定宇　　罗海蓉　　李　天
薛光明　　李梦乐　　侯文瑶　　张忆然　　王诺亚　　林泽光
王文辉　　刘　杰　　任　静　　万颖颖　　赵颖佳　　喻浩东
宋亚文　　李梦龙　　黎　曚　　高佩洁　　朱　远　　谢　峰
王连飞　　杨　栋　　冯广研　　陈嘉琦　　张雪珂　　刘思驭
胡皓然　　吴尚聪　　徐隽颖　　张[illegible]曼　　韩　光　　陈文婷
常峻玮　　龙　立　　尹维琪　　王　帅　　孙冬冬　　游松辉
陈龙飞　　李雅健　　周慧敏　　李　琳　　毕寓凡　　刘　娜
符天祺　　李开春　　杨姗姗　　刘　航　　冯丽明　　王　淼
朱映雪　　刘云舒　　张宏博　　程　薇　　李楠楠　　苗思雨

民商法学

沈　杰　　李　伟　　李超男　　吕金柱　　覃耀文　　刘　震
周忱晨　　张文峰　　孙亚翔　　杨　晗　　郭柳源　　刘红艳
刘亚东　　陈声桂　　霍海燕　　李　晨　　祁闫庆　　倪淑颖
郭平安　　冯　威　　马　静　　钟森美　　王明华　　余元霞
吴　珊　　张　晗　　薛信伟　　武小军　　耿瑞璞　　张坤梅
申艳红　　刘　雨　　郭建潇　　蒋丽萍　　李文凤　　翟奥涵
亢雪莲　　方路南　　张雪瑶　　张安捷　　安　林　　林　轩
徐　美　　李亚茹　　铁琳琳　　杨芷瑶　　陈瑞卓　　周诗璇
王　琦　　金一倜　　李　翔　　侯雅婧　　孟　涛　　周文捷
陈贝贝　　张艺璐　　马　骉　　王　磊　　陆朝举　　倪　虹
王金鑫　　潘李岭子　　李宗远　　王　婷　　传媛媛　　冯润瑛
康诗韵　　宋　雯　　舒　曼　　马英博　　李　帆　　王力一
吴晓波　　马思聪　　王文娟　　郑子彦　　席珮琳　　梁　霻
蔡子祥　　方　琪　　王　旭　　张旭旭　　邵昱飞　　王子楠
谷　柠　　杜　航　　黄婷立　　王　信　　张　洋　　上官启阳

刘　坤　王　振　排则莱提·如则托合提　马丽娅·哈则孜别克

诉讼法学

尼　旺　德庆白珍　戚文燕　李华川　汪擎卓　刁　天
曲伟杰　张天一　张　琦　吴碧希　赵洋洋　刘丝雨
陈博闻　梁伟伟　杜　闻　关书慧　任晨健　蔡雅妮
宋立群　莫　萍　任笑菡　朱晓晓　李　湉　马晴鸽
王宇茜　高天琪　刘立群　裘雪燕　李双琮　王媛媛
陈培蓉　杨　举　李振洋　田　姣　德琼旺姆　贺　懿
张雪永　欧阳晓滨　瞿迪希　殷　闻　卢　迪　郭　勇
张　敏　程欢欢　吴红娜　张亚逸　陈森璐　柴　玲
徐长龙　孙　佳　王钰楠　储继波　刘晓宇　丁慧媛
辛金霞　雷　蕾　葛　冰　郝琪琪　何忆歌　孙　阳
苏月玲　董晓虹　袁祥境　王宇坤　王延延　刘奕君
王靖雅　拉巴普赤　朱岱临　曾　娟　曾元君　魏超越
王思琪　邵　俊　谢　澍　吴夏帆　李雨轩　李伟宏
柳兴豹　李　尧　胡　祎　姚　蓬　孙含悦　李　格
张　倩　王琮琮　夏小烜　宋红爽　陈佳葆　金　珊
徐泳和　祁　蒙　郑派虹　米拉古丽·若曼

经济法学

田春雨　岑虹瑾　苏晓燕　李林芳　李卓翰　俞郭栋
陈莹蓝　朱亦周　李　良　檀校龙　张　玲　张金鹏
李灵犀　黄　湘　李　通　何兴乐　刘凤牧　张　燕
王　璋　张诗琪　陈永永　李　凯　邹佳旭　芮晨宸
赵元蒙　王　杰　马凯亮　金子文　张宝丹　王　瑞
邬静静　余周祺　王晓华　佘月琪　侯彦娜　杨　婧
王蔚凡　高涵悦　弋　谦　张照奕　贾　煜　李　睿
杨颖洁　傅　琦　刘天蕙　郑　成　张　珺　韩　书
韩雅华　邓梦荻　陈益青　林冠岑　李　莹　王　超
陈　岚　朱文俊　陈　茜　金　安　殷　平　韩　筱
王劼昱　李　珊　戴碧琳　汪沸丝　张　燕　李　航
张艺贝　艾惠子　BAE EUN BI　裴殷妃
KARASAYEV WALIKHAN 王立汉

环境与资源保护法学

韩梦蝶　于涛涛　韩国进　王丽媛　姜　萌　李梦晓
李　楠　刘思岐　付雅静　胡曼晴　曾娅平　范晨建
闫一星　刘品祎

国际法学

| | | | | | |
|---|---|---|---|---|---|
| 陈开元 | 钟芳芳 | 孙春凤 | 刘文慧 | 李焕之 | 秦　欢 |
| 林　欢 | 闫朱伟 | 王　静 | 马　静 | 胡玲玲 | 张晨阳 |
| 武慧君 | 富　毓 | 时　欣 | 林昱彤 | 王梦珂 | 杨承甫 |
| 梁　卓 | 唐　鹏 | 吴朔桦 | 刘　瑾 | 鲁蓉蓉 | 桑家宁 |
| 闫　双 | 韩思奇 | 龚靖媛 | 周　珍 | 樊　凡 | 牛昱尹 |
| 陆　洁 | 戴维宇 | 焦　龙 | 曾红珠 | 熊津津 | 齐伟娟 |
| 田　媛 | 杨　超 | 牟　可 | 张鹏飞 | 王一帆 | 孙银霞 |
| 刘　畅 | 刘　颜 | 朱一诺 | 朱婧珂 | 曾瑞昀 | 王雅婷 |
| 陈子棋 | 邱　涵 | 郭丽萍 | 周　浏 | 杨蕊瑗 | 黄婉熠 |
| 谢南希 | 孟泽楠 | 赵盼盼 | 张婉祎 | 李致宏 | 戴　畅 |
| 卢奕辰 | 王力辉 | 王怀宇 | 罗　曦 | 钟林燕 | 刘志鹏 |
| 宋　可 | 时佳玥 | 赵浩涵 | DAVAA TURBOLD | | 图尔宝力德 |

BAE DAN BI　裴旦琵　GALYMZHAN PARPIYEV

JULIA KATHARINA HUBER

AGNIESZKA MALGORZATA PONIECKA

CHANDNI JANIKA PATEL

GABRIELE FRANCESCO AVELLINO

ADINA MOLDOVANU

CHAQUITA VERNITA TAYLOR

VIKTOR VIKTOROV YANEV

ANA-MARIA LUNGU

军事法学

郭光文　胡志鹏

比较法学

| | | | | | |
|---|---|---|---|---|---|
| 李阳阳 | 高　放 | 李美彤 | 龙朝恒 | 鲍燕莹 | 张亚光 |
| 韩　键 | 陈　婧 | 谭冬梅 | 牛　菲 | 蔺　瑞 | 王睿昕 |
| 巫敬秋 | 冯　婷 | 徐秋露 | 方　晗 | 张金栋 | 王思湘 |
| 贾　慧 | 崔　健 | 陈　晨 | 王泽荣 | 李　政 | 闫彦彦 |
| 王　婷 | 赵陈芊蕙 | 楼　敏 | 刘天骄 | 任　昊 | 周婷婷 |
| 武　潇 | 袁乾琴 | 柴雪莹 | 夏起飞 | 王　雨 | 林　感 |
| 刘兆伟 | 仪　帅 | 陈汶佳 | 郝淑华 | 李昊婷 | 郑　喆 |
| 姚阳光 | 陈佳燕 | 王聪聪 | 张　甜 | 张　淼 | 孙　莹 |
| 韩舒同 | 李卓谦 | 马　越 | 王明珠 | 田乃冰 | 陈　辰 |
| 胡红雨 | 闫　闰 | 孟铂林 | 时鹏程 | | |

人权法学

| | | | | | |
|---|---|---|---|---|---|
| 江　婉 | 王仲阳 | 郭　超 | 秦鹏博 | 袁佳蔚 | 马　腾 |

王　圆　朱莎莎　何　飞　徐云翔

证据法学

李史密特　郑雪溪　夏　莹　陈绮雯　索南才让　陈　阵
于晓琳　刘孟尧　王　达　范淑婷　田庆花　海英英
孙　叶

知识产权法学

李春锦　曾巧琳　李红辉　王　丽　徐相昆　吴　翔
刘　洋　苏雨桐　蒙向东　李梦雪　郭俞阳　朱　江
吴方朔　唐　蕾　蒋　燕　柏玉珊　方明东　丁如意
方　彬　博晶华　鲍恩宏

法与经济学

刘　彪　吕兴彤　李　辉　胡　婷　丁　潇　邹宁尘
李依依　张程宣　范竹青　于　烨　刘志强　温　彪
魏素芳

法律（非法学）

廖　艺　王　岩　朱　震　姜丹霞　甘瑞芳　田露艳
石文佩　李　瑜　蓝寒梅　宋姗姗　于书伟　杨彦飘
刘　跃　马俊雅　刘　驰　葛　莹　陈　娟　侯润颖
方俊博　杨　婧　赵　爽　杨　莹　薛慕童　张　倩
于聘聘　庄锦帆　代　娜　胡　俊　王宝玉　蒋传超
王　晨　韩庆猛　何思骞　张　龙　卿淋洁　杨晨颖
王　倩　莒洪源　卢　萍　周　琼　王建龙　殷锡迷
张力涛　翟亚龙　谢　雪　周战武　陈士伟　吴世雄
郭小强　徐勤飞　刘素青　徐小旋　王晓琳　何　蓉
王芊琇　吴继腾　董贞贞　赵洪岩　柴丽娜　吴　威
张林川　李　瑞　雷雨龙　徐　涛　郭改桃　李　洋
姜　来　田菲儿　李佳桐　王亚彩　王昕妤　丁振兴
杨　妮　靳　青　刘纾含　李思頔　任舒容　孙文娟
关蕾丝　马　涛　李宏博　王　琼　商丽颖　汪青玲
伍嘉春　王　莹　夏颖秋　王云阳　梅　叙　黄丽萍
石银霞　李思蒙　陈双艳　郭凌霄　孙文君　葛建荣
周　龙　汪莎莎　董珊珊　童丽君　丁娇娇　何荣圣
迟婧函　姜莹丽　李红梅　刘　欢　吴苏杭　都一达
周　震　孔巧玲　洪晓明　宋雅颖　刘露阳　姜欣彤
常欣月　刘丹丹　张倩婷　张雯冰　朱　鹤　晁宁宁
任刚刚　王　雪　姜晓凤　王　铨　王宏伟　陈　浩
潘　松　安晨欢　曹作敏　刘　洋　李芳玲　李冰辉

| | | | | | |
|---|---|---|---|---|---|
| 李秀芳 | 吴色君 | 徐　西 | 王玉倩 | 李　春 | 陈　丽 |
| 李　想 | 方明明 | 俞少虹 | 赵金莲 | 席修举 | 黄鑫鑫 |
| 李　青 | 常　璐 | 汪　舟 | 强贝贝 | 王芸芸 | 赵宏华 |
| 杜小峰 | 孙得证 | 魏　聪 | 朱国良 | 闫俊慧 | 谢　腾 |
| 韩小杰 | 许雨田 | 李彬彬 | 杨涛婷 | 谭　熠 | 宋丽红 |
| 卫金如 | 姚俊萍 | 陈思桦 | 赵海洋 | 倪琼敏 | 吕人杰 |
| 高思聪 | 戴慧萍 | 张建财 | 高　静 | 刘　洋 | 娄仁丹 |
| 刘楚楚 | 严欣如 | 张明钰 | 马　悦 | 徐以楠 | 贺　萍 |
| 朱冰倩 | 刘美辰 | 程双圆 | 梁　栋 | 刘银凤 | 李琰雁 |
| 鞠少红 | 轩辕伟东 | 李迎军 | 谢思宜 | 刘婷婷 | 李颖靖 |
| 王丹华 | 王晓丹 | 廖　凯 | 张　晓 | 麻付新 | 彭　程 |
| 夏笑艺 | 卢丽娜 | 郝亚妮 | 刘方宇 | 程　思 | 金佳蓉 |
| 刘军业 | 李　晶 | 黄雅婕 | 姚伊洋 | 方元媛 | 吴文静 |
| 孙丽媛 | 黄晓依 | 刘津宁 | 付伟伟 | 石培蕾 | 董　奇 |
| 白崇宇 | 吴　丹 | 肖春阳 | 吕　诚 | 张丹枫 | 薛芳芳 |
| 兰　真 | 梁楚凝 | 宋　娜 | 蒋停停 | 李娉婷 | 吴晓军 |
| 丁　璇 | 汤则远 | 刘　诚 | 张　慧 | 丁怡菲 | 李翠红 |
| 赵　骧 | 王　琳 | 张　涵 | 罗文婷 | 李　雯 | 张　钰 |
| 李　炎 | 常　靖 | 王泗奇 | 王保国 | 党亚楠 | 邵　慧 |
| 王　凡 | 李瑛莉 | 孟雪飞 | 王　钊 | 王　子 | 詹华东 |
| 郑晨露 | 袁　甜 | 关　晓 | 朱晓伟 | 沈嘉卉 | 李　成 |
| 杨小寒 | 王　琪 | 郝亚萍 | 史美美 | 潘沁圣 | 李秀果 |
| 刘珊珊 | 张　蕊 | 王丹丹 | 刘贵珍 | 徐宇翔 | 胡祥芳 |
| 万晓丹 | 孙　晨 | 王延宇 | 覃彦铖 | 侯玮瑶 | 鲁亚威 |
| 岳友仙 | 高　颖 | 周　贺 | 孙智全 | 谭植之 | 陈　文 |
| 孙康玉 | 王耀民 | 殷辰吉 | 刘清源 | 张晶晶 | 卢韦华琳 |
| 陈奎良 | 付启珅 | 尤　萌 | 李　昂 | 姜竹青 | 彭澍官 |
| 李艳玲 | 赵　丽 | 张乐超 | 王春露 | 荣　煜 | 张紫华 |
| 朱晓旭 | 许二兵 | 梁曦璐 | 张童瑶 | 郑　易 | 梁德明 |
| 袁　银 | 柴莹洁 | 彭志浩 | 卢衍诚 | 黄亚鸽 | 陈艳萍 |
| 田娜西 | 刘振汉 | 刘　瑶 | 蒋宏敏 | 张　睿 | 刘翠萍 |
| 莫天新 | 兰　婷 | 陈彩红 | 李鑫河 | 李春梅 | 牛　哲 |
| 钟健玲 | 印　鹏 | 郑佳妮 | 曾丽娅 | 丁惟馨 | 董　帅 |
| 乔　杨 | 刘宇驰 | 余育莹 | 罗　丹 | 徐　鹏 | 杨　霞 |
| 张大雷 | 高心慧 | 杨蔚玲 | 魏欢欢 | 陈静静 | 孙恺瑞 |
| 胡慧明 | 肖梦琴 | 石　中 | 罗　彤 | 张　艺 | 秦学森 |

法律（法学）

王雯雯　钟濠洋　潘依云　张　啸　申　申　王雯雯
李　爽　宋　宁　付　娆　李作鹏　李新磊　宋立强
梁　婷　仲文婷　王思远　郑　阳　张真菡　孙　艺
边美琛　马玲玉　李新新　王　迪　王　洲　康　宁
唐　诗　张家祎　房雪莹　庄　璐　刘　川　傅　镱
张绍鑫　郑存倩　朱　涛　曾　月　于潇岚　庞　怡
刘怡畅　张苗苗　蒋佳宏　余达星　林增杰　黄俊迪
李锦珠　兰江林　白冰璇　孙伊迪　樊思慧　王颖慧
潘　喆　李慧枫　黄　煌　刘炜堃　成　开　张　可
白云鹤　黄益鸿　王　奉　李林岭　别腾飞　李　耀
汪思明　徐　英　张严文　杨培培　蒲俊霖　陈　霞
吴　捷　魏　杰　陈文娜　王　蒙　江　晗　孙　皓
陈飞文　杨雨佳　高明正　吴淑菲　朱雨婷　王　怡
何广亮　高子婷　刘亚朋　周乐达　麦家和　张　铎
徐津蕾　王焕儿　赵芳慧　肖霞娟　孙晓婉　陈从心
张　莎　矫倩妮　段林昊　张天航　魏晓田　张焕然
卢雨晨　李　强　姜　璐　严笑儿　郑　晨　陈　瑶
王晓红　陈　杨　魏怡清　姚亦凡　郑丹娜　刘甄霓
王梦凡　李　遥　高永欢　郑仲超　赵晓雪　梅　健
赵继凯　余北海　赵　欣　李雅琳　孙瑞雪　王　润
汤　洁　胡佳宁　何尔康　李怡男　程可涵　郭腓力
李玲宇　杜长江　朱龙臻　石家山　李敏华　徐冯彬
张峰铭　钱舒敏　董　珂　杨敬尧　陈曦璐　孙　菡
邹　颖　杨　旸　曹秦云　汪　洋　任　鹏　宋泽政
王宏月　汤友军　张贝贝　杨　晔　吴　冲　杨怡婷
蒋旭华　花乔木　张宇琼　胡成成　黄璎捷　李莎慧
刘嫣然　邱　锐　刘少霞　修青华　徐川涵　牛　爽
陈钰茗　牛　浩　苏　新　刘　蕾　苏　文　秦　蓉
阚可心　卢芸熠　孔祥云　谢思源　安　艺　邓舸洋
沈申琰　周　凯　孙　玥　林巧纯　马天雄　张　洋
马　达　龙　雯　宋欣蓉　苏谢晋　张奥申　徐梦玉
吴倩倩　吕　梦　袁雯婷　李志栋　刘　蕊　高志慧
李朝云　张志坚　卢　哲　赵智鹏　范　爽　张炜伟
韩佩佩　李茅茂　陈　辰　高娅楠　张丽敏　张艳岭
王　丹　王　璐　王清正　沈　晨　崔　力　赵晓宙
庄明晓　吕念炜　郭馨铭　王建丽　张娅玲　李宇颖

王钦林　张　浩　弓旭东　李文梅　赵瑞芳　任晓敏
苑晨桄　刘　珂　陈柳烨　多美琪　程彦娟　赵亚然
李艳红　杨小风　杜　超　牟若秋　董博涵　王　俊
陈　涛　孙嘉琳　王　旭　王梦悦　毛　博　赵桂贤
高　帅　李彦桦　冯　倩　吴重洋　舒怡月　郭宇燕
马　展　张亚楠　颜九洲　张倩倩　陈润一　孙飞飞
胡琼元　王舒畅　刘　娜　冯米霞　虞鹏翔　任李晶
杨　光　王利鹏　李旭东　张远卓　林欣桦　李　雪
赵冰利　李　想　董世浩　辛　成　卢刘华　徐　倩
王秀淼　范　炜　王思维　刘司琪　丁　琪　卓　婷
杨子扬　郭民妍

马克思主义哲学

卜　茵　王　欢　胡　博　王　宁

中国哲学

刘建敏　张尔璇　王康龙　刘思言　王艳芬　王雅晴
南　洋　秦　轩　王　帅　洪　骏　周娇娇　郭鼎玮

外国哲学

杨泽浩　查丽君　石宣哲

逻辑学

李　鑫　许万承

美学

张　园　秦玉杰　潘旺旺　纪婉嫕

宗教学

冯信兴　王晶蓉

政治经济学

张　苗　王红莲　杨晓静　曹冰洁　张　颖　王禄鹏
答家丽

经济史

何　渊　李维莎　徐洪日

西方经济学

许译文　潘　影

世界经济

王锦欣　周丽萍　张　莹　张　洪

区域经济学

许　梓　董子豪　丁传中

产业经济学

罗丽萍　王　君　王月苑

国际贸易学

勇翔宇　苏　浩　KEUM CHANGJEONG 琴昌贞

政治学理论

罗斐尔　杨　志　王　可　马　涛　汤　彬　张文璞
徐欣顺　黄少兴　张金苗　张艳丽　黄秀尧　李明珠
朱嘉怡

中外政治制度

张云天　刘　金　陈　晔　张春磊

国际政治

张梦君　饶　娉　张一昂　陈　胜　张雅璐

国际关系

王谊茜　李丽敏　胥慕怡　张中泽　COTIRLEA ANDREEA

外交学

佘宇白　吴　瑾　李贵州　郝景芳

纪检监察学

林南南　史　林　周子睿　高燕华　李慧敏

全球学

汪家锐

社会学

张丹华　李　涛　赵熹城　李　沫　崔臻晖　梁译如
王珊珊　邱华丽

中共党史

王兴民　崔杨露　邓玉兰

马克思主义基本原理

毛晓芳　郑雯君　邢程程　李　尚　刘晓宇

马克思主义发展史

马　娜　王宇琦　李晓燕

马克思主义中国化研究

侯慧娟　蒋　英　王亚珍

国外马克思主义研究

于晓洋　栗瑶平　杨　意

思想政治教育

姚　丹　张敬源　高　娟　孙永洁　王　芳　张宝珠
周亚梅

中国近现代史基本问题研究

焉晓君　王丹丹　李　真　侯文敏
SEOUNG KISEOB 成基燮

应用心理学

王强龙　陈泊凡　姜　玲　李咨含　韩盟盟　罗元珊
杨　晗

犯罪心理学

隋丽娜　殷海博　田　皓　胡延强　王一男　屠馨滢

英语语言文学

朱博文　孙苏宁　毋菲菲　李　婧　左诗瑶　孙钰岫
麦嘉欣

俄语语言文学

邹秀春　石　萌　陈　曦　李　爽

法语语言文学

李喆敏　刘宇扬

德语语言文学

张　玉　罗　希

翻译

钱方舟　程茹茵　李璟瑶　郑雪莹　王亚群　梁渊博
孟雪姣　迟小飞　曹　志　范舒阳　柳　琳　杨　莹
黄　璇

新闻学

白　净　彭　洋　闫书畅　漆　晗　向巧婷　吕园园
晁　星　陈思遥　王希亚　赵　静　董　婷　刘慧卿
赵珊珊　王瑞斌　闫莺珍　李　冬

传播学

杨　静　张燕茹　谢小杭　曹明瑞

历史文献学

王　浩　袁　航

专门史

苗亚坤　宋　月　郭　威　王聪聪

中国古代史

段俊清

中国近现代史

赵康康　杨　阳　杨红平　李　兵

会计学

夏可欣　江苏杭　王　晴　徐佳昱

企业管理

赵　梅　于博智　莫阳东　王　茜　何立丹　安红霞
刘　玉

法商管理

唐琦璐

行政管理

格岩　吉梦羽　孙峰悦　张旭　秦强　韩昌贵
董洁晗　关丽薇　陈自立　刘光炎　王妍　周家桦

社会保障

谭睿　鲁欣欣　张婉琪　吴惠庶　朱佳

公共人力资源管理

张政　尹玖　梁佩

危机管理

彭聪

公共管理

陆慧　赵桂华　钟鸣宇　刘波　朱丹　鲍丹青
薄琳　施展　李晴　金丽坤　苏津力　辛佳澎
单蓉　于向楠　郭倩　杨扬　袁栋栋　刘俊
王磊　陈怡　李超　刘琳　姜健　沈恒丰
赵兰兰　杨静　陈清华　黄伟祺　鲍琪　范爽
姬燕婷　王卓　曹爱迪　张铂炎　孙博颖　张岃
勾巍伟　靳延英　樊迪　耿亚杰　廖菁　王娴婧
刘特宇　刘剑波　张金光　高云平　杨东　李生勇
周艺璇　王奇锋　陈依然　金茜茜　祝林笛　刘爽
王倩倩　罗君军　韩文龙　葛宝磊　王丽　徐柳
王莹　张思伟　郭晓笛　孙燕春　张斌　李旸
崔航　付越　周涛磊　董祥　宋扬　沙钰乔
姜宇航

工商管理

张伟　刘旭　那春雷　张璇　李可辉　林琳
邸雨辰　宋庆林　洪进鹏　黄大为　刘刚　谭峰
何欣　王飞　王雪　杨铖　杨逸姗　张卫东
陈秉　李帅　胡楠　吕恒汉　张玲　左政军
窦鹏博　杜哲　卢秋屹　孙维美　唐晓冬　余词香
夏涛　王瑶　吕晖　盘璇　刘晶　王兴华
屈佩佩　张献　叶欣　杨薇　张玉麟　李媞
陈茜　江海雨　尹小飞　莫嫚　白雪　隋国英
钟华荣　高立宁　刘征　吴晔鹏　郭业斌　史慧杰
陈研　孙东辉　徐泽炎　郭亚斌　丁少卿　黄乾
邹敬东　丁海晶　侯林　刘任华　匡砚涵　陈丽然

| | | | | | |
|---|---|---|---|---|---|
| 杨志永 | 石青松 | 王俊红 | 张胜利 | 宋　丹 | 刘　姣 |
| 刘雨萱 | 庄毅堃 | 梁　辰 | 付向宇 | 王吉银 | 李　菲 |
| 高艳德 | 李　贺 | 刘　林 | 戚万里 | 王　泽 | 刘艳丽 |
| 孙铁豪 | 赵国栋 | 靳苓艺 | 肖淑敏 | 孟祥宇 | 田宏伟 |
| 郑雯琳 | 梁永刚 | 孙晓璐 | 浦天龙 | 孙凌昊 | 黄志刚 |
| 于　毅 | 王　焕 | 杨小兵 | 周佩佩 | 席　莎 | 赵　宁 |
| 修　政 | 刘占文 | 张彩君 | 田　静 | 张诗伟 | 黄　宇 |
| 苏　彬 | 赵枳程 | 孟胜男 | 申屠心晖 | 路思瑶 | 张玉玺 |
| 李　璐 | 齐　娜 | 李　慧 | 王　妍 | 马乾凯 | 付　媛 |
| 王　洁 | 谭　倩 | 涂进乐 | 刘　言 | 李　旭 | 孙羽琛 |
| 程晓琳 | 蓝　俊 | 杨　磊 | 程松岩 | 焦　娜 | 宋九同 |
| 谢　彬 | 谭海蓉 | 韩占锋 | 桑开纪 | 韩　丽 | 王柳玉 |
| 喻　梅 | 王海腾 | 陈玮玉 | 宁亚文 | 郭　玥 | 马鹏程 |
| 张永红 | 钟正松 | 周玉峰 | 孙保利 | 彭曾泓 | 高强生 |
| 么昕鑫 | 肖　琦 | 贺　强 | 李侯瑞 | 吕镓丞 | 吴思繁 |
| 夏　磊 | 宋佳文 | 王晶莹 | 朱玲玲 | 陈丽华 | 杨秀瑞 |
| 丰雪琴 | 曹雅丽 | 魏小钧 | 哈晓磊 | 王子潇 | 杨树英 |
| 李　湲 | 徐艳萍 | 刘　慧 | 张　薇 | 李媛媛 | 邵一洲 |

## 2017 届本科生毕业名单

法学院

| | | | | | |
|---|---|---|---|---|---|
| 文　明 | 郭嘉珺 | 庞　超 | 梁　韬 | 吴清愉 | 刘成睿 |
| 李　魏 | 赵家皞 | 李天祎 | 林金谷 | 陈利鑫 | 墙路斌 |
| 滕质彬 | 陈兆彦 | 尹　博 | 陈　昱 | 杨凌志 | 张　歌 |
| 史沐慧 | 栗小焱 | 陈加勤 | 周晗悦 | 孙庆曦 | 胡　丹 |
| 华一枝 | 王　媛 | 宾敏琪 | 杜雪婷 | 王博然 | 张　君 |
| 彭阳华 | 李　涵 | 陶雅洁 | 谷珊琳子 | 罗允昔 | 陈佳莉 |
| 陈雅娜 | 陈华倩 | 段婉莹 | 余竹青 | 吴梦阙 | 曹　琛 |
| 胥其江 | 赵　婧 | 陆心怡 | 吴京竞 | 张　凝 | 朱鹏飞 |
| 刘　翔 | 武春旭 | 徐　来 | 初思杰 | 游　冕 | 徐志文 |
| 胡　军 | 许奕圣 | 黄承扬 | 汪渤程 | 白晴阳 | 周　潇 |
| 鲁午扬 | 田　舟 | 涂官福 | 丁小宇 | 种浩森 | 张萍萍 |
| 寇　曦 | 陈碧霞 | 王虹元 | 王舒颖 | 曲姝洁 | 吴　仪 |
| 於芯怡 | 佘　超 | 张洁颖 | 陈倩怡 | 许舒媛 | 马鑫鑫 |
| 刘晓悦 | 简鑫琦 | 张　洁 | 李天佳 | 范雨萌 | 薛菲阳 |
| 强雪莹 | 李晓玲 | 张翠盈 | 钟铮铮 | 武雪萌 | 张　博 |
| 王美淇 | 车　蕊 | 李　鑫 | 施润霖 | 高　晗 | 王　维 |

龚昌林　王　鹏　胡方正　刘江智　唐成平　王启源
高树才　商敬骑　杨昆波　吴忠超　陈东辉　徐超鹤
赵书山　李念泽　叶子函　魏家浩　吴佳俊　项圣炜
张梦雪　徐慕宁　钟益鸣　李潇絮　马小明　徐静怡
梅明慧　高樱芝　李　瑶　孙佩华　祝　涛　林燕玲
宋琳琳　漆楚人　黄晓航　肖伽琦　魏莘晏　徐世聪
徐朝辉　陈　键　蔡嘉仪　张利秀　李昕昉　肖寓方
姚　参　王椿舒　和晓丹　陈嘉璐　冯诗涵　岳虹君
李昕滢　袁　杉　韩子宜　时武涛　尚增辉　芦金科
秦一词　张学府　汤镇豪　张　暄　颜育元　卢稷铨
崔晓光　张忠强　刘为文　王寂任　侯佳正　师钰然
余雁泽　黄彦钦　张　文　陈　玮　牛召弟　张蒙雨
杨　扬　杜　茵　徐梦鲜　岳　鑫　张力虹　李瑾茹
钟诗敏　赵　阳　杨雨莲　李贝妮　纪　璇　尹　源
王瑜霜　任丹阳　黄　菁　左金萍　申欣妍　庄绵绵
江　蔼　邹琬莹　彭文卓　蔡　文　王嘉慧　苏圣塬
赵赟丽　刘　敏　魏濛濛

民商经济法学院

陈　瀚　周　琦　帕丽旦·吐尔地　李雅茹　刘庸臣　邹　悦
冯瑞丽　欧阳萱　罗　琛　邱　程　唐若韵　谭　荻
杜俊熹　曾　元　梅晓珂　吴　浩　张文良　姚磊帅
郭　尧　陈丹阳　司鹏磊　吴　桐　范嘉丰　刘瀚泽
孙赞森　郭津铭　张凯强　蔡耀燊　郝路阳　陈嘉琦
郑绪辉　张加锴　朱　赫　尹一行　冷征阳　张骄阳
盛一筹　王　翀　王毅晟　赵家政　邱钧阳　何佳鸿
赵振瑞　张广有　何佳明　马河原　纪　庆　任钰洋
向远坤　刘　伟　刘　锐　徐　跃　薛　巍　谭志伟
王佳铭　许浩然　黄又敖　王科铖　马耀玺　祁　元
舒翔羽　王伟麒　刘义庆　储　备　罗生龙　高　鹏
刘敬轲　木哈买提别克·托留哈孜　李　烁　毛健武　畅　黎
郭富朝　李根爽　陶洪飞　郑哲仁　杨　洋　姚　睿
马文和　张晴宜　唐雯雯　贺　丹　覃亚莉　张梦依
石　韵　肖　荷　扎吾热汗·葛明　刘奕杉　李依然
裴文瑾　王晓霞　任君培　朴英慧　储润仪　崔文成
凤　滢　陈画婳　范冬蕊　叶嘉瑶　强佳杉　范　拓
吴梦蓉　欧中慧　韩嘉楠　冯皓雪　色米热·马木提
杜雅仪　杨嘉敏　罗惠钰　肖　月　史冰清　鞠　婷

| | | | | | |
|---|---|---|---|---|---|
| 师萁 | 郭杰 | 张哲 | 柏天宇 | 宋铎 | 薛赫 |
| 哈斯特尔 | 赵峰 | 尼玛泽仁 | 李赟 | 甘逸航 | 周少博 |
| 顾浩然 | 梁中 | 马跃凯 | 林泓宇 | 潘越 | 黄昱莹 |
| 马玉涓 | 杨萌 | 铁婧可 | 胡丽萍 | 龙增臻 | 金香莲 |
| 强琳 | 付子晴 | 张歌·玛丽娅 | 鹿超 | 李亚 | 陈眉夙 |
| 龙迪 | 刘丽丽 | 张晴钰 | 胡羽珺 | 刘祉瑒 | 严乐 |
| 郑鑫 | 马雯 | 于佳琪 | 达娜·阿迪里别克 | | 陆圣洁 |
| 杨帆 | 孙琛 | 陈鑫 | 陶礼童 | 闫雅涛 | 王子佳 |
| 张宗义 | 高鑫岚 | 施为 | 姜雅楠 | 尹晗 | 吴铮 |
| 孙振宇 | 陈武鹏 | 高兴堂 | 蒋宗任 | 恽江汀 | 廖金林 |
| 杜根 | 应俊 | 赵康博 | 任星瑞 | 程蕾 | 刘雅萌 |
| 王昆 | 葛晶晶 | 李孙琪 | 赵智慧 | 高卓妮 | 俞沁 |
| 吴正红 | 郑怡泓 | 苏心怡 | 黄甜甜 | 程华玉 | 尹璇 |
| 王珏 | 狄行思 | 李岳好 | 李紫烨 | 肖明倩 | 白云 |
| 李贝 | 王彬菊 | 齐霁雯 | 孙红果 | 姜善姬 | 卓嘎 |
| 赵宇婷 | 张杰 | 陆茗 | 杨笛睿琪 | 钟鑫洁 | 伍顺莉 |
| 高妍婍 | 李佳纯 | 吴涛 | 宋世豪 | 朱宸 | 柯文韬 |
| 王天然 | 吴维锭 | 石国全 | 郝雨 | 许钟曒 | 武振国 |
| 徐剑锋 | 朱奕帆 | 栾文朔 | 李帅 | 方怡堃 | 方罂郢 |
| 王少晗 | 王真 | 葛鸽 | 王君逸 | 马淼 | 黄亚楠 |
| 高雅文 | 潘寒月 | 杨素梅 | 俞烨岚 | 田梦驰 | 陆琦 |
| 李贞 | 张天宇 | 杨婧妮 | 申晔 | 张庆玲 | 桑吉卓玛 |
| 李怡 | 江兰馨 | 袁新 | 李想 | 雷略梓 | 马志秀 |
| 王宇婷 | 周泽群 | 裴蕊 | 吴希阳 | 张馨月 | 魏媛 |
| 位富勤 | 吾尔古力·托合提库万 | | 吴华兵 | 安子豪 | 翁至立 |
| 梁嘉伟 | 张峰祥 | 刘震 | 田琛 | 阴明皓 | 刘培昂 |
| 谢金秋 | 唐星文 | 董冕 | 蔡运帷 | 王德轩 | 吴震 |
| 克依沙尔·艾尼 | | 骆意 | 叶小其 | 陈雨萌 | 戴静宇 |
| 张乐琳 | 郝思雨 | 金露 | 李佳玉 | 董铄华 | 谭杰 |
| 胡翔洲 | 谢慧敏 | 陆畅 | 杨采婷 | 王欣 | 黄珊 |
| 王艺颖 | 张亚楠 | 荣妍 | 黎思洁 | 陈弘真 | 王美玲 |
| 张天琳 | 刘紫微 | 娜孜依拉·木哈买提汗 | | 冯代坤 | 朱元玉 |
| 白若彤 | 吴梦清 | 王晶莹 | 朱玉玺 | 杨敏 | 陈琼娜 |
| 黄子贤 | 黄锦 | 吴帆 | 董天元 | 赵子昂 | 李铭 |
| 马举海 | 马浩然 | 吴博文 | 张天阳 | 王培嘉 | 董文博 |
| 徐伟浩 | 葛奎良 | 也尔帕 | 毛欣铭 | 王安怡 | 贾如茵 |
| 李雯姣 | 王茜 | 于雪 | 杨惠 | 郝蕴 | 毛琳玉 |

朱希雯　王雨晨　赵小芳　刘昕宇　刘　朗　于傲雪
张　叶　古兰拜尔·吾斯曼　王　媛　洪丹敏　王诗华
李岚冰　贺　瑶　赵凤至　蔡蔚然　肖　颖　杜祎璇
单艳杰　余汶燕　魏若竹　李启芸　田婧瑶　高一丹
索朗普赤　庄艾凡　薛玮杰　白　天　李俊树　谢世民
张抱朴　曹永辉　孙思壮　伊萨·达吾里提　苏仲天
屠国江　陈　卓　马佳镕　李泰然　潘　辉　余周洋
李嘉菲　李广仪　李佳欣　王　晶　朱　茜　冯　兰
季凯韬　吴臻颖　王婷婷　叶一丁　周晓莉　苏　炜
赵　茜　赖琦依　王如霞　罗　倩　李金珠　吕春雨
林思盈　王　菲　张怀文　冯诗蓉　刘默茹　范春蕾
王梦华　杨丽艳　魏雨静　段酉钰　张　荣　许宝文
施晨晨　德青卓嘎　车　怡

国际法学院

张佳培　德吉曲珍　向曼钧　钟文强　彭　渝　刘筱睿
王建伟　冉　彤　吴　旭　杨　桥　范振东　郑超逸
莫　潇　王宏喆　郭成刚　杨英颢　张力衡　屈生集
赵雪琛　高晓颖　李紫竹　陶　媛　丁诗文　王　盼
古丽如合沙·阿拉法特　胡子慧　杜紫薇　张姝倩　王　华
王盼阳　徐文静　刘　洋　贾　凡　陈玢旭　尼玛仓决
邹雪梅　张立杨　姚　尧　李　京　孙　慧　李振昔
陈莹静　丁佳玲　陈丽妹　毛世杰　李家杰　汤成一
鲍学强　赛曾·艾特哈孜　陈增雨　甘　胤　黄敏浩
姬思康　尹　宽　程钦林　赵　松　莫济源　杨育晗
邓淅元　刘　欢　蒋梦菲　董　云　陈琳艳　陈燕玲
王苑冬　刘　柳　王　韵　龚　蕾　于妙琨　陈　格
邓卓然　张译文　尹雪美　吴海红　加恩丽汗·吐鲁的别克
郑子琨　黄　荣　李航羽　王　悦　韩悦蕊　马斯波
徐靖仪　王梓栋　安思宇　徐瑞杰　李　琦　董子衿
热玛扎尼·胡那尔别克　孙泽群　丁　越　谢　辉　张明磊
佘汶骏　李万晨　刘一林　吴新华　李玉洁　张　悦
于　峤　李宜霏　何　晓　冯珺洁　王密燕　苏希春
梁林秋　尹　雪　李　燕　龚玲令　徐婉秋　郝梓林
武红丽　吴达菲　谭美华　朱淑霞　姚　翔　宋昕桐
金雯佳　王　珊　杨子伟　赵淑华　毛春联　李媛媛
汪旭东　蒋宇航　郭晓阳　鲜国平　周愚斯　詹　迪
张迦密　陈　涛　田济成　周韦辰　杜顾铭　黎师昊

| 焦玺博 | 刘寅海 | 钱一鸣 | 常远 | 赖雪焱 | 刘馨睿 |
|---|---|---|---|---|---|
| 李雯雯 | 殷钰 | 敖端 | 王雨晴 | 蒋垚钰 | 何小红 |
| 刘恒瑞 | 刘昱琪 | 孙雨晴 | 王咏婷 | 娜迪热·艾尼娃尔 | |
| 苏春兰 | 傅静华 | 阎秋实 | 崔代恒美 | 吴紫怡 | 文可心 |
| 吕琳 | 郤清 | 赵晨月 | 付白羽 | 任韵西 | 王炜康 |
| 叶潇远 | 张伟弘 | 王廉祥 | 孙鹏 | 曹华康 | 邹鑫民 |
| 张阔 | 林中天 | 任九岱 | 王华 | 窦哲 | 扈梦瑶 |
| 吕一璠 | 韩颖 | 肖瑶 | 林萌萌 | 曾雨舒 | 史梦宇 |
| 叶彤 | 黄尹入 | 魏依洋 | 吕华玉 | 唐明钰 | 张冰晶 |
| 严静 | 高小雨 | 高可 | 金禹含 | 王碧轩 | 张嫔清 |
| 蔡雪梅 | 黄禹童 | 吴潇 | 刘雅兴 | 洪丹天 | 胡晓丹 |
| 赵子毅 | 欧阳康 | 李文幸 | 田永国 | 陈雨秾 | 刘亮 |
| 张晓辰 | 林丽思 | 韩潇 | 吴昊 | 李敏 | 梁政超 |
| 杜烨荻 | 杨燕 | 张梦薇 | 杨娴 | 诺敏 | 张丽 |
| 杜羽田 | 蔡超静 | 黄倩玉 | 高树素 | 商丽嘉 | 刘家艳 |
| 朱菁怡 | 向姝瑾 | 普布卓玛 | 李其蒙 | 魏玥迪 | 谭家慧 |
| 马田君 | 郭馨雨 | 肖贤 | 侯迪 | 熊尉宁 | 江思捷 |
| 钟卓然 | 郑璐 | 姜鹏飞 | 力提甫江·艾力 | | 商德方 |
| 王金盾 | 钱重航 | 王程 | 何强 | 旷野 | 任玉 |
| 史惠瑜 | 孙露 | 储沁含 | 白木乐梅 | 郭姝延 | 傅游佳 |
| 卢子璇 | 夏雨 | 王丹 | 韩冰凌 | 青小华 | 陈绍艳 |
| 李淑霞 | 郑洁 | 班斓 | 刘铭 | 谈哲 | 白芸 |
| 陈珏佳 | 刘星雨 | 马佳晖 | 蓝昕 | 魏承艳 | 董艾 |
| 腊晓冰 | 国玺 | 杨笑 | 郭世昊 | 朱文超 | 陈星宇 |
| 王嘉泽 | 靳海森 | 侯泽龙 | 刘继炎 | 王博文 | 倪超 |
| 刘俊杰 | 马尚 | 周一夫 | 耿广航 | 邢航 | 李娴姝 |
| 杨芷彧 | 李爱冰 | 乔岩 | 许丽红 | 汪子尧 | 元艺欣 |
| 杨绮 | 刘婧文 | 牛森 | 周芙宇 | 汪飘浪 | 陈艺惠 |
| 潘东妮 | 张雯 | 韩利楠 | 胡婧卓 | 张廷玮 | 徐悦 |
| 李瑞翰 | 王梦迪 | 焦迪 | 杨彦欣 | 陈岚岚 | 程美晨 |
| 任思雨 | 尹晓彬 | 杨子仪 | 蔡孟娟 | | |

刑事司法学院

| 龙倩 | 陈诗 | 王凤鸣 | 李飞宏 | 张毅 | 林周汪 |
|---|---|---|---|---|---|
| 田曼钰 | 蒋晓阳 | 杨澜 | 吴子豪 | 郑凯祖 | 陈任宇 |
| 张凌峰 | 张博研 | 张硕 | 高宸宇 | 邵将 | 李翰 |
| 宋昌健 | 万康 | 朱博晗 | 贾世麒 | 任小虎 | 尹祝舟 |
| 张瀚 | 刘笑笑 | 苏全森 | 赵梦耀 | 彭凯 | 何金泽 |

沈黎瑞　赵积斌　马仁如　张承弘　张明智　刘文敬
张　治　洪天航　岳万兵　贾　旭　柯文迪　谢　玄
耿　昊　吴哲琦　张　岐　孟　晗　李　涛　周方正
廖云博　李永武　刘　泺　赵泽宇　马风晓
叶林·叶尔肯别克　周高文　戴　旻　朱　力　陈扬方
朱计烨　徐　鹏　熊　坤　张　涵　乔明鹏　肖昀泽
周俊宏　王闯闯　张贝特　杨　宸　冷权峰　王浩然
关婧媛　邹　敏　李佳慧　郑亚珂　王玥乔　陈剑宇
陈海俊杰　胡馨月　黄钰容　李雨施　王佳星　熊瑞雪
方巧娟　赵艺璇　董巧丹　史　鉴　冼　洋　邵　静
黄嘉华　刘文珊　王　淋　王　禛　喻　暄　汤雅雯
邱娜娜　路　溪　邢　靓　鞠丽雅　刘　娟　肖　瑶
杨　藜　张明瑶　李雅琴　高瑞珠　程　磊　王　灿
解雨璋　廖清游　范凌博　贾　凡　王宇豪　石　奇
杨　帅　杜新坤　李仲尧　王志鹏　石超杰　张　中
李　兴　康　玲　许雨柔　赵盈瑾　江冰凌　王姝霖
孙晓洁　张明敏　王超君　郑　荻　张星星　张　彤
黄玉婷　吴嘉提　陈雪桃　谷　津　殷　菲　缪柔嘉
李海霞　崔付钰　沈维丽　韩　雯　刘诗宇　秦艳艳
赛福星　胡嘉佳　杨　靓　李倩文　兰雪芮　李　穗
邱敬雪　刘　昊　陶　冶　杨一凡　陈胜勇　骆前汀
黄振彪　谭庆丰　刘昊玮　黄　越　王金钧　倪钰昊
梁兴博　陈旭东　王禹龙　张美昌　任静雯　詹春梅
白向轩　陈洁琼　王雨桐　邹明欣　陈　杨　景　然
卓　玛　李孟芩　丁晶晶　陶景宜　陈欣琪　周　颖
郭　滢　张馨月　郭　琳　祝佳欣　汪　南　刘晓婷
王雅婷　严孝馨　蔡东伶　蔡　慧　易　李　杨芳莹
郭嫣然　陶　林　杨含青　武洋洋　韩　月　邓　瑶
徐文婷　杨思思　都润民　薛鸣秋　郭派麟　陈碧丹
格绒格勒　从光锋　陈伟森　李鹏飞　李天助　皮正德
朱天宇　李　增　徐一伦　顾嘉诚　侯华超　海晓玉
林晓欣　赵林黛　何心怡　顾亚楠　李佳馨　张　璇
段　迪　朱　尧　郜　婷　汪茜文　李　姣　杨思涵
李紫瑄　丁美心　王　娇　金　雨　郑婉琳　高孟莹
徐梅君　岳雅迪　胡佩琳　崔永泽　陈美荻　甘子兰
袁　润　王美玉　吕　洋　刘湘辰　牛璋昕　亓　琦
陈平巧　郑诗璐　赵姗姗　尚德贤　杨　博　洪　麒

张冬瑞　　符　尧　　李　颖　　岳　帅　　董鹏辉　　马天一
张家畅　　孙璐伟　　刘明明　　樊永钊　　张亦范　　孙佳琪
王琬珺　　杜　佳　　赵一敬　　冯梦笛　　崔瑞嘉　　赵　萌
郑雪萍　　丁　雯　　陈若吟　　李碧霞　　唐香雯　　王　楠
王　森　　崔　颖　　王伊涵　　央金卓玛　　马逢瑶　　杨　岚
邓万昕　　张　晴　　杨艺婕　　郭冬仪　　杨　珊　　王佳怡
刘显骅　　缪玲玉　　白贺兰　　李　静　　王阳雪子　　童扬虹
康　璇　　伍　毅　　皋　敏　　郑雪霏　　冯　帅　　杨秋铸
王天元　　杨　力　　冯鸿波　　李　瑞　　肖　涵　　熊旭鹏
张　勋　　张正昕　　张　岩　　邓巍懿　　党健力　　张　瑞
李祥文　　袁纪辉　　耿天谋　　娄此杨兵　　向武良　　汪雪莲
杨　鲲　　王　丹　　陈皓思　　邓　姣　　叶敏惠　　张嘉琪
姜晨珂　　孙延菲　　王正川　　肖　灵　　陈晓燕　　阳扶洁
张　帆

政治与公共管理学院

程　浪　　方　晗　　乔　琦　　林　琳　　徐丽莹　　洪慧敏
张玲林　　宋　洋　　徐文海　　杨婧楠　　朱燕玲　　武哲晗
沙佑玲　　彭　譞　　王新宇　　韩　羽　　范博雯　　张杉杉
吴子燕　　唐佳旻　　王　璇　　李怡凡　　杜　晌　　孙思嘉
阿卜来提·麦提斯迪克　　李之言　　王雪莹　　庞菁一　　祝　悦
刘信然　　邹景宁　　陈雨柔　　邓　鑫　　杨成龙　　高　雯
蔡敏弘　　孙　蕊　　曾煌坭　　吴　倩　　李曼然　　刘　婷
叶沛瑶　　王沉雁　　冯　训　　王戈扬　　李　雪　　计林君
葛天骄　　景　园　　林翰泽　　张艺童　　王　甜　　许正伟
姜佩东　　刘　治　　李　想　　姜　谢　　陈明珠　　王佳欣
张开然　　陈璐维　　熊　逸　　段　誉　　王　凯　　李河言
马子悦　　谢宜璇　　滕丽敏　　纪梦媛　　林　雯　　朱雅倩
郑美晴　　刘聪慧　　李天棋　　路广通　　梁宇翔　　齐佳奇
钱旷宏　　杨蓟桥　　张　奥　　陈立夫　　冯　凡　　葛方晨
陈嘉琦　　卢文骄　　邓思禹　　刘智心　　张梓涵　　皮罗茜
赵敬雅　　陈梦丹　　吴静雅　　王婉蓉　　杜丹阳　　魏蓝溪
王　峥　　伊　琳　　袁　璐　　陈　莹　　秦紫函　　董旭斌
谭小勇　　李运迪　　胡亚梅　　邢　楠　　姚立娟　　李　立
丁若愚　　郑　翊　　陈擎豪　　周星阳　　周上琳　　蒋　琦
陈清云　　柴照琪　　张言彤　　徐小涵　　韦雅卿卿　　贾美姣
钟　虹　　林婷婷　　王嘉敏　　刘雨萌　　杨旖珺　　李佳彤
段生茂　　陈欣悦　　黄宇青　　陈　晨　　程浩博　　鞠军峰

艾　欢　崔喜莲　陈　瑜　王小寒　崔映琦　张美玲
邵冉冉　龚颖异　李　爽　陈捃珺　张　哈　尉　格
德丽拜尔·阿布来提　金三圆　黄玲玲　许昊恬　卢　珂
汪婷婷　杨　凯　吴棣冕　罗建制　刘佳奇　扎西罗杰
孙周杰　穆热迪力·图苏尼亚孜　何家丞　陈晓航　李昊明
闫　强　仁增朗杰　白永桃　王一郎　托合托努尔·托合托木西
勾帅帅　张　韬　赵仲尧　承丽娟　黄雅雯　白玛央金
李成阳　夏　菁　陈雨圻　铁　芳　张春涵　金雨双
陈俊文　阿丽米热·铁木尔　张学梅　康　增　刘晓楠
王　玲　李昕怡　杨子涵　刘婷婷　蒋宛希
阿米兰·亚尔买买提　田斯予　窦　鸿　米亚男
苏阿提·衣米提　张雪莹

商学院

伍　艳　郑丁灏　王根缔　石如祥　张明达　周子荃
施雨晴　林婉祯　陈茂林　王　琳　吕哲莹　谢　帅
赵　俊　陈明明　唐凡婷　李　穗　王鸣巍　闫　月
汤宇帆　曹怡玲　陈　悦　王　宁　庞紫苑　高　晗
梁　娟　郭　茜　袁佳颖　敖韵遥　杨　杨　尹禹璠
吴芷恩　陈　怡　王　聪　郭　佳　周炳辰　王塔娜
韩佳颖　林涵雨　袁　京　何　奕　刘怡然　朱海容
庄芷璇　张舒婷　杨　展　倪梦圆　阚蕾蕾　肖丽萍
高　尚　郄晓航　王业子　任重瑾　宋宣学　黄　乾
马瑜馨　谢君宇　石　可　刘　洋　何　鑫　郑宇琦
宋英杰　潘　俊　王思威　任成夫　张世鹏　秦　力
蔡佳杞　寇至爽　林　宇　夏　霜　夏　曼　李祉璇
王　渺　黄颖蕾　张志文　贺一杭　郭晓萌　蔡斐然
许志昂　贺　朝　张博雄　张玉涛　彭春霖　胡　燕
周　维　陈慕寒　易薇佳　陈　宇　侯　丽　罗雨菡
唐晓磊　杨　炎　王敬琪　阿依多斯·叶尔江　黄培展
张俊明　刘晓辰　陈治华　李　进　毛晓亮　秦　栋
岳伟豪　格根坦娜　刘婧雯　鄂　玮　朱罗蒙　陈飞洋
王宇廷　臧泽华　谷欣宇　贾　丹　陈　会　李元媛
杨红燕　张灵岩　陈　航　黄俊霖　王　上　孙红超
郑建安　张嘉欣　曲　艺　陈雨舒　乌咏嘎　丁　清
诸文洁　辛冠男　周钰盈　毕赛楠　胡育玮　谢　骄
苏　斐　王文玥　刘梦媛　王尼亚　陈煦畅　吴春柳
郭　雯　鹿子麒　胡文强　王　丹　蔡晶晶　钱知音

| | | | | | |
|---|---|---|---|---|---|
| 樊　琳 | 陈　雪 | 张　景 | 张含宁 | 潘　越 | 林　颖 |
| 柯静怡 | 张瑞雪 | 陈　娜 | 罗超群 | 燕颖达 | 杨璐嘉 |
| 南青薇 | 曹晓倩 | 段婧媛 | 万　欣 | 陆晓玉 | 黄钦毅 |
| 杨　超 | 陈圣丰 | 葛　尧 | 陈　诺 | 刘　迪 | 冯　帅 |
| 周长泰 | 腾　飞 | 曹业奇 | 黄睿之 | 肖　杰 | 吴　蔚 |
| 吴逸宁 | 周晓珂 | 邵妙芬 | 高一棋 | 诸葛明静 | 刘子铭 |
| 吴　迪 | 贾衍宇 | 王姜锐意 | 张　政 | 谢　天 | 甘阔海 |
| 晋同祥 | 蒲正东 | 邙　越 | 张　潜 | 代元盟 | 李　翀 |
| 董　勖 | 刘欣源 | 王洁泉 | 季舒珣 | 吴长帅 | 赵明川 |
| 周茹阳 | 刘　琛 | 崔家宜 | 杜　谦 | 李思佳 | 瞿　卓 |
| 蒋文璐 | 陈佳敏 | 邹靖文 | 左依凡 | 杨梦帆 | 张馥蕾 |
| 韩　瑜 | 张筱哲 | 王金梦 | 朱杲灵 | 张艺馨 | 齐托托 |
| 付婧文 | 蒋　飘 | 李馨岚 | 庄逸菲 | 张小宇 | 温凯茹 |
| 杨洁萌 | 刘　洋 | 程　晴 | 王义可 | 夏　艺 | 楼怡璇 |

人文学院

| | | | | | |
|---|---|---|---|---|---|
| 刘观泽 | 刘泳泳 | 房泽辰 | 王梓怡 | 陈莎莎 | 冯馨慧 |
| 卢芳蔚 | 王　若 | 吴伊能 | 李静薇 | 冒戈辉 | 王晓君 |
| 王婷婷 | 宋琬若 | 付琳贺 | 康佩轩 | 鲁　鑫 | 姜心彤 |
| 孙千婷 | 杜鲁帅 | 孔　尧 | 周文倩 | 杨梦珂 | 谭迪允 |
| 单子洋 | 孙巧玲 | 吴　畏 | 王宇昕 | 倪佳晨 | 王支武 |
| 叶彦良 | 董自政 | 王砚章 | 袁　强 | 蔡　铭 | 翟成芳 |
| 李思莹 | 马　红 | 苏子婵 | 张　贞 | 王金金 | 蒋雨璇 |
| 李苑溶 | 魏雨新 | 邓　敏 | 朱文敏 | 杨一平 | 栾书剑 |
| 李　松 | 张远哲 | 吴浩峰 | 郭光勇 | 平措桑珠 | 辛秋蓉 |
| 刘静雯 | 丁佳彤 | 陈静瑜 | 杨　康 | | |

外国语学院

| | | | | | |
|---|---|---|---|---|---|
| 徐晓聪 | 曹泽鹏 | 李子禾 | 赵克柔 | 王梅杰 | 徐婷婷 |
| 俞　瑜 | 张若琳 | 肖秋爽 | 殷露阳 | 徐　铮 | 范　旦 |
| 周笑如 | 裘羽霞 | 王怡秋 | 吕怡娴 | 高怡雯 | 张欣竹 |
| 安　璐 | 常　越 | 王小博 | 侯　熙 | 罗烈相 | 李拓野 |
| 徐安良 | 王　伟 | 张曼祺 | 赖静然 | 任金楠 | 夏明芹 |
| 马佳敏 | 汪甜甜 | 王文娟 | 赖嘉晖 | 张羽霄 | 龚婉婷 |
| 张慧竹 | 洪　微 | 段佐利 | 赵　群 | 刘　佳 | 吕林懋 |
| 马　兰 | 邱颖洁 | 叶　鹏 | 陈清坡 | 王成亨 | 张　帅 |
| 童圣杰 | 黄嘉琪 | 赵　悦 | 陈　诺 | 张　睿 | 周思佑 |
| 杨子梦 | 黄丽娇 | 王小珍 | 徐　蕾 | 张沁雯 | 金　融 |
| 詹贺雅 | 杨　润 | 赵南南 | 刘　帅 | 封婷婷 | 李梦瑜 |

刘　悦　武　晓　余春芳　李　佳　刘迪雅　宗　默
兰　希　关湘瀛　王滢滢　曹学珍　徐嘉媛　吴明波
朱云龙　赵雨濛　罗国林　黄宇昆　聂煦东　刘　桐
都又瑞　李　懿　段谭金　李梦洋　宋叶娉婷　吴紫薇
龚佳云　邓秋丽　于　婷　郑伟霞　肖利娜　邹仪威
孙秀满　朱与安　高　帅　贾慧卉　汤梓奕　张桐霖
孙　璇　杨茜茜　梁　言　张智婷　杨嘉倩　蒋　妍
黄源源　曹　倩　毕栩仪　文玉婷　蒋一鸣　吕思诺
李非彦　韦　静

马克思主义学院

陈　凯　刘　帅　杨　武　尚桂云　杨　梦　王俊俊
刘昕彤　李嘉惠　曲芳仪　王洲桥　沈　燕　楼　莹
单　翔　张　冲　廉志杰　周明宽　陈丰莹　马相坤
刘　萍　赵　莹　陈　琪　任思炜　陆豪青　罗清雅
闫韦彤　朱凌钰　黄良贵

社会学院

李　俊　于　雪　董鉴泉　牛有祺　张　倩　杨宇亭
崔春梅　代小飞　尚尔东　林自立　陈泓天　王治邦
次卓嘎　吴　婷　赵思琦　肖　琳　李　丹　余　超
吴凡志　蒋晨逸　廉炳权　郭　杨　杨　静　李晓晋
周彬榕　宋　洁　王暖暖　姚佳星　杨　楠　李嘉琦
徐文扬　王艺为　王　瑶　邱紫雅　尼　妮　王信力
宁婧辰　聂　梦　白　金　杜　威　玛伊热·伊卜拉伊木
代天宇　熊　涛　李汉伟　顾　鹏　杨光兴　董焱尧
彭思远　田　辰　李旭东　贺鑫磊　宋柯颖　黄　蓉
张玲燕　格桑卓玛　宋　洋　肖永虹　龚　倩　梅　央
何林蔚　尼格拉·艾力　李松昭　王　茂　朱文卉　管子钧
朱子昊　熊旺圣　刘宇平　许芳洲　张诗琪　白舒靓
仇宇晴　吴思宇　韩雨彤　梁滋璐　姜　旭　王豆豆
曾钰泽　胡思铭　车莹露　杨　玥

光明新闻传播学院

黄书杰　章　响　梁小天　马克布扎·叶尔江　方　惠
刘　洋　李锐锋　傅　丽　汪昕怡　王艺桥　杨　婕
顾　玥　范雯琪　史　馨　朱　纳　孙佳丽　汤　澄
王怡鑫　安　洪　叶尔力克·赛里克　沙吾来木拉提
李佳思　施俊杰　韩富鹏　吕夏宇　田　荣　王芮雯
滕雨霏　陈小南　张　群　胡千红　郭佳蓉　陈　奇

| | | | | | |
|---|---|---|---|---|---|
| 陈晓嫚 | 杨景茹 | 毕灿沁馨 | 苏　青 | 刘李航 | 刘　月 |
| 尚　妍 | 孙　滢 | 彭　婕 | 陈丽英 | 饶金辉 | 罗　浩 |
| 马　栋 | 朱磊磊 | 郭晨雅 | 刘彧凡 | 刘星宇 | 周春晓 |
| 杜宛真 | 陈少丹 | 王雨欣 | 韦媚滢 | 王慧斐 | 鲁　焱 |
| 余　媛 | 白　洁 | 刘　畅 | 王　然 | 玉苏甫·艾山 | |
| 阿米乃·阿不都热合曼 | | | | | |

国际教育学院

| | | | | | |
|---|---|---|---|---|---|
| 钟依玲 | 林芝羽 | 陈雅惠 | 朱伟福 | 邱雯黛 | 童静静 |
| 蔡彬霖 | 施荣毅 | 陈嘉琳 | 刘万源 | 王绵绵 | 蔡函纬 |
| 李良滨 | 杨　策 | 谭助迪 | 荣盛强 | 陈　诚 | 楼钧业 |
| 宋国全 | 林美辰 | 戴　榕 | 王一翔 | 池宗晋 | 陈念慈 |
| 李嘉蔚 | 李佳珉 | 马荣穜 | 蔡嘉雯 | 田述恩 | 王麒钧 |
| 胡家美 | 陈冠美 | 范咏诗 | 许慧菁 | 赵美怡 | 梁嘉谦 |
| 陈伟霆 | 余淑慧 | 吴子聪 | 朱丽蓓 | 周隽兴 | 曾钰仪 |
| 莫俊炫 | 吴鸿钊 | 龙君怡 | 郭颖思 | 薛依霖 | 朱力昆 |
| 翁子哲 | 曾祉瑞 | 蔡汶桦 | 何彦岐 | 谭宇亨 | 黄浩恩 |
| 蔡昌涛 | 张玥滢 | 苏靖然 | 何若冰 | 姚健仪 | 张越奇 |
| 徐筠涵 | 黄　钰 | 凌　华 | 梁嘉成 | 李静仪 | 覃潇霄 |
| 周嘉欣 | 纪孝鑫 | 陈美姗 | 邱　熙 | 黄　婷 | 冯芷茵 |
| 姜羽卉 | 江　华 | 叶晓颖 | 彭尚杰 | 冯乐衡 | 胡玮茵 |
| 傅天佑 | 冼琪恩 | 陈荃琪 | 牟安东 | 郭紫君 | 潘智恒 |
| 关馥圆 | 方嘉毅 | 姚海澄 | 黄蓓怡 | 高　雪 | 黄振烽 |
| 贾青豫 | 陈妙琪 | 蔡欣芸 | 杨嘉欣 | 陈靖淩 | 苏　洁 |

第二学士学位

| | | | | | |
|---|---|---|---|---|---|
| 陈　志 | 龙圣强 | 马思铭 | 于晨哲 | 王浩江 | 杜雨阳 |
| 梁如雪 | 刘小曼 | 鲁雪莲 | 欧云塔娜 | 饶家梦 | 帖　蓓 |
| 魏　丹 | 徐铭璐 | 牙舒媚 | 李佳鹏 | 杜志清 | 王　敏 |
| 冯立媛 | 张　玉 | 许珑耀 | 李熹明 | 闫承丞 | 赵　喆 |
| 范　毓 | 韩梦乔 | 郝翔宇 | 刘婧婷 | 牛美琦 | 权春燕 |
| 魏　畅 | 徐榕秀 | 杨鸿飞 | 钱雪英 | 黄国民 | 陈子扬 |
| 邓炳华 | 冯越洲 | 麦洁文 | 陈程亮 | 萧焕英 | 林咏杰 |
| 江秀平 | 林咏梅 | 卫倩儿 | 洪嘉琦 | 莫建伟 | 余瑞生 |
| 郑承隆 | 杨　涵 | 林　奋 | 张凤燕 | 颜俊逸 | 梁美仪 |
| 黄伟锋 | 卢琼燊 | 梁少峰 | 石崇贵 | 冯伟杰 | 陈志明 |
| 蔡清报 | 李佩珊 | 何志威 | 邓颖茵 | 黎健民 | 黎焕转 |
| 姚远亭 | 万恩典 | 张建业 | 吴庭辉 | 傅斯娜 | 黄国强 |
| 潘颖瑜 | 关琛恩 | 梁雅华 | 黎学舜 | 李兆灯 | 陈佩莲 |

| | | | | | |
|---|---|---|---|---|---|
| 吴宛珊 | 卢建恒 | 陈笑芳 | 吕伟材 | 莫庆辉 | 梁悦娇 |
| 丁璇玉 | 王少雄 | 邓婉珠 | 邹运良 | 伍伟民 | 冯杏琳 |

**成人学历教育 2017 届毕业生名单**

1. 夜大学专升本

| | | | | | |
|---|---|---|---|---|---|
| 仉海成 | 宋玉帛 | 宁晓媛 | 连伟鑫 | 宋　潮 | 刘雅特 |
| 王迎晨 | 左　爽 | 马冰冰 | 郑鹏鹏 | 杨　雨 | 蒋　潞 |
| 倪超姿 | 白婧萱 | 刘纪华 | 朱昱彤 | 王　杰 | 杨　慧 |
| 王步云 | 王亚楠 | 范　伟 | 池长秋 | 高晓宇 | 史晓芹 |
| 姜少茹 | 田美琪 | 罗　澍 | 夏艺琴 | 耿　妍 | 王　可 |
| 史　科 | 何　静 | 王　东 | 王　珺 | 李姗姗 | 汪俊呈 |
| 陈宏君 | 曹红梅 | 杨　田 | 王雅霏 | 汪文琳 | 王嗣桐 |
| 王振红 | 胡晓蕊 | 刘　聪 | 姚　楠 | 吴云涛 | 段英楠 |
| 刘海涛 | 李　娜 | 胡　晗 | 刘晨川 | 于术涛 | 宋晨哲 |
| 金洪宇 | 於汉梅 | 马小玲 | 李　萍 | 蔡云飞 | 王晓娜 |
| 曹　萌 | 郭梦滢 | 孟利娟 | 宋　睿 | 徐　睿 | 李晓丛 |
| 殷　悦 | 屈　婷 | 张文慧 | 刘丽莹 | 邓　奕 | 王紫嫣 |
| 徐　良 | 王梦洁 | 贾楠楠 | 张　燕 | 李　健 | 尚　梦 |
| 卢　卫 | 张丽川 | 万　蕾 | 卢海华 | 霍　昊 | 刘　慧 |
| 赵佳翌 | 李　爽 | 沙　莎 | 杨艳娇 | 李俊诚 | 王可欣 |
| 张金昊 | 王　妍 | 戴可欣 | 刘连元 | 马永平 | 张鑫蕊 |
| 高泽斌 | 高健雯 | 孟董娜 | 邢　芮 | 张森铭 | 范　佳 |
| 安　鹭 | 张淨惠 | 张润宇 | 梁　佳 | 朱雪娇 | 刘赛男 |
| 滕晓竹 | 张　会 | 祁文然 | 王　琛 | 艾谨怡 | 张晓华 |
| 翁方婷 | 高佳曦 | 徐　杰 | 李梦源 | 郭彩霞 | 徐　佳 |
| 李　然 | 刘　璐 | 邓　培 | 刘　波 | 陈钰伦 | 秦　洁 |
| 刘　畅 | 李　祁 | 张浩雪 | 刘佳辰 | 李　娜 | 王　欣 |
| 单　朦 | 程何何 | 高瑞霞 | 韩玉娇 | 刁建文 | 周炫成 |
| 贺朦娇 | 张婷婷 | 韩　枫 | 王婷婷 | 石文慧 | 张永红 |
| 张丝雨 | 吴　玮 | 黄雅楠 | 谭　珺 | 何　佳 | 刘思佳 |
| 王兆婷 | 梁艳艳 | 吴玉萍 | 代圣兰 | 张　晴 | 孙晨飞 |
| 刘学良 | 孙艳芳 | 张　涛 | 蔡园柳 | 郭莹莹 | 许松婷 |
| 郭佩伦 | 陈炫宇 | 徐林红 | 李文秀 | 李　蕊 | 崔运泽 |
| 安英华 | 王　娟 | 吴　然 | 陈兰平 | 郭蓓蓓 | 杨　光 |
| 牛子路 | 贾珊珊 | 肖秋然 | 付鑫裕 | 王维坤 | 苏晓茜 |
| 王飞越 | 扈启民 | 高艳通 | 赵健淇 | 孙　莹 | 李媛媛 |
| 贾默文 | 张嘉欣 | 张美艺 | 段　琦 | 王　岳 | 李圣楠 |

| | | | | | |
|---|---|---|---|---|---|
| 陈嘉文 | 王世彬 | 盖　轩 | 刘梓晨 | 张聪文 | 陈　跃 |
| 赵宏丽 | 张　勇 | 白任成 | 刘　智 | 叶周敏 | 赵　璇 |
| 冯　蕊 | 蔡平阳 | 李玮然 | 刘　洋 | 赵　佳 | 章凯龄 |
| 刘宣麟 | 缪　剑 | 李丽佳 | 柴景亮 | 徐　晖 | 王娅雪 |
| 王健桦 | 程　月 | 孙会兰 | 张晨鑫 | 倪　璐 | 赵金秋 |
| 周丽萍 | 刘　奥 | 张紫铭 | 张　超 | 黄威铭 | 苑艳君 |
| 凌思瑶 | 裴　娜 | 王　旭 | 戴志杰 | 潘强伟 | 张　淦 |
| 廖晨光 | 康振超 | 王哲豪 | 李　磊 | 杜晓源 | 张　萌 |
| 陈　杰 | 高小军 | 庾　雪 | 杨　婷 | 张圆梦 | 李思佳 |
| 左得添 | 吴俊俏 | 卓　莹 | 包佳楠 | 高炳煜 | 付兴宇 |
| 邓宇婷 | 缑　康 | 卢　盼 | 徐　杨 | 杜佩玉 | 李　丹 |
| 李亚娜 | 程华曦 | 马艳秋 | 金　鑫 | 张顺博 | 李星月 |
| 范　斌 | 田孟会 | 田　野 | 马尔江·胡马曼汗 | | 鲜镛骏 |
| 曹小康 | 边保国 | 顾杰铭 | 徐　斐 | 陈尚林 | 王金红 |
| 马新荷 | 胡晓阳 | 张琳玉 | 贾苏靖 | 郭昕媛 | 路　旷 |
| 拉巴措姆 | 韩振阳 | 康天兰 | 杨鑫鑫 | 周默森 | 蒋英仙 |
| 扎西顿珠 | 阿勒旦·肯杰别克 | | 田晓文 | 陆　璐 | 亚　吉 |
| 包　强 | 玛依拉·吐尔逊 | | 索南扎西 | 邢　旋 | 赵建林 |
| 李文竹 | 焦丹丹 | 吾木提·阿哈什 | | 钱铁铭 | 尹卫华 |
| 唐麟超 | 熊玲慧 | 成芯瑶 | 闫宪兵 | 卢胤竹 | 胡明照 |
| 张重天 | 蔡慧思 | 陈思危 | 李京泽 | 任天柱 | 李　瑞 |
| 黄　山 | 孙思赟 | 刘　霭 | 郑　疆 | 宋　强 | 潘倩倩 |
| 钱磊磊 | 黄丹丹 | 杨鹏凯 | 王诗棋 | 柴瑞新 | 赵　越 |
| 卢春芬 | 龚雨馨 | 王　征 | 莫佳玉 | 张天阳 | 徐　敏 |
| 王自强 | 祁　齐 | 何海泉 | 陈鹏飞 | 马方珏 | 李华楠 |
| 彭岸明 | 钱晓燕 | 尹　平 | 王　晶 | 谭　术 | 陈丽娜 |
| 刘　的 | 黄祥龙 | 何　云 | 程丽娜 | 庞磊刚 | 卞士彬 |
| 张智伟 | 李璐瑶 | 张慧婷 | 迟　肖 | 方钟羽 | 刘子通 |
| 欧阳希 | 赵　天 | 王若妮 | 郑梦沙 | 陈　帆 | 王　丹 |
| 吴经雅 | 孙　鑫 | 吕顺兴 | 王佳雯 | 于国强 | 许煊俊 |
| 张挺挺 | 李　蝶 | 徐　玲 | 潘　亚 | 李菲菲 | 潘　亮 |
| 梁诗韵 | 董　蛟 | 靳　佩 | 马浩瑜 | 何淑真 | 陈浩玮 |
| 李宇涵 | 曾　颖 | 陈　忱 | 蒋菲菲 | 岳新晖 | 陈文华 |
| 崔　月 | 李仁鹏 | 徐　严 | 宋　梅 | 王泽豪 | 田广林 |
| 白家飞 | 吴宇迪 | 黄子培 | 姚　远 | 赵勇男 | 张杨杨 |
| 鲁　季 | 刘　亭 | 杨法鉴 | 李泰戈 | 胡忠强 | 林忆雯 |
| 徐　婧 | 张浩南 | 梁明明 | 赵季秋 | | |

2. 函授专升本

| 魏安平 | 乔江波 | 刘　鹏 | 郭振宇 | 窦晓磊 | 李　冉 |
|---|---|---|---|---|---|
| 明　亮 | 马金良 | 耿　林 | 李　芸 | 张　洋 | 李　军 |
| 王亚明 | 耳　昫 | 王树兴 | 丁翠萍 | 王　淼 | 杨晓靖 |
| 王昌喜 | 李朝东 | 王　硕 | 张文江 | 西　娜 | 张永胜 |
| 刘子汉 | 朱　衡 | 张雅梅 | 陈浩森 | 武胜婷 | 郭圆圆 |
| 刘　健 | 张　龙 | 董珍君 | 彭梦雷 | 杜光甫 | 刘泽尧 |
| 马喜阳 | 白　陆 | 辛　畅 | 李　斌 | 双世成 | 郭　星 |
| 田　斌 | 柴　军 | 原媛远 | 赵振中 | 韩迎梅 | 解维灵 |
| 李海燕 | 张　喆 | 关建菲 | 牛　艺 | 李　响 | 高　飞 |
| 白若彬 | 杨　杰 | 李林子 | 王翠萍 | 殷嘉琦 | 赵永亮 |
| 冯文云 | 于宏飞 | 刘艳兵 | 贾一川 | 郭文娟 | 秦燕武 |
| 马文煸 | 朱永丽 | 周　文 | 田颖钊 | 刘　晶 | 孟宪婧 |
| 侯长春 | 秦　鑫 | 李梦娇 | 蔡丽娜 | 白　云 | 孟凡俊 |
| 王晓伟 | 崔浩颖 | 郝彩霞 | 张海涛 | 翟羽亮 | 刘　波 |
| 杨益东 | 李俊红 | 白　冰 | 斯琴毕力格 | 何源渊 | 郭艳峰 |
| 王密蜂 | 王正义 | 边　然 | 康晓丹 | 吴晓燕 | 钟　峰 |
| 王　睿 | 朱祖村 | 于　洋 | 张　超 | 孙亚婷 | 张迎会 |
| 杨渴望 | 徐　薇 | 龚欣欣 | 伯　燕 | 徐　瑞 | 张　炜 |
| 朱小敏 | 兰　青 | 许　多 | 王婷婷 | 昝西新 | 王　婷 |
| 赵李潇 | 沈承燕 | 江晶晶 | 梁　伟 | 庞　然 | 谭立彪 |
| 丘　微 | 任奕晨 | 朱时玲 | 周　聪 | 盛　琪 | 张　曼 |
| 魏向来 | 尹　路 | 刘　杰 | 朱咸敏 | 王建安 | 邓玲玲 |
| 刘杨剑 | 周华峰 | 张　猛 | 朱之彤 | 孙　琳 | 吴康琼 |
| 胡　建 | 孙先海 | 曹韵韵 | 邵　青 | 蒋克娟 | 赵向阳 |
| 董志文 | 丁礼貌 | 刘明萍 | 黄国江 | 滕超男 | 曹正磊 |
| 徐　兵 | 王　毅 | 姚治国 | 孙　婕 | 金远晖 | 张莹莹 |
| 江　川 | 张淑婷 | 吴　鹏 | 尹　儒 | 张　晗 | 段凤敏 |
| 郭　强 | 赵余皖 | 刘少鹏 | 兰官金 | 杨　斌 | 高　鹏 |
| 李　奇 | 段元锋 | 汤　炜 | 韩　萍 | 刘顺洋 | 邵志聪 |
| 何少君 | 赖冬云 | 王禹翔 | 吴　涛 | 刘谋武 | 熊　津 |
| 朱振阳 | 张　朋 | 程紫云 | 羌晶昌 | 曾　敏 | 卢梓飏 |
| 张　黎 | 姚　巍 | 刘世豪 | 王小平 | 袁莉莉 | 蒋　磊 |
| 魏新桥 | 田乘飞 | 和晓琪 | 李晓云 | 孙晓蕾 | 孔得寿 |
| 闫　玲 | 张　涛 | 龚志超 | 张　雷 | 李　胜 | 张　仕 |
| 段世乔 | 晏祥云 | 赵正伟 | 刘天伟 | 许　瑶 | 欧雪城 |
| 尚梦琪 | 高　梯 | 施黎明 | 曾　诚 | 张玉花 | 李思阳 |

| | | | | | |
|---|---|---|---|---|---|
| 赵亚娜 | 樊 祥 | 郝美妮 | 王 清 | 郭瀚文 | 黄 雨 |
| 任 怡 | 张涵俊 | 薛 丹 | 孟艳妮 | 周文佳 | 白 檑 |
| 赵 欣 | 王翠红 | 李林艺 | 刘 柯 | 李 敏 | 谷 松 |
| 史金鹏 | 曹 虎 | 张伟强 | 刘旭艳 | 刘 延 | 胡旻轩 |
| 刘 龙 | 许黎黎 | 谢永强 | 郝 阳 | 王惠瑄 | 耿桂丽 |
| 李 渊 | 梁 拯 | 丁晓云 | 王小平 | 郑海科 | 马松林 |
| 刘 洁 | 苏 科 | 马立红 | 伏 玲 | 白晓芸 | 马 炜 |
| 雅晓玲 | 杜明明 | 刘子琛 | 马智慧 | 张宗衡 | 吴国财 |
| 白 伟 | 赵 泽 | 宋 杨 | 杨 波 | 王金余 | 张瑞娟 |
| 蒙维军 | 吴 鹏 | 王大兵 | 徐 伟 | 孙轶群 | 谢瑞锋 |

3. 函授高起本

| | | | | | |
|---|---|---|---|---|---|
| 范华水 | 张世强 | 林文杏 | 陈圆圆 | 张慕霞 | 王 慧 |
| 李 明 | 詹 玮 | 王海云 | 张玲玲 | 李 勇 | 耿立程 |
| 夏 妃 | 王 龙 | 朱俊鹏 | 张丽珍 | 鲍慧敏 | 李 田 |
| 顾静雯 | 汪旭东 | 李 焱 | 张俊侠 | 魏向东 | 张婷婷 |
| 刘佳烨 | 康 祎 | 张 娇 | 成锦华 | 秦 桢 | 闫惠凯 |
| 侯才建 | 曹海涛 | 石 惠 | 景兆龙 | 庞文慧 | 阴金爱 |
| 左 腾 | 李红民 | 张英宏 | 翁兆容 | 马志敏 | 廉潇天 |
| 苏 鑫 | 杨振峰 | 万 辉 | 林家惠 | 孙 磊 | 刘 祯 |
| 胡志平 | 姜 毅 | 侯伟业 | 朱恩武 | | |

# 第二十章　2017 年媒体索引

**电视媒体**

| 序号 | 标题 | 媒体 | 时间 |
|---|---|---|---|
| 1 | 老故事频道 –《艺林春秋》孙鹤 | 中央电视台 | 2017 年 4 月 1 日 |
| 2 | 学习习近平总书记重要讲话：在实现中国梦中绽放青春光芒 | BTV·北京新闻 | 2017 年 5 月 4 日 |
| 3 | 习近平在中国政法大学考察时强调 立德树人德法兼修抓好法治人才培养 励志勤学刻苦磨炼促进青年成长进步 | CCTV – 新闻联播 | 2017 年 5 月 4 日 |
| 4 | 北京高校学习贯彻习近平总书记考察中国政法大学重要讲话精神 | BTV·北京新闻 | 2017 年 5 月 4 日 |
| 5 | 总书记与我们在一起 | CCTV – 新闻联播 | 2017 年 5 月 5 日 |
| 6 | 为全面依法治国培养更多优秀人才 | CCTV – 新闻联播 | 2017 年 5 月 6 日 |
| 7 | 北京市人大常委会主任李伟到法大调研 | BTV·北京新闻 | 2017 年 6 月 16 日 |
| 8 | 新闻特写：领会报告精神，鼓舞工作热情 | BTV·北京新闻 | 2017 年 6 月 19 日 |
| 9 | 法大学子：去边疆支教就是立志做大事 | 北京电视台 | 2017 年 10 月 19 日 |

**网络媒体**

| 序号 | 标题 | 媒体 | 时间 |
|---|---|---|---|
| 1 | 2016 法学教育十大新闻评选揭晓 | 法治网 | 2017 年 2 月 8 日 |
| 2 | 中国政法大学汪海燕教授当选第八届“全国十大杰出青年法学家” | 中国高校之窗 | 2017 年 3 月 2 日 |
| 3 | 中国政法大学完善多元化教师考核评价机制 | 教育部官网 | 2017 年 3 月 3 日 |
| 4 | 中国政法大学环境资源法研究所发布《新〈环境保护法〉实施效果评估报告》 | 环球网 | 2017 年 4 月 21 日 |
| 5 | 中国政法大学师生：总书记为我们的主题团日点赞 | 人民网 | 2017 年 5 月 3 日 |

续表

| 序号 | 标题 | 媒体 | 时间 |
| --- | --- | --- | --- |
| 6 | 和总书记合影的五位资深教授“牛”在哪儿 | 人民网 | 2017 年 5 月 3 日 |
| 7 | 习近平在中国政法大学考察时强调 立德树人德法兼修抓好法治人才培养 励志勤学刻苦磨炼促进青年成长进步 | 新华网 | 2017 年 5 月 3 日 |
| 8 | 习近平：青年要立志做大事，不要立志做大官 | 新华网 | 2017 年 5 月 3 日 |
| 9 | 在实现中国梦中绽放青春光芒——习近平总书记在中国政法大学考察时的重要讲话引起热烈反响 | 新华网 | 2017 年 5 月 3 日 |
| 10 | 习近平考察中国政法大学：“法治中国的未来在年轻人身上” | 中国青年网 | 2017 年 5 月 3 日 |
| 11 | 习近平考察中国政法大学：青年要立志做大事，不要立志做大官 | 央广网 | 2017 年 5 月 3 日 |
| 12 | 让青春为法治中国绽放——习近平总书记考察中国政法大学回访 | 新华社 | 2017 年 5 月 5 日 |
| 13 | 青春与法治，习总书记这样说，你 get√到了吗 | 新华视点 | 2017 年 5 月 6 日 |
| 14 | 学习总书记讲话精神 汇聚青年力量 | 人民网 | 2017 年 5 月 10 日 |
| 15 | 为全面依法治国培养更多优秀人才——学习习近平总书记考察中国政法大学时的重要讲话 | 求是网 | 2017 年 5 月 15 日 |
| 16 | 中国政法大学 65 周年校庆纪念大会举行 | 人民网 | 2017 年 5 月 16 日 |
| 17 | 学习贯彻总书记重要讲话精神 全力推进学校“双一流”建设——中国政法大学 65 周年校庆纪念大会隆重举行 | 法制网 | 2017 年 5 月 17 日 |
| 18 | 英雄模范立功集体先进事迹报告会在中国政法大学举行 | 中国警察网 | 2017 年 05 月 23 日 |
| 19 | 英雄模范走进高校　先进事迹催人泪下 全国公安系统英雄模范立功集体先进事迹报告会在中国政法大学举行 | 人民网 | 2017 年 5 月 24 日 |
| 20 | 公安英模走进高校　先进事迹催人泪下 | 新华网 | 2017 年 5 月 24 日 |
| 21 | 英雄模范走进高校 先进事迹催人泪下 全国公安系统英雄模范立功集体先进事迹报告会在中国政法大学举行 | 法制网 | 2017 年 5 月 24 日 |
| 22 | 5 位英雄模范走进高校：特殊任务期间，老人过世都无法回家看一眼 | 央广网 | 2017 年 5 月 24 日 |

续表

| 序号 | 标题 | 媒体 | 时间 |
| --- | --- | --- | --- |
| 23 | 全国公安系统英雄模范立功集体先进事迹报告会举行 | 求是网 | 2017年5月24日 |
| 24 | 公安英模走进高校 先进事迹催人泪下 | 中国网 | 2017年5月24日 |
| 25 | 石亚军：高校思想政治工作必须虚功实做——学习贯彻习近平总书记考察中国政法大学时发表重要讲话精神的体会 | 党建网 | 2017年5月31日 |
| 26 | 中国政法大学2017年本科生招生章程 | 中国高等教育学生信息网 | 2017年6月5日 |
| 27 | 中国政法大学校长黄进——回眸高考故事，畅谈依法治国 | 法制网 | 2017年6月6日 |
| 28 | “内地与港澳法学教育联盟”成立大会在京召开 | 人民网 | 2017年6月6日 |
| 29 | 河北祖孙三辈均考取中国政法大学：赶考经历折映时代烙印 | 澎湃新闻网 | 2017年6月7日 |
| 30 | 祖孙三辈均考取中国政法大学：赶考经历折映时代烙印 | 重庆晨报上游新闻 | 2017年6月7日 |
| 31 | 中国政法大学：遵循“一个专业，多种培养方案”的培养理念 | 央广网 | 2017年6月7日 |
| 32 | 廉希圣：王叔文萧蔚云许崇德对起草基本法贡献巨大 | 紫荆网 | 2017年6月12日 |
| 33 | 法大校长寄语本科毕业生：万象人生，点一盏不灭心灯 | 人民网 | 2017年6月21日 |
| 34 | 云南省政府与中国政法大学签订战略合作协议 | 云南网 | 2017年6月21日 |
| 35 | 父亲钱端升的治学和为人 | 法制网 | 2017年6月21日 |
| 36 | 法大校长寄语毕业研究生：见自己，见天地，见众生 | 人民网 | 2017年6月26日 |
| 37 | 2017年度全市法律援助业务培训在中国政法大学举行 | 中国广州政府网 | 2017年6月29日 |
| 38 | 贵阳研发政法大数据办案系统 打破“侦查中心主义” | 中国新闻网 | 2017年7月4日 |
| 39 | 胡明任中国政法大学党委书记 | 中华人民共和国教育部官网 | 2017年7月10日 |
| 40 | 胡明同志担任中国政法大学党委书记 | 人民网 | 2017年7月10日 |
| 41 | 胡明任中国政法大学党委书记 | 新华网 | 2017年7月11日 |
| 42 | 为全面依法治国贡献力量（深入学习贯彻习近平同志系列重要讲话精神）——深入学习贯彻习近平同志在中国政法大学考察时的重要讲话精神 | 人民网 | 2017年7月18日 |

续表

| 序号 | 标题 | 媒体 | 时间 |
|---|---|---|---|
| 43 | 南充市与中国政法大学开展法治政府协同创新合作 | 四川新闻网 | 2017 年 7 月 18 日 |
| 44 | 全国政法大学“立格联盟”第八届高峰论坛举行 | 法制网 | 2017 年 7 月 19 日 |
| 45 | 孜孜矻矻　厥功至伟——读蒲坚《中国法制史大辞典》有感 | 法制网 | 2017 年 7 月 19 日 |
| 46 | 马怀德：完善以宪法为核心的中国特色社会主义法律体系 | 人民网 | 2017 年 8 月 14 日 |
| 47 | 全国首家互联网法院在杭挂牌成立 今后打官司就像网购 | 浙江在线 | 2017 年 8 月 19 日 |
| 48 | 推动法治文化建设“建构中国特色社会主义法治理论体系”研讨会在汕头召开 | 中国汕头政府门户网站 | 2017 年 8 月 27 日 |
| 49 | 刚文哲任中国政法大学党委副书记、纪律检查委员会书记 | 澎湃新闻网 | 2017 年 9 月 7 日 |
| 50 | 中国政法大学成立法治信息管理学院 首创工科专业 | 人民网 | 2017 年 9 月 8 日 |
| 51 | 中国政法大学新生军训火热开营 武警师兄致辞 | 光明网 | 2017 年 9 月 14 日 |
| 52 | 中国政法大学发布法治政府评估报告：政务公开进步最大 | 澎湃新闻 | 2017 年 9 月 26 日 |
| 53 | 《法治政府蓝皮书：中国法治政府评估报告 2017》在京发布 | 法制网 | 2017 年 9 月 27 日 |
| 54 | 法治政府蓝皮书：地方政府问责重制度而轻落实 | 人民网 | 2017 年 9 月 30 日 |
| 55 | 法治政府蓝皮书：区域法治发展不平衡需重视 | 人民网 | 2017 年 9 月 30 日 |
| 56 | 法大复旦等五所高校举行“厉害了我的国”校园迷你马拉松活动 | 澎湃新闻 | 2017 年 10 月 1 日 |
| 57 | 坚守岗位迎盛会　坚定信心向未来 | 新华社 | 2017 年 10 月 11 日 |
| 58 | 牢记嘱托 培养德法兼修法治人才 ——中国政法大学回访 | 中国教育报 | 2017 年 10 月 16 日 |
| 59 | 全国各地高校师生热议十九大报告：昂首迈入新时代，开启教育新征程 | 人民网 | 2017 年 10 月 19 日 |
| 60 | “政法战线代表谈全面推进依法治国”集体采访 | 新华社 | 2017 年 10 月 19 日 |
| 61 | 中国政法大学教授：推进依法治国 中国立法更加关注民众的基本权利 | 国际在线 | 2017 年 10 月 20 日 |
| 62 | 焦洪昌：十九大报告提出要依法立法 即破除部门利益法律化问题 | 人民网 | 2017 年 10 月 21 日 |

续表

| 序号 | 标题 | 媒体 | 时间 |
| --- | --- | --- | --- |
| 63 | 方便群众办事（会外连线）——中国政法大学教授王敬波谈“合并设立或合署办公” | 中国共产党新闻网 | 2017 年 10 月 23 日 |
| 64 | 用留置取代“两规”意味着什么？——解读国家监察体制改革 | 新华网 | 2017 年 10 月 23 日 |
| 65 | “抓住环境保护和生态文明建设最关键最迫切问题” | 法制网 | 2017 年 10 月 23 日 |
| 66 | 中国政法大学研究生支教团工作简介 | 中国青年网 | 2017 年 10 月 27 日 |
| 67 | 一点资讯高校行中国政法大学分享：传播价值内容是媒体人的使命 | 中国网 | 2017 年 11 月 22 日 |
| 68 | 党的十九大代表走进中国政法大学 | 人民网 | 2017 年 11 月 23 日 |
| 69 | 中国政法大学时建中：大数据立法已经严重滞后于实践 | 凤凰网 | 2017 年 11 月 26 日 |
| 70 | 中国政法大学数据安全与应用规范研究基地正式成立 | 新华网 | 2017 年 11 月 30 日 |
| 71 | 何侨出席“中国政法大学励道奖”捐资签约仪式并致词 | 凤凰资讯 | 2017 年 12 月 1 日 |
| 72 | 马怀德教授当选 CCTV2017 年度法治人物 | 央视网 | 2017 年 12 月 4 日 |
| 73 | 中国政法大学“传承法律文化 重构中华法系”学术研讨会举行 | 中国高校之窗 | 2017 年 12 月 5 日 |
| 74 | 中国政法大学成立网络法学研究院 | 正义网 | 2017 年 12 月 5 日 |
| 75 | 中国政法大学犯罪心理学研究中心主办“服刑、戒毒及社区矫正人员危险评估与矫正项目研发”研讨会 | 中国高校之窗 | 2017 年 12 月 7 日 |
| 76 | 中国政法大学邀请中央党校教授祝灵君作党的十九大精神专题培训 | 中国高校之窗 | 2017 年 12 月 7 日 |
| 77 | 第十八届江平民商法奖学金颁奖典礼在中国政法大学举行 | 中国高校之窗 | 2017 年 12 月 11 日 |
| 78 | 中国政法大学：以内涵发展加快推进法学教育现代化 | 人民网 | 2017 年 12 月 18 日 |
| 79 | 六所高校发起组建法学一流学科建设共同体倡议 | 央广网 | 2017 年 12 月 27 日 |
| 80 | 应松年行政法学基金成立 | 大众网 | 2017 年 12 月 29 日 |
| 81 | 建设中国特色法学 推进全面依法治国——第四届“法治中国论坛”发言摘登 | 光明网 | 2017 年 12 月 29 日 |

## 平面媒体

| 序号 | 标题 | 媒体 | 时间 |
| --- | --- | --- | --- |
| 1 | 大学书单如何开出特色——大学校长谈因校而异、因人而异的书单 | 《光明日报》 | 2017年1月3日 |
| 2 | 马怀德：国家监察体制改革是事关全局的重大政治改革 | 《北京日报》 | 2017年1月23日 |
| 3 | 《中国司法文明指数报告2016》发布　镜照司法文明现状 | 《光明日报》 | 2017年2月27日 |
| 4 | 一位法科名校校长的法学教育思想——评黄进《何以法大》一书 | 《法学评论》 | 2017年2月28日 |
| 5 | 中国政法大学举办法律专题碑刻拓片展 | 《光明日报》 | 2017年4月27日 |
| 6 | 青春励志中国梦——中国政法大学第十一届“自强之星”暨“感动法大人物”颁奖典礼举行 | 《法制日报》 | 2017年4月27日 |
| 7 | 坚持立德树人培养法治人才 | 《法制日报》 | 2017年5月4日 |
| 8 | 中国政法大学学生：要立志做大事 不要立志做大官 | 《北京晚报》 | 2017年5月4日 |
| 9 | 立德树人　德法兼修　培养大批高素质法治人才 | 《人民日报》 | 2017年5月4日 |
| 10 | 培育德才兼备　信仰坚定的法治人才 ——与中国政法大学青年师生对谈法治人才培养 | 《光明日报》 | 2017年5月5日 |
| 11 | 访碑记 | 《法制日报》 | 2017年5月8日 |
| 12 | 全国政法类高校（学院）共青团学习习近平总书记重要讲话精神研讨会在京举行 | 《法制日报》 | 2017年5月9日 |
| 13 | “学习贯彻习近平总书记重要讲话精神 全面提升法治人才培养质量”专家座谈会在法大举行 | 《法制日报》 | 2017年5月12日 |
| 14 | 石亚军：为全面依法治国培养更多优秀人才——学习习近平总书记考察中国政法大学时的重要讲话 | 《求是》 | 2017年第10期 |
| 15 | 以法治实践发展与法学理论研究为主题　第三届法学前沿论坛在北京举行 | 《法制日报》 | 2017年5月17日 |
| 16 | 贵阳大数据交易所联合中国政法大学进行数据确权、数据仲裁研究 | 《郑州晚报》 | 2017年5月17日 |
| 17 | 最高法最高检司法部与中国政法大学签共建协议 | 《中国教育报》 | 2017年5月17日 |
| 18 | 法学教育要德法兼修——访中国政法大学校长黄进 | 《人民日报》 | 2017年5月24日 |
| 19 | 全国公安系统英雄模范立功集体先进事迹报告会在中国政法大学举行 | 《法制日报》 | 2017年5月24日 |

续表

| 序号 | 标题 | 媒体 | 时间 |
|---|---|---|---|
| 20 | 志存高远　培养卓越法治人才 | 《光明日报》 | 2017年5月26日 |
| 21 | 黄进：恢复高考让我志向成为一名职业法律人 | 《法制日报》 | 2017年6月8日 |
| 22 | 应星：我只是将中国社会的复杂性揭示和呈现出来 | 《新京报》 | 2017年6月17日 |
| 23 | 李伟到中国政法大学调研并与师生座谈 | 《北京日报》 | 2017年6月17日 |
| 24 | 中国政法大学：法学特色·复合培养！中国法学教育的最高学府等你来！ | 《光明日报》 | 2017年7月6日 |
| 25 | 《立格联盟院校法学专业教学质量标准》发布 中国政法大学校长黄进详解标准的制定背景过程和主要内容 | 《法制日报》 | 2017年7月19日 |
| 26 | 黄进：培养德才兼备的高素质法治人才 | 《学习时报》 | 2017年8月9日 |
| 27 | 聚力德法兼修法治人才培养——中国政法大学以总书记重要讲话精神引领法学教育发展 | 《光明日报》 | 2017年8月17日 |
| 28 | 中国政法大学副校长于志刚：互联网法院的历史意义和时代价值 | 《人民法院报》 | 2017年8月19日 |
| 29 | 全国首家互联网法院在杭州成立 | 《人民日报》 | 2017年8月19日 |
| 30 | 中国政法大学李爱君：ICO本质是空手套白狼的把戏 | 《经济日报》 | 2017年9月6日 |
| 31 | 中国政法大学："法学"+"信息管理学"首迎新生 | 《中国教育报》 | 2017年9月12日 |
| 32 | 为世界环境法制发展提供中国智慧 联合国环境规划署·中国政法大学环境法研究基地成立 | 《中国矿业报》 | 2017年9月13日 |
| 33 | 中国银行北京市分行与中国政法大学　联合启动"金融知识进万家"宣传服务月活动 | 《法治晚报》 | 2017年9月16日 |
| 34 | 以多边合作机制应对法律风险　为一带一路建设提供法律支撑 | 《人民日报》 | 2017年9月20日 |
| 35 | 为全球人权治理作中国贡献——在中国特色人权发展道路上继续前行 | 《光明日报》 | 2017年9月21日 |
| 36 | 中国政法大学对口支援甘肃政法学院 | 《甘肃日报》 | 2017年9月27日 |
| 37 | 黄进：发挥立法在国家治理体系和治理能力现代化中的引领和推动作用 | 《求是》 | 2017年10月1日 |
| 38 | 法大李雪梅教授获第七届吴玉章人文社会科学优秀奖 | 《法制日报》 | 2017年10月17日 |
| 39 | 中国政法大学法治政府研究院院长王敬波：司法体制综合配套改革正当时 | 《21世纪经济报道》 | 2017年10月19日 |
| 40 | 中国政法大学学子热议十九大报告：中国青年进入新时代 | 《中国青年报》 | 2017年10月20日 |

续表

| 序号 | 标题 | 媒体 | 时间 |
| --- | --- | --- | --- |
| 41 | 各地干部群众满怀信心迎接十九大（十九大时光） | 《人民日报》 | 2017 年 10 月 12 日 |
| 42 | ［砥砺奋进的五年·建设“双一流”］“三步走”建设一流法学 | 《北京考试报》 | 2017 年 10 月 18 日 |
| 43 | 徐迅 探寻大众传播“第三种规范” | 《法制日报》 | 2017 年 10 月 23 日 |
| 44 | 十九大报告的五个关键词 | 《法制日报》 | 2017 年 10 月 25 日 |
| 45 | 教师法治教育研究中心成立仪式暨教师法治教育研讨会举行 | 《中国教育报》 | 2017 年 10 月 31 日 |
| 46 | 王建芹：为党的建设贡献法大人的智慧和方案 | 《法制日报》 | 2017 年 11 月 1 日 |
| 47 | 教师法治教育研究中心成立 | 《法制日报》 | 2017 年 11 月 2 日 |
| 48 | 大学生模拟法庭竞赛在政法大学揭幕 | 《法制晚报》 | 2017 年 11 月 4 日 |
| 49 | 首届自贸区纠纷解决与临时仲裁专题论坛举行 中国仲裁要走内涵式发展道路 | 《人民法院报》 | 2017 年 11 月 7 日 |
| 50 | 黄进：创新发展新时代中国特色社会主义法治理论 | 《法制日报》 | 2017 年 11 月 8 日 |
| 51 | 政法大学成立反腐研究中心 加快培养反腐败方面人才 | 《法制晚报》 | 2017 年 11 月 21 日 |
| 52 | 中国政法大学刘纪鹏：4000 点的 A 股市场 是健康的股市 | 《每日经济新闻》 | 2017 年 11 月 27 日 |
| 53 | 法大积极参与最高检扶贫村帮扶 | 《检察日报》 | 2017 年 12 月 3 日 |
| 54 | 黄进：高校是宪法教育的主阵地 | 《法制日报》 | 2017 年 12 月 7 日 |
| 55 | 研究服务青年成长成才 中国政法大学首家青年研究中心揭牌 | 《中国青年报》 | 2017 年 12 月 8 日 |
| 56 | 第四届“法治中国论坛”在京举行 | 《经济日报》 | 2017 年 12 月 27 日 |
| 57 | 第四届法治中国论坛在京举行 | 《人民法院报》 | 2017 年 12 月 27 日 |
| 58 | 构建中国特色社会主义法学体系的体会和探索 | 《光明日报》 | 2017 年 12 月 29 日 |
| 59 | 探索构建中国法学学科、学术、话语体系路径 光明日报社和中国政法大学在京联合举办第四届“法治中国论坛” | 《光明日报》 | 2017 年 12 月 29 日 |